Grundstücksrecht

dtv

Schnellübersicht

Grundstücksrecht

mit u. a. Bürgerlichem Gesetzbuch (Auszug),
Wohnungseigentumsgesetz,
Beurkundungsgesetz (Auszug),
Flurbereinigungsgesetz,
Grundstückverkehrsgesetz,
Grundstücksverkehrsordnung,
Grundbuchordnung,
Zwangsversteigerungsgesetz (Auszug),
Grunderwerbsteuergesetz
und Grundsteuergesetz

Textausgabe mit ausführlichem Sachregister
und einer Einführung
von Universitätsprofessor Dr. Dres. h. c. Rolf Stürner

10., überarbeitete Auflage
Stand: 1. 3. Mai 2023

dtv

www.dtv.de
www.beck.de

Sonderausgabe
dtv Verlagsgesellschaft mbH & Co. KG,
Tumblingerstraße 21, 80337 München

Gesamtherstellung: Druckerei C. H. Beck, Nördlingen
(Adresse der Druckerei: Wilhelmstraße 9, 80801 München)
Umschlagtypographie auf der Grundlage
der Gestaltung von Celestino Piatti

ISBN 978-3-423-53202-0 (dtv)
ISBN 978-3-406-80956-9 (C. H. Beck)

Inhaltsverzeichnis

Abkürzungsverzeichnis

ABl.	Amtsblatt
Abs.	Absatz
a. F.	alte Fassung
AGBGB	Ausführungsgesetz zum Bürgerlichen Gesetzbuch
amtl.	amtlich
Anm.	Anmerkung
AO	Abgabenordnung
Art.	Artikel
BAnz.	Bundesanzeiger
BauGB	Baugesetzbuch
BayRS	Bayerische Rechtssammlung
Beil.	Beilage
Bek.	Bekanntmachung
ber.	berichtigt
BeurkG	Beurkundungsgesetz
BetrKV	Betriebskostenverordnung
BewG	Bewertungsgesetz
BGB	Bürgerliches Gesetzbuch
BGBl.	Bundesgesetzblatt
BV (II. BV)	Berechnungsverordnung (Zweite Berechnungsverordnung)
BVerfGE	Entscheidungen des Bundesverfassungsgerichts
EGBGB	Einführungsgesetz zum Bürgerlichen Gesetzbuche
ErbbauVO	Erbbaurechtsverordnung
EU	Europäische Union
EVertr.	Einigungsvertrag
FGG	Gesetz über die Angelegenheiten der freiwilligen Gerichtsbarkeit
FlurbG	Flurbereinigungsgesetz
geänd.	geändert
G	Gesetz
GBl.	Gesetzblatt
GBO	Grundbuchordnung
GNotKG	Gerichts- und Notarkostengesetz
GrdstVG	Grundstückverkehrsgesetz
GrEStG	Grunderwerbsteuergesetz
GrStG	Grundsteuergesetz
GVBl.	Gesetz- und Verordnungsblatt
GVO	Grundstücksverkehrsordnung
idF	in der Fassung

Abkürzungsverzeichnis

mWv	mit Wirkung vom
neugef.	neugefaßt
Nr.	Nummer
NRG	Nachbarrechtsgesetz
RegVBG	Registerverfahrenbeschleunigungsgesetz
RGBl.	Reichsgesetzblatt
RPflG	Rechtspflegergesetz
S.	Seite
v.	von
VermRÄndG	Vermögensrechtsänderungsgesetz
vgl.	vergleiche
VO	Verordnung
VwZG	Verwaltungszustellungsgesetz
WEG	Wohnungseigentumsgesetz
WertV	Verordnung über Grundsätze für die Ermittlung des Verkehrswerts von Grundstücken
ZPO	Zivilprozessordnung
ZVG	Gesetz über die Zwangsversteigerung und die Zwangsverwaltung

Einführung

Von Professor Dr. Dres. h. c. Rolf Stürner, Freiburg/Brsg.

I. Grundstücksrecht

Dieser Band enthält eine Zusammenstellung aller wichtigen Vorschriften, die das Recht des Grundstücks regeln. Dazu gehören einmal Rechtsregeln über das Verhältnis des Grundstückseigentümers zu seinen Mitbürgern; sie finden sich als Normen des Privatrechts im „Sachenrecht" des Bürgerlichen Gesetzbuches, aber auch im Erbbaurechtsgesetz und dem Wohnungseigentumsgesetz. Für Rechtsentstehung, Rechtsverlust und Rechtsdurchsetzung gibt es Verfahrensvorschriften in besonderen Gesetzbüchern, vor allem in der Grundbuchordnung, der Zivilprozessordnung und dem Zwangsversteigerungsgesetz. Der Erwerb von Grundstücksrechten kostet Geld: über die anfallenden Beträge erteilt das Gerichts- und Notarkostengesetz Auskunft. Das Nachbarrecht findet sich überwiegend in den Nachbarrechtsgesetzen der einzelnen Bundesländer.

Zum andern aber sind Grundstücke und ihre Bewirtschaftung auch Gegenstand öffentlichen Interesses, das der Staat vor allem im Baugesetzbuch und im Flurbereinigungsgesetz artikuliert, wo er die Grundstücksgröße, Grundstücksverteilung und die Bebauung von Grundstücken teilweise reguliert. Das Verhältnis zwischen Bürger und Staat betrifft endlich das Grundstück als Anknüpfungspunkt einer Besteuerung in den Grunderwerbsteuergesetzen der Länder und dem Grundsteuergesetz des Bundes und der Länder.

II. Grundstück und Grundeigentum

1. Das Grundstück

Im allgemeinen Sprachgebrauch versteht man unter Grundstück einen äußerlich erkennbar abgegrenzten Teil der Erdoberfläche, der in einer bestimmten Weise genutzt oder bewirtschaftet ist („Hausgrundstück", „Industriegrundstück", „Hofgrundstück", „Waldgrundstück" etc.). Das *Grundstück im Rechtssinne* ist ein amtlich vermessener und kartographisch dargestellter Teil der Erdoberfläche. In Deutschland gibt es ein das ganze Staatsgebiet erfassendes amtliches Verzeichnis (Kataster), das alle Grundstücke als vermessene und kartenmäßig beschriebene Einheiten enthält und als „Katasterparzellen" mit einer Flurstücknummer bezeichnet (zum Beispiel „Gemarkung Dresden Altstadt, Flurstück Nr. 1/310"). Das Grundstück im Rechtssinne hat aber noch eine weitere Besonderheit: alle „wesentlichen Bestandteile", vor allem alle Gebäude und Gebäudeteile, gehören grundsätzlich zum Grundstück (§§ 94 ff. BGB) und teilen sein rechtliches Schicksal, ohne dass an ihnen „Sonderrechte" bestehen könnten. Der Alltag spricht vom Erwerb eines Hauses oder Gebäudes und denkt sich das Grundstück als Nebensache; rechtlich ist hingegen der Erwerb des Grundstücks das Wesentliche, der Erwerb des Gebäudes auf dem Grundstück die automatische Folge. Mit dieser Verbindung von Grundstück und Gebäude

wollte der Gesetzgeber übersichtliche und wirtschaftlich sinnvoll nutzbare Einheiten schaffen und zerstückelte Eigentumsverhältnisse vermeiden, die in der Vergangenheit oft sogenannte „Streit- und Händelshäuser" schufen. Diese Einheit von Grundstück und Gebäude setzt indessen ausreichende Vorräte an Land und ausreichende Kapitalkraft der Bürger zum Vollerwerb voraus; beides war und ist nicht immer gegeben, so dass der Gesetzgeber Abhilfe schaffen und von seinem gut gemeinten Grundsatz abweichen musste.

2. Grundstücksgleiche Rechte

Der Knappheit des Landes und sozialen Belangen kapitalschwächerer Bevölkerungsschichten trägt das deutsche Recht – ähnlich wie alle zivilisierten Rechtsordnungen – Rechnung, indem es die Spaltung von Grund- und Gebäudeeigentum zulässt und Teileigentum an Grundstücken und Gebäuden ermöglicht. Das Erbbaurecht, wie es das *Erbbaurechtsgesetz* regelt, gibt dem Erbbauberechtigten das Recht, auf einem Grundstück ein Gebäude zu halten, das im Eigentum des Erbbauberechtigten steht. Der *Erbbauzins*, der wirtschaftlich das Entgelt für diese Nutzungsmöglichkeit darstellt, bewegt sich bei regionalen Unterschieden grundsätzlich zwischen 2% und 6%, die letzten Jahrzehnte je nach wirtschaftlicher Rendite des Grundstücks nach einschlägigen Erhebungen zwischen 3,6% und 4% des Grundstückswertes bei Wohngrundstücken von Kommunen und Kirchen sowie zwischen 5,1% und 5,4% bei gewerblicher Nutzung, wobei Wertsicherungs- und Anpassungsklauseln durchaus üblich sind. Das Erbbaurecht hat eine Laufzeit von typischerweise 50, 66, 70 oder 99 Jahren; am Ende fällt das Gebäude gegen Entschädigung dem Grundeigentümer zu, denkbar ist aber auch eine Verlängerungsklausel oder Grundstückskaufklausel zugunsten des Erbbauberechtigten. Der Grundstückseigentümer kann die Pflichten des Erbbauberechtigten (z.B. Instandhaltung des Gebäudes, pünktliche Erbbauzinszahlung etc.) durch einen sog. Heimfallanspruch absichern, der das Erbbaurecht mit dem Grundeigentum vereint – meist zu Bedingungen, die dem Grundeigentümer günstig sind. Das Erbbaurecht ist grundsätzlich wie Eigentum veräußerlich, vererblich und mit Grundpfandrechten belastbar, also voll verkehrsfähig. Es ist nicht nur ein wichtiges Gestaltungsmittel des Wohnungsbaus, sondern auch der Industrieansiedlung.

Das *Wohnungseigentumsgesetz* verbindet das Eigentum nach Bruchteilen an einem Grundstück mit dem Sondereigentum an bestimmten Räumen des Gebäudes zum sog. Wohnungseigentum. Rechtliche Basis des Wohnungseigentums ist das Eigentum nach Bruchteilen am Grundstück mit Gebäude, wobei es sich um Miteigentum nach „ideellen" Bruchteilen handelt, z.B. 1/80 des ganzen Grundstücks und des ganzen Gebäudes; das reale „Sondereigentum an Räumen" ist sozusagen „Anhängsel" des Miteigentums am Grundstück und Gebäude und mit ihm untrennbar verbunden. Das Sondereigentum an Räumen endet grob gesagt an der Innenseite der Wände, alle tragenden Teile des Gebäudes und alle gemeinsamen Einrichtungen (Heizungsanlage, Treppen, Fahrstühle etc.) stehen im Gemeinschaftseigentum der Wohnungseigentümer. Wohnungseigentum entsteht in aller Regel dadurch, dass der Eigentümer eines Grundstücks beim Notar eine *Teilungserklärung* abgibt und dabei in einem *Teilungsplan* die Aufteilung in gemeinschaftliches Eigentum und Sondereigentum genau festlegt. Dies kann schon vor der Bebauung des Grundstücks anhand der Baupläne geschehen; die Aufteilung in Wohnungseigentum soll selbstständige und voll funktionsfähige Wohneinheiten schaffen, was vor Teilung durch behördliche

Abgeschlossenheitsbescheinigung bestätigt sein muss. Das Zusammenleben der Wohnungseigentümer ist in seinen Grundzügen durch das Gesetz und meist ergänzend durch die *Gemeinschaftsordnung* geregelt, die Inhalt des Wohnungseigentums ist; sie kann zwar grundsätzlich nur mit Aller Einverständnis geändert werden, jedoch ist in Gemeinschaftsordnungen oft eine Änderung durch Beschluss mit einfacher oder qualifizierter Mehrheit vorgesehen. Über die „laufenden Geschäfte“ (z. B. Abstellen von Kinderwagen, Schließen der Haustür, Renovierungs- und Instandhaltungsarbeiten etc.) entscheidet die Mehrheit der Wohnungseigentümer durch Beschluss. Die Wohnungseigentümergemeinschaft ist in begrenztem Umfang rechtsfähig. Zentrales Beschlussorgan der Eigentümergemeinschaft ist die *Wohnungseigentümerversammlung*, ausführendes Organ der *Verwalter*. Jüngere Reformen des WEG haben die Rechtsfähigkeit der Wohnungseigentümergemeinschaft gestärkt, so dass neben der Bruchteilsgemeinschaft am Grundstückseigentum eine rechtsfähige Eigentümergemeinschaft steht, deren Aufgaben und Kompetenzen grob gesagt alle Maßnahmen umfasst, die alle Wohnungseigentümer gemeinsam betreffen, wobei in Zweifelsfällen von gemeinsamer Betroffenheit auszugehen ist. Der Verwalter ist das vertretungsberechtigte Organ dieser rechtsfähigen Gemeinschaft und ist berechtigt und verpflichtet, die laufenden Geschäfte zu erledigen. In die Verwaltungs- und Rechtswahrungskompetenz des einzelnen Wohnungseigentümers fallen grundsätzlich nur Maßnahmen, deren Auswirkung sich in klarer Weise auf sein Bruchteilseigentum gepaart mit seinem Sondereigentum beschränken, was in der Praxis eher die Ausnahme ist. Es empfiehlt sich deshalb bei jeder umgestaltenden oder rechtwahrenden Einzelaktivität von Bedeutung eine Abstimmung mit dem Verwalter und in Zweifelsfällen mit der Wohnungseigentümerversammlung zur Vermeidung unnötiger Zwiste und Konflikte. Die Gemeinschaft muss durch ihren Verwalter einen jährlichen *Wirtschaftsplan* aufstellen lassen, der mit Stimmenmehrheit zu beschließen ist und der sich aus Wohngeldzahlungen der Eigentümer finanziert. Die Kostentragungspflicht der Eigentümer richtet sich in der Regel nach der Größe ihres Anteils an der Gemeinschaft. Bei Streitigkeiten innerhalb der Gemeinschaft der Wohnungseigentümer entscheidet unabhängig vom Streitwert grundsätzlich das örtliche Amtsgericht, auf Berufung ein Landgericht des Oberlandesgerichtsbezirks mit zentraler Zuständigkeit. Wegen der geschilderten starken Verflechtung mit anderen Miteigentümern tut man beim Erwerb von Wohnungseigentum gut daran, Gemeinschaftsordnung, Wirtschaftsplan und Beschlüsse der Wohnungseigentümerversammlung sowie existierende Gerichtsentscheidungen vorher sorgfältig anzuschauen und Einsicht in die bestehende Beschluss-Sammlung zu nehmen. Wohnungseigentum ist grundsätzlich veräußerlich, vererblich und mit Grundpfandrechten belastbar, also verkehrsfähig. Allerdings sehen Gemeinschaftsordnungen oft die Zustimmungsbedürftigkeit der Veräußerung vor, wobei dann aber nur wichtige Gründe (z. B. Zahlungsunfähigkeit des Erwerbers) zur Verweigerung der Zustimmung berechtigen. In den letzten Jahren gab es immer wieder Konflikte bei der Unterbringung von Asylsuchenden oder Immigranten aus anderen politischen oder wirtschaftlichen Gründen, wobei dann zwar wie in allen Fällen die Art der beabsichtigten Nutzung (z. B. durch eine Gruppe nicht ausreichend beaufsichtigter Minderjähriger), natürlich aber nicht allein die Ausländereigenschaft der künftigen Nutzer eine Zustimmungsverweigerung oder Nutzungsuntersagung zu rechtfertigen vermag. Bei schweren Pflichtverletzungen eines Mitglieds der Gemeinschaft kann die Gemeinschaft die Veräußerung des Wohnungseigentums verlangen. Die praktische Bedeutung des Wohnungseigentums

ist vor allem in Ballungsräumen groß. Sofern das Sondereigentum nicht Wohnzwecken dient, sondern z. B. büromäßiger Nutzung, spricht man von *Teileigentum*, das aber grundsätzlich den gleichen Regeln folgt wie das Wohnungseigentum. Insgesamt hat sich das Grundkonzept des immer wieder reformierten Gesetzes bewährt, obgleich für viele Gemeinschaften die Bewährungsprobe vor allem immer dann ansteht, wenn die kostenträchtige Erhaltung der Gebäudesubstanz spruchreif wird. Die jüngeren Reformen haben insbesondere versucht, neue Formen der Energieerzeugung sowie die Elektromobilität und digitale Kommunikation bei der baulichen Gestaltung des Wohnungseigentums angemessen zu berücksichtigen und insoweit auch die notwendige Investitionsbereitschaft der Wohnungseigentümer zu fördern, um die Zukunftsfähigkeit des Wohnungseigentums zu gewährleisten und Konflikten vorzubeugen.

3. Die Dokumentation der Rechtsverhältnisse an Grundstücken im Grundbuch

Grundstücke und grundstücksgleiche Rechte sind besonders wertvolle Vermögensgüter, deren Rechtsverhältnisse sorgfältig registriert sein sollten. Diese Registrierung leistet das *Grundbuch*; die *Grundbuchordnung* regelt im Wesentlichen das Verfahren der Eintragung. Für jedes Grundstück oder grundstücksgleiche Recht (Erbbaurecht, Wohnungseigentum) wird ein Grundbuchblatt angelegt, das man in Bezug auf das einzelne Grundstück bzw. Erbbaurecht oder Wohnungseigentum als „Grundbuch" bezeichnet. Das Grundbuch ist in einzelne Abschnitte eingeteilt. Im „Bestandsverzeichnis" findet sich der Grundstücksbeschrieb, die „erste Abteilung" nennt den Eigentümer und den Erwerbsgrund, die „zweite Abteilung" enthält Grundstücksbelastungen und Beschränkungen des Eigentums (z. B. Wegerechte, Vermerk über Eröffnung des Insolvenzverfahrens etc.), die – wichtige – „dritte Abteilung" führt die Grundpfandrechte auf (Hypotheken und Grundschulden), die insbesondere Darlehen sichern.

Grundsätzlich setzt im deutschen Recht – anders als in europäischen Nachbarländern – jeder Rechtserwerb die Grundbucheintragung voraus („konstitutive Wirkung" der Grundbucheintragung); andererseits kann sich der Rechtsverkehr auf die Eintragung im Grundbuch verlassen und erwirbt Rechte nach der „Buchlage", falls eine etwaige Unrichtigkeit des Grundbuchs nicht bekannt ist („Gutglaubenswirkung" des Grundbuchs). Nur ausnahmsweise gibt es Rechtserwerb „außerhalb" des Grundbuchs, z. B. den Erwerb durch Erbfall kraft Gesetzes; in diesen Fällen muss das Grundbuch nachträglich berichtigt werden. *Grundbuchführende Behörde* war ursprünglich das örtliche Amtsgericht (Rechtspflegeraufgabe), in Baden-Württemberg hingegen bis zur endgültigen Vollendung der Reform am 1.1.2018 teilweise der Bezirksnotar (Württemberg) und teilweise das Notariat oder der gemeindliche Grundbuchbeamte unter notarieller Aufsicht (Baden). Die Einführung von EDV-Grundbüchern, die in ihrer Anlage praktisch dem traditionellen Papiergrundbuch entsprechen, ist in allen Ländern abgeschlossen, die nicht gleich ein Datenbankgrundbuch einrichten wollten oder konnten. Seit einigen Jahren sind indessen auch die rechtlichen Grundlagen für das digitale Datenbankgrundbuch weithin geschaffen, das den vollen Online-Zugriff grundsätzlich ermöglicht und in Baden-Württemberg auch schon existiert. Allerdings ist der Einblick in das Grundbuch generell außer den Inhabern registrierter Rechte nur besonders autorisierten Stellen erlaubt, insbesondere Notaren, privaten Dritten nur bei Nachweis eines berechtigten

Interesses: Die Öffentlichkeit des Grundbuchs ist in Deutschland anders als in vielen europäischen Ländern im Interesse des Schutzes der Privatsphäre beschränkt. Die Digitalisierung des Grundbuchs führt zu einer Zentralisierung der Grundbuchführung bei wenigen Amtsgerichten. Grundbucheinsichtsstellen für die Bürger sind örtliche Amtsgerichte, aber teilweise auch Behörden in Gemeinden, die Notariate können Grundbuchauszüge erteilen. Auch über zentralisierte Internetportale kann in einigen Ländern unter bestimmten Voraussetzungen ein Grundbuchauszug angefordert werden. Die rechtlichen Grundvoraussetzungen für ein Grundbuchverfahren mit digitalen Dokumenten sind gegeben; die notarielle Praxis wird sich die nächsten Jahre entsprechend dem technischen Fortschritt in den einzelnen Bundesländern insgesamt vollends darauf einzustellen haben. Ein zentrales Urkundenarchiv für bisher lokal verwahrte notarielle Urkunden, also auch für Urkunden des Grundstücksverkehrs, ist inzwischen unter der Verantwortung der Bundesnotarkammer eingerichtet und wird den Zugriff auf Urkunden für Notare und andere autorisierte Stellen im Interesse der Flüssigkeit und Transparenz des Rechtverkehrs zusätzlich erleichtern sowie auf Dauer in ganz Deutschland den digitalen Grundstücksverkehr in sinnvollem Umfang ermöglichen.

4. Bodenordnungsmaßnahmen

Häufig entspricht die Gestalt eines katastermäßigen und im Grundbuch eingetragenen Grundstücks langer Geschichte. „Neue" Grundstücke können aber insbesondere in *Umlegungsverfahren* entstehen, wie sie das Baugesetzbuch für Baugrundstücke und das Flurbereinigungsgesetz für land- und forstwirtschaftliche Flächen vorsehen. Das *Baugesetzbuch* gibt die Bauleitplanung in die Hände vorwiegend der Gemeinden. Ihr *Flächennutzungsplan* legt die Grundlinien der Nutzung des gesamten Gemeindegebiets fest (Bauflächen, Flächen des Gemeinbedarfs, Verkehrsflächen, Grünflächen etc.). Im *Bebauungsplan* finden sich dann die rechtsverbindlichen Festsetzungen über Art und Maß baulicher Nutzung, Bauweise und Baudichte, Aufteilung in Baugrundstücke, Flächen des Gemeinbedarfs, Verkehrsflächen usw. Im Umlegungsverfahren für ein neuzugestaltendes Baugebiet werden alle Grundstücke in einen „Topf" geworfen („Umlegungsmasse"); nach Ausscheiden der Verkehrsflächen und Flächen für Parkplätze, Grünanlagen, Wasserrückhaltebecken, Kinderspielplätze etc. wird der Rest („Verteilungsmasse") so aufgeteilt und neu geordnet, dass nach Lage, Form und Größe für bauliche oder sonstige Nutzung zweckmäßig gestaltete Grundstücke entstehen. Der Verteilungsmaßstab kann sich am Verhältnis der Werte oder der Flächen ausrichten, Ungleichheiten können durch Geldzahlungen abgefunden werden. Die Kosten der *Erschließung* eines Baugebiets tragen im Wesentlichen die Grundstückseigentümer mit ihren Erschließungsbeiträgen. In einem Kaufvertrag sollte man regeln, wer für noch ausstehende Erschließungskosten endgültig aufkommt; Schuldner der Gemeinde ist der Eigentümer, der bei Erlass des Beitragsbescheids im Grundbuch eingetragen ist. Die Gemeinden haben mit ihrem gesetzlichen oder satzungsmäßigen *Vorkaufsrecht* ein wichtiges Instrument, den Grundstücksbedarf öffentlicher und sozialer Zwecke zu decken. Letztes Mittel öffentlicher Landbeschaffung ist die entschädigungspflichtige *Enteignung*. Im Vorfeld eines Beschlusses über den Bebauungsplan und während eines Umlegungsverfahrens sichern *Veränderungssperren* die Planungshoheit der Gemeinde. Die *Teilung von Grundstücken* muss mit den Festsetzungen des Bebauungsplans vereinbar sein.

Das *Flurbereinigungsverfahren* soll zersplitterten ländlichen Grundbesitz zusammenlegen und nach betriebswirtschaftlichen Gesichtspunkten neu gestalten. Das Verfahren wird durch die Behörde eingeleitet und beaufsichtigt. In demokratischer Selbstverwaltung wahrt die Teilnehmergemeinschaft als Körperschaft des öffentlichen Rechts die Interessen der betroffenen Grundstückseigentümer. Der Flurbereinigungsplan führt zur Neuaufteilung der Grundstücke, das Grundbuch ist entsprechend dem Flurbereinigungsplan zu berichtigen. Geldzahlungen können Vor- und Nachteile gegenüber dem Altzustand ausgleichen.

III. Der Erwerb von Grundeigentum

1. Kaufvertrag, Auflassung und Eintragung

Beim Erwerb von Grundstücken, Erbbaurechten oder Wohnungseigentum muss man sich klar machen, dass das deutsche Recht zwei verschiedene Rechtsgeschäfte verlangt, die beide formpflichtig sind. Im *notariell beurkundeten Kaufvertrag* verpflichtet sich der Verkäufer zur Rechtsübertragung, der Käufer zur Kaufpreiszahlung; der Kaufvertrag erzeugt also den Anspruch auf Rechtsübertragung und den Zahlungsanspruch, er führt selbst zu keiner Rechtsänderung, sondern ist bloßes „Planungsgeschäft". Die Erfüllung des Kaufvertrags seitens des Verkäufers erfolgt durch getrenntes Rechtsgeschäft: Es besteht aus der Einigung über den Eigentumsübergang, die vor dem Notar zu erklären ist (*Auflassung*), und der *Eintragung des Eigentumswechsels* im Grundbuch, die der Verkäufer bewilligen muss und die regelmäßig der Käufer beantragt oder durch den Notar beantragen lässt. Neben die formpflichtige materielle Einigung über den Eigentumsübergang müssen also die übereinstimmenden Anträge auf Eintragung der Rechtsänderung im Grundbuch treten, wie sie die Grundbuchordnung vorsieht („materieller und formeller Konsens"). Erst mit der Eintragung wird der Käufer Eigentümer, die Registrierung ist – wie schon dargelegt – für den Eigentumserwerb konstitutiv. Die gesetzliche Regelung erscheint auf Anhieb etwas kompliziert; sie führt aber zu einem Höchstmaß an Rechtssicherheit im Grundstücksverkehr und gestattet ohne weiteres die zeitliche Trennung von Kauf und Rechtserwerb. In der Rechtswirklichkeit sind Kaufvertrag und Auflassung mit grundbuchrechtlichen Erklärungen oft auch in einer Urkunde zusammengefasst.

2. Kaufpreissicherung

Der Verkäufer will natürlich sein Eigentum erst verlieren, wenn der Käufer bezahlt hat; umgekehrt will der Käufer erst zahlen, wenn er dann auch Eigentum zuverlässig erwirbt. Es gibt zwei typische praktische Verfahren zur Befriedigung der Sicherungsbedürfnisse der Parteien. Der Käufer kann seinen Anspruch auf Eigentumsübertragung im Grundbuch durch *Vormerkung* sichern: die Eintragung der Vormerkung nimmt allen gegenläufigen späteren Verfügungen des Verkäufers gegenüber dem Käufer die Wirksamkeit. Der Käufer zahlt nach Eintragung der Vormerkung, nach Zahlung wird der dingliche Rechtserwerb vollzogen – oft durch Weitergabe der bereits vollzogenen Auflassung mit Eintragungsbewilligung durch den beurkundenden Notar an das Grundbuchamt. Eine zweite Möglichkeit besteht darin, den Notar zum *Doppeltreuhänder* der Parteien zu bestellen. Er nimmt zunächst die Kaufpreiszahlung auf einem An-

derkonto entgegen, veranlasst die Rechtsübertragung und leitet erst dann den Kaufpreis an den Verkäufer weiter. Grundstückskaufverträge ohne Absicherung des Vorleistungsrisikos sind grob fehlerhaft und führen ohne Voraufklärung der Parteien zur Notarhaftung, falls sich das Risiko realisiert.

3. Behördliche Mitwirkung

Der Grunderwerb bedarf teilweise behördlicher Mitwirkung. Der Erwerb landwirtschaftlich genutzter Flächen unterliegt *landwirtschaftsbehördlicher Genehmigung* nach dem Grundstücksverkehrsgesetz; auf diese Weise sollen Grundstückszersplitterung und „Ausverkauf" landwirtschaftlicher Flächen verhindert werden. Notwendig ist ferner ein *Negativattest der Gemeinde*, dass ein Vorkaufsrecht nach dem Baugesetzbuch nicht bestehe bzw. nicht ausgeübt werde. Die *Unbedenklichkeitsbescheinigung des Finanzamtes* muss bestätigen, dass die Entrichtung der Grunderwerbsteuer nicht gefährdet ist.

4. Kosten des Erwerbsvorgangs

Die notarielle Beurkundung des Kaufvertrages und der Auflassung verursachen ebenso Kosten wie die Eintragung im Grundbuch. Die Höhe dieser Kosten richtet sich nach dem Verkehrswert des Grundstücks und ist im Gerichts- und Notarkostengesetz geregelt. Wenn der Käufer beispielsweise ein bebautes Grundstück um 380 000,– € kauft, seinen Erwerbsanspruch durch Eintragung einer Vormerkung sichert und für ein Kaufpreisdarlehen von 300 000,– € seiner Bank eine Grundschuld bestellt, so entstehen beim Notar etwa folgende Kosten: Beurkundung des Kaufvertrages 1 470,– €; Vollzugsgebühr für das Einholen von Genehmigungen und Negativattesten 367,50 €; Auslagen sowie eventuell Betreuungsgebühren 367,50 €; werden wie meist in der gleichen Urkunde auch die Auflassung sowie eine Belastungsvollmacht für den Käufer beurkundet, fallen hierfür keine zusätzlichen Gebühren an; Beurkundung der Eintragungsbewilligung für die Grundschuld samt üblicherweise mitbeurkundeter Unterwerfung unter die sofortige Zwangsvollstreckung 635,– €; Fälligkeitsmitteilung der Kaufpreiszahlung und Umschreibungsüberwachung 317,50 €; zusammen also mindestens 3 057,– € zuzüglich Mehrwertsteuer. Dieser Kostenaufwand ist nur gerechtfertigt bei ausführlicher notarieller Belehrung und fallangepasster Beratung; auf beides sollte vor allem der Käufer achten. Der Notar sollte nichtgewerblichen Vertragsbeteiligten, sog. „Verbrauchern", Grundstückskaufverträge im Entwurf zwei Wochen vor Beurkundung zur Verfügung stellen, damit sie sich ausreichend über den Vertragsinhalt informieren können; wird diese Frist nicht eingehalten, soll der Notar die Gründe hierfür mit beurkunden. Wie gewichtig diese Pflicht ist, zeigt sich darin, dass beharrliche Verstöße ausdrücklich zur Amtsenthebung führen können. Der Käufer sollte den Notar gegebenenfalls an seinen Pflichten festhalten, ihn möglichst selbst bestimmen und die Auswahl nicht ohne weiteres dem gewerblichen Verkäufer überlassen. Üblicherweise trägt der Käufer die Kosten der Beurkundung. Dies gilt in der Regel auch für die Kosten der Eintragung. Im Beispiel fallen beim Grundbuchamt folgende Gebühren an: Eintragung der Vormerkung 367,50 €; Eintragung des Eigentumswechsels 735,– €; Eintragung der Grundschuld 635,– €; Löschung der Vormerkung 25,00 €; in der Summe 1762,– €. Auf diese Gebühren wird keine Mehrwertsteuer erhoben. Beurkundungs- und Eintragungskosten betragen zusammen 4920,– € oder 1,29% des Kaufpreises. Wenn teilweise diese Kosten als

im internationalen Vergleich zu hoch bezeichnet werden, so ist dies schlicht unrichtig, weil die meisten anderen Rechtsordnungen bei wesentlich geringerer Rechtssicherheit gleiche oder sogar höhere Gebühren erlauben. Mit Abschluss des Kaufvertrages entsteht die *Grunderwerbsteuerschuld*; nach dem Grunderwerbsteuergesetz 1997 betrug sie 3,5% des Kaufpreises, inzwischen aber auf Grund landesrechtlicher Gesetzgebungskompetenz zwischen 3,5% (Bayern), 5% (Baden-Württemberg, Bremen, Niedersachsen, Rheinland-Pfalz, Sachsen-Anhalt), 5,5% (Hamburg, Sachsen), 6% (Berlin, Hessen, Mecklenburg-Vorpommern) oder gar 6,5% (Brandenburg, Nordrhein-Westfalen, Saarland, Schleswig-Holstein, Thüringen) und im Schnitt sonach ca. 5,5%, in unserem Beispielsfall also immerhin ca. 21 000,– € – eine deutliche Steigerung während der letzten Jahre. Zusammen mit Maklergebühren, die in der Höhe etwas schwanken und nach neuem Recht zwischen Verkäufer und Käufer aufzuteilen sind, fallen deshalb beim Grundstückserwerb etwas über 10% und mehr an „Nebenkosten“ an. Es ist zum Teil leider üblich geworden, dass Makler mit zum Notar kommen und in „Maklerklauseln“ ihr Maklerhonorar im Kaufvertrag notariell mit beurkunden lassen, früher vielfach auch noch mit einer Unterwerfung unter die sofortige Zwangsvollstreckung. Diese Praxis verdient keine Billigung, vor allem wenn sie mit einer Empfehlung eines bestimmten Notars durch den Makler verbunden ist. Notare sollten sich im Interesse ihrer Unabhängigkeit auf solche „Dauerbeziehungen“ nicht einlassen und die Gefahr des Eindrucks einer Gegenleistung an den Makler in Gestalt der Mitbeurkundung der Maklerklausel – uU noch auf Kosten des Käufers – tunlichst vermeiden. Eine Grenze wäre klar überschritten, wenn der Notar den Makler an Gebühren durch eine Art Provision beteiligt. Insgesamt sollten Käufer nicht zu vertrauensselig sein und sich gegebenenfalls durch entsprechende Fragen vergewissern. Der bestehende Trend zur immer höheren Besteuerung des Grunderwerbs ist dem Erwerb durch Normalverdiener nicht günstig und fügt sich in durchaus unerfreulicher Weise in ein Gesamtbild, das Deutschland bei der Verteilung des Grundeigentums deutlich hinter andere europäische Staaten zurückfallen lässt.

Von der Grunderwerbsteuer muss man die *Grundsteuer* unterscheiden. Nach dem Grundsteuergesetz von 1973 ist aus einem steuerlichen Einheitswert des Grundstücks ein Steuermessbetrag zu errechnen, die Gemeinde als Gläubigerin der Steuer bestimmt den sog. Hebesatz. Beim Grundstück mit einem Verkehrswert von 400 000,– € mag der maßgebliche Einheitswert. bisher ca. 40 000,– € betragen, der Steuermessbetrag 105,– €, so dass sich bei einem – eher niedrigen – gemeindlichen Hebesatz von 350% eine Jahressteuer von ca. 367,– € ergibt. Die Grundsteuer ist eine jährlich immer neu anfallende Steuer. Ihre künftige Höhe ist ungewiss, weil der Finanzbedarf der Gemeinden groß ist und vor allem in großen Städten der Hebesatz inzwischen bereits bei durchschnittlich über 450% liegt, wobei Berlin mit 810% zu den absoluten Spitzenreitern gehört. Das Bundesverfassungsgericht hat die bisherige Steuerbemessung auf der Basis eines den Verkehrswert eines Grundstücks nicht angemessen berücksichtigenden Einheitswertes als mit dem Gleichheitssatz unvereinbar erachtet, deshalb das geltende Recht für verfassungswidrig erklärt und den Gesetzgeber bis zum Jahresende 2019 zu einer Bereinigung dieses verfassungswidrigen Zustandes verpflichtet. Der Gesetzgeber ist dieser Pflicht durch Gesetzesänderungen nachgekommen und hat dabei nicht nur die Vorschriften des Grundsteuergesetzes (Neufassung Stand 16.12.2022, in diesem Band Nr. **17**), sondern auch die Vorschriften des Bewertungsgesetzes zur Festsetzung des grundsteuerlichen Einheitswertes wesentlich überarbeitet (§§ 218 ff. Bewertungsgesetz i. d. F. vom

16.12.2022, in diesem Band Nr. **18**). Nachdem sich Bundesländer und Bund im Gesetzgebungsverfahren nicht auf eine einheitliche Lösung einigen konnten, hat man in einer Verfassungsänderung den Ländern volle konkurrierende Gesetzgebungskompetenz für die Grundsteuer eingeräumt (Art. 72 Abs. 3 Nr. 7, 102 Abs. 2 und Art. 125 Abs. 3 GG), sodass nunmehr länderrechtliche Varianten zum neuen Grundsteuergesetz des Bundes entstanden sind (vgl. für Baden-Württemberg, Bayern, Hamburg, Hessen, Niedersachsen, Saarland und Sachsen Nrn. **19–25** in diesem Band). Für die Besteuerung ab 1.1.2025 bestimmt sich der Steuermessbetrag nach Bundesrecht anders als vorher stärker nach dem wirtschaftlichen Wert des Bodens und des Gebäudes. Falls die Gemeinden ihre gegenwärtigen Hebesätze, mit denen der so errechnete Steuermessbetrag multipliziert wird, in Zukunft beibehalten sollten, ist mit einer deutlichen Erhöhung der Grundsteuer zu rechnen. Angesichts dieser Aussichten bestehen gesellschaftspolitische und sogar verfassungsrechtliche Bedenken gegen die neue Rechtslage, weil sie Mieter durch Umlage indirekt und Eigentümer selbst bewohnter Gebäude direkt unverhältnismäßig belasten könnte. Gegen die durch Landesgesetzgebung teilweise neu geschaffenen Besteuerungsvarianten bestehen teilweise spezielle verfassungsmäßige Bedenken. Dies gilt insbesondere, wenn sich in bestimmten Fällen der Grundstückswert nur oder überwiegend am Bodenwert ausrichtet, der sich aus der Grundstücksfläche und den von den Gutachterausschüssen festgelegten Bodenrichtwerten der einzelnen Gemeinden ergibt (§ 196 Baugesetzbuch), oder aus einer Kombination von Grundstücks- und Wohnflächen, ohne dass der sich auch maßgeblich aus der Qualität der Baulichkeiten ergebende Verkehrswert der auf dem Grundstück stehenden Gebäude eine angemessene Rolle spielen würde. Viele Eigentümer von Grundstücken haben sich deshalb gegen entsprechende Wertfeststellungen durch Einsprüche gewehrt; es ist nach alldem mit einer verfassungsgerichtlichen Überprüfung zu rechnen, deren Ergebnis schwer absehbar erscheint.

5. Wertermittlung bei Abschluss eines Kaufvertrages

Beim Kauf bzw. beim Verkauf eines Grundstückes ist häufig sein Wert unklar. Beide Parteien können einen gemeinsamen Gutachter bestellen, wobei vor allem bei Unerfahrenen eine gewisse Vorsicht geboten scheint. Der Eigentümer kann aber auch einen neutralen Gutachterausschuss mit einer Wertermittlung beauftragen. Seine Zusammensetzung regelt das Baugesetzbuch, seine Wertermittlungsmethoden die Immobilienwertermittlungsverordnung (in diesem Band Nr. 7). Die Wertermittlung ist für die Parteien natürlich nicht bindend, aber in aller Regel erlaubt sie doch eine gewisse Orientierung. Der Gutachterausschuss führt auch eine Kaufpreissammlung und veröffentlicht auf Grund dieser Sammlung jährlich „Bodenrichtwerte", die über die Entwicklung der Landpreise Auskunft geben. Man sollte keine Grundstücksgeschäfte abschließen, ohne sich ausreichend aus diesen Quellen informiert zu haben.

6. Schwarzkäufe

Zur Gebühren- und Steuerersparnis geben die Parteien in den Vertragsurkunden manchmal einen niedrigeren Kaufpreis an, der Käufer zahlt heimlich „Schwarzgeld" in Höhe der Differenz zwischen dem „wahren" und dem beurkundeten Kaufpreis. Solche Praktiken können strafrechtlich als Steuerhinterziehung und Gebührenbetrug zu würdigen sein. Sie sind auch sonst nicht ohne

Gefahr: der beurkundete Vertrag kann als Scheingeschäft unwirksam sein, der gewollte Vertrag kann formnichtig sein und wird dann erst geheilt, wenn der Erwerber eingetragen ist. In der Schwebezeit bietet der Vertrag keine wirksame Rechtsgrundlage für Verfügungen und Zahlungen. Insgesamt ist also von solchem Geschäftsgebaren dringend abzuraten.

IV. Belastungen des Grundstücks

1. Verwertungsrechte insbesondere zur Sicherung von Kauf- und Baudarlehen

Unter „Verwertungsrechten" sollen Grundstücksbelastungen erwähnt sein, die ein Recht auf Befriedigung aus dem Grundstück durch Zwangsvollstreckung gewähren. Das BGB regelt die *Hypothek* sehr ausführlich, die *Grundschuld* dagegen nur recht kurz. Beide Grundpfandrechte dienen regelmäßig der Sicherung eines Zahlungsanspruches, meist eines Bankdarlehens: wenn der Darlehensanspruch nicht korrekt erfüllt wird, so haftet das Grundstück dem Darlehensgeber, wobei das Grundpfandrecht vorrangige Befriedigung vor gewöhnlichen Gläubigern gewährt. Zwischen mehreren Grundpfandgläubigern entscheidet der Zeitpunkt der Eintragung im Grundbuch (Prioritätsprinzip), falls nichts anderes vereinbart ist (Einräumung des Vorranges); der zeitlichen Reihenfolge entspricht die räumliche Reihenfolge in der dritten Abteilung des Grundbuches („Locusprinzip").

Die *Hypothek* ist kraft Gesetzes untrennbar mit einer bestimmten Forderung verknüpft (Akzessorietät). Dies hat den verbraucherfreundlichen Vorteil, dass die dingliche Verwertungsbefugnis von vorneherein nicht weiter reicht als die persönliche Schuld, allerdings auch den großen Nachteil, dass die Hypothek nicht zeitlich nacheinander zur Sicherung verschiedener Forderungen dienen kann; vielmehr muss jedes Mal eine neue Hypothek bestellt werden, was hohe Grundbuchkosten verursacht. In der Praxis zu über 90% durchgesetzt hat sich deshalb die *Grundschuld,* die in ihrem Bestande *nicht* von einer bestimmten Forderung abhängt; vielmehr vereinbaren der (Darlehens)Gläubiger und der Eigentümer vertraglich, welche Forderungen vom Sicherungszweck erfasst sein sollen (Sicherungsabrede). Die Grundbucheintragung bleibt von dieser Sicherungsabrede regelmäßig unberührt, der Forderungsaustausch ist kostengünstig möglich. Falls die Bank die Grundschuld missbraucht, kann und muss sich der Eigentümer wehren und dartun, dass ein Sicherungsfall nicht gegeben sei. Auch der Erwerber einer Grundschuld muss sich diese sogenannte „Sicherungsabrede" entgegenhalten lassen. Gängig ist das Briefgrundpfandrecht, über das zusätzlich zum Grundbucheintrag ein „Brief" erstellt wird. Es kann außerhalb des Grundbuchs auf einen anderen Gläubiger übertragen werden und ist deshalb verkehrsfähiger als das Buchgrundpfandrecht, das nur durch Eintragung im Grundbuch abgetreten werden kann.

Der *Schuldner* der gesicherten Schuld(en) und der *Eigentümer* des haftenden Grundstücks müssen *nicht identisch* sein. Wer sein Grundstück für fremde Schulden belastet, sollte diesen Entschluss genau überdenken; denn er übernimmt eine „dingliche" Bürgschaft für fremdes Geschäftsgebaren. Vor allem bei Grundschulden ist es wichtig, den Umfang der Haftung für fremde Forderungen zu prüfen: handelt es sich um bereits feststehende überschaubare Summen oder sind ungewisse künftige Schulden einbezogen? Die Rechtsprechung be-

müht sich zwar insoweit um einen gewissen Schutz des Eigentümers und Nichtschuldners vor Übervorteilung und Überraschung, jedoch ist hier Vorsicht besser als Nachsicht. Vor allem *zusätzliche Erklärungen persönlicher Haftung* mit dem ganzen Vermögen in Höhe des Grundschuldbetrages („Der Eigentümer anerkennt, den Grundschuldbetrag persönlich zu schulden") sollte man nicht ohne vorherigen rechtlichen Rat abgeben.

Der grundpfandrechtsgesicherte Kredit ist von *großer wirtschaftlicher Bedeutung*. Insbesondere Pfandbriefbanken vergeben auf diese Weise langfristige und festverzinsliche Darlehen, die sich durch Obligationen refinanzieren, also durch Emission marktgängiger verzinslicher Wertpapiere; sie heißen „Hypothekenpfandbriefe" und sollten nicht mit dem „Hypothekenbrief", also der Urkunde über das Briefgrundpfandrecht, verwechselt werden. Die Zahlungsfähigkeit des Schuldners grundpfandrechtsgesicherter Kredite aus sogenannten *Immobiliardarlehensverträgen* (§§ 488ff., 491ff. BGB; in diesem Band Nr. 1.) ist sowohl von großer gesamtwirtschaftlicher Bedeutung für die Finanzmärkte als auch von großer Bedeutung für das individuelle Lebensschicksal des Darlehensschuldners und seiner Familie. Die europäische und nationale Gesetzgebung hat deshalb neuerdings besondere Schutzvorschriften geschaffen, die insbesondere den Verbraucher Schuldner vor verhängnisvollen und allzu risikoreichen Gestaltungen von Darlehensverträgen schützen sollen, wie sie z.B. Fremdwährungsdarlehen oder Darlehen mit riskantem Verschuldungsgrad darstellen. Dieser Schutz erfolgt durch weitreichende Beratungspflichten der darlehensgebenden Bank und entsprechende Sanktionen gegen die darlehensgewährende Bank bei Missachtung der Regeln verantwortlicher Kreditvergabe. Dabei ist der notwendige Schutz des Verbrauchers gegen die Gefahr zu starker Restriktion durchaus noch sinnvoller Kreditvergabe abzuwägen mit der Folge besonders schwieriger Grenzziehung, die der Vielzahl von Einzelfällen ausreichend gerecht zu werden vermag. Ein Ende der Diskussion dieser Fragen ist bisher noch nicht abzusehen, so das dieses Rechtsgebiet auch in Zukunft durchaus Gegenstand weiterer gesetzgeberischer Aktivitäten bleiben könnte. Die durch die sogenannte Corona-Krise ausgelösten wirtschaftlichen Folgen konnten auch Verbraucher oder Kleinstunternehmer bei der Darlehenstilgung in Schwierigkeiten bringen; das Gesetz zur Abmilderung der Folgen der COVID-19-Pandemie schuf hier durch Gewährung von Zahlungsaufschub vorübergehend eine gewisse Abhilfe (BGBl. I 2020, 569ff. Art. 5 iVm Art. 240 § 3 EGBGB aF), die individuellen Notlagen ebenso wie gesamtwirtschaftlichen Zusammenbrüchen vorbeugen sollte.

Wenn der Schuldner einer grundpfandrechtlich gesicherten Forderung nicht zahlt, so kann der Grundpfandrechtsgläubiger in das Grundstück *vollstrecken*. Dazu braucht er einen Vollstreckungstitel: entweder muss sich – so meist bei Bankdarlehen – der Eigentümer der sofortigen Zwangsvollstreckung schon bei Grundpfandrechtsbestellung in notarieller Urkunde unterwerfen oder der Gläubiger muss bei Gericht auf Duldung der Vollstreckung klagen. Aufgrund des Titels kann er das Grundstück in Beschlag nehmen und die *Zwangsversteigerung* oder die *Zwangsverwaltung* betreiben. Bei der Zwangsversteigerung wird die Substanz des Grundstücks verwertet, der Meistbietende erhält den Zuschlag und wird neuer Eigentümer. Bei der Zwangsverwaltung wird der Grundpfandrechtsgläubiger aus den Erträgen des Grundstücks befriedigt, z.B. aus Miet- oder Pachtzinsforderungen. Diese Verwertungsformen sind hauptsächlich im *Zwangsversteigerungsgesetz* geregelt, teilweise auch in der Zivilprozessordnung.

Nicht nur die Grundpfandrechtsgläubiger, sondern alle Gläubiger im Besitz eines Vollstreckungstitels (z.B. Urteil, Vollstreckungsunterwerfung, Vollstre-

ckungsbescheid usw.) können in Grundstücke vollstrecken. Aufgrund des Titels erfolgt die *Beschlagnahme* des Grundstücks mit nachfolgender Zwangsversteigerung oder Zwangsverwaltung. Der „einfache" Gläubiger steht aber in der Rangordnung der Befriedigung hinter den Grundpfandrechtsgläubigern, unter mehreren einfachen Gläubigern gilt die Priorität des Vollstreckungszugriffs: „Wer zuerst kommt, mahlt zuerst". Einfache Gläubiger, die nur Sicherung eines besseren Rangs für den Ernstfall anstreben und vorläufig keine Befriedigung suchen, können sich eine *Zwangshypothek* eintragen lassen und so den Vorrang gegenüber anderen einfachen Gläubigern erwirken.

2. Nutzungs- und Einwirkungsrechte an Grundstücken

Andere Rechte an Grundstücken gewähren überwiegend Nutzungsmöglichkeiten am Grundstück, teilweise auch bloße Einwirkungsmöglichkeiten. Sie spalten sozusagen vom Vollrecht des Eigentümers ein Segment einzelner Befugnisse ab („beschränkte dingliche Rechte"). Das BGB kennt zunächst die *Grunddienstbarkeit*, die dem Eigentümer eines Grundstücks („herrschendes Grundstück") das Recht gewährt, vom Eigentümer des anderen Grundstücks („dienendes Grundstück") eine Nutzung (z.B. Wegerecht) oder Unterlassung zu verlangen (z.B. kein Betrieb einer Tankstelle). Wesentlich ist dabei die Verbindung von Rechten und Pflichten mit dem Eigentum unabhängig von der Person des Eigentümers. Bei der *beschränkten persönlichen Dienstbarkeit* ist der begünstigte Teil eine Person, die Gläubigerstellung ist also *nicht* mit dem Eigentum an einem Grundstück verbunden. Dienstbarkeiten werden im modernen Wirtschaftsleben auch eingesetzt, um Wettbewerber auf anderen Grundstücken auszuschalten. Geläufig ist der *Grundstücksnießbrauch*, der zur Nutzung eines Grundstücks berechtigt, wobei volle oder teilweise Nutzung Gegenstand des Nießbrauchs sein können. Der Grundstücksnießbrauch ist oft Instrument vorweggenommener Erbfolge: der Erbe wird Eigentümer, der Erblasser bleibt ganz oder teilweise Nießbraucher. Solche Schenkungen unter Nießbrauchvorbehalt gestatten – rechtzeitig vollzogen – die mehrmalige Ausnutzung von Freibeträgen der Erbschaft- und Schenkungsteuer. Ein Sonderfall des Nießbrauchs ist das *Wohnungsrecht* des BGB; anders als das *Dauerwohnrecht* des WEG ist es nicht veräußerlich und nicht vererblich. Die *Reallast* begründet die dingliche Haftung des Grundstücks für wiederkehrende Leistungen aller Art (Geldzahlung, „Gans zu Martini" etc.); da sie meist nach Landesrecht abgelöst werden kann, erfreut sie sich keiner allzu großen Verbreitung. Erwähnenswert ist noch das *dingliche Vorkaufsrecht*: es sichert den Vorkaufsberechtigten vor gegenläufigen Verfügungen des Grundstückseigentümers und hat die Wirkung der bereits beim Grundstückserwerb geschilderten Vormerkung.

Alle beschränkten dinglichen Rechte an Grundstücken bedürfen zu ihrer Entstehung der Eintragung im *Grundbuch*. Sind sie versehentlich gelöscht oder unzulänglich eingetragen, so kann ein Erwerber das Grundstück gutgläubig *lastenfrei* erwerben. Es gibt allerdings auch Rechte außerhalb des Grundbuchs. Dazu gehören teilweise *altrechtliche Dienstbarkeiten* aus der Zeit vor Geltung des BGB. Auch das *Notwegrecht* des Nachbarn, der keinen eigenen Zugang zu öffentlichen Verkehrsflächen hat, bedarf nicht der Eintragung. Gleiches gilt für die Duldungspflicht nach fahrlässigem oder unverschuldetem *Überbau*. Gar kein dingliches Recht ist die sog. *Baulast*, die landesrechtlich geregelt ist. Sie beinhaltet Pflichten zur Sicherstellung baurechtlicher Erfordernisse (z.B. Traufrecht bei Bau auf der Grundstücksgrenze etc.). Über Baulasten gibt das Baulastenver-

zeichnis Auskunft, das allerdings keine grundbuchgleiche Wirkung hat. Natürlich gehen auch die gesetzlichen Vorkaufsrechte des BauGB nicht aus dem Grundbuch hervor.

Beschränkte dingliche Rechte und öffentliche Lasten mindern den Wert eines Grundstücks. Man sollte sich deshalb vor dem Kauf durch einen Blick ins Grundbuch und Baulastenverzeichnis und einen Gang zur Gemeindebehörde ausreichende Gewissheit verschaffen. Beim Beurkundungsverfahren schreibt das *Beurkundungsgesetz* dem Notar die Belehrung über die Grundbuchlage und mögliche gesetzliche Vorkaufsrechte vor. Auf diese notariellen Informationen sollte man nie verzichten und sie gegebenenfalls ernst nehmen als Anlass zur genauen Vergewisserung.

V. Nachbarrecht

Das BGB enthält einige wichtige Grundregeln des Nachbarrechts über Immissionen, gefahrdrohende Anlagen und Gebäude, Überhang, Überfall, Überbau, Notweg und Grenzfragen. Ausführlichere Einzelregelungen treffen dann die *Nachbarrechtsgesetze der Länder*, die sich typischerweise folgenden Themen zuwenden: Gebäudeabstände, Hammerschlags- und Leiterrechte, Leitungsrechte, Pflanzabstände, überragende Zweige und Wurzeln. Immer ist zu beachten, dass Vorschriften des Baurechts dem privaten Nachbarrecht häufig vorgehen – auch soweit das Baurecht großzügigere Maßstäbe anlegt. Es ist in Nachbarrechtssachen gut, seine Rechte und Pflichten zu kennen.

Ob es immer klug ist, auf seine Rechte bei Pflanzabständen, überragenden Zweigen etc. zu pochen, ist eine ganz andere Frage. Man sollte möglichst den ersten Streit vermeiden und sich selbst Großzügigkeit im Umgang mit den Lebensregungen des Nachbarn auferlegen, ohne das Verhalten des Nachbarn allzu kleinlich stets am Buchstaben des Gesetzes zu messen. Nachbarrechtsprozesse sind oft sehr kleinliche und hässliche Streitereien.

VI. Grundstücksrecht und Miete

Es kann nicht Aufgabe dieser Einführung sein, das Mietrecht darzustellen. Einige Bemerkungen zum Verhältnis von Grundstücksverkehr und Miete sollen aber nicht fehlen. Bei *Veräußerung* eines vermieteten (verpachteten) Grundstücks tritt der Erwerber in den Mietvertrag ein: „Veräußerung bricht nicht Miete“. Der Altvermieter haftet zwar für die Erfüllung der Vertragspflichten neben dem Erwerber zunächst fort, er kann aber den Mieter zwingen, zwischen dem Erwerber als neuem Vertragspartner und einer Kündigung des Mietverhältnisses zu wählen. Vor allem Vorausverfügungen über den Mietzins – der dem Sprachgebrauch folgend auch vom Gesetz schlicht „Miete“ genannt wird – muss der Neuerwerber nur eingeschränkt gegen sich gelten lassen.

Die Mieter von Wohnungen sind – was beim Kauf vermieteter Häuser zu beachten ist – gegen Kündigungen mehrfach geschützt: lange Kündigungsfristen bei langjähriger Miete; Erfordernis berechtigten Interesses des Vermieters an einer Kündigung (Eigenbedarf, anderweitige wirtschaftliche Verwertung), wobei vor allem nach dem Verkauf von vermieteten Eigentumswohnungen starke Einschränkungen zu Lasten des Neuerwerbers gelten können; Möglichkeit der Verlängerung der Miete bei besonderer Härte für den Mieter; zeitlich

befristeter Räumungsschutz gegen die Vollstreckung eines Räumungsurteils; allgemeiner Vollstreckungsschutz bei grober Unbilligkeit einer Vollstreckung. Insbesondere bei alten Menschen und Familien mit Kindern führt oft nur die gütliche Einigung zu sinnvollen Ergebnissen. In Ein- und Zweifamilienhäusern ist der Kündigungsschutz für Mieter weniger ausgeprägt.

Wichtig ist, dass eine vom Vermieter für zu niedrig erachtete Miete kein Kündigungsgrund ist; vielmehr kann der Vermieter nur im Rahmen der Regelungen des BGB Mieterhöhung verlangen. Der Gesetzgeber hat die Regeln zum Schutz vor drastischen Mieterhöhungen im Jahre 2015 noch einmal verstärkt und die Landesregierungen ermächtigt, durch Rechtsverordnung Gebiete besonderer Gefährdung der Versorgung der Bevölkerung mit Mietwohnungen zu angemessenen Bedingungen festzulegen, in denen bei Erstvermietung die Miethöhe die örtliche Vergleichsmiete nicht um mehr als 10% übersteigen darf und bei bestehenden Mietverhältnissen eine erniedrigte „Kappungsgrenze" von 15% statt 20% zu gelten hat. Vor allem in Berlin, Bayern und Baden-Württemberg ist von dieser Möglichkeit Gebrauch gemacht worden mit der Folge zahlreicher Rechtsstreitigkeiten. Das Land Berlin hatte mit einer Neuregelung gesetzlicher Vorschriften zur Mietbegrenzung vom 11.2.2020 (GBl. 76 (2020) Nr. 6 vom 22.2.2020, S. 50ff.) eine sehr weitgehende Mitpreisdeckelung eingeführt, die jedoch schon 2021 vom Bundesverfassungsgericht wegen Verstoßes gegen die Verfassung für nichtig erklärt wurde. Dabei ging das BVerfG davon aus, dass der Bundesgesetzgeber im BGB (insbesondere §§ 556d ff.) die Mithöhe und damit auch ihre mögliche Deckelung abschließend geregelt habe und und für landesrechtliche zusätzliche Vorschriften kein weiterer Raum bleibe. Die Sinnhaftigkeit und Effizienz unmittelbarer Eingriffe in die Mietpreisbildung ist wie stets bei allen Formen staatlichen Eingriffs in die Preisbildung hoch streitig und bleibt eine vorübergehende Notlösung für nicht funktionierende Wohnungsmärkte, die nur durch einen besseren Ausgleich von Angebot und Nachfrage wieder dauerhaft voll funktionsfähig sein können. Ein sinnvoller Markteingriff aus sozialen Gründen kann nur in einer ausgewogenen und maßvollen öffentlichen Subventionierung des Wohnungsbaus bestehen, die entweder Wohnungen im Eigentum geeigneter öffentlichen Trägerschaft schafft oder private Trägerschaft im Rahmen ausreichender gesetzlichen Vorgaben finanziell fördert. Hier hat die Bundesrepublik verglichen mit anderen europäischen Staaten in den letzten Jahrzehnten zu wenig getan.

Im Wohnungsvermittlungsgesetz hat der Gesetzgeber versucht, Mieter vor unlauteren Geschäftspraktiken von Wohnungsmaklern zu schützen (insbesondere Höhe der Maklervergütung als Bruchteil oder Vielfaches der Nettomonatsmiete und höchstens zwei Monatsmieten, strenge Ursächlichkeit der Bestellung des Maklers durch den Mieter für den Vertragsschluss als Voraussetzung einer Zahlungspflicht des Mieters etc.), wobei zu einer belastbaren Information viele Einzelheiten naturgemäß näherer Darstellung und im Streitfall genauer rechtlicher Beratung bedürften.

VII. Time-Sharing

Vor allem für Ferienwohnungen fasst man unter dem Begriff des Time-Sharing bzw. des Teilzeit-Wohnrechtevertrags vielerlei Gestaltungsformen zusammen, die alle eine zeitlich beschränkte Nutzung an einer Wohnung zum Gegenstand haben: ideeller Bruchteil an einem dinglichen Dauerwohnrecht mit

Nutzungsregelung; zeitlich beschränktes schuldrechtliches Nutzungsrecht i. S. einer Miete; Bruchteil an einem dinglichen Dauerwohnrecht, den ein Treuhänder hält und verwaltet; Vereinsmitgliedschaft mit entsprechenden Nutzungsrechten; Aktienanteil mit „Wohnberechtigungspunkten". Solche Verträge bedürfen – vor allem bei Auslandsbezug – sorgfältiger Kontrolle auf Transparenz und Ausgewogenheit von Leistung und Gegenleistung. Richtlinienrecht der EU und die Regelungen des BGB über Teilzeit-Wohnrechteverträge sollen den Verbraucher schützen. Der Gesetzgeber hat den Schutz des Verbrauchers auf ähnliche Gestaltungsformen erstreckt (langfristige Urlaubsprodukte, Vermittlungs- und Tauschsystemverträge).

VIII. Immobilien-Teilverkauf-Verträge

In den letzten Jahren hat sich im Immobilienmarkt in Gestalt des Immobilien-Teilverkaufs eine Vertragsgestaltung entwickelt, die es vor allem der älteren Generation gestatten soll, Teile ihres Grundvermögens zur Verbesserung ihrer Liquidität zu veräußern, ohne die gewohnte häusliche Umgebung aufgeben zu müssen (sog. „Immobilienverrentung"). Neben dem Verkauf und der Veräußerung eines Miteigentumsanteils an den Investor enthält das Vertragswerk Bestimmungen zum insolvenzfesten Nießbrauch der Verkäufer am Grundstück, eine Miteigentümervereinbarung sowie Bestimmungen zum fortlaufenden Nutzungsentgelt der Verkäufer, zur Beteiligung der Verkäufer an Instandhaltungskosten, zu den Voraussetzungen eines Gesamtverkaufs der Immobilie im Falle einer wirtschaftlichen Notlage der Verkäufer, und zur Abwicklung eines Gesamtverkaufs im Falle einer solchen Notlage oder im Erbfalle unter Mitwirkung der Erben, schließlich zur Rückkaufsmöglichkeit der Verkäufer und ihrer Erben. Von einem „Sorglospaket" für alte Menschen sollte man dabei ohne die nötige Vorsicht nicht ausgehen, was in der Natur der Sache liegt, weil der wirtschaftliche Spielraum für eine Verbesserung der Liquidität der Verkäufer bei ausreichender Beachtung der Refinanzierungsinteressen der kaufenden Investoren und in ihrer Höhe teilweise ungewisser Instandhaltungskosten und öffentlicher Lasten nicht unbeschränkt ist. So bedarf es einer sorgfältigen Prüfung der Wirtschaftlichkeit und wirtschaftlicher Risiken im Einzelfall, die fachliche neutrale Beratung voraussetzt. Der beurkundende Notar prüft zwar drohende rechtliche Risiken und muss um ihre Vermeidung oder ausgewogene Verteilung bemüht sein, die Beurteilung der Wirtschaftlichkeit des Projekts und wirtschaftlicher Risiken im Einzelfall liegt aber wie immer nicht in seiner Verantwortung, sieht man von Fällen evident unredlicher Gestaltung ab, die zu entsprechenden Hinweisen führen muss und gegebenenfalls zur Ablehnung einer Beurkundung. Inzwischen hat die Bundesanstalt für Finanzdienstleistungsaufsicht (BaFin) entsprechende Hinweise gegeben, ebenso gibt es Hinweise der Verbraucherschutzzentrale und die Beratung durch Verbraucherschutzinstitutionen. Eine Initiative der deutschen Immobilien-Teilverkauf-Anbieter bemüht sich um Formen freiwilliger Selbstverpflichtung zur Einhaltung transparenter vetraglicher Standards. Alles in allem ein neues Vertragsmodell, von dem nur mit der nötigen Behutsamkeit Gebrauch gemacht werden sollte.

IX. Grundlegende Bedeutung des Grundeigentums

„Das Eigentum ist ein elementares Grundrecht, das in einem inneren Zusammenhang mit der Garantie der persönlichen Freiheit steht. Ihm kommt im Gefüge der Grundrechte die Aufgabe zu, dem Träger des Grundrechts einen Freiheitsraum im vermögensrechtlichen Bereich sicherzustellen und ihm damit eine eigenverantwortliche Gestaltung des Lebens zu ermöglichen. Die Garantie des Eigentums als Rechtseinrichtung dient der Sicherung dieses Grundrechts. Das Grundrecht des Einzelnen setzt das Rechtsinstitut „Eigentum" voraus; es wäre nicht wirksam gewährleistet, wenn der Gesetzgeber an die Stelle des Privateigentums etwas setzen könnte, was den Namen „Eigentum" nicht mehr verdient" (BVerfGE 24, S. 367, 389). Für Gesellschaft und Wirtschaft der Bundesrepublik sind das Grundeigentum und die Möglichkeit, Grundeigentum zu erwerben, selbstverständlicher Ausgangspunkt rechtlichen Denkens und wirtschaftlichen Planens. Ob das Recht auf Grundeigentum ein Menschenrecht ist, erscheint bis heute umstritten und ungesichert. Der Zusammenbruch sozialistischer Systeme, die diesem Gedanken eher ablehnend gegenübergestanden haben, gibt der Lehre vom Grundeigentum als Menschenrecht neuen Auftrieb: zu eng ist der Zusammenhang zwischen persönlicher Freiheit und räumlicher Unabhängigkeit. „Würde des Menschen: Nichts mehr davon, ich bitt' euch. Zu essen gebt ihm, zu wohnen. Habt ihr die Blöße bedeckt, gibt sich die Würde von selbst" (Friedrich Schiller, Epigramme). Es ist Aufgabe einer freien Gesellschaft, Konzentration und Monopolisierung von Grundeigentum zu verhindern, um möglichst jedermann eine faire Erwerbschance zur persönlichen Grundversorgung zu erhalten und zu schaffen. Die Streuung des Grundeigentums ist ein wichtiger stabilisierender Faktor freiheitlicher Grundordnung. Die deutsche Gesellschaftspolitik der letzten Jahrzehnte mag diesem Zusammenhang bei immer stärkeren Kürzungen öffentlicher Förderung des Erwerbs eigenen Wohnungseigentums gerade durch den „kleinen Mann" allzu geringe Bedeutung beigemessen haben, vor allem in den großen Ballungsgebieten. Deutschland ist auf diesem Gebiet in Europa durchaus nicht vorbildlich, weshalb sich insoweit für die Zukunft ein Umdenken und deutlich verstärkte Förderungsmaßnahmen empfehlen könnten.

1. Bürgerliches Gesetzbuch (BGB)[1) 2)]

In der Fassung der Bekanntmachung vom 2. Januar 2002[3)]
(BGBl. I S. 42, ber. S. 2909 und 2003 I S. 738)

FNA 400-2

zuletzt geänd. durch Art. 1 G zur Ermöglichung hybrider und virtueller Mitgliederversammlungen im Vereinsrecht v. 14.3.2023 (BGBl. I Nr. 72)

– Auszug –

[1)] **Amtl. Anm.:** Dieses Gesetz dient der Umsetzung folgender Richtlinien:

1. Richtlinie 76/207/EWG des Rates vom 9. Februar 1976 zur Verwirklichung des Grundsatzes der Gleichbehandlung von Männern und Frauen hinsichtlich des Zugangs zur Beschäftigung, zur Berufsbildung und zum beruflichen Aufstieg sowie in Bezug auf die Arbeitsbedingungen (ABl. EG Nr. L 39 S. 40),
2. Richtlinie 77/187/EWG des Rates vom 14. Februar 1977 zur Angleichung der Rechtsvorschriften der Mitgliedstaaten über die Wahrung von Ansprüchen der Arbeitnehmer beim Übergang von Unternehmen, Betrieben oder Betriebsteilen (ABl. EG Nr. L 61 S. 26),
3. Richtlinie 85/577/EWG des Rates vom 20. Dezember 1985 betreffend den Verbraucherschutz im Falle von außerhalb von Geschäftsräumen geschlossenen Verträgen (ABl. EG Nr. L 372 S. 31),
4. Richtlinie 87/102/EWG des Rates zur Angleichung der Rechts- und Verwaltungsvorschriften der Mitgliedstaaten über den Verbraucherkredit (ABl. EG Nr. L 42 S. 48), zuletzt geändert durch die Richtlinie 98/7/EG des Europäischen Parlaments und des Rates vom 16. Februar 1998 zur Änderung der Richtlinie 87/102/EWG zur Angleichung der Rechts- und Verwaltungsvorschriften der Mitgliedstaaten über den Verbraucherkredit (ABl. EG Nr. L 101 S. 17),
5. Richtlinie 90/314/EWG des Europäischen Parlaments und des Rates vom 13. Juni 1990 über Pauschalreisen (ABl. EG Nr. L 158 S. 59),
6. Richtlinie 93/13/EWG des Rates vom 5. April 1993 über missbräuchliche Klauseln in Verbraucherverträgen (ABl. EG Nr. L 95 S. 29),
7. Richtlinie 94/47/EG des Europäischen Parlaments und des Rates vom 26. Oktober 1994 zum Schutz der Erwerber im Hinblick auf bestimmte Aspekte von Verträgen über den Erwerb von Teilzeitnutzungsrechten an Immobilien (ABl. EG Nr. L 280 S. 82),
8. der Richtlinie 97/5/EG des Europäischen Parlaments und des Rates vom 27. Januar 1997 über grenzüberschreitende Überweisungen (ABl. EG Nr. L 43 S. 25),
9. Richtlinie 97/7/EG des Europäischen Parlaments und des Rates vom 20. Mai 1997 über den Verbraucherschutz bei Vertragsabschlüssen im Fernabsatz (ABl. EG Nr. L 144 S. 19),
10. Artikel 3 bis 5 der Richtlinie 98/26/EG des Europäischen Parlaments und des Rates über die Wirksamkeit von Abrechnungen in Zahlungs- und Wertpapierliefer- und -abrechnungssystemen vom 19. Mai 1998 (ABl. EG Nr. L 166 S. 45),
11. Richtlinie 1999/44/EG des Europäischen Parlaments und des Rates vom 25. Mai 1999 zu bestimmten Aspekten des Verbrauchsgüterkaufs und der Garantien für Verbrauchsgüter (ABl. EG Nr. L 171 S. 12),
12. Artikel 10, 11 und 18 der Richtlinie 2000/31/EG des Europäischen Parlaments und des Rates vom 8. Juni 2000 über bestimmte rechtliche Aspekte der Dienste der Informationsgesellschaft, insbesondere des elektronischen Geschäftsverkehrs, im Binnenmarkt („Richtlinie über den elektronischen Geschäftsverkehr“, ABl. EG Nr. L 178 S. 1),
13. Richtlinie 2000/35/EG des Europäischen Parlaments und des Rates vom 29. Juni 2000 zur Bekämpfung von Zahlungsverzug im Geschäftsverkehr (ABl. EG Nr. L 200 S. 35).

[2)] Wegen der Übergangsregelung zum Inkrafttreten des SchuldrechtsmodernisierungsG beachte Art. 229 §§ 5–7 EGBGB **(dtv 5001 BGB Nr. 2)**.

[3)] Neubekanntmachung des BGB v. 18.8.1896 (RGBl. S. 195) in der ab 1.1.2002 geltenden Fassung.

Buch 1. Allgemeiner Teil

Abschnitt 1. Personen

§§ 1–89 *(vom Abdruck wurde abgesehen)*

Abschnitt 2. Sachen und Tiere

§ 90 Begriff der Sache. Sachen im Sinne des Gesetzes sind nur körperliche Gegenstände.

§ 90a Tiere. [1] Tiere sind keine Sachen. [2] Sie werden durch besondere Gesetze geschützt. [3] Auf sie sind die für Sachen geltenden Vorschriften entsprechend anzuwenden, soweit nicht etwas anderes bestimmt ist.

§ 91 Vertretbare Sachen. Vertretbare Sachen im Sinne des Gesetzes sind bewegliche Sachen, die im Verkehr nach Zahl, Maß oder Gewicht bestimmt zu werden pflegen.

§ 92 Verbrauchbare Sachen. (1) Verbrauchbare Sachen im Sinne des Gesetzes sind bewegliche Sachen, deren bestimmungsmäßiger Gebrauch in dem Verbrauch oder in der Veräußerung besteht.

(2) Als verbrauchbar gelten auch bewegliche Sachen, die zu einem Warenlager oder zu einem sonstigen Sachinbegriff gehören, dessen bestimmungsmäßiger Gebrauch in der Veräußerung der einzelnen Sachen besteht.

§ 93 Wesentliche Bestandteile einer Sache. Bestandteile einer Sache, die voneinander nicht getrennt werden können, ohne dass der eine oder der andere zerstört oder in seinem Wesen verändert wird (wesentliche Bestandteile), können nicht Gegenstand besonderer Rechte sein.[1)]

§ 94[2)] Wesentliche Bestandteile eines Grundstücks oder Gebäudes.

(1) [1] Zu den wesentlichen Bestandteilen eines Grundstücks gehören die mit dem Grund und Boden fest verbundenen Sachen, insbesondere Gebäude, sowie die Erzeugnisse des Grundstücks, solange sie mit dem Boden zusammenhängen. [2] Samen wird mit dem Aussäen, eine Pflanze wird mit dem Einpflanzen wesentlicher Bestandteil des Grundstücks.

(2) Zu den wesentlichen Bestandteilen eines Gebäudes gehören die zur Herstellung des Gebäudes eingefügten Sachen.

§ 95 Nur vorübergehender Zweck. (1) [1] Zu den Bestandteilen eines Grundstücks gehören solche Sachen nicht, die nur zu einem vorübergehenden Zweck mit dem Grund und Boden verbunden sind. [2] Das Gleiche gilt von einem Gebäude oder anderen Werk, das in Ausübung eines Rechts an einem fremden Grundstück von dem Berechtigten mit dem Grundstück verbunden worden ist.

(2) Sachen, die nur zu einem vorübergehenden Zwecke in ein Gebäude eingefügt sind, gehören nicht zu den Bestandteilen des Gebäudes.

1) Beachte hierzu das Wohnungseigentumsgesetz (Nr. **3**).

2) Wegen des für das Gebiet der ehem. DDR geltenden Übergangsrechts zu § 94 beachte Art. 231 § 5 EGBGB **(dtv 5001 BGB Nr. 2)**.

§ 96 Rechte als Bestandteile eines Grundstücks. Rechte, die mit dem Eigentum an einem Grundstück verbunden sind, gelten als Bestandteile des Grundstücks.

§ 97 Zubehör. (1) [1] Zubehör sind bewegliche Sachen, die, ohne Bestandteile der Hauptsache zu sein, dem wirtschaftlichen Zwecke der Hauptsache zu dienen bestimmt sind und zu ihr in einem dieser Bestimmung entsprechenden räumlichen Verhältnis stehen. [2] Eine Sache ist nicht Zubehör, wenn sie im Verkehr nicht als Zubehör angesehen wird.

(2) [1] Die vorübergehende Benutzung einer Sache für den wirtschaftlichen Zweck einer anderen begründet nicht die Zubehöreigenschaft. [2] Die vorübergehende Trennung eines Zubehörstücks von der Hauptsache hebt die Zubehöreigenschaft nicht auf.

§ 98 Gewerbliches und landwirtschaftliches Inventar. Dem wirtschaftlichen Zwecke der Hauptsache sind zu dienen bestimmt:

1. bei einem Gebäude, das für einen gewerblichen Betrieb dauernd eingerichtet ist, insbesondere bei einer Mühle, einer Schmiede, einem Brauhaus, einer Fabrik, die zu dem Betrieb bestimmten Maschinen und sonstigen Gerätschaften,
2. bei einem Landgut das zum Wirtschaftsbetrieb bestimmte Gerät und Vieh, die landwirtschaftlichen Erzeugnisse, soweit sie zur Fortführung der Wirtschaft bis zu der Zeit erforderlich sind, zu welcher gleiche oder ähnliche Erzeugnisse voraussichtlich gewonnen werden, sowie der vorhandene, auf dem Gut gewonnene Dünger.

§ 99 Früchte. (1) Früchte einer Sache sind die Erzeugnisse der Sache und die sonstige Ausbeute, welche aus der Sache ihrer Bestimmung gemäß gewonnen wird.

(2) Früchte eines Rechts sind die Erträge, welche das Recht seiner Bestimmung gemäß gewährt, insbesondere bei einem Recht auf Gewinnung von Bodenbestandteilen die gewonnenen Bestandteile.

(3) Früchte sind auch die Erträge, welche eine Sache oder ein Recht vermöge eines Rechtsverhältnisses gewährt.

§ 100 Nutzungen. Nutzungen sind die Früchte einer Sache oder eines Rechts sowie die Vorteile, welche der Gebrauch der Sache oder des Rechts gewährt.

§ 101 Verteilung der Früchte. Ist jemand berechtigt, die Früchte einer Sache oder eines Rechts bis zu einer bestimmten Zeit oder von einer bestimmten Zeit an zu beziehen, so gebühren ihm, sofern nicht ein anderes bestimmt ist:

1. die in § 99 Abs. 1 bezeichneten Erzeugnisse und Bestandteile, auch wenn er sie als Früchte eines Rechts zu beziehen hat, insoweit, als sie während der Dauer der Berechtigung von der Sache getrennt werden,
2. andere Früchte insoweit, als sie während der Dauer der Berechtigung fällig werden; bestehen jedoch die Früchte in der Vergütung für die Überlassung des Gebrauchs oder des Fruchtgenusses, in Zinsen, Gewinnanteilen oder

anderen regelmäßig wiederkehrenden Erträgen, so gebührt dem Berechtigten ein der Dauer seiner Berechtigung entsprechender Teil.

§ 102 Ersatz der Gewinnungskosten. Wer zur Herausgabe von Früchten verpflichtet ist, kann Ersatz der auf die Gewinnung der Früchte verwendeten Kosten insoweit verlangen, als sie einer ordnungsmäßigen Wirtschaft entsprechen und den Wert der Früchte nicht übersteigen.

§ 103 Verteilung der Lasten. Wer verpflichtet ist, die Lasten einer Sache oder eines Rechts bis zu einer bestimmten Zeit oder von einer bestimmten Zeit an zu tragen, hat, sofern nicht ein anderes bestimmt ist, die regelmäßig wiederkehrenden Lasten nach dem Verhältnis der Dauer seiner Verpflichtung, andere Lasten insoweit zu tragen, als sie während der Dauer seiner Verpflichtung zu entrichten sind.

Abschnitt 3. Rechtsgeschäfte

Titel 1. Geschäftsfähigkeit

§§ 104–115 *(vom Abdruck wurde abgesehen)*

Titel 2. Willenserklärung

§ 116 Geheimer Vorbehalt. [1] Eine Willenserklärung ist nicht deshalb nichtig, weil sich der Erklärende insgeheim vorbehält, das Erklärte nicht zu wollen. [2] Die Erklärung ist nichtig, wenn sie einem anderen gegenüber abzugeben ist und dieser den Vorbehalt kennt.

§ 117 Scheingeschäft. (1) Wird eine Willenserklärung, die einem anderen gegenüber abzugeben ist, mit dessen Einverständnis nur zum Schein abgegeben, so ist sie nichtig.

(2) Wird durch ein Scheingeschäft ein anderes Rechtsgeschäft verdeckt, so finden die für das verdeckte Rechtsgeschäft geltenden Vorschriften Anwendung.

§ 118 Mangel der Ernstlichkeit. Eine nicht ernstlich gemeinte Willenserklärung, die in der Erwartung abgegeben wird, der Mangel der Ernstlichkeit werde nicht verkannt werden, ist nichtig.

§ 119 Anfechtbarkeit wegen Irrtums. (1) Wer bei der Abgabe einer Willenserklärung über deren Inhalt im Irrtum war oder eine Erklärung dieses Inhalts überhaupt nicht abgeben wollte, kann die Erklärung anfechten, wenn anzunehmen ist, dass er sie bei Kenntnis der Sachlage und bei verständiger Würdigung des Falles nicht abgegeben haben würde.

(2) Als Irrtum über den Inhalt der Erklärung gilt auch der Irrtum über solche Eigenschaften der Person oder der Sache, die im Verkehr als wesentlich angesehen werden.

§ 120 Anfechtbarkeit wegen falscher Übermittlung. Eine Willenserklärung, welche durch die zur Übermittlung verwendete Person oder Einrichtung unrichtig übermittelt worden ist, kann unter der gleichen Voraussetzung angefochten werden wie nach § 119 eine irrtümlich abgegebene Willenserklärung.

§ 121 Anfechtungsfrist. (1) [1] Die Anfechtung muss in den Fällen der §§ 119, 120 ohne schuldhaftes Zögern (unverzüglich) erfolgen, nachdem der Anfechtungsberechtigte von dem Anfechtungsgrund Kenntnis erlangt hat. [2] Die einem Abwesenden gegenüber erfolgte Anfechtung gilt als rechtzeitig erfolgt, wenn die Anfechtungserklärung unverzüglich abgesendet worden ist.

(2) Die Anfechtung ist ausgeschlossen, wenn seit der Abgabe der Willenserklärung zehn Jahre verstrichen sind.

§ 122 Schadensersatzpflicht des Anfechtenden. (1) Ist eine Willenserklärung nach § 118 nichtig oder auf Grund der §§ 119, 120 angefochten, so hat der Erklärende, wenn die Erklärung einem anderen gegenüber abzugeben war, diesem, andernfalls jedem Dritten den Schaden zu ersetzen, den der andere oder der Dritte dadurch erleidet, dass er auf die Gültigkeit der Erklärung vertraut, jedoch nicht über den Betrag des Interesses hinaus, welches der andere oder der Dritte an der Gültigkeit der Erklärung hat.

(2) Die Schadensersatzpflicht tritt nicht ein, wenn der Beschädigte den Grund der Nichtigkeit oder der Anfechtbarkeit kannte oder infolge von Fahrlässigkeit nicht kannte (kennen musste).

§ 123 Anfechtbarkeit wegen Täuschung oder Drohung. (1) Wer zur Abgabe einer Willenserklärung durch arglistige Täuschung oder widerrechtlich durch Drohung bestimmt worden ist, kann die Erklärung anfechten.

(2) [1] Hat ein Dritter die Täuschung verübt, so ist eine Erklärung, die einem anderen gegenüber abzugeben war, nur dann anfechtbar, wenn dieser die Täuschung kannte oder kennen musste. [2] Soweit ein anderer als derjenige, welchem gegenüber die Erklärung abzugeben war, aus der Erklärung unmittelbar ein Recht erworben hat, ist die Erklärung ihm gegenüber anfechtbar, wenn er die Täuschung kannte oder kennen musste.

§ 124 Anfechtungsfrist. (1) Die Anfechtung einer nach § 123 anfechtbaren Willenserklärung kann nur binnen Jahresfrist erfolgen.

(2) [1] Die Frist beginnt im Falle der arglistigen Täuschung mit dem Zeitpunkt, in welchem der Anfechtungsberechtigte die Täuschung entdeckt, im Falle der Drohung mit dem Zeitpunkt, in welchem die Zwangslage aufhört. [2] Auf den Lauf der Frist finden die für die Verjährung geltenden Vorschriften der §§ 206, 210 und 211 entsprechende Anwendung.

(3) Die Anfechtung ist ausgeschlossen, wenn seit der Abgabe der Willenserklärung zehn Jahre verstrichen sind.

§ 125 Nichtigkeit wegen Formmangels. [1] Ein Rechtsgeschäft, welches der durch Gesetz vorgeschriebenen Form ermangelt, ist nichtig. [2] Der Mangel der durch Rechtsgeschäft bestimmten Form hat im Zweifel gleichfalls Nichtigkeit zur Folge.

§ 126 Schriftform. (1) Ist durch Gesetz schriftliche Form vorgeschrieben, so muss die Urkunde von dem Aussteller eigenhändig durch Namensunterschrift oder mittels notariell beglaubigten Handzeichens unterzeichnet werden.

(2) [1] Bei einem Vertrag muss die Unterzeichnung der Parteien auf derselben Urkunde erfolgen. [2] Werden über den Vertrag mehrere gleichlautende Urkunden aufgenommen, so genügt es, wenn jede Partei die für die andere Partei bestimmte Urkunde unterzeichnet.

(3) Die schriftliche Form kann durch die elektronische Form ersetzt werden, wenn sich nicht aus dem Gesetz ein anderes ergibt.

(4) Die schriftliche Form wird durch die notarielle Beurkundung[1)] ersetzt.

§ 126a Elektronische Form. (1) Soll die gesetzlich vorgeschriebene schriftliche Form durch die elektronische Form ersetzt werden, so muss der Aussteller der Erklärung dieser seinen Namen hinzufügen und das elektronische Dokument mit seiner qualifizierten elektronischen Signatur versehen.

(2) Bei einem Vertrag müssen die Parteien jeweils ein gleichlautendes Dokument in der in Absatz 1 bezeichneten Weise elektronisch signieren.

§ 126b Textform. [1] Ist durch Gesetz Textform vorgeschrieben, so muss eine lesbare Erklärung, in der die Person des Erklärenden genannt ist, auf einem dauerhaften Datenträger abgegeben werden. [2] Ein dauerhafter Datenträger ist jedes Medium, das

1. es dem Empfänger ermöglicht, eine auf dem Datenträger befindliche, an ihn persönlich gerichtete Erklärung so aufzubewahren oder zu speichern, dass sie ihm während eines für ihren Zweck angemessenen Zeitraums zugänglich ist, und
2. geeignet ist, die Erklärung unverändert wiederzugeben.

§ 127 Vereinbarte Form. (1) Die Vorschriften des § 126, des § 126a oder des § 126b gelten im Zweifel auch für die durch Rechtsgeschäft bestimmte Form.

(2) [1] Zur Wahrung der durch Rechtsgeschäft bestimmten schriftlichen Form genügt, soweit nicht ein anderer Wille anzunehmen ist, die telekommunikative Übermittlung und bei einem Vertrag der Briefwechsel. [2] Wird eine solche Form gewählt, so kann nachträglich eine dem § 126 entsprechende Beurkundung verlangt werden.

(3) [1] Zur Wahrung der durch Rechtsgeschäft bestimmten elektronischen Form genügt, soweit nicht ein anderer Wille anzunehmen ist, auch eine andere als die in § 126a bestimmte elektronische Signatur und bei einem Vertrag der Austausch von Angebots- und Annahmeerklärung, die jeweils mit einer elektronischen Signatur versehen sind. [2] Wird eine solche Form gewählt, so kann nachträglich eine dem § 126a entsprechende elektronische Signierung oder, wenn diese einer der Parteien nicht möglich ist, eine dem § 126 entsprechende Beurkundung verlangt werden.

§ 127a Gerichtlicher Vergleich. Die notarielle Beurkundung wird bei einem gerichtlichen Vergleich durch die Aufnahme der Erklärungen in ein nach den Vorschriften der Zivilprozessordnung[2)] errichtetes Protokoll ersetzt.

§ 128 Notarielle Beurkundung. Ist durch Gesetz notarielle Beurkundung[1)] eines Vertrags vorgeschrieben, so genügt es, wenn zunächst der Antrag und sodann die Annahme des Antrags von einem Notar beurkundet wird.

1) Beachte das Beurkundungsgesetz (auszugsweise abgedruckt unter Nr. **5**).
2) Auszugsweise abgedruckt unter Nr. **12**.

§ 129 Öffentliche Beglaubigung. (1) [1] Ist für eine Erklärung durch Gesetz öffentliche Beglaubigung vorgeschrieben, so muss die Erklärung

1. in schriftlicher Form abgefasst und die Unterschrift des Erklärenden von einem Notar beglaubigt werden oder
2. in elektronischer Form abgefasst und die qualifizierte elektronische Signatur des Erklärenden von einem Notar beglaubigt werden.

[2] In dem Gesetz kann vorgesehen werden, dass eine Erklärung nur nach Satz 1 Nummer 1 oder nach Satz 1 Nummer 2 öffentlich beglaubigt werden kann.

(2) Wurde eine Erklärung in schriftlicher Form von dem Erklärenden mittels notariell beglaubigten Handzeichens unterzeichnet, so erfüllt die Erklärung auch die Anforderungen nach Absatz 1 Satz 1 Nummer 1.

(3) Die öffentliche Beglaubigung wird durch die notarielle Beurkundung ersetzt.

§ 130 Wirksamwerden der Willenserklärung gegenüber Abwesenden.

(1) [1] Eine Willenserklärung, die einem anderen gegenüber abzugeben ist, wird, wenn sie in dessen Abwesenheit abgegeben wird, in dem Zeitpunkt wirksam, in welchem sie ihm zugeht. [2] Sie wird nicht wirksam, wenn dem anderen vorher oder gleichzeitig ein Widerruf zugeht.

(2) Auf die Wirksamkeit der Willenserklärung ist es ohne Einfluss, wenn der Erklärende nach der Abgabe stirbt oder geschäftsunfähig wird.

(3) Diese Vorschriften finden auch dann Anwendung, wenn die Willenserklärung einer Behörde gegenüber abzugeben ist.

§ 131 Wirksamwerden gegenüber nicht voll Geschäftsfähigen.

(1) Wird die Willenserklärung einem Geschäftsunfähigen gegenüber abgegeben, so wird sie nicht wirksam, bevor sie dem gesetzlichen Vertreter zugeht.

(2) [1] Das Gleiche gilt, wenn die Willenserklärung einer in der Geschäftsfähigkeit beschränkten Person gegenüber abgegeben wird. [2] Bringt die Erklärung jedoch der in der Geschäftsfähigkeit beschränkten Person lediglich einen rechtlichen Vorteil oder hat der gesetzliche Vertreter seine Einwilligung erteilt, so wird die Erklärung in dem Zeitpunkt wirksam, in welchem sie ihr zugeht.

§ 132 Ersatz des Zugehens durch Zustellung. (1) [1] Eine Willenserklärung gilt auch dann als zugegangen, wenn sie durch Vermittlung eines Gerichtsvollziehers zugestellt worden ist. [2] Die Zustellung erfolgt nach den Vorschriften der Zivilprozessordnung[1)].

(2) [1] Befindet sich der Erklärende über die Person desjenigen, welchem gegenüber die Erklärung abzugeben ist, in einer nicht auf Fahrlässigkeit beruhenden Unkenntnis oder ist der Aufenthalt dieser Person unbekannt, so kann die Zustellung nach den für die öffentliche Zustellung geltenden Vorschriften der Zivilprozessordnung[1)] erfolgen. [2] Zuständig für die Bewilligung ist im ersteren Falle das Amtsgericht, in dessen Bezirk der Erklärende seinen Wohnsitz oder in Ermangelung eines inländischen Wohnsitzes seinen Aufenthalt hat, im letzteren Falle das Amtsgericht, in dessen Bezirk die Person, welcher zuzustellen ist, den letzten Wohnsitz oder in Ermangelung eines inländischen Wohnsitzes den letzten Aufenthalt hatte.

1) Auszugsweise abgedruckt unter Nr. **12**.

§ 133 Auslegung einer Willenserklärung. Bei der Auslegung einer Willenserklärung ist der wirkliche Wille zu erforschen und nicht an dem buchstäblichen Sinne des Ausdrucks zu haften.

§ 134 Gesetzliches Verbot. Ein Rechtsgeschäft, das gegen ein gesetzliches Verbot verstößt, ist nichtig, wenn sich nicht aus dem Gesetz ein anderes ergibt.

§ 135 Gesetzliches Veräußerungsverbot. (1) [1] Verstößt die Verfügung über einen Gegenstand gegen ein gesetzliches Veräußerungsverbot, das nur den Schutz bestimmter Personen bezweckt, so ist sie nur diesen Personen gegenüber unwirksam. [2] Der rechtsgeschäftlichen Verfügung steht eine Verfügung gleich, die im Wege der Zwangsvollstreckung oder der Arrestvollziehung erfolgt.

(2) Die Vorschriften zugunsten derjenigen, welche Rechte von einem Nichtberechtigten herleiten, finden entsprechende Anwendung.

§ 136 Behördliches Veräußerungsverbot. Ein Veräußerungsverbot, das von einem Gericht oder von einer anderen Behörde innerhalb ihrer Zuständigkeit erlassen wird, steht einem gesetzlichen Veräußerungsverbot der in § 135 bezeichneten Art gleich.

§ 137 Rechtsgeschäftliches Verfügungsverbot. [1] Die Befugnis zur Verfügung über ein veräußerliches Recht kann nicht durch Rechtsgeschäft ausgeschlossen oder beschränkt werden. [2] Die Wirksamkeit einer Verpflichtung, über ein solches Recht nicht zu verfügen, wird durch diese Vorschrift nicht berührt.

§ 138 Sittenwidriges Rechtsgeschäft; Wucher. (1) Ein Rechtsgeschäft, das gegen die guten Sitten verstößt, ist nichtig.

(2) Nichtig ist insbesondere ein Rechtsgeschäft, durch das jemand unter Ausbeutung der Zwangslage, der Unerfahrenheit, des Mangels an Urteilsvermögen oder der erheblichen Willensschwäche eines anderen sich oder einem Dritten für eine Leistung Vermögensvorteile versprechen oder gewähren lässt, die in einem auffälligen Missverhältnis zu der Leistung stehen.

§ 139 Teilnichtigkeit. Ist ein Teil eines Rechtsgeschäfts nichtig, so ist das ganze Rechtsgeschäft nichtig, wenn nicht anzunehmen ist, dass es auch ohne den nichtigen Teil vorgenommen sein würde.

§ 140 Umdeutung. Entspricht ein nichtiges Rechtsgeschäft den Erfordernissen eines anderen Rechtsgeschäfts, so gilt das letztere, wenn anzunehmen ist, dass dessen Geltung bei Kenntnis der Nichtigkeit gewollt sein würde.

§ 141 Bestätigung des nichtigen Rechtsgeschäfts. (1) Wird ein nichtiges Rechtsgeschäft von demjenigen, welcher es vorgenommen hat, bestätigt, so ist die Bestätigung als erneute Vornahme zu beurteilen.

(2) Wird ein nichtiger Vertrag von den Parteien bestätigt, so sind diese im Zweifel verpflichtet, einander zu gewähren, was sie haben würden, wenn der Vertrag von Anfang an gültig gewesen wäre.

§ 142 Wirkung der Anfechtung. (1) Wird ein anfechtbares Rechtsgeschäft angefochten, so ist es als von Anfang an nichtig anzusehen.

(2) Wer die Anfechtbarkeit kannte oder kennen musste, wird, wenn die Anfechtung erfolgt, so behandelt, wie wenn er die Nichtigkeit des Rechtsgeschäfts gekannt hätte oder hätte kennen müssen.

§ 143 Anfechtungserklärung. (1) Die Anfechtung erfolgt durch Erklärung gegenüber dem Anfechtungsgegner.

(2) Anfechtungsgegner ist bei einem Vertrag der andere Teil, im Falle des § 123 Abs. 2 Satz 2 derjenige, welcher aus dem Vertrag unmittelbar ein Recht erworben hat.

(3) [1] Bei einem einseitigen Rechtsgeschäft, das einem anderen gegenüber vorzunehmen war, ist der andere der Anfechtungsgegner. [2] Das Gleiche gilt bei einem Rechtsgeschäft, das einem anderen oder einer Behörde gegenüber vorzunehmen war, auch dann, wenn das Rechtsgeschäft der Behörde gegenüber vorgenommen worden ist.

(4) [1] Bei einem einseitigen Rechtsgeschäft anderer Art ist Anfechtungsgegner jeder, der auf Grund des Rechtsgeschäfts unmittelbar einen rechtlichen Vorteil erlangt hat. [2] Die Anfechtung kann jedoch, wenn die Willenserklärung einer Behörde gegenüber abzugeben war, durch Erklärung gegenüber der Behörde erfolgen; die Behörde soll die Anfechtung demjenigen mitteilen, welcher durch das Rechtsgeschäft unmittelbar betroffen worden ist.

§ 144 Bestätigung des anfechtbaren Rechtsgeschäfts. (1) Die Anfechtung ist ausgeschlossen, wenn das anfechtbare Rechtsgeschäft von dem Anfechtungsberechtigten bestätigt wird.

(2) Die Bestätigung bedarf nicht der für das Rechtsgeschäft bestimmten Form.

Titel 3. Vertrag[1)]

§ 145 Bindung an den Antrag. Wer einem anderen die Schließung eines Vertrags anträgt, ist an den Antrag gebunden, es sei denn, dass er die Gebundenheit ausgeschlossen hat.

§ 146 Erlöschen des Antrags. Der Antrag erlischt, wenn er dem Antragenden gegenüber abgelehnt oder wenn er nicht diesem gegenüber nach den §§ 147 bis 149 rechtzeitig angenommen wird.

§ 147 Annahmefrist. (1) [1] Der einem Anwesenden gemachte Antrag kann nur sofort angenommen werden. [2] Dies gilt auch von einem mittels Fernsprechers oder einer sonstigen technischen Einrichtung von Person zu Person gemachten Antrag.

(2) Der einem Abwesenden gemachte Antrag kann nur bis zu dem Zeitpunkt angenommen werden, in welchem der Antragende den Eingang der Antwort unter regelmäßigen Umständen erwarten darf.

[1)] Beachte hierzu auch das Übereinkommen der Vereinten Nationen über Verträge über den internationalen Warenkauf v. 11.4.1980 (BGBl. 1989 II S. 586, 588, ber. 1990 II S. 1699).

§ 148 Bestimmung einer Annahmefrist. Hat der Antragende für die Annahme des Antrags eine Frist bestimmt, so kann die Annahme nur innerhalb der Frist erfolgen.

§ 149 Verspätet zugegangene Annahmeerklärung. [1] Ist eine dem Antragenden verspätet zugegangene Annahmeerklärung dergestalt abgesendet worden, dass sie bei regelmäßiger Beförderung ihm rechtzeitig zugegangen sein würde, und musste der Antragende dies erkennen, so hat er die Verspätung dem Annehmenden unverzüglich nach dem Empfang der Erklärung anzuzeigen, sofern es nicht schon vorher geschehen ist. [2] Verzögert er die Absendung der Anzeige, so gilt die Annahme als nicht verspätet.

§ 150 Verspätete und abändernde Annahme. (1) Die verspätete Annahme eines Antrags gilt als neuer Antrag.

(2) Eine Annahme unter Erweiterungen, Einschränkungen oder sonstigen Änderungen gilt als Ablehnung verbunden mit einem neuen Antrag.

§ 151 Annahme ohne Erklärung gegenüber dem Antragenden. [1] Der Vertrag kommt durch die Annahme des Antrags zustande, ohne dass die Annahme dem Antragenden gegenüber erklärt zu werden braucht, wenn eine solche Erklärung nach der Verkehrssitte nicht zu erwarten ist oder der Antragende auf sie verzichtet hat. [2] Der Zeitpunkt, in welchem der Antrag erlischt, bestimmt sich nach dem aus dem Antrag oder den Umständen zu entnehmenden Willen des Antragenden.

§ 152 Annahme bei notarieller Beurkundung. [1] Wird ein Vertrag notariell beurkundet, ohne dass beide Teile gleichzeitig anwesend sind, so kommt der Vertrag mit der nach § 128 erfolgten Beurkundung der Annahme zustande, wenn nicht ein anderes bestimmt ist. [2] Die Vorschrift des § 151 Satz 2 findet Anwendung.

§ 153 Tod oder Geschäftsunfähigkeit des Antragenden. Das Zustandekommen des Vertrags wird nicht dadurch gehindert, dass der Antragende vor der Annahme stirbt oder geschäftsunfähig wird, es sei denn, dass ein anderer Wille des Antragenden anzunehmen ist.

§ 154 Offener Einigungsmangel; fehlende Beurkundung. (1) [1] Solange nicht die Parteien sich über alle Punkte eines Vertrags geeinigt haben, über die nach der Erklärung auch nur einer Partei eine Vereinbarung getroffen werden soll, ist im Zweifel der Vertrag nicht geschlossen. [2] Die Verständigung über einzelne Punkte ist auch dann nicht bindend, wenn eine Aufzeichnung stattgefunden hat.

(2) Ist eine Beurkundung des beabsichtigten Vertrags verabredet worden, so ist im Zweifel der Vertrag nicht geschlossen, bis die Beurkundung erfolgt ist.

§ 155 Versteckter Einigungsmangel. Haben sich die Parteien bei einem Vertrag, den sie als geschlossen ansehen, über einen Punkt, über den eine Vereinbarung getroffen werden sollte, in Wirklichkeit nicht geeinigt, so gilt das Vereinbarte, sofern anzunehmen ist, dass der Vertrag auch ohne eine Bestimmung über diesen Punkt geschlossen sein würde.

§ 156 Vertragsschluss bei Versteigerung. [1] Bei einer Versteigerung kommt der Vertrag erst durch den Zuschlag zustande. [2] Ein Gebot erlischt, wenn ein Übergebot abgegeben oder die Versteigerung ohne Erteilung des Zuschlags geschlossen wird.

§ 157 Auslegung von Verträgen. Verträge sind so auszulegen, wie Treu und Glauben mit Rücksicht auf die Verkehrssitte es erfordern.

Titel 4. Bedingung und Zeitbestimmung

§ 158 Aufschiebende und auflösende Bedingung. (1) Wird ein Rechtsgeschäft unter einer aufschiebenden Bedingung vorgenommen, so tritt die von der Bedingung abhängig gemachte Wirkung mit dem Eintritt der Bedingung ein.

(2) Wird ein Rechtsgeschäft unter einer auflösenden Bedingung vorgenommen, so endigt mit dem Eintritt der Bedingung die Wirkung des Rechtsgeschäfts; mit diesem Zeitpunkt tritt der frühere Rechtszustand wieder ein.

§ 159 Rückbeziehung. Sollen nach dem Inhalt des Rechtsgeschäfts die an den Eintritt der Bedingung geknüpften Folgen auf einen früheren Zeitpunkt zurückbezogen werden, so sind im Falle des Eintritts der Bedingung die Beteiligten verpflichtet, einander zu gewähren, was sie haben würden, wenn die Folgen in dem früheren Zeitpunkt eingetreten wären.

§ 160 Haftung während der Schwebezeit. (1) Wer unter einer aufschiebenden Bedingung berechtigt ist, kann im Falle des Eintritts der Bedingung Schadensersatz von dem anderen Teil verlangen, wenn dieser während der Schwebezeit das von der Bedingung abhängige Recht durch sein Verschulden vereitelt oder beeinträchtigt.

(2) Den gleichen Anspruch hat unter denselben Voraussetzungen bei einem unter einer auflösenden Bedingung vorgenommenen Rechtsgeschäft derjenige, zu dessen Gunsten der frühere Rechtszustand wieder eintritt.

§ 161 Unwirksamkeit von Verfügungen während der Schwebezeit.

(1) [1] Hat jemand unter einer aufschiebenden Bedingung über einen Gegenstand verfügt, so ist jede weitere Verfügung, die er während der Schwebezeit über den Gegenstand trifft, im Falle des Eintritts der Bedingung insoweit unwirksam, als sie die von der Bedingung abhängige Wirkung vereiteln oder beeinträchtigen würde. [2] Einer solchen Verfügung steht eine Verfügung gleich, die während der Schwebezeit im Wege der Zwangsvollstreckung oder der Arrestvollziehung oder durch den Insolvenzverwalter erfolgt.

(2) Dasselbe gilt bei einer auflösenden Bedingung von den Verfügungen desjenigen, dessen Recht mit dem Eintritt der Bedingung endigt.

(3) Die Vorschriften zugunsten derjenigen, welche Rechte von einem Nichtberechtigten herleiten, finden entsprechende Anwendung.

§ 162 Verhinderung oder Herbeiführung des Bedingungseintritts.

(1) Wird der Eintritt der Bedingung von der Partei, zu deren Nachteil er gereichen würde, wider Treu und Glauben verhindert, so gilt die Bedingung als eingetreten.

(2) Wird der Eintritt der Bedingung von der Partei, zu deren Vorteil er gereicht, wider Treu und Glauben herbeigeführt, so gilt der Eintritt als nicht erfolgt.

§ 163 Zeitbestimmung. Ist für die Wirkung eines Rechtsgeschäfts bei dessen Vornahme ein Anfangs- oder ein Endtermin bestimmt worden, so finden im ersteren Falle die für die aufschiebende, im letzteren Falle die für die auflösende Bedingung geltenden Vorschriften der §§ 158, 160, 161 entsprechende Anwendung.

Titel 5.[1] Vertretung und Vollmacht

§ 164 Wirkung der Erklärung des Vertreters. (1) [1] Eine Willenserklärung, die jemand innerhalb der ihm zustehenden Vertretungsmacht im Namen des Vertretenen abgibt, wirkt unmittelbar für und gegen den Vertretenen. [2] Es macht keinen Unterschied, ob die Erklärung ausdrücklich im Namen des Vertretenen erfolgt oder ob die Umstände ergeben, dass sie in dessen Namen erfolgen soll.

(2) Tritt der Wille, in fremdem Namen zu handeln, nicht erkennbar hervor, so kommt der Mangel des Willens, im eigenen Namen zu handeln, nicht in Betracht.

(3) Die Vorschriften des Absatzes 1 finden entsprechende Anwendung, wenn eine gegenüber einem anderen abzugebende Willenserklärung dessen Vertreter gegenüber erfolgt.

§ 165 Beschränkt geschäftsfähiger Vertreter. Die Wirksamkeit einer von oder gegenüber einem Vertreter abgegebenen Willenserklärung wird nicht dadurch beeinträchtigt, dass der Vertreter in der Geschäftsfähigkeit beschränkt ist.

§ 166 Willensmängel; Wissenszurechnung. (1) Soweit die rechtlichen Folgen einer Willenserklärung durch Willensmängel oder durch die Kenntnis oder das Kennenmüssen gewisser Umstände beeinflusst werden, kommt nicht die Person des Vertretenen, sondern die des Vertreters in Betracht.

(2) [1] Hat im Falle einer durch Rechtsgeschäft erteilten Vertretungsmacht (Vollmacht) der Vertreter nach bestimmten Weisungen des Vollmachtgebers gehandelt, so kann sich dieser in Ansehung solcher Umstände, die er selbst kannte, nicht auf die Unkenntnis des Vertreters berufen. [2] Dasselbe gilt von Umständen, die der Vollmachtgeber kennen musste, sofern das Kennenmüssen der Kenntnis gleichsteht.

§ 167 Erteilung der Vollmacht. (1) Die Erteilung der Vollmacht erfolgt durch Erklärung gegenüber dem zu Bevollmächtigenden oder dem Dritten, dem gegenüber die Vertretung stattfinden soll.

(2) Die Erklärung bedarf nicht der Form, welche für das Rechtsgeschäft bestimmt ist, auf das sich die Vollmacht bezieht.

[1] Beachte hierzu auch §§ 48–58 HGB v. 10.5.1897 (RGBl. S. 219, ber. 1999 S. 42), zuletzt geänd. durch G v. 10.3.2023 (BGBl. I Nr. 64).

§ 168 Erlöschen der Vollmacht. [1]Das Erlöschen der Vollmacht bestimmt sich nach dem ihrer Erteilung zugrunde liegenden Rechtsverhältnis. [2]Die Vollmacht ist auch bei dem Fortbestehen des Rechtsverhältnisses widerruflich, sofern sich nicht aus diesem ein anderes ergibt. [3]Auf die Erklärung des Widerrufs findet die Vorschrift des § 167 Abs. 1 entsprechende Anwendung.

§ 169 Vollmacht des Beauftragten und des geschäftsführenden Gesellschafters. Soweit nach den §§ 674, 729 die erloschene Vollmacht eines Beauftragten oder eines geschäftsführenden Gesellschafters als fortbestehend gilt, wirkt sie nicht zugunsten eines Dritten, der bei der Vornahme eines Rechtsgeschäfts das Erlöschen kennt oder kennen muss.

§ 170 Wirkungsdauer der Vollmacht. Wird die Vollmacht durch Erklärung gegenüber einem Dritten erteilt, so bleibt sie diesem gegenüber in Kraft, bis ihm das Erlöschen von dem Vollmachtgeber angezeigt wird.

§ 171 Wirkungsdauer bei Kundgebung. (1) Hat jemand durch besondere Mitteilung an einen Dritten oder durch öffentliche Bekanntmachung kundgegeben, dass er einen anderen bevollmächtigt habe, so ist dieser auf Grund der Kundgebung im ersteren Falle dem Dritten gegenüber, im letzteren Falle jedem Dritten gegenüber zur Vertretung befugt.

(2) Die Vertretungsmacht bleibt bestehen, bis die Kundgebung in derselben Weise, wie sie erfolgt ist, widerrufen wird.

§ 172 Vollmachtsurkunde. (1) Der besonderen Mitteilung einer Bevollmächtigung durch den Vollmachtgeber steht es gleich, wenn dieser dem Vertreter eine Vollmachtsurkunde ausgehändigt hat und der Vertreter sie dem Dritten vorlegt.

(2) Die Vertretungsmacht bleibt bestehen, bis die Vollmachtsurkunde dem Vollmachtgeber zurückgegeben oder für kraftlos erklärt wird.

§ 173 Wirkungsdauer bei Kenntnis und fahrlässiger Unkenntnis. Die Vorschriften des § 170, des § 171 Abs. 2 und des § 172 Abs. 2 finden keine Anwendung, wenn der Dritte das Erlöschen der Vertretungsmacht bei der Vornahme des Rechtsgeschäfts kennt oder kennen muss.

§ 174 Einseitiges Rechtsgeschäft eines Bevollmächtigten. [1]Ein einseitiges Rechtsgeschäft, das ein Bevollmächtigter einem anderen gegenüber vornimmt, ist unwirksam, wenn der Bevollmächtigte eine Vollmachtsurkunde nicht vorlegt und der andere das Rechtsgeschäft aus diesem Grunde unverzüglich zurückweist. [2]Die Zurückweisung ist ausgeschlossen, wenn der Vollmachtgeber den anderen von der Bevollmächtigung in Kenntnis gesetzt hatte.

§ 175 Rückgabe der Vollmachtsurkunde. Nach dem Erlöschen der Vollmacht hat der Bevollmächtigte die Vollmachtsurkunde dem Vollmachtgeber zurückzugeben; ein Zurückbehaltungsrecht steht ihm nicht zu.

§ 176 Kraftloserklärung der Vollmachtsurkunde. (1) [1]Der Vollmachtgeber kann die Vollmachtsurkunde durch eine öffentliche Bekanntmachung für kraftlos erklären; die Kraftloserklärung muss nach den für die öffentliche Zu-

stellung einer Ladung geltenden Vorschriften der Zivilprozessordnung[1)] veröffentlicht werden. [2]Mit dem Ablauf eines Monats nach der letzten Einrückung in die öffentlichen Blätter wird die Kraftloserklärung wirksam.

(2) Zuständig für die Bewilligung der Veröffentlichung ist sowohl das Amtsgericht, in dessen Bezirk der Vollmachtgeber seinen allgemeinen Gerichtsstand hat, als das Amtsgericht, welches für die Klage auf Rückgabe der Urkunde, abgesehen von dem Wert des Streitgegenstands, zuständig sein würde.

(3) Die Kraftloserklärung ist unwirksam, wenn der Vollmachtgeber die Vollmacht nicht widerrufen kann.

§ 177 Vertragsschluss durch Vertreter ohne Vertretungsmacht.

(1) Schließt jemand ohne Vertretungsmacht im Namen eines anderen einen Vertrag, so hängt die Wirksamkeit des Vertrags für und gegen den Vertretenen von dessen Genehmigung ab.

(2) [1]Fordert der andere Teil den Vertretenen zur Erklärung über die Genehmigung auf, so kann die Erklärung nur ihm gegenüber erfolgen; eine vor der Aufforderung dem Vertreter gegenüber erklärte Genehmigung oder Verweigerung der Genehmigung wird unwirksam. [2]Die Genehmigung kann nur bis zum Ablauf von zwei Wochen nach dem Empfang der Aufforderung erklärt werden; wird sie nicht erklärt, so gilt sie als verweigert.

§ 178 Widerrufsrecht des anderen Teils. [1]Bis zur Genehmigung des Vertrags ist der andere Teil zum Widerruf berechtigt, es sei denn, dass er den Mangel der Vertretungsmacht bei dem Abschluss des Vertrags gekannt hat. [2]Der Widerruf kann auch dem Vertreter gegenüber erklärt werden.

§ 179 Haftung des Vertreters ohne Vertretungsmacht. (1) Wer als Vertreter einen Vertrag geschlossen hat, ist, sofern er nicht seine Vertretungsmacht nachweist, dem anderen Teil nach dessen Wahl zur Erfüllung oder zum Schadensersatz verpflichtet, wenn der Vertretene die Genehmigung des Vertrags verweigert.

(2) Hat der Vertreter den Mangel der Vertretungsmacht nicht gekannt, so ist er nur zum Ersatz desjenigen Schadens verpflichtet, welchen der andere Teil dadurch erleidet, dass er auf die Vertretungsmacht vertraut, jedoch nicht über den Betrag des Interesses hinaus, welches der andere Teil an der Wirksamkeit des Vertrags hat.

(3) [1]Der Vertreter haftet nicht, wenn der andere Teil den Mangel der Vertretungsmacht kannte oder kennen musste. [2]Der Vertreter haftet auch dann nicht, wenn er in der Geschäftsfähigkeit beschränkt war, es sei denn, dass er mit Zustimmung seines gesetzlichen Vertreters gehandelt hat.

§ 180 Einseitiges Rechtsgeschäft. [1]Bei einem einseitigen Rechtsgeschäft ist Vertretung ohne Vertretungsmacht unzulässig. [2]Hat jedoch derjenige, welchem gegenüber ein solches Rechtsgeschäft vorzunehmen war, die von dem Vertreter behauptete Vertretungsmacht bei der Vornahme des Rechtsgeschäfts nicht beanstandet oder ist er damit einverstanden gewesen, dass der Vertreter ohne Vertretungsmacht handele, so finden die Vorschriften über Verträge entsprechende Anwendung. [3]Das Gleiche gilt, wenn ein einseitiges Rechtsgeschäft

[1)] Auszugsweise abgedruckt unter Nr. **12**.

gegenüber einem Vertreter ohne Vertretungsmacht mit dessen Einverständnis vorgenommen wird.

§ 181 Insichgeschäft. Ein Vertreter kann, soweit nicht ein anderes ihm gestattet ist, im Namen des Vertretenen mit sich im eigenen Namen oder als Vertreter eines Dritten ein Rechtsgeschäft nicht vornehmen, es sei denn, dass das Rechtsgeschäft ausschließlich in der Erfüllung einer Verbindlichkeit besteht.

Titel 6. Einwilligung und Genehmigung

§ 182 Zustimmung. (1) Hängt die Wirksamkeit eines Vertrags oder eines einseitigen Rechtsgeschäfts, das einem anderen gegenüber vorzunehmen ist, von der Zustimmung eines Dritten ab, so kann die Erteilung sowie die Verweigerung der Zustimmung sowohl dem einen als dem anderen Teil gegenüber erklärt werden.

(2) Die Zustimmung bedarf nicht der für das Rechtsgeschäft bestimmten Form.

(3) Wird ein einseitiges Rechtsgeschäft, dessen Wirksamkeit von der Zustimmung eines Dritten abhängt, mit Einwilligung des Dritten vorgenommen, so finden die Vorschriften des § 111 Satz 2, 3 entsprechende Anwendung.

§ 183 Widerruflichkeit der Einwilligung. [1]Die vorherige Zustimmung (Einwilligung) ist bis zur Vornahme des Rechtsgeschäfts widerruflich, soweit nicht aus dem ihrer Erteilung zugrunde liegenden Rechtsverhältnis sich ein anderes ergibt. [2]Der Widerruf kann sowohl dem einen als dem anderen Teil gegenüber erklärt werden.

§ 184 Rückwirkung der Genehmigung. (1) Die nachträgliche Zustimmung (Genehmigung) wirkt auf den Zeitpunkt der Vornahme des Rechtsgeschäfts zurück, soweit nicht ein anderes bestimmt ist.

(2) Durch die Rückwirkung werden Verfügungen nicht unwirksam, die vor der Genehmigung über den Gegenstand des Rechtsgeschäfts von dem Genehmigenden getroffen worden oder im Wege der Zwangsvollstreckung oder der Arrestvollziehung oder durch den Insolvenzverwalter erfolgt sind.

§ 185 Verfügung eines Nichtberechtigten. (1) Eine Verfügung, die ein Nichtberechtigter über einen Gegenstand trifft, ist wirksam, wenn sie mit Einwilligung des Berechtigten erfolgt.

(2) [1]Die Verfügung wird wirksam, wenn der Berechtigte sie genehmigt oder wenn der Verfügende den Gegenstand erwirbt oder wenn er von dem Berechtigten beerbt wird und dieser für die Nachlassverbindlichkeiten unbeschränkt haftet. [2]In den beiden letzteren Fällen wird, wenn über den Gegenstand mehrere miteinander nicht in Einklang stehende Verfügungen getroffen worden sind, nur die frühere Verfügung wirksam.

Abschnitt 4 bis 7

§§ 186–240 *(vom Abdruck wurde abgesehen)*

Buch 2.[1)] [2)] Recht der Schuldverhältnisse

Abschnitt 1 und 2

§§ 241–310 *(vom Abdruck wurde abgesehen)*

Abschnitt 3. Schuldverhältnisse aus Verträgen

Titel 1. Begründung, Inhalt und Beendigung

Untertitel 1. Begründung

§§ 311–311a *(vom Abdruck wurde abgesehen)*

§ 311b Verträge über Grundstücke, das Vermögen und den Nachlass.

(1) [1]Ein Vertrag, durch den sich der eine Teil verpflichtet, das Eigentum an einem Grundstück zu übertragen oder zu erwerben, bedarf der notariellen Beurkundung. [2]Ein ohne Beachtung dieser Form geschlossener Vertrag wird seinem ganzen Inhalt nach gültig, wenn die Auflassung und die Eintragung in das Grundbuch erfolgen.

(2) Ein Vertrag, durch den sich der eine Teil verpflichtet, sein künftiges Vermögen oder einen Bruchteil seines künftigen Vermögens zu übertragen oder mit einem Nießbrauch zu belasten, ist nichtig.

(3) Ein Vertrag, durch den sich der eine Teil verpflichtet, sein gegenwärtiges Vermögen oder einen Bruchteil seines gegenwärtigen Vermögens zu übertragen oder mit einem Nießbrauch zu belasten, bedarf der notariellen Beurkundung.

(4) [1]Ein Vertrag über den Nachlass eines noch lebenden Dritten ist nichtig. [2]Das Gleiche gilt von einem Vertrag über den Pflichtteil oder ein Vermächtnis aus dem Nachlass eines noch lebenden Dritten.

(5) [1]Absatz 4 gilt nicht für einen Vertrag, der unter künftigen gesetzlichen Erben über den gesetzlichen Erbteil oder den Pflichtteil eines von ihnen geschlossen wird. [2]Ein solcher Vertrag bedarf der notariellen Beurkundung.

§ 311c Erstreckung auf Zubehör. Verpflichtet sich jemand zur Veräußerung oder Belastung einer Sache, so erstreckt sich diese Verpflichtung im Zweifel auch auf das Zubehör der Sache.

Untertitel 2 bis 4. [3)]

§§ 312–319 *(vom Abdruck wurde abgesehen)*

Titel 2 bis 4

§§ 320–345 *(vom Abdruck wurde abgesehen)*

[1)] Wegen des aufgrund des Gesetzes zur Modernisierung des Schuldrechts geltenden Übergangsrechts zum Recht der Schuldverhältnisse beachte Art. 229 § 5 EGBGB **(dtv 5001 BGB Nr. 2)**.

[2)] Wegen des für das Gebiet der ehem. DDR zum Recht der Schuldverhältnisse geltenden Übergangsrechts beachte Art. 232 EGBGB **(dtv 5001 BGB Nr. 2)**.

[3)] Beachte hierzu auch G über Unterlassungsklagen bei Verbraucherrechts- und anderen Verstößen (Unterlassungsklagengesetz – UKlaG) **(dtv 5005 ZPO Nr. 1b)**.

Titel 5. Rücktritt; Widerrufsrecht bei Verbraucherverträgen

Untertitel 1. Rücktritt[1]

§ 346[2] Wirkungen des Rücktritts. (1) Hat sich eine Vertragspartei vertraglich den Rücktritt vorbehalten oder steht ihr ein gesetzliches Rücktrittsrecht zu, so sind im Falle des Rücktritts die empfangenen Leistungen zurückzugewähren und die gezogenen Nutzungen herauszugeben.

(2) [1] Statt der Rückgewähr oder Herausgabe hat der Schuldner Wertersatz zu leisten, soweit

1. die Rückgewähr oder die Herausgabe nach der Natur des Erlangten ausgeschlossen ist,
2. er den empfangenen Gegenstand verbraucht, veräußert, belastet, verarbeitet oder umgestaltet hat,
3. der empfangene Gegenstand sich verschlechtert hat oder untergegangen ist; jedoch bleibt die durch die bestimmungsgemäße Ingebrauchnahme entstandene Verschlechterung außer Betracht.

[2] Ist im Vertrag eine Gegenleistung bestimmt, ist sie bei der Berechnung des Wertersatzes zugrunde zu legen; ist Wertersatz für den Gebrauchsvorteil eines Darlehens zu leisten, kann nachgewiesen werden, dass der Wert des Gebrauchsvorteils niedriger war.

(3) [1] Die Pflicht zum Wertersatz entfällt,

1. wenn sich der zum Rücktritt berechtigende Mangel erst während der Verarbeitung oder Umgestaltung des Gegenstandes gezeigt hat,
2. soweit der Gläubiger die Verschlechterung oder den Untergang zu vertreten hat oder der Schaden bei ihm gleichfalls eingetreten wäre,
3. wenn im Falle eines gesetzlichen Rücktrittsrechts die Verschlechterung oder der Untergang beim Berechtigten eingetreten ist, obwohl dieser diejenige Sorgfalt beobachtet hat, die er in eigenen Angelegenheiten anzuwenden pflegt.

[2] Eine verbleibende Bereicherung ist herauszugeben.

(4) Der Gläubiger kann wegen Verletzung einer Pflicht aus Absatz 1 nach Maßgabe der §§ 280 bis 283 Schadensersatz verlangen.

§ 347 Nutzungen und Verwendungen nach Rücktritt. (1) [1] Zieht der Schuldner Nutzungen entgegen den Regeln einer ordnungsmäßigen Wirtschaft nicht, obwohl ihm das möglich gewesen wäre, so ist er dem Gläubiger zum Wertersatz verpflichtet. [2] Im Falle eines gesetzlichen Rücktrittsrechts hat der Berechtigte hinsichtlich der Nutzungen nur für diejenige Sorgfalt einzustehen, die er in eigenen Angelegenheiten anzuwenden pflegt.

(2) [1] Gibt der Schuldner den Gegenstand zurück, leistet er Wertersatz oder ist seine Wertersatzpflicht gemäß § 346 Abs. 3 Nr. 1 oder 2 ausgeschlossen, so sind ihm notwendige Verwendungen zu ersetzen. [2] Andere Aufwendungen sind zu ersetzen, soweit der Gläubiger durch diese bereichert wird.

[1] **Amtl. Anm.:** Dieser Untertitel dient auch der Umsetzung der Richtlinie 1999/44/EG des Europäischen Parlaments und des Rates vom 25. Mai 1999 zu bestimmten Aspekten des Verbrauchsgüterkaufs und der Garantien für Verbrauchsgüter (ABl. EG Nr. L 171 S. 12).

[2] Beachte hierzu Überleitungsvorschrift in Art. 229 § 9 EGBGB **(dtv 5001 BGB Nr. 2)**.

§ 348 Erfüllung Zug-um-Zug. [1]Die sich aus dem Rücktritt ergebenden Verpflichtungen der Parteien sind Zug um Zug zu erfüllen. [2]Die Vorschriften der §§ 320, 322 finden entsprechende Anwendung.

§ 349 Erklärung des Rücktritts. Der Rücktritt erfolgt durch Erklärung gegenüber dem anderen Teil.

§ 350 Erlöschen des Rücktrittsrechts nach Fristsetzung. [1]Ist für die Ausübung des vertraglichen Rücktrittsrechts eine Frist nicht vereinbart, so kann dem Berechtigten von dem anderen Teil für die Ausübung eine angemessene Frist bestimmt werden. [2]Das Rücktrittsrecht erlischt, wenn nicht der Rücktritt vor dem Ablauf der Frist erklärt wird.

§ 351 Unteilbarkeit des Rücktrittsrechts. [1]Sind bei einem Vertrag auf der einen oder der anderen Seite mehrere beteiligt, so kann das Rücktrittsrecht nur von allen und gegen alle ausgeübt werden. [2]Erlischt das Rücktrittsrecht für einen der Berechtigten, so erlischt es auch für die übrigen.

§ 352 Aufrechnung nach Nichterfüllung. Der Rücktritt wegen Nichterfüllung einer Verbindlichkeit wird unwirksam, wenn der Schuldner sich von der Verbindlichkeit durch Aufrechnung befreien konnte und unverzüglich nach dem Rücktritt die Aufrechnung erklärt.

§ 353 Rücktritt gegen Reugeld. [1]Ist der Rücktritt gegen Zahlung eines Reugelds vorbehalten, so ist der Rücktritt unwirksam, wenn das Reugeld nicht vor oder bei der Erklärung entrichtet wird und der andere Teil aus diesem Grunde die Erklärung unverzüglich zurückweist. [2]Die Erklärung ist jedoch wirksam, wenn das Reugeld unverzüglich nach der Zurückweisung entrichtet wird.

§ 354 Verwirkungsklausel. Ist ein Vertrag mit dem Vorbehalt geschlossen, dass der Schuldner seiner Rechte aus dem Vertrag verlustig sein soll, wenn er seine Verbindlichkeit nicht erfüllt, so ist der Gläubiger bei dem Eintritt dieses Falles zum Rücktritt von dem Vertrag berechtigt.

Untertitel 2. Widerrufsrecht bei Verbraucherverträgen

§ 355 Widerrufsrecht bei Verbraucherverträgen. (1) [1]Wird einem Verbraucher durch Gesetz ein Widerrufsrecht nach dieser Vorschrift eingeräumt, so sind der Verbraucher und der Unternehmer an ihre auf den Abschluss des Vertrags gerichteten Willenserklärungen nicht mehr gebunden, wenn der Verbraucher seine Willenserklärung fristgerecht widerrufen hat. [2]Der Widerruf erfolgt durch Erklärung gegenüber dem Unternehmer. [3]Aus der Erklärung muss der Entschluss des Verbrauchers zum Widerruf des Vertrags eindeutig hervorgehen. [4]Der Widerruf muss keine Begründung enthalten. [5]Zur Fristwahrung genügt die rechtzeitige Absendung des Widerrufs.

(2) [1]Die Widerrufsfrist beträgt 14 Tage. [2]Sie beginnt mit Vertragsschluss, soweit nichts anderes bestimmt ist.

(3) [1]Im Falle des Widerrufs sind die empfangenen Leistungen unverzüglich zurückzugewähren. [2]Bestimmt das Gesetz eine Höchstfrist für die Rückgewähr, so beginnt diese für den Unternehmer mit dem Zugang und für den Verbraucher mit der Abgabe der Widerrufserklärung. [3]Ein Verbraucher wahrt

diese Frist durch die rechtzeitige Absendung der Waren. [4]Der Unternehmer trägt bei Widerruf die Gefahr der Rücksendung der Waren.

§ 356 Widerrufsrecht bei außerhalb von Geschäftsräumen geschlossenen Verträgen und Fernabsatzverträgen. (1) [1]Der Unternehmer kann dem Verbraucher die Möglichkeit einräumen, das Muster-Widerrufsformular nach Anlage 2 zu Artikel 246a § 1 Absatz 2 Satz 1 Nummer 1 des Einführungsgesetzes zum Bürgerlichen Gesetzbuche[1)] oder eine andere eindeutige Widerrufserklärung auf der Webseite des Unternehmers auszufüllen und zu übermitteln. [2]Macht der Verbraucher von dieser Möglichkeit Gebrauch, muss der Unternehmer dem Verbraucher den Zugang des Widerrufs unverzüglich auf einem dauerhaften Datenträger bestätigen.

(2) Die Widerrufsfrist beginnt

1. bei einem Verbrauchsgüterkauf,
 a) der nicht unter die Buchstaben b bis d fällt, sobald der Verbraucher oder ein von ihm benannter Dritter, der nicht Frachtführer ist, die Waren erhalten hat,
 b) bei dem der Verbraucher mehrere Waren im Rahmen einer einheitlichen Bestellung bestellt hat und die Waren getrennt geliefert werden, sobald der Verbraucher oder ein von ihm benannter Dritter, der nicht Frachtführer ist, die letzte Ware erhalten hat,
 c) bei dem die Ware in mehreren Teilsendungen oder Stücken geliefert wird, sobald der Verbraucher oder ein vom Verbraucher benannter Dritter, der nicht Frachtführer ist, die letzte Teilsendung oder das letzte Stück erhalten hat,
 d) der auf die regelmäßige Lieferung von Waren über einen festgelegten Zeitraum gerichtet ist, sobald der Verbraucher oder ein von ihm benannter Dritter, der nicht Frachtführer ist, die erste Ware erhalten hat,
2. bei einem Vertrag, der die nicht in einem begrenzten Volumen oder in einer bestimmten Menge angebotene Lieferung von Wasser, Gas oder Strom, die Lieferung von Fernwärme oder die Lieferung von nicht auf einem körperlichen Datenträger befindlichen digitalen Inhalten zum Gegenstand hat, mit Vertragsschluss.

(3) [1]Die Widerrufsfrist beginnt nicht, bevor der Unternehmer den Verbraucher entsprechend den Anforderungen des Artikels 246a § 1 Absatz 2 Satz 1 Nummer 1 oder des Artikels 246b § 2 Absatz 1 des Einführungsgesetzes zum Bürgerlichen Gesetzbuche unterrichtet hat. [2]Das Widerrufsrecht erlischt spätestens zwölf Monate und 14 Tage nach dem in Absatz 2 oder § 355 Absatz 2 Satz 2 genannten Zeitpunkt. [3]Satz 2 ist auf Verträge über Finanzdienstleistungen nicht anwendbar.

(4) Das Widerrufsrecht erlischt bei Verträgen über die Erbringung von Dienstleistungen auch unter folgenden Voraussetzungen:

1. bei einem Vertrag, der den Verbraucher nicht zur Zahlung eines Preises verpflichtet, wenn der Unternehmer die Dienstleistung vollständig erbracht hat,

[1)] **dtv 5001 BGB Nr. 2.**

2. bei einem Vertrag, der den Verbraucher zur Zahlung eines Preises verpflichtet, mit der vollständigen Erbringung der Dienstleistung, wenn der Verbraucher vor Beginn der Erbringung
 a) ausdrücklich zugestimmt hat, dass der Unternehmer mit der Erbringung der Dienstleistung vor Ablauf der Widerrufsfrist beginnt,
 b) bei einem außerhalb von Geschäftsräumen geschlossenen Vertrag die Zustimmung nach Buchstabe a auf einem dauerhaften Datenträger übermittelt hat und
 c) seine Kenntnis davon bestätigt hat, dass sein Widerrufsrecht mit vollständiger Vertragserfüllung durch den Unternehmer erlischt,
3. bei einem Vertrag, bei dem der Verbraucher den Unternehmer ausdrücklich aufgefordert hat, ihn aufzusuchen, um Reparaturarbeiten auszuführen, mit der vollständigen Erbringung der Dienstleistung, wenn der Verbraucher die in Nummer 2 Buchstabe a und b genannten Voraussetzungen erfüllt hat,
4. bei einem Vertrag über die Erbringung von Finanzdienstleistungen, wenn der Vertrag von beiden Seiten auf ausdrücklichen Wunsch des Verbrauchers vollständig erfüllt ist, bevor der Verbraucher sein Widerrufsrecht ausübt.

(5) Das Widerrufsrecht erlischt bei Verträgen über die Bereitstellung von nicht auf einem körperlichen Datenträger befindlichen digitalen Inhalten auch unter folgenden Voraussetzungen:

1. bei einem Vertrag, der den Verbraucher nicht zur Zahlung eines Preises verpflichtet, wenn der Unternehmer mit der Vertragserfüllung begonnen hat,
2. bei einem Vertrag, der den Verbraucher zur Zahlung eines Preises verpflichtet, wenn
 a) der Unternehmer mit der Vertragserfüllung begonnen hat,
 b) der Verbraucher ausdrücklich zugestimmt hat, dass der Unternehmer mit der Vertragserfüllung vor Ablauf der Widerrufsfrist beginnt,
 c) der Verbraucher seine Kenntnis davon bestätigt hat, dass durch seine Zustimmung nach Buchstabe b mit Beginn der Vertragserfüllung sein Widerrufsrecht erlischt, und
 d) der Unternehmer dem Verbraucher eine Bestätigung gemäß § 312f zur Verfügung gestellt hat.

§ 356a Widerrufsrecht bei Teilzeit-Wohnrechteverträgen, Verträgen über ein langfristiges Urlaubsprodukt, bei Vermittlungsverträgen und Tauschsystemverträgen. (1) Der Widerruf ist in Textform zu erklären.

(2) [1] Die Widerrufsfrist beginnt mit dem Zeitpunkt des Vertragsschlusses oder des Abschlusses eines Vorvertrags. [2] Erhält der Verbraucher die Vertragsurkunde oder die Abschrift des Vertrags erst nach Vertragsschluss, beginnt die Widerrufsfrist mit dem Zeitpunkt des Erhalts.

(3) [1] Sind dem Verbraucher die in § 482 Absatz 1 bezeichneten vorvertraglichen Informationen oder das in Artikel 242 § 1 Absatz 2 des Einführungsgesetzes zum Bürgerlichen Gesetzbuche[1)] bezeichnete Formblatt vor Vertragsschluss nicht, nicht vollständig oder nicht in der in § 483 Absatz 1 vorgeschriebenen Sprache überlassen worden, so beginnt die Widerrufsfrist abweichend

[1)] **dtv 5001 BGB Nr. 2.**

von Absatz 2 erst mit dem vollständigen Erhalt der vorvertraglichen Informationen und des Formblatts in der vorgeschriebenen Sprache. [2]Das Widerrufsrecht erlischt spätestens drei Monate und 14 Tage nach dem in Absatz 2 genannten Zeitpunkt.

(4) [1]Ist dem Verbraucher die in § 482a bezeichnete Widerrufsbelehrung vor Vertragsschluss nicht, nicht vollständig oder nicht in der in § 483 Absatz 1 vorgeschriebenen Sprache überlassen worden, so beginnt die Widerrufsfrist abweichend von Absatz 2 erst mit dem vollständigen Erhalt der Widerrufsbelehrung in der vorgeschriebenen Sprache. [2]Das Widerrufsrecht erlischt gegebenenfalls abweichend von Absatz 3 Satz 2 spätestens zwölf Monate und 14 Tage nach dem in Absatz 2 genannten Zeitpunkt.

(5) [1]Hat der Verbraucher einen Teilzeit-Wohnrechtevertrag und einen Tauschsystemvertrag abgeschlossen und sind ihm diese Verträge zum gleichen Zeitpunkt angeboten worden, so beginnt die Widerrufsfrist für beide Verträge mit dem nach Absatz 2 für den Teilzeit-Wohnrechtevertrag geltenden Zeitpunkt. [2]Die Absätze 3 und 4 gelten entsprechend.

§ 356b Widerrufsrecht bei Verbraucherdarlehensverträgen. (1) Die Widerrufsfrist beginnt auch nicht, bevor der Darlehensgeber dem Darlehensnehmer eine für diesen bestimmte Vertragsurkunde, den schriftlichen Antrag des Darlehensnehmers oder eine Abschrift der Vertragsurkunde oder seines Antrags zur Verfügung gestellt hat.

(2) [1]Enthält bei einem Allgemein-Verbraucherdarlehensvertrag die dem Darlehensnehmer nach Absatz 1 zur Verfügung gestellte Urkunde die Pflichtangaben nach § 492 Absatz 2 nicht, beginnt die Frist erst mit Nachholung dieser Angaben gemäß § 492 Absatz 6. [2]Enthält bei einem Immobiliar-Verbraucherdarlehensvertrag die dem Darlehensnehmer nach Absatz 1 zur Verfügung gestellte Urkunde die Pflichtangaben zum Widerrufsrecht nach § 492 Absatz 2 in Verbindung mit Artikel 247 § 6 Absatz 2 des Einführungsgesetzes zum Bürgerlichen Gesetzbuche[1)] nicht, beginnt die Frist erst mit Nachholung dieser Angaben gemäß § 492 Absatz 6. [3]In den Fällen der Sätze 1 und 2 beträgt die Widerrufsfrist einen Monat. [4]Das Widerrufsrecht bei einem Immobiliar-Verbraucherdarlehensvertrag erlischt spätestens zwölf Monate und 14 Tage nach dem Vertragsschluss oder nach dem in Absatz 1 genannten Zeitpunkt, wenn dieser nach dem Vertragsschluss liegt.

(3) Die Widerrufsfrist beginnt im Falle des § 494 Absatz 7 bei einem Allgemein-Verbraucherdarlehensvertrag erst, wenn der Darlehensnehmer die dort bezeichnete Abschrift des Vertrags erhalten hat.

§ 356c Widerrufsrecht bei Ratenlieferungsverträgen. (1) Bei einem Ratenlieferungsvertrag, der weder im Fernabsatz noch außerhalb von Geschäftsräumen geschlossenen wird, beginnt die Widerrufsfrist nicht, bevor der Unternehmer den Verbraucher gemäß Artikel 246 Absatz 3 des Einführungsgesetzes zum Bürgerlichen Gesetzbuche[1)] über sein Widerrufsrecht unterrichtet hat.

(2) [1]§ 356 Absatz 1 gilt entsprechend. [2]Das Widerrufsrecht erlischt spätestens zwölf Monate und 14 Tage nach dem in § 355 Absatz 2 Satz 2 genannten Zeitpunkt.

[1)] **dtv 5001 BGB Nr. 2.**

§ 356d Widerrufsrecht des Verbrauchers bei unentgeltlichen Darlehensverträgen und unentgeltlichen Finanzierungshilfen. [1]Bei einem Vertrag, durch den ein Unternehmer einem Verbraucher ein unentgeltliches Darlehen oder eine unentgeltliche Finanzierungshilfe gewährt, beginnt die Widerrufsfrist abweichend von § 355 Absatz 2 Satz 2 nicht, bevor der Unternehmer den Verbraucher entsprechend den Anforderungen des § 514 Absatz 2 Satz 3 über dessen Widerrufsrecht unterrichtet hat. [2]Das Widerrufsrecht erlischt spätestens zwölf Monate und 14 Tage nach dem Vertragsschluss oder nach dem in Satz 1 genannten Zeitpunkt, wenn dieser nach dem Vertragsschluss liegt.

§ 356e Widerrufsrecht bei Verbraucherbauverträgen. [1]Bei einem Verbraucherbauvertrag (§ 650i Absatz 1) beginnt die Widerrufsfrist nicht, bevor der Unternehmer den Verbraucher gemäß Artikel 249 § 3 des Einführungsgesetzes zum Bürgerlichen Gesetzbuche[1)] über sein Widerrufsrecht belehrt hat. [2]Das Widerrufsrecht erlischt spätestens zwölf Monate und 14 Tage nach dem in § 355 Absatz 2 Satz 2 genannten Zeitpunkt.

§ 357 Rechtsfolgen des Widerrufs von außerhalb von Geschäftsräumen geschlossenen Verträgen und Fernabsatzverträgen mit Ausnahme von Verträgen über Finanzdienstleistungen. (1) Die empfangenen Leistungen sind spätestens nach 14 Tagen zurückzugewähren.

(2) [1]Der Unternehmer muss auch etwaige Zahlungen des Verbrauchers für die Lieferung zurückgewähren. [2]Dies gilt nicht, soweit dem Verbraucher zusätzliche Kosten entstanden sind, weil er sich für eine andere Art der Lieferung als die vom Unternehmer angebotene günstigste Standardlieferung entschieden hat.

(3) [1]Für die Rückzahlung muss der Unternehmer dasselbe Zahlungsmittel verwenden, das der Verbraucher bei der Zahlung verwendet hat. [2]Satz 1 gilt nicht, wenn ausdrücklich etwas anderes vereinbart worden ist und dem Verbraucher dadurch keine Kosten entstehen.

(4) [1]Bei einem Verbrauchsgüterkauf kann der Unternehmer die Rückzahlung verweigern, bis er die Waren zurückerhalten hat oder der Verbraucher den Nachweis erbracht hat, dass er die Waren abgesandt hat. [2]Dies gilt nicht, wenn der Unternehmer angeboten hat, die Waren abzuholen.

(5) Der Verbraucher trägt die unmittelbaren Kosten der Rücksendung der Waren, wenn der Unternehmer den Verbraucher nach Artikel 246a § 1 Absatz 2 Satz 1 Nummer 2 des Einführungsgesetzes zum Bürgerlichen Gesetzbuche[1)] von dieser Pflicht unterrichtet hat. Satz 1 gilt nicht, wenn der Unternehmer sich bereit erklärt hat, diese Kosten zu tragen.

(6) Der Verbraucher ist nicht verpflichtet, die Waren zurückzusenden, wenn der Unternehmer angeboten hat, die Waren abzuholen.

(7) Bei außerhalb von Geschäftsräumen geschlossenen Verträgen, bei denen die Waren zum Zeitpunkt des Vertragsschlusses zur Wohnung des Verbrauchers gebracht worden sind, ist der Unternehmer verpflichtet, die Waren auf eigene Kosten abzuholen, wenn die Waren so beschaffen sind, dass sie nicht per Post zurückgesandt werden können.

[1)] **dtv 5001 BGB Nr. 2.**

(8) Für die Rechtsfolgen des Widerrufs von Verträgen über die Bereitstellung digitaler Produkte gilt ferner § 327p entsprechend.

§ 357a Wertersatz als Rechtsfolge des Widerrufs von außerhalb von Geschäftsräumen geschlossenen Verträgen und Fernabsatzverträgen mit Ausnahme von Verträgen über Finanzdienstleistungen. (1) Der Verbraucher hat Wertersatz für einen Wertverlust der Ware zu leisten, wenn

1. der Wertverlust auf einen Umgang mit den Waren zurückzuführen ist, der zur Prüfung der Beschaffenheit, der Eigenschaften und der Funktionsweise der Waren nicht notwendig war, und
2. der Unternehmer den Verbraucher nach Artikel 246a § 1 Absatz 2 Satz 1 Nummer 1 des Einführungsgesetzes zum Bürgerlichen Gesetzbuche[1)] über dessen Widerrufsrecht unterrichtet hat.

(2) [1] Der Verbraucher hat Wertersatz für die bis zum Widerruf erbrachten Dienstleistungen, für die der Vertrag die Zahlung eines Preises vorsieht, oder die bis zum Widerruf erfolgte Lieferung von Wasser, Gas oder Strom in nicht bestimmten Mengen oder nicht begrenztem Volumen oder von Fernwärme zu leisten, wenn

1. der Verbraucher von dem Unternehmer ausdrücklich verlangt hat, dass mit der Leistung vor Ablauf der Widerrufsfrist begonnen werden soll,
2. bei einem außerhalb von Geschäftsräumen geschlossenen Vertrag der Verbraucher das Verlangen nach Nummer 1 auf einem dauerhaften Datenträger übermittelt hat und
3. der Unternehmer den Verbraucher nach Artikel 246a § 1 Absatz 2 Satz 1 Nummer 1 und 3 des Einführungsgesetzes zum Bürgerlichen Gesetzbuche ordnungsgemäß informiert hat.

[2] Bei der Berechnung des Wertersatzes ist der vereinbarte Gesamtpreis zu Grunde zu legen. [3] Ist der vereinbarte Gesamtpreis unverhältnismäßig hoch, so ist der Wertersatz auf der Grundlage des Marktwerts der erbrachten Leistung zu berechnen.

(3) Widerruft der Verbraucher einen Vertrag über die Bereitstellung von nicht auf einem körperlichen Datenträger befindlichen digitalen Inhalten, so hat er keinen Wertersatz zu leisten.

§ 357b Rechtsfolgen des Widerrufs von Verträgen über Finanzdienstleistungen. (1) Die empfangenen Leistungen sind spätestens nach 30 Tagen zurückzugewähren.

(2) [1] Im Falle des Widerrufs von außerhalb von Geschäftsräumen geschlossenen Verträgen oder Fernabsatzverträgen über Finanzdienstleistungen ist der Verbraucher zur Zahlung von Wertersatz für die vom Unternehmer bis zum Widerruf erbrachte Dienstleistung verpflichtet, wenn er

1. vor Abgabe seiner Vertragserklärung auf diese Rechtsfolge hingewiesen worden ist und
2. ausdrücklich zugestimmt hat, dass der Unternehmer vor Ende der Widerrufsfrist mit der Ausführung der Dienstleistung beginnt.

[1)] dtv 5001 BGB Nr. 2.

[2] Im Falle des Widerrufs von Verträgen über eine entgeltliche Finanzierungshilfe, die von der Ausnahme des § 506 Absatz 4 erfasst sind, gelten auch § 357 Absatz 5 bis 7 und § 357a Absatz 1 und 2 entsprechend. [3] Ist Gegenstand des Vertrags über die entgeltliche Finanzierungshilfe die Lieferung von nicht auf einem körperlichen Datenträger befindlichen digitalen Inhalten, hat der Verbraucher Wertersatz für die bis zum Widerruf gelieferten digitalen Inhalte zu leisten, wenn er

1. vor Abgabe seiner Vertragserklärung auf diese Rechtsfolge hingewiesen worden ist und
2. ausdrücklich zugestimmt hat, dass der Unternehmer vor Ende der Widerrufsfrist mit der Lieferung der digitalen Inhalte beginnt.

[4] Ist im Vertrag eine Gegenleistung bestimmt, ist sie bei der Berechnung des Wertersatzes zu Grunde zu legen. [5] Ist der vereinbarte Gesamtpreis unverhältnismäßig hoch, ist der Wertersatz auf der Grundlage des Marktwerts der erbrachten Leistung zu berechnen.

(3) [1] Im Falle des Widerrufs von Verbraucherdarlehensverträgen hat der Darlehensnehmer für den Zeitraum zwischen der Auszahlung und der Rückzahlung des Darlehens den vereinbarten Sollzins zu entrichten. [2] Bei einem Immobiliar-Verbraucherdarlehen kann nachgewiesen werden, dass der Wert des Gebrauchsvorteils niedriger war als der vereinbarte Sollzins. [3] In diesem Fall ist nur der niedrigere Betrag geschuldet. [4] Im Falle des Widerrufs von Verträgen über eine entgeltliche Finanzierungshilfe, die nicht von der Ausnahme des § 506 Absatz 4 erfasst sind, gilt auch Absatz 2 entsprechend mit der Maßgabe, dass an die Stelle der Unterrichtung über das Widerrufsrecht die Pflichtangaben nach Artikel 247 § 12 Absatz 1 in Verbindung mit § 6 Absatz 2 des Einführungsgesetzes zum Bürgerlichen Gesetzbuche[1)], die das Widerrufsrecht betreffen, treten. [5] Darüber hinaus hat der Darlehensnehmer dem Darlehensgeber nur die Aufwendungen zu ersetzen, die der Darlehensgeber gegenüber öffentlichen Stellen erbracht hat und nicht zurückverlangen kann.

§ 357c Rechtsfolgen des Widerrufs von Teilzeit-Wohnrechteverträgen, Verträgen über ein langfristiges Urlaubsprodukt, Vermittlungsverträgen und Tauschsystemverträgen. (1) [1] Der Verbraucher hat im Falle des Widerrufs keine Kosten zu tragen. [2] Die Kosten des Vertrags, seiner Durchführung und seiner Rückabwicklung hat der Unternehmer dem Verbraucher zu erstatten. [3] Eine Vergütung für geleistete Dienste sowie für die Überlassung von Wohngebäuden zur Nutzung ist ausgeschlossen.

(2) Der Verbraucher hat für einen Wertverlust der Unterkunft im Sinne des § 481 nur Wertersatz zu leisten, soweit der Wertverlust auf einer nicht bestimmungsgemäßen Nutzung der Unterkunft beruht.

§ 357d Rechtsfolgen des Widerrufs von weder im Fernabsatz noch außerhalb von Geschäftsräumen geschlossenen Ratenlieferungsverträgen. [1] Für die Rückgewähr der empfangenen Leistungen gilt § 357 Absatz 1 bis 4 und 6 entsprechend. [2] Der Verbraucher trägt die unmittelbaren Kosten der Rücksendung der empfangenen Sachen, es sei denn, der Unternehmer hat sich bereit erklärt, diese Kosten zu tragen. [3] § 357a Absatz 1 ist mit der Maßgabe entsprechend anzuwenden, dass an die Stelle der Unterrichtung nach Arti-

[1)] **dtv 5001 BGB Nr. 2.**

kel 246a § 1 Absatz 2 Satz 1 Nummer 1 des Einführungsgesetzes zum Bürgerlichen Gesetzbuche[1)] die Unterrichtung nach Artikel 246 Absatz 3 des Einführungsgesetzes zum Bürgerlichen Gesetzbuche tritt.

§ 357e Rechtsfolgen des Widerrufs bei Verbraucherbauverträgen.
[1] Ist die Rückgewähr der bis zum Widerruf erbrachten Leistung ihrer Natur nach ausgeschlossen, schuldet der Verbraucher dem Unternehmer Wertersatz. [2] Bei der Berechnung des Wertersatzes ist die vereinbarte Vergütung zugrunde zu legen. [3] Ist die vereinbarte Vergütung unverhältnismäßig hoch, ist der Wertersatz auf der Grundlage des Marktwertes der erbrachten Leistung zu berechnen.

§ 358 Mit dem widerrufenen Vertrag verbundener Vertrag. (1) Hat der Verbraucher seine auf den Abschluss eines Vertrags über die Lieferung einer Ware oder die Erbringung einer anderen Leistung durch einen Unternehmer gerichtete Willenserklärung wirksam widerrufen, so ist er auch an seine auf den Abschluss eines mit diesem Vertrag verbundenen Darlehensvertrags gerichtete Willenserklärung nicht mehr gebunden.

(2) Hat der Verbraucher seine auf den Abschluss eines Darlehensvertrags gerichtete Willenserklärung auf Grund des § 495 Absatz 1 oder des § 514 Absatz 2 Satz 1 wirksam widerrufen, so ist er auch nicht mehr an diejenige Willenserklärung gebunden, die auf den Abschluss eines mit diesem Darlehensvertrag verbundenen Vertrags über die Lieferung einer Ware oder die Erbringung einer anderen Leistung gerichtet ist.

(3) [1] Ein Vertrag über die Lieferung einer Ware oder über die Erbringung einer anderen Leistung und ein Darlehensvertrag nach den Absätzen 1 oder 2 sind verbunden, wenn das Darlehen ganz oder teilweise der Finanzierung des anderen Vertrags dient und beide Verträge eine wirtschaftliche Einheit bilden. [2] Eine wirtschaftliche Einheit ist insbesondere anzunehmen, wenn der Unternehmer selbst die Gegenleistung des Verbrauchers finanziert, oder im Falle der Finanzierung durch einen Dritten, wenn sich der Darlehensgeber bei der Vorbereitung oder dem Abschluss des Darlehensvertrags der Mitwirkung des Unternehmers bedient. [3] Bei einem finanzierten Erwerb eines Grundstücks oder eines grundstücksgleichen Rechts ist eine wirtschaftliche Einheit nur anzunehmen, wenn der Darlehensgeber selbst dem Verbraucher das Grundstück oder das grundstücksgleiche Recht verschafft oder wenn er über die Zurverfügungstellung von Darlehen hinaus den Erwerb des Grundstücks oder grundstücksgleichen Rechts durch Zusammenwirken mit dem Unternehmer fördert, indem er sich dessen Veräußerungsinteressen ganz oder teilweise zu Eigen macht, bei der Planung, Werbung oder Durchführung des Projekts Funktionen des Veräußerers übernimmt oder den Veräußerer einseitig begünstigt.

(4) [1] Auf die Rückabwicklung des verbundenen Vertrags sind unabhängig von der Vertriebsform § 355 Absatz 3 und, je nach Art des verbundenen Vertrags, die §§ 357 bis 357c entsprechend anzuwenden. [2] Ist der verbundene Vertrag ein Vertrag über die Lieferung von nicht auf einem körperlichen Datenträger befindlichen digitalen Inhalten, hat der Verbraucher abweichend von § 357a Absatz 3 unter den Voraussetzungen des § 356 Absatz 5 Nummer 2

[1)] **dtv 5001 BGB Nr. 2.**

Wertersatz für die bis zum Widerruf gelieferten digitalen Inhalte zu leisten. [3]Ist der verbundene Vertrag ein im Fernabsatz oder außerhalb von Geschäftsräumen geschlossener Ratenlieferungsvertrag, sind neben § 355 Absatz 3 auch die §§ 357 und 357a entsprechend anzuwenden; im Übrigen gelten für verbundene Ratenlieferungsverträge § 355 Absatz 3 und § 357d entsprechend. [4]Im Falle des Absatzes 1 sind jedoch Ansprüche auf Zahlung von Zinsen und Kosten aus der Rückabwicklung des Darlehensvertrags gegen den Verbraucher ausgeschlossen. [5]Der Darlehensgeber tritt im Verhältnis zum Verbraucher hinsichtlich der Rechtsfolgen des Widerrufs in die Rechte und Pflichten des Unternehmers aus dem verbundenen Vertrag ein, wenn das Darlehen dem Unternehmer bei Wirksamwerden des Widerrufs bereits zugeflossen ist.

(5) Die Absätze 2 und 4 sind nicht anzuwenden auf Darlehensverträge, die der Finanzierung des Erwerbs von Finanzinstrumenten dienen.

§ 359 Einwendungen bei verbundenen Verträgen. (1) [1]Der Verbraucher kann die Rückzahlung des Darlehens verweigern, soweit Einwendungen aus dem verbundenen Vertrag ihn gegenüber dem Unternehmer, mit dem er den verbundenen Vertrag geschlossen hat, zur Verweigerung seiner Leistung berechtigen würden. [2]Dies gilt nicht bei Einwendungen, die auf einer Vertragsänderung beruhen, welche zwischen diesem Unternehmer und dem Verbraucher nach Abschluss des Darlehensvertrags vereinbart wurde. [3]Kann der Verbraucher Nacherfüllung verlangen, so kann er die Rückzahlung des Darlehens erst verweigern, wenn die Nacherfüllung fehlgeschlagen ist.

(2) Absatz 1 ist nicht anzuwenden auf Darlehensverträge, die der Finanzierung des Erwerbs von Finanzinstrumenten dienen, oder wenn das finanzierte Entgelt weniger als 200 Euro beträgt.

§ 360 Zusammenhängende Verträge. (1) [1]Hat der Verbraucher seine auf den Abschluss eines Vertrags gerichtete Willenserklärung wirksam widerrufen und liegen die Voraussetzungen für einen verbundenen Vertrag nicht vor, so ist er auch an seine auf den Abschluss eines damit zusammenhängenden Vertrags gerichtete Willenserklärung nicht mehr gebunden. [2]Auf die Rückabwicklung des zusammenhängenden Vertrags ist § 358 Absatz 4 Satz 1 bis 3 entsprechend anzuwenden. [3]Widerruft der Verbraucher einen Teilzeit-Wohnrechtevertrag oder einen Vertrag über ein langfristiges Urlaubsprodukt, hat er auch für den zusammenhängenden Vertrag keine Kosten zu tragen; § 357c Absatz 1 Satz 2 und 3 gilt entsprechend.

(2) [1]Ein zusammenhängender Vertrag liegt vor, wenn er einen Bezug zu dem widerrufenen Vertrag aufweist und eine Leistung betrifft, die von dem Unternehmer des widerrufenen Vertrags oder einem Dritten auf der Grundlage einer Vereinbarung zwischen dem Dritten und dem Unternehmer des widerrufenen Vertrags erbracht wird. [2]Ein Darlehensvertrag ist auch dann ein zusammenhängender Vertrag, wenn das Darlehen, das ein Unternehmer einem Verbraucher gewährt, ausschließlich der Finanzierung des widerrufenen Vertrags dient und die Leistung des Unternehmers aus dem widerrufenen Vertrag in dem Darlehensvertrag genau angegeben ist.

§ 361 Weitere Ansprüche, abweichende Vereinbarungen und Beweislast. (1) Über die Vorschriften dieses Untertitels hinaus bestehen keine weiteren Ansprüche gegen den Verbraucher infolge des Widerrufs.

(2) [1]Von den Vorschriften dieses Untertitels darf, soweit nicht ein anderes bestimmt ist, nicht zum Nachteil des Verbrauchers abgewichen werden. [2]Die Vorschriften dieses Untertitels finden, soweit nichts anderes bestimmt ist, auch Anwendung, wenn sie durch anderweitige Gestaltungen umgangen werden.

(3) Ist der Beginn der Widerrufsfrist streitig, so trifft die Beweislast den Unternehmer.

Abschnitt 4 bis 7

§§ 362–432 *(vom Abdruck wurde abgesehen)*

Abschnitt 8. Einzelne Schuldverhältnisse

Titel 1.[1)] Kauf, Tausch[2)]

Untertitel 1. Allgemeine Vorschriften

§ 433 Vertragstypische Pflichten beim Kaufvertrag. (1) [1]Durch den Kaufvertrag wird der Verkäufer einer Sache verpflichtet, dem Käufer die Sache zu übergeben und das Eigentum an der Sache zu verschaffen. [2]Der Verkäufer hat dem Käufer die Sache frei von Sach- und Rechtsmängeln zu verschaffen.

(2) Der Käufer ist verpflichtet, dem Verkäufer den vereinbarten Kaufpreis zu zahlen und die gekaufte Sache abzunehmen.

§ 434 Sachmangel. (1) Die Sache ist frei von Sachmängeln, wenn sie bei Gefahrübergang den subjektiven Anforderungen, den objektiven Anforderungen und den Montageanforderungen dieser Vorschrift entspricht.

(2) [1]Die Sache entspricht den subjektiven Anforderungen, wenn sie

1. die vereinbarte Beschaffenheit hat,
2. sich für die nach dem Vertrag vorausgesetzte Verwendung eignet und
3. mit dem vereinbarten Zubehör und den vereinbarten Anleitungen, einschließlich Montage- und Installationsanleitungen, übergeben wird.

[2]Zu der Beschaffenheit nach Satz 1 Nummer 1 gehören Art, Menge, Qualität, Funktionalität, Kompatibilität, Interoperabilität und sonstige Merkmale der Sache, für die die Parteien Anforderungen vereinbart haben.

(3) [1]Soweit nicht wirksam etwas anderes vereinbart wurde, entspricht die Sache den objektiven Anforderungen, wenn sie

1. sich für die gewöhnliche Verwendung eignet,
2. eine Beschaffenheit aufweist, die bei Sachen derselben Art üblich ist und die der Käufer erwarten kann unter Berücksichtigung
 a) der Art der Sache und
 b) der öffentlichen Äußerungen, die von dem Verkäufer oder einem anderen Glied der Vertragskette oder in deren Auftrag, insbesondere in der Werbung oder auf dem Etikett, abgegeben wurden,

[1)] Beachte hierzu auch Übereinkommen der Vereinten Nationen über Verträge über den internationalen Warenkauf v. 11.4.1980 (BGBl. 1989 II S. 586, 588, ber. 1990 II S. 1699).

[2)] **Amtl. Anm.:** Dieser Titel dient der Umsetzung der Richtlinie 1999/44/EG des Europäischen Parlaments und des Rates vom 25. Mai 1999 zu bestimmten Aspekten des Verbrauchsgüterkaufs und der Garantien für Verbrauchsgüter (ABl. EG Nr. L 171 S. 12).

3. der Beschaffenheit einer Probe oder eines Musters entspricht, die oder das der Verkäufer dem Käufer vor Vertragsschluss zur Verfügung gestellt hat, und
4. mit dem Zubehör einschließlich der Verpackung, der Montage- oder Installationsanleitung sowie anderen Anleitungen übergeben wird, deren Erhalt der Käufer erwarten kann.

[2]Zu der üblichen Beschaffenheit nach Satz 1 Nummer 2 gehören Menge, Qualität und sonstige Merkmale der Sache, einschließlich ihrer Haltbarkeit, Funktionalität, Kompatibilität und Sicherheit. [3]Der Verkäufer ist durch die in Satz 1 Nummer 2 Buchstabe b genannten öffentlichen Äußerungen nicht gebunden, wenn er sie nicht kannte und auch nicht kennen konnte, wenn die Äußerung im Zeitpunkt des Vertragsschlusses in derselben oder in gleichwertiger Weise berichtigt war oder wenn die Äußerung die Kaufentscheidung nicht beeinflussen konnte.

(4) Soweit eine Montage durchzuführen ist, entspricht die Sache den Montageanforderungen, wenn die Montage

1. sachgemäß durchgeführt worden ist oder
2. zwar unsachgemäß durchgeführt worden ist, dies jedoch weder auf einer unsachgemäßen Montage durch den Verkäufer noch auf einem Mangel in der vom Verkäufer übergebenen Anleitung beruht.

(5) Einem Sachmangel steht es gleich, wenn der Verkäufer eine andere Sache als die vertraglich geschuldete Sache liefert.

§ 435 Rechtsmangel. [1]Die Sache ist frei von Rechtsmängeln, wenn Dritte in Bezug auf die Sache keine oder nur die im Kaufvertrag übernommenen Rechte gegen den Käufer geltend machen können. [2]Einem Rechtsmangel steht es gleich, wenn im Grundbuch ein Recht eingetragen ist, das nicht besteht.

§ 436 Öffentliche Lasten von Grundstücken. (1) Soweit nicht anders vereinbart, ist der Verkäufer eines Grundstücks verpflichtet, Erschließungsbeiträge und sonstige Anliegerbeiträge für die Maßnahmen zu tragen, die bis zum Tage des Vertragsschlusses bautechnisch begonnen sind, unabhängig vom Zeitpunkt des Entstehens der Beitragsschuld.

(2) Der Verkäufer eines Grundstücks haftet nicht für die Freiheit des Grundstücks von anderen öffentlichen Abgaben und von anderen öffentlichen Lasten, die zur Eintragung in das Grundbuch nicht geeignet sind.

§ 437 Rechte des Käufers bei Mängeln. Ist die Sache mangelhaft, kann der Käufer, wenn die Voraussetzungen der folgenden Vorschriften vorliegen und soweit nicht ein anderes bestimmt ist,

1. nach § 439 Nacherfüllung verlangen,
2. nach den §§ 440, 323 und 326 Abs. 5 von dem Vertrag zurücktreten oder nach § 441 den Kaufpreis mindern und
3. nach den §§ 440, 280, 281, 283 und 311a Schadensersatz oder nach § 284 Ersatz vergeblicher Aufwendungen verlangen.

§ 438 Verjährung der Mängelansprüche. (1) Die in § 437 Nr. 1 und 3 bezeichneten Ansprüche verjähren

1. in 30 Jahren, wenn der Mangel

a) in einem dinglichen Recht eines Dritten, auf Grund dessen Herausgabe der Kaufsache verlangt werden kann, oder

b) in einem sonstigen Recht, das im Grundbuch eingetragen ist,

besteht,

2. in fünf Jahren

a) bei einem Bauwerk und

b) bei einer Sache, die entsprechend ihrer üblichen Verwendungsweise für ein Bauwerk verwendet worden ist und dessen Mangelhaftigkeit verursacht hat, und

3. im Übrigen in zwei Jahren.

(2) Die Verjährung beginnt bei Grundstücken mit der Übergabe, im Übrigen mit der Ablieferung der Sache.

(3) [1]Abweichend von Absatz 1 Nr. 2 und 3 und Absatz 2 verjähren die Ansprüche in der regelmäßigen Verjährungsfrist, wenn der Verkäufer den Mangel arglistig verschwiegen hat. [2]Im Falle des Absatzes 1 Nr. 2 tritt die Verjährung jedoch nicht vor Ablauf der dort bestimmten Frist ein.

(4) [1]Für das in § 437 bezeichnete Rücktrittsrecht gilt § 218. [2]Der Käufer kann trotz einer Unwirksamkeit des Rücktritts nach § 218 Abs. 1 die Zahlung des Kaufpreises insoweit verweigern, als er auf Grund des Rücktritts dazu berechtigt sein würde. [3]Macht er von diesem Recht Gebrauch, kann der Verkäufer vom Vertrag zurücktreten.

(5) Auf das in § 437 bezeichnete Minderungsrecht finden § 218 und Absatz 4 Satz 2 entsprechende Anwendung.

§ 439 Nacherfüllung. (1) Der Käufer kann als Nacherfüllung nach seiner Wahl die Beseitigung des Mangels oder die Lieferung einer mangelfreien Sache verlangen.

(2) Der Verkäufer hat die zum Zwecke der Nacherfüllung erforderlichen Aufwendungen, insbesondere Transport-, Wege-, Arbeits- und Materialkosten zu tragen.

(3) Hat der Käufer die mangelhafte Sache gemäß ihrer Art und ihrem Verwendungszweck in eine andere Sache eingebaut oder an eine andere Sache angebracht, bevor der Mangel offenbar wurde, ist der Verkäufer im Rahmen der Nacherfüllung verpflichtet, dem Käufer die erforderlichen Aufwendungen für das Entfernen der mangelhaften und den Einbau oder das Anbringen der nachgebesserten oder gelieferten mangelfreien Sache zu ersetzen.

(4) [1]Der Verkäufer kann die vom Käufer gewählte Art der Nacherfüllung unbeschadet des § 275 Abs. 2 und 3 verweigern, wenn sie nur mit unverhältnismäßigen Kosten möglich ist. [2]Dabei sind insbesondere der Wert der Sache in mangelfreiem Zustand, die Bedeutung des Mangels und die Frage zu berücksichtigen, ob auf die andere Art der Nacherfüllung ohne erhebliche Nachteile für den Käufer zurückgegriffen werden könnte. [3]Der Anspruch des Käufers beschränkt sich in diesem Fall auf die andere Art der Nacherfüllung; das Recht des Verkäufers, auch diese unter den Voraussetzungen des Satzes 1 zu verweigern, bleibt unberührt.

(5) Der Käufer hat dem Verkäufer die Sache zum Zweck der Nacherfüllung zur Verfügung zu stellen.

(6) [1]Liefert der Verkäufer zum Zwecke der Nacherfüllung eine mangelfreie Sache, so kann er vom Käufer Rückgewähr der mangelhaften Sache nach Maßgabe der §§ 346 bis 348 verlangen. [2]Der Verkäufer hat die ersetzte Sache auf seine Kosten zurückzunehmen.

§ 440 Besondere Bestimmungen für Rücktritt und Schadensersatz.

[1]Außer in den Fällen des § 281 Absatz 2 und des § 323 Absatz 2 bedarf es der Fristsetzung auch dann nicht, wenn der Verkäufer beide Arten der Nacherfüllung gemäß § 439 Absatz 4 verweigert oder wenn die dem Käufer zustehende Art der Nacherfüllung fehlgeschlagen oder ihm unzumutbar ist. [2]Eine Nachbesserung gilt nach dem erfolglosen zweiten Versuch als fehlgeschlagen, wenn sich nicht insbesondere aus der Art der Sache oder des Mangels oder den sonstigen Umständen etwas anderes ergibt.

§ 441 Minderung. (1) [1]Statt zurückzutreten, kann der Käufer den Kaufpreis durch Erklärung gegenüber dem Verkäufer mindern. [2]Der Ausschlussgrund des § 323 Abs. 5 Satz 2 findet keine Anwendung.

(2) Sind auf der Seite des Käufers oder auf der Seite des Verkäufers mehrere beteiligt, so kann die Minderung nur von allen oder gegen alle erklärt werden.

(3) [1]Bei der Minderung ist der Kaufpreis in dem Verhältnis herabzusetzen, in welchem zur Zeit des Vertragsschlusses der Wert der Sache in mangelfreiem Zustand zu dem wirklichen Wert gestanden haben würde. [2]Die Minderung ist, soweit erforderlich, durch Schätzung zu ermitteln.

(4) [1]Hat der Käufer mehr als den geminderten Kaufpreis gezahlt, so ist der Mehrbetrag vom Verkäufer zu erstatten. [2]§ 346 Abs. 1 und § 347 Abs. 1 finden entsprechende Anwendung.

§ 442 Kenntnis des Käufers. (1) [1]Die Rechte des Käufers wegen eines Mangels sind ausgeschlossen, wenn er bei Vertragsschluss den Mangel kennt. [2]Ist dem Käufer ein Mangel infolge grober Fahrlässigkeit unbekannt geblieben, kann der Käufer Rechte wegen dieses Mangels nur geltend machen, wenn der Verkäufer den Mangel arglistig verschwiegen oder eine Garantie für die Beschaffenheit der Sache übernommen hat.

(2) Ein im Grundbuch eingetragenes Recht hat der Verkäufer zu beseitigen, auch wenn es der Käufer kennt.

§ 443 Garantie. (1) Geht der Verkäufer, der Hersteller oder ein sonstiger Dritter in einer Erklärung oder einschlägigen Werbung, die vor oder bei Abschluss des Kaufvertrags verfügbar war, zusätzlich zu der gesetzlichen Mängelhaftung insbesondere die Verpflichtung ein, den Kaufpreis zu erstatten, die Sache auszutauschen, nachzubessern oder in ihrem Zusammenhang Dienstleistungen zu erbringen, falls die Sache nicht diejenige Beschaffenheit aufweist oder andere als die Mängelfreiheit betreffende Anforderungen nicht erfüllt, die in der Erklärung oder einschlägigen Werbung beschrieben sind (Garantie), stehen dem Käufer im Garantiefall unbeschadet der gesetzlichen Ansprüche die Rechte aus der Garantie gegenüber demjenigen zu, der die Garantie gegeben hat (Garantiegeber).

(2) Soweit der Garantiegeber eine Garantie dafür übernommen hat, dass die Sache für eine bestimmte Dauer eine bestimmte Beschaffenheit behält (Halt-

barkeitsgarantie), wird vermutet, dass ein während ihrer Geltungsdauer auftretender Sachmangel die Rechte aus der Garantie begründet.

§ 444 Haftungsausschluss. Auf eine Vereinbarung, durch welche die Rechte des Käufers wegen eines Mangels ausgeschlossen oder beschränkt werden, kann sich der Verkäufer nicht berufen, soweit er den Mangel arglistig verschwiegen oder eine Garantie für die Beschaffenheit der Sache übernommen hat.

§ 445 Haftungsbegrenzung bei öffentlichen Versteigerungen. Wird eine Sache auf Grund eines Pfandrechts in einer öffentlichen Versteigerung unter der Bezeichnung als Pfand verkauft, so stehen dem Käufer Rechte wegen eines Mangels nur zu, wenn der Verkäufer den Mangel arglistig verschwiegen oder eine Garantie für die Beschaffenheit der Sache übernommen hat.

§ 445a Rückgriff des Verkäufers. (1) Der Verkäufer kann beim Verkauf einer neu hergestellten Sache von dem Verkäufer, der ihm die Sache verkauft hatte (Lieferant), Ersatz der Aufwendungen verlangen, die er im Verhältnis zum Käufer nach § 439 Absatz 2, 3 und 6 Satz 2 sowie nach § 475 Absatz 4 zu tragen hatte, wenn der vom Käufer geltend gemachte Mangel bereits beim Übergang der Gefahr auf den Verkäufer vorhanden war oder auf einer Verletzung der Aktualisierungspflicht gemäß § 475b Absatz 4 beruht.

(2) Für die in § 437 bezeichneten Rechte des Verkäufers gegen seinen Lieferanten bedarf es wegen des vom Käufer geltend gemachten Mangels der sonst erforderlichen Fristsetzung nicht, wenn der Verkäufer die verkaufte neu hergestellte Sache als Folge ihrer Mangelhaftigkeit zurücknehmen musste oder der Käufer den Kaufpreis gemindert hat.

(3) Die Absätze 1 und 2 finden auf die Ansprüche des Lieferanten und der übrigen Käufer in der Lieferkette gegen die jeweiligen Verkäufer entsprechende Anwendung, wenn die Schuldner Unternehmer sind.

(4) § 377 des Handelsgesetzbuchs bleibt unberührt.

§ 445b Verjährung von Rückgriffsansprüchen. (1) Die in § 445a Absatz 1 bestimmten Aufwendungsersatzansprüche verjähren in zwei Jahren ab Ablieferung der Sache.

(2) Die Verjährung der in den §§ 437 und 445a Absatz 1 bestimmten Ansprüche des Verkäufers gegen seinen Lieferanten wegen des Mangels einer verkauften neu hergestellten Sache tritt frühestens zwei Monate nach dem Zeitpunkt ein, in dem der Verkäufer die Ansprüche des Käufers erfüllt hat.

(3) Die Absätze 1 und 2 finden auf die Ansprüche des Lieferanten und der übrigen Käufer in der Lieferkette gegen die jeweiligen Verkäufer entsprechende Anwendung, wenn die Schuldner Unternehmer sind.

§ 445c Rückgriff bei Verträgen über digitale Produkte. [1] Ist der letzte Vertrag in der Lieferkette ein Verbrauchervertrag über die Bereitstellung digitaler Produkte nach den §§ 327 und 327a, so sind die §§ 445a, 445b und 478 nicht anzuwenden. [2] An die Stelle der nach Satz 1 nicht anzuwendenden Vorschriften treten die Vorschriften des Abschnitts 3 Titel 2a Untertitel 2.

§ 446 Gefahr- und Lastenübergang. [1]Mit der Übergabe der verkauften Sache geht die Gefahr des zufälligen Untergangs und der zufälligen Verschlechterung auf den Käufer über. [2]Von der Übergabe an gebühren dem Käufer die Nutzungen und trägt er die Lasten der Sache. [3]Der Übergabe steht es gleich, wenn der Käufer im Verzug der Annahme ist.

§ 447 Gefahrübergang beim Versendungskauf. (1) Versendet der Verkäufer auf Verlangen des Käufers die verkaufte Sache nach einem anderen Ort als dem Erfüllungsort, so geht die Gefahr auf den Käufer über, sobald der Verkäufer die Sache dem Spediteur, dem Frachtführer oder der sonst zur Ausführung der Versendung bestimmten Person oder Anstalt ausgeliefert hat.

(2) Hat der Käufer eine besondere Anweisung über die Art der Versendung erteilt und weicht der Verkäufer ohne dringenden Grund von der Anweisung ab, so ist der Verkäufer dem Käufer für den daraus entstehenden Schaden verantwortlich.

§ 448 Kosten der Übergabe und vergleichbare Kosten. (1) Der Verkäufer trägt die Kosten der Übergabe der Sache, der Käufer die Kosten der Abnahme und der Versendung der Sache nach einem anderen Ort als dem Erfüllungsort.

(2) Der Käufer eines Grundstücks trägt die Kosten der Beurkundung des Kaufvertrags und der Auflassung, der Eintragung ins Grundbuch und der zu der Eintragung erforderlichen Erklärungen.

§ 449 Eigentumsvorbehalt. (1) Hat sich der Verkäufer einer beweglichen Sache das Eigentum bis zur Zahlung des Kaufpreises vorbehalten, so ist im Zweifel anzunehmen, dass das Eigentum unter der aufschiebenden Bedingung vollständiger Zahlung des Kaufpreises übertragen wird (Eigentumsvorbehalt).

(2) Auf Grund des Eigentumsvorbehalts kann der Verkäufer die Sache nur herausverlangen, wenn er vom Vertrag zurückgetreten ist.

(3) Die Vereinbarung eines Eigentumsvorbehalts ist nichtig, soweit der Eigentumsübergang davon abhängig gemacht wird, dass der Käufer Forderungen eines Dritten, insbesondere eines mit dem Verkäufer verbundenen Unternehmens, erfüllt.

§ 450 Ausgeschlossene Käufer bei bestimmten Verkäufen. (1) Bei einem Verkauf im Wege der Zwangsvollstreckung dürfen der mit der Vornahme oder Leitung des Verkaufs Beauftragte und die von ihm zugezogenen Gehilfen einschließlich des Protokollführers den zu verkaufenden Gegenstand weder für sich persönlich oder durch einen anderen noch als Vertreter eines anderen kaufen.

(2) Absatz 1 gilt auch bei einem Verkauf außerhalb der Zwangsvollstreckung, wenn der Auftrag zu dem Verkauf auf Grund einer gesetzlichen Vorschrift erteilt worden ist, die den Auftraggeber ermächtigt, den Gegenstand für Rechnung eines anderen verkaufen zu lassen, insbesondere in den Fällen des Pfandverkaufs und des in den §§ 383 und 385 zugelassenen Verkaufs, sowie bei einem Verkauf aus einer Insolvenzmasse.

§ 451 Kauf durch ausgeschlossenen Käufer. (1) [1]Die Wirksamkeit eines dem § 450 zuwider erfolgten Kaufs und der Übertragung des gekauften Gegenstandes hängt von der Zustimmung der bei dem Verkauf als Schuldner, Eigen-

tümer oder Gläubiger Beteiligten ab. [2]Fordert der Käufer einen Beteiligten zur Erklärung über die Genehmigung auf, so findet § 177 Abs. 2 entsprechende Anwendung.

(2) Wird infolge der Verweigerung der Genehmigung ein neuer Verkauf vorgenommen, so hat der frühere Käufer für die Kosten des neuen Verkaufs sowie für einen Mindererlös aufzukommen.

§ 452 Schiffskauf. Die Vorschriften dieses Untertitels über den Kauf von Grundstücken finden auf den Kauf von eingetragenen Schiffen und Schiffsbauwerken entsprechende Anwendung.

§ 453 Rechtskauf; Verbrauchervertrag über den Kauf digitaler Inhalte. (1) [1]Die Vorschriften über den Kauf von Sachen finden auf den Kauf von Rechten und sonstigen Gegenständen entsprechende Anwendung. [2]Auf einen Verbrauchervertrag über den Verkauf digitaler Inhalte durch einen Unternehmer sind die folgenden Vorschriften nicht anzuwenden:

1. § 433 Absatz 1 Satz 1 und § 475 Absatz 1 über die Übergabe der Kaufsache und die Leistungszeit sowie
2. § 433 Absatz 1 Satz 2, die §§ 434 bis 442, 475 Absatz 3 Satz 1, Absatz 4 bis 6 und die §§ 476 und 477 über die Rechte bei Mängeln.

[3]An die Stelle der nach Satz 2 nicht anzuwendenden Vorschriften treten die Vorschriften des Abschnitts 3 Titel 2a Untertitel 1.

(2) Der Verkäufer trägt die Kosten der Begründung und Übertragung des Rechts.

(3) Ist ein Recht verkauft, das zum Besitz einer Sache berechtigt, so ist der Verkäufer verpflichtet, dem Käufer die Sache frei von Sach- und Rechtsmängeln zu übergeben.

Untertitel 2. Besondere Arten des Kaufs

Kapitel 1. Kauf auf Probe

§ 454 Zustandekommen des Kaufvertrags. (1) [1]Bei einem Kauf auf Probe oder auf Besichtigung steht die Billigung des gekauften Gegenstandes im Belieben des Käufers. [2]Der Kauf ist im Zweifel unter der aufschiebenden Bedingung der Billigung geschlossen.

(2) Der Verkäufer ist verpflichtet, dem Käufer die Untersuchung des Gegenstandes zu gestatten.

§ 455 Billigungsfrist. [1]Die Billigung eines auf Probe oder auf Besichtigung gekauften Gegenstandes kann nur innerhalb der vereinbarten Frist und in Ermangelung einer solchen nur bis zum Ablauf einer dem Käufer von dem Verkäufer bestimmten angemessenen Frist erklärt werden. [2]War die Sache dem Käufer zum Zwecke der Probe oder der Besichtigung übergeben, so gilt sein Schweigen als Billigung.

Kapitel 2.[1] Wiederkauf

§ 456 Zustandekommen des Wiederkaufs. (1) [1] Hat sich der Verkäufer in dem Kaufvertrag das Recht des Wiederkaufs vorbehalten, so kommt der Wiederkauf mit der Erklärung des Verkäufers gegenüber dem Käufer, dass er das Wiederkaufsrecht ausübe, zustande. [2] Die Erklärung bedarf nicht der für den Kaufvertrag bestimmten Form.

(2) Der Preis, zu welchem verkauft worden ist, gilt im Zweifel auch für den Wiederkauf.

§ 457 Haftung des Wiederverkäufers. (1) Der Wiederverkäufer ist verpflichtet, dem Wiederkäufer den gekauften Gegenstand nebst Zubehör herauszugeben.

(2) [1] Hat der Wiederverkäufer vor der Ausübung des Wiederkaufsrechts eine Verschlechterung, den Untergang oder eine aus einem anderen Grund eingetretene Unmöglichkeit der Herausgabe des gekauften Gegenstandes verschuldet oder den Gegenstand wesentlich verändert, so ist er für den daraus entstehenden Schaden verantwortlich. [2] Ist der Gegenstand ohne Verschulden des Wiederverkäufers verschlechtert oder ist er nur unwesentlich verändert, so kann der Wiederkäufer Minderung des Kaufpreises nicht verlangen.

§ 458 Beseitigung von Rechten Dritter. [1] Hat der Wiederverkäufer vor der Ausübung des Wiederkaufsrechts über den gekauften Gegenstand verfügt, so ist er verpflichtet, die dadurch begründeten Rechte Dritter zu beseitigen. [2] Einer Verfügung des Wiederverkäufers steht eine Verfügung gleich, die im Wege der Zwangsvollstreckung oder der Arrestvollziehung oder durch den Insolvenzverwalter erfolgt.

§ 459 Ersatz von Verwendungen. [1] Der Wiederverkäufer kann für Verwendungen, die er auf den gekauften Gegenstand vor dem Wiederkauf gemacht hat, insoweit Ersatz verlangen, als der Wert des Gegenstandes durch die Verwendungen erhöht ist. [2] Eine Einrichtung, mit der er die herauszugebende Sache versehen hat, kann er wegnehmen.

§ 460 Wiederkauf zum Schätzungswert. Ist als Wiederkaufpreis der Schätzungswert vereinbart, den der gekaufte Gegenstand zur Zeit des Wiederkaufs hat, so ist der Wiederverkäufer für eine Verschlechterung, den Untergang oder die aus einem anderen Grund eingetretene Unmöglichkeit der Herausgabe des Gegenstandes nicht verantwortlich, der Wiederkäufer zum Ersatz von Verwendungen nicht verpflichtet.

§ 461 Mehrere Wiederkaufsberechtigte. [1] Steht das Wiederkaufsrecht mehreren gemeinschaftlich zu, so kann es nur im Ganzen ausgeübt werden. [2] Ist es für einen der Berechtigten erloschen oder übt einer von ihnen sein Recht nicht aus, so sind die übrigen berechtigt, das Wiederkaufsrecht im Ganzen auszuüben.

[1] Beachte auch das Wiederkaufsrecht nach §§ 20, 21 Reichssiedlungsgesetz v. 11.8.1919 (RGBl. S. 1429), zuletzt geänd. durch G v. 29.7.2009 (BGBl. I S. 2355).

§ 462 Ausschlussfrist. [1]Das Wiederkaufsrecht kann bei Grundstücken nur bis zum Ablauf von 30, bei anderen Gegenständen nur bis zum Ablauf von drei Jahren nach der Vereinbarung des Vorbehalts ausgeübt werden. [2]Ist für die Ausübung eine Frist bestimmt, so tritt diese an die Stelle der gesetzlichen Frist.

Kapitel 3.[1)] Vorkauf

§ 463 Voraussetzungen der Ausübung. Wer in Ansehung eines Gegenstandes zum Vorkauf berechtigt ist, kann das Vorkaufsrecht ausüben, sobald der Verpflichtete mit einem Dritten einen Kaufvertrag über den Gegenstand geschlossen hat.

§ 464 Ausübung des Vorkaufsrechts. (1) [1]Die Ausübung des Vorkaufsrechts erfolgt durch Erklärung gegenüber dem Verpflichteten. [2]Die Erklärung bedarf nicht der für den Kaufvertrag bestimmten Form.

(2) Mit der Ausübung des Vorkaufsrechts kommt der Kauf zwischen dem Berechtigten und dem Verpflichteten unter den Bestimmungen zustande, welche der Verpflichtete mit dem Dritten vereinbart hat.

§ 465 Unwirksame Vereinbarungen. Eine Vereinbarung des Verpflichteten mit dem Dritten, durch welche der Kauf von der Nichtausübung des Vorkaufsrechts abhängig gemacht oder dem Verpflichteten für den Fall der Ausübung des Vorkaufsrechts der Rücktritt vorbehalten wird, ist dem Vorkaufsberechtigten gegenüber unwirksam.

§ 466 Nebenleistungen. [1]Hat sich der Dritte in dem Vertrag zu einer Nebenleistung verpflichtet, die der Vorkaufsberechtigte zu bewirken außerstande ist, so hat der Vorkaufsberechtigte statt der Nebenleistung ihren Wert zu entrichten. [2]Lässt sich die Nebenleistung nicht in Geld schätzen, so ist die Ausübung des Vorkaufsrechts ausgeschlossen; die Vereinbarung der Nebenleistung kommt jedoch nicht in Betracht, wenn der Vertrag mit dem Dritten auch ohne sie geschlossen sein würde.

§ 467 Gesamtpreis. [1]Hat der Dritte den Gegenstand, auf den sich das Vorkaufsrecht bezieht, mit anderen Gegenständen zu einem Gesamtpreis gekauft, so hat der Vorkaufsberechtigte einen verhältnismäßigen Teil des Gesamtpreises zu entrichten. [2]Der Verpflichtete kann verlangen, dass der Vorkauf auf alle Sachen erstreckt wird, die nicht ohne Nachteil für ihn getrennt werden können.

§ 468 Stundung des Kaufpreises. (1) Ist dem Dritten in dem Vertrag der Kaufpreis gestundet worden, so kann der Vorkaufsberechtigte die Stundung nur in Anspruch nehmen, wenn er für den gestundeten Betrag Sicherheit leistet.

(2) [1]Ist ein Grundstück Gegenstand des Vorkaufs, so bedarf es der Sicherheitsleistung insoweit nicht, als für den gestundeten Kaufpreis die Bestellung einer Hypothek an dem Grundstück vereinbart oder in Anrechnung auf den Kaufpreis eine Schuld, für die eine Hypothek an dem Grundstück besteht,

[1)] Dingliches Vorkaufsrecht: §§ 1094 ff. BGB - Vorkaufsrecht nach §§ 4–11a, 14 Reichssiedlungsgesetz v. 11.8.1919 (RGBl. S. 1429), zuletzt geänd. durch G v. 29.7.2009 (BGBl. I S. 2355) und gesetzliche Vorkaufsrechte der Gemeinden nach §§ 24–28 Baugesetzbuch (Nr. **6**).

übernommen worden ist. [2] Entsprechendes gilt, wenn ein eingetragenes Schiff oder Schiffsbauwerk Gegenstand des Vorkaufs ist.

§ 469 Mitteilungspflicht, Ausübungsfrist. (1) [1] Der Verpflichtete hat dem Vorkaufsberechtigten den Inhalt des mit dem Dritten geschlossenen Vertrags unverzüglich mitzuteilen. [2] Die Mitteilung des Verpflichteten wird durch die Mitteilung des Dritten ersetzt.

(2) [1] Das Vorkaufsrecht kann bei Grundstücken nur bis zum Ablauf von zwei Monaten, bei anderen Gegenständen nur bis zum Ablauf einer Woche nach dem Empfang der Mitteilung ausgeübt werden. [2] Ist für die Ausübung eine Frist bestimmt, so tritt diese an die Stelle der gesetzlichen Frist.

§ 470 Verkauf an gesetzlichen Erben. Das Vorkaufsrecht erstreckt sich im Zweifel nicht auf einen Verkauf, der mit Rücksicht auf ein künftiges Erbrecht an einen gesetzlichen Erben erfolgt.

§ 471 Verkauf bei Zwangsvollstreckung oder Insolvenz. Das Vorkaufsrecht ist ausgeschlossen, wenn der Verkauf im Wege der Zwangsvollstreckung oder aus einer Insolvenzmasse erfolgt.

§ 472 Mehrere Vorkaufsberechtigte. [1] Steht das Vorkaufsrecht mehreren gemeinschaftlich zu, so kann es nur im Ganzen ausgeübt werden. [2] Ist es für einen der Berechtigten erloschen oder übt einer von ihnen sein Recht nicht aus, so sind die übrigen berechtigt, das Vorkaufsrecht im Ganzen auszuüben.

§ 473 Unübertragbarkeit. [1] Das Vorkaufsrecht ist nicht übertragbar und geht nicht auf die Erben des Berechtigten über, sofern nicht ein anderes bestimmt ist. [2] Ist das Recht auf eine bestimmte Zeit beschränkt, so ist es im Zweifel vererblich.

Untertitel 3.[1)] Verbrauchsgüterkauf

§§ 474–479 *(vom Abdruck wurde abgesehen)*

Untertitel 4. Tausch

§ 480 Tausch. Auf den Tausch finden die Vorschriften über den Kauf entsprechende Anwendung.

Titel 2.[1)] Teilzeit-Wohnrechteverträge, Verträge über langfristige Urlaubsprodukte, Vermittlungsverträge und Tauschsystemverträge

§ 481 Teilzeit-Wohnrechtevertrag. (1) [1] Ein Teilzeit-Wohnrechtevertrag ist ein Vertrag, durch den ein Unternehmer einem Verbraucher gegen Zahlung eines Gesamtpreises das Recht verschafft oder zu verschaffen verspricht, für die Dauer von mehr als einem Jahr ein Wohngebäude mehrfach für einen bestimmten oder zu bestimmenden Zeitraum zu Übernachtungszwecken zu nutzen. [2] Bei der Berechnung der Vertragsdauer sind sämtliche im Vertrag vorgesehenen Verlängerungsmöglichkeiten zu berücksichtigen.

(2) [1] Das Recht kann ein dingliches oder anderes Recht sein und insbesondere auch durch eine Mitgliedschaft in einem Verein oder einen Anteil an einer

[1)] Beachte hierzu auch Unterlassungsklagengesetz **(dtv 5005 ZPO Nr. 1b)**.

Gesellschaft eingeräumt werden. [2]Das Recht kann auch darin bestehen, aus einem Bestand von Wohngebäuden ein Wohngebäude zur Nutzung zu wählen.

(3) Einem Wohngebäude steht ein Teil eines Wohngebäudes gleich, ebenso eine bewegliche, als Übernachtungsunterkunft gedachte Sache oder ein Teil derselben.

§ 481a Vertrag über ein langfristiges Urlaubsprodukt. [1]Ein Vertrag über ein langfristiges Urlaubsprodukt ist ein Vertrag für die Dauer von mehr als einem Jahr, durch den ein Unternehmer einem Verbraucher gegen Zahlung eines Gesamtpreises das Recht verschafft oder zu verschaffen verspricht, Preisnachlässe oder sonstige Vergünstigungen in Bezug auf eine Unterkunft zu erwerben. [2]§ 481 Absatz 1 Satz 2 gilt entsprechend.

§ 481b Vermittlungsvertrag, Tauschsystemvertrag. (1) Ein Vermittlungsvertrag ist ein Vertrag, durch den sich ein Unternehmer von einem Verbraucher ein Entgelt versprechen lässt für den Nachweis der Gelegenheit zum Abschluss eines Vertrags oder für die Vermittlung eines Vertrags, durch den die Rechte des Verbrauchers aus einem Teilzeit-Wohnrechtevertrag oder einem Vertrag über ein langfristiges Urlaubsprodukt erworben oder veräußert werden sollen.

(2) Ein Tauschsystemvertrag ist ein Vertrag, durch den sich ein Unternehmer von einem Verbraucher ein Entgelt versprechen lässt für den Nachweis der Gelegenheit zum Abschluss eines Vertrags oder für die Vermittlung eines Vertrags, durch den einzelne Rechte des Verbrauchers aus einem Teilzeit-Wohnrechtevertrag oder einem Vertrag über ein langfristiges Urlaubsprodukt getauscht oder auf andere Weise erworben oder veräußert werden sollen.

§ 482 Vorvertragliche Informationen, Werbung und Verbot des Verkaufs als Geldanlage. (1) [1]Der Unternehmer hat dem Verbraucher rechtzeitig vor Abgabe von dessen Vertragserklärung zum Abschluss eines Teilzeit-Wohnrechtevertrags, eines Vertrags über ein langfristiges Urlaubsprodukt, eines Vermittlungsvertrags oder eines Tauschsystemvertrags vorvertragliche Informationen nach Artikel 242 § 1 des Einführungsgesetzes zum Bürgerlichen Gesetzbuche[1)] in Textform zur Verfügung zu stellen. [2]Diese müssen klar und verständlich sein.

(2) [1]In jeder Werbung für solche Verträge ist anzugeben, dass vorvertragliche Informationen erhältlich sind und wo diese angefordert werden können. [2]Der Unternehmer hat bei der Einladung zu Werbe- oder Verkaufsveranstaltungen deutlich auf den gewerblichen Charakter der Veranstaltung hinzuweisen. [3]Dem Verbraucher sind auf solchen Veranstaltungen die vorvertraglichen Informationen jederzeit zugänglich zu machen.

(3) Ein Teilzeit-Wohnrecht oder ein Recht aus einem Vertrag über ein langfristiges Urlaubsprodukt darf nicht als Geldanlage beworben oder verkauft werden.

§ 482a Widerrufsbelehrung. [1]Der Unternehmer muss den Verbraucher vor Vertragsschluss in Textform auf das Widerrufsrecht einschließlich der Widerrufsfrist sowie auf das Anzahlungsverbot nach § 486 hinweisen. [2]Der Erhalt der entsprechenden Vertragsbestimmungen ist vom Verbraucher schriftlich zu

[1)] **dtv 5001 BGB Nr. 2.**

bestätigen. [3] Die Einzelheiten sind in Artikel 242 § 2 des Einführungsgesetzes zum Bürgerlichen Gesetzbuche geregelt.

§ 483 Sprache des Vertrags und der vorvertraglichen Informationen.

(1) [1] Der Teilzeit-Wohnrechtevertrag, der Vertrag über ein langfristiges Urlaubsprodukt, der Vermittlungsvertrag oder der Tauschsystemvertrag ist in der Amtssprache oder, wenn es dort mehrere Amtssprachen gibt, in der vom Verbraucher gewählten Amtssprache des Mitgliedstaats der Europäischen Union oder des Vertragsstaats des Abkommens über den Europäischen Wirtschaftsraum abzufassen, in dem der Verbraucher seinen Wohnsitz hat. [2] Ist der Verbraucher Angehöriger eines anderen Mitgliedstaats, so kann er statt der Sprache seines Wohnsitzstaats auch die oder eine der Amtssprachen des Staats, dem er angehört, wählen. [3] Die Sätze 1 und 2 gelten auch für die vorvertraglichen Informationen und für die Widerrufsbelehrung.

(2) Ist der Vertrag von einem deutschen Notar zu beurkunden, so gelten die §§ 5 und 16 des Beurkundungsgesetzes[1)] mit der Maßgabe, dass dem Verbraucher eine beglaubigte Übersetzung des Vertrags in der von ihm nach Absatz 1 gewählten Sprache auszuhändigen ist.

(3) Verträge, die Absatz 1 Satz 1 und 2 oder Absatz 2 nicht entsprechen, sind nichtig.

§ 484 Form und Inhalt des Vertrags. (1) Der Teilzeit-Wohnrechtevertrag, der Vertrag über ein langfristiges Urlaubsprodukt, der Vermittlungsvertrag oder der Tauschsystemvertrag bedarf der schriftlichen Form, soweit nicht in anderen Vorschriften eine strengere Form vorgeschrieben ist.

(2) [1] Die dem Verbraucher nach § 482 Absatz 1 zur Verfügung gestellten vorvertraglichen Informationen werden Inhalt des Vertrags, soweit sie nicht einvernehmlich oder einseitig durch den Unternehmer geändert wurden. [2] Der Unternehmer darf die vorvertraglichen Informationen nur einseitig ändern, um sie an Veränderungen anzupassen, die durch höhere Gewalt verursacht wurden. [3] Die Änderungen nach Satz 1 müssen dem Verbraucher vor Abschluss des Vertrags in Textform mitgeteilt werden. [4] Sie werden nur wirksam, wenn sie in die Vertragsdokumente mit dem Hinweis aufgenommen werden, dass sie von den nach § 482 Absatz 1 zur Verfügung gestellten vorvertraglichen Informationen abweichen. [5] In die Vertragsdokumente sind aufzunehmen:

1. die vorvertraglichen Informationen nach § 482 Absatz 1 unbeschadet ihrer Geltung nach Satz 1,
2. die Namen und ladungsfähigen Anschriften beider Parteien sowie
3. Datum und Ort der Abgabe der darin enthaltenen Vertragserklärungen.

(3) [1] Der Unternehmer hat dem Verbraucher die Vertragsurkunde oder eine Abschrift des Vertrags zu überlassen. [2] Bei einem Teilzeit-Wohnrechtevertrag hat er, wenn die Vertragssprache und die Amtssprache des Mitgliedstaats der Europäischen Union oder des Vertragsstaats des Abkommens über den Europäischen Wirtschaftsraum, in dem sich das Wohngebäude befindet, verschieden sind, eine beglaubigte Übersetzung des Vertrags in einer Amtssprache des Staats beizufügen, in dem sich das Wohngebäude befindet. [3] Die Pflicht zur Beifügung einer beglaubigten Übersetzung entfällt, wenn sich der Teilzeit-Wohnrechte-

[1)] Nr. 5.

vertrag auf einen Bestand von Wohngebäuden bezieht, die sich in verschiedenen Staaten befinden.

§ 485 Widerrufsrecht. Dem Verbraucher steht bei einem Teilzeit-Wohnrechtevertrag, einem Vertrag über ein langfristiges Urlaubsprodukt, einem Vermittlungsvertrag oder einem Tauschsystemvertrag ein Widerrufsrecht nach § 355 zu.

§ 485a *(aufgehoben)*

§ 486 Anzahlungsverbot. (1) Der Unternehmer darf Zahlungen des Verbrauchers vor Ablauf der Widerrufsfrist nicht fordern oder annehmen.

(2) Es dürfen keine Zahlungen des Verbrauchers im Zusammenhang mit einem Vermittlungsvertrag gefordert oder angenommen werden, bis der Unternehmer seine Pflichten aus dem Vermittlungsvertrag erfüllt hat oder diese Vertragsbeziehung beendet ist.

§ 486a Besondere Vorschriften für Verträge über langfristige Urlaubsprodukte. (1) [1]Bei einem Vertrag über ein langfristiges Urlaubsprodukt enthält das in Artikel 242 § 1 Absatz 2 des Einführungsgesetzes zum Bürgerlichen Gesetzbuche bezeichnete Formblatt einen Ratenzahlungsplan. [2]Der Unternehmer darf von den dort genannten Zahlungsmodalitäten nicht abweichen. [3]Er darf den laut Formblatt fälligen jährlichen Teilbetrag vom Verbraucher nur fordern oder annehmen, wenn er den Verbraucher zuvor in Textform zur Zahlung dieses Teilbetrags aufgefordert hat. [4]Die Zahlungsaufforderung muss dem Verbraucher mindestens zwei Wochen vor Fälligkeit des jährlichen Teilbetrags zugehen.

(2) Ab dem Zeitpunkt, der nach Absatz 1 für die Zahlung des zweiten Teilbetrags vorgesehen ist, kann der Verbraucher den Vertrag innerhalb von zwei Wochen ab Zugang der Zahlungsaufforderung zum Fälligkeitstermin gemäß Absatz 1 kündigen.

§ 487 Abweichende Vereinbarungen. [1]Von den Vorschriften dieses Titels darf nicht zum Nachteil des Verbrauchers abgewichen werden. [2]Die Vorschriften dieses Titels finden, soweit nicht ein anderes bestimmt ist, auch Anwendung, wenn sie durch anderweitige Gestaltungen umgangen werden.

Titel 3. Darlehensvertrag; Finanzierungshilfen und Ratenlieferungsverträge zwischen einem Unternehmer und einem Verbraucher[1)]

Untertitel 1. Darlehensvertrag

Kapitel 1. Allgemeine Vorschriften

§ 488 Vertragstypische Pflichten beim Darlehensvertrag. (1) [1]Durch den Darlehensvertrag wird der Darlehensgeber verpflichtet, dem Darlehens-

[1)] **Amtl. Anm.:** Dieser Titel dient der Umsetzung der Richtlinie 87/102/EWG des Rates zur Angleichung der Rechts- und Verwaltungsvorschriften der Mitgliedstaaten über den Verbraucherkredit (ABl. EG Nr. L 42 S. 48), zuletzt geändert durch die Richtlinie 98/7/EG des Europäischen Parlaments und des Rates vom 16. Februar 1998 zur Änderung der Richtlinie 87/102/EWG zur Angleichung der Rechts- und Verwaltungsvorschriften der Mitgliedstaaten über den Verbraucherkredit (ABl. EG Nr. L 101 S. 17).

nehmer einen Geldbetrag in der vereinbarten Höhe zur Verfügung zu stellen. [2]Der Darlehensnehmer ist verpflichtet, einen geschuldeten Zins zu zahlen und bei Fälligkeit das zur Verfügung gestellte Darlehen zurückzuzahlen.

(2) Die vereinbarten Zinsen sind, soweit nicht ein anderes bestimmt ist, nach dem Ablauf je eines Jahres und, wenn das Darlehen vor dem Ablauf eines Jahres zurückzuzahlen ist, bei der Rückzahlung zu entrichten.

(3) [1]Ist für die Rückzahlung des Darlehens eine Zeit nicht bestimmt, so hängt die Fälligkeit davon ab, dass der Darlehensgeber oder der Darlehensnehmer kündigt. [2]Die Kündigungsfrist beträgt drei Monate. [3]Sind Zinsen nicht geschuldet, so ist der Darlehensnehmer auch ohne Kündigung zur Rückzahlung berechtigt.

§ 489 Ordentliches Kündigungsrecht des Darlehensnehmers.

(1) Der Darlehensnehmer kann einen Darlehensvertrag mit gebundenem Sollzinssatz ganz oder teilweise kündigen,

1. wenn die Sollzinsbindung vor der für die Rückzahlung bestimmten Zeit endet und keine neue Vereinbarung über den Sollzinssatz getroffen ist, unter Einhaltung einer Kündigungsfrist von einem Monat frühestens für den Ablauf des Tages, an dem die Sollzinsbindung endet; ist eine Anpassung des Sollzinssatzes in bestimmten Zeiträumen bis zu einem Jahr vereinbart, so kann der Darlehensnehmer jeweils nur für den Ablauf des Tages, an dem die Sollzinsbindung endet, kündigen;
2. in jedem Fall nach Ablauf von zehn Jahren nach dem vollständigen Empfang unter Einhaltung einer Kündigungsfrist von sechs Monaten; wird nach dem Empfang des Darlehens eine neue Vereinbarung über die Zeit der Rückzahlung oder den Sollzinssatz getroffen, so tritt der Zeitpunkt dieser Vereinbarung an die Stelle des Zeitpunkts des Empfangs.

(2) Der Darlehensnehmer kann einen Darlehensvertrag mit veränderlichem Zinssatz jederzeit unter Einhaltung einer Kündigungsfrist von drei Monaten kündigen.

(3) Eine Kündigung des Darlehensnehmers gilt als nicht erfolgt, wenn er den geschuldeten Betrag nicht binnen zwei Wochen nach Wirksamwerden der Kündigung zurückzahlt.

(4) [1]Das Kündigungsrecht des Darlehensnehmers nach den Absätzen 1 und 2 kann nicht durch Vertrag ausgeschlossen oder erschwert werden. [2]Dies gilt nicht bei Darlehen an den Bund, ein Sondervermögen des Bundes, ein Land, eine Gemeinde, einen Gemeindeverband, die Europäischen Gemeinschaften oder ausländische Gebietskörperschaften.

(5) [1]Sollzinssatz ist der gebundene oder veränderliche periodische Prozentsatz, der pro Jahr auf das in Anspruch genommene Darlehen angewendet wird. [2]Der Sollzinssatz ist gebunden, wenn für die gesamte Vertragslaufzeit ein Sollzinssatz oder mehrere Sollzinssätze vereinbart sind, die als feststehende Prozentzahl ausgedrückt werden. [3]Ist für die gesamte Vertragslaufzeit keine Sollzinsbindung vereinbart, gilt der Sollzinssatz nur für diejenigen Zeiträume als gebunden, für die er durch eine feste Prozentzahl bestimmt ist.

§ 490 Außerordentliches Kündigungsrecht. (1) Wenn in den Vermögensverhältnissen des Darlehensnehmers oder in der Werthaltigkeit einer für das Darlehen gestellten Sicherheit eine wesentliche Verschlechterung eintritt

oder einzutreten droht, durch die die Rückzahlung des Darlehens, auch unter Verwertung der Sicherheit, gefährdet wird, kann der Darlehensgeber den Darlehensvertrag vor Auszahlung des Darlehens im Zweifel stets, nach Auszahlung nur in der Regel fristlos kündigen.

(2) [1] Der Darlehensnehmer kann einen Darlehensvertrag, bei dem der Sollzinssatz gebunden und das Darlehen durch ein Grund- oder Schiffspfandrecht gesichert ist, unter Einhaltung der Fristen des § 488 Abs. 3 Satz 2 vorzeitig kündigen, wenn seine berechtigten Interessen dies gebieten und seit dem vollständigen Empfang des Darlehens sechs Monate abgelaufen sind. [2] Ein solches Interesse liegt insbesondere vor, wenn der Darlehensnehmer ein Bedürfnis nach einer anderweitigen Verwertung der zur Sicherung des Darlehens beliehenen Sache hat. [3] Der Darlehensnehmer hat dem Darlehensgeber denjenigen Schaden zu ersetzen, der diesem aus der vorzeitigen Kündigung entsteht (Vorfälligkeitsentschädigung).

(3) Die Vorschriften der §§ 313 und 314 bleiben unberührt.

Kapitel 2. Besondere Vorschriften für Verbraucherdarlehensverträge

§ 491[1) 2)] **Verbraucherdarlehensvertrag.** (1) [1] Die Vorschriften dieses Kapitels gelten für Verbraucherdarlehensverträge, soweit nichts anderes bestimmt ist. [2] Verbraucherdarlehensverträge sind Allgemein-Verbraucherdarlehensverträge und Immobiliar-Verbraucherdarlehensverträge.

(2) [1] Allgemein-Verbraucherdarlehensverträge sind entgeltliche Darlehensverträge zwischen einem Unternehmer als Darlehensgeber und einem Verbraucher als Darlehensnehmer. [2] Keine Allgemein-Verbraucherdarlehensverträge sind Verträge,

1. bei denen der Nettodarlehensbetrag (Artikel 247 § 3 Abs. 2 des Einführungsgesetzes zum Bürgerlichen Gesetzbuche[3)]) weniger als 200 Euro beträgt,
2. bei denen sich die Haftung des Darlehensnehmers auf eine dem Darlehensgeber zum Pfand übergebene Sache beschränkt,
3. bei denen der Darlehensnehmer das Darlehen binnen drei Monaten zurückzuzahlen hat und nur geringe Kosten vereinbart sind,
4. die von Arbeitgebern mit ihren Arbeitnehmern als Nebenleistung zum Arbeitsvertrag zu einem niedrigeren als dem marktüblichen effektiven Jahreszins (§ 6 der Preisangabenverordnung) abgeschlossen werden und anderen Personen nicht angeboten werden,
5. die nur mit einem begrenzten Personenkreis auf Grund von Rechtsvorschriften in öffentlichem Interesse abgeschlossen werden, wenn im Vertrag für den Darlehensnehmer günstigere als marktübliche Bedingungen und höchstens der marktübliche Sollzinssatz vereinbart sind,
6. bei denen es sich um Immobiliar-Verbraucherdarlehensverträge oder Immobilienverzehrkreditverträge gemäß Absatz 3 handelt.

(3) [1] Immobiliar-Verbraucherdarlehensverträge sind entgeltliche Darlehensverträge zwischen einem Unternehmer als Darlehensgeber und einem Verbraucher als Darlehensnehmer, die

1) Beachte hierzu auch Unterlassungsklagengesetz **(dtv 5005 ZPO Nr. 1b)**.
2) Beachte hierzu Überleitungsvorschrift in Art. 229 § 9 EGBGB **(dtv 5001 BGB Nr. 2)**.
3) **dtv 5001 BGB Nr. 2.**

1. durch ein Grundpfandrecht oder eine Reallast besichert sind oder
2. für den Erwerb oder die Erhaltung des Eigentumsrechts an Grundstücken, an bestehenden oder zu errichtenden Gebäuden oder für den Erwerb oder die Erhaltung von grundstücksgleichen Rechten bestimmt sind.

[2] Keine Immobiliar-Verbraucherdarlehensverträge sind Verträge gemäß Absatz 2 Satz 2 Nummer 4. [3] Auf Immobiliar-Verbraucherdarlehensverträge gemäß Absatz 2 Satz 2 Nummer 5 ist nur § 491a Absatz 4 anwendbar. [4] Keine Immobiliar-Verbraucherdarlehensverträge sind Immobilienverzehrkreditverträge, bei denen der Kreditgeber

1. pauschale oder regelmäßige Zahlungen leistet oder andere Formen der Kreditauszahlung vornimmt und im Gegenzug nur einen Betrag aus dem künftigen Erlös des Verkaufs einer Wohnimmobilie erhält oder ein Recht an einer Wohnimmobilie erwirbt und
2. erst nach dem Tod des Verbrauchers eine Rückzahlung fordert, außer der Verbraucher verstößt gegen die Vertragsbestimmungen, was dem Kreditgeber erlaubt, den Vertrag zu kündigen.

(4) § 358 Abs. 2 und 4 sowie die §§ 491a bis 495 und 505a bis 505e sind nicht auf Darlehensverträge anzuwenden, die in ein nach den Vorschriften der Zivilprozessordnung errichtetes gerichtliches Protokoll aufgenommen oder durch einen gerichtlichen Beschluss über das Zustandekommen und den Inhalt eines zwischen den Parteien geschlossenen Vergleichs festgestellt sind, wenn in das Protokoll oder den Beschluss der Sollzinssatz, die bei Abschluss des Vertrags in Rechnung gestellten Kosten des Darlehens sowie die Voraussetzungen aufgenommen worden sind, unter denen der Sollzinssatz oder die Kosten angepasst werden können.

§ 491a Vorvertragliche Informationspflichten bei Verbraucherdarlehensverträgen. (1) Der Darlehensgeber ist verpflichtet, den Darlehensnehmer nach Maßgabe des Artikels 247 des Einführungsgesetzes zum Bürgerlichen Gesetzbuche[1)] zu informieren.

(2) [1] Der Darlehensnehmer kann vom Darlehensgeber einen Entwurf des Verbraucherdarlehensvertrags verlangen. [2] Dies gilt nicht, solange der Darlehensgeber zum Vertragsabschluss nicht bereit ist. [3] Unterbreitet der Darlehensgeber bei einem Immobiliar-Verbraucherdarlehensvertrag dem Darlehensnehmer ein Angebot oder einen bindenden Vorschlag für bestimmte Vertragsbestimmungen, so muss er dem Darlehensnehmer anbieten, einen Vertragsentwurf auszuhändigen oder zu übermitteln; besteht kein Widerrufsrecht nach § 495, ist der Darlehensgeber dazu verpflichtet, dem Darlehensnehmer einen Vertragsentwurf auszuhändigen oder zu übermitteln.

(3) [1] Der Darlehensgeber ist verpflichtet, dem Darlehensnehmer vor Abschluss eines Verbraucherdarlehensvertrags angemessene Erläuterungen zu geben, damit der Darlehensnehmer in die Lage versetzt wird, zu beurteilen, ob der Vertrag dem von ihm verfolgten Zweck und seinen Vermögensverhältnissen gerecht wird. [2] Hierzu sind gegebenenfalls die vorvertraglichen Informationen gemäß Absatz 1, die Hauptmerkmale der vom Darlehensgeber angebotenen Verträge sowie ihre vertragstypischen Auswirkungen auf den Darlehensnehmer, einschließlich der Folgen bei Zahlungsverzug, zu erläutern. [3] Werden mit

[1)] dtv 5001 BGB Nr. 2.

einem Immobiliar-Verbraucherdarlehensvertrag Finanzprodukte oder -dienstleistungen im Paket angeboten, so muss dem Darlehensnehmer erläutert werden, ob sie gesondert gekündigt werden können und welche Folgen die Kündigung hat.

(4) [1] Bei einem Immobiliar-Verbraucherdarlehensvertrag entsprechend § 491 Absatz 2 Satz 2 Nummer 5 ist der Darlehensgeber verpflichtet, den Darlehensnehmer rechtzeitig vor Abgabe von dessen Vertragserklärung auf einem dauerhaften Datenträger über die Merkmale gemäß den Abschnitten 3, 4 und 13 des in Artikel 247 § 1 Absatz 2 Satz 2 des Einführungsgesetzes zum Bürgerlichen Gesetzbuche genannten Musters zu informieren. [2] Artikel 247 § 1 Absatz 2 Satz 6 des Einführungsgesetzes zum Bürgerlichen Gesetzbuche findet Anwendung.

§ 492[1) 2)] Schriftform, Vertragsinhalt. (1) [1] Verbraucherdarlehensverträge sind, soweit nicht eine strengere Form vorgeschrieben ist, schriftlich abzuschließen. [2] Der Schriftform ist genügt, wenn Antrag und Annahme durch die Vertragsparteien jeweils getrennt schriftlich erklärt werden. [3] Die Erklärung des Darlehensgebers bedarf keiner Unterzeichnung, wenn sie mit Hilfe einer automatischen Einrichtung erstellt wird.

(2) Der Vertrag muss die für den Verbraucherdarlehensvertrag vorgeschriebenen Angaben nach Artikel 247 §§ 6 bis 13 des Einführungsgesetzes zum Bürgerlichen Gesetzbuche[3)] enthalten.

(3) [1] Nach Vertragsschluss stellt der Darlehensgeber dem Darlehensnehmer eine Abschrift des Vertrags zur Verfügung. [2] Ist ein Zeitpunkt für die Rückzahlung des Darlehens bestimmt, kann der Darlehensnehmer vom Darlehensgeber jederzeit einen Tilgungsplan nach Artikel 247 § 14 des Einführungsgesetzes zum Bürgerlichen Gesetzbuche verlangen.

(4) [1] Die Absätze 1 und 2 gelten auch für die Vollmacht, die ein Darlehensnehmer zum Abschluss eines Verbraucherdarlehensvertrags erteilt. [2] Satz 1 gilt nicht für die Prozessvollmacht und eine Vollmacht, die notariell beurkundet ist.

(5) Erklärungen des Darlehensgebers, die dem Darlehensnehmer gegenüber nach Vertragsabschluss abzugeben sind, müssen auf einem dauerhaften Datenträger erfolgen.

(6) [1] Enthält der Vertrag die Angaben nach Absatz 2 nicht oder nicht vollständig, können sie nach wirksamem Vertragsschluss oder in den Fällen des § 494 Absatz 2 Satz 1 nach Gültigwerden des Vertrags auf einem dauerhaften Datenträger nachgeholt werden. [2] Hat das Fehlen von Angaben nach Absatz 2 zu Änderungen der Vertragsbedingungen gemäß § 494 Absatz 2 Satz 2 bis Absatz 6 geführt, kann die Nachholung der Angaben nur dadurch erfolgen, dass der Darlehensnehmer die nach § 494 Absatz 7 erforderliche Abschrift des Vertrags erhält. [3] In den sonstigen Fällen muss der Darlehensnehmer spätestens im Zeitpunkt der Nachholung der Angaben eine der in § 356b Absatz 1 genannten Unterlagen erhalten. [4] Mit der Nachholung der Angaben nach Absatz 2 ist der Darlehensnehmer auf einem dauerhaften Datenträger darauf hinzuweisen, dass die Widerrufsfrist von einem Monat nach Erhalt der nachgeholten Angaben beginnt.

1) Beachte hierzu Überleitungsvorschrift in Art. 229 § 9 EGBGB **(dtv 5001 BGB Nr. 2)**.
2) Beachte hierzu Übergangsvorschrift in Art. 229 § 38 EGBGB **(dtv 5001 BGB Nr. 2)**.
3) **dtv 5001 BGB Nr. 2.**

(7) Die Vereinbarung eines veränderlichen Sollzinssatzes, der sich nach einem Index oder Referenzzinssatz richtet, ist nur wirksam, wenn der Index oder Referenzzinssatz objektiv, eindeutig bestimmt und für Darlehensgeber und Darlehensnehmer verfügbar und überprüfbar ist.

§ 492a Kopplungsgeschäfte bei Immobiliar-Verbraucherdarlehensverträgen. (1) [1] Der Darlehensgeber darf den Abschluss eines Immobiliar-Verbraucherdarlehenvertrags unbeschadet des § 492b nicht davon abhängig machen, dass der Darlehensnehmer oder ein Dritter weitere Finanzprodukte oder -dienstleistungen erwirbt (Kopplungsgeschäft). [2] Ist der Darlehensgeber zum Abschluss des Immobiliar-Verbraucherdarlehensvertrags bereit, ohne dass der Verbraucher weitere Finanzprodukte oder -dienstleistungen erwirbt, liegt ein Kopplungsgeschäft auch dann nicht vor, wenn die Bedingungen für den Immobiliar-Verbraucherdarlehensvertrag von denen abweichen, zu denen er zusammen mit den weiteren Finanzprodukten oder -dienstleistungen angeboten wird.

(2) Soweit ein Kopplungsgeschäft unzulässig ist, sind die mit dem Immobiliar-Verbraucherdarlehensvertrag gekoppelten Geschäfte nichtig; die Wirksamkeit des Immobiliar-Verbraucherdarlehensvertrags bleibt davon unberührt.

§ 492b Zulässige Kopplungsgeschäfte. (1) Ein Kopplungsgeschäft ist zulässig, wenn der Darlehensgeber den Abschluss eines Immobiliar-Verbraucherdarlehensvertrags davon abhängig macht, dass der Darlehensnehmer, ein Familienangehöriger des Darlehensnehmers oder beide zusammen

1. ein Zahlungs- oder ein Sparkonto eröffnen, dessen einziger Zweck die Ansammlung von Kapital ist, um
 a) das Immobiliar-Verbraucherdarlehen zurückzuzahlen oder zu bedienen,
 b) die erforderlichen Mittel für die Gewährung des Darlehens bereitzustellen oder
 c) als zusätzliche Sicherheit für den Darlehensgeber für den Fall eines Zahlungsausfalls zu dienen;
2. ein Anlageprodukt oder ein privates Rentenprodukt erwerben oder behalten, das
 a) in erster Linie als Ruhestandseinkommen dient und
 b) bei Zahlungsausfall als zusätzliche Sicherheit für den Darlehensgeber dient oder das der Ansammlung von Kapital dient, um damit das Immobiliar-Verbraucherdarlehen zurückzuzahlen oder zu bedienen oder um damit die erforderlichen Mittel für die Gewährung des Darlehens bereitzustellen;
3. einen weiteren Darlehensvertrag abschließen, bei dem das zurückzuzahlende Kapital auf einem vertraglich festgelegten Prozentsatz des Werts der Immobilie beruht, die diese zum Zeitpunkt der Rückzahlung oder Rückzahlungen des Kapitals (Darlehensvertrag mit Wertbeteiligung) hat.

(2) Ein Kopplungsgeschäft ist zulässig, wenn der Darlehensgeber den Abschluss eines Immobiliar-Verbraucherdarlehensvertrags davon abhängig macht, dass der Darlehensnehmer im Zusammenhang mit dem Immobiliar-Verbraucherdarlehensvertrag eine einschlägige Versicherung abschließt und dem Darlehensnehmer gestattet ist, diese Versicherung auch bei einem anderen als bei dem vom Darlehensgeber bevorzugten Anbieter abzuschließen.

(3) Ein Kopplungsgeschäft ist zulässig, wenn die für den Darlehensgeber zuständige Aufsichtsbehörde die weiteren Finanzprodukte oder -dienstleistungen sowie deren Kopplung mit dem Immobiliar-Verbraucherdarlehensvertrag nach § 18a Absatz 8a des Kreditwesengesetzes genehmigt hat.

§ 493 Informationen während des Vertragsverhältnisses. (1) [1] Ist in einem Verbraucherdarlehensvertrag der Sollzinssatz gebunden und endet die Sollzinsbindung vor der für die Rückzahlung bestimmten Zeit, unterrichtet der Darlehensgeber den Darlehensnehmer spätestens drei Monate vor Ende der Sollzinsbindung darüber, ob er zu einer neuen Sollzinsbindungsabrede bereit ist. [2] Erklärt sich der Darlehensgeber hierzu bereit, muss die Unterrichtung den zum Zeitpunkt der Unterrichtung vom Darlehensgeber angebotenen Sollzinssatz enthalten.

(2) [1] Der Darlehensgeber unterrichtet den Darlehensnehmer spätestens drei Monate vor Beendigung eines Verbraucherdarlehensvertrags darüber, ob er zur Fortführung des Darlehensverhältnisses bereit ist. [2] Erklärt sich der Darlehensgeber zur Fortführung bereit, muss die Unterrichtung die zum Zeitpunkt der Unterrichtung gültigen Pflichtangaben gemäß § 491a Abs. 1 enthalten.

(3) [1] Die Anpassung des Sollzinssatzes eines Verbraucherdarlehensvertrags mit veränderlichem Sollzinssatz wird erst wirksam, nachdem der Darlehensgeber den Darlehensnehmer über die Einzelheiten unterrichtet hat, die sich aus Artikel 247 § 15 des Einführungsgesetzes zum Bürgerlichen Gesetzbuche[1)] ergeben. [2] Abweichende Vereinbarungen über die Wirksamkeit sind im Rahmen des Artikels 247 § 15 Absatz 2 und 3 des Einführungsgesetzes zum Bürgerlichen Gesetzbuche zulässig.

(4) [1] Bei einem Vertrag über ein Immobiliar-Verbraucherdarlehen in Fremdwährung gemäß § 503 Absatz 1 Satz 1, auch in Verbindung mit Satz 3, hat der Darlehensgeber den Darlehensnehmer unverzüglich zu informieren, wenn der Wert des noch zu zahlenden Restbetrags oder der Wert der regelmäßigen Raten in der Landeswährung des Darlehensnehmers um mehr als 20 Prozent gegenüber dem Wert steigt, der bei Zugrundelegung des Wechselkurses bei Vertragsabschluss gegeben wäre. [2] Die Information

1. ist auf einem dauerhaften Datenträger zu übermitteln,
2. hat die Angabe über die Veränderung des Restbetrags in der Landeswährung des Darlehensnehmers zu enthalten,
3. hat den Hinweis auf die Möglichkeit einer Währungsumstellung aufgrund des § 503 und die hierfür geltenden Bedingungen und gegebenenfalls die Erläuterung weiterer Möglichkeiten zur Begrenzung des Wechselkursrisikos zu enthalten und
4. ist so lange in regelmäßigen Abständen zu erteilen, bis die Differenz von 20 Prozent wieder unterschritten wird.

[3] Die Sätze 1 und 2 sind entsprechend anzuwenden, wenn ein Immobiliar-Verbraucherdarlehensvertrag in der Währung des Mitgliedstaats der Europäischen Union, in dem der Darlehensnehmer bei Vertragsschluss seinen Wohnsitz hat, geschlossen wurde und der Darlehensnehmer zum Zeitpunkt der maßgeblichen Kreditwürdigkeitsprüfung in einer anderen Währung überwiegend

[1)] **dtv 5001 BGB Nr. 2.**

sein Einkommen bezieht oder Vermögenswerte hält, aus denen das Darlehen zurückgezahlt werden soll.

(5) [1] Wenn der Darlehensnehmer eines Immobiliar-Verbraucherdarlehensvertrags dem Darlehensgeber mitteilt, dass er eine vorzeitige Rückzahlung des Darlehens beabsichtigt, ist der Darlehensgeber verpflichtet, ihm unverzüglich die für die Prüfung dieser Möglichkeit erforderlichen Informationen auf einem dauerhaften Datenträger zu übermitteln. [2] Diese Informationen müssen insbesondere folgende Angaben enthalten:

1. Auskunft über die Zulässigkeit der vorzeitigen Rückzahlung,
2. im Fall der Zulässigkeit die Höhe des zurückzuzahlenden Betrags und
3. gegebenenfalls die Höhe einer Vorfälligkeitsentschädigung.

[3] Soweit sich die Informationen auf Annahmen stützen, müssen diese nachvollziehbar und sachlich gerechtfertigt sein und als solche dem Darlehensnehmer gegenüber offengelegt werden.

(6) Wurden Forderungen aus dem Darlehensvertrag abgetreten, treffen die Pflichten aus den Absätzen 1 bis 5 auch den neuen Gläubiger, wenn nicht der bisherige Darlehensgeber mit dem neuen Gläubiger vereinbart hat, dass im Verhältnis zum Darlehensnehmer weiterhin allein der bisherige Darlehensgeber auftritt.

§ 494[1)] Rechtsfolgen von Formmängeln. (1) Der Verbraucherdarlehensvertrag und die auf Abschluss eines solchen Vertrags vom Verbraucher erteilte Vollmacht sind nichtig, wenn die Schriftform insgesamt nicht eingehalten ist oder wenn eine der in Artikel 247 §§ 6 und 10 bis 13 des Einführungsgesetzes zum Bürgerlichen Gesetzbuche[2)] für den Verbraucherdarlehensvertrag vorgeschriebenen Angaben fehlt.

(2) [1] Ungeachtet eines Mangels nach Absatz 1 wird der Verbraucherdarlehensvertrag gültig, soweit der Darlehensnehmer das Darlehen empfängt oder in Anspruch nimmt. [2] Jedoch ermäßigt sich der dem Verbraucherdarlehensvertrag zugrunde gelegte Sollzinssatz auf den gesetzlichen Zinssatz, wenn die Angabe des Sollzinssatzes, des effektiven Jahreszinses oder des Gesamtbetrags fehlt.

(3) Ist der effektive Jahreszins zu niedrig angegeben, so vermindert sich der dem Verbraucherdarlehensvertrag zugrunde gelegte Sollzinssatz um den Prozentsatz, um den der effektive Jahreszins zu niedrig angegeben ist.

(4) [1] Nicht angegebene Kosten werden vom Darlehensnehmer nicht geschuldet. [2] Ist im Vertrag nicht angegeben, unter welchen Voraussetzungen Kosten oder Zinsen angepasst werden können, so entfällt die Möglichkeit, diese zum Nachteil des Darlehensnehmers anzupassen.

(5) Wurden Teilzahlungen vereinbart, ist deren Höhe vom Darlehensgeber unter Berücksichtigung der verminderten Zinsen oder Kosten neu zu berechnen.

(6) [1] Fehlen im Vertrag Angaben zur Laufzeit oder zum Kündigungsrecht, ist der Darlehensnehmer jederzeit zur Kündigung berechtigt. [2] Fehlen Angaben zu Sicherheiten, so können Sicherheiten nicht gefordert werden; dies gilt nicht bei Allgemein-Verbraucherdarlehensverträgen, wenn der Nettodarlehensbetrag

[1)] Beachte hierzu Überleitungsvorschrift in Art. 229 § 9 EGBGB **(dtv 5001 BGB Nr. 2)**.
[2)] **dtv 5001 BGB Nr. 2.**

75 000 Euro übersteigt. [3] Fehlen Angaben zum Umwandlungsrecht bei Immobiliar-Verbraucherdarlehen in Fremdwährung, so kann das Umwandlungsrecht jederzeit ausgeübt werden.

(7) Der Darlehensgeber stellt dem Darlehensnehmer eine Abschrift des Vertrags zur Verfügung, in der die Vertragsänderungen berücksichtigt sind, die sich aus den Absätzen 2 bis 6 ergeben.

§ 495[1)] Widerrufsrecht; Bedenkzeit. (1) Dem Darlehensnehmer steht bei einem Verbraucherdarlehensvertrag ein Widerrufsrecht nach § 355 zu.

(2) Ein Widerrufsrecht besteht nicht bei Darlehensverträgen,

1. die einen Darlehensvertrag, zu dessen Kündigung der Darlehensgeber wegen Zahlungsverzugs des Darlehensnehmers berechtigt ist, durch Rückzahlungsvereinbarungen ergänzen oder ersetzen, wenn dadurch ein gerichtliches Verfahren vermieden wird und wenn der Gesamtbetrag (Artikel 247 § 3 des Einführungsgesetzes zum Bürgerlichen Gesetzbuche[2)]) geringer ist als die Restschuld des ursprünglichen Vertrags,
2. die notariell zu beurkunden sind, wenn der Notar bestätigt, dass die Rechte des Darlehensnehmers aus den §§ 491a und 492 gewahrt sind, oder
3. die § 504 Abs. 2 oder § 505 entsprechen.

(3) [1] Bei Immobiliar-Verbraucherdarlehensverträgen ist dem Darlehensnehmer in den Fällen des Absatzes 2 vor Vertragsschluss eine Bedenkzeit von zumindest sieben Tagen einzuräumen. [2] Während des Laufs der Frist ist der Darlehensgeber an sein Angebot gebunden. [3] Die Bedenkzeit beginnt mit der Aushändigung des Vertragsangebots an den Darlehensnehmer.

§ 496 Einwendungsverzicht, Wechsel- und Scheckverbot. (1) Eine Vereinbarung, durch die der Darlehensnehmer auf das Recht verzichtet, Einwendungen, die ihm gegenüber dem Darlehensgeber zustehen, gemäß § 404 einem Abtretungsgläubiger entgegenzusetzen oder eine ihm gegen den Darlehensgeber zustehende Forderung gemäß § 406 auch dem Abtretungsgläubiger gegenüber aufzurechnen, ist unwirksam.

(2) [1] Wird eine Forderung des Darlehensgebers aus einem Verbraucherdarlehensvertrag an einen Dritten abgetreten oder findet in der Person des Darlehensgebers ein Wechsel statt, ist der Darlehensnehmer unverzüglich darüber sowie über die Kontaktdaten des neuen Gläubigers nach Artikel 246b § 1 Absatz 1 Nummer 1, 3 und 4 des Einführungsgesetzes zum Bürgerlichen Gesetzbuche[2)] zu unterrichten. [2] Die Unterrichtung ist bei Abtretungen entbehrlich, wenn der bisherige Darlehensgeber mit dem neuen Gläubiger vereinbart hat, dass im Verhältnis zum Darlehensnehmer weiterhin allein der bisherige Darlehensgeber auftritt. [3] Fallen die Voraussetzungen des Satzes 2 fort, ist die Unterrichtung unverzüglich nachzuholen.

(3) [1] Der Darlehensnehmer darf nicht verpflichtet werden, für die Ansprüche des Darlehensgebers aus dem Verbraucherdarlehensvertrag eine Wechselverbindlichkeit einzugehen. [2] Der Darlehensgeber darf vom Darlehensnehmer zur Sicherung seiner Ansprüche aus dem Verbraucherdarlehensvertrag einen Scheck nicht entgegennehmen. [3] Der Darlehensnehmer kann vom Darlehens-

[1)] Beachte hierzu Überleitungsvorschrift in Art. 229 § 9 EGBGB **(dtv 5001 BGB Nr. 2)**.
[2)] **dtv 5001 BGB Nr. 2.**

geber jederzeit die Herausgabe eines Wechsels oder Schecks, der entgegen Satz 1 oder 2 begeben worden ist, verlangen. [4]Der Darlehensgeber haftet für jeden Schaden, der dem Darlehensnehmer aus einer solchen Wechsel- oder Scheckbegebung entsteht.

§ 497[1)] Verzug des Darlehensnehmers. (1) [1]Soweit der Darlehensnehmer mit Zahlungen, die er auf Grund des Verbraucherdarlehensvertrags schuldet, in Verzug kommt, hat er den geschuldeten Betrag nach § 288 Abs. 1 zu verzinsen. [2]Im Einzelfall kann der Darlehensgeber einen höheren oder der Darlehensnehmer einen niedrigeren Schaden nachweisen.

(2) [1]Die nach Eintritt des Verzugs anfallenden Zinsen sind auf einem gesonderten Konto zu verbuchen und dürfen nicht in ein Kontokorrent mit dem geschuldeten Betrag oder anderen Forderungen des Darlehensgebers eingestellt werden. [2]Hinsichtlich dieser Zinsen gilt § 289 Satz 2 mit der Maßgabe, dass der Darlehensgeber Schadensersatz nur bis zur Höhe des gesetzlichen Zinssatzes (§ 246) verlangen kann.

(3) [1]Zahlungen des Darlehensnehmers, die zur Tilgung der gesamten fälligen Schuld nicht ausreichen, werden abweichend von § 367 Abs. 1 zunächst auf die Kosten der Rechtsverfolgung, dann auf den übrigen geschuldeten Betrag (Absatz 1) und zuletzt auf die Zinsen (Absatz 2) angerechnet. [2]Der Darlehensgeber darf Teilzahlungen nicht zurückweisen. [3]Die Verjährung der Ansprüche auf Darlehensrückzahlung und Zinsen ist vom Eintritt des Verzugs nach Absatz 1 an bis zu ihrer Feststellung in einer in § 197 Abs. 1 Nr. 3 bis 5 bezeichneten Art gehemmt, jedoch nicht länger als zehn Jahre von ihrer Entstehung an. [4]Auf die Ansprüche auf Zinsen findet § 197 Abs. 2 keine Anwendung. [5]Die Sätze 1 bis 4 finden keine Anwendung, soweit Zahlungen auf Vollstreckungstitel geleistet werden, deren Hauptforderung auf Zinsen lautet.

(4) [1]Bei Immobiliar-Verbraucherdarlehensverträgen beträgt der Verzugszinssatz abweichend von Absatz 1 für das Jahr 2,5 Prozentpunkte über dem Basiszinssatz. [2]Die Absätze 2 und 3 Satz 1, 2, 4 und 5 sind auf Immobiliar-Verbraucherdarlehensverträge nicht anzuwenden.

§ 498 Gesamtfälligstellung bei Teilzahlungsdarlehen. (1) [1]Der Darlehensgeber kann den Verbraucherdarlehensvertrag bei einem Darlehen, das in Teilzahlungen zu tilgen ist, wegen Zahlungsverzugs des Darlehensnehmers nur dann kündigen, wenn

1. der Darlehensnehmer
 a) mit mindestens zwei aufeinander folgenden Teilzahlungen ganz oder teilweise in Verzug ist,
 b) bei einer Vertragslaufzeit bis zu drei Jahren mit mindestens 10 Prozent oder bei einer Vertragslaufzeit von mehr als drei Jahren mit mindestens 5 Prozent des Nennbetrags des Darlehens in Verzug ist und
2. der Darlehensgeber dem Darlehensnehmer erfolglos eine zweiwöchige Frist zur Zahlung des rückständigen Betrags mit der Erklärung gesetzt hat, dass er bei Nichtzahlung innerhalb der Frist die gesamte Restschuld verlange.

[1)] Beachte hierzu Überleitungsvorschrift in Art. 229 § 9 EGBGB **(dtv 5001 BGB Nr. 2)**.

[2]Der Darlehensgeber soll dem Darlehensnehmer spätestens mit der Fristsetzung ein Gespräch über die Möglichkeiten einer einverständlichen Regelung anbieten.

(2) Bei einem Immobiliar-Verbraucherdarlehensvertrag muss der Darlehensnehmer abweichend von Absatz 1 Satz 1 Nummer 1 Buchstabe b mit mindestens 2,5 Prozent des Nennbetrags des Darlehens in Verzug sein.

§ 499 Kündigungsrecht des Darlehensgebers; Leistungsverweigerung.

(1) In einem Allgemein-Verbraucherdarlehensvertrag ist eine Vereinbarung über ein Kündigungsrecht des Darlehensgebers unwirksam, wenn eine bestimmte Vertragslaufzeit vereinbart wurde oder die Kündigungsfrist zwei Monate unterschreitet.

(2) [1]Der Darlehensgeber ist bei entsprechender Vereinbarung berechtigt, die Auszahlung eines Allgemein-Verbraucherdarlehens, bei dem eine Zeit für die Rückzahlung nicht bestimmt ist, aus einem sachlichen Grund zu verweigern. [2]Beabsichtigt der Darlehensgeber dieses Recht auszuüben, hat er dies dem Darlehensnehmer unverzüglich mitzuteilen und ihn über die Gründe möglichst vor, spätestens jedoch unverzüglich nach der Rechtsausübung zu unterrichten. [3]Die Unterrichtung über die Gründe unterbleibt, soweit hierdurch die öffentliche Sicherheit oder Ordnung gefährdet würde.

(3) [1]Der Darlehensgeber kann einen Verbraucherdarlehensvertrag nicht allein deshalb kündigen, auf andere Weise beenden oder seine Änderung verlangen, weil die vom Darlehensnehmer vor Vertragsschluss gemachten Angaben unvollständig waren oder weil die Kreditwürdigkeitsprüfung des Darlehensnehmers nicht ordnungsgemäß durchgeführt wurde. [2]Satz 1 findet keine Anwendung, soweit der Mangel der Kreditwürdigkeitsprüfung darauf beruht, dass der Darlehensnehmer dem Darlehensgeber für die Kreditwürdigkeitsprüfung relevante Informationen wissentlich vorenthalten oder diese gefälscht hat.

§ 500 Kündigungsrecht des Darlehensnehmers; vorzeitige Rückzahlung. (1) [1]Der Darlehensnehmer kann einen Allgemein-Verbraucherdarlehensvertrag, bei dem eine Zeit für die Rückzahlung nicht bestimmt ist, ganz oder teilweise kündigen, ohne eine Frist einzuhalten. [2]Eine Vereinbarung über eine Kündigungsfrist von mehr als einem Monat ist unwirksam.

(2) [1]Der Darlehensnehmer kann seine Verbindlichkeiten aus einem Verbraucherdarlehensvertrag jederzeit ganz oder teilweise vorzeitig erfüllen. [2]Abweichend von Satz 1 kann der Darlehensnehmer eines Immobiliar-Verbraucherdarlehensvertrags, für den ein gebundener Sollzinssatz vereinbart wurde, seine Verbindlichkeiten im Zeitraum der Sollzinsbindung nur dann ganz oder teilweise vorzeitig erfüllen, wenn hierfür ein berechtigtes Interesse des Darlehensnehmers besteht.

§ 501 Kostenermäßigung bei vorzeitiger Rückzahlung und bei Kündigung. (1) Soweit der Darlehensnehmer seine Verbindlichkeiten aus einem Verbraucherdarlehensvertrag nach § 500 Absatz 2 vorzeitig erfüllt, ermäßigen sich die Gesamtkosten des Kredits um die Zinsen und die Kosten entsprechend der verbleibenden Laufzeit des Vertrags.

(2) Soweit die Restschuld eines Verbraucherdarlehens vor der vereinbarten Zeit durch Kündigung fällig wird, ermäßigen sich die Gesamtkosten des Kredits

um die Zinsen und die sonstigen laufzeitabhängigen Kosten, die bei gestaffelter Berechnung auf die Zeit nach der Fälligkeit entfallen.

§ 502 Vorfälligkeitsentschädigung. (1) [1] Der Darlehensgeber kann im Fall der vorzeitigen Rückzahlung eine angemessene Vorfälligkeitsentschädigung für den unmittelbar mit der vorzeitigen Rückzahlung zusammenhängenden Schaden verlangen, wenn der Darlehensnehmer zum Zeitpunkt der Rückzahlung Zinsen zu einem gebundenen Sollzinssatz schuldet. [2] Bei Allgemein-Verbraucherdarlehensverträgen gilt Satz 1 nur, wenn der gebundene Sollzinssatz bei Vertragsabschluss vereinbart wurde.

(2) Der Anspruch auf Vorfälligkeitsentschädigung ist ausgeschlossen, wenn
1. die Rückzahlung aus den Mitteln einer Versicherung bewirkt wird, die auf Grund einer entsprechenden Verpflichtung im Darlehensvertrag abgeschlossen wurde, um die Rückzahlung zu sichern, oder
2. im Vertrag die Angaben über die Laufzeit des Vertrags, das Kündigungsrecht des Darlehensnehmers oder die Berechnung der Vorfälligkeitsentschädigung unzureichend sind.

(3) Bei Allgemein-Verbraucherdarlehensverträgen darf die Vorfälligkeitsentschädigung folgende Beträge jeweils nicht überschreiten:
1. 1 Prozent des vorzeitig zurückgezahlten Betrags oder, wenn der Zeitraum zwischen der vorzeitigen und der vereinbarten Rückzahlung ein Jahr nicht überschreitet, 0,5 Prozent des vorzeitig zurückgezahlten Betrags,
2. den Betrag der Sollzinsen, den der Darlehensnehmer in dem Zeitraum zwischen der vorzeitigen und der vereinbarten Rückzahlung entrichtet hätte.

§ 503 Umwandlung bei Immobiliar-Verbraucherdarlehen in Fremdwährung. (1) [1] Bei einem nicht auf die Währung des Mitgliedstaats der Europäischen Union, in dem der Darlehensnehmer bei Vertragsschluss seinen Wohnsitz hat (Landeswährung des Darlehensnehmers), geschlossenen Immobiliar-Verbraucherdarlehensvertrag (Immobiliar-Verbraucherdarlehensvertrag in Fremdwährung) kann der Darlehensnehmer die Umwandlung des Darlehens in die Landeswährung des Darlehensnehmers verlangen. [2] Das Recht auf Umwandlung besteht dann, wenn der Wert des ausstehenden Restbetrags oder der Wert der regelmäßigen Raten in der Landeswährung des Darlehensnehmers auf Grund der Änderung des Wechselkurses um mehr als 20 Prozent über dem Wert liegt, der bei Zugrundelegung des Wechselkurses bei Vertragsabschluss gegeben wäre. [3] Im Darlehensvertrag kann abweichend von Satz 1 vereinbart werden, dass die Landeswährung des Darlehensnehmers ausschließlich oder ergänzend die Währung ist, in der er zum Zeitpunkt der maßgeblichen Kreditwürdigkeitsprüfung überwiegend sein Einkommen bezieht oder Vermögenswerte hält, aus denen das Darlehen zurückgezahlt werden soll.

(2) [1] Die Umstellung des Darlehens hat zu dem Wechselkurs zu erfolgen, der dem am Tag des Antrags auf Umstellung geltenden Marktwechselkurs entspricht. [2] Satz 1 gilt nur, wenn im Darlehensvertrag nicht etwas anderes vereinbart wurde.

§ 504[1)] Eingeräumte Überziehungsmöglichkeit. (1) [1]Ist ein Verbraucherdarlehen in der Weise gewährt, dass der Darlehensgeber in einem Vertragsverhältnis über ein laufendes Konto dem Darlehensnehmer das Recht einräumt, sein Konto in bestimmter Höhe zu überziehen (Überziehungsmöglichkeit), hat der Darlehensgeber den Darlehensnehmer in regelmäßigen Zeitabständen über die Angaben zu unterrichten, die sich aus Artikel 247 § 16 des Einführungsgesetzes zum Bürgerlichen Gesetzbuche[2)] ergeben. [2]Ein Anspruch auf Vorfälligkeitsentschädigung aus § 502 ist ausgeschlossen. [3]§ 493 Abs. 3 ist nur bei einer Erhöhung des Sollzinssatzes anzuwenden und gilt entsprechend bei einer Erhöhung der vereinbarten sonstigen Kosten. [4]§ 499 Abs. 1 ist nicht anzuwenden.

(2) [1]Ist in einer Überziehungsmöglichkeit in Form des Allgemein-Verbraucherdarlehensvertrags vereinbart, dass nach der Auszahlung die Laufzeit höchstens drei Monate beträgt oder der Darlehensgeber kündigen kann, ohne eine Frist einzuhalten, sind § 491a Abs. 3, die §§ 495, 499 Abs. 2 und § 500 Abs. 1 Satz 2 nicht anzuwenden. [2]§ 492 Abs. 1 ist nicht anzuwenden, wenn außer den Sollzinsen keine weiteren laufenden Kosten vereinbart sind, die Sollzinsen nicht in kürzeren Zeiträumen als drei Monaten fällig werden und der Darlehensgeber dem Darlehensnehmer den Vertragsinhalt spätestens unverzüglich nach Vertragsabschluss auf einem dauerhaften Datenträger mitteilt.

§ 504a[1)] Beratungspflicht bei Inanspruchnahme der Überziehungsmöglichkeit. (1) [1]Der Darlehensgeber hat dem Darlehensnehmer eine Beratung gemäß Absatz 2 anzubieten, wenn der Darlehensnehmer eine ihm eingeräumte Überziehungsmöglichkeit ununterbrochen über einen Zeitraum von sechs Monaten und durchschnittlich in Höhe eines Betrags in Anspruch genommen hat, der 75 Prozent des vereinbarten Höchstbetrags übersteigt. [2]Wenn der Rechnungsabschluss für das laufende Konto vierteljährlich erfolgt, ist der maßgebliche Zeitpunkt für das Vorliegen der Voraussetzungen nach Satz 1 der jeweilige Rechnungsabschluss. [3]Das Beratungsangebot ist dem Darlehensnehmer in Textform auf dem Kommunikationsweg zu unterbreiten, der für den Kontakt mit dem Darlehensnehmer üblicherweise genutzt wird. [4]Das Beratungsangebot ist zu dokumentieren.

(2) [1]Nimmt der Darlehensnehmer das Angebot an, ist eine Beratung zu möglichen kostengünstigen Alternativen zur Inanspruchnahme der Überziehungsmöglichkeit und zu möglichen Konsequenzen einer weiteren Überziehung des laufenden Kontos durchzuführen sowie gegebenenfalls auf geeignete Beratungseinrichtungen hinzuweisen. [2]Die Beratung hat in Form eines persönlichen Gesprächs zu erfolgen. [3]Für dieses können auch Fernkommunikationsmittel genutzt werden. [4]Der Ort und die Zeit des Beratungsgesprächs sind zu dokumentieren.

(3) [1]Nimmt der Darlehensnehmer das Beratungsangebot nicht an oder wird ein Vertrag über ein geeignetes kostengünstigeres Finanzprodukt nicht geschlossen, hat der Darlehensgeber das Beratungsangebot bei erneutem Vorliegen der Voraussetzungen nach Absatz 1 zu wiederholen. [2]Dies gilt nicht, wenn der Darlehensnehmer ausdrücklich erklärt, keine weiteren entsprechenden Beratungsangebote erhalten zu wollen.

[1)] Beachte hierzu Übergangsvorschrift in Art. 229 § 38 EGBGB **(dtv 5001 BGB Nr. 2)**.
[2)] **dtv 5001 BGB Nr. 2.**

§ 505[1] **Geduldete Überziehung.** (1) [1] Vereinbart ein Unternehmer in einem Vertrag mit einem Verbraucher über ein laufendes Konto ohne eingeräumte Überziehungsmöglichkeit ein Entgelt für den Fall, dass er eine Überziehung des Kontos duldet, müssen in diesem Vertrag die Angaben nach Artikel 247 § 17 Abs. 1 des Einführungsgesetzes zum Bürgerlichen Gesetzbuche[2] auf einem dauerhaften Datenträger enthalten sein und dem Verbraucher in regelmäßigen Zeitabständen auf einem dauerhaften Datenträger mitgeteilt werden. [2] Satz 1 gilt entsprechend, wenn ein Darlehensgeber mit einem Darlehensnehmer in einem Vertrag über ein laufendes Konto mit eingeräumter Überziehungsmöglichkeit ein Entgelt für den Fall vereinbart, dass er eine Überziehung des Kontos über die vertraglich bestimmte Höhe hinaus duldet.

(2) [1] Kommt es im Fall des Absatzes 1 zu einer erheblichen Überziehung von mehr als einem Monat, unterrichtet der Darlehensgeber den Darlehensnehmer unverzüglich auf einem dauerhaften Datenträger über die sich aus Artikel 247 § 17 Abs. 2 des Einführungsgesetzes zum Bürgerlichen Gesetzbuche ergebenden Einzelheiten. [2] Wenn es im Fall des Absatzes 1 zu einer ununterbrochenen Überziehung von mehr als drei Monaten gekommen ist und der durchschnittliche Überziehungsbetrag die Hälfte des durchschnittlichen monatlichen Geldeingangs innerhalb der letzten drei Monate auf diesem Konto übersteigt, so gilt § 504a entsprechend. [3] Wenn der Rechnungsabschluss für das laufende Konto vierteljährlich erfolgt, ist der maßgebliche Zeitpunkt für das Vorliegen der Voraussetzungen nach Satz 1 der jeweilige Rechnungsabschluss.

(3) Verstößt der Unternehmer gegen Absatz 1 oder Absatz 2, kann der Darlehensgeber über die Rückzahlung des Darlehens hinaus Kosten und Zinsen nicht verlangen.

(4) Die §§ 491a bis 496 und 499 bis 502 sind auf Allgemein-Verbraucherdarlehensverträge, die unter den in Absatz 1 genannten Voraussetzungen zustande kommen, nicht anzuwenden.

§ 505a Pflicht zur Kreditwürdigkeitsprüfung bei Verbraucherdarlehensverträgen. (1) [1] Der Darlehensgeber hat vor dem Abschluss eines Verbraucherdarlehensvertrags die Kreditwürdigkeit des Darlehensnehmers zu prüfen. [2] Der Darlehensgeber darf den Verbraucherdarlehensvertrag nur abschließen, wenn aus der Kreditwürdigkeitsprüfung hervorgeht, dass bei einem Allgemein-Verbraucherdarlehensvertrag keine erheblichen Zweifel daran bestehen und dass es bei einem Immobiliar-Verbraucherdarlehensvertrag wahrscheinlich ist, dass der Darlehensnehmer seinen Verpflichtungen, die im Zusammenhang mit dem Darlehensvertrag stehen, vertragsgemäß nachkommen wird.

(2) Wird der Nettodarlehensbetrag nach Abschluss des Darlehensvertrags deutlich erhöht, so ist die Kreditwürdigkeit auf aktualisierter Grundlage neu zu prüfen, es sei denn, der Erhöhungsbetrag des Nettodarlehens wurde bereits in die ursprüngliche Kreditwürdigkeitsprüfung einbezogen.

(3) [1] Bei Immobiliar-Verbraucherdarlehensverträgen, die

1. im Anschluss an einen zwischen den Vertragsparteien abgeschlossenen Darlehensvertrag ein neues Kapitalnutzungsrecht zur Erreichung des von dem

[1] Beachte hierzu Übergangsvorschrift in Art. 229 § 38 EGBGB **(dtv 5001 BGB Nr. 2)**.
[2] **dtv 5001 BGB Nr. 2.**

Darlehensnehmer mit dem vorangegangenen Darlehensvertrag verfolgten Zweckes einräumen oder

2. einen anderen Darlehensvertrag zwischen den Vertragsparteien zur Vermeidung von Kündigungen wegen Zahlungsverzugs des Darlehensnehmers oder zur Vermeidung von Zwangsvollstreckungsmaßnahmen gegen den Darlehensnehmer ersetzen oder ergänzen,

bedarf es einer erneuten Kreditwürdigkeitsprüfung nur unter den Voraussetzungen des Absatzes 2. [2] Ist danach keine Kreditwürdigkeitsprüfung erforderlich, darf der Darlehensgeber den neuen Immobiliar-Verbraucherdarlehensvertrag nicht abschließen, wenn ihm bereits bekannt ist, dass der Darlehensnehmer seinen Verpflichtungen, die im Zusammenhang mit diesem Darlehensvertrag stehen, dauerhaft nicht nachkommen kann. [3] Bei Verstößen gilt § 505d entsprechend.

§ 505b Grundlage der Kreditwürdigkeitsprüfung bei Verbraucherdarlehensverträgen. (1) Bei Allgemein-Verbraucherdarlehensverträgen können Grundlage für die Kreditwürdigkeitsprüfung Auskünfte des Darlehensnehmers und erforderlichenfalls Auskünfte von Stellen sein, die geschäftsmäßig personenbezogene Daten, die zur Bewertung der Kreditwürdigkeit von Verbrauchern genutzt werden dürfen, zum Zweck der Übermittlung erheben, speichern, verändern oder nutzen.

(2) [1] Bei Immobiliar-Verbraucherdarlehensverträgen hat der Darlehensgeber die Kreditwürdigkeit des Darlehensnehmers auf der Grundlage notwendiger, ausreichender und angemessener Informationen zu Einkommen, Ausgaben sowie anderen finanziellen und wirtschaftlichen Umständen des Darlehensnehmers eingehend zu prüfen. [2] Dabei hat der Darlehensgeber die Faktoren angemessen zu berücksichtigen, die für die Einschätzung relevant sind, ob der Darlehensnehmer seinen Verpflichtungen aus dem Darlehensvertrag voraussichtlich nachkommen kann. [3] Die Kreditwürdigkeitsprüfung darf sich nicht hauptsächlich darauf stützen, dass der Wert der Wohnimmobilie den Darlehensbetrag übersteigt, oder auf die Annahme, dass der Wert der Wohnimmobilie zunimmt, es sei denn, der Darlehensvertrag dient zum Bau oder zur Renovierung der Wohnimmobilie.

(3) [1] Der Darlehensgeber ermittelt die gemäß Absatz 2 erforderlichen Informationen aus einschlägigen internen oder externen Quellen, wozu auch Auskünfte des Darlehensnehmers gehören. [2] Der Darlehensgeber berücksichtigt auch die Auskünfte, die einem Darlehensvermittler erteilt wurden. [3] Der Darlehensgeber ist verpflichtet, die Informationen in angemessener Weise zu überprüfen, soweit erforderlich auch durch Einsichtnahme in unabhängig nachprüfbare Unterlagen.

(4) Bei Immobiliar-Verbraucherdarlehensverträgen ist der Darlehensgeber verpflichtet, die Verfahren und Angaben, auf die sich die Kreditwürdigkeitsprüfung stützt, festzulegen, zu dokumentieren und die Dokumentation aufzubewahren.

(5) Die Bestimmungen zum Schutz personenbezogener Daten bleiben unberührt.

§ 505c Weitere Pflichten bei grundpfandrechtlich oder durch Reallast besicherten Immobiliar-Verbraucherdarlehensverträgen. Darlehensgeber, die grundpfandrechtlich oder durch Reallast besicherte Immobiliar-Verbraucherdarlehen vergeben, haben

1. bei der Bewertung von Wohnimmobilien zuverlässige Standards anzuwenden und
2. sicherzustellen, dass interne und externe Gutachter, die Immobilienbewertungen für sie vornehmen, fachlich kompetent und so unabhängig vom Darlehensvergabeprozess sind, dass sie eine objektive Bewertung vornehmen können, und
3. Bewertungen für Immobilien, die als Sicherheit für Immobiliar-Verbraucherdarlehen dienen, auf einem dauerhaften Datenträger zu dokumentieren und aufzubewahren.

§ 505d Verstoß gegen die Pflicht zur Kreditwürdigkeitsprüfung.

(1) [1] Hat der Darlehensgeber gegen die Pflicht zur Kreditwürdigkeitsprüfung verstoßen, so ermäßigt sich

1. ein im Darlehensvertrag vereinbarter gebundener Sollzins auf den marktüblichen Zinssatz am Kapitalmarkt für Anlagen in Hypothekenpfandbriefe und öffentliche Pfandbriefe, deren Laufzeit derjenigen der Sollzinsbindung entspricht und
2. ein im Darlehensvertrag vereinbarter veränderlicher Sollzins auf den marktüblichen Zinssatz, zu dem europäische Banken einander Anleihen in Euro mit einer Laufzeit von drei Monaten gewähren.

[2] Maßgeblicher Zeitpunkt für die Bestimmung des marktüblichen Zinssatzes gemäß Satz 1 ist der Zeitpunkt des Vertragsschlusses sowie gegebenenfalls jeweils der Zeitpunkt vertraglich vereinbarter Zinsanpassungen. [3] Der Darlehensnehmer kann den Darlehensvertrag jederzeit fristlos kündigen; ein Anspruch auf eine Vorfälligkeitsentschädigung besteht nicht. [4] Der Darlehensgeber stellt dem Darlehensnehmer eine Abschrift des Vertrags zur Verfügung, in der die Vertragsänderungen berücksichtigt sind, die sich aus den Sätzen 1 bis 3 ergeben. [5] Die Sätze 1 bis 4 finden keine Anwendung, wenn bei einer ordnungsgemäßen Kreditwürdigkeitsprüfung der Darlehensvertrag hätte geschlossen werden dürfen.

(2) Kann der Darlehensnehmer Pflichten, die im Zusammenhang mit dem Darlehensvertrag stehen, nicht vertragsgemäß erfüllen, so kann der Darlehensgeber keine Ansprüche wegen Pflichtverletzung geltend machen, wenn die Pflichtverletzung auf einem Umstand beruht, der bei ordnungsgemäßer Kreditwürdigkeitsprüfung dazu geführt hätte, dass der Darlehensvertrag nicht hätte geschlossen werden dürfen.

(3) Die Absätze 1 und 2 finden keine Anwendung, soweit der Mangel der Kreditwürdigkeitsprüfung darauf beruht, dass der Darlehensnehmer dem Darlehensgeber vorsätzlich oder grob fahrlässig Informationen im Sinne des § 505b Absatz 1 bis 3 unrichtig erteilt oder vorenthalten hat.

§ 505e Verordnungsermächtigung. [1]Das Bundesministerium der Finanzen und das Bundesministerium der Justiz und für Verbraucherschutz werden ermächtigt, durch gemeinsame Rechtsverordnung[1)] ohne Zustimmung des Bundesrates Leitlinien zu den Kriterien und Methoden der Kreditwürdigkeitsprüfung bei Immobiliar-Verbraucherdarlehensverträgen nach den §§ 505a und 505b Absatz 2 bis 4 festzulegen. [2]Durch die Rechtsverordnung können insbesondere Leitlinien festgelegt werden

1. zu den Faktoren, die für die Einschätzung relevant sind, ob der Darlehensnehmer seinen Verpflichtungen aus dem Darlehensvertrag voraussichtlich nachkommen kann,
2. zu den anzuwendenden Verfahren und der Erhebung und Prüfung von Informationen.

Untertitel 2. Finanzierungshilfen zwischen einem Unternehmer und einem Verbraucher

§ 506 Zahlungsaufschub, sonstige Finanzierungshilfe. (1) [1]Die für Allgemein-Verbraucherdarlehensverträge geltenden Vorschriften der §§ 358 bis 360 und 491a bis 502 sowie 505a bis 505e sind mit Ausnahme des § 492 Abs. 4 und vorbehaltlich der Absätze 3 und 4 auf Verträge entsprechend anzuwenden, durch die ein Unternehmer einem Verbraucher einen entgeltlichen Zahlungsaufschub oder eine sonstige entgeltliche Finanzierungshilfe gewährt. [2]Bezieht sich der entgeltliche Zahlungsaufschub oder die sonstige entgeltliche Finanzierungshilfe auf den Erwerb oder die Erhaltung des Eigentumsrechts an Grundstücken, an bestehenden oder zu errichtenden Gebäuden oder auf den Erwerb oder die Erhaltung von grundstücksgleichen Rechten oder ist der Anspruch des Unternehmers durch ein Grundpfandrecht oder eine Reallast besichert, so sind die für Immobiliar-Verbraucherdarlehensverträge geltenden, in Satz 1 genannten Vorschriften sowie § 503 entsprechend anwendbar. [3]Ein unentgeltlicher Zahlungsaufschub gilt als entgeltlicher Zahlungsaufschub gemäß Satz 2, wenn er davon abhängig gemacht wird, dass die Forderung durch ein Grundpfandrecht oder eine Reallast besichert wird.

(2) [1]Verträge zwischen einem Unternehmer und einem Verbraucher über die entgeltliche Nutzung eines Gegenstandes gelten als entgeltliche Finanzierungshilfe, wenn vereinbart ist, dass

1. der Verbraucher zum Erwerb des Gegenstandes verpflichtet ist,
2. der Unternehmer vom Verbraucher den Erwerb des Gegenstandes verlangen kann oder
3. der Verbraucher bei Beendigung des Vertrags für einen bestimmten Wert des Gegenstandes einzustehen hat.

[2]Auf Verträge gemäß Satz 1 Nummer 3 sind § 500 Absatz 2, § 501 Absatz 1 und § 502 nicht anzuwenden.

(3) Für Verträge, die die Lieferung einer bestimmten Sache oder die Erbringung einer bestimmten anderen Leistung gegen Teilzahlungen zum Gegenstand haben (Teilzahlungsgeschäfte), gelten vorbehaltlich des Absatzes 4 zusätzlich die in den §§ 507 und 508 geregelten Besonderheiten.

[1)] Siehe die Immobiliar-Kreditwürdigkeitsprüfungsleitlinien-Verordnung – ImmoKWPLV v. 24.4. 2018 (BGBl. I S. 529).

(4) [1]Die Vorschriften dieses Untertitels sind in dem in § 491 Absatz 2 Satz 2 Nummer 1 bis 5, Absatz 3 Satz 2 und Absatz 4 bestimmten Umfang nicht anzuwenden. [2]Soweit nach der Vertragsart ein Nettodarlehensbetrag (§ 491 Absatz 2 Satz 2 Nummer 1) nicht vorhanden ist, tritt an seine Stelle der Barzahlungspreis oder, wenn der Unternehmer den Gegenstand für den Verbraucher erworben hat, der Anschaffungspreis.

§ 507[1)] Teilzahlungsgeschäfte. (1) [1]§ 494 Abs. 1 bis 3 und 6 Satz 2 zweiter Halbsatz ist auf Teilzahlungsgeschäfte nicht anzuwenden. [2]Gibt der Verbraucher sein Angebot zum Vertragsabschluss im Fernabsatz auf Grund eines Verkaufsprospekts oder eines vergleichbaren elektronischen Mediums ab, aus dem der Barzahlungspreis, der Sollzinssatz, der effektive Jahreszins, ein Tilgungsplan anhand beispielhafter Gesamtbeträge sowie die zu stellenden Sicherheiten und Versicherungen ersichtlich sind, ist auch § 492 Abs. 1 nicht anzuwenden, wenn der Unternehmer dem Verbraucher den Vertragsinhalt spätestens unverzüglich nach Vertragsabschluss auf einem dauerhaften Datenträger mitteilt.

(2) [1]Das Teilzahlungsgeschäft ist nichtig, wenn die vorgeschriebene Schriftform des § 492 Abs. 1 nicht eingehalten ist oder im Vertrag eine der in Artikel 247 §§ 6, 12 und 13 des Einführungsgesetzes zum Bürgerlichen Gesetzbuche[2)] vorgeschriebenen Angaben fehlt. [2]Ungeachtet eines Mangels nach Satz 1 wird das Teilzahlungsgeschäft gültig, wenn dem Verbraucher die Sache übergeben oder die Leistung erbracht wird. [3]Jedoch ist der Barzahlungspreis höchstens mit dem gesetzlichen Zinssatz zu verzinsen, wenn die Angabe des Gesamtbetrags oder des effektiven Jahreszinses fehlt. [4]Ist ein Barzahlungspreis nicht genannt, so gilt im Zweifel der Marktpreis als Barzahlungspreis. [5]Ist der effektive Jahreszins zu niedrig angegeben, so vermindert sich der Gesamtbetrag um den Prozentsatz, um den der effektive Jahreszins zu niedrig angegeben ist.

(3) [1]Abweichend von den §§ 491a und 492 Abs. 2 dieses Gesetzes und von Artikel 247 §§ 3, 6 und 12 des Einführungsgesetzes zum Bürgerlichen Gesetzbuche müssen in der vorvertraglichen Information und im Vertrag der Barzahlungspreis und der effektive Jahreszins nicht angegeben werden, wenn der Unternehmer nur gegen Teilzahlungen Sachen liefert oder Leistungen erbringt. [2]Im Fall des § 501 ist der Berechnung der Kostenermäßigung der gesetzliche Zinssatz (§ 246) zugrunde zu legen. [3]Ein Anspruch auf Vorfälligkeitsentschädigung ist ausgeschlossen.

§ 508 Rücktritt bei Teilzahlungsgeschäften. [1]Der Unternehmer kann von einem Teilzahlungsgeschäft wegen Zahlungsverzugs des Verbrauchers nur unter den in § 498 Absatz 1 Satz 1 bezeichneten Voraussetzungen zurücktreten. [2]Dem Nennbetrag entspricht der Gesamtbetrag. [3]Der Verbraucher hat dem Unternehmer auch die infolge des Vertrags gemachten Aufwendungen zu ersetzen. [4]Bei der Bemessung der Vergütung von Nutzungen einer zurückzugewährenden Sache ist auf die inzwischen eingetretene Wertminderung Rücksicht zu nehmen. [5]Nimmt der Unternehmer die auf Grund des Teilzahlungsgeschäfts gelieferte Sache wieder an sich, gilt dies als Ausübung des Rücktrittsrechts, es sei denn, der Unternehmer einigt sich mit dem Verbraucher, diesem den gewöhnlichen Verkaufswert der Sache im Zeitpunkt der Wegnahme zu vergüten. [6]Satz 5 gilt entsprechend, wenn ein Vertrag über die

1) Beachte hierzu Überleitungsvorschrift in Art. 229 § 9 EGBGB **(dtv 5001 BGB Nr. 2)**.
2) **dtv 5001 BGB Nr. 2.**

Lieferung einer Sache mit einem Verbraucherdarlehensvertrag verbunden ist (§ 358 Absatz 3) und wenn der Darlehensgeber die Sache an sich nimmt; im Falle des Rücktritts bestimmt sich das Rechtsverhältnis zwischen dem Darlehensgeber und dem Verbraucher nach den Sätzen 3 und 4.

§ 509 *(aufgehoben)*

Untertitel 3. Ratenlieferungsverträge zwischen einem Unternehmer und einem Verbraucher

§ 510 Ratenlieferungsverträge. (1) [1]Der Vertrag zwischen einem Verbraucher und einem Unternehmer bedarf der schriftlichen Form, wenn der Vertrag

1. die Lieferung mehrerer als zusammengehörend verkaufter Sachen in Teilleistungen zum Gegenstand hat und das Entgelt für die Gesamtheit der Sachen in Teilzahlungen zu entrichten ist,
2. die regelmäßige Lieferung von Sachen gleicher Art zum Gegenstand hat oder
3. die Verpflichtung zum wiederkehrenden Erwerb oder Bezug von Sachen zum Gegenstand hat.

[2]Dies gilt nicht, wenn dem Verbraucher die Möglichkeit verschafft wird, die Vertragsbestimmungen einschließlich der Allgemeinen Geschäftsbedingungen bei Vertragsschluss abzurufen und in wiedergabefähiger Form zu speichern. [3]Der Unternehmer hat dem Verbraucher den Vertragsinhalt in Textform mitzuteilen.

(2) Dem Verbraucher steht vorbehaltlich des Absatzes 3 bei Verträgen nach Absatz 1, die weder im Fernabsatz noch außerhalb von Geschäftsräumen geschlossen werden, ein Widerrufsrecht nach § 355 zu.

(3) [1]Das Widerrufsrecht nach Absatz 2 gilt nicht in dem in § 491 Absatz 2 Satz 2 Nummer 1 bis 5, Absatz 3 Satz 2 und Absatz 4 bestimmten Umfang. [2]Dem in § 491 Absatz 2 Satz 2 Nummer 1 genannten Nettodarlehensbetrag entspricht die Summe aller vom Verbraucher bis zum frühestmöglichen Kündigungszeitpunkt zu entrichtenden Teilzahlungen.

Untertitel 4. Beratungsleistungen bei Immobiliar-Verbraucherdarlehensverträgen

§ 511 Beratungsleistungen bei Immobiliar-Verbraucherdarlehensverträgen. (1) Bevor der Darlehensgeber dem Darlehensnehmer individuelle Empfehlungen zu einem oder mehreren Geschäften erteilt, die im Zusammenhang mit einem Immobiliar-Verbraucherdarlehensvertrag stehen (Beratungsleistungen), hat er den Darlehensnehmer über die sich aus Artikel 247 § 18 des Einführungsgesetzes zum Bürgerlichen Gesetzbuche[1)] ergebenden Einzelheiten in der dort vorgesehenen Form zu informieren.

(2) [1]Vor Erbringung der Beratungsleistung hat sich der Darlehensgeber über den Bedarf, die persönliche und finanzielle Situation sowie über die Präferenzen und Ziele des Darlehensnehmers zu informieren, soweit dies für eine passende Empfehlung eines Darlehensvertrags erforderlich ist. [2]Auf Grundlage dieser aktuellen Informationen und unter Zugrundelegung realistischer Annahmen hinsichtlich der Risiken, die für den Darlehensnehmer während der Lauf-

[1)] dtv 5001 BGB Nr. 2.

zeit des Darlehensvertrags zu erwarten sind, hat der Darlehensgeber eine ausreichende Zahl an Darlehensverträgen zumindest aus seiner Produktpalette auf ihre Geeignetheit zu prüfen.

(3) [1]Der Darlehensgeber hat dem Darlehensnehmer auf Grund der Prüfung gemäß Absatz 2 ein geeignetes oder mehrere geeignete Produkte zu empfehlen oder ihn darauf hinzuweisen, dass er kein Produkt empfehlen kann. [2]Die Empfehlung oder der Hinweis ist dem Darlehensnehmer auf einem dauerhaften Datenträger zur Verfügung zu stellen.

Untertitel 5. Unabdingbarkeit, Anwendung auf Existenzgründer

§ 512[1)] Abweichende Vereinbarungen. [1]Von den Vorschriften der §§ 491 bis 511, 514 und 515 darf, soweit nicht ein anderes bestimmt ist, nicht zum Nachteil des Verbrauchers abgewichen werden. [2]Diese Vorschriften finden auch Anwendung, wenn sie durch anderweitige Gestaltungen umgangen werden.

§ 513 Anwendung auf Existenzgründer. Die §§ 491 bis 512 gelten auch für natürliche Personen, die sich ein Darlehen, einen Zahlungsaufschub oder eine sonstige Finanzierungshilfe für die Aufnahme einer gewerblichen oder selbständigen beruflichen Tätigkeit gewähren lassen oder zu diesem Zweck einen Ratenlieferungsvertrag schließen, es sei denn, der Nettodarlehensbetrag oder Barzahlungspreis übersteigt 75 000 Euro oder die Verordnung (EU) 2020/1503 des Europäischen Parlaments und des Rates vom 7. Oktober 2020 über Europäische Schwarmfinanzierungsdienstleister für Unternehmen und zur Änderung der Verordnung (EU) 2017/1129 und der Richtlinie (EU) 2019/1937 (ABl. L 347 vom 20.10.2020, S. 1) ist anwendbar.

Untertitel 6. Unentgeltliche Darlehensverträge und unentgeltliche Finanzierungshilfen zwischen einem Unternehmer und einem Verbraucher

§ 514 Unentgeltliche Darlehensverträge. (1) [1]§ 497 Absatz 1 und 3 sowie § 498 und die §§ 505a bis 505c sowie 505d Absatz 2 und 3 sowie § 505e sind entsprechend auf Verträge anzuwenden, durch die ein Unternehmer einem Verbraucher ein unentgeltliches Darlehen gewährt. [2]Dies gilt nicht in dem in § 491 Absatz 2 Satz 2 Nummer 1 bestimmten Umfang.

(2) [1]Bei unentgeltlichen Darlehensverträgen gemäß Absatz 1 steht dem Verbraucher ein Widerrufsrecht nach § 355 zu. [2]Dies gilt nicht, wenn bereits ein Widerrufsrecht nach § 312g Absatz 1 besteht, und nicht bei Verträgen, die § 495 Absatz 2 Nummer 1 entsprechen. [3]Der Unternehmer hat den Verbraucher rechtzeitig vor der Abgabe von dessen Willenserklärung gemäß Artikel 246 Absatz 3 des Einführungsgesetzes zum Bürgerlichen Gesetzbuche[2)] über sein Widerrufsrecht zu unterrichten. [4]Der Unternehmer kann diese Pflicht dadurch erfüllen, dass er dem Verbraucher das in der Anlage 9 zum Einführungsgesetz zum Bürgerlichen Gesetzbuche vorgesehene Muster für die Widerrufsbelehrung ordnungsgemäß ausgefüllt in Textform übermittelt.

[1)] Beachte hierzu Überleitungsvorschrift in Art. 229 § 9 EGBGB **(dtv 5001 BGB Nr. 2)**.
[2)] **dtv 5001 BGB Nr. 2.**

§ 515 Unentgeltliche Finanzierungshilfen. § 514 sowie die §§ 358 bis 360 gelten entsprechend, wenn ein Unternehmer einem Verbraucher einen unentgeltlichen Zahlungsaufschub oder eine sonstige unentgeltliche Finanzierungshilfe gewährt.

Titel 4. Schenkung

§ 516 Begriff der Schenkung. (1) Eine Zuwendung, durch die jemand aus seinem Vermögen einen anderen bereichert, ist Schenkung, wenn beide Teile darüber einig sind, dass die Zuwendung unentgeltlich erfolgt.

(2) [1] Ist die Zuwendung ohne den Willen des anderen erfolgt, so kann ihn der Zuwendende unter Bestimmung einer angemessenen Frist zur Erklärung über die Annahme auffordern. [2] Nach dem Ablauf der Frist gilt die Schenkung als angenommen, wenn nicht der andere sie vorher abgelehnt hat. [3] Im Falle der Ablehnung kann die Herausgabe des Zugewendeten nach den Vorschriften über die Herausgabe einer ungerechtfertigten Bereicherung gefordert werden.

§ 516a Verbrauchervertrag über die Schenkung digitaler Produkte.

(1) [1] Auf einen Verbrauchervertrag, bei dem der Unternehmer dem Verbraucher

1. digitale Produkte oder
2. einen körperlichen Datenträger, der ausschließlich als Träger digitaler Inhalte dient,

schenkt, und der Verbraucher dem Unternehmer personenbezogene Daten nach Maßgabe des § 327 Absatz 3 bereitstellt oder sich hierzu verpflichtet, sind die §§ 523 und 524 über die Haftung des Schenkers für Rechts- oder Sachmängel nicht anzuwenden. [2] An die Stelle der nach Satz 1 nicht anzuwendenden Vorschriften treten die Vorschriften des Abschnitts 3 Titel 2a.

(2) Für einen Verbrauchervertrag, bei dem der Unternehmer dem Verbraucher eine Sache schenkt, die digitale Produkte enthält oder mit digitalen Produkten verbunden ist, gilt der Anwendungsausschluss nach Absatz 1 entsprechend für diejenigen Bestandteile des Vertrags, welche die digitalen Produkte betreffen.

§ 517 Unterlassen eines Vermögenserwerbs. Eine Schenkung liegt nicht vor, wenn jemand zum Vorteil eines anderen einen Vermögenserwerb unterlässt oder auf ein angefallenes, noch nicht endgültig erworbenes Recht verzichtet oder eine Erbschaft oder ein Vermächtnis ausschlägt.

§ 518 Form des Schenkungsversprechens. (1) [1] Zur Gültigkeit eines Vertrags, durch den eine Leistung schenkweise versprochen wird, ist die notarielle Beurkundung des Versprechens erforderlich. [2] Das Gleiche gilt, wenn ein Schuldversprechen oder ein Schuldanerkenntnis der in den §§ 780, 781 bezeichneten Art schenkweise erteilt wird, von dem Versprechen oder der Anerkennungserklärung.

(2) Der Mangel der Form wird durch die Bewirkung der versprochenen Leistung geheilt.

§ 519 Einrede des Notbedarfs. (1) Der Schenker ist berechtigt, die Erfüllung eines schenkweise erteilten Versprechens zu verweigern, soweit er bei Berücksichtigung seiner sonstigen Verpflichtungen außerstande ist, das Ver-

sprechen zu erfüllen, ohne dass sein angemessener Unterhalt oder die Erfüllung der ihm kraft Gesetzes obliegenden Unterhaltspflichten gefährdet wird.

(2) Treffen die Ansprüche mehrerer *Beschenkten*[1)] zusammen, so geht der früher entstandene Anspruch vor.

§ 520 Erlöschen eines Rentenversprechens. Verspricht der Schenker eine in wiederkehrenden Leistungen bestehende Unterstützung, so erlischt die Verbindlichkeit mit seinem Tode, sofern nicht aus dem Versprechen sich ein anderes ergibt.

§ 521 Haftung des Schenkers. Der Schenker hat nur Vorsatz und grobe Fahrlässigkeit zu vertreten.

§ 522 Keine Verzugszinsen. Zur Entrichtung von Verzugszinsen ist der Schenker nicht verpflichtet.

§ 523 Haftung für Rechtsmängel. (1) Verschweigt der Schenker arglistig einen Mangel im Recht, so ist er verpflichtet, dem Beschenkten den daraus entstehenden Schaden zu ersetzen.

(2) [1]Hatte der Schenker die Leistung eines Gegenstandes versprochen, den er erst erwerben sollte, so kann der Beschenkte wegen eines Mangels im Recht Schadensersatz wegen Nichterfüllung verlangen, wenn der Mangel dem Schenker bei dem Erwerb der Sache bekannt gewesen oder infolge grober Fahrlässigkeit unbekannt geblieben ist. [2]Die für die Haftung des Verkäufers für Rechtsmängel geltenden Vorschriften des § 433 Abs. 1 und der §§ 435, 436, 444, 452, 453 finden entsprechende Anwendung.

§ 524 Haftung für Sachmängel. (1) Verschweigt der Schenker arglistig einen Fehler der verschenkten Sache, so ist er verpflichtet, dem Beschenkten den daraus entstehenden Schaden zu ersetzen.

(2) [1]Hatte der Schenker die Leistung einer nur der Gattung nach bestimmten Sache versprochen, die er erst erwerben sollte, so kann der Beschenkte, wenn die geleistete Sache fehlerhaft und der Mangel dem Schenker bei dem Erwerb der Sache bekannt gewesen oder infolge grober Fahrlässigkeit unbekannt geblieben ist, verlangen, dass ihm anstelle der fehlerhaften Sache eine fehlerfreie geliefert wird. [2]Hat der Schenker den Fehler arglistig verschwiegen, so kann der Beschenkte statt der Lieferung einer fehlerfreien Sache Schadensersatz wegen Nichterfüllung verlangen. [3]Auf diese Ansprüche finden die für die Gewährleistung wegen Fehler einer verkauften Sache geltenden Vorschriften entsprechende Anwendung.

§ 525 Schenkung unter Auflage. (1) Wer eine Schenkung unter einer Auflage macht, kann die Vollziehung der Auflage verlangen, wenn er seinerseits geleistet hat.

(2) Liegt die Vollziehung der Auflage im öffentlichen Interesse, so kann nach dem Tod des Schenkers auch die zuständige Behörde die Vollziehung verlangen.

[1)] Richtig wohl: „Beschenkter".

§ 526 Verweigerung der Vollziehung der Auflage. [1]Soweit infolge eines Mangels im Recht oder eines Mangels der verschenkten Sache der Wert der Zuwendung die Höhe der zur Vollziehung der Auflage erforderlichen Aufwendungen nicht erreicht, ist der Beschenkte berechtigt, die Vollziehung der Auflage zu verweigern, bis der durch den Mangel entstandene Fehlbetrag ausgeglichen wird. [2]Vollzieht der Beschenkte die Auflage ohne Kenntnis des Mangels, so kann er von dem Schenker Ersatz der durch die Vollziehung verursachten Aufwendungen insoweit verlangen, als sie infolge des Mangels den Wert der Zuwendung übersteigen.

§ 527 Nichtvollziehung der Auflage. (1) Unterbleibt die Vollziehung der Auflage, so kann der Schenker die Herausgabe des Geschenkes unter den für das Rücktrittsrecht bei gegenseitigen Verträgen bestimmten Voraussetzungen nach den Vorschriften über die Herausgabe einer ungerechtfertigten Bereicherung insoweit fordern, als das Geschenk zur Vollziehung der Auflage hätte verwendet werden müssen.

(2) Der Anspruch ist ausgeschlossen, wenn ein Dritter berechtigt ist, die Vollziehung der Auflage zu verlangen.

§ 528 Rückforderung wegen Verarmung des Schenkers. (1) [1]Soweit der Schenker nach der Vollziehung der Schenkung außerstande ist, seinen angemessenen Unterhalt zu bestreiten und die ihm seinen Verwandten, seinem Ehegatten, seinem Lebenspartner oder seinem früheren Ehegatten oder Lebenspartner gegenüber gesetzlich obliegende Unterhaltspflicht zu erfüllen, kann er von dem Beschenkten die Herausgabe des Geschenkes nach den Vorschriften über die Herausgabe einer ungerechtfertigten Bereicherung fordern. [2]Der Beschenkte kann die Herausgabe durch Zahlung des für den Unterhalt erforderlichen Betrags abwenden. [3]Auf die Verpflichtung des Beschenkten findet die Vorschrift des § 760 sowie die für die Unterhaltspflicht der Verwandten geltende Vorschrift des § 1613 und im Falle des Todes des Schenkers auch die Vorschrift des § 1615 entsprechende Anwendung.

(2) Unter mehreren Beschenkten haftet der früher Beschenkte nur insoweit, als der später Beschenkte nicht verpflichtet ist.

§ 529 Ausschluss des Rückforderungsanspruchs. (1) Der Anspruch auf Herausgabe des Geschenkes ist ausgeschlossen, wenn der Schenker seine Bedürftigkeit vorsätzlich oder durch grobe Fahrlässigkeit herbeigeführt hat oder wenn zur Zeit des Eintritts seiner Bedürftigkeit seit der Leistung des geschenkten Gegenstandes zehn Jahre verstrichen sind.

(2) Das Gleiche gilt, soweit der Beschenkte bei Berücksichtigung seiner sonstigen Verpflichtungen außerstande ist, das Geschenk herauszugeben, ohne dass sein standesmäßiger Unterhalt oder die Erfüllung der ihm kraft Gesetzes obliegenden Unterhaltspflichten gefährdet wird.

§ 530 Widerruf der Schenkung. (1) Eine Schenkung kann widerrufen werden, wenn sich der Beschenkte durch eine schwere Verfehlung gegen den Schenker oder einen nahen Angehörigen des Schenkers groben Undanks schuldig macht.

(2) Dem Erben des Schenkers steht das Recht des Widerrufs nur zu, wenn der Beschenkte vorsätzlich und widerrechtlich den Schenker getötet oder am Widerruf gehindert hat.

§ 531 Widerrufserklärung. (1) Der Widerruf erfolgt durch Erklärung gegenüber dem Beschenkten.

(2) Ist die Schenkung widerrufen, so kann die Herausgabe des Geschenks nach den Vorschriften über die Herausgabe einer ungerechtfertigten Bereicherung gefordert werden.

§ 532 Ausschluss des Widerrufs. [1] Der Widerruf ist ausgeschlossen, wenn der Schenker dem Beschenkten verziehen hat oder wenn seit dem Zeitpunkt, in welchem der Widerrufsberechtigte von dem Eintritt der Voraussetzungen seines Rechts Kenntnis erlangt hat, ein Jahr verstrichen ist. [2] Nach dem Tode des Beschenkten ist der Widerruf nicht mehr zulässig.

§ 533 Verzicht auf Widerrufsrecht. Auf das Widerrufsrecht kann erst verzichtet werden, wenn der Undank dem Widerrufsberechtigten bekannt geworden ist.

§ 534 Pflicht- und Anstandsschenkungen. Schenkungen, durch die einer sittlichen Pflicht oder einer auf den Anstand zu nehmenden Rücksicht entsprochen wird, unterliegen nicht der Rückforderung und dem Widerruf.

Titel 5.[1) 2)] Mietvertrag, Pachtvertrag

Untertitel 1. Allgemeine Vorschriften für Mietverhältnisse

§ 535 Inhalt und Hauptpflichten des Mietvertrags. (1) [1] Durch den Mietvertrag wird der Vermieter verpflichtet, dem Mieter den Gebrauch der Mietsache während der Mietzeit zu gewähren. [2] Der Vermieter hat die Mietsache dem Mieter in einem zum vertragsgemäßen Gebrauch geeigneten Zustand zu überlassen und sie während der Mietzeit in diesem Zustand zu erhalten. [3] Er hat die auf der Mietsache ruhenden Lasten zu tragen.

(2) Der Mieter ist verpflichtet, dem Vermieter die vereinbarte Miete zu entrichten.

[1)] Beachte hierzu auch Art. 6 G zur Verbesserung des Mietrechts und zur Begrenzung des Mietanstiegs sowie zur Regelung von Ingenieur- und Architektenleistungen v. 4.11.1971 (BGBl. I S. 1745), zuletzt geänd. durch G v. 19.4.2006 (BGBl. I S. 866).

Zum Verbot der Zweckentfremdung von Wohnraum haben die Länder folgende Vorschriften erlassen:
– **Baden-Württemberg:** ZweckentfremdungsverbotsG v. 19.12.2013 (GBl. S. 484), geänd. durch G v. 4.2.2021 (GBl. S. 116)
– **Bayern:** ZweckentfremdungsG v. 10.12.2007 (GVBl. S. 864), zuletzt geänd. durch G v. 19.6.2017 (GVBl. S. 182)
– **Berlin:** Zweckentfremdungsverbot-G v. 29.11.2013 (GVBl. S. 626), zuletzt geänd. durch G v. 27.9.2021 (GVBl. S. 1131); Zweckentfremdungsverbot-VO v. 4.3.2014 (GVBl. S. 73), zuletzt geänd. durch VO v. 30.8.2022 (GVBl. S. 534)
– **Brandenburg:** Brandenburgisches ZweckentfremdungsverbotsG v. 5.6.2019 (GVBl. I Nr. 18)
– **Niedersachsen:** Niedersächsisches G über das Verbot der Zweckentfremdung von Wohnraum v. 27.3.2019 (Nds. GVBl. S. 72), geänd. durch G v. 28.4.2021 (Nds. GVBl. S. 240)
– **Rheinland-Pfalz:** ZweckentfremdungsverbotsG v. 11.2.2020 (GVBl. S. 31)

[2)] Wegen des zum G zur Neugliederung, Vereinfachung und Reform des Mietrechts v. 19.6.2001 (BGBl. I S. 1149) geltenden Übergangsrechts beachte Art. 229 § 3 EGBGB **(dtv 5001 BGB Nr. 2)**. Wegen des für das Gebiet der ehem. DDR für Mietverträge geltenden Übergangsrechts beachte Art. 232 § 2 EGBGB **(dtv 5001 BGB Nr. 2)**.

§ 536 Mietminderung bei Sach- und Rechtsmängeln. (1) [1]Hat die Mietsache zur Zeit der Überlassung an den Mieter einen Mangel, der ihre Tauglichkeit zum vertragsgemäßen Gebrauch aufhebt, oder entsteht während der Mietzeit ein solcher Mangel, so ist der Mieter für die Zeit, in der die Tauglichkeit aufgehoben ist, von der Entrichtung der Miete befreit. [2]Für die Zeit, während der die Tauglichkeit gemindert ist, hat er nur eine angemessen herabgesetzte Miete zu entrichten. [3]Eine unerhebliche Minderung der Tauglichkeit bleibt außer Betracht.

(1a) Für die Dauer von drei Monaten bleibt eine Minderung der Tauglichkeit außer Betracht, soweit diese auf Grund einer Maßnahme eintritt, die einer energetischen Modernisierung nach § 555b Nummer 1 dient.

(2) Absatz 1 Satz 1 und 2 gilt auch, wenn eine zugesicherte Eigenschaft fehlt oder später wegfällt.

(3) Wird dem Mieter der vertragsgemäße Gebrauch der Mietsache durch das Recht eines Dritten ganz oder zum Teil entzogen, so gelten die Absätze 1 und 2 entsprechend.

(4) Bei einem Mietverhältnis über Wohnraum ist eine zum Nachteil des Mieters abweichende Vereinbarung unwirksam.

§ 536a Schadens- und Aufwendungsersatzanspruch des Mieters wegen eines Mangels. (1) Ist ein Mangel im Sinne des § 536 bei Vertragsschluss vorhanden oder entsteht ein solcher Mangel später wegen eines Umstands, den der Vermieter zu vertreten hat, oder kommt der Vermieter mit der Beseitigung eines Mangels in Verzug, so kann der Mieter unbeschadet der Rechte aus § 536 Schadensersatz verlangen.

(2) Der Mieter kann den Mangel selbst beseitigen und Ersatz der erforderlichen Aufwendungen verlangen, wenn

1. der Vermieter mit der Beseitigung des Mangels in Verzug ist oder
2. die umgehende Beseitigung des Mangels zur Erhaltung oder Wiederherstellung des Bestands der Mietsache notwendig ist.

§ 536b Kenntnis des Mieters vom Mangel bei Vertragsschluss oder Annahme. [1]Kennt der Mieter bei Vertragsschluss den Mangel der Mietsache, so stehen ihm die Rechte aus den §§ 536 und 536a nicht zu. [2]Ist ihm der Mangel infolge grober Fahrlässigkeit unbekannt geblieben, so stehen ihm diese Rechte nur zu, wenn der Vermieter den Mangel arglistig verschwiegen hat. [3]Nimmt der Mieter eine mangelhafte Sache an, obwohl er den Mangel kennt, so kann er die Rechte aus den §§ 536 und 536a nur geltend machen, wenn er sich seine Rechte bei der Annahme vorbehält.

§ 536c Während der Mietzeit auftretende Mängel; Mängelanzeige durch den Mieter. (1) [1]Zeigt sich im Laufe der Mietzeit ein Mangel der Mietsache oder wird eine Maßnahme zum Schutz der Mietsache gegen eine nicht vorhergesehene Gefahr erforderlich, so hat der Mieter dies dem Vermieter unverzüglich anzuzeigen. [2]Das Gleiche gilt, wenn ein Dritter sich ein Recht an der Sache anmaßt.

(2) [1]Unterlässt der Mieter die Anzeige, so ist er dem Vermieter zum Ersatz des daraus entstehenden Schadens verpflichtet. [2]Soweit der Vermieter infolge

der Unterlassung der Anzeige nicht Abhilfe schaffen konnte, ist der Mieter nicht berechtigt,

1. die in § 536 bestimmten Rechte geltend zu machen,
2. nach § 536a Abs. 1 Schadensersatz zu verlangen oder
3. ohne Bestimmung einer angemessenen Frist zur Abhilfe nach § 543 Abs. 3 Satz 1 zu kündigen.

§ 536d Vertraglicher Ausschluss von Rechten des Mieters wegen eines Mangels. Auf eine Vereinbarung, durch die die Rechte des Mieters wegen eines Mangels der Mietsache ausgeschlossen oder beschränkt werden, kann sich der Vermieter nicht berufen, wenn er den Mangel arglistig verschwiegen hat.

§ 537 Entrichtung der Miete bei persönlicher Verhinderung des Mieters. (1) [1]Der Mieter wird von der Entrichtung der Miete nicht dadurch befreit, dass er durch einen in seiner Person liegenden Grund an der Ausübung seines Gebrauchsrechts gehindert wird. [2]Der Vermieter muss sich jedoch den Wert der ersparten Aufwendungen sowie derjenigen Vorteile anrechnen lassen, die er aus einer anderweitigen Verwertung des Gebrauchs erlangt.

(2) Solange der Vermieter infolge der Überlassung des Gebrauchs an einen Dritten außerstande ist, dem Mieter den Gebrauch zu gewähren, ist der Mieter zur Entrichtung der Miete nicht verpflichtet.

§ 538 Abnutzung der Mietsache durch vertragsgemäßen Gebrauch. Veränderungen oder Verschlechterungen der Mietsache, die durch den vertragsgemäßen Gebrauch herbeigeführt werden, hat der Mieter nicht zu vertreten.

§ 539 Ersatz sonstiger Aufwendungen und Wegnahmerecht des Mieters. (1) Der Mieter kann vom Vermieter Aufwendungen auf die Mietsache, die der Vermieter ihm nicht nach § 536a Abs. 2 zu ersetzen hat, nach den Vorschriften über die Geschäftsführung ohne Auftrag ersetzt verlangen.

(2) Der Mieter ist berechtigt, eine Einrichtung wegzunehmen, mit der er die Mietsache versehen hat.

§ 540 Gebrauchsüberlassung an Dritte. (1) [1]Der Mieter ist ohne die Erlaubnis des Vermieters nicht berechtigt, den Gebrauch der Mietsache einem Dritten zu überlassen, insbesondere sie weiter zu vermieten. [2]Verweigert der Vermieter die Erlaubnis, so kann der Mieter das Mietverhältnis außerordentlich mit der gesetzlichen Frist kündigen, sofern nicht in der Person des Dritten ein wichtiger Grund vorliegt.

(2) Überlässt der Mieter den Gebrauch einem Dritten, so hat er ein dem Dritten bei dem Gebrauch zur Last fallendes Verschulden zu vertreten, auch wenn der Vermieter die Erlaubnis zur Überlassung erteilt hat.

§ 541 Unterlassungsklage bei vertragswidrigem Gebrauch. Setzt der Mieter einen vertragswidrigen Gebrauch der Mietsache trotz einer Abmahnung des Vermieters fort, so kann dieser auf Unterlassung klagen.

§ 542 Ende des Mietverhältnisses. (1) Ist die Mietzeit nicht bestimmt, so kann jede Vertragspartei das Mietverhältnis nach den gesetzlichen Vorschriften kündigen.

(2) Ein Mietverhältnis, das auf bestimmte Zeit eingegangen ist, endet mit dem Ablauf dieser Zeit, sofern es nicht

1. in den gesetzlich zugelassenen Fällen außerordentlich gekündigt oder
2. verlängert wird.

§ 543 Außerordentliche fristlose Kündigung aus wichtigem Grund.

(1) [1] Jede Vertragspartei kann das Mietverhältnis aus wichtigem Grund außerordentlich fristlos kündigen. [2] Ein wichtiger Grund liegt vor, wenn dem Kündigenden unter Berücksichtigung aller Umstände des Einzelfalls, insbesondere eines Verschuldens der Vertragsparteien, und unter Abwägung der beiderseitigen Interessen die Fortsetzung des Mietverhältnisses bis zum Ablauf der Kündigungsfrist oder bis zur sonstigen Beendigung des Mietverhältnisses nicht zugemutet werden kann.

(2) [1] Ein wichtiger Grund liegt insbesondere vor, wenn

1. dem Mieter der vertragsgemäße Gebrauch der Mietsache ganz oder zum Teil nicht rechtzeitig gewährt oder wieder entzogen wird,
2. der Mieter die Rechte des Vermieters dadurch in erheblichem Maße verletzt, dass er die Mietsache durch Vernachlässigung der ihm obliegenden Sorgfalt erheblich gefährdet oder sie unbefugt einem Dritten überlässt oder
3. der Mieter
 a) für zwei aufeinander folgende Termine mit der Entrichtung der Miete oder eines nicht unerheblichen Teils der Miete in Verzug ist oder
 b) in einem Zeitraum, der sich über mehr als zwei Termine erstreckt, mit der Entrichtung der Miete in Höhe eines Betrages in Verzug ist, der die Miete für zwei Monate erreicht.

[2] Im Falle des Satzes 1 Nr. 3 ist die Kündigung ausgeschlossen, wenn der Vermieter vorher befriedigt wird. [3] Sie wird unwirksam, wenn sich der Mieter von seiner Schuld durch Aufrechnung befreien konnte und unverzüglich nach der Kündigung die Aufrechnung erklärt.

(3) [1] Besteht der wichtige Grund in der Verletzung einer Pflicht aus dem Mietvertrag, so ist die Kündigung erst nach erfolglosem Ablauf einer zur Abhilfe bestimmten angemessenen Frist oder nach erfolgloser Abmahnung zulässig. [2] Dies gilt nicht, wenn

1. eine Frist oder Abmahnung offensichtlich keinen Erfolg verspricht,
2. die sofortige Kündigung aus besonderen Gründen unter Abwägung der beiderseitigen Interessen gerechtfertigt ist oder
3. der Mieter mit der Entrichtung der Miete im Sinne des Absatzes 2 Nr. 3 in Verzug ist.

(4) [1] Auf das dem Mieter nach Absatz 2 Nr. 1 zustehende Kündigungsrecht sind die §§ 536b und 536d entsprechend anzuwenden. [2] Ist streitig, ob der Vermieter den Gebrauch der Mietsache rechtzeitig gewährt oder die Abhilfe vor Ablauf der hierzu bestimmten Frist bewirkt hat, so trifft ihn die Beweislast.

§ 544 Vertrag über mehr als 30 Jahre. [1] Wird ein Mietvertrag für eine längere Zeit als 30 Jahre geschlossen, so kann jede Vertragspartei nach Ablauf von 30 Jahren nach Überlassung der Mietsache das Mietverhältnis außerordentlich mit der gesetzlichen Frist kündigen. [2] Die Kündigung ist unzulässig, wenn

der Vertrag für die Lebenszeit des Vermieters oder des Mieters geschlossen worden ist.

§ 545 Stillschweigende Verlängerung des Mietverhältnisses. [1] Setzt der Mieter nach Ablauf der Mietzeit den Gebrauch der Mietsache fort, so verlängert sich das Mietverhältnis auf unbestimmte Zeit, sofern nicht eine Vertragspartei ihren entgegenstehenden Willen innerhalb von zwei Wochen dem anderen Teil erklärt. [2] Die Frist beginnt

1. für den Mieter mit der Fortsetzung des Gebrauchs,
2. für den Vermieter mit dem Zeitpunkt, in dem er von der Fortsetzung Kenntnis erhält.

§ 546[1)] Rückgabepflicht des Mieters. (1) Der Mieter ist verpflichtet, die Mietsache nach Beendigung des Mietverhältnisses zurückzugeben.

(2) Hat der Mieter den Gebrauch der Mietsache einem Dritten überlassen, so kann der Vermieter die Sache nach Beendigung des Mietverhältnisses auch von dem Dritten zurückfordern.

§ 546a Entschädigung des Vermieters bei verspäteter Rückgabe.

(1) Gibt der Mieter die Mietsache nach Beendigung des Mietverhältnisses nicht zurück, so kann der Vermieter für die Dauer der Vorenthaltung als Entschädigung die vereinbarte Miete oder die Miete verlangen, die für vergleichbare Sachen ortsüblich ist.

(2) Die Geltendmachung eines weiteren Schadens ist nicht ausgeschlossen.

§ 547 Erstattung von im Voraus entrichteter Miete. (1) [1] Ist die Miete für die Zeit nach Beendigung des Mietverhältnisses im Voraus entrichtet worden, so hat der Vermieter sie zurückzuerstatten und ab Empfang zu verzinsen. [2] Hat der Vermieter die Beendigung des Mietverhältnisses nicht zu vertreten, so hat er das Erlangte nach den Vorschriften über die Herausgabe einer ungerechtfertigten Bereicherung zurückzuerstatten.

(2) Bei einem Mietverhältnis über Wohnraum ist eine zum Nachteil des Mieters abweichende Vereinbarung unwirksam.

§ 548 Verjährung der Ersatzansprüche und des Wegnahmerechts.

(1) [1] Die Ersatzansprüche des Vermieters wegen Veränderungen oder Verschlechterungen der Mietsache verjähren in sechs Monaten. [2] Die Verjährung beginnt mit dem Zeitpunkt, in dem er die Mietsache zurückerhält. [3] Mit der Verjährung des Anspruchs des Vermieters auf Rückgabe der Mietsache verjähren auch seine Ersatzansprüche.

(2) Ansprüche des Mieters auf Ersatz von Aufwendungen oder auf Gestattung der Wegnahme einer Einrichtung verjähren in sechs Monaten nach der Beendigung des Mietverhältnisses.

[1)] Zur Rückerstattungspflicht des Vermieters von verlorenen Zuschüssen, die der Mieter mit Rücksicht auf die Vermietung geleistet hat, vgl. Art. VI G zur Änderung des Zweiten Wohnungsbaugesetzes, anderer wohnungsbaurechtlicher Vorschriften und über die Rückerstattung von Baukostenzuschüssen v. 21.7.1961 (BGBl. I S. 1041), zuletzt geänd. durch G v. 19.6.2001 (BGBl. I S. 1149).

§ 548a Miete digitaler Produkte. Die Vorschriften über die Miete von Sachen sind auf die Miete digitaler Produkte entsprechend anzuwenden.

Untertitel 2. Mietverhältnisse über Wohnraum

Kapitel 1. Allgemeine Vorschriften

§ 549 Auf Wohnraummietverhältnisse anwendbare Vorschriften.

(1) Für Mietverhältnisse über Wohnraum gelten die §§ 535 bis 548, soweit sich nicht aus den §§ 549 bis 577a etwas anderes ergibt.

(2) Die Vorschriften über die Miethöhe bei Mietbeginn in Gebieten mit angespannten Wohnungsmärkten (§§ 556d bis 556g), über die Mieterhöhung (§§ 557 bis 561) und über den Mieterschutz bei Beendigung des Mietverhältnisses sowie bei der Begründung von Wohnungseigentum (§ 568 Abs. 2, §§ 573, 573a, 573d Abs. 1, §§ 574 bis 575, 575a Abs. 1 und §§ 577, 577a) gelten nicht für Mietverhältnisse über

1. Wohnraum, der nur zum vorübergehenden Gebrauch vermietet ist,
2. Wohnraum, der Teil der vom Vermieter selbst bewohnten Wohnung ist und den der Vermieter überwiegend mit Einrichtungsgegenständen auszustatten hat, sofern der Wohnraum dem Mieter nicht zum dauernden Gebrauch mit seiner Familie oder mit Personen überlassen ist, mit denen er einen auf Dauer angelegten gemeinsamen Haushalt führt,
3. Wohnraum, den eine juristische Person des öffentlichen Rechts oder ein anerkannter privater Träger der Wohlfahrtspflege angemietet hat, um ihn Personen mit dringendem Wohnungsbedarf zu überlassen, wenn sie den Mieter bei Vertragsschluss auf die Zweckbestimmung des Wohnraums und die Ausnahme von den genannten Vorschriften hingewiesen hat.

(3) Für Wohnraum in einem Studenten- oder Jugendwohnheim gelten die §§ 556d bis 561 sowie die §§ 573, 573a, 573d Abs. 1 und §§ 575, 575a Abs. 1, §§ 577, 577a nicht.

§ 550 Form des Mietvertrags. [1] Wird der Mietvertrag für längere Zeit als ein Jahr nicht in schriftlicher Form geschlossen, so gilt er für unbestimmte Zeit. [2] Die Kündigung ist jedoch frühestens zum Ablauf eines Jahres nach Überlassung des Wohnraums zulässig.

§ 551 Begrenzung und Anlage von Mietsicherheiten. (1) Hat der Mieter dem Vermieter für die Erfüllung seiner Pflichten Sicherheit zu leisten, so darf diese vorbehaltlich des Absatzes 3 Satz 4 höchstens das Dreifache der auf einen Monat entfallenden Miete ohne die als Pauschale oder als Vorauszahlung ausgewiesenen Betriebskosten betragen.

(2) [1] Ist als Sicherheit eine Geldsumme bereitzustellen, so ist der Mieter zu drei gleichen monatlichen Teilzahlungen berechtigt. [2] Die erste Teilzahlung ist zu Beginn des Mietverhältnisses fällig. [3] Die weiteren Teilzahlungen werden zusammen mit den unmittelbar folgenden Mietzahlungen fällig.

(3) [1] Der Vermieter hat eine ihm als Sicherheit überlassene Geldsumme bei einem Kreditinstitut zu dem für Spareinlagen mit dreimonatiger Kündigungsfrist üblichen Zinssatz anzulegen. [2] Die Vertragsparteien können eine andere Anlageform vereinbaren. [3] In beiden Fällen muss die Anlage vom Vermögen des Vermieters getrennt erfolgen und stehen die Erträge dem Mieter zu. [4] Sie erhöhen die Sicherheit. [5] Bei Wohnraum in einem Studenten- oder Jugend-

wohnheim besteht für den Vermieter keine Pflicht, die Sicherheitsleistung zu verzinsen.

(4) Eine zum Nachteil des Mieters abweichende Vereinbarung ist unwirksam.

§ 552 Abwendung des Wegnahmerechts des Mieters. (1) Der Vermieter kann die Ausübung des Wegnahmerechts (§ 539 Abs. 2) durch Zahlung einer angemessenen Entschädigung abwenden, wenn nicht der Mieter ein berechtigtes Interesse an der Wegnahme hat.

(2) Eine Vereinbarung, durch die das Wegnahmerecht ausgeschlossen wird, ist nur wirksam, wenn ein angemessener Ausgleich vorgesehen ist.

§ 553 Gestattung der Gebrauchsüberlassung an Dritte. (1) [1] Entsteht für den Mieter nach Abschluss des Mietvertrags ein berechtigtes Interesse, einen Teil des Wohnraums einem Dritten zum Gebrauch zu überlassen, so kann er von dem Vermieter die Erlaubnis hierzu verlangen. [2] Dies gilt nicht, wenn in der Person des Dritten ein wichtiger Grund vorliegt, der Wohnraum übermäßig belegt würde oder dem Vermieter die Überlassung aus sonstigen Gründen nicht zugemutet werden kann.

(2) Ist dem Vermieter die Überlassung nur bei einer angemessenen Erhöhung der Miete zuzumuten, so kann er die Erlaubnis davon abhängig machen, dass der Mieter sich mit einer solchen Erhöhung einverstanden erklärt.

(3) Eine zum Nachteil des Mieters abweichende Vereinbarung ist unwirksam.

§ 554 Barrierereduzierung, E-Mobilität und Einbruchsschutz.

(1) [1] Der Mieter kann verlangen, dass ihm der Vermieter bauliche Veränderungen der Mietsache erlaubt, die dem Gebrauch durch Menschen mit Behinderungen, dem Laden elektrisch betriebener Fahrzeuge oder dem Einbruchsschutz dienen. [2] Der Anspruch besteht nicht, wenn die bauliche Veränderung dem Vermieter auch unter Würdigung der Interessen des Mieters nicht zugemutet werden kann. [3] Der Mieter kann sich im Zusammenhang mit der baulichen Veränderung zur Leistung einer besonderen Sicherheit verpflichten; § 551 Absatz 3 gilt entsprechend.

(2) Eine zum Nachteil des Mieters abweichende Vereinbarung ist unwirksam.

§ 554a *(aufgehoben)*

§ 555 Unwirksamkeit einer Vertragsstrafe. Eine Vereinbarung, durch die sich der Vermieter eine Vertragsstrafe vom Mieter versprechen lässt, ist unwirksam.

Kapitel 1a. Erhaltungs- und Modernisierungsmaßnahmen

§ 555a Erhaltungsmaßnahmen. (1) Der Mieter hat Maßnahmen zu dulden, die zur Instandhaltung oder Instandsetzung der Mietsache erforderlich sind (Erhaltungsmaßnahmen).

(2) Erhaltungsmaßnahmen sind dem Mieter rechtzeitig anzukündigen, es sei denn, sie sind nur mit einer unerheblichen Einwirkung auf die Mietsache verbunden oder ihre sofortige Durchführung ist zwingend erforderlich.

(3) [1] Aufwendungen, die der Mieter infolge einer Erhaltungsmaßnahme machen muss, hat der Vermieter in angemessenem Umfang zu ersetzen. [2] Auf Verlangen hat er Vorschuss zu leisten.

(4) Eine zum Nachteil des Mieters von Absatz 2 oder 3 abweichende Vereinbarung ist unwirksam.

§ 555b Modernisierungsmaßnahmen. Modernisierungsmaßnahmen sind bauliche Veränderungen,

1. durch die in Bezug auf die Mietsache Endenergie nachhaltig eingespart wird (energetische Modernisierung),
2. durch die nicht erneuerbare Primärenergie nachhaltig eingespart oder das Klima nachhaltig geschützt wird, sofern nicht bereits eine energetische Modernisierung nach Nummer 1 vorliegt,
3. durch die der Wasserverbrauch nachhaltig reduziert wird,
4. durch die der Gebrauchswert der Mietsache nachhaltig erhöht wird,

4a. durch die die Mietsache erstmalig mittels Glasfaser an ein öffentliches Netz mit sehr hoher Kapazität im Sinne des § 3 Nummer 33 des Telekommunikationsgesetzes angeschlossen wird,

5. durch die die allgemeinen Wohnverhältnisse auf Dauer verbessert werden,
6. die auf Grund von Umständen durchgeführt werden, die der Vermieter nicht zu vertreten hat, und die keine Erhaltungsmaßnahmen nach § 555a sind, oder
7. durch die neuer Wohnraum geschaffen wird.

§ 555c[1] Ankündigung von Modernisierungsmaßnahmen. (1) [1] Der Vermieter hat dem Mieter eine Modernisierungsmaßnahme spätestens drei Monate vor ihrem Beginn in Textform anzukündigen (Modernisierungsankündigung). [2] Die Modernisierungsankündigung muss Angaben enthalten über:

1. die Art und den voraussichtlichen Umfang der Modernisierungsmaßnahme in wesentlichen Zügen,
2. den voraussichtlichen Beginn und die voraussichtliche Dauer der Modernisierungsmaßnahme,
3. den Betrag der zu erwartenden Mieterhöhung, sofern eine Erhöhung nach § 559 oder § 559c verlangt werden soll, sowie die voraussichtlichen künftigen Betriebskosten.

(2) Der Vermieter soll den Mieter in der Modernisierungsankündigung auf die Form und die Frist des Härteeinwands nach § 555d Absatz 3 Satz 1 hinweisen.

(3) In der Modernisierungsankündigung für eine Modernisierungsmaßnahme nach § 555b Nummer 1 und 2 kann der Vermieter insbesondere hinsichtlich der energetischen Qualität von Bauteilen auf allgemein anerkannte Pauschalwerte Bezug nehmen.

(4) Die Absätze 1 bis 3 gelten nicht für Modernisierungsmaßnahmen, die nur mit einer unerheblichen Einwirkung auf die Mietsache verbunden sind und nur zu einer unerheblichen Mieterhöhung führen.

[1] Beachte hierzu Übergangsvorschrift in Art. 229 § 49 EGBGB **(dtv 5001 BGB Nr. 2)**.

(5) Eine zum Nachteil des Mieters abweichende Vereinbarung ist unwirksam.

§ 555d Duldung von Modernisierungsmaßnahmen, Ausschlussfrist.

(1) Der Mieter hat eine Modernisierungsmaßnahme zu dulden.

(2) [1] Eine Duldungspflicht nach Absatz 1 besteht nicht, wenn die Modernisierungsmaßnahme für den Mieter, seine Familie oder einen Angehörigen seines Haushalts eine Härte bedeuten würde, die auch unter Würdigung der berechtigten Interessen sowohl des Vermieters als auch anderer Mieter in dem Gebäude sowie von Belangen der Energieeinsparung und des Klimaschutzes nicht zu rechtfertigen ist. [2] Die zu erwartende Mieterhöhung sowie die voraussichtlichen künftigen Betriebskosten bleiben bei der Abwägung im Rahmen der Duldungspflicht außer Betracht; sie sind nur nach § 559 Absatz 4 und 5 bei einer Mieterhöhung zu berücksichtigen.

(3) [1] Der Mieter hat dem Vermieter Umstände, die eine Härte im Hinblick auf die Duldung oder die Mieterhöhung begründen, bis zum Ablauf des Monats, der auf den Zugang der Modernisierungsankündigung folgt, in Textform mitzuteilen. [2] Der Lauf der Frist beginnt nur, wenn die Modernisierungsankündigung den Vorschriften des § 555c entspricht.

(4) [1] Nach Ablauf der Frist sind Umstände, die eine Härte im Hinblick auf die Duldung oder die Mieterhöhung begründen, noch zu berücksichtigen, wenn der Mieter ohne Verschulden an der Einhaltung der Frist gehindert war und er dem Vermieter die Umstände sowie die Gründe der Verzögerung unverzüglich in Textform mitteilt. [2] Umstände, die eine Härte im Hinblick auf die Mieterhöhung begründen, sind nur zu berücksichtigen, wenn sie spätestens bis zum Beginn der Modernisierungsmaßnahme mitgeteilt werden.

(5) [1] Hat der Vermieter in der Modernisierungsankündigung nicht auf die Form und die Frist des Härteeinwands hingewiesen (§ 555c Absatz 2), so bedarf die Mitteilung des Mieters nach Absatz 3 Satz 1 nicht der dort bestimmten Form und Frist. [2] Absatz 4 Satz 2 gilt entsprechend.

(6) § 555a Absatz 3 gilt entsprechend.

(7) Eine zum Nachteil des Mieters abweichende Vereinbarung ist unwirksam.

§ 555e Sonderkündigungsrecht des Mieters bei Modernisierungsmaßnahmen. (1) [1] Nach Zugang der Modernisierungsankündigung kann der Mieter das Mietverhältnis außerordentlich zum Ablauf des übernächsten Monats kündigen. [2] Die Kündigung muss bis zum Ablauf des Monats erfolgen, der auf den Zugang der Modernisierungsankündigung folgt.

(2) § 555c Absatz 4 gilt entsprechend.

(3) Eine zum Nachteil des Mieters abweichende Vereinbarung ist unwirksam.

§ 555f Vereinbarungen über Erhaltungs- oder Modernisierungsmaßnahmen. Die Vertragsparteien können nach Abschluss des Mietvertrags aus Anlass von Erhaltungs- oder Modernisierungsmaßnahmen Vereinbarungen treffen, insbesondere über die

1. zeitliche und technische Durchführung der Maßnahmen,

2. Gewährleistungsrechte und Aufwendungsersatzansprüche des Mieters,
3. künftige Höhe der Miete.

Kapitel 2. Die Miete

Unterkapitel 1. Vereinbarungen über die Miete

§ 556[1)] Vereinbarungen über Betriebskosten. (1) [1]Die Vertragsparteien können vereinbaren, dass der Mieter Betriebskosten trägt. [2]Betriebskosten sind die Kosten, die dem Eigentümer oder Erbbauberechtigten durch das Eigentum oder das Erbbaurecht am Grundstück oder durch den bestimmungsmäßigen Gebrauch des Gebäudes, der Nebengebäude, Anlagen, Einrichtungen und des Grundstücks laufend entstehen. [3]Für die Aufstellung der Betriebskosten gilt die Betriebskostenverordnung[2)] vom 25. November 2003 (BGBl. I S. 2346, 2347) fort. [4]Die Bundesregierung wird ermächtigt, durch Rechtsverordnung ohne Zustimmung des Bundesrates Vorschriften über die Aufstellung der Betriebskosten zu erlassen.

(2) [1]Die Vertragsparteien können vorbehaltlich anderweitiger Vorschriften vereinbaren, dass Betriebskosten als Pauschale oder als Vorauszahlung ausgewiesen werden. [2]Vorauszahlungen für Betriebskosten dürfen nur in angemessener Höhe vereinbart werden.

(3) [1]Über die Vorauszahlungen für Betriebskosten ist jährlich abzurechnen; dabei ist der Grundsatz der Wirtschaftlichkeit zu beachten. [2]Die Abrechnung ist dem Mieter spätestens bis zum Ablauf des zwölften Monats nach Ende des Abrechnungszeitraums mitzuteilen. [3]Nach Ablauf dieser Frist ist die Geltendmachung einer Nachforderung durch den Vermieter ausgeschlossen, es sei denn, der Vermieter hat die verspätete Geltendmachung nicht zu vertreten. [4]Der Vermieter ist zu Teilabrechnungen nicht verpflichtet. [5]Einwendungen gegen die Abrechnung hat der Mieter dem Vermieter spätestens bis zum Ablauf des zwölften Monats nach Zugang der Abrechnung mitzuteilen. [6]Nach Ablauf dieser Frist kann der Mieter Einwendungen nicht mehr geltend machen, es sei denn, der Mieter hat die verspätete Geltendmachung nicht zu vertreten.

(3a) [1]Ein Glasfaserbereitstellungsentgelt nach § 72 Absatz 1 des Telekommunikationsgesetzes hat der Mieter nur bei wirtschaftlicher Umsetzung der Maßnahme zu tragen. [2]Handelt es sich um eine aufwändige Maßnahme im Sinne von § 72 Absatz 2 Satz 4 des Telekommunikationsgesetzes, hat der Mieter die Kosten nur dann zu tragen, wenn der Vermieter vor Vereinbarung der

[1)] Beachte hierzu auch die Zweite Berechnungsverordnung (Nr. **2**); § 27 lautet:

„**§ 27 Betriebskosten.** (1) [1]Betriebskosten sind die Kosten, die dem Eigentümer (Erbbauberechtigten) durch das Eigentum am Grundstück (Erbbaurecht) oder durch den bestimmungsmäßigen Gebrauch des Gebäudes oder der Wirtschaftseinheit, der Nebengebäude, Anlagen, Einrichtungen und des Grundstücks laufend entstehen. [2]Der Ermittlung der Betriebskosten ist die Betriebskostenverordnung vom 25. November 2003 (BGBl. I S. 2346, 2347) zugrunde zu legen.

(2) [1]Sach- und Arbeitsleistungen des Eigentümers (Erbbauberechtigten), durch die Betriebskosten erspart werden, dürfen mit dem Betrage angesetzt werden, der für eine gleichwertige Leistung eines Dritten, insbesondere eines Unternehmers, angesetzt werden könnte. [2]Die Umsatzsteuer des Dritten darf nicht angesetzt werden.

(3) Im öffentlich geförderten sozialen Wohnungsbau und im steuerbegünstigten oder freifinanzierten Wohnungsbau, der mit Wohnungsfürsorgemitteln gefördert worden ist, dürfen die Betriebskosten nicht in der Wirtschaftlichkeitsberechnung angesetzt werden.

(4) (weggefallen)“.

[2)] Nr. **2a**.

Glasfaserbereitstellung soweit möglich drei Angebote eingeholt und das wirtschaftlichste ausgewählt hat.

(4) Eine zum Nachteil des Mieters von Absatz 1, Absatz 2 Satz 2, Absatz 3 oder Absatz 3a abweichende Vereinbarung ist unwirksam.

§ 556a Abrechnungsmaßstab für Betriebskosten. (1) [1] Haben die Vertragsparteien nichts anderes vereinbart, sind die Betriebskosten vorbehaltlich anderweitiger Vorschriften nach dem Anteil der Wohnfläche umzulegen. [2] Betriebskosten, die von einem erfassten Verbrauch oder einer erfassten Verursachung durch die Mieter abhängen, sind nach einem Maßstab umzulegen, der dem unterschiedlichen Verbrauch oder der unterschiedlichen Verursachung Rechnung trägt.

(2) [1] Haben die Vertragsparteien etwas anderes vereinbart, kann der Vermieter durch Erklärung in Textform bestimmen, dass die Betriebskosten zukünftig abweichend von der getroffenen Vereinbarung ganz oder teilweise nach einem Maßstab umgelegt werden dürfen, der dem erfassten unterschiedlichen Verbrauch oder der erfassten unterschiedlichen Verursachung Rechnung trägt. [2] Die Erklärung ist nur vor Beginn eines Abrechnungszeitraums zulässig. [3] Sind die Kosten bislang in der Miete enthalten, so ist diese entsprechend herabzusetzen.

(3) [1] Ist Wohnungseigentum vermietet und haben die Vertragsparteien nichts anderes vereinbart, sind die Betriebskosten abweichend von Absatz 1 nach dem für die Verteilung zwischen den Wohnungseigentümern jeweils geltenden Maßstab umzulegen. [2] Widerspricht der Maßstab billigem Ermessen, ist nach Absatz 1 umzulegen.

(4) Eine zum Nachteil des Mieters von Absatz 2 abweichende Vereinbarung ist unwirksam.

§ 556b Fälligkeit der Miete, Aufrechnungs- und Zurückbehaltungsrecht. (1) Die Miete ist zu Beginn, spätestens bis zum dritten Werktag der einzelnen Zeitabschnitte zu entrichten, nach denen sie bemessen ist.

(2) [1] Der Mieter kann entgegen einer vertraglichen Bestimmung gegen eine Mietforderung mit einer Forderung auf Grund der §§ 536a, 539 oder aus ungerechtfertigter Bereicherung wegen zu viel gezahlter Miete aufrechnen oder wegen einer solchen Forderung ein Zurückbehaltungsrecht ausüben, wenn er seine Absicht dem Vermieter mindestens einen Monat vor der Fälligkeit der Miete in Textform angezeigt hat. [2] Eine zum Nachteil des Mieters abweichende Vereinbarung ist unwirksam.

§ 556c Kosten der Wärmelieferung als Betriebskosten, Verordnungsermächtigung. (1) [1] Hat der Mieter die Betriebskosten für Wärme oder Warmwasser zu tragen und stellt der Vermieter die Versorgung von der Eigenversorgung auf die eigenständig gewerbliche Lieferung durch einen Wärmelieferanten (Wärmelieferung) um, so hat der Mieter die Kosten der Wärmelieferung als Betriebskosten zu tragen, wenn

1. die Wärme mit verbesserter Effizienz entweder aus einer vom Wärmelieferanten errichteten neuen Anlage oder aus einem Wärmenetz geliefert wird und
2. die Kosten der Wärmelieferung die Betriebskosten für die bisherige Eigenversorgung mit Wärme oder Warmwasser nicht übersteigen.

[2]Beträgt der Jahresnutzungsgrad der bestehenden Anlage vor der Umstellung mindestens 80 Prozent, kann sich der Wärmelieferant anstelle der Maßnahmen nach Nummer 1 auf die Verbesserung der Betriebsführung der Anlage beschränken.

(2) Der Vermieter hat die Umstellung spätestens drei Monate zuvor in Textform anzukündigen (Umstellungsankündigung).

(3) [1]Die Bundesregierung wird ermächtigt, durch Rechtsverordnung[1)] ohne Zustimmung des Bundesrates Vorschriften für Wärmelieferverträge, die bei einer Umstellung nach Absatz 1 geschlossen werden, sowie für die Anforderungen nach den Absätzen 1 und 2 zu erlassen. [2]Hierbei sind die Belange von Vermietern, Mietern und Wärmelieferanten angemessen zu berücksichtigen.

(4) Eine zum Nachteil des Mieters abweichende Vereinbarung ist unwirksam.

Unterkapitel 1a. Vereinbarungen über die Miethöhe bei Mietbeginn in Gebieten mit angespannten Wohnungsmärkten

§ 556d Zulässige Miethöhe bei Mietbeginn; Verordnungsermächtigung. (1) Wird ein Mietvertrag über Wohnraum abgeschlossen, der in einem durch Rechtsverordnung nach Absatz 2 bestimmten Gebiet mit einem angespannten Wohnungsmarkt liegt, so darf die Miete zu Beginn des Mietverhältnisses die ortsübliche Vergleichsmiete (§ 558 Absatz 2) höchstens um 10 Prozent übersteigen.

(2) [1]Die Landesregierungen werden ermächtigt, Gebiete mit angespannten Wohnungsmärkten durch Rechtsverordnung[2)] für die Dauer von jeweils höchstens fünf Jahren zu bestimmen. [2]Gebiete mit angespannten Wohnungsmärkten liegen vor, wenn die ausreichende Versorgung der Bevölkerung mit Mietwohnungen in einer Gemeinde oder einem Teil der Gemeinde zu angemessenen Bedingungen besonders gefährdet ist. [3]Dies kann insbesondere dann der Fall sein, wenn

1. die Mieten deutlich stärker steigen als im bundesweiten Durchschnitt,
2. die durchschnittliche Mietbelastung der Haushalte den bundesweiten Durchschnitt deutlich übersteigt,
3. die Wohnbevölkerung wächst, ohne dass durch Neubautätigkeit insoweit erforderlicher Wohnraum geschaffen wird, oder
4. geringer Leerstand bei großer Nachfrage besteht.

[1)] Siehe die Wärmelieferverordnung v. 7.6.2013 (BGBl. I S. 1509).

[2)] Die Länder haben hierzu ua folgende Vorschriften erlassen:
- **Baden-Württemberg:** MietpreisbegrenzungsVO v. 6.10.2020 (GBl. S. 803)
- **Bayern:** MieterschutzVO v. 14.12.2021 (GVBl. S. 674)
- **Berlin:** MietenbegrenzungsVO v. 19.5.2020 (GVBl. S. 343)
- **Brandenburg:** MietpreisbegrenzungsVO v. 8.6.2021 (GVBl. II Nr. 61)
- **Bremen:** MietenbegrenzungsVO v. 3.11.2020 (Brem.GBl. S. 1335)
- **Hamburg:** MietpreisbegrenzungsVO v. 23.6.2020 (HmbGVBl. S. 341)
- **Hessen:** MieterschutzVO v. 18.11.2020 (GVBl. S. 802)
- **Mecklenburg-Vorpommern:** Mietpreisbegrenzungs- und KappungsgrenzenlandesVO v. 13.9.2018 (GVOBl. M-V S. 359), geänd. durch VO v. 21.12.2020 (GVOBl. M-V 2021 S. 3)
- **Niedersachsen:** MieterschutzVO v. 22.12.2020 (Nds. GVBl. S. 566)
- **Nordrhein-Westfalen:** MieterschutzVO v. 9.6.2020 (GV. NRW. S. 465)
- **Rheinland-Pfalz:** MietpreisbegrenzungsVO v. 18.8.2020 (GVBl. S. 357)
- **Thüringen:** MietpreisbegrenzungsVO v. 14.1.2021 (GVBl. S. 13).

[4] Eine Rechtsverordnung nach Satz 1 muss spätestens mit Ablauf des 31. Dezember 2025 außer Kraft treten. [5] Sie muss begründet werden. [6] Aus der Begründung muss sich ergeben, auf Grund welcher Tatsachen ein Gebiet mit einem angespannten Wohnungsmarkt im Einzelfall vorliegt. [7] Ferner muss sich aus der Begründung ergeben, welche Maßnahmen die Landesregierung in dem nach Satz 1 durch die Rechtsverordnung jeweils bestimmten Gebiet und Zeitraum ergreifen wird, um Abhilfe zu schaffen.

§ 556e Berücksichtigung der Vormiete oder einer durchgeführten Modernisierung. (1) [1] Ist die Miete, die der vorherige Mieter zuletzt schuldete (Vormiete), höher als die nach § 556d Absatz 1 zulässige Miete, so darf eine Miete bis zur Höhe der Vormiete vereinbart werden. [2] Bei der Ermittlung der Vormiete unberücksichtigt bleiben Mietminderungen sowie solche Mieterhöhungen, die mit dem vorherigen Mieter innerhalb des letzten Jahres vor Beendigung des Mietverhältnisses vereinbart worden sind.

(2) [1] Hat der Vermieter in den letzten drei Jahren vor Beginn des Mietverhältnisses Modernisierungsmaßnahmen im Sinne des § 555b durchgeführt, so darf die nach § 556d Absatz 1 zulässige Miete um den Betrag überschritten werden, der sich bei einer Mieterhöhung nach § 559 Absatz 1 bis 3a und § 559a Absatz 1 bis 4 ergäbe. [2] Bei der Berechnung nach Satz 1 ist von der ortsüblichen Vergleichsmiete (§ 558 Absatz 2) auszugehen, die bei Beginn des Mietverhältnisses ohne Berücksichtigung der Modernisierung anzusetzen wäre.

§ 556f Ausnahmen. [1] § 556d ist nicht anzuwenden auf eine Wohnung, die nach dem 1. Oktober 2014 erstmals genutzt und vermietet wird. [2] Die §§ 556d und 556e sind nicht anzuwenden auf die erste Vermietung nach umfassender Modernisierung.

§ 556g[1)] Rechtsfolgen; Auskunft über die Miete. (1) [1] Eine zum Nachteil des Mieters von den Vorschriften dieses Unterkapitels abweichende Vereinbarung ist unwirksam. [2] Für Vereinbarungen über die Miethöhe bei Mietbeginn gilt dies nur, soweit die zulässige Miete überschritten wird. [3] Der Vermieter hat dem Mieter zu viel gezahlte Miete nach den Vorschriften über die Herausgabe einer ungerechtfertigten Bereicherung herauszugeben. [4] Die §§ 814 und 817 Satz 2 sind nicht anzuwenden.

(1a)[2)] [1] Soweit die Zulässigkeit der Miete auf § 556e oder § 556f beruht, ist der Vermieter verpflichtet, dem Mieter vor dessen Abgabe der Vertragserklärung über Folgendes unaufgefordert Auskunft zu erteilen:

1. im Fall des § 556e Absatz 1 darüber, wie hoch die Vormiete war,
2. im Fall des § 556e Absatz 2 darüber, dass in den letzten drei Jahren vor Beginn des Mietverhältnisses Modernisierungsmaßnahmen durchgeführt wurden,
3. im Fall des § 556f Satz 1 darüber, dass die Wohnung nach dem 1. Oktober 2014 erstmals genutzt und vermietet wurde,
4. im Fall des § 556f Satz 2 darüber, dass es sich um die erste Vermietung nach umfassender Modernisierung handelt.

[1)] Beachte hierzu Übergangsvorschrift in Art. 229 § 51 EGBGB **(dtv 5001 BGB Nr. 2)**.
[2)] Beachte hierzu Übergangsvorschrift in Art. 229 § 49 EGBGB **(dtv 5001 BGB Nr. 2)**.

[2] Soweit der Vermieter die Auskunft nicht erteilt hat, kann er sich nicht auf eine nach § 556e oder § 556f zulässige Miete berufen. [3] Hat der Vermieter die Auskunft nicht erteilt und hat er diese in der vorgeschriebenen Form nachgeholt, kann er sich erst zwei Jahre nach Nachholung der Auskunft auf eine nach § 556e oder § 556f zulässige Miete berufen. [4] Hat der Vermieter die Auskunft nicht in der vorgeschriebenen Form erteilt, so kann er sich auf eine nach § 556e oder § 556f zulässige Miete erst dann berufen, wenn er die Auskunft in der vorgeschriebenen Form nachgeholt hat.

(2)[1)] [1] Der Mieter kann von dem Vermieter eine nach den §§ 556d und 556e nicht geschuldete Miete nur zurückverlangen, wenn er einen Verstoß gegen die Vorschriften dieses Unterkapitels gerügt hat. [2] Hat der Vermieter eine Auskunft nach Absatz 1a Satz 1 erteilt, so muss die Rüge sich auf diese Auskunft beziehen. [3] Rügt der Mieter den Verstoß mehr als 30 Monate nach Beginn des Mietverhältnisses oder war das Mietverhältnis bei Zugang der Rüge bereits beendet, kann er nur die nach Zugang der Rüge fällig gewordene Miete zurückverlangen.

(3) [1] Der Vermieter ist auf Verlangen des Mieters verpflichtet, Auskunft über diejenigen Tatsachen zu erteilen, die für die Zulässigkeit der vereinbarten Miete nach den Vorschriften dieses Unterkapitels maßgeblich sind, soweit diese Tatsachen nicht allgemein zugänglich sind und der Vermieter hierüber unschwer Auskunft geben kann. [2] Für die Auskunft über Modernisierungsmaßnahmen (§ 556e Absatz 2) gilt § 559b Absatz 1 Satz 2 und 3 entsprechend.

(4) Sämtliche Erklärungen nach den Absätzen 1a bis 3 bedürfen der Textform.

Unterkapitel 2. Regelungen über die Miethöhe

§ 557 Mieterhöhungen nach Vereinbarung oder Gesetz. (1) Während des Mietverhältnisses können die Parteien eine Erhöhung der Miete vereinbaren.

(2) Künftige Änderungen der Miethöhe können die Vertragsparteien als Staffelmiete nach § 557a oder als Indexmiete nach § 557b vereinbaren.

(3) Im Übrigen kann der Vermieter Mieterhöhungen nur nach Maßgabe der §§ 558 bis 560 verlangen, soweit nicht eine Erhöhung durch Vereinbarung ausgeschlossen ist oder sich der Ausschluss aus den Umständen ergibt.

(4) Eine zum Nachteil des Mieters abweichende Vereinbarung ist unwirksam.

§ 557a Staffelmiete. (1) Die Miete kann für bestimmte Zeiträume in unterschiedlicher Höhe schriftlich vereinbart werden; in der Vereinbarung ist die jeweilige Miete oder die jeweilige Erhöhung in einem Geldbetrag auszuweisen (Staffelmiete).

(2) [1] Die Miete muss jeweils mindestens ein Jahr unverändert bleiben. [2] Während der Laufzeit einer Staffelmiete ist eine Erhöhung nach den §§ 558 bis 559b ausgeschlossen.

(3) [1] Das Kündigungsrecht des Mieters kann für höchstens vier Jahre seit Abschluss der Staffelmietvereinbarung ausgeschlossen werden. [2] Die Kündigung ist frühestens zum Ablauf dieses Zeitraums zulässig.

1) Beachte hierzu Übergangsvorschrift in Art. 229 § 49 EGBGB **(dtv 5001 BGB Nr. 2)**.

(4) [1]Die §§ 556d bis 556g sind auf jede Mietstaffel anzuwenden. [2]Maßgeblich für die Berechnung der nach § 556d Absatz 1 zulässigen Höhe der zweiten und aller weiteren Mietstaffeln ist statt des Beginns des Mietverhältnisses der Zeitpunkt, zu dem die erste Miete der jeweiligen Mietstaffel fällig wird. [3]Die in einer vorangegangenen Mietstaffel wirksam begründete Miethöhe bleibt erhalten.

(5) Eine zum Nachteil des Mieters abweichende Vereinbarung ist unwirksam.

§ 557b Indexmiete. (1) Die Vertragsparteien können schriftlich vereinbaren, dass die Miete durch den vom Statistischen Bundesamt ermittelten Preisindex für die Lebenshaltung aller privaten Haushalte in Deutschland bestimmt wird (Indexmiete).

(2) [1]Während der Geltung einer Indexmiete muss die Miete, von Erhöhungen nach den §§ 559 bis 560 abgesehen, jeweils mindestens ein Jahr unverändert bleiben. [2]Eine Erhöhung nach § 559 kann nur verlangt werden, soweit der Vermieter bauliche Maßnahmen auf Grund von Umständen durchgeführt hat, die er nicht zu vertreten hat. [3]Eine Erhöhung nach § 558 ist ausgeschlossen.

(3) [1]Eine Änderung der Miete nach Absatz 1 muss durch Erklärung in Textform geltend gemacht werden. [2]Dabei sind die eingetretene Änderung des Preisindexes sowie die jeweilige Miete oder die Erhöhung in einem Geldbetrag anzugeben. [3]Die geänderte Miete ist mit Beginn des übernächsten Monats nach dem Zugang der Erklärung zu entrichten.

(4) Die §§ 556d bis 556g sind nur auf die Ausgangsmiete einer Indexmietvereinbarung anzuwenden.

(5) Eine zum Nachteil des Mieters abweichende Vereinbarung ist unwirksam.

§ 558 Mieterhöhung bis zur ortsüblichen Vergleichsmiete. (1) [1]Der Vermieter kann die Zustimmung zu einer Erhöhung der Miete bis zur ortsüblichen Vergleichsmiete verlangen, wenn die Miete in dem Zeitpunkt, zu dem die Erhöhung eintreten soll, seit 15 Monaten unverändert ist. [2]Das Mieterhöhungsverlangen kann frühestens ein Jahr nach der letzten Mieterhöhung geltend gemacht werden. [3]Erhöhungen nach den §§ 559 bis 560 werden nicht berücksichtigt.

(2) [1]Die ortsübliche Vergleichsmiete wird gebildet aus den üblichen Entgelten, die in der Gemeinde oder einer vergleichbaren Gemeinde für Wohnraum vergleichbarer Art, Größe, Ausstattung, Beschaffenheit und Lage einschließlich der energetischen Ausstattung und Beschaffenheit in den letzten sechs Jahren vereinbart oder, von Erhöhungen nach § 560 abgesehen, geändert worden sind.[1)] [2]Ausgenommen ist Wohnraum, bei dem die Miethöhe durch Gesetz oder im Zusammenhang mit einer Förderzusage festgelegt worden ist.

(3) [1]Bei Erhöhungen nach Absatz 1 darf sich die Miete innerhalb von drei Jahren, von Erhöhungen nach den §§ 559 bis 560 abgesehen, nicht um mehr als 20 vom Hundert erhöhen (Kappungsgrenze). [2]Der Prozentsatz nach Satz 1 beträgt 15 vom Hundert, wenn die ausreichende Versorgung der Bevölkerung

[1)] Beachte hierzu Übergangsvorschrift in Art. 229 § 50 EGBGB **(dtv 5001 BGB Nr. 2)**.

mit Mietwohnungen zu angemessenen Bedingungen in einer Gemeinde oder einem Teil einer Gemeinde besonders gefährdet ist und diese Gebiete nach Satz 3 bestimmt sind. [3]Die Landesregierungen werden ermächtigt, diese Gebiete durch Rechtsverordnung[1)] für die Dauer von jeweils höchstens fünf Jahren zu bestimmen.

(4) [1]Die Kappungsgrenze gilt nicht,

1. wenn eine Verpflichtung des Mieters zur Ausgleichszahlung nach den Vorschriften über den Abbau der Fehlsubventionierung im Wohnungswesen wegen des Wegfalls der öffentlichen Bindung erloschen ist und
2. soweit die Erhöhung den Betrag der zuletzt zu entrichtenden Ausgleichszahlung nicht übersteigt.

[2]Der Vermieter kann vom Mieter frühestens vier Monate vor dem Wegfall der öffentlichen Bindung verlangen, ihm innerhalb eines Monats über die Verpflichtung zur Ausgleichszahlung und über deren Höhe Auskunft zu erteilen. [3]Satz 1 gilt entsprechend, wenn die Verpflichtung des Mieters zur Leistung einer Ausgleichszahlung nach den §§ 34 bis 37 des Wohnraumförderungsgesetzes und den hierzu ergangenen landesrechtlichen Vorschriften wegen Wegfalls der Mietbindung erloschen ist.

(5) Von dem Jahresbetrag, der sich bei einer Erhöhung auf die ortsübliche Vergleichsmiete ergäbe, sind Drittmittel im Sinne des § 559a abzuziehen, im Falle des § 559a Absatz 1 mit 8 Prozent des Zuschusses.

(6) Eine zum Nachteil des Mieters abweichende Vereinbarung ist unwirksam.

§ 558a Form und Begründung der Mieterhöhung. (1) Das Mieterhöhungsverlangen nach § 558 ist dem Mieter in Textform zu erklären und zu begründen.

(2) Zur Begründung kann insbesondere Bezug genommen werden auf

1. einen Mietspiegel (§§ 558c, 558d),
2. eine Auskunft aus einer Mietdatenbank (§ 558e),
3. ein mit Gründen versehenes Gutachten eines öffentlich bestellten und vereidigten Sachverständigen,
4. entsprechende Entgelte für einzelne vergleichbare Wohnungen; hierbei genügt die Benennung von drei Wohnungen.

[1)] Die Länder haben ua folgende Vorschriften erlassen:
- **Baden-Württemberg:** KappungsgrenzenVO v. 16.6.2020 (GBl. S. 408)
- **Bayern:** MieterschutzVO v. 14.12.2021 (GVBl. S. 674)
- **Berlin:** Kappungsgrenzen-VO v. 10.4.2018 (GVBl. S. 370)
- **Brandenburg:** KappungsgrenzenVO v. 10.3.2021 (GVBl. II Nr. 26)
- **Bremen:** Kappungsgrenzen-VO v. 14.5.2019 (Brem.GBl. S. 520)
- **Hamburg:** KappungsgrenzenVO v. 26.6.2018 (HmbGVBl. S. 215)
- **Hessen:** MieterschutzVO v. 18.11.2020 (GVBl. S. 802)
- **Mecklenburg-Vorpommern:** Mietpreisbegrenzungs- und KappungsgrenzenlandesVO v. 13.9. 2018 (GVOBl. M-V S. 359), geänd. durch VO v. 21.12.2020 (GVOBl. M-V 2021 S. 3)
- **Niedersachsen:** MieterschutzVO v. 22.12.2020 (Nds. GVBl. S. 566)
- **Nordrhein-Westfalen:** MieterschutzVO v. 9.6.2020 (GV. NRW. S. 465)
- **Rheinland-Pfalz:** KappungsgrenzenVO v. 19.9.2019 (GVBl. S. 295)
- **Sachsen:** Kappungsgrenzen-VO v. 3.6.2020 (SächsGVBl. S. 284)
- **Thüringen:** KappungsgrenzenVO v. 31.8.2019 (GVBl. S. 366), geänd. durch VO v. 3.12.2019 (GVBl. S. 493)

(3) Enthält ein qualifizierter Mietspiegel (§ 558d Abs. 1), bei dem die Vorschrift des § 558d Abs. 2 eingehalten ist, Angaben für die Wohnung, so hat der Vermieter in seinem Mieterhöhungsverlangen diese Angaben auch dann mitzuteilen, wenn er die Mieterhöhung auf ein anderes Begründungsmittel nach Absatz 2 stützt.

(4) [1] Bei der Bezugnahme auf einen Mietspiegel, der Spannen enthält, reicht es aus, wenn die verlangte Miete innerhalb der Spanne liegt. [2] Ist in dem Zeitpunkt, in dem der Vermieter seine Erklärung abgibt, kein Mietspiegel vorhanden, bei dem § 558c Abs. 3 oder § 558d Abs. 2 eingehalten ist, so kann auch ein anderer, insbesondere ein veralteter Mietspiegel oder ein Mietspiegel einer vergleichbaren Gemeinde verwendet werden.

(5) Eine zum Nachteil des Mieters abweichende Vereinbarung ist unwirksam.

§ 558b Zustimmung zur Mieterhöhung. (1) Soweit der Mieter der Mieterhöhung zustimmt, schuldet er die erhöhte Miete mit Beginn des dritten Kalendermonats nach dem Zugang des Erhöhungsverlangens.

(2) [1] Soweit der Mieter der Mieterhöhung nicht bis zum Ablauf des zweiten Kalendermonats nach dem Zugang des Verlangens zustimmt, kann der Vermieter auf Erteilung der Zustimmung klagen. [2] Die Klage muss innerhalb von drei weiteren Monaten erhoben werden.

(3) [1] Ist der Klage ein Erhöhungsverlangen vorausgegangen, das den Anforderungen des § 558a nicht entspricht, so kann es der Vermieter im Rechtsstreit nachholen oder die Mängel des Erhöhungsverlangens beheben. [2] Dem Mieter steht auch in diesem Fall die Zustimmungsfrist nach Absatz 2 Satz 1 zu.

(4) Eine zum Nachteil des Mieters abweichende Vereinbarung ist unwirksam.

§ 558c[1)] Mietspiegel; Verordnungsermächtigung. (1) Ein Mietspiegel ist eine Übersicht über die ortsübliche Vergleichsmiete, soweit die Übersicht von der nach Landesrecht zuständigen Behörde oder von Interessenvertretern der Vermieter und der Mieter gemeinsam erstellt oder anerkannt worden ist.

(2) Mietspiegel können für das Gebiet einer Gemeinde oder mehrerer Gemeinden oder für Teile von Gemeinden erstellt werden.

(3) Mietspiegel sollen im Abstand von zwei Jahren der Marktentwicklung angepasst werden.

(4) [1] Die nach Landesrecht zuständigen Behörden sollen Mietspiegel erstellen, wenn hierfür ein Bedürfnis besteht und dies mit einem vertretbaren Aufwand möglich ist. [2] Für Gemeinden mit mehr als 50 000 Einwohnern sind Mietspiegel zu erstellen. [3] Die Mietspiegel und ihre Änderungen sind zu veröffentlichen.

(5) Die Bundesregierung wird ermächtigt, durch Rechtsverordnung[2)] mit Zustimmung des Bundesrates Vorschriften zu erlassen über den näheren Inhalt von Mietspiegeln und das Verfahren zu deren Erstellung und Anpassung einschließlich Dokumentation und Veröffentlichung.

[1)] Beachte hierzu Übergangsvorschrift in Art. 229 § 62 EGBGB **(dtv 5001 BGB Nr. 2)**.
[2)] Siehe die MietspiegelVO v. 28.10.2021 (BGBl. I S. 4779).

§ 558d Qualifizierter Mietspiegel. (1) [1]Ein qualifizierter Mietspiegel ist ein Mietspiegel, der nach anerkannten wissenschaftlichen Grundsätzen erstellt und von der nach Landesrecht zuständigen Behörde oder von Interessenvertretern der Vermieter und der Mieter anerkannt worden ist. [2]Entspricht ein Mietspiegel den Anforderungen, die eine nach § 558c Absatz 5 erlassene Rechtsverordnung an qualifizierte Mietspiegel richtet, wird vermutet, dass er nach anerkannten wissenschaftlichen Grundsätzen erstellt wurde. [3]Haben die nach Landesrecht zuständige Behörde und Interessenvertreter der Vermieter und der Mieter den Mietspiegel als qualifizierten Mietspiegel anerkannt, so wird vermutet, dass der Mietspiegel anerkannten wissenschaftlichen Grundsätzen entspricht.

(2) [1]Der qualifizierte Mietspiegel ist im Abstand von zwei Jahren der Marktentwicklung anzupassen. [2]Dabei kann eine Stichprobe oder die Entwicklung des vom Statistischen Bundesamt ermittelten Preisindexes für die Lebenshaltung aller privaten Haushalte in Deutschland zugrunde gelegt werden. [3]Nach vier Jahren ist der qualifizierte Mietspiegel neu zu erstellen. [4]Maßgeblicher Zeitpunkt für die Anpassung nach Satz 1 und für die Neuerstellung nach Satz 3 ist der Stichtag, zu dem die Daten für den Mietspiegel erhoben wurden. [5]Satz 4 gilt entsprechend für die Veröffentlichung des Mietspiegels.

(3) Ist die Vorschrift des Absatzes 2 eingehalten, so wird vermutet, dass die im qualifizierten Mietspiegel bezeichneten Entgelte die ortsübliche Vergleichsmiete wiedergeben.

§ 558e Mietdatenbank. Eine Mietdatenbank ist eine zur Ermittlung der ortsüblichen Vergleichsmiete fortlaufend geführte Sammlung von Mieten, die von der Gemeinde oder von Interessenvertretern der Vermieter und der Mieter gemeinsam geführt oder anerkannt wird und aus der Auskünfte gegeben werden, die für einzelne Wohnungen einen Schluss auf die ortsübliche Vergleichsmiete zulassen.

§ 559[1)] Mieterhöhung nach Modernisierungsmaßnahmen. (1) [1]Hat der Vermieter Modernisierungsmaßnahmen im Sinne des § 555b Nummer 1, 3, 4, 5 oder 6 durchgeführt, so kann er die jährliche Miete um 8 Prozent der für die Wohnung aufgewendeten Kosten erhöhen. [2]Im Fall des § 555b Nummer 4a ist die Erhöhung nur zulässig, wenn der Mieter seinen Anbieter von öffentlich zugänglichen Telekommunikationsdiensten über den errichteten Anschluss frei wählen kann und der Vermieter kein Bereitstellungsentgelt gemäß § 72 des Telekommunikationsgesetzes als Betriebskosten umlegt oder umgelegt hat.

(2) Kosten, die für Erhaltungsmaßnahmen erforderlich gewesen wären, gehören nicht zu den aufgewendeten Kosten nach Absatz 1; sie sind, soweit erforderlich, durch Schätzung zu ermitteln.

(3) Werden Modernisierungsmaßnahmen für mehrere Wohnungen durchgeführt, so sind die Kosten angemessen auf die einzelnen Wohnungen aufzuteilen.

(3a) [1]Bei Erhöhungen der jährlichen Miete nach Absatz 1 darf sich die monatliche Miete innerhalb von sechs Jahren, von Erhöhungen nach § 558 oder § 560 abgesehen, nicht um mehr als 3 Euro je Quadratmeter Wohnfläche erhöhen. [2]Beträgt die monatliche Miete vor der Mieterhöhung weniger als

[1)] Beachte hierzu Übergangsvorschrift in Art. 229 § 49 EGBGB **(dtv 5001 BGB Nr. 2)**.

7 Euro pro Quadratmeter Wohnfläche, so darf sie sich abweichend von Satz 1 nicht um mehr als 2 Euro je Quadratmeter Wohnfläche erhöhen.

(4) [1]Die Mieterhöhung ist ausgeschlossen, soweit sie auch unter Berücksichtigung der voraussichtlichen künftigen Betriebskosten für den Mieter eine Härte bedeuten würde, die auch unter Würdigung der berechtigten Interessen des Vermieters nicht zu rechtfertigen ist. [2]Eine Abwägung nach Satz 1 findet nicht statt, wenn

1. die Mietsache lediglich in einen Zustand versetzt wurde, der allgemein üblich ist, oder
2. die Modernisierungsmaßnahme auf Grund von Umständen durchgeführt wurde, die der Vermieter nicht zu vertreten hatte.

(5) [1]Umstände, die eine Härte nach Absatz 4 Satz 1 begründen, sind nur zu berücksichtigen, wenn sie nach § 555d Absatz 3 bis 5 rechtzeitig mitgeteilt worden sind. [2]Die Bestimmungen über die Ausschlussfrist nach Satz 1 sind nicht anzuwenden, wenn die tatsächliche Mieterhöhung die angekündigte um mehr als 10 Prozent übersteigt.

(6) Eine zum Nachteil des Mieters abweichende Vereinbarung ist unwirksam.

§ 559a Anrechnung von Drittmitteln. (1) Kosten, die vom Mieter oder für diesen von einem Dritten übernommen oder die mit Zuschüssen aus öffentlichen Haushalten gedeckt werden, gehören nicht zu den aufgewendeten Kosten im Sinne des § 559.

(2) [1]Werden die Kosten für die Modernisierungsmaßnahmen ganz oder teilweise durch zinsverbilligte oder zinslose Darlehen aus öffentlichen Haushalten gedeckt, so verringert sich der Erhöhungsbetrag nach § 559 um den Jahresbetrag der Zinsermäßigung. [2]Dieser wird errechnet aus dem Unterschied zwischen dem ermäßigten Zinssatz und dem marktüblichen Zinssatz für den Ursprungsbetrag des Darlehens. [3]Maßgebend ist der marktübliche Zinssatz für erstrangige Hypotheken zum Zeitpunkt der Beendigung der Modernisierungsmaßnahmen. [4]Werden Zuschüsse oder Darlehen zur Deckung von laufenden Aufwendungen gewährt, so verringert sich der Erhöhungsbetrag um den Jahresbetrag des Zuschusses oder Darlehens.

(3) [1]Ein Mieterdarlehen, eine Mietvorauszahlung oder eine von einem Dritten für den Mieter erbrachte Leistung für die Modernisierungsmaßnahmen stehen einem Darlehen aus öffentlichen Haushalten gleich. [2]Mittel der Finanzierungsinstitute des Bundes oder eines Landes gelten als Mittel aus öffentlichen Haushalten.

(4) Kann nicht festgestellt werden, in welcher Höhe Zuschüsse oder Darlehen für die einzelnen Wohnungen gewährt worden sind, so sind sie nach dem Verhältnis der für die einzelnen Wohnungen aufgewendeten Kosten aufzuteilen.

(5) Eine zum Nachteil des Mieters abweichende Vereinbarung ist unwirksam.

§ 559b Geltendmachung der Erhöhung, Wirkung der Erhöhungserklärung. (1) [1]Die Mieterhöhung nach § 559 ist dem Mieter in Textform zu erklären. [2]Die Erklärung ist nur wirksam, wenn in ihr die Erhöhung auf Grund

der entstandenen Kosten berechnet und entsprechend den Voraussetzungen der §§ 559 und 559a erläutert wird. [3] § 555c Absatz 3 gilt entsprechend.

(2) [1] Der Mieter schuldet die erhöhte Miete mit Beginn des dritten Monats nach dem Zugang der Erklärung. [2] Die Frist verlängert sich um sechs Monate, wenn

1. der Vermieter dem Mieter die Modernisierungsmaßnahme nicht nach den Vorschriften des § 555c Absatz 1 und 3 bis 5 angekündigt hat oder
2. die tatsächliche Mieterhöhung die angekündigte um mehr als 10 Prozent übersteigt.

(3) Eine zum Nachteil des Mieters abweichende Vereinbarung ist unwirksam.

§ 559c[1)] Vereinfachtes Verfahren. (1) [1] Übersteigen die für die Modernisierungsmaßnahme geltend gemachten Kosten für die Wohnung vor Abzug der Pauschale nach Satz 2 10 000 Euro nicht, so kann der Vermieter die Mieterhöhung nach einem vereinfachten Verfahren berechnen. [2] Als Kosten, die für Erhaltungsmaßnahmen erforderlich gewesen wären (§ 559 Absatz 2), werden pauschal 30 Prozent der nach Satz 1 geltend gemachten Kosten abgezogen. [3] § 559 Absatz 4 und § 559a Absatz 2 Satz 1 bis 3 finden keine Anwendung.

(2) Hat der Vermieter die Miete in den letzten fünf Jahren bereits nach Absatz 1 oder nach § 559 erhöht, so mindern sich die Kosten, die nach Absatz 1 Satz 1 für die weitere Modernisierungsmaßnahme geltend gemacht werden können, um die Kosten, die in diesen früheren Verfahren für Modernisierungsmaßnahmen geltend gemacht wurden.

(3) [1] § 559b gilt für das vereinfachte Verfahren entsprechend. [2] Der Vermieter muss in der Mieterhöhungserklärung angeben, dass er die Mieterhöhung nach dem vereinfachten Verfahren berechnet hat.

(4) [1] Hat der Vermieter eine Mieterhöhung im vereinfachten Verfahren geltend gemacht, so kann er innerhalb von fünf Jahren nach Zugang der Mieterhöhungserklärung beim Mieter keine Mieterhöhungen nach § 559 geltend machen. [2] Dies gilt nicht,

1. soweit der Vermieter in diesem Zeitraum Modernisierungsmaßnahmen auf Grund einer gesetzlichen Verpflichtung durchzuführen hat und er diese Verpflichtung bei Geltendmachung der Mieterhöhung im vereinfachten Verfahren nicht kannte oder kennen musste,
2. sofern eine Modernisierungsmaßnahme auf Grund eines Beschlusses von Wohnungseigentümern durchgeführt wird, der frühestens zwei Jahre nach Zugang der Mieterhöhungserklärung beim Mieter gefasst wurde.

(5) Für die Modernisierungsankündigung, die zu einer Mieterhöhung nach dem vereinfachten Verfahren führen soll, gilt § 555c mit den Maßgaben, dass

1. der Vermieter in der Modernisierungsankündigung angeben muss, dass er von dem vereinfachten Verfahren Gebrauch macht,
2. es der Angabe der voraussichtlichen künftigen Betriebskosten nach § 555c Absatz 1 Satz 2 Nummer 3 nicht bedarf.

[1)] Beachte hierzu Übergangsvorschrift in Art. 229 § 49 EGBGB **(dtv 5001 BGB Nr. 2)**.

§ 559d[1] Pflichtverletzungen bei Ankündigung oder Durchführung einer baulichen Veränderung. [1]Es wird vermutet, dass der Vermieter seine Pflichten aus dem Schuldverhältnis verletzt hat, wenn

1. mit der baulichen Veränderung nicht innerhalb von zwölf Monaten nach deren angekündigtem Beginn oder, wenn Angaben hierzu nicht erfolgt sind, nach Zugang der Ankündigung der baulichen Veränderung begonnen wird,
2. in der Ankündigung nach § 555c Absatz 1 ein Betrag für die zu erwartende Mieterhöhung angegeben wird, durch den die monatliche Miete mindestens verdoppelt würde,
3. die bauliche Veränderung in einer Weise durchgeführt wird, die geeignet ist, zu erheblichen, objektiv nicht notwendigen Belastungen des Mieters zu führen, oder
4. die Arbeiten nach Beginn der baulichen Veränderung mehr als zwölf Monate ruhen.

[2]Diese Vermutung gilt nicht, wenn der Vermieter darlegt, dass für das Verhalten im Einzelfall ein nachvollziehbarer objektiver Grund vorliegt.

§ 560 Veränderungen von Betriebskosten. (1) [1]Bei einer Betriebskostenpauschale ist der Vermieter berechtigt, Erhöhungen der Betriebskosten durch Erklärung in Textform anteilig auf den Mieter umzulegen, soweit dies im Mietvertrag vereinbart ist. [2]Die Erklärung ist nur wirksam, wenn in ihr der Grund für die Umlage bezeichnet und erläutert wird.

(2) [1]Der Mieter schuldet den auf ihn entfallenden Teil der Umlage mit Beginn des auf die Erklärung folgenden übernächsten Monats. [2]Soweit die Erklärung darauf beruht, dass sich die Betriebskosten rückwirkend erhöht haben, wirkt sie auf den Zeitpunkt der Erhöhung der Betriebskosten, höchstens jedoch auf den Beginn des der Erklärung vorausgehenden Kalenderjahres zurück, sofern der Vermieter die Erklärung innerhalb von drei Monaten nach Kenntnis von der Erhöhung abgibt.

(3) [1]Ermäßigen sich die Betriebskosten, so ist eine Betriebskostenpauschale vom Zeitpunkt der Ermäßigung an entsprechend herabzusetzen. [2]Die Ermäßigung ist dem Mieter unverzüglich mitzuteilen.

(4) Sind Betriebskostenvorauszahlungen vereinbart worden, so kann jede Vertragspartei nach einer Abrechnung durch Erklärung in Textform eine Anpassung auf eine angemessene Höhe vornehmen.

(5) Bei Veränderungen von Betriebskosten ist der Grundsatz der Wirtschaftlichkeit zu beachten.

(6) Eine zum Nachteil des Mieters abweichende Vereinbarung ist unwirksam.

§ 561 Sonderkündigungsrecht des Mieters nach Mieterhöhung.

(1) [1]Macht der Vermieter eine Mieterhöhung nach § 558 oder § 559 geltend, so kann der Mieter bis zum Ablauf des zweiten Monats nach dem Zugang der Erklärung des Vermieters das Mietverhältnis außerordentlich zum Ablauf des übernächsten Monats kündigen. [2]Kündigt der Mieter, so tritt die Mieterhöhung nicht ein.

[1] Beachte hierzu Übergangsvorschrift in Art. 229 § 49 EGBGB **(dtv 5001 BGB Nr. 2)**.

(2) Eine zum Nachteil des Mieters abweichende Vereinbarung ist unwirksam.

Kapitel 3. Pfandrecht des Vermieters

§ 562 Umfang des Vermieterpfandrechts. (1) [1]Der Vermieter hat für seine Forderungen aus dem Mietverhältnis ein Pfandrecht an den eingebrachten Sachen des Mieters. [2]Es erstreckt sich nicht auf die Sachen, die der Pfändung nicht unterliegen.

(2) Für künftige Entschädigungsforderungen und für die Miete für eine spätere Zeit als das laufende und das folgende Mietjahr kann das Pfandrecht nicht geltend gemacht werden.

§ 562a Erlöschen des Vermieterpfandrechts. [1]Das Pfandrecht des Vermieters erlischt mit der Entfernung der Sachen von dem Grundstück, außer wenn diese ohne Wissen oder unter Widerspruch des Vermieters erfolgt. [2]Der Vermieter kann nicht widersprechen, wenn sie den gewöhnlichen Lebensverhältnissen entspricht oder wenn die zurückbleibenden Sachen zur Sicherung des Vermieters offenbar ausreichen.

§ 562b Selbsthilferecht, Herausgabeanspruch. (1) [1]Der Vermieter darf die Entfernung der Sachen, die seinem Pfandrecht unterliegen, auch ohne Anrufen des Gerichts verhindern, soweit er berechtigt ist, der Entfernung zu widersprechen. [2]Wenn der Mieter auszieht, darf der Vermieter diese Sachen in seinen Besitz nehmen.

(2) [1]Sind die Sachen ohne Wissen oder unter Widerspruch des Vermieters entfernt worden, so kann er die Herausgabe zum Zwecke der Zurückschaffung auf das Grundstück und, wenn der Mieter ausgezogen ist, die Überlassung des Besitzes verlangen. [2]Das Pfandrecht erlischt mit dem Ablauf eines Monats, nachdem der Vermieter von der Entfernung der Sachen Kenntnis erlangt hat, wenn er diesen Anspruch nicht vorher gerichtlich geltend gemacht hat.

§ 562c Abwendung des Pfandrechts durch Sicherheitsleistung. [1]Der Mieter kann die Geltendmachung des Pfandrechts des Vermieters durch Sicherheitsleistung abwenden. [2]Er kann jede einzelne Sache dadurch von dem Pfandrecht befreien, dass er in Höhe ihres Wertes Sicherheit leistet.

§ 562d Pfändung durch Dritte. Wird eine Sache, die dem Pfandrecht des Vermieters unterliegt, für einen anderen Gläubiger gepfändet, so kann diesem gegenüber das Pfandrecht nicht wegen der Miete für eine frühere Zeit als das letzte Jahr vor der Pfändung geltend gemacht werden.

Kapitel 4. Wechsel der Vertragsparteien

§ 563 Eintrittsrecht bei Tod des Mieters. (1) Der Ehegatte oder Lebenspartner, der mit dem Mieter einen gemeinsamen Haushalt führt, tritt mit dem Tod des Mieters in das Mietverhältnis ein.

(2) [1]Leben in dem gemeinsamen Haushalt Kinder des Mieters, treten diese mit dem Tod des Mieters in das Mietverhältnis ein, wenn nicht der Ehegatte oder Lebenspartner eintritt. [2]Andere Familienangehörige, die mit dem Mieter einen gemeinsamen Haushalt führen, treten mit dem Tod des Mieters in das Mietverhältnis ein, wenn nicht der Ehegatte oder der Lebenspartner eintritt.

[3]Dasselbe gilt für Personen, die mit dem Mieter einen auf Dauer angelegten gemeinsamen Haushalt führen.

(3) [1]Erklären eingetretene Personen im Sinne des Absatzes 1 oder 2 innerhalb eines Monats, nachdem sie vom Tod des Mieters Kenntnis erlangt haben, dem Vermieter, dass sie das Mietverhältnis nicht fortsetzen wollen, gilt der Eintritt als nicht erfolgt. [2]Für geschäftsunfähige oder in der Geschäftsfähigkeit beschränkte Personen gilt § 210 entsprechend. [3]Sind mehrere Personen in das Mietverhältnis eingetreten, so kann jeder die Erklärung für sich abgeben.

(4) Der Vermieter kann das Mietverhältnis innerhalb eines Monats, nachdem er von dem endgültigen Eintritt in das Mietverhältnis Kenntnis erlangt hat, außerordentlich mit der gesetzlichen Frist kündigen, wenn in der Person des Eingetretenen ein wichtiger Grund vorliegt.

(5) Eine abweichende Vereinbarung zum Nachteil des Mieters oder solcher Personen, die nach Absatz 1 oder 2 eintrittsberechtigt sind, ist unwirksam.

§ 563a Fortsetzung mit überlebenden Mietern. (1) Sind mehrere Personen im Sinne des § 563 gemeinsam Mieter, so wird das Mietverhältnis beim Tod eines Mieters mit den überlebenden Mietern fortgesetzt.

(2) Die überlebenden Mieter können das Mietverhältnis innerhalb eines Monats, nachdem sie vom Tod des Mieters Kenntnis erlangt haben, außerordentlich mit der gesetzlichen Frist kündigen.

(3) Eine abweichende Vereinbarung zum Nachteil der Mieter ist unwirksam.

§ 563b Haftung bei Eintritt oder Fortsetzung. (1) [1]Die Personen, die nach § 563 in das Mietverhältnis eingetreten sind oder mit denen es nach § 563a fortgesetzt wird, haften neben dem Erben für die bis zum Tod des Mieters entstandenen Verbindlichkeiten als Gesamtschuldner. [2]Im Verhältnis zu diesen Personen haftet der Erbe allein, soweit nichts anderes bestimmt ist.

(2) Hat der Mieter die Miete für einen nach seinem Tod liegenden Zeitraum im Voraus entrichtet, sind die Personen, die nach § 563 in das Mietverhältnis eingetreten sind oder mit denen es nach § 563a fortgesetzt wird, verpflichtet, dem Erben dasjenige herauszugeben, was sie infolge der Vorausentrichtung der Miete ersparen oder erlangen.

(3) Der Vermieter kann, falls der verstorbene Mieter keine Sicherheit geleistet hat, von den Personen, die nach § 563 in das Mietverhältnis eingetreten sind oder mit denen es nach § 563a fortgesetzt wird, nach Maßgabe des § 551 eine Sicherheitsleistung verlangen.

§ 564 Fortsetzung des Mietverhältnisses mit dem Erben, außerordentliche Kündigung. [1]Treten beim Tod des Mieters keine Personen im Sinne des § 563 in das Mietverhältnis ein oder wird es nicht mit ihnen nach § 563a fortgesetzt, so wird es mit dem Erben fortgesetzt. [2]In diesem Fall ist sowohl der Erbe als auch der Vermieter berechtigt, das Mietverhältnis innerhalb eines Monats außerordentlich mit der gesetzlichen Frist zu kündigen, nachdem sie vom Tod des Mieters und davon Kenntnis erlangt haben, dass ein Eintritt in das Mietverhältnis oder dessen Fortsetzung nicht erfolgt sind.

§ 565 Gewerbliche Weitervermietung. (1) [1]Soll der Mieter nach dem Mietvertrag den gemieteten Wohnraum gewerblich einem Dritten zu Wohnzwecken weitervermieten, so tritt der Vermieter bei der Beendigung des Miet-

verhältnisses in die Rechte und Pflichten aus dem Mietverhältnis zwischen dem Mieter und dem Dritten ein. [2]Schließt der Vermieter erneut einen Mietvertrag zur gewerblichen Weitervermietung ab, so tritt der Mieter anstelle der bisherigen Vertragspartei in die Rechte und Pflichten aus dem Mietverhältnis mit dem Dritten ein.

(2) Die §§ 566a bis 566e gelten entsprechend.

(3) Eine zum Nachteil des Dritten abweichende Vereinbarung ist unwirksam.

§ 566 Kauf bricht nicht Miete. (1) Wird der vermietete Wohnraum nach der Überlassung an den Mieter von dem Vermieter an einen Dritten veräußert, so tritt der Erwerber anstelle des Vermieters in die sich während der Dauer seines Eigentums aus dem Mietverhältnis ergebenden Rechte und Pflichten ein.

(2) [1]Erfüllt der Erwerber die Pflichten nicht, so haftet der Vermieter für den von dem Erwerber zu ersetzenden Schaden wie ein Bürge, der auf die Einrede der Vorausklage verzichtet hat. [2]Erlangt der Mieter von dem Übergang des Eigentums durch Mitteilung des Vermieters Kenntnis, so wird der Vermieter von der Haftung befreit, wenn nicht der Mieter das Mietverhältnis zum ersten Termin kündigt, zu dem die Kündigung zulässig ist.

§ 566a Mietsicherheit. [1]Hat der Mieter des veräußerten Wohnraums dem Vermieter für die Erfüllung seiner Pflichten Sicherheit geleistet, so tritt der Erwerber in die dadurch begründeten Rechte und Pflichten ein. [2]Kann bei Beendigung des Mietverhältnisses der Mieter die Sicherheit von dem Erwerber nicht erlangen, so ist der Vermieter weiterhin zur Rückgewähr verpflichtet.

§ 566b[1)] Vorausverfügung über die Miete. (1) [1]Hat der Vermieter vor dem Übergang des Eigentums über die Miete verfügt, die auf die Zeit der Berechtigung des Erwerbers entfällt, so ist die Verfügung wirksam, soweit sie sich auf die Miete für den zur Zeit des Eigentumsübergangs laufenden Kalendermonat bezieht. [2]Geht das Eigentum nach dem 15. Tag des Monats über, so ist die Verfügung auch wirksam, soweit sie sich auf die Miete für den folgenden Kalendermonat bezieht.

(2) Eine Verfügung über die Miete für eine spätere Zeit muss der Erwerber gegen sich gelten lassen, wenn er sie zur Zeit des Übergangs des Eigentums kennt.

§ 566c Vereinbarung zwischen Mieter und Vermieter über die Miete. [1]Ein Rechtsgeschäft, das zwischen dem Mieter und dem Vermieter über die Mietforderung vorgenommen wird, insbesondere die Entrichtung der Miete, ist dem Erwerber gegenüber wirksam, soweit es sich nicht auf die Miete für eine spätere Zeit als den Kalendermonat bezieht, in welchem der Mieter von dem Übergang des Eigentums Kenntnis erlangt. [2]Erlangt der Mieter die Kenntnis nach dem 15. Tag des Monats, so ist das Rechtsgeschäft auch wirksam, soweit es sich auf die Miete für den folgenden Kalendermonat bezieht. [3]Ein Rechtsgeschäft, das nach dem Übergang des Eigentums vorgenommen wird, ist

[1)] Beachte hierzu G über die Pfändung von Miet- und Pachtzinsforderungen wegen Ansprüchen aus öffentlichen Grundstückslasten v. 9.3.1934 (RGBl. I S. 181), geänd. durch G v. 19.6.2001 (BGBl. I S. 1149).

jedoch unwirksam, wenn der Mieter bei der Vornahme des Rechtsgeschäfts von dem Übergang des Eigentums Kenntnis hat.

§ 566d Aufrechnung durch den Mieter. [1]Soweit die Entrichtung der Miete an den Vermieter nach § 566c dem Erwerber gegenüber wirksam ist, kann der Mieter gegen die Mietforderung des Erwerbers eine ihm gegen den Vermieter zustehende Forderung aufrechnen. [2]Die Aufrechnung ist ausgeschlossen, wenn der Mieter die Gegenforderung erworben hat, nachdem er von dem Übergang des Eigentums Kenntnis erlangt hat, oder wenn die Gegenforderung erst nach der Erlangung der Kenntnis und später als die Miete fällig geworden ist.

§ 566e Mitteilung des Eigentumsübergangs durch den Vermieter.

(1) Teilt der Vermieter dem Mieter mit, dass er das Eigentum an dem vermieteten Wohnraum auf einen Dritten übertragen hat, so muss er in Ansehung der Mietforderung dem Mieter gegenüber die mitgeteilte Übertragung gegen sich gelten lassen, auch wenn sie nicht erfolgt oder nicht wirksam ist.

(2) Die Mitteilung kann nur mit Zustimmung desjenigen zurückgenommen werden, der als der neue Eigentümer bezeichnet worden ist.

§ 567 Belastung des Wohnraums durch den Vermieter. [1]Wird der vermietete Wohnraum nach der Überlassung an den Mieter von dem Vermieter mit dem Recht eines Dritten belastet, so sind die §§ 566 bis 566e entsprechend anzuwenden, wenn durch die Ausübung des Rechts dem Mieter der vertragsgemäße Gebrauch entzogen wird. [2]Wird der Mieter durch die Ausübung des Rechts in dem vertragsgemäßen Gebrauch beschränkt, so ist der Dritte dem Mieter gegenüber verpflichtet, die Ausübung zu unterlassen, soweit sie den vertragsgemäßen Gebrauch beeinträchtigen würde.

§ 567a Veräußerung oder Belastung vor der Überlassung des Wohnraums. Hat vor der Überlassung des vermieteten Wohnraums an den Mieter der Vermieter den Wohnraum an einen Dritten veräußert oder mit einem Recht belastet, durch dessen Ausübung der vertragsgemäße Gebrauch dem Mieter entzogen oder beschränkt wird, so gilt das Gleiche wie in den Fällen des § 566 Abs. 1 und des § 567, wenn der Erwerber dem Vermieter gegenüber die Erfüllung der sich aus dem Mietverhältnis ergebenden Pflichten übernommen hat.

§ 567b Weiterveräußerung oder Belastung durch Erwerber. [1]Wird der vermietete Wohnraum von dem Erwerber weiterveräußert oder belastet, so sind § 566 Abs. 1 und die §§ 566a bis 567a entsprechend anzuwenden. [2]Erfüllt der neue Erwerber die sich aus dem Mietverhältnis ergebenden Pflichten nicht, so haftet der Vermieter dem Mieter nach § 566 Abs. 2.

Kapitel 5. Beendigung des Mietverhältnisses

Unterkapitel 1. Allgemeine Vorschriften

§ 568 Form und Inhalt der Kündigung. (1) Die Kündigung des Mietverhältnisses bedarf der schriftlichen Form.

(2) Der Vermieter soll den Mieter auf die Möglichkeit, die Form und die Frist des Widerspruchs nach den §§ 574 bis 574b rechtzeitig hinweisen.

§ 569 Außerordentliche fristlose Kündigung aus wichtigem Grund.

(1) [1]Ein wichtiger Grund im Sinne des § 543 Abs. 1 liegt für den Mieter auch vor, wenn der gemietete Wohnraum so beschaffen ist, dass seine Benutzung mit einer erheblichen Gefährdung der Gesundheit verbunden ist. [2]Dies gilt auch, wenn der Mieter die Gefahr bringende Beschaffenheit bei Vertragsschluss gekannt oder darauf verzichtet hat, die ihm wegen dieser Beschaffenheit zustehenden Rechte geltend zu machen.

(2) Ein wichtiger Grund im Sinne des § 543 Abs. 1 liegt ferner vor, wenn eine Vertragspartei den Hausfrieden nachhaltig stört, so dass dem Kündigenden unter Berücksichtigung aller Umstände des Einzelfalls, insbesondere eines Verschuldens der Vertragsparteien, und unter Abwägung der beiderseitigen Interessen die Fortsetzung des Mietverhältnisses bis zum Ablauf der Kündigungsfrist oder bis zur sonstigen Beendigung des Mietverhältnisses nicht zugemutet werden kann.

(2a) [1]Ein wichtiger Grund im Sinne des § 543 Absatz 1 liegt ferner vor, wenn der Mieter mit einer Sicherheitsleistung nach § 551 in Höhe eines Betrages im Verzug ist, der der zweifachen Monatsmiete entspricht. [2]Die als Pauschale oder als Vorauszahlung ausgewiesenen Betriebskosten sind bei der Berechnung der Monatsmiete nach Satz 1 nicht zu berücksichtigen. [3]Einer Abhilfefrist oder einer Abmahnung nach § 543 Absatz 3 Satz 1 bedarf es nicht. [4]Absatz 3 Nummer 2 Satz 1 sowie § 543 Absatz 2 Satz 2 sind entsprechend anzuwenden.

(3) Ergänzend zu § 543 Abs. 2 Satz 1 Nr. 3 gilt:

1. [1]Im Falle des § 543 Abs. 2 Satz 1 Nr. 3 Buchstabe a ist der rückständige Teil der Miete nur dann als nicht unerheblich anzusehen, wenn er die Miete für einen Monat übersteigt. [2]Dies gilt nicht, wenn der Wohnraum nur zum vorübergehenden Gebrauch vermietet ist.
2. [1]Die Kündigung wird auch dann unwirksam, wenn der Vermieter spätestens bis zum Ablauf von zwei Monaten nach Eintritt der Rechtshängigkeit des Räumungsanspruchs hinsichtlich der fälligen Miete und der fälligen Entschädigung nach § 546a Abs. 1 befriedigt wird oder sich eine öffentliche Stelle zur Befriedigung verpflichtet. [2]Dies gilt nicht, wenn der Kündigung vor nicht länger als zwei Jahren bereits eine nach Satz 1 unwirksam gewordene Kündigung vorausgegangen ist.
3. Ist der Mieter rechtskräftig zur Zahlung einer erhöhten Miete nach den §§ 558 bis 560 verurteilt worden, so kann der Vermieter das Mietverhältnis wegen Zahlungsverzugs des Mieters nicht vor Ablauf von zwei Monaten nach rechtskräftiger Verurteilung kündigen, wenn nicht die Voraussetzungen der außerordentlichen fristlosen Kündigung schon wegen der bisher geschuldeten Miete erfüllt sind.

(4) Der zur Kündigung führende wichtige Grund ist in dem Kündigungsschreiben anzugeben.

(5) [1]Eine Vereinbarung, die zum Nachteil des Mieters von den Absätzen 1 bis 3 dieser Vorschrift oder von § 543 abweicht, ist unwirksam. [2]Ferner ist eine Vereinbarung unwirksam, nach der der Vermieter berechtigt sein soll, aus anderen als den im Gesetz zugelassenen Gründen außerordentlich fristlos zu kündigen.

§ 570 Ausschluss des Zurückbehaltungsrechts. Dem Mieter steht kein Zurückbehaltungsrecht gegen den Rückgabeanspruch des Vermieters zu.

§ 571 Weiterer Schadensersatz bei verspäteter Rückgabe von Wohnraum. (1) [1]Gibt der Mieter den gemieteten Wohnraum nach Beendigung des Mietverhältnisses nicht zurück, so kann der Vermieter einen weiteren Schaden im Sinne des § 546a Abs. 2 nur geltend machen, wenn die Rückgabe infolge von Umständen unterblieben ist, die der Mieter zu vertreten hat. [2]Der Schaden ist nur insoweit zu ersetzen, als die Billigkeit eine Schadloshaltung erfordert. [3]Dies gilt nicht, wenn der Mieter gekündigt hat.

(2) Wird dem Mieter nach § 721 oder § 794a der Zivilprozessordnung[1)] eine Räumungsfrist gewährt, so ist er für die Zeit von der Beendigung des Mietverhältnisses bis zum Ablauf der Räumungsfrist zum Ersatz eines weiteren Schadens nicht verpflichtet.

(3) Eine zum Nachteil des Mieters abweichende Vereinbarung ist unwirksam.

§ 572 Vereinbartes Rücktrittsrecht; Mietverhältnis unter auflösender Bedingung. (1) Auf eine Vereinbarung, nach der der Vermieter berechtigt sein soll, nach Überlassung des Wohnraums an den Mieter vom Vertrag zurückzutreten, kann der Vermieter sich nicht berufen.

(2) Ferner kann der Vermieter sich nicht auf eine Vereinbarung berufen, nach der das Mietverhältnis zum Nachteil des Mieters auflösend bedingt ist.

Unterkapitel 2. Mietverhältnisse auf unbestimmte Zeit

§ 573 Ordentliche Kündigung des Vermieters. (1) [1]Der Vermieter kann nur kündigen, wenn er ein berechtigtes Interesse an der Beendigung des Mietverhältnisses hat. [2]Die Kündigung zum Zwecke der Mieterhöhung ist ausgeschlossen.

(2) Ein berechtigtes Interesse des Vermieters an der Beendigung des Mietverhältnisses liegt insbesondere vor, wenn

1. der Mieter seine vertraglichen Pflichten schuldhaft nicht unerheblich verletzt hat,
2. der Vermieter die Räume als Wohnung für sich, seine Familienangehörigen oder Angehörige seines Haushalts benötigt oder
3. der Vermieter durch die Fortsetzung des Mietverhältnisses an einer angemessenen wirtschaftlichen Verwertung des Grundstücks gehindert und dadurch erhebliche Nachteile erleiden würde; die Möglichkeit, durch eine anderweitige Vermietung als Wohnraum eine höhere Miete zu erzielen, bleibt außer Betracht; der Vermieter kann sich auch nicht darauf berufen, dass er die Mieträume im Zusammenhang mit einer beabsichtigten oder nach Überlassung an den Mieter erfolgten Begründung von Wohnungseigentum veräußern will.

(3) [1]Die Gründe für ein berechtigtes Interesse des Vermieters sind in dem Kündigungsschreiben anzugeben. [2]Andere Gründe werden nur berücksichtigt, soweit sie nachträglich entstanden sind.

[1)] **dtv 5005 ZPO Nr. 1.**

(4) Eine zum Nachteil des Mieters abweichende Vereinbarung ist unwirksam.

§ 573a Erleichterte Kündigung des Vermieters. (1) [1]Ein Mietverhältnis über eine Wohnung in einem vom Vermieter selbst bewohnten Gebäude mit nicht mehr als zwei Wohnungen kann der Vermieter auch kündigen, ohne dass es eines berechtigten Interesses im Sinne des § 573 bedarf. [2]Die Kündigungsfrist verlängert sich in diesem Fall um drei Monate.

(2) Absatz 1 gilt entsprechend für Wohnraum innerhalb der vom Vermieter selbst bewohnten Wohnung, sofern der Wohnraum nicht nach § 549 Abs. 2 Nr. 2 vom Mieterschutz ausgenommen ist.

(3) In dem Kündigungsschreiben ist anzugeben, dass die Kündigung auf die Voraussetzungen des Absatzes 1 oder 2 gestützt wird.

(4) Eine zum Nachteil des Mieters abweichende Vereinbarung ist unwirksam.

§ 573b Teilkündigung des Vermieters. (1) Der Vermieter kann nicht zum Wohnen bestimmte Nebenräume oder Teile eines Grundstücks ohne ein berechtigtes Interesse im Sinne des § 573 kündigen, wenn er die Kündigung auf diese Räume oder Grundstücksteile beschränkt und sie dazu verwenden will,

1. Wohnraum zum Zwecke der Vermietung zu schaffen oder
2. den neu zu schaffenden und den vorhandenen Wohnraum mit Nebenräumen oder Grundstücksteilen auszustatten.

(2) Die Kündigung ist spätestens am dritten Werktag eines Kalendermonats zum Ablauf des übernächsten Monats zulässig.

(3) Verzögert sich der Beginn der Bauarbeiten, so kann der Mieter eine Verlängerung des Mietverhältnisses um einen entsprechenden Zeitraum verlangen.

(4) Der Mieter kann eine angemessene Senkung der Miete verlangen.

(5) Eine zum Nachteil des Mieters abweichende Vereinbarung ist unwirksam.

§ 573c Fristen der ordentlichen Kündigung. (1) [1]Die Kündigung ist spätestens am dritten Werktag eines Kalendermonats zum Ablauf des übernächsten Monats zulässig. [2]Die Kündigungsfrist für den Vermieter verlängert sich nach fünf und acht Jahren seit der Überlassung des Wohnraums um jeweils drei Monate.

(2) Bei Wohnraum, der nur zum vorübergehenden Gebrauch vermietet worden ist, kann eine kürzere Kündigungsfrist vereinbart werden.

(3) Bei Wohnraum nach § 549 Abs. 2 Nr. 2 ist die Kündigung spätestens am 15. eines Monats zum Ablauf dieses Monats zulässig.

(4) Eine zum Nachteil des Mieters von Absatz 1 oder 3 abweichende Vereinbarung ist unwirksam.

§ 573d Außerordentliche Kündigung mit gesetzlicher Frist. (1) Kann ein Mietverhältnis außerordentlich mit der gesetzlichen Frist gekündigt werden, so gelten mit Ausnahme der Kündigung gegenüber Erben des Mieters nach § 564 die §§ 573 und 573a entsprechend.

(2) [1] Die Kündigung ist spätestens am dritten Werktag eines Kalendermonats zum Ablauf des übernächsten Monats zulässig, bei Wohnraum nach § 549 Abs. 2 Nr. 2 spätestens am 15. eines Monats zum Ablauf dieses Monats (gesetzliche Frist). [2] § 573a Abs. 1 Satz 2 findet keine Anwendung.

(3) Eine zum Nachteil des Mieters abweichende Vereinbarung ist unwirksam.

§ 574 Widerspruch des Mieters gegen die Kündigung. (1) [1] Der Mieter kann der Kündigung des Vermieters widersprechen und von ihm die Fortsetzung des Mietverhältnisses verlangen, wenn die Beendigung des Mietverhältnisses für den Mieter, seine Familie oder einen anderen Angehörigen seines Haushalts eine Härte bedeuten würde, die auch unter Würdigung der berechtigten Interessen des Vermieters nicht zu rechtfertigen ist. [2] Dies gilt nicht, wenn ein Grund vorliegt, der den Vermieter zur außerordentlichen fristlosen Kündigung berechtigt.

(2) Eine Härte liegt auch vor, wenn angemessener Ersatzwohnraum zu zumutbaren Bedingungen nicht beschafft werden kann.

(3) Bei der Würdigung der berechtigten Interessen des Vermieters werden nur die in dem Kündigungsschreiben nach § 573 Abs. 3 angegebenen Gründe berücksichtigt, außer wenn die Gründe nachträglich entstanden sind.

(4) Eine zum Nachteil des Mieters abweichende Vereinbarung ist unwirksam.

§ 574a Fortsetzung des Mietverhältnisses nach Widerspruch.

(1) [1] Im Falle des § 574 kann der Mieter verlangen, dass das Mietverhältnis so lange fortgesetzt wird, wie dies unter Berücksichtigung aller Umstände angemessen ist. [2] Ist dem Vermieter nicht zuzumuten, das Mietverhältnis zu den bisherigen Vertragsbedingungen fortzusetzen, so kann der Mieter nur verlangen, dass es unter einer angemessenen Änderung der Bedingungen fortgesetzt wird.

(2) [1] Kommt keine Einigung zustande, so werden die Fortsetzung des Mietverhältnisses, deren Dauer sowie die Bedingungen, zu denen es fortgesetzt wird, durch Urteil bestimmt. [2] Ist ungewiss, wann voraussichtlich die Umstände wegfallen, auf Grund derer die Beendigung des Mietverhältnisses eine Härte bedeutet, so kann bestimmt werden, dass das Mietverhältnis auf unbestimmte Zeit fortgesetzt wird.

(3) Eine zum Nachteil des Mieters abweichende Vereinbarung ist unwirksam.

§ 574b Form und Frist des Widerspruchs. (1) [1] Der Widerspruch des Mieters gegen die Kündigung ist schriftlich zu erklären. [2] Auf Verlangen des Vermieters soll der Mieter über die Gründe des Widerspruchs unverzüglich Auskunft erteilen.

(2) [1] Der Vermieter kann die Fortsetzung des Mietverhältnisses ablehnen, wenn der Mieter ihm den Widerspruch nicht spätestens zwei Monate vor der Beendigung des Mietverhältnisses erklärt hat. [2] Hat der Vermieter nicht rechtzeitig vor Ablauf der Widerspruchsfrist auf die Möglichkeit des Widerspruchs sowie auf dessen Form und Frist hingewiesen, so kann der Mieter den Widerspruch noch im ersten Termin des Räumungsrechtsstreits erklären.

(3) Eine zum Nachteil des Mieters abweichende Vereinbarung ist unwirksam.

§ 574c Weitere Fortsetzung des Mietverhältnisses bei unvorhergesehenen Umständen. (1) Ist auf Grund der §§ 574 bis 574b durch Einigung oder Urteil bestimmt worden, dass das Mietverhältnis auf bestimmte Zeit fortgesetzt wird, so kann der Mieter dessen weitere Fortsetzung nur verlangen, wenn dies durch eine wesentliche Änderung der Umstände gerechtfertigt ist oder wenn Umstände nicht eingetreten sind, deren vorgesehener Eintritt für die Zeitdauer der Fortsetzung bestimmend gewesen war.

(2) [1] Kündigt der Vermieter ein Mietverhältnis, dessen Fortsetzung auf unbestimmte Zeit durch Urteil bestimmt worden ist, so kann der Mieter der Kündigung widersprechen und vom Vermieter verlangen, das Mietverhältnis auf unbestimmte Zeit fortzusetzen. [2] Haben sich die Umstände verändert, die für die Fortsetzung bestimmend gewesen waren, so kann der Mieter eine Fortsetzung des Mietverhältnisses nur nach § 574 verlangen; unerhebliche Veränderungen bleiben außer Betracht.

(3) Eine zum Nachteil des Mieters abweichende Vereinbarung ist unwirksam.

Unterkapitel 3. Mietverhältnisse auf bestimmte Zeit

§ 575 Zeitmietvertrag. (1) [1] Ein Mietverhältnis kann auf bestimmte Zeit eingegangen werden, wenn der Vermieter nach Ablauf der Mietzeit

1. die Räume als Wohnung für sich, seine Familienangehörigen oder Angehörige seines Haushalts nutzen will,
2. in zulässiger Weise die Räume beseitigen oder so wesentlich verändern oder instand setzen will, dass die Maßnahmen durch eine Fortsetzung des Mietverhältnisses erheblich erschwert würden, oder
3. die Räume an einen zur Dienstleistung Verpflichteten vermieten will

und er dem Mieter den Grund der Befristung bei Vertragsschluss schriftlich mitteilt. [2] Anderenfalls gilt das Mietverhältnis als auf unbestimmte Zeit abgeschlossen.

(2) [1] Der Mieter kann vom Vermieter frühestens vier Monate vor Ablauf der Befristung verlangen, dass dieser ihm binnen eines Monats mitteilt, ob der Befristungsgrund noch besteht. [2] Erfolgt die Mitteilung später, so kann der Mieter eine Verlängerung des Mietverhältnisses um den Zeitraum der Verspätung verlangen.

(3) [1] Tritt der Grund der Befristung erst später ein, so kann der Mieter eine Verlängerung des Mietverhältnisses um einen entsprechenden Zeitraum verlangen. [2] Entfällt der Grund, so kann der Mieter eine Verlängerung auf unbestimmte Zeit verlangen. [3] Die Beweislast für den Eintritt des Befristungsgrundes und die Dauer der Verzögerung trifft den Vermieter.

(4) Eine zum Nachteil des Mieters abweichende Vereinbarung ist unwirksam.

§ 575a Außerordentliche Kündigung mit gesetzlicher Frist. (1) Kann ein Mietverhältnis, das auf bestimmte Zeit eingegangen ist, außerordentlich mit der gesetzlichen Frist gekündigt werden, so gelten mit Ausnahme der Kündi-

gung gegenüber Erben des Mieters nach § 564 die §§ 573 und 573a entsprechend.

(2) Die §§ 574 bis 574c gelten entsprechend mit der Maßgabe, dass die Fortsetzung des Mietverhältnisses höchstens bis zum vertraglich bestimmten Zeitpunkt der Beendigung verlangt werden kann.

(3) [1] Die Kündigung ist spätestens am dritten Werktag eines Kalendermonats zum Ablauf des übernächsten Monats zulässig, bei Wohnraum nach § 549 Abs. 2 Nr. 2 spätestens am 15. eines Monats zum Ablauf dieses Monats (gesetzliche Frist). [2] § 573a Abs. 1 Satz 2 findet keine Anwendung.

(4) Eine zum Nachteil des Mieters abweichende Vereinbarung ist unwirksam.

Unterkapitel 4. Werkwohnungen

§ 576 Fristen der ordentlichen Kündigung bei Werkmietwohnungen.

(1) Ist Wohnraum mit Rücksicht auf das Bestehen eines Dienstverhältnisses vermietet, so kann der Vermieter nach Beendigung des Dienstverhältnisses abweichend von § 573c Abs. 1 Satz 2 mit folgenden Fristen kündigen:

1. bei Wohnraum, der dem Mieter weniger als zehn Jahre überlassen war, spätestens am dritten Werktag eines Kalendermonats zum Ablauf des übernächsten Monats, wenn der Wohnraum für einen anderen zur Dienstleistung Verpflichteten benötigt wird;
2. spätestens am dritten Werktag eines Kalendermonats zum Ablauf dieses Monats, wenn das Dienstverhältnis seiner Art nach die Überlassung von Wohnraum erfordert hat, der in unmittelbarer Beziehung oder Nähe zur Arbeitsstätte steht, und der Wohnraum aus dem gleichen Grund für einen anderen zur Dienstleistung Verpflichteten benötigt wird.

(2) Eine zum Nachteil des Mieters abweichende Vereinbarung ist unwirksam.

§ 576a Besonderheiten des Widerspruchsrechts bei Werkmietwohnungen. (1) Bei der Anwendung der §§ 574 bis 574c auf Werkmietwohnungen sind auch die Belange des Dienstberechtigten zu berücksichtigen.

(2) Die §§ 574 bis 574c gelten nicht, wenn

1. der Vermieter nach § 576 Abs. 1 Nr. 2 gekündigt hat;
2. der Mieter das Dienstverhältnis gelöst hat, ohne dass ihm von dem Dienstberechtigten gesetzlich begründeter Anlass dazu gegeben war, oder der Mieter durch sein Verhalten dem Dienstberechtigten gesetzlich begründeten Anlass zur Auflösung des Dienstverhältnisses gegeben hat.

(3) Eine zum Nachteil des Mieters abweichende Vereinbarung ist unwirksam.

§ 576b Entsprechende Geltung des Mietrechts bei Werkdienstwohnungen. (1) Ist Wohnraum im Rahmen eines Dienstverhältnisses überlassen, so gelten für die Beendigung des Rechtsverhältnisses hinsichtlich des Wohnraums die Vorschriften über Mietverhältnisse entsprechend, wenn der zur Dienstleistung Verpflichtete den Wohnraum überwiegend mit Einrichtungsgegenständen ausgestattet hat oder in dem Wohnraum mit seiner Familie oder

Personen lebt, mit denen er einen auf Dauer angelegten gemeinsamen Haushalt führt.

(2) Eine zum Nachteil des Mieters abweichende Vereinbarung ist unwirksam.

Kapitel 6. Besonderheiten bei der Bildung von Wohnungseigentum an vermieteten Wohnungen

§ 577 Vorkaufsrecht des Mieters. (1) [1]Werden vermietete Wohnräume, an denen nach der Überlassung an den Mieter Wohnungseigentum begründet worden ist oder begründet werden soll, an einen Dritten verkauft, so ist der Mieter zum Vorkauf berechtigt. [2]Dies gilt nicht, wenn der Vermieter die Wohnräume an einen Familienangehörigen oder an einen Angehörigen seines Haushalts verkauft. [3]Soweit sich nicht aus den nachfolgenden Absätzen etwas anderes ergibt, finden auf das Vorkaufsrecht die Vorschriften über den Vorkauf Anwendung.

(2) Die Mitteilung des Verkäufers oder des Dritten über den Inhalt des Kaufvertrags ist mit einer Unterrichtung des Mieters über sein Vorkaufsrecht zu verbinden.

(3) Die Ausübung des Vorkaufsrechts erfolgt durch schriftliche Erklärung des Mieters gegenüber dem Verkäufer.

(4) Stirbt der Mieter, so geht das Vorkaufsrecht auf diejenigen über, die in das Mietverhältnis nach § 563 Abs. 1 oder 2 eintreten.

(5) Eine zum Nachteil des Mieters abweichende Vereinbarung ist unwirksam.

§ 577a Kündigungsbeschränkung bei Wohnungsumwandlung.

(1) Ist an vermieteten Wohnräumen nach der Überlassung an den Mieter Wohnungseigentum begründet und das Wohnungseigentum veräußert worden, so kann sich ein Erwerber auf berechtigte Interessen im Sinne des § 573 Abs. 2 Nr. 2 oder 3 erst nach Ablauf von drei Jahren seit der Veräußerung berufen.

(1a) [1]Die Kündigungsbeschränkung nach Absatz 1 gilt entsprechend, wenn vermieteter Wohnraum nach der Überlassung an den Mieter

1. an eine Personengesellschaft oder an mehrere Erwerber veräußert worden ist oder
2. zu Gunsten einer Personengesellschaft oder mehrerer Erwerber mit einem Recht belastet worden ist, durch dessen Ausübung dem Mieter der vertragsgemäße Gebrauch entzogen wird.

[2]Satz 1 ist nicht anzuwenden, wenn die Gesellschafter oder Erwerber derselben Familie oder demselben Haushalt angehören oder vor Überlassung des Wohnraums an den Mieter Wohnungseigentum begründet worden ist.

(2) [1]Die Frist nach Absatz 1 oder nach Absatz 1a beträgt bis zu zehn Jahre, wenn die ausreichende Versorgung der Bevölkerung mit Mietwohnungen zu angemessenen Bedingungen in einer Gemeinde oder einem Teil einer Gemeinde besonders gefährdet ist und diese Gebiete nach Satz 2 bestimmt sind. [2]Die Landesregierungen werden ermächtigt, diese Gebiete und die Frist nach Satz 1

durch Rechtsverordnung[1)] für die Dauer von jeweils höchstens zehn Jahren zu bestimmen.

(2a) Wird nach einer Veräußerung oder Belastung im Sinne des Absatzes 1a Wohnungseigentum begründet, so beginnt die Frist, innerhalb der eine Kündigung nach § 573 Absatz 2 Nummer 2 oder 3 ausgeschlossen ist, bereits mit der Veräußerung oder Belastung nach Absatz 1a.

(3) Eine zum Nachteil des Mieters abweichende Vereinbarung ist unwirksam.

Untertitel 3. Mietverhältnisse über andere Sachen und digitale Produkte

§ 578 Mietverhältnisse über Grundstücke und Räume. (1) Auf Mietverhältnisse über Grundstücke sind die Vorschriften der §§ 550, 554, 562 bis 562d, 566 bis 567b sowie 570 entsprechend anzuwenden.

(2) [1] Auf Mietverhältnisse über Räume, die keine Wohnräume sind, sind die in Absatz 1 genannten Vorschriften sowie § 552 Abs. 1, § 555a Absatz 1 bis 3, §§ 555b, 555c Absatz 1 bis 4, § 555d Absatz 1 bis 6, § 555e Absatz 1 und 2, § 555f und § 569 Abs. 2 entsprechend anzuwenden. [2] § 556c Absatz 1 und 2 sowie die auf Grund des § 556c Absatz 3 erlassene Rechtsverordnung sind entsprechend anzuwenden, abweichende Vereinbarungen sind zulässig. [3] Sind die Räume zum Aufenthalt von Menschen bestimmt, so gilt außerdem § 569 Abs. 1 entsprechend.

(3)[2)] [1] Auf Verträge über die Anmietung von Räumen durch eine juristische Person des öffentlichen Rechts oder einen anerkannten privaten Träger der Wohlfahrtspflege, die geschlossen werden, um die Räume Personen mit dringendem Wohnungsbedarf zum Wohnen zu überlassen, sind die in den Absätzen 1 und 2 genannten Vorschriften sowie die §§ 557, 557a Absatz 1 bis 3 und 5, § 557b Absatz 1 bis 3 und 5, die §§ 558 bis 559d, 561, 568 Absatz 1, § 569 Absatz 3 bis 5, die §§ 573 bis 573d, 575, 575a Absatz 1, 3 und 4, die §§ 577 und 577a entsprechend anzuwenden. [2] Solche Verträge können zusätzlich zu den in § 575 Absatz 1 Satz 1 genannten Gründen auch dann auf bestimmte Zeit geschlossen werden, wenn der Vermieter die Räume nach Ablauf der Mietzeit für ihm obliegende oder ihm übertragene öffentliche Aufgaben nutzen will.

§ 578a Mietverhältnisse über eingetragene Schiffe. (1) Die Vorschriften der §§ 566, 566a, 566e bis 567b gelten im Falle der Veräußerung oder Belastung eines im Schiffsregister eingetragenen Schiffs entsprechend.

(2) [1] Eine Verfügung, die der Vermieter vor dem Übergang des Eigentums über die Miete getroffen hat, die auf die Zeit der Berechtigung des Erwerbers entfällt, ist dem Erwerber gegenüber wirksam. [2] Das Gleiche gilt für ein

[1)] Die Länder haben hierzu ua folgende Vorschriften erlassen:
- **Baden-Württemberg:** KündigungssperrfristVO v. 16.6.2020 (GBl. S. 409)
- **Bayern:** MieterschutzVO v. 14.12.2021 (GVBl. S. 674)
- **Berlin:** Kündigungsschutzklausel-VO v. 13.8.2013 (GVBl. S. 488)
- **Hamburg:** KündigungsschutzfristVO v. 12.11.2013 (HmbGVBl. S. 458), geänd. durch VO v. 30.12.2014 (HmbGVBl. 2015 S. 11)
- **Hessen:** MieterschutzVO v. 18.11.2020 (GVBl. S. 802)
- **Niedersachsen:** MieterschutzVO v. 22.12.2020 (Nds. GVBl. S. 566)
- **Nordrhein-Westfalen:** MieterschutzVO v. 9.6.2020 (GV. NRW. S. 465)

[2)] Beachte hierzu Übergangsvorschrift in Art. 229 § 49 EGBGB **(dtv 5001 BGB Nr. 2)**.

Rechtsgeschäft, das zwischen dem Mieter und dem Vermieter über die Mietforderung vorgenommen wird, insbesondere die Entrichtung der Miete; ein Rechtsgeschäft, das nach dem Übergang des Eigentums vorgenommen wird, ist jedoch unwirksam, wenn der Mieter bei der Vornahme des Rechtsgeschäfts von dem Übergang des Eigentums Kenntnis hat. [3] § 566d gilt entsprechend.

§ 578b Verträge über die Miete digitaler Produkte. (1) [1] Auf einen Verbrauchervertrag, bei dem der Unternehmer sich verpflichtet, dem Verbraucher digitale Produkte zu vermieten, sind die folgenden Vorschriften nicht anzuwenden:

1. § 535 Absatz 1 Satz 2 und die §§ 536 bis 536d über die Rechte bei Mängeln und
2. § 543 Absatz 2 Satz 1 Nummer 1 und Absatz 4 über die Rechte bei unterbliebener Bereitstellung.

[2] An die Stelle der nach Satz 1 nicht anzuwendenden Vorschriften treten die Vorschriften des Abschnitts 3 Titel 2a. [3] Der Anwendungsausschluss nach Satz 1 Nummer 2 gilt nicht, wenn der Vertrag die Bereitstellung eines körperlichen Datenträgers zum Gegenstand hat, der ausschließlich als Träger digitaler Inhalte dient.

(2) [1] Wenn der Verbraucher einen Verbrauchervertrag nach Absatz 1 wegen unterbliebener Bereitstellung (§ 327c), Mangelhaftigkeit (§ 327m) oder Änderung (§ 327r Absatz 3 und 4) des digitalen Produkts beendet, sind die §§ 546 bis 548 nicht anzuwenden. [2] An die Stelle der nach Satz 1 nicht anzuwendenden Vorschriften treten die Vorschriften des Abschnitts 3 Titel 2a.

(3) Für einen Verbrauchervertrag, bei dem der Unternehmer sich verpflichtet, dem Verbraucher eine Sache zu vermieten, die ein digitales Produkt enthält oder mit ihm verbunden ist, gelten die Anwendungsausschlüsse nach den Absätzen 1 und 2 entsprechend für diejenigen Bestandteile des Vertrags, die das digitale Produkt betreffen.

(4) [1] Auf einen Vertrag zwischen Unternehmern, der der Bereitstellung digitaler Produkte gemäß eines Verbrauchervertrags nach Absatz 1 oder Absatz 3 dient, ist § 536a Absatz 2 über den Anspruch des Unternehmers gegen den Vertriebspartner auf Ersatz von denjenigen Aufwendungen nicht anzuwenden, die er im Verhältnis zum Verbraucher nach § 327l zu tragen hatte. [2] An die Stelle des nach Satz 1 nicht anzuwendenden § 536a Absatz 2 treten die Vorschriften des Abschnitts 3 Titel 2a Untertitel 2.

§ 579 Fälligkeit der Miete. (1) [1] Die Miete für ein Grundstück und für bewegliche Sachen ist am Ende der Mietzeit zu entrichten. [2] Ist die Miete nach Zeitabschnitten bemessen, so ist sie nach Ablauf der einzelnen Zeitabschnitte zu entrichten. [3] Die Miete für ein Grundstück ist, sofern sie nicht nach kürzeren Zeitabschnitten bemessen ist, jeweils nach Ablauf eines Kalendervierteljahrs am ersten Werktag des folgenden Monats zu entrichten.

(2) Für Mietverhältnisse über Räume gilt § 556b Abs. 1 entsprechend.

§ 580 Außerordentliche Kündigung bei Tod des Mieters. Stirbt der Mieter, so ist sowohl der Erbe als auch der Vermieter berechtigt, das Mietverhältnis innerhalb eines Monats, nachdem sie vom Tod des Mieters Kenntnis erlangt haben, außerordentlich mit der gesetzlichen Frist zu kündigen.

§ 580a Kündigungsfristen. (1) Bei einem Mietverhältnis über Grundstücke, über Räume, die keine Geschäftsräume sind, ist die ordentliche Kündigung zulässig,

1. wenn die Miete nach Tagen bemessen ist, an jedem Tag zum Ablauf des folgenden Tages;
2. wenn die Miete nach Wochen bemessen ist, spätestens am ersten Werktag einer Woche zum Ablauf des folgenden Sonnabends;
3. wenn die Miete nach Monaten oder längeren Zeitabschnitten bemessen ist, spätestens am dritten Werktag eines Kalendermonats zum Ablauf des übernächsten Monats, bei einem Mietverhältnis über gewerblich genutzte unbebaute Grundstücke jedoch nur zum Ablauf eines Kalendervierteljahrs.

(2) Bei einem Mietverhältnis über Geschäftsräume ist die ordentliche Kündigung spätestens am dritten Werktag eines Kalendervierteljahres zum Ablauf des nächsten Kalendervierteljahrs zulässig.

(3) [1] Bei einem Mietverhältnis über bewegliche Sachen oder digitale Produkte ist die ordentliche Kündigung zulässig,

1. wenn die Miete nach Tagen bemessen ist, an jedem Tag zum Ablauf des folgenden Tages;
2. wenn die Miete nach längeren Zeitabschnitten bemessen ist, spätestens am dritten Tag vor dem Tag, mit dessen Ablauf das Mietverhältnis enden soll.

[2] Die Vorschriften über die Beendigung von Verbraucherverträgen über digitale Produkte bleiben unberührt.

(4) Absatz 1 Nr. 3, Absatz 2 und 3 Nr. 2 sind auch anzuwenden, wenn ein Mietverhältnis außerordentlich mit der gesetzlichen Frist gekündigt werden kann.

Untertitel 4.[1)] [2)] Pachtvertrag

§ 581 Vertragstypische Pflichten beim Pachtvertrag. (1) [1] Durch den Pachtvertrag wird der Verpächter verpflichtet, dem Pächter den Gebrauch des verpachteten Gegenstands und den Genuss der Früchte, soweit sie nach den Regeln einer ordnungsmäßigen Wirtschaft als Ertrag anzusehen sind, während der Pachtzeit zu gewähren. [2] Der Pächter ist verpflichtet, dem Verpächter die vereinbarte Pacht zu entrichten.

(2) Auf den Pachtvertrag mit Ausnahme des Landpachtvertrags sind, soweit sich nicht aus den §§ 582 bis 584b etwas anderes ergibt, die Vorschriften über den Mietvertrag entsprechend anzuwenden.

§ 582 Erhaltung des Inventars. (1) Wird ein Grundstück mit Inventar verpachtet, so obliegt dem Pächter die Erhaltung der einzelnen Inventarstücke.

(2) [1] Der Verpächter ist verpflichtet, Inventarstücke zu ersetzen, die infolge eines vom Pächter nicht zu vertretenden Umstands in Abgang kommen. [2] Der

[1)] Landpachtverträge müssen der zuständigen Behörde angezeigt werden; vgl. §§ 2 ff. LandpachtverkehrsG v. 8.11.1985 (BGBl. I S. 2075), zuletzt geänd. durch G v. 13.4.2006 (BGBl. I S. 855). Die Jagdpacht ist in §§ 11 ff. BundesjagdG idF der Bek. v. 29.9.1976 (BGBl. I S. 2849), zuletzt geänd. durch VO v. 19.6.2020 (BGBl. I S. 1328) geregelt. Beachte auch PachtkreditG v. 5.8.1951 (BGBl. I S. 494), geänd. durch G v. 8.11.1985 (BGBl. I S. 2065).

[2)] Wegen des für das Gebiet der ehem. DDR geltenden Übergangsrechts zu §§ 581–597 beachte Art. 232 § 3 EGBGB **(dtv 5001 BGB Nr. 2)**.

Pächter hat jedoch den gewöhnlichen Abgang der zum Inventar gehörenden Tiere insoweit zu ersetzen, als dies einer ordnungsmäßigen Wirtschaft entspricht.

§ 582a Inventarübernahme zum Schätzwert. (1) [1]Übernimmt der Pächter eines Grundstücks das Inventar zum Schätzwert mit der Verpflichtung, es bei Beendigung des Pachtverhältnisses zum Schätzwert zurückzugewähren, so trägt er die Gefahr des zufälligen Untergangs und der zufälligen Verschlechterung des Inventars. [2]Innerhalb der Grenzen einer ordnungsmäßigen Wirtschaft kann er über die einzelnen Inventarstücke verfügen.

(2) [1]Der Pächter hat das Inventar in dem Zustand zu erhalten und in dem Umfang laufend zu ersetzen, der den Regeln einer ordnungsmäßigen Wirtschaft entspricht. [2]Die von ihm angeschafften Stücke werden mit der Einverleibung in das Inventar Eigentum des Verpächters.

(3) [1]Bei Beendigung des Pachtverhältnisses hat der Pächter das vorhandene Inventar dem Verpächter zurückzugewähren. [2]Der Verpächter kann die Übernahme derjenigen von dem Pächter angeschafften Inventarstücke ablehnen, welche nach den Regeln einer ordnungsmäßigen Wirtschaft für das Grundstück überflüssig oder zu wertvoll sind; mit der Ablehnung geht das Eigentum an den abgelehnten Stücken auf den Pächter über. [3]Besteht zwischen dem Gesamtschätzwert des übernommenen und dem des zurückzugewährenden Inventars ein Unterschied, so ist dieser in Geld auszugleichen. [4]Den Schätzwerten sind die Preise im Zeitpunkt der Beendigung des Pachtverhältnisses zugrunde zu legen.

§ 583 Pächterpfandrecht am Inventar. (1) Dem Pächter eines Grundstücks steht für die Forderungen gegen den Verpächter, die sich auf das mitgepachtete Inventar beziehen, ein Pfandrecht an den in seinen Besitz gelangten Inventarstücken zu.

(2) [1]Der Verpächter kann die Geltendmachung des Pfandrechts des Pächters durch Sicherheitsleistung abwenden. [2]Er kann jedes einzelne Inventarstück dadurch von dem Pfandrecht befreien, dass er in Höhe des Wertes Sicherheit leistet.

§ 583a Verfügungsbeschränkungen bei Inventar. Vertragsbestimmungen, die den Pächter eines Betriebs verpflichten, nicht oder nicht ohne Einwilligung des Verpächters über Inventarstücke zu verfügen oder Inventar an den Verpächter zu veräußern, sind nur wirksam, wenn sich der Verpächter verpflichtet, das Inventar bei der Beendigung des Pachtverhältnisses zum Schätzwert zu erwerben.

§ 584 Kündigungsfrist. (1) Ist bei dem Pachtverhältnis über ein Grundstück oder ein Recht die Pachtzeit nicht bestimmt, so ist die Kündigung nur für den Schluss eines Pachtjahrs zulässig; sie hat spätestens am dritten Werktag des halben Jahres zu erfolgen, mit dessen Ablauf die Pacht enden soll.

(2) Dies gilt auch, wenn das Pachtverhältnis außerordentlich mit der gesetzlichen Frist gekündigt werden kann.

§ 584a Ausschluss bestimmter mietrechtlicher Kündigungsrechte.

(1) Dem Pächter steht das in § 540 Abs. 1 bestimmte Kündigungsrecht nicht zu.

(2) Der Verpächter ist nicht berechtigt, das Pachtverhältnis nach § 580 zu kündigen.

§ 584b Verspätete Rückgabe. [1] Gibt der Pächter den gepachteten Gegenstand nach der Beendigung des Pachtverhältnisses nicht zurück, so kann der Verpächter für die Dauer der Vorenthaltung als Entschädigung die vereinbarte Pacht nach dem Verhältnis verlangen, in dem die Nutzungen, die der Pächter während dieser Zeit gezogen hat oder hätte ziehen können, zu den Nutzungen des ganzen Pachtjahrs stehen. [2] Die Geltendmachung eines weiteren Schadens ist nicht ausgeschlossen.

Untertitel 5.[1)] Landpachtvertrag

§ 585 Begriff des Landpachtvertrags. (1) [1] Durch den Landpachtvertrag wird ein Grundstück mit den seiner Bewirtschaftung dienenden Wohn- oder Wirtschaftsgebäuden (Betrieb) oder ein Grundstück ohne solche Gebäude überwiegend zur Landwirtschaft verpachtet. [2] Landwirtschaft sind die Bodenbewirtschaftung und die mit der Bodennutzung verbundene Tierhaltung, um pflanzliche oder tierische Erzeugnisse zu gewinnen, sowie die gartenbauliche Erzeugung.

(2) Für Landpachtverträge gelten § 581 Abs. 1 und die §§ 582 bis 583a sowie die nachfolgenden besonderen Vorschriften.

(3) Die Vorschriften über Landpachtverträge gelten auch für Pachtverhältnisse über forstwirtschaftliche Grundstücke, wenn die Grundstücke zur Nutzung in einem überwiegend landwirtschaftlichen Betrieb verpachtet werden.

§ 585a Form des Landpachtvertrags. Wird der Landpachtvertrag für längere Zeit als zwei Jahre nicht in schriftlicher Form geschlossen, so gilt er für unbestimmte Zeit.

§ 585b Beschreibung der Pachtsache. (1) [1] Der Verpächter und der Pächter sollen bei Beginn des Pachtverhältnisses gemeinsam eine Beschreibung der Pachtsache anfertigen, in der ihr Umfang sowie der Zustand, in dem sie sich bei der Überlassung befindet, festgestellt werden. [2] Dies gilt für die Beendigung des Pachtverhältnisses entsprechend. [3] Die Beschreibung soll mit der Angabe des Tages der Anfertigung versehen werden und ist von beiden Teilen zu unterschreiben.

(2) [1] Weigert sich ein Vertragsteil, bei der Anfertigung einer Beschreibung mitzuwirken, oder ergeben sich bei der Anfertigung Meinungsverschiedenheiten tatsächlicher Art, so kann jeder Vertragsteil verlangen, dass eine Beschreibung durch einen Sachverständigen angefertigt wird, es sei denn, dass seit der Überlassung der Pachtsache mehr als neun Monate oder seit der Beendigung des Pachtverhältnisses mehr als drei Monate verstrichen sind; der Sachverständige wird auf Antrag durch das Landwirtschaftsgericht ernannt. [2] Die insoweit entstehenden Kosten trägt jeder Vertragsteil zur Hälfte.

[1)] Beachte auch LandpachtverkehrsG v. 8.11.1985 (BGBl. I S. 2075), zuletzt geänd. durch G v. 13.4.2006 (BGBl. I S. 855).

(3) Ist eine Beschreibung der genannten Art angefertigt, so wird im Verhältnis der Vertragsteile zueinander vermutet, dass sie richtig ist.

§ 586 Vertragstypische Pflichten beim Landpachtvertrag. (1) [1]Der Verpächter hat die Pachtsache dem Pächter in einem zu der vertragsmäßigen Nutzung geeigneten Zustand zu überlassen und sie während der Pachtzeit in diesem Zustand zu erhalten. [2]Der Pächter hat jedoch die gewöhnlichen Ausbesserungen der Pachtsache, insbesondere die der Wohn- und Wirtschaftsgebäude, der Wege, Gräben, Dränungen und Einfriedigungen, auf seine Kosten durchzuführen. [3]Er ist zur ordnungsmäßigen Bewirtschaftung der Pachtsache verpflichtet.

(2) Für die Haftung des Verpächters für Sach- und Rechtsmängel der Pachtsache sowie für die Rechte und Pflichten des Pächters wegen solcher Mängel gelten die Vorschriften des § 536 Abs. 1 bis 3 und der §§ 536a bis 536d entsprechend.

§ 586a Lasten der Pachtsache. Der Verpächter hat die auf der Pachtsache ruhenden Lasten zu tragen.

§ 587 Fälligkeit der Pacht; Entrichtung der Pacht bei persönlicher Verhinderung des Pächters. (1) [1]Die Pacht ist am Ende der Pachtzeit zu entrichten. [2]Ist die Pacht nach Zeitabschnitten bemessen, so ist sie am ersten Werktag nach dem Ablauf der einzelnen Zeitabschnitte zu entrichten.

(2) [1]Der Pächter wird von der Entrichtung der Pacht nicht dadurch befreit, dass er durch einen in seiner Person liegenden Grund an der Ausübung des ihm zustehenden Nutzungsrechts verhindert ist. [2]§ 537 Abs. 1 Satz 2 und Abs. 2 gilt entsprechend.

§ 588 Maßnahmen zur Erhaltung oder Verbesserung. (1) Der Pächter hat Einwirkungen auf die Pachtsache zu dulden, die zu ihrer Erhaltung erforderlich sind.

(2) [1]Maßnahmen zur Verbesserung der Pachtsache hat der Pächter zu dulden, es sei denn, dass die Maßnahme für ihn eine Härte bedeuten würde, die auch unter Würdigung der berechtigten Interessen des Verpächters nicht zu rechtfertigen ist. [2]Der Verpächter hat die dem Pächter durch die Maßnahme entstandenen Aufwendungen und entgangenen Erträge in einem den Umständen nach angemessenen Umfang zu ersetzen. [3]Auf Verlangen hat der Verpächter Vorschuss zu leisten.

(3) Soweit der Pächter infolge von Maßnahmen nach Absatz 2 Satz 1 höhere Erträge erzielt oder bei ordnungsmäßiger Bewirtschaftung erzielen könnte, kann der Verpächter verlangen, dass der Pächter in eine angemessene Erhöhung der Pacht einwilligt, es sei denn, dass dem Pächter eine Erhöhung der Pacht nach den Verhältnissen des Betriebs nicht zugemutet werden kann.

(4) [1]Über Streitigkeiten nach den Absätzen 1 und 2 entscheidet auf Antrag das Landwirtschaftsgericht. [2]Verweigert der Pächter in den Fällen des Absatzes 3 seine Einwilligung, so kann sie das Landwirtschaftsgericht auf Antrag des Verpächters ersetzen.

§ 589 Nutzungsüberlassung an Dritte. (1) Der Pächter ist ohne Erlaubnis des Verpächters nicht berechtigt,

1. die Nutzung der Pachtsache einem Dritten zu überlassen, insbesondere die Sache weiter zu verpachten,
2. die Pachtsache ganz oder teilweise einem landwirtschaftlichen Zusammenschluss zum Zwecke der gemeinsamen Nutzung zu überlassen.

(2) Überlässt der Pächter die Nutzung der Pachtsache einem Dritten, so hat er ein Verschulden, das dem Dritten bei der Nutzung zur Last fällt, zu vertreten, auch wenn der Verpächter die Erlaubnis zur Überlassung erteilt hat.

§ 590 Änderung der landwirtschaftlichen Bestimmung oder der bisherigen Nutzung. (1) Der Pächter darf die landwirtschaftliche Bestimmung der Pachtsache nur mit vorheriger Erlaubnis des Verpächters ändern.

(2) [1] Zur Änderung der bisherigen Nutzung der Pachtsache ist die vorherige Erlaubnis des Verpächters nur dann erforderlich, wenn durch die Änderung die Art der Nutzung über die Pachtzeit hinaus beeinflusst wird. [2] Der Pächter darf Gebäude nur mit vorheriger Erlaubnis des Verpächters errichten. [3] Verweigert der Verpächter die Erlaubnis, so kann sie auf Antrag des Pächters durch das Landwirtschaftsgericht ersetzt werden, soweit die Änderung zur Erhaltung oder nachhaltigen Verbesserung der Rentabilität des Betriebs geeignet erscheint und dem Verpächter bei Berücksichtigung seiner berechtigten Interessen zugemutet werden kann. [4] Dies gilt nicht, wenn der Pachtvertrag gekündigt ist oder das Pachtverhältnis in weniger als drei Jahren endet. [5] Das Landwirtschaftsgericht kann die Erlaubnis unter Bedingungen und Auflagen ersetzen, insbesondere eine Sicherheitsleistung anordnen sowie Art und Umfang der Sicherheit bestimmen. [6] Ist die Veranlassung für die Sicherheitsleistung weggefallen, so entscheidet auf Antrag das Landwirtschaftsgericht über die Rückgabe der Sicherheit; § 109 der Zivilprozessordnung[1)] gilt entsprechend.

(3) Hat der Pächter das nach § 582a zum Schätzwert übernommene Inventar im Zusammenhang mit einer Änderung der Nutzung der Pachtsache wesentlich vermindert, so kann der Verpächter schon während der Pachtzeit einen Geldausgleich in entsprechender Anwendung des § 582a Abs. 3 verlangen, es sei denn, dass der Erlös der veräußerten Inventarstücke zu einer zur Höhe des Erlöses in angemessenem Verhältnis stehenden Verbesserung der Pachtsache nach § 591 verwendet worden ist.

§ 590a Vertragswidriger Gebrauch. Macht der Pächter von der Pachtsache einen vertragswidrigen Gebrauch und setzt er den Gebrauch ungeachtet einer Abmahnung des Verpächters fort, so kann der Verpächter auf Unterlassung klagen.

§ 590b Notwendige Verwendungen. Der Verpächter ist verpflichtet, dem Pächter die notwendigen Verwendungen auf die Pachtsache zu ersetzen.

§ 591 Wertverbessernde Verwendungen. (1) Andere als notwendige Verwendungen, denen der Verpächter zugestimmt hat, hat er dem Pächter bei Beendigung des Pachtverhältnisses zu ersetzen, soweit die Verwendungen den Wert der Pachtsache über die Pachtzeit hinaus erhöhen (Mehrwert).

[1)] **dtv 5005 ZPO Nr. 1.**

(2) [1] Weigert sich der Verpächter, den Verwendungen zuzustimmen, so kann die Zustimmung auf Antrag des Pächters durch das Landwirtschaftsgericht ersetzt werden, soweit die Verwendungen zur Erhaltung oder nachhaltigen Verbesserung der Rentabilität des Betriebs geeignet sind und dem Verpächter bei Berücksichtigung seiner berechtigten Interessen zugemutet werden können. [2] Dies gilt nicht, wenn der Pachtvertrag gekündigt ist oder das Pachtverhältnis in weniger als drei Jahren endet. [3] Das Landwirtschaftsgericht kann die Zustimmung unter Bedingungen und Auflagen ersetzen.

(3) [1] Das Landwirtschaftsgericht kann auf Antrag auch über den Mehrwert Bestimmungen treffen und ihn festsetzen. [2] Es kann bestimmen, dass der Verpächter den Mehrwert nur in Teilbeträgen zu ersetzen hat, und kann Bedingungen für die Bewilligung solcher Teilzahlungen festsetzen. [3] Ist dem Verpächter ein Ersatz des Mehrwerts bei Beendigung des Pachtverhältnisses auch in Teilbeträgen nicht zuzumuten, so kann der Pächter nur verlangen, dass das Pachtverhältnis zu den bisherigen Bedingungen so lange fortgesetzt wird, bis der Mehrwert der Pachtsache abgegolten ist. [4] Kommt keine Einigung zustande, so entscheidet auf Antrag das Landwirtschaftsgericht über eine Fortsetzung des Pachtverhältnisses.

§ 591a Wegnahme von Einrichtungen. [1] Der Pächter ist berechtigt, eine Einrichtung, mit der er die Sache versehen hat, wegzunehmen. [2] Der Verpächter kann die Ausübung des Wegnahmerechts durch Zahlung einer angemessenen Entschädigung abwenden, es sei denn, dass der Pächter ein berechtigtes Interesse an der Wegnahme hat. [3] Eine Vereinbarung, durch die das Wegnahmerecht des Pächters ausgeschlossen wird, ist nur wirksam, wenn ein angemessener Ausgleich vorgesehen ist.

§ 591b Verjährung von Ersatzansprüchen. (1) Die Ersatzansprüche des Verpächters wegen Veränderung oder Verschlechterung der verpachteten Sache sowie die Ansprüche des Pächters auf Ersatz von Verwendungen oder auf Gestattung der Wegnahme einer Einrichtung verjähren in sechs Monaten.

(2) [1] Die Verjährung der Ersatzansprüche des Verpächters beginnt mit dem Zeitpunkt, in welchem er die Sache zurückerhält. [2] Die Verjährung der Ansprüche des Pächters beginnt mit der Beendigung des Pachtverhältnisses.

(3) Mit der Verjährung des Anspruchs des Verpächters auf Rückgabe der Sache verjähren auch die Ersatzansprüche des Verpächters.

§ 592 Verpächterpfandrecht. [1] Der Verpächter hat für seine Forderungen aus dem Pachtverhältnis ein Pfandrecht an den eingebrachten Sachen des Pächters sowie an den Früchten der Pachtsache. [2] Für künftige Entschädigungsforderungen kann das Pfandrecht nicht geltend gemacht werden. [3] Das Pfandrecht erstreckt sich nur auf Sachen, die der Pfändung unterliegen; betreibt der Pächter Landwirtschaft, erstreckt sich das Pfandrecht auch auf Sachen im Sinne des § 811 Absatz 1 Nummer 1 Buchstabe b und Tiere im Sinne des § 811 Absatz 1 Nummer 8 Buchstabe b der Zivilprozessordnung[1)]. [4] Die Vorschriften der §§ 562a bis 562c gelten entsprechend.

[1)] **dtv 5005 ZPO Nr. 1.**

§ 593 Änderung von Landpachtverträgen. (1) [1]Haben sich nach Abschluss des Pachtvertrags die Verhältnisse, die für die Festsetzung der Vertragsleistungen maßgebend waren, nachhaltig so geändert, dass die gegenseitigen Verpflichtungen in ein grobes Missverhältnis zueinander geraten sind, so kann jeder Vertragsteil eine Änderung des Vertrags mit Ausnahme der Pachtdauer verlangen. [2]Verbessert oder verschlechtert sich infolge der Bewirtschaftung der Pachtsache durch den Pächter deren Ertrag, so kann, soweit nichts anderes vereinbart ist, eine Änderung der Pacht nicht verlangt werden.

(2) [1]Eine Änderung kann frühestens zwei Jahre nach Beginn des Pachtverhältnisses oder nach dem Wirksamwerden der letzten Änderung der Vertragsleistungen verlangt werden. [2]Dies gilt nicht, wenn verwüstende Naturereignisse, gegen die ein Versicherungsschutz nicht üblich ist, das Verhältnis der Vertragsleistungen grundlegend und nachhaltig verändert haben.

(3) Die Änderung kann nicht für eine frühere Zeit als für das Pachtjahr verlangt werden, in dem das Änderungsverlangen erklärt wird.

(4) Weigert sich ein Vertragsteil, in eine Änderung des Vertrags einzuwilligen, so kann der andere Teil die Entscheidung des Landwirtschaftsgerichts beantragen.

(5) [1]Auf das Recht, eine Änderung des Vertrags nach den Absätzen 1 bis 4 zu verlangen, kann nicht verzichtet werden. [2]Eine Vereinbarung, dass einem Vertragsteil besondere Nachteile oder Vorteile erwachsen sollen, wenn er die Rechte nach den Absätzen 1 bis 4 ausübt oder nicht ausübt, ist unwirksam.

§ 593a Betriebsübergabe. [1]Wird bei der Übergabe eines Betriebs im Wege der vorweggenommenen Erbfolge ein zugepachtetes Grundstück, das der Landwirtschaft dient, mit übergeben, so tritt der Übernehmer anstelle des Pächters in den Pachtvertrag ein. [2]Der Verpächter ist von der Betriebsübergabe jedoch unverzüglich zu benachrichtigen. [3]Ist die ordnungsmäßige Bewirtschaftung der Pachtsache durch den Übernehmer nicht gewährleistet, so ist der Verpächter berechtigt, das Pachtverhältnis außerordentlich mit der gesetzlichen Frist zu kündigen.

§ 593b Veräußerung oder Belastung des verpachteten Grundstücks. Wird das verpachtete Grundstück veräußert oder mit dem Recht eines Dritten belastet, so gelten die §§ 566 bis 567b entsprechend.

§ 594 Ende und Verlängerung des Pachtverhältnisses. [1]Das Pachtverhältnis endet mit dem Ablauf der Zeit, für die es eingegangen ist. [2]Es verlängert sich bei Pachtverträgen, die auf mindestens drei Jahre geschlossen worden sind, auf unbestimmte Zeit, wenn auf die Anfrage eines Vertragsteils, ob der andere Teil zur Fortsetzung des Pachtverhältnisses bereit ist, dieser nicht binnen einer Frist von drei Monaten die Fortsetzung ablehnt. [3]Die Anfrage und die Ablehnung bedürfen der schriftlichen Form. [4]Die Anfrage ist ohne Wirkung, wenn in ihr nicht auf die Folge der Nichtbeachtung ausdrücklich hingewiesen wird und wenn sie nicht innerhalb des drittletzten Pachtjahrs gestellt wird.

§ 594a Kündigungsfristen. (1) [1]Ist die Pachtzeit nicht bestimmt, so kann jeder Vertragsteil das Pachtverhältnis spätestens am dritten Werktag eines Pachtjahrs für den Schluss des nächsten Pachtjahrs kündigen. [2]Im Zweifel gilt das Kalenderjahr als Pachtjahr. [3]Die Vereinbarung einer kürzeren Frist bedarf der Schriftform.

(2) Für die Fälle, in denen das Pachtverhältnis außerordentlich mit der gesetzlichen Frist vorzeitig gekündigt werden kann, ist die Kündigung nur für den Schluss eines Pachtjahrs zulässig; sie hat spätestens am dritten Werktag des halben Jahres zu erfolgen, mit dessen Ablauf die Pacht enden soll.

§ 594b Vertrag über mehr als 30 Jahre. [1] Wird ein Pachtvertrag für eine längere Zeit als 30 Jahre geschlossen, so kann nach 30 Jahren jeder Vertragsteil das Pachtverhältnis spätestens am dritten Werktag eines Pachtjahrs für den Schluss des nächsten Pachtjahrs kündigen. [2] Die Kündigung ist nicht zulässig, wenn der Vertrag für die Lebenszeit des Verpächters oder des Pächters geschlossen ist.

§ 594c Kündigung bei Berufsunfähigkeit des Pächters. [1] Ist der Pächter berufsunfähig im Sinne der Vorschriften der gesetzlichen Rentenversicherung geworden, so kann er das Pachtverhältnis außerordentlich mit der gesetzlichen Frist kündigen, wenn der Verpächter der Überlassung der Pachtsache zur Nutzung an einen Dritten, der eine ordnungsmäßige Bewirtschaftung gewährleistet, widerspricht. [2] Eine abweichende Vereinbarung ist unwirksam.

§ 594d Tod des Pächters. (1) Stirbt der Pächter, so sind sowohl seine Erben als auch der Verpächter innerhalb eines Monats, nachdem sie vom Tod des Pächters Kenntnis erlangt haben, berechtigt, das Pachtverhältnis mit einer Frist von sechs Monaten zum Ende eines Kalendervierteljahrs zu kündigen.

(2) [1] Die Erben können der Kündigung des Verpächters widersprechen und die Fortsetzung des Pachtverhältnisses verlangen, wenn die ordnungsmäßige Bewirtschaftung der Pachtsache durch sie oder durch einen von ihnen beauftragten Miterben oder Dritten gewährleistet erscheint. [2] Der Verpächter kann die Fortsetzung des Pachtverhältnisses ablehnen, wenn die Erben den Widerspruch nicht spätestens drei Monate vor Ablauf des Pachtverhältnisses erklärt und die Umstände mitgeteilt haben, nach denen die weitere ordnungsmäßige Bewirtschaftung der Pachtsache gewährleistet erscheint. [3] Die Widerspruchserklärung und die Mitteilung bedürfen der schriftlichen Form. [4] Kommt keine Einigung zustande, so entscheidet auf Antrag das Landwirtschaftsgericht.

(3) Gegenüber einer Kündigung des Verpächters nach Absatz 1 ist ein Fortsetzungsverlangen des Erben nach § 595 ausgeschlossen.

§ 594e Außerordentliche fristlose Kündigung aus wichtigem Grund.

(1) Die außerordentliche fristlose Kündigung des Pachtverhältnisses ist in entsprechender Anwendung der §§ 543, 569 Abs. 1 und 2 zulässig.

(2) [1] Abweichend von § 543 Abs. 2 Nr. 3 Buchstaben a und b liegt ein wichtiger Grund insbesondere vor, wenn der Pächter mit der Entrichtung der Pacht oder eines nicht unerheblichen Teils der Pacht länger als drei Monate in Verzug ist. [2] Ist die Pacht nach Zeitabschnitten von weniger als einem Jahr bemessen, so ist die Kündigung erst zulässig, wenn der Pächter für zwei aufeinander folgende Termine mit der Entrichtung der Pacht oder eines nicht unerheblichen Teils der Pacht in Verzug ist.

§ 594f Schriftform der Kündigung. Die Kündigung bedarf der schriftlichen Form.

§ 595 Fortsetzung des Pachtverhältnisses. (1) [1]Der Pächter kann vom Verpächter die Fortsetzung des Pachtverhältnisses verlangen, wenn

1. bei einem Betriebspachtverhältnis der Betrieb seine wirtschaftliche Lebensgrundlage bildet,
2. bei dem Pachtverhältnis über ein Grundstück der Pächter auf dieses Grundstück zur Aufrechterhaltung seines Betriebs, der seine wirtschaftliche Lebensgrundlage bildet, angewiesen ist

und die vertragsmäßige Beendigung des Pachtverhältnisses für den Pächter oder seine Familie eine Härte bedeuten würde, die auch unter Würdigung der berechtigten Interessen des Verpächters nicht zu rechtfertigen ist. [2]Die Fortsetzung kann unter diesen Voraussetzungen wiederholt verlangt werden.

(2) [1]Im Falle des Absatzes 1 kann der Pächter verlangen, dass das Pachtverhältnis so lange fortgesetzt wird, wie dies unter Berücksichtigung aller Umstände angemessen ist. [2]Ist dem Verpächter nicht zuzumuten, das Pachtverhältnis nach den bisher geltenden Vertragsbedingungen fortzusetzen, so kann der Pächter nur verlangen, dass es unter einer angemessenen Änderung der Bedingungen fortgesetzt wird.

(3) Der Pächter kann die Fortsetzung des Pachtverhältnisses nicht verlangen, wenn

1. er das Pachtverhältnis gekündigt hat,
2. der Verpächter zur außerordentlichen fristlosen Kündigung oder im Falle des § 593a zur außerordentlichen Kündigung mit der gesetzlichen Frist berechtigt ist,
3. die Laufzeit des Vertrags bei einem Pachtverhältnis über einen Betrieb, der Zupachtung von Grundstücken, durch die ein Betrieb entsteht, oder bei einem Pachtverhältnis über Moor- und Ödland, das vom Pächter kultiviert worden ist, auf mindestens 18 Jahre, bei der Pacht anderer Grundstücke auf mindestens zwölf Jahre vereinbart ist,
4. der Verpächter die nur vorübergehend verpachtete Sache in eigene Nutzung nehmen oder zur Erfüllung gesetzlicher oder sonstiger öffentlicher Aufgaben verwenden will.

(4) [1]Die Erklärung des Pächters, mit der er die Fortsetzung des Pachtverhältnisses verlangt, bedarf der schriftlichen Form. [2]Auf Verlangen des Verpächters soll der Pächter über die Gründe des Fortsetzungsverlangens unverzüglich Auskunft erteilen.

(5) [1]Der Verpächter kann die Fortsetzung des Pachtverhältnisses ablehnen, wenn der Pächter die Fortsetzung nicht mindestens ein Jahr vor Beendigung des Pachtverhältnisses vom Verpächter verlangt oder auf eine Anfrage des Verpächters nach § 594 die Fortsetzung abgelehnt hat. [2]Ist eine zwölfmonatige oder kürzere Kündigungsfrist vereinbart, so genügt es, wenn das Verlangen innerhalb eines Monats nach Zugang der Kündigung erklärt wird.

(6) [1]Kommt keine Einigung zustande, so entscheidet auf Antrag das Landwirtschaftsgericht über eine Fortsetzung und über die Dauer des Pachtverhältnisses sowie über die Bedingungen, zu denen es fortgesetzt wird. [2]Das Gericht kann die Fortsetzung des Pachtverhältnisses jedoch nur bis zu einem Zeitpunkt anordnen, der die in Absatz 3 Nr. 3 genannten Fristen, ausgehend vom Beginn des laufenden Pachtverhältnisses, nicht übersteigt. [3]Die Fortsetzung kann auch auf einen Teil der Pachtsache beschränkt werden.

(7) [1]Der Pächter hat den Antrag auf gerichtliche Entscheidung spätestens neun Monate vor Beendigung des Pachtverhältnisses und im Falle einer zwölfmonatigen oder kürzeren Kündigungsfrist zwei Monate nach Zugang der Kündigung bei dem Landwirtschaftsgericht zu stellen. [2]Das Gericht kann den Antrag nachträglich zulassen, wenn es zur Vermeidung einer unbilligen Härte geboten erscheint und der Pachtvertrag noch nicht abgelaufen ist.

(8) [1]Auf das Recht, die Verlängerung eines Pachtverhältnisses nach den Absätzen 1 bis 7 zu verlangen, kann nur verzichtet werden, wenn der Verzicht zur Beilegung eines Pachtstreits vor Gericht oder vor einer berufsständischen Pachtschlichtungsstelle erklärt wird. [2]Eine Vereinbarung, dass einem Vertragsteil besondere Nachteile oder besondere Vorteile erwachsen sollen, wenn er die Rechte nach den Absätzen 1 bis 7 ausübt oder nicht ausübt, ist unwirksam.

§ 595a Vorzeitige Kündigung von Landpachtverträgen. (1) Soweit die Vertragsteile zur außerordentlichen Kündigung eines Landpachtverhältnisses mit der gesetzlichen Frist berechtigt sind, steht ihnen dieses Recht auch nach Verlängerung des Landpachtverhältnisses oder Änderung des Landpachtvertrags zu.

(2) [1]Auf Antrag eines Vertragsteils kann das Landwirtschaftsgericht Anordnungen über die Abwicklung eines vorzeitig beendeten oder eines teilweise beendeten Landpachtvertrags treffen. [2]Wird die Verlängerung eines Landpachtvertrags auf einen Teil der Pachtsache beschränkt, kann das Landwirtschaftsgericht die Pacht für diesen Teil festsetzen.

(3) [1]Der Inhalt von Anordnungen des Landwirtschaftsgerichts gilt unter den Vertragsteilen als Vertragsinhalt. [2]Über Streitigkeiten, die diesen Vertragsinhalt betreffen, entscheidet auf Antrag das Landwirtschaftsgericht.

§ 596 Rückgabe der Pachtsache. (1) Der Pächter ist verpflichtet, die Pachtsache nach Beendigung des Pachtverhältnisses in dem Zustand zurückzugeben, der einer bis zur Rückgabe fortgesetzten ordnungsmäßigen Bewirtschaftung entspricht.

(2) Dem Pächter steht wegen seiner Ansprüche gegen den Verpächter ein Zurückbehaltungsrecht am Grundstück nicht zu.

(3) Hat der Pächter die Nutzung der Pachtsache einem Dritten überlassen, so kann der Verpächter die Sache nach Beendigung des Pachtverhältnisses auch von dem Dritten zurückfordern.

§ 596a Ersatzpflicht bei vorzeitigem Pachtende. (1) [1]Endet das Pachtverhältnis im Laufe eines Pachtjahrs, so hat der Verpächter dem Pächter den Wert der noch nicht getrennten, jedoch nach den Regeln einer ordnungsmäßigen Bewirtschaftung vor dem Ende des Pachtjahrs zu trennenden Früchte zu ersetzen. [2]Dabei ist das Ernterisiko angemessen zu berücksichtigen.

(2) Lässt sich der in Absatz 1 bezeichnete Wert aus jahreszeitlich bedingten Gründen nicht feststellen, so hat der Verpächter dem Pächter die Aufwendungen auf diese Früchte insoweit zu ersetzen, als sie einer ordnungsmäßigen Bewirtschaftung entsprechen.

(3) [1]Absatz 1 gilt auch für das zum Einschlag vorgesehene, aber noch nicht eingeschlagene Holz. [2]Hat der Pächter mehr Holz eingeschlagen, als bei ordnungsmäßiger Nutzung zulässig war, so hat er dem Verpächter den Wert der

die normale Nutzung übersteigenden Holzmenge zu ersetzen. [3]Die Geltendmachung eines weiteren Schadens ist nicht ausgeschlossen.

§ 596b Rücklassungspflicht. (1) Der Pächter eines Betriebs hat von den bei Beendigung des Pachtverhältnisses vorhandenen landwirtschaftlichen Erzeugnissen so viel zurückzulassen, wie zur Fortführung der Wirtschaft bis zur nächsten Ernte nötig ist, auch wenn er bei Beginn des Pachtverhältnisses solche Erzeugnisse nicht übernommen hat.

(2) Soweit der Pächter nach Absatz 1 Erzeugnisse in größerer Menge oder besserer Beschaffenheit zurückzulassen verpflichtet ist, als er bei Beginn des Pachtverhältnisses übernommen hat, kann er vom Verpächter Ersatz des Wertes verlangen.

§ 597 Verspätete Rückgabe. [1]Gibt der Pächter die Pachtsache nach Beendigung des Pachtverhältnisses nicht zurück, so kann der Verpächter für die Dauer der Vorenthaltung als Entschädigung die vereinbarte Pacht verlangen. [2]Die Geltendmachung eines weiteren Schadens ist nicht ausgeschlossen.

Titel 6 bis 27

§§ 598–853 *(vom Abdruck wurde abgesehen)*

Buch 3. Sachenrecht

Abschnitt 1.[1] Besitz

§§ 854–872 *(vom Abdruck wurde abgesehen)*

Abschnitt 2. Allgemeine Vorschriften über Rechte an Grundstücken

§ 873[2] Erwerb durch Einigung und Eintragung. (1) Zur Übertragung des Eigentums an einem Grundstück, zur Belastung eines Grundstücks mit einem Recht sowie zur Übertragung oder Belastung eines solchen Rechts ist die Einigung des Berechtigten und des anderen Teils über den Eintritt der Rechtsänderung und die Eintragung der Rechtsänderung in das Grundbuch erforderlich, soweit nicht das Gesetz ein anderes vorschreibt.[3]

(2) Vor der Eintragung sind die Beteiligten an die Einigung nur gebunden, wenn die Erklärungen notariell beurkundet oder vor dem Grundbuchamt abgegeben oder bei diesem eingereicht sind oder wenn der Berechtigte dem anderen Teil eine den Vorschriften der Grundbuchordnung[4] entsprechende Eintragungsbewilligung ausgehändigt hat.

§ 874 Bezugnahme auf die Eintragungsbewilligung. [1]Bei der Eintragung eines Rechts, mit dem ein Grundstück belastet wird, kann zur näheren Bezeichnung des Inhalts des Rechts auf die Eintragungsbewilligung Bezug genommen werden, soweit nicht das Gesetz ein anderes vorschreibt. [2]Einer

[1] Wegen des für das Gebiet der ehem. DDR geltenden Übergangsrechts zu §§ 854–872 beachte Art. 233 § 1 EGBGB **(dtv 5001 BGB Nr. 2)**.

[2] Wegen des für das Gebiet der ehem. DDR geltenden Übergangsrechts zu § 873 beachte Art. 233 § 7 EGBGB **(dtv 5001 BGB Nr. 2)**.

[3] Vgl. auch GrundstückverkehrsG (Nr. **9**).

[4] Nr. **11**.

Bezugnahme auf die Eintragungsbewilligung steht die Bezugnahme auf die bisherige Eintragung nach § 44 Absatz 3 Satz 2 der Grundbuchordnung[1] gleich.

§ 875 Aufhebung eines Rechts. (1) [1]Zur Aufhebung eines Rechts an einem Grundstück ist, soweit nicht das Gesetz ein anderes vorschreibt, die Erklärung des Berechtigten, dass er das Recht aufgebe, und die Löschung des Rechts im Grundbuch erforderlich. [2]Die Erklärung ist dem Grundbuchamt oder demjenigen gegenüber abzugeben, zu dessen Gunsten sie erfolgt.

(2) Vor der Löschung ist der Berechtigte an seine Erklärung nur gebunden, wenn er sie dem Grundbuchamt gegenüber abgegeben oder demjenigen, zu dessen Gunsten sie erfolgt, eine den Vorschriften der Grundbuchordnung[1] entsprechende Löschungsbewilligung ausgehändigt hat.

§ 876 Aufhebung eines belasteten Rechts. [1]Ist ein Recht an einem Grundstück mit dem Recht eines Dritten belastet, so ist zur Aufhebung des belasteten Rechts die Zustimmung des Dritten erforderlich. [2]Steht das aufzuhebende Recht dem jeweiligen Eigentümer eines anderen Grundstücks zu, so ist, wenn dieses Grundstück mit dem Recht eines Dritten belastet ist, die Zustimmung des Dritten erforderlich, es sei denn, dass dessen Recht durch die Aufhebung nicht berührt wird. [3]Die Zustimmung ist dem Grundbuchamt oder demjenigen gegenüber zu erklären, zu dessen Gunsten sie erfolgt; sie ist unwiderruflich.

§ 877 Rechtsänderungen. Die Vorschriften der §§ 873, 874, 876 finden auch auf Änderungen des Inhalts eines Rechts an einem Grundstück Anwendung.

§ 878 Nachträgliche Verfügungsbeschränkungen. Eine von dem Berechtigten in Gemäßheit der §§ 873, 875, 877 abgegebene Erklärung wird nicht dadurch unwirksam, dass der Berechtigte in der Verfügung beschränkt wird, nachdem die Erklärung für ihn bindend geworden und der Antrag auf Eintragung bei dem Grundbuchamt gestellt worden ist.

§ 879 Rangverhältnis mehrerer Rechte. (1) [1]Das Rangverhältnis unter mehreren Rechten, mit denen ein Grundstück belastet ist, bestimmt sich, wenn die Rechte in derselben Abteilung des Grundbuchs eingetragen sind, nach der Reihenfolge der Eintragungen. [2]Sind die Rechte in verschiedenen Abteilungen eingetragen, so hat das unter Angabe eines früheren Tages eingetragene Recht den Vorrang; Rechte, die unter Angabe desselben Tages eingetragen sind, haben gleichen Rang.

(2) Die Eintragung ist für das Rangverhältnis auch dann maßgebend, wenn die nach § 873 zum Erwerb des Rechts erforderliche Einigung erst nach der Eintragung zustande gekommen ist.

(3) Eine abweichende Bestimmung des Rangverhältnisses bedarf der Eintragung in das Grundbuch.

[1] Nr. **11**.

§ 880 Rangänderung. (1) Das Rangverhältnis kann nachträglich geändert werden.

(2) [1] Zu der Rangänderung ist die Einigung des zurücktretenden und des vortretenden Berechtigten und die Eintragung der Änderung in das Grundbuch erforderlich; die Vorschriften des § 873 Abs. 2 und des § 878 finden Anwendung. [2] Soll eine Hypothek, eine Grundschuld oder eine Rentenschuld zurücktreten, so ist außerdem die Zustimmung des Eigentümers erforderlich. [3] Die Zustimmung ist dem Grundbuchamt oder einem der Beteiligten gegenüber zu erklären; sie ist unwiderruflich.

(3) Ist das zurücktretende Recht mit dem Recht eines Dritten belastet, so findet die Vorschrift des § 876 entsprechende Anwendung.

(4) Der dem vortretenden Recht eingeräumte Rang geht nicht dadurch verloren, dass das zurücktretende Recht durch Rechtsgeschäft aufgehoben wird.

(5) Rechte, die den Rang zwischen dem zurücktretenden und dem vortretenden Recht haben, werden durch die Rangänderung nicht berührt.

§ 881 Rangvorbehalt. (1) Der Eigentümer kann sich bei der Belastung des Grundstücks mit einem Recht die Befugnis vorbehalten, ein anderes, dem Umfang nach bestimmtes Recht mit dem Rang vor jenem Recht eintragen zu lassen.

(2) Der Vorbehalt bedarf der Eintragung in das Grundbuch; die Eintragung muss bei dem Recht erfolgen, das zurücktreten soll.

(3) Wird das Grundstück veräußert, so geht die vorbehaltene Befugnis auf den Erwerber über.

(4) Ist das Grundstück vor der Eintragung des Rechts, dem der Vorrang beigelegt ist, mit einem Recht ohne einen entsprechenden Vorbehalt belastet worden, so hat der Vorrang insoweit keine Wirkung, als das mit dem Vorbehalt eingetragene Recht infolge der inzwischen eingetretenen Belastung eine über den Vorbehalt hinausgehende Beeinträchtigung erleiden würde.

§ 882 Höchstbetrag des Wertersatzes. [1] Wird ein Grundstück mit einem Recht belastet, für welches nach den für die Zwangsversteigerung geltenden Vorschriften dem Berechtigten im Falle des Erlöschens durch den Zuschlag der Wert aus dem Erlös zu ersetzen ist, so kann der Höchstbetrag des Ersatzes bestimmt werden. [2] Die Bestimmung bedarf der Eintragung in das Grundbuch.

§ 883 Voraussetzungen und Wirkung der Vormerkung. (1) [1] Zur Sicherung des Anspruchs auf Einräumung oder Aufhebung eines Rechts an einem Grundstück oder an einem das Grundstück belastenden Recht oder auf Änderung des Inhalts oder des Ranges eines solchen Rechts kann eine Vormerkung in das Grundbuch eingetragen werden. [2] Die Eintragung einer Vormerkung ist auch zur Sicherung eines künftigen oder eines bedingten Anspruchs zulässig.

(2) [1] Eine Verfügung, die nach der Eintragung der Vormerkung über das Grundstück oder das Recht getroffen wird, ist insoweit unwirksam, als sie den Anspruch vereiteln oder beeinträchtigen würde. [2] Dies gilt auch, wenn die Verfügung im Wege der Zwangsvollstreckung oder der Arrestvollziehung oder durch den Insolvenzverwalter erfolgt.

(3) Der Rang des Rechts, auf dessen Einräumung der Anspruch gerichtet ist, bestimmt sich nach der Eintragung der Vormerkung.

§ 884 Wirkung gegenüber Erben. Soweit der Anspruch durch die Vormerkung gesichert ist, kann sich der Erbe des Verpflichteten nicht auf die Beschränkung seiner Haftung berufen.

§ 885 Voraussetzung für die Eintragung der Vormerkung. (1) [1]Die Eintragung einer Vormerkung erfolgt auf Grund einer einstweiligen Verfügung oder auf Grund der Bewilligung desjenigen, dessen Grundstück oder dessen Recht von der Vormerkung betroffen wird. [2]Zur Erlassung der einstweiligen Verfügung ist nicht erforderlich, dass eine Gefährdung des zu sichernden Anspruchs glaubhaft gemacht wird.

(2) Bei der Eintragung kann zur näheren Bezeichnung des zu sichernden Anspruchs auf die einstweilige Verfügung oder die Eintragungsbewilligung Bezug genommen werden.

§ 886 Beseitigungsanspruch. Steht demjenigen, dessen Grundstück oder dessen Recht von der Vormerkung betroffen wird, eine Einrede zu, durch welche die Geltendmachung des durch die Vormerkung gesicherten Anspruchs dauernd ausgeschlossen wird, so kann er von dem Gläubiger die Beseitigung der Vormerkung verlangen.

§ 887 Aufgebot des Vormerkungsgläubigers. [1]Ist der Gläubiger, dessen Anspruch durch die Vormerkung gesichert ist, unbekannt, so kann er im Wege des Aufgebotsverfahrens mit seinem Recht ausgeschlossen werden, wenn die im § 1170 für die Ausschließung eines Hypothekengläubigers bestimmten Voraussetzungen vorliegen. [2]Mit der Rechtskraft des Ausschließungsbeschlusses erlischt die Wirkung der Vormerkung.

§ 888 Anspruch des Vormerkungsberechtigten auf Zustimmung.

(1) Soweit der Erwerb eines eingetragenen Rechts oder eines Rechts an einem solchen Recht gegenüber demjenigen, zu dessen Gunsten die Vormerkung besteht, unwirksam ist, kann dieser von dem Erwerber die Zustimmung zu der Eintragung oder der Löschung verlangen, die zur Verwirklichung des durch die Vormerkung gesicherten Anspruchs erforderlich ist.

(2) Das Gleiche gilt, wenn der Anspruch durch ein Veräußerungsverbot gesichert ist.

§ 889 Ausschluss der Konsolidation bei dinglichen Rechten. Ein Recht an einem fremden Grundstück erlischt nicht dadurch, dass der Eigentümer des Grundstücks das Recht oder der Berechtigte das Eigentum an dem Grundstück erwirbt.

§ 890 Vereinigung von Grundstücken; Zuschreibung. (1) Mehrere Grundstücke können dadurch zu einem Grundstück vereinigt werden, dass der Eigentümer sie als ein Grundstück in das Grundbuch eintragen lässt.[1)]

[1)] Beachte zur Beurkundungs- und Beglaubigungsbefugnis der Vermessungsbehörde:
– in **Baden-Württemberg**: § 15 Abs. 1 und 2 VermessungsG v. 1.7.2004 (GBl. S. 469), zuletzt geänd. durch G v. 21.12.2022 (GBl. S. 649);
– in **Bayern**: Art. 9 Abs. 1 und 2 Vermessungs- und KatasterG v. 31.7.1970 (BayRS III S. 687), zuletzt geänd. durch V v. 26.3.2019 (GVBl. S. 98);
– in **Berlin**: § 18 Abs. 1 und 2 G über das Vermessungswesen idF der Bek. v. 9.1.1996 (GVBl. S. 56), zuletzt geänd. durch G v. 12.10.2020 (GVBl. S. 807); →

(2) Ein Grundstück kann dadurch zum Bestandteil eines anderen Grundstücks gemacht werden, dass der Eigentümer es diesem im Grundbuch zuschreiben lässt.

§ 891 Gesetzliche Vermutung. (1) Ist im Grundbuch für jemand ein Recht eingetragen, so wird vermutet, dass ihm das Recht zustehe.

(2) Ist im Grundbuch ein eingetragenes Recht gelöscht, so wird vermutet, dass das Recht nicht bestehe.

§ 892 Öffentlicher Glaube des Grundbuchs. (1) [1] Zugunsten desjenigen, welcher ein Recht an einem Grundstück oder ein Recht an einem solchen Recht durch Rechtsgeschäft erwirbt, gilt der Inhalt des Grundbuchs als richtig, es sei denn, dass ein Widerspruch gegen die Richtigkeit eingetragen oder die Unrichtigkeit dem Erwerber bekannt ist. [2] Ist der Berechtigte in der Verfügung über ein im Grundbuch eingetragenes Recht zugunsten einer bestimmten Person beschränkt, so ist die Beschränkung dem Erwerber gegenüber nur wirksam, wenn sie aus dem Grundbuch ersichtlich oder dem Erwerber bekannt ist.

(2) Ist zu dem Erwerb des Rechts die Eintragung erforderlich, so ist für die Kenntnis des Erwerbers die Zeit der Stellung des Antrags auf Eintragung oder, wenn die nach § 873 erforderliche Einigung erst später zustande kommt, die Zeit der Einigung maßgebend.

§ 893 Rechtsgeschäft mit dem Eingetragenen. Die Vorschrift des § 892 findet entsprechende Anwendung, wenn an denjenigen, für welchen ein Recht im Grundbuch eingetragen ist, auf Grund dieses Rechts eine Leistung bewirkt oder wenn zwischen ihm und einem anderen in Ansehung dieses Rechts ein

(Fortsetzung der Anm. von voriger Seite)

– in **Brandenburg**: § 20 Abs. 1 und 2 Geoinformations- und VermessungsG v. 27.5.2009 (GVBl. I S. 166), zuletzt geänd. durch G v. 19.6.2019 (GVBl. I Nr. 32);
– in **Bremen**: § 12 Abs. 1 und 2 Vermessungs- und KatasterG v. 16.10.1990 (Brem.GBl. S. 313), zuletzt geänd. durch Bek. v. 20.10.2020 (Brem.GBl. S. 1172);
– in **Hamburg**: § 8 Satz 1 VermessungsG v. 20.4.2005 (HmbGVBl. S. 135), zuletzt geänd. durch G v. 31.8.2018 (HmbGVBl. S. 282);
– in **Hessen**: § 12 Abs. 1 und 2 Vermessungs- und GeoinformationsG v. 6.9.2007 (GVBl. I S. 548), zuletzt geänd. durch G v. 30.9.2021 (GVBl. S. 602);
– in **Mecklenburg-Vorpommern**: § 27 Abs. 1 und 2 Geoinformations- und VermessungsG v. 16.12.2010 (GVOBl. M-V S. 713), geänd. durch G v. 22.5.2018 (GVOBl. M-V S. 193);
– in **Niedersachsen**: § 6 Abs. 5 G über das amtliche Vermessungswesen v. 12.12.2002 (Nds. GVBl. 2003 S. 5), geänd. durch G v. 16.5.2018 (Nds. GVBl. S. 66);
– in **Nordrhein-Westfalen**: § 17 Abs. 1 bis 3 Vermessungs- und KatasterG v. 1.3.2005 (GV. NRW. S. 174), zuletzt geänd. durch G v. 1.12.2020 (GV. NRW. S. 1109);
– in **Rheinland-Pfalz**: § 7 Abs. 1 LandesG über das amtliche Vermessungswesen v. 20.12.2000 (GVBl. S. 572), zuletzt geänd. durch G v. 19.12.2018 (GVBl. S. 448);
– in **Saarland**: § 55 G zur Ausführung bundesrechtlicher Justizgesetze v. 5.2.1997 (Amtsbl. S. 258), zuletzt geänd. durch G v. 8.12.2021 (Amtsbl. I S. 2629);
– in **Sachsen**: § 18 Vermessungs- und KatasterG v. 29.1.2008 (SächsGVBl. S. 138, 148), zuletzt geänd. durch VO v. 12.4.2021 (SächsGVBl. S. 517);
– in **Sachsen-Anhalt**: § 15 Abs. 1 und 2 Vermessungs- und GeoinformationsG idF der Bek. v. 15.9. 2004 (GVBl. LSA S. 716), zuletzt geänd. durch G v. 7.7.2020 (GVBl. LSA S. 372);
– in **Schleswig-Holstein**: § 17 Abs. 1 und 2 Vermessungs- und KatasterG idF der Bek. v. 12.5.2004 (GVOBl. Schl.-H. S. 128), zuletzt geänd. durch G v. 16.3.2022 (GVOBl. Schl.-H. S. 285);
– in **Thüringen**: § 12 Abs. 1 Vermessungs- und GeoinformationsG v. 16.12.2008 (GVBl. S. 574), zuletzt geänd. durch G v. 18.12.2018 (GVBl. S. 731).

Vgl. § 66 Abs. 1 Nr. 6 BeurkundungsG **(dtv 5001 BGB Nr. 7)**.

nicht unter die Vorschrift des § 892 fallendes Rechtsgeschäft vorgenommen wird, das eine Verfügung über das Recht enthält.

§ 894 Berichtigung des Grundbuchs. Steht der Inhalt des Grundbuchs in Ansehung eines Rechts an dem Grundstück, eines Rechts an einem solchen Recht oder einer Verfügungsbeschränkung der in § 892 Abs. 1 bezeichneten Art mit der wirklichen Rechtslage nicht im Einklang, so kann derjenige, dessen Recht nicht oder nicht richtig eingetragen oder durch die Eintragung einer nicht bestehenden Belastung oder Beschränkung beeinträchtigt ist, die Zustimmung zu der Berichtigung des Grundbuchs von demjenigen verlangen, dessen Recht durch die Berichtigung betroffen wird.

§ 895 Voreintragung des Verpflichteten. Kann die Berichtigung des Grundbuchs erst erfolgen, nachdem das Recht des nach § 894 Verpflichteten eingetragen worden ist, so hat dieser auf Verlangen sein Recht eintragen zu lassen.

§ 896 Vorlegung des Briefes. Ist zur Berichtigung des Grundbuchs die Vorlegung eines Hypotheken-, Grundschuld- oder Rentenschuldbriefs erforderlich, so kann derjenige, zu dessen Gunsten die Berichtigung erfolgen soll, von dem Besitzer des Briefes verlangen, dass der Brief dem Grundbuchamt vorgelegt wird.

§ 897 Kosten der Berichtigung. Die Kosten der Berichtigung des Grundbuchs und der dazu erforderlichen Erklärungen hat derjenige zu tragen, welcher die Berichtigung verlangt, sofern nicht aus einem zwischen ihm und dem Verpflichteten bestehenden Rechtsverhältnis sich ein anderes ergibt.

§ 898 Unverjährbarkeit der Berichtigungsansprüche. Die in den §§ 894 bis 896 bestimmten Ansprüche unterliegen nicht der Verjährung.

§ 899 Eintragung eines Widerspruchs. (1) In den Fällen des § 894 kann ein Widerspruch gegen die Richtigkeit des Grundbuchs eingetragen werden.

(2) [1] Die Eintragung erfolgt auf Grund einer einstweiligen Verfügung oder auf Grund einer Bewilligung desjenigen, dessen Recht durch die Berichtigung des Grundbuchs betroffen wird. [2] Zur Erlassung der einstweiligen Verfügung ist nicht erforderlich, dass eine Gefährdung des Rechts des Widersprechenden glaubhaft gemacht wird.

[§ 899a bis 31.12.2023:]

§ 899a Maßgaben für die Gesellschaft bürgerlichen Rechts. [1] Ist eine Gesellschaft bürgerlichen Rechts im Grundbuch eingetragen, so wird in Ansehung des eingetragenen Rechts auch vermutet, dass diejenigen Personen Gesellschafter sind, die nach § 47 Absatz 2 Satz 1 der Grundbuchordnung im Grundbuch eingetragen sind, und dass darüber hinaus keine weiteren Gesellschafter vorhanden sind. [2] Die §§ 892 bis 899 gelten bezüglich der Eintragung der Gesellschafter entsprechend.

[§ 899a ab 1.1.2024:]

§ 899a[1)] *(aufgehoben)*

[1)] Beachte hierzu Übergangsvorschrift in Art. 229 § 21 EGBGB **(dtv 5001 BGB Nr. 2)**.

§ 900 Buchersitzung. (1) [1]Wer als Eigentümer eines Grundstücks im Grundbuch eingetragen ist, ohne dass er das Eigentum erlangt hat, erwirbt das Eigentum, wenn die Eintragung 30 Jahre bestanden und er während dieser Zeit das Grundstück im Eigenbesitz gehabt hat. [2]Die dreißigjährige Frist wird in derselben Weise berechnet wie die Frist für die Ersitzung einer beweglichen Sache. [3]Der Lauf der Frist ist gehemmt, solange ein Widerspruch gegen die Richtigkeit der Eintragung im Grundbuch eingetragen ist.

(2) [1]Diese Vorschriften finden entsprechende Anwendung, wenn für jemand ein ihm nicht zustehendes anderes Recht im Grundbuch eingetragen ist, das zum Besitz des Grundstücks berechtigt oder dessen Ausübung nach den für den Besitz geltenden Vorschriften geschützt ist. [2]Für den Rang des Rechts ist die Eintragung maßgebend.

§ 901 Erlöschen nicht eingetragener Rechte. [1]Ist ein Recht an einem fremden Grundstück im Grundbuch mit Unrecht gelöscht, so erlischt es, wenn der Anspruch des Berechtigten gegen den Eigentümer verjährt ist. [2]Das Gleiche gilt, wenn ein kraft Gesetzes entstandenes Recht an einem fremden Grundstück nicht in das Grundbuch eingetragen worden ist.

§ 902 Unverjährbarkeit eingetragener Rechte. (1) [1]Die Ansprüche aus eingetragenen Rechten unterliegen nicht der Verjährung. [2]Dies gilt nicht für Ansprüche, die auf Rückstände wiederkehrender Leistungen oder auf Schadensersatz gerichtet sind.

(2) Ein Recht, wegen dessen ein Widerspruch gegen die Richtigkeit des Grundbuchs eingetragen ist, steht einem eingetragenen Recht gleich.

Abschnitt 3.[1)] Eigentum

Titel 1. Inhalt des Eigentums

§ 903 Befugnisse des Eigentümers. [1]Der Eigentümer einer Sache kann, soweit nicht das Gesetz oder Rechte Dritter entgegenstehen, mit der Sache nach Belieben verfahren und andere von jeder Einwirkung ausschließen. [2]Der Eigentümer eines Tieres hat bei der Ausübung seiner Befugnisse die besonderen Vorschriften zum Schutz der Tiere zu beachten.

§ 904 Notstand. [1]Der Eigentümer einer Sache ist nicht berechtigt, die Einwirkung eines anderen auf die Sache zu verbieten, wenn die Einwirkung zur Abwendung einer gegenwärtigen Gefahr notwendig und der drohende Schaden gegenüber dem aus der Einwirkung dem Eigentümer entstehenden Schaden unverhältnismäßig groß ist. [2]Der Eigentümer kann Ersatz des ihm entstehenden Schadens verlangen.

§ 905 Begrenzung des Eigentums. [1]Das Recht des Eigentümers eines Grundstücks erstreckt sich auf den Raum über der Oberfläche und auf den Erdkörper unter der Oberfläche. [2]Der Eigentümer kann jedoch Einwirkungen nicht verbieten, die in solcher Höhe oder Tiefe vorgenommen werden, dass er an der Ausschließung kein Interesse hat.

[1)] Wegen des für das Gebiet der ehem. DDR geltenden Übergangsrechts zu §§ 903 ff. beachte Art. 233 § 2 EGBGB **(dtv 5001 BGB Nr. 2)**.

§ 906[1] **Zuführung unwägbarer Stoffe.** (1) [1]Der Eigentümer eines Grundstücks kann die Zuführung von Gasen, Dämpfen, Gerüchen, Rauch, Ruß, Wärme, Geräusch, Erschütterungen und ähnliche von einem anderen Grundstück ausgehende Einwirkungen insoweit nicht verbieten, als die Einwirkung die Benutzung seines Grundstücks nicht oder nur unwesentlich beeinträchtigt. [2]Eine unwesentliche Beeinträchtigung liegt in der Regel vor, wenn die in Gesetzen oder Rechtsverordnungen festgelegten Grenz- oder Richtwerte von den nach diesen Vorschriften ermittelten und bewerteten Einwirkungen nicht überschritten werden. [3]Gleiches gilt für Werte in allgemeinen Verwaltungsvorschriften, die nach § 48 des Bundes-Immissionsschutzgesetzes erlassen worden sind und den Stand der Technik wiedergeben.

(2) [1]Das Gleiche gilt insoweit, als eine wesentliche Beeinträchtigung durch eine ortsübliche Benutzung des anderen Grundstücks herbeigeführt wird und nicht durch Maßnahmen verhindert werden kann, die Benutzern dieser Art wirtschaftlich zumutbar sind. [2]Hat der Eigentümer hiernach eine Einwirkung zu dulden, so kann er von dem Benutzer des anderen Grundstücks einen angemessenen Ausgleich in Geld verlangen, wenn die Einwirkung eine ortsübliche Benutzung seines Grundstücks oder dessen Ertrag über das zumutbare Maß hinaus beeinträchtigt.

(3) Die Zuführung durch eine besondere Leitung ist unzulässig.

§ 907 Gefahr drohende Anlagen. (1) [1]Der Eigentümer eines Grundstücks kann verlangen, dass auf den Nachbargrundstücken nicht Anlagen hergestellt oder gehalten werden, von denen mit Sicherheit vorauszusehen ist, dass ihr Bestand oder ihre Benutzung eine unzulässige Einwirkung auf sein Grundstück zur Folge hat. [2]Genügt eine Anlage den landesgesetzlichen Vorschriften, die einen bestimmten Abstand von der Grenze oder sonstige Schutzmaßregeln vorschreiben, so kann die Beseitigung der Anlage erst verlangt werden, wenn die unzulässige Einwirkung tatsächlich hervortritt.

(2) Bäume und Sträucher gehören nicht zu den Anlagen im Sinne dieser Vorschriften.

§ 908 Drohender Gebäudeeinsturz. Droht einem Grundstück die Gefahr, dass es durch den Einsturz eines Gebäudes oder eines anderen Werkes, das mit einem Nachbargrundstück verbunden ist, oder durch die Ablösung von Teilen des Gebäudes oder des Werkes beschädigt wird, so kann der Eigentümer von demjenigen, welcher nach dem § 836 Abs. 1 oder den §§ 837, 838 für den eintretenden Schaden verantwortlich sein würde, verlangen, dass er die zur Abwendung der Gefahr erforderliche Vorkehrung trifft.

§ 909 Vertiefung. Ein Grundstück darf nicht in der Weise vertieft werden, dass der Boden des Nachbargrundstücks die erforderliche Stütze verliert, es sei denn, dass für eine genügende anderweitige Befestigung gesorgt ist.

§ 910 Überhang. (1) [1]Der Eigentümer eines Grundstücks kann Wurzeln eines Baumes oder eines Strauches, die von einem Nachbargrundstück eingedrungen sind, abschneiden und behalten. [2]Das Gleiche gilt von herüberragenden Zweigen, wenn der Eigentümer dem Besitzer des Nachbargrundstücks

[1] Vgl. ferner §§ 14 und 14a Bundes-ImmissionsschutzG idF der Bek. v. 17.5.2013 (BGBl. I S. 1274, ber. 2021 S. 123), zuletzt geänd. durch G v. 19.10.2022 (BGBl. I S. 1792).

eine angemessene Frist zur Beseitigung bestimmt hat und die Beseitigung nicht innerhalb der Frist erfolgt.

(2) Dem Eigentümer steht dieses Recht nicht zu, wenn die Wurzeln oder die Zweige die Benutzung des Grundstücks nicht beeinträchtigen.

§ 911 Überfall. [1]Früchte, die von einem Baume oder einem Strauche auf ein Nachbargrundstück hinüberfallen, gelten als Früchte dieses Grundstücks. [2]Diese Vorschrift findet keine Anwendung, wenn das Nachbargrundstück dem öffentlichen Gebrauch dient.

§ 912 Überbau; Duldungspflicht. (1) Hat der Eigentümer eines Grundstücks bei der Errichtung eines Gebäudes über die Grenze gebaut, ohne dass ihm Vorsatz oder grobe Fahrlässigkeit zur Last fällt, so hat der Nachbar den Überbau zu dulden, es sei denn, dass er vor oder sofort nach der Grenzüberschreitung Widerspruch erhoben hat.

(2) [1]Der Nachbar ist durch eine Geldrente zu entschädigen. [2]Für die Höhe der Rente ist die Zeit der Grenzüberschreitung maßgebend.

§ 913 Zahlung der Überbaurente. (1) Die Rente für den Überbau ist dem jeweiligen Eigentümer des Nachbargrundstücks von dem jeweiligen Eigentümer des anderen Grundstücks zu entrichten.

(2) Die Rente ist jährlich im Voraus zu entrichten.

§ 914 Rang, Eintragung und Erlöschen der Rente. (1) [1]Das Recht auf die Rente geht allen Rechten an dem belasteten Grundstück, auch den älteren, vor. [2]Es erlischt mit der Beseitigung des Überbaus.

(2) [1]Das Recht wird nicht in das Grundbuch eingetragen. [2]Zum Verzicht auf das Recht sowie zur Feststellung der Höhe der Rente durch Vertrag ist die Eintragung erforderlich.

(3) Im Übrigen finden die Vorschriften Anwendung, die für eine zugunsten des jeweiligen Eigentümers eines Grundstücks bestehende Reallast gelten.

§ 915 Abkauf. (1) [1]Der Rentenberechtigte kann jederzeit verlangen, dass der Rentenpflichtige ihm gegen Übertragung des Eigentums an dem überbauten Teil des Grundstücks den Wert ersetzt, den dieser Teil zur Zeit der Grenzüberschreitung gehabt hat. [2]Macht er von dieser Befugnis Gebrauch, so bestimmen sich die Rechte und Verpflichtungen beider Teile nach den Vorschriften über den Kauf.

(2) Für die Zeit bis zur Übertragung des Eigentums ist die Rente fortzuentrichten.

§ 916 Beeinträchtigung von Erbbaurecht oder Dienstbarkeit. Wird durch den Überbau ein Erbbaurecht oder eine Dienstbarkeit an dem Nachbargrundstück beeinträchtigt, so finden zugunsten des Berechtigten die Vorschriften der §§ 912 bis 914 entsprechende Anwendung.

§ 917 Notweg. (1) [1]Fehlt einem Grundstück die zur ordnungsmäßigen Benutzung notwendige Verbindung mit einem öffentlichen Wege, so kann der Eigentümer von den Nachbarn verlangen, dass sie bis zur Hebung des Mangels die Benutzung ihrer Grundstücke zur Herstellung der erforderlichen Verbin-

dung dulden. [2]Die Richtung des Notwegs und der Umfang des Benutzungsrechts werden erforderlichenfalls durch Urteil bestimmt.

(2) [1]Die Nachbarn, über deren Grundstücke der Notweg führt, sind durch eine Geldrente zu entschädigen. [2]Die Vorschriften des § 912 Abs. 2 Satz 2 und der §§ 913, 914, 916 finden entsprechende Anwendung.

§ 918 Ausschluss des Notwegrechts. (1) Die Verpflichtung zur Duldung des Notwegs tritt nicht ein, wenn die bisherige Verbindung des Grundstücks mit dem öffentlichen Wege durch eine willkürliche Handlung des Eigentümers aufgehoben wird.

(2) [1]Wird infolge der Veräußerung eines Teils des Grundstücks der veräußerte oder der zurückbehaltene Teil von der Verbindung mit dem öffentlichen Wege abgeschnitten, so hat der Eigentümer desjenigen Teils, über welchen die Verbindung bisher stattgefunden hat, den Notweg zu dulden. [2]Der Veräußerung eines Teils steht die Veräußerung eines von mehreren demselben Eigentümer gehörenden Grundstücken gleich.

§ 919 Grenzabmarkung. (1) Der Eigentümer eines Grundstücks kann von dem Eigentümer eines Nachbargrundstücks verlangen, dass dieser zur Errichtung fester Grenzzeichen und, wenn ein Grenzzeichen verrückt oder unkenntlich geworden ist, zur Wiederherstellung mitwirkt.

(2) Die Art der Abmarkung und das Verfahren bestimmen sich nach den Landesgesetzen; enthalten diese keine Vorschriften, so entscheidet die Ortsüblichkeit.

(3) Die Kosten der Abmarkung sind von den Beteiligten zu gleichen Teilen zu tragen, sofern nicht aus einem zwischen ihnen bestehenden Rechtsverhältnis sich ein anderes ergibt.

§ 920 Grenzverwirrung. (1) [1]Lässt sich im Falle einer Grenzverwirrung die richtige Grenze nicht ermitteln, so ist für die Abgrenzung der Besitzstand maßgebend. [2]Kann der Besitzstand nicht festgestellt werden, so ist jedem der Grundstücke ein gleich großes Stück der streitigen Fläche zuzuteilen.

(2) Soweit eine diesen Vorschriften entsprechende Bestimmung der Grenze zu einem Ergebnis führt, das mit den ermittelten Umständen, insbesondere mit der feststehenden Größe der Grundstücke, nicht übereinstimmt, ist die Grenze so zu ziehen, wie es unter Berücksichtigung dieser Umstände der Billigkeit entspricht.

§ 921 Gemeinschaftliche Benutzung von Grenzanlagen. Werden zwei Grundstücke durch einen Zwischenraum, Rain, Winkel, einen Graben, eine Mauer, Hecke, Planke oder eine andere Einrichtung, die zum Vorteil beider Grundstücke dient, voneinander geschieden, so wird vermutet, dass die Eigentümer der Grundstücke zur Benutzung der Einrichtung gemeinschaftlich berechtigt seien, sofern nicht äußere Merkmale darauf hinweisen, dass die Einrichtung einem der Nachbarn allein gehört.

§ 922 Art der Benutzung und Unterhaltung. [1]Sind die Nachbarn zur Benutzung einer der in § 921 bezeichneten Einrichtungen gemeinschaftlich berechtigt, so kann jeder sie zu dem Zwecke, der sich aus ihrer Beschaffenheit ergibt, insoweit benutzen, als nicht die Mitbenutzung des anderen beeinträchtigt wird. [2]Die Unterhaltungskosten sind von den Nachbarn zu gleichen Teilen

zu tragen. [3]Solange einer der Nachbarn an dem Fortbestand der Einrichtung ein Interesse hat, darf sie nicht ohne seine Zustimmung beseitigt oder geändert werden. [4]Im Übrigen bestimmt sich das Rechtsverhältnis zwischen den Nachbarn nach den Vorschriften über die Gemeinschaft.

§ 923 Grenzbaum. (1) Steht auf der Grenze ein Baum, so gebühren die Früchte und, wenn der Baum gefällt wird, auch der Baum den Nachbarn zu gleichen Teilen.

(2) [1]Jeder der Nachbarn kann die Beseitigung des Baumes verlangen. [2]Die Kosten der Beseitigung fallen den Nachbarn zu gleichen Teilen zur Last. [3]Der Nachbar, der die Beseitigung verlangt, hat jedoch die Kosten allein zu tragen, wenn der andere auf sein Recht an dem Baume verzichtet; er erwirbt in diesem Falle mit der Trennung das Alleineigentum. [4]Der Anspruch auf die Beseitigung ist ausgeschlossen, wenn der Baum als Grenzzeichen dient und den Umständen nach nicht durch ein anderes zweckmäßiges Grenzzeichen ersetzt werden kann.

(3) Diese Vorschriften gelten auch für einen auf der Grenze stehenden Strauch.

§ 924 Unverjährbarkeit nachbarrechtlicher Ansprüche. Die Ansprüche, die sich aus den §§ 907 bis 909, 915, dem § 917 Abs. 1, dem § 918 Abs. 2, den §§ 919, 920 und dem § 923 Abs. 2 ergeben, unterliegen nicht der Verjährung.

Titel 2. Erwerb und Verlust des Eigentums an Grundstücken[1)]

§ 925 Auflassung. (1) [1]Die zur Übertragung des Eigentums an einem Grundstück nach § 873 erforderliche Einigung des Veräußerers und des Erwerbers (Auflassung) muss bei gleichzeitiger Anwesenheit beider Teile vor einer zuständigen Stelle erklärt werden. [2]Zur Entgegennahme der Auflassung ist, unbeschadet der Zuständigkeit weiterer Stellen, jeder Notar zuständig. [3]Eine Auflassung kann auch in einem gerichtlichen Vergleich oder in einem rechtskräftig bestätigten Insolvenzplan oder Restrukturierungsplan erklärt werden.

(2) Eine Auflassung, die unter einer Bedingung oder einer Zeitbestimmung erfolgt, ist unwirksam.

§ 925a Urkunde über Grundgeschäft. Die Erklärung einer Auflassung soll nur entgegengenommen werden, wenn die nach § 311b Abs. 1 Satz 1 erforderliche Urkunde über den Vertrag vorgelegt oder gleichzeitig errichtet wird.

§ 926 Zubehör des Grundstücks. (1) [1]Sind der Veräußerer und der Erwerber darüber einig, dass sich die Veräußerung auf das Zubehör des Grundstücks erstrecken soll, so erlangt der Erwerber mit dem Eigentum an dem Grundstück auch das Eigentum an den zur Zeit des Erwerbs vorhandenen Zubehörstücken, soweit sie dem Veräußerer gehören. [2]Im Zweifel ist anzunehmen, dass sich die Veräußerung auf das Zubehör erstrecken soll.

(2) Erlangt der Erwerber auf Grund der Veräußerung den Besitz von Zubehörstücken, die dem Veräußerer nicht gehören oder mit Rechten Dritter belastet sind, so finden die Vorschriften der §§ 932 bis 936 Anwendung; für

[1)] Für den Verkehr mit land- und forstwirtschaftlichen Grundstücken sind die Genehmigungspflichten nach dem Grundstückverkehrsgesetz (Nr. **9**) zu beachten.

den guten Glauben des Erwerbers ist die Zeit der Erlangung des Besitzes maßgebend.

§ 927 Aufgebotsverfahren. (1) [1]Der Eigentümer eines Grundstücks kann, wenn das Grundstück seit 30 Jahren im Eigenbesitz eines anderen ist, im Wege des Aufgebotsverfahrens mit seinem Recht ausgeschlossen werden. [2]Die Besitzzeit wird in gleicher Weise berechnet wie die Frist für die Ersitzung einer beweglichen Sache. [3]Ist der Eigentümer im Grundbuch eingetragen, so ist das Aufgebotsverfahren nur zulässig, wenn er gestorben oder verschollen ist und eine Eintragung in das Grundbuch, die der Zustimmung des Eigentümers bedurfte, seit 30 Jahren nicht erfolgt ist.

(2) Derjenige, welcher den Ausschließungsbeschluss erwirkt hat, erlangt das Eigentum dadurch, dass er sich als Eigentümer in das Grundbuch eintragen lässt.

(3) Ist vor dem Erlass des Ausschließungsbeschlusses ein Dritter als Eigentümer oder wegen des Eigentums eines Dritten ein Widerspruch gegen die Richtigkeit des Grundbuchs eingetragen worden, so wirkt der Ausschließungsbeschluss nicht gegen den Dritten.

§ 928 Aufgabe des Eigentums, Aneignung des Fiskus. (1) Das Eigentum an einem Grundstück kann dadurch aufgegeben werden, dass der Eigentümer den Verzicht dem Grundbuchamt gegenüber erklärt und der Verzicht in das Grundbuch eingetragen wird.

(2) [1]Das Recht zur Aneignung des aufgegebenen Grundstücks steht dem Fiskus des Landes zu, in dem das Grundstück liegt. [2]Der Fiskus erwirbt das Eigentum dadurch, dass er sich als Eigentümer in das Grundbuch eintragen lässt.

Titel 3.[1)] Erwerb und Verlust des Eigentums an beweglichen Sachen

Untertitel 1. Übertragung

§§ 929–984 *(vom Abdruck wurde abgesehen)*

Titel 4. Ansprüche aus dem Eigentum

§ 985 Herausgabeanspruch. Der Eigentümer kann von dem Besitzer die Herausgabe der Sache verlangen.

§ 986 Einwendungen des Besitzers. (1) [1]Der Besitzer kann die Herausgabe der Sache verweigern, wenn er oder der mittelbare Besitzer, von dem er sein Recht zum Besitz ableitet, dem Eigentümer gegenüber zum Besitz berechtigt ist. [2]Ist der mittelbare Besitzer dem Eigentümer gegenüber zur Überlassung des Besitzes an den Besitzer nicht befugt, so kann der Eigentümer von dem Besitzer die Herausgabe der Sache an den mittelbaren Besitzer oder, wenn dieser den Besitz nicht wieder übernehmen kann oder will, an sich selbst verlangen.

(2) Der Besitzer einer Sache, die nach § 931 durch Abtretung des Anspruchs auf Herausgabe veräußert worden ist, kann dem neuen Eigentümer die Ein-

[1)] Erwerb und Verlust des Eigentums an Schiffen. §§ 1–23 G über Rechte an eingetragenen Schiffen und Schiffsbauwerken v. 15.11.1940 (RGBl. I S. 1499), zuletzt geänd. durch G v. 21.1.2013 (BGBl. I S. 91).

wendungen entgegensetzen, welche ihm gegen den abgetretenen Anspruch zustehen.

§ 987 Nutzungen nach Rechtshängigkeit. (1) Der Besitzer hat dem Eigentümer die Nutzungen herauszugeben, die er nach dem Eintritt der Rechtshängigkeit zieht.

(2) Zieht der Besitzer nach dem Eintritt der Rechtshängigkeit Nutzungen nicht, die er nach den Regeln einer ordnungsmäßigen Wirtschaft ziehen könnte, so ist er dem Eigentümer zum Ersatz verpflichtet, soweit ihm ein Verschulden zur Last fällt.

§ 988 Nutzungen des unentgeltlichen Besitzers. Hat ein Besitzer, der die Sache als ihm gehörig oder zum Zwecke der Ausübung eines ihm in Wirklichkeit nicht zustehenden Nutzungsrechts an der Sache besitzt, den Besitz unentgeltlich erlangt, so ist er dem Eigentümer gegenüber zur Herausgabe der Nutzungen, die er vor dem Eintritt der Rechtshängigkeit zieht, nach den Vorschriften über die Herausgabe einer ungerechtfertigten Bereicherung verpflichtet.

§ 989 Schadensersatz nach Rechtshängigkeit. Der Besitzer ist von dem Eintritt der Rechtshängigkeit an dem Eigentümer für den Schaden verantwortlich, der dadurch entsteht, dass infolge seines Verschuldens die Sache verschlechtert wird, untergeht oder aus einem anderen Grunde von ihm nicht herausgegeben werden kann.

§ 990 Haftung des Besitzers bei Kenntnis. (1) [1] War der Besitzer bei dem Erwerb des Besitzes nicht in gutem Glauben, so haftet er dem Eigentümer von der Zeit des Erwerbs an nach den §§ 987, 989. [2] Erfährt der Besitzer später, dass er zum Besitz nicht berechtigt ist, so haftet er in gleicher Weise von der Erlangung der Kenntnis an.

(2) Eine weitergehende Haftung des Besitzers wegen Verzugs bleibt unberührt.

§ 991 Haftung des Besitzmittlers. (1) Leitet der Besitzer das Recht zum Besitz von einem mittelbaren Besitzer ab, so findet die Vorschrift des § 990 in Ansehung der Nutzungen nur Anwendung, wenn die Voraussetzungen des § 990 auch bei dem mittelbaren Besitzer vorliegen oder diesem gegenüber die Rechtshängigkeit eingetreten ist.

(2) War der Besitzer bei dem Erwerb des Besitzes in gutem Glauben, so hat er gleichwohl von dem Erwerb an den im § 989 bezeichneten Schaden dem Eigentümer gegenüber insoweit zu vertreten, als er dem mittelbaren Besitzer verantwortlich ist.

§ 992 Haftung des deliktischen Besitzers. Hat sich der Besitzer durch verbotene Eigenmacht oder durch eine Straftat den Besitz verschafft, so haftet er dem Eigentümer nach den Vorschriften über den Schadensersatz wegen unerlaubter Handlungen.

§ 993 Haftung des redlichen Besitzers. (1) Liegen die in den §§ 987 bis 992 bezeichneten Voraussetzungen nicht vor, so hat der Besitzer die gezogenen Früchte, soweit sie nach den Regeln einer ordnungsmäßigen Wirtschaft nicht als Ertrag der Sache anzusehen sind, nach den Vorschriften über die Herausgabe

einer ungerechtfertigten Bereicherung herauszugeben; im Übrigen ist er weder zur Herausgabe von Nutzungen noch zum Schadensersatz verpflichtet.

(2) Für die Zeit, für welche dem Besitzer die Nutzungen verbleiben, findet auf ihn die Vorschrift des § 101 Anwendung.

§ 994 Notwendige Verwendungen. (1) [1]Der Besitzer kann für die auf die Sache gemachten notwendigen Verwendungen von dem Eigentümer Ersatz verlangen. [2]Die gewöhnlichen Erhaltungskosten sind ihm jedoch für die Zeit, für welche ihm die Nutzungen verbleiben, nicht zu ersetzen.

(2) Macht der Besitzer nach dem Eintritt der Rechtshängigkeit oder nach dem Beginn der in § 990 bestimmten Haftung notwendige Verwendungen, so bestimmt sich die Ersatzpflicht des Eigentümers nach den Vorschriften über die Geschäftsführung ohne Auftrag.

§ 995 Lasten. [1]Zu den notwendigen Verwendungen im Sinne des § 994 gehören auch die Aufwendungen, die der Besitzer zur Bestreitung von Lasten der Sache macht. [2]Für die Zeit, für welche dem Besitzer die Nutzungen verbleiben, sind ihm nur die Aufwendungen für solche außerordentliche Lasten zu ersetzen, die als auf den Stammwert der Sache gelegt anzusehen sind.

§ 996 Nützliche Verwendungen. Für andere als notwendige Verwendungen kann der Besitzer Ersatz nur insoweit verlangen, als sie vor dem Eintritt der Rechtshängigkeit und vor dem Beginn der in § 990 bestimmten Haftung gemacht werden und der Wert der Sache durch sie noch zu der Zeit erhöht ist, zu welcher der Eigentümer die Sache wiedererlangt.

§ 997 Wegnahmerecht. (1) [1]Hat der Besitzer mit der Sache eine andere Sache als wesentlichen Bestandteil verbunden, so kann er sie abtrennen und sich aneignen. [2]Die Vorschrift des § 258 findet Anwendung.

(2) Das Recht zur Abtrennung ist ausgeschlossen, wenn der Besitzer nach § 994 Abs. 1 Satz 2 für die Verwendung Ersatz nicht verlangen kann oder die Abtrennung für ihn keinen Nutzen hat oder ihm mindestens der Wert ersetzt wird, den der Bestandteil nach der Abtrennung für ihn haben würde.

§ 998 Bestellungskosten bei landwirtschaftlichem Grundstück. Ist ein landwirtschaftliches Grundstück herauszugeben, so hat der Eigentümer die Kosten, die der Besitzer auf die noch nicht getrennten, jedoch nach den Regeln einer ordnungsmäßigen Wirtschaft vor dem Ende des Wirtschaftsjahrs zu trennenden Früchte verwendet hat, insoweit zu ersetzen, als sie einer ordnungsmäßigen Wirtschaft entsprechen und den Wert dieser Früchte nicht übersteigen.

§ 999 Ersatz von Verwendungen des Rechtsvorgängers. (1) Der Besitzer kann für die Verwendungen eines Vorbesitzers, dessen Rechtsnachfolger er geworden ist, in demselben Umfang Ersatz verlangen, in welchem ihn der Vorbesitzer fordern könnte, wenn er die Sache herauszugeben hätte.

(2) Die Verpflichtung des Eigentümers zum Ersatz von Verwendungen erstreckt sich auch auf die Verwendungen, die gemacht worden sind, bevor er das Eigentum erworben hat.

§ 1000 Zurückbehaltungsrecht des Besitzers. [1]Der Besitzer kann die Herausgabe der Sache verweigern, bis er wegen der ihm zu ersetzenden Verwendungen befriedigt wird. [2]Das Zurückbehaltungsrecht steht ihm nicht zu, wenn er die Sache durch eine vorsätzlich begangene unerlaubte Handlung erlangt hat.

§ 1001 Klage auf Verwendungsersatz. [1]Der Besitzer kann den Anspruch auf den Ersatz der Verwendungen nur geltend machen, wenn der Eigentümer die Sache wiedererlangt oder die Verwendungen genehmigt. [2]Bis zur Genehmigung der Verwendungen kann sich der Eigentümer von dem Anspruch dadurch befreien, dass er die wiedererlangte Sache zurückgibt. [3]Die Genehmigung gilt als erteilt, wenn der Eigentümer die ihm von dem Besitzer unter Vorbehalt des Anspruchs angebotene Sache annimmt.

§ 1002 Erlöschen des Verwendungsanspruchs. (1) Gibt der Besitzer die Sache dem Eigentümer heraus, so erlischt der Anspruch auf den Ersatz der Verwendungen mit dem Ablauf eines Monats, bei einem Grundstück mit dem Ablauf von sechs Monaten nach der Herausgabe, wenn nicht vorher die gerichtliche Geltendmachung erfolgt oder der Eigentümer die Verwendungen genehmigt.

(2) Auf diese Fristen finden die für die Verjährung geltenden Vorschriften der §§ 206, 210, 211 entsprechende Anwendung.

§ 1003 Befriedigungsrecht des Besitzers. (1) [1]Der Besitzer kann den Eigentümer unter Angabe des als Ersatz verlangten Betrags auffordern, sich innerhalb einer von ihm bestimmten angemessenen Frist darüber zu erklären, ob er die Verwendungen genehmige. [2]Nach dem Ablauf der Frist ist der Besitzer berechtigt, Befriedigung aus der Sache nach den Vorschriften über den Pfandverkauf, bei einem Grundstück nach den Vorschriften über die Zwangsvollstreckung in das unbewegliche Vermögen zu suchen, wenn nicht die Genehmigung rechtzeitig erfolgt.

(2) Bestreitet der Eigentümer den Anspruch vor dem Ablauf der Frist, so kann sich der Besitzer aus der Sache erst dann befriedigen, wenn er nach rechtskräftiger Feststellung des Betrags der Verwendungen den Eigentümer unter Bestimmung einer angemessenen Frist zur Erklärung aufgefordert hat und die Frist verstrichen ist; das Recht auf Befriedigung aus der Sache ist ausgeschlossen, wenn die Genehmigung rechtzeitig erfolgt.

§ 1004 Beseitigungs- und Unterlassungsanspruch. (1) [1]Wird das Eigentum in anderer Weise als durch Entziehung oder Vorenthaltung des Besitzes beeinträchtigt, so kann der Eigentümer von dem Störer die Beseitigung der Beeinträchtigung verlangen. [2]Sind weitere Beeinträchtigungen zu besorgen, so kann der Eigentümer auf Unterlassung klagen.

(2) Der Anspruch ist ausgeschlossen, wenn der Eigentümer zur Duldung verpflichtet ist.[1)]

[1)] Vgl. § 14 Bundes-Immissionsschutzgesetz idF der Bek. v. 17.5.2013 (BGBl. I S. 1274, ber. 2021 S. 123), zuletzt geänd. durch G v. 19.10.2022 (BGBl. I S. 1792).

§ 1005 Verfolgungsrecht. Befindet sich eine Sache auf einem Grundstück, das ein anderer als der Eigentümer der Sache besitzt, so steht diesem gegen den Besitzer des Grundstücks der in § 867 bestimmte Anspruch zu.

§ 1006 Eigentumsvermutung für Besitzer. (1) [1] Zugunsten des Besitzers einer beweglichen Sache wird vermutet, dass er Eigentümer der Sache sei. [2] Dies gilt jedoch nicht einem früheren Besitzer gegenüber, dem die Sache gestohlen worden, verloren gegangen oder sonst abhanden gekommen ist, es sei denn, dass es sich um Geld oder Inhaberpapiere handelt.

(2) Zugunsten eines früheren Besitzers wird vermutet, dass er während der Dauer seines Besitzes Eigentümer der Sache gewesen sei.

(3) Im Falle eines mittelbaren Besitzes gilt die Vermutung für den mittelbaren Besitzer.

§ 1007 Ansprüche des früheren Besitzers, Ausschluss bei Kenntnis.

(1) Wer eine bewegliche Sache im Besitz gehabt hat, kann von dem Besitzer die Herausgabe der Sache verlangen, wenn dieser bei dem Erwerb des Besitzes nicht in gutem Glauben war.

(2) [1] Ist die Sache dem früheren Besitzer gestohlen worden, verloren gegangen oder sonst abhanden gekommen, so kann er die Herausgabe auch von einem gutgläubigen Besitzer verlangen, es sei denn, dass dieser Eigentümer der Sache ist oder die Sache ihm vor der Besitzzeit des früheren Besitzers abhanden gekommen war. [2] Auf Geld und Inhaberpapiere findet diese Vorschrift keine Anwendung.

(3) [1] Der Anspruch ist ausgeschlossen, wenn der frühere Besitzer bei dem Erwerb des Besitzes nicht in gutem Glauben war oder wenn er den Besitz aufgegeben hat. [2] Im Übrigen finden die Vorschriften der §§ 986 bis 1003 entsprechende Anwendung.

Titel 5.[1] Miteigentum

§ 1008 Miteigentum nach Bruchteilen. Steht das Eigentum an einer Sache mehreren nach Bruchteilen zu, so gelten die Vorschriften der §§ 1009 bis 1011.

§ 1009 Belastung zugunsten eines Miteigentümers. (1) Die gemeinschaftliche Sache kann auch zugunsten eines Miteigentümers belastet werden.

(2) Die Belastung eines gemeinschaftlichen Grundstücks zugunsten des jeweiligen Eigentümers eines anderen Grundstücks sowie die Belastung eines anderen Grundstücks zugunsten der jeweiligen Eigentümer des gemeinschaftlichen Grundstücks wird nicht dadurch ausgeschlossen, dass das andere Grundstück einem Miteigentümer des gemeinschaftlichen Grundstücks gehört.

§ 1010 Sondernachfolger eines Miteigentümers. (1) Haben die Miteigentümer eines Grundstücks die Verwaltung und Benutzung geregelt oder das Recht, die Aufhebung der Gemeinschaft zu verlangen, für immer oder auf Zeit ausgeschlossen oder eine Kündigungsfrist bestimmt, so wirkt die getroffene Bestimmung gegen den Sondernachfolger eines Miteigentümers nur, wenn sie als Belastung des Anteils im Grundbuch eingetragen ist.

[1] Vgl. hierzu auch das Wohnungseigentumsgesetz (Nr. **3**).

(2) Die in den §§ 755, 756 bestimmten Ansprüche können gegen den Sondernachfolger eines Miteigentümers nur geltend gemacht werden, wenn sie im Grundbuch eingetragen sind.

§ 1011 Ansprüche aus dem Miteigentum. Jeder Miteigentümer kann die Ansprüche aus dem Eigentum Dritten gegenüber in Ansehung der ganzen Sache geltend machen, den Anspruch auf Herausgabe jedoch nur in Gemäßheit des § 432.

§§ 1012 bis 1017 (weggefallen)

Abschnitt 4. Dienstbarkeiten

Titel 1. Grunddienstbarkeiten

§ 1018 Gesetzlicher Inhalt der Grunddienstbarkeit. Ein Grundstück kann zugunsten des jeweiligen Eigentümers eines anderen Grundstücks in der Weise belastet werden, dass dieser das Grundstück in einzelnen Beziehungen benutzen darf oder dass auf dem Grundstück gewisse Handlungen nicht vorgenommen werden dürfen oder dass die Ausübung eines Rechts ausgeschlossen ist, das sich aus dem Eigentum an dem belasteten Grundstück dem anderen Grundstück gegenüber ergibt (Grunddienstbarkeit).

§ 1019 Vorteil des herrschenden Grundstücks. [1] Eine Grunddienstbarkeit kann nur in einer Belastung bestehen, die für die Benutzung des Grundstücks des Berechtigten Vorteil bietet. [2] Über das sich hieraus ergebende Maß hinaus kann der Inhalt der Dienstbarkeit nicht erstreckt werden.

§ 1020 Schonende Ausübung. [1] Bei der Ausübung einer Grunddienstbarkeit hat der Berechtigte das Interesse des Eigentümers des belasteten Grundstücks tunlichst zu schonen. [2] Hält er zur Ausübung der Dienstbarkeit auf dem belasteten Grundstück eine Anlage, so hat er sie in ordnungsmäßigem Zustand zu erhalten, soweit das Interesse des Eigentümers es erfordert.

§ 1021 Vereinbarte Unterhaltungspflicht. (1) [1] Gehört zur Ausübung einer Grunddienstbarkeit eine Anlage auf dem belasteten Grundstück, so kann bestimmt werden, dass der Eigentümer dieses Grundstücks die Anlage zu unterhalten hat, soweit das Interesse des Berechtigten es erfordert. [2] Steht dem Eigentümer das Recht zur Mitbenutzung der Anlage zu, so kann bestimmt werden, dass der Berechtigte die Anlage zu unterhalten hat, soweit es für das Benutzungsrecht des Eigentümers erforderlich ist.

(2) Auf eine solche Unterhaltungspflicht finden die Vorschriften über die Reallasten entsprechende Anwendung.

§ 1022 Anlagen auf baulichen Anlagen. [1] Besteht die Grunddienstbarkeit in dem Recht, auf einer baulichen Anlage des belasteten Grundstücks eine bauliche Anlage zu halten, so hat, wenn nicht ein anderes bestimmt ist, der Eigentümer des belasteten Grundstücks seine Anlage zu unterhalten, soweit das Interesse des Berechtigten es erfordert. [2] Die Vorschrift des § 1021 Abs. 2 gilt auch für diese Unterhaltungspflicht.

§ 1023 Verlegung der Ausübung. (1) [1]Beschränkt sich die jeweilige Ausübung einer Grunddienstbarkeit auf einen Teil des belasteten Grundstücks, so kann der Eigentümer die Verlegung der Ausübung auf eine andere, für den Berechtigten ebenso geeignete Stelle verlangen, wenn die Ausübung an der bisherigen Stelle für ihn besonders beschwerlich ist; die Kosten der Verlegung hat er zu tragen und vorzuschießen. [2]Dies gilt auch dann, wenn der Teil des Grundstücks, auf den sich die Ausübung beschränkt, durch Rechtsgeschäft bestimmt ist.

(2) Das Recht auf die Verlegung kann nicht durch Rechtsgeschäft ausgeschlossen oder beschränkt werden.

§ 1024 Zusammentreffen mehrerer Nutzungsrechte. Trifft eine Grunddienstbarkeit mit einer anderen Grunddienstbarkeit oder einem sonstigen Nutzungsrecht an dem Grundstück dergestalt zusammen, dass die Rechte nebeneinander nicht oder nicht vollständig ausgeübt werden können, und haben die Rechte gleichen Rang, so kann jeder Berechtigte eine den Interessen aller Berechtigten nach billigem Ermessen entsprechende Regelung der Ausübung verlangen.

§ 1025 Teilung des herrschenden Grundstücks. [1]Wird das Grundstück des Berechtigten geteilt, so besteht die Grunddienstbarkeit für die einzelnen Teile fort; die Ausübung ist jedoch im Zweifel nur in der Weise zulässig, dass sie für den Eigentümer des belasteten Grundstücks nicht beschwerlicher wird. [2]Gereicht die Dienstbarkeit nur einem der Teile zum Vorteil, so erlischt sie für die übrigen Teile.

§ 1026 Teilung des dienenden Grundstücks. Wird das belastete Grundstück geteilt, so werden, wenn die Ausübung der Grunddienstbarkeit auf einen bestimmten Teil des belasteten Grundstücks beschränkt ist, die Teile, welche außerhalb des Bereichs der Ausübung liegen, von der Dienstbarkeit frei.

§ 1027 Beeinträchtigung der Grunddienstbarkeit. Wird eine Grunddienstbarkeit beeinträchtigt, so stehen dem Berechtigten die in § 1004 bestimmten Rechte zu.

§ 1028 Verjährung. (1) [1]Ist auf dem belasteten Grundstück eine Anlage, durch welche die Grunddienstbarkeit beeinträchtigt wird, errichtet worden, so unterliegt der Anspruch des Berechtigten auf Beseitigung der Beeinträchtigung der Verjährung, auch wenn die Dienstbarkeit im Grundbuch eingetragen ist. [2]Mit der Verjährung des Anspruchs erlischt die Dienstbarkeit, soweit der Bestand der Anlage mit ihr in Widerspruch steht.

(2) Die Vorschrift des § 892 findet keine Anwendung.

§ 1029 Besitzschutz des Rechtsbesitzers. Wird der Besitzer eines Grundstücks in der Ausübung einer für den Eigentümer im Grundbuch eingetragenen Grunddienstbarkeit gestört, so finden die für den Besitzschutz geltenden Vorschriften entsprechende Anwendung, soweit die Dienstbarkeit innerhalb eines Jahres vor der Störung, sei es auch nur einmal, ausgeübt worden ist.

Titel 2. Nießbrauch

Untertitel 1. Nießbrauch an Sachen

§ 1030 Gesetzlicher Inhalt des Nießbrauchs an Sachen. (1) Eine Sache kann in der Weise belastet werden, dass derjenige, zu dessen Gunsten die Belastung erfolgt, berechtigt ist, die Nutzungen der Sache zu ziehen (Nießbrauch).

(2) Der Nießbrauch kann durch den Ausschluss einzelner Nutzungen beschränkt werden.

§ 1031 Erstreckung auf Zubehör. Mit dem Nießbrauch an einem Grundstück erlangt der Nießbraucher den Nießbrauch an dem Zubehör nach der für den Erwerb des Eigentums geltenden Vorschrift des § 926.

§ 1032 Bestellung an beweglichen Sachen. [1]Zur Bestellung des Nießbrauchs an einer beweglichen Sache ist erforderlich, dass der Eigentümer die Sache dem Erwerber übergibt und beide darüber einig sind, dass diesem der Nießbrauch zustehen soll. [2]Die Vorschriften des § 929 Satz 2, der §§ 930 bis 932 und der §§ 933 bis 936 finden entsprechende Anwendung; in den Fällen des § 936 tritt nur die Wirkung ein, dass der Nießbrauch dem Recht des Dritten vorgeht.

§ 1033 Erwerb durch Ersitzung. [1]Der Nießbrauch an einer beweglichen Sache kann durch Ersitzung erworben werden. [2]Die für den Erwerb des Eigentums durch Ersitzung geltenden Vorschriften finden entsprechende Anwendung.

§ 1034 Feststellung des Zustands. [1]Der Nießbraucher kann den Zustand der Sache auf seine Kosten durch Sachverständige feststellen lassen. [2]Das gleiche Recht steht dem Eigentümer zu.

§ 1035 Nießbrauch an Inbegriff von Sachen; Verzeichnis. [1]Bei dem Nießbrauch an einem Inbegriff von Sachen sind der Nießbraucher und der Eigentümer einander verpflichtet, zur Aufnahme eines Verzeichnisses der Sachen mitzuwirken. [2]Das Verzeichnis ist mit der Angabe des Tages der Aufnahme zu versehen und von beiden Teilen zu unterzeichnen; jeder Teil kann verlangen, dass die Unterzeichnung öffentlich beglaubigt wird. [3]Jeder Teil kann auch verlangen, dass das Verzeichnis durch die zuständige Behörde oder durch einen zuständigen Beamten oder Notar aufgenommen wird. [4]Die Kosten hat derjenige zu tragen und vorzuschießen, welcher die Aufnahme oder die Beglaubigung verlangt.

§ 1036 Besitzrecht; Ausübung des Nießbrauchs. (1) Der Nießbraucher ist zum Besitz der Sache berechtigt.

(2) Er hat bei der Ausübung des Nutzungsrechts die bisherige wirtschaftliche Bestimmung der Sache aufrechtzuerhalten und nach den Regeln einer ordnungsmäßigen Wirtschaft zu verfahren.

§ 1037 Umgestaltung. (1) Der Nießbraucher ist nicht berechtigt, die Sache umzugestalten oder wesentlich zu verändern.

(2) Der Nießbraucher eines Grundstücks darf neue Anlagen zur Gewinnung von Steinen, Kies, Sand, Lehm, Ton, Mergel, Torf und sonstigen Boden-

bestandteilen errichten, sofern nicht die wirtschaftliche Bestimmung des Grundstücks dadurch wesentlich verändert wird.

§ 1038 Wirtschaftsplan für Wald und Bergwerk. (1) [1] Ist ein Wald Gegenstand des Nießbrauchs, so kann sowohl der Eigentümer als der Nießbraucher verlangen, dass das Maß der Nutzung und die Art der wirtschaftlichen Behandlung durch einen Wirtschaftsplan festgestellt werden. [2] Tritt eine erhebliche Änderung der Umstände ein, so kann jeder Teil eine entsprechende Änderung des Wirtschaftsplans verlangen. [3] Die Kosten hat jeder Teil zur Hälfte zu tragen.

(2) Das Gleiche gilt, wenn ein Bergwerk oder eine andere auf Gewinnung von Bodenbestandteilen gerichtete Anlage Gegenstand des Nießbrauchs ist.

§ 1039 Übermäßige Fruchtziehung. (1) [1] Der Nießbraucher erwirbt das Eigentum auch an solchen Früchten, die er den Regeln einer ordnungsmäßigen Wirtschaft zuwider oder die er deshalb im Übermaß zieht, weil dies infolge eines besonderen Ereignisses notwendig geworden ist. [2] Er ist jedoch, unbeschadet seiner Verantwortlichkeit für ein Verschulden, verpflichtet, den Wert der Früchte dem Eigentümer bei der Beendigung des Nießbrauchs zu ersetzen und für die Erfüllung dieser Verpflichtung Sicherheit zu leisten. [3] Sowohl der Eigentümer als der Nießbraucher kann verlangen, dass der zu ersetzende Betrag zur Wiederherstellung der Sache insoweit verwendet wird, als es einer ordnungsmäßigen Wirtschaft entspricht.

(2) Wird die Verwendung zur Wiederherstellung der Sache nicht verlangt, so fällt die Ersatzpflicht weg, soweit durch den ordnungswidrigen oder den übermäßigen Fruchtbezug die dem Nießbraucher gebührenden Nutzungen beeinträchtigt werden.

§ 1040 Schatz. Das Recht des Nießbrauchers erstreckt sich nicht auf den Anteil des Eigentümers an einem Schatze, der in der Sache gefunden wird.

§ 1041 Erhaltung der Sache. [1] Der Nießbraucher hat für die Erhaltung der Sache in ihrem wirtschaftlichen Bestand zu sorgen. [2] Ausbesserungen und Erneuerungen liegen ihm nur insoweit ob, als sie zu der gewöhnlichen Unterhaltung der Sache gehören.

§ 1042 Anzeigepflicht des Nießbrauchers. [1] Wird die Sache zerstört oder beschädigt oder wird eine außergewöhnliche Ausbesserung oder Erneuerung der Sache oder eine Vorkehrung zum Schutze der Sache gegen eine nicht vorhergesehene Gefahr erforderlich, so hat der Nießbraucher dem Eigentümer unverzüglich Anzeige zu machen. [2] Das Gleiche gilt, wenn sich ein Dritter ein Recht an der Sache anmaßt.

§ 1043 Ausbesserung oder Erneuerung. Nimmt der Nießbraucher eines Grundstücks eine erforderlich gewordene außergewöhnliche Ausbesserung oder Erneuerung selbst vor, so darf er zu diesem Zwecke innerhalb der Grenzen einer ordnungsmäßigen Wirtschaft auch Bestandteile des Grundstücks verwenden, die nicht zu den ihm gebührenden Früchten gehören.

§ 1044 Duldung von Ausbesserungen. Nimmt der Nießbraucher eine erforderlich gewordene Ausbesserung oder Erneuerung der Sache nicht selbst vor, so hat er dem Eigentümer die Vornahme und, wenn ein Grundstück

Gegenstand des Nießbrauchs ist, die Verwendung der in § 1043 bezeichneten Bestandteile des Grundstücks zu gestatten.

§ 1045 Versicherungspflicht des Nießbrauchers. (1) [1]Der Nießbraucher hat die Sache für die Dauer des Nießbrauchs gegen Brandschaden und sonstige Unfälle auf seine Kosten unter Versicherung zu bringen, wenn die Versicherung einer ordnungsmäßigen Wirtschaft entspricht. [2]Die Versicherung ist so zu nehmen, dass die Forderung gegen den Versicherer dem Eigentümer zusteht.

(2) Ist die Sache bereits versichert, so fallen die für die Versicherung zu leistenden Zahlungen dem Nießbraucher für die Dauer des Nießbrauchs zur Last, soweit er zur Versicherung verpflichtet sein würde.

§ 1046 Nießbrauch an der Versicherungsforderung. (1) An der Forderung gegen den Versicherer steht dem Nießbraucher der Nießbrauch nach den Vorschriften zu, die für den Nießbrauch an einer auf Zinsen ausstehenden Forderung gelten.

(2) [1]Tritt ein unter die Versicherung fallender Schaden ein, so kann sowohl der Eigentümer als der Nießbraucher verlangen, dass die Versicherungssumme zur Wiederherstellung der Sache oder zur Beschaffung eines Ersatzes insoweit verwendet wird, als es einer ordnungsmäßigen Wirtschaft entspricht. [2]Der Eigentümer kann die Verwendung selbst besorgen oder dem Nießbraucher überlassen.

§ 1047 Lastentragung. Der Nießbraucher ist dem Eigentümer gegenüber verpflichtet, für die Dauer des Nießbrauchs die auf der Sache ruhenden öffentlichen Lasten mit Ausschluss der außerordentlichen Lasten, die als auf den Stammwert der Sache gelegt anzusehen sind, sowie diejenigen privatrechtlichen Lasten zu tragen, welche schon zur Zeit der Bestellung des Nießbrauchs auf der Sache ruhten, insbesondere die Zinsen der Hypothekenforderungen und Grundschulden sowie die auf Grund einer Rentenschuld zu entrichtenden Leistungen.

§ 1048 Nießbrauch an Grundstück mit Inventar. (1) [1]Ist ein Grundstück samt Inventar Gegenstand des Nießbrauchs, so kann der Nießbraucher über die einzelnen Stücke des Inventars innerhalb der Grenzen einer ordnungsmäßigen Wirtschaft verfügen. [2]Er hat für den gewöhnlichen Abgang sowie für die nach den Regeln einer ordnungsmäßigen Wirtschaft ausscheidenden Stücke Ersatz zu beschaffen; die von ihm angeschafften Stücke werden mit der Einverleibung in das Inventar Eigentum desjenigen, welchem das Inventar gehört.

(2) Übernimmt der Nießbraucher das Inventar zum Schätzwert mit der Verpflichtung, es bei der Beendigung des Nießbrauchs zum Schätzwert zurückzugewähren, so findet die Vorschrift des § 582a entsprechende Anwendung.

§ 1049 Ersatz von Verwendungen. (1) Macht der Nießbraucher Verwendungen auf die Sache, zu denen er nicht verpflichtet ist, so bestimmt sich die Ersatzpflicht des Eigentümers nach den Vorschriften über die Geschäftsführung ohne Auftrag.

(2) Der Nießbraucher ist berechtigt, eine Einrichtung, mit der er die Sache versehen hat, wegzunehmen.

§ 1050 Abnutzung. Veränderungen oder Verschlechterungen der Sache, welche durch die ordnungsmäßige Ausübung des Nießbrauchs herbeigeführt werden, hat der Nießbraucher nicht zu vertreten.

§ 1051 Sicherheitsleistung. Wird durch das Verhalten des Nießbrauchers die Besorgnis einer erheblichen Verletzung der Rechte des Eigentümers begründet, so kann der Eigentümer Sicherheitsleistung verlangen.

§ 1052 Gerichtliche Verwaltung mangels Sicherheitsleistung.

(1) [1] Ist der Nießbraucher zur Sicherheitsleistung rechtskräftig verurteilt, so kann der Eigentümer statt der Sicherheitsleistung verlangen, dass die Ausübung des Nießbrauchs für Rechnung des Nießbrauchers einem von dem Gericht zu bestellenden Verwalter übertragen wird. [2] Die Anordnung der Verwaltung ist nur zulässig, wenn dem Nießbraucher auf Antrag des Eigentümers von dem Gericht eine Frist zur Sicherheitsleistung bestimmt worden und die Frist verstrichen ist; sie ist unzulässig, wenn die Sicherheit vor dem Ablauf der Frist geleistet wird.

(2) [1] Der Verwalter steht unter der Aufsicht des Gerichts wie ein für die Zwangsverwaltung eines Grundstücks bestellter Verwalter. [2] Verwalter kann auch der Eigentümer sein.

(3) Die Verwaltung ist aufzuheben, wenn die Sicherheit nachträglich geleistet wird.

§ 1053 Unterlassungsklage bei unbefugtem Gebrauch. Macht der Nießbraucher einen Gebrauch von der Sache, zu dem er nicht befugt ist, und setzt er den Gebrauch ungeachtet einer Abmahnung des Eigentümers fort, so kann der Eigentümer auf Unterlassung klagen.

§ 1054 Gerichtliche Verwaltung wegen Pflichtverletzung. Verletzt der Nießbraucher die Rechte des Eigentümers in erheblichem Maße und setzt er das verletzende Verhalten ungeachtet einer Abmahnung des Eigentümers fort, so kann der Eigentümer die Anordnung einer Verwaltung nach § 1052 verlangen.

§ 1055 Rückgabepflicht des Nießbrauchers. (1) Der Nießbraucher ist verpflichtet, die Sache nach der Beendigung des Nießbrauchs dem Eigentümer zurückzugeben.

(2) Bei dem Nießbrauch an einem landwirtschaftlichen Grundstück finden die Vorschriften des § 596 Abs. 1 und des § 596a, bei dem Nießbrauch an einem Landgut finden die Vorschriften des § 596 Abs. 1 und der §§ 596a, 596b entsprechende Anwendung.

§ 1056 Miet- und Pachtverhältnisse bei Beendigung des Nießbrauchs.

(1) Hat der Nießbraucher ein Grundstück über die Dauer des Nießbrauchs hinaus vermietet oder verpachtet, so finden nach der Beendigung des Nießbrauchs die für den Fall der Veräußerung von vermietetem Wohnraum geltenden Vorschriften der §§ 566, 566a, 566b Abs. 1 und der §§ 566c bis 566e, 567b entsprechende Anwendung.

(2) [1] Der Eigentümer ist berechtigt, das Miet- oder Pachtverhältnis unter Einhaltung der gesetzlichen Kündigungsfrist zu kündigen. [2] Verzichtet der

Nießbraucher auf den Nießbrauch, so ist die Kündigung erst von der Zeit an zulässig, zu welcher der Nießbrauch ohne den Verzicht erlöschen würde.

(3) [1] Der Mieter oder der Pächter ist berechtigt, den Eigentümer unter Bestimmung einer angemessenen Frist zur Erklärung darüber aufzufordern, ob er von dem Kündigungsrecht Gebrauch mache. [2] Die Kündigung kann nur bis zum Ablauf der Frist erfolgen.

§ 1057 Verjährung der Ersatzansprüche. [1] Die Ersatzansprüche des Eigentümers wegen Veränderungen oder Verschlechterungen der Sache sowie die Ansprüche des Nießbrauchers auf Ersatz von Verwendungen oder auf Gestattung der Wegnahme einer Einrichtung verjähren in sechs Monaten. [2] Die Vorschrift des § 548 Abs. 1 Satz 2 und 3, Abs. 2 findet entsprechende Anwendung.

§ 1058 Besteller als Eigentümer. Im Verhältnis zwischen dem Nießbraucher und dem Eigentümer gilt zugunsten des Nießbrauchers der Besteller als Eigentümer, es sei denn, dass der Nießbraucher weiß, dass der Besteller nicht Eigentümer ist.

§ 1059 Unübertragbarkeit; Überlassung der Ausübung. [1] Der Nießbrauch ist nicht übertragbar. [2] Die Ausübung des Nießbrauchs kann einem anderen überlassen werden.

§ 1059a Übertragbarkeit bei juristischer Person oder rechtsfähiger Personengesellschaft. (1) Steht ein Nießbrauch einer juristischen Person zu, so ist er nach Maßgabe der folgenden Vorschriften übertragbar:

1. Geht das Vermögen der juristischen Person auf dem Wege der Gesamtrechtsnachfolge auf einen anderen über, so geht auch der Nießbrauch auf den Rechtsnachfolger über, es sei denn, dass der Übergang ausdrücklich ausgeschlossen ist.
2. [1] Wird sonst ein von einer juristischen Person betriebenes Unternehmen oder ein Teil eines solchen Unternehmens auf einen anderen übertragen, so kann auf den Erwerber auch ein Nießbrauch übertragen werden, sofern er den Zwecken des Unternehmens oder des Teils des Unternehmens zu dienen geeignet ist. [2] Ob diese Voraussetzungen gegeben sind, wird durch eine Erklärung der zuständigen Landesbehörde festgestellt. [3] Die Erklärung bindet die Gerichte und die Verwaltungsbehörden. [4] Die Landesregierungen bestimmen durch Rechtsverordnung die zuständige Landesbehörde. [5] Die Landesregierungen können die Ermächtigung durch Rechtsverordnung auf die Landesjustizverwaltungen übertragen.

(2) Einer juristischen Person steht eine rechtsfähige Personengesellschaft gleich.

§ 1059b Unpfändbarkeit. Ein Nießbrauch kann auf Grund der Vorschrift des § 1059a weder gepfändet noch verpfändet noch mit einem Nießbrauch belastet werden.

§ 1059c Übergang oder Übertragung des Nießbrauchs. (1) [1] Im Falle des Übergangs oder der Übertragung des Nießbrauchs tritt der Erwerber anstelle des bisherigen Berechtigten in die mit dem Nießbrauch verbundenen Rechte und Verpflichtungen gegenüber dem Eigentümer ein. [2] Sind in Ansehung dieser Rechte und Verpflichtungen Vereinbarungen zwischen dem Ei-

gentümer und dem Berechtigten getroffen worden, so wirken sie auch für und gegen den Erwerber.

(2) Durch den Übergang oder die Übertragung des Nießbrauchs wird ein Anspruch auf Entschädigung weder für den Eigentümer noch für sonstige dinglich Berechtigte begründet.

§ 1059d Miet- und Pachtverhältnisse bei Übertragung des Nießbrauchs. Hat der bisherige Berechtigte das mit dem Nießbrauch belastete Grundstück über die Dauer des Nießbrauchs hinaus vermietet oder verpachtet, so sind nach der Übertragung des Nießbrauchs die für den Fall der Veräußerung von vermietetem Wohnraum geltenden Vorschriften der §§ 566 bis 566e, 567a und 567b entsprechend anzuwenden.

§ 1059e Anspruch auf Einräumung des Nießbrauchs. Steht ein Anspruch auf Einräumung eines Nießbrauchs einer juristischen Person oder einer rechtsfähigen Personengesellschaft zu, so gelten die Vorschriften der §§ 1059a bis 1059d entsprechend.

§ 1060 Zusammentreffen mehrerer Nutzungsrechte. Trifft ein Nießbrauch mit einem anderen Nießbrauch oder mit einem sonstigen Nutzungsrecht an der Sache dergestalt zusammen, dass die Rechte nebeneinander nicht oder nicht vollständig ausgeübt werden können, und haben die Rechte gleichen Rang, so findet die Vorschrift des § 1024 Anwendung.

§ 1061 Tod des Nießbrauchers. [1]Der Nießbrauch erlischt mit dem Tode des Nießbrauchers. [2]Steht der Nießbrauch einer juristischen Person oder einer rechtsfähigen Personengesellschaft zu, so erlischt er mit dieser.

§ 1062 Erstreckung der Aufhebung auf das Zubehör. Wird der Nießbrauch an einem Grundstück durch Rechtsgeschäft aufgehoben, so erstreckt sich die Aufhebung im Zweifel auf den Nießbrauch an dem Zubehör.

§ 1063 Zusammentreffen mit dem Eigentum. (1) Der Nießbrauch an einer beweglichen Sache erlischt, wenn er mit dem Eigentum in derselben Person zusammentrifft.

(2) Der Nießbrauch gilt als nicht erloschen, soweit der Eigentümer ein rechtliches Interesse an dem Fortbestehen des Nießbrauchs hat.

§ 1064 Aufhebung des Nießbrauchs an beweglichen Sachen. Zur Aufhebung des Nießbrauchs an einer beweglichen Sache durch Rechtsgeschäft genügt die Erklärung des Nießbrauchers gegenüber dem Eigentümer oder dem Besteller, dass er den Nießbrauch aufgebe.

§ 1065 Beeinträchtigung des Nießbrauchsrechts. Wird das Recht des Nießbrauchers beeinträchtigt, so finden auf die Ansprüche des Nießbrauchers die für die Ansprüche aus dem Eigentum geltenden Vorschriften entsprechende Anwendung.

§ 1066 Nießbrauch am Anteil eines Miteigentümers. (1) Besteht ein Nießbrauch an dem Anteil eines Miteigentümers, so übt der Nießbraucher die Rechte aus, die sich aus der Gemeinschaft der Miteigentümer in Ansehung der Verwaltung der Sache und der Art ihrer Benutzung ergeben.

(2) Die Aufhebung der Gemeinschaft kann nur von dem Miteigentümer und dem Nießbraucher gemeinschaftlich verlangt werden.

(3) Wird die Gemeinschaft aufgehoben, so gebührt dem Nießbraucher der Nießbrauch an den Gegenständen, welche an die Stelle des Anteils treten.

§ 1067 Nießbrauch an verbrauchbaren Sachen. (1) [1] Sind verbrauchbare Sachen Gegenstand des Nießbrauchs, so wird der Nießbraucher Eigentümer der Sachen; nach der Beendigung des Nießbrauchs hat er dem Besteller den Wert zu ersetzen, den die Sachen zur Zeit der Bestellung hatten. [2] Sowohl der Besteller als der Nießbraucher kann den Wert auf seine Kosten durch Sachverständige feststellen lassen.

(2) Der Besteller kann Sicherheitsleistung verlangen, wenn der Anspruch auf Ersatz des Wertes gefährdet ist.

Untertitel 2. Nießbrauch an Rechten

§ 1068 Gesetzlicher Inhalt des Nießbrauchs an Rechten. (1) Gegenstand des Nießbrauchs kann auch ein Recht sein.

(2) Auf den Nießbrauch an Rechten finden die Vorschriften über den Nießbrauch an Sachen entsprechende Anwendung, soweit sich nicht aus den §§ 1069 bis 1084 ein anderes ergibt.

§ 1069 Bestellung. (1) Die Bestellung des Nießbrauchs an einem Recht erfolgt nach den für die Übertragung des Rechts geltenden Vorschriften.

(2) An einem Recht, das nicht übertragbar ist, kann ein Nießbrauch nicht bestellt werden.

§ 1070 Nießbrauch an Recht auf Leistung. (1) Ist ein Recht, kraft dessen eine Leistung gefordert werden kann, Gegenstand des Nießbrauchs, so finden auf das Rechtsverhältnis zwischen dem Nießbraucher und dem Verpflichteten die Vorschriften entsprechende Anwendung, welche im Falle der Übertragung des Rechts für das Rechtsverhältnis zwischen dem Erwerber und dem Verpflichteten gelten.

(2) [1] Wird die Ausübung des Nießbrauchs nach § 1052 einem Verwalter übertragen, so ist die Übertragung dem Verpflichteten gegenüber erst wirksam, wenn er von der getroffenen Anordnung Kenntnis erlangt oder wenn ihm eine Mitteilung von der Anordnung zugestellt wird. [2] Das Gleiche gilt von der Aufhebung der Verwaltung.

§ 1071 Aufhebung oder Änderung des belasteten Rechts. (1) [1] Ein dem Nießbrauch unterliegendes Recht kann durch Rechtsgeschäft nur mit Zustimmung des Nießbrauchers aufgehoben werden. [2] Die Zustimmung ist demjenigen gegenüber zu erklären, zu dessen Gunsten sie erfolgt; sie ist unwiderruflich. [3] Die Vorschrift des § 876 Satz 3 bleibt unberührt.

(2) Das Gleiche gilt im Falle einer Änderung des Rechts, sofern sie den Nießbrauch beeinträchtigt.

§ 1072 Beendigung des Nießbrauchs. Die Beendigung des Nießbrauchs tritt nach den Vorschriften der §§ 1063, 1064 auch dann ein, wenn das dem Nießbrauch unterliegende Recht nicht ein Recht an einer beweglichen Sache ist.

§ 1073 Nießbrauch an einer Leibrente. Dem Nießbraucher einer Leibrente, eines Auszugs oder eines ähnlichen Rechts gebühren die einzelnen Leistungen, die auf Grund des Rechts gefordert werden können.

§ 1074 Nießbrauch an einer Forderung; Kündigung und Einziehung.
[1] Der Nießbraucher einer Forderung ist zur Einziehung der Forderung und, wenn die Fälligkeit von einer Kündigung des Gläubigers abhängt, zur Kündigung berechtigt. [2] Er hat für die ordnungsmäßige Einziehung zu sorgen. [3] Zu anderen Verfügungen über die Forderung ist er nicht berechtigt.

§ 1075 Wirkung der Leistung. (1) Mit der Leistung des Schuldners an den Nießbraucher erwirbt der Gläubiger den geleisteten Gegenstand und der Nießbraucher den Nießbrauch an dem Gegenstand.

(2) Werden verbrauchbare Sachen geleistet, so erwirbt der Nießbraucher das Eigentum; die Vorschrift des § 1067 findet entsprechende Anwendung.

§ 1076 Nießbrauch an verzinslicher Forderung. Ist eine auf Zinsen ausstehende Forderung Gegenstand des Nießbrauchs, so gelten die Vorschriften der §§ 1077 bis 1079.

§ 1077 Kündigung und Zahlung. (1) [1] Der Schuldner kann das Kapital nur an den Nießbraucher und den Gläubiger gemeinschaftlich zahlen. [2] Jeder von beiden kann verlangen, dass an sie gemeinschaftlich gezahlt wird; jeder kann statt der Zahlung die Hinterlegung für beide fordern.

(2) [1] Der Nießbraucher und der Gläubiger können nur gemeinschaftlich kündigen. [2] Die Kündigung des Schuldners ist nur wirksam, wenn sie dem Nießbraucher und dem Gläubiger erklärt wird.

§ 1078 Mitwirkung zur Einziehung. [1] Ist die Forderung fällig, so sind der Nießbraucher und der Gläubiger einander verpflichtet, zur Einziehung mitzuwirken. [2] Hängt die Fälligkeit von einer Kündigung ab, so kann jeder Teil die Mitwirkung des anderen zur Kündigung verlangen, wenn die Einziehung der Forderung wegen Gefährdung ihrer Sicherheit nach den Regeln einer ordnungsmäßigen Vermögensverwaltung geboten ist.

§ 1079 Anlegung des Kapitals. [1] Der Nießbraucher und der Gläubiger sind einander verpflichtet, dazu mitzuwirken, dass das eingezogene Kapital der Rechtsverordnung nach § 240a entsprechend angelegt und gleichzeitig dem Nießbraucher der Nießbrauch bestellt wird. [2] Die Art der Anlegung bestimmt der Nießbraucher.

§ 1080 Nießbrauch an Grund- oder Rentenschuld. Die Vorschriften über den Nießbrauch an einer Forderung gelten auch für den Nießbrauch an einer Grundschuld und an einer Rentenschuld.

§ 1081 Nießbrauch an Inhaber- oder Orderpapieren. (1) [1] Ist ein Inhaberpapier oder ein Orderpapier, das mit Blankoindossament versehen ist, Gegenstand des Nießbrauchs, so steht der Besitz des Papiers und des zu dem Papier gehörenden Erneuerungsscheins dem Nießbraucher und dem Eigentümer gemeinschaftlich zu. [2] Der Besitz der zu dem Papier gehörenden Zins-, Renten- oder Gewinnanteilscheine steht dem Nießbraucher zu.

(2) Zur Bestellung des Nießbrauchs genügt anstelle der Übergabe des Papiers die Einräumung des Mitbesitzes.

§ 1082 Hinterlegung. Das Papier ist nebst dem Erneuerungsschein auf Verlangen des Nießbrauchers oder des Eigentümers bei einer Hinterlegungsstelle mit der Bestimmung zu hinterlegen, dass die Herausgabe nur von dem Nießbraucher und dem Eigentümer gemeinschaftlich verlangt werden kann.

§ 1083 Mitwirkung zur Einziehung. (1) Der Nießbraucher und der Eigentümer des Papiers sind einander verpflichtet, zur Einziehung des fälligen Kapitals, zur Beschaffung neuer Zins-, Renten- oder Gewinnanteilscheine sowie zu sonstigen Maßnahmen mitzuwirken, die zur ordnungsmäßigen Vermögensverwaltung erforderlich sind.

(2) [1] Im Falle der Einlösung des Papiers findet die Vorschrift des § 1079 Anwendung. [2] Eine bei der Einlösung gezahlte Prämie gilt als Teil des Kapitals.

§ 1084 Verbrauchbare Sachen. Gehört ein Inhaberpapier oder ein Orderpapier, das mit Blankoindossament versehen ist, nach § 92 zu den verbrauchbaren Sachen, so bewendet es bei der Vorschrift des § 1067.

Untertitel 3. Nießbrauch an einem Vermögen

§ 1085 Bestellung des Nießbrauchs an einem Vermögen. [1] Der Nießbrauch an dem Vermögen einer Person kann nur in der Weise bestellt werden, dass der Nießbraucher den Nießbrauch an den einzelnen zu dem Vermögen gehörenden Gegenständen erlangt. [2] Soweit der Nießbrauch bestellt ist, gelten die Vorschriften der §§ 1086 bis 1088.

§ 1086 Rechte der Gläubiger des Bestellers. [1] Die Gläubiger des Bestellers können, soweit ihre Forderungen vor der Bestellung entstanden sind, ohne Rücksicht auf den Nießbrauch Befriedigung aus den dem Nießbrauch unterliegenden Gegenständen verlangen. [2] Hat der Nießbraucher das Eigentum an verbrauchbaren Sachen erlangt, so tritt an die Stelle der Sachen der Anspruch des Bestellers auf Ersatz des Wertes; der Nießbraucher ist den Gläubigern gegenüber zum sofortigen Ersatz verpflichtet.

§ 1087 Verhältnis zwischen Nießbraucher und Besteller. (1) [1] Der Besteller kann, wenn eine vor der Bestellung entstandene Forderung fällig ist, von dem Nießbraucher Rückgabe der zur Befriedigung des Gläubigers erforderlichen Gegenstände verlangen. [2] Die Auswahl steht ihm zu; er kann jedoch nur die vorzugsweise geeigneten Gegenstände auswählen. [3] Soweit die zurückgegebenen Gegenstände ausreichen, ist der Besteller dem Nießbraucher gegenüber zur Befriedigung des Gläubigers verpflichtet.

(2) [1] Der Nießbraucher kann die Verbindlichkeit durch Leistung des geschuldeten Gegenstands erfüllen. [2] Gehört der geschuldete Gegenstand nicht zu dem Vermögen, das dem Nießbrauch unterliegt, so ist der Nießbraucher berechtigt, zum Zwecke der Befriedigung des Gläubigers einen zu dem Vermögen gehörenden Gegenstand zu veräußern, wenn die Befriedigung durch den Besteller nicht ohne Gefahr abgewartet werden kann. [3] Er hat einen vorzugsweise geeigneten Gegenstand auszuwählen. [4] Soweit er zum Ersatz des Wertes verbrauchbarer Sachen verpflichtet ist, darf er eine Veräußerung nicht vornehmen.

§ 1088 Haftung des Nießbrauchers. (1) [1]Die Gläubiger des Bestellers, deren Forderungen schon zur Zeit der Bestellung verzinslich waren, können die Zinsen für die Dauer des Nießbrauchs auch von dem Nießbraucher verlangen. [2]Das Gleiche gilt von anderen wiederkehrenden Leistungen, die bei ordnungsmäßiger Verwaltung aus den Einkünften des Vermögens bestritten werden, wenn die Forderung vor der Bestellung des Nießbrauchs entstanden ist.

(2) Die Haftung des Nießbrauchers kann nicht durch Vereinbarung zwischen ihm und dem Besteller ausgeschlossen oder beschränkt werden.

(3) [1]Der Nießbraucher ist dem Besteller gegenüber zur Befriedigung der Gläubiger wegen der im Absatz 1 bezeichneten Ansprüche verpflichtet. [2]Die Rückgabe von Gegenständen zum Zwecke der Befriedigung kann der Besteller nur verlangen, wenn der Nießbraucher mit der Erfüllung dieser Verbindlichkeit in Verzug kommt.

§ 1089 Nießbrauch an einer Erbschaft. Die Vorschriften der §§ 1085 bis 1088 finden auf den Nießbrauch an einer Erbschaft entsprechende Anwendung.

Titel 3. Beschränkte persönliche Dienstbarkeiten

§ 1090 Gesetzlicher Inhalt der beschränkten persönlichen Dienstbarkeit. (1) Ein Grundstück kann in der Weise belastet werden, dass derjenige, zu dessen Gunsten die Belastung erfolgt, berechtigt ist, das Grundstück in einzelnen Beziehungen zu benutzen, oder dass ihm eine sonstige Befugnis zusteht, die den Inhalt einer Grunddienstbarkeit bilden kann (beschränkte persönliche Dienstbarkeit).

(2) Die Vorschriften der §§ 1020 bis 1024, 1026 bis 1029, 1061 finden entsprechende Anwendung.

§ 1091 Umfang. Der Umfang einer beschränkten persönlichen Dienstbarkeit bestimmt sich im Zweifel nach dem persönlichen Bedürfnis des Berechtigten.

§ 1092 Unübertragbarkeit; Überlassung der Ausübung. (1) [1]Eine beschränkte persönliche Dienstbarkeit ist nicht übertragbar. [2]Die Ausübung der Dienstbarkeit kann einem anderen nur überlassen werden, wenn die Überlassung gestattet ist.

(2) Steht eine beschränkte persönliche Dienstbarkeit oder der Anspruch auf Einräumung einer beschränkten persönlichen Dienstbarkeit einer juristischen Person oder einer rechtsfähigen Personengesellschaft zu, so gelten die Vorschriften der §§ 1059a bis 1059d entsprechend.

(3) [1]Steht einer juristischen Person oder einer rechtsfähigen Personengesellschaft eine beschränkte persönliche Dienstbarkeit zu, die dazu berechtigt, ein Grundstück für Anlagen zur Fortleitung von Elektrizität, Gas, Fernwärme, Wasser, Abwasser, Öl oder Rohstoffen einschließlich aller dazugehörigen Anlagen, die der Fortleitung unmittelbar dienen, für Telekommunikationsanlagen, für Anlagen zum Transport von Produkten zwischen Betriebsstätten eines oder mehrerer privater oder öffentlicher Unternehmen oder für Straßenbahn- oder Eisenbahnanlagen zu benutzen, so ist die Dienstbarkeit übertragbar. [2]Die Übertragbarkeit umfasst nicht das Recht, die Dienstbarkeit nach ihren Befugnissen

zu teilen. [3]Steht ein Anspruch auf Einräumung einer solchen beschränkten persönlichen Dienstbarkeit einer der in Satz 1 genannten Personen zu, so ist der Anspruch übertragbar. [4]Die Vorschriften der §§ 1059b bis 1059d gelten entsprechend.

§ 1093 Wohnungsrecht. (1) [1]Als beschränkte persönliche Dienstbarkeit kann auch das Recht bestellt werden, ein Gebäude oder einen Teil eines Gebäudes unter Ausschluss des Eigentümers als Wohnung zu benutzen. [2]Auf dieses Recht finden die für den Nießbrauch geltenden Vorschriften der §§ 1031, 1034, 1036, des § 1037 Abs. 1 und der §§ 1041, 1042, 1044, 1049, 1050, 1057, 1062 entsprechende Anwendung.

(2) Der Berechtigte ist befugt, seine Familie sowie die zur standesmäßigen Bedienung und zur Pflege erforderlichen Personen in die Wohnung aufzunehmen.

(3) Ist das Recht auf einen Teil des Gebäudes beschränkt, so kann der Berechtigte die zum gemeinschaftlichen Gebrauch der Bewohner bestimmten Anlagen und Einrichtungen mitbenutzen.

Abschnitt 5.[1)] Vorkaufsrecht

§ 1094 Gesetzlicher Inhalt des dinglichen Vorkaufsrechts. (1) Ein Grundstück kann in der Weise belastet werden, dass derjenige, zu dessen Gunsten die Belastung erfolgt, dem Eigentümer gegenüber zum Vorkauf berechtigt ist.

(2) Das Vorkaufsrecht kann auch zugunsten des jeweiligen Eigentümers eines anderen Grundstücks bestellt werden.

§ 1095 Belastung eines Bruchteils. Ein Bruchteil eines Grundstücks kann mit dem Vorkaufsrecht nur belastet werden, wenn er in dem Anteil eines Miteigentümers besteht.

§ 1096 Erstreckung auf Zubehör. [1]Das Vorkaufsrecht kann auf das Zubehör erstreckt werden, das mit dem Grundstück verkauft wird. [2]Im Zweifel ist anzunehmen, dass sich das Vorkaufsrecht auf dieses Zubehör erstrecken soll.

§ 1097 Bestellung für einen oder mehrere Verkaufsfälle. Das Vorkaufsrecht beschränkt sich auf den Fall des Verkaufs durch den Eigentümer, welchem das Grundstück zur Zeit der Bestellung gehört, oder durch dessen Erben; es kann jedoch auch für mehrere oder für alle Verkaufsfälle bestellt werden.

§ 1098 Wirkung des Vorkaufsrechts. (1) [1]Das Rechtsverhältnis zwischen dem Berechtigten und dem Verpflichteten bestimmt sich nach den Vorschriften der §§ 463 bis 473. [2]Das Vorkaufsrecht kann auch dann ausgeübt werden, wenn das Grundstück von dem Insolvenzverwalter aus freier Hand verkauft wird.

[1)] Für das gesetzliche Vorkaufsrecht der Siedlungsunternehmen siehe §§ 4–11a Reichssiedlungsgesetz v. 11.8.1919 (RGBl. S. 1429), zuletzt geänd. durch G v. 29.7.2009 (BGBl. I S. 2355); vgl. dazu auch G zur Ergänzung des Reichssiedlungsgesetzes v. 4.1.1935 (RGBl. I S. 1), geänd. durch G v. 28.7. 1961 (BGBl. I S. 1091). Für die gesetzlichen Vorkaufsrechte der Gemeinden vgl. §§ 24–28 Baugesetzbuch (Nr. **6**).

(2) Dritten gegenüber hat das Vorkaufsrecht die Wirkung einer Vormerkung zur Sicherung des durch die Ausübung des Rechts entstehenden Anspruchs auf Übertragung des Eigentums.

(3) Steht ein nach § 1094 Abs. 1 begründetes Vorkaufsrecht einer juristischen Person oder einer rechtsfähigen Personengesellschaft zu, so gelten, wenn seine Übertragbarkeit nicht vereinbart ist, für die Übertragung des Rechts die Vorschriften der §§ 1059a bis 1059d entsprechend.

§ 1099 Mitteilungen. (1) Gelangt das Grundstück in das Eigentum eines Dritten, so kann dieser in gleicher Weise wie der Verpflichtete dem Berechtigten den Inhalt des Kaufvertrags mit der im § 469 Abs. 2 bestimmten Wirkung mitteilen.

(2) Der Verpflichtete hat den neuen Eigentümer zu benachrichtigen, sobald die Ausübung des Vorkaufsrechts erfolgt oder ausgeschlossen ist.

§ 1100 Rechte des Käufers. [1]Der neue Eigentümer kann, wenn er der Käufer oder ein Rechtsnachfolger des Käufers ist, die Zustimmung zur Eintragung des Berechtigten als Eigentümer und die Herausgabe des Grundstücks verweigern, bis ihm der zwischen dem Verpflichteten und dem Käufer vereinbarte Kaufpreis, soweit er berichtigt ist, erstattet wird. [2]Erlangt der Berechtigte die Eintragung als Eigentümer, so kann der bisherige Eigentümer von ihm die Erstattung des berichtigten Kaufpreises gegen Herausgabe des Grundstücks fordern.

§ 1101 Befreiung des Berechtigten. Soweit der Berechtigte nach § 1100 dem Käufer oder dessen Rechtsnachfolger den Kaufpreis zu erstatten hat, wird er von der Verpflichtung zur Zahlung des aus dem Vorkauf geschuldeten Kaufpreises frei.

§ 1102 Befreiung des Käufers. Verliert der Käufer oder sein Rechtsnachfolger infolge der Geltendmachung des Vorkaufsrechts das Eigentum, so wird der Käufer, soweit der von ihm geschuldete Kaufpreis noch nicht berichtigt ist, von seiner Verpflichtung frei; den berichtigten Kaufpreis kann er nicht zurückfordern.

§ 1103 Subjektiv-dingliches und subjektiv-persönliches Vorkaufsrecht. (1) Ein zugunsten des jeweiligen Eigentümers eines Grundstücks bestehendes Vorkaufsrecht kann nicht von dem Eigentum an diesem Grundstück getrennt werden.

(2) Ein zugunsten einer bestimmten Person bestehendes Vorkaufsrecht kann nicht mit dem Eigentum an einem Grundstück verbunden werden.

§ 1104 Ausschluss unbekannter Berechtigter. (1) [1]Ist der Berechtigte unbekannt, so kann er im Wege des Aufgebotsverfahrens mit seinem Recht ausgeschlossen werden, wenn die in § 1170 für die Ausschließung eines Hypothekengläubigers bestimmten Voraussetzungen vorliegen. [2]Mit der Rechtskraft des Ausschließungsbeschlusses erlischt das Vorkaufsrecht.

(2) Auf ein Vorkaufsrecht, das zugunsten des jeweiligen Eigentümers eines Grundstücks besteht, finden diese Vorschriften keine Anwendung.

Abschnitt 6. Reallasten

§ 1105 Gesetzlicher Inhalt der Reallast. (1) [1]Ein Grundstück kann in der Weise belastet werden, dass an denjenigen, zu dessen Gunsten die Belastung erfolgt, wiederkehrende Leistungen aus dem Grundstück zu entrichten sind (Reallast). [2]Als Inhalt der Reallast kann auch vereinbart werden, dass die zu entrichtenden Leistungen sich ohne weiteres an veränderte Verhältnisse anpassen, wenn anhand der in der Vereinbarung festgelegten Voraussetzungen Art und Umfang der Belastung des Grundstücks bestimmt werden können.

(2) Die Reallast kann auch zugunsten des jeweiligen Eigentümers eines anderen Grundstücks bestellt werden.

§ 1106 Belastung eines Bruchteils. Ein Bruchteil eines Grundstücks kann mit einer Reallast nur belastet werden, wenn er in dem Anteil eines Miteigentümers besteht.

§ 1107 Einzelleistungen. Auf die einzelnen Leistungen finden die für die Zinsen einer Hypothekenforderung geltenden Vorschriften entsprechende Anwendung.

§ 1108 Persönliche Haftung des Eigentümers. (1) Der Eigentümer haftet für die während der Dauer seines Eigentums fällig werdenden Leistungen auch persönlich, soweit nicht ein anderes bestimmt ist.

(2) Wird das Grundstück geteilt, so haften die Eigentümer der einzelnen Teile als Gesamtschuldner.

§ 1109 Teilung des herrschenden Grundstücks. (1) [1]Wird das Grundstück des Berechtigten geteilt, so besteht die Reallast für die einzelnen Teile fort. [2]Ist die Leistung teilbar, so bestimmen sich die Anteile der Eigentümer nach dem Verhältnis der Größe der Teile; ist sie nicht teilbar, so findet die Vorschrift des § 432 Anwendung. [3]Die Ausübung des Rechts ist im Zweifel nur in der Weise zulässig, dass sie für den Eigentümer des belasteten Grundstücks nicht beschwerlicher wird.

(2) [1]Der Berechtigte kann bestimmen, dass das Recht nur mit einem der Teile verbunden sein soll. [2]Die Bestimmung hat dem Grundbuchamt gegenüber zu erfolgen und bedarf der Eintragung in das Grundbuch; die Vorschriften der §§ 876, 878 finden entsprechende Anwendung. [3]Veräußert der Berechtigte einen Teil des Grundstücks, ohne eine solche Bestimmung zu treffen, so bleibt das Recht mit dem Teil verbunden, den er behält.

(3) Gereicht die Reallast nur einem der Teile zum Vorteil, so bleibt sie mit diesem Teil allein verbunden.

§ 1110 Subjektiv-dingliche Reallast. Eine zugunsten des jeweiligen Eigentümers eines Grundstücks bestehende Reallast kann nicht von dem Eigentum an diesem Grundstück getrennt werden.

§ 1111 Subjektiv-persönliche Reallast. (1) Eine zugunsten einer bestimmten Person bestehende Reallast kann nicht mit dem Eigentum an einem Grundstück verbunden werden.

(2) Ist der Anspruch auf die einzelne Leistung nicht übertragbar, so kann das Recht nicht veräußert oder belastet werden.

§ 1112 Ausschluss unbekannter Berechtigter. Ist der Berechtigte unbekannt, so findet auf die Ausschließung seines Rechts die Vorschrift des § 1104 entsprechende Anwendung.

Abschnitt 7.[1] Hypothek, Grundschuld, Rentenschuld

Titel 1. Hypothek

§ 1113 Gesetzlicher Inhalt der Hypothek. (1) Ein Grundstück kann in der Weise belastet werden, dass an denjenigen, zu dessen Gunsten die Belastung erfolgt, eine bestimmte Geldsumme zur Befriedigung wegen einer ihm zustehenden Forderung aus dem Grundstück zu zahlen ist (Hypothek).[2]

(2) Die Hypothek kann auch für eine künftige oder eine bedingte Forderung bestellt werden.

§ 1114 Belastung eines Bruchteils. Ein Bruchteil eines Grundstücks kann außer in den in § 3 Abs. 6 der Grundbuchordnung[3] bezeichneten Fällen mit einer Hypothek nur belastet werden, wenn er in dem Anteil eines Miteigentümers besteht.

§ 1115 Eintragung der Hypothek. (1) Bei der Eintragung der Hypothek müssen der Gläubiger, der Geldbetrag der Forderung und, wenn die Forderung verzinslich ist, der Zinssatz, wenn andere Nebenleistungen zu entrichten sind, ihr Geldbetrag im Grundbuch angegeben werden; im Übrigen kann zur Bezeichnung der Forderung auf die Eintragungsbewilligung Bezug genommen werden.

(2) Bei der Eintragung der Hypothek für ein Darlehen einer Kreditanstalt, deren Satzung von der zuständigen Behörde öffentlich bekannt gemacht worden ist, genügt zur Bezeichnung der außer den Zinsen satzungsgemäß zu entrichtenden Nebenleistungen die Bezugnahme auf die Satzung.

§ 1116 Brief- und Buchhypothek. (1) Über die Hypothek wird ein Hypothekenbrief erteilt.

(2) [1] Die Erteilung des Briefes kann ausgeschlossen werden. [2] Die Ausschließung kann auch nachträglich erfolgen. [3] Zu der Ausschließung ist die Einigung des Gläubigers und des Eigentümers sowie die Eintragung in das Grundbuch erforderlich; die Vorschriften des § 873 Abs. 2 und der §§ 876, 878 finden entsprechende Anwendung.

(3) Die Ausschließung der Erteilung des Briefes kann aufgehoben werden; die Aufhebung erfolgt in gleicher Weise wie die Ausschließung.

§ 1117 Erwerb der Briefhypothek. (1) [1] Der Gläubiger erwirbt, sofern nicht die Erteilung des Hypothekenbriefs ausgeschlossen ist, die Hypothek erst, wenn ihm der Brief von dem Eigentümer des Grundstücks übergeben wird. [2] Auf die Übergabe finden die Vorschriften des § 929 Satz 2 und der §§ 930, 931 Anwendung.

[1] Wegen des für das Gebiet der ehem. DDR geltenden Übergangsrechts zu §§ 1113 ff. beachte Art. 233 § 6 EGBGB **(dtv 5001 BGB Nr. 2)**.

[2] Schiffshypothek: §§ 24–81a Gesetz über Rechte an eingetragenen Schiffen und Schiffsbauwerken v. 15.11.1940 (RGBl. I S. 1499), zuletzt geänd. durch G v. 21.1.2013 (BGBl. I S. 91).

[3] Nr. **11**.

(2) Die Übergabe des Briefes kann durch die Vereinbarung ersetzt werden, dass der Gläubiger berechtigt sein soll, sich den Brief von dem Grundbuchamt aushändigen zu lassen.

(3) Ist der Gläubiger im Besitz des Briefes, so wird vermutet, dass die Übergabe erfolgt sei.

§ 1118 Haftung für Nebenforderungen. Kraft der Hypothek haftet das Grundstück auch für die gesetzlichen Zinsen der Forderung sowie für die Kosten der Kündigung und der die Befriedigung aus dem Grundstück bezweckenden Rechtsverfolgung.

§ 1119 Erweiterung der Haftung für Zinsen. (1) Ist die Forderung unverzinslich oder ist der Zinssatz niedriger als fünf vom Hundert, so kann die Hypothek ohne Zustimmung der im Range gleich- oder nachstehenden Berechtigten dahin erweitert werden, dass das Grundstück für Zinsen bis zu fünf vom Hundert haftet.

(2) Zu einer Änderung der Zahlungszeit und des Zahlungsorts ist die Zustimmung dieser Berechtigten gleichfalls nicht erforderlich.

§ 1120 Erstreckung auf Erzeugnisse, Bestandteile und Zubehör. Die Hypothek erstreckt sich auf die von dem Grundstück getrennten Erzeugnisse und sonstigen Bestandteile, soweit sie nicht mit der Trennung nach den §§ 954 bis 957 in das Eigentum eines anderen als des Eigentümers oder des Eigenbesitzers des Grundstücks gelangt sind, sowie auf das Zubehör des Grundstücks mit Ausnahme der Zubehörstücke, welche nicht in das Eigentum des Eigentümers des Grundstücks gelangt sind.

§ 1121 Enthaftung durch Veräußerung und Entfernung. (1) Erzeugnisse und sonstige Bestandteile des Grundstücks sowie Zubehörstücke werden von der Haftung frei, wenn sie veräußert und von dem Grundstück entfernt werden, bevor sie zugunsten des Gläubigers in Beschlag genommen worden sind.

(2) [1] Erfolgt die Veräußerung vor der Entfernung, so kann sich der Erwerber dem Gläubiger gegenüber nicht darauf berufen, dass er in Ansehung der Hypothek in gutem Glauben gewesen sei. [2] Entfernt der Erwerber die Sache von dem Grundstück, so ist eine vor der Entfernung erfolgte Beschlagnahme ihm gegenüber nur wirksam, wenn er bei der Entfernung in Ansehung der Beschlagnahme nicht in gutem Glauben ist.

§ 1122 Enthaftung ohne Veräußerung. (1) Sind die Erzeugnisse oder Bestandteile innerhalb der Grenzen einer ordnungsmäßigen Wirtschaft von dem Grundstück getrennt worden, so erlischt ihre Haftung auch ohne Veräußerung, wenn sie vor der Beschlagnahme von dem Grundstück entfernt werden, es sei denn, dass die Entfernung zu einem vorübergehenden Zwecke erfolgt.

(2) Zubehörstücke werden ohne Veräußerung von der Haftung frei, wenn die Zubehöreigenschaft innerhalb der Grenzen einer ordnungsmäßigen Wirtschaft vor der Beschlagnahme aufgehoben wird.

§ 1123 Erstreckung auf Miet- oder Pachtforderung. (1) Ist das Grundstück vermietet oder verpachtet, so erstreckt sich die Hypothek auf die Miet- oder Pachtforderung.[1)]

(2) [1] Soweit die Forderung fällig ist, wird sie mit dem Ablauf eines Jahres nach dem Eintritt der Fälligkeit von der Haftung frei, wenn nicht vorher die Beschlagnahme zugunsten des Hypothekengläubigers erfolgt. [2] Ist die Miete oder Pacht im Voraus zu entrichten, so erstreckt sich die Befreiung nicht auf die Miete oder Pacht für eine spätere Zeit als den zur Zeit der Beschlagnahme laufenden Kalendermonat; erfolgt die Beschlagnahme nach dem 15. Tage des Monats, so erstreckt sich die Befreiung auch auf den Miet- oder Pachtzins für den folgenden Kalendermonat.

§ 1124 Vorausverfügung über Miete oder Pacht. (1) [1] Wird die Miete oder Pacht eingezogen, bevor sie zugunsten des Hypothekengläubigers in Beschlag genommen worden ist, oder wird vor der Beschlagnahme in anderer Weise über sie verfügt, so ist die Verfügung dem Hypothekengläubiger gegenüber wirksam. [2] Besteht die Verfügung in der Übertragung der Forderung auf einen Dritten, so erlischt die Haftung der Forderung; erlangt ein Dritter ein Recht an der Forderung, so geht es der Hypothek im Range vor.

(2) Die Verfügung ist dem Hypothekengläubiger gegenüber unwirksam, soweit sie sich auf die Miete oder Pacht für eine spätere Zeit als den zur Zeit der Beschlagnahme laufenden Kalendermonat bezieht; erfolgt die Beschlagnahme nach dem fünfzehnten Tage des Monats, so ist die Verfügung jedoch insoweit wirksam, als sie sich auf die Miete oder Pacht für den folgenden Kalendermonat bezieht.

(3) Der Übertragung der Forderung auf einen Dritten steht es gleich, wenn das Grundstück ohne die Forderung veräußert wird.

§ 1125 Aufrechnung gegen Miete oder Pacht. Soweit die Einziehung der Miete oder Pacht dem Hypothekengläubiger gegenüber unwirksam ist, kann der Mieter oder der Pächter nicht eine ihm gegen den Vermieter oder den Verpächter zustehende Forderung gegen den Hypothekengläubiger aufrechnen.

§ 1126 Erstreckung auf wiederkehrende Leistungen. [1] Ist mit dem Eigentum an dem Grundstück ein Recht auf wiederkehrende Leistungen verbunden, so erstreckt sich die Hypothek auf die Ansprüche auf diese Leistungen.

[1)] Hierzu bestimmt das Gesetz über die Pfändung von Miet- und Pachtzinsforderungen wegen Ansprüche aus öffentlichen Grundstückslasten v. 9.3.1934 (RGBl. I S. 181), geänd. durch G v. 19.6. 2001 (BGBl. I S. 1149):

„(1) Die öffentlichen Lasten eines Grundstücks, die in wiederkehrenden Leistungen bestehen, erstrecken sich nach Maßgabe der folgenden Bestimmungen auf die Miet- und Pachtforderungen.

(2) Werden Miet- oder Pachtforderungen wegen des zuletzt fällig gewordenen Teilbetrages der öffentlichen Last gepfändet, so wird die Pfändung durch eine später von einem Hypotheken- oder Grundschuldgläubiger bewirkte Pfändung nicht berührt. Werden die wiederkehrenden Leistungen in monatlichen Beträgen fällig, so gilt dieses Vorrecht auch für den vorletzten Teilbetrag.

(3) Ist vor der Pfändung die Miete oder Pacht eingezogen oder in anderer Weise über sie verfügt, so bleibt die Verfügung gegenüber dem aus der öffentlichen Last Berechtigten, soweit seine Pfändung das Vorrecht des Absatzes 2 genießt, nur für den zur Zeit der Pfändung laufenden Kalendermonat und, wenn die Pfändung nach dem fünfzehnten Tage des Monats bewirkt ist, auch für den folgenden Kalendermonat wirksam."

[2]Die Vorschriften des § 1123 Abs. 2 Satz 1, des § 1124 Abs. 1, 3 und des § 1125 finden entsprechende Anwendung. [3]Eine vor der Beschlagnahme erfolgte Verfügung über den Anspruch auf eine Leistung, die erst drei Monate nach der Beschlagnahme fällig wird, ist dem Hypothekengläubiger gegenüber unwirksam.

§ 1127 Erstreckung auf die Versicherungsforderung. (1) Sind Gegenstände, die der Hypothek unterliegen, für den Eigentümer oder den Eigenbesitzer des Grundstücks unter Versicherung gebracht, so erstreckt sich die Hypothek auf die Forderung gegen den Versicherer.

(2) Die Haftung der Forderung gegen den Versicherer erlischt, wenn der versicherte Gegenstand wiederhergestellt oder Ersatz für ihn beschafft ist.

§ 1128 Gebäudeversicherung. (1) [1]Ist ein Gebäude versichert, so kann der Versicherer die Versicherungssumme mit Wirkung gegen den Hypothekengläubiger an den Versicherten erst zahlen, wenn er oder der Versicherte den Eintritt des Schadens dem Hypothekengläubiger angezeigt hat und seit dem Empfang der Anzeige ein Monat verstrichen ist. [2]Der Hypothekengläubiger kann bis zum Ablauf der Frist dem Versicherer gegenüber der Zahlung widersprechen. [3]Die Anzeige darf unterbleiben, wenn sie untunlich ist; in diesem Falle wird der Monat von dem Zeitpunkt an berechnet, in welchem die Versicherungssumme fällig wird.

(2) Hat der Hypothekengläubiger seine Hypothek dem Versicherer angemeldet, so kann der Versicherer mit Wirkung gegen den Hypothekengläubiger an den Versicherten nur zahlen, wenn der Hypothekengläubiger der Zahlung schriftlich zugestimmt hat.

(3) Im Übrigen finden die für eine verpfändete Forderung geltenden Vorschriften Anwendung; der Versicherer kann sich jedoch nicht darauf berufen, dass er eine aus dem Grundbuch ersichtliche Hypothek nicht gekannt habe.

§ 1129 Sonstige Schadensversicherung. Ist ein anderer Gegenstand als ein Gebäude versichert, so bestimmt sich die Haftung der Forderung gegen den Versicherer nach den Vorschriften des § 1123 Abs. 2 Satz 1 und des § 1124 Abs. 1, 3.

§ 1130 Wiederherstellungsklausel. Ist der Versicherer nach den Versicherungsbestimmungen nur verpflichtet, die Versicherungssumme zur Wiederherstellung des versicherten Gegenstands zu zahlen, so ist eine diesen Bestimmungen entsprechende Zahlung an den Versicherten dem Hypothekengläubiger gegenüber wirksam.

§ 1131 Zuschreibung eines Grundstücks. [1]Wird ein Grundstück nach § 890 Abs. 2 einem anderen Grundstück im Grundbuch zugeschrieben, so erstrecken sich die an diesem Grundstück bestehenden Hypotheken auf das zugeschriebene Grundstück. [2]Rechte, mit denen das zugeschriebene Grundstück belastet ist, gehen diesen Hypotheken im Range vor.

§ 1132 Gesamthypothek. (1) [1]Besteht für die Forderung eine Hypothek an mehreren Grundstücken (Gesamthypothek), so haftet jedes Grundstück für die ganze Forderung. [2]Der Gläubiger kann die Befriedigung nach seinem Belieben aus jedem der Grundstücke ganz oder zu einem Teil suchen.

(2) [1] Der Gläubiger ist berechtigt, den Betrag der Forderung auf die einzelnen Grundstücke in der Weise zu verteilen, dass jedes Grundstück nur für den zugeteilten Betrag haftet. [2] Auf die Verteilung finden die Vorschriften der §§ 875, 876, 878 entsprechende Anwendung.

§ 1133 Gefährdung der Sicherheit der Hypothek. [1] Ist infolge einer Verschlechterung des Grundstücks die Sicherheit der Hypothek gefährdet, so kann der Gläubiger dem Eigentümer eine angemessene Frist zur Beseitigung der Gefährdung bestimmen. [2] Nach dem Ablauf der Frist ist der Gläubiger berechtigt, sofort Befriedigung aus dem Grundstück zu suchen, wenn nicht die Gefährdung durch Verbesserung des Grundstücks oder durch anderweitige Hypothekenbestellung beseitigt worden ist. [3] Ist die Forderung unverzinslich und noch nicht fällig, so gebührt dem Gläubiger nur die Summe, welche mit Hinzurechnung der gesetzlichen Zinsen für die Zeit von der Zahlung bis zur Fälligkeit dem Betrag der Forderung gleichkommt.

§ 1134 Unterlassungsklage. (1) Wirkt der Eigentümer oder ein Dritter auf das Grundstück in solcher Weise ein, dass eine die Sicherheit der Hypothek gefährdende Verschlechterung des Grundstücks zu besorgen ist, so kann der Gläubiger auf Unterlassung klagen.

(2) [1] Geht die Einwirkung von dem Eigentümer aus, so hat das Gericht auf Antrag des Gläubigers die zur Abwendung der Gefährdung erforderlichen Maßregeln anzuordnen. [2] Das Gleiche gilt, wenn die Verschlechterung deshalb zu besorgen ist, weil der Eigentümer die erforderlichen Vorkehrungen gegen Einwirkungen Dritter oder gegen andere Beschädigungen unterlässt.

§ 1135 Verschlechterung des Zubehörs. Einer Verschlechterung des Grundstücks im Sinne der §§ 1133, 1134 steht es gleich, wenn Zubehörstücke, auf die sich die Hypothek erstreckt, verschlechtert oder den Regeln einer ordnungsmäßigen Wirtschaft zuwider von dem Grundstück entfernt werden.

§ 1136 Rechtsgeschäftliche Verfügungsbeschränkung. Eine Vereinbarung, durch die sich der Eigentümer dem Gläubiger gegenüber verpflichtet, das Grundstück nicht zu veräußern oder nicht weiter zu belasten, ist nichtig.

§ 1137 Einreden des Eigentümers. (1) [1] Der Eigentümer kann gegen die Hypothek die dem persönlichen Schuldner gegen die Forderung sowie die nach § 770 einem Bürgen zustehenden Einreden geltend machen. [2] Stirbt der persönliche Schuldner, so kann sich der Eigentümer nicht darauf berufen, dass der Erbe für die Schuld nur beschränkt haftet.

(2) Ist der Eigentümer nicht der persönliche Schuldner, so verliert er eine Einrede nicht dadurch, dass dieser auf sie verzichtet.

§ 1138 Öffentlicher Glaube des Grundbuchs. Die Vorschriften der §§ 891 bis 899 gelten für die Hypothek auch in Ansehung der Forderung und der dem Eigentümer nach § 1137 zustehenden Einreden.

§ 1139 Widerspruch bei Darlehensbuchhypothek. [1] Ist bei der Bestellung einer Hypothek für ein Darlehen die Erteilung des Hypothekenbriefs ausgeschlossen worden, so genügt zur Eintragung eines Widerspruchs, der sich darauf gründet, dass die Hingabe des Darlehens unterblieben sei, der von dem Eigentümer an das Grundbuchamt gerichtete Antrag, sofern er vor dem Ablauf

eines Monats nach der Eintragung der Hypothek gestellt wird. [2]Wird der Widerspruch innerhalb des Monats eingetragen, so hat die Eintragung die gleiche Wirkung, wie wenn der Widerspruch zugleich mit der Hypothek eingetragen worden wäre.

§ 1140 Hypothekenbrief und Unrichtigkeit des Grundbuchs. [1]Soweit die Unrichtigkeit des Grundbuchs aus dem Hypothekenbrief oder einem Vermerk auf dem Brief hervorgeht, ist die Berufung auf die Vorschriften der §§ 892, 893 ausgeschlossen. [2]Ein Widerspruch gegen die Richtigkeit des Grundbuchs, der aus dem Briefe oder einem Vermerk auf dem Briefe hervorgeht, steht einem im Grundbuch eingetragenen Widerspruch gleich.

§ 1141 Kündigung der Hypothek. (1) [1]Hängt die Fälligkeit der Forderung von einer Kündigung ab, so ist die Kündigung für die Hypothek nur wirksam, wenn sie von dem Gläubiger dem Eigentümer oder von dem Eigentümer dem Gläubiger erklärt wird. [2]Zugunsten des Gläubigers gilt derjenige, welcher im Grundbuch als Eigentümer eingetragen ist, als der Eigentümer.

(2) Hat der Eigentümer keinen Wohnsitz im Inland oder liegen die Voraussetzungen des § 132 Abs. 2 vor, so hat auf Antrag des Gläubigers das Amtsgericht, in dessen Bezirk das Grundstück liegt, dem Eigentümer einen Vertreter zu bestellen, dem gegenüber die Kündigung des Gläubigers erfolgen kann.

§ 1142 Befriedigungsrecht des Eigentümers. (1) Der Eigentümer ist berechtigt, den Gläubiger zu befriedigen, wenn die Forderung ihm gegenüber fällig geworden oder wenn der persönliche Schuldner zur Leistung berechtigt ist.

(2) Die Befriedigung kann auch durch Hinterlegung oder durch Aufrechnung erfolgen.

§ 1143 Übergang der Forderung. (1) [1]Ist der Eigentümer nicht der persönliche Schuldner, so geht, soweit er den Gläubiger befriedigt, die Forderung auf ihn über. [2]Die für einen Bürgen geltende Vorschrift des § 774 Abs. 1 findet entsprechende Anwendung.

(2) Besteht für die Forderung eine Gesamthypothek, so gilt für diese die Vorschrift des § 1173.

§ 1144 Aushändigung der Urkunden. Der Eigentümer kann gegen Befriedigung des Gläubigers die Aushändigung des Hypothekenbriefs und der sonstigen Urkunden verlangen, die zur Berichtigung des Grundbuchs oder zur Löschung der Hypothek erforderlich sind.

§ 1145 Teilweise Befriedigung. (1) [1]Befriedigt der Eigentümer den Gläubiger nur teilweise, so kann er die Aushändigung des Hypothekenbriefs nicht verlangen. [2]Der Gläubiger ist verpflichtet, die teilweise Befriedigung auf dem Briefe zu vermerken und den Brief zum Zwecke der Berichtigung des Grundbuchs oder der Löschung dem Grundbuchamt oder zum Zwecke der Herstellung eines Teilhypothekenbriefs für den Eigentümer der zuständigen Behörde oder einem zuständigen Notar vorzulegen.

(2) [1]Die Vorschrift des Absatzes 1 Satz 2 gilt für Zinsen und andere Nebenleistungen nur, wenn sie später als in dem Kalendervierteljahr, in welchem der Gläubiger befriedigt wird, oder dem folgenden Vierteljahr fällig werden. [2]Auf

Kosten, für die das Grundstück nach § 1118 haftet, findet die Vorschrift keine Anwendung.

§ 1146 Verzugszinsen. Liegen dem Eigentümer gegenüber die Voraussetzungen vor, unter denen ein Schuldner in Verzug kommt, so gebühren dem Gläubiger Verzugszinsen aus dem Grundstück.

§ 1147 Befriedigung durch Zwangsvollstreckung. Die Befriedigung des Gläubigers aus dem Grundstück und den Gegenständen, auf die sich die Hypothek erstreckt, erfolgt im Wege der Zwangsvollstreckung.

§ 1148 Eigentumsfiktion. [1] Bei der Verfolgung des Rechts aus der Hypothek gilt zugunsten des Gläubigers derjenige, welcher im Grundbuch als Eigentümer eingetragen ist, als der Eigentümer. [2] Das Recht des nicht eingetragenen Eigentümers, die ihm gegen die Hypothek zustehenden Einwendungen geltend zu machen, bleibt unberührt.

§ 1149 Unzulässige Befriedigungsabreden. Der Eigentümer kann, solange nicht die Forderung ihm gegenüber fällig geworden ist, dem Gläubiger nicht das Recht einräumen, zum Zwecke der Befriedigung die Übertragung des Eigentums an dem Grundstück zu verlangen oder die Veräußerung des Grundstücks auf andere Weise als im Wege der Zwangsvollstreckung zu bewirken.

§ 1150 Ablösungsrecht Dritter. Verlangt der Gläubiger Befriedigung aus dem Grundstück, so finden die Vorschriften der §§ 268, 1144, 1145 entsprechende Anwendung.

§ 1151 Rangänderung bei Teilhypotheken. Wird die Forderung geteilt, so ist zur Änderung des Rangverhältnisses der Teilhypotheken untereinander die Zustimmung des Eigentümers nicht erforderlich.

§ 1152 Teilhypothekenbrief. [1] Im Falle einer Teilung der Forderung kann, sofern nicht die Erteilung des Hypothekenbriefs ausgeschlossen ist, für jeden Teil ein Teilhypothekenbrief hergestellt werden; die Zustimmung des Eigentümers des Grundstücks ist nicht erforderlich. [2] Der Teilhypothekenbrief tritt für den Teil, auf den er sich bezieht, an die Stelle des bisherigen Briefes.

§ 1153 Übertragung von Hypothek und Forderung. (1) Mit der Übertragung der Forderung geht die Hypothek auf den neuen Gläubiger über.

(2) Die Forderung kann nicht ohne die Hypothek, die Hypothek kann nicht ohne die Forderung übertragen werden.

§ 1154 Abtretung der Forderung. (1) [1] Zur Abtretung der Forderung ist Erteilung der Abtretungserklärung in schriftlicher Form und Übergabe des Hypothekenbriefs erforderlich; die Vorschrift des § 1117 findet Anwendung. [2] Der bisherige Gläubiger hat auf Verlangen des neuen Gläubigers die Abtretungserklärung auf seine Kosten öffentlich beglaubigen zu lassen.

(2) Die schriftliche Form der Abtretungserklärung kann dadurch ersetzt werden, dass die Abtretung in das Grundbuch eingetragen wird.

(3) Ist die Erteilung des Hypothekenbriefs ausgeschlossen, so finden auf die Abtretung der Forderung die Vorschriften der §§ 873, 878 entsprechende Anwendung.

§ 1155 Öffentlicher Glaube beglaubigter Abtretungserklärungen.

[1] Ergibt sich das Gläubigerrecht des Besitzers des Hypothekenbriefs aus einer zusammenhängenden, auf einen eingetragenen Gläubiger zurückführenden Reihe von öffentlich beglaubigten Abtretungserklärungen, so finden die Vorschriften der §§ 891 bis 899 in gleicher Weise Anwendung, wie wenn der Besitzer des Briefes als Gläubiger im Grundbuch eingetragen wäre. [2] Einer öffentlich beglaubigten Abtretungserklärung steht gleich ein gerichtlicher Überweisungsbeschluss und das öffentlich beglaubigte Anerkenntnis einer kraft Gesetzes erfolgten Übertragung der Forderung.

§ 1156 Rechtsverhältnis zwischen Eigentümer und neuem Gläubiger.

[1] Die für die Übertragung der Forderung geltenden Vorschriften der §§ 406 bis 408 finden auf das Rechtsverhältnis zwischen dem Eigentümer und dem neuen Gläubiger in Ansehung der Hypothek keine Anwendung. [2] Der neue Gläubiger muss jedoch eine dem bisherigen Gläubiger gegenüber erfolgte Kündigung des Eigentümers gegen sich gelten lassen, es sei denn, dass die Übertragung zur Zeit der Kündigung dem Eigentümer bekannt oder im Grundbuch eingetragen ist.

§ 1157 Fortbestehen der Einreden gegen die Hypothek. [1] Eine Einrede, die dem Eigentümer auf Grund eines zwischen ihm und dem bisherigen Gläubiger bestehenden Rechtsverhältnisses gegen die Hypothek zusteht, kann auch dem neuen Gläubiger entgegengesetzt werden. [2] Die Vorschriften der §§ 892, 894 bis 899, 1140 gelten auch für diese Einrede.

§ 1158 Künftige Nebenleistungen. Soweit die Forderung auf Zinsen oder andere Nebenleistungen gerichtet ist, die nicht später als in dem Kalendervierteljahr, in welchem der Eigentümer von der Übertragung Kenntnis erlangt, oder dem folgenden Vierteljahr fällig werden, finden auf das Rechtsverhältnis zwischen dem Eigentümer und dem neuen Gläubiger die Vorschriften der §§ 406 bis 408 Anwendung; der Gläubiger kann sich gegenüber den Einwendungen, welche dem Eigentümer nach den §§ 404, 406 bis 408, 1157 zustehen, nicht auf die Vorschrift des § 892 berufen.

§ 1159 Rückständige Nebenleistungen. (1) [1] Soweit die Forderung auf Rückstände von Zinsen oder anderen Nebenleistungen gerichtet ist, bestimmt sich die Übertragung sowie das Rechtsverhältnis zwischen dem Eigentümer und dem neuen Gläubiger nach den für die Übertragung von Forderungen geltenden allgemeinen Vorschriften. [2] Das Gleiche gilt für den Anspruch auf Erstattung von Kosten, für die das Grundstück nach § 1118 haftet.

(2) Die Vorschrift des § 892 findet auf die im Absatz 1 bezeichneten Ansprüche keine Anwendung.

§ 1160 Geltendmachung der Briefhypothek. (1) Der Geltendmachung der Hypothek kann, sofern nicht die Erteilung des Hypothekenbriefs ausgeschlossen ist, widersprochen werden, wenn der Gläubiger nicht den Brief vorlegt; ist der Gläubiger nicht im Grundbuch eingetragen, so sind auch die im § 1155 bezeichneten Urkunden vorzulegen.

(2) Eine dem Eigentümer gegenüber erfolgte Kündigung oder Mahnung ist unwirksam, wenn der Gläubiger die nach Absatz 1 erforderlichen Urkunden

nicht vorlegt und der Eigentümer die Kündigung oder die Mahnung aus diesem Grunde unverzüglich zurückweist.

(3) Diese Vorschriften gelten nicht für die im § 1159 bezeichneten Ansprüche.

§ 1161 Geltendmachung der Forderung. Ist der Eigentümer der persönliche Schuldner, so findet die Vorschrift des § 1160 auch auf die Geltendmachung der Forderung Anwendung.

§ 1162 Aufgebot des Hypothekenbriefs. Ist der Hypothekenbrief abhanden gekommen oder vernichtet, so kann er im Wege des Aufgebotsverfahrens für kraftlos erklärt werden.

§ 1163 Eigentümerhypothek. (1) [1] Ist die Forderung, für welche die Hypothek bestellt ist, nicht zur Entstehung gelangt, so steht die Hypothek dem Eigentümer zu. [2] Erlischt die Forderung, so erwirbt der Eigentümer die Hypothek.

(2) Eine Hypothek, für welche die Erteilung des Hypothekenbriefs nicht ausgeschlossen ist, steht bis zur Übergabe des Briefes an den Gläubiger dem Eigentümer zu.

§ 1164 Übergang der Hypothek auf den Schuldner. (1) [1] Befriedigt der persönliche Schuldner den Gläubiger, so geht die Hypothek insoweit auf ihn über, als er von dem Eigentümer oder einem Rechtsvorgänger des Eigentümers Ersatz verlangen kann. [2] Ist dem Schuldner nur teilweise Ersatz zu leisten, so kann der Eigentümer die Hypothek, soweit sie auf ihn übergegangen ist, nicht zum Nachteil der Hypothek des Schuldners geltend machen.

(2) Der Befriedigung des Gläubigers steht es gleich, wenn sich Forderung und Schuld in einer Person vereinigen.

§ 1165 Freiwerden des Schuldners. Verzichtet der Gläubiger auf die Hypothek oder hebt er sie nach § 1183 auf oder räumt er einem anderen Recht den Vorrang ein, so wird der persönliche Schuldner insoweit frei, als er ohne diese Verfügung nach § 1164 aus der Hypothek hätte Ersatz erlangen können.

§ 1166 Benachrichtigung des Schuldners. [1] Ist der persönliche Schuldner berechtigt, von dem Eigentümer Ersatz zu verlangen, falls er den Gläubiger befriedigt, so kann er, wenn der Gläubiger die Zwangsversteigerung des Grundstücks betreibt, ohne ihn unverzüglich zu benachrichtigen, die Befriedigung des Gläubigers wegen eines Ausfalls bei der Zwangsversteigerung insoweit verweigern, als er infolge der Unterlassung der Benachrichtigung einen Schaden erleidet. [2] Die Benachrichtigung darf unterbleiben, wenn sie untunlich ist.

§ 1167 Aushändigung der Berichtigungsurkunden. Erwirbt der persönliche Schuldner, falls er den Gläubiger befriedigt, die Hypothek oder hat er im Falle der Befriedigung ein sonstiges rechtliches Interesse an der Berichtigung des Grundbuchs, so stehen ihm die in den §§ 1144, 1145 bestimmten Rechte zu.

§ 1168 Verzicht auf die Hypothek. (1) Verzichtet der Gläubiger auf die Hypothek, so erwirbt sie der Eigentümer.

(2) [1]Der Verzicht ist dem Grundbuchamt oder dem Eigentümer gegenüber zu erklären und bedarf der Eintragung in das Grundbuch. [2]Die Vorschriften des § 875 Abs. 2 und der §§ 876, 878 finden entsprechende Anwendung.

(3) Verzichtet der Gläubiger für einen Teil der Forderung auf die Hypothek, so stehen dem Eigentümer die im § 1145 bestimmten Rechte zu.

§ 1169 Rechtszerstörende Einrede. Steht dem Eigentümer eine Einrede zu, durch welche die Geltendmachung der Hypothek dauernd ausgeschlossen wird, so kann er verlangen, dass der Gläubiger auf die Hypothek verzichtet.

§ 1170 Ausschluss unbekannter Gläubiger. (1) [1]Ist der Gläubiger unbekannt, so kann er im Wege des Aufgebotsverfahrens mit seinem Recht ausgeschlossen werden, wenn seit der letzten sich auf die Hypothek beziehenden Eintragung in das Grundbuch zehn Jahre verstrichen sind und das Recht des Gläubigers nicht innerhalb dieser Frist von dem Eigentümer in einer nach § 212 Abs. 1 Nr. 1 zum Neubeginn der Verjährung geeigneten Weise anerkannt worden ist. [2]Besteht für die Forderung eine nach dem Kalender bestimmte Zahlungszeit, so beginnt die Frist nicht vor dem Ablauf des Zahlungstags.

(2) [1]Mit der Rechtskraft des Ausschließungsbeschlusses erwirbt der Eigentümer die Hypothek. [2]Der dem Gläubiger erteilte Hypothekenbrief wird kraftlos.

§ 1171 Ausschluss durch Hinterlegung. (1) [1]Der unbekannte Gläubiger kann im Wege des Aufgebotsverfahrens mit seinem Recht auch dann ausgeschlossen werden, wenn der Eigentümer zur Befriedigung des Gläubigers oder zur Kündigung berechtigt ist und den Betrag der Forderung für den Gläubiger unter Verzicht auf das Recht zur Rücknahme hinterlegt. [2]Die Hinterlegung von Zinsen ist nur erforderlich, wenn der Zinssatz im Grundbuch eingetragen ist; Zinsen für eine frühere Zeit als das vierte Kalenderjahr vor der Rechtskraft des Ausschließungsbeschlusses sind nicht zu hinterlegen.

(2) [1]Mit der Rechtskraft des Ausschließungsbeschlusses gilt der Gläubiger als befriedigt, sofern nicht nach den Vorschriften über die Hinterlegung die Befriedigung schon vorher eingetreten ist. [2]Der dem Gläubiger erteilte Hypothekenbrief wird kraftlos.

(3) Das Recht des Gläubigers auf den hinterlegten Betrag erlischt mit dem Ablauf von 30 Jahren nach der Rechtskraft des Ausschließungsbeschlusses, wenn nicht der Gläubiger sich vorher bei der Hinterlegungsstelle meldet; der Hinterleger ist zur Rücknahme berechtigt, auch wenn er auf das Recht zur Rücknahme verzichtet hat.

§ 1172 Eigentümergesamthypothek. (1) Eine Gesamthypothek steht in den Fällen des § 1163 den Eigentümern der belasteten Grundstücke gemeinschaftlich zu.

(2) [1]Jeder Eigentümer kann, sofern nicht ein anderes vereinbart ist, verlangen, dass die Hypothek an seinem Grundstück auf den Teilbetrag, der dem Verhältnis des Wertes seines Grundstücks zu dem Werte der sämtlichen Grundstücke entspricht, nach § 1132 Abs. 2 beschränkt und in dieser Beschränkung

ihm zugeteilt wird. [2]Der Wert wird unter Abzug der Belastungen berechnet, die der Gesamthypothek im Range vorgehen.

§ 1173 Befriedigung durch einen der Eigentümer. (1) [1]Befriedigt der Eigentümer eines der mit einer Gesamthypothek belasteten Grundstücke den Gläubiger, so erwirbt er die Hypothek an seinem Grundstück; die Hypothek an den übrigen Grundstücken erlischt. [2]Der Befriedigung des Gläubigers durch den Eigentümer steht es gleich, wenn das Gläubigerrecht auf den Eigentümer übertragen wird oder wenn sich Forderung und Schuld in der Person des Eigentümers vereinigen.

(2) Kann der Eigentümer, der den Gläubiger befriedigt, von dem Eigentümer eines der anderen Grundstücke oder einem Rechtsvorgänger dieses Eigentümers Ersatz verlangen, so geht in Höhe des Ersatzanspruchs auch die Hypothek an dem Grundstück dieses Eigentümers auf ihn über; sie bleibt mit der Hypothek an seinem eigenen Grundstück Gesamthypothek.

§ 1174 Befriedigung durch den persönlichen Schuldner. (1) Befriedigt der persönliche Schuldner den Gläubiger, dem eine Gesamthypothek zusteht, oder vereinigen sich bei einer Gesamthypothek Forderung und Schuld in einer Person, so geht, wenn der Schuldner nur von dem Eigentümer eines der Grundstücke oder von einem Rechtsvorgänger des Eigentümers Ersatz verlangen kann, die Hypothek an diesem Grundstück auf ihn über; die Hypothek an den übrigen Grundstücken erlischt.

(2) Ist dem Schuldner nur teilweise Ersatz zu leisten und geht deshalb die Hypothek nur zu einem Teilbetrag auf ihn über, so hat sich der Eigentümer diesen Betrag auf den ihm nach § 1172 gebührenden Teil des übrig bleibenden Betrags der Gesamthypothek anrechnen zu lassen.

§ 1175 Verzicht auf die Gesamthypothek. (1) [1]Verzichtet der Gläubiger auf die Gesamthypothek, so fällt sie den Eigentümern der belasteten Grundstücke gemeinschaftlich zu; die Vorschrift des § 1172 Abs. 2 findet Anwendung. [2]Verzichtet der Gläubiger auf die Hypothek an einem der Grundstücke, so erlischt die Hypothek an diesem.

(2) Das Gleiche gilt, wenn der Gläubiger nach § 1170 mit seinem Recht ausgeschlossen wird.

§ 1176 Eigentümerteilhypothek; Kollisionsklausel. Liegen die Voraussetzungen der §§ 1163, 1164, 1168, 1172 bis 1175 nur in Ansehung eines Teilbetrags der Hypothek vor, so kann die auf Grund dieser Vorschriften dem Eigentümer oder einem der Eigentümer oder dem persönlichen Schuldner zufallende Hypothek nicht zum Nachteil der dem Gläubiger verbleibenden Hypothek geltend gemacht werden.

§ 1177 Eigentümergrundschuld, Eigentümerhypothek. (1) [1]Vereinigt sich die Hypothek mit dem Eigentum in einer Person, ohne dass dem Eigentümer auch die Forderung zusteht, so verwandelt sich die Hypothek in eine Grundschuld. [2]In Ansehung der Verzinslichkeit, des Zinssatzes, der Zahlungszeit, der Kündigung und des Zahlungsorts bleiben die für die Forderung getroffenen Bestimmungen maßgebend.

(2) Steht dem Eigentümer auch die Forderung zu, so bestimmen sich seine Rechte aus der Hypothek, solange die Vereinigung besteht, nach den für eine Grundschuld des Eigentümers geltenden Vorschriften.

§ 1178 Hypothek für Nebenleistungen und Kosten. (1) [1]Die Hypothek für Rückstände von Zinsen und anderen Nebenleistungen sowie für Kosten, die dem Gläubiger zu erstatten sind, erlischt, wenn sie sich mit dem Eigentum in einer Person vereinigt. [2]Das Erlöschen tritt nicht ein, solange einem Dritten ein Recht an dem Anspruch auf eine solche Leistung zusteht.

(2) [1]Zum Verzicht auf die Hypothek für die im Absatz 1 bezeichneten Leistungen genügt die Erklärung des Gläubigers gegenüber dem Eigentümer. [2]Solange einem Dritten ein Recht an dem Anspruch auf eine solche Leistung zusteht, ist die Zustimmung des Dritten erforderlich. [3]Die Zustimmung ist demjenigen gegenüber zu erklären, zu dessen Gunsten sie erfolgt; sie ist unwiderruflich.

§ 1179 Löschungsvormerkung. Verpflichtet sich der Eigentümer einem anderen gegenüber, die Hypothek löschen zu lassen, wenn sie sich mit dem Eigentum in einer Person vereinigt, so kann zur Sicherung des Anspruchs auf Löschung eine Vormerkung in das Grundbuch eingetragen werden, wenn demjenigen, zu dessen Gunsten die Eintragung vorgenommen werden soll,

1. ein anderes gleichrangiges oder nachrangiges Recht als eine Hypothek, Grundschuld oder Rentenschuld am Grundstück zusteht oder
2. ein Anspruch auf Einräumung eines solchen anderen Rechts oder auf Übertragung des Eigentums am Grundstück zusteht; der Anspruch kann auch ein künftiger oder bedingter sein.

§ 1179a Löschungsanspruch bei fremden Rechten. (1) [1]Der Gläubiger einer Hypothek kann von dem Eigentümer verlangen, dass dieser eine vorrangige oder gleichrangige Hypothek löschen lässt, wenn sie im Zeitpunkt der Eintragung der Hypothek des Gläubigers mit dem Eigentum in einer Person vereinigt ist oder eine solche Vereinigung später eintritt. [2]Ist das Eigentum nach der Eintragung der nach Satz 1 begünstigten Hypothek durch Sondernachfolge auf einen anderen übergegangen, so ist jeder Eigentümer wegen der zur Zeit seines Eigentums bestehenden Vereinigungen zur Löschung verpflichtet. [3]Der Löschungsanspruch ist in gleicher Weise gesichert, als wenn zu seiner Sicherung gleichzeitig mit der begünstigten Hypothek eine Vormerkung in das Grundbuch eingetragen worden wäre.

(2) [1]Die Löschung einer Hypothek, die nach § 1163 Abs. 1 Satz 1 mit dem Eigentum in einer Person vereinigt ist, kann nach Absatz 1 erst verlangt werden, wenn sich ergibt, dass die zu sichernde Forderung nicht mehr entstehen wird; der Löschungsanspruch besteht von diesem Zeitpunkt ab jedoch auch wegen der vorher bestehenden Vereinigungen. [2]Durch die Vereinigung einer Hypothek mit dem Eigentum nach § 1163 Abs. 2 wird ein Anspruch nach Absatz 1 nicht begründet.

(3) Liegen bei der begünstigten Hypothek die Voraussetzungen des § 1163 vor, ohne dass das Recht für den Eigentümer oder seinen Rechtsnachfolger im Grundbuch eingetragen ist, so besteht der Löschungsanspruch für den eingetragenen Gläubiger oder seinen Rechtsnachfolger.

(4) Tritt eine Hypothek im Range zurück, so sind auf die Löschung der ihr infolge der Rangänderung vorgehenden oder gleichstehenden Hypothek die Absätze 1 bis 3 mit der Maßgabe entsprechend anzuwenden, dass an die Stelle des Zeitpunkts der Eintragung des zurückgetretenen Rechts der Zeitpunkt der Eintragung der Rangänderung tritt.

(5) [1] Als Inhalt einer Hypothek, deren Gläubiger nach den vorstehenden Vorschriften ein Anspruch auf Löschung zusteht, kann der Ausschluss dieses Anspruchs vereinbart werden; der Ausschluss kann auf einen bestimmten Fall der Vereinigung beschränkt werden. [2] Der Ausschluss ist unter Bezeichnung der Hypotheken, die dem Löschungsanspruch ganz oder teilweise nicht unterliegen, im Grundbuch anzugeben; ist der Ausschluss nicht für alle Fälle der Vereinigung vereinbart, so kann zur näheren Bezeichnung der erfassten Fälle auf die Eintragungsbewilligung Bezug genommen werden. [3] Wird der Ausschluss aufgehoben, so entstehen dadurch nicht Löschungsansprüche für Vereinigungen, die nur vor dieser Aufhebung bestanden haben.

§ 1179b Löschungsanspruch bei eigenem Recht. (1) Wer als Gläubiger einer Hypothek im Grundbuch eingetragen oder nach Maßgabe des § 1155 als Gläubiger ausgewiesen ist, kann von dem Eigentümer die Löschung dieser Hypothek verlangen, wenn sie im Zeitpunkt ihrer Eintragung mit dem Eigentum in einer Person vereinigt ist oder eine solche Vereinigung später eintritt.

(2) § 1179a Abs. 1 Satz 2, 3, Abs. 2, 5 ist entsprechend anzuwenden.

§ 1180 Auswechslung der Forderung. (1) [1] An die Stelle der Forderung, für welche die Hypothek besteht, kann eine andere Forderung gesetzt werden. [2] Zu der Änderung ist die Einigung des Gläubigers und des Eigentümers sowie die Eintragung in das Grundbuch erforderlich; die Vorschriften des § 873 Abs. 2 und der §§ 876, 878 finden entsprechende Anwendung.

(2) [1] Steht die Forderung, die an die Stelle der bisherigen Forderung treten soll, nicht dem bisherigen Hypothekengläubiger zu, so ist dessen Zustimmung erforderlich; die Zustimmung ist dem Grundbuchamt oder demjenigen gegenüber zu erklären, zu dessen Gunsten sie erfolgt. [2] Die Vorschriften des § 875 Abs. 2 und des § 876 finden entsprechende Anwendung.

§ 1181 Erlöschen durch Befriedigung aus dem Grundstück. (1) Wird der Gläubiger aus dem Grundstück befriedigt, so erlischt die Hypothek.

(2) Erfolgt die Befriedigung des Gläubigers aus einem der mit einer Gesamthypothek belasteten Grundstücke, so werden auch die übrigen Grundstücke frei.

(3) Der Befriedigung aus dem Grundstück steht die Befriedigung aus den Gegenständen gleich, auf die sich die Hypothek erstreckt.

§ 1182 Übergang bei Befriedigung aus der Gesamthypothek. [1] Soweit im Falle einer Gesamthypothek der Eigentümer des Grundstücks, aus dem der Gläubiger befriedigt wird, von dem Eigentümer eines der anderen Grundstücke oder einem Rechtsvorgänger dieses Eigentümers Ersatz verlangen kann, geht die Hypothek an dem Grundstück dieses Eigentümers auf ihn über. [2] Die Hypothek kann jedoch, wenn der Gläubiger nur teilweise befriedigt wird, nicht zum Nachteil der dem Gläubiger verbleibenden Hypothek und, wenn das Grundstück mit einem im Range gleich- oder nachstehenden Recht belastet ist, nicht zum Nachteil dieses Rechts geltend gemacht werden.

§ 1183 Aufhebung der Hypothek. [1]Zur Aufhebung der Hypothek durch Rechtsgeschäft ist die Zustimmung des Eigentümers erforderlich. [2]Die Zustimmung ist dem Grundbuchamt oder dem Gläubiger gegenüber zu erklären; sie ist unwiderruflich.

§ 1184 Sicherungshypothek. (1) Eine Hypothek kann in der Weise bestellt werden, dass das Recht des Gläubigers aus der Hypothek sich nur nach der Forderung bestimmt und der Gläubiger sich zum Beweis der Forderung nicht auf die Eintragung berufen kann (Sicherungshypothek).

(2) Die Hypothek muss im Grundbuch als Sicherungshypothek bezeichnet werden.

§ 1185 Buchhypothek; unanwendbare Vorschriften. (1) Bei der Sicherungshypothek ist die Erteilung des Hypothekenbriefs ausgeschlossen.

(2) Die Vorschriften der §§ 1138, 1139, 1141, 1156 finden keine Anwendung.

§ 1186 Zulässige Umwandlungen. [1]Eine Sicherungshypothek kann in eine gewöhnliche Hypothek, eine gewöhnliche Hypothek kann in eine Sicherungshypothek umgewandelt werden. [2]Die Zustimmung der im Range gleich- oder nachstehenden Berechtigten ist nicht erforderlich.

§ 1187 Sicherungshypothek für Inhaber- und Orderpapiere. [1]Für die Forderung aus einer Schuldverschreibung auf den Inhaber, aus einem Wechsel oder aus einem anderen Papier, das durch Indossament übertragen werden kann, kann nur eine Sicherungshypothek bestellt werden. [2]Die Hypothek gilt als Sicherungshypothek, auch wenn sie im Grundbuch nicht als solche bezeichnet ist. [3]Die Vorschrift des § 1154 Abs. 3 findet keine Anwendung. [4]Ein Anspruch auf Löschung der Hypothek nach den §§ 1179a, 1179b besteht nicht.

§ 1188 Sondervorschrift für Schuldverschreibungen auf den Inhaber.

(1) Zur Bestellung einer Hypothek für die Forderung aus einer Schuldverschreibung auf den Inhaber genügt die Erklärung des Eigentümers gegenüber dem Grundbuchamt, dass er die Hypothek bestelle, und die Eintragung in das Grundbuch; die Vorschrift des § 878 findet Anwendung.

(2) [1]Die Ausschließung des Gläubigers mit seinem Recht nach § 1170 ist nur zulässig, wenn die im § 801 bezeichnete Vorlegungsfrist verstrichen ist. [2]Ist innerhalb der Frist die Schuldverschreibung vorgelegt oder der Anspruch aus der Urkunde gerichtlich geltend gemacht worden, so kann die Ausschließung erst erfolgen, wenn die Verjährung eingetreten ist.

§ 1189 Bestellung eines Grundbuchvertreters. (1) [1]Bei einer Hypothek der im § 1187 bezeichneten Art kann für den jeweiligen Gläubiger ein Vertreter mit der Befugnis bestellt werden, mit Wirkung für und gegen jeden späteren Gläubiger bestimmte Verfügungen über die Hypothek zu treffen und den Gläubiger bei der Geltendmachung der Hypothek zu vertreten. [2]Zur Bestellung des Vertreters ist die Eintragung in das Grundbuch erforderlich.

(2) Ist der Eigentümer berechtigt, von dem Gläubiger eine Verfügung zu verlangen, zu welcher der Vertreter befugt ist, so kann er die Vornahme der Verfügung von dem Vertreter verlangen.

§ 1190 Höchstbetragshypothek. (1) [1]Eine Hypothek kann in der Weise bestellt werden, dass nur der Höchstbetrag, bis zu dem das Grundstück haften soll, bestimmt, im Übrigen die Feststellung der Forderung vorbehalten wird. [2]Der Höchstbetrag muss in das Grundbuch eingetragen werden.

(2) Ist die Forderung verzinslich, so werden die Zinsen in den Höchstbetrag eingerechnet.

(3) Die Hypothek gilt als Sicherungshypothek, auch wenn sie im Grundbuch nicht als solche bezeichnet ist.

(4) [1]Die Forderung kann nach den für die Übertragung von Forderungen geltenden allgemeinen Vorschriften übertragen werden. [2]Wird sie nach diesen Vorschriften übertragen, so ist der Übergang der Hypothek ausgeschlossen.

Titel 2. Grundschuld, Rentenschuld

Untertitel 1. Grundschuld

§ 1191 Gesetzlicher Inhalt der Grundschuld. (1) Ein Grundstück kann in der Weise belastet werden, dass an denjenigen, zu dessen Gunsten die Belastung erfolgt, eine bestimmte Geldsumme aus dem Grundstück zu zahlen ist (Grundschuld).

(2) Die Belastung kann auch in der Weise erfolgen, dass Zinsen von der Geldsumme sowie andere Nebenleistungen aus dem Grundstück zu entrichten sind.

§ 1192 Anwendbare Vorschriften. (1) Auf die Grundschuld finden die Vorschriften über die Hypothek entsprechende Anwendung, soweit sich nicht daraus ein anderes ergibt, dass die Grundschuld nicht eine Forderung voraussetzt.

(1a) [1]Ist die Grundschuld zur Sicherung eines Anspruchs verschafft worden (Sicherungsgrundschuld), können Einreden, die dem Eigentümer auf Grund des Sicherungsvertrags mit dem bisherigen Gläubiger gegen die Grundschuld zustehen oder sich aus dem Sicherungsvertrag ergeben, auch jedem Erwerber der Grundschuld entgegengesetzt werden; § 1157 Satz 2 findet insoweit keine Anwendung. [2]Im Übrigen bleibt § 1157 unberührt.

(2) Für Zinsen der Grundschuld gelten die Vorschriften über die Zinsen einer Hypothekenforderung.

§ 1193 Kündigung. (1) [1]Das Kapital der Grundschuld wird erst nach vorgängiger Kündigung fällig. [2]Die Kündigung steht sowohl dem Eigentümer als dem Gläubiger zu. [3]Die Kündigungsfrist beträgt sechs Monate.

(2) [1]Abweichende Bestimmungen sind zulässig. [2]Dient die Grundschuld der Sicherung einer Geldforderung, so ist eine von Absatz 1 abweichende Bestimmung nicht zulässig.

§ 1194 Zahlungsort. Die Zahlung des Kapitals sowie der Zinsen und anderen Nebenleistungen hat, soweit nicht ein anderes bestimmt ist, an dem Orte zu erfolgen, an dem das Grundbuchamt seinen Sitz hat.

§ 1195 Inhabergrundschuld. [1]Eine Grundschuld kann in der Weise bestellt werden, dass der Grundschuldbrief auf den Inhaber ausgestellt wird. [2]Auf einen solchen Brief finden die Vorschriften über Schuldverschreibungen auf den Inhaber entsprechende Anwendung.

§ 1196 Eigentümergrundschuld. (1) Eine Grundschuld kann auch für den Eigentümer bestellt werden.

(2) Zu der Bestellung ist die Erklärung des Eigentümers gegenüber dem Grundbuchamt, dass die Grundschuld für ihn in das Grundbuch eingetragen werden soll, und die Eintragung erforderlich; die Vorschrift des § 878 findet Anwendung.

(3) Ein Anspruch auf Löschung der Grundschuld nach § 1179a oder § 1179b besteht nur wegen solcher Vereinigungen der Grundschuld mit dem Eigentum in einer Person, die eintreten, nachdem die Grundschuld einem anderen als dem Eigentümer zugestanden hat.

§ 1197 Abweichungen von der Fremdgrundschuld. (1) Ist der Eigentümer der Gläubiger, so kann er nicht die Zwangsvollstreckung zum Zwecke seiner Befriedigung betreiben.

(2) Zinsen gebühren dem Eigentümer nur, wenn das Grundstück auf Antrag eines anderen zum Zwecke der Zwangsverwaltung in Beschlag genommen ist, und nur für die Dauer der Zwangsverwaltung.

§ 1198 Zulässige Umwandlungen. [1] Eine Hypothek kann in eine Grundschuld, eine Grundschuld kann in eine Hypothek umgewandelt werden. [2] Die Zustimmung der im Range gleich- oder nachstehenden Berechtigten ist nicht erforderlich.

Untertitel 2. Rentenschuld

§ 1199 Gesetzlicher Inhalt der Rentenschuld. (1) Eine Grundschuld kann in der Weise bestellt werden, dass in regelmäßig wiederkehrenden Terminen eine bestimmte Geldsumme aus dem Grundstück zu zahlen ist (Rentenschuld).

(2) [1] Bei der Bestellung der Rentenschuld muss der Betrag bestimmt werden, durch dessen Zahlung die Rentenschuld abgelöst werden kann. [2] Die Ablösungssumme muss im Grundbuch angegeben werden.

§ 1200 Anwendbare Vorschriften. (1) Auf die einzelnen Leistungen finden die für Hypothekenzinsen, auf die Ablösungssumme finden die für ein Grundschuldkapital geltenden Vorschriften entsprechende Anwendung.

(2) Die Zahlung der Ablösungssumme an den Gläubiger hat die gleiche Wirkung wie die Zahlung des Kapitals einer Grundschuld.

§ 1201 Ablösungsrecht. (1) Das Recht zur Ablösung steht dem Eigentümer zu.

(2) [1] Dem Gläubiger kann das Recht, die Ablösung zu verlangen, nicht eingeräumt werden. [2] Im Falle des § 1133 Satz 2 ist der Gläubiger berechtigt, die Zahlung der Ablösungssumme aus dem Grundstück zu verlangen.

§ 1202 Kündigung. (1) [1] Der Eigentümer kann das Ablösungsrecht erst nach vorgängiger Kündigung ausüben. [2] Die Kündigungsfrist beträgt sechs Monate, wenn nicht ein anderes bestimmt ist.

(2) Eine Beschränkung des Kündigungsrechts ist nur soweit zulässig, dass der Eigentümer nach 30 Jahren unter Einhaltung der sechsmonatigen Frist kündigen kann.

(3) Hat der Eigentümer gekündigt, so kann der Gläubiger nach dem Ablauf der Kündigungsfrist die Zahlung der Ablösungssumme aus dem Grundstück verlangen.

§ 1203 Zulässige Umwandlungen. [1]Eine Rentenschuld kann in eine gewöhnliche Grundschuld, eine gewöhnliche Grundschuld kann in eine Rentenschuld umgewandelt werden. [2]Die Zustimmung der im Range gleich- oder nachstehenden Berechtigten ist nicht erforderlich.

Abschnitt 8. Pfandrecht an beweglichen Sachen und an Rechten

§§ 1204–1296 *(vom Abdruck wurde abgesehen)*

Buch 4.[1] Familienrecht

§§ 1297–1921 *(vom Abdruck wurde abgesehen)*

Buch 5.[2] Erbrecht

§§ 1922–2385 *(vom Abdruck wurde abgesehen)*

[1] Wegen des für das Gebiet der ehem. DDR geltenden Übergangsrechts zum Vierten Buch des BGB beachte Art. 234 EGBGB **(dtv 5001 BGB Nr. 2)**, zu den §§ 1297–1302 beachte Art. 234 § 2 EGBGB.

[2] Wegen des für das Gebiet der ehem. DDR geltenden Übergangsrechts zum Erbrecht beachte Art. 235 § 1 EGBGB **(dtv 5001 BGB Nr. 2)**.

2. Verordnung über wohnungswirtschaftliche Berechnungen (Zweite Berechnungsverordnung – II. BV)[1)]

In der Fassung der Bekanntmachung vom 12. Oktober 1990[2)]
(BGBl. I S. 2178)

FNA 2330-2-2

zuletzt geänd. durch Art. 78 Abs. 2 Zweites G über die Bereinigung von Bundesrecht im Zuständigkeitsbereich des BMJ v. 23.11.2007 (BGBl. I S. 2614)

Teil I. Allgemeine Vorschriften

§ 1 Anwendungsbereich der Verordnung. (1) Diese Verordnung ist anzuwenden, wenn

1. die Wirtschaftlichkeit, Belastung, Wohnfläche oder der angemessene Kaufpreis für öffentlich geförderten Wohnraum
bei Anwendung des *Zweiten Wohnungsbaugesetzes*[3)] oder des Wohnungsbindungsgesetzes,
2. die Wirtschaftlichkeit, Belastung oder Wohnfläche für steuerbegünstigten oder freifinanzierten Wohnraum
bei Anwendung des *Zweiten Wohnungsbaugesetzes*[3)],
3. die Wirtschaftlichkeit, Wohnfläche oder der angemessene Kaufpreis
bei Anwendung der Verordnung zur Durchführung des Wohnungsgemeinnützigkeitsgesetzes

zu berechnen ist.

(2) [1]Diese Verordnung ist ferner anzuwenden, wenn in anderen Rechtsvorschriften die Anwendung vorgeschrieben oder vorausgesetzt ist. [2]Das gleiche gilt, wenn in anderen Rechtsvorschriften die Anwendung der Ersten Berechnungsverordnung vorgeschrieben oder vorausgesetzt ist.

§§ 1a bis 1d (weggefallen)

Teil II. Wirtschaftlichkeitsberechnung

Erster Abschnitt. Gegenstand, Gliederung und Aufstellung der Berechnung

§ 2 Gegenstand der Berechnung. (1) [1]Die Wirtschaftlichkeit von Wohnraum wird durch eine Berechnung (Wirtschaftlichkeitsberechnung) ermittelt. [2]In ihr sind die laufenden Aufwendungen zu ermitteln und den Erträgen gegenüberzustellen.

(2) [1]Die Wirtschaftlichkeitsberechnung ist für das Gebäude, das den Wohnraum enthält, aufzustellen. [2]Sie ist für eine Mehrheit solcher Gebäude auf-

[1)] Zur Geltung im Saarland beachte § 49.

[2)] Neubekanntmachung der Zweiten BerechnungsVO idF der Bek. v. 5.4.1984 (BGBl. I S. 553) in der ab 29.8.1990 geltenden Fassung.

[3)] **Aufgehoben mWv 1.1.2002** durch G v. 13.9.2001 (BGBl. I S. 2376).

zustellen, wenn sie eine Wirtschaftseinheit bilden. [3]Eine Wirtschaftseinheit ist eine Mehrheit von Gebäuden, die demselben Eigentümer gehören, in örtlichem Zusammenhang stehen und deren Errichtung ein einheitlicher Finanzierungsplan zugrunde gelegt worden ist oder zugrunde gelegt werden soll. [4]Ob der Errichtung einer Mehrheit von Gebäuden ein einheitlicher Finanzierungsplan zugrunde gelegt werden soll, bestimmt der Bauherr. [5]Im öffentlich geförderten sozialen Wohnungsbau kann die Bewilligungsstelle die Bewilligung öffentlicher Mittel davon abhängig machen, daß der Bauherr eine andere Bestimmung über den Gegenstand der Berechnung trifft. [6]Wird eine Wirtschaftseinheit in der Weise aufgeteilt, daß eine Mehrheit von Gebäuden bleibt, die demselben Eigentümer gehören und in örtlichem Zusammenhang stehen, so entsteht insoweit eine neue Wirtschaftseinheit.

(3) [1]In die Wirtschaftlichkeitsberechnung sind außer dem Gebäude oder der Wirtschaftseinheit auch zugehörige Nebengebäude, Anlagen und Einrichtungen sowie das Baugrundstück einzubeziehen. [2]Das Baugrundstück besteht aus den überbauten und den dazugehörigen Flächen, soweit sie einen angemessenen Umfang nicht überschreiten; bei einer Kleinsiedlung gehört auch die Landzulage dazu.

(4) Enthält das Gebäude oder die Wirtschaftseinheit neben dem Wohnraum, für den die Wirtschaftlichkeitsberechnung aufzustellen ist, noch anderen Raum, so ist die Wirtschaftlichkeitsberechnung unter den Voraussetzungen und nach Maßgabe des Fünften Abschnittes als Teilwirtschaftlichkeitsberechnung oder als Gesamtwirtschaftlichkeitsberechnung oder mit Teilberechnungen der laufenden Aufwendungen aufzustellen.

(5) [1]Ist die Wirtschaftseinheit aufgeteilt worden, so sind Wirtschaftlichkeitsberechnungen, die nach der Aufteilung aufzustellen sind, für die einzelnen Gebäude oder, wenn neue Wirtschaftseinheiten entstanden sind, für die neuen Wirtschaftseinheiten aufzustellen; Entsprechendes gilt, wenn die Wirtschaftseinheit aufgeteilt werden soll und im Hinblick hierauf Wirtschaftlichkeitsberechnungen aufgestellt werden. [2]Auf die Aufstellung der Wirtschaftlichkeitsberechnungen sind die Vorschriften über die Teilwirtschaftlichkeitsberechnung sinngemäß anzuwenden, soweit nicht eine andere Aufteilung aus besonderen Gründen angemessen ist; im öffentlich geförderten sozialen Wohnungsbau bedarf die Wahl einer anderen Aufteilung der Zustimmung der Bewilligungsstelle. [3]Ist Wohnungseigentum an den Wohnungen einer Wirtschaftseinheit oder eines Gebäudes begründet, ist die Wirtschaftlichkeitsberechnung entsprechend Satz 2 für die einzelnen Wohnungen aufzustellen.

(6) [1]Im öffentlich geförderten sozialen Wohnungsbau dürfen mehrere Gebäude, mehrere Wirtschaftseinheiten oder mehrere Gebäude und Wirtschaftseinheiten nachträglich zu einer Wirtschaftseinheit zusammengefaßt werden, sofern sie demselben Eigentümer gehören, in örtlichem Zusammenhang stehen und die Wohnungen keine wesentlichen Unterschiede in ihrem Wohnwert aufweisen. [2]Die Zusammenfassung bedarf der Zustimmung der Bewilligungsstelle. [3]Sie darf nur erteilt werden, wenn öffentlich geförderte Wohnungen in sämtlichen Gebäuden vorhanden sind. [4]In die Wirtschaftlichkeitsberechnungen, die nach der Zusammenfassung aufgestellt werden, sind die bisherigen Gesamtkosten, Finanzierungsmittel und laufenden Aufwendungen zu übernehmen. [5]Die öffentlichen Mittel gelten als für sämtliche öffentlich geförderten Wohnungen der zusammengefaßten Wirtschaftseinheit bewilligt.

(7) [1] Absatz 6 gilt entsprechend im steuerbegünstigten oder freifinanzierten Wohnungsbau, der mit Wohnungsfürsorgemitteln gefördert worden ist. [2] Anstelle der Zustimmung der Bewilligungsstelle ist die Zustimmung des Darlehns- oder Zuschußgebers erforderlich.

(8) Gelten nach § 15 Abs. 2 Satz 2 oder § 16 Abs. 2 oder 7 des Wohnungsbindungsgesetzes eine oder mehrere Wohnungen eines Gebäudes oder einer Wirtschaftseinheit nicht mehr als öffentlich gefördert, so bleibt für die übrigen Wohnungen die bisherige Wirtschaftlichkeitsberechnung mit den zulässigen Ansätzen für Gesamtkosten, Finanzierungsmittel und laufende Aufwendungen in der Weise maßgebend, wie sie für alle bisherigen öffentlich geförderten Wohnungen des Gebäudes oder der Wirtschaftseinheit maßgebend gewesen wäre.

§ 3 Gliederung der Berechnung. Die Wirtschaftlichkeitsberechnung muß enthalten

1. die Grundstücks- und Gebäudebeschreibung,
2. die Berechnung der Gesamtkosten,
3. den Finanzierungsplan,
4. die laufenden Aufwendungen und die Erträge.

§ 4 Maßgebende Verhältnisse für die Aufstellung der Berechnung.

(1) [1] Ist im öffentlich geförderten sozialen Wohnungsbau der Bewilligung der öffentlichen Mittel eine Wirtschaftlichkeitsberechnung zugrunde zu legen, so ist die Wirtschaftlichkeitsberechnung nach den Verhältnissen aufzustellen, die beim Antrag auf Bewilligung öffentlicher Mittel bestehen. [2] Haben sich die Verhältnisse bis zur Bewilligung der öffentlichen Mittel geändert, so kann die Bewilligungsstelle der Bewilligung die geänderten Verhältnisse zugrunde legen; sie hat sie zugrunde zu legen, wenn der Bauherr es beantragt.

(2) Ist im öffentlich geförderten sozialen Wohnungsbau der Bewilligung der öffentlichen Mittel eine Wirtschaftlichkeitsberechnung nicht zugrunde gelegt worden, wohl aber eine ähnliche Berechnung oder eine Berechnung der Gesamtkosten und Finanzierungsmittel, so ist die Wirtschaftlichkeitsberechnung nach den Verhältnissen aufzustellen, die der Bewilligung auf Grund dieser Berechnung zugrunde gelegt worden sind; soweit dies nicht geschehen ist, ist die Wirtschaftlichkeitsberechnung nach den Verhältnissen aufzustellen, die bei der Bewilligung der öffentlichen Mittel bestanden haben.

(3) Ist im öffentlich geförderten sozialen Wohnungsbau der Bewilligung der öffentlichen Mittel eine Wirtschaftlichkeitsberechnung oder eine Berechnung der in Absatz 2 bezeichneten Art nicht zugrunde gelegt worden, so ist die Wirtschaftlichkeitsberechnung nach den Verhältnissen aufzustellen, die bei der Bewilligung der öffentlichen Mittel bestanden haben.

(4) Im steuerbegünstigten Wohnungsbau ist die Wirtschaftlichkeitsberechnung nach den Verhältnissen bei Bezugsfertigkeit aufzustellen.

§ 4a Berücksichtigung von Änderungen bei Aufstellung der Berechnung. (1) [1] Ist im öffentlich geförderten sozialen Wohnungsbau der Bewilligung der öffentlichen Mittel eine Wirtschaftlichkeitsberechnung zugrunde gelegt worden, so sind die Gesamtkosten, Finanzierungsmittel oder laufenden Aufwendungen, die bei der Bewilligung auf Grund dieser Berechnung zugrun-

de gelegt worden sind, in eine spätere Wirtschaftlichkeitsberechnung zu übernehmen, es sei denn, daß

1. sie sich nach der Bewilligung der öffentlichen Mittel geändert haben und ein anderer Ansatz in dieser Verordnung vorgeschrieben ist oder
2. nach der Bewilligung der öffentlichen Mittel bauliche Änderungen vorgenommen worden sind und ein anderer Ansatz in dieser Verordnung vorgeschrieben oder zugelassen ist oder
3. laufende Aufwendungen nicht oder nur in geringerer Höhe, als in dieser Verordnung vorgeschrieben oder zugelassen ist, in Anspruch genommen oder anerkannt worden sind oder auf ihren Ansatz ganz oder teilweise verzichtet worden ist oder
4. der Ansatz von laufenden Aufwendungen nach dieser Verordnung nicht mehr oder nur in geringerer Höhe zulässig ist.

[2] In den Fällen der Nummern 3 und 4 bleiben die Gesamtkosten und die Finanzierungsmittel unverändert. [3] Nummer 3 ist erst nach dem Ablauf von 6 Jahren seit der Bezugsfertigkeit der Wohnungen anzuwenden, es sei denn, daß eine andere Frist bei der Bewilligung der öffentlichen Mittel vereinbart worden ist.

(2) Ist im öffentlich geförderten sozialen Wohnungsbau der Bewilligung der öffentlichen Mittel eine Wirtschaftlichkeitsberechnung nicht zugrunde gelegt worden, wohl aber eine ähnliche Berechnung oder eine Berechnung der Gesamtkosten und Finanzierungsmittel, so gilt Absatz 1 entsprechend, soweit bei der Bewilligung auf Grund dieser Berechnung Gesamtkosten, Finanzierungsmittel oder laufende Aufwendungen zugrunde gelegt worden sind; im übrigen gilt Absatz 3 entsprechend.

(3) Ist im öffentlich geförderten sozialen Wohnungsbau der Bewilligung der öffentlichen Mittel eine Wirtschaftlichkeitsberechnung oder eine Berechnung der in Absatz 2 bezeichneten Art nicht zugrunde gelegt worden und haben sich die Gesamtkosten, Finanzierungsmittel oder laufenden Aufwendungen nach der Bewilligung der öffentlichen Mittel geändert oder sind danach bauliche Änderungen vorgenommen worden, so dürfen diese Änderungen nur berücksichtigt werden, soweit es sich bei entsprechender Anwendung der Vorschriften dieser Verordnung, die die Änderung von Gesamtkosten, Finanzierungsmitteln oder laufenden Aufwendungen oder die bauliche Änderungen zum Gegenstand haben, ergibt.

(4) Haben sich im steuerbegünstigten Wohnungsbau die Gesamtkosten, Finanzierungsmittel oder laufenden Aufwendungen nach der Bezugsfertigkeit geändert oder sind bauliche Änderungen vorgenommen worden, so dürfen diese Änderungen nur berücksichtigt werden, soweit es in dieser Verordnung vorgeschrieben oder zugelassen ist.

(5) Soweit eine Berücksichtigung geänderter Verhältnisse nach dieser Verordnung nicht zulässig ist, bleiben die Verhältnisse im Zeitpunkt nach § 4 maßgebend.

§ 4b Berechnung für steuerbegünstigten Wohnraum, der mit Aufwendungszuschüssen oder Aufwendungsdarlehen gefördert ist. (1) [1] Ist die Wirtschaftlichkeit für steuerbegünstigte Wohnungen, die mit Aufwendungs-

zuschüssen oder Aufwendungsdarlehen nach § 88 des *Zweiten Wohnungsbaugesetzes*[1)] gefördert worden sind, zu berechnen, so sind die Vorschriften für öffentlich geförderte Wohnungen entsprechend anzuwenden. [2]Bei der entsprechenden Anwendung von § 4 Abs. 1 sind die Verhältnisse im Zeitpunkt der Bewilligung der Aufwendungszuschüsse oder Aufwendungsdarlehen zugrunde zu legen.

(2) Sind die in Absatz 1 bezeichneten Wohnungen auch mit einem Darlehen oder einem Zuschuß aus Wohnungsfürsorgemitteln gefördert worden, so sind die Vorschriften für steuerbegünstigte Wohnungen mit den Maßgaben aus § 6 Abs. 1 Satz 4 und § 20 Abs. 3 anzuwenden.

§ 4c Berechnung des angemessenen Kaufpreises aus den Gesamtkosten. [1]Ist in Fällen des § 1 Abs. 1 Nr. 1 oder Nr. 3 der angemessene Kaufpreis zu berechnen, so sind die Vorschriften der §§ 4 und 4a bei der Ermittlung der Gesamtkosten, der Kosten des Baugrundstücks oder der Baukosten entsprechend anzuwenden, soweit sich aus § 54a Abs. 2 Satz 2 letzter Halbsatz des *Zweiten Wohnungsbaugesetzes*[1)] oder aus § 14 Abs. 2 Satz 3 der Durchführungsverordnung zum Wohnungsgemeinnützigkeitsgesetz nichts anderes ergibt. [2]Im übrigen sind die Gesamtkosten, die Kosten des Baugrundstücks und die Baukosten nach den §§ 5 bis 11a zu ermitteln.

Zweiter Abschnitt. Berechnung der Gesamtkosten

§ 5 Gliederung der Gesamtkosten. (1) Gesamtkosten sind die Kosten des Baugrundstücks und die Baukosten.

(2) [1]Kosten des Baugrundstücks sind der Wert des Baugrundstücks, die Erwerbskosten und die Erschließungskosten. [2]Kosten, die im Zusammenhang mit einer das Baugrundstück betreffenden freiwilligen oder gesetzlich geregelten Umlegung, Zusammenlegung oder Grenzregelung (Bodenordnung) entstehen, gehören zu den Erwerbskosten, außer den Kosten der dem Bauherrn dabei obliegenden Verwaltungsleistungen. [3]Bei einem Erbbaugrundstück sind Kosten des Baugrundstücks nur die dem Erbbauberechtigten entstehenden Erwerbs- und Erschließungskosten; zu den Erwerbskosten des Erbbaurechts gehört auch ein Entgelt, das der Erbbauberechtigte einmalig für die Bestellung oder Übertragung des Erbbaurechts zu entrichten hat, soweit es angemessen ist.

(3) [1]Baukosten sind die Kosten der Gebäude, die Kosten der Außenanlagen, die Baunebenkosten, die Kosten besonderer Betriebseinrichtungen sowie die Kosten des Gerätes und sonstiger Wirtschaftsausstattungen. [2]Wird der Wert verwendeter Gebäudeteile angesetzt, so ist er unter den Baukosten gesondert auszuweisen.

(4) Baunebenkosten sind

1. die Kosten der Architekten- und Ingenieurleistungen,
2. die Kosten der dem Bauherrn obliegenden Verwaltungsleistungen bei Vorbereitung und Durchführung des Bauvorhabens,
3. die Kosten der Behördenleistungen bei Vorbereitung und Durchführung des Bauvorhabens, soweit sie nicht Erwerbskosten sind,

[1)] **Aufgehoben mWv 1.1.2002** durch G v. 13.9.2001 (BGBl. I S. 2376).

4. die Kosten der Beschaffung der Finanzierungsmittel, die Kosten der Zwischenfinanzierung und, soweit sie auf die Bauzeit fallen, die Kapitalkosten und die Steuerbelastungen des Baugrundstücks,
5. die Kosten der Beschaffung von Darlehen und Zuschüssen zur Deckung von laufenden Aufwendungen, Fremdkapitalkosten, Annuitäten und Bewirtschaftungskosten,
6. sonstige Nebenkosten bei Vorbereitung und Durchführung des Bauvorhabens.

(5) Der Ermittlung der Gesamtkosten ist die dieser Verordnung beigefügte Anlage 1 „Aufstellung der Gesamtkosten" zugrunde zu legen.

§ 6 Kosten des Baugrundstücks. (1) ¹Als Wert des Baugrundstücks darf höchstens angesetzt werden,
1. wenn das Baugrundstück dem Bauherrn zur Förderung des Wohnungsbaues unter dem Verkehrswert überlassen worden ist, der Kaufpreis,
2. wenn das Baugrundstück durch Enteignung zur Durchführung des Bauvorhabens vom Bauherrn erworben worden ist, die Entschädigung,
3. in anderen Fällen der Verkehrswert in dem nach § 4 maßgebenden Zeitpunkt oder der Kaufpreis, es sei denn, daß er unangemessen hoch gewesen ist.

²Für den Begriff des Verkehrswertes gilt § 194 des Baugesetzbuchs[1)]. ³Im steuerbegünstigten Wohnungsbau dürfen neben dem Verkehrswert Kosten der Zwischenfinanzierung, Kapitalkosten und Steuerbelastungen des Baugrundstücks, die auf die Bauzeit fallen, nicht angesetzt werden. ⁴Ist die Wirtschaftlichkeitsberechnung nach § 87a des *Zweiten Wohnungsbaugesetzes*[2)] aufzustellen, so darf der Bauherr den Wert des Baugrundstücks nach Satz 1 ansetzen, soweit nicht mit dem Darlehns- oder Zuschußgeber vertraglich ein anderer Ansatz vereinbart ist.

(2) ¹Bei Ausbau durch Umwandlung oder Umbau darf als Wert des Baugrundstücks höchstens der Verkehrswert vergleichbarer unbebauter Grundstücke für Wohngebäude in dem nach § 4 maßgebenden Zeitpunkt angesetzt werden. ²Der Wert des Baugrundstücks darf nicht angesetzt werden beim Ausbau durch Umbau einer Wohnung, deren Bau bereits mit öffentlichen Mitteln oder mit Wohnungsfürsorgemitteln gefördert worden ist.

(3) Soweit Preisvorschriften in dem nach § 4 maßgebenden Zeitpunkt bestanden haben, dürfen höchstens die danach zulässigen Preise zugrunde gelegt werden.

(4) Erwerbskosten und Erschließungskosten dürfen, vorbehaltlich der §§ 9 und 10, nur angesetzt werden, soweit sie tatsächlich entstehen oder mit ihrem Entstehen sicher gerechnet werden kann.

(5) ¹Wird die Erschließung im Zusammenhang mit dem Bauvorhaben durchgeführt, so darf außer den Erschließungskosten nur der Wert des nicht erschlossenen Baugrundstücks nach Absatz 1 angesetzt werden. ²Ist die Erschließung bereits vorher ganz oder teilweise durchgeführt worden, so kann der Wert des ganz oder teilweise erschlossenen Baugrundstücks nach Absatz 1

1) Nr. **6**.
2) **Aufgehoben mWv 1.1.2002** durch G v. 13.9.2001 (BGBl. I S. 2376).

angesetzt werden, wenn ein Ansatz von Erschließungskosten insoweit unterbleibt.

(6) Liegt das Baugrundstück in dem nach § 4 maßgebenden Zeitpunkt in einem nach dem *Städtebauförderungsgesetz*[1)] oder dem Baugesetzbuch[2)] förmlich festgelegten Sanierungsgebiet, Ersatzgebiet, Ergänzungsgebiet oder Entwicklungsbereich und wird die Maßnahme nicht im vereinfachten Verfahren durchgeführt, dürfen abweichend von Absatz 1 Satz 1 und den Absätzen 2, 4 und 5 als Wert des Baugrundstücks und an Stelle der Erschließungskosten höchstens angesetzt werden

1. der Wert, der sich für das unbebaute Grundstück ergeben würde, wenn eine Sanierung oder Entwicklung weder beabsichtigt noch durchgeführt worden wäre, der Kaufpreis für ein nach der förmlichen Festlegung erworbenes Grundstück, soweit er zulässig gewesen ist, oder, wenn eine Umlegung nach Maßgabe des § 16 des *Städtebauförderungsgesetzes*[1)] oder des § 153 Abs. 5 des Baugesetzbuches durchgeführt worden ist, der Verkehrswert, der der Zuteilung des Grundstücks zugrunde gelegt worden ist,
2. der Ausgleichsbetrag, der für das Grundstück zu entrichten ist,
3. der Betrag, der auf den Ausgleichsbetrag angerechnet wird, soweit die Anrechnung nicht auf Umständen beruht, die in dem nach Nummer 1 angesetzten Wert des Grundstücks berücksichtigt sind.

§ 7 Baukosten. (1) [1]Baukosten dürfen nur angesetzt werden, soweit sie tatsächlich entstehen oder mit ihrem Entstehen sicher gerechnet werden kann und soweit sie bei gewissenhafter Abwägung aller Umstände, bei wirtschaftlicher Bauausführung und bei ordentlicher Geschäftsführung gerechtfertigt sind. [2]Kosten entstehen tatsächlich in der Höhe, in der der Bauherr eine Vergütung für Bauleistungen zu entrichten hat; ein Barzahlungsnachlaß (Skonto) braucht nicht abgesetzt zu werden, soweit er handelsüblich ist. [3]Die Vorschriften der §§ 9 und 10 bleiben unberührt.

(2) [1]Bei Wiederaufbau und bei Ausbau durch Umwandlung oder Umbau eines Gebäudes gehört zu den Baukosten auch der Wert der verwendeten Gebäudeteile. [2]Der Wert der verwendeten Gebäudeteile ist mit dem Betrage anzusetzen, der einem Unternehmer für die Bauleistungen im Rahmen der Kosten des Gebäudes zu entrichten wäre, wenn an Stelle des Wiederaufbaues oder des Ausbaues ein Neubau durchgeführt würde, abzüglich der Kosten des Gebäudes, die für den Wiederaufbau oder den Ausbau tatsächlich entstehen oder mit deren Entstehen sicher gerechnet werden kann. [3]Bei der Ermittlung der Kosten eines vergleichbaren Neubaues dürfen verwendete Gebäudeteile, die für einen Neubau nicht erforderlich gewesen wären, nicht berücksichtigt werden. [4]Bei Wiederaufbau ist der Restbetrag der auf dem Grundstück ruhenden Hypothekengewinnabgabe von dem nach den Sätzen 2 und 3 ermittelten Wert der verwendeten Gebäudeteile mit dem Betrage abzuziehen, der sich vor Herabsetzung der Abgabeschulden nach § 104 des Lastenausgleichsgesetzes für den Herabsetzungsstichtag ergibt. [5]§ 6 Abs. 2 Satz 2 ist auf den Wert der verwendeten Gebäudeteile entsprechend anzuwenden.

1) **Aufgehoben mWv 1.7.1987** durch G v. 8.12.1986 (BGBl. I S. 2191).
2) Auszugsweise abgedruckt unter Nr. **6**.

(3) Bei Wiederherstellung, Ausbau eines Gebäudeteils und Erweiterung darf der Wert der verwendeten Gebäudeteile nur nach dem Fünften Abschnitt angesetzt werden.

§ 8 Baunebenkosten. (1) [1] Auf die Ansätze für die Kosten der Architekten, Ingenieure und anderer Sonderfachleute, die Kosten der Verwaltungsleistungen bei Vorbereitung und Durchführung des Bauvorhabens und die damit zusammenhängenden Nebenkosten ist § 7 Abs. 1 anzuwenden. [2] Als Kosten der Architekten- und Ingenieurleistungen dürfen höchstens die Beträge angesetzt werden, die sich nach Absatz 2 ergeben. [3] Als Kosten der Verwaltungsleistungen dürfen höchstens die Beträge angesetzt werden, die sich nach den Absätzen 3 bis 5 ergeben.

(2) [1] Der Berechnung des Höchstbetrages für die Kosten der Architekten- und Ingenieurleistungen sind die Teile I bis III und VII bis XII der Honorarordnung für Architekten und Ingenieure vom 17. September 1976 (BGBl. I S. 2805, 3616) in der jeweils geltenden Fassung zugrunde zu legen. [2] Dabei dürfen

1. das Entgelt für Grundleistungen nach den Mindestsätzen der Honorartafeln in den Honorarzonen der Teile II, VIII, X und XII bis einschließlich Honorarzone III und der Teile IX und XI bis einschließlich Honorarzone II,
2. die nachgewiesenen Nebenkosten und
3. die auf das ansetzbare Entgelt und die nachgewiesenen Nebenkosten fallende Umsatzsteuer

angesetzt werden. [3] Höhere Entgelte und Entgelte für andere Leistungen dürfen nur angesetzt werden, soweit die nach Satz 2 Nr. 1 zulässigen Ansätze den erforderlichen Leistungen nicht gerecht werden. [4] Die in Satz 3 bezeichneten Entgelte dürfen nur angesetzt werden, soweit

1. im öffentlich geförderten sozialen Wohnungsbau die Bewilligungsstelle,
2. im steuerbegünstigten oder freifinanzierten Wohnungsbau, der mit Wohnungsfürsorgemitteln gefördert worden ist, der Darlehns- oder Zuschußgeber

ihnen zugestimmt hat.

(3) [1] Der Berechnung des Höchstbetrages für die Kosten der Verwaltungsleistungen ist ein Vomhundertsatz der Baukosten ohne Baunebenkosten und, soweit der Bauherr die Erschließung auf eigene Rechnung durchführt, auch der Erschließungskosten zugrunde zu legen, und zwar bei Kosten in der Stufe

1. bis 127 822,97 Euro einschließlich	3,40 vom Hundert,
2. bis 255 645,94 Euro einschließlich	3,10 vom Hundert,
3. bis 511 291,88 Euro einschließlich	2,80 vom Hundert,
4. bis 818 067,01 Euro einschließlich	2,50 vom Hundert,
5. bis 1 278 229,70 Euro einschließlich	2,20 vom Hundert,
6. bis 1 789 521,58 Euro einschließlich	1,90 vom Hundert,
7. bis 2 556 459,41 Euro einschließlich	1,60 vom Hundert,
8. bis 3 579 043,17 Euro einschließlich	1,30 vom Hundert,
9. über 3 579 043,17 Euro	1,00 vom Hundert.

[2] Die Vomhundertsätze erhöhen sich

1. um 0,5 im Falle der Betreuung des Baues von Eigenheimen, Eigensiedlungen und Eigentumswohnungen sowie im Falle des Baues von Kaufeigenheimen, Trägerkleinsiedlungen und Kaufeigentumswohnungen,
2. um 0,5, wenn besondere Maßnahmen zur Bodenordnung (§ 5 Abs. 2 Satz 2) notwendig sind,
3. um 0,5, wenn die Vorbereitung oder Durchführung des Bauvorhabens mit sonstigen besonderen Verwaltungsschwierigkeiten verbunden ist,
4. um 1,5, wenn für den Bau eines Familienheims oder einer eigengenutzten Eigentumswohnung Selbsthilfe in Höhe von mehr als 10 vom Hundert der Baukosten geleistet wird.

[3] Erhöhungen nach den Nummern 1, 2 und 3 sowie nach den Nummern 2 und 4 dürfen nebeneinander angesetzt werden. [4] Bei der Berechnung des Höchstbetrages für die Kosten von Verwaltungsleistungen, die bei baulichen Änderungen nach § 11 Abs. 4 bis 6 erbracht werden, sind Satz 1 und Satz 2 Nr. 3 entsprechend anzuwenden. [5] Neben dem Höchstbetrag darf die Umsatzsteuer angesetzt werden.

(4) [1] Statt des Höchstbetrages, der sich aus den nach Absatz 3 Satz 1 oder 4 maßgebenden Kosten und dem Vomhundertsatz der entsprechenden Kostenstufe ergibt, darf der Höchstbetrag der vorangehenden Kostenstufe gewählt werden. [2] Die aus Absatz 3 Satz 2 und 3 folgenden Erhöhungen werden in den Fällen des Absatzes 3 Satz 1 hinzugerechnet. [3] Absatz 3 Satz 5 gilt entsprechend.

(5) [1] Wird der angemessene Kaufpreis nach § 4c für Teile einer Wirtschaftseinheit aus den Gesamtkosten ermittelt, so sind für die Berechnung des Höchstbetrages nach den Absätzen 3 und 4 die Kosten für das einzelne Gebäude zugrunde zu legen; der Kostenansatz dient auch zur Deckung der Kosten der dem Bauherrn im Zusammenhang mit der Eigentumsübertragung obliegenden Verwaltungsleistungen. [2] Bei Eigentumswohnungen und Kaufeigentumswohnungen sind für die Berechnung der Kosten der Verwaltungsleistungen die Kosten für die einzelnen Wohnungen zugrunde zu legen.

(6) Der Kostenansatz nach den Absätzen 3 bis 5 dient auch zur Deckung der Kosten der Verwaltungsleistungen, die der Bauherr oder der Betreuer zur Beschaffung von Finanzierungsmitteln erbringt.

(7) Kosten der Beschaffung der Finanzierungsmittel dürfen nicht für den Nachweis oder die Vermittlung von Mitteln aus öffentlichen Haushalten angesetzt werden.

(8) [1] Als Kosten der Zwischenfinanzierung dürfen nur Kosten für Darlehen oder für eigene Mittel des Bauherrn angesetzt werden, deren Ersetzung durch zugesagte oder sicher in Aussicht stehende endgültige Finanzierungsmittel bereits bei dem Einsatz der Zwischenfinanzierungsmittel gewährleistet ist. [2] Eine Verzinsung der vom Bauherrn zur Zwischenfinanzierung eingesetzten eigenen Mittel darf höchstens mit dem marktüblichen Zinssatz für erste Hypotheken angesetzt werden. [3] Kosten der Zwischenfinanzierung dürfen, vorbehaltlich des § 11, nur angesetzt werden, soweit sie auf die Bauzeit bis zur Bezugsfertigkeit entfallen.

(9) [1] Auf die Eigenkapitalkosten in der Bauzeit ist § 20 entsprechend anzuwenden. [2] § 6 Abs. 1 Satz 3 bleibt unberührt.

§ 9 Sach- und Arbeitsleistungen. (1) [1]Der Wert der Sach- und Arbeitsleistungen des Bauherrn, vor allem der Wert der Selbsthilfe, darf bei den Gesamtkosten mit dem Betrage angesetzt werden, der für eine gleichwertige Unternehmerleistung angesetzt werden könnte. [2]Der Wert der Architekten-, Ingenieur- und Verwaltungsleistungen des Bauherrn darf mit den nach § 8 Abs. 2 Satz 2 Nr. 1 und Abs. 3 bis 5 zulässigen Höchstbeträgen angesetzt werden. [3]Erbringt der Bauherr die Leistungen nur zu einem Teil, so darf nur der den Leistungen entsprechende Teil der Höchstbeträge als Eigenleistungen angesetzt werden.

(2) Absatz 1 gilt entsprechend für den Wert der Sach- und Arbeitsleistungen des Bewerbers um ein Kaufeigenheim, eine Trägerkleinsiedlung, eine Kaufeigentumswohnung und eine Genossenschaftswohnung sowie für den Wert der Sach- und Arbeitsleistungen des Mieters.

(3) Die Absätze 1 und 2 gelten entsprechend, wenn der Bauherr, der Bewerber oder der Mieter Sach- und Arbeitsleistungen mit eigenen Arbeitnehmern im Rahmen seiner gewerblichen oder unternehmerischen Tätigkeit oder auf Grund seines Berufes erbringt.

§ 10 Leistungen gegen Renten. (1) Sind als Entgelt für eine der Vorbereitung oder Durchführung des Bauvorhabens dienende Leistung eines Dritten wiederkehrende Leistungen zu entrichten, so darf der Wert der Leistung des Dritten bei den Gesamtkosten angesetzt werden,

1. wenn es sich um die Übereignung des Baugrundstücks handelt, mit dem Verkehrswert,
2. wenn es sich um eine andere Leistung handelt, mit dem Betrage, der für eine gleichwertige Unternehmerleistung angesetzt werden könnte.

(2) Absatz 1 gilt nicht für die Bestellung eines Erbbaurechts.

§ 11 Änderung der Gesamtkosten, bauliche Änderungen. (1) [1]Haben sich die Gesamtkosten geändert

1. im öffentlich geförderten sozialen Wohnungsbau nach der Bewilligung der öffentlichen Mittel gegenüber dem bei der Bewilligung auf Grund der Wirtschaftlichkeitsberechnung zugrunde gelegten Betrag,
2. im steuerbegünstigten Wohnungsbau nach der Bezugsfertigkeit,

so sind in Wirtschaftlichkeitsberechnungen, die nach diesen Zeitpunkten aufgestellt werden, die geänderten Gesamtkosten anzusetzen. [2]Dies gilt bei einer Erhöhung der Gesamtkosten nur, wenn sie auf Umständen beruht, die der Bauherr nicht zu vertreten hat. [3]Bei öffentlich gefördertem Wohnraum, auf den das *Zweite Wohnungsbaugesetz*[1)] nicht anwendbar ist, dürfen erhöhte Gesamtkosten nur angesetzt werden, wenn sie in der Schlußabrechnung oder sonst von der Bewilligungsstelle anerkannt worden sind.

(2) Wertänderungen sind nicht als Änderungen der Gesamtkosten anzusehen.

(3) Die Gesamtkosten können sich auch dadurch erhöhen,

1. daß sich innerhalb von zwei Jahren nach der Bezugsfertigkeit Kosten der Zwischenfinanzierung ergeben, welche die für die endgültigen Finanzie-

[1)] **Aufgehoben mWv 1.1.2002** durch G v. 13.9.2001 (BGBl. I S. 2376).

rungsmittel nach den §§ 19 bis 23a angesetzten Kapitalkosten übersteigen oder

2. daß bei einer Ersetzung von Finanzierungsmitteln durch andere Mittel nach § 12 Abs. 4 einmalige Kosten entstehen oder
3. daß durch die Verlängerung der vereinbarten Laufzeit oder durch die Anpassung der Bedingungen nach der vereinbarten Festzinsperiode eines im Finanzierungsplan ausgewiesenen Darlehens einmalige Kosten entstehen, soweit sie auch bei einer Ersetzung nach § 12 Abs. 4 entstehen würden.

(4) [1] Sind

1. im öffentlich geförderten sozialen Wohnungsbau nach der Bewilligung der öffentlichen Mittel,
2. im steuerbegünstigten Wohnungsbau nach der Bezugsfertigkeit

bauliche Änderungen vorgenommen worden, so dürfen die durch die Änderungen entstehenden Kosten nach den Absätzen 5 und 6 den Gesamtkosten hinzugerechnet werden. [2] Erneuerungen, Instandhaltungen und Instandsetzungen sind keine baulichen Änderungen; jedoch fallen Instandsetzungen, die durch Maßnahmen der Modernisierung (Absatz 6) verursacht werden, unter die Modernisierung.

(5) Die Kosten von baulichen Änderungen dürfen den Gesamtkosten nur hinzugerechnet werden, soweit die Änderungen

1. auf Umständen beruhen, die der Bauherr nicht zu vertreten hat, oder eine Modernisierung (Absatz 6) bewirken und dem gesamten Wohnraum zugute kommen, für den eine Wirtschaftlichkeitsberechnung aufzustellen ist, oder
2. dem Ausbau eines Gebäudeteils oder der Erweiterung dienen und nicht Modernisierung sind, es sei denn, daß es sich nur um die Vergrößerung eines Teils der Wohnungen handelt, für die eine Wirtschaftlichkeitsberechnung aufzustellen ist.

(6) Modernisierung sind bauliche Maßnahmen, die den Gebrauchswert des Wohnraums nachhaltig erhöhen, die allgemeinen Wohnverhältnisse auf Dauer verbessern oder nachhaltig Einsparungen von Energie oder Wasser bewirken.

(7) [1] Eine Modernisierung darf im öffentlich geförderten sozialen Wohnungsbau nur berücksichtigt werden, wenn die Bewilligungsstelle ihr zugestimmt hat. [2] Die Zustimmung gilt als erteilt, wenn Mittel aus öffentlichen Haushalten für die Modernisierung bewilligt worden sind.

§ 11a Nicht feststellbare Gesamtkosten. [1] Sind die Bau-, Erwerbs- oder Erschließungskosten nach § 6 Abs. 4 und 5, den §§ 7 bis 11 ganz oder teilweise nicht oder nur mit verhältnismäßig großen Schwierigkeiten festzustellen, so dürfen insoweit die Kosten angesetzt werden, die zu der Zeit, als die Leistungen erbracht worden sind, marktüblich waren. [2] Die marktüblichen Kosten der Gebäude (§ 5 Abs. 3) können nach Erfahrungssätzen über die Kosten des umbauten Raumes bei Hochbauten berechnet werden. [3] Bei der Berechnung des umbauten Raumes ist die Anlage 2 dieser Verordnung zugrunde zu legen.

Dritter Abschnitt. Finanzierungsplan

§ 12 Inhalt des Finanzierungsplanes. (1) [1] Im Finanzierungsplan sind die Mittel auszuweisen, die zur Deckung der in der Wirtschaftlichkeitsberechnung angesetzten Gesamtkosten dienen (Finanzierungsmittel), und zwar

1. die Fremdmittel mit dem Nennbetrag und mit den vereinbarten oder vorgesehenen Auszahlungs-, Zins- und Tilgungsbedingungen, auch wenn sie planmäßig getilgt sind,
2. die verlorenen Baukostenzuschüsse,
3. die Eigenleistungen.

[2] Vor- und Zwischenfinanzierungsmittel sind nicht als Finanzierungsmittel auszuweisen.

(2) Werden nach § 11 Abs. 1 bis 3 geänderte Gesamtkosten angesetzt, so sind die Finanzierungsmittel auszuweisen, die zur Deckung der geänderten Gesamtkosten dienen.

(3) [1] Werden nach § 11 Abs. 4 bis 6 die Kosten von baulichen Änderungen den Gesamtkosten hinzugerechnet, so sind die Mittel, die zur Deckung dieser Kosten dienen, im Finanzierungsplan auszuweisen. [2] Für diese Mittel gelten die Vorschriften über Finanzierungsmittel.

(4) [1] Sind

1. im öffentlich geförderten sozialen Wohnungsbau nach der Bewilligung der öffentlichen Mittel oder
2. im steuerbegünstigten Wohnungsbau nach der Bezugsfertigkeit

Finanzierungsmittel durch andere Mittel ersetzt worden, so sind die neuen Mittel an der Stelle der bisherigen Finanzierungsmittel auszuweisen. [2] Sind die Kapitalkosten der neuen Mittel zusammen mit den Kapitalkosten der Mittel, die der Deckung der einmaligen Kosten der Ersetzung dienen, höher als die Kapitalkosten der bisherigen Finanzierungsmittel, so sind die neuen Mittel nur auszuweisen, wenn die Ersetzung auf Umständen beruht, die der Bauherr nicht zu vertreten hat. [3] Bei einem Tilgungsdarlehen ist der Betrag, der planmäßig getilgt ist, unter Hinweis hierauf in der bisherigen Weise auszuweisen; die Sätze 1 und 2 finden auf diesen Betrag keine Anwendung.

(5) [1] Sind die als Darlehen gewährten öffentlichen Mittel gemäß § 16 des Wohnungsbindungsgesetzes vorzeitig zurückgezahlt oder abgelöst worden, so sind die zur Rückzahlung oder Ablösung aufgewandten Finanzierungsmittel an der Stelle der öffentlichen Mittel auszuweisen. [2] Der Betrag des Darlehens, der planmäßig getilgt oder bei der Ablösung erlassen ist, ist unter Hinweis hierauf in der bisherigen Weise auszuweisen.

(6) [1] Ist die Verbindlichkeit aus einem Aufbaudarlehen, das dem Bauherrn gewährt worden ist, nach Zuerkennung des Anspruchs auf Hauptentschädigung gemäß § 258 Abs. 1 Nr. 2 des Lastenausgleichsgesetzes ganz oder teilweise als nicht entstanden anzusehen, so gilt das Aufbaudarlehen insoweit als durch eigene Mittel des Bauherrn ersetzt. [2] Die Ersetzung gilt als auf Umständen beruhend, die der Bauherr nicht zu vertreten hat, und von dem Zeitpunkt an als eingetreten, zu dem der Bescheid über die Zuerkennung des Anspruchs auf Hauptentschädigung unanfechtbar geworden ist.

§ 13 Fremdmittel. (1) Fremdmittel sind

1. Darlehen,
2. gestundete Restkaufgelder,
3. gestundete öffentliche Lasten des Baugrundstücks außer der Hypothekengewinnabgabe,

4. kapitalisierte Beträge wiederkehrender Leistungen, namentlich von Rentenschulden,
5. Mietvorauszahlungen,

die zur Deckung der Gesamtkosten dienen.

(2) Vor der Bebauung vorhandene Verbindlichkeiten, die auf dem Baugrundstück dinglich gesichert sind, gelten als Fremdmittel, soweit sie den Wert des Baugrundstücks und der verwendeten Gebäudeteile nicht übersteigen.

(3) Kapitalisierte Beträge wiederkehrender Leistungen, namentlich von Rentenschulden, dürfen höchstens mit dem Betrage ausgewiesen werden, der bei den Gesamtkosten für die Gegenleistung nach § 10 angesetzt ist.

§ 14 Verlorene Baukostenzuschüsse. [1] Verlorene Baukostenzuschüsse sind Geld-, Sach- und Arbeitsleistungen an den Bauherrn, die zur Deckung der Gesamtkosten dienen und erbracht werden, um den Gebrauch von Wohn- oder Geschäftsraum zu erlangen oder Kapitalkosten zu ersparen, ohne daß vereinbart ist, den Wert der Leistung zurückzuerstatten oder mit der Miete oder einem ähnlichen Entgelt zu verrechnen oder als Vorauszahlung hierauf zu behandeln. [2] Verlorene Baukostenzuschüsse sind auch Geldleistungen, mit denen die Gemeinde dem Eigentümer Kosten der Modernisierung erstattet oder die ihm vom Land oder von der Gemeinde als Modernisierungszuschüsse gewährt werden.

§ 15 Eigenleistungen. (1) Eigenleistungen sind die Leistungen des Bauherrn, die zur Deckung der Gesamtkosten dienen, namentlich

1. Geldmittel,
2. der Wert der Sach- und Arbeitsleistungen, vor allem der Wert der eingebrachten Baustoffe und der Selbsthilfe,
3. der Wert des eigenen Baugrundstücks und der Wert verwendeter Gebäudeteile.

(2) Als Eigenleistung kann auch ganz oder teilweise ausgewiesen werden

1. ein Barzahlungsnachlaß (Skonto), wenn bei den Gesamtkosten die vom Bauherrn zu entrichtende Vergütung in voller Höhe angesetzt ist,
2. der Wert von Sach- und Arbeitsleistungen, die der Bauherr mit eigenen Arbeitnehmern im Rahmen seiner gewerblichen oder unternehmerischen Tätigkeit oder auf Grund seines Berufes erbringt.

(3) Die in Absatz 1 Nr. 2 und 3 bezeichneten Werte sind, vorbehaltlich der Absätze 2 und 4, mit dem Betrage auszuweisen, der bei den Gesamtkosten angesetzt ist.

(4) Bei Ermittlung der Eigenleistung sind gestundete Restkaufgelder und die in § 13 Abs. 2 bezeichneten Verbindlichkeiten mit dem Betrage abzuziehen, mit dem sie im Finanzierungsplan als Fremdmittel ausgewiesen sind.

§ 16 Ersatz der Eigenleistung. (1) Im öffentlich geförderten sozialen Wohnungsbau sind von der Bewilligungsstelle, soweit der Bauherr nichts anderes beantragt, als Ersatz der Eigenleistung anzuerkennen

1. ein der Restfinanzierung dienendes Familienzusatzdarlehen nach § 45 des *Zweiten Wohnungsbaugesetzes*[1)],
2. ein Aufbaudarlehen an den Bauherrn nach § 254 des Lastenausgleichsgesetzes oder ein ähnliches Darlehen aus Mitteln eines öffentlichen Haushalts,
3. ein Darlehen an den Bauherrn zur Beschaffung von Wohnraum nach § 30 des *Kriegsgefangenenentschädigungsgesetzes*[2)].

(2) Im öffentlich geförderten sozialen Wohnungsbau kann die Bewilligungsstelle auf Antrag des Bauherrn ganz oder teilweise als Ersatz der Eigenleistung anerkennen

1. der Restfinanzierung dienende verlorene Baukostenzuschüsse, soweit ihre Annahme nach § 50 Abs. 1 des *Zweiten Wohnungsbaugesetzes*[1)] zulässig ist,
2. auf dem Baugrundstück nicht dinglich gesicherte Fremdmittel,
3. im Range nach dem der nachstelligen Finanzierung dienenden öffentlichen Baudarlehen auf dem Baugrundstück dinglich gesicherte Fremdmittel,
4. der Restfinanzierung dienende öffentliche Baudarlehen.

(3) Für die als Ersatz der Eigenleistung anerkannten Finanzierungsmittel gelten im übrigen die Vorschriften für Fremdmittel oder verlorene Baukostenzuschüsse.

§ 17 (weggefallen)

Vierter Abschnitt. Laufende Aufwendungen und Erträge

§ 18 Laufende Aufwendungen. (1) [1]Laufende Aufwendungen sind die Kapitalkosten und die Bewirtschaftungskosten. [2]Zu den laufenden Aufwendungen gehören nicht die Leistungen aus der Hypothekengewinnabgabe.

(2) [1]Werden dem Bauherrn Darlehen oder Zuschüsse zur Deckung von laufenden Aufwendungen, Fremdkapitalkosten, Annuitäten oder Bewirtschaftungskosten für den gesamten Wohnraum gewährt, für den eine Wirtschaftlichkeitsberechnung aufzustellen ist, so verringert sich der Gesamtbetrag der laufenden Aufwendungen entsprechend. [2]Der verringerte Gesamtbetrag ist auch für die Zeit anzusetzen, in der diese Darlehen oder Zuschüsse für einen Teil des Wohnraums entfallen oder in der sie aus solchen Gründen nicht mehr gewährt werden, die der Bauherr zu vertreten hat. [3]Entfallen die Darlehen oder Zuschüsse für den gesamten Wohnraum aus Gründen, die der Bauherr nicht zu vertreten hat, so erhöht sich der Gesamtbetrag der laufenden Aufwendungen entsprechend; dies gilt nicht, soweit Darlehen oder Zuschüsse nach vollständiger Tilgung anderer Finanzierungsmittel verringert werden.

(3) [1]Zinsen und Tilgungen, die planmäßig für Aufwendungsdarlehen im Sinne des § 42 Abs. 1 Satz 2 oder § 88 Abs. 1 Satz 1 des *Zweiten Wohnungsbaugesetzes*[1)] oder im Sinne des § 2a Abs. 9 des Gesetzes zur Förderung des Bergarbeiterwohnungsbaues im Kohlenbergbau zu entrichten sind, erhöhen den Gesamtbetrag der laufenden Aufwendungen. [2]Zinsen und Tilgungen, die planmäßig für Annuitätsdarlehen im Sinne des § 42 Abs. 1 Satz 2 des *Zweiten Wohnungsbaugesetzes*[1)] zu entrichten sind, erhöhen den Gesamtbetrag der laufenden Aufwendungen; dies gilt jedoch nicht für Tilgungsbeträge für Annui-

[1)] **Aufgehoben mWv 1.1.2002** durch G v. 13.9.2001 (BGBl. I S. 2376).
[2)] **Aufgehoben mWv 1.1.1993** durch G v. 21.12.1992 (BGBl. I S. 2094).

tätsdarlehen, soweit diese zur Deckung der für Finanzierungsmittel zu entrichtenden Tilgungen bewilligt worden sind.

(4) Sind Aufwendungs- oder Annuitätsdarlehen gemäß § 16 des Wohnungsbindungsgesetzes vorzeitig zurückgezahlt oder abgelöst worden, dürfen für den zur Rückzahlung oder Ablösung aufgewendeten Betrag vorbehaltlich des § 46 Abs. 2 keine höheren Zinsen und Tilgungen dem Gesamtbetrag der laufenden Aufwendungen hinzugerechnet werden, als im Zeitpunkt der Rückzahlung oder Ablösung für das Aufwendungs- oder Annuitätsdarlehen zu entrichten waren; soweit Annuitätsdarlehen zur Deckung der für Finanzierungsmittel zu entrichtenden Tilgungen bewilligt worden sind, können für das Ersatzfinanzierungsmittel Tilgungsbeträge nicht angesetzt werden.

§ 19 Kapitalkosten. (1) [1]Kapitalkosten sind die Kosten, die sich aus der Inanspruchnahme der im Finanzierungsplan ausgewiesenen Finanzierungsmittel ergeben, namentlich die Zinsen. [2]Zu den Kapitalkosten gehören die Eigenkapitalkosten und die Fremdkapitalkosten.

(2) Leistungen aus Nebenverträgen, namentlich aus dem Abschluß von Personenversicherungen, dürfen als Kapitalkosten auch dann nicht angesetzt werden, wenn der Nebenvertrag der Beschaffung von Finanzierungsmitteln oder sonst dem Bauvorhaben gedient hat.

(3) Für verlorene Baukostenzuschüsse ist der Ansatz von Kapitalkosten unzulässig.

(4) Tilgungen dürfen als Kapitalkosten nur nach § 22 angesetzt werden.

(5) Dienen Finanzierungsmittel zur Deckung von Gesamtkosten, mit deren Entstehen sicher gerechnet werden kann, die aber bis zur Bezugsfertigkeit nicht entstanden sind, dürfen Kapitalkosten hierfür nicht vor dem Entstehen dieser Gesamtkosten angesetzt werden.

§ 20 Eigenkapitalkosten. (1) Eigenkapitalkosten sind die Zinsen für die Eigenleistungen.

(2) [1]Für Eigenleistungen darf eine Verzinsung in Höhe des im Zeitpunkt nach § 4 marktüblichen Zinssatzes für erste Hypotheken angesetzt werden. [2]Im öffentlich geförderten sozialen Wohnungsbau darf für den Teil der Eigenleistungen, der 15 vom Hundert der Gesamtkosten des Bauvorhabens nicht übersteigt, eine Verzinsung von 4 vom Hundert angesetzt werden; für den darüber hinausgehenden Teil der Eigenleistungen darf angesetzt werden

a) eine Verzinsung in Höhe des marktüblichen Zinssatzes für erste Hypotheken, sofern die öffentlichen Mittel vor dem 1. Januar 1974 bewilligt worden sind,
b) in den übrigen Fällen eine Verzinsung in Höhe von 6,5 vom Hundert.

(3) Ist die Wirtschaftlichkeitsberechnung nach § 87a des *Zweiten Wohnungsbaugesetzes*[1)] aufzustellen, so dürfen die Zinsen für die Eigenleistungen nach dem Zinssatz angesetzt werden, der mit dem Darlehns- oder Zuschußgeber vereinbart ist, mindestens jedoch entsprechend Absatz 2 Satz 2.

§ 21 Fremdkapitalkosten. (1) [1]Fremdkapitalkosten sind die Kapitalkosten, die sich aus der Inanspruchnahme der Fremdmittel ergeben, namentlich

1. Zinsen für Fremdmittel,

[1)] **Aufgehoben mWv 1.1.2002** durch G v. 13.9.2001 (BGBl. I S. 2376).

2. laufende Kosten, die aus Bürgschaften für Fremdmittel entstehen,
3. sonstige wiederkehrende Leistungen aus Fremdmitteln, namentlich aus Rentenschulden.

[2] Als Fremdkapitalkosten gelten auch die Erbbauzinsen. [3] Laufende Nebenleistungen, namentlich Verwaltungskostenbeiträge, sind wie Zinsen zu behandeln.

(2) Zinsen für Fremdmittel, namentlich für Tilgungsdarlehen, sind mit dem Betrage anzusetzen, der sich aus dem im Finanzierungsplan ausgewiesenen Fremdmittel mit dem maßgebenden Zinssatz errechnet.

(3) [1] Maßgebend ist, soweit nichts anderes vorgeschrieben ist, der vereinbarte Zinssatz oder, wenn die Zinsen tatsächlich nach einem niedrigeren Zinssatz zu entrichten sind, dieser, höchstens jedoch der für erste Hypotheken im Zeitpunkt nach § 4 marktübliche Zinssatz. [2] Der niedrigere Zinssatz bleibt maßgebend

1. nach der planmäßigen Tilgung des Fremdmittels,
2. nach der Ersetzung des Fremdmittels durch andere Mittel, deren Kapitalkosten höher sind, wenn die Ersetzung auf Umständen beruht, die der Bauherr zu vertreten hat; § 23 Abs. 5 bleibt unberührt.

(4) Fremdkapitalkosten nach Absatz 1 Nr. 3 und Erbbauzinsen sind, soweit nichts anderes vorgeschrieben ist, in der vereinbarten Höhe oder, wenn der tatsächlich zu entrichtende Betrag niedriger ist, in dieser Höhe anzusetzen, höchstens jedoch mit dem Betrag, der einer Verzinsung zu dem im Zeitpunkt nach § 4 marktüblichen Zinssatz für erste Hypotheken entspricht; für die Berechnung dieser Verzinsung ist bei einem Erbbaurecht höchstens der im Zeitpunkt nach § 4 maßgebende Verkehrswert des Baugrundstücks, abzüglich eines einmaligen Entgeltes nach § 5 Abs. 2 Satz 3, zugrunde zu legen.

§ 22 Zinsersatz bei erhöhten Tilgungen. (1) Bei unverzinslichen Fremdmitteln, deren Tilgungssatz 1 vom Hundert übersteigt, dürfen Tilgungen als Kapitalkosten angesetzt werden (Zinsersatz); das gleiche gilt, wenn der Zinssatz niedriger als 4 vom Hundert ist.

(2) [1] Der Ansatz für Zinsersatz darf bei den einzelnen Fremdmitteln deren Tilgung nicht überschreiten und zusammen mit dem Ansatz für Zinsen nicht höher sein als der Betrag, der sich aus einer Verzinsung des Fremdmittels mit 4 vom Hundert ergibt. [2] Die Summe aller Ansätze für Zinsersatz darf auch nicht die Summe der Tilgungen übersteigen, die aus der gesamten Abschreibung nicht gedeckt werden können (erhöhte Tilgungen).

(3) Im öffentlich geförderten sozialen Wohnungsbau sind Ansätze für Zinsersatz nur insoweit zulässig, als die Bewilligungsstelle zustimmt.

(4) Auf Mietvorauszahlungen und Mieterdarlehen sind die Vorschriften über den Zinsersatz nicht anzuwenden.

(5) [1] Ist vor dem 1. Januar 1971 ein höherer Ansatz für Zinsersatz zugelassen worden oder zulässig gewesen, als er nach den Absätzen 1 bis 4 zulässig ist, darf der höhere Ansatz in Härtefällen für die Dauer der erhöhten Tilgungen in eine nach dem 30. Juni 1972 aufgestellte Wirtschaftlichkeitsberechnung aufgenommen werden, soweit

1. im öffentlich geförderten sozialen Wohnungsbau die Bewilligungsstelle,
2. im steuerbegünstigten oder freifinanzierten Wohnungsbau, der mit Wohnungsfürsorgemitteln gefördert worden ist, der Darlehns- oder Zuschußgeber,
3. im sonstigen Wohnungsbau von gemeinnützigen Wohnungsunternehmen die Anerkennungsbehörde

zustimmt. [2] Dem höheren Ansatz soll zugestimmt werden, soweit der seit dem 1. Januar 1971 zulässige Ansatz unter Berücksichtigung aller Umstände des Einzelfalles für den Vermieter zu einer unbilligen Härte führen würde. [3] Dem Ansatz von Zinsersatz für Mietvorauszahlungen oder Mieterdarlehen darf nicht zugestimmt werden.

§ 23 Änderung der Kapitalkosten. (1) [1] Hat sich der Zins- oder Tilgungssatz für ein Fremdmittel geändert

1. im öffentlich geförderten sozialen Wohnungsbau nach der Bewilligung der öffentlichen Mittel gegenüber dem bei der Bewilligung auf Grund der Wirtschaftlichkeitsberechnung zugrunde gelegten Satz,
2. im steuerbegünstigten Wohnungsbau nach der Bezugsfertigkeit,

so sind in Wirtschaftlichkeitsberechnungen, die nach diesen Zeitpunkten aufgestellt werden, die Kapitalkosten anzusetzen, die sich auf Grund der Änderung nach Maßgabe des § 21 oder des § 22 ergeben. [2] Dies gilt bei einer Erhöhung der Kapitalkosten nur, wenn sie auf Umständen beruht, die der Bauherr nicht zu vertreten hat, und nur insoweit, als der Kapitalkostenbetrag im Rahmen des § 21 oder des § 22 den Betrag nicht übersteigt, der sich aus der Verzinsung des Fremdmittels zu dem bei der Kapitalkostenerhöhung marktüblichen Zinssatz für erste Hypotheken ergibt.

(2) [1] Bei einer Änderung der in § 21 Abs. 4 bezeichneten Fremdkapitalkosten gilt Absatz 1 entsprechend. [2] Übersteigt der erhöhte Erbbauzins den nach Absatz 1 ermittelten Betrag, so darf der übersteigende Betrag im öffentlich geförderten sozialen Wohnungsbau nur mit Zustimmung der Bewilligungsstelle in der Wirtschaftlichkeitsberechnung angesetzt werden. [3] Die Zustimmung ist zu erteilen, soweit die Erhöhung auf Umständen beruht, die der Bauherr nicht zu vertreten hat, und unter Berücksichtigung aller Umstände nach § 9a des Erbbaurechtsgesetzes[1)] nicht unbillig ist. [4] Im steuerbegünstigten Wohnungsbau darf der übersteigende Betrag angesetzt werden, soweit die Voraussetzungen der Zustimmung nach Satz 3 gegeben sind.

(3) [1] Absatz 1 gilt nicht bei einer Erhöhung der Zinsen oder Tilgungen für das der nachstelligen Finanzierung dienende öffentliche Baudarlehen nach Tilgung anderer Finanzierungsmittel. [2] Auf eine Erhöhung der Zinsen und Tilgungen nach den §§ 18a bis 18e des Wohnungsbindungsgesetzes oder nach § 44 Abs. 2 und 3 des *Zweiten Wohnungsbaugesetzes*[2)] ist Absatz 1 jedoch anzuwenden.

(4) [1] Werden an der Stelle der bisherigen Finanzierungsmittel nach § 12 Abs. 4 oder Abs. 6 andere Mittel ausgewiesen, so treten die Kapitalkosten der neuen Mittel insoweit an die Stelle der Kapitalkosten der bisherigen Finanzierungsmittel, als sie im Rahmen des § 20, des § 21 oder des § 22 den Betrag

[1)] Nr. 4.

[2)] **Aufgehoben mWv 1.1.2002** durch G v. 13.9.2001 (BGBl. I S. 2376).

nicht übersteigen, der sich aus der Verzinsung zu dem bei der Ersetzung marktüblichen Zinssatz für erste Hypotheken ergibt. [2]Bei einem Tilgungsdarlehen bleibt es für den Betrag, der planmäßig getilgt ist (§ 12 Abs. 4 Satz 3), bei der bisherigen Verzinsung. [3]Sind Finanzierungsmittel durch eigene Mittel des Bauherrn ersetzt worden, so dürfen im öffentlich geförderten sozialen Wohnungsbau Zinsen nur unter entsprechender Anwendung des § 20 Abs. 2 Satz 2 angesetzt werden.

(5) [1]Werden an der Stelle der als Darlehen gewährten öffentlichen Mittel nach § 12 Abs. 5 andere Mittel ausgewiesen, so dürfen als Kapitalkosten der neuen Mittel Zinsen nach Absatz 4 Satz 1 angesetzt werden. [2]Vorbehaltlich des § 46 Abs. 2 darf jedoch keine höhere Verzinsung angesetzt werden, als im Zeitpunkt der Rückzahlung für das öffentliche Baudarlehen zu entrichten war. [3]Ist ein Schuldnachlaß gewährt worden, dürfen Kapitalkosten für den erlassenen Darlehnsbetrag nicht angesetzt werden.

(6) [1]Werden nach § 11 Abs. 4 bis 6 die Kosten von baulichen Änderungen den Gesamtkosten hinzugerechnet, so dürfen für die Mittel, die zur Deckung dieser Kosten dienen, Kapitalkosten insoweit angesetzt werden, als sie im Rahmen des § 20, des § 21 oder des § 22 den Betrag nicht übersteigen, der sich aus der Verzinsung zu dem bei Fertigstellung marktüblichen Zinssatz für erste Hypotheken ergibt. [2]Sind die Kosten durch eigene Mittel des Bauherrn gedeckt worden, so dürfen im öffentlich geförderten sozialen Wohnungsbau Zinsen nur unter entsprechender Anwendung des § 20 Abs. 2 Satz 2 und im steuerbegünstigten und freifinanzierten Wohnungsbau, der mit Wohnungsfürsorgemitteln gefördert worden ist, nur unter entsprechender Anwendung des § 20 Abs. 3 angesetzt werden.

§ 23a Marktüblicher Zinssatz für erste Hypotheken. (1) Der marktübliche Zinssatz für erste Hypotheken im Zeitpunkt nach § 4 kann ermittelt werden

1. aus dem durchschnittlichen Zinssatz der durch erste Hypotheken gesicherten Darlehen, die zu dieser Zeit von Kreditinstituten oder privatrechtlichen Unternehmen, zu deren Geschäften üblicherweise die Hergabe derartiger Darlehen gehört, zu geschäftsüblichen Bedingungen für Bauvorhaben an demselben Ort gewährt worden sind oder
2. in Anlehnung an den Zinssatz der zu dieser Zeit zahlenmäßig am meisten abgesetzten Pfandbriefe unter Berücksichtigung der üblichen Zinsspanne.

(2) Absatz 1 gilt sinngemäß, wenn der marktübliche Zinssatz für einen anderen Zeitpunkt als den nach § 4 festzustellen ist.

§ 24 Bewirtschaftungskosten. (1) [1]Bewirtschaftungskosten sind die Kosten, die zur Bewirtschaftung des Gebäudes oder der Wirtschaftseinheit laufend erforderlich sind. [2]Bewirtschaftungskosten sind im einzelnen

1. Abschreibung,
2. Verwaltungskosten,
3. Betriebskosten,
4. Instandhaltungskosten,
5. Mietausfallwagnis.

(2) [1]Der Ansatz der Bewirtschaftungskosten hat den Grundsätzen einer ordentlichen Bewirtschaftung zu entsprechen. [2]Bewirtschaftungskosten dürfen

nur angesetzt werden, wenn sie ihrer Höhe nach feststehen oder wenn mit ihrem Entstehen sicher gerechnet werden kann und soweit sie bei gewissenhafter Abwägung aller Umstände und bei ordentlicher Geschäftsführung gerechtfertigt sind. [3] Erfahrungswerte vergleichbarer Bauten sind heranzuziehen. [4] Soweit nach den §§ 26 und 28 Ansätze bis zu einer bestimmten Höhe zugelassen sind, dürfen Bewirtschaftungskosten bis zu dieser Höhe angesetzt werden, es sei denn, daß der Ansatz im Einzelfall unter Berücksichtigung der jeweiligen Verhältnisse nicht angemessen ist.

§ 25 Abschreibung. (1) [1] Abschreibung ist der auf jedes Jahr der Nutzung fallende Anteil der verbrauchsbedingten Wertminderung der Gebäude, Anlagen und Einrichtungen. [2] Die Abschreibung ist nach der mutmaßlichen Nutzungsdauer zu errechnen.

(2) Die Abschreibung soll bei Gebäuden 1 vom Hundert der Baukosten, bei Erbbaurechten 1 vom Hundert der Gesamtkosten nicht übersteigen, sofern nicht besondere Umstände eine Überschreitung rechtfertigen.

(3) Als besondere Abschreibung für Anlagen und Einrichtungen dürfen zusätzlich angesetzt werden von den in der Wirtschaftlichkeitsberechnung enthaltenen Kosten

1.	der Öfen und Herde	3 vom Hundert,
2.	der Einbaumöbel	3 vom Hundert,
3.	der Anlagen und der Geräte zur Versorgung mit Warmwasser, sofern sie nicht mit einer Sammelheizung verbunden sind,	4 vom Hundert,
4.	der Sammelheizung einschließlich einer damit verbundenen Anlage zur Versorgung mit Warmwasser	3 vom Hundert,
5.	der Hausanlage bei eigenständig gewerblicher Lieferung von Wärme	0,5 vom Hundert,
	und einer damit verbundenen Anlage zur Versorgung mit Warmwasser	4 vom Hundert,
6.	des Aufzugs	2 vom Hundert,
7.	der Gemeinschaftsantenne	9 vom Hundert,
8.	der maschinellen Wascheinrichtung	9 vom Hundert.

§ 26 Verwaltungskosten. (1) [1] Verwaltungskosten sind die Kosten der zur Verwaltung des Gebäudes oder der Wirtschaftseinheit erforderlichen Arbeitskräfte und Einrichtungen, die Kosten der Aufsicht sowie der Wert der vom Vermieter persönlich geleisteten Verwaltungsarbeit. [2] Zu den Verwaltungskosten gehören auch die Kosten für die gesetzlichen oder freiwilligen Prüfungen des Jahresabschlusses und der Geschäftsführung.

(2) Die Verwaltungskosten dürfen höchstens mit 230 Euro jährlich je Wohnung, bei Eigenheimen, Kaufeigenheimen und Kleinsiedlungen je Wohngebäude angesetzt werden.

(3) Für Garagen oder ähnliche Einstellplätze dürfen Verwaltungskosten höchstens mit 30 Euro jährlich je Garagen- oder Einstellplatz angesetzt werden.

(4) [1] Die in den Absätzen 2 und 3 genannten Beträge verändern sich am 1. Januar 2005 und am 1. Januar eines jeden darauf folgenden dritten Jahres um

den Prozentsatz, um den sich der vom Statistischen Bundesamt festgestellte Verbraucherpreisindex für Deutschland für den der Veränderung vorausgehenden Monat Oktober gegenüber dem Verbraucherpreisindex für Deutschland für den der letzten Veränderung vorausgehenden Monat Oktober erhöht oder verringert hat. [2] Für die Veränderung am 1. Januar 2005 ist die Erhöhung oder Verringerung des Verbraucherpreisindexes für Deutschland maßgeblich, die im Oktober 2004 gegenüber dem Oktober 2001 eingetreten ist.

§ 27 Betriebskosten. (1) [1] Betriebskosten sind die Kosten, die dem Eigentümer (Erbbauberechtigten) durch das Eigentum am Grundstück (Erbbaurecht) oder durch den bestimmungsmäßigen Gebrauch des Gebäudes oder der Wirtschaftseinheit, der Nebengebäude, Anlagen, Einrichtungen und des Grundstücks laufend entstehen. [2] Der Ermittlung der Betriebskosten ist die Betriebskostenverordnung[1)] vom 25. November 2003 (BGBl. I S. 2346, 2347) zugrunde zu legen.

(2) [1] Sach- und Arbeitsleistungen des Eigentümers (Erbbauberechtigten), durch die Betriebskosten erspart werden, dürfen mit dem Betrage angesetzt werden, der für eine gleichwertige Leistung eines Dritten, insbesondere eines Unternehmers, angesetzt werden könnte. [2] Die Umsatzsteuer des Dritten darf nicht angesetzt werden.

(3) Im öffentlich geförderten sozialen Wohnungsbau und im steuerbegünstigten oder freifinanzierten Wohnungsbau, der mit Wohnungsfürsorgemitteln gefördert worden ist, dürfen die Betriebskosten nicht in der Wirtschaftlichkeitsberechnung angesetzt werden.

(4) (weggefallen)

§ 28 Instandhaltungskosten. (1) [1] Instandhaltungskosten sind die Kosten, die während der Nutzungsdauer zur Erhaltung des bestimmungsmäßigen Gebrauchs aufgewendet werden müssen, um die durch Abnutzung, Alterung und Witterungseinwirkung entstehenden baulichen oder sonstigen Mängel ordnungsgemäß zu beseitigen. [2] Der Ansatz der Instandhaltungskosten dient auch zur Deckung der Kosten von Instandsetzungen, nicht jedoch der Kosten von Baumaßnahmen, soweit durch sie eine Modernisierung vorgenommen wird oder Wohnraum oder anderer auf die Dauer benutzbarer Raum neu geschaffen wird. [3] Der Ansatz dient nicht zur Deckung der Kosten einer Erneuerung von Anlagen und Einrichtungen, für die eine besondere Abschreibung nach § 25 Abs. 3 zulässig ist.

(2) [1] Als Instandhaltungskosten dürfen je Quadratmeter Wohnfläche im Jahr angesetzt werden:

1. für Wohnungen, deren Bezugsfertigkeit am Ende des Kalenderjahres weniger als 22 Jahre zurückliegt, höchstens 7,10 Euro,
2. für Wohnungen, deren Bezugsfertigkeit am Ende des Kalenderjahres mindestens 22 Jahre zurückliegt, höchstens 9 Euro,
3. für Wohnungen, deren Bezugsfertigkeit am Ende des Kalenderjahres mindestens 32 Jahre zurückliegt, höchstens 11,50 Euro.

[2] Diese Sätze verringern sich bei eigenständig gewerblicher Leistung von Wärme im Sinne des § 1 Abs. 2 Nr. 2 der Verordnung über Heizkostenabrechnung

[1)] Nr. **2a**.

in der Fassung der Bekanntmachung vom 20. Januar 1989 (BGBl. I S. 115) um 0,20 Euro. [3]Diese Sätze erhöhen sich für Wohnungen, für die ein maschinell betriebener Aufzug vorhanden ist, um 1 Euro.

(3) [1]Trägt der Mieter die Kosten für kleine Instandhaltungen in der Wohnung, so verringern sich die Sätze nach Absatz 2 um 1,05 Euro. [2]Die kleinen Instandhaltungen umfassen nur das Beheben kleiner Schäden an den Installationsgegenständen für Elektrizität, Wasser und Gas, den Heiz- und Kocheinrichtungen, den Fenster- und Türverschlüssen sowie den Verschlußvorrichtungen von Fensterläden.

(4) [1]Die Kosten der Schönheitsreparaturen in Wohnungen sind in den Sätzen nach Absatz 2 nicht enthalten. [2]Trägt der Vermieter die Kosten dieser Schönheitsreparaturen, so dürfen sie höchstens mit 8,50 Euro je Quadratmeter Wohnfläche im Jahr angesetzt werden. [3]Schönheitsreparaturen umfassen nur das Tapezieren, Anstreichen oder Kalken der Wände und Decken, das Streichen der Fußböden, Heizkörper einschließlich Heizrohre, der Innentüren sowie der Fenster und Außentüren von innen.

(5) Für Garagen oder ähnliche Einstellplätze dürfen als Instandhaltungskosten einschließlich Kosten für Schönheitsreparaturen höchstens 68 Euro jährlich je Garagen- oder Einstellplatz angesetzt werden.

(5a) Die in den Absätzen 2 bis 5 genannten Beträge verändern sich entsprechend § 26 Abs. 4.

(6) Für Kosten der Unterhaltung von Privatstraßen und Privatwegen, die dem öffentlichen Verkehr dienen, darf ein Erfahrungswert als Pauschbetrag neben den vorstehenden Sätzen angesetzt werden.

(7) Kosten eigener Instandhaltungswerkstätten sind mit den vorstehenden Sätzen abgegolten.

§ 29 Mietausfallwagnis. [1]Mietausfallwagnis ist das Wagnis einer Ertragsminderung, die durch uneinbringliche Rückstände von Mieten, Pachten, Vergütungen und Zuschlägen oder durch Leerstehen von Raum, der zur Vermietung bestimmt ist, entsteht. [2]Es umfaßt auch die uneinbringlichen Kosten einer Rechtsverfolgung auf Zahlung oder Räumung. [3]Das Mietausfallwagnis darf höchstens mit 2 vom Hundert der Erträge im Sinne des § 31 Abs. 1 Satz 1 angesetzt werden. [4]Soweit die Deckung von Ausfällen anders, namentlich durch einen Anspruch auf Erstattung gegenüber einem Dritten, gesichert ist, darf kein Mietausfallwagnis angesetzt werden.

§ 30 Änderung der Bewirtschaftungskosten. (1) [1]Haben sich die Verwaltungskosten oder die Instandhaltungskosten geändert

1. im öffentlich geförderten sozialen Wohnungsbau nach der Bewilligung der öffentlichen Mittel gegenüber dem bei der Bewilligung auf Grund der Wirtschaftlichkeitsberechnung zugrunde gelegten Betrag,
2. im steuerbegünstigten Wohnungsbau nach der Bezugsfertigkeit,

so sind in Wirtschaftlichkeitsberechnungen, die nach diesen Zeitpunkten aufgestellt werden, die geänderten Kosten anzusetzen. [2]Dies gilt bei einer Erhöhung dieser Kosten nur, wenn sie auf Umständen beruht, die der Bauherr nicht zu vertreten hat. [3]Die Verwaltungskosten dürfen bis zu der in § 26 zugelassenen Höhe, die Instandhaltungskosten bis zu der in § 28 zugelassenen Höhe ohne Nachweis einer Kostenerhöhung angesetzt werden, es sei denn, daß der Ansatz

im Einzelfall unter Berücksichtigung der jeweiligen Verhältnisse nicht angemessen ist. [4] Eine Überschreitung der für die Verwaltungskosten und die Instandhaltungskosten zugelassenen Sätze ist nicht zulässig.

(2) Der Ansatz für die Abschreibung ist in Wirtschaftlichkeitsberechnungen, die nach den in Absatz 1 bezeichneten Zeitpunkten aufgestellt werden, zu ändern, wenn nach § 11 Abs. 1 bis 3 geänderte Gesamtkosten angesetzt werden; eine Änderung des für die Abschreibung angesetzten Vomhundertsatzes ist unzulässig.

(3) Der Ansatz für das Mietausfallwagnis ist in Wirtschaftlichkeitsberechnungen, die nach den in Absatz 1 bezeichneten Zeitpunkten aufgestellt werden, zu ändern, wenn sich die Jahresmiete ändert; eine Änderung des Vomhundertsatzes für das Mietausfallwagnis ist zulässig, wenn sich die Voraussetzungen für seine Bemessung nachhaltig geändert haben.

(4) [1] Werden nach § 11 Abs. 4 bis 6 die Kosten von baulichen Änderungen den Gesamtkosten hinzugerechnet, so dürfen die infolge der Änderungen entstehenden Bewirtschaftungskosten den anderen Bewirtschaftungskosten hinzugerechnet werden. [2] Für die entstehenden Abschreibungen und Instandhaltungskosten gelten die §§ 25 und 28 Abs. 2 bis 6 entsprechend.

§ 31 Erträge. (1) [1] Erträge sind die Einnahmen aus Miet- und Pachtverträgen sowie Vergütungen, die bei ordentlicher Bewirtschaftung des Gebäudes oder der Wirtschaftseinheit nachhaltig erzielt werden können. [2] Umlagen und Zuschläge, die zulässigerweise neben der Einzelmiete erhoben werden, bleiben als Ertrag unberücksichtigt.

(2) Als Ertrag gilt auch der Miet- oder Nutzungswert von Räumen oder Flächen, die vom Eigentümer (Erbbauberechtigten) selbst benutzt werden oder auf Grund eines anderen Rechtsverhältnisses als einem Miet- oder Pachtvertrag überlassen sind.

(3) [1] Wird die Wirtschaftlichkeitsberechnung aufgestellt, um für Wohnraum die zur Deckung der laufenden Aufwendungen erforderliche Miete (Kostenmiete) zu ermitteln, so ist der Gesamtbetrag der Erträge in derselben Höhe wie der Gesamtbetrag der laufenden Aufwendungen auszuweisen. [2] Aus dem nach Abzug der Vergütungen verbleibenden Betrag ist die Miete nach den für ihre Ermittlung maßgebenden Vorschriften zu berechnen.

Fünfter Abschnitt. Besondere Arten der Wirtschaftlichkeitsberechnung

§ 32 Voraussetzungen für besondere Arten der Wirtschaftlichkeitsberechnung. (1) Die Wirtschaftlichkeitsberechnung ist, vorbehaltlich des Absatzes 3, als Teilwirtschaftlichkeitsberechnung aufzustellen, wenn das Gebäude oder die Wirtschaftseinheit neben dem Wohnraum, für den die Berechnung aufzustellen ist, auch anderen Wohnraum oder Geschäftsraum enthält.

(2) Enthält das Gebäude oder die Wirtschaftseinheit steuerbegünstigten oder freifinanzierten Wohnraum, für den eine Wirtschaftlichkeitsberechnung nach § 87a des *Zweiten Wohnungsbaugesetzes*[1)] aufzustellen ist, und anderen steuerbegünstigten oder freifinanzierten Wohnraum, so ist die Wirtschaftlichkeitsberechnung als Teilwirtschaftlichkeitsberechnung aufzustellen.

[1)] **Aufgehoben mWv 1.1.2002** durch G v. 13.9.2001 (BGBl. I S. 2376).

(3) Die Wirtschaftlichkeitsberechnung für öffentlich geförderten Wohnraum ist als Teilwirtschaftlichkeitsberechnung oder mit Zustimmung der Bewilligungsstelle als Gesamtwirtschaftlichkeitsberechnung aufzustellen, wenn das Gebäude oder die Wirtschaftseinheit auch freifinanzierten Wohnraum oder Geschäftsraum enthält.

(4) [1] Die Wirtschaftlichkeitsberechnung für öffentlich geförderten Wohnraum ist in der Form von Teilwirtschaftlichkeitsberechnungen oder als Wirtschaftlichkeitsberechnung mit Teilberechnungen der laufenden Aufwendungen aufzustellen, wenn für einen Teil dieses Wohnraums (begünstigter Wohnraum) gegenüber dem anderen Teil des Wohnraums eine stärkere oder länger dauernde Senkung der laufenden Aufwendungen erzielt werden soll

1. durch Gewährung öffentlicher Mittel als Darlehen oder Zuschüsse zur Deckung von laufenden Aufwendungen, Fremdkapitalkosten, Annuitäten oder Bewirtschaftungskosten (§ 18 Abs. 2) oder
2. durch Gewährung von höheren, der nachstelligen Finanzierung dienenden öffentlichen Baudarlehen.

[2] Anstelle einer besonderen Form der Wirtschaftlichkeitsberechnung nach Satz 1 darf eine Wirtschaftlichkeitsberechnung nach den Vorschriften des ersten bis vierten Abschnittes aufgestellt werden, wenn eine Senkung der laufenden Aufwendungen für den begünstigten Wohnraum auf Grund von Umständen, die vom Bauherrn nicht zu vertreten sind, nicht mehr erzielt werden kann oder die besondere Zweckbestimmung für diesen Teil des Wohnraums entfallen ist.

(4a) [1] Ist eine Wirtschaftlichkeitsberechnung nach den Vorschriften des Ersten bis Vierten Abschnitts oder nach den Absätzen 1 bis 4 aufgestellt worden, bleibt diese als Teilwirtschaftlichkeitsberechnung für den Wohnraum, der Gegenstand ihrer Berechnung ist, weiterhin maßgebend, wenn neuer Wohnraum durch Ausbau oder Erweiterung des Gebäudes oder der zur Wirtschaftseinheit gehörenden Gebäude geschaffen worden ist. [2] Ist für den neu geschaffenen Wohnraum eine Wirtschaftlichkeitsberechnung erforderlich, ist sie als Teilwirtschaftlichkeitsberechnung aufzustellen.

(5) [1] Wird eine Wirtschaftlichkeitsberechnung für öffentlich geförderten Wohnraum erstmalig nach dieser Verordnung aufgestellt, so bleibt die der Bewilligung der öffentlichen Mittel zugrunde gelegte Art der Wirtschaftlichkeitsberechnung maßgebend, wenn diese Art auch nach Absatz 1, 3 oder 4 zulässig wäre; ist der Bewilligung der öffentlichen Mittel eine ähnliche Berechnung oder eine Berechnung der Gesamtkosten und Finanzierungsmittel zugrunde gelegt worden, so gilt dies sinngemäß. [2] Wäre die der Bewilligung zugrunde gelegte Art der Berechnung nicht nach Absatz 1, 3 oder 4 zulässig oder ist der Bewilligung eine Berechnung nicht zugrunde gelegt worden, so ist die Wirtschaftlichkeitsberechnung, die erstmalig nach dieser Verordnung aufgestellt wird, unter Anwendung des Absatzes 1, 3 oder 4 und unter Ausübung der dabei zulässigen Wahl aufzustellen.

(6) Die nach den Absätzen 3, 4 oder 5 getroffene Wahl bleibt für alle späteren Wirtschaftlichkeitsberechnungen maßgebend.

(7) Für die Aufstellung der Wirtschaftlichkeitsberechnung gelten

1. bei der Teilwirtschaftlichkeitsberechnung die sich aus den §§ 33 bis 36 ergebenden Besonderheiten,

2. bei der Gesamtwirtschaftlichkeitsberechnung die sich aus § 37 ergebenden Besonderheiten,
3. bei den Teilberechnungen der laufenden Aufwendungen die sich aus § 38 ergebenden Besonderheiten.

§ 33 Teilwirtschaftlichkeitsberechnung. In der Teilwirtschaftlichkeitsberechnung ist die Gegenüberstellung der laufenden Aufwendungen und der Erträge auf den Teil des Gebäudes oder der Wirtschaftseinheit zu beschränken, der den Wohnraum enthält, für den die Berechnung aufzustellen ist.

§ 34 Gesamtkosten in der Teilwirtschaftlichkeitsberechnung. (1) [1]In der Teilwirtschaftlichkeitsberechnung sind nur die Gesamtkosten anzusetzen, die auf den Teil des Gebäudes oder der Wirtschaftseinheit fallen, der Gegenstand der Berechnung ist. [2]Soweit bei Gesamtkosten nicht festgestellt werden kann, auf welchen Teil des Gebäudes oder der Wirtschaftseinheit sie fallen, sind sie bei Wohnraum nach dem Verhältnis der Wohnflächen aufzuteilen; enthält das Gebäude oder die Wirtschaftseinheit auch Geschäftsraum, so sind sie für den Wohnteil und den Geschäftsteil im Verhältnis des umbauten Raumes aufzuteilen. [3]Kosten oder Mehrkosten, die nur durch den Wohn- oder Geschäftsraum entstehen, der nicht Gegenstand der Berechnung ist, dürfen nur diesem zugerechnet werden. [4]Bei der Berechnung des umbauten Raumes ist die Anlage 2 dieser Verordnung zugrunde zu legen.

(2) [1]Enthält das Gebäude oder die Wirtschaftseinheit außer Wohnraum auch Geschäftsraum von nicht nur unbedeutendem Ausmaß, so dürfen die Kosten des Baugrundstücks, die dem Wohnraum zugerechnet werden, 15 vom Hundert seiner Baukosten nicht übersteigen; in besonderen Fällen, namentlich bei Grundstücken in günstiger Wohnlage, kann der Vomhundertsatz überschritten werden. [2]Erhöhte Kosten des Baugrundstücks, die durch die Geschäftslage veranlaßt sind, dürfen nicht dem Wohnraum zugerechnet werden.

(3) [1]Bei Wiederherstellung eines Gebäudes gehört zu den Baukosten auch der Wert der beim Bau des Wohnraums, für den die Berechnung aufzustellen ist, verwendeten Gebäudeteile; er ist entsprechend § 7 Abs. 2 Satz 2 bis 4 zu ermitteln. [2]Kommt eine Wiederherstellung auch dem noch vorhandenen, auf die Dauer benutzbaren Raum zugute, so dürfen Baukosten nur insoweit angesetzt werden, als die Wiederherstellung dem neu geschaffenen Wohnraum zugute kommt; Absatz 1 gilt entsprechend.

(4) [1]Ist Wohnraum durch Ausbau oder Erweiterung neu geschaffen worden, gehören zu den Gesamtkosten, die diesem Wohnraum in der Teilwirtschaftlichkeitsberechnung zuzurechnen sind, nur diejenigen Kosten, die durch den Ausbau oder die Erweiterung entstanden sind; dies gilt auch, wenn Zubehörräume von öffentlich geförderten Wohnungen zu neuen Wohnungen ausgebaut werden. [2]Kosten des Baugrundstücks dürfen bei Ausbau nicht, bei Erweiterung nur dann angesetzt werden, wenn das Grundstück für einen Anbau neu erworben worden ist.

§ 35 Finanzierungsmittel in der Teilwirtschaftlichkeitsberechnung. [1]In der Teilwirtschaftlichkeitsberechnung sind zur Deckung der angesetzten anteiligen Gesamtkosten die Finanzierungsmittel, die nur für den Teil des Gebäudes oder der Wirtschaftseinheit bestimmt sind, der Gegenstand der Be-

rechnung ist, in voller Höhe im Finanzierungsplan auszuweisen. [2]Die anderen Finanzierungsmittel sind angemessen zu verteilen.

§ 36 Laufende Aufwendungen und Erträge in der Teilwirtschaftlichkeitsberechnung. (1) In der Teilwirtschaftlichkeitsberechnung sind die laufenden Aufwendungen anzusetzen, die für den Teil des Gebäudes oder der Wirtschaftseinheit, der Gegenstand der Berechnung ist, entstehen.

(2) [1]Bewirtschaftungskosten, die für das ganze Gebäude oder die ganze Wirtschaftseinheit entstehen, sind nur mit dem Teil anzusetzen, der sich nach dem Verhältnis der Teilung der Gesamtkosten nach § 34 ergibt. [2]Bewirtschaftungskosten oder Mehrbeträge von Bewirtschaftungskosten, die allein durch den Wohn- oder Geschäftsraum, der nicht Gegenstand der Berechnung ist, entstehen, dürfen nur diesem zugerechnet werden. [3]Bei Wiederherstellung, Ausbau und Erweiterung dürfen Bewirtschaftungskosten nur insoweit angesetzt werden, als sie für den Teil des Gebäudes oder der Wirtschaftseinheit, der Gegenstand der Berechnung ist, zusätzlich entstehen; ist auch für den vorhanden gewesenen Wohnraum eine Teilwirtschaftlichkeitsberechnung aufzustellen, so dürfen Bewirtschaftungskosten nur nach den Sätzen 1 und 2 angesetzt werden.

(3) In der Teilwirtschaftlichkeitsberechnung sind die Erträge auszuweisen, die sich für den Teil des Gebäudes oder der Wirtschaftseinheit, der Gegenstand der Berechnung ist, nach § 31 ergeben.

§ 37 Gesamtwirtschaftlichkeitsberechnung. (1) In der Gesamtwirtschaftlichkeitsberechnung ist die Gegenüberstellung der laufenden Aufwendungen und der Erträge für das gesamte Gebäude oder die gesamte Wirtschaftseinheit vorzunehmen und sodann der Teil der laufenden Aufwendungen und der Erträge auszugliedern, der auf den öffentlich geförderten Wohnraum entfällt.

(2) Bewirtschaftungskosten für Geschäftsraum sind mit den Beträgen anzusetzen, die zur ordentlichen Bewirtschaftung des Geschäftsraums laufend erforderlich sind.

(3) [1]Zur Ausgliederung des Teils der laufenden Aufwendungen, der auf den öffentlich geförderten Wohnraum fällt, ist der Gesamtbetrag der laufenden Aufwendungen auf diesen Wohnraum und auf den anderen Wohnraum sowie den Geschäftsraum angemessen zu verteilen. [2]Laufende Aufwendungen oder Mehrbeträge laufender Aufwendungen, die allein durch den öffentlich geförderten Wohnraum oder durch den anderen Wohnraum oder den Geschäftsraum entstehen, dürfen jeweils nur dem in Betracht kommenden Raum zugerechnet werden.

(4) Wird für öffentlich geförderten Wohnraum eine Gesamtwirtschaftlichkeitsberechnung aufgestellt, so finden die Absätze 1 bis 3 auch dann Anwendung, wenn in der Berechnung, die der Bewilligung der öffentlichen Mittel zugrunde gelegt worden ist, eine Ausgliederung des auf den öffentlich geförderten Wohnraum fallenden Teiles der laufenden Aufwendungen nicht oder nach einem anderen Verteilungsmaßstab vorgenommen worden ist oder wenn Bewirtschaftungskosten für Geschäftsraum nicht oder nur in geringerer Höhe in Anspruch genommen oder anerkannt worden sind oder wenn auf Ansätze ganz oder teilweise verzichtet worden ist.

§ 38 Teilberechnungen der laufenden Aufwendungen. (1) [1] Für die Teilberechnungen der laufenden Aufwendungen ist der in der Wirtschaftlichkeitsberechnung für den öffentlich geförderten Wohnraum errechnete Gesamtbetrag der laufenden Aufwendungen nach dem Verhältnis der Wohnfläche auf den begünstigten Wohnraum und den anderen Wohnraum aufzuteilen. [2] Laufende Aufwendungen oder Mehrbeträge laufender Aufwendungen, die allein durch den begünstigten Wohnraum oder den anderen Wohnraum entstehen, dürfen nur dem jeweils in Betracht kommenden Wohnraum zugerechnet werden.

(2) Im Falle des § 32 Abs. 4 Nr. 1 ist nach Aufteilung des Gesamtbetrages der laufenden Aufwendungen auf den begünstigten Wohnraum und den anderen Wohnraum die Verminderung der laufenden Aufwendungen nach § 18 Abs. 2 jeweils bei dem Teil der laufenden Aufwendungen vorzunehmen, der auf den Wohnraum fällt, für den die Darlehen oder Zuschüsse zur Deckung von laufenden Aufwendungen, Fremdkapitalkosten, Annuitäten oder Bewirtschaftungskosten gewährt werden.

(3) [1] Im Falle des § 32 Abs. 4 Nr. 2 sind bei Berechnungen des Gesamtbetrages der laufenden Aufwendungen für die der nachstelligen Finanzierung dienenden öffentlichen Baudarlehen Rechnungszinsen in Höhe des im Zeitpunkt nach § 4 marktüblichen Zinssatzes für erste Hypotheken anzusetzen. [2] Nach Aufteilung des Gesamtbetrages der laufenden Aufwendungen auf den begünstigten Wohnraum und den anderen Wohnraum sind wieder abzuziehen

1. von dem Teil der laufenden Aufwendungen, der auf den begünstigten Wohnraum fällt, die für die höheren öffentlichen Baudarlehen angesetzten Rechnungszinsen,
2. von dem Teil der laufenden Aufwendungen, der auf den anderen Wohnraum fällt, die für die anderen öffentlichen Baudarlehen angesetzten Rechnungszinsen.

[3] Die Zinsen, die sich nach § 21 Abs. 2 und 3 für die öffentlichen Baudarlehen ergeben, sind sodann jeweils hinzuzurechnen.

(4) Absatz 3 gilt sinngemäß, wenn Darlehen oder Zuschüsse zur Senkung der Kapitalkosten von Fremdmitteln unmittelbar dem Gläubiger gewährt werden und für den begünstigten Wohnraum höhere Fremdmittel dieser Art ausgewiesen sind als für den anderen Wohnraum; Absatz 2 ist in diesem Falle nicht anzuwenden.

§ 39 Vereinfachte Wirtschaftlichkeitsberechnung. (1) [1] In der vereinfachten Wirtschaftlichkeitsberechnung ist die Ermittlung der laufenden Aufwendungen sowie die Gegenüberstellung der laufenden Aufwendungen und der Erträge in vereinfachter Form zulässig. [2] Die vereinfachte Wirtschaftlichkeitsberechnung kann auch als Auszug aus einer Wirtschaftlichkeitsberechnung aufgestellt werden. [3] Der Auszug aus einer Wirtschaftlichkeitsberechnung muß enthalten

1. die Bezeichnung des Gebäudes,
2. die Höhe der einzelnen laufenden Aufwendungen,
3. die Darlehen und Zuschüsse zur Deckung von laufenden Aufwendungen für den gesamten Wohnraum,
4. die Mieten und Pachten, den entsprechenden Miet- oder Nutzwert und die Vergütungen.

(2) [1]Absatz 1 Satz 3 ist sinngemäß anzuwenden, wenn der Auszug zur Berechnung einer Mieterhöhung nach § 10 Abs. 1 des Wohnungsbindungsgesetzes aufgestellt wird. [2]Aus dem Auszug muß auch die Erhöhung der einzelnen laufenden Aufwendungen erkennbar werden.

§ 39a Zusatzberechnung. (1) [1]Ist bereits eine Wirtschaftlichkeitsberechnung aufgestellt worden und haben sich nach diesem Zeitpunkt laufende Aufwendungen geändert, so kann eine neue Wirtschaftlichkeitsberechnung in der Weise aufgestellt werden, daß die bisherige Wirtschaftlichkeitsberechnung um eine Zusatzberechnung ergänzt wird, in der die Erhöhung oder Verringerung der einzelnen laufenden Aufwendungen ermittelt und der Erhöhung oder Verringerung der Erträge gegenübergestellt wird. [2]Eine Zusatzberechnung kann auch aufgestellt werden, wenn die in § 18 Abs. 2 Satz 1 bezeichneten Darlehen oder Zuschüsse nicht mehr oder nur in verminderter Höhe gewährt werden und der Vermieter den Wegfall oder die Verminderung nicht zu vertreten hat.

(2) [1]Hat der Vermieter den Änderungsbetrag zur Vergleichsmiete nach § 12 oder nach § 14 Abs. 6 der Neubaumietenverordnung 1970 zu ermitteln, sind die einzelnen laufenden Aufwendungen nach den Verhältnissen zum Zeitpunkt der Bewilligung der öffentlichen Mittel zusammenzustellen und eine Zusatzberechnung nach Absatz 1 aufzustellen. [2]Dabei bleiben Änderungen der laufenden Aufwendungen, die sich nicht auf den Wohnraum beziehen, dessen Vergleichsmiete zu ermitteln ist, unberücksichtigt. [3]Enthält das Gebäude neben dem öffentlich geförderten Wohnraum auch anderen Wohnraum oder Geschäftsraum, sind die laufenden Aufwendungen und die Zusatzberechnung entsprechend § 37 aufzustellen.

(3) [1]Ist bereits eine Wirtschaftlichkeitsberechnung aufgestellt und sind nach diesem Zeitpunkt bauliche Änderungen vorgenommen worden, so kann eine neue Wirtschaftlichkeitsberechnung in der Weise aufgestellt werden, daß die bisherige Wirtschaftlichkeitsberechnung um eine Zusatzberechnung ergänzt wird. [2]In der Zusatzberechnung sind die Kosten der baulichen Änderungen anzusetzen, die zu ihrer Deckung dienenden Finanzierungsmittel auszuweisen und die sich danach für die baulichen Änderungen ergebenden Aufwendungen den Ertragserhöhungen gegenüberzustellen.

(4) Hat der Vermieter den Erhöhungsbetrag zur Vergleichsmiete nach § 13 der Neubaumietenverordnung 1970 für sämtliche öffentlich geförderten Wohnungen zu ermitteln, so ist eine Zusatzberechnung nach Absatz 3 Satz 2 aufzustellen.

Teil III. Lastenberechnung

§ 40 Lastenberechnung. (1) [1]Die Belastung des Eigentümers eines Eigenheims, einer Kleinsiedlung oder einer eigengenutzten Eigentumswohnung oder des Inhabers eines eigengenutzten eigentumsähnlichen Dauerwohnrechts wird durch eine Berechnung (Lastenberechnung) ermittelt. [2]Das gleiche gilt für die Belastung des Bewerbers um ein Kaufeigenheim, eine Trägerkleinsiedlung, eine Kaufeigentumswohnung oder eine Wohnung in der Rechtsform des eigentumsähnlichen Dauerwohnrechts.

(2) [1]Wird durch Ausbau oder Erweiterung neuer, fremden Wohnzwecken dienender Wohnraum unter Einsatz öffentlicher Mittel geschaffen, ist hierfür

eine Teilwirtschaftlichkeitsberechnung aufzustellen. [2] Die Regelungen des § 32 Abs. 4a und des § 34 Abs. 4 sind entsprechend anzuwenden.

§ 40a Aufstellung der Lastenberechnung durch den Bauherrn.

(1) [1] Ist der Eigentümer der Bauherr, so kann er die Lastenberechnung auf Grund einer Wirtschaftlichkeitsberechnung aufstellen. [2] In diesem Fall beschränkt sich die Lastenberechnung auf die Ermittlung der Belastung nach den §§ 40c bis 41.

(2) Wird die Lastenberechnung vom Bauherrn nicht auf Grund einer Wirtschaftlichkeitsberechnung aufgestellt, so muß sie enthalten

1. die Grundstücks- und Gebäudebeschreibung,
2. die Berechnung der Gesamtkosten,
3. den Finanzierungsplan,
4. die Ermittlung der Belastung nach den §§ 40c bis 41.

(3) Die Lastenberechnung ist aufzustellen

1. bei einem Eigenheim, einer Kleinsiedlung oder einem Kaufeigenheim für das Gebäude,
2. bei einer eigengenutzten Eigentumswohnung oder einer Kaufeigentumswohnung
 a) für die im Sondereigentum stehende Wohnung und den damit verbundenen Miteigentumsanteil an dem gemeinschaftlichen Eigentum oder
 b) in der Weise, daß die Berechnung für die Eigentumswohnungen oder Kaufeigentumswohnungen des Gebäudes oder der Wirtschaftseinheit (§ 2 Abs. 2) zusammengefaßt und die Gesamtkosten nach dem Verhältnis der Miteigentumsanteile aufgeteilt werden,
3. bei einer Wohnung in der Rechtsform des eigentumsähnlichen Dauerwohnrechts für die Wohnung und den Teil des Grundstücks, auf den sich das Dauerwohnrecht erstreckt.

(4) [1] Für die Aufstellung der Lastenberechnung gelten im übrigen § 2 Abs. 3 und 5, § 4 Abs. 1 bis 3, § 4a Abs. 1 bis 3, 5 sowie die §§ 5 bis 15 entsprechend. [2] § 12 Abs. 4 Satz 2 gilt dabei mit der Maßgabe, daß anstelle der Erhöhung der Kapitalkosten die Erhöhung der Kapitalkosten und Tilgungen zu berücksichtigen ist.

§ 40b Aufstellung der Lastenberechnung durch den Erwerber.

(1) Hat der Eigentümer das Gebäude oder die Wohnung auf Grund eines Veräußerungsvertrages gegen Entgelt erworben, so ist die Lastenberechnung nach § 40a Abs. 2 und 3 mit folgenden Maßgaben aufzustellen:

1. An die Stelle der Gesamtkosten treten der angemessene Erwerbspreis, die auf ihn fallenden Erwerbskosten und die nach dem Erwerb entstandenen Kosten nach § 11;
2. im Finanzierungsplan sind die Mittel auszuweisen, die zur Deckung des Erwerbspreises und der in Nummer 1 bezeichneten Kosten dienen.

(2) [1] Für die Aufstellung der Lastenberechnung gelten im übrigen § 2 Abs. 3 und 5 und die §§ 12 bis 15 entsprechend. [2] § 12 Abs. 4 Satz 2 gilt dabei mit der Maßgabe, daß an Stelle der Erhöhung der Kapitalkosten die Erhöhung der Kapitalkosten und Tilgungen zu berücksichtigen ist.

(3) Die Absätze 1 und 2 gelten entsprechend für die Aufstellung der Lastenberechnung durch einen Bewerber nach § 40 Satz 2.

§ 40c Ermittlung der Belastung. (1) Die Belastung wird ermittelt
1. aus der Belastung aus dem Kapitaldienst und
2. aus der Belastung aus der Bewirtschaftung.

(2) Hat derjenige, dessen Belastung zu ermitteln ist, einem Dritten ein Nutzungsentgelt oder einen ähnlichen Beitrag zum Kapitaldienst oder zur Bewirtschaftung zu leisten, so ist dieses Entgelt in die Lastenberechnung an Stelle der sonst ansetzbaren Beträge aufzunehmen, soweit es zur Deckung der Belastung bestimmt ist.

(3) Bei einer Kleinsiedlung vermehrt sich die Belastung um die Pacht einer gepachteten Landzulage.

(4) Werden von einem Dritten Aufwendungsbeihilfen, Zinszuschüsse oder Annuitätsdarlehen gewährt, so vermindert sich die Belastung entsprechend.

(5) [1] Erträge aus einem Miet- oder Pachtvertrag, die für den Gegenstand der Berechnung (§ 40a Abs. 3) erzielt werden, vermindern die Belastung. [2] Dies gilt nicht für Ertragsteile, die zur Deckung von Betriebskosten dienen, die bei der Berechnung der Belastung aus der Bewirtschaftung nicht angesetzt werden dürfen. [3] Als Ertrag gilt auch der Miet- oder Nutzungswert der Räume, die von demjenigen, dessen Belastung zu ermitteln ist, ausschließlich zu anderen als Wohnzwecken oder als Garagen benutzt werden, sowie der von ihm gewerblich benutzten Flächen.

§ 40d Belastung aus dem Kapitaldienst. (1) Zu der Belastung aus dem Kapitaldienst gehören
1. die Fremdkapitalkosten,
2. die Tilgungen für Fremdmittel.

(2) [1] Die Fremdkapitalkosten sind entsprechend den §§ 19, 21 und 23a zu berechnen. [2] Die Tilgungen für Fremdmittel sind aus dem im Finanzierungsplan ausgewiesenen Fremdmittel mit dem maßgebenden Tilgungssatz zu berechnen. [3] Maßgebend ist der vereinbarte Tilgungssatz oder, wenn die Tilgungen tatsächlich nach einem niedrigeren Tilgungssatz zu entrichten sind, dieser.

(3) Ist im Falle des § 40b im Finanzierungsplan eine Verbindlichkeit ausgewiesen, die ohne Änderung der Vereinbarung über die Verzinsung und Tilgung vom Erwerber übernommen worden ist, so gilt Absatz 2 mit der Maßgabe, daß die Zinsen und Tilgungen aus dem Ursprungsbetrag der Verbindlichkeit mit dem maßgebenden Zins- und Tilgungssatz zu berechnen sind.

(4) Hat sich der Zins- oder Tilgungssatz für ein Fremdmittel geändert, so sind die Zinsen und Tilgungen anzusetzen, die sich auf Grund der Änderung bei entsprechender Anwendung der Absätze 2 und 3 ergeben; dies gilt bei einer Erhöhung des Zins- oder Tilgungssatzes nur, wenn sie auf Umständen beruht, die derjenige, dessen Belastung zu ermitteln ist, nicht zu vertreten hat, und für die Zinsen nur insoweit, als sie im Rahmen der Absätze 2 und 3 den Betrag nicht übersteigen, der sich aus der Verzinsung zu dem bei der Erhöhung marktüblichen Zinssatz für erste Hypotheken ergibt.

(5) Bei einer Änderung der in § 21 Abs. 4 bezeichneten Fremdkapitalkosten gilt Absatz 4 entsprechend.

(6) [1]Werden an der Stelle der bisherigen Finanzierungsmittel nach § 12 Abs. 4 andere Mittel ausgewiesen, so treten die Kapitalkosten und Tilgungen der neuen Mittel an die Stelle der Kapitalkosten und Tilgungen der bisherigen Finanzierungsmittel; dies gilt für die Kapitalkosten nur insoweit, als sie im Rahmen der Absätze 2 und 3 den Betrag nicht übersteigen, der sich aus der Verzinsung zu dem bei der Ersetzung marktüblichen Zinssatz für erste Hypotheken ergibt. [2]Sind Finanzierungsmittel durch eigene Mittel ersetzt worden, so dürfen Zinsen oder Tilgungen nicht angesetzt werden.

(7) Werden nach § 11 Abs. 4 bis 6 den Gesamtkosten die Kosten von baulichen Änderungen hinzugerechnet, so dürfen für die Fremdmittel, die zur Deckung dieser Kosten dienen, bei Anwendung des Absatzes 2 Kapitalkosten insoweit angesetzt werden, als sie den Betrag nicht überschreiten, der sich aus der Verzinsung zu dem bei Fertigstellung der baulichen Änderungen marktüblichen Zinssatz für erste Hypotheken ergibt.

(8) Soweit für Fremdmittel, die ganz oder teilweise im Finanzierungsplan ausgewiesen sind, Kapitalkosten oder Tilgungen nicht mehr zu entrichten sind, dürfen diese nicht angesetzt werden.

§ 41 Belastung aus der Bewirtschaftung. (1) [1]Zu der Belastung aus der Bewirtschaftung gehören

1. die Ausgaben für die Verwaltung, die an einen Dritten laufend zu entrichten sind,
2. die Betriebskosten,
3. die Ausgaben für die Instandhaltung.

[2]Die Vorschriften der §§ 24, 28 und 30 sind entsprechend anzuwenden.

(2) [1]§ 26 ist entsprechend anzuwenden mit der Maßgabe, daß bei Eigentumswohnungen, Kaufeigentumswohnungen oder Wohnungen in der Rechtsform des eigentumsähnlichen Dauerwohnrechts als Ausgaben für die Verwaltung höchstens 275 Euro angesetzt werden dürfen. [2]Der in Satz 1 bezeichnete Betrag verändert sich entsprechend § 26 Abs. 4.

(3) [1]§ 27 ist entsprechend anzuwenden mit der Maßgabe, daß als Betriebskosten angesetzt werden dürfen

1. laufende öffentliche Lasten des Grundstücks, namentlich die Grundsteuer,
2. Kosten der Wasserversorgung,
3. Kosten der Straßenreinigung und Müllbeseitigung,
4. Kosten der Entwässerung,
5. Kosten der Schornsteinreinigung,
6. Kosten der Sach- und Haftpflichtversicherung.

[2]Bei einer Eigentumswohnung, einer Kaufeigentumswohnung und einer Wohnung in der Rechtsform des eigentumsähnlichen Dauerwohnrechts dürfen als Betriebskosten außerdem angesetzt werden

1. Kosten des Betriebes des Fahrstuhls,
2. Kosten der Gebäudereinigung und Ungezieferbekämpfung,
3. Kosten für den Hauswart.

Teil IV. Wohnflächenberechnung

§ 42 Wohnfläche. [1] Ist die Wohnfläche bis zum 31. Dezember 2003 nach dieser Verordnung berechnet worden, bleibt es bei dieser Berechnung. [2] Soweit in den in Satz 1 genannten Fällen nach dem 31. Dezember 2003 bauliche Änderungen an dem Wohnraum vorgenommen werden, die eine Neuberechnung der Wohnfläche erforderlich machen, sind die Vorschriften der Wohnflächenverordnung vom 25. November 2003 (BGBl. I S. 2346) anzuwenden.

§§ 43, 44 *(aufgehoben)*

Teil V. Schluß- und Überleitungsvorschriften

§ 45 Befugnisse des Bauherrn und seines Rechtsnachfolgers. (1) Läßt diese Verordnung eine Wahl zwischen zwei oder mehreren Möglichkeiten zu oder setzt sie bei einer Berechnung einen Rahmen, so ist der Bauherr, soweit sich aus dieser Verordnung nichts anderes ergibt, befugt, die Wahl vorzunehmen oder den Rahmen auszufüllen.

(2) [1] Die Befugnisse des Bauherrn nach dieser Verordnung stehen auch seinem Rechtsnachfolger zu. [2] Soweit der Bauherr nach dieser Verordnung Umstände zu vertreten hat, hat sie auch der Rechtsnachfolger zu vertreten.

§ 46 Überleitungsvorschriften. (1) Soweit bis zum 31. Oktober 1957 für den in § 1 Abs. 1 und § 1a Abs. 2 Nr. 2 und 3 bezeichneten Wohnraum Wirtschaftlichkeit oder Wohnfläche nach der Verordnung über Wirtschaftlichkeits- und Wohnflächenberechnung für neugeschaffenen Wohnraum (Berechnungsverordnung) vom 20. November 1950 (BGBl. S. 753) berechnet worden ist, bleibt es für diese Berechnungen dabei.

(2) § 2 Abs. 8, § 18 Abs. 4 und § 23 Abs. 5 sind in der mit Inkrafttreten dieser Verordnung geltenden Fassung anzuwenden, wenn die Darlehen nach dem 31. Dezember 1989 vorzeitig zurückgezahlt oder abgelöst wurden oder nach diesem Zeitpunkt auf die weitere Auszahlung von Zuschüssen zur Deckung der laufenden Aufwendungen oder von Zinszuschüssen verzichtet wurde.

(3) Sind für ein Gebäude oder eine Wirtschaftseinheit auf Grund von Ausbau oder Erweiterung Wirtschaftlichkeitsberechnungen oder Teilwirtschaftlichkeitsberechnungen vor dem 29. August 1990 aufgestellt worden, sind die Regelungen der §§ 32, 34 und 40 in der bis zum 29. August 1990 geltenden Fassung anzuwenden.

§ 47 (weggefallen)

§ 48 (weggefallen)

§ 48a Berlin-Klausel. *(gegenstandslos)*

§ 49 Geltung im Saarland. Diese Verordnung gilt nicht im Saarland.

§ 50 (Inkrafttreten)

Anlage 1
(zu § 5 Abs. 5)

Aufstellung der Gesamtkosten

Die Gesamtkosten bestehen aus:

I. Kosten des Baugrundstücks

Zu den Kosten des Baugrundstücks gehören:

1. Der Wert des Baugrundstücks
2. Die Erwerbskosten
 Hierzu gehören alle durch den Erwerb des Baugrundstücks verursachten Nebenkosten, z.B. Gerichts- und Notarkosten, Maklerprovisionen, Grunderwerbsteuern, Vermessungskosten, Gebühren für Wertberechnungen und amtliche Genehmigungen, Kosten der Bodenuntersuchung zur Beurteilung des Grundstückswertes.
 Zu den Erwerbskosten gehören auch Kosten, die im Zusammenhang mit einer das Baugrundstück betreffenden freiwilligen oder gesetzlich geregelten Umlegung, Zusammenlegung oder Grenzregelung (Bodenordnung) entstehen, außer den Kosten der dem Bauherrn dabei obliegenden Verwaltungsleistungen.
3. Die Erschließungskosten
 Hierzu gehören:
 a) Abfindungen und Entschädigungen an Mieter, Pächter und sonstige Dritte zur Erlangung der freien Verfügung über das Baugrundstück,
 b) Kosten für das Herrichten des Baugrundstücks, z.B. Abräumen, Abholzen, Roden, Bodenbewegung, Enttrümmern, Gesamtabbruch,
 c) Kosten der öffentlichen Entwässerungs- und Versorgungsanlagen, die nicht Kosten der Gebäude oder der Außenanlagen sind, und Kosten öffentlicher Flächen für Straßen, Freiflächen und dgl., soweit diese Kosten vom Grundstückseigentümer auf Grund gesetzlicher Bestimmungen (z.B. Anliegerleistungen) oder vertraglicher Vereinbarungen (z.B. Unternehmerstraßen) zu tragen und vom Bauherrn zu übernehmen sind,
 d) Kosten der nichtöffentlichen Entwässerungs- und Versorgungsanlagen, die nicht Kosten der Gebäude oder der Außenanlagen sind, und Kosten nichtöffentlicher Flächen für Straßen, Freiflächen und dgl., wie Privatstraßen, Abstellflächen für Kraftfahrzeuge, wenn es sich um Daueranlagen handelt, d.h. um Anlagen, die auch nach etwaigem Abgang der Bauten im Rahmen der allgemeinen Ortsplanung bestehen bleiben müssen,
 e) andere einmalige Abgaben, die vom Bauherrn nach gesetzlichen Bestimmungen verlangt werden (z.B. Bauabgaben, Ansiedlungsleistungen, Ausgleichsbeträge).

II. Baukosten

Zu den Baukosten gehören:

1. Die Kosten der Gebäude
 Das sind die Kosten (getrennt nach der Art der Gebäude oder Gebäudeteile) sämtlicher Bauleistungen, die für die Errichtung der Gebäude erforderlich sind.

Zu den Kosten der Gebäude gehören auch
die Kosten aller eingebauten oder mit den Gebäuden fest verbundenen Sachen, z.B. Anlagen zur Beleuchtung, Erwärmung, Kühlung und Lüftung von Räumen und zur Versorgung mit Elektrizität, Gas, Kalt- und Warmwasser (bauliche Betriebseinrichtungen), bis zum Hausanschluß an die Außenanlagen, Öfen, Koch- und Waschherde, Bade- und Wascheinrichtungen, eingebaute Rundfunkanlagen, Gemeinschaftsantennen, Blitzschutzanlagen, Luftschutzanlagen, Luftschutzvorsorgeanlagen, bildnerischer und malerischer Schmuck an und in Gebäuden, eingebaute Möbel,
die Kosten aller vom Bauherrn erstmalig zu beschaffenden, nicht eingebauten oder nicht fest verbundenen Sachen an und in den Gebäuden, die zur Benutzung und zum Betrieb der baulichen Anlagen erforderlich sind oder zum Schutz der Gebäude dienen, z.B. Öfen, Koch- und Waschherde, Bade- und Wascheinrichtungen, soweit sie nicht unter den vorstehenden Absatz fallen, Aufsteckschlüssel für innere Leitungshähne und -ventile, Bedienungseinrichtungen für Sammelheizkessel (Schaufeln, Schürstangen usw.), Dachaussteige- und Schornsteinleitern, Feuerlöschanlagen (Schläuche, Stand- und Strahlrohre für eingebaute Feuerlöschanlagen), Schlüssel für Fenster- und Türverschlüsse usw..
Zu den Kosten der Gebäude gehören auch die Kosten von Teilabbrüchen innerhalb der Gebäude sowie der etwa angesetzte Wert verwendeter Gebäudeteile.

2. Die Kosten der Außenanlagen
Das sind die Kosten sämtlicher Bauleistungen, die für die Herstellung der Außenanlagen erforderlich sind.
Hierzu gehören
 a) die Kosten der Entwässerungs- und Versorgungsanlagen vom Hausanschluß ab bis an das öffentliche Netz oder an nichtöffentliche Anlagen, die Daueranlagen sind (I 3d), außerdem alle anderen Entwässerungs- und Versorgungsanlagen außerhalb der Gebäude, Kleinkläranlagen, Sammelgruben, Brunnen, Zapfstellen usw.,
 b) die Kosten für das Anlegen von Höfen, Wegen und Einfriedungen, nichtöffentlichen Spielplätzen usw.,
 c) die Kosten der Gartenanlagen und Pflanzungen, die nicht zu den besonderen Betriebseinrichtungen gehören, der nicht mit einem Gebäude verbundenen Freitreppen, Stützmauern, fest eingebauten Flaggenmaste, Teppichklopfstangen, Wäschepfähle usw.,
 d) die Kosten sonstiger Außenanlagen, z.B. Luftschutzaußenanlagen, Kosten für Teilabbrüche außerhalb der Gebäude, soweit sie nicht zu den Kosten für das Herrichten des Baugrundstücks gehören.

Zu den Kosten der Außenanlagen gehören auch
die Kosten aller eingebauten oder mit den Außenanlagen fest verbundenen Sachen,
die Kosten aller vom Bauherrn erstmalig zu beschaffenden, nicht eingebauten oder nicht fest verbundenen Sachen an und in den Außenanlagen, z.B. Aufsteckschlüssel für äußere Leitungshähne und -ventile, Feuerlöschanlagen (Schläuche, Stand- und Strahlrohre für äußere Feuerlöschanlagen).

3. Die Baunebenkosten
 Das sind
 a) Kosten der Architekten- und Ingenieurleistungen; diese Leistungen umfassen namentlich Planungen, Ausschreibungen, Bauleitung, Bauführung und Bauabrechnung,
 b) Kosten der dem Bauherrn obliegenden Verwaltungsleistungen bei Vorbereitung und Durchführung des Bauvorhabens,
 c) Kosten der Behördenleistungen; hierzu gehören die Kosten der Prüfungen und Genehmigungen der Behörden oder Beauftragten der Behörden,
 d) folgende Kosten:
 aa) Kosten der Beschaffung der Finanzierungsmittel, z.B. Maklerprovisionen, Gerichts- und Notarkosten, einmalige Geldbeschaffungskosten (Hypothekendisagio, Kreditprovisionen und Spesen, Wertberechnungs- und Bearbeitungsgebühren, Bereitstellungskosten usw.),
 bb) Kapitalkosten und Erbbauzinsen, die auf die Bauzeit entfallen,
 cc) Kosten der Beschaffung und Verzinsung der Zwischenfinanzierungsmittel einschließlich der gestundeten Geldbeschaffungskosten (Disagiodarlehen),
 dd) Steuerbelastungen des Baugrundstücks, die auf die Bauzeit entfallen,
 ee) Kosten der Beschaffung von Darlehen und Zuschüssen zur Deckung von laufenden Aufwendungen, Fremdkapitalkosten, Annuitäten und Bewirtschaftungskosten,
 e) sonstige Nebenkosten, z.B. die Kosten der Bauversicherungen während der Bauzeit, der Bauwache, der Baustoffprüfungen des Bauherrn, der Grundsteinlegungs- und Richtfeier.
4. Die Kosten der besonderen Betriebseinrichtungen
 Das sind z.B. die Kosten für Personen- und Lastenaufzüge, Müllbeseitigungsanlagen, Hausfernsprecher, Uhrenanlagen, gemeinschaftliche Wasch- und Badeeinrichtungen usw..
5. Die Kosten des Gerätes und sonstiger Wirtschaftsausstattungen
 Das sind
 die Kosten für alle vom Bauherrn erstmalig zu beschaffenden beweglichen Sachen, die nicht unter die Kosten der Gebäude oder der Außenanlagen fallen, z.B. Asche- und Müllkästen, abnehmbare Fahnen, Fenster- und Türbehänge, Feuerlösch- und Luftschutzgerät, Haus- und Stallgerät usw.,
 die Kosten für Wirtschaftsausstattungen bei Kleinsiedlungen usw., z.B. Ackergerät, Dünger, Kleinvieh, Obstbäume, Saatgut.

Anlage 2
(zu den §§ 11a und 34 Abs. 1)

Berechnung des umbauten Raumes

Der umbaute Raum ist in m^3 anzugeben.

1.1 Voll anzurechnen ist der umbaute Raum eines Gebäudes, der umschlossen wird:

1.11 seitlich von den Außenflächen der Umfassungen,

1.12 unten

1.121 bei unterkellerten Gebäuden von den Oberflächen der untersten Geschoßfußböden,

1.122 bei nichtunterkellerten Gebäuden von der Oberfläche des Geländes. Liegt der Fußboden des untersten Geschosses tiefer als das Gelände, gilt Abschnitt 1.121,

1.13 oben

1.131 bei nicht ausgebautem Dachgeschoß von den Oberflächen der Fußböden über den obersten Vollgeschossen,

1.132 bei ausgebautem Dachgeschoß, bei Treppenhausköpfen und Fahrstuhlschächten von den Außenflächen der umschließenden Wände und Decken. (Bei Ausbau mit Leichtbauplatten sind die begrenzenden Außenflächen durch die Außen- oder Oberkante der Teile zu legen, welche diese Platten unmittelbar tragen),

1.133 bei Dachdecken, die gleichzeitig die Decke des obersten Vollgeschosses bilden, von den Oberflächen der Tragdecke oder Balkenlage,

1.134 bei Gebäuden oder Bauteilen ohne Geschoßdecken von den Außenflächen des Daches, vgl. Abschnitt 1.35.

1.2 Mit einem Drittel anzurechnen ist der umbaute Raum des nichtausgebauten Dachraumes, der umschlossen wird von den Flächen nach Abschnitt 1.131 oder 1.132 und den Außenflächen des Daches.

1.3 bei den Berechnungen nach Abschnitt 1.1 und 1.2 ist:

1.31 die Gebäudegrundfläche nach den Rohbaumaßen des Erdgeschosses zu berechnen,

1.32 bei wesentlich verschiedenen Geschoßgrundflächen der umbaute Raum geschoßweise zu berechnen,

1.33 nicht abzuziehen der umbaute Raum, der gebildet wird von:

1.331 äußeren Leibungen von Fenstern und Türen und äußeren Nischen in den Umfassungen,

1.332 Hauslauben (Loggien), d.h. an höchstens zwei Seitenflächen offenen, im übrigen umbauten Räumen,

1.34 nicht hinzuzurechnen der umbaute Raum, den folgende Bauteile bilden:

1.341 stehende Dachfenster und Dachaufbauten mit einer vorderen Ansichtsfläche bis zu je 2 m^2 (Dachaufbauten mit größerer Ansichtsfläche siehe Abschnitt 1.42),

1.342 Balkonplatten und Vordächer bis zu 0,5 m Ausladung (weiter ausladende Balkonplatten und Vordächer siehe Abschnitt 1.44),

1.343 Dachüberstände, Gesimse, ein bis drei nichtunterkellerte, vorgelagerte Stufen, Wandpfeiler, Halbsäulen und Pilaster,

1.344 Gründungen gewöhnlicher Art, deren Unterfläche bei unterkellerten Bauten nicht tiefer als 0,5 m unter der Oberfläche des Kellergeschoßfußbodens, bei nichtunterkellerten Bauten nicht tiefer als 1 m unter der

Oberfläche des umgebenden Geländes liegt (Gründungen außergewöhnlicher Art und Tiefe siehe Abschnitt 1.48),

1.345 Kellerlichtschächte und Lichtgräben,

1.35 für Teile eines Baues, deren Innenraum ohne Zwischendecken bis zur Dachfläche durchgeht, der umbaute Raum getrennt zu berechnen, vgl. Abschnitt 1.134,

1.36 für zusammenhängende Teile eines Baues, die sich nach dem Zweck und deshalb in der Art des Ausbaues wesentlich von den übrigen Teilen unterscheiden, der umbaute Raum getrennt zu berechnen.

1.4 Von der Berechnung des umbauten Raumes nicht erfaßt werden folgende (besonders zu veranschlagende) Bauausführungen und Bauteile:

1.41 geschlossene Anbauten in leichter Bauart und mit geringwertigem Ausbau und offene Anbauten, wie Hallen, Überdachungen (mit oder ohne Stützen) von Lichthöfen, Unterfahrten auf Stützen, Veranden,

1.42 Dachaufbauten mit vorderen Ansichtsflächen von mehr als 2 m^2 und Dachreiter,

1.43 Brüstungen von Balkonen und begehbaren Dachflächen,

1.44 Balkonplatten und Vordächer mit mehr als 0,5 m Ausladung,

1.45 Freitreppen mit mehr als 3 Stufen und Terrassen (und ihre Brüstungen),

1.46 Füchse, Gründungen für Kessel und Maschinen,

1.47 freistehende Schornsteine und der Teil von Hausschornsteinen, der mehr als 1 m über den Dachfirst hinausragt,

1.48 Gründungen außergewöhnlicher Art, wie Pfahlgründungen und Gründungen außergewöhnlicher Tiefe, deren Unterfläche tiefer liegt als im Abschnitt 1.344 angegeben,

1.49 wasserdruckhaltende Dichtungen.

Anlage 3
(aufgehoben)

2a. Verordnung über die Aufstellung von Betriebskosten (Betriebskostenverordnung – BetrKV)[1)]

Vom 25. November 2003
(BGBl. I S. 2346)

FNA 2330-32-2

zuletzt geänd. durch Art. 15 Telekommunikationsmodernisierungsgesetz v. 23.6.2021 (BGBl. I S. 1858)

§ 1 Betriebskosten. (1) [1]Betriebskosten sind die Kosten, die dem Eigentümer oder Erbbauberechtigten durch das Eigentum oder Erbbaurecht am Grundstück oder durch den bestimmungsmäßigen Gebrauch des Gebäudes, der Nebengebäude, Anlagen, Einrichtungen und des Grundstücks laufend entstehen. [2]Sach- und Arbeitsleistungen des Eigentümers oder Erbbauberechtigten dürfen mit dem Betrag angesetzt werden, der für eine gleichwertige Leistung eines Dritten, insbesondere eines Unternehmers, angesetzt werden könnte; die Umsatzsteuer des Dritten darf nicht angesetzt werden.

(2) Zu den Betriebskosten gehören nicht:

1. die Kosten der zur Verwaltung des Gebäudes erforderlichen Arbeitskräfte und Einrichtungen, die Kosten der Aufsicht, der Wert der vom Vermieter persönlich geleisteten Verwaltungsarbeit, die Kosten für die gesetzlichen oder freiwilligen Prüfungen des Jahresabschlusses und die Kosten für die Geschäftsführung (Verwaltungskosten),
2. die Kosten, die während der Nutzungsdauer zur Erhaltung des bestimmungsmäßigen Gebrauchs aufgewendet werden müssen, um die durch Abnutzung, Alterung und Witterungseinwirkung entstehenden baulichen oder sonstigen Mängel ordnungsgemäß zu beseitigen (Instandhaltungs- und Instandsetzungskosten).

§ 2 Aufstellung der Betriebskosten. [1]Betriebskosten im Sinne von § 1 sind:

1. die laufenden öffentlichen Lasten des Grundstücks,
 hierzu gehört namentlich die Grundsteuer;
2. die Kosten der Wasserversorgung,
 hierzu gehören die Kosten des Wasserverbrauchs, die Grundgebühren, die Kosten der Anmietung oder anderer Arten der Gebrauchsüberlassung von Wasserzählern sowie die Kosten ihrer Verwendung einschließlich der Kosten der Eichung sowie der Kosten der Berechnung und Aufteilung, die Kosten der Wartung von Wassermengenreglern, die Kosten des Be-

[1)] Verkündet als Art. 2 VO zur Berechnung der Wohnfläche, über die Aufstellung von Betriebskosten und zur Änd. anderer VOen v. 25.11.2003 (BGBl. I S. 2346); Inkrafttreten gem. Art. 6 dieser VO am 1.1.2004. Diese VO wurde mit Zustimmung des Bundesrates erlassen auf Grund von § 19 Abs. 1 Satz 2 und Abs. 2 Satz 2 WoFG v. 13.9.2001 (BGBl. I S. 2376), zuletzt geänd. durch G v. 16.12.2022 (BGBl. I S. 2328), § 28 Abs. 1 und 2 WoBindG idF der Bek. v. 13.9.2001 (BGBl. I S. 2404), zuletzt geänd. durch VO v. 19.6.2020 (BGBl. I S. 1328) und § 36 Abs. 1 Nr. 1 Satz 1 Buchst. a WoGG v. 24.9.2008 (BGBl. I S. 1856), zuletzt geänd. durch G v. 16.12.2022 (BGBl. I S. 2328).

triebs einer hauseigenen Wasserversorgungsanlage und einer Wasseraufbereitungsanlage einschließlich der Aufbereitungsstoffe;

3. die Kosten der Entwässerung,
hierzu gehören die Gebühren für die Haus- und Grundstücksentwässerung, die Kosten des Betriebs einer entsprechenden nicht öffentlichen Anlage und die Kosten des Betriebs einer Entwässerungspumpe;

4. die Kosten
 a) des Betriebs der zentralen Heizungsanlage einschließlich der Abgasanlage,
 hierzu gehören die Kosten der verbrauchten Brennstoffe und ihrer Lieferung, die Kosten des Betriebsstroms, die Kosten der Bedienung, Überwachung und Pflege der Anlage, der regelmäßigen Prüfung ihrer Betriebsbereitschaft und Betriebssicherheit einschließlich der Einstellung durch eine Fachkraft, der Reinigung der Anlage und des Betriebsraums, die Kosten der Messungen nach dem Bundes-Immissionsschutzgesetz, die Kosten der Anmietung oder anderer Arten der Gebrauchsüberlassung einer Ausstattung zur Verbrauchserfassung sowie die Kosten der Verwendung einer Ausstattung zur Verbrauchserfassung einschließlich der Kosten der Eichung sowie der Kosten der Berechnung und Aufteilung

 oder

 b) des Betriebs der zentralen Brennstoffversorgungsanlage,
 hierzu gehören die Kosten der verbrauchten Brennstoffe und ihrer Lieferung, die Kosten des Betriebsstroms und die Kosten der Überwachung sowie die Kosten der Reinigung der Anlage und des Betriebsraums

 oder

 c) der eigenständig gewerblichen Lieferung von Wärme, auch aus Anlagen im Sinne des Buchstabens a,
 hierzu gehören das Entgelt für die Wärmelieferung und die Kosten des Betriebs der zugehörigen Hausanlagen entsprechend Buchstabe a

 oder

 d) der Reinigung und Wartung von Etagenheizungen und Gaseinzelfeuerstätten,
 hierzu gehören die Kosten der Beseitigung von Wasserablagerungen und Verbrennungsrückständen in der Anlage, die Kosten der regelmäßigen Prüfung der Betriebsbereitschaft und Betriebssicherheit und der damit zusammenhängenden Einstellung durch eine Fachkraft sowie die Kosten der Messungen nach dem Bundes-Immissionsschutzgesetz;

5. die Kosten
 a) des Betriebs der zentralen Warmwasserversorgungsanlage,
 hierzu gehören die Kosten der Wasserversorgung entsprechend Nummer 2, soweit sie nicht dort bereits berücksichtigt sind, und die Kosten der Wassererwärmung entsprechend Nummer 4 Buchstabe a

 oder

 b) der eigenständig gewerblichen Lieferung von Warmwasser, auch aus Anlagen im Sinne des Buchstabens a,

hierzu gehören das Entgelt für die Lieferung des Warmwassers und die Kosten des Betriebs der zugehörigen Hausanlagen entsprechend Nummer 4 Buchstabe a

oder

c) der Reinigung und Wartung von Warmwassergeräten, hierzu gehören die Kosten der Beseitigung von Wasserablagerungen und Verbrennungsrückständen im Innern der Geräte sowie die Kosten der regelmäßigen Prüfung der Betriebsbereitschaft und Betriebssicherheit und der damit zusammenhängenden Einstellung durch eine Fachkraft;

6. die Kosten verbundener Heizungs- und Warmwasserversorgungsanlagen

a) bei zentralen Heizungsanlagen entsprechend Nummer 4 Buchstabe a und entsprechend Nummer 2, soweit sie nicht dort bereits berücksichtigt sind,

oder

b) bei der eigenständig gewerblichen Lieferung von Wärme entsprechend Nummer 4 Buchstabe c und entsprechend Nummer 2, soweit sie nicht dort bereits berücksichtigt sind,

oder

c) bei verbundenen Etagenheizungen und Warmwasserversorgungsanlagen entsprechend Nummer 4 Buchstabe d und entsprechend Nummer 2, soweit sie nicht dort bereits berücksichtigt sind;

7. die Kosten des Betriebs des Personen- oder Lastenaufzugs, hierzu gehören die Kosten des Betriebsstroms, die Kosten der Beaufsichtigung, der Bedienung, Überwachung und Pflege der Anlage, der regelmäßigen Prüfung ihrer Betriebsbereitschaft und Betriebssicherheit einschließlich der Einstellung durch eine Fachkraft sowie die Kosten der Reinigung der Anlage;

8. die Kosten der Straßenreinigung und Müllbeseitigung, zu den Kosten der Straßenreinigung gehören die für die öffentliche Straßenreinigung zu entrichtenden Gebühren und die Kosten entsprechender nicht öffentlicher Maßnahmen; zu den Kosten der Müllbeseitigung gehören namentlich die für die Müllabfuhr zu entrichtenden Gebühren, die Kosten entsprechender nicht öffentlicher Maßnahmen, die Kosten des Betriebs von Müllkompressoren, Müllschluckern, Müllabsauganlagen sowie des Betriebs von Müllmengenerfassungsanlagen einschließlich der Kosten der Berechnung und Aufteilung;

9. die Kosten der Gebäudereinigung und Ungezieferbekämpfung, zu den Kosten der Gebäudereinigung gehören die Kosten für die Säuberung der von den Bewohnern gemeinsam genutzten Gebäudeteile, wie Zugänge, Flure, Treppen, Keller, Bodenräume, Waschküchen, Fahrkorb des Aufzugs;

10. die Kosten der Gartenpflege, hierzu gehören die Kosten der Pflege gärtnerisch angelegter Flächen einschließlich der Erneuerung von Pflanzen und Gehölzen, der Pflege von Spielplätzen einschließlich der Erneuerung von Sand und der Pflege von Plätzen, Zugängen und Zufahrten, die dem nicht öffentlichen Verkehr dienen;

11. die Kosten der Beleuchtung,
hierzu gehören die Kosten des Stroms für die Außenbeleuchtung und die Beleuchtung der von den Bewohnern gemeinsam genutzten Gebäudeteile, wie Zugänge, Flure, Treppen, Keller, Bodenräume, Waschküchen;

12. die Kosten der Schornsteinreinigung,
hierzu gehören die Kehrgebühren nach der maßgebenden Gebührenordnung, soweit sie nicht bereits als Kosten nach Nummer 4 Buchstabe a berücksichtigt sind;

13. die Kosten der Sach- und Haftpflichtversicherung,
hierzu gehören namentlich die Kosten der Versicherung des Gebäudes gegen Feuer-, Sturm-, Wasser sowie sonstige Elementarschäden, der Glasversicherung, der Haftpflichtversicherung für das Gebäude, den Öltank und den Aufzug;

14. die Kosten für den Hauswart,
hierzu gehören die Vergütung, die Sozialbeiträge und alle geldwerten Leistungen, die der Eigentümer oder Erbbauberechtigte dem Hauswart für seine Arbeit gewährt, soweit diese nicht die Instandhaltung, Instandsetzung, Erneuerung, Schönheitsreparaturen oder die Hausverwaltung betrifft; soweit Arbeiten vom Hauswart ausgeführt werden, dürfen Kosten für Arbeitsleistungen nach den Nummern 2 bis 10 und 16 nicht angesetzt werden;

15.[1] die Kosten

a) des Betriebs der Gemeinschafts-Antennenanlage,
hierzu gehören die Kosten des Betriebsstroms und die Kosten der regelmäßigen Prüfung ihrer Betriebsbereitschaft einschließlich ihrer Einstellung durch eine Fachkraft,
bis zum 30. Juni 2024 außerdem das Nutzungsentgelt für eine nicht zu dem Gebäude gehörende Antennenanlage sowie die Gebühren, die nach dem Urheberrechtsgesetz für die Kabelweitersendung entstehen,

oder

b) des Betriebs der mit einem Breitbandnetz verbundenen privaten Verteilanlage,
hierzu gehören die Kosten des Betriebsstroms,
bis zum 30. Juni 2024 außerdem die weiteren Kosten entsprechend Buchstabe a, sowie die laufenden monatlichen Grundgebühren für Breitbandanschlüsse,

oder

c) des Betriebs einer gebäudeinternen Verteilanlage, die vollständig mittels Glasfaser mit einem öffentlichen Netz mit sehr hoher Kapazität im Sinne des § 3 Nummer 33 des Telekommunikationsgesetzes verbunden ist, wenn der Mieter seinen Anbieter von öffentlich zugänglichen Telekommunikationsdiensten über seinen Anschluss frei wählen kann,
hierzu gehören die Kosten des Betriebsstroms sowie ein Bereitstellungsentgelt gemäß § 72 Absatz 1 des Telekommunikationsgesetzes;

[1] Siehe hierzu ua das Telekommunikationsmodernisierungsgesetz v. 23.6.2021 (BGBl. I S. 1858, ber. 2022 S. 1045).

16. die Kosten des Betriebs der Einrichtungen für die Wäschepflege,
hierzu gehören die Kosten des Betriebsstroms, die Kosten der Überwachung, Pflege und Reinigung der Einrichtungen, der regelmäßigen Prüfung ihrer Betriebsbereitschaft und Betriebssicherheit sowie die Kosten der Wasserversorgung entsprechend Nummer 2, soweit sie nicht dort bereits berücksichtigt sind;
17. sonstige Betriebskosten,
hierzu gehören Betriebskosten im Sinne des § 1, die von den Nummern 1 bis 16 nicht erfasst sind.

[2] Für Anlagen, die ab dem 1. Dezember 2021 errichtet worden sind, ist Satz 1 Nummer 15 Buchstabe a und b nicht anzuwenden.

3. Gesetz über das Wohnungseigentum und das Dauerwohnrecht (Wohnungseigentumsgesetz – WEG)

In der Fassung der Bekanntmachung vom 12. Januar 2021[1)]
(BGBl. I S. 34)

FNA 403-1

geänd. durch Art. 7 G zur Durchführung des Haager Übereinkommens über die Anerkennung und Vollstreckung ausländischer Entscheidungen in Zivil- und Handelssachen sowie zur Änd. der ZPO, des BGB, des WohnungseigentumsG und des G zur Modernisierung des Strafverfahrens v. 7.11.2022 (BGBl. I S. 1982)

Teil 1. Wohnungseigentum

Abschnitt 1. Begriffsbestimmungen

§ 1 Begriffsbestimmungen. (1) Nach Maßgabe dieses Gesetzes kann an Wohnungen das Wohnungseigentum, an nicht zu Wohnzwecken dienenden Räumen eines Gebäudes das Teileigentum begründet werden.

(2) Wohnungseigentum ist das Sondereigentum an einer Wohnung in Verbindung mit dem Miteigentumsanteil an dem gemeinschaftlichen Eigentum, zu dem es gehört.

(3) Teileigentum ist das Sondereigentum an nicht zu Wohnzwecken dienenden Räumen eines Gebäudes in Verbindung mit dem Miteigentumsanteil an dem gemeinschaftlichen Eigentum, zu dem es gehört.

(4) Wohnungseigentum und Teileigentum können nicht in der Weise begründet werden, dass das Sondereigentum mit Miteigentum an mehreren Grundstücken verbunden wird.

(5) Gemeinschaftliches Eigentum im Sinne dieses Gesetzes sind das Grundstück und das Gebäude, soweit sie nicht im Sondereigentum oder im Eigentum eines Dritten stehen.

(6) Für das Teileigentum gelten die Vorschriften über das Wohnungseigentum entsprechend.

Abschnitt 2. Begründung des Wohnungseigentums

§ 2 Arten der Begründung. Wohnungseigentum wird durch die vertragliche Einräumung von Sondereigentum (§ 3) oder durch Teilung (§ 8) begründet.

§ 3 Vertragliche Einräumung von Sondereigentum. (1) [1] Das Miteigentum (§ 1008 des Bürgerlichen Gesetzbuchs[2)]) an einem Grundstück kann durch Vertrag der Miteigentümer in der Weise beschränkt werden, dass jedem der Miteigentümer abweichend von § 93 des Bürgerlichen Gesetzbuchs[2)] das Eigentum an einer bestimmten Wohnung oder an nicht zu Wohnzwecken

[1)] Neubekanntmachung des WohnungseigentumsG in der im BGBl. Teil III, Gliederungsnr. 403-1, veröffentlichten bereinigten Fassung in der ab 1.12.2020 geltenden Fassung.

[2)] Nr. **1**.

dienenden bestimmten Räumen in einem auf dem Grundstück errichteten oder zu errichtenden Gebäude (Sondereigentum) eingeräumt wird. [2]Stellplätze gelten als Räume im Sinne des Satzes 1.

(2) Das Sondereigentum kann auf einen außerhalb des Gebäudes liegenden Teil des Grundstücks erstreckt werden, es sei denn, die Wohnung oder die nicht zu Wohnzwecken dienenden Räume bleiben dadurch wirtschaftlich nicht die Hauptsache.

(3) Sondereigentum soll nur eingeräumt werden, wenn die Wohnungen oder sonstigen Räume in sich abgeschlossen sind und Stellplätze sowie außerhalb des Gebäudes liegende Teile des Grundstücks durch Maßangaben im Aufteilungsplan bestimmt sind.

§ 4 Formvorschriften. (1) Zur Einräumung und zur Aufhebung des Sondereigentums ist die Einigung der Beteiligten über den Eintritt der Rechtsänderung und die Eintragung in das Grundbuch erforderlich.

(2) [1]Die Einigung bedarf der für die Auflassung vorgeschriebenen Form. [2]Sondereigentum kann nicht unter einer Bedingung oder Zeitbestimmung eingeräumt oder aufgehoben werden.

(3) Für einen Vertrag, durch den sich ein Teil verpflichtet, Sondereigentum einzuräumen, zu erwerben oder aufzuheben, gilt § 311b Absatz 1 des Bürgerlichen Gesetzbuchs[1)] entsprechend.

§ 5 Gegenstand und Inhalt des Sondereigentums. (1) [1]Gegenstand des Sondereigentums sind die gemäß § 3 Absatz 1 Satz 1 bestimmten Räume sowie die zu diesen Räumen gehörenden Bestandteile des Gebäudes, die verändert, beseitigt oder eingefügt werden können, ohne dass dadurch das gemeinschaftliche Eigentum oder ein auf Sondereigentum beruhendes Recht eines anderen Wohnungseigentümers über das bei einem geordneten Zusammenleben unvermeidliche Maß hinaus beeinträchtigt oder die äußere Gestaltung des Gebäudes verändert wird. [2]Soweit sich das Sondereigentum auf außerhalb des Gebäudes liegende Teile des Grundstücks erstreckt, gilt § 94 des Bürgerlichen Gesetzbuchs[1)] entsprechend.

(2) Teile des Gebäudes, die für dessen Bestand oder Sicherheit erforderlich sind, sowie Anlagen und Einrichtungen, die dem gemeinschaftlichen Gebrauch der Wohnungseigentümer dienen, sind nicht Gegenstand des Sondereigentums, selbst wenn sie sich im Bereich der im Sondereigentum stehenden Räume oder Teile des Grundstücks befinden.

(3) Die Wohnungseigentümer können vereinbaren, dass Bestandteile des Gebäudes, die Gegenstand des Sondereigentums sein können, zum gemeinschaftlichen Eigentum gehören.

(4) [1]Vereinbarungen über das Verhältnis der Wohnungseigentümer untereinander und Beschlüsse aufgrund einer solchen Vereinbarung können nach den Vorschriften des Abschnitts 4 zum Inhalt des Sondereigentums gemacht werden. [2]Ist das Wohnungseigentum mit der Hypothek, Grund- oder Rentenschuld oder der Reallast eines Dritten belastet, so ist dessen nach anderen Rechtsvorschriften notwendige Zustimmung nur erforderlich, wenn ein Son-

[1)] Nr. 1.

dernutzungsrecht begründet oder ein mit dem Wohnungseigentum verbundenes Sondernutzungsrecht aufgehoben, geändert oder übertragen wird.

§ 6 Unselbständigkeit des Sondereigentums. (1) Das Sondereigentum kann ohne den Miteigentumsanteil, zu dem es gehört, nicht veräußert oder belastet werden.

(2) Rechte an dem Miteigentumsanteil erstrecken sich auf das zu ihm gehörende Sondereigentum.

§ 7[1)] Grundbuchvorschriften. (1) [1] Im Fall des § 3 Absatz 1 wird für jeden Miteigentumsanteil von Amts wegen ein besonderes Grundbuchblatt (Wohnungsgrundbuch, Teileigentumsgrundbuch) angelegt. [2] Auf diesem ist das zu dem Miteigentumsanteil gehörende Sondereigentum und als Beschränkung des Miteigentums die Einräumung der zu den anderen Miteigentumsanteilen gehörenden Sondereigentumsrechte einzutragen. [3] Das Grundbuchblatt des Grundstücks wird von Amts wegen geschlossen.

(2) [1] Zur Eintragung eines Beschlusses im Sinne des § 5 Absatz 4 Satz 1 bedarf es der Bewilligungen der Wohnungseigentümer nicht, wenn der Beschluss durch eine Niederschrift, bei der die Unterschriften der in § 24 Absatz 6 bezeichneten Personen öffentlich beglaubigt sind, oder durch ein Urteil in einem Verfahren nach § 44 Absatz 1 Satz 2 nachgewiesen ist. [2] Antragsberechtigt ist auch die Gemeinschaft der Wohnungseigentümer.

(3) [1] Zur näheren Bezeichnung des Gegenstands und des Inhalts des Sondereigentums kann auf die Eintragungsbewilligung oder einen Nachweis gemäß Absatz 2 Satz 1 Bezug genommen werden. [2] Veräußerungsbeschränkungen (§ 12) und die Haftung von Sondernachfolgern für Geldschulden sind jedoch ausdrücklich einzutragen.

(4) [1] Der Eintragungsbewilligung sind als Anlagen beizufügen:

1. eine von der Baubehörde mit Unterschrift und Siegel oder Stempel versehene Bauzeichnung, aus der die Aufteilung des Gebäudes und des Grundstücks sowie die Lage und Größe der im Sondereigentum und der im gemeinschaftlichen Eigentum stehenden Teile des Gebäudes und des Grundstücks ersichtlich ist (Aufteilungsplan); alle zu demselben Wohnungseigentum gehörenden Einzelräume und Teile des Grundstücks sind mit der jeweils gleichen Nummer zu kennzeichnen;
2. eine Bescheinigung der Baubehörde, dass die Voraussetzungen des § 3 Absatz 3 vorliegen.

[2] Wenn in der Eintragungsbewilligung für die einzelnen Sondereigentumsrechte Nummern angegeben werden, sollen sie mit denen des Aufteilungsplans übereinstimmen.

(5) Für Teileigentumsgrundbücher gelten die Vorschriften über Wohnungsgrundbücher entsprechend.

[1)] Vgl. hierzu die Wohnungsgrundbuchverfügung (WGV) idF der Bek. v. 24.1.1995 (BGBl. I S. 134), zuletzt geänd. durch G v. 16.10.2020 (BGBl. I S. 2187).

§ 8 Teilung durch den Eigentümer. (1) Der Eigentümer eines Grundstücks kann durch Erklärung gegenüber dem Grundbuchamt das Eigentum an dem Grundstück in Miteigentumsanteile in der Weise teilen, dass mit jedem Anteil Sondereigentum verbunden ist.

(2) Im Fall des Absatzes 1 gelten § 3 Absatz 1 Satz 2, Absatz 2 und 3, § 4 Absatz 2 Satz 2 sowie die §§ 5 bis 7 entsprechend.

(3) Wer einen Anspruch auf Übertragung von Wohnungseigentum gegen den teilenden Eigentümer hat, der durch Vormerkung im Grundbuch gesichert ist, gilt gegenüber der Gemeinschaft der Wohnungseigentümer und den anderen Wohnungseigentümern anstelle des teilenden Eigentümers als Wohnungseigentümer, sobald ihm der Besitz an den zum Sondereigentum gehörenden Räumen übergeben wurde.

§ 9 Schließung der Wohnungsgrundbücher. (1) Die Wohnungsgrundbücher werden geschlossen:

1. von Amts wegen, wenn die Sondereigentumsrechte gemäß § 4 aufgehoben werden;
2. auf Antrag des Eigentümers, wenn sich sämtliche Wohnungseigentumsrechte in einer Person vereinigen.

(2) Ist ein Wohnungseigentum selbständig mit dem Recht eines Dritten belastet, so werden die allgemeinen Vorschriften, nach denen zur Aufhebung des Sondereigentums die Zustimmung des Dritten erforderlich ist, durch Absatz 1 nicht berührt.

(3) Werden die Wohnungsgrundbücher geschlossen, so wird für das Grundstück ein Grundbuchblatt nach den allgemeinen Vorschriften angelegt; die Sondereigentumsrechte erlöschen, soweit sie nicht bereits aufgehoben sind, mit der Anlegung des Grundbuchblatts.

Abschnitt 3. Rechtsfähige Gemeinschaft der Wohnungseigentümer

§ 9a Gemeinschaft der Wohnungseigentümer. (1) [1] Die Gemeinschaft der Wohnungseigentümer kann Rechte erwerben und Verbindlichkeiten eingehen, vor Gericht klagen und verklagt werden. [2] Die Gemeinschaft der Wohnungseigentümer entsteht mit Anlegung der Wohnungsgrundbücher; dies gilt auch im Fall des § 8. [3] Sie führt die Bezeichnung „Gemeinschaft der Wohnungseigentümer“ oder „Wohnungseigentümergemeinschaft” gefolgt von der bestimmten Angabe des gemeinschaftlichen Grundstücks.

(2) Die Gemeinschaft der Wohnungseigentümer übt die sich aus dem gemeinschaftlichen Eigentum ergebenden Rechte sowie solche Rechte der Wohnungseigentümer aus, die eine einheitliche Rechtsverfolgung erfordern, und nimmt die entsprechenden Pflichten der Wohnungseigentümer wahr.

(3) Für das Vermögen der Gemeinschaft der Wohnungseigentümer (Gemeinschaftsvermögen) gelten § 18, § 19 Absatz 1 und § 27 entsprechend.

(4) [1] Jeder Wohnungseigentümer haftet einem Gläubiger nach dem Verhältnis seines Miteigentumsanteils (§ 16 Absatz 1 Satz 2) für Verbindlichkeiten der Gemeinschaft der Wohnungseigentümer, die während seiner Zugehörigkeit entstanden oder während dieses Zeitraums fällig geworden sind; für die Haftung nach Veräußerung des Wohnungseigentums ist § 160 des Handelsgesetzbuchs entsprechend anzuwenden. [2] Er kann gegenüber einem Gläubiger neben

den in seiner Person begründeten auch die der Gemeinschaft der Wohnungseigentümer zustehenden Einwendungen und Einreden geltend machen, nicht aber seine Einwendungen und Einreden gegenüber der Gemeinschaft der Wohnungseigentümer. [3] Für die Einrede der Anfechtbarkeit und Aufrechenbarkeit ist § 770 des Bürgerlichen Gesetzbuchs[1)] entsprechend anzuwenden.

(5) Ein Insolvenzverfahren über das Gemeinschaftsvermögen findet nicht statt.

§ 9b Vertretung. (1) [1] Die Gemeinschaft der Wohnungseigentümer wird durch den Verwalter gerichtlich und außergerichtlich vertreten, beim Abschluss eines Grundstückskauf- oder Darlehensvertrags aber nur aufgrund eines Beschlusses der Wohnungseigentümer. [2] Hat die Gemeinschaft der Wohnungseigentümer keinen Verwalter, wird sie durch die Wohnungseigentümer gemeinschaftlich vertreten. [3] Eine Beschränkung des Umfangs der Vertretungsmacht ist Dritten gegenüber unwirksam.

(2) Dem Verwalter gegenüber vertritt der Vorsitzende des Verwaltungsbeirats oder ein durch Beschluss dazu ermächtigter Wohnungseigentümer die Gemeinschaft der Wohnungseigentümer.

Abschnitt 4. Rechtsverhältnis der Wohnungseigentümer untereinander und zur Gemeinschaft der Wohnungseigentümer

§ 10 Allgemeine Grundsätze. (1) [1] Das Verhältnis der Wohnungseigentümer untereinander und zur Gemeinschaft der Wohnungseigentümer bestimmt sich nach den Vorschriften dieses Gesetzes und, soweit dieses Gesetz keine besonderen Bestimmungen enthält, nach den Vorschriften des Bürgerlichen Gesetzbuchs[2)] über die Gemeinschaft. [2] Die Wohnungseigentümer können von den Vorschriften dieses Gesetzes abweichende Vereinbarungen treffen, soweit nicht etwas anderes ausdrücklich bestimmt ist.

(2) Jeder Wohnungseigentümer kann eine vom Gesetz abweichende Vereinbarung oder die Anpassung einer Vereinbarung verlangen, soweit ein Festhalten an der geltenden Regelung aus schwerwiegenden Gründen unter Berücksichtigung aller Umstände des Einzelfalls, insbesondere der Rechte und Interessen der anderen Wohnungseigentümer, unbillig erscheint.

(3) [1] Vereinbarungen, durch die die Wohnungseigentümer ihr Verhältnis untereinander in Ergänzung oder Abweichung von Vorschriften dieses Gesetzes regeln, die Abänderung oder Aufhebung solcher Vereinbarungen sowie Beschlüsse, die aufgrund einer Vereinbarung gefasst werden, wirken gegen den Sondernachfolger eines Wohnungseigentümers nur, wenn sie als Inhalt des Sondereigentums im Grundbuch eingetragen sind. [2] Im Übrigen bedürfen Beschlüsse zu ihrer Wirksamkeit gegen den Sondernachfolger eines Wohnungseigentümers nicht der Eintragung in das Grundbuch.

§ 11 Aufhebung der Gemeinschaft. (1) [1] Kein Wohnungseigentümer kann die Aufhebung der Gemeinschaft verlangen. [2] Dies gilt auch für eine Aufhebung aus wichtigem Grund. [3] Eine abweichende Vereinbarung ist nur für den Fall zulässig, dass das Gebäude ganz oder teilweise zerstört wird und eine Verpflichtung zum Wiederaufbau nicht besteht.

[1)] **dtv 5001 BGB Nr. 1.**

[2)] Auszugsweise abgedruckt unter Nr. **1**.

(2) Das Recht eines Pfändungsgläubigers (§ 751 des Bürgerlichen Gesetzbuchs[1]) sowie das im Insolvenzverfahren bestehende Recht (§ 84 Absatz 2 der Insolvenzordnung), die Aufhebung der Gemeinschaft zu verlangen, ist ausgeschlossen.

(3) [1] Im Fall der Aufhebung der Gemeinschaft bestimmt sich der Anteil der Miteigentümer nach dem Verhältnis des Wertes ihrer Wohnungseigentumsrechte zur Zeit der Aufhebung der Gemeinschaft. [2] Hat sich der Wert eines Miteigentumsanteils durch Maßnahmen verändert, deren Kosten der Wohnungseigentümer nicht getragen hat, so bleibt eine solche Veränderung bei der Berechnung des Wertes dieses Anteils außer Betracht.

§ 12 Veräußerungsbeschränkung. (1) Als Inhalt des Sondereigentums kann vereinbart werden, dass ein Wohnungseigentümer zur Veräußerung seines Wohnungseigentums der Zustimmung anderer Wohnungseigentümer oder eines Dritten bedarf.

(2) [1] Die Zustimmung darf nur aus einem wichtigen Grund versagt werden. [2] Durch Vereinbarung gemäß Absatz 1 kann dem Wohnungseigentümer darüber hinaus für bestimmte Fälle ein Anspruch auf Erteilung der Zustimmung eingeräumt werden.

(3) [1] Ist eine Vereinbarung gemäß Absatz 1 getroffen, so ist eine Veräußerung des Wohnungseigentums und ein Vertrag, durch den sich der Wohnungseigentümer zu einer solchen Veräußerung verpflichtet, unwirksam, solange nicht die erforderliche Zustimmung erteilt ist. [2] Einer rechtsgeschäftlichen Veräußerung steht eine Veräußerung im Wege der Zwangsvollstreckung oder durch den Insolvenzverwalter gleich.

(4) [1] Die Wohnungseigentümer können beschließen, dass eine Veräußerungsbeschränkung gemäß Absatz 1 aufgehoben wird. [2] Ist ein Beschluss gemäß Satz 1 gefasst, kann die Veräußerungsbeschränkung im Grundbuch gelöscht werden. [3] § 7 Absatz 2 gilt entsprechend.

§ 13 Rechte des Wohnungseigentümers aus dem Sondereigentum.

(1) Jeder Wohnungseigentümer kann, soweit nicht das Gesetz entgegensteht, mit seinem Sondereigentum nach Belieben verfahren, insbesondere dieses bewohnen, vermieten, verpachten oder in sonstiger Weise nutzen, und andere von Einwirkungen ausschließen.

(2) Für Maßnahmen, die über die ordnungsmäßige Instandhaltung und Instandsetzung (Erhaltung) des Sondereigentums hinausgehen, gilt § 20 mit der Maßgabe entsprechend, dass es keiner Gestattung bedarf, soweit keinem der anderen Wohnungseigentümer über das bei einem geordneten Zusammenleben unvermeidliche Maß hinaus ein Nachteil erwächst.

§ 14 Pflichten des Wohnungseigentümers. (1) Jeder Wohnungseigentümer ist gegenüber der Gemeinschaft der Wohnungseigentümer verpflichtet,

1. die gesetzlichen Regelungen, Vereinbarungen und Beschlüsse einzuhalten und
2. das Betreten seines Sondereigentums und andere Einwirkungen auf dieses und das gemeinschaftliche Eigentum zu dulden, die den Vereinbarungen

[1] **dtv 5001 BGB Nr. 1.**

oder Beschlüssen entsprechen oder, wenn keine entsprechenden Vereinbarungen oder Beschlüsse bestehen, aus denen ihm über das bei einem geordneten Zusammenleben unvermeidliche Maß hinaus kein Nachteil erwächst.

(2) Jeder Wohnungseigentümer ist gegenüber den übrigen Wohnungseigentümern verpflichtet,

1. deren Sondereigentum nicht über das in Absatz 1 Nummer 2 bestimmte Maß hinaus zu beeinträchtigen und
2. Einwirkungen nach Maßgabe des Absatzes 1 Nummer 2 zu dulden.

(3) Hat der Wohnungseigentümer eine Einwirkung zu dulden, die über das zumutbare Maß hinausgeht, kann er einen angemessenen Ausgleich in Geld verlangen.

§ 15 Pflichten Dritter. Wer Wohnungseigentum gebraucht, ohne Wohnungseigentümer zu sein, hat gegenüber der Gemeinschaft der Wohnungseigentümer und anderen Wohnungseigentümern zu dulden:

1. die Erhaltung des gemeinschaftlichen Eigentums und des Sondereigentums, die ihm rechtzeitig angekündigt wurde; § 555a Absatz 2 des Bürgerlichen Gesetzbuchs[1)] gilt entsprechend;
2. Maßnahmen, die über die Erhaltung hinausgehen, die spätestens drei Monate vor ihrem Beginn in Textform angekündigt wurden; § 555c Absatz 1 Satz 2 Nummer 1 und 2, Absatz 2 bis 4 und § 555d Absatz 2 bis 5 des Bürgerlichen Gesetzbuchs[1)] gelten entsprechend.

§ 16 Nutzungen und Kosten. (1) [1]Jedem Wohnungseigentümer gebührt ein seinem Anteil entsprechender Bruchteil der Früchte des gemeinschaftlichen Eigentums und des Gemeinschaftsvermögens. [2]Der Anteil bestimmt sich nach dem gemäß § 47 der Grundbuchordnung[2)] im Grundbuch eingetragenen Verhältnis der Miteigentumsanteile. [3]Jeder Wohnungseigentümer ist zum Mitgebrauch des gemeinschaftlichen Eigentums nach Maßgabe des § 14 berechtigt.

(2) [1]Die Kosten der Gemeinschaft der Wohnungseigentümer, insbesondere der Verwaltung und des gemeinschaftlichen Gebrauchs des gemeinschaftlichen Eigentums, hat jeder Wohnungseigentümer nach dem Verhältnis seines Anteils (Absatz 1 Satz 2) zu tragen. [2]Die Wohnungseigentümer können für einzelne Kosten oder bestimmte Arten von Kosten eine von Satz 1 oder von einer Vereinbarung abweichende Verteilung beschließen.

(3) Für die Kosten und Nutzungen bei baulichen Veränderungen gilt § 21.

§ 17 Entziehung des Wohnungseigentums. (1) Hat ein Wohnungseigentümer sich einer so schweren Verletzung der ihm gegenüber anderen Wohnungseigentümern oder der Gemeinschaft der Wohnungseigentümer obliegenden Verpflichtungen schuldig gemacht, dass diesen die Fortsetzung der Gemeinschaft mit ihm nicht mehr zugemutet werden kann, so kann die Gemeinschaft der Wohnungseigentümer von ihm die Veräußerung seines Wohnungseigentums verlangen.

[1)] Nr. **1**.
[2)] Nr. **11**.

(2) Die Voraussetzungen des Absatzes 1 liegen insbesondere vor, wenn der Wohnungseigentümer trotz Abmahnung wiederholt gröblich gegen die ihm nach § 14 Absatz 1 und 2 obliegenden Pflichten verstößt.

(3) Der in Absatz 1 bestimmte Anspruch kann durch Vereinbarung der Wohnungseigentümer nicht eingeschränkt oder ausgeschlossen werden.

(4) [1]Das Urteil, durch das ein Wohnungseigentümer zur Veräußerung seines Wohnungseigentums verurteilt wird, berechtigt zur Zwangsvollstreckung entsprechend den Vorschriften des Ersten Abschnitts des Gesetzes über die Zwangsversteigerung und die Zwangsverwaltung[1)]. [2]Das Gleiche gilt für Schuldtitel im Sinne des § 794 der Zivilprozessordnung[2)], durch die sich der Wohnungseigentümer zur Veräußerung seines Wohnungseigentums verpflichtet.

§ 18 Verwaltung und Benutzung. (1) Die Verwaltung des gemeinschaftlichen Eigentums obliegt der Gemeinschaft der Wohnungseigentümer.

(2) Jeder Wohnungseigentümer kann von der Gemeinschaft der Wohnungseigentümer

1. eine Verwaltung des gemeinschaftlichen Eigentums sowie
2. eine Benutzung des gemeinschaftlichen Eigentums und des Sondereigentums

verlangen, die dem Interesse der Gesamtheit der Wohnungseigentümer nach billigem Ermessen (ordnungsmäßige Verwaltung und Benutzung) und, soweit solche bestehen, den gesetzlichen Regelungen, Vereinbarungen und Beschlüssen entsprechen.

(3) Jeder Wohnungseigentümer ist berechtigt, ohne Zustimmung der anderen Wohnungseigentümer die Maßnahmen zu treffen, die zur Abwendung eines dem gemeinschaftlichen Eigentum unmittelbar drohenden Schadens notwendig sind.

(4) Jeder Wohnungseigentümer kann von der Gemeinschaft der Wohnungseigentümer Einsicht in die Verwaltungsunterlagen verlangen.

§ 19 Regelung der Verwaltung und Benutzung durch Beschluss.

(1) Soweit die Verwaltung des gemeinschaftlichen Eigentums und die Benutzung des gemeinschaftlichen Eigentums und des Sondereigentums nicht durch Vereinbarung der Wohnungseigentümer geregelt sind, beschließen die Wohnungseigentümer eine ordnungsmäßige Verwaltung und Benutzung.

(2) Zur ordnungsmäßigen Verwaltung und Benutzung gehören insbesondere

1. die Aufstellung einer Hausordnung,
2. die ordnungsmäßige Erhaltung des gemeinschaftlichen Eigentums,
3. die angemessene Versicherung des gemeinschaftlichen Eigentums zum Neuwert sowie der Wohnungseigentümer gegen Haus- und Grundbesitzerhaftpflicht,
4. die Ansammlung einer angemessenen Erhaltungsrücklage,
5. die Festsetzung von Vorschüssen nach § 28 Absatz 1 Satz 1 sowie

[1)] Auszugsweise abgedruckt unter Nr. **13**.
[2)] **dtv 5005 ZPO Nr. 1.**

6.[1] die Bestellung eines zertifizierten Verwalters nach § 26a, es sei denn, es bestehen weniger als neun Sondereigentumsrechte, ein Wohnungseigentümer wurde zum Verwalter bestellt und weniger als ein Drittel der Wohnungseigentümer (§ 25 Absatz 2) verlangt die Bestellung eines zertifizierten Verwalters.

§ 20 Bauliche Veränderungen. (1) Maßnahmen, die über die ordnungsmäßige Erhaltung des gemeinschaftlichen Eigentums hinausgehen (bauliche Veränderungen), können beschlossen oder einem Wohnungseigentümer durch Beschluss gestattet werden.

(2) [1] Jeder Wohnungseigentümer kann angemessene bauliche Veränderungen verlangen, die

1. dem Gebrauch durch Menschen mit Behinderungen,
2. dem Laden elektrisch betriebener Fahrzeuge,
3. dem Einbruchsschutz und
4. dem Anschluss an ein Telekommunikationsnetz mit sehr hoher Kapazität

dienen. [2] Über die Durchführung ist im Rahmen ordnungsmäßiger Verwaltung zu beschließen.

(3) Unbeschadet des Absatzes 2 kann jeder Wohnungseigentümer verlangen, dass ihm eine bauliche Veränderung gestattet wird, wenn alle Wohnungseigentümer, deren Rechte durch die bauliche Veränderung über das bei einem geordneten Zusammenleben unvermeidliche Maß hinaus beeinträchtigt werden, einverstanden sind.

(4) Bauliche Veränderungen, die die Wohnanlage grundlegend umgestalten oder einen Wohnungseigentümer ohne sein Einverständnis gegenüber anderen unbillig benachteiligen, dürfen nicht beschlossen und gestattet werden; sie können auch nicht verlangt werden.

§ 21 Nutzungen und Kosten bei baulichen Veränderungen. (1) [1] Die Kosten einer baulichen Veränderung, die einem Wohnungseigentümer gestattet oder die auf sein Verlangen nach § 20 Absatz 2 durch die Gemeinschaft der Wohnungseigentümer durchgeführt wurde, hat dieser Wohnungseigentümer zu tragen. [2] Nur ihm gebühren die Nutzungen.

(2) [1] Vorbehaltlich des Absatzes 1 haben alle Wohnungseigentümer die Kosten einer baulichen Veränderung nach dem Verhältnis ihrer Anteile (§ 16 Absatz 1 Satz 2) zu tragen,

1. die mit mehr als zwei Dritteln der abgegebenen Stimmen und der Hälfte aller Miteigentumsanteile beschlossen wurde, es sei denn, die bauliche Veränderung ist mit unverhältnismäßigen Kosten verbunden, oder
2. deren Kosten sich innerhalb eines angemessenen Zeitraums amortisieren.

[2] Für die Nutzungen gilt § 16 Absatz 1.

(3) [1] Die Kosten anderer als der in den Absätzen 1 und 2 bezeichneten baulichen Veränderungen haben die Wohnungseigentümer, die sie beschlossen haben, nach dem Verhältnis ihrer Anteile (§ 16 Absatz 1 Satz 2) zu tragen. [2] Ihnen gebühren die Nutzungen entsprechend § 16 Absatz 1.

[1] Beachte zur Anwendbarkeit § 48 Abs. 4.

(4) [1]Ein Wohnungseigentümer, der nicht berechtigt ist, Nutzungen zu ziehen, kann verlangen, dass ihm dies nach billigem Ermessen gegen angemessenen Ausgleich gestattet wird. [2]Für seine Beteiligung an den Nutzungen und Kosten gilt Absatz 3 entsprechend.

(5) [1]Die Wohnungseigentümer können eine abweichende Verteilung der Kosten und Nutzungen beschließen. [2]Durch einen solchen Beschluss dürfen einem Wohnungseigentümer, der nach den vorstehenden Absätzen Kosten nicht zu tragen hat, keine Kosten auferlegt werden.

§ 22 Wiederaufbau. Ist das Gebäude zu mehr als der Hälfte seines Wertes zerstört und ist der Schaden nicht durch eine Versicherung oder in anderer Weise gedeckt, so kann der Wiederaufbau nicht beschlossen oder verlangt werden.

§ 23 Wohnungseigentümerversammlung. (1) [1]Angelegenheiten, über die nach diesem Gesetz oder nach einer Vereinbarung der Wohnungseigentümer die Wohnungseigentümer durch Beschluss entscheiden können, werden durch Beschlussfassung in einer Versammlung der Wohnungseigentümer geordnet. [2]Die Wohnungseigentümer können beschließen, dass Wohnungseigentümer an der Versammlung auch ohne Anwesenheit an deren Ort teilnehmen und sämtliche oder einzelne ihrer Rechte ganz oder teilweise im Wege elektronischer Kommunikation ausüben können.

(2) Zur Gültigkeit eines Beschlusses ist erforderlich, dass der Gegenstand bei der Einberufung bezeichnet ist.

(3) [1]Auch ohne Versammlung ist ein Beschluss gültig, wenn alle Wohnungseigentümer ihre Zustimmung zu diesem Beschluss in Textform erklären. [2]Die Wohnungseigentümer können beschließen, dass für einen einzelnen Gegenstand die Mehrheit der abgegebenen Stimmen genügt.

(4) [1]Ein Beschluss, der gegen eine Rechtsvorschrift verstößt, auf deren Einhaltung rechtswirksam nicht verzichtet werden kann, ist nichtig. [2]Im Übrigen ist ein Beschluss gültig, solange er nicht durch rechtskräftiges Urteil für ungültig erklärt ist.

§ 24 Einberufung, Vorsitz, Niederschrift. (1) Die Versammlung der Wohnungseigentümer wird von dem Verwalter mindestens einmal im Jahr einberufen.

(2) Die Versammlung der Wohnungseigentümer muss von dem Verwalter in den durch Vereinbarung der Wohnungseigentümer bestimmten Fällen, im Übrigen dann einberufen werden, wenn dies in Textform unter Angabe des Zwecks und der Gründe von mehr als einem Viertel der Wohnungseigentümer verlangt wird.

(3) Fehlt ein Verwalter oder weigert er sich pflichtwidrig, die Versammlung der Wohnungseigentümer einzuberufen, so kann die Versammlung auch durch den Vorsitzenden des Verwaltungsbeirats, dessen Vertreter oder einen durch Beschluss ermächtigten Wohnungseigentümer einberufen werden.

(4) [1]Die Einberufung erfolgt in Textform. [2]Die Frist der Einberufung soll, sofern nicht ein Fall besonderer Dringlichkeit vorliegt, mindestens drei Wochen betragen.

(5) Den Vorsitz in der Wohnungseigentümerversammlung führt, sofern diese nichts anderes beschließt, der Verwalter.

(6) [1] Über die in der Versammlung gefassten Beschlüsse ist unverzüglich eine Niederschrift aufzunehmen. [2] Die Niederschrift ist von dem Vorsitzenden und einem Wohnungseigentümer und, falls ein Verwaltungsbeirat bestellt ist, auch von dessen Vorsitzenden oder seinem Vertreter zu unterschreiben.

(7) [1] Es ist eine Beschluss-Sammlung zu führen. [2] Die Beschluss-Sammlung enthält nur den Wortlaut

1. der in der Versammlung der Wohnungseigentümer verkündeten Beschlüsse mit Angabe von Ort und Datum der Versammlung,
2. der schriftlichen Beschlüsse mit Angabe von Ort und Datum der Verkündung und
3. der Urteilsformeln der gerichtlichen Entscheidungen in einem Rechtsstreit gemäß § 43 mit Angabe ihres Datums, des Gerichts und der Parteien,

soweit diese Beschlüsse und gerichtlichen Entscheidungen nach dem 1. Juli 2007 ergangen sind. [3] Die Beschlüsse und gerichtlichen Entscheidungen sind fortlaufend einzutragen und zu nummerieren. [4] Sind sie angefochten oder aufgehoben worden, so ist dies anzumerken. [5] Im Fall einer Aufhebung kann von einer Anmerkung abgesehen und die Eintragung gelöscht werden. [6] Eine Eintragung kann auch gelöscht werden, wenn sie aus einem anderen Grund für die Wohnungseigentümer keine Bedeutung mehr hat. [7] Die Eintragungen, Vermerke und Löschungen gemäß den Sätzen 3 bis 6 sind unverzüglich zu erledigen und mit Datum zu versehen. [8] Einem Wohnungseigentümer oder einem Dritten, den ein Wohnungseigentümer ermächtigt hat, ist auf sein Verlangen Einsicht in die Beschluss-Sammlung zu geben.

(8) [1] Die Beschluss-Sammlung ist von dem Verwalter zu führen. [2] Fehlt ein Verwalter, so ist der Vorsitzende der Wohnungseigentümerversammlung verpflichtet, die Beschluss-Sammlung zu führen, sofern die Wohnungseigentümer durch Stimmenmehrheit keinen anderen für diese Aufgabe bestellt haben.

§ 25 Beschlussfassung. (1) Bei der Beschlussfassung entscheidet die Mehrheit der abgegebenen Stimmen.

(2) [1] Jeder Wohnungseigentümer hat eine Stimme. [2] Steht ein Wohnungseigentum mehreren gemeinschaftlich zu, so können sie das Stimmrecht nur einheitlich ausüben.

(3) Vollmachten bedürfen zu ihrer Gültigkeit der Textform.

(4) Ein Wohnungseigentümer ist nicht stimmberechtigt, wenn die Beschlussfassung die Vornahme eines auf die Verwaltung des gemeinschaftlichen Eigentums bezüglichen Rechtsgeschäfts mit ihm oder die Einleitung oder Erledigung eines Rechtsstreits gegen ihn betrifft oder wenn er nach § 17 rechtskräftig verurteilt ist.

§ 26 Bestellung und Abberufung des Verwalters. (1) Über die Bestellung und Abberufung des Verwalters beschließen die Wohnungseigentümer.

(2) [1] Die Bestellung kann auf höchstens fünf Jahre vorgenommen werden, im Fall der ersten Bestellung nach der Begründung von Wohnungseigentum aber auf höchstens drei Jahre. [2] Die wiederholte Bestellung ist zulässig; sie bedarf eines erneuten Beschlusses der Wohnungseigentümer, der frühestens ein Jahr vor Ablauf der Bestellungszeit gefasst werden kann.

(3) [1] Der Verwalter kann jederzeit abberufen werden. [2] Ein Vertrag mit dem Verwalter endet spätestens sechs Monate nach dessen Abberufung.

(4) Soweit die Verwaltereigenschaft durch eine öffentlich beglaubigte Urkunde nachgewiesen werden muss, genügt die Vorlage einer Niederschrift über den Bestellungsbeschluss, bei der die Unterschriften der in § 24 Absatz 6 bezeichneten Personen öffentlich beglaubigt sind.

(5) Abweichungen von den Absätzen 1 bis 3 sind nicht zulässig.

§ 26a Zertifizierter Verwalter. (1) Als zertifizierter Verwalter darf sich bezeichnen, wer vor einer Industrie- und Handelskammer durch eine Prüfung nachgewiesen hat, dass er über die für die Tätigkeit als Verwalter notwendigen rechtlichen, kaufmännischen und technischen Kenntnisse verfügt.

(2) [1] Das Bundesministerium der Justiz und für Verbraucherschutz wird ermächtigt, durch Rechtsverordnung nähere Bestimmungen über die Prüfung zum zertifizierten Verwalter zu erlassen. [2] In der Rechtsverordnung nach Satz 1 können insbesondere festgelegt werden:

1. nähere Bestimmungen zu Inhalt und Verfahren der Prüfung;
2. Bestimmungen über das zu erteilende Zertifikat;
3. Voraussetzungen, unter denen sich juristische Personen und Personengesellschaften als zertifizierte Verwalter bezeichnen dürfen;
4. Bestimmungen, wonach Personen aufgrund anderweitiger Qualifikationen von der Prüfung befreit sind, insbesondere weil sie die Befähigung zum Richteramt, einen Hochschulabschluss mit immobilienwirtschaftlichem Schwerpunkt, eine abgeschlossene Berufsausbildung zum Immobilienkaufmann oder zur Immobilienkauffrau oder einen vergleichbaren Berufsabschluss besitzen.

§ 27 Aufgaben und Befugnisse des Verwalters. (1) Der Verwalter ist gegenüber der Gemeinschaft der Wohnungseigentümer berechtigt und verpflichtet, die Maßnahmen ordnungsmäßiger Verwaltung zu treffen, die

1. untergeordnete Bedeutung haben und nicht zu erheblichen Verpflichtungen führen oder
2. zur Wahrung einer Frist oder zur Abwendung eines Nachteils erforderlich sind.

(2) Die Wohnungseigentümer können die Rechte und Pflichten nach Absatz 1 durch Beschluss einschränken oder erweitern.

§ 28 Wirtschaftsplan, Jahresabrechnung, Vermögensbericht. (1) [1] Die Wohnungseigentümer beschließen über die Vorschüsse zur Kostentragung und zu den nach § 19 Absatz 2 Nummer 4 oder durch Beschluss vorgesehenen Rücklagen. [2] Zu diesem Zweck hat der Verwalter jeweils für ein Kalenderjahr einen Wirtschaftsplan aufzustellen, der darüber hinaus die voraussichtlichen Einnahmen und Ausgaben enthält.

(2) [1] Nach Ablauf des Kalenderjahres beschließen die Wohnungseigentümer über die Einforderung von Nachschüssen oder die Anpassung der beschlossenen Vorschüsse. [2] Zu diesem Zweck hat der Verwalter eine Abrechnung über den Wirtschaftsplan (Jahresabrechnung) aufzustellen, die darüber hinaus die Einnahmen und Ausgaben enthält.

(3) Die Wohnungseigentümer können beschließen, wann Forderungen fällig werden und wie sie zu erfüllen sind.

(4) [1] Der Verwalter hat nach Ablauf eines Kalenderjahres einen Vermögensbericht zu erstellen, der den Stand der in Absatz 1 Satz 1 bezeichneten Rücklagen und eine Aufstellung des wesentlichen Gemeinschaftsvermögens enthält. [2] Der Vermögensbericht ist jedem Wohnungseigentümer zur Verfügung zu stellen.

§ 29 Verwaltungsbeirat. (1) [1] Wohnungseigentümer können durch Beschluss zum Mitglied des Verwaltungsbeirats bestellt werden. [2] Hat der Verwaltungsbeirat mehrere Mitglieder, ist ein Vorsitzender und ein Stellvertreter zu bestimmen. [3] Der Verwaltungsbeirat wird von dem Vorsitzenden nach Bedarf einberufen.

(2) [1] Der Verwaltungsbeirat unterstützt und überwacht den Verwalter bei der Durchführung seiner Aufgaben. [2] Der Wirtschaftsplan und die Jahresabrechnung sollen, bevor die Beschlüsse nach § 28 Absatz 1 Satz 1 und Absatz 2 Satz 1 gefasst werden, vom Verwaltungsbeirat geprüft und mit dessen Stellungnahme versehen werden.

(3) Sind Mitglieder des Verwaltungsbeirats unentgeltlich tätig, haben sie nur Vorsatz und grobe Fahrlässigkeit zu vertreten.

Abschnitt 5. Wohnungserbbaurecht

§ 30 Wohnungserbbaurecht. (1) Steht ein Erbbaurecht mehreren gemeinschaftlich nach Bruchteilen zu, so können die Anteile in der Weise beschränkt werden, dass jedem der Mitberechtigten das Sondereigentum an einer bestimmten Wohnung oder an nicht zu Wohnzwecken dienenden bestimmten Räumen in einem auf Grund des Erbbaurechts errichteten oder zu errichtenden Gebäude eingeräumt wird (Wohnungserbbaurecht, Teilerbbaurecht).

(2) Ein Erbbauberechtigter kann das Erbbaurecht in entsprechender Anwendung des § 8 teilen.

(3) [1] Für jeden Anteil wird von Amts wegen ein besonderes Erbbaugrundbuchblatt angelegt (Wohnungserbbaugrundbuch, Teilerbbaugrundbuch).[1)] [2] Im Übrigen gelten für das Wohnungserbbaurecht (Teilerbbaurecht) die Vorschriften über das Wohnungseigentum (Teileigentum) entsprechend.

Teil 2. Dauerwohnrecht

§ 31 Begriffsbestimmungen. (1) [1] Ein Grundstück kann in der Weise belastet werden, dass derjenige, zu dessen Gunsten die Belastung erfolgt, berechtigt ist, unter Ausschluss des Eigentümers eine bestimmte Wohnung in einem auf dem Grundstück errichteten oder zu errichtenden Gebäude zu bewohnen oder in anderer Weise zu nutzen (Dauerwohnrecht). [2] Das Dauerwohnrecht kann auf einen außerhalb des Gebäudes liegenden Teil des Grundstücks erstreckt werden, sofern die Wohnung wirtschaftlich die Hauptsache bleibt.

(2) Ein Grundstück kann in der Weise belastet werden, dass derjenige, zu dessen Gunsten die Belastung erfolgt, berechtigt ist, unter Ausschluss des Eigentümers nicht zu Wohnzwecken dienende bestimmte Räume in einem auf

[1)] Vgl. hierzu die Wohnungsgrundbuchverfügung (WGV) idF der Bek. v. 24.1.1995 (BGBl. I S. 134), zuletzt geänd. durch G v. 16.10.2020 (BGBl. I S. 2187).

dem Grundstück errichteten oder zu errichtenden Gebäude zu nutzen (Dauernutzungsrecht).

(3) Für das Dauernutzungsrecht gelten die Vorschriften über das Dauerwohnrecht entsprechend.

§ 32 Voraussetzungen der Eintragung. (1) Das Dauerwohnrecht soll nur bestellt werden, wenn die Wohnung in sich abgeschlossen ist.

(2) [1] Zur näheren Bezeichnung des Gegenstands und des Inhalts des Dauerwohnrechts kann auf die Eintragungsbewilligung Bezug genommen werden. [2] Der Eintragungsbewilligung sind als Anlagen beizufügen:

1. eine von der Baubehörde mit Unterschrift und Siegel oder Stempel versehene Bauzeichnung, aus der die Aufteilung des Gebäudes sowie die Lage und Größe der dem Dauerwohnrecht unterliegenden Gebäude- und Grundstücksteile ersichtlich ist (Aufteilungsplan); alle zu demselben Dauerwohnrecht gehörenden Einzelräume sind mit der jeweils gleichen Nummer zu kennzeichnen;
2. eine Bescheinigung der Baubehörde, dass die Voraussetzungen des Absatzes 1 vorliegen.

[3] Wenn in der Eintragungsbewilligung für die einzelnen Dauerwohnrechte Nummern angegeben werden, sollen sie mit denen des Aufteilungsplans übereinstimmen.

(3) Das Grundbuchamt soll die Eintragung des Dauerwohnrechts ablehnen, wenn über die in § 33 Absatz 4 Nummer 1 bis 4 bezeichneten Angelegenheiten, über die Voraussetzungen des Heimfallanspruchs (§ 36 Absatz 1) und über die Entschädigung beim Heimfall (§ 36 Absatz 4) keine Vereinbarungen getroffen sind.

§ 33 Inhalt des Dauerwohnrechts. (1) [1] Das Dauerwohnrecht ist veräußerlich und vererblich. [2] Es kann nicht unter einer Bedingung bestellt werden.

(2) Auf das Dauerwohnrecht sind, soweit nicht etwas anderes vereinbart ist, die Vorschriften des § 14 entsprechend anzuwenden.

(3) Der Berechtigte kann die zum gemeinschaftlichen Gebrauch bestimmten Teile, Anlagen und Einrichtungen des Gebäudes und Grundstücks mitbenutzen, soweit nichts anderes vereinbart ist.

(4) Als Inhalt des Dauerwohnrechts können Vereinbarungen getroffen werden über:

1. Art und Umfang der Nutzungen;
2. Instandhaltung und Instandsetzung der dem Dauerwohnrecht unterliegenden Gebäudeteile;
3. die Pflicht des Berechtigten zur Tragung öffentlicher oder privatrechtlicher Lasten des Grundstücks;
4. die Versicherung des Gebäudes und seinen Wiederaufbau im Fall der Zerstörung;
5. das Recht des Eigentümers, bei Vorliegen bestimmter Voraussetzungen Sicherheitsleistung zu verlangen.

§ 34 Ansprüche des Eigentümers und der Dauerwohnberechtigten. (1) Auf die Ersatzansprüche des Eigentümers wegen Veränderungen oder Verschlechterungen sowie auf die Ansprüche der Dauerwohnberechtigten auf Ersatz von Verwendungen oder auf Gestattung der Wegnahme einer Einrichtung sind die §§ 1049, 1057 des Bürgerlichen Gesetzbuchs[1)] entsprechend anzuwenden.

(2) Wird das Dauerwohnrecht beeinträchtigt, so sind auf die Ansprüche des Berechtigten die für die Ansprüche aus dem Eigentum geltenden Vorschriften entsprechend anzuwenden.

§ 35 Veräußerungsbeschränkung. [1]Als Inhalt des Dauerwohnrechts kann vereinbart werden, dass der Berechtigte zur Veräußerung des Dauerwohnrechts der Zustimmung des Eigentümers oder eines Dritten bedarf. [2]Die Vorschriften des § 12 gelten in diesem Fall entsprechend.

§ 36 Heimfallanspruch. (1) [1]Als Inhalt des Dauerwohnrechts kann vereinbart werden, dass der Berechtigte verpflichtet ist, das Dauerwohnrecht beim Eintritt bestimmter Voraussetzungen auf den Grundstückseigentümer oder einen von diesem zu bezeichnenden Dritten zu übertragen (Heimfallanspruch). [2]Der Heimfallanspruch kann nicht von dem Eigentum an dem Grundstück getrennt werden.

(2) Bezieht sich das Dauerwohnrecht auf Räume, die dem Mieterschutz unterliegen, so kann der Eigentümer von dem Heimfallanspruch nur Gebrauch machen, wenn ein Grund vorliegt, aus dem ein Vermieter die Aufhebung des Mietverhältnisses verlangen oder kündigen kann.

(3) Der Heimfallanspruch verjährt in sechs Monaten von dem Zeitpunkt an, in dem der Eigentümer von dem Eintritt der Voraussetzungen Kenntnis erlangt, ohne Rücksicht auf diese Kenntnis in zwei Jahren von dem Eintritt der Voraussetzungen an.

(4) [1]Als Inhalt des Dauerwohnrechts kann vereinbart werden, dass der Eigentümer dem Berechtigten eine Entschädigung zu gewähren hat, wenn er von dem Heimfallanspruch Gebrauch macht. [2]Als Inhalt des Dauerwohnrechts können Vereinbarungen über die Berechnung oder Höhe der Entschädigung oder die Art ihrer Zahlung getroffen werden.

§ 37 Vermietung. (1) Hat der Dauerwohnberechtigte die dem Dauerwohnrecht unterliegenden Gebäude- oder Grundstücksteile vermietet oder verpachtet, so erlischt das Miet- oder Pachtverhältnis, wenn das Dauerwohnrecht erlischt.

(2) Macht der Eigentümer von seinem Heimfallanspruch Gebrauch, so tritt er oder derjenige, auf den das Dauerwohnrecht zu übertragen ist, in das Miet- oder Pachtverhältnis ein; die Vorschriften der §§ 566 bis 566e des Bürgerlichen Gesetzbuchs[1)] gelten entsprechend.

(3) [1]Absatz 2 gilt entsprechend, wenn das Dauerwohnrecht veräußert wird. [2]Wird das Dauerwohnrecht im Wege der Zwangsvollstreckung veräußert, so steht dem Erwerber ein Kündigungsrecht in entsprechender Anwendung des

1) Nr. 1.

§ 57a des Gesetzes über die Zwangsversteigerung und die Zwangsverwaltung[1] zu.

§ 38 Eintritt in das Rechtsverhältnis. (1) Wird das Dauerwohnrecht veräußert, so tritt der Erwerber an Stelle des Veräußerers in die sich während der Dauer seiner Berechtigung aus dem Rechtsverhältnis zu dem Eigentümer ergebenden Verpflichtungen ein.

(2) [1]Wird das Grundstück veräußert, so tritt der Erwerber an Stelle des Veräußerers in die sich während der Dauer seines Eigentums aus dem Rechtsverhältnis zu dem Dauerwohnberechtigten ergebenden Rechte ein. [2]Das Gleiche gilt für den Erwerb auf Grund Zuschlags in der Zwangsversteigerung, wenn das Dauerwohnrecht durch den Zuschlag nicht erlischt.

§ 39 Zwangsversteigerung. (1) Als Inhalt des Dauerwohnrechts kann vereinbart werden, dass das Dauerwohnrecht im Fall der Zwangsversteigerung des Grundstücks abweichend von § 44 des Gesetzes über die Zwangsversteigerung und die Zwangsverwaltung[1] auch dann bestehen bleiben soll, wenn der Gläubiger einer dem Dauerwohnrecht im Rang vorgehenden oder gleichstehenden Hypothek, Grundschuld, Rentenschuld oder Reallast die Zwangsversteigerung in das Grundstück betreibt.

(2) Eine Vereinbarung gemäß Absatz 1 bedarf zu ihrer Wirksamkeit der Zustimmung derjenigen, denen eine dem Dauerwohnrecht im Rang vorgehende oder gleichstehende Hypothek, Grundschuld, Rentenschuld oder Reallast zusteht.

(3) Eine Vereinbarung gemäß Absatz 1 ist nur wirksam für den Fall, dass der Dauerwohnberechtigte im Zeitpunkt der Feststellung der Versteigerungsbedingungen seine fälligen Zahlungsverpflichtungen gegenüber dem Eigentümer erfüllt hat; in Ergänzung einer Vereinbarung nach Absatz 1 kann vereinbart werden, dass das Fortbestehen des Dauerwohnrechts vom Vorliegen weiterer Voraussetzungen abhängig ist.

§ 40 Haftung des Entgelts. (1) [1]Hypotheken, Grundschulden, Rentenschulden und Reallasten, die dem Dauerwohnrecht im Rang vorgehen oder gleichstehen, sowie öffentliche Lasten, die in wiederkehrenden Leistungen bestehen, erstrecken sich auf den Anspruch auf das Entgelt für das Dauerwohnrecht in gleicher Weise wie auf eine Mietforderung, soweit nicht in Absatz 2 etwas Abweichendes bestimmt ist. [2]Im Übrigen sind die für Mietforderungen geltenden Vorschriften nicht entsprechend anzuwenden.

(2) [1]Als Inhalt des Dauerwohnrechts kann vereinbart werden, dass Verfügungen über den Anspruch auf das Entgelt, wenn es in wiederkehrenden Leistungen ausbedungen ist, gegenüber dem Gläubiger einer dem Dauerwohnrecht im Rang vorgehenden oder gleichstehenden Hypothek, Grundschuld, Rentenschuld oder Reallast wirksam sind. [2]Für eine solche Vereinbarung gilt § 39 Absatz 2 entsprechend.

[1] Nr. **13**.

§ 41 Besondere Vorschriften für langfristige Dauerwohnrechte.

(1) Für Dauerwohnrechte, die zeitlich unbegrenzt oder für einen Zeitraum von mehr als zehn Jahren eingeräumt sind, gelten die besonderen Vorschriften der Absätze 2 und 3.

(2) Der Eigentümer ist, sofern nicht etwas anderes vereinbart ist, dem Dauerwohnberechtigten gegenüber verpflichtet, eine dem Dauerwohnrecht im Rang vorgehende oder gleichstehende Hypothek löschen zu lassen für den Fall, dass sie sich mit dem Eigentum in einer Person vereinigt, und die Eintragung einer entsprechenden Löschungsvormerkung in das Grundbuch zu bewilligen.

(3) Der Eigentümer ist verpflichtet, dem Dauerwohnberechtigten eine angemessene Entschädigung zu gewähren, wenn er von dem Heimfallanspruch Gebrauch macht.

§ 42 Belastung eines Erbbaurechts. (1) Die Vorschriften der §§ 31 bis 41 gelten für die Belastung eines Erbbaurechts mit einem Dauerwohnrecht entsprechend.

(2) Beim Heimfall des Erbbaurechts bleibt das Dauerwohnrecht bestehen.

Teil 3. Verfahrensvorschriften

§ 43 Zuständigkeit. (1) [1]Die Gemeinschaft der Wohnungseigentümer hat ihren allgemeinen Gerichtsstand bei dem Gericht, in dessen Bezirk das Grundstück liegt. [2]Bei diesem Gericht kann auch die Klage gegen Wohnungseigentümer im Fall des § 9a Absatz 4 Satz 1 erhoben werden.

(2) Das Gericht, in dessen Bezirk das Grundstück liegt, ist ausschließlich zuständig für

1. Streitigkeiten über die Rechte und Pflichten der Wohnungseigentümer untereinander,
2. Streitigkeiten über die Rechte und Pflichten zwischen der Gemeinschaft der Wohnungseigentümer und Wohnungseigentümern,
3. Streitigkeiten über die Rechte und Pflichten des Verwalters einschließlich solcher über Ansprüche eines Wohnungseigentümers gegen den Verwalter sowie
4. Beschlussklagen gemäß § 44.

§ 44 Beschlussklagen. (1) [1]Das Gericht kann auf Klage eines Wohnungseigentümers einen Beschluss für ungültig erklären (Anfechtungsklage) oder seine Nichtigkeit feststellen (Nichtigkeitsklage). [2]Unterbleibt eine notwendige Beschlussfassung, kann das Gericht auf Klage eines Wohnungseigentümers den Beschluss fassen (Beschlussersetzungsklage).

(2) [1]Die Klagen sind gegen die Gemeinschaft der Wohnungseigentümer zu richten. [2]Der Verwalter hat den Wohnungseigentümern die Erhebung einer Klage unverzüglich bekannt zu machen. [3]Mehrere Prozesse sind zur gleichzeitigen Verhandlung und Entscheidung zu verbinden.

(3) Das Urteil wirkt für und gegen alle Wohnungseigentümer, auch wenn sie nicht Partei sind.

(4) Die durch eine Nebenintervention verursachten Kosten gelten nur dann als notwendig zur zweckentsprechenden Rechtsverteidigung im Sinne des § 91 der Zivilprozessordnung[1)], wenn die Nebenintervention geboten war.

§ 45 Fristen der Anfechtungsklage. [1] Die Anfechtungsklage muss innerhalb eines Monats nach der Beschlussfassung erhoben und innerhalb zweier Monate nach der Beschlussfassung begründet werden. [2] Die §§ 233 bis 238 der Zivilprozessordnung[1)] gelten entsprechend.

Teil 4. Ergänzende Bestimmungen

§ 46 Veräußerung ohne erforderliche Zustimmung. [1] Fehlt eine nach § 12 erforderliche Zustimmung, so sind die Veräußerung und das zugrundeliegende Verpflichtungsgeschäft unbeschadet der sonstigen Voraussetzungen wirksam, wenn die Eintragung der Veräußerung oder einer Auflassungsvormerkung in das Grundbuch vor dem 15. Januar 1994 erfolgt ist und es sich um die erstmalige Veräußerung dieses Wohnungseigentums nach seiner Begründung handelt, es sei denn, dass eine rechtskräftige gerichtliche Entscheidung entgegensteht. [2] Das Fehlen der Zustimmung steht in diesen Fällen dem Eintritt der Rechtsfolgen des § 878 Bürgerlichen Gesetzbuchs[2)] nicht entgegen. [3] Die Sätze 1 und 2 gelten entsprechend in den Fällen der §§ 30 und 35 des Wohnungseigentumsgesetzes.

§ 47 Auslegung von Altvereinbarungen. [1] Vereinbarungen, die vor dem 1. Dezember 2020 getroffen wurden und die von solchen Vorschriften dieses Gesetzes abweichen, die durch das Wohnungseigentumsmodernisierungsgesetz vom 16. Oktober 2020 (BGBl. I S. 2187) geändert wurden, stehen der Anwendung dieser Vorschriften in der vom 1. Dezember 2020 an geltenden Fassung nicht entgegen, soweit sich aus der Vereinbarung nicht ein anderer Wille ergibt. [2] Ein solcher Wille ist in der Regel nicht anzunehmen.

§ 48 Übergangsvorschriften. (1) [1] § 5 Absatz 4, § 7 Absatz 2 und § 10 Absatz 3 in der vom 1. Dezember 2020 an geltenden Fassung gelten auch für solche Beschlüsse, die vor diesem Zeitpunkt gefasst oder durch gerichtliche Entscheidung ersetzt wurden. [2] Abweichend davon bestimmt sich die Wirksamkeit eines Beschlusses im Sinne des Satzes 1 gegen den Sondernachfolger eines Wohnungseigentümers nach § 10 Absatz 4 in der vor dem 1. Dezember 2020 geltenden Fassung, wenn die Sondernachfolge bis zum 31. Dezember 2025 eintritt. [3] Jeder Wohnungseigentümer kann bis zum 31. Dezember 2025 verlangen, dass ein Beschluss im Sinne des Satzes 1 erneut gefasst wird; § 204 Absatz 1 Nummer 1 des Bürgerlichen Gesetzbuchs[3)] gilt entsprechend.

(2) § 5 Absatz 4 Satz 3 gilt in der vor dem 1. Dezember 2020 geltenden Fassung weiter für Vereinbarungen und Beschlüsse, die vor diesem Zeitpunkt getroffen oder gefasst wurden, und zu denen vor dem 1. Dezember 2020 alle Zustimmungen erteilt wurden, die nach den vor diesem Zeitpunkt geltenden Vorschriften erforderlich waren.

[1)] **dtv 5005 ZPO Nr. 1.**
[2)] Nr. 1.
[3)] **dtv 5001 BGB Nr. 1.**

(3) [1] § 7 Absatz 3 Satz 2 gilt auch für Vereinbarungen und Beschlüsse, die vor dem 1. Dezember 2020 getroffen oder gefasst wurden. [2] Ist eine Vereinbarung oder ein Beschluss im Sinne des Satzes 1 entgegen der Vorgabe des § 7 Absatz 3 Satz 2 nicht ausdrücklich im Grundbuch eingetragen, erfolgt die ausdrückliche Eintragung in allen Wohnungsgrundbüchern nur auf Antrag eines Wohnungseigentümers oder der Gemeinschaft der Wohnungseigentümer. [3] Ist die Haftung von Sondernachfolgern für Geldschulden entgegen der Vorgabe des § 7 Absatz 3 Satz 2 nicht ausdrücklich im Grundbuch eingetragen, lässt dies die Wirkung gegen den Sondernachfolger eines Wohnungseigentümers unberührt, wenn die Sondernachfolge bis zum 31. Dezember 2025 eintritt.

(4) [1] § 19 Absatz 2 Nummer 6 ist ab dem 1. Dezember 2023 anwendbar. [2] Eine Person, die am 1. Dezember 2020 Verwalter einer Gemeinschaft der Wohnungseigentümer war, gilt gegenüber den Wohnungseigentümern dieser Gemeinschaft der Wohnungseigentümer bis zum 1. Juni 2024 als zertifizierter Verwalter.

(5) Für die bereits vor dem 1. Dezember 2020 bei Gericht anhängigen Verfahren sind die Vorschriften des dritten Teils dieses Gesetzes in ihrer bis dahin geltenden Fassung weiter anzuwenden.

§ 49 Überleitung bestehender Rechtsverhältnisse. (1) Werden Rechtsverhältnisse, mit denen ein Rechtserfolg bezweckt wird, der den durch dieses Gesetz geschaffenen Rechtsformen entspricht, in solche Rechtsformen umgewandelt, so ist als Geschäftswert für die Berechnung der hierdurch veranlassten Gebühren der Gerichte und Notare im Fall des Wohnungseigentums ein Fünfundzwanzigstel des Einheitswerts des Grundstückes, im Falle des Dauerwohnrechtes ein Fünfundzwanzigstel des Wertes des Rechts anzunehmen.

(2) Durch Landesgesetz können Vorschriften zur Überleitung bestehender, auf Landesrecht beruhender Rechtsverhältnisse in die durch dieses Gesetz geschaffenen Rechtsformen getroffen werden.

4. Gesetz über das Erbbaurecht (Erbbaurechtsgesetz – ErbbauRG)

Vom 15. Januar 1919
(RGBl.S. 72, ber. S. 122)

BGBl. III/FNA 403-6

zuletzt geänd. durch Art. 4 Abs. 7 G zur Einführung eines Datenbankgrundbuchs v. 1.10.2013 (BGBl. I S. 3719)

I. Begriff und Inhalt des Erbbaurechts

1. Gesetzlicher Inhalt

§ 1 [Gesetzlicher Inhalt des Erbbaurechts] (1) Ein Grundstück kann in der Weise belastet werden, daß demjenigen, zu dessen Gunsten die Belastung erfolgt, das veräußerliche und vererbliche Recht zusteht, auf oder unter der Oberfläche des Grundstücks ein Bauwerk zu haben (Erbbaurecht).

(2) Das Erbbaurecht kann auf einen für das Bauwerk nicht erforderlichen Teil des Grundstücks erstreckt werden, sofern das Bauwerk wirtschaftlich die Hauptsache bleibt.

(3) Die Beschränkung des Erbbaurechts auf einen Teil eines Gebäudes, insbesondere ein Stockwerk ist unzulässig.

(4) [1] Das Erbbaurecht kann nicht durch auflösende Bedingungen beschränkt werden. [2] Auf eine Vereinbarung, durch die sich der Erbbauberechtigte verpflichtet, beim Eintreten bestimmter Voraussetzungen das Erbbaurecht aufzugeben und seine Löschung im Grundbuch zu bewilligen, kann sich der Grundstückseigentümer nicht berufen.

2. Vertragsmäßiger Inhalt

§ 2 [Vertragsmäßiger Inhalt des Erbbaurechts] Zum Inhalt des Erbbaurechts gehören auch Vereinbarungen des Grundstückseigentümers und des Erbbauberechtigten über:

1. die Errichtung, die Instandhaltung und die Verwendung des Bauwerkes;
2. die Versicherung des Bauwerkes und seinen Wiederaufbau im Falle der Zerstörung;
3. die Tragung der öffentlichen und privatrechtlichen Lasten und Abgaben;
4. eine Verpflichtung des Erbbauberechtigten, das Erbbaurecht beim Eintreten bestimmter Voraussetzungen auf den Grundstückseigentümer zu übertragen (Heimfall);
5. eine Verpflichtung des Erbbauberechtigten zur Zahlung von Vertragsstrafen;
6. die Einräumung eines Vorrechts für den Erbbauberechtigten auf Erneuerung des Erbbaurechts nach dessen Ablauf;
7. eine Verpflichtung des Grundstückseigentümers, das Grundstück an den jeweiligen Erbbauberechtigten zu verkaufen.

§ 3 [Heimfallanspruch] Der Heimfallanspruch des Grundstückseigentümers kann nicht von dem Eigentum an dem Grundstück getrennt werden; der Eigentümer kann verlangen, daß das Erbbaurecht einem von ihm zu bezeichnenden Dritten übertragen wird.

§ 4 [Verjährung] Der Heimfallanspruch sowie der Anspruch auf eine Vertragsstrafe (§ 2 Nr. 4 und 5) verjährt in sechs Monaten von dem Zeitpunkt an, in dem der Grundstückseigentümer von dem Vorhandensein der Voraussetzungen Kenntnis erlangt, ohne Rücksicht auf diese Kenntnis in zwei Jahren vom Eintreten der Voraussetzungen an.

§ 5 [Zustimmung des Grundstückseigentümers] (1) Als Inhalt des Erbbaurechts kann auch vereinbart werden, daß der Erbbauberechtigte zur Veräußerung des Erbbaurechts der Zustimmung des Grundstückseigentümers bedarf.

(2) [1] Als Inhalt des Erbbaurechts kann ferner vereinbart werden, daß der Erbbauberechtigte zur Belastung des Erbbaurechts mit einer Hypothek, Grund- oder Rentenschuld oder einer Reallast der Zustimmung des Grundstückseigentümers bedarf. [2] Ist eine solche Vereinbarung getroffen, so kann auch eine Änderung des Inhalts der Hypothek, Grund- oder Rentenschuld oder der Reallast, die eine weitere Belastung des Erbbaurechts enthält, nicht ohne die Zustimmung des Grundstückseigentümers erfolgen.

§ 6 [Rechtsfolgen des Fehlens der Zustimmung] (1) Ist eine Vereinbarung gemäß § 5 getroffen, so ist eine Verfügung des Erbbauberechtigten über das Erbbaurecht und ein Vertrag, durch den er sich zu einer solchen Verfügung verpflichtet, unwirksam, solange nicht der Grundstückseigentümer die erforderliche Zustimmung erteilt hat.

(2) Auf eine Vereinbarung, daß ein Zuwiderhandeln des Erbbauberechtigten gegen eine nach § 5 übernommene Beschränkung einen Heimfallanspruch begründen soll, kann sich der Grundstückseigentümer nicht berufen.

§ 7 [Anspruch auf Erteilung der Zustimmung] (1) [1] Ist anzunehmen, daß durch die Veräußerung (§ 5 Abs. 1) der mit der Bestellung des Erbbaurechts verfolgte Zweck nicht wesentlich beeinträchtigt oder gefährdet wird, und daß die Persönlichkeit des Erwerbers Gewähr für eine ordnungsmäßige Erfüllung der sich aus dem Erbbaurechtsinhalt ergebenden Verpflichtungen bietet, so kann der Erbbauberechtigte verlangen, daß der Grundstückseigentümer die Zustimmung zur Veräußerung erteilt. [2] Dem Erbbauberechtigten kann auch für weitere Fälle ein Anspruch auf Erteilung der Zustimmung eingeräumt werden.

(2) Ist eine Belastung (§ 5 Abs. 2) mit den Regeln einer ordnungsmäßigen Wirtschaft vereinbar, und wird der mit der Bestellung des Erbbaurechts verfolgte Zweck nicht wesentlich beeinträchtigt oder gefährdet, so kann der Erbbauberechtigte verlangen, daß der Grundstückseigentümer die Zustimmung zu der Belastung erteilt.

(3) [1] Wird die Zustimmung des Grundstückseigentümers ohne ausreichenden Grund verweigert, so kann sie auf Antrag des Erbbauberechtigten durch das Amtsgericht ersetzt werden, in dessen Bezirk das Grundstück belegen ist. [2] § 40 Abs. 2 Satz 2 und Abs. 3 Satz 1, 3 und 4 und § 63 Abs. 2 Nr. 2 des Gesetzes über das Verfahren in Familiensachen und in den Angelegenheiten der freiwilligen Gerichtsbarkeit gelten entsprechend.

§ 8 [Zwangsvollstreckung in das Erbbaurecht] Verfügungen, die im Wege der Zwangsvollstreckung oder der Arrestvollziehung oder durch den Insolvenzverwalter erfolgen, sind insoweit unwirksam, als sie die Rechte des Grundstückseigentümers aus einer Vereinbarung gemäß § 5 vereiteln oder beeinträchtigen würden.

3. Erbbauzins

§ 9 [Bestellung und Inhalt des Erbbauzinses] (1) [1] Wird für die Bestellung des Erbbaurechts ein Entgelt in wiederkehrenden Leistungen (Erbbauzins) ausbedungen, so finden die Vorschriften des Bürgerlichen Gesetzbuchs[1)] über die Reallasten entsprechende Anwendung. [2] Die zugunsten der Landesgesetze bestehenden Vorbehalte über Reallasten finden keine Anwendung.

(2) Der Anspruch des Grundstückseigentümers auf Entrichtung des Erbbauzinses kann in Ansehung noch nicht fälliger Leistungen nicht von dem Eigentum an dem Grundstück getrennt werden.

(3) [1] Als Inhalt des Erbbauzinses kann vereinbart werden, daß

1. die Reallast abweichend von § 52 Abs. 1 des Gesetzes über die Zwangsversteigerung und die Zwangsverwaltung[2)] mit ihrem Hauptanspruch bestehenbleibt, wenn der Grundstückseigentümer aus der Reallast oder der Inhaber eines im Range vorgehenden oder gleichstehenden dinglichen Rechts oder der Inhaber der in § 10 Abs. 1 Nr. 2 des Gesetzes über die Zwangsversteigerung und die Zwangsverwaltung[2)] genannten Ansprüche auf Zahlung der Beiträge zu den Lasten und Kosten des Wohnungserbbaurechts die Zwangsversteigerung des Erbbaurechts betreibt, und
2. der jeweilige Erbbauberechtigte dem jeweiligen Inhaber der Reallast gegenüber berechtigt ist, das Erbbaurecht in einem bestimmten Umfang mit einer der Reallast im Rang vorgehenden Grundschuld, Hypothek oder Rentenschuld im Erbbaugrundbuch zu belasten.

[2] Ist das Erbbaurecht mit dinglichen Rechten belastet, ist für die Wirksamkeit der Vereinbarung die Zustimmung der Inhaber der der Erbbauzinsreallast im Rang vorgehenden oder gleichstehenden dinglichen Rechte erforderlich.

(4) Zahlungsverzug des Erbbauberechtigten kann den Heimfallanspruch nur dann begründen, wenn der Erbbauberechtigte mit dem Erbbauzinse mindestens in Höhe zweier Jahresbeträge im Rückstand ist.

§ 9a [Anspruch auf Erhöhung des Erbbauzinses] (1) [1] Dient das auf Grund eines Erbbaurechts errichtete Bauwerk Wohnzwecken, so begründet eine Vereinbarung, daß eine Änderung des Erbbauzinses verlangt werden kann, einen Anspruch auf Erhöhung des Erbbauzinses nur, soweit diese unter Berücksichtigung aller Umstände des Einzelfalles nicht unbillig ist. [2] Ein Erhöhungsanspruch ist regelmäßig als unbillig anzusehen, wenn und soweit die nach der vereinbarten Bemessungsgrundlage zu errechnende Erhöhung über die seit Vertragsabschluß eingetretene Änderung der allgemeinen wirtschaftlichen Verhältnisse hinausgeht. [3] Änderungen der Grundstückswertverhältnisse bleiben außer den in Satz 4 genannten Fällen außer Betracht. [4] Im Einzelfall kann bei Berücksichtigung aller Umstände, insbesondere

[1)] §§ 1105–1112 BGB (Nr. **1**).
[2)] Nr. **13**.

1. einer Änderung des Grundstückswertes infolge eigener zulässigerweise bewirkter Aufwendungen des Grundstückseigentümers oder
2. der Vorteile, welche eine Änderung des Grundstückswertes oder die ihr zugrunde liegenden Umstände für den Erbbauberechtigten mit sich bringen,

ein über diese Grenze hinausgehender Erhöhungsanspruch billig sein. [5]Ein Anspruch auf Erhöhung des Erbbauzinses darf frühestens nach Ablauf von drei Jahren seit Vertragsabschluß und, wenn eine Erhöhung des Erbbauzinses bereits erfolgt ist, frühestens nach Ablauf von drei Jahren seit der jeweils letzten Erhöhung des Erbbauzinses geltend gemacht werden.

(2) Dient ein Teil des auf Grund des Erbbaurechts errichteten Bauwerks Wohnzwecken, so gilt Absatz 1 nur für den Anspruch auf Änderung eines angemessenen Teilbetrages des Erbbauzinses.

(3) Die Zulässigkeit einer Vormerkung zur Sicherung eines Anspruchs auf Erhöhung des Erbbauzinses wird durch die vorstehenden Vorschriften nicht berührt.

4. Rangstelle

§ 10 [Rangstelle] (1) [1]Das Erbbaurecht kann nur zur ausschließlich ersten Rangstelle bestellt werden; der Rang kann nicht geändert werden. [2]Rechte, die zur Erhaltung der Wirksamkeit gegenüber dem öffentlichen Glauben des Grundbuchs der Eintragung nicht bedürfen, bleiben außer Betracht.

(2) Die Landesregierungen werden ermächtigt, durch Rechtsverordnung zu bestimmen, dass bei der Bestellung des Erbbaurechts von dem Erfordernis der ersten Rangstelle abgewichen werden kann, wenn dies für die vorhergehenden Berechtigten und den Bestand des Erbbaurechts unschädlich ist.

5. Anwendung des Grundstücksrechts

§ 11 [Anwendung anderer Vorschriften] (1) [1]Auf das Erbbaurecht finden die sich auf Grundstücke beziehenden Vorschriften mit Ausnahme der §§ 925, 927, 928 des Bürgerlichen Gesetzbuchs[1)] sowie die Vorschriften über Ansprüche aus dem Eigentum entsprechende Anwendung, soweit sich nicht aus diesem Gesetz ein anderes ergibt. [2]Eine Übertragung des Erbbaurechts, die unter einer Bedingung oder einer Zeitbestimmung erfolgt, ist unwirksam.

(2) Auf einen Vertrag, durch den sich der eine Teil verpflichtet, ein Erbbaurecht zu bestellen oder zu erwerben, findet der § 311b Abs. 1 des Bürgerlichen Gesetzbuchs[1)] entsprechende Anwendung.

6. Bauwerk. Bestandteile

§ 12 [Bauwerk als wesentlicher Bestandteil] (1) [1]Das auf Grund des Erbbaurechts errichtete Bauwerk gilt als wesentlicher Bestandteil des Erbbaurechts. [2]Das gleiche gilt für ein Bauwerk, das bei der Bestellung des Erbbaurechts schon vorhanden ist. [3]Die Haftung des Bauwerkes für die Belastungen des Grundstücks erlischt mit der Eintragung des Erbbaurechts im Grundbuch.

[1)] Nr. **1**.

(2) Die §§ 94 und 95 des Bürgerlichen Gesetzbuchs[1)] finden auf das Erbbaurecht entsprechende Anwendung; die Bestandteile des Erbbaurechts sind nicht zugleich Bestandteile des Grundstücks.

(3) Erlischt das Erbbaurecht, so werden die Bestandteile des Erbbaurechts Bestandteile des Grundstücks.

§ 13 [Untergang des Bauwerkes] Das Erbbaurecht erlischt nicht dadurch, daß das Bauwerk untergeht.

II. Grundbuchvorschriften

§ 14 [Erbbaugrundbuch] (1) [1] Für das Erbbaurecht wird bei der Eintragung in das Grundbuch von Amts wegen ein besonderes Grundbuchblatt (Erbbaugrundbuch) angelegt. [2] Im Erbbaugrundbuch sind auch der Eigentümer und jeder spätere Erwerber des Grundstücks zu vermerken. [3] Zur näheren Bezeichnung des Inhalts des Erbbaurechts kann auf die Eintragungsbewilligung Bezug genommen werden.

(2) Bei der Eintragung im Grundbuch des Grundstücks ist zur näheren Bezeichnung des Inhalts des Erbbaurechts auf das Erbbaugrundbuch Bezug zu nehmen.

(3) [1] Das Erbbaugrundbuch ist für das Erbbaurecht das Grundbuch im Sinne des Bürgerlichen Gesetzbuchs. [2] Die Eintragung eines neuen Erbbauberechtigten ist unverzüglich auf dem Blatte des Grundstücks zu vermerken. [3] Bei Wohnungs- und Teilerbbauberechtigten wird der Vermerk durch Bezugnahme auf die Wohnungs- und Teilerbbaugrundbücher ersetzt.

(4) [1] Die Landesregierungen werden ermächtigt, durch Rechtsverordnung zu bestimmen, dass die Vermerke nach Absatz 1 Satz 2 und Absatz 3 Satz 2 automatisiert angebracht werden, wenn das Grundbuch und das Erbbaugrundbuch als Datenbankgrundbuch geführt werden. [2] Die Anordnung kann auf einzelne Grundbuchämter sowie auf einzelne Grundbuchblätter beschränkt werden. [3] Die Landesregierungen können die Ermächtigung durch Rechtsverordnung auf die Landesjustizverwaltungen übertragen.

§ 15 [Zustimmung des Grundstückseigentümers] In den Fällen des § 5 darf der Rechtsübergang und die Belastung erst eingetragen werden, wenn dem Grundbuchamte die Zustimmung des Grundstückseigentümers nachgewiesen ist.

§ 16 [Löschung des Erbbaurechts] Bei der Löschung des Erbbaurechts wird das Erbbaugrundbuch von Amts wegen geschlossen.

§ 17 [Bekanntmachungen] (1) [1] Jede Eintragung in das Erbbaugrundbuch soll auch dem Grundstückseigentümer, die Eintragung von Verfügungsbeschränkungen des Erbbauberechtigten den im Erbbaugrundbuch eingetragenen dinglich Berechtigten bekanntgemacht werden. [2] Im übrigen sind § 44 Abs. 2, 3, § 55 Abs. 1 bis 3, 5 bis 8, §§ 55a und 55b der Grundbuchordnung[2)] entsprechend anzuwenden.

[1)] Nr. **1**.
[2)] Nr. **11**.

(2) Dem Erbbauberechtigten soll die Eintragung eines Grundstückseigentümers, die Eintragung von Verfügungsbeschränkungen des Grundstückseigentümers sowie die Eintragung eines Widerspruchs gegen die Eintragung des Eigentümers in das Grundbuch des Grundstücks bekanntgemacht werden.

(3) Auf die Bekanntmachung kann verzichtet werden.

III. Beleihung

1. Mündelhypothek

§ 18 [Mündelsicherheit] Eine Hypothek an einem Erbbaurecht auf einem inländischen Grundstück ist für die Anlegung von Mündelgeld als sicher anzusehen, wenn sie eine Tilgungshypothek ist und den Erfordernissen der §§ 19, 20 entspricht.

§ 19 [Höhe der Hypothek] (1) [1] Die Hypothek darf die Hälfte des Wertes des Erbbaurechts nicht übersteigen. [2] Dieser ist anzunehmen gleich der halben Summe des Bauwerts und des kapitalisierten, durch sorgfältige Ermittlung festgestellten jährlichen Mietreinertrags, den das Bauwerk nebst den Bestandteilen des Erbbaurechts unter Berücksichtigung seiner Beschaffenheit bei ordnungsmäßiger Wirtschaft jedem Besitzer nachhaltig gewähren kann. [3] Der angenommene Wert darf jedoch den kapitalisierten Mietreinertrag nicht übersteigen.

(2) [1] Ein der Hypothek im Range vorgehender Erbbauzins ist zu kapitalisieren und von ihr in Abzug zu bringen. [2] Dies gilt nicht, wenn eine Vereinbarung nach § 9 Abs. 3 Satz 1 getroffen worden ist.

§ 20 [Tilgung der Hypothek] (1) Die planmäßige Tilgung der Hypothek muß

1. unter Zuwachs der ersparten Zinsen erfolgen,
2. spätestens mit dem Anfang des vierten auf die Gewährung des Hypothekenkapitals folgenden Kalenderjahrs beginnen,
3. spätestens zehn Jahre vor Ablauf des Erbbaurechts endigen und darf
4. nicht länger dauern, als zur buchmäßigen Abschreibung des Bauwerkes nach wirtschaftlichen Grundsätzen erforderlich ist.

(2) Das Erbbaurecht muß mindestens noch so lange laufen, daß eine den Vorschriften des Absatzes 1 entsprechende Tilgung der Hypothek für jeden Erbbauberechtigten oder seine Rechtsnachfolger aus den Erträgen des Erbbaurechts möglich ist.

§ 21 *(aufgehoben)*

2. Landesrechtliche Vorschriften

§ 22 [Landesrechtliche Vorschriften] Die Landesgesetzgebung kann für die innerhalb ihres Geltungsbereichs belegenen Grundstücke

1. die Mündelsicherheit der Erbbaurechtshypotheken abweichend von den Vorschriften der §§ 18 bis 20 regeln,
2. bestimmen, in welcher Weise festzustellen ist, ob die Voraussetzungen für die Mündelsicherheit (§§ 19, 20) vorliegen.

IV. Feuerversicherung. Zwangsversteigerung

1. Feuerversicherung

§ 23 [Feuerversicherung] Ist das Bauwerk gegen Feuer versichert, so hat der Versicherer den Grundstückseigentümer unverzüglich zu benachrichtigen, wenn ihm der Eintritt des Versicherungsfalls angezeigt wird.

2. Zwangsversteigerung

a) des Erbbaurechts

§ 24 [Zwangsversteigerung des Erbbaurechts] Bei einer Zwangsvollstreckung in das Erbbaurecht gilt auch der Grundstückseigentümer als Beteiligter im Sinne des § 9 des Gesetzes über die Zwangsversteigerung und die Zwangsverwaltung[1)].

b) des Grundstücks

§ 25 [Zwangsversteigerung des Grundstücks] Wird das Grundstück zwangsweise versteigert, so bleibt das Erbbaurecht auch dann bestehen, wenn es bei der Feststellung des geringsten Gebots nicht berücksichtigt ist.

V. Beendigung, Erneuerung, Heimfall

1. Beendigung

a) Aufhebung

§ 26 [Aufhebung] [1] Das Erbbaurecht kann nur mit Zustimmung des Grundstückseigentümers aufgehoben werden. [2] Die Zustimmung ist dem Grundbuchamt oder dem Erbbauberechtigten gegenüber zu erklären; sie ist unwiderruflich.

b) Zeitablauf

§ 27 [Entschädigung für das Bauwerk] (1) [1] Erlischt das Erbbaurecht durch Zeitablauf, so hat der Grundstückseigentümer dem Erbbauberechtigten eine Entschädigung für das Bauwerk zu leisten. [2] Als Inhalt des Erbbaurechts können Vereinbarungen über die Höhe der Entschädigung und die Art ihrer Zahlung sowie über ihre Ausschließung getroffen werden.

(2) [1] Ist das Erbbaurecht zur Befriedigung des Wohnbedürfnisses minderbemittelter Bevölkerungskreise bestellt, so muß die Entschädigung mindestens zwei Dritteile des gemeinen Wertes betragen, den das Bauwerk bei Ablauf des Erbbaurechts hat. [2] Auf eine abweichende Vereinbarung kann sich der Grundstückseigentümer nicht berufen.

(3) [1] Der Grundstückseigentümer kann seine Verpflichtung zur Zahlung der Entschädigung dadurch abwenden, daß er dem Erbbauberechtigten das Erbbaurecht vor dessen Ablauf für die voraussichtliche Standdauer des Bauwerkes verlängert; lehnt der Erbbauberechtigte die Verlängerung ab, so erlischt der Anspruch auf Entschädigung. [2] Das Erbbaurecht kann zur Abwendung der Entschädigungspflicht wiederholt verlängert werden.

[1)] Nr. **13**.

(4) Vor Eintritt der Fälligkeit kann der Anspruch auf Entschädigung nicht abgetreten werden.

§ 28 [Haftung der Entschädigungsforderung] Die Entschädigungsforderung haftet auf dem Grundstück an Stelle des Erbbaurechts und mit dessen Range.

§ 29 [Hypotheken, Grund- und Rentenschulden, Reallasten] Ist das Erbbaurecht bei Ablauf der Zeit, für die es bestellt war, noch mit einer Hypothek oder Grundschuld oder mit Rückständen aus Rentenschulden oder Reallasten belastet, so hat der Gläubiger der Hypothek, Grund- oder Rentenschuld oder Reallast an dem Entschädigungsanspruch dieselben Rechte, die ihm im Falle des Erlöschens seines Rechtes durch Zwangsversteigerung an dem Erlöse zustehen.

§ 30 [Miete, Pacht] (1) Erlischt das Erbbaurecht, so finden auf Miet- und Pachtverträge, die der Erbbauberechtigte abgeschlossen hat, die im Falle der Übertragung des Eigentums geltenden Vorschriften entsprechende Anwendung.

(2) [1] Erlischt das Erbbaurecht durch Zeitablauf, so ist der Grundstückseigentümer berechtigt, das Miet- oder Pachtverhältnis unter Einhaltung der gesetzlichen Frist zu kündigen. [2] Die Kündigung kann nur für einen der beiden ersten Termine erfolgen, für die sie zulässig ist. [3] Erlischt das Erbbaurecht vorzeitig, so kann der Grundstückseigentümer das Kündigungsrecht erst ausüben, wenn das Erbbaurecht auch durch Zeitablauf erlöschen würde.

(3) [1] Der Mieter oder Pächter kann den Grundstückseigentümer unter Bestimmung einer angemessenen Frist zur Erklärung darüber auffordern, ob er von dem Kündigungsrechte Gebrauch mache. [2] Die Kündigung kann nur bis zum Ablauf der Frist erfolgen.

2. Erneuerung

§ 31 [Erneuerung] (1) [1] Ist dem Erbbauberechtigten ein Vorrecht auf Erneuerung des Erbbaurechts eingeräumt (§ 2 Nr. 6), so kann er das Vorrecht ausüben, sobald der Eigentümer mit einem Dritten einen Vertrag über Bestellung eines Erbbaurechts an dem Grundstück geschlossen hat. [2] Die Ausübung des Vorrechts ist ausgeschlossen, wenn das für den Dritten zu bestellende Erbbaurecht einem anderen wirtschaftlichen Zwecke zu dienen bestimmt ist.

(2) Das Vorrecht erlischt drei Jahre nach Ablauf der Zeit, für die das Erbbaurecht bestellt war.

(3) Die Vorschriften der §§ 464 bis 469, 472, 473 des Bürgerlichen Gesetzbuches[1)] finden entsprechende Anwendung.

(4) [1] Dritten gegenüber hat das Vorrecht die Wirkung einer Vormerkung zur Sicherung eines Anspruchs auf Einräumung des Erbbaurechts. [2] Die §§ 1099 bis 1102 des Bürgerlichen Gesetzbuchs[1)] gelten entsprechend. [3] Wird das Erbbaurecht vor Ablauf der drei Jahre (Absatz 2) im Grundbuch gelöscht, so ist zur Erhaltung des Vorrechts eine Vormerkung mit dem bisherigen Range des Erbbaurechts von Amts wegen einzutragen.

[1)] Nr. 1.

(5) [1]Soweit im Falle des § 29 die Tilgung noch nicht erfolgt ist, hat der Gläubiger bei der Erneuerung an dem Erbbaurechte dieselben Rechte, die er zur Zeit des Ablaufs hatte. [2]Die Rechte an der Entschädigungsforderung erlöschen.

3. Heimfall

§ 32 [Vergütung für das Erbbaurecht] (1) [1]Macht der Grundstückseigentümer von seinem Heimfallanspruche Gebrauch, so hat er dem Erbbauberechtigten eine angemessene Vergütung für das Erbbaurecht zu gewähren. [2]Als Inhalt des Erbbaurechts können Vereinbarungen über die Höhe dieser Vergütung und die Art ihrer Zahlung sowie ihre Ausschließung getroffen werden.

(2) [1]Ist das Erbbaurecht zur Befriedigung des Wohnbedürfnisses minderbemittelter Bevölkerungskreise bestellt, so darf die Zahlung einer angemessenen Vergütung für das Erbbaurecht nicht ausgeschlossen werden. [2]Auf eine abweichende Vereinbarung kann sich der Grundstückseigentümer nicht berufen. [3]Die Vergütung ist nicht angemessen, wenn sie nicht mindestens zwei Dritteile des gemeinen Wertes des Erbbaurechts zur Zeit der Übertragung beträgt.

§ 33 [Belastungen] (1) [1]Beim Heimfall des Erbbaurechts bleiben die Hypotheken, Grund- und Rentenschulden und Reallasten bestehen, soweit sie nicht dem Erbbauberechtigten selbst zustehen. [2]Dasselbe gilt für die Vormerkung eines gesetzlichen Anspruchs auf Eintragung einer Sicherungshypothek. [3]Andere auf dem Erbbaurechte lastende Rechte erlöschen.

(2) [1]Haftet bei einer Hypothek, die bestehen bleibt, der Erbbauberechtigte zugleich persönlich, so übernimmt der Grundstückseigentümer die Schuld in Höhe der Hypothek. [2]Die Vorschriften des § 416 des Bürgerlichen Gesetzbuchs[1)] finden entsprechende Anwendung. [3]Das gleiche gilt, wenn bei einer bestehenbleibenden Grundschuld oder bei Rückständen aus Rentenschulden oder Reallasten der Erbbauberechtigte zugleich persönlich haftet.

(3) Die Forderungen, die der Grundstückseigentümer nach Absatz 2 übernimmt, werden auf die Vergütung (§ 32) angerechnet.

4. Bauwerk

§ 34 [Bauwerk] Der Erbbauberechtigte ist nicht berechtigt, beim Heimfall oder beim Erlöschen des Erbbaurechts das Bauwerk wegzunehmen oder sich Bestandteile des Bauwerkes anzueignen.

VI. Schlußbestimmungen

§ 35 [Inkrafttreten] (1) Für nach dem Inkrafttreten des Gesetzes zur Änderung der Verordnung über das Erbbaurecht vom 8. Januar 1974 (BGBl. I S. 41) am 23. Januar 1974 fällig werdende Erbbauzinsen ist § 9a auch bei Vereinbarungen des dort bezeichneten Inhalts anzuwenden, die vor dem 23. Januar 1974 geschlossen worden sind.

(2) [1]Ist der Erbbauzins auf Grund einer Vereinbarung nach Absatz 1 vor dem 23. Januar 1974 erhöht worden, so behält es hierbei sein Bewenden. [2]Der Erbbauberechtigte kann jedoch für die Zukunft eine bei entsprechender An-

[1)] dtv 5001 BGB Nr. 1.

wendung der in Absatz 1 genannten Vorschrift gerechtfertigte Herabsetzung dann verlangen, wenn das Bestehenbleiben der Erhöhung für ihn angesichts der Umstände des Einzelfalles eine besondere Härte wäre.

§ 36 *(aufgehoben)*

§ 37 [Änderungen] *(hier nicht wiedergegeben)*

§ 38 [Früher begründete Erbbaurechte] Für ein Erbbaurecht, mit dem ein Grundstück am 21. Januar 1919 belastet war, bleiben die bis dahin geltenden Gesetze maßgebend.

§ 39 [Vorkaufsrecht oder Kaufberechtigung] Erwirbt ein Erbbauberechtigter auf Grund eines Vorkaufsrechts oder einer Kaufberechtigung im Sinne des § 2 Nr. 7 das mit dem Erbbaurechte belastete Grundstück oder wird ein bestehendes Erbbaurecht erneuert, sind die Kosten und sonstigen Abgaben nicht noch einmal zu erheben, die schon bei Begründung des Erbbaurechts entrichtet worden sind.

5. Beurkundungsgesetz (BeurkG)

Vom 28. August 1969
(BGBl. I S. 1513)

FNA 303-13

zuletzt geänd. durch Art. 3 G zur Ergänzung der Regelungen zur Umsetzung der DigitalisierungsRL und zur Änd. weiterer Vorschriften v. 15.7.2022 (BGBl. I S. 1146)

– Auszug –

Abschnitt 1. Allgemeine Vorschriften

§ 1 Geltungsbereich. (1) Dieses Gesetz gilt für öffentliche Beurkundungen und Verwahrungen durch den Notar.

(2) Soweit für öffentliche Beurkundungen neben dem Notar auch andere Urkundspersonen oder sonstige Stellen zuständig sind, gelten die Vorschriften dieses Gesetzes, ausgenommen § 5 Abs. 2 und des Abschnitts 5, entsprechend.[1)]

§ 2 Überschreiten des Amtsbezirks. Eine Beurkundung ist nicht deshalb unwirksam, weil der Notar sie außerhalb seines Amtsbezirks oder außerhalb des Landes vorgenommen hat, in dem er zum Notar bestellt ist.

§ 3 Verbot der Mitwirkung als Notar. (1) [1] Ein Notar soll an einer Beurkundung nicht mitwirken, wenn es sich handelt um

1. eigene Angelegenheiten, auch wenn der Notar nur mitberechtigt oder mitverpflichtet ist,
2. Angelegenheiten seines Ehegatten, früheren Ehegatten oder seines Verlobten,

2a. Angelegenheiten seines Lebenspartners oder früheren Lebenspartners,

3. Angelegenheiten einer Person, die mit dem Notar in gerader Linie verwandt oder verschwägert oder in der Seitenlinie bis zum dritten Grade verwandt oder bis zum zweiten Grade verschwägert ist oder war,
4. Angelegenheiten einer Person, mit der sich der Notar zur gemeinsamen Berufsausübung verbunden oder mit der er gemeinsame Geschäftsräume hat,
5. Angelegenheiten einer Person, deren gesetzlicher Vertreter der Notar oder eine Person im Sinne der Nummer 4 ist,
6. Angelegenheiten einer Person, deren vertretungsberechtigtem Organ der Notar oder eine Person im Sinne der Nummer 4 angehört,
7. Angelegenheiten einer Person, für die der Notar, eine Person im Sinn der Nummer 4 oder eine mit dieser im Sinn der Nummer 4 oder in einem verbundenen Unternehmen (§ 15 des Aktiengesetzes) verbundene Person außerhalb einer Amtstätigkeit in derselben Angelegenheit bereits tätig war oder ist, es sei denn, diese Tätigkeit wurde im Auftrag aller Personen ausgeübt, die an der Beurkundung beteiligt sein sollen,

[1)] Beachte hierzu auch §§ 10 ff. KonsularG v. 11.9.1974 (BGBl. I S. 2317), zuletzt geänd. durch G v. 28.3.2021 (BGBl. I S. 591).

8. Angelegenheiten einer Person, die den Notar in derselben Angelegenheit bevollmächtigt hat oder zu der der Notar oder eine Person im Sinne der Nummer 4 in einem ständigen Dienst- oder ähnlichen ständigen Geschäftsverhältnis steht, oder
9. Angelegenheiten einer Gesellschaft, an der der Notar mit mehr als fünf vom Hundert der Stimmrechte oder mit einem anteiligen Betrag des Haftkapitals von mehr als 2 500 Euro beteiligt ist.

[2] Der Notar hat vor der Beurkundung nach einer Vorbefassung im Sinne des Satzes 1 Nummer 7 zu fragen und in der Urkunde die Antwort zu vermerken.

(2) [1] Handelt es sich um eine Angelegenheit mehrerer Personen und ist der Notar früher in dieser Angelegenheit als gesetzlicher Vertreter oder Bevollmächtigter tätig gewesen oder ist er für eine dieser Personen in anderer Sache als Bevollmächtigter tätig, so soll er vor der Beurkundung darauf hinweisen und fragen, ob er die Beurkundung gleichwohl vornehmen soll. [2] In der Urkunde soll er vermerken, daß dies geschehen ist.

(3) [1] Absatz 2 gilt entsprechend, wenn es sich handelt um

1. Angelegenheiten einer Person, deren nicht zur Vertretung berechtigtem Organ der Notar angehört,
2. Angelegenheiten einer Gemeinde oder eines Kreises, deren Organ der Notar angehört,
3. Angelegenheiten einer als Körperschaft des öffentlichen Rechts anerkannten Religions- oder Weltanschauungsgemeinschaft oder einer als Körperschaft des öffentlichen Rechts anerkannten Teilorganisation einer solchen Gemeinschaft, deren Organ der Notar angehört.

[2] In den Fällen des Satzes 1 Nummer 2 und 3 ist Absatz 1 Satz 1 Nummer 6 nicht anwendbar.

§ 4 Ablehnung der Beurkundung. Der Notar soll die Beurkundung ablehnen, wenn sie mit seinen Amtspflichten nicht vereinbar wäre, insbesondere wenn seine Mitwirkung bei Handlungen verlangt wird, mit denen erkennbar unerlaubte oder unredliche Zwecke verfolgt werden.

§ 5 Urkundensprache. (1) Urkunden werden in deutscher Sprache errichtet.

(2) [1] Der Notar kann auf Verlangen Urkunden auch in einer anderen Sprache errichten. [2] Er soll dem Verlangen nur entsprechen, wenn er der fremden Sprache hinreichend kundig ist.

Abschnitt 2. Beurkundung von Willenserklärungen

Unterabschnitt 1. Ausschließung des Notars

§ 6 Ausschließungsgründe. (1) Die Beurkundung von Willenserklärungen ist unwirksam, wenn

1. der Notar selbst,
2. sein Ehegatte,
2a. sein Lebenspartner,
3. eine Person, die mit ihm in gerader Linie verwandt ist oder war,

oder

4. ein Vertreter, der für eine der in den Nummern 1 bis 3 bezeichneten Personen handelt,

an der Beurkundung beteiligt ist.

(2) An der Beurkundung beteiligt sind die Erschienenen, deren im eigenen oder fremden Namen abgegebene Erklärungen beurkundet werden sollen.

§ 7 Beurkundungen zugunsten des Notars oder seiner Angehörigen. Die Beurkundung von Willenserklärungen ist insoweit unwirksam, als diese darauf gerichtet sind,

1. dem Notar,
2. seinem Ehegatten oder früheren Ehegatten,

2a. seinem Lebenspartner oder früheren Lebenspartner oder

3. einer Person, die mit ihm in gerader Linie verwandt oder verschwägert oder in der Seitenlinie bis zum dritten Grade verwandt oder bis zum zweiten Grade verschwägert ist oder war,

einen rechtlichen Vorteil zu verschaffen.

Unterabschnitt 2. Niederschrift

§ 8 Grundsatz. Bei der Beurkundung von Willenserklärungen muß eine Niederschrift über die Verhandlung aufgenommen werden.

§ 9 Inhalt der Niederschrift. (1) [1] Die Niederschrift muß enthalten

1. die Bezeichnung des Notars und der Beteiligten

sowie

2. die Erklärungen der Beteiligten.

[2] Erklärungen in einem Schriftstück, auf das in der Niederschrift verwiesen und das dieser beigefügt wird, gelten als in der Niederschrift selbst enthalten. [3] Satz 2 gilt entsprechend, wenn die Beteiligten unter Verwendung von Karten, Zeichnungen oder Abbildungen Erklärungen abgeben.

(2) Die Niederschrift soll Ort und Tag der Verhandlung enthalten.

§ 10 Feststellung der Beteiligten. (1) Der Notar soll sich Gewissheit über die Person der Beteiligten verschaffen.

(2) In der Niederschrift soll die Person der Beteiligten so genau bezeichnet werden, daß Zweifel und Verwechslungen ausgeschlossen sind.

(3) [1] Aus der Niederschrift soll sich ergeben, ob der Notar die Beteiligten kennt oder wie er sich Gewißheit über ihre Person verschafft hat. [2] Kann sich der Notar diese Gewißheit nicht verschaffen, wird aber gleichwohl die Aufnahme der Niederschrift verlangt, so soll der Notar dies in der Niederschrift unter Anführung des Sachverhalts angeben.

§ 11 Feststellungen über die Geschäftsfähigkeit. (1) [1] Fehlt einem Beteiligten nach der Überzeugung des Notars die erforderliche Geschäftsfähigkeit, so soll die Beurkundung abgelehnt werden. [2] Zweifel an der erforderlichen Geschäftsfähigkeit eines Beteiligten soll der Notar in der Niederschrift feststellen.

(2) Ist ein Beteiligter schwer krank, so soll dies in der Niederschrift vermerkt und angegeben werden, welche Feststellungen der Notar über die Geschäftsfähigkeit getroffen hat.

§ 12 Nachweise für die Vertretungsberechtigung. (1) [1] Vorgelegte Vollmachten und Ausweise über die Berechtigung eines gesetzlichen Vertreters sollen der Niederschrift in Urschrift oder in beglaubigter Abschrift beigefügt werden. [2] Ergibt sich die Vertretungsberechtigung aus einer Eintragung im Handelsregister oder in einem ähnlichen Register, so genügt die Bescheinigung eines Notars nach § 21 der Bundesnotarordnung.

(2) Wird eine Willenserklärung als von einem Bevollmächtigten abgegeben beurkundet, so gilt die Vorlage der Vollmachtsurkunde gegenüber dem Notar auch als Vorlage gegenüber demjenigen, gegenüber dem die beurkundete Willenserklärung abgegeben wird.

§ 13 Vorlesen, Genehmigen, Unterschreiben. (1) [1] Die Niederschrift muß in Gegenwart des Notars den Beteiligten vorgelesen, von ihnen genehmigt und eigenhändig unterschrieben werden; soweit die Niederschrift auf Karten, Zeichnungen oder Abbildungen verweist, müssen diese den Beteiligten anstelle des Vorlesens zur Durchsicht vorgelegt werden. [2] In der Niederschrift soll festgestellt werden, daß dies geschehen ist. [3] Haben die Beteiligten die Niederschrift eigenhändig unterschrieben, so wird vermutet, daß sie in Gegenwart des Notars vorgelesen oder, soweit nach Satz 1 erforderlich, zur Durchsicht vorgelegt und von den Beteiligten genehmigt ist. [4] Die Niederschrift soll den Beteiligten auf Verlangen vor der Genehmigung auch zur Durchsicht vorgelegt werden.

(2) [1] Werden mehrere Niederschriften aufgenommen, die ganz oder teilweise übereinstimmen, so genügt es, wenn der übereinstimmende Inhalt den Beteiligten einmal nach Absatz 1 Satz 1 vorgelesen oder anstelle des Vorlesens zur Durchsicht vorgelegt wird. [2] § 18 der Bundesnotarordnung bleibt unberührt.

(3) [1] Die Niederschrift muß von dem Notar eigenhändig unterschrieben werden. [2] Der Notar soll der Unterschrift seine Amtsbezeichnung beifügen.

§ 13a Eingeschränkte Beifügungs- und Vorlesungspflicht. (1) [1] Wird in der Niederschrift auf eine andere notarielle Niederschrift verwiesen, die nach den Vorschriften über die Beurkundung von Willenserklärungen errichtet worden ist, so braucht diese nicht vorgelesen zu werden, wenn die Beteiligten erklären, daß ihnen der Inhalt der anderen Niederschrift bekannt ist, und sie auf das Vorlesen verzichten. [2] Dies soll in der Niederschrift festgestellt werden. [3] Der Notar soll nur beurkunden, wenn den Beteiligten die andere Niederschrift zumindest in beglaubigter Abschrift bei der Beurkundung vorliegt. [4] Für die Vorlage zur Durchsicht anstelle des Vorlesens von Karten, Zeichnungen oder Abbildungen gelten die Sätze 1 bis 3 entsprechend.

(2) [1] Die andere Niederschrift braucht der Niederschrift nicht beigefügt zu werden, wenn die Beteiligten darauf verzichten. [2] In der Niederschrift soll festgestellt werden, daß die Beteiligten auf das Beifügen verzichtet haben.

(3) [1] Kann die andere Niederschrift bei dem Notar oder einer anderen Stelle rechtzeitig vor der Beurkundung eingesehen werden, so soll der Notar dies den Beteiligten vor der Verhandlung mitteilen; befindet sich die andere Niederschrift bei dem Notar, so soll er diese dem Beteiligten auf Verlangen über-

mitteln. [2]Unbeschadet des § 17 soll der Notar die Beteiligten auch über die Bedeutung des Verweisens auf die andere Niederschrift belehren.

(4) Wird in der Niederschrift auf Karten oder Zeichnungen verwiesen, die von einer öffentlichen Behörde innerhalb der Grenzen ihrer Amtsbefugnisse oder von einer mit öffentlichem Glauben versehenen Person innerhalb des ihr zugewiesenen Geschäftskreises mit Unterschrift und Siegel oder Stempel versehen worden sind, so gelten die Absätze 1 bis 3 entsprechend.

§ 14 Eingeschränkte Vorlesungspflicht. (1) [1]Werden Bilanzen, Inventare, Nachlaßverzeichnisse oder sonstige Bestandsverzeichnisse über Sachen, Rechte und Rechtsverhältnisse in ein Schriftstück aufgenommen, auf das in der Niederschrift verwiesen und das dieser beigefügt wird, so braucht es nicht vorgelesen zu werden, wenn die Beteiligten auf das Vorlesen verzichten. [2]Das gleiche gilt für Erklärungen, die bei der Bestellung einer Hypothek, Grundschuld, Rentenschuld, Schiffshypothek oder eines Registerpfandrechts an Luftfahrzeugen aufgenommen werden und nicht im Grundbuch, Schiffsregister, Schiffsbauregister oder im Register für Pfandrechte an Luftfahrzeugen selbst angegeben zu werden brauchen. [3]Eine Erklärung, sich der sofortigen Zwangsvollstreckung zu unterwerfen, muß in die Niederschrift selbst aufgenommen werden.

(2) [1]Wird nach Absatz 1 das beigefügte Schriftstück nicht vorgelesen, so soll es den Beteiligten zur Kenntnisnahme vorgelegt und von ihnen unterschrieben werden; besteht das Schriftstück aus mehreren Seiten, soll jede Seite von ihnen unterzeichnet werden. [2]§ 17 bleibt unberührt.

(3) In der Niederschrift muß festgestellt werden, daß die Beteiligten auf das Vorlesen verzichtet haben; es soll festgestellt werden, daß ihnen das beigefügte Schriftstück zur Kenntnisnahme vorgelegt worden ist.

§ 15 Versteigerungen. [1]Bei der Beurkundung von Versteigerungen gelten nur solche Bieter als beteiligt, die an ihr Gebot gebunden bleiben. [2]Entfernt sich ein solcher Bieter vor dem Schluß der Verhandlung, so gilt § 13 Abs. 1 insoweit nicht; in der Niederschrift muß festgestellt werden, daß sich der Bieter vor dem Schluß der Verhandlung entfernt hat.

§ 16 Übersetzung der Niederschrift. (1) Ist ein Beteiligter nach seinen Angaben oder nach der Überzeugung des Notars der deutschen Sprache oder, wenn die Niederschrift in einer anderen als der deutschen Sprache aufgenommen wird, dieser Sprache nicht hinreichend kundig, so soll dies in der Niederschrift festgestellt werden.

(2) [1]Eine Niederschrift, die eine derartige Feststellung enthält, muß dem Beteiligten anstelle des Vorlesens übersetzt werden. [2]Wenn der Beteiligte es verlangt, soll die Übersetzung außerdem schriftlich angefertigt und ihm zur Durchsicht vorgelegt werden; die Übersetzung soll der Niederschrift beigefügt werden. [3]Der Notar soll den Beteiligten darauf hinweisen, daß dieser eine schriftliche Übersetzung verlangen kann. [4]Diese Tatsachen sollen in der Niederschrift festgestellt werden.

(3) [1]Für die Übersetzung muß, falls der Notar nicht selbst übersetzt, ein Dolmetscher zugezogen werden. [2]Für den Dolmetscher gelten die §§ 6, 7 entsprechend. [3]Ist der Dolmetscher nicht allgemein vereidigt, so soll ihn der Notar vereidigen, es sei denn, daß alle Beteiligten darauf verzichten. [4]Diese

Tatsachen sollen in der Niederschrift festgestellt werden. [5]Die Niederschrift soll auch von dem Dolmetscher unterschrieben werden.

Unterabschnitt 3. Beurkundung mittels Videokommunikation; Elektronische Niederschrift

§ 16a Zulässigkeit. (1) Die Beurkundung von Willenserklärungen kann mittels des von der Bundesnotarkammer nach § 78p der Bundesnotarordnung betriebenen Videokommunikationssystems nach den folgenden Vorschriften erfolgen, soweit dies durch Gesetz zugelassen ist.

(2) Der Notar soll die Beurkundung mittels Videokommunikation ablehnen, wenn er die Erfüllung seiner Amtspflichten auf diese Weise nicht gewährleisten kann, insbesondere wenn er sich auf diese Weise keine Gewissheit über die Person eines Beteiligten verschaffen kann oder er Zweifel an der erforderlichen Rechtsfähigkeit oder Geschäftsfähigkeit eines Beteiligten hat.

§ 16b Aufnahme einer elektronischen Niederschrift. (1) [1]Bei der Beurkundung von Willenserklärungen mittels Videokommunikation muss eine elektronische Niederschrift über die Verhandlung aufgenommen werden. [2]Auf die elektronische Niederschrift sind die Vorschriften über die Niederschrift entsprechend anzuwenden, soweit in den Absätzen 2 bis 5 sowie den §§ 16c bis 16e nichts anderes bestimmt ist.

(2) Die elektronische Niederschrift wird als elektronisches Dokument errichtet.

(3) [1]Ort der Verhandlung ist der Ort, an dem die elektronische Niederschrift aufgenommen wird. [2]In der elektronischen Niederschrift soll festgestellt werden, dass die Verhandlung mittels Videokommunikation durchgeführt worden ist. [3]Am Schluss der elektronischen Niederschrift sollen die Namen der Personen wiedergegeben werden, die diese nach Absatz 4 signieren; dem Namen des Notars soll seine Amtsbezeichnung beigefügt werden.

(4) [1]Die elektronische Niederschrift ist mit qualifizierten elektronischen Signaturen zu versehen, die an die Stelle der nach diesem Gesetz vorgesehenen Unterschriften treten. [2]Diese sollen auf einem Zertifikat beruhen, das auf Dauer prüfbar ist. [3]Die Beteiligten sollen die qualifizierten elektronischen Signaturen selbst erstellen. [4]Der Notar muss die qualifizierte elektronische Signatur selbst erstellen; § 33 Absatz 3 der Bundesnotarordnung gilt entsprechend.

(5) Die elektronische Niederschrift soll den Beteiligten auf Verlangen vor der Genehmigung auch zur Durchsicht elektronisch übermittelt werden.

§ 16c Feststellung der Beteiligten mittels Videokommunikation.

[1]Erfolgt die Beurkundung mittels Videokommunikation, soll sich der Notar Gewissheit über die Person der Beteiligten anhand eines ihm elektronisch übermittelten Lichtbildes sowie anhand eines der folgenden Nachweise oder Mittel verschaffen:

1. eines elektronischen Identitätsnachweises nach § 18 des Personalausweisgesetzes, nach § 12 des eID-Karte-Gesetzes oder nach § 78 Absatz 5 des Aufenthaltsgesetzes oder
2. eines elektronischen Identifizierungsmittels, das von einem anderen Mitgliedstaat der Europäischen Union oder einem anderen Vertragsstaat des

Abkommens über den Europäischen Wirtschaftsraum ausgestellt wurde und das

a) für die Zwecke der grenzüberschreitenden Authentifizierung nach Artikel 6 der Verordnung (EU) Nr. 910/2014 des Europäischen Parlaments und des Rates vom 23. Juli 2014 über elektronische Identifizierung und Vertrauensdienste für elektronische Transaktionen im Binnenmarkt und zur Aufhebung der Richtlinie 1999/93/EG (ABl. L 257 vom 28.8.2014, S. 73; L 23 vom 29.1.2015, S. 19; L 155 vom 14.6.2016, S. 44) anerkannt ist und

b) auf dem Vertrauensniveau „hoch" im Sinne des Artikels 8 Absatz 2 Buchstabe c der Verordnung (EU) Nr. 910/2014 notifiziert wurde.

[2]Das dem Notar zu übermittelnde Lichtbild ist mit Zustimmung des betreffenden Beteiligten nebst Vornamen, Familienname und Tag der Geburt aus dem elektronischen Speicher- und Verarbeitungsmedium eines von Deutschland ausgegebenen Personalausweises, Passes oder elektronischen Aufenthaltstitels oder eines amtlichen Ausweises oder Passes eines anderen Staates, mit dem die Pass- und Ausweispflicht im Inland erfüllt wird, auszulesen. [3]Sofern ein Beteiligter dem Notar bekannt ist, ist die elektronische Übermittlung eines Lichtbildes nicht erforderlich.

§ 16d Nachweise für die Vertretungsberechtigung bei elektronischen Niederschriften. Vorgelegte Vollmachten und Ausweise über die Berechtigung eines gesetzlichen Vertreters sollen der elektronischen Niederschrift in elektronisch beglaubigter Abschrift beigefügt werden.

§ 16e Gemischte Beurkundung. (1) [1]Erfolgt die Beurkundung mit einem Teil der Beteiligten, die bei dem Notar körperlich anwesend sind, und mit dem anderen Teil der Beteiligten mittels Videokommunikation, so ist zusätzlich zu der elektronischen Niederschrift mit den bei dem Notar körperlich anwesenden Beteiligten eine inhaltsgleiche Niederschrift nach § 8 aufzunehmen. [2]Dies soll in der Niederschrift und der elektronischen Niederschrift vermerkt werden.

(2) Beide Niederschriften sind zusammen zu verwahren.

Unterabschnitt 4. Prüfungs- und Belehrungspflichten

§ 17 Grundsatz. (1) [1]Der Notar soll den Willen der Beteiligten erforschen, den Sachverhalt klären, die Beteiligten über die rechtliche Tragweite des Geschäfts belehren und ihre Erklärungen klar und unzweideutig in der Niederschrift wiedergeben. [2]Dabei soll er darauf achten, daß Irrtümer und Zweifel vermieden sowie unerfahrene und ungewandte Beteiligte nicht benachteiligt werden.

(2) [1]Bestehen Zweifel, ob das Geschäft dem Gesetz oder dem wahren Willen der Beteiligten entspricht, so sollen die Bedenken mit den Beteiligten erörtert werden. [2]Zweifelt der Notar an der Wirksamkeit des Geschäfts und bestehen die Beteiligten auf der Beurkundung, so soll er die Belehrung und die dazu abgegebenen Erklärungen der Beteiligten in der Niederschrift vermerken.

(2a) [1]Der Notar soll das Beurkundungsverfahren so gestalten, daß die Einhaltung der Amtspflichten nach den Absätzen 1 und 2 gewährleistet ist. [2]Bei Verbraucherverträgen soll der Notar darauf hinwirken, dass

1. die rechtsgeschäftlichen Erklärungen des Verbrauchers von diesem persönlich oder durch eine Vertrauensperson vor dem Notar abgegeben werden und
2. der Verbraucher ausreichend Gelegenheit erhält, sich vorab mit dem Gegenstand der Beurkundung auseinanderzusetzen; bei Verbraucherverträgen, die der Beurkundungspflicht nach § 311b Absatz 1 Satz 1 und Absatz 3 des Bürgerlichen Gesetzbuchs[1)] unterliegen, soll dem Verbraucher der beabsichtigte Text des Rechtsgeschäfts vom beurkundenden Notar oder einem Notar, mit dem sich der beurkundende Notar zur gemeinsamen Berufsausübung verbunden hat, zur Verfügung gestellt werden. Dies soll im Regelfall zwei Wochen vor der Beurkundung erfolgen. Wird diese Frist unterschritten, sollen die Gründe hierfür in der Niederschrift angegeben werden.

[3] Weitere Amtspflichten des Notars bleiben unberührt.

(3) [1] Kommt ausländisches Recht zur Anwendung oder bestehen darüber Zweifel, so soll der Notar die Beteiligten darauf hinweisen und dies in der Niederschrift vermerken. [2] Zur Belehrung über den Inhalt ausländischer Rechtsordnungen ist er nicht verpflichtet.

§ 18 Genehmigungserfordernisse. Auf die erforderlichen gerichtlichen oder behördlichen Genehmigungen oder Bestätigungen oder etwa darüber bestehende Zweifel soll der Notar die Beteiligten hinweisen und dies in der Niederschrift vermerken.

§ 19 Unbedenklichkeitsbescheinigung. Darf nach dem Grunderwerbsteuerrecht eine Eintragung im Grundbuch erst vorgenommen werden, wenn die Unbedenklichkeitsbescheinigung des Finanzamts vorliegt, so soll der Notar die Beteiligten darauf hinweisen und dies in der Niederschrift vermerken.

§ 20 Gesetzliches Vorkaufsrecht. Beurkundet der Notar die Veräußerung eines Grundstücks, so soll er, wenn ein gesetzliches Vorkaufsrecht in Betracht kommen könnte, darauf hinweisen und dies in der Niederschrift vermerken.

§ 20a Vorsorgevollmacht. Beurkundet der Notar eine Vorsorgevollmacht, so soll er auf die Möglichkeit der Registrierung bei dem Zentralen Vorsorgeregister hinweisen.

§ 21 Grundbucheinsicht, Briefvorlage. (1) [1] Bei Geschäften, die im Grundbuch eingetragene oder einzutragende Rechte zum Gegenstand haben, soll sich der Notar über den Grundbuchinhalt unterrichten. [2] Sonst soll er nur beurkunden, wenn die Beteiligten trotz Belehrung über die damit verbundenen Gefahren auf einer sofortigen Beurkundung bestehen; dies soll er in der Niederschrift vermerken.

(2) Bei der Abtretung oder Belastung eines Briefpfandrechts soll der Notar in der Niederschrift vermerken, ob der Brief vorgelegen hat.

Unterabschnitt 5. Beteiligung behinderter Personen

§ 22 Hörbehinderte, sprachbehinderte und sehbehinderte Beteiligte.

(1) [1] Vermag ein Beteiligter nach seinen Angaben oder nach der Überzeugung des Notars nicht hinreichend zu hören, zu sprechen oder zu sehen, so soll

[1)] Nr. **1**.

zu der Beurkundung ein Zeuge oder ein zweiter Notar zugezogen werden, es sei denn, daß alle Beteiligten darauf verzichten. [2] Auf Verlangen eines hör- oder sprachbehinderten Beteiligten soll der Notar einen Gebärdensprachdolmetscher hinzuziehen. [3] Diese Tatsachen sollen in der Niederschrift festgestellt werden.

(2) Die Niederschrift soll auch von dem Zeugen oder dem zweiten Notar unterschrieben werden.

§ 23 Besonderheiten bei hörbehinderten Beteiligten. [1] Eine Niederschrift, in der nach § 22 Abs. 1 festgestellt ist, daß ein Beteiligter nicht hinreichend zu hören vermag, muß diesem Beteiligten anstelle des Vorlesens zur Durchsicht vorgelegt werden; in der Niederschrift soll festgestellt werden, daß dies geschehen ist. [2] Hat der Beteiligte die Niederschrift eigenhändig unterschrieben, so wird vermutet, daß sie ihm zur Durchsicht vorgelegt und von ihm genehmigt worden ist.

§ 24 Besonderheiten bei hör- und sprachbehinderten Beteiligten, mit denen eine schriftliche Verständigung nicht möglich ist. (1) [1] Vermag ein Beteiligter nach seinen Angaben oder nach der Überzeugung des Notars nicht hinreichend zu hören oder zu sprechen und sich auch nicht schriftlich zu verständigen, so soll der Notar dies in der Niederschrift feststellen. [2] Wird in der Niederschrift eine solche Feststellung getroffen, so muss zu der Beurkundung eine Person zugezogen werden, die sich mit dem behinderten Beteiligten zu verständigen vermag und mit deren Zuziehung er nach der Überzeugung des Notars einverstanden ist; in der Niederschrift soll festgestellt werden, dass dies geschehen ist. [3] Zweifelt der Notar an der Möglichkeit der Verständigung zwischen der zugezogenen Person und dem Beteiligten, so soll er dies in der Niederschrift feststellen. [4] Die Niederschrift soll auch von der zugezogenen Person unterschrieben werden.

(2) Die Beurkundung von Willenserklärungen ist insoweit unwirksam, als diese darauf gerichtet sind, der nach Absatz 1 zugezogenen Person einen rechtlichen Vorteil zu verschaffen.

(3) Das Erfordernis, nach § 22 einen Zeugen oder zweiten Notar zuzuziehen, bleibt unberührt.

§ 25 Schreibunfähige. [1] Vermag ein Beteiligter nach seinen Angaben oder nach der Überzeugung des Notars seinen Namen nicht zu schreiben, so muß bei dem Vorlesen und der Genehmigung ein Zeuge oder ein zweiter Notar zugezogen werden, wenn nicht bereits nach § 22 ein Zeuge oder ein zweiter Notar zugezogen worden ist. [2] Diese Tatsachen sollen in der Niederschrift festgestellt werden. [3] Die Niederschrift muß von dem Zeugen oder dem zweiten Notar unterschrieben werden.

§ 26 Verbot der Mitwirkung als Zeuge oder zweiter Notar. (1) Als Zeuge oder zweiter Notar soll bei der Beurkundung nicht zugezogen werden, wer

1. selbst beteiligt ist oder durch einen Beteiligten vertreten wird,
2. aus einer zu beurkundenden Willenserklärung einen rechtlichen Vorteil erlangt,
3. mit dem Notar verheiratet ist,

3a. mit ihm eine Lebenspartnerschaft führt oder
4. mit ihm in gerader Linie verwandt ist oder war.

(2) Als Zeuge soll bei der Beurkundung ferner nicht zugezogen werden, wer

1. zu dem Notar in einem ständigen Dienstverhältnis steht,
2. minderjährig ist,
3. geisteskrank oder geistesschwach ist,
4. nicht hinreichend zu hören, zu sprechen oder zu sehen vermag,
5. nicht schreiben kann oder
6. der deutschen Sprache nicht hinreichend kundig ist; dies gilt nicht im Falle des § 5 Abs. 2, wenn der Zeuge der Sprache der Niederschrift hinreichend kundig ist.

Unterabschnitt 6. Besonderheiten für Verfügungen von Todes wegen

§§ 27–35 *(vom Abdruck wurde abgesehen)*

Abschnitt 3 bis 7

§§ 36–75 *(vom Abdruck wurde abgesehen)*

6. Baugesetzbuch (BauGB)[1] [2]

In der Fassung der Bekanntmachung vom 3. November 2017[3]
(BGBl. I S. 3634)

FNA 213-1

zuletzt geänd. durch Art. 1, 2 G zur sofortigen Verbesserung der Rahmenbedingungen für die erneuerbaren Energien im Städtebaurecht v. 4.1.2023 (BGBl. I Nr. 6)

– Auszug –

Erstes Kapitel. Allgemeines Städtebaurecht

Erster Teil. Bauleitplanung

§§ 1–13b *(vom Abdruck wurde abgesehen)*

Zweiter Teil. Sicherung der Bauleitplanung

Erster Abschnitt. Veränderungssperre und Zurückstellung von Baugesuchen

§ 14 Veränderungssperre. (1) Ist ein Beschluss über die Aufstellung eines Bebauungsplans gefasst, kann die Gemeinde zur Sicherung der Planung für den künftigen Planbereich eine Veränderungssperre mit dem Inhalt beschließen, dass

1. Vorhaben im Sinne des § 29 nicht durchgeführt oder bauliche Anlagen nicht beseitigt werden dürfen;
2. erhebliche oder wesentlich wertsteigernde Veränderungen von Grundstücken und baulichen Anlagen, deren Veränderungen nicht genehmigungs-, zustimmungs- oder anzeigepflichtig sind, nicht vorgenommen werden dürfen.

(2) [1] Wenn überwiegende öffentliche Belange nicht entgegenstehen, kann von der Veränderungssperre eine Ausnahme zugelassen werden. [2] Die Entscheidung über Ausnahmen trifft die Baugenehmigungsbehörde im Einvernehmen mit der Gemeinde.

[1] **Amtl. Anm.:** Dieses Gesetz dient der Umsetzung folgender Richtlinien:
1. Richtlinie 92/43/EWG des Rates vom 21. Mai 1992 zur Erhaltung der natürlichen Lebensräume sowie der wild lebenden Tiere und Pflanzen (ABl. L 206 vom 22.7.1992, S. 7), die zuletzt durch die Richtlinie 2013/17/EU (ABl. L 158 vom 10.6.2013, S. 193) geändert worden ist,
2. Richtlinie 2001/42/EG des Europäischen Parlaments und des Rates vom 27. Juni 2001 über die Prüfung der Umweltauswirkungen bestimmter Pläne und Programme (ABl. L 197 vom 21.7.2001, S. 30),
3. Richtlinie 2009/147/EG des Europäischen Parlaments und des Rates vom 30. November 2009 über die Erhaltung der wildlebenden Vogelarten (ABl. L 20 vom 26.1.2010, S. 7), die zuletzt durch die Richtlinie 2013/17/EU (ABl. L 158 vom 10.6.2013, S. 193) geändert worden ist,
4. Richtlinie 2011/92/EU des Europäischen Parlaments und des Rates vom 13. Dezember 2011 über die Umweltverträglichkeitsprüfung bei bestimmten öffentlichen und privaten Projekten (ABl. L 26 vom 28.1.2012, S. 1), die zuletzt durch die Richtlinie 2014/52/EU (ABl. L 124 vom 25.4.2014, S. 1) geändert worden ist.

[2] Beachte hierzu ua das Planungssicherstellungsgesetz v. 20.5.2020 (BGBl. I S. 1041).

[3] Neubekanntmachung des BauGB idF der Bek. v. 23.9.2004 (BGBl. I S. 2414) in der ab 1.10.2017 geltenden Fassung.

(3) Vorhaben, die vor dem Inkrafttreten der Veränderungssperre baurechtlich genehmigt worden sind, Vorhaben, von denen die Gemeinde nach Maßgabe des Bauordnungsrechts Kenntnis erlangt hat und mit deren Ausführung vor dem Inkrafttreten der Veränderungssperre hätte begonnen werden dürfen, sowie Unterhaltungsarbeiten und die Fortführung einer bisher ausgeübten Nutzung werden von der Veränderungssperre nicht berührt.

(4) Soweit für Vorhaben im förmlich festgelegten Sanierungsgebiet oder im städtebaulichen Entwicklungsbereich eine Genehmigungspflicht nach § 144 Absatz 1 besteht, sind die Vorschriften über die Veränderungssperre nicht anzuwenden.

§ 15 Zurückstellung von Baugesuchen. (1) [1] Wird eine Veränderungssperre nach § 14 nicht beschlossen, obwohl die Voraussetzungen gegeben sind, oder ist eine beschlossene Veränderungssperre noch nicht in Kraft getreten, hat die Baugenehmigungsbehörde auf Antrag der Gemeinde die Entscheidung über die Zulässigkeit von Vorhaben im Einzelfall für einen Zeitraum bis zu zwölf Monaten auszusetzen, wenn zu befürchten ist, dass die Durchführung der Planung durch das Vorhaben unmöglich gemacht oder wesentlich erschwert werden würde. [2] Wird kein Baugenehmigungsverfahren durchgeführt, wird auf Antrag der Gemeinde anstelle der Aussetzung der Entscheidung über die Zulässigkeit eine vorläufige Untersagung innerhalb einer durch Landesrecht festgesetzten Frist ausgesprochen. [3] Die vorläufige Untersagung steht der Zurückstellung nach Satz 1 gleich.

(2) Soweit für Vorhaben im förmlich festgelegten Sanierungsgebiet oder im städtebaulichen Entwicklungsbereich eine Genehmigungspflicht nach § 144 Absatz 1 besteht, sind die Vorschriften über die Zurückstellung von Baugesuchen nicht anzuwenden; mit der förmlichen Festlegung des Sanierungsgebiets oder des städtebaulichen Entwicklungsbereichs wird ein Bescheid über die Zurückstellung des Baugesuchs nach Absatz 1 unwirksam.

(3) [1] Auf Antrag der Gemeinde hat die Baugenehmigungsbehörde die Entscheidung über die Zulässigkeit von Vorhaben nach § 35 Absatz 1 Nummer 2 bis 6 für einen Zeitraum bis zu längstens einem Jahr nach Zustellung der Zurückstellung des Baugesuchs auszusetzen, wenn die Gemeinde beschlossen hat, einen Flächennutzungsplan aufzustellen, zu ändern oder zu ergänzen, mit dem die Rechtswirkungen des § 35 Absatz 3 Satz 3 erreicht werden sollen, und zu befürchten ist, dass die Durchführung der Planung durch das Vorhaben unmöglich gemacht oder wesentlich erschwert werden würde. [2] Auf diesen Zeitraum ist die Zeit zwischen dem Eingang des Baugesuchs bei der zuständigen Behörde bis zur Zustellung der Zurückstellung des Baugesuchs nicht anzurechnen, soweit der Zeitraum für die Bearbeitung des Baugesuchs erforderlich ist. [3] Der Antrag der Gemeinde nach Satz 1 ist nur innerhalb von sechs Monaten, nachdem die Gemeinde in einem Verwaltungsverfahren von dem Bauvorhaben förmlich Kenntnis erhalten hat, zulässig. [4] Wenn besondere Umstände es erfordern, kann die Baugenehmigungsbehörde auf Antrag der Gemeinde die Entscheidung nach Satz 1 um höchstens ein weiteres Jahr aussetzen.

§ 16 Beschluss über die Veränderungssperre. (1) Die Veränderungssperre wird von der Gemeinde als Satzung beschlossen.

(2) [1] Die Gemeinde hat die Veränderungssperre ortsüblich bekannt zu machen. [2] Sie kann auch ortsüblich bekannt machen, dass eine Veränderungssperre

beschlossen worden ist; § 10 Absatz 3 Satz 2 bis 5 ist entsprechend anzuwenden.

§ 17 Geltungsdauer der Veränderungssperre. (1) [1]Die Veränderungssperre tritt nach Ablauf von zwei Jahren außer Kraft. [2]Auf die Zweijahresfrist ist der seit der Zustellung der ersten Zurückstellung eines Baugesuchs nach § 15 Absatz 1 abgelaufene Zeitraum anzurechnen. [3]Die Gemeinde kann die Frist um ein Jahr verlängern.

(2) Wenn besondere Umstände es erfordern, kann die Gemeinde die Frist bis zu einem weiteren Jahr nochmals verlängern.

(3) Die Gemeinde kann eine außer Kraft getretene Veränderungssperre ganz oder teilweise erneut beschließen, wenn die Voraussetzungen für ihren Erlass fortbestehen.

(4) Die Veränderungssperre ist vor Fristablauf ganz oder teilweise außer Kraft zu setzen, sobald die Voraussetzungen für ihren Erlass weggefallen sind.

(5) Die Veränderungssperre tritt in jedem Fall außer Kraft, sobald und soweit die Bauleitplanung rechtsverbindlich abgeschlossen ist.

(6) [1]Mit der förmlichen Festlegung des Sanierungsgebiets oder des städtebaulichen Entwicklungsbereichs tritt eine bestehende Veränderungssperre nach § 14 außer Kraft. [2]Dies gilt nicht, wenn in der Sanierungssatzung die Genehmigungspflicht nach § 144 Absatz 1 ausgeschlossen ist.

§ 18 Entschädigung bei Veränderungssperre. (1) [1]Dauert die Veränderungssperre länger als vier Jahre über den Zeitpunkt ihres Beginns oder der ersten Zurückstellung eines Baugesuchs nach § 15 Absatz 1 hinaus, ist den Betroffenen für dadurch entstandene Vermögensnachteile eine angemessene Entschädigung in Geld zu leisten. [2]Die Vorschriften über die Entschädigung im Zweiten Abschnitt des Fünften Teils sowie § 121 gelten entsprechend; dabei ist der Grundstückswert zugrunde zu legen, der nach den Vorschriften des Zweiten Abschnitts des Dritten Teils zu entschädigen wäre.

(2) [1]Zur Entschädigung ist die Gemeinde verpflichtet. [2]Der Entschädigungsberechtigte kann Entschädigung verlangen, wenn die in Absatz 1 Satz 1 bezeichneten Vermögensnachteile eingetreten sind. [3]Er kann die Fälligkeit des Anspruchs dadurch herbeiführen, dass er die Leistung der Entschädigung schriftlich bei dem Entschädigungspflichtigen beantragt. [4]Kommt eine Einigung über die Entschädigung nicht zustande, entscheidet die höhere Verwaltungsbehörde. [5]Für den Bescheid über die Festsetzung der Entschädigung gilt § 122 entsprechend.

(3) [1]Auf das Erlöschen des Entschädigungsanspruchs findet § 44 Absatz 4 mit der Maßgabe Anwendung, dass bei einer Veränderungssperre, die die Sicherung einer Festsetzung nach § 40 Absatz 1 oder § 41 Absatz 1 zum Gegenstand hat, die Erlöschensfrist frühestens ab Rechtsverbindlichkeit des Bebauungsplans beginnt. [2]In der Bekanntmachung nach § 16 Absatz 2 ist auf die Vorschriften des Absatzes 2 Satz 2 und 3 hinzuweisen.

Zweiter Abschnitt. Teilung von Grundstücken; Gebiete mit Fremdenverkehrsfunktionen

§ 19 Teilung von Grundstücken. (1) Die Teilung eines Grundstücks ist die dem Grundbuchamt gegenüber abgegebene oder sonst wie erkennbar gemachte Erklärung des Eigentümers, dass ein Grundstücksteil grundbuchmäßig abgeschrieben und als selbständiges Grundstück oder als ein Grundstück zusammen mit anderen Grundstücken oder mit Teilen anderer Grundstücke eingetragen werden soll.

(2) Durch die Teilung eines Grundstücks im Geltungsbereich eines Bebauungsplans dürfen keine Verhältnisse entstehen, die den Festsetzungen des Bebauungsplans widersprechen.

§ 20 (weggefallen)

§ 21 (weggefallen)

§ 22 Sicherung von Gebieten mit Fremdenverkehrsfunktionen.

(1) [1]Die Gemeinden, die oder deren Teile überwiegend durch den Fremdenverkehr geprägt sind, können in einem Bebauungsplan oder durch eine sonstige Satzung bestimmen, dass zur Sicherung der Zweckbestimmung von Gebieten mit Fremdenverkehrsfunktionen Folgendes der Genehmigung unterliegt:

1. die Begründung oder Teilung von Wohnungseigentum oder Teileigentum nach § 1 des Wohnungseigentumsgesetzes[1)],
2. die Begründung der in den §§ 30 und 31 des Wohnungseigentumsgesetzes bezeichneten Rechte,
3. die Begründung von Bruchteilseigentum nach § 1008 des Bürgerlichen Gesetzbuchs[2)] an Grundstücken mit Wohngebäuden oder Beherbergungsbetrieben, wenn zugleich nach § 1010 Absatz 1 des Bürgerlichen Gesetzbuchs[2)] im Grundbuch als Belastung eingetragen werden soll, dass Räume einem oder mehreren Miteigentümern zur ausschließlichen Benutzung zugewiesen sind und die Aufhebung der Gemeinschaft ausgeschlossen ist,
4. bei bestehendem Bruchteilseigentum nach § 1008 des Bürgerlichen Gesetzbuchs[2)] an Grundstücken mit Wohngebäuden oder Beherbergungsbetrieben eine im Grundbuch als Belastung einzutragende Regelung nach § 1010 Absatz 1 des Bürgerlichen Gesetzbuchs[2)], wonach Räume einem oder mehreren Miteigentümern zur ausschließlichen Benutzung zugewiesen sind und die Aufhebung der Gemeinschaft ausgeschlossen ist,
5. die Nutzung von Räumen in Wohngebäuden oder Beherbergungsbetrieben als Nebenwohnung, wenn die Räume insgesamt an mehr als der Hälfte der Tage eines Jahres unbewohnt sind.

[2]Voraussetzung für die Bestimmung ist, dass durch die Begründung oder Teilung der Rechte, durch die Regelung nach § 1010 des Bürgerlichen Gesetzbuchs[2)] oder durch die Nutzung als Nebenwohnung die vorhandene oder vorgesehene Zweckbestimmung des Gebiets für den Fremdenverkehr und dadurch die geordnete städtebauliche Entwicklung beeinträchtigt werden kann.

1) Nr. **3**.
2) Nr. **1**.

[3]Die Zweckbestimmung eines Gebiets für den Fremdenverkehr ist insbesondere anzunehmen bei Kurgebieten, Gebieten für die Fremdenbeherbergung, Wochenend- und Ferienhausgebieten, die im Bebauungsplan festgesetzt sind, und bei im Zusammenhang bebauten Ortsteilen, deren Eigenart solchen Gebieten entspricht, sowie bei sonstigen Gebieten mit Fremdenverkehrsfunktionen, die durch Beherbergungsbetriebe und Wohngebäude mit Fremdenbeherbergung geprägt sind.

(2) [1]Die Gemeinde hat die Satzung ortsüblich bekannt zu machen. [2]Sie kann die Bekanntmachung auch in entsprechender Anwendung des § 10 Absatz 3 Satz 2 bis 5 vornehmen. [3]Für Bestimmungen nach Absatz 1 Satz 1 Nummer 1 bis 4 teilt die Gemeinde dem Grundbuchamt den Beschluss über die Satzung, das Datum ihres Inkrafttretens sowie die genaue Bezeichnung der betroffenen Grundstücke vor ihrer Bekanntmachung rechtzeitig mit. [4]Von der genauen Bezeichnung der betroffenen Grundstücke kann in den Fällen des Absatzes 1 Satz 1 Nummer 1 und 2 abgesehen werden, wenn die gesamte Gemarkung betroffen ist und die Gemeinde dies dem Grundbuchamt mitteilt.

(3) (weggefallen)

(4) [1]Die Genehmigung darf nur versagt werden, wenn durch die Begründung oder Teilung der Rechte, durch die Regelung nach § 1010 des Bürgerlichen Gesetzbuchs[1)] oder durch die Nutzung als Nebenwohnung die Zweckbestimmung des Gebiets für den Fremdenverkehr und dadurch die städtebauliche Entwicklung und Ordnung beeinträchtigt wird. [2]Die Genehmigung nach Absatz 1 Satz 1 Nummer 1 bis 4 ist zu erteilen, wenn sie erforderlich ist, damit Ansprüche Dritter erfüllt werden können, zu deren Sicherung vor dem Wirksamwerden des Genehmigungsvorbehalts eine Vormerkung im Grundbuch eingetragen oder der Antrag auf Eintragung einer Vormerkung beim Grundbuchamt eingegangen ist; die Genehmigung kann auch von dem Dritten beantragt werden. [3]Die Genehmigung kann erteilt werden, um wirtschaftliche Nachteile zu vermeiden, die für den Eigentümer eine besondere Härte bedeuten.

(5) [1]Über die Genehmigung entscheidet die Baugenehmigungsbehörde im Einvernehmen mit der Gemeinde. [2]Über die Genehmigung ist innerhalb eines Monats nach Eingang des Antrags bei der Baugenehmigungsbehörde zu entscheiden. [3]Kann die Prüfung des Antrags in dieser Zeit nicht abgeschlossen werden, ist die Frist vor ihrem Ablauf in einem dem Antragsteller mitzuteilenden Zwischenbescheid um den Zeitraum zu verlängern, der notwendig ist, um die Prüfung abschließen zu können; höchstens jedoch um drei Monate. [4]Die Genehmigung gilt als erteilt, wenn sie nicht innerhalb der Frist versagt wird. [5]Darüber hat die Baugenehmigungsbehörde auf Antrag eines Beteiligten ein Zeugnis auszustellen. [6]Das Einvernehmen gilt als erteilt, wenn es nicht binnen zwei Monaten nach Eingang des Ersuchens der Genehmigungsbehörde verweigert wird; dem Ersuchen gegenüber der Gemeinde steht die Einreichung des Antrags bei der Gemeinde gleich, wenn sie nach Landesrecht vorgeschrieben ist.

(6) [1]Bei einem Grundstück, das im Geltungsbereich einer Satzung nach Absatz 1 liegt, darf das Grundbuchamt die von Absatz 1 Satz 1 Nummer 1 bis 4 erfassten Eintragungen in das Grundbuch nur vornehmen, wenn der Genehmi-

[1)] Nr. **1**.

gungsbescheid oder ein Zeugnis gemäß Absatz 5 Satz 5 vorgelegt wird oder wenn die Freistellungserklärung der Gemeinde gemäß Absatz 8 beim Grundbuchamt eingegangen ist. [2]Ist dennoch eine Eintragung in das Grundbuch vorgenommen worden, kann die Baugenehmigungsbehörde, falls die Genehmigung erforderlich war, das Grundbuchamt um die Eintragung eines Widerspruchs ersuchen; § 53 Absatz 1 der Grundbuchordnung[1)] bleibt unberührt. [3]Der Widerspruch ist zu löschen, wenn die Baugenehmigungsbehörde darum ersucht oder die Genehmigung erteilt ist.

(7) [1]Wird die Genehmigung versagt, kann der Eigentümer von der Gemeinde unter den Voraussetzungen des § 40 Absatz 2 die Übernahme des Grundstücks verlangen. [2]§ 43 Absatz 1, 4 und 5 sowie § 44 Absatz 3 und 4 sind entsprechend anzuwenden.

(8) [1]Die Gemeinde hat den Genehmigungsvorbehalt aufzuheben oder im Einzelfall einzelne Grundstücke durch Erklärung gegenüber dem Eigentümer vom Genehmigungsvorbehalt freizustellen, wenn die Voraussetzungen für den Genehmigungsvorbehalt entfallen sind. [2]Die Gemeinde teilt dem Grundbuchamt die Aufhebung des Genehmigungsvorbehalts sowie die genaue Bezeichnung der hiervon betroffenen Grundstücke unverzüglich mit. [3]Von der genauen Bezeichnung kann abgesehen werden, wenn die gesamte Gemarkung betroffen ist und die Gemeinde dies dem Grundbuchamt mitteilt. [4]Sobald die Mitteilung über die Aufhebung des Genehmigungsvorbehalts beim Grundbuchamt eingegangen ist, ist Absatz 6 Satz 1 nicht mehr anzuwenden.

(9) [1]In der sonstigen Satzung nach Absatz 1 kann neben der Bestimmung des Genehmigungsvorbehalts die höchstzulässige Zahl der Wohnungen in Wohngebäuden nach Maßgabe des § 9 Absatz 1 Nummer 6 festgesetzt werden. [2]Vor der Festsetzung nach Satz 1 ist der betroffenen Öffentlichkeit und den berührten Behörden und sonstigen Trägern öffentlicher Belange Gelegenheit zur Stellungnahme innerhalb angemessener Frist zu geben.

(10) [1]Der sonstigen Satzung nach Absatz 1 ist eine Begründung beizufügen. [2]In der Begründung zum Bebauungsplan (§ 9 Absatz 8) oder zur sonstigen Satzung ist darzulegen, dass die in Absatz 1 Satz 2 bezeichneten Voraussetzungen für die Festlegung des Gebiets vorliegen.

§ 23 (weggefallen)

Dritter Abschnitt. Gesetzliche Vorkaufsrechte der Gemeinde

§ 24 Allgemeines Vorkaufsrecht. (1) [1]Der Gemeinde steht ein Vorkaufsrecht zu beim Kauf von Grundstücken

1. im Geltungsbereich eines Bebauungsplans, soweit es sich um Flächen handelt, für die nach dem Bebauungsplan eine Nutzung für öffentliche Zwecke oder für Flächen oder Maßnahmen zum Ausgleich im Sinne des § 1a Absatz 3 festgesetzt ist,
2. in einem Umlegungsgebiet,
3. in einem förmlich festgelegten Sanierungsgebiet und städtebaulichen Entwicklungsbereich,
4. im Geltungsbereich einer Satzung zur Sicherung von Durchführungsmaßnahmen des Stadtumbaus und einer Erhaltungssatzung,

[1)] Nr. **11**.

5. im Geltungsbereich eines Flächennutzungsplans, soweit es sich um unbebaute Flächen im Außenbereich handelt, für die nach dem Flächennutzungsplan eine Nutzung als Wohnbaufläche oder Wohngebiet dargestellt ist,
6. in Gebieten, die nach den §§ 30, 33 oder 34 Absatz 2 vorwiegend mit Wohngebäuden bebaut werden können, soweit die Grundstücke unbebaut sind, wobei ein Grundstück auch dann als unbebaut gilt, wenn es lediglich mit einer Einfriedung oder zu erkennbar vorläufigen Zwecken bebaut ist,
7. in Gebieten, die zum Zweck des vorbeugenden Hochwasserschutzes von Bebauung freizuhalten sind, insbesondere in Überschwemmungsgebieten, sowie
8. in Gebieten nach den §§ 30, 33 oder 34, wenn
 a) in diesen ein städtebaulicher Missstand im Sinne des § 136 Absatz 2 Satz 2 in Verbindung mit Absatz 3 vorliegt oder
 b) die baulichen Anlagen einen Missstand im Sinne des § 177 Absatz 2 aufweisen

 und die Grundstücke dadurch erhebliche nachteilige Auswirkungen auf das soziale oder städtebauliche Umfeld aufweisen, insbesondere durch ihren baulichen Zustand oder ihre der öffentlichen Sicherheit und Ordnung widersprechende Nutzung.

[2] Im Falle der Nummer 1 kann das Vorkaufsrecht bereits nach Beginn der öffentlichen Auslegung ausgeübt werden, wenn die Gemeinde einen Beschluss gefasst hat, einen Bebauungsplan aufzustellen, zu ändern oder zu ergänzen. [3] Im Falle der Nummer 5 kann das Vorkaufsrecht bereits ausgeübt werden, wenn die Gemeinde einen Beschluss gefasst und ortsüblich bekannt gemacht hat, einen Flächennutzungsplan aufzustellen, zu ändern oder zu ergänzen und wenn nach dem Stand der Planungsarbeiten anzunehmen ist, dass der künftige Flächennutzungsplan eine solche Nutzung darstellen wird.

(2) Das Vorkaufsrecht steht der Gemeinde nicht zu beim Kauf von Rechten nach dem Wohnungseigentumsgesetz[1)] und von Erbbaurechten.

(3) [1] Das Vorkaufsrecht darf nur ausgeübt werden, wenn das Wohl der Allgemeinheit dies rechtfertigt. [2] Dem Wohl der Allgemeinheit kann insbesondere die Deckung eines Wohnbedarfs in der Gemeinde dienen. [3] Bei der Ausübung des Vorkaufsrechts hat die Gemeinde den Verwendungszweck des Grundstücks anzugeben.

§ 25 Besonderes Vorkaufsrecht. (1) [1] Die Gemeinde kann

1. im Geltungsbereich eines Bebauungsplans durch Satzung ihr Vorkaufsrecht an unbebauten Grundstücken begründen;
2. in Gebieten, in denen sie städtebauliche Maßnahmen in Betracht zieht, zur Sicherung einer geordneten städtebaulichen Entwicklung durch Satzung Flächen bezeichnen, an denen ihr ein Vorkaufsrecht an den Grundstücken zusteht;
3. im Geltungsbereich eines Bebauungsplans an brachliegenden Grundstücken oder für im Zusammenhang bebaute Ortsteile (§ 34) an unbebauten oder brachliegenden Grundstücken durch Satzung ihr Vorkaufsrecht begründen, wenn

1) Nr. 3.

a) diese vorwiegend mit Wohngebäuden bebaut werden können und

b) es sich um ein nach § 201a bestimmtes Gebiet mit einem angespannten Wohnungsmarkt handelt.

[2]Ein Grundstück gilt auch dann als unbebaut, wenn es lediglich mit einer Einfriedung oder zu erkennbar vorläufigen Zwecken bebaut ist. [3]Das Vorkaufsrecht nach Satz 1 Nummer 3 erlischt mit dem Ende der Geltungsdauer der Rechtsverordnung nach § 201a. [4]Auf die Satzung ist § 16 Absatz 2 entsprechend anzuwenden.

(2) [1]§ 24 Absatz 2 und 3 Satz 1 und 2 ist anzuwenden. [2]Der Verwendungszweck des Grundstücks ist anzugeben, soweit das bereits zum Zeitpunkt der Ausübung des Vorkaufsrechts möglich ist.

§ 26 Ausschluss des Vorkaufsrechts. Die Ausübung des Vorkaufsrechts ist ausgeschlossen, wenn

1. der Eigentümer das Grundstück an seinen Ehegatten oder an eine Person verkauft, die mit ihm in gerader Linie verwandt oder verschwägert oder in der Seitenlinie bis zum dritten Grad verwandt ist,
2. das Grundstück
 a) von einem öffentlichen Bedarfsträger für Zwecke der Landesverteidigung, der Bundespolizei, der Zollverwaltung, der Polizei oder des Zivilschutzes oder
 b) von Kirchen und Religionsgesellschaften des öffentlichen Rechts für Zwecke des Gottesdienstes oder der Seelsorge

 gekauft wird,
3. auf dem Grundstück Vorhaben errichtet werden sollen, für die ein in § 38 genanntes Verfahren eingeleitet oder durchgeführt worden ist, oder
4. das Grundstück entsprechend den Festsetzungen des Bebauungsplans oder den Zielen und Zwecken der städtebaulichen Maßnahme bebaut ist und genutzt wird und eine auf ihm errichtete bauliche Anlage keine Missstände oder Mängel im Sinne des § 177 Absatz 2 und 3 Satz 1 aufweist.

§ 27 Abwendung des Vorkaufsrechts. (1) [1]Der Käufer kann die Ausübung des Vorkaufsrechts abwenden, wenn die Verwendung des Grundstücks nach den baurechtlichen Vorschriften oder den Zielen und Zwecken der städtebaulichen Maßnahme bestimmt oder mit ausreichender Sicherheit bestimmbar ist, der Käufer in der Lage ist, das Grundstück binnen angemessener Frist dementsprechend zu nutzen, und er sich vor Ablauf der Frist nach § 28 Absatz 2 Satz 1 hierzu verpflichtet. [2]Weist eine auf dem Grundstück befindliche bauliche Anlage Missstände oder Mängel im Sinne des § 177 Absatz 2 und 3 Satz 1 auf, kann der Käufer die Ausübung des Vorkaufsrechts abwenden, wenn er diese Missstände oder Mängel binnen angemessener Frist beseitigen kann und er sich vor Ablauf der Frist nach § 28 Absatz 2 Satz 1 zur Beseitigung verpflichtet. [3]Die Gemeinde hat die Frist nach § 28 Absatz 2 Satz 1 auf Antrag des Käufers um zwei Monate zu verlängern, wenn der Käufer vor Ablauf dieser Frist glaubhaft macht, dass er in der Lage ist, die in Satz 1 oder 2 genannten Voraussetzungen zu erfüllen.

(2) Ein Abwendungsrecht besteht nicht

1. in den Fällen des § 24 Absatz 1 Satz 1 Nummer 1 und
2. in einem Umlegungsgebiet, wenn das Grundstück für Zwecke der Umlegung (§ 45) benötigt wird.

§ 27a Ausübung des Vorkaufsrechts zugunsten Dritter. (1) [1]Die Gemeinde kann

1. ihr Vorkaufsrecht zugunsten eines Dritten ausüben, wenn der Dritte zu der mit der Ausübung des Vorkaufsrechts bezweckten Verwendung des Grundstücks innerhalb angemessener Frist in der Lage ist und sich hierzu verpflichtet, oder
2. das ihr nach § 24 Absatz 1 Satz 1 Nummer 1 zustehende Vorkaufsrecht zugunsten eines öffentlichen Bedarfs- oder Erschließungsträgers sowie das ihr nach § 24 Absatz 1 Satz 1 Nummer 3 zustehende Vorkaufsrecht zugunsten eines Sanierungs- oder Entwicklungsträgers ausüben, wenn der Träger einverstanden ist.

[2]In den Fällen der Nummer 1 hat die Gemeinde bei der Ausübung des Vorkaufsrechts zugunsten eines Dritten die Frist, in der das Grundstück für den vorgesehenen Zweck zu verwenden ist, zu bezeichnen.

(2) [1]Mit der Ausübung des Vorkaufsrechts kommt der Kaufvertrag zwischen dem Begünstigten und dem Verkäufer zustande. [2]Die Gemeinde haftet für die Verpflichtung aus dem Kaufvertrag neben dem Begünstigten als Gesamtschuldnerin.

(3) [1]Für den von dem Begünstigten zu zahlenden Betrag und das Verfahren gilt § 28 Absatz 2 bis 4 entsprechend. [2]Kommt der Begünstigte seiner Verpflichtung nach Absatz 1 Satz 1 Nummer 1 nicht nach, soll die Gemeinde in entsprechender Anwendung des § 102 die Übertragung des Grundstücks zu ihren Gunsten oder zugunsten eines Übernahmewilligen verlangen, der zur Verwirklichung des Verwendungszwecks innerhalb angemessener Frist in der Lage ist und sich hierzu verpflichtet. [3]Für die Entschädigung und das Verfahren gelten die Vorschriften des Fünften Teils über die Rückenteignung entsprechend. [4]Die Haftung der Gemeinde nach § 28 Absatz 3 Satz 7 bleibt unberührt.

§ 28 Verfahren und Entschädigung. (1) [1]Der Verkäufer hat der Gemeinde den Inhalt des Kaufvertrags unverzüglich mitzuteilen; die Mitteilung des Verkäufers wird durch die Mitteilung des Käufers ersetzt. [2]Das Grundbuchamt darf bei Kaufverträgen den Käufer als Eigentümer in das Grundbuch nur eintragen, wenn ihm die Nichtausübung oder das Nichtbestehen des Vorkaufsrechts nachgewiesen ist. [3]Besteht ein Vorkaufsrecht nicht oder wird es nicht ausgeübt, hat die Gemeinde auf Antrag eines Beteiligten darüber unverzüglich ein Zeugnis auszustellen. [4]Das Zeugnis gilt als Verzicht auf die Ausübung des Vorkaufsrechts.

(2) [1]Das Vorkaufsrecht kann nur binnen drei Monaten nach Mitteilung des Kaufvertrags durch Verwaltungsakt gegenüber dem Verkäufer ausgeübt werden. [2]Die §§ 463, 464 Absatz 2, §§ 465 bis 468 und 471 des Bürgerlichen Gesetzbuchs[1)] sind anzuwenden. [3]Nach Mitteilung des Kaufvertrags ist auf Ersuchen

[1)] Nr. **1**.

der Gemeinde zur Sicherung ihres Anspruchs auf Übereignung des Grundstücks eine Vormerkung in das Grundbuch einzutragen; die Gemeinde trägt die Kosten der Eintragung der Vormerkung und ihrer Löschung. [4]Das Vorkaufsrecht ist nicht übertragbar. [5]Bei einem Eigentumserwerb auf Grund der Ausübung des Vorkaufsrechts erlöschen rechtsgeschäftliche Vorkaufsrechte. [6]Wird die Gemeinde nach Ausübung des Vorkaufsrechts im Grundbuch als Eigentümerin eingetragen, kann sie das Grundbuchamt ersuchen, eine zur Sicherung des Übereignungsanspruchs des Käufers im Grundbuch eingetragene Vormerkung zu löschen; sie darf das Ersuchen nur stellen, wenn die Ausübung des Vorkaufsrechts für den Käufer unanfechtbar ist.

(3) [1]Abweichend von Absatz 2 Satz 2 kann die Gemeinde den zu zahlenden Betrag nach dem Verkehrswert des Grundstücks (§ 194) im Zeitpunkt des Kaufes bestimmen, wenn der vereinbarte Kaufpreis den Verkehrswert überschreitet. [2]In diesem Falle ist der Verkäufer berechtigt, bis zum Ablauf eines Monats nach Unanfechtbarkeit des Verwaltungsakts über die Ausübung des Vorkaufsrechts vom Vertrag zurückzutreten. [3]Auf das Rücktrittsrecht sind die §§ 346 bis 349 und 351 des Bürgerlichen Gesetzbuchs[1)] entsprechend anzuwenden. [4]Tritt der Verkäufer vom Vertrag zurück, trägt die Gemeinde die Kosten des Vertrags auf der Grundlage des Verkehrswerts. [5]Tritt der Verkäufer vom Vertrag nicht zurück, erlischt nach Ablauf der Rücktrittsfrist nach Satz 2 die Pflicht des Verkäufers aus dem Kaufvertrag, der Gemeinde das Eigentum an dem Grundstück zu übertragen. [6]In diesem Falle geht das Eigentum an dem Grundstück auf die Gemeinde über, wenn auf Ersuchen der Gemeinde der Übergang des Eigentums in das Grundbuch eingetragen ist. [7]Führt die Gemeinde das Grundstück nicht innerhalb einer angemessenen Frist dem mit der Ausübung des Vorkaufsrechts verfolgten Zweck zu, hat sie dem Verkäufer einen Betrag in Höhe des Unterschieds zwischen dem vereinbarten Kaufpreis und dem Verkehrswert zu zahlen. [8]§ 44 Absatz 3 Satz 2 und 3, § 43 Absatz 2 Satz 1 sowie die §§ 121 und 122 sind entsprechend anzuwenden.

(4) [1]In den Fällen des § 24 Absatz 1 Satz 1 Nummer 1 bestimmt die Gemeinde den zu zahlenden Betrag nach den Vorschriften des Zweiten Abschnitts des Fünften Teils, wenn der Erwerb des Grundstücks für die Durchführung des Bebauungsplans erforderlich ist und es nach dem festgesetzten Verwendungszweck enteignet werden könnte. [2]Mit der Unanfechtbarkeit des Bescheids über die Ausübung des Vorkaufsrechts erlischt die Pflicht des Verkäufers aus dem Kaufvertrag, der Gemeinde das Eigentum an dem Grundstück zu übertragen. [3]In diesem Falle geht das Eigentum an dem Grundstück auf die Gemeinde über, wenn auf Ersuchen der Gemeinde der Übergang des Eigentums in das Grundbuch eingetragen ist.

(5) [1]Die Gemeinde kann für das Gemeindegebiet oder für sämtliche Grundstücke einer Gemarkung auf die Ausübung der ihr nach diesem Abschnitt zustehenden Rechte verzichten. [2]Sie kann den Verzicht jederzeit für zukünftig abzuschließende Kaufverträge widerrufen. [3]Der Verzicht und sein Widerruf sind ortsüblich bekannt zu machen. [4]Die Gemeinde teilt dem Grundbuchamt den Wortlaut ihrer Erklärung mit. [5]Hat die Gemeinde auf die Ausübung ihrer Rechte verzichtet, bedarf es eines Zeugnisses nach Absatz 1 Satz 3 nicht, soweit nicht ein Widerruf erklärt ist.

[1)] Nr. **1**.

(6) [1] Hat die Gemeinde das Vorkaufsrecht ausgeübt und sind einem Dritten dadurch Vermögensnachteile entstanden, hat sie dafür Entschädigung zu leisten, soweit dem Dritten ein vertragliches Recht zum Erwerb des Grundstücks zustand, bevor ein gesetzliches Vorkaufsrecht der Gemeinde auf Grund dieses Gesetzbuchs oder solcher landesrechtlicher Vorschriften, die durch § 186 des Bundesbaugesetzes aufgehoben worden sind, begründet worden ist. [2] Die Vorschriften über die Entschädigung im Zweiten Abschnitt des Fünften Teils sind entsprechend anzuwenden. [3] Kommt eine Einigung über die Entschädigung nicht zustande, entscheidet die höhere Verwaltungsbehörde.

Dritter Teil. Regelung der baulichen und sonstigen Nutzung; Entschädigung

§§ 29–44 *(vom Abdruck wurde abgesehen)*

Vierter Teil. Bodenordnung

Erster Abschnitt. Umlegung

§ 45 Zweck und Anwendungsbereich. [1] Zur Erschließung oder Neugestaltung von Gebieten können bebaute und unbebaute Grundstücke durch Umlegung in der Weise neu geordnet werden, dass nach Lage, Form und Größe für die bauliche oder sonstige Nutzung zweckmäßig gestaltete Grundstücke entstehen. [2] Die Umlegung kann

1. im Geltungsbereich eines Bebauungsplans im Sinne des § 30 oder
2. innerhalb eines im Zusammenhang bebauten Ortsteils im Sinne des § 34, wenn sich aus der Eigenart der näheren Umgebung oder einem einfachen Bebauungsplan im Sinne des § 30 Absatz 3 hinreichende Kriterien für die Neuordnung der Grundstücke ergeben,

durchgeführt werden.

§ 46 Zuständigkeit und Voraussetzungen. (1) Die Umlegung ist von der Gemeinde (Umlegungsstelle) in eigener Verantwortung anzuordnen und durchzuführen, wenn und sobald sie zur Verwirklichung eines Bebauungsplans oder aus Gründen einer geordneten städtebaulichen Entwicklung zur Verwirklichung der innerhalb eines im Zusammenhang bebauten Ortsteils zulässigen Nutzung erforderlich ist.

(2) Die Landesregierungen können durch Rechtsverordnung bestimmen,

1. dass von der Gemeinde Umlegungsausschüsse mit selbständigen Entscheidungsbefugnissen für die Durchführung der Umlegung gebildet werden,
2. in welcher Weise die Umlegungsausschüsse zusammenzusetzen und mit welchen Befugnissen sie auszustatten sind,
3. dass der Umlegungsausschuss die Entscheidung über Vorgänge nach § 51 von geringer Bedeutung einer Stelle übertragen kann, die seine Entscheidungen vorbereitet,
4. dass zur Entscheidung über einen Rechtsbehelf im Umlegungsverfahren Obere Umlegungsausschüsse gebildet werden und wie diese Ausschüsse zusammenzusetzen sind,
5. dass die Flurbereinigungsbehörde oder eine andere geeignete Behörde verpflichtet ist, auf Antrag der Gemeinde (Umlegungsstelle) die im Umlegungsverfahren zu treffenden Entscheidungen vorzubereiten.

(3) Auf die Anordnung und Durchführung einer Umlegung besteht kein Anspruch.

(4) [1]Die Gemeinde kann ihre Befugnis zur Durchführung der Umlegung auf die Flurbereinigungsbehörde oder eine andere geeignete Behörde für das Gemeindegebiet oder Teile des Gemeindegebiets übertragen. [2]Die Einzelheiten der Übertragung einschließlich der Mitwirkungsrechte der Gemeinde können in einer Vereinbarung zwischen ihr und der die Umlegung durchführenden Behörde geregelt werden. [3]Die Gemeinde kann die Vorbereitung der im Umlegungsverfahren zu treffenden Entscheidungen sowie die zur Durchführung der Umlegung erforderlichen vermessungs- und katastertechnischen Aufgaben öffentlich bestellten Vermessungsingenieuren übertragen.

(5) [1]Die Gemeinde kann dem Umlegungsausschuss für einzelne Fälle oder bestimmte Gebiete die Befugnis zur Ausübung eines ihr nach § 24 Absatz 1 Satz 1 Nummer 2 zustehenden Vorkaufsrechts übertragen; die Gemeinde kann die Übertragung jederzeit widerrufen. [2]Das Recht der Gemeinde, nach der Übertragung ein Vorkaufsrecht zu anderen als Umlegungszwecken auszuüben, bleibt unberührt. [3]Ansprüche Dritter werden durch die Sätze 1 und 2 nicht begründet.

§ 47 Umlegungsbeschluss. (1) [1]Die Umlegung wird nach Anhörung der Eigentümer durch einen Beschluss der Umlegungsstelle eingeleitet. [2]Im Umlegungsbeschluss ist das Umlegungsgebiet (§ 52) zu bezeichnen. [3]Die im Umlegungsgebiet gelegenen Grundstücke sind einzeln aufzuführen.

(2) [1]Soll die Umlegung für den Geltungsbereich eines Bebauungsplans eingeleitet werden, kann das Umlegungsverfahren auch eingeleitet werden, wenn der Bebauungsplan noch nicht aufgestellt ist. [2]In diesem Falle muss der Bebauungsplan vor dem Beschluss über die Aufstellung des Umlegungsplans (§ 66 Absatz 1) in Kraft getreten sein.

§ 48 Beteiligte. (1) Im Umlegungsverfahren sind Beteiligte

1. die Eigentümer der im Umlegungsgebiet gelegenen Grundstücke,
2. die Inhaber eines im Grundbuch eingetragenen oder durch Eintragung gesicherten Rechts an einem im Umlegungsgebiet gelegenen Grundstück oder an einem das Grundstück belastenden Recht,
3. die Inhaber eines nicht im Grundbuch eingetragenen Rechts an dem Grundstück oder an einem das Grundstück belastenden Recht, eines Anspruchs mit dem Recht auf Befriedigung aus dem Grundstück oder eines persönlichen Rechts, das zum Erwerb, zum Besitz oder zur Nutzung des Grundstücks berechtigt oder den Verpflichteten in der Benutzung des Grundstücks beschränkt,
4. die Gemeinde,
5. unter den Voraussetzungen des § 55 Absatz 5 die Bedarfsträger und
6. die Erschließungsträger.

(2) [1]Die in Absatz 1 Nummer 3 bezeichneten Personen werden zu dem Zeitpunkt Beteiligte, in dem die Anmeldung ihres Rechts der Umlegungsstelle zugeht. [2]Die Anmeldung kann bis zur Beschlussfassung über den Umlegungsplan (§ 66 Absatz 1) erfolgen.

(3) [1]Bestehen Zweifel an einem angemeldeten Recht, so hat die Umlegungsstelle dem Anmeldenden unverzüglich eine Frist zur Glaubhaftmachung

seines Rechts zu setzen. [2]Nach fruchtlosem Ablauf der Frist ist er bis zur Glaubhaftmachung seines Rechts nicht mehr zu beteiligen.

(4) [1]Der im Grundbuch eingetragene Gläubiger einer Hypothek, Grundschuld oder Rentenschuld, für die ein Brief erteilt ist, sowie jeder seiner Rechtsnachfolger hat auf Verlangen der Umlegungsstelle eine Erklärung darüber abzugeben, ob ein anderer die Hypothek, Grundschuld oder Rentenschuld oder ein Recht daran erworben hat; die Person des Erwerbers hat er dabei zu bezeichnen. [2]§ 208 Satz 2 bis 4 gilt entsprechend.

§ 49 Rechtsnachfolge. Wechselt die Person eines Beteiligten während eines Umlegungsverfahrens, so tritt sein Rechtsnachfolger in dieses Verfahren in dem Zustand ein, in dem es sich im Zeitpunkt des Übergangs des Rechts befindet.

§ 50 Bekanntmachung des Umlegungsbeschlusses. (1) Der Umlegungsbeschluss ist in der Gemeinde ortsüblich bekannt zu machen.

(2) Die Bekanntmachung des Umlegungsbeschlusses hat die Aufforderung zu enthalten, innerhalb eines Monats Rechte, die aus dem Grundbuch nicht ersichtlich sind, aber zur Beteiligung am Umlegungsverfahren berechtigen, bei der Umlegungsstelle anzumelden.

(3) Werden Rechte erst nach Ablauf der in Absatz 2 bezeichneten Frist angemeldet oder nach Ablauf der in § 48 Absatz 3 gesetzten Frist glaubhaft gemacht, so muss ein Berechtigter die bisherigen Verhandlungen und Festsetzungen gegen sich gelten lassen, wenn die Umlegungsstelle dies bestimmt.

(4) Der Inhaber eines in Absatz 2 bezeichneten Rechts muss die Wirkung eines vor der Anmeldung eingetretenen Fristablaufs ebenso gegen sich gelten lassen wie der Beteiligte, dem gegenüber die Frist durch Bekanntmachung des Verwaltungsakts zuerst in Lauf gesetzt worden ist.

(5) Auf die rechtlichen Wirkungen nach den Absätzen 3 und 4 sowie nach § 51 ist in der Bekanntmachung hinzuweisen.

§ 51 Verfügungs- und Veränderungssperre. (1) [1]Von der Bekanntmachung des Umlegungsbeschlusses bis zur Bekanntmachung nach § 71 dürfen im Umlegungsgebiet nur mit schriftlicher Genehmigung der Umlegungsstelle

1. ein Grundstück geteilt oder Verfügungen über ein Grundstück und über Rechte an einem Grundstück getroffen oder Vereinbarungen abgeschlossen werden, durch die einem anderen ein Recht zum Erwerb, zur Nutzung oder Bebauung eines Grundstücks oder Grundstücksteils eingeräumt wird, oder Baulasten neu begründet, geändert oder aufgehoben werden;
2. erhebliche Veränderungen der Erdoberfläche oder wesentlich wertsteigernde sonstige Veränderungen der Grundstücke vorgenommen werden;
3. nicht genehmigungs-, zustimmungs- oder anzeigepflichtige, aber wertsteigernde bauliche Anlagen errichtet oder wertsteigernde Änderungen solcher Anlagen vorgenommen werden;
4. genehmigungs-, zustimmungs- oder anzeigepflichtige bauliche Anlagen errichtet oder geändert werden.

[2]Einer Genehmigung nach Satz 1 bedarf es im förmlich festgelegten Sanierungsgebiet nur, wenn und soweit eine Genehmigungspflicht nach § 144 nicht besteht.

(2) Vorhaben, die vor dem Inkrafttreten der Veränderungssperre baurechtlich genehmigt worden sind, Vorhaben, von denen die Gemeinde nach Maßgabe des Bauordnungsrechts Kenntnis erlangt hat und mit deren Ausführung vor dem Inkrafttreten der Veränderungssperre hätte begonnen werden dürfen, sowie Unterhaltungsarbeiten und die Fortführung einer bisher ausgeübten Nutzung werden von der Veränderungssperre nicht berührt.

(3) [1]Die Genehmigung darf nur versagt werden, wenn Grund zu der Annahme besteht, dass das Vorhaben die Durchführung der Umlegung unmöglich machen oder wesentlich erschweren würde. [2]§ 22 Absatz 5 Satz 2 bis 5 ist entsprechend anzuwenden.

(4) [1]Die Genehmigung kann unter Auflagen und außer bei Verfügungen über Grundstücke und über Rechte an Grundstücken auch unter Bedingungen oder Befristungen erteilt werden. [2]Wird die Genehmigung unter Auflagen, Bedingungen oder Befristungen erteilt, ist die hierdurch betroffene Vertragspartei berechtigt, bis zum Ablauf eines Monats nach Unanfechtbarkeit der Entscheidung vom Vertrag zurückzutreten. [3]Auf das Rücktrittsrecht sind die §§ 346 bis 349 und 351 des Bürgerlichen Gesetzbuchs[1)] entsprechend anzuwenden.

(5) [1]Überträgt der Umlegungsausschuss auf Grund einer Verordnung nach § 46 Absatz 2 Nummer 3 der dort bezeichneten Stelle Entscheidungen über Vorgänge nach Absatz 1, unterliegt diese Stelle seinen Weisungen; bei Einlegung von Rechtsbehelfen tritt der Umlegungsausschuss an ihre Stelle. [2]Der Umlegungsausschuss kann die Übertragung jederzeit widerrufen.

§ 52 Umlegungsgebiet. (1) [1]Das Umlegungsgebiet ist so zu begrenzen, dass die Umlegung sich zweckmäßig durchführen lässt. [2]Es kann aus räumlich getrennten Flächen bestehen.

(2) Einzelne Grundstücke, die die Durchführung der Umlegung erschweren, können von der Umlegung ganz oder teilweise ausgenommen werden.

(3) [1]Unwesentliche Änderungen des Umlegungsgebiets können bis zum Beschluss über die Aufstellung des Umlegungsplans (§ 66 Absatz 1) von der Umlegungsstelle nach vorheriger Anhörung der Eigentümer der betroffenen Grundstücke auch ohne ortsübliche Bekanntmachung vorgenommen werden. [2]Die Änderung wird mit ihrer Bekanntgabe an die Eigentümer der betroffenen Grundstücke wirksam.

§ 53 Bestandskarte und Bestandsverzeichnis. (1) [1]Die Umlegungsstelle fertigt eine Karte und ein Verzeichnis der Grundstücke des Umlegungsgebiets an (Bestandskarte und Bestandsverzeichnis). [2]Die Bestandskarte weist mindestens die bisherige Lage und Form der Grundstücke des Umlegungsgebiets und die auf ihnen befindlichen Gebäude aus und bezeichnet die Eigentümer. [3]In dem Bestandsverzeichnis sind für jedes Grundstück mindestens aufzuführen

1. die im Grundbuch eingetragenen Eigentümer,
2. die grundbuch- und katastermäßige Bezeichnung, die Größe und die im Liegenschaftskataster angegebene Nutzungsart der Grundstücke unter Angabe von Straße und Hausnummer sowie

[1)] Nr. 1.

3. die im Grundbuch in Abteilung II eingetragenen Lasten und Beschränkungen.

(2) [1]Die Bestandskarte und die in Absatz 1 Satz 3 Nummer 1 und 2 bezeichneten Teile des Bestandsverzeichnisses sind auf die Dauer eines Monats in der Gemeinde öffentlich auszulegen. [2]Ort und Dauer der Auslegung sind mindestens eine Woche vor der Auslegung ortsüblich bekannt zu machen.

(3) Betrifft die Umlegung nur wenige Grundstücke, so genügt anstelle der ortsüblichen Bekanntmachung die Mitteilung an die Eigentümer und die Inhaber sonstiger Rechte, soweit sie aus dem Grundbuch ersichtlich sind oder ihr Recht bei der Umlegungsstelle angemeldet haben.

(4) In den in Absatz 1 Satz 3 Nummer 3 bezeichneten Teil des Bestandsverzeichnisses ist die Einsicht jedem gestattet, der ein berechtigtes Interesse darlegt.

§ 54 Benachrichtigungen und Umlegungsvermerk. (1) [1]Die Umlegungsstelle teilt dem Grundbuchamt und der für die Führung des Liegenschaftskatasters zuständigen Stelle die Einleitung (§ 47) des Umlegungsverfahrens und die nachträglichen Änderungen des Umlegungsgebiets (§ 52) mit. [2]Das Grundbuchamt hat in die Grundbücher der umzulegenden Grundstücke einzutragen, dass das Umlegungsverfahren eingeleitet ist (Umlegungsvermerk).

(2) [1]Das Grundbuchamt und die für die Führung des Liegenschaftskatasters zuständige Stelle haben die Umlegungsstelle von allen Eintragungen zu benachrichtigen, die nach dem Zeitpunkt der Einleitung des Umlegungsverfahrens im Grundbuch der betroffenen Grundstücke und im Liegenschaftskataster vorgenommen sind oder vorgenommen werden. [2]§ 22 Absatz 6 ist entsprechend anzuwenden.

(3) Ist im Grundbuch die Anordnung der Zwangsversteigerung oder Zwangsverwaltung eingetragen, so gibt die Umlegungsstelle dem Vollstreckungsgericht von dem Umlegungsbeschluss Kenntnis, soweit dieser das Grundstück betrifft, das Gegenstand des Vollstreckungsverfahrens ist.

§ 55 Umlegungsmasse und Verteilungsmasse. (1) Die im Umlegungsgebiet gelegenen Grundstücke werden nach ihrer Fläche rechnerisch zu einer Masse vereinigt (Umlegungsmasse).

(2) [1]Aus der Umlegungsmasse sind vorweg die Flächen auszuscheiden und der Gemeinde oder dem sonstigen Erschließungsträger zuzuteilen, die nach dem Bebauungsplan festgesetzt sind oder aus Gründen der geordneten städtebaulichen Entwicklung zur Verwirklichung der nach § 34 zulässigen Nutzung erforderlich sind als

1. örtliche Verkehrsflächen für Straßen, Wege einschließlich Fuß- und Wohnwege und für Plätze sowie für Sammelstraßen,
2. Flächen für Parkplätze, Grünanlagen einschließlich Kinderspielplätze und Anlagen zum Schutz gegen schädliche Umwelteinwirkungen im Sinne des Bundes-Immissionsschutzgesetzes, soweit sie nicht schon Bestandteil der in Nummer 1 genannten Verkehrsanlagen sind, sowie für Regenklär- und Regenüberlaufbecken, wenn die Flächen überwiegend den Bedürfnissen der Bewohner des Umlegungsgebiets dienen sollen.

[2]Zu den vorweg auszuscheidenden Flächen gehören auch die Flächen zum Ausgleich im Sinne des § 1a Absatz 3 für die in Satz 1 genannten Anlagen.

[3] Grünflächen nach Satz 1 Nummer 2 können auch bauflächenbedingte Flächen zum Ausgleich im Sinne des § 1a Absatz 3 umfassen.

(3) Mit der Zuteilung ist die Gemeinde oder der sonstige Erschließungsträger für von ihnen in die Umlegungsmasse eingeworfene Flächen nach Absatz 2 abgefunden.

(4) Die verbleibende Masse ist die Verteilungsmasse.

(5) [1] Sonstige Flächen, für die nach dem Bebauungsplan eine Nutzung für öffentliche Zwecke festgesetzt ist, können einschließlich der Flächen zum Ausgleich im Sinne des § 1a Absatz 3 ausgeschieden und dem Bedarfs- oder Erschließungsträger zugeteilt werden, wenn dieser geeignetes Ersatzland, das auch außerhalb des Umlegungsgebiets liegen kann, in die Verteilungsmasse einbringt. [2] Die Umlegungsstelle soll von dieser Befugnis Gebrauch machen, wenn dies zur alsbaldigen Durchführung des Bebauungsplans zweckmäßig ist.

§ 56 Verteilungsmaßstab. (1) [1] Für die Errechnung der den beteiligten Grundeigentümern an der Verteilungsmasse zustehenden Anteile (Sollanspruch) ist entweder von dem Verhältnis der Flächen oder dem Verhältnis der Werte auszugehen, in dem die früheren Grundstücke vor der Umlegung zueinander gestanden haben. [2] Der Maßstab ist von der Umlegungsstelle nach pflichtmäßigem Ermessen unter gerechter Abwägung der Interessen der Beteiligten je nach Zweckmäßigkeit einheitlich zu bestimmen.

(2) Sind alle Beteiligten einverstanden, so kann die Verteilungsmasse auch nach einem anderen Maßstab aufgeteilt werden.

§ 57 Verteilung nach Werten. [1] Geht die Umlegungsstelle von dem Verhältnis der Werte aus, so wird die Verteilungsmasse in dem Verhältnis verteilt, in dem die zu berücksichtigenden Eigentümer an der Umlegung beteiligt sind. [2] Jedem Eigentümer soll ein Grundstück mindestens mit dem Verkehrswert zugeteilt werden, den sein früheres Grundstück auch unter Berücksichtigung der Pflicht zur Bereitstellung von Flächen zum Ausgleich im Sinne des § 1a Absatz 3 im Zeitpunkt des Umlegungsbeschlusses hatte. [3] Für die zuzuteilenden Grundstücke ist der Verkehrswert, bezogen auf den Zeitpunkt des Umlegungsbeschlusses, zu ermitteln. [4] Dabei sind Wertänderungen, die durch die Umlegung bewirkt werden, zu berücksichtigen; sollen Grundstücke in Bezug auf Flächen nach § 55 Absatz 2 erschließungsbeitragspflichtig zugeteilt werden, bleiben Wertänderungen insoweit unberücksichtigt. [5] Unterschiede zwischen den so ermittelten Verkehrswerten sind in Geld auszugleichen.

§ 58 Verteilung nach Flächen. (1) [1] Geht die Umlegungsstelle von dem Verhältnis der Flächen aus, hat sie von den eingeworfenen Grundstücken unter Anrechnung des Flächenabzugs nach § 55 Absatz 2 einen Flächenbeitrag in einem solchen Umfang abzuziehen, dass die Vorteile ausgeglichen werden, die durch die Umlegung erwachsen; dabei bleiben in den Fällen des § 57 Satz 4 Halbsatz 2 die Vorteile insoweit unberücksichtigt. [2] Der Flächenbeitrag darf in Gebieten, die erstmalig erschlossen werden, nur bis zu 30 vom Hundert, in anderen Gebieten nur bis zu 10 vom Hundert der eingeworfenen Fläche betragen. [3] Die Umlegungsstelle kann statt eines Flächenbeitrags ganz oder teilweise einen entsprechenden Geldbeitrag erheben. [4] Soweit der Umlegungsvorteil den Flächenbeitrag nach Satz 1 übersteigt, ist der Vorteil in Geld auszugleichen.

(2) Kann das neue Grundstück nicht in gleicher oder gleichwertiger Lage zugeteilt werden, so sind dadurch begründete Wertunterschiede in Fläche oder Geld auszugleichen.

(3) Für die Bemessung von Geldbeiträgen und Ausgleichsleistungen sind die Wertverhältnisse im Zeitpunkt des Umlegungsbeschlusses maßgebend.

§ 59 Zuteilung und Abfindung. (1) Aus der Verteilungsmasse sind den Eigentümern dem Umlegungszweck entsprechend nach Möglichkeit Grundstücke einschließlich Flächen zum Ausgleich im Sinne des § 1a Absatz 3 in gleicher oder gleichwertiger Lage wie die eingeworfenen Grundstücke und entsprechend den nach den §§ 57 und 58 errechneten Anteilen zuzuteilen.

(2) [1] Soweit es unter Berücksichtigung der öffentlich-rechtlichen Vorschriften nicht möglich ist, die nach den §§ 57 und 58 errechneten Anteile tatsächlich zuzuteilen, findet ein Ausgleich in Geld statt. [2] Auf den Geldausgleich sind die Vorschriften über die Entschädigung im Zweiten Abschnitt des Fünften Teils entsprechend anzuwenden, soweit die Zuteilung den Einwurfswert oder mehr als nur unwesentlich den Sollanspruch unterschreitet. [3] Der Geldausgleich bemisst sich nach dem Verkehrswert, bezogen auf den Zeitpunkt der Aufstellung des Umlegungsplans, soweit die Zuteilung den Sollanspruch mehr als nur unwesentlich überschreitet und dadurch die bauplanungsrechtlich zulässige Nutzung ermöglicht.

(3) Beantragt ein Eigentümer, der im Umlegungsgebiet eigen genutzten Wohn- oder Geschäftsraum aufgeben muss und im Umlegungsverfahren kein Grundstück erhält, dass für ihn als Abfindung im Umlegungsverfahren eines der in Absatz 4 Nummer 2 und 3 bezeichneten Rechte vorgesehen wird, so soll dem entsprochen werden, sofern dies in der Umlegung möglich ist.

(4) Mit Einverständnis der betroffenen Eigentümer können als Abfindung

1. Geld oder
2. Grundeigentum außerhalb des Umlegungsgebiets oder
3. die Begründung von Miteigentum an einem Grundstück, die Gewährung von grundstücksgleichen Rechten, Rechten nach dem Wohnungseigentumsgesetz[1)] oder sonstigen dinglichen Rechten innerhalb und außerhalb des Umlegungsgebiets

vorgesehen werden.

(5) [1] Sofern die Umlegung im Geltungsbereich eines Bebauungsplans durchgeführt wird, können Eigentümer in Geld oder mit außerhalb des Umlegungsgebiets gelegenen Grundstücken abgefunden werden, wenn sie im Gebiet keine bebauungsfähigen Grundstücke erhalten können oder wenn dies sonst zur Erreichung der Ziele und Zwecke des Bebauungsplans erforderlich ist; wer die Abfindung mit Grundstücken außerhalb des Gebiets ablehnt, kann mit Geld abgefunden werden. [2] Die Vorschriften über die Entschädigung im Zweiten Abschnitt des Fünften Teils sind entsprechend anzuwenden.

(6) [1] Lehnt der Eigentümer eine Abfindung mit den in Absatz 4 Nummer 2 und 3 bezeichneten Rechten ab, obgleich durch eine solche Abfindung für eine größere Anzahl von Beteiligten eine Abfindung in Geld vermieden werden kann und die Abfindung in diesen Rechtsformen mit dem Bebauungsplan vereinbar ist, ist der Eigentümer in Geld abzufinden. [2] Die Vorschriften über

1) Nr. 3.

die Entschädigung im Zweiten Abschnitt des Fünften Teils sind entsprechend anzuwenden.

(7) Die Umlegungsstelle – der Umlegungsausschuss auf Antrag der Gemeinde – kann bei der Zuteilung von Grundstücken unter den Voraussetzungen des § 176 ein Baugebot, unter den Voraussetzungen des § 177 ein Modernisierungs- oder Instandsetzungsgebot und unter den Voraussetzungen des § 178 ein Pflanzgebot anordnen.

(8) [1] Sofern die Umlegung im Geltungsbereich eines Bebauungsplans durchgeführt wird, sind im Umlegungsplan die Gebäude oder sonstigen baulichen Anlagen zu bezeichnen, die dem Bebauungsplan widersprechen und der Verwirklichung der im Umlegungsplan in Aussicht genommenen Neugestaltung (§ 66 Absatz 2) entgegenstehen. [2] Die Eigentümer und die sonstigen Nutzungsberechtigten haben die Beseitigung der im Umlegungsplan bezeichneten Gebäude und sonstigen baulichen Anlagen zu dulden, wenn die Gemeinde die Beseitigung zum Vollzug des Umlegungsplans durchführt.

(9) Die Befugnis der Gemeinde, ein Baugebot, ein Modernisierungs- oder Instandsetzungsgebot, ein Pflanzgebot oder ein Rückbau- oder Entsiegelungsgebot nach den §§ 176 bis 179 anzuordnen, bleibt unberührt.

§ 60 Abfindung und Ausgleich für bauliche Anlagen, Anpflanzungen und sonstige Einrichtungen. [1] Für bauliche Anlagen, Anpflanzungen und für sonstige Einrichtungen ist nur eine Geldabfindung zu gewähren und im Falle der Zuteilung ein Ausgleich in Geld festzusetzen, soweit das Grundstück wegen dieser Einrichtungen einen über den Bodenwert hinausgehenden Verkehrswert hat. [2] Die Vorschriften über die Entschädigung im Zweiten Abschnitt des Fünften Teils sind entsprechend anzuwenden.

§ 61 Aufhebung, Änderung und Begründung von Rechten.

(1) [1] Grundstücksgleiche Rechte sowie andere Rechte an einem im Umlegungsgebiet gelegenen Grundstück oder an einem das Grundstück belastenden Recht, ferner Ansprüche mit dem Recht auf Befriedigung aus dem Grundstück oder persönliche Rechte, die zum Erwerb, zum Besitz oder zur Nutzung eines im Umlegungsgebiet gelegenen Grundstücks berechtigen oder den Verpflichteten in der Benutzung des Grundstücks beschränken, können durch den Umlegungsplan aufgehoben, geändert oder neu begründet werden. [2] In Übereinstimmung mit den Zielen des Bebauungsplans oder zur Verwirklichung einer nach § 34 zulässigen Nutzung können zur zweckmäßigen und wirtschaftlichen Ausnutzung der Grundstücke Flächen für Zuwege, gemeinschaftliche Hofräume, Kinderspielplätze, Freizeiteinrichtungen, Stellplätze, Garagen, Flächen zum Ausgleich im Sinne des § 1a Absatz 3 oder andere Gemeinschaftsanlagen festgelegt und ihre Rechtsverhältnisse geregelt werden. [3] Im Landesrecht vorgesehene öffentlich-rechtliche Verpflichtungen zu einem das Grundstück betreffenden Tun, Dulden oder Unterlassen (Baulast) können im Einvernehmen mit der Baugenehmigungsbehörde aufgehoben, geändert oder neu begründet werden.

(2) [1] Soweit durch die Aufhebung, Änderung oder Begründung von Rechten oder Baulasten Vermögensnachteile oder Vermögensvorteile entstehen, findet ein Ausgleich in Geld statt. [2] Für den Fall, dass Vermögensnachteile entstehen, sind die Vorschriften über die Entschädigung im Zweiten Abschnitt

des Fünften Teils und über den Härteausgleich nach § 181 entsprechend anzuwenden.

(3) Die Absätze 1 und 2 gelten auch für die nach § 55 Absatz 5 in die Verteilungsmasse eingebrachten Grundstücke.

§ 62 Gemeinschaftliches Eigentum; besondere rechtliche Verhältnisse. (1) Wenn es dem Zweck der Umlegung dient und die Eigentümer zustimmen, kann gemeinschaftliches Eigentum an Grundstücken geteilt werden.

(2) [1] Wenn einem Eigentümer für mehrere verschiedenen Rechtsverhältnissen unterliegende alte Grundstücke oder Berechtigungen ein neues Grundstück zugeteilt wird, so werden entsprechend den verschiedenen Rechtsverhältnissen Bruchteile der Gesamtabfindung bestimmt, die an die Stelle der einzelnen Grundstücke oder Berechtigungen treten. [2] In diesen Fällen kann für jedes eingeworfene Grundstück oder jede Berechtigung anstelle des Bruchteils ein besonderes Grundstück zugeteilt werden.

(3) Wenn gemeinschaftliches Eigentum geteilt wird (Absatz 1) oder einem Eigentümer für sein Grundstück mehrere neue Grundstücke zugeteilt werden, so kann die Umlegungsstelle Grundpfandrechte und Reallasten, mit denen eingeworfene Grundstücke belastet sind, entsprechend den im Umlegungsverfahren ermittelten Werten auf die zuzuteilenden Grundstücke verteilen.

§ 63 Übergang von Rechtsverhältnissen auf die Abfindung. (1) [1] Die zugeteilten Grundstücke treten hinsichtlich der Rechte an den alten Grundstücken und der diese Grundstücke betreffenden Rechtsverhältnisse, die nicht aufgehoben werden, an die Stelle der alten Grundstücke. [2] Die örtlich gebundenen öffentlichen Lasten, die auf den alten Grundstücken ruhen, gehen auf die in deren örtlicher Lage ausgewiesenen neuen Grundstücke über.

(2) Erhält der Eigentümer, dem ein neues Grundstück zugeteilt wird, für das alte Grundstück zum Ausgleich von Wertunterschieden einen Geldausgleich oder nach § 59, § 60 oder § 61 eine Geldabfindung, so sind dinglich Berechtigte, deren Rechte durch die Umlegung beeinträchtigt werden, insoweit auf den Geldanspruch des Eigentümers angewiesen.

§ 64 Geldleistungen. (1) Die Gemeinde ist Gläubigerin und Schuldnerin der im Umlegungsplan festgesetzten Geldleistungen.

(2) [1] Geldleistungen werden mit der Bekanntmachung nach § 71 fällig. [2] Die Fälligkeit der Ausgleichsleistungen für Mehrwerte (§§ 57 bis 61) kann bis zu längstens zehn Jahren hinausgeschoben werden; dabei kann vorgesehen werden, dass die Bezahlung dieser Ausgleichsleistungen ganz oder teilweise in wiederkehrenden Leistungen erfolgt. [3] In den Fällen des Satzes 2 soll die Ausgleichsleistung ab Fälligkeit und bei Anfechtung des Umlegungsplans lediglich wegen der Höhe einer Geldleistung soll diese in Höhe des angefochtenen Betrags ab Inkrafttreten des Umlegungsplans dem Grund nach mit 2 vom Hundert über dem Basiszinssatz nach § 247 des Bürgerlichen Gesetzbuchs[1)] jährlich verzinst werden.

(3) Die Verpflichtungen des Eigentümers oder des Erbbauberechtigten zu Geldleistungen nach den §§ 57 bis 61 gelten als Beitrag und ruhen als öffentliche Last auf dem Grundstück oder dem Erbbaurecht.

[1)] **dtv 5001 BGB Nr. 1.**

(4) [1] Wird zur Sicherung eines Kredits, der

1. der Errichtung von Neubauten, dem Wiederaufbau zerstörter Gebäude oder dem Ausbau oder der Erweiterung bestehender Gebäude oder
2. der Durchführung notwendiger außerordentlicher Instandsetzungen an Gebäuden

auf dem belasteten Grundstück dient, ein Grundpfandrecht bestellt, so kann für dieses auf Antrag ein Befriedigungsvorrecht vor der öffentlichen Last nach Absatz 3 oder einem Teil derselben für den Fall der Zwangsvollstreckung in das Grundstück bewilligt werden, wenn dadurch die Sicherheit der öffentlichen Last nicht gefährdet wird und die Zins- und Tilgungssätze für das Grundpfandrecht den üblichen Jahresleistungen für erstrangige Tilgungshypotheken entsprechen. [2] Die Bewilligung kann von der Erfüllung von Bedingungen abhängig gemacht werden.

(5) Soweit die Kosten und Geldleistungen der Umlegung von einem Bedarfs- oder Erschließungsträger verursacht sind, sind sie von ihm der Gemeinde zu erstatten.

(6) Die öffentlichen Lasten (Absatz 3) sind im Grundbuch zu vermerken.

§ 65 Hinterlegung und Verteilungsverfahren. Für die Hinterlegung von Geldleistungen und für das Verteilungsverfahren gelten die Vorschriften der §§ 118 und 119 entsprechend.

§ 66 Aufstellung und Inhalt des Umlegungsplans. (1) [1] Der Umlegungsplan ist von der Umlegungsstelle nach Erörterung mit den Eigentümern durch Beschluss aufzustellen. [2] Er kann auch für Teile des Umlegungsgebiets aufgestellt werden (Teilumlegungsplan).

(2) [1] Aus dem Umlegungsplan muss der in Aussicht genommene Neuzustand mit allen tatsächlichen und rechtlichen Änderungen hervorgehen, die die im Umlegungsgebiet gelegenen Grundstücke erfahren. [2] Der Umlegungsplan muss nach Form und Inhalt zur Übernahme in das Liegenschaftskataster geeignet sein.

(3) Der Umlegungsplan besteht aus der Umlegungskarte und dem Umlegungsverzeichnis.

§ 67 Umlegungskarte. [1] Die Umlegungskarte stellt den künftigen Zustand des Umlegungsgebiets dar. [2] In die Karte sind insbesondere die neuen Grundstücksgrenzen und -bezeichnungen sowie die Flächen im Sinne des § 55 Absatz 2 einzutragen.

§ 68 Umlegungsverzeichnis. (1) Das Umlegungsverzeichnis führt auf

1. die Grundstücke, einschließlich der außerhalb des Umlegungsgebiets zugeteilten, nach Lage, Größe und Nutzungsart unter Gegenüberstellung des alten und neuen Bestands mit Angabe ihrer Eigentümer;
2. die Rechte an einem Grundstück oder einem das Grundstück belastenden Recht, ferner Ansprüche mit dem Recht auf Befriedigung aus dem Grundstück oder persönliche Rechte, die zum Erwerb, zum Besitz oder zur Nutzung eines Grundstücks berechtigen oder den Verpflichteten in der Benutzung des Grundstücks beschränken, soweit sie aufgehoben, geändert oder neu begründet werden;
3. die Grundstückslasten nach Rang und Betrag;

4. die Geldleistungen, deren Fälligkeit und Zahlungsart sowie der Wert der Flächen nach § 55 Absatz 2 bei einer insoweit erschließungsbeitragspflichtigen Zuteilung;
5. diejenigen, zu deren Gunsten oder Lasten Geldleistungen festgesetzt sind;
6. die einzuziehenden und die zu verlegenden Flächen im Sinne des § 55 Absatz 2 und die Wasserläufe;
7. die Gebote nach § 59 Absatz 7 sowie
8. die Baulasten nach § 61 Absatz 1 Satz 3.

(2) Das Umlegungsverzeichnis kann für jedes Grundstück gesondert aufgestellt werden.

§ 69 Bekanntmachung des Umlegungsplans, Einsichtnahme. (1) [1]Die Umlegungsstelle hat den Beschluss über die Aufstellung des Umlegungsplans (§ 66 Absatz 1) in der Gemeinde ortsüblich bekannt zu machen. [2]In der Bekanntmachung ist darauf hinzuweisen, dass der Umlegungsplan an einer zu benennenden Stelle nach Absatz 2 eingesehen werden kann und auszugsweise nach § 70 Absatz 1 Satz 1 zugestellt wird.

(2) Den Umlegungsplan kann jeder einsehen, der ein berechtigtes Interesse darlegt.

§ 70 Zustellung des Umlegungsplans. (1) [1]Den Beteiligten ist ein ihre Rechte betreffender Auszug aus dem Umlegungsplan zuzustellen. [2]Dabei ist darauf hinzuweisen, dass der Umlegungsplan an einer zu benennenden Stelle nach § 69 Absatz 2 eingesehen werden kann.

(2) Hält die Umlegungsstelle Änderungen des Umlegungsplans für erforderlich, so können die Bekanntmachung und die Zustellung des geänderten Umlegungsplans auf die von der Änderung Betroffenen beschränkt werden.

(3) Ist im Grundbuch die Anordnung der Zwangsversteigerung oder Zwangsverwaltung eingetragen, so gibt die Umlegungsstelle dem Vollstreckungsgericht von dem Umlegungsverzeichnis Kenntnis, soweit dieses das Grundstück, das Gegenstand des Vollstreckungsverfahrens ist, und die daran bestehenden Rechte betrifft.

§ 71 Inkrafttreten des Umlegungsplans. (1) [1]Die Umlegungsstelle hat ortsüblich bekannt zu machen, in welchem Zeitpunkt der Umlegungsplan unanfechtbar geworden ist. [2]Dem Eintritt der Unanfechtbarkeit des Umlegungsplans steht es gleich, wenn der Umlegungsplan lediglich wegen der Höhe einer Geldabfindung anfechtbar ist.

(2) [1]Vor Unanfechtbarkeit des Umlegungsplans kann die Umlegungsstelle räumliche und sachliche Teile des Umlegungsplans durch Bekanntmachung in Kraft setzen, wenn sich die Entscheidung über eingelegte Rechtsbehelfe auf diese Teile des Umlegungsplans nicht auswirken kann. [2]Personen, die Rechtsbehelfe eingelegt haben, sind von der Inkraftsetzung zu unterrichten.

§ 72 Wirkungen der Bekanntmachung. (1) [1]Mit der Bekanntmachung nach § 71 wird der bisherige Rechtszustand durch den in dem Umlegungsplan vorgesehenen neuen Rechtszustand ersetzt. [2]Die Bekanntmachung schließt die Einweisung der neuen Eigentümer in den Besitz der zugeteilten Grundstücke ein.

(2) [1] Die Gemeinde hat den Umlegungsplan zu vollziehen, sobald seine Unanfechtbarkeit nach § 71 bekannt gemacht worden ist. [2] Sie hat den Beteiligten die neuen Besitz- und Nutzungsrechte, erforderlichenfalls mit den Mitteln des Verwaltungszwangs, zu verschaffen.

§ 73 Änderung des Umlegungsplans. Die Umlegungsstelle kann den Umlegungsplan auch nach Eintritt der Unanfechtbarkeit ändern, wenn

1. der Bebauungsplan geändert wird,
2. eine rechtskräftige Entscheidung eines Gerichts die Änderung notwendig macht oder
3. die Beteiligten mit der Änderung einverstanden sind.

§ 74 Berichtigung der öffentlichen Bücher. (1) [1] Die Umlegungsstelle übersendet dem Grundbuchamt und der für die Führung des Liegenschaftskatasters zuständigen Stelle eine beglaubigte Abschrift der Bekanntmachung nach § 71 sowie eine beglaubigte Ausfertigung des Umlegungsplans und ersucht diese, die Rechtsänderungen in das Grundbuch und in das Liegenschaftskataster einzutragen sowie den Umlegungsvermerk im Grundbuch zu löschen. [2] Dies gilt auch für außerhalb des Umlegungsgebiets zugeteilte Grundstücke.

(2) [1] Bis zur Berichtigung des Liegenschaftskatasters dienen die Umlegungskarte und das Umlegungsverzeichnis als amtliches Verzeichnis der Grundstücke im Sinne des § 2 Absatz 2 der Grundbuchordnung[1)], wenn die für die Führung des Liegenschaftskatasters zuständige Stelle auf diesen Urkunden bescheinigt hat, dass sie nach Form und Inhalt zur Übernahme in das Liegenschaftskataster geeignet sind. [2] Diese Bescheinigung ist nicht erforderlich, wenn die Flurbereinigungsbehörde die Umlegungskarte und das Umlegungsverzeichnis gefertigt hat (§ 46 Absatz 2 Nummer 5 und Absatz 4).

§ 75 Einsichtnahme in den Umlegungsplan. Bis zur Berichtigung des Grundbuchs ist die Einsicht in den Umlegungsplan jedem gestattet, der ein berechtigtes Interesse darlegt.

§ 76 Vorwegnahme der Entscheidung. [1] Mit Einverständnis der betroffenen Rechtsinhaber können die Eigentums- und Besitzverhältnisse für einzelne Grundstücke sowie andere Rechte nach den §§ 55 bis 62 geregelt werden, bevor der Umlegungsplan aufgestellt ist. [2] Die §§ 70 bis 75 gelten entsprechend.

§ 77 Vorzeitige Besitzeinweisung. (1) Sofern die Umlegung im Geltungsbereich eines Bebauungsplans durchgeführt wird, kann die Umlegungsstelle nach dem Inkrafttreten des Bebauungsplans, wenn das Wohl der Allgemeinheit es erfordert,

1. vor Aufstellung des Umlegungsplans die Gemeinde oder den sonstigen Bedarfs- oder Erschließungsträger in den Besitz der Grundstücke, die in dem Bebauungsplan als Flächen im Sinne des § 9 Absatz 1 Nummer 21 oder des § 55 Absatz 2 und 5 festgesetzt sind, einweisen;
2. nach Aufstellung des Umlegungsplans und Übertragung der Grenzen der neuen Grundstücke in die Örtlichkeit auch sonstige am Umlegungsverfahren

1) Nr. **11**.

Beteiligte in den Besitz der nach dem Umlegungsplan für sie vorgesehenen Grundstücke oder Nutzungsrechte einweisen.

(2) Das Wohl der Allgemeinheit kann die vorzeitige Einweisung in den Besitz insbesondere erfordern

1. in den Fällen des Absatzes 1 Nummer 1 zugunsten der Gemeinde oder eines sonstigen Bedarfs- oder Erschließungsträgers, wenn Maßnahmen zur Verwirklichung des Bebauungsplans bevorstehen und die Flächen für die vorgesehenen Anlagen und Einrichtungen der Erschließung oder Versorgung des Gebiets benötigt werden,
2. in den Fällen des Absatzes 1 Nummer 2 zugunsten sonstiger Umlegungsbeteiligter, wenn dringende städtebauliche Gründe für die Verschaffung des Besitzes bestehen und wenn diese Gründe die Interessen der Betroffenen an der weiteren Ausübung des Besitzes wesentlich überwiegen.

(3) Die §§ 116 und 122 gelten entsprechend.

§ 78 Verfahrens- und Sachkosten. Die Gemeinde trägt die Verfahrenskosten und die nicht durch Beiträge nach § 64 Absatz 3 gedeckten Sachkosten.

§ 79 Abgaben- und Auslagenbefreiung. (1) [1] Geschäfte und Verhandlungen, die der Durchführung oder Vermeidung der Umlegung dienen, einschließlich der Berichtigung der öffentlichen Bücher, sind frei von Gebühren und ähnlichen nichtsteuerlichen Abgaben sowie von Auslagen; dies gilt nicht für die Kosten eines Rechtsstreits. [2] Unberührt bleiben Regelungen nach landesrechtlichen Vorschriften.

(2) Die Abgabenfreiheit ist von der zuständigen Behörde ohne Nachprüfung anzuerkennen, wenn die Umlegungsstelle versichert, dass ein Geschäft oder eine Verhandlung der Durchführung oder Vermeidung der Umlegung dient.

Zweiter Abschnitt. Vereinfachte Umlegung

§ 80 Zweck, Anwendungsbereich, Zuständigkeiten. (1) [1] Die Gemeinde kann eine Umlegung im Sinne des § 45 als vereinfachte Umlegung durchführen, wenn die in § 46 Absatz 1 bezeichneten Voraussetzungen vorliegen und wenn mit der Umlegung lediglich

1. unmittelbar aneinander grenzende oder in enger Nachbarschaft liegende Grundstücke oder Teile von Grundstücken untereinander getauscht oder
2. Grundstücke, insbesondere Splittergrundstücke oder Teile von Grundstücken, einseitig zugeteilt

werden. [2] Die auszutauschenden oder einseitig zuzuteilenden Grundstücke oder Grundstücksteile dürfen nicht selbständig bebaubar sein. [3] Eine einseitige Zuteilung muss im öffentlichen Interesse geboten sein.

(2) [1] Auf die vereinfachte Umlegung sind die Vorschriften des Ersten Abschnitts nur anzuwenden, soweit die Vorschriften dieses Abschnitts dies bestimmen. [2] Einer Anordnung der vereinfachten Umlegung durch die Gemeinde bedarf es nicht.

(3) [1] Die vereinfachte Umlegung ist so durchzuführen, dass jedem Eigentümer nach dem Verhältnis des Werts seines früheren Grundstücks zum Wert der übrigen Grundstücke möglichst ein Grundstück in gleicher oder gleichwertiger Lage zugeteilt wird. [2] Eine durch die vereinfachte Umlegung für den Grund-

stückseigentümer bewirkte Wertminderung darf nur unerheblich sein. [3]Mit Zustimmung der Eigentümer können von den Sätzen 1 und 2 abweichende Regelungen getroffen werden.

(4) [1]Im Rahmen des Verfahrens der vereinfachten Umlegung betroffene Dienstbarkeiten und Baulasten nach Maßgabe des § 61 Absatz 1 Satz 3 können neu geordnet und zu diesem Zweck auch neu begründet und aufgehoben werden. [2]Betroffene Grundpfandrechte können neu geordnet werden, wenn die Beteiligten dem vorgesehenen neuen Rechtszustand zustimmen.

(5) [1]Die Landesregierungen können durch Rechtsverordnungen bestimmen, dass die nach Maßgabe des § 46 Absatz 2 Nummer 1 und 2 gebildeten Umlegungsausschüsse auch vereinfachte Umlegungsverfahren selbständig durchführen. [2]Die Vorschriften des § 46 Absatz 4 zur Übertragung der Umlegung auf die Flurbereinigungsbehörde oder eine andere geeignete Behörde sind für vereinfachte Umlegungsverfahren entsprechend anzuwenden.

§ 81 Geldleistungen. (1) [1]Vorteile, die durch die vereinfachte Umlegung bewirkt werden, sind von den Eigentümern in Geld auszugleichen. [2]Die Vorschriften über die Entschädigung im Zweiten Abschnitt des Fünften Teils sind entsprechend anzuwenden.

(2) [1]Gläubigerin und Schuldnerin der Geldleistungen ist die Gemeinde. [2]Die Beteiligten können mit Zustimmung der Gemeinde andere Vereinbarungen treffen. [3]Die Geldleistungen werden mit der Bekanntmachung nach § 83 Absatz 1 fällig. [4]§ 64 Absatz 3, 4 und 6 über Beitrag und öffentliche Last ist entsprechend anzuwenden, wenn die Gemeinde Gläubigerin der Geldleistungen ist.

(3) [1]Dinglich Berechtigte, deren Rechte durch die vereinfachte Umlegung beeinträchtigt werden, sind insoweit auf den Geldanspruch des Eigentümers angewiesen. [2]Für die Hinterlegung von Geldleistungen und für das Verteilungsverfahren gelten die Vorschriften der §§ 118 und 119 entsprechend.

§ 82 Beschluss über die vereinfachte Umlegung. (1) [1]Die Gemeinde setzt nach Erörterung mit den Eigentümern durch Beschluss die neuen Grenzen sowie die Geldleistung fest und regelt in ihm, soweit es erforderlich ist, die Neuordnung und zu diesem Zweck auch die Neubegründung und Aufhebung von Dienstbarkeiten, Grundpfandrechten und Baulasten. [2]Beteiligten, deren Rechte ohne Zustimmung durch den Beschluss betroffen werden, ist vorher Gelegenheit zur Stellungnahme zu geben. [3]Der Beschluss muss nach Form und Inhalt zur Übernahme in das Liegenschaftskataster geeignet sein.

(2) [1]Allen Beteiligten ist ein ihre Rechte betreffender Auszug aus dem Beschluss zuzustellen. [2]Dabei ist darauf hinzuweisen, dass der Beschluss bei einer zu benennenden Stelle eingesehen werden kann.

§ 83 Bekanntmachung und Rechtswirkungen der vereinfachten Umlegung. (1) [1]Die Gemeinde hat ortsüblich bekannt zu machen, in welchem Zeitpunkt der Beschluss über die vereinfachte Umlegung unanfechtbar geworden ist. [2]§ 71 Absatz 2 über die vorzeitige Inkraftsetzung ist entsprechend anzuwenden.

(2) [1]Mit der Bekanntmachung wird der bisherige Rechtszustand durch den in dem Beschluss über die vereinfachte Umlegung vorgesehenen neuen Rechtszustand ersetzt. [2]Die Bekanntmachung schließt die Einweisung der

neuen Eigentümer in den Besitz der zugeteilten Grundstücke oder Grundstücksteile ein. [3] § 72 Absatz 2 über die Vollziehung ist entsprechend anzuwenden.

(3) [1] Das Eigentum an ausgetauschten oder einseitig zugeteilten Grundstücksteilen und Grundstücken geht lastenfrei auf die neuen Eigentümer über; Unschädlichkeitszeugnisse sind nicht erforderlich. [2] Sofern Grundstücksteile oder Grundstücke einem Grundstück zugeteilt werden, werden sie Bestandteil dieses Grundstücks. [3] Die dinglichen Rechte an diesem Grundstück erstrecken sich auf die zugeteilten Grundstücksteile und Grundstücke. [4] Satz 1 Halbsatz 1 und Satz 3 gelten nur, soweit sich nicht aus einer Regelung nach § 80 Absatz 4 etwas anderes ergibt.

§ 84 Berichtigung der öffentlichen Bücher. (1) [1] Die Gemeinde übersendet dem Grundbuchamt und der für die Führung des Liegenschaftskatasters zuständigen Stelle eine beglaubigte Abschrift des Beschlusses über die vereinfachte Umlegung, teilt den Zeitpunkt der Bekanntmachung nach § 83 Absatz 1 mit und ersucht diese, die Rechtsänderungen in das Grundbuch und in das Liegenschaftskataster einzutragen. [2] § 74 Absatz 2 gilt entsprechend.

(2) Für die Kosten der vereinfachten Umlegung gelten die §§ 78 und 79 entsprechend.

Fünfter Teil. Enteignung

Erster Abschnitt. Zulässigkeit der Enteignung

§ 85 Enteignungszweck. (1) Nach diesem Gesetzbuch kann nur enteignet werden, um

1. entsprechend den Festsetzungen des Bebauungsplans ein Grundstück zu nutzen oder eine solche Nutzung vorzubereiten,
2. unbebaute oder geringfügig bebaute Grundstücke, die nicht im Bereich eines Bebauungsplans, aber innerhalb im Zusammenhang bebauter Ortsteile liegen, insbesondere zur Schließung von Baulücken, entsprechend den baurechtlichen Vorschriften zu nutzen oder einer baulichen Nutzung zuzuführen,
3. Grundstücke für die Entschädigung in Land zu beschaffen,
4. durch Enteignung entzogene Rechte durch neue Rechte zu ersetzen,
5. Grundstücke einer baulichen Nutzung zuzuführen, wenn ein Eigentümer die Verpflichtung nach § 176 Absatz 1 oder 2 nicht erfüllt,
6. im Geltungsbereich einer Erhaltungssatzung eine bauliche Anlage aus den in § 172 Absatz 3 bis 5 bezeichneten Gründen zu erhalten oder
7. im Geltungsbereich einer Satzung zur Sicherung von Durchführungsmaßnahmen des Stadtumbaus eine bauliche Anlage aus den in § 171d Absatz 3 bezeichneten Gründen zu erhalten oder zu beseitigen.

(2) Unberührt bleiben

1. die Vorschriften über die Enteignung zu anderen als den in Absatz 1 genannten Zwecken,
2. landesrechtliche Vorschriften über die Enteignung zu den in Absatz 1 Nummer 6 genannten Zwecken.

§ 86 Gegenstand der Enteignung. (1) Durch Enteignung können
1. das Eigentum an Grundstücken entzogen oder belastet werden;
2. andere Rechte an Grundstücken entzogen oder belastet werden;
3. Rechte entzogen werden, die zum Erwerb, zum Besitz oder zur Nutzung von Grundstücken berechtigen oder die den Verpflichteten in der Benutzung von Grundstücken beschränken; hierzu zählen auch Rückübertragensansprüche nach dem Vermögensgesetz;
4. soweit es in den Vorschriften dieses Teils vorgesehen ist, Rechtsverhältnisse begründet werden, die Rechte der in Nummer 3 bezeichneten Art gewähren.

(2) Auf das Zubehör eines Grundstücks sowie auf Sachen, die nur zu einem vorübergehenden Zweck mit dem Grundstück verbunden oder in ein Gebäude eingefügt sind, darf die Enteignung nur nach Maßgabe des § 92 Absatz 4 ausgedehnt werden.

(3) Die für die Entziehung oder Belastung des Eigentums an Grundstücken geltenden Vorschriften sind auf die Entziehung, Belastung oder Begründung der in Absatz 1 Nummer 2 bis 4 bezeichneten Rechte entsprechend anzuwenden.

§ 87 Voraussetzungen für die Zulässigkeit der Enteignung. (1) Die Enteignung ist im einzelnen Fall nur zulässig, wenn das Wohl der Allgemeinheit sie erfordert und der Enteignungszweck auf andere zumutbare Weise nicht erreicht werden kann.

(2) [1]Die Enteignung setzt voraus, dass der Antragsteller sich ernsthaft um den freihändigen Erwerb des zu enteignenden Grundstücks zu angemessenen Bedingungen, unter den Voraussetzungen des § 100 Absatz 1 und 3 unter Angebot geeigneten anderen Landes, vergeblich bemüht hat. [2]Der Antragsteller hat glaubhaft zu machen, dass das Grundstück innerhalb angemessener Frist zu dem vorgesehenen Zweck verwendet wird.

(3) [1]Die Enteignung eines Grundstücks zu dem Zweck, es für die bauliche Nutzung vorzubereiten (§ 85 Absatz 1 Nummer 1) oder es der baulichen Nutzung zuzuführen (§ 85 Absatz 1 Nummer 2), darf nur zugunsten der Gemeinde oder eines öffentlichen Bedarfs- oder Erschließungsträgers erfolgen. [2]In den Fällen des § 85 Absatz 1 Nummer 5 kann die Enteignung eines Grundstücks zugunsten eines Bauwilligen verlangt werden, der in der Lage ist, die Baumaßnahmen innerhalb angemessener Frist durchzuführen, und sich hierzu verpflichtet. [3]Soweit im förmlich festgelegten Sanierungsgebiet die Enteignung zugunsten der Gemeinde zulässig ist, kann sie auch zugunsten eines Sanierungsträgers erfolgen.

(4) Die Zulässigkeit der Enteignung wird durch die Vorschriften des Sechsten Teils des Zweiten Kapitels nicht berührt.

§ 88 Enteignung aus zwingenden städtebaulichen Gründen. [1]Wird die Enteignung eines Grundstücks von der Gemeinde zu den in § 85 Absatz 1 Nummer 1 und 2 bezeichneten Zwecken aus zwingenden städtebaulichen Gründen beantragt, so genügt anstelle des § 87 Absatz 2 der Nachweis, dass die Gemeinde sich ernsthaft um den freihändigen Erwerb dieses Grundstücks zu angemessenen Bedingungen vergeblich bemüht hat. [2]Satz 1 ist entsprechend anzuwenden, wenn die Enteignung eines im förmlich festgelegten Sanierungs-

gebiet gelegenen Grundstücks zugunsten der Gemeinde oder eines Sanierungsträgers beantragt wird.

§ 89 Veräußerungspflicht. (1) [1]Die Gemeinde hat Grundstücke zu veräußern,

1. die sie durch Ausübung des Vorkaufsrechts erlangt hat oder
2. die zu ihren Gunsten enteignet worden sind, um sie für eine bauliche Nutzung vorzubereiten oder der baulichen Nutzung zuzuführen.

[2]Dies gilt nicht für Grundstücke, die als Austauschland für beabsichtigte städtebauliche Maßnahmen, zur Entschädigung in Land oder für sonstige öffentliche Zwecke benötigt werden. [3]Die Veräußerungspflicht entfällt, wenn für das Grundstück entsprechendes Ersatzland hergegeben oder Miteigentum an einem Grundstück übertragen wurde oder wenn grundstücksgleiche Rechte, Rechte nach dem Wohnungseigentumsgesetz[1)] oder sonstige dingliche Rechte an einem Grundstück begründet oder gewährt wurden.

(2) Die Gemeinde soll ein Grundstück veräußern, sobald der mit dem Erwerb verfolgte Zweck verwirklicht werden kann oder entfallen ist.

(3) [1]Die Gemeinde hat die Grundstücke unter Berücksichtigung weiter Kreise der Bevölkerung an Personen zu veräußern, die sich verpflichten, das Grundstück innerhalb angemessener Frist entsprechend den baurechtlichen Vorschriften oder den Zielen und Zwecken der städtebaulichen Maßnahme zu nutzen. [2]Dabei sind in den Fällen des Absatzes 1 Satz 1 Nummer 1 die früheren Käufer, in den Fällen des Absatzes 1 Satz 1 Nummer 2 die früheren Eigentümer vorrangig zu berücksichtigen.

(4) [1]Die Gemeinde kann ihrer Veräußerungspflicht nachkommen, indem sie

1. das Eigentum an dem Grundstück überträgt,
2. grundstücksgleiche Rechte oder Rechte nach dem Wohnungseigentumsgesetz oder
3. sonstige dingliche Rechte

begründet oder gewährt. [2]Die Verschaffung eines Anspruchs auf den Erwerb solcher Rechte steht ihrer Begründung oder Gewährung oder der Eigentumsübertragung gleich.

§ 90 Enteignung von Grundstücken zur Entschädigung in Land.

(1) Die Enteignung von Grundstücken zur Entschädigung in Land (Ersatzland) ist zulässig, wenn

1. die Entschädigung eines Eigentümers nach § 100 in Land festzusetzen ist,
2. die Bereitstellung von Grundstücken, die im Rahmen der beabsichtigten städtebaulichen Entwicklung als Ersatzland geeignet sind, weder aus dem Grundbesitz des Enteignungsbegünstigten noch aus dem Grundbesitz des Bundes, des Landes, einer Gemeinde (Gemeindeverband) oder einer juristischen Person des Privatrechts, an der der Bund, das Land oder eine Gemeinde (Gemeindeverband) allein oder gemeinsam überwiegend beteiligt sind, möglich und zumutbar ist sowie
3. von dem Enteignungsbegünstigten geeignete Grundstücke freihändig zu angemessenen Bedingungen, insbesondere, soweit ihm dies möglich und zu-

[1)] Nr. 3.

mutbar ist, unter Angebot geeigneten anderen Landes aus dem eigenen Vermögen oder aus dem Besitzstand von juristischen Personen des Privatrechts, an deren Kapital er überwiegend beteiligt ist, nicht erworben werden können.

(2) Grundstücke unterliegen nicht der Enteignung zur Entschädigung in Land, wenn und soweit

1. der Eigentümer oder bei land- oder forstwirtschaftlich genutzten Grundstücken auch der sonstige Nutzungsberechtigte auf das zu enteignende Grundstück mit seiner Berufs- oder Erwerbstätigkeit angewiesen und ihm im Interesse der Erhaltung der Wirtschaftlichkeit seines Betriebs die Abgabe nicht zuzumuten ist oder
2. die Grundstücke oder ihre Erträge unmittelbar öffentlichen Zwecken oder der Wohlfahrtspflege, dem Unterricht, der Forschung, der Kranken- und Gesundheitspflege, der Erziehung, der Körperertüchtigung oder den Aufgaben der Kirchen und anderer Religionsgesellschaften des öffentlichen Rechts sowie deren Einrichtungen dienen oder zu dienen bestimmt sind.

(3) Außerhalb des räumlichen Geltungsbereichs eines Bebauungsplans und außerhalb der im Zusammenhang bebauten Ortsteile können Grundstücke zur Entschädigung in Land nur enteignet werden, wenn sie land- oder forstwirtschaftlich genutzt werden sollen.

(4) Die Enteignung zum Zweck der Entschädigung eines Eigentümers, dessen Grundstück zur Beschaffung von Ersatzland enteignet wird, ist unzulässig.

§ 91 Ersatz für entzogene Rechte. [1] Die Enteignung zu dem Zweck, durch Enteignung entzogene Rechte durch neue Rechte zu ersetzen, ist nur zulässig, soweit der Ersatz in den Vorschriften des Zweiten Abschnitts vorgesehen ist. [2] Für den Ersatz entzogener Rechte durch neue Rechte im Wege der Enteignung nach § 97 Absatz 2 Satz 3 gelten die in § 90 Absatz 1 und 2 für die Enteignung zur Entschädigung in Land getroffenen Vorschriften entsprechend.

§ 92 Umfang, Beschränkung und Ausdehnung der Enteignung.

(1) [1] Ein Grundstück darf nur in dem Umfang enteignet werden, in dem dies zur Verwirklichung des Enteignungszwecks erforderlich ist. [2] Reicht eine Belastung des Grundstücks mit einem Recht zur Verwirklichung des Enteignungszwecks aus, so ist die Enteignung hierauf zu beschränken.

(2) [1] Soll ein Grundstück mit einem Erbbaurecht belastet werden, kann der Eigentümer anstelle der Belastung die Entziehung des Eigentums verlangen. [2] Soll ein Grundstück mit einem anderen Recht belastet werden, kann der Eigentümer die Entziehung des Eigentums verlangen, wenn die Belastung mit dem dinglichen Recht für ihn unbillig ist.

(3) Soll ein Grundstück oder ein räumlich oder wirtschaftlich zusammenhängender Grundbesitz nur zu einem Teil enteignet werden, kann der Eigentümer die Ausdehnung der Enteignung auf das Restgrundstück oder den Restbesitz insoweit verlangen, als das Restgrundstück oder der Restbesitz nicht mehr in angemessenem Umfang baulich oder wirtschaftlich genutzt werden kann.

(4) Der Eigentümer kann verlangen, dass die Enteignung auf die in § 86 Absatz 2 bezeichneten Gegenstände ausgedehnt wird, wenn und soweit er sie

infolge der Enteignung nicht mehr wirtschaftlich nutzen oder in anderer Weise angemessen verwerten kann.

(5) Ein Verlangen nach den Absätzen 2 bis 4 ist schriftlich oder zur Niederschrift bei der Enteignungsbehörde bis zum Schluss der mündlichen Verhandlung geltend zu machen.

Zweiter Abschnitt. Entschädigung

§ 93 Entschädigungsgrundsätze. (1) Für die Enteignung ist Entschädigung zu leisten.

(2) Die Entschädigung wird gewährt

1. für den durch die Enteignung eintretenden Rechtsverlust,
2. für andere durch die Enteignung eintretende Vermögensnachteile.

(3) [1] Vermögensvorteile, die dem Entschädigungsberechtigten (§ 94) infolge der Enteignung entstehen, sind bei der Festsetzung der Entschädigung zu berücksichtigen. [2] Hat bei der Entstehung eines Vermögensnachteils ein Verschulden des Entschädigungsberechtigten mitgewirkt, so gilt § 254 des Bürgerlichen Gesetzbuchs[1)] entsprechend.

(4) [1] Für die Bemessung der Entschädigung ist der Zustand des Grundstücks in dem Zeitpunkt maßgebend, in dem die Enteignungsbehörde über den Enteignungsantrag entscheidet. [2] In den Fällen der vorzeitigen Besitzeinweisung ist der Zustand in dem Zeitpunkt maßgebend, in dem diese wirksam wird.

§ 94 Entschädigungsberechtigter und Entschädigungsverpflichteter.

(1) Entschädigung kann verlangen, wer in seinem Recht durch die Enteignung beeinträchtigt wird und dadurch einen Vermögensnachteil erleidet.

(2) [1] Zur Leistung der Entschädigung ist der Enteignungsbegünstigte verpflichtet. [2] Wird Ersatzland enteignet, so ist zur Entschädigung derjenige verpflichtet, der dieses Ersatzland für das zu enteignende Grundstück beschaffen muss.

§ 95 Entschädigung für den Rechtsverlust. (1) [1] Die Entschädigung für den durch die Enteignung eintretenden Rechtsverlust bemisst sich nach dem Verkehrswert (§ 194) des zu enteignenden Grundstücks oder sonstigen Gegenstands der Enteignung. [2] Maßgebend ist der Verkehrswert in dem Zeitpunkt, in dem die Enteignungsbehörde über den Enteignungsantrag entscheidet.

(2) Bei der Festsetzung der Entschädigung bleiben unberücksichtigt

1. Wertsteigerungen eines Grundstücks, die in der Aussicht auf eine Änderung der zulässigen Nutzung eingetreten sind, wenn die Änderung nicht in absehbarer Zeit zu erwarten ist;
2. Wertänderungen, die infolge der bevorstehenden Enteignung eingetreten sind;
3. Werterhöhungen, die nach dem Zeitpunkt eingetreten sind, in dem der Eigentümer zur Vermeidung der Enteignung ein Kauf- oder Tauschangebot des Antragstellers mit angemessenen Bedingungen (§ 87 Absatz 2 Satz 1 und § 88) hätte annehmen können, es sei denn, dass der Eigentümer Kapital oder Arbeit für sie aufgewendet hat;

[1)] **dtv 5001 BGB Nr. 1.**

4. wertsteigernde Veränderungen, die während einer Veränderungssperre ohne Genehmigung der Baugenehmigungsbehörde vorgenommen worden sind;
5. wertsteigernde Veränderungen, die nach Einleitung des Enteignungsverfahrens ohne behördliche Anordnung oder Zustimmung der Enteignungsbehörde vorgenommen worden sind;
6. Vereinbarungen, soweit sie von üblichen Vereinbarungen auffällig abweichen und Tatsachen die Annahme rechtfertigen, dass sie getroffen worden sind, um eine höhere Entschädigungsleistung zu erlangen;
7. Bodenwerte, die nicht zu berücksichtigen wären, wenn der Eigentümer eine Entschädigung in den Fällen der §§ 40 bis 42 geltend machen würde.

(3) [1] Für bauliche Anlagen, deren Rückbau jederzeit auf Grund öffentlich-rechtlicher Vorschriften entschädigungslos gefordert werden kann, ist eine Entschädigung nur zu gewähren, wenn es aus Gründen der Billigkeit geboten ist. [2] Kann der Rückbau entschädigungslos erst nach Ablauf einer Frist gefordert werden, so ist die Entschädigung nach dem Verhältnis der restlichen zu der gesamten Frist zu bemessen.

(4) Wird der Wert des Eigentums an dem Grundstück durch Rechte Dritter gemindert, die an dem Grundstück aufrechterhalten, an einem anderen Grundstück neu begründet oder gesondert entschädigt werden, so ist dies bei der Festsetzung der Entschädigung für den Rechtsverlust zu berücksichtigen.

§ 96 Entschädigung für andere Vermögensnachteile. (1) [1] Wegen anderer durch die Enteignung eintretender Vermögensnachteile ist eine Entschädigung nur zu gewähren, wenn und soweit diese Vermögensnachteile nicht bei der Bemessung der Entschädigung für den Rechtsverlust berücksichtigt sind. [2] Die Entschädigung ist unter gerechter Abwägung der Interessen der Allgemeinheit und der Beteiligten festzusetzen, insbesondere für

1. den vorübergehenden oder dauernden Verlust, den der bisherige Eigentümer in seiner Berufstätigkeit, seiner Erwerbstätigkeit oder in Erfüllung der ihm wesensgemäß obliegenden Aufgaben erleidet, jedoch nur bis zu dem Betrag des Aufwands, der erforderlich ist, um ein anderes Grundstück in der gleichen Weise wie das zu enteignende Grundstück zu nutzen;
2. die Wertminderung, die durch die Enteignung eines Grundstücksteils oder eines Teils eines räumlich oder wirtschaftlich zusammenhängenden Grundbesitzes bei dem anderen Teil oder durch Enteignung des Rechts an einem Grundstück bei einem anderen Grundstück entsteht, soweit die Wertminderung nicht schon bei der Festsetzung der Entschädigung nach Nummer 1 berücksichtigt ist;
3. die notwendigen Aufwendungen für einen durch die Enteignung erforderlich werdenden Umzug.

(2) Im Falle des Absatzes 1 Nummer 2 ist § 95 Absatz 2 Nummer 3 anzuwenden.

§ 97 Behandlung der Rechte der Nebenberechtigten. (1) Rechte an dem zu enteignenden Grundstück sowie persönliche Rechte, die zum Besitz oder zur Nutzung des Grundstücks berechtigen oder den Verpflichteten in der Benutzung des Grundstücks beschränken, können aufrechterhalten werden, soweit dies mit dem Enteignungszweck vereinbar ist.

(2) [1] Als Ersatz für ein Recht an einem Grundstück, das nicht aufrechterhalten wird, kann mit Zustimmung des Rechtsinhabers das Ersatzland oder ein anderes Grundstück des Enteignungsbegünstigten mit einem gleichen Recht belastet werden. [2] Als Ersatz für ein persönliches Recht, das nicht aufrechterhalten wird, kann mit Zustimmung des Rechtsinhabers ein Rechtsverhältnis begründet werden, das ein Recht gleicher Art in Bezug auf das Ersatzland oder auf ein anderes Grundstück des Enteignungsbegünstigten gewährt. [3] Als Ersatz für dingliche oder persönliche Rechte eines öffentlichen Verkehrsunternehmens oder eines Trägers der öffentlichen Versorgung mit Elektrizität, Gas, Wärme oder Wasser, der auf diese zur Erfüllung seiner wesensgemäßen Aufgaben angewiesen ist, sind auf seinen Antrag Rechte gleicher Art zu begründen; soweit dazu Grundstücke des Enteignungsbegünstigten nicht geeignet sind, können zu diesem Zweck auch andere Grundstücke in Anspruch genommen werden. [4] Anträge nach Satz 3 müssen vor Beginn der mündlichen Verhandlung schriftlich oder zur Niederschrift der Enteignungsbehörde gestellt werden.

(3) Soweit Rechte nicht aufrechterhalten oder nicht durch neue Rechte ersetzt werden, sind bei der Enteignung eines Grundstücks gesondert zu entschädigen

1. Erbbauberechtigte, Altenteilsberechtigte sowie Inhaber von Dienstbarkeiten und Erwerbsrechten an dem Grundstück,
2. Inhaber von persönlichen Rechten, die zum Besitz oder zur Nutzung des Grundstücks berechtigen, wenn der Berechtigte im Besitz des Grundstücks ist,
3. Inhaber von persönlichen Rechten, die zum Erwerb des Grundstücks berechtigen oder den Verpflichteten in der Nutzung des Grundstücks beschränken.

(4) [1] Berechtigte, deren Rechte nicht aufrechterhalten, nicht durch neue Rechte ersetzt und nicht gesondert entschädigt werden, haben bei der Enteignung eines Grundstücks Anspruch auf Ersatz des Werts ihres Rechts aus der Geldentschädigung für das Eigentum an dem Grundstück, soweit sich ihr Recht auf dieses erstreckt. [2] Das gilt entsprechend für die Geldentschädigungen, die für den durch die Enteignung eintretenden Rechtsverlust in anderen Fällen oder nach § 96 Absatz 1 Satz 2 Nummer 2 festgesetzt werden.

§ 98 Schuldübergang. (1) [1] Haftet bei einer Hypothek, die aufrechterhalten oder durch ein neues Recht an einem anderen Grundstück ersetzt wird, der von der Enteignung Betroffene zugleich persönlich, so übernimmt der Enteignungsbegünstigte die Schuld in Höhe der Hypothek. [2] Die §§ 415 und 416 des Bürgerlichen Gesetzbuchs[1)] gelten entsprechend; als Veräußerer im Sinne des § 416 ist der von der Enteignung Betroffene anzusehen.

(2) Das Gleiche gilt, wenn bei einer Grundschuld oder Rentenschuld, die aufrechterhalten oder durch ein neues Recht an einem anderen Grundstück ersetzt wird, der von der Enteignung Betroffene zugleich persönlich haftet, sofern er spätestens in dem nach § 108 anzuberaumenden Termin die gegen ihn bestehende Forderung unter Angabe ihres Betrags und Grunds angemeldet

[1)] **dtv 5001 BGB Nr. 1.**

und auf Verlangen der Enteignungsbehörde oder eines Beteiligten glaubhaft gemacht hat.

§ 99 Entschädigung in Geld. (1) [1]Die Entschädigung ist in einem einmaligen Betrag zu leisten, soweit dieses Gesetzbuch nichts anderes bestimmt. [2]Auf Antrag des Eigentümers kann die Entschädigung in wiederkehrenden Leistungen festgesetzt werden, wenn dies den übrigen Beteiligten zuzumuten ist.

(2) Für die Belastung eines Grundstücks mit einem Erbbaurecht ist die Entschädigung in einem Erbbauzins zu leisten.

(3) [1]Einmalige Entschädigungsbeträge sind mit 2 vom Hundert über dem Basiszinssatz nach § 247 des Bürgerlichen Gesetzbuchs[1)] jährlich von dem Zeitpunkt an zu verzinsen, in dem die Enteignungsbehörde über den Enteignungsantrag entscheidet. [2]Im Falle der vorzeitigen Besitzeinweisung ist der Zeitpunkt maßgebend, in dem diese wirksam wird.

§ 100 Entschädigung in Land. (1) Die Entschädigung ist auf Antrag des Eigentümers in geeignetem Ersatzland festzusetzen, wenn er zur Sicherung seiner Berufstätigkeit, seiner Erwerbstätigkeit oder zur Erfüllung der ihm wesensgemäß obliegenden Aufgaben auf Ersatzland angewiesen ist und

1. der Enteignungsbegünstigte über als Ersatzland geeignete Grundstücke verfügt, auf die er nicht mit seiner Berufstätigkeit, seiner Erwerbstätigkeit oder zur Erfüllung der ihm wesensgemäß obliegenden Aufgaben angewiesen ist, oder
2. der Enteignungsbegünstigte geeignetes Ersatzland nach pflichtmäßigem Ermessen der Enteignungsbehörde freihändig zu angemessenen Bedingungen beschaffen kann oder
3. geeignetes Ersatzland durch Enteignung nach § 90 beschafft werden kann.

(2) [1]Wird die Entschädigung in Ersatzland festgesetzt, sind auch der Verwendungszweck des Ersatzlands und die Frist, in der das Grundstück zu dem vorgesehenen Zweck zu verwenden ist, zu bezeichnen. [2]Die §§ 102 und 103 gelten entsprechend.

(3) [1]Unter den Voraussetzungen der Nummern 1 bis 3 des Absatzes 1 ist die Entschädigung auf Antrag des Eigentümers auch dann in geeignetem Ersatzland festzusetzen, wenn ein Grundstück enteignet werden soll, das mit einem Eigenheim oder einer Kleinsiedlung bebaut ist. [2]Dies gilt nicht, wenn nach öffentlich-rechtlichen Vorschriften der Rückbau des Gebäudes jederzeit entschädigungslos gefordert werden kann.

(4) Die Entschädigung kann auf Antrag des Enteigneten oder Enteignungsbegünstigten ganz oder teilweise in Ersatzland festgesetzt werden, wenn diese Art der Entschädigung nach pflichtmäßigem Ermessen der Enteignungsbehörde unter gerechter Abwägung der Interessen der Allgemeinheit und der Beteiligten billig ist und bei dem Enteignungsbegünstigten die in Absatz 1 Nummer 1 oder 2 genannten Voraussetzungen vorliegen.

(5) [1]Auf die Ermittlung des Werts des Ersatzlands ist § 95 entsprechend anzuwenden. [2]Hierbei kann eine Werterhöhung berücksichtigt werden, die das übrige Grundvermögen des von der Enteignung Betroffenen durch den Erwerb des Ersatzlands über dessen Wert nach Satz 1 hinaus erfährt. [3]Hat das Ersatzland

[1)] **dtv 5001 BGB Nr. 1.**

einen geringeren Wert als das zu enteignende Grundstück, so ist eine dem Wertunterschied entsprechende zusätzliche Geldentschädigung festzusetzen. [4]Hat das Ersatzland einen höheren Wert als das zu enteignende Grundstück, so ist festzusetzen, dass der Entschädigungsberechtigte an den durch die Enteignung Begünstigten eine dem Wertunterschied entsprechende Ausgleichszahlung zu leisten hat. [5]Die Ausgleichszahlung wird mit dem nach § 117 Absatz 5 Satz 1 in der Ausführungsanordnung festgesetzten Tag fällig.

(6) [1]Wird die Entschädigung in Land festgesetzt, sollen dingliche oder persönliche Rechte, soweit sie nicht an dem zu enteignenden Grundstück aufrechterhalten werden, auf Antrag des Rechtsinhabers ganz oder teilweise nach Maßgabe des § 97 Absatz 2 ersetzt werden. [2]Soweit dies nicht möglich ist oder nicht ausreicht, sind die Inhaber der Rechte gesondert in Geld zu entschädigen; dies gilt für die in § 97 Absatz 4 bezeichneten Berechtigungen nur, soweit ihre Rechte nicht durch eine dem Eigentümer nach Absatz 5 zu gewährende zusätzliche Geldentschädigung gedeckt werden.

(7) Anträge nach den Absätzen 1, 3, 4 und 6 sind schriftlich oder zur Niederschrift der Enteignungsbehörde zu stellen, und zwar in den Fällen der Absätze 1, 3 und 4 vor Beginn und im Falle des Absatzes 6 bis zum Schluss der mündlichen Verhandlung (§ 108).

(8) [1]Sind Miteigentum, grundstücksgleiche Rechte oder Rechte nach dem Wohnungseigentumsgesetz[1)] ebenso zur Sicherung der Berufs- oder Erwerbstätigkeit des Berechtigten oder zur Erfüllung der ihm wesensgemäß obliegenden Aufgaben geeignet, können dem Eigentümer diese Rechte anstelle des Ersatzlands angeboten werden. [2]Der Eigentümer ist in Geld abzufinden, wenn er die ihm nach Satz 1 angebotene Entschädigung ablehnt. [3]§ 101 bleibt unberührt.

(9) [1]Hat der Eigentümer nach Absatz 1 oder 3 einen Anspruch auf Ersatzland und beschafft er sich mit Zustimmung des Enteignungsbegünstigten außerhalb des Enteignungsverfahrens Ersatzland oder die in Absatz 8 bezeichneten Rechte selbst, so hat er gegen den Enteignungsbegünstigten einen Anspruch auf Erstattung der erforderlichen Aufwendungen. [2]Der Enteignungsbegünstigte ist nur insoweit zur Erstattung verpflichtet, als er selbst Aufwendungen erspart. [3]Kommt eine Einigung über die Erstattung nicht zustande, entscheidet die Enteignungsbehörde; für den Bescheid gilt § 122 entsprechend.

§ 101 Entschädigung durch Gewährung anderer Rechte. (1) [1]Der Eigentümer eines zu enteignenden Grundstücks kann auf seinen Antrag, wenn dies unter Abwägung der Belange der Beteiligten billig ist, ganz oder teilweise entschädigt werden

1. durch Bestellung oder Übertragung von Miteigentum an einem Grundstück, grundstücksgleichen Rechten, Rechten nach dem Wohnungseigentumsgesetz[1)], sonstigen dinglichen Rechten an dem zu enteignenden Grundstück oder an einem anderen Grundstück des Enteignungsbegünstigten oder
2. durch Übertragung von Eigentum an einem bebauten Grundstück des Enteignungsbegünstigten oder

[1)] Nr. 3.

3. durch Übertragung von Eigentum an einem Grundstück des Enteignungsbegünstigten, das mit einem Eigenheim oder einer Kleinsiedlung bebaut werden soll.

[2] Bei Wertunterschieden zwischen den Rechten nach Satz 1 und dem zu enteignenden Grundstück gilt § 100 Absatz 5 entsprechend.

(2) Der Antrag nach Absatz 1 muss bis zum Schluss der mündlichen Verhandlung schriftlich oder zur Niederschrift der Enteignungsbehörde gestellt werden.

§ 102 Rückenteignung. (1) Der enteignete frühere Eigentümer kann verlangen, dass das enteignete Grundstück zu seinen Gunsten wieder enteignet wird (Rückenteignung), wenn und soweit

1. der durch die Enteignung Begünstigte oder sein Rechtsnachfolger das Grundstück nicht innerhalb der festgesetzten Fristen (§ 113 Absatz 2 Nummer 3 und § 114) zu dem Enteignungszweck verwendet oder den Enteignungszweck vor Ablauf der Frist aufgegeben hat oder
2. die Gemeinde ihre Verpflichtung zur Übereignung nach § 89 nicht erfüllt hat.

(2) Die Rückenteignung kann nicht verlangt werden, wenn

1. der Enteignete selbst das Grundstück im Wege der Enteignung nach den Vorschriften dieses Gesetzbuchs oder des Baulandbeschaffungsgesetzes erworben hatte oder
2. ein Verfahren zur Enteignung des Grundstücks nach diesem Gesetzbuch zugunsten eines anderen Bauwilligen eingeleitet worden ist und der enteignete frühere Eigentümer nicht glaubhaft macht, dass er das Grundstück binnen angemessener Frist zu dem vorgesehenen Zweck verwenden wird.

(3) [1] Der Antrag auf Rückenteignung ist binnen zwei Jahren seit Entstehung des Anspruchs bei der zuständigen Enteignungsbehörde einzureichen. [2] § 206 des Bürgerlichen Gesetzbuchs[1)] gilt entsprechend. [3] Der Antrag ist nicht mehr zulässig, wenn in den Fällen des Absatzes 1 mit der zweckgerechten Verwendung begonnen oder die Veräußerung oder Ausgabe des Grundstücks in Erbbaurecht vor Eingang des Antrags bei der Enteignungsbehörde eingeleitet worden ist.

(4) Die Enteignungsbehörde kann die Rückenteignung ablehnen, wenn das Grundstück erheblich verändert oder ganz oder überwiegend Entschädigung in Land gewährt worden ist.

(5) [1] Der frühere Inhaber eines Rechts, das durch Enteignung nach den Vorschriften dieses Gesetzbuchs aufgehoben ist, kann unter den in Absatz 1 bezeichneten Voraussetzungen verlangen, dass ein gleiches Recht an dem früher belasteten Grundstück zu seinen Gunsten durch Enteignung wieder begründet wird. [2] Die Vorschriften über die Rückenteignung gelten entsprechend.

(6) Für das Verfahren gelten die §§ 104 bis 122 entsprechend.

§ 103 Entschädigung für die Rückenteignung. [1] Wird dem Antrag auf Rückenteignung stattgegeben, so hat der Antragsteller dem von der Rückenteignung Betroffenen Entschädigung für den Rechtsverlust zu leisten. [2] § 93

[1)] **dtv 5001 BGB Nr. 1.**

Absatz 2 Nummer 2 ist nicht anzuwenden. [3] Ist dem Antragsteller bei der ersten Enteignung eine Entschädigung für andere Vermögensnachteile gewährt worden, so hat er diese Entschädigung insoweit zurückzugewähren, als die Nachteile auf Grund der Rückenteignung entfallen. [4] Die dem Eigentümer zu gewährende Entschädigung darf den bei der ersten Enteignung zugrunde gelegten Verkehrswert des Grundstücks nicht übersteigen, jedoch sind Aufwendungen zu berücksichtigen, die zu einer Werterhöhung des Grundstücks geführt haben. [5] Im Übrigen gelten die Vorschriften über die Entschädigung im Zweiten Abschnitt entsprechend.

Dritter Abschnitt. Enteignungsverfahren

§ 104 Enteignungsbehörde. (1) Die Enteignung wird von der höheren Verwaltungsbehörde durchgeführt (Enteignungsbehörde).

(2) Die Landesregierungen können durch Rechtsverordnung bestimmen, dass an den Entscheidungen der Enteignungsbehörde ehrenamtliche Beisitzer mitzuwirken haben.

§ 105 Enteignungsantrag. [1] Der Enteignungsantrag ist bei der Gemeinde, in deren Gemarkung das zu enteignende Grundstück liegt, einzureichen. [2] Die Gemeinde legt ihn mit ihrer Stellungnahme binnen eines Monats der Enteignungsbehörde vor.

§ 106 Beteiligte. (1) In dem Enteignungsverfahren sind Beteiligte

1. der Antragsteller,
2. der Eigentümer und diejenigen, für die ein Recht an dem Grundstück oder an einem das Grundstück belastenden Recht im Grundbuch eingetragen oder durch Eintragung gesichert ist,
3. Inhaber eines nicht im Grundbuch eingetragenen Rechts an dem Grundstück oder an einem das Grundstück belastenden Recht, eines Anspruchs mit dem Recht auf Befriedigung aus dem Grundstück oder eines persönlichen Rechts, das zum Erwerb, zum Besitz oder zur Nutzung des Grundstücks berechtigt oder die Benutzung des Grundstücks beschränkt,
4. wenn Ersatzland bereitgestellt wird, der Eigentümer und die Inhaber der in den Nummern 2 und 3 genannten Rechte hinsichtlich des Ersatzlands,
5. die Eigentümer der Grundstücke, die durch eine Enteignung nach § 91 betroffen werden, und
6. die Gemeinde.

(2) [1] Die in Absatz 1 Nummer 3 bezeichneten Personen werden in dem Zeitpunkt Beteiligte, in dem die Anmeldung ihres Rechts der Enteignungsbehörde zugeht. [2] Die Anmeldung kann spätestens bis zum Schluss der mündlichen Verhandlung mit den Beteiligten erfolgen.

(3) [1] Bestehen Zweifel an einem angemeldeten Recht, so hat die Enteignungsbehörde dem Anmeldenden unverzüglich eine Frist zur Glaubhaftmachung seines Rechts zu setzen. [2] Nach fruchtlosem Ablauf der Frist ist er bis zur Glaubhaftmachung seines Rechts nicht mehr zu beteiligen.

(4) [1] Der im Grundbuch eingetragene Gläubiger einer Hypothek, Grundschuld oder Rentenschuld, für die ein Brief erteilt ist, sowie jeder seiner Rechtsnachfolger hat auf Verlangen der Enteignungsbehörde eine Erklärung darüber abzugeben, ob ein anderer die Hypothek, Grundschuld oder Renten-

schuld oder ein Recht daran erworben hat; die Person eines Erwerbers hat er dabei zu bezeichnen. [2] § 208 Satz 2 bis 4 gilt entsprechend.

§ 107 Vorbereitung der mündlichen Verhandlung. (1) [1] Das Enteignungsverfahren soll beschleunigt durchgeführt werden. [2] Die Enteignungsbehörde soll schon vor der mündlichen Verhandlung alle Anordnungen treffen, die erforderlich sind, um das Verfahren tunlichst in einem Verhandlungstermin zu erledigen. [3] Sie hat dem Eigentümer, dem Antragsteller sowie den Behörden, für deren Geschäftsbereich die Enteignung von Bedeutung ist, Gelegenheit zur Äußerung zu geben. [4] Bei der Ermittlung des Sachverhalts hat die Enteignungsbehörde ein Gutachten des Gutachterausschusses (§ 192) einzuholen, wenn Eigentum entzogen oder ein Erbbaurecht bestellt werden soll.

(2) Die Enteignungsbehörde hat die Landwirtschaftsbehörde zu hören, wenn landwirtschaftlich genutzte Grundstücke, die außerhalb des räumlichen Geltungsbereichs eines Bebauungsplans liegen, zur Entschädigung in Land enteignet werden sollen.

(3) [1] Enteignungsverfahren können miteinander verbunden werden. [2] Sie sind zu verbinden, wenn die Gemeinde es beantragt. [3] Verbundene Enteignungsverfahren können wieder getrennt werden.

§ 108 Einleitung des Enteignungsverfahrens und Anberaumung des Termins zur mündlichen Verhandlung; Enteignungsvermerk. (1) [1] Das Enteignungsverfahren wird durch Anberaumung eines Termins zu einer mündlichen Verhandlung mit den Beteiligten eingeleitet. [2] Zu der mündlichen Verhandlung sind der Antragsteller, der Eigentümer des betroffenen Grundstücks, die sonstigen aus dem Grundbuch ersichtlichen Beteiligten und die Gemeinde zu laden. [3] Die Ladung ist zuzustellen. [4] Die Ladungsfrist beträgt einen Monat.

(2) [1] Das Enteignungsverfahren zugunsten der Gemeinde kann bereits eingeleitet werden, wenn

1. der Entwurf des Bebauungsplans nach § 3 Absatz 2 ausgelegen hat und
2. mit den Beteiligten die Verhandlungen nach § 87 Absatz 2 geführt und die von ihnen gegen den Entwurf des Bebauungsplans fristgemäß vorgebrachten Anregungen erörtert worden sind. Die Gemeinde kann in demselben Termin die Verhandlungen nach § 87 Absatz 2 führen und die Anregungen erörtern.

[2] Das Verfahren ist so zu fördern, dass der Enteignungsbeschluss ergehen kann, sobald der Bebauungsplan rechtsverbindlich geworden ist. [3] Eine Einigung nach § 110 oder § 111 kann auch vor Rechtsverbindlichkeit des Bebauungsplans erfolgen.

(3) Die Ladung muss enthalten

1. die Bezeichnung des Antragstellers und des betroffenen Grundstücks,
2. den wesentlichen Inhalt des Enteignungsantrags mit dem Hinweis, dass der Antrag mit den ihm beigefügten Unterlagen bei der Enteignungsbehörde eingesehen werden kann,
3. die Aufforderung, etwaige Einwendungen gegen den Enteignungsantrag möglichst vor der mündlichen Verhandlung bei der Enteignungsbehörde schriftlich einzureichen oder zur Niederschrift zu erklären, und
4. den Hinweis, dass auch bei Nichterscheinen über den Enteignungsantrag und andere im Verfahren zu erledigende Anträge entschieden werden kann.

(4) Die Ladung von Personen, deren Beteiligung auf einem Antrag auf Entschädigung in Land beruht, muss außer dem in Absatz 3 vorgeschriebenen Inhalt auch die Bezeichnung des Eigentümers, dessen Entschädigung in Land beantragt ist, und des Grundstücks, für das die Entschädigung in Land gewährt werden soll, enthalten.

(5) [1] Die Einleitung des Enteignungsverfahrens ist unter Bezeichnung des betroffenen Grundstücks und des im Grundbuch als Eigentümer Eingetragenen sowie des ersten Termins der mündlichen Verhandlung mit den Beteiligten ortsüblich bekannt zu machen. [2] In der Bekanntmachung sind alle Beteiligten aufzufordern, ihre Rechte spätestens in der mündlichen Verhandlung wahrzunehmen mit dem Hinweis, dass auch bei Nichterscheinen über den Enteignungsantrag und andere im Verfahren zu erledigende Anträge entschieden werden kann.

(6) [1] Die Enteignungsbehörde teilt dem Grundbuchamt die Einleitung des Enteignungsverfahrens mit. [2] Sie ersucht das Grundbuchamt, in das Grundbuch des betroffenen Grundstücks einzutragen, dass das Enteignungsverfahren eingeleitet ist (Enteignungsvermerk); ist das Enteignungsverfahren beendigt, ersucht die Enteignungsbehörde das Grundbuchamt, den Enteignungsvermerk zu löschen. [3] Das Grundbuchamt hat die Enteignungsbehörde von allen Eintragungen zu benachrichtigen, die nach dem Zeitpunkt der Einleitung des Enteignungsverfahrens im Grundbuch des betroffenen Grundstücks vorgenommen sind und vorgenommen werden.

(7) Ist im Grundbuch die Anordnung der Zwangsversteigerung oder Zwangsverwaltung eingetragen, gibt die Enteignungsbehörde dem Vollstreckungsgericht von der Einleitung des Enteignungsverfahrens Kenntnis, soweit dieses das Grundstück betrifft, das Gegenstand des Vollstreckungsverfahrens ist.

§ 109 Genehmigungspflicht. (1) Von der Bekanntmachung über die Einleitung des Enteignungsverfahrens an bedürfen die in § 51 bezeichneten Rechtsvorgänge, Vorhaben und Teilungen der schriftlichen Genehmigung der Enteignungsbehörde.

(2) Die Enteignungsbehörde darf die Genehmigung nur versagen, wenn Grund zu der Annahme besteht, dass der Rechtsvorgang, das Vorhaben oder die Teilung die Verwirklichung des Enteignungszwecks unmöglich machen oder wesentlich erschweren würde.

(3) [1] Sind Rechtsvorgänge oder Vorhaben nach Absatz 1 vor der Bekanntmachung zu erwarten, kann die Enteignungsbehörde anordnen, dass die Genehmigungspflicht nach Absatz 1 bereits zu einem früheren Zeitpunkt eintritt. [2] Die Anordnung ist ortsüblich bekannt zu machen und dem Grundbuchamt mitzuteilen.

(4) § 22 Absatz 5 Satz 2 bis 5, § 51 Absatz 2 und § 116 Absatz 6 sind entsprechend anzuwenden.

§ 110 Einigung. (1) Die Enteignungsbehörde hat auf eine Einigung zwischen den Beteiligten hinzuwirken.

(2) [1] Einigen sich die Beteiligten, so hat die Enteignungsbehörde eine Niederschrift über die Einigung aufzunehmen. [2] Die Niederschrift muss den Erfordernissen des § 113 Absatz 2 entsprechen. [3] Sie ist von den Beteiligten zu unterschreiben. [4] Ein Bevollmächtigter des Eigentümers bedarf einer öffentlich beglaubigten Vollmacht.

(3) [1]Die beurkundete Einigung steht einem nicht mehr anfechtbaren Enteignungsbeschluss gleich. [2]§ 113 Absatz 5 ist entsprechend anzuwenden.

§ 111 Teileinigung. [1]Einigen sich die Beteiligten nur über den Übergang oder die Belastung des Eigentums an dem zu enteignenden Grundstück, jedoch nicht über die Höhe der Entschädigung, so ist § 110 Absatz 2 und 3 entsprechend anzuwenden. [2]Die Enteignungsbehörde hat anzuordnen, dass dem Berechtigten eine Vorauszahlung in Höhe der zu erwartenden Entschädigung zu leisten ist, soweit sich aus der Einigung nichts anderes ergibt. [3]Im Übrigen nimmt das Enteignungsverfahren seinen Fortgang.

§ 112 Entscheidung der Enteignungsbehörde. (1) Soweit eine Einigung nicht zustande kommt, entscheidet die Enteignungsbehörde auf Grund der mündlichen Verhandlung durch Beschluss über den Enteignungsantrag, die übrigen gestellten Anträge sowie über die erhobenen Einwendungen.

(2) [1]Auf Antrag eines Beteiligten hat die Enteignungsbehörde vorab über den Übergang oder die Belastung des Eigentums an dem zu enteignenden Grundstück oder über sonstige durch die Enteignung zu bewirkende Rechtsänderungen zu entscheiden. [2]In diesem Falle hat die Enteignungsbehörde anzuordnen, dass dem Berechtigten eine Vorauszahlung in Höhe der zu erwartenden Entschädigung zu leisten ist.

(3) Gibt die Enteignungsbehörde dem Enteignungsantrag statt, so entscheidet sie zugleich

1. darüber, welche Rechte der in § 97 bezeichneten Berechtigten an dem Gegenstand der Enteignung aufrechterhalten bleiben,
2. darüber, mit welchen Rechten der Gegenstand der Enteignung, das Ersatzland oder ein anderes Grundstück belastet werden,
3. darüber, welche Rechtsverhältnisse begründet werden, die Rechte der in § 86 Absatz 1 Nummer 3 und 4 bezeichneten Art gewähren,
4. im Falle der Entschädigung in Ersatzland über den Eigentumsübergang oder die Enteignung des Ersatzlands.

§ 113 Enteignungsbeschluss. (1) [1]Der Beschluss der Enteignungsbehörde ist den Beteiligten zuzustellen. [2]Der Beschluss ist mit einer Belehrung über Zulässigkeit, Form und Frist des Antrags auf gerichtliche Entscheidung (§ 217) zu versehen.

(2) Gibt die Enteignungsbehörde dem Enteignungsantrag statt, so muss der Beschluss (Enteignungsbeschluss) bezeichnen

1. die von der Enteignung Betroffenen und den Enteignungsbegünstigten;
2. die sonstigen Beteiligten;
3. den Enteignungszweck und die Frist, innerhalb der das Grundstück zu dem vorgesehenen Zweck zu verwenden ist;
4. den Gegenstand der Enteignung, und zwar

a) wenn das Eigentum an einem Grundstück Gegenstand der Enteignung ist, das Grundstück nach Größe, grundbuchmäßiger, katastermäßiger und sonst üblicher Bezeichnung; im Falle der Enteignung eines Grundstücksteils ist zu seiner Bezeichnung auf Vermessungsschriften (Vermessungsrisse und -karten) Bezug zu nehmen, die von einer zu Fortführungsvermessungen befugten

Stelle oder von einem öffentlich bestellten Vermessungsingenieur gefertigt sind,

b) wenn ein anderes Recht an einem Grundstück Gegenstand einer selbständigen Enteignung ist, dieses Recht nach Inhalt und grundbuchmäßiger Bezeichnung,

c) wenn ein persönliches Recht, das zum Erwerb, zum Besitz oder zur Nutzung von Grundstücken berechtigt oder den Verpflichteten in der Nutzung von Grundstücken beschränkt, Gegenstand einer selbständigen Enteignung ist, dieses Recht nach seinem Inhalt und dem Grund seines Bestehens,

d) die in § 86 Absatz 2 bezeichneten Gegenstände, wenn die Enteignung auf diese ausgedehnt wird;

5. bei der Belastung eines Grundstücks mit einem Recht die Art, den Inhalt, soweit er durch Vertrag bestimmt werden kann, sowie den Rang des Rechts, den Berechtigten und das Grundstück;
6. bei der Begründung eines Rechts der in Nummer 4 Buchstabe c bezeichneten Art den Inhalt des Rechtsverhältnisses und die daran Beteiligten;
7. die Eigentums- und sonstigen Rechtsverhältnisse vor und nach der Enteignung;
8. die Art und Höhe der Entschädigungen und die Höhe der Ausgleichszahlungen nach § 100 Absatz 5 Satz 4 und § 101 Absatz 1 Satz 2 mit der Angabe, von wem und an wen sie zu leisten sind; Geldentschädigungen, aus denen andere von der Enteignung Betroffene nach § 97 Absatz 4 zu entschädigen sind, müssen von den sonstigen Geldentschädigungen getrennt ausgewiesen werden;
9. bei der Entschädigung in Land das Grundstück in der in Nummer 4 Buchstabe a bezeichneten Weise.

(3) In den Fällen der §§ 111 und 112 Absatz 2 ist der Enteignungsbeschluss entsprechend zu beschränken.

(4) [1] Kann ein Grundstücksteil noch nicht entsprechend Absatz 2 Nummer 4 Buchstabe a bezeichnet werden, so kann der Enteignungsbeschluss ihn auf Grund fester Merkmale in der Natur oder durch Bezugnahme auf die Eintragung in einen Lageplan bezeichnen. [2] Wenn das Ergebnis der Vermessung vorliegt, ist der Enteignungsbeschluss durch einen Nachtragsbeschluss anzupassen.

(5) Ist im Grundbuch die Anordnung der Zwangsversteigerung oder der Zwangsverwaltung eingetragen, gibt die Enteignungsbehörde dem Vollstreckungsgericht von dem Enteignungsbeschluss Kenntnis, wenn dem Enteignungsantrag stattgegeben worden ist.

§ 114 Lauf der Verwendungsfrist. (1) Die Frist, innerhalb der der Enteignungszweck nach § 113 Absatz 2 Nummer 3 zu verwirklichen ist, beginnt mit dem Eintritt der Rechtsänderung.

(2) [1] Die Enteignungsbehörde kann diese Frist vor ihrem Ablauf auf Antrag verlängern, wenn

1. der Enteignungsbegünstigte nachweist, dass er den Enteignungszweck ohne Verschulden innerhalb der festgesetzten Frist nicht erfüllen kann, oder

2. vor Ablauf der Frist eine Gesamtrechtsnachfolge eintritt und der Rechtsnachfolger nachweist, dass er den Enteignungszweck innerhalb der festgesetzten Frist nicht erfüllen kann.

[2]Der enteignete frühere Eigentümer ist vor der Entscheidung über die Verlängerung zu hören.

§ 115 Verfahren bei der Entschädigung durch Gewährung anderer Rechte. (1) Soll die Entschädigung des Eigentümers eines zu enteignenden Grundstücks nach § 101 festgesetzt werden und ist die Bestellung, Übertragung oder die Ermittlung des Werts eines der dort bezeichneten Rechte im Zeitpunkt des Erlasses des Enteignungsbeschlusses noch nicht möglich, kann die Enteignungsbehörde, wenn es der Eigentümer unter Bezeichnung eines Rechts beantragt, im Enteignungsbeschluss neben der Festsetzung der Entschädigung in Geld dem Enteignungsbegünstigten aufgeben, binnen einer bestimmten Frist dem von der Enteignung Betroffenen ein Recht der bezeichneten Art zu angemessenen Bedingungen anzubieten.

(2) [1]Bietet der Enteignungsbegünstigte binnen der bestimmten Frist ein Recht der bezeichneten Art nicht an oder einigt er sich mit dem von der Enteignung Betroffenen nicht, so wird ihm ein solches Recht auf Antrag zugunsten des von der Enteignung Betroffenen durch Enteignung entzogen. [2]Die Enteignungsbehörde setzt den Inhalt des Rechts fest, soweit dessen Inhalt durch Vereinbarung bestimmt werden kann. [3]Die Vorschriften dieses Teils über das Verfahren und die Entschädigung sind entsprechend anzuwenden.

(3) Der Antrag nach Absatz 2 kann nur innerhalb von sechs Monaten nach Ablauf der bestimmten Frist gestellt werden.

§ 116 Vorzeitige Besitzeinweisung. (1) [1]Ist die sofortige Ausführung der beabsichtigten Maßnahme aus Gründen des Wohls der Allgemeinheit dringend geboten, so kann die Enteignungsbehörde den Antragsteller auf Antrag durch Beschluss in den Besitz des von dem Enteignungsverfahren betroffenen Grundstücks einweisen. [2]Die Besitzeinweisung ist nur zulässig, wenn über sie in einer mündlichen Verhandlung verhandelt worden ist. [3]Der Beschluss über die Besitzeinweisung ist dem Antragsteller, dem Eigentümer und dem unmittelbaren Besitzer zuzustellen. [4]Die Besitzeinweisung wird in dem von der Enteignungsbehörde bezeichneten Zeitpunkt wirksam. [5]Auf Antrag des unmittelbaren Besitzers ist dieser Zeitpunkt auf mindestens zwei Wochen nach Zustellung der Anordnung über die vorzeitige Besitzeinweisung an ihn festzusetzen.

(2) [1]Die Enteignungsbehörde kann die vorzeitige Besitzeinweisung von der Leistung einer Sicherheit in Höhe der voraussichtlichen Entschädigung und von der vorherigen Erfüllung anderer Bedingungen abhängig machen. [2]Auf Antrag des Inhabers eines Rechts, das zum Besitz oder zur Nutzung des Grundstücks berechtigt, ist die Einweisung von der Leistung einer Sicherheit in Höhe der ihm voraussichtlich zu gewährenden Entschädigung abhängig zu machen. [3]Die Anordnung ist dem Antragsteller, dem Besitzer und dem Eigentümer zuzustellen.

(3) [1]Durch die Besitzeinweisung wird dem Besitzer der Besitz entzogen und der Eingewiesene Besitzer. [2]Der Eingewiesene darf auf dem Grundstück das von ihm im Enteignungsantrag bezeichnete Bauvorhaben ausführen und die dafür erforderlichen Maßnahmen treffen.

(4) [1]Der Eingewiesene hat für die durch die vorzeitige Besitzeinweisung entstehenden Vermögensnachteile Entschädigung zu leisten, soweit die Nachteile nicht durch die Verzinsung der Geldentschädigung (§ 99 Absatz 3) ausgeglichen werden. [2]Art und Höhe der Entschädigung werden durch die Enteignungsbehörde spätestens in dem in § 113 bezeichneten Beschluss festgesetzt. [3]Wird der Beschluss über Art und Höhe der Entschädigung vorher erlassen, so ist er den in Absatz 2 Satz 3 bezeichneten Personen zuzustellen. [4]Die Entschädigung für die Besitzeinweisung ist ohne Rücksicht darauf, ob ein Antrag auf gerichtliche Entscheidung gestellt wird, zu dem in Absatz 1 Satz 4 bezeichneten Zeitpunkt fällig.

(5) [1]Auf Antrag einer der in Absatz 2 Satz 3 bezeichneten Personen hat die Enteignungsbehörde den Zustand des Grundstücks vor der Besitzeinweisung in einer Niederschrift feststellen zu lassen, soweit er für die Besitzeinweisungs- oder die Enteignungsentschädigung von Bedeutung ist. [2]Den Beteiligten ist eine Abschrift der Niederschrift zu übersenden.

(6) [1]Wird der Enteignungsantrag abgewiesen, so ist die vorzeitige Besitzeinweisung aufzuheben und der vorherige unmittelbare Besitzer wieder in den Besitz einzuweisen. [2]Der Eingewiesene hat für alle durch die vorzeitige Besitzeinweisung entstandenen besonderen Nachteile Entschädigung zu leisten. [3]Absatz 4 Satz 2 gilt entsprechend.

§ 117 Ausführung des Enteignungsbeschlusses. (1) [1]Ist der Enteignungsbeschluss oder sind die Entscheidungen nach § 112 Absatz 2 nicht mehr anfechtbar, so ordnet auf Antrag eines Beteiligten die Enteignungsbehörde die Ausführung des Enteignungsbeschlusses oder der Vorabentscheidung an (Ausführungsanordnung), wenn der durch die Enteignung Begünstigte die Geldentschädigung, im Falle der Vorabentscheidung die nach § 112 Absatz 2 Satz 2 festgesetzte Vorauszahlung gezahlt oder in zulässiger Weise unter Verzicht auf das Recht der Rücknahme hinterlegt hat. [2]Auf Antrag des Entschädigungsberechtigten kann im Falle des § 112 Absatz 2 die Enteignungsbehörde die Ausführungsanordnung davon abhängig machen, dass der durch die Enteignung Begünstigte im Übrigen für einen angemessenen Betrag Sicherheit leistet.

(2) [1]In den Fällen des § 111 ist auf Antrag eines Beteiligten die Ausführungsanordnung zu erlassen, wenn der durch die Enteignung Begünstigte den zwischen den Beteiligten unstreitigen Entschädigungsbetrag gezahlt oder in zulässiger Weise unter Verzicht auf das Recht der Rücknahme hinterlegt hat. [2]Absatz 1 Satz 2 gilt entsprechend, soweit sich nicht aus der Einigung etwas anderes ergibt.

(3) [1]Im Falle des § 113 Absatz 4 ist auf Antrag eines Beteiligten die Ausführungsanordnung zu erlassen, wenn der durch die Enteignung Begünstigte die im Enteignungsbeschluss in Verbindung mit dem Nachtragsbeschluss festgesetzte Geldentschädigung gezahlt oder zulässigerweise unter Verzicht auf das Recht der Rücknahme hinterlegt hat. [2]Der Nachtragsbeschluss braucht nicht unanfechtbar zu sein.

(4) [1]Die Ausführungsanordnung ist allen Beteiligten zuzustellen, deren Rechtsstellung durch den Enteignungsbeschluss betroffen wird. [2]Die Ausführungsanordnung ist der Gemeinde abschriftlich mitzuteilen, in deren Bezirk das von der Enteignung betroffene Grundstück liegt. [3]§ 113 Absatz 5 gilt entsprechend.

(5) [1]Mit dem in der Ausführungsanordnung festzusetzenden Tag wird der bisherige Rechtszustand durch den im Enteignungsbeschluss geregelten neuen Rechtszustand ersetzt. [2]Gleichzeitig entstehen die nach § 113 Absatz 2 Nummer 6 begründeten Rechtsverhältnisse; sie gelten von diesem Zeitpunkt an als zwischen den an dem Rechtsverhältnis Beteiligten vereinbart.

(6) Die Ausführungsanordnung schließt die Einweisung in den Besitz des enteigneten Grundstücks und des Ersatzlands zu dem festgesetzten Tag ein.

(7) Die Enteignungsbehörde übersendet dem Grundbuchamt eine beglaubigte Abschrift des Enteignungsbeschlusses und der Ausführungsanordnung und ersucht es, die Rechtsänderungen in das Grundbuch einzutragen.

§ 118 Hinterlegung. (1) [1]Geldentschädigungen, aus denen andere Berechtigte nach § 97 Absatz 4 zu befriedigen sind, sind unter Verzicht auf das Recht der Rücknahme zu hinterlegen, soweit mehrere Personen auf sie Anspruch haben und eine Einigung über die Auszahlung nicht nachgewiesen ist. [2]Die Hinterlegung erfolgt bei dem Amtsgericht, in dessen Bezirk das von der Enteignung betroffene Grundstück liegt; § 2 des Zwangsversteigerungsgesetzes[1)] gilt entsprechend.

(2) Andere Vorschriften, nach denen die Hinterlegung geboten oder statthaft ist, werden hierdurch nicht berührt.

§ 119 Verteilungsverfahren. (1) Nach Eintritt des neuen Rechtszustands kann jeder Beteiligte sein Recht an der hinterlegten Summe gegen einen Mitbeteiligten, der dieses Recht bestreitet, vor den ordentlichen Gerichten geltend machen oder die Einleitung eines gerichtlichen Verteilungsverfahrens beantragen.

(2) Für das Verteilungsverfahren ist das Amtsgericht zuständig, in dessen Bezirk das von der Enteignung betroffene Grundstück liegt; in Zweifelsfällen gilt § 2 des Zwangsversteigerungsgesetzes[1)] entsprechend.

(3) Auf das Verteilungsverfahren sind die Vorschriften über die Verteilung des Erlöses im Falle der Zwangsversteigerung mit folgenden Abweichungen entsprechend anzuwenden:

1. Das Verteilungsverfahren ist durch Beschluss zu eröffnen;
2. die Zustellung des Eröffnungsbeschlusses an den Antragsteller gilt als Beschlagnahme im Sinne des § 13 des Zwangsversteigerungsgesetzes[1)]; ist das Grundstück schon in einem Zwangsversteigerungs- oder Zwangsverwaltungsverfahren beschlagnahmt, so hat es hierbei sein Bewenden;
3. das Verteilungsgericht hat bei Eröffnung des Verfahrens von Amts wegen das Grundbuchamt um die in § 19 Absatz 2 des Zwangsversteigerungsgesetzes[1)] bezeichneten Mitteilungen zu ersuchen; in die beglaubigte Abschrift des Grundbuchblatts sind die zur Zeit der Zustellung des Enteignungsbeschlusses an den Enteigneten vorhandenen Eintragungen sowie die später eingetragenen Veränderungen und Löschungen aufzunehmen;
4. bei dem Verfahren sind die in § 97 Absatz 4 bezeichneten Entschädigungsberechtigten nach Maßgabe des § 10 des Zwangsversteigerungsgesetzes[1)] zu berücksichtigen, wegen der Ansprüche auf wiederkehrende Nebenleistungen jedoch nur für die Zeit bis zur Hinterlegung.

[1)] Nr. **13**.

(4) [1]Soweit auf Grund landesrechtlicher Vorschriften die Verteilung des Erlöses im Falle einer Zwangsversteigerung nicht von dem Vollstreckungsgericht, sondern von einer anderen Stelle wahrzunehmen ist, kann durch Landesrecht bestimmt werden, dass diese andere Stelle auch für das Verteilungsverfahren nach den Absätzen 1 bis 3 zuständig ist. [2]Wird die Änderung einer Entscheidung dieser anderen Stelle verlangt, so ist die Entscheidung des Vollstreckungsgerichts nachzusuchen. [3]Die Beschwerde findet gegen die Entscheidung des Vollstreckungsgerichts statt.

§ 120 Aufhebung des Enteignungsbeschlusses. (1) [1]Ist die Ausführungsanordnung noch nicht ergangen, so hat die Enteignungsbehörde den Enteignungsbeschluss auf Antrag aufzuheben, wenn der durch die Enteignung Begünstigte die ihm durch den Enteignungsbeschluss auferlegten Zahlungen nicht innerhalb eines Monats nach dem Zeitpunkt geleistet hat, in dem der Beschluss unanfechtbar geworden ist. [2]Antragsberechtigt ist jeder Beteiligte, dem eine nicht gezahlte Entschädigung zusteht oder der nach § 97 Absatz 4 aus ihr zu befriedigen ist.

(2) [1]Vor der Aufhebung ist der durch die Enteignung Begünstigte zu hören. [2]Der Aufhebungsbeschluss ist allen Beteiligten zuzustellen und der Gemeinde und dem Grundbuchamt abschriftlich mitzuteilen.

§ 121 Kosten. (1) [1]Der Antragsteller hat die Kosten zu tragen, wenn der Antrag auf Enteignung abgelehnt oder zurückgenommen wird. [2]Wird dem Antrag auf Enteignung stattgegeben, so hat der Entschädigungsverpflichtete die Kosten zu tragen. [3]Wird einem Antrag auf Rückenteignung stattgegeben, so hat der von der Rückenteignung Betroffene die Kosten zu tragen. [4]Wird ein Antrag eines sonstigen Beteiligten abgelehnt oder zurückgenommen, sind diesem die durch die Behandlung seines Antrags verursachten Kosten aufzuerlegen, wenn sein Antrag offensichtlich unbegründet war.

(2) [1]Kosten sind die Kosten des Verfahrens und die zur zweckentsprechenden Rechtsverfolgung oder Rechtsverteidigung notwendigen Aufwendungen der Beteiligten. [2]Die Gebühren und Auslagen eines Rechtsanwalts oder eines sonstigen Bevollmächtigten sind erstattungsfähig, wenn die Zuziehung eines Bevollmächtigten notwendig war. [3]Aufwendungen für einen Bevollmächtigten, für den Gebühren und Auslagen gesetzlich nicht vorgesehen sind, können nur bis zur Höhe der gesetzlichen Gebühren und Auslagen von Rechtsbeiständen erstattet werden.

(3) Aufwendungen, die durch das Verschulden eines Erstattungsberechtigten entstanden sind, hat dieser selbst zu tragen; das Verschulden eines Vertreters ist dem Vertretenen zuzurechnen.

(4) [1]Die Kosten des Verfahrens richten sich nach den landesrechtlichen Vorschriften. [2]Die Enteignungsbehörde setzt die Kosten im Enteignungsbeschluss oder durch besonderen Beschluss fest. [3]Der Beschluss bestimmt auch, ob die Zuziehung eines Rechtsanwalts oder eines sonstigen Bevollmächtigten notwendig war.

§ 122 Vollstreckbarer Titel. (1) [1]Die Zwangsvollstreckung nach den Vorschriften der Zivilprozessordnung[1)] über die Vollstreckung von Urteilen in bürgerlichen Rechtsstreitigkeiten[2)] findet statt

1. aus der Niederschrift über eine Einigung wegen der in ihr bezeichneten Leistungen;
2. aus nicht mehr anfechtbarem Enteignungsbeschluss wegen der zu zahlenden Geldentschädigung oder einer Ausgleichszahlung;
3. aus einem Beschluss über die vorzeitige Besitzeinweisung oder deren Aufhebung wegen der darin festgesetzten Leistungen.

[2]Die Zwangsvollstreckung wegen einer Ausgleichszahlung ist erst zulässig, wenn die Ausführungsanordnung wirksam und unanfechtbar geworden ist.

(2) [1]Die vollstreckbare Ausfertigung wird von dem Urkundsbeamten der Geschäftsstelle des Amtsgerichts erteilt, in dessen Bezirk die Enteignungsbehörde ihren Sitz hat und, wenn das Verfahren bei einem Gericht anhängig ist, von dem Urkundsbeamten der Geschäftsstelle dieses Gerichts. [2]In den Fällen der §§ 731, 767 bis 770, 785 und 786 der Zivilprozessordnung[3)] tritt das Amtsgericht, in dessen Bezirk die Enteignungsbehörde ihren Sitz hat, an die Stelle des Prozessgerichts.

Sechster Teil. Erschließung

Erster Abschnitt. Allgemeine Vorschriften

§ 123 Erschließungslast. (1) Die Erschließung ist Aufgabe der Gemeinde, soweit sie nicht nach anderen gesetzlichen Vorschriften oder öffentlich-rechtlichen Verpflichtungen einem anderen obliegt.

(2) Die Erschließungsanlagen sollen entsprechend den Erfordernissen der Bebauung und des Verkehrs kostengünstig hergestellt werden und spätestens bis zur Fertigstellung der anzuschließenden baulichen Anlagen benutzbar sein.

(3) Ein Rechtsanspruch auf Erschließung besteht nicht.

(4) Die Unterhaltung der Erschließungsanlagen richtet sich nach landesrechtlichen Vorschriften.

§ 124 Erschließungspflicht nach abgelehntem Vertragsangebot. Hat die Gemeinde einen Bebauungsplan im Sinne des § 30 Absatz 1 erlassen und lehnt sie das zumutbare Angebot zum Abschluss eines städtebaulichen Vertrags über die Erschließung ab, ist sie verpflichtet, die Erschließung selbst durchzuführen.

§ 125 Bindung an den Bebauungsplan. (1) Die Herstellung der Erschließungsanlagen im Sinne des § 127 Absatz 2 setzt einen Bebauungsplan voraus.

(2) Liegt ein Bebauungsplan nicht vor, so dürfen diese Anlagen nur hergestellt werden, wenn sie den in § 1 Absatz 4 bis 7 bezeichneten Anforderungen entsprechen.

(3) Die Rechtmäßigkeit der Herstellung von Erschließungsanlagen wird durch Abweichungen von den Festsetzungen des Bebauungsplans nicht be-

1) Auszugsweise abgedruckt unter Nr. **12**.
2) Siehe §§ 704 ff. ZPO **(dtv 5005 ZPO Nr. 1)**.
3) **dtv 5005 ZPO Nr. 1**.

rührt, wenn die Abweichungen mit den Grundzügen der Planung vereinbar sind und

1. die Erschließungsanlagen hinter den Festsetzungen zurückbleiben oder
2. die Erschließungsbeitragspflichtigen nicht mehr als bei einer plangemäßen Herstellung belastet werden und die Abweichungen die Nutzung der betroffenen Grundstücke nicht wesentlich beeinträchtigen.

§ 126 Pflichten des Eigentümers. (1) [1] Der Eigentümer hat das Anbringen von

1. Haltevorrichtungen und Leitungen für Beleuchtungskörper der Straßenbeleuchtung einschließlich der Beleuchtungskörper und des Zubehörs sowie
2. Kennzeichen und Hinweisschildern für Erschließungsanlagen

auf seinem Grundstück zu dulden. [2] Er ist vorher zu benachrichtigen.

(2) [1] Der Erschließungsträger hat Schäden, die dem Eigentümer durch das Anbringen oder das Entfernen der in Absatz 1 bezeichneten Gegenstände entstehen, zu beseitigen; er kann stattdessen eine angemessene Entschädigung in Geld leisten. [2] Kommt eine Einigung über die Entschädigung nicht zustande, so entscheidet die höhere Verwaltungsbehörde; vor der Entscheidung sind die Beteiligten zu hören.

(3) [1] Der Eigentümer hat sein Grundstück mit der von der Gemeinde festgesetzten Nummer zu versehen. [2] Im Übrigen gelten die landesrechtlichen Vorschriften.

Zweiter Abschnitt. Erschließungsbeitrag[1)]

§ 127 Erhebung des Erschließungsbeitrags. (1) Die Gemeinden erheben zur Deckung ihres anderweitig nicht gedeckten Aufwands für Erschließungsanlagen einen Erschließungsbeitrag nach Maßgabe der folgenden Vorschriften.

(2) Erschließungsanlagen im Sinne dieses Abschnitts sind

1. die öffentlichen zum Anbau bestimmten Straßen, Wege und Plätze;
2. die öffentlichen aus rechtlichen oder tatsächlichen Gründen mit Kraftfahrzeugen nicht befahrbaren Verkehrsanlagen innerhalb der Baugebiete (z.B. Fußwege, Wohnwege);
3. Sammelstraßen innerhalb der Baugebiete; Sammelstraßen sind öffentliche Straßen, Wege und Plätze, die selbst nicht zum Anbau bestimmt, aber zur Erschließung der Baugebiete notwendig sind;
4. Parkflächen und Grünanlagen mit Ausnahme von Kinderspielplätzen, soweit sie Bestandteil der in den Nummern 1 bis 3 genannten Verkehrsanlagen oder nach städtebaulichen Grundsätzen innerhalb der Baugebiete zu deren Erschließung notwendig sind;
5. Anlagen zum Schutz von Baugebieten gegen schädliche Umwelteinwirkungen im Sinne des Bundes-Immissionsschutzgesetzes, auch wenn sie nicht Bestandteil der Erschließungsanlagen sind.

[1)] Siehe **in Bayern** auch Art. 5a KommunalabgabenG idF der Bek. v. 4.4.1993 (GVBl. S. 264), zuletzt geänd. durch G v. 10.3.2023 (GVBl. S. 91).

(3) Der Erschließungsbeitrag kann für den Grunderwerb, die Freilegung und für Teile der Erschließungsanlagen selbständig erhoben werden (Kostenspaltung).

(4) [1] Das Recht, Abgaben für Anlagen zu erheben, die nicht Erschließungsanlagen im Sinne dieses Abschnitts sind, bleibt unberührt. [2] Dies gilt insbesondere für Anlagen zur Ableitung von Abwasser sowie zur Versorgung mit Elektrizität, Gas, Wärme und Wasser.

§ 128 Umfang des Erschließungsaufwands. (1) [1] Der Erschließungsaufwand nach § 127 umfasst die Kosten für

1. den Erwerb und die Freilegung der Flächen für die Erschließungsanlagen;
2. ihre erstmalige Herstellung einschließlich der Einrichtungen für ihre Entwässerung und ihre Beleuchtung;
3. die Übernahme von Anlagen als gemeindliche Erschließungsanlagen.

[2] Der Erschließungsaufwand umfasst auch den Wert der von der Gemeinde aus ihrem Vermögen bereitgestellten Flächen im Zeitpunkt der Bereitstellung. [3] Zu den Kosten für den Erwerb der Flächen für Erschließungsanlagen gehört im Falle einer erschließungsbeitragspflichtigen Zuteilung im Sinne des § 57 Satz 4 und des § 58 Absatz 1 Satz 1 auch der Wert nach § 68 Absatz 1 Nummer 4.

(2) [1] Soweit die Gemeinden nach Landesrecht berechtigt sind, Beiträge zu den Kosten für Erweiterungen oder Verbesserungen von Erschließungsanlagen zu erheben, bleibt dieses Recht unberührt. [2] Die Länder können bestimmen, dass die Kosten für die Beleuchtung der Erschließungsanlagen in den Erschließungsaufwand nicht einzubeziehen sind.

(3) Der Erschließungsaufwand umfasst nicht die Kosten für

1. Brücken, Tunnels und Unterführungen mit den dazugehörigen Rampen;
2. die Fahrbahnen der Ortsdurchfahrten von Bundesstraßen sowie von Landstraßen I. und II. Ordnung, soweit die Fahrbahnen dieser Straßen keine größere Breite als ihre anschließenden freien Strecken erfordern.

§ 129 Beitragsfähiger Erschließungsaufwand. (1) [1] Zur Deckung des anderweitig nicht gedeckten Erschließungsaufwands können Beiträge nur insoweit erhoben werden, als die Erschließungsanlagen erforderlich sind, um die Bauflächen und die gewerblich zu nutzenden Flächen entsprechend den baurechtlichen Vorschriften zu nutzen (beitragsfähiger Erschließungsaufwand). [2] Soweit Anlagen nach § 127 Absatz 2 von dem Eigentümer hergestellt sind oder von ihm auf Grund baurechtlicher Vorschriften verlangt werden, dürfen Beiträge nicht erhoben werden. [3] Die Gemeinden tragen mindestens 10 vom Hundert des beitragsfähigen Erschließungsaufwands.

(2) Kosten, die ein Eigentümer oder sein Rechtsvorgänger bereits für Erschließungsmaßnahmen aufgewandt hat, dürfen bei der Übernahme als gemeindliche Erschließungsanlagen nicht erneut erhoben werden.

§ 130 Art der Ermittlung des beitragsfähigen Erschließungsaufwands.

(1) [1] Der beitragsfähige Erschließungsaufwand kann nach den tatsächlich entstandenen Kosten oder nach Einheitssätzen ermittelt werden. [2] Die Einheitssätze sind nach den in der Gemeinde üblicherweise durchschnittlich aufzuwendenden Kosten vergleichbarer Erschließungsanlagen festzusetzen.

(2) [1] Der beitragsfähige Erschließungsaufwand kann für die einzelne Erschließungsanlage oder für bestimmte Abschnitte einer Erschließungsanlage ermittelt werden. [2] Abschnitte einer Erschließungsanlage können nach örtlich erkennbaren Merkmalen oder nach rechtlichen Gesichtspunkten (z.B. Grenzen von Bebauungsplangebieten, Umlegungsgebieten, förmlich festgelegten Sanierungsgebieten) gebildet werden. [3] Für mehrere Anlagen, die für die Erschließung der Grundstücke eine Einheit bilden, kann der Erschließungsaufwand insgesamt ermittelt werden.

§ 131 Maßstäbe für die Verteilung des Erschließungsaufwands.

(1) [1] Der ermittelte beitragsfähige Erschließungsaufwand für eine Erschließungsanlage ist auf die durch die Anlage erschlossenen Grundstücke zu verteilen. [2] Mehrfach erschlossene Grundstücke sind bei gemeinsamer Aufwandsermittlung in einer Erschließungseinheit (§ 130 Absatz 2 Satz 3) bei der Verteilung des Erschließungsaufwands nur einmal zu berücksichtigen.

(2) [1] Verteilungsmaßstäbe sind

1. die Art und das Maß der baulichen oder sonstigen Nutzung;
2. die Grundstücksflächen;
3. die Grundstücksbreite an der Erschließungsanlage.

[2] Die Verteilungsmaßstäbe können miteinander verbunden werden.

(3) In Gebieten, die nach dem Inkrafttreten des Bundesbaugesetzes erschlossen werden, sind, wenn eine unterschiedliche bauliche oder sonstige Nutzung zulässig ist, die Maßstäbe nach Absatz 2 in der Weise anzuwenden, dass der Verschiedenheit dieser Nutzung nach Art und Maß entsprochen wird.

§ 132 Regelung durch Satzung. Die Gemeinden regeln durch Satzung

1. die Art und den Umfang der Erschließungsanlagen im Sinne des § 129,
2. die Art der Ermittlung und der Verteilung des Aufwands sowie die Höhe des Einheitssatzes,
3. die Kostenspaltung (§ 127 Absatz 3) und
4. die Merkmale der endgültigen Herstellung einer Erschließungsanlage.

§ 133 Gegenstand und Entstehung der Beitragspflicht. (1) [1] Der Beitragspflicht unterliegen Grundstücke, für die eine bauliche oder gewerbliche Nutzung festgesetzt ist, sobald sie bebaut oder gewerblich genutzt werden dürfen. [2] Erschlossene Grundstücke, für die eine bauliche oder gewerbliche Nutzung nicht festgesetzt ist, unterliegen der Beitragspflicht, wenn sie nach der Verkehrsauffassung Bauland sind und nach der geordneten baulichen Entwicklung der Gemeinde zur Bebauung anstehen. [3] Die Gemeinde gibt bekannt, welche Grundstücke nach Satz 2 der Beitragspflicht unterliegen; die Bekanntmachung hat keine rechtsbegründende Wirkung.

(2) [1] Die Beitragspflicht entsteht mit der endgültigen Herstellung der Erschließungsanlagen, für Teilbeträge, sobald die Maßnahmen, deren Aufwand durch die Teilbeträge gedeckt werden soll, abgeschlossen sind. [2] Im Falle des § 128 Absatz 1 Satz 1 Nummer 3 entsteht die Beitragspflicht mit der Übernahme durch die Gemeinde.

(3) [1] Für ein Grundstück, für das eine Beitragspflicht noch nicht oder nicht in vollem Umfang entstanden ist, können Vorausleistungen auf den Erschlie-

ßungsbeitrag bis zur Höhe des voraussichtlichen endgültigen Erschließungsbeitrags verlangt werden, wenn ein Bauvorhaben auf dem Grundstück genehmigt wird oder wenn mit der Herstellung der Erschließungsanlagen begonnen worden ist und die endgültige Herstellung der Erschließungsanlagen innerhalb von vier Jahren zu erwarten ist. [2]Die Vorausleistung ist mit der endgültigen Beitragsschuld zu verrechnen, auch wenn der Vorausleistende nicht beitragspflichtig ist. [3]Ist die Beitragspflicht sechs Jahre nach Erlass des Vorausleistungsbescheids noch nicht entstanden, kann die Vorausleistung zurückverlangt werden, wenn die Erschließungsanlage bis zu diesem Zeitpunkt noch nicht benutzbar ist. [4]Der Rückzahlungsanspruch ist ab Erhebung der Vorausleistung mit 2 vom Hundert über dem Basiszinssatz nach § 247 des Bürgerlichen Gesetzbuchs[1)] jährlich zu verzinsen. [5]Die Gemeinde kann Bestimmungen über die Ablösung des Erschließungsbeitrags im Ganzen vor Entstehung der Beitragspflicht treffen.

§ 134 Beitragspflichtiger. (1) [1]Beitragspflichtig ist derjenige, der im Zeitpunkt der Bekanntgabe des Beitragsbescheids Eigentümer des Grundstücks ist. [2]Ist das Grundstück mit einem Erbbaurecht belastet, so ist der Erbbauberechtigte anstelle des Eigentümers beitragspflichtig. [3]Ist das Grundstück mit einem dinglichen Nutzungsrecht nach Artikel 233 § 4 des Einführungsgesetzes zum Bürgerlichen Gesetzbuche[2)] belastet, so ist der Inhaber dieses Rechts anstelle des Eigentümers beitragspflichtig. [4]Mehrere Beitragspflichtige haften als Gesamtschuldner; bei Wohnungs- und Teileigentum sind die einzelnen Wohnungs- und Teileigentümer nur entsprechend ihrem Miteigentumsanteil beitragspflichtig.

(2) Der Beitrag ruht als öffentliche Last auf dem Grundstück, im Falle des Absatzes 1 Satz 2 auf dem Erbbaurecht, im Falle des Absatzes 1 Satz 3 auf dem dinglichen Nutzungsrecht, im Falle des Absatzes 1 Satz 4 auf dem Wohnungs- oder dem Teileigentum.

§ 135 Fälligkeit und Zahlung des Beitrags. (1) Der Beitrag wird einen Monat nach der Bekanntgabe des Beitragsbescheids fällig.

(2) [1]Die Gemeinde kann zur Vermeidung unbilliger Härten im Einzelfall, insbesondere soweit dies zur Durchführung eines genehmigten Bauvorhabens erforderlich ist, zulassen, dass der Erschließungsbeitrag in Raten oder in Form einer Rente gezahlt wird. [2]Ist die Finanzierung eines Bauvorhabens gesichert, so soll die Zahlungsweise der Auszahlung der Finanzierungsmittel angepasst, jedoch nicht über zwei Jahre hinaus erstreckt werden.

(3) [1]Lässt die Gemeinde nach Absatz 2 eine Verrentung zu, so ist der Erschließungsbeitrag durch Bescheid in eine Schuld umzuwandeln, die in höchstens zehn Jahresleistungen zu entrichten ist. [2]In dem Bescheid sind Höhe und Zeitpunkt der Fälligkeit der Jahresleistungen zu bestimmen. [3]Der jeweilige Restbetrag ist mit höchstens 2 vom Hundert über dem Basiszinssatz nach § 247 des Bürgerlichen Gesetzbuchs[1)] jährlich zu verzinsen. [4]Die Jahresleistungen stehen wiederkehrenden Leistungen im Sinne des § 10 Absatz 1 Nummer 3 des Zwangsversteigerungsgesetzes[3)] gleich.

[1)] **dtv 5001 BGB Nr. 1.**
[2)] **dtv 5001 BGB Nr. 2.**
[3)] Nr. 13.

(4) [1]Werden Grundstücke landwirtschaftlich oder als Wald genutzt, ist der Beitrag so lange zinslos zu stunden, wie das Grundstück zur Erhaltung der Wirtschaftlichkeit des landwirtschaftlichen Betriebs genutzt werden muss. [2]Satz 1 gilt auch für die Fälle der Nutzungsüberlassung und Betriebsübergabe an Familienangehörige im Sinne des § 15 der Abgabenordnung. [3]Der Beitrag ist auch zinslos zu stunden, solange Grundstücke als Kleingärten im Sinne des Bundeskleingartengesetzes genutzt werden.

(5) [1]Im Einzelfall kann die Gemeinde auch von der Erhebung des Erschließungsbeitrags ganz oder teilweise absehen, wenn dies im öffentlichen Interesse oder zur Vermeidung unbilliger Härten geboten ist. [2]Die Freistellung kann auch für den Fall vorgesehen werden, dass die Beitragspflicht noch nicht entstanden ist.

(6) Weitergehende landesrechtliche Billigkeitsregelungen bleiben unberührt.

Siebter Teil. Maßnahmen für den Naturschutz

§§ 135a–135c *(vom Abdruck wurde abgesehen)*

Zweites Kapitel. Besonderes Städtebaurecht

§§ 136–191 *(vom Abdruck wurde abgesehen)*

Drittes Kapitel. Sonstige Vorschriften

Erster Teil. Wertermittlung

§ 192 Gutachterausschuss. (1) Zur Ermittlung von Grundstückswerten und für sonstige Wertermittlungen werden selbständige, unabhängige Gutachterausschüsse gebildet.

(2) Die Gutachterausschüsse bestehen aus einem Vorsitzenden und ehrenamtlichen weiteren Gutachtern.

(3) [1]Der Vorsitzende und die weiteren Gutachter sollen in der Ermittlung von Grundstückswerten oder sonstigen Wertermittlungen sachkundig und erfahren sein und dürfen nicht hauptamtlich mit der Verwaltung der Grundstücke der Gebietskörperschaft, für deren Bereich der Gutachterausschuss gebildet ist, befasst sein. [2]Zur Ermittlung der Bodenrichtwerte sowie der in § 193 Absatz 5 Satz 2 genannten sonstigen für die Wertermittlung erforderlichen Daten ist ein Bediensteter der zuständigen Finanzbehörde mit Erfahrung in der steuerlichen Bewertung von Grundstücken als Gutachter hinzuzuziehen.

(4) Die Gutachterausschüsse bedienen sich einer Geschäftsstelle.

§ 193 Aufgaben des Gutachterausschusses. (1) [1]Der Gutachterausschuss erstattet Gutachten über den Verkehrswert von bebauten und unbebauten Grundstücken sowie Rechten an Grundstücken, wenn

1. die für den Vollzug dieses Gesetzbuchs zuständigen Behörden bei der Erfüllung der Aufgaben nach diesem Gesetzbuch,
2. die für die Feststellung des Werts eines Grundstücks oder der Entschädigung für ein Grundstück oder ein Recht an einem Grundstück auf Grund anderer gesetzlicher Vorschriften zuständigen Behörden,

3. die Eigentümer, ihnen gleichstehende Berechtigte, Inhaber anderer Rechte am Grundstück und Pflichtteilsberechtigte, für deren Pflichtteil der Wert des Grundstücks von Bedeutung ist, oder
4. Gerichte und Justizbehörden

es beantragen. [2]Unberührt bleiben Antragsberechtigungen nach anderen Rechtsvorschriften.

(2) Der Gutachterausschuss kann außer über die Höhe der Entschädigung für den Rechtsverlust auch Gutachten über die Höhe der Entschädigung für andere Vermögensnachteile erstatten.

(3) Die Gutachten haben keine bindende Wirkung, soweit nichts anderes bestimmt oder vereinbart ist.

(4) Eine Abschrift des Gutachtens ist dem Eigentümer zu übersenden.

(5) [1]Der Gutachterausschuss führt eine Kaufpreissammlung, wertet sie aus und ermittelt Bodenrichtwerte und sonstige zur Wertermittlung erforderliche Daten. [2]Zu den sonstigen für die Wertermittlung erforderlichen Daten gehören insbesondere

1. Kapitalisierungszinssätze, mit denen die Verkehrswerte von Grundstücken im Durchschnitt marktüblich verzinst werden (Liegenschaftszinssätze), für die verschiedenen Grundstücksarten, insbesondere Mietwohngrundstücke, Geschäftsgrundstücke und gemischt genutzte Grundstücke,
2. Faktoren zur Anpassung der Sachwerte an die jeweilige Lage auf dem Grundstücksmarkt (Sachwertfaktoren), insbesondere für die Grundstücksarten Ein- und Zweifamilienhäuser,
3. Umrechnungskoeffizienten für das Wertverhältnis von sonst gleichartigen Grundstücken, z.B. bei unterschiedlichem Maß der baulichen Nutzung und
4. Vergleichsfaktoren für bebaute Grundstücke, insbesondere bezogen auf eine Raum- oder Flächeneinheit der baulichen Anlage (Gebäudefaktor) oder auf den nachhaltig erzielbaren jährlichen Ertrag (Ertragsfaktor).

[3]Die erforderlichen Daten im Sinne der Sätze 1 und 2 sind den zuständigen Finanzämtern für Zwecke der steuerlichen Bewertung mitzuteilen.

§ 194 Verkehrswert. Der Verkehrswert (Marktwert) wird durch den Preis bestimmt, der in dem Zeitpunkt, auf den sich die Ermittlung bezieht, im gewöhnlichen Geschäftsverkehr nach den rechtlichen Gegebenheiten und tatsächlichen Eigenschaften, der sonstigen Beschaffenheit und der Lage des Grundstücks oder des sonstigen Gegenstands der Wertermittlung ohne Rücksicht auf ungewöhnliche oder persönliche Verhältnisse zu erzielen wäre.

§ 195 Kaufpreissammlung. (1) [1]Zur Führung der Kaufpreissammlung ist jeder Vertrag, durch den sich jemand verpflichtet, Eigentum an einem Grundstück gegen Entgelt, auch im Wege des Tausches, zu übertragen oder ein Erbbaurecht erstmals oder erneut zu bestellen, von der beurkundenden Stelle in Abschrift dem Gutachterausschuss zu übersenden. [2]Dies gilt auch für das Angebot und die Annahme eines Vertrags, wenn diese getrennt beurkundet werden, sowie entsprechend für die Einigung vor einer Enteignungsbehörde, den Enteignungsbeschluss, den Beschluss über die Vorwegnahme einer Entscheidung im Umlegungsverfahren, den Beschluss über die Aufstellung eines Umlegungsplans, den Beschluss über eine vereinfachte Umlegung und für den Zuschlag in einem Zwangsversteigerungsverfahren.

(2) [1]Die Kaufpreissammlung darf nur dem zuständigen Finanzamt für Zwecke der Besteuerung übermittelt werden. [2]Vorschriften, nach denen Urkunden oder Akten den Gerichten oder Staatsanwaltschaften vorzulegen sind, bleiben unberührt.

(3) Auskünfte aus der Kaufpreissammlung sind bei berechtigtem Interesse nach Maßgabe landesrechtlicher Vorschriften zu erteilen (§ 199 Absatz 2 Nummer 4).

§ 196 Bodenrichtwerte. (1) [1]Auf Grund der Kaufpreissammlung sind flächendeckend durchschnittliche Lagewerte für den Boden unter Berücksichtigung des unterschiedlichen Entwicklungszustands zu ermitteln (Bodenrichtwerte). [2]In bebauten Gebieten sind Bodenrichtwerte mit dem Wert zu ermitteln, der sich ergeben würde, wenn der Boden unbebaut wäre. [3]Es sind Richtwertzonen zu bilden, die jeweils Gebiete umfassen, die nach Art und Maß der Nutzung weitgehend übereinstimmen. [4]Die wertbeeinflussenden Merkmale des Bodenrichtwertgrundstücks sind darzustellen. [5]Die Bodenrichtwerte sind jeweils zu Beginn jedes zweiten Kalenderjahres zu ermitteln, wenn nicht eine häufigere Ermittlung bestimmt ist. [6]Für Zwecke der steuerlichen Bewertung des Grundbesitzes sind Bodenrichtwerte nach ergänzenden Vorgaben der Finanzverwaltung zum jeweiligen Hauptfeststellungszeitpunkt oder sonstigen Feststellungszeitpunkt zu ermitteln. [7]Auf Antrag der für den Vollzug dieses Gesetzbuchs zuständigen Behörden sind Bodenrichtwerte für einzelne Gebiete bezogen auf einen abweichenden Zeitpunkt zu ermitteln.

(2) [1]Hat sich in einem Gebiet die Qualität des Bodens durch einen Bebauungsplan oder andere Maßnahmen geändert, sind bei der nächsten Fortschreibung der Bodenrichtwerte auf der Grundlage der geänderten Qualität auch Bodenrichtwerte bezogen auf die Wertverhältnisse zum Zeitpunkt der letzten Hauptfeststellung oder dem letzten sonstigen Feststellungszeitpunkt für steuerliche Zwecke zu ermitteln. [2]Die Ermittlung kann unterbleiben, wenn das zuständige Finanzamt darauf verzichtet.

(3) [1]Die Bodenrichtwerte sind zu veröffentlichen und dem zuständigen Finanzamt mitzuteilen. [2]Jedermann kann von der Geschäftsstelle Auskunft über die Bodenrichtwerte verlangen.

§ 197 Befugnisse des Gutachterausschusses. (1) [1]Der Gutachterausschuss kann mündliche oder schriftliche Auskünfte von Sachverständigen und von Personen einholen, die Angaben über das Grundstück und, wenn das zur Ermittlung von Geldleistungen im Umlegungsverfahren, von Ausgleichsbeträgen und von Enteignungsentschädigungen erforderlich ist, über ein Grundstück, das zum Vergleich herangezogen werden soll, machen können. [2]Er kann verlangen, dass Eigentümer und sonstige Inhaber von Rechten an einem Grundstück die zur Führung der Kaufpreissammlung und zur Begutachtung notwendigen Unterlagen vorlegen. [3]Der Eigentümer und der Besitzer des Grundstücks haben zu dulden, dass Grundstücke zur Auswertung von Kaufpreisen und zur Vorbereitung von Gutachten betreten werden. [4]Wohnungen dürfen nur mit Zustimmung der Wohnungsinhaber betreten werden.

(2) [1]Alle Gerichte und Behörden haben dem Gutachterausschuss Rechts- und Amtshilfe zu leisten. [2]Die Finanzbehörden erteilen dem Gutachterausschuss auf Ersuchen Auskünfte über Grundstücke, soweit ihnen die Verhältnisse der Grundstücke bekannt sind und dies zur Ermittlung von Ausgleichsbeträgen

und Enteignungsentschädigungen sowie zur Ermittlung von Verkehrswerten und der für die Wertermittlung erforderlichen Daten einschließlich der Bodenrichtwerte erforderlich ist. [3] Die Auskunftspflicht besteht nicht, soweit deren Erfüllung mit einem unverhältnismäßigen Aufwand verbunden wäre.

§ 198 Oberer Gutachterausschuss. (1) [1] Für den Bereich einer oder mehrerer höherer Verwaltungsbehörden sind Obere Gutachterausschüsse oder Zentrale Geschäftsstellen zu bilden, wenn in dem Bereich der höheren Verwaltungsbehörde mehr als zwei Gutachterausschüsse gebildet sind. [2] Auf die Oberen Gutachterausschüsse sind die Vorschriften über die Gutachterausschüsse entsprechend anzuwenden.

(2) [1] Der Obere Gutachterausschuss oder die Zentrale Geschäftsstelle haben insbesondere die Aufgabe, überregionale Auswertungen und Analysen des Grundstücksmarktgeschehens zu erstellen, auch um zu einer bundesweiten Grundstücksmarkttransparenz beizutragen. [2] Ist nach Absatz 1 kein Oberer Gutachterausschuss oder keine Zentrale Geschäftsstelle zu bilden, gilt Satz 1 für die Gutachterausschüsse entsprechend.

(3) Der Obere Gutachterausschuss hat auf Antrag eines Gerichts ein Obergutachten zu erstatten, wenn schon das Gutachten eines Gutachterausschusses vorliegt.

§ 199 Ermächtigungen. (1) Die Bundesregierung wird ermächtigt, mit Zustimmung des Bundesrates durch Rechtsverordnung[1)] Vorschriften über die Anwendung gleicher Grundsätze bei der Ermittlung der Verkehrswerte und bei der Ableitung der für die Wertermittlung erforderlichen Daten einschließlich der Bodenrichtwerte zu erlassen.

(2) Die Landesregierungen werden ermächtigt, durch Rechtsverordnung

1. die Bildung und das Tätigwerden der Gutachterausschüsse und der Oberen Gutachterausschüsse sowie der Zentralen Geschäftsstellen, soweit in diesem Gesetzbuch nicht bereits geschehen, die Mitwirkung der Gutachter und deren Ausschluss im Einzelfall,
2. die Aufgaben des Vorsitzenden,
3. die Einrichtung und die Aufgaben der Geschäftsstelle,
4. die Führung und Auswertung der Kaufpreissammlung, die Häufigkeit der Bodenrichtwertermittlung sowie die Veröffentlichung der Bodenrichtwerte und sonstiger Daten der Wertermittlung und die Erteilung von Auskünften aus der Kaufpreissammlung,
5. die Übermittlung von Daten der Flurbereinigungsbehörden zur Führung und Auswertung der Kaufpreissammlung,
6. die Übertragung weiterer Aufgaben auf den Gutachterausschuss und den Oberen Gutachterausschuss und
7. die Entschädigung der Mitglieder des Gutachterausschusses und des Oberen Gutachterausschusses

zu regeln.

1) Siehe ua die ImmobilienwertermittlungsVO (Nr. **7**).

Zweiter Teil. Allgemeine Vorschriften; Zuständigkeiten; Verwaltungsverfahren; Planerhaltung

Erster Abschnitt. Allgemeine Vorschriften

§ 200 Grundstücke; Rechte an Grundstücken; Baulandkataster.

(1) Die für Grundstücke geltenden Vorschriften dieses Gesetzbuchs sind entsprechend auch auf Grundstücksteile anzuwenden.

(2) Die für das Eigentum an Grundstücken bestehenden Vorschriften sind, soweit dieses Gesetzbuch nichts anderes vorschreibt, entsprechend auch auf grundstücksgleiche Rechte anzuwenden.

(3) [1] Die Gemeinde kann sofort oder in absehbarer Zeit bebaubare Flächen in Karten oder Listen auf der Grundlage eines Lageplans erfassen, der Flur- und Flurstücksnummern, Straßennamen und Angaben zur Grundstücksgröße enthält (Baulandkataster). [2] Sie kann die Flächen in Karten oder Listen veröffentlichen, soweit der Grundstückseigentümer nicht widersprochen hat. [3] Die Gemeinde hat ihre Absicht zur Veröffentlichung einen Monat vorher öffentlich bekannt zu geben und dabei auf das Widerspruchsrecht der Grundstückseigentümer hinzuweisen.

§ 200a Ersatzmaßnahmen. [1] Darstellungen für Flächen zum Ausgleich und Festsetzungen für Flächen oder Maßnahmen zum Ausgleich im Sinne des § 1a Absatz 3 umfassen auch Ersatzmaßnahmen. [2] Ein unmittelbarer räumlicher Zusammenhang zwischen Eingriff und Ausgleich ist nicht erforderlich, soweit dies mit einer geordneten städtebaulichen Entwicklung und den Zielen der Raumordnung sowie des Naturschutzes und der Landschaftspflege vereinbar ist.

§ 201 Begriff der Landwirtschaft. Landwirtschaft im Sinne dieses Gesetzbuchs ist insbesondere der Ackerbau, die Wiesen- und Weidewirtschaft einschließlich Tierhaltung, soweit das Futter überwiegend auf den zum landwirtschaftlichen Betrieb gehörenden, landwirtschaftlich genutzten Flächen erzeugt werden kann, die gartenbauliche Erzeugung, der Erwerbsobstbau, der Weinbau, die berufsmäßige Imkerei und die berufsmäßige Binnenfischerei.

§ 201a Verordnungsermächtigung zur Bestimmung von Gebieten mit einem angespannten Wohnungsmarkt. [1] Die Landesregierungen werden ermächtigt, durch Rechtsverordnung[1)] Gebiete mit einem angespannten Wohnungsmarkt zu bestimmen. [2] Die Rechtsverordnung nach Satz 1 gilt für die Anwendung der Regelungen in § 25 Absatz 1 Satz 1 Nummer 3, § 31 Absatz 3, § 175 Absatz 2 Satz 2 und § 176 Absatz 1 Satz 1 Nummer 3. [3] Ein Gebiet mit einem angespannten Wohnungsmarkt liegt vor, wenn die ausreichende Versorgung der Bevölkerung mit Mietwohnungen in einer Gemeinde oder einem Teil der Gemeinde zu angemessenen Bedingungen besonders gefährdet ist. [4] Dies kann insbesondere dann der Fall sein, wenn

1. die Mieten deutlich stärker steigen als im bundesweiten Durchschnitt,
2. die durchschnittliche Mietbelastung der Haushalte den bundesweiten Durchschnitt deutlich übersteigt,

[1)] Siehe hierzu ua:
– Hamb. Wohnungsmarkt-Verordnung 2021 v. 13.7.2021 (HmbGVBl. S. 530)
– Umwandlungsgenehmigungs- und Gebietsbestimmungsverordnung v. 28.4.2022 (GVBl. S. 234).

3. die Wohnbevölkerung wächst, ohne dass durch Neubautätigkeit insoweit erforderlicher Wohnraum geschaffen wird, oder
4. geringer Leerstand bei großer Nachfrage besteht.

[5] Eine Rechtsverordnung nach Satz 1 muss spätestens mit Ablauf des 31. Dezember 2026 außer Kraft treten. [6] Sie muss begründet werden. [7] Aus der Begründung muss sich ergeben, auf Grund welcher Tatsachen ein Gebiet mit einem angespannten Wohnungsmarkt im Einzelfall vorliegt. [8] Die betroffenen Gemeinden und die auf Landesebene bestehenden kommunalen Spitzenverbände sollen vor dem Erlass der Rechtsverordnung beteiligt werden.

§ 202 Schutz des Mutterbodens. Mutterboden, der bei der Errichtung und Änderung baulicher Anlagen sowie bei wesentlichen anderen Veränderungen der Erdoberfläche ausgehoben wird, ist in nutzbarem Zustand zu erhalten und vor Vernichtung oder Vergeudung zu schützen.

Zweiter Abschnitt. Zuständigkeiten

§§ 203–216 *(vom Abdruck wurde abgesehen)*

Dritter Teil. Verfahren vor den Kammern (Senaten) für Baulandsachen

§§ 217–232 *(vom Abdruck wurde abgesehen)*

Viertes Kapitel. Überleitungs- und Schlussvorschriften

§§ 233–249 *(vom Abdruck wurde abgesehen)*

Anlage 1 und 2. *(vom Abdruck wurde abgesehen)*

7. Verordnung über die Grundsätze für die Ermittlung der Verkehrswerte von Immobilien und der für die Wertermittlung erforderlichen Daten (Immobilienwertermittlungsverordnung – ImmoWertV)

Vom 14. Juli 2021
(BGBl. I S. 2805)

FNA 213-1-8

Auf Grund des § 199 Absatz 1 des Baugesetzbuchs[1)] in der Fassung der Bekanntmachung vom 3. November 2017 (BGBl. I S. 3634) verordnet die Bundesregierung:

Teil 1. Allgemeines

Abschnitt 1. Anwendungsbereich; Gegenstand und Grundlagen der Wertermittlung

§ 1 Anwendungsbereich; Wertermittlungsobjekt. (1) Diese Verordnung ist anzuwenden

1. bei der Ermittlung der Verkehrswerte (Marktwerte) der in Absatz 2 bezeichneten Gegenstände, auch wenn diese nicht marktfähig oder marktgängig sind (Wertermittlung), und
2. bei der Ermittlung der für die Wertermittlung erforderlichen Daten.

(2) Gegenstände der Wertermittlung (Wertermittlungsobjekte) sind

1. Grundstücke und Grundstücksteile einschließlich ihrer Bestandteile sowie ihres Zubehörs,
2. grundstücksgleiche Rechte, Rechte an diesen und Rechte an Grundstücken (grundstücksbezogene Rechte) sowie grundstücksbezogene Belastungen.

§ 2 Grundlagen der Wertermittlung. (1) Der Wertermittlung sind die allgemeinen Wertverhältnisse auf dem Grundstücksmarkt zum Wertermittlungsstichtag und der Grundstückszustand zum Qualitätsstichtag zugrunde zu legen.

(2) Die allgemeinen Wertverhältnisse richten sich nach der Gesamtheit der am Wertermittlungsstichtag für die Preisbildung von Grundstücken im gewöhnlichen Geschäftsverkehr maßgebenden Umstände, wie nach der allgemeinen Wirtschaftssituation, nach den Verhältnissen am Kapitalmarkt sowie nach den wirtschaftlichen und demografischen Entwicklungen des Gebiets.

(3) [1]Der Grundstückszustand ergibt sich aus der Gesamtheit der rechtlichen Gegebenheiten, der tatsächlichen Eigenschaften, der sonstigen Beschaffenheit und der Lage des Wertermittlungsobjekts (Grundstücksmerkmale). [2]Zu den Grundstücksmerkmalen können insbesondere zählen

1. der Entwicklungszustand,
2. die Art und das Maß der baulichen oder sonstigen Nutzung,
3. die tatsächliche Nutzung,

[1)] Nr. 6.

4. der beitragsrechtliche Zustand,
5. die Lagemerkmale,
6. die Ertragsverhältnisse,
7. die Grundstücksgröße,
8. der Grundstückszuschnitt,
9. die Bodenbeschaffenheit,
10. bei bebauten Grundstücken zusätzlich
 a) die Art der baulichen Anlagen,
 b) die Bauweise und die Baugestaltung der baulichen Anlagen,
 c) die Größe der baulichen Anlagen,
 d) die Ausstattung und die Qualität der baulichen Anlagen einschließlich ihrer energetischen Eigenschaften und ihrer Barrierefreiheit,
 e) der bauliche Zustand der baulichen Anlagen,
 f) das Alter, die Gesamtnutzungsdauer und die Restnutzungsdauer der baulichen Anlagen,
11. bei landwirtschaftlichen Grundstücken Dauerkulturen und bei forstwirtschaftlichen Grundstücken die Bestockung,
12. die grundstücksbezogenen Rechte und Belastungen.

(4) Der Wertermittlungsstichtag ist der Zeitpunkt, auf den sich die Wertermittlung bezieht und der für die Ermittlung der allgemeinen Wertverhältnisse maßgeblich ist.

(5) [1] Der Qualitätsstichtag ist der Zeitpunkt, auf den sich der für die Wertermittlung maßgebliche Grundstückszustand bezieht. [2] Er entspricht dem Wertermittlungsstichtag, es sei denn, dass aus rechtlichen oder sonstigen Gründen der Zustand des Grundstücks zu einem anderen Zeitpunkt maßgeblich ist.

Abschnitt 2. Begriffsbestimmungen zu einzelnen Grundstücksmerkmalen

§ 3 Entwicklungszustand; sonstige Flächen. (1) Flächen der Land- oder Forstwirtschaft sind Flächen, die, ohne Bauerwartungsland, Rohbauland oder baureifes Land zu sein, land- oder forstwirtschaftlich nutzbar sind.

(2) Bauerwartungsland sind Flächen, die nach ihren weiteren Grundstücksmerkmalen eine bauliche Nutzung aufgrund konkreter Tatsachen, insbesondere nach dem Stand der Bauleitplanung und nach der sonstigen städtebaulichen Entwicklung des Gebiets, mit hinreichender Sicherheit erwarten lassen.

(3) Rohbauland sind Flächen, die nach den §§ 30, 33 oder 34 des Baugesetzbuchs für eine bauliche Nutzung bestimmt sind, deren Erschließung aber noch nicht gesichert ist oder die nach Lage, Form oder Größe für eine bauliche Nutzung unzureichend gestaltet sind.

(4) Baureifes Land sind Flächen, die nach öffentlich-rechtlichen Vorschriften und nach den tatsächlichen Gegebenheiten baulich nutzbar sind.

(5) Sonstige Flächen sind Flächen, die sich keinem der Entwicklungszustände nach den Absätzen 1 bis 4 zuordnen lassen.

§ 4 Alter, Gesamt- und Restnutzungsdauer. (1) Das Alter einer baulichen Anlage ergibt sich aus der Differenz zwischen dem Kalenderjahr des maßgeblichen Stichtags und dem Baujahr.

(2) Die Gesamtnutzungsdauer bezeichnet die Anzahl der Jahre, in denen eine bauliche Anlage bei ordnungsgemäßer Bewirtschaftung vom Baujahr an gerechnet üblicherweise wirtschaftlich genutzt werden kann.

(3) [1] Die Restnutzungsdauer bezeichnet die Anzahl der Jahre, in denen eine bauliche Anlage bei ordnungsgemäßer Bewirtschaftung voraussichtlich noch wirtschaftlich genutzt werden kann. [2] Die Restnutzungsdauer wird in der Regel auf Grundlage des Unterschiedsbetrags zwischen der Gesamtnutzungsdauer und dem Alter der baulichen Anlage am maßgeblichen Stichtag unter Berücksichtigung individueller Gegebenheiten des Wertermittlungsobjekts ermittelt. [3] Individuelle Gegebenheiten des Wertermittlungsobjekts wie beispielsweise durchgeführte Instandsetzungen oder Modernisierungen oder unterlassene Instandhaltungen des Wertermittlungsobjekts können die sich aus dem Unterschiedsbetrag nach Satz 2 ergebende Dauer verlängern oder verkürzen.

§ 5 Weitere Grundstücksmerkmale. (1) [1] Art und Maß der baulichen oder sonstigen Nutzung ergeben sich vorbehaltlich des Satzes 2 aus den für die planungsrechtliche Zulässigkeit von Vorhaben maßgeblichen Vorschriften des Städtebaurechts und aus den sonstigen Vorschriften, die die Nutzbarkeit betreffen. [2] Wird vom städtebaulich zulässigen Maß im Sinne des Satzes 1 in der Umgebung regelmäßig abgewichen oder wird das Maß bei der Kaufpreisbemessung regelmäßig abweichend von den für die planungsrechtliche Zulässigkeit maßgeblichen Vorschriften des Städtebaurechts bestimmt, so ist das Maß der Nutzung maßgebend, das auf dem jeweiligen Grundstücksmarkt üblicherweise zugrunde gelegt wird.

(2) [1] Für den beitragsrechtlichen Zustand des Grundstücks ist die Verpflichtung zur Entrichtung von grundstücksbezogenen Beiträgen maßgebend. [2] Als Beiträge im Sinne des Satzes 1 gelten auch grundstücksbezogene Sonderabgaben und beitragsähnliche Abgaben.

(3) [1] Die Ertragsverhältnisse ergeben sich aus den tatsächlich erzielten und aus den marktüblich erzielbaren Erträgen. [2] Marktüblich erzielbare Erträge sind die nach den Marktverhältnissen am Wertermittlungsstichtag für die jeweilige Nutzung in vergleichbaren Fällen durchschnittlich erzielten Erträge.

(4) Lagemerkmale von Grundstücken ergeben sich aus der räumlichen Position des Grundstücks und beziehen sich insbesondere auf die Verkehrsanbindung, die Nachbarschaft, die Wohn- und Geschäftslage sowie die Umwelteinflüsse.

(5) Die Bodenbeschaffenheit umfasst beispielsweise die Bodengüte, die Eignung als Baugrund und das Vorhandensein von Bodenverunreinigungen.

Abschnitt 3. Allgemeine Grundsätze der Wertermittlung

§ 6 Wertermittlungsverfahren; Ermittlung des Verkehrswerts. (1) [1] Grundsätzlich sind zur Wertermittlung das Vergleichswertverfahren, das Ertragswertverfahren, das Sachwertverfahren oder mehrere dieser Verfahren heranzuziehen. [2] Die Verfahren sind nach der Art des Wertermittlungsobjekts unter Berücksichtigung der im gewöhnlichen Geschäftsverkehr bestehenden Gepflogenheiten und der sonstigen Umstände des Einzelfalls, insbesondere der Eignung der zur Verfügung stehenden Daten, zu wählen; die Wahl ist zu begründen.

(2) In den in Absatz 1 Satz 1 genannten Wertermittlungsverfahren sind regelmäßig in folgender Reihenfolge zu berücksichtigen:

1. die allgemeinen Wertverhältnisse;
2. die besonderen objektspezifischen Grundstücksmerkmale.

(3) [1]Die in Absatz 1 Satz 1 genannten Wertermittlungsverfahren gliedern sich in folgende Verfahrensschritte:

1. Ermittlung des vorläufigen Verfahrenswerts;
2. Ermittlung des marktangepassten vorläufigen Verfahrenswerts;
3. Ermittlung des Verfahrenswerts.

[2]Bei der Ermittlung des vorläufigen Verfahrenswerts und des marktangepassten vorläufigen Verfahrenswerts sind § 7 und § 8 Absatz 2 zu beachten; bei der Ermittlung des Verfahrenswerts ist § 8 Absatz 3 zu beachten.

(4) Der Verkehrswert ist aus dem Verfahrenswert des oder der angewendeten Wertermittlungsverfahren unter Würdigung seiner oder ihrer Aussagefähigkeit zu ermitteln.

§ 7 Berücksichtigung der allgemeinen Wertverhältnisse. (1) Die Berücksichtigung der allgemeinen Wertverhältnisse erfolgt

1. im Vergleichswertverfahren bei Ermittlung des vorläufigen Verfahrenswerts insbesondere durch den Ansatz von Vergleichspreisen, Vergleichsfaktoren und Indexreihen,
2. im Ertragswertverfahren bei Ermittlung des vorläufigen Verfahrenswerts insbesondere durch den Ansatz von marktüblich erzielbaren Erträgen und Liegenschaftszinssätzen und
3. im Sachwertverfahren bei Ermittlung des marktangepassten vorläufigen Verfahrenswerts insbesondere durch den Ansatz von Sachwertfaktoren.

(2) Lassen sich die allgemeinen Wertverhältnisse bei Verwendung der Daten nach Absatz 1 auch durch eine Anpassung nach § 9 Absatz 1 Satz 2 nicht ausreichend berücksichtigen, ist zur Ermittlung des marktangepassten vorläufigen Verfahrenswerts eine Marktanpassung durch marktübliche Zu- oder Abschläge erforderlich.

§ 8 Berücksichtigung der allgemeinen und besonderen objektspezifischen Grundstücksmerkmale. (1) Im Rahmen der Wertermittlung sind Grundstücksmerkmale zu berücksichtigen, denen der Grundstücksmarkt einen Werteinfluss beimisst.

(2) [1]Allgemeine Grundstücksmerkmale sind wertbeeinflussende Grundstücksmerkmale, die hinsichtlich Art und Umfang auf dem jeweiligen Grundstücksmarkt regelmäßig auftreten. [2]Ihr Werteinfluss wird bei der Ermittlung des vorläufigen Verfahrenswerts berücksichtigt.

(3) [1]Besondere objektspezifische Grundstücksmerkmale sind wertbeeinflussende Grundstücksmerkmale, die nach Art oder Umfang erheblich von dem auf dem jeweiligen Grundstücksmarkt Üblichen oder erheblich von den zugrunde gelegten Modellen oder Modellansätzen abweichen. [2]Besondere objektspezifische Grundstücksmerkmale können insbesondere vorliegen bei

1. besonderen Ertragsverhältnissen,
2. Baumängeln und Bauschäden,
3. baulichen Anlagen, die nicht mehr wirtschaftlich nutzbar sind (Liquidationsobjekte) und zur alsbaldigen Freilegung anstehen,

4. Bodenverunreinigungen,
5. Bodenschätzen sowie
6. grundstücksbezogenen Rechten und Belastungen.

[3]Die besonderen objektspezifischen Grundstücksmerkmale werden, wenn sie nicht bereits anderweitig berücksichtigt worden sind, erst bei der Ermittlung der Verfahrenswerte insbesondere durch marktübliche Zu- oder Abschläge berücksichtigt. [4]Bei paralleler Durchführung mehrerer Wertermittlungsverfahren sind die besonderen objektspezifischen Grundstücksmerkmale, soweit möglich, in allen Verfahren identisch anzusetzen.

§ 9 Eignung und Anpassung der Daten; ungewöhnliche oder persönliche Verhältnisse; Herkunft der Daten. (1) [1]Kaufpreise sowie weitere Daten wie insbesondere Bodenrichtwerte und sonstige für die Wertermittlung erforderliche Daten sind zur Wertermittlung geeignet, wenn die Daten hinsichtlich Aktualität in Bezug auf den maßgeblichen Stichtag und hinsichtlich Repräsentativität den jeweiligen Grundstücksmarkt zutreffend abbilden und etwaige Abweichungen in den allgemeinen Wertverhältnissen sowie wertbeeinflussende Abweichungen der Grundstücksmerkmale des Wertermittlungsobjekts nach Maßgabe der Sätze 2 und 3 berücksichtigt werden können. [2]Bei Abweichungen der allgemeinen Wertverhältnisse sind die Daten durch geeignete Indexreihen oder in anderer Weise an die Wertverhältnisse am Wertermittlungsstichtag anzupassen. [3]Wertbeeinflussende Abweichungen der Grundstücksmerkmale des Wertermittlungsobjekts sind durch geeignete Umrechnungskoeffizienten, durch eine Anpassung mittels marktüblicher Zu- oder Abschläge oder in anderer Weise zu berücksichtigen. [4]Die Kaufpreise sind um die Werteinflüsse besonderer objektspezifischer Grundstücksmerkmale zu bereinigen.

(2) [1]Zur Wertermittlung sind solche Kaufpreise und andere Daten wie beispielsweise Mieten heranzuziehen, bei denen angenommen werden kann, dass sie nicht durch ungewöhnliche oder persönliche Verhältnisse beeinflusst worden sind. [2]Eine Beeinflussung durch ungewöhnliche oder persönliche Verhältnisse kann angenommen werden, wenn die Kaufpreise und anderen Daten erheblich von den Kaufpreisen und anderen Daten in vergleichbaren Fällen abweichen.

(3) [1]Maßstab für die Wahl der Quelle, aus der die Daten herangezogen werden, ist ihre Eignung nach Absatz 1 Satz 1. [2]Stehen keine geeigneten sonstigen für die Wertermittlung erforderlichen Daten zur Verfügung, können sie oder die entsprechenden Werteinflüsse auch sachverständig geschätzt werden; die Grundlagen der Schätzung sind zu dokumentieren.

§ 10 Grundsatz der Modellkonformität. (1) [1]Bei Anwendung der sonstigen für die Wertermittlung erforderlichen Daten sind dieselben Modelle und Modellansätze zu verwenden, die der Ermittlung dieser Daten zugrunde lagen (Grundsatz der Modellkonformität). [2]Hierzu ist die nach § 12 Absatz 6 erforderliche Modellbeschreibung zu berücksichtigen.

(2) Liegen für den maßgeblichen Stichtag lediglich solche für die Wertermittlung erforderlichen Daten vor, die nicht nach dieser Verordnung ermittelt worden sind, ist bei Anwendung dieser Daten im Rahmen der Wertermittlung von dieser Verordnung abzuweichen, soweit dies zur Wahrung des Grundsatzes der Modellkonformität erforderlich ist.

§ 11 Künftige Änderungen des Grundstückszustands. (1) Künftige Änderungen des Grundstückszustands sind zu berücksichtigen, wenn sie am Qualitätsstichtag mit hinreichender Sicherheit aufgrund konkreter Tatsachen zu erwarten sind.

(2) Bei künftigen Änderungen des Grundstückszustands ist die voraussichtliche Dauer bis zum Eintritt dieser Änderung (Wartezeit) auch in Verbindung mit einer verbleibenden Unsicherheit des Eintritts dieser Änderung (Realisierungsrisiko) angemessen zu berücksichtigen.

Teil 2. Für die Wertermittlung erforderliche Daten

Abschnitt 1. Allgemeines

§ 12 Allgemeines zu den für die Wertermittlung erforderlichen Daten.

(1) [1] Zu den für die Wertermittlung erforderlichen Daten gehören die Bodenrichtwerte und die sonstigen für die Wertermittlung erforderlichen Daten. [2] Sonstige für die Wertermittlung erforderliche Daten sind insbesondere

1. Indexreihen,
2. Umrechnungskoeffizienten,
3. Vergleichsfaktoren,
4. Liegenschaftszinssätze,
5. Sachwertfaktoren,
6. Erbbaurechts- und Erbbaugrundstücksfaktoren sowie
7. Erbbaurechts- und Erbbaugrundstückskoeffizienten.

[3] Die sonstigen für die Wertermittlung erforderlichen Daten sind auf einen Stichtag zu beziehen.

(2) Die für die Wertermittlung erforderlichen Daten werden insbesondere aus der Kaufpreissammlung auf der Grundlage einer ausreichenden Anzahl geeigneter Kaufpreise ermittelt.

(3) [1] Geeignet im Sinne des Absatzes 2 sind Kaufpreise, die hinsichtlich der allgemeinen Wertverhältnisse und des jeweiligen Grundstückszustands hinreichend übereinstimmen. [2] Eine hinreichende Übereinstimmung liegt vor, wenn sich etwaige Abweichungen

1. bei Vorliegen einer hinreichend großen Anzahl von Kaufpreisen in ihren Auswirkungen auf die Preise ausgleichen oder
2. in entsprechender Anwendung des § 9 Absatz 1 Satz 2 und 3 berücksichtigen lassen.

[3] Die Kaufpreise sind um die Werteinflüsse besonderer objektspezifischer Grundstücksmerkmale zu bereinigen. [4] Hinsichtlich einer Beeinflussung durch ungewöhnliche oder persönliche Verhältnisse gilt § 9 Absatz 2 entsprechend.

(4) Zur Ermittlung der sonstigen für die Wertermittlung erforderlichen Daten sind geeignete statistische Verfahren heranzuziehen.

(5) [1] Bei Ermittlung der sonstigen für die Wertermittlung erforderlichen Daten sind zur Festlegung der Gesamtnutzungsdauer die Modellansätze der Anlage 1 und ist zur Ermittlung der Restnutzungsdauer im Fall der Modernisierung von Wohngebäuden das in Anlage 2 beschriebene Modell zugrunde zu legen. [2] Bei Ermittlung der Liegenschaftszinssätze sind als Bewirtschaftungskosten im Sinne

des § 32 Absatz 1 Satz 2 Nummer 1 bis 3 die Modellansätze der Anlage 3 zugrunde zu legen. [3]Bei Ermittlung der Sachwertfaktoren sind der Ermittlung der durchschnittlichen Herstellungskosten im Sinne des § 36 Absatz 2 die Normalherstellungskosten nach Anlage 4 zugrunde zu legen.

(6) Zur Sicherstellung der nach § 10 Absatz 1 gebotenen modellkonformen Anwendung der sonstigen für die Wertermittlung erforderlichen Daten sind die zugrunde gelegten Modellansätze, Modelle und Bezugseinheiten sowie weitere Informationen in einer Modellbeschreibung anzugeben; hierzu gehören insbesondere

1. die Angabe von Rahmendaten zum Beispiel zum Stichtag, auf den sich das zur Wertermittlung erforderliche Datum bezieht, zum sachlichen und räumlichen Anwendungsbereich und zur Datengrundlage,
2. die Beschreibung der Stichprobe,
3. die Beschreibung der Ermittlungsmethodik,
4. die Beschreibung der verwendeten Parameter und der zugrunde gelegten Bezugseinheiten sowie
5. sonstige Selektionsparameter.

Abschnitt 2. Bodenrichtwerte

§ 13 Bodenrichtwert und Bodenrichtwertgrundstück. (1) Der Bodenrichtwert ist bezogen auf einen Quadratmeter Grundstücksfläche des Bodenrichtwertgrundstücks.

(2) [1]Das Bodenrichtwertgrundstück ist ein unbebautes und fiktives Grundstück, dessen Grundstücksmerkmale weitgehend mit den vorherrschenden grund- und bodenbezogenen wertbeeinflussenden Grundstücksmerkmalen in der nach § 15 gebildeten Bodenrichtwertzone übereinstimmen. [2]Je Bodenrichtwertzone ist ein Bodenrichtwert anzugeben. [3]Bodenrichtwertspannen sind nicht zulässig.

§ 14 Grundlagen der Bodenrichtwertermittlung. (1) [1]Bodenrichtwerte sind vorrangig im Vergleichswertverfahren nach den §§ 24 und 25 zu ermitteln. [2]Für die Anpassung der Kaufpreise an die Grundstücksmerkmale des Bodenrichtwertgrundstücks und an den Bodenrichtwertstichtag gilt § 9 Absatz 1 Satz 2 und 3 entsprechend.

(2) [1]Für die Bodenrichtwertermittlung in Gebieten ohne oder mit geringem Grundstücksverkehr können Kaufpreise und Bodenrichtwerte aus vergleichbaren Gebieten oder aus vorangegangenen Jahren herangezogen werden; Absatz 1 Satz 2 gilt entsprechend. [2]Darüber hinaus können deduktive oder andere geeignete Verfahrensweisen angewendet werden.

(3) Bei der Bodenrichtwertermittlung in bebauten Gebieten können der Zustand und die Struktur der das Gebiet prägenden Bebauung zu berücksichtigen sein.

(4) Bodenrichtwerte enthalten keinen Wertanteil für den Aufwuchs.

(5) [1]Das oder die angewendeten Verfahren für die Ermittlung der Bodenrichtwerte sind zu dokumentieren. [2]Einzelne Bodenrichtwerte sind nicht zu begründen.

§ 15 Bildung der Bodenrichtwertzonen. (1) [1]Eine Bodenrichtwertzone besteht aus einem räumlich zusammenhängenden Gebiet. [2]Die Bodenrichtwertzonen sind so abzugrenzen, dass lagebedingte Wertunterschiede zwischen den Grundstücken, für die der Bodenrichtwert gelten soll, und dem Bodenrichtwertgrundstück grundsätzlich nicht mehr als 30 Prozent betragen. [3]Wertunterschiede, die sich aus nicht mit dem Bodenrichtwertgrundstück übereinstimmenden Grundstücksmerkmalen einzelner Grundstücke ergeben, sind bei der Abgrenzung nicht zu berücksichtigen.

(2) Einzelne Grundstücke oder Grundstücksteile mit einer vom Bodenrichtwertgrundstück abweichenden Art der Nutzung oder Qualität, wie zum Beispiel Grünflächen, Waldflächen, Wasserflächen, Verkehrsflächen und Gemeinbedarfsflächen, können Bestandteil der Bodenrichtwertzone sein; der dort angegebene Bodenrichtwert gilt nicht für diese Grundstücke.

(3) [1]Bodenrichtwertzonen können sich in begründeten Fällen deckungsgleich überlagern; dies gilt insbesondere, wenn sich aufgrund der unregelmäßigen Verteilung von Grundstücken mit unterschiedlichen Nutzungen oder anderen erheblichen Unterschieden in wertbeeinflussenden Grundstücksmerkmalen keine eigenen Bodenrichtwertzonen abgrenzen lassen. [2]Bei der Bildung von sich deckungsgleich überlagernden Bodenrichtwertzonen muss eine eindeutige Zuordnung der Grundstücke zu einem Bodenrichtwertgrundstück möglich sein; hierbei ist unschädlich, wenn sich einzelne Grundstücke nicht eindeutig zuordnen lassen. [3]Bei Bodenrichtwerten nach § 196 Absatz 1 Satz 7 des Baugesetzbuchs[1)] können sich die Bodenrichtwertzonen auch nicht deckungsgleich überlagern.

(4) [1]Bei der Bildung von Bodenrichtwertzonen für die Entwicklungszustände Bauerwartungsland und Rohbauland sind Bauleitpläne sowie die Entwicklung am Grundstücksmarkt zu berücksichtigen. [2]Die Bodenrichtwertzonen sind so abzugrenzen, dass in der Bodenrichtwertzone ein überwiegend einheitlicher Entwicklungsgrad der Grundstücke gegeben ist.

§ 16 Grundstücksmerkmale des Bodenrichtwertgrundstücks. (1) [1]Das Bodenrichtwertgrundstück weist keine Grundstücksmerkmale auf, die nur im Rahmen einer Einzelbegutachtung ermittelt werden können; dies betrifft insbesondere nur für einzelne Grundstücke bestehende privatrechtliche, öffentlich-rechtliche und tatsächliche Besonderheiten. [2]Satz 1 findet keine Anwendung auf wertbeeinflussende Grundstücksmerkmale, die in der Bodenrichtwertzone vorherrschend sind.

(2) [1]Von den wertbeeinflussenden Grundstücksmerkmalen des Bodenrichtwertgrundstücks sind der Entwicklungszustand und die Art der Nutzung darzustellen. [2]Weitere Grundstücksmerkmale sind darzustellen, wenn sie wertbeeinflussend sind; hierzu können insbesondere gehören

1. das Maß der baulichen Nutzung nach § 5 Absatz 1,
2. die Bauweise oder die Gebäudestellung zur Nachbarbebauung,
3. die Grundstücksgröße,
4. die Grundstückstiefe und
5. die Bodengüte als Acker- oder Grünlandzahl.

[1)] Nr. **6**.

[3]Bei baureifem Land gehört zu den darzustellenden Grundstücksmerkmalen zusätzlich stets der beitragsrechtliche Zustand. [4]Bei förmlich festgelegten Sanierungsgebieten und förmlich festgelegten Entwicklungsbereichen ist zusätzlich darzustellen, ob sich der Bodenrichtwert auf den sanierungs- oder entwicklungsunbeeinflussten Zustand oder auf den sanierungs- oder entwicklungsbeeinflussten Zustand bezieht; dies gilt nicht, wenn nach § 142 Absatz 4 des Baugesetzbuchs ein vereinfachtes Sanierungsverfahren durchgeführt wird.

(3) Die wertbeeinflussenden Grundstücksmerkmale des Bodenrichtwertgrundstücks sind nach Anlage 5 zu spezifizieren.

(4) [1]Wird beim Maß der baulichen Nutzung auf das Verhältnis der Flächen der Geschosse zur Grundstücksfläche abgestellt und ist hierbei nach § 5 Absatz 1 Satz 2 ein gegenüber den planungsrechtlichen Zulässigkeitsvorschriften abweichend bestimmtes Maß wertbeeinflussend, so sind zur Ermittlung dieses Maßes die Flächen aller oberirdischen Geschosse mit Ausnahme von nicht ausbaufähigen Dachgeschossen nach den jeweiligen Außenmaßen zu berücksichtigen. [2]Geschosse gelten in Abgrenzung zu Kellergeschossen als oberirdische Geschosse, soweit ihre Deckenoberkanten im Mittel mehr als 1,40 Meter über die Geländeoberfläche hinausragen; § 20 Absatz 1 der Baunutzungsverordnung findet keine Anwendung. [3]Ausgebaute oder ausbaufähige Dachgeschosse sind mit 75 Prozent ihrer Fläche zu berücksichtigen. [4]Staffelgeschosse werden in vollem Umfang berücksichtigt. [5]Hohlräume zwischen der obersten Decke und der Bedachung, in denen Aufenthaltsräume nicht möglich sind, sind keine Geschosse. [6]Das nach Satz 1 bis 5 ermittelte Verhältnis der Flächen der oberirdischen Geschosse zur Grundstücksfläche ist die wertrelevante Geschossflächenzahl (WGFZ).

(5) [1]Bodenrichtwerte für baureifes Land sind vorbehaltlich des Satzes 2 für beitragsfreie Grundstücke zu ermitteln. [2]Aufgrund örtlicher Gegebenheiten können vorübergehend Bodenrichtwerte für Grundstücke ermittelt werden, für die noch Beiträge zu entrichten oder zu erwarten sind.

§ 17 Automatisiertes Führen der Bodenrichtwerte. Die Bodenrichtwerte sind in automatisierter Form auf der Grundlage der amtlichen Geobasisdaten zu führen.

Abschnitt 3. Sonstige für die Wertermittlung erforderliche Daten

§ 18 Indexreihen. (1) Indexreihen dienen der Berücksichtigung von im Zeitverlauf eintretenden Änderungen der allgemeinen Wertverhältnisse.

(2) [1]Indexreihen bestehen aus Indexzahlen, die sich aus dem durchschnittlichen Verhältnis der Preise eines Erhebungszeitraums zu den Preisen eines Basiszeitraums mit der Indexzahl 100 ergeben. [2]Die Indexzahlen können auch auf bestimmte Zeitpunkte innerhalb des Erhebungs- und Basiszeitraums bezogen werden.

(3) Die Indexzahlen werden aus geeigneten Kaufpreisen für Grundstücke bestimmter räumlicher und sachlicher Teilmärkte ermittelt.

§ 19 Umrechnungskoeffizienten. (1) Umrechnungskoeffizienten dienen der Berücksichtigung von Wertunterschieden ansonsten gleichartiger Grundstücke, die sich aus Abweichungen einzelner Grundstücksmerkmale, insbesondere aus dem unterschiedlichen Maß der baulichen Nutzung oder der Grundstücksgröße und -tiefe, ergeben.

(2) Umrechnungskoeffizienten geben das Verhältnis des Werts eines Grundstücks mit einer bestimmten Ausprägung eines Grundstücksmerkmals zu dem Wert eines Grundstücks mit einer bestimmten Basisausprägung dieses Grundstücksmerkmals (Normgrundstück) an.

(3) Die Umrechnungskoeffizienten werden aus geeigneten Kaufpreisen für solche Grundstücke abgeleitet, die sich abgesehen von solchen Abweichungen, die durch Anpassung der Kaufpreise nach § 9 Absatz 1 Satz 2 und 3 berücksichtigt werden, im Wesentlichen nur in dem Grundstücksmerkmal unterscheiden, für das die Umrechnungskoeffizienten abgeleitet werden.

§ 20 Vergleichsfaktoren. (1) Vergleichsfaktoren dienen der Ermittlung von Vergleichswerten insbesondere für bebaute Grundstücke.

(2) Vergleichsfaktoren sind durchschnittliche, auf eine geeignete Bezugseinheit bezogene Werte für Grundstücke mit bestimmten wertbeeinflussenden Grundstücksmerkmalen (Normobjekte).

(3) Vergleichsfaktoren werden ermittelt auf der Grundlage von

1. geeigneten Kaufpreisen und
2. der diesen Kaufpreisen entsprechenden Flächen- oder Raumeinheit (Gebäudefaktoren), den diesen Kaufpreisen entsprechenden marktüblich erzielbaren jährlichen Erträgen (Ertragsfaktoren) oder einer sonstigen geeigneten Bezugseinheit.

§ 21 Liegenschaftszinssätze; Sachwertfaktoren. (1) Liegenschaftszinssätze und Sachwertfaktoren dienen der Berücksichtigung der allgemeinen Wertverhältnisse auf dem jeweiligen Grundstücksmarkt, soweit diese nicht auf andere Weise zu berücksichtigen sind.

(2) [1] Liegenschaftszinssätze sind Kapitalisierungszinssätze, mit denen Verkehrswerte von Grundstücken je nach Grundstücksart im Durchschnitt marktüblich verzinst werden. [2] Liegenschaftszinssätze werden nach den Grundsätzen des Ertragswertverfahrens nach den §§ 27 bis 34 auf der Grundlage von geeigneten Kaufpreisen und den ihnen entsprechenden Reinerträgen ermittelt.

(3) [1] Sachwertfaktoren geben das Verhältnis des vorläufigen marktangepassten Sachwerts zum vorläufigen Sachwert an. [2] Die Sachwertfaktoren werden nach den Grundsätzen des Sachwertverfahrens nach den §§ 35 bis 38 auf der Grundlage von geeigneten Kaufpreisen und den ihnen entsprechenden vorläufigen Sachwerten ermittelt.

§ 22 Erbbaurechts- und Erbbaugrundstücksfaktoren. (1) Erbbaurechts- und Erbbaugrundstücksfaktoren dienen im Wesentlichen der Berücksichtigung der dem Erbbaurecht allgemein beizumessenden Werteinflüsse, soweit sie nicht bereits im finanzmathematischen Wert berücksichtigt sind.

(2) [1] Erbbaurechtsfaktoren geben das Verhältnis des vorläufigen Vergleichswerts des Erbbaurechts zum finanzmathematischen Wert des Erbbaurechts an. [2] Erbbaugrundstücksfaktoren geben das Verhältnis des vorläufigen Vergleichswerts des Erbbaugrundstücks zum finanzmathematischen Wert des Erbbaugrundstücks an.

(3) Die Erbbaurechtsfaktoren und Erbbaugrundstücksfaktoren werden nach den Grundsätzen der §§ 50 und 52 auf der Grundlage von geeigneten Kauf-

preisen und den diesen Kaufpreisen entsprechenden finanzmathematischen Werten ermittelt.

§ 23 Erbbaurechts- und Erbbaugrundstückskoeffizienten. (1) Erbbaurechts- und Erbbaugrundstückskoeffizienten dienen im Wesentlichen der Berücksichtigung der dem Erbbaurecht allgemein beizumessenden Werteinflüsse.

(2) [1] Die Erbbaurechtskoeffizienten geben das Verhältnis des vorläufigen Vergleichswerts des Erbbaurechts zum Wert des fiktiven Volleigentums im Sinne des § 49 Absatz 1 Satz 2 an. [2] Die Erbbaugrundstückskoeffizienten geben das Verhältnis des vorläufigen Vergleichswerts des Erbbaugrundstücks zum Bodenwert des fiktiv unbelasteten Grundstücks im Sinne des § 47 Absatz 1 Satz 1 Nummer 2 an.

(3) [1] Die Erbbaurechtskoeffizienten werden auf der Grundlage von geeigneten Kaufpreisen und den diesen Kaufpreisen entsprechenden Werten des fiktiven Volleigentums ermittelt. [2] Die Erbbaugrundstückskoeffizienten werden auf der Grundlage von geeigneten Kaufpreisen und den diesen Kaufpreisen entsprechenden Bodenwerten der fiktiv unbelasteten Grundstücke ermittelt.

Teil 3. Besondere Grundsätze zu den einzelnen Wertermittlungsverfahren

Abschnitt 1. Vergleichswertverfahren

§ 24 Grundlagen des Vergleichswertverfahrens. (1) [1] Im Vergleichswertverfahren wird der Vergleichswert aus einer ausreichenden Anzahl von Vergleichspreisen im Sinne des § 25 ermittelt. [2] Neben oder anstelle von Vergleichspreisen können insbesondere bei bebauten Grundstücken ein objektspezifisch angepasster Vergleichsfaktor im Sinne des § 26 Absatz 1 und bei der Bodenwertermittlung ein objektspezifisch angepasster Bodenrichtwert im Sinne des § 26 Absatz 2 herangezogen werden.

(2) Der vorläufige Vergleichswert kann ermittelt werden

1. auf Grundlage einer statistischen Auswertung einer ausreichenden Anzahl von Vergleichspreisen oder
2. durch Multiplikation eines objektspezifisch angepassten Vergleichsfaktors oder eines objektspezifisch angepassten Bodenrichtwerts mit der entsprechenden Bezugsgröße des Wertermittlungsobjekts.

(3) Der marktangepasste vorläufige Vergleichswert entspricht nach Maßgabe des § 7 dem vorläufigen Vergleichswert.

(4) Der Vergleichswert ergibt sich aus dem marktangepassten vorläufigen Vergleichswert und der Berücksichtigung vorhandener besonderer objektspezifischer Grundstücksmerkmale des Wertermittlungsobjekts.

§ 25 Vergleichspreise. [1] Zur Ermittlung von Vergleichspreisen sind Kaufpreise solcher Grundstücke (Vergleichsgrundstücke) heranzuziehen, die mit dem zu bewertenden Grundstück hinreichend übereinstimmende Grundstücksmerkmale aufweisen und die zu Zeitpunkten verkauft worden sind (Vertragszeitpunkte), die in hinreichender zeitlicher Nähe zum Wertermittlungsstichtag stehen. [2] Die Kaufpreise sind auf ihre Eignung im Sinne des § 9 Absatz 1 Satz 1 zu prüfen und bei etwaigen Abweichungen nach Maßgabe des § 9 Absatz 1 Satz 2 und 3 an die Gegebenheiten des Wertermittlungsobjekts anzupassen.

§ 26 Objektspezifisch angepasster Vergleichsfaktor; objektspezifisch angepasster Bodenrichtwert. (1) Zur Ermittlung des objektspezifisch angepassten Vergleichsfaktors ist der nach § 20 ermittelte Vergleichsfaktor auf seine Eignung im Sinne des § 9 Absatz 1 Satz 1 zu prüfen und bei etwaigen Abweichungen nach Maßgabe des § 9 Absatz 1 Satz 2 und 3 an die Gegebenheiten des Wertermittlungsobjekts anzupassen.

(2) Zur Ermittlung des objektspezifisch angepassten Bodenrichtwerts sind die nach den §§ 13 bis 16 ermittelten Bodenrichtwerte auf ihre Eignung im Sinne des § 9 Absatz 1 Satz 1 zu prüfen und bei etwaigen Abweichungen nach Maßgabe des § 9 Absatz 1 Satz 2 und 3 an die Gegebenheiten des Wertermittlungsobjekts anzupassen.

Abschnitt 2. Ertragswertverfahren

Unterabschnitt 1. Allgemeines

§ 27 Grundlagen des Ertragswertverfahrens. (1) [1] Im Ertragswertverfahren wird der Ertragswert auf der Grundlage marktüblich erzielbarer Erträge ermittelt. [2] Soweit die Ertragsverhältnisse mit hinreichender Sicherheit aufgrund konkreter Tatsachen wesentlichen Veränderungen unterliegen oder wesentlich von den marktüblich erzielbaren Erträgen abweichen, kann der Ertragswert auf der Grundlage periodisch unterschiedlicher Erträge ermittelt werden.

(2) Der vorläufige Ertragswert wird auf der Grundlage des nach den §§ 40 bis 43 zu ermittelnden Bodenwerts und des Reinertrags im Sinne des § 31 Absatz 1, der Restnutzungsdauer im Sinne des § 4 Absatz 3 und des objektspezifisch angepassten Liegenschaftszinssatzes im Sinne des § 33 ermittelt.

(3) Der marktangepasste vorläufige Ertragswert entspricht nach Maßgabe des § 7 dem vorläufigen Ertragswert.

(4) Der Ertragswert ergibt sich aus dem marktangepassten vorläufigen Ertragswert und der Berücksichtigung vorhandener besonderer objektspezifischer Grundstücksmerkmale des Wertermittlungsobjekts.

(5) Für die Ermittlung des Ertragswerts stehen folgende Verfahrensvarianten zur Verfügung:

1. das allgemeine Ertragswertverfahren;
2. das vereinfachte Ertragswertverfahren;
3. das periodische Ertragswertverfahren.

Unterabschnitt 2. Verfahrensvarianten

§ 28 Allgemeines Ertragswertverfahren. [1] Im allgemeinen Ertragswertverfahren wird der vorläufige Ertragswert ermittelt durch Bildung der Summe aus

1. dem kapitalisierten jährlichen Reinertragsanteil der baulichen Anlagen zum Wertermittlungsstichtag, der unter Abzug des Bodenwertverzinsungsbetrags ermittelt wurde (vorläufiger Ertragswert der baulichen Anlagen), und
2. dem Bodenwert.

[2] Der Ermittlung des Bodenwertverzinsungsbetrags und der Kapitalisierung des jährlichen Reinertragsanteils der baulichen Anlagen ist jeweils derselbe objektspezifisch angepasste Liegenschaftszinssatz zugrunde zu legen. [3] Die Kapitalisierungsdauer entspricht der Restnutzungsdauer der baulichen Anlagen.

§ 29 Vereinfachtes Ertragswertverfahren. [1] Im vereinfachten Ertragswertverfahren wird der vorläufige Ertragswert ermittelt durch Bildung der Summe aus

1. dem kapitalisierten jährlichen Reinertrag zum Wertermittlungsstichtag (Barwert des Reinertrags) und
2. dem über die Restnutzungsdauer der baulichen Anlagen abgezinsten Bodenwert.

[2] Der Kapitalisierung des jährlichen Reinertrags und der Abzinsung des Bodenwerts ist jeweils derselbe objektspezifisch angepasste Liegenschaftszinssatz zugrunde zu legen. [3] Die Kapitalisierungs- oder Abzinsungsdauer entspricht der Restnutzungsdauer der baulichen Anlagen.

§ 30 Periodisches Ertragswertverfahren. (1) Im periodischen Ertragswertverfahren kann der vorläufige Ertragswert ermittelt werden durch Bildung der Summe aus

1. den zu addierenden und auf den Wertermittlungsstichtag abgezinsten, aus gesicherten Daten abgeleiteten Reinerträgen der Perioden innerhalb des Betrachtungszeitraums und
2. dem über den Betrachtungszeitraum auf den Wertermittlungsstichtag abgezinsten Restwert des Grundstücks.

(2) [1] Der Betrachtungszeitraum, für den die periodisch unterschiedlichen Erträge ermittelt werden, ist so zu wählen, dass die Höhe der im Betrachtungszeitraum anfallenden Erträge mit hinreichender Sicherheit ermittelt werden kann; hierbei sollen zehn Jahre nicht überschritten werden. [2] Der Abzinsung ist in der Regel der objektspezifisch angepasste Liegenschaftszinssatz zugrunde zu legen.

(3) [1] Der Restwert des Grundstücks kann ermittelt werden durch Bildung der Summe aus

1. dem Barwert des Reinertrags der Restperiode und
2. dem über die Restperiode abgezinsten Bodenwert.

[2] Die Restperiode ist die um den Betrachtungszeitraum reduzierte Restnutzungsdauer. [3] Die Kapitalisierung des Reinertrags der Restperiode erfolgt über die Dauer der Restperiode. [4] Der Kapitalisierung und der Abzinsung ist jeweils derselbe objektspezifisch angepasste Liegenschaftszinssatz zugrunde zu legen.

Unterabschnitt 3. Ermittlung des Ertragswerts

§ 31 Reinertrag; Rohertrag. (1) Der jährliche Reinertrag ergibt sich aus dem jährlichen Rohertrag abzüglich der Bewirtschaftungskosten.

(2) [1] Der Rohertrag ergibt sich aus den bei ordnungsgemäßer Bewirtschaftung und zulässiger Nutzung marktüblich erzielbaren Erträgen; hierbei sind die tatsächlichen Erträge zugrunde zu legen, wenn sie marktüblich erzielbar sind. [2] Bei Anwendung des periodischen Ertragswertverfahrens ergibt sich der Rohertrag insbesondere aus den vertraglichen Vereinbarungen.

§ 32 Bewirtschaftungskosten. (1) [1] Bewirtschaftungskosten sind die für eine ordnungsgemäße Bewirtschaftung und zulässige Nutzung entstehenden regelmäßigen Aufwendungen, die nicht durch Umlagen oder sonstige Kostenübernahmen gedeckt sind. [2] Zu den Bewirtschaftungskosten gehören

1. die Verwaltungskosten,
2. die Instandhaltungskosten,
3. das Mietausfallwagnis und
4. die Betriebskosten im Sinne des § 556 Absatz 1 Satz 2 des Bürgerlichen Gesetzbuchs.

(2) Verwaltungskosten umfassen insbesondere die Kosten der zur Verwaltung des Grundstücks erforderlichen Arbeitskräfte und Einrichtungen, die Kosten der Aufsicht und die Kosten der Geschäftsführung sowie den Gegenwert der von Eigentümerseite persönlich geleisteten Verwaltungsarbeit.

(3) Instandhaltungskosten umfassen die Kosten, die im langjährigen Mittel infolge Abnutzung oder Alterung zur Erhaltung des der Wertermittlung zugrunde gelegten Ertragsniveaus der baulichen Anlagen während ihrer Restnutzungsdauer marktüblich aufgewendet werden müssten.

(4) Das Mietausfallwagnis umfasst

1. das Risiko einer Ertragsminderung, die durch uneinbringliche Zahlungsrückstände von Mieten, Pachten und sonstigen Einnahmen oder durch vorübergehenden Leerstand von Grundstücken oder Grundstücksteilen entstehen, die zur Vermietung, Verpachtung oder sonstigen Nutzung bestimmt sind,
2. das Risiko von bei uneinbringlichen Zahlungsrückständen oder bei vorübergehendem Leerstand anfallenden, vom Eigentümer zusätzlich zu tragenden Bewirtschaftungskosten sowie
3. das Risiko von uneinbringlichen Kosten einer Rechtsverfolgung auf Zahlung, auf Aufhebung eines Mietverhältnisses oder auf Räumung.

§ 33 Objektspezifisch angepasster Liegenschaftszinssatz. Zur Ermittlung des objektspezifisch angepassten Liegenschaftszinssatzes ist der nach § 21 Absatz 2 ermittelte Liegenschaftszinssatz auf seine Eignung im Sinne des § 9 Absatz 1 Satz 1 zu prüfen und bei etwaigen Abweichungen nach Maßgabe des § 9 Absatz 1 Satz 2 und 3 an die Gegebenheiten des Wertermittlungsobjekts anzupassen.

§ 34 Barwertfaktor. (1) Der Kapitalisierung und der Abzinsung sind Barwertfaktoren auf der Grundlage der Restnutzungsdauer und des objektspezifisch angepassten Liegenschaftszinssatzes zugrunde zu legen.

(2) Der jährlich nachschüssige Rentenbarwertfaktor für die Kapitalisierung (Kapitalisierungsfaktor) ist nach der folgenden Formel zu ermitteln:

$$\text{Kapitalisierungsfaktor (KF)} = \frac{q^n - 1}{q^n \times (q - 1)}$$

$$q = 1 + LZ \qquad LZ = \frac{p}{100}$$

LZ = Liegenschaftszinssatz
p = Zinsfuß
n = Restnutzungsdauer

(3) Der Barwertfaktor für die Abzinsung (Abzinsungsfaktor) ist nach der folgenden Formel zu ermitteln:

$$\text{Abzinsungsfaktor (AF)} = \frac{1}{q^n}$$

$$q = 1 + LZ \qquad LZ = \frac{p}{100}$$

LZ = Liegenschaftszinssatz
p = Zinsfuß
n = Restnutzungsdauer

Abschnitt 3. Sachwertverfahren

§ 35 Grundlagen des Sachwertverfahrens. (1) Im Sachwertverfahren wird der Sachwert des Grundstücks aus den vorläufigen Sachwerten der nutzbaren baulichen und sonstigen Anlagen sowie aus dem Bodenwert ermittelt.

(2) Der vorläufige Sachwert des Grundstücks ergibt sich durch Bildung der Summe aus

1. dem vorläufigen Sachwert der baulichen Anlagen im Sinne des § 36,
2. dem vorläufigen Sachwert der baulichen Außenanlagen und sonstigen Anlagen im Sinne des § 37 und
3. dem nach den §§ 40 bis 43 zu ermittelnden Bodenwert.

(3) [1] Der marktangepasste vorläufige Sachwert des Grundstücks ergibt sich durch Multiplikation des vorläufigen Sachwerts mit einem objektspezifisch angepassten Sachwertfaktor im Sinne des § 39. [2] Nach Maßgabe des § 7 Absatz 2 kann zusätzlich eine Marktanpassung durch marktübliche Zu- oder Abschläge erforderlich sein.

(4) Der Sachwert des Grundstücks ergibt sich aus dem marktangepassten vorläufigen Sachwert und der Berücksichtigung vorhandener besonderer objektspezifischer Grundstücksmerkmale des Wertermittlungsobjekts.

§ 36 Vorläufiger Sachwert der baulichen Anlagen; durchschnittliche Herstellungskosten. (1) Zur Ermittlung des vorläufigen Sachwerts der baulichen Anlagen, ohne bauliche Außenanlagen, sind die durchschnittlichen Herstellungskosten mit dem Regionalfaktor und dem Alterswertminderungsfaktor zu multiplizieren.

(2) [1] Die durchschnittlichen Herstellungskosten der baulichen Anlagen stehen für die aufzuwendenden Kosten, die sich unter Beachtung wirtschaftlicher Gesichtspunkte für die Errichtung eines dem Wertermittlungsobjekt nach Art und Standard vergleichbaren Neubaus am Wertermittlungsstichtag unter Zugrundelegung zeitgemäßer, wirtschaftlicher Bauweisen ergeben würden. [2] Der Ermittlung der durchschnittlichen Herstellungskosten sind in der Regel modellhafte Kostenkennwerte zugrunde zu legen, die auf eine Flächen-, Raum- oder sonstige Bezugseinheit bezogen sind (Normalherstellungskosten), und mit der Anzahl

der entsprechenden Bezugseinheiten der baulichen Anlage zu multiplizieren. [3]Von den Normalherstellungskosten nicht erfasste werthaltige einzelne Bauteile sind durch marktübliche Zuschläge bei den durchschnittlichen Herstellungskosten zu berücksichtigen. [4]Zur Umrechnung auf den Wertermittlungsstichtag ist der für den Wertermittlungsstichtag aktuelle und für die jeweilige Art der baulichen Anlage zutreffende Preisindex für die Bauwirtschaft des Statistischen Bundesamtes (Baupreisindex) zu verwenden. [5]Ausnahmsweise können die durchschnittlichen Herstellungskosten der baulichen Anlagen nach den durchschnittlichen Kosten einzelner Bauleistungen ermittelt werden.

(3) Der Regionalfaktor ist ein vom örtlich zuständigen Gutachterausschuss festgelegter Modellparameter zur Anpassung der durchschnittlichen Herstellungskosten an die Verhältnisse am örtlichen Grundstücksmarkt.

§ 37 Vorläufiger Sachwert der baulichen Außenanlagen und sonstigen Anlagen. [1]Der vorläufige Sachwert der für die jeweilige Gebäudeart üblichen baulichen Außenanlagen und sonstigen Anlagen ist gesondert zu ermitteln, soweit die Anlagen wertbeeinflussend sind und nicht bereits anderweitig erfasst wurden. [2]Der vorläufige Sachwert kann entsprechend § 36 nach den durchschnittlichen Herstellungskosten, nach Erfahrungssätzen oder hilfsweise durch sachverständige Schätzung ermittelt werden. [3]Werden durchschnittliche Herstellungskosten zugrunde gelegt, richtet sich die bei Ermittlung der Alterswertminderung anzusetzende Restnutzungsdauer in der Regel nach der Restnutzungsdauer der baulichen Anlage.

§ 38 Alterswertminderungsfaktor. Der Alterswertminderungsfaktor entspricht dem Verhältnis der Restnutzungsdauer zur Gesamtnutzungsdauer.

§ 39 Objektspezifisch angepasster Sachwertfaktor. Zur Ermittlung des objektspezifisch angepassten Sachwertfaktors ist der nach § 21 Absatz 3 ermittelte Sachwertfaktor auf seine Eignung im Sinne des § 9 Absatz 1 Satz 1 zu prüfen und bei etwaigen Abweichungen nach § 9 Absatz 1 Satz 2 und 3 an die Gegebenheiten des Wertermittlungsobjekts anzupassen.

Teil 4. Bodenwertermittlung; grundstücksbezogene Rechte und Belastungen

Abschnitt 1. Bodenwertermittlung

§ 40 Allgemeines zur Bodenwertermittlung. (1) Der Bodenwert ist vorbehaltlich des Absatzes 5 ohne Berücksichtigung der vorhandenen baulichen Anlagen auf dem Grundstück vorrangig im Vergleichswertverfahren nach den §§ 24 bis 26 zu ermitteln.

(2) Neben oder anstelle von Vergleichspreisen kann nach Maßgabe des § 26 Absatz 2 ein objektspezifisch angepasster Bodenrichtwert verwendet werden.

(3) [1]Steht keine ausreichende Anzahl von Vergleichspreisen oder steht kein geeigneter Bodenrichtwert zur Verfügung, kann der Bodenwert deduktiv oder in anderer geeigneter Weise ermittelt werden. [2]Werden hierbei die allgemeinen Wertverhältnisse nicht ausreichend berücksichtigt, ist eine Marktanpassung durch marktübliche Zu- oder Abschläge erforderlich.

(4) [1]Bei der Ermittlung der sanierungs- oder entwicklungsbedingten Bodenwerterhöhung zur Bemessung von Ausgleichsbeträgen nach § 154 Absatz 1 oder

§ 166 Absatz 3 Satz 4 des Baugesetzbuchs sind die Anfangs- und Endwerte bezogen auf denselben Wertermittlungsstichtag zu ermitteln. [2]Der jeweilige Grundstückszustand ist nach Maßgabe des § 154 Absatz 2 des Baugesetzbuchs zu ermitteln.

(5) Die tatsächliche bauliche Nutzung kann insbesondere in folgenden Fällen den Bodenwert beeinflussen:

1. wenn dies dem gewöhnlichen Geschäftsverkehr entspricht, ist ein erhebliches Abweichen der tatsächlichen von der nach § 5 Absatz 1 maßgeblichen Nutzung bei der Ermittlung des Bodenwerts bebauter Grundstücke zu berücksichtigen;
2. wenn bauliche Anlagen auf einem Grundstück im Außenbereich rechtlich und wirtschaftlich weiterhin nutzbar sind, ist dieser Umstand bei der Ermittlung des Bodenwerts in der Regel werterhöhend zu berücksichtigen;
3. wenn bei einem Grundstück mit einem Liquidationsobjekt im Sinne des § 8 Absatz 3 Satz 2 Nummer 3 mit keiner alsbaldigen Freilegung zu rechnen ist, gilt § 43.

§ 41 Erhebliche Überschreitung der marktüblichen Grundstücksgröße. Bei einer erheblichen Überschreitung der marktüblichen Grundstücksgröße kommt eine getrennte Ermittlung des Werts der über die marktübliche Grundstücksgröße hinausgehenden selbstständig nutzbaren oder sonstigen Teilfläche in Betracht; der Wert der Teilfläche ist in der Regel als besonderes objektspezifisches Grundstücksmerkmal zu berücksichtigen.

§ 42 Bodenwert von Bauerwartungsland und Rohbauland. Der Bodenwert von Bauerwartungs- oder Rohbauland kann in Anwendung des § 40 Absatz 3 ausgehend vom Bodenwert für entsprechend genutztes oder nutzbares baureifes Land deduktiv durch angemessene Berücksichtigung der auf dem örtlichen Grundstücksmarkt marktüblichen Kosten der Baureifmachung und unter Berücksichtigung der Wartezeit in Verbindung mit einem Realisierungsrisiko nach Maßgabe des § 11 Absatz 2 oder in sonstiger geeigneter Weise ermittelt werden.

§ 43 Nutzungsabhängiger Bodenwert bei Liquidationsobjekten.

(1) Ist bei einem Grundstück mit einem Liquidationsobjekt im Sinne des § 8 Absatz 3 Satz 2 Nummer 3 insbesondere aus rechtlichen Gründen mit der Freilegung erst zu einem späteren Zeitpunkt zu rechnen (aufgeschobene Freilegung) oder ist langfristig nicht mit einer Freilegung zu rechnen, so ist bei der Bodenwertermittlung von dem sich unter Berücksichtigung der tatsächlichen Nutzung ergebenden Bodenwert (nutzungsabhängiger Bodenwert) auszugehen, soweit dies marktüblich ist.

(2) [1]Im Fall einer aufgeschobenen Freilegung ist der Wertvorteil, der sich aus der künftigen Nutzbarkeit ergibt, bei der Wertermittlung als besonderes objektspezifisches Grundstücksmerkmal zu berücksichtigen, soweit dies marktüblich ist. [2]Der Wertvorteil ergibt sich aus der abgezinsten Differenz zwischen dem Bodenwert, den das Grundstück ohne das Liquidationsobjekt haben würde, und dem nutzungsabhängigen Bodenwert. [3]Die Freilegungskosten sind über den Zeitraum bis zur Freilegung abzuzinsen und als besonderes objektspezifisches Grundstücksmerkmal zu berücksichtigen, soweit dies marktüblich ist.

§ 44 Gemeinbedarfsflächen. [1] Gemeinbedarfsflächen sind Flächen, für die eine öffentlichen Zweckbindung besteht. [2] Bei Ermittlung des Werts ist danach zu differenzieren, ob es sich um Gemeinbedarfsflächen handelt, die

1. weiterhin für denselben öffentlichen Zweck genutzt werden oder die unter der Änderung der öffentlichen Zweckbindung einem anderen Gemeinbedarf zugeführt werden sollen (bleibende Gemeinbedarfsflächen),
2. ihre öffentliche Zweckbindung verlieren (abgehende Gemeinbedarfsflächen) oder
3. bislang keiner öffentlichen Zweckbestimmung unterlagen und erst für Gemeinbedarfszwecke zu beschaffen sind (künftige Gemeinbedarfsflächen).

§ 45 Wasserflächen. [1] Der Verkehrswert von Wasserflächen hängt in erster Linie von der rechtlich zulässigen Nutzungsmöglichkeit ab. [2] Dabei kann insbesondere eine Abhängigkeit von dem Verkehrswert einer mit der Wasserfläche in unmittelbarem wirtschaftlichen Zusammenhang stehenden Landfläche bestehen oder eine ertragsorientierte Nutzung der Wasserfläche maßgeblich sein.

Abschnitt 2. Grundstücksbezogene Rechte und Belastungen

Unterabschnitt 1. Allgemeines

§ 46 Allgemeines zu grundstücksbezogenen Rechten und Belastungen.

(1) Grundstücksbezogene Rechte und Belastungen können den Wert des begünstigten und den Wert des belasteten Grundstücks beeinflussen sowie Gegenstand einer eigenständigen Wertermittlung sein.

(2) Als grundstücksbezogene Rechte und Belastungen kommen insbesondere in Betracht

1. grundstücksgleiche Rechte,
2. weitere beschränkte dingliche Rechte,
3. Baulasten,
4. grundstücksbezogene gesetzliche Beschränkungen des Eigentums sowie
5. miet-, pacht- und wohnungsrechtliche Bindungen.

§ 47 Grundsätze der Wertermittlung bei Rechten und Belastungen.

(1) [1] Der Wert des begünstigten oder des belasteten Grundstücks kann ermittelt werden

1. aus Vergleichspreisen oder
2. ausgehend vom Wert des fiktiv nicht begünstigten oder des fiktiv unbelasteten Grundstücks.

[2] Hierbei sind die allgemeinen Wertverhältnisse im Hinblick auf das Recht oder die Belastung zu berücksichtigen.

(2) In den Fällen nach Absatz 1 Satz 1 Nummer 2 kann der Wert des begünstigten oder des belasteten Grundstücks ermittelt werden

1. durch den Ansatz von Umrechnungskoeffizienten oder
2. durch Berücksichtigung des Werteinflusses des Rechts oder der Belastung.

(3) Der Werteinfluss im Sinne des Absatzes 2 Nummer 2 kann ermittelt werden

1. durch Berücksichtigung der wirtschaftlichen Vor- und Nachteile oder
2. in anderer geeigneter Weise.

(4) [1] Der Wert eines Rechts oder einer Belastung kann ermittelt werden

1. aus dem Vergleich mit Kaufpreisen für vergleichbare Rechte oder Belastungen,
2. durch Berücksichtigung der wirtschaftlichen Vor- und Nachteile,
3. ausgehend vom Wert des fiktiv nicht begünstigten oder des fiktiv unbelasteten Grundstücks oder
4. in anderer geeigneter Weise.

[2] Hierbei sind die allgemeinen Wertverhältnisse im Hinblick auf das Recht oder die Belastung zu berücksichtigen.

(5) [1] Wird der Werteinfluss oder der Wert des Rechts oder der Belastung aus wirtschaftlichen Vor- und Nachteilen ermittelt, so sind die jährlichen Vor- und Nachteile über die Restlaufzeit des Rechts oder der Belastung zu kapitalisieren. [2] Sind Rechte oder Belastungen an das Leben gebunden, ist mit Leibrentenbarwertfaktoren zu kapitalisieren. [3] Ist der Berechtigte eine juristische Person, ist von einem angemessenen Zeitrentenbarwertfaktor auszugehen.

Unterabschnitt 2. Erbbaurecht und Erbbaugrundstück

§ 48 Allgemeines zum Erbbaurecht und Erbbaugrundstück. [1] Der Verkehrswert des Erbbaurechts und der Verkehrswert des Erbbaugrundstücks sind unter Berücksichtigung der vertraglichen Vereinbarungen und der sonstigen wertbeeinflussenden Umstände in Abhängigkeit von den zur Verfügung stehenden Daten zu ermitteln. [2] Der Verkehrswert des Erbbaurechts kann im Vergleichswertverfahren nach den §§ 49 und 50 oder auf andere geeignete Weise ermittelt werden. [3] Der Verkehrswert des Erbbaugrundstücks kann im Vergleichswertverfahren nach den §§ 51 und 52 oder auf andere geeignete Weise ermittelt werden.

§ 49 Vergleichswertverfahren für das Erbbaurecht. (1) [1] Im Vergleichswertverfahren kann der Wert des Erbbaurechts insbesondere ermittelt werden

1. aus Vergleichspreisen für veräußerte Erbbaurechte,
2. ausgehend von dem nach § 50 zu ermittelnden finanzmathematischen Wert des Erbbaurechts oder
3. ausgehend vom Wert des fiktiven Volleigentums im Sinne des Satzes 2.

[2] Der Wert des fiktiven Volleigentums ist der Wert des fiktiv unbelasteten Grundstücks, der dem marktangepassten vorläufigen Vergleichs-, Ertrags- oder Sachwert ohne Berücksichtigung von besonderen objektspezifischen Grundstücksmerkmalen entspricht.

(2) [1] Der vorläufige Vergleichswert des Erbbaurechts kann insbesondere ermittelt werden

1. auf der Grundlage einer statistischen Auswertung einer ausreichenden Anzahl von Vergleichspreisen,
2. durch Multiplikation des finanzmathematischen Werts des Erbbaurechts mit einem objektspezifisch angepassten Erbbaurechtsfaktor oder
3. durch Multiplikation des Werts des fiktiven Volleigentums mit einem objektspezifisch angepassten Erbbaurechtskoeffizienten.

[2]Zur Ermittlung des objektspezifisch angepassten Erbbaurechtsfaktors und des objektspezifisch angepassten Erbbaurechtskoeffizienten ist das nach dem § 22 oder § 23 *emittelte*[1] Datum auf seine Eignung im Sinne des § 9 Absatz 1 Satz 1 zu prüfen und bei etwaigen *Abweichnungen*[2] nach Maßgabe des § 9 Absatz 1 Satz 2 und 3 an die Gegebenheiten des Wertermittlungsobjekts anzupassen.

(3) Der marktangepasste vorläufige Vergleichswert des Erbbaurechts entspricht nach Maßgabe des § 7 dem vorläufigen Vergleichswert des Erbbaurechts.

(4) Der Vergleichswert des Erbbaurechts ergibt sich aus dem marktangepassten vorläufigen Vergleichswert des Erbbaurechts und der Berücksichtigung vorhandener besonderer objektspezifischer Grundstücksmerkmale des Wertermittlungsobjekts.

§ 50 Finanzmathematischer Wert des Erbbaurechts. (1) Ausgangsgröße für die Ermittlung des finanzmathematischen Werts des Erbbaurechts ist der Wert des fiktiven Volleigentums im Sinne des § 49 Absatz 1 Satz 2.

(2) [1]Der finanzmathematische Wert des Erbbaurechts wird ermittelt durch Bildung der Summe aus

1. dem Wert des fiktiven Volleigentums abzüglich des Bodenwerts des fiktiv unbelasteten Grundstücks und
2. der über die Restlaufzeit des Erbbaurechts kapitalisierten Differenz aus dem angemessenen und dem erzielbaren Erbbauzins oder ausnahmsweise der Differenz aus dem jeweils über die Restlaufzeit des Erbbaurechts kapitalisierten angemessenen und erzielbaren Erbbauzins.

[2]Bei einer über die Restlaufzeit des Erbbaurechts hinausgehenden Restnutzungsdauer der baulichen Anlagen ist ergänzend zu Satz 1 der bei Zeitablauf nicht zu entschädigende Wertanteil der baulichen Anlagen abzuzinsen und abzuziehen.

(3) [1]Der angemessene Erbbauzins wird in der Regel auf der Grundlage des angemessenen Erbbauzinssatzes und des Bodenwerts des Grundstücks, an dem das Erbbaurecht bestellt wird, ermittelt. [2]Der angemessene Erbbauzinssatz ist der Zinssatz, der sich bei Neubestellung von Erbbaurechten der betroffenen Grundstücksart am Wertermittlungsstichtag im gewöhnlichen Geschäftsverkehr ergibt oder ein anderer geeigneter Zinssatz.

(4) Der erzielbare Erbbauzins ist der Betrag, der sich aus dem im Erbbaurechtsvertrag vereinbarten Erbbauzins unter Berücksichtigung vertraglich vereinbarter und gesetzlich zulässiger Anpassungsmöglichkeiten ergibt.

§ 51 Vergleichswertverfahren für das Erbbaugrundstück. (1) Im Vergleichswertverfahren kann der Wert des Erbbaugrundstücks insbesondere ermittelt werden

1. aus Vergleichspreisen für veräußerte Erbbaugrundstücke,
2. ausgehend von dem nach § 52 zu ermittelnden finanzmathematischen Wert des Erbbaugrundstücks oder
3. ausgehend vom Bodenwert des fiktiv unbelasteten Grundstücks.

[1] Richtig wohl: „ermittelte“.
[2] Richtig wohl: „Abweichungen“.

(2) [1]Der vorläufige Vergleichswert des Erbbaugrundstücks kann insbesondere ermittelt werden

1. auf Grundlage einer statistischen Auswertung einer ausreichenden Anzahl von Vergleichspreisen für Erbbaugrundstücke,
2. durch Multiplikation des finanzmathematischen Werts des Erbbaugrundstücks mit einem objektspezifisch angepassten Erbbaugrundstücksfaktor oder
3. durch Multiplikation des Bodenwerts des fiktiv unbelasteten Grundstücks mit einem objektspezifisch angepassten Erbbaugrundstückskoeffizienten.

[2]Für die Ermittlung des objektspezifisch angepassten Erbbaugrundstücksfaktors und des objektspezifisch angepassten Erbbaugrundstückskoeffizienten gilt § 49 Absatz 2 Satz 2 entsprechend.

(3) Der marktangepasste vorläufige Vergleichswert des Erbbaugrundstücks entspricht nach Maßgabe des § 7 dem vorläufigen Vergleichswert des Erbbaugrundstücks.

(4) Der Vergleichswert des Erbbaugrundstücks ergibt sich aus dem marktangepassten vorläufigen Vergleichswert des Erbbaugrundstücks und der Berücksichtigung vorhandener besonderer objektspezifischer Grundstücksmerkmale des Wertermittlungsobjekts.

§ 52 Finanzmathematischer Wert des Erbbaugrundstücks. (1) Ausgangsgröße für die Ermittlung des finanzmathematischen Werts des Erbbaugrundstücks ist der Bodenwert des fiktiv unbelasteten Grundstücks.

(2) [1]Der finanzmathematische Wert des Erbbaugrundstücks wird ermittelt durch Bildung der Summe aus

1. dem über die Restlaufzeit des Erbbaurechts abgezinsten Bodenwert des fiktiv unbelasteten Grundstücks und
2. dem über die Restlaufzeit des Erbbaurechts kapitalisierten erzielbaren Erbbauzins im Sinne des § 50 Absatz 4.

[2]Bei einer über die Restlaufzeit hinausgehenden Restnutzungsdauer der baulichen Anlagen ist ergänzend zu Satz 1 der bei Zeitablauf nicht zu entschädigende Wertanteil der baulichen und sonstigen Anlagen abzuzinsen und hinzuzuaddieren.

Teil 5. Schlussvorschriften

§ 53 Übergangsregelungen. (1) Bei Verkehrswertgutachten, die ab dem 1. Januar 2022 erstellt werden, ist unabhängig vom Wertermittlungsstichtag diese Verordnung anzuwenden.

(2) Bis zum Ablauf des 31. Dezember 2024 kann bei Ermittlung der sonstigen für die Wertermittlung erforderlichen Daten die Gesamtnutzungsdauer abweichend von § 12 Absatz 5 Satz 1 und Anlage 1 festgelegt sowie die Restnutzungsdauer abweichend von § 12 Absatz 5 Satz 1 und Anlage 2 ermittelt werden.

§ 54 Inkrafttreten, Außerkrafttreten. [1]Diese Verordnung tritt am 1. Januar 2022 in Kraft. [2]Gleichzeitig tritt die Immobilienwertermittlungsverordnung vom 19. Mai 2010 (BGBl. I S. 639), die durch Artikel 16 des Gesetzes vom 26. November 2019 (BGBl. I S. 1794) geändert worden ist, außer Kraft.

Anlage 1
(zu § 12 Absatz 5 Satz 1)

Modellansätze für die Gesamtnutzungsdauer

Zur Festlegung der Gesamtnutzungsdauer sind bei Ermittlung der sonstigen für die Wertermittlung erforderlichen Daten die nachfolgenden Modellansätze zugrunde zu legen.

Art der baulichen Anlage	Gesamtnutzungsdauer
freistehende Ein- und Zweifamilienhäuser, Doppelhäuser, Reihenhäuser	80 Jahre
Mehrfamilienhäuser	80 Jahre
Wohnhäuser mit Mischnutzung	80 Jahre
Geschäftshäuser	60 Jahre
Bürogebäude, Banken	60 Jahre
Gemeindezentren, Saalbauten, Veranstaltungsgebäude	40 Jahre
Kindergärten, Schulen	50 Jahre
Wohnheime, Alten- und Pflegeheime	50 Jahre
Krankenhäuser, Tageskliniken	40 Jahre
Beherbergungsstätten, Verpflegungseinrichtungen	40 Jahre
Sporthallen, Freizeitbäder, Heilbäder	40 Jahre
Verbrauchermärkte, Autohäuser	30 Jahre
Kauf- und Warenhäuser	50 Jahre
Einzelgaragen	60 Jahre
Tief- und Hochgaragen als Einzelbauwerk	40 Jahre
Betriebs- und Werkstätten, Produktionsgebäude	40 Jahre
Lager- und Versandgebäude	40 Jahre
Landwirtschaftliche Betriebsgebäude	30 Jahre

Für nicht aufgeführte Arten baulicher Anlagen ist die Gesamtnutzungsdauer aus der Gesamtnutzungsdauer vergleichbarer baulicher Anlagen abzuleiten.

Anlage 2
(zu § 12 Absatz 5 Satz 1)

Modell zur Ermittlung der Restnutzungsdauer von Wohngebäuden bei Modernisierungen

Bei Ermittlung der sonstigen für die Wertermittlung erforderlichen Daten ist zur Ermittlung der Restnutzungsdauer von Wohngebäuden im Fall von Modernisierungen das nachfolgend beschriebene Modell zugrunde zu legen.
Die Verwendung des nachfolgenden Modells ersetzt nicht die erforderliche sachverständige Würdigung des Einzelfalls.

I. Ermittlung der Modernisierungspunktzahl

Die Modernisierungspunktzahl kann durch Punktevergabe für einzelne Modernisierungselemente nach Nummer 1 oder durch sachverständige Einschätzung des Modernisierungsgrades nach Nummer 2 ermittelt werden.

1. Punktevergabe für einzelne Modernisierungselemente

Auf der Grundlage der nachfolgenden Tabelle 1 sind unter Berücksichtigung der zum Stichtag oder der kurz vor dem Stichtag durchgeführten Modernisierungsmaßnahmen entsprechende Punkte für Modernisierungselemente zu vergeben. Aus den für die einzelnen Modernisierungselemente vergebenen Punkten ist

eine Gesamtpunktzahl für die Modernisierung (Modernisierungspunkte) zu bilden.

Liegen die Maßnahmen weiter zurück, ist zu prüfen, ob nicht weniger als die maximal zu vergebenden Punkte anzusetzen sind. Wenn nicht modernisierte Bauelemente noch zeitgemäßen Ansprüchen genügen, sind mit einer Modernisierung vergleichbare Punkte zu vergeben.

Modernisierungselemente	Maximal zu vergebende Punkte
Dacherneuerung inklusive Verbesserung der Wärmedämmung	4
Modernisierung der Fenster und Außentüren	2
Modernisierung der Leitungssysteme (Strom, Gas, Wasser, Abwasser)	2
Modernisierung der Heizungsanlage	2
Wärmedämmung der Außenwände	4
Modernisierung von Bädern	2
Modernisierung des Innenausbaus, z.B. Decken, Fußböden, Treppen	2
Wesentliche Verbesserung der Grundrissgestaltung	2

Tabelle 1: einzelne Modernisierungselemente mit den maximal zu vergebenden Punkten.

2. Sachverständige Einschätzung des Modernisierungsgrades

Auf der Grundlage einer sachverständigen Einschätzung des Modernisierungsgrades kann aufgrund der Tabelle 2 eine Gesamtpunktzahl für die Modernisierung ermittelt werden.

Modernisierungsgrad	Modernisierungspunktzahl
nicht modernisiert	0 bis 1 Punkt
kleine Modernisierungen im Rahmen der Instandhaltung	2 bis 5 Punkte
mittlerer Modernisierungsgrad	6 bis 10 Punkte
überwiegend modernisiert	11 bis 17 Punkte
umfassend modernisiert	18 bis 20 Punkte

Tabelle 2: Ermittlung des Modernisierungsgrades.

II. Ermittlung der Restnutzungsdauer bei Modernisierungen

1. Allgemeines

Aus der nach I. ermittelten Modernisierungspunktzahl ergibt sich die Restnutzungsdauer der baulichen Anlage unter Nutzung der Formel unter II.2 auf der Grundlage der zugrunde gelegten Gesamtnutzungsdauer und des Alters der baulichen Anlage.

Davon abweichend kann die Restnutzungsdauer bei kernsanierten Objekten bis zu 90 Prozent der jeweiligen Gesamtnutzungsdauer betragen. Durch eine Kernsanierung wird das Gebäude in einen Zustand versetzt, der nahezu einem neuen Gebäude entspricht. Bei einer Kernsanierung ist als Baujahr das Jahr der fachgerechten Sanierung zugrunde zu legen. Die teilweise noch verbliebene alte Bausubstanz oder der von neuen Gebäuden abweichende Zustand z.B. des Kellers ist durch einen Abschlag zu berücksichtigen.

2. Formel zur Ermittlung der Restnutzungsdauer

Der Ermittlung der Restnutzungsdauer im Fall von Modernisierungen liegt ein theoretischer Modellansatz zugrunde. Das Modell geht davon aus, dass die

Restnutzungsdauer (RND) auf maximal 70 Prozent der jeweiligen Gesamtnutzungsdauer (GND) gestreckt und nach der folgenden Formel berechnet wird:

$$RND = a \times \frac{Alter^2}{GND} - b \times Alter + c \times GND$$

Für die Variablen a, b und c sind die Werte der Tabelle 3 zu verwenden. Dabei ist zu beachten, dass Modernisierungen erst ab einem bestimmten Alter der baulichen Anlagen Auswirkungen auf die Restnutzungsdauer haben. Aus diesem Grund ist die Formel in Abhängigkeit von der anzusetzenden Gesamtnutzungsdauer erst ab einem bestimmten Alter (relatives Alter) anwendbar.

Das relative Alter wird nach der folgenden Formel ermittelt:

$$\frac{Alter}{GND} \times 100\,\%$$

Liegt das relative Alter unterhalb des in der Tabelle 3 angegebenen Wertes, gilt für die Ermittlung der Restnutzungsdauer die Formel:

$$RND = GND - Alter$$

Modernisierungspunkte	a	b	c	ab einem relativen Alter von
0	1,2500	2,6250	1,5250	60 %
1	1,2500	2,6250	1,5250	60 %
2	1,0767	2,2757	1,3878	55 %
3	0,9033	1,9263	1,2505	55 %
4	0,7300	1,5770	1,1133	40 %
5	0,6725	1,4578	1,0850	35 %
6	0,6150	1,3385	1,0567	30 %
7	0,5575	1,2193	1,0283	25 %
8	0,5000	1,1000	1,0000	20 %
9	0,4660	1,0270	0,9906	19 %
10	0,4320	0,9540	0,9811	18 %
11	0,3980	0,8810	0,9717	17 %
12	0,3640	0,8080	0,9622	16 %
13	0,3300	0,7350	0,9528	15 %
14	0,3040	0,6760	0,9506	14 %
15	0,2780	0,6170	0,9485	13 %
16	0,2520	0,5580	0,9463	12 %
17	0,2260	0,4990	0,9442	11 %
18	0,2000	0,4400	0,9420	10 %
19	0,2000	0,4400	0,9420	10 %
20	0,2000	0,4400	0,9420	10 %

Tabelle 3: Angabe der Variablen a, b, c und des relativen Alters für die Anwendung der Formel zur Ermittlung der Restnutzungsdauer.

Anlage 3
(zu § 12 Absatz 5 Satz 2)

Modellansätze für Bewirtschaftungskosten

Bei Ermittlung der Liegenschaftszinssätze sind die nachfolgenden Modellansätze zugrunde zu legen.

I. Bewirtschaftungskosten für Wohnnutzung

1. Verwaltungskosten (Stand 1. Januar 2021)

298 Euro	jährlich je Wohnung bzw. je Wohngebäude bei Ein- und Zweifamilienhäusern
357 Euro	jährlich je Eigentumswohnung
39 Euro	jährlich je Garage oder ähnlichem Einstellplatz

Die vorstehend genannten Werte gelten für das Jahr 2021. Für Wertermittlungsstichtage in den Folgejahren sind sie wie unter III. dargestellt anzupassen.

2. Instandhaltungskosten (Stand 1. Januar 2021)

11,70 Euro	jährlich je Quadratmeter Wohnfläche, wenn die Schönheitsreparaturen von den Mietern getragen werden
88 Euro	jährlich je Garage oder ähnlichem Einstellplatz einschließlich der Kosten für Schönheitsreparaturen

Die vorstehend genannten Beträge gelten für das Jahr 2021. Für Wertermittlungsstichtage in den Folgejahren sind die Beträge wie unter III. dargestellt anzupassen.

3. Mietausfallwagnis

2 Prozent	des marktüblich erzielbaren Rohertrags bei Wohnnutzung

II. Bewirtschaftungskosten für gewerbliche Nutzung

1. Verwaltungskosten

3 Prozent	des marktüblich erzielbaren Rohertrags bei reiner und gemischter gewerblicher Nutzung

2. Instandhaltungskosten

Den Instandhaltungskosten für gewerbliche Nutzung wird jeweils ein Prozentsatz der Instandhaltungskosten für Wohnnutzung zugrunde gelegt.

100 Prozent	für gewerbliche Nutzung wie z.B. Büros, Praxen, Geschäfte und vergleichbare Nutzungen bzw. gewerblich genutzte Objekte mit vergleichbaren Baukosten, wenn der Vermieter die Instandhaltung für „Dach und Fach" trägt
50 Prozent	für gewerbliche Nutzung wie z.B. SB-Verbrauchermärkte und vergleichbare Nutzungen bzw. gewerblich genutzte Objekte mit vergleichbaren Baukosten, wenn der Vermieter die Instandhaltung für „Dach und Fach" trägt
30 Prozent	für gewerbliche Nutzung wie z.B. Lager-, Logistik- und Produktionshallen und vergleichbare Nutzungen bzw. gewerblich genutzte Objekte mit vergleichbaren Baukosten, wenn der Vermieter die Instandhaltung für „Dach und Fach" trägt

3. Mietausfallwagnis

4 Prozent	des marktüblich erzielbaren Rohertrags bei reiner bzw. gemischter gewerblicher Nutzung

III. Jährliche Anpassung

Die Anpassung der Werte nach den Nummern I.1 und I.2 erfolgt jährlich auf der Grundlage der in Satz 3 genannten Basiswerte mit dem Prozentsatz, um den sich

der vom Statistischen Bundesamt festgestellte Verbraucherpreisindex für Deutschland für den Monat Oktober 2001 gegenüber demjenigen für den Monat Oktober des Jahres, das dem Stichtag der Ermittlung des Liegenschaftszinssatzes vorausgeht, erhöht oder verringert hat. Die Werte für die Instandhaltungskosten pro m^2 sind auf eine Nachkommastelle und bei den Instandhaltungskosten pro Garage oder ähnlichem Einstellplatz sowie bei Verwaltungskosten kaufmännisch auf den vollen Euro zu runden. Es wird von folgenden Basiswerten für die Verwaltungs- und Instandhaltungskosten ausgegangen:

1. Verwaltungskosten

230 Euro	jährlich je Wohnung bzw. je Wohngebäude bei Ein- und Zweifamilienhäusern
275 Euro	jährlich je Eigentumswohnung
30 Euro	jährlich je Garage oder ähnlichem Einstellplatz

2. Instandhaltungskosten

9,00 Euro	jährlich je Quadratmeter Wohnfläche, wenn die Schönheitsreparaturen von den Mietern getragen werden
68 Euro	jährlich je Garage oder ähnlichem Einstellplatz einschließlich der Kosten für Schönheitsreparaturen

Anlage 4
(zu § 12 Absatz 5 Satz 3)

Normalherstellungskosten 2010 (NHK 2010)

I. Grundlagen

1. Allgemeines

(1) Bei Ermittlung der Sachwertfaktoren sind der Ermittlung der durchschnittlichen Herstellungskosten die Modellkosten dieser Anlage zugrunde zu legen.

(2) [1]Die Kostenkennwerte der Normalherstellungskosten 2010 nach Nummer II beziehen sich auf eine Art der baulichen Anlage (Gebäudeart) unter Berücksichtigung einer Standardstufe. [2]Die Zuordnung des Wertermittlungsobjekts zu einer Gebäudeart erfolgt aufgrund seiner Nutzung. [3]Die Zuordnung zu einer Standardstufe erfolgt nach Nummer III aufgrund seiner Standardmerkmale; dabei sind zur Ermittlung eines zutreffenden Kostenkennwerts alle wertrelevanten Standardmerkmale des Wertermittlungsobjekts sachverständig einzustufen, auch wenn sie nicht in Nummer III beschrieben sind.

(3) [1]Die Normalherstellungskosten 2010 erfassen die Kostengruppen 300 und 400 der DIN 276[1)], die Umsatzsteuer und die üblicherweise entstehenden Baunebenkosten (Kostengruppen 730 und 771 der DIN 276[1)]), insbesondere Kosten für Planung, Baudurchführung, behördliche Prüfungen und Genehmigungen. [2]Darüber hinaus enthalten sie weitere Angaben zur Höhe der eingerechneten Baunebenkosten, teilweise Korrekturfaktoren zur Anpassung des jeweiligen Kostenkennwerts wegen der speziellen Merkmale des Wertermittlungsobjekts sowie teilweise weitergehende Erläuterungen.

[1)] **Amtl. Anm.:** DIN 276-1:2006-11, Kosten im Bauwesen – Teil 1: Hochbau. Das Normblatt ist bei der Beuth Verlag GmbH, 10772 Berlin, zu beziehen und ist bei dem Deutschen Patentamt archivmäßig gesichert niedergelegt.

(4) [1]Die Kostenkennwerte der Normalherstellungskosten sind in Euro pro Quadratmeter Grundfläche angegeben. [2]Sie sind bezogen auf den im Jahresdurchschnitt bestehenden Kostenstand des Jahres 2010.

2. Brutto-Grundfläche

(1) [1]Die Brutto-Grundfläche (BGF) ist die Summe der bezogen auf die jeweilige Gebäudeart marktüblich nutzbaren Grundflächen aller Grundrissebenen eines Bauwerks. [2]Für die Ermittlung der Brutto-Grundfläche ist die DIN 277[1)] anzuwenden, deren Vorgaben für die Anwendung der Normalherstellungskosten durch die nachfolgenden Absätze teilweise ergänzt werden.

(2) [1]In Anlehnung an die DIN 277[1)] sind bei den Grundflächen folgende Bereiche zu unterscheiden:

a) Bereich a: überdeckt und allseitig in voller Höhe umschlossen,

b) Bereich b: überdeckt, jedoch nicht allseitig in voller Höhe umschlossen,

c) Bereich c: nicht überdeckt.

[2]Für die Ermittlung der Brutto-Grundfläche sind nur die Grundflächen der Bereiche a und b zu berücksichtigen. [3]Balkone, einschließlich überdeckter Balkone, sind dem Bereich c zuzuordnen.

(3) Für die Ermittlung der Brutto-Grundfläche sind die äußeren Maße der Baukonstruktionen einschließlich Bekleidung in Höhe der Oberseite der Boden- oder Deckenbeläge anzusetzen.

(4) Nicht zur Brutto-Grundfläche gehören beispielsweise Flächen von neben dem Dachgeschoss bestehenden weiteren untergeordneten Ebenen innerhalb des Dachraums (Spitzböden), Flächen von Kriechkellern, Flächen, die ausschließlich der Wartung, Inspektion und Instandsetzung von Baukonstruktionen und technischen Anlagen dienen, sowie Flächen unter konstruktiven Hohlräumen, zum Beispiel über abgehängten Decken.

(5) [1]Im Dachgeschoss richtet sich die Anrechenbarkeit der Grundflächen nach ihrer Nutzbarkeit. [2]Ausreichend ist, wenn eine untergeordnete Nutzung möglich ist, die beispielsweise als Lager- und Abstellraum der Hauptnutzung dient (eingeschränkte Nutzbarkeit). [3]Die Nutzbarkeit von Dachgeschossen setzt eine lichte Höhe von circa 1,25 Metern und ihre Begehbarkeit voraus; eine Begehbarkeit setzt eine feste Decke und die Zugänglichkeit voraus, wobei sich die Art der Zugänglichkeit nach der Intensität der Nutzung richtet. [4]Nicht nutzbare Dachgeschossebenen sind nicht anzurechnen.

3. Besonderheiten und Grad der wirtschaftlichen Nutzbarkeit bei freistehenden Ein- und Zweifamilienhäusern, Doppelhäusern und Reihenhäusern

(1) Freistehende Ein- und Zweifamilienhäuser, Doppelhäuser und Reihenhäuser mit nicht nutzbaren Grundrissebenen im Dachraum sind der Gebäudeart mit Flachdach oder flach geneigtem Dach zuzuordnen.

(2) Trotz gleicher Brutto-Grundfläche können sich bei freistehenden Ein- und Zweifamilienhäusern, Doppelhäusern und Reihenhäusern mit ausgebautem oder ausbaufähigem Dachgeschoss im Sinne der Absätze 3 und 4 Unterschiede

[1)] **Amtl. Anm.:** DIN 277-1:2005-02, Grundflächen und Rauminhalte von Bauwerken im Hochbau – Teil 1: Begriffe, Ermittlungsgrundlagen. Das Normblatt ist bei der Beuth Verlag GmbH, 10772 Berlin, zu beziehen und ist bei dem Deutschen Patentamt archivmäßig gesichert niedergelegt.

hinsichtlich des Grades der wirtschaftlichen Nutzbarkeit ergeben, die insbesondere auf Unterschieden der Dachkonstruktion, der Gebäudegeometrie und der Giebelhöhe beruhen können.

(3) [1] Bei Gebäuden mit nicht ausgebautem Dachgeschoss ist zu unterscheiden zwischen

a) Gebäuden mit Dachgeschossen, die nicht zu einer Wohnnutzung als Hauptnutzung ausbaubar sind, jedoch im Unterschied zur Gebäudeart mit Flachdach oder flach geneigten Dach eine untergeordnete Nutzung zulassen (nicht ausbaufähig) und

b) Gebäuden mit Dachgeschossen, die für eine Wohnnutzung als Hauptnutzung ausbaubar sind.

[2] Bei nicht ausgebauten Dachgeschossen, die nicht im Sinne des Satzes 1 Buchstabe a ausbaufähig sind, ist in der Regel ein Abschlag vom Kostenkennwert anzusetzen.

(4) [1] Bei Gebäuden mit ausgebautem Dachgeschoss bestimmt sich der Grad der wirtschaftlichen Nutzbarkeit des Dachgeschosses insbesondere nach dem Verhältnis der vorhandenen Wohnfläche zur Grundfläche. [2] Die Wohnfläche ist im Wesentlichen abhängig von Dachneigung, Giebelbreite und Drempelhöhe. [3] Ein fehlender Drempel ist in der Regel durch Abschläge zu berücksichtigen. [4] Ein ausgebauter Spitzboden im Sinne von Nummer 2 Absatz 4 ist in der Regel durch Zuschläge zu berücksichtigen.

(5) Ein teilweiser Ausbau des Dachgeschosses oder eine teilweise Unterkellerung können durch anteilige Heranziehung der jeweiligen Kostenkennwerte für die verschiedenen Gebäudearten berücksichtigt werden (Mischkalkulation).

II. Kostenkennwerte – Normalherstellungskosten 2010 (NHK 2010)

1. Kostenkennwerte für freistehende Ein- und Zweifamilienhäuser, Doppelhäuser, Reihenhäuser[1]

Keller-, Erdgeschoss		Dachgeschoss voll ausgebaut						Dachgeschoss nicht ausgebaut						Flachdach oder flach geneigtes Dach				
Standardstufe		1	2	3	4	5		1	2	3	4	5		1	2	3	4	5
freistehende Einfamilienhäuser[2]	1.01	655	725	835	1005	1260	1.02	545	605	695	840	1050	1.03	705	785	900	1085	1360
Doppel- und Reihenendhäuser	2.01	615	685	785	945	1180	2.02	515	570	655	790	985	2.03	665	735	845	1020	1275
Reihenmittelhäuser	3.01	575	640	735	885	1105	3.02	480	535	615	740	925	3.03	620	690	795	955	1195

Keller-, Erd-, Obergeschoss		Dachgeschoss voll ausgebaut						Dachgeschoss nicht ausgebaut						Flachdach oder flach geneigtes Dach				
Standardstufe		1	2	3	4	5		1	2	3	4	5		1	2	3	4	5
freistehende Einfamilienhäuser[2]	1.11	655	725	835	1005	1260	1.12	570	635	730	880	1100	1.13	665	740	850	1025	1285
Doppel- und Reihenendhäuser	2.11	615	685	785	945	1180	2.12	535	595	685	825	1035	2.13	625	695	800	965	1205
Reihenmittelhäuser	3.11	575	640	735	885	1105	3.12	505	560	640	775	965	3.13	585	650	750	905	1130

Erdgeschoss, nicht unterkellert		Dachgeschoss voll ausgebaut						Dachgeschoss nicht ausgebaut						Flachdach oder flach geneigtes Dach				
Standardstufe		1	2	3	4	5		1	2	3	4	5		1	2	3	4	5
freistehende Einfamilienhäuser[2]	1.21	790	875	1005	1215	1515	1.22	585	650	745	900	1125	1.23	920	1025	1180	1420	1775
Doppel- und Reihenendhäuser	2.21	740	825	945	1140	1425	2.22	550	610	700	845	1055	2.23	865	965	1105	1335	1670
Reihenmittelhäuser	3.21	695	770	885	1065	1335	3.22	515	570	655	790	990	3.23	810	900	1035	1250	1560

Erd-, Obergeschoss, nicht unterkellert		Dachgeschoss voll ausgebaut						Dachgeschoss nicht ausgebaut						Flachdach oder flach geneigtes Dach				
Standardstufe		1	2	3	4	5		1	2	3	4	5		1	2	3	4	5
freistehende Einfamilienhäuser[2]	1.31	720	800	920	1105	1385	1.32	620	690	790	955	1190	1.33	785	870	1000	1205	1510
Doppel- und Reihenendhäuser	2.31	675	750	865	1040	1300	2.32	580	645	745	895	1120	2.33	735	820	940	1135	1415
Reihenmittelhäuser	3.31	635	705	810	975	1215	3.32	545	605	695	840	1050	3.33	690	765	880	1060	1325

[1] einschließlich Baunebenkosten in Höhe von 17%

[2] Korrekturfaktor für freistehende Zweifamilienhäuser: 1,05

2. Kostenkennwerte für Mehrfamilienhäuser[3]

		Standardstufe		
		3	4	5
4.1	Mehrfamilienhäuser[4 5] mit bis zu 6 WE	825	985	1 190
4.2	Mehrfamilienhäuser[4 5] mit 7 bis 20 WE	765	915	1 105
4.3	Mehrfamilienhäuser[4 5] mit mehr als 20 WE	755	900	1 090

[3] einschließlich Baunebenkosten in Höhe von — Gebäudeart 4.1 – 4.3 19 %

[4] Korrekturfaktoren für die Wohnungsgröße — ca. 35 m² WF/WE = 1,10; ca. 50 m² WF/WE = 1,00; ca. 135 m² WF/WE = 0,85

[5] Korrekturfaktoren für die Grundrissart — Einspänner = 1,05; Zweispänner = 1,00; Dreispänner = 0,97; Vierspänner = 0,95

3. Kostenkennwerte für Wohnhäuser mit Mischnutzung, Banken und Geschäftshäuser[6]

		Standardstufe		
		3	4	5
5.1	Wohnhäuser mit Mischnutzung[7 8 9]	860	1 085	1 375
5.2	Banken und Geschäftshäuser mit Wohnungen[10]	890	1 375	1 720
5.3	Banken und Geschäftshäuser ohne Wohnungen	930	1 520	1 900

[6] einschließlich Baunebenkosten in Höhe von — Gebäudeart 5.1 18 %; Gebäudeart 5.2 – 5.3 22 %

[7] Korrekturfaktoren für die Wohnungsgröße — ca. 35 m² WF/WE = 1,10; ca. 50 m² WF/WE = 1,00; ca. 135 m² WF/WE = 0,85

[8] Korrekturfaktoren für die Grundrissart — Einspänner = 1,05; Zweispänner = 1,00; Dreispänner = 0,97; Vierspänner = 0,95

[9] Wohnhäuser mit Mischnutzung sind Gebäude mit überwiegend Wohnnutzung und einem geringen gewerblichen Anteil. Anteil der Wohnfläche ca. 75 %. Bei deutlich abweichenden Nutzungsanteilen ist eine Ermittlung durch Gebäudemix sinnvoll.

[10] Geschäftshäuser sind Gebäude mit überwiegend gewerblicher Nutzung und einem geringen Wohnanteil. Anteil der Wohnfläche ca. 20 – 25 %.

4. Kostenkennwerte für Bürogebäude[11]

		Standardstufe		
		3	4	5
6.1	Bürogebäude, Massivbau	1 040	1 685	1 900
6.2	Bürogebäude, Stahlbetonskelettbau	1 175	1 840	2 090

[11] einschließlich Baunebenkosten in Höhe von — Gebäudeart 6.1 – 6.2 18 %

5. Kostenkennwerte für Gemeindezentren, Saalbauten, Veranstaltungsgebäude[12]

		Standardstufe		
		3	4	5
7.1	Gemeindezentren	1 130	1 425	1 905
7.2	Saalbauten/Veranstaltungsgebäude	1 355	1 595	2 085

[12] einschließlich Baunebenkosten in Höhe von — Gebäudeart 7.1 – 7.2 18 %

6. Kostenkennwerte für Kindergärten, Schulen[13]

		Standardstufe		
		3	4	5
8.1	Kindergärten	1 300	1 495	1 900
8.2	Allgemeinbildende Schulen, Berufsbildende Schulen	1 450	1 670	2 120
8.3	Sonderschulen	1 585	1 820	2 315

[13] einschließlich Baunebenkosten in Höhe von

Gebäudeart	8.1	20 %
Gebäudeart	8.2	21 %
Gebäudeart	8.3	17 %

7. Kostenkennwerte für Wohnheime, Alten- oder Pflegeheime[14]

		Standardstufe		
		3	4	5
9.1	Wohnheime/Internate	1 000	1 225	1 425
9.2	Alten-/Pflegeheime	1 170	1 435	1 665

[14] einschließlich Baunebenkosten in Höhe von Gebäudeart 9.1 – 9.2 18 %

8. Kostenkennwerte für Krankenhäuser, Tageskliniken[15]

		Standardstufe		
		3	4	5
10.1	Krankenhäuser/Kliniken	1 720	2 080	2 765
10.2	Tageskliniken/Ärztehäuser	1 585	1 945	2 255

[15] einschließlich Baunebenkosten in Höhe von Gebäudeart 10.1 – 10.2 21 %

9. Kostenkennwerte für Beherbergungsstätten, Verpflegungseinrichtungen[16]

		Standardstufe		
		3	4	5
11.1	Hotels	1 385	1 805	2 595

[16] einschließlich Baunebenkosten in Höhe von Gebäudeart 11.1 21 %

10. Kostenkennwerte für Sporthallen, Freizeitbäder oder Heilbäder[17]

		Standardstufe		
		3	4	5
12.1	Sporthallen (Einfeldhallen)	1 320	1 670	1 955
12.2	Sporthallen (Dreifeldhallen/Mehrzweckhallen)	1 490	1 775	2 070
12.3	Tennishallen	1 010	1 190	1 555
12.4	Freizeitbäder/Heilbäder	2 450	2 985	3 840

[17] einschließlich Baunebenkosten in Höhe von

Gebäudeart	12.1 + 12.3	17 %
Gebäudeart	12.2	19 %
Gebäudeart	12.4	24 %

11. Kostenkennwerte für Verbrauchermärkte, Kauf- oder Warenhäuser, Autohäuser[18]

		Standardstufe		
		3	4	5
13.1	Verbrauchermärkte	720	870	1 020
13.2	Kauf-/Warenhäuser	1 320	1 585	1 850
13.3	Autohäuser ohne Werkstatt	940	1 240	1 480

[18] einschließlich Baunebenkosten in Höhe von

Gebäudeart	13.1	16 %
Gebäudeart	13.2	22 %
Gebäudeart	13.3	21 %

12. Kostenkennwerte für Garagen[19]

		Standardstufe		
		3	4	5
14.1	Einzelgaragen/Mehrfachgaragen[20]	245	485	780
14.2	Hochgaragen	480	655	780
14.3	Tiefgaragen	560	715	850
14.4	Nutzfahrzeuggaragen	530	680	810

[19] einschließlich Baunebenkosten in Höhe von

Gebäudeart	14.1	12 %
Gebäudeart	14.2 – 14.3	15 %
Gebäudeart	14.4	13 %

[20] Standardstufe 3: Fertiggaragen; Standardstufe 4: Garagen in Massivbauweise; Standardstufe 5: individuelle Garagen in Massivbauweise mit besonderen Ausführungen wie Ziegeldach, Gründach, Bodenbeläge, Fliesen o.ä., Wasser, Abwasser und Heizung

13. Kostenkennwerte für Betriebs- oder Werkstätten, Produktionsgebäude[21]

		Standardstufe		
		3	4	5
15.1	Betriebs-/Werkstätten, eingeschossig	970	1 165	1 430
15.2	Betriebs-/Werkstätten, mehrgeschossig ohne Hallenanteil	910	1 090	1 340
15.3	Betriebs-/Werkstätten, mehrgeschossig, hoher Hallenanteil	620	860	1 070
15.4	Industrielle Produktionsgebäude, Massivbauweise	950	1 155	1 440
15.5	Industrielle Produktionsgebäude, überwiegend Skelettbauweise	700	965	1 260

[21] einschließlich Baunebenkosten in Höhe von

Gebäudeart	15.1 – 15.4	19 %
Gebäudeart	15.5	18 %

14. Kostenkennwerte für Lagergebäude[22]

		Standardstufe		
		3	4	5
16.1	Lagergebäude ohne Mischnutzung, Kaltlager	350	490	640
16.2	Lagergebäude mit bis zu 25 % Mischnutzung[23]	550	690	880
16.3	Lagergebäude mit mehr als 25 % Mischnutzung[23]	890	1 095	1 340

[22] einschließlich Baunebenkosten in Höhe von

Gebäudeart	16.1	16 %
Gebäudeart	16.2	17 %
Gebäudeart	16.3	18 %

[23] Lagergebäude mit Mischnutzung sind Gebäude mit einem überwiegenden Anteil an Lagernutzung und einem geringeren Anteil an anderen Nutzungen wie Büro, Sozialräume, Ausstellungs- oder Verkaufsflächen etc.

15. Kostenkennwerte für sonstige Gebäude (Museen, Theater, Sakralbauten, Friedhofsgebäude)[24]

		Standardstufe		
		3	4	5
17.1	Museen	1 880	2 295	2 670
17.2	Theater	2 070	2 625	3 680
17.3	Sakralbauten	1 510	2 060	2 335
17.4	Friedhofsgebäude	1 320	1 490	1 720

[24] einschließlich Baunebenkosten in Höhe von

Gebäudeart	17.1	18 %
Gebäudeart	17.2	22 %
Gebäudeart	17.3	16 %
Gebäudeart	17.4	19 %

16. Kostenkennwerte für Reithallen

18.1.1 Reithallen			
Standardstufe	3	4	5
300 Bauwerk – Baukonstruktion	215	235	280
400 Bauwerk – Technische Anlagen	20	25	30
Bauwerk	235	260	310
einschließlich Baunebenkosten in Höhe von	12 %		
Traufhöhe	5,00 m		
BGF/Nutzeinheit	–		
Korrekturfaktoren	Gebäudegröße BGF 500 m² 1,20 1 000 m² 1,00 1 500 m² 0,90		

17. Kostenkennwerte für Pferdeställe

18.1.2 Pferdeställe			
Standardstufe	3	4	5
300 Bauwerk – Baukonstruktion	310	450	535
400 Bauwerk – Technische Anlagen	55	70	90
Bauwerk	365	520	625
einschließlich Baunebenkosten in Höhe von	12 %		
Traufhöhe	3,50 m		
BGF/Nutzeinheit	15,00 – 20,00 m²/Tier		
Korrekturfaktoren	Gebäudegröße BGF 250 m² 1,20 500 m² 1,00 750 m² 0,90		

18. Kostenkennwerte für Kälberställe

18.2.1 Kälberställe			
Standardstufe	3	4	5
300 Bauwerk – Baukonstruktion	335	375	455
400 Bauwerk – Technische Anlagen	145	165	195
Bauwerk	480	540	650
einschließlich Baunebenkosten in Höhe von	12 %		
Traufhöhe	3,00 m		
BGF/Nutzeinheit	4,00 – 4,50 m²/Tier		
Korrekturfaktoren	Gebäudegröße BGF 100 m² 1,20 150 m² 1,00 250 m² 0,90	Unterbau Güllekanäle (Tiefe 1,00 m) 1,05 ohne Güllekanäle 1,00	

19. Kostenkennwerte für Jungvieh-, Mastbullen- oder Milchviehställe ohne Melkstand und Warteraum

18.2.2 Jungvieh-/Mastbullen-/Milchviehställe ohne Melkstand und Warteraum			
Standardstufe	3	4	5
300 Bauwerk – Baukonstruktion	235	260	310
400 Bauwerk – Technische Anlagen	55	65	80
Bauwerk	290	325	390
einschließlich Baunebenkosten in Höhe von	12 %		
Traufhöhe	4,00 m		
BGF/Nutzeinheit	6,50 – 10,50 m²/Tier		
Korrekturfaktoren	Gebäudegröße BGF 500 m² 1,20 1 000 m² 1,00 1 500 m² 0,90	Unterbau Güllekanäle (Tiefe 1,00 m) 1,20 ohne Güllekanäle 1,00 Güllelagerraum (Tiefe 2,00 m) 1,40	

20. Kostenkennwerte für Milchviehställe mit Melkstand und Milchlager

18.2.3 Milchviehställe mit Melkstand und Milchlager			
Standardstufe	3	4	5
300 Bauwerk – Baukonstruktion	225	255	310
400 Bauwerk – Technische Anlagen	100	110	130
Bauwerk	325	365	440
einschließlich Baunebenkosten in Höhe von	12 %		
Traufhöhe	4,00 m		
BGF/Nutzeinheit	10,00 – 15,00 m²/Tier		
Korrekturfaktoren	Gebäudegröße BGF 1 000 m² 1,20 1 500 m² 1,00 2 000 m² 0,90	Unterbau Güllekanäle (Tiefe 1,00 m) 1,20 ohne Güllekanäle 1,00 Güllelagerraum (Tiefe 2,00 m) 1,40	

21. Kostenkennwerte für Melkhäuser mit Milchlager und Nebenräumen als Einzelgebäude ohne Warteraum und Selektion

18.2.4 Melkhäuser mit Milchlager und Nebenräumen als Einzelgebäude ohne Warteraum und Selektion			
Standardstufe	3	4	5
300 Bauwerk – Baukonstruktion	700	780	935
400 Bauwerk – Technische Anlagen	470	520	625
Bauwerk	1 170	1 300	1 560
einschließlich Baunebenkosten in Höhe von	12 %		
Traufhöhe	3,00 m		
BGF/Nutzeinheit	–		
Korrekturfaktoren	Gebäudegröße BGF 100 m² 1,20 150 m² 1,00 250 m² 0,90		

22. Kostenkennwerte für Ferkelaufzuchtställe

18.3.1 Ferkelaufzuchtställe			
Standardstufe	3	4	5
300 Bauwerk – Baukonstruktion	300	330	395
400 Bauwerk – Technische Anlagen	155	175	215
Bauwerk	455	505	610
einschließlich Baunebenkosten in Höhe von	12 %		
Traufhöhe	3,00 m		
BGF/Nutzeinheit	0,45 – 0,65 m²/Tier		
Korrekturfaktoren	Gebäudegröße BGF 400 m² 1,20 600 m² 1,00 800 m² 0,90	Unterbau Güllekanäle (Tiefe 0,60 m) 1,10 ohne Güllekänale 1,00 Güllelagerraum (Tiefe 1,50 m) 1,20	

23. Kostenkennwerte für Mastschweineställe

18.3.2 Mastschweineställe			
Standardstufe	3	4	5
300 Bauwerk – Baukonstruktion	290	325	400
400 Bauwerk – Technische Anlagen	125	145	170
Bauwerk	415	470	570
einschließlich Baunebenkosten in Höhe von	12 %		
Traufhöhe	3,00 m		
BGF/Nutzeinheit	0,90 – 1,30 m²/Tier		
Korrekturfaktoren	Gebäudegröße BGF 750 m² 1,20 1 250 m² 1,00 2 000 m² 0,90	Unterbau Güllekanäle (Tiefe 0,60 m) 1,10 ohne Güllekänale 1,00 Güllelagerraum (Tiefe 1,50 m) 1,20	

24. Kostenkennwerte für Zuchtschweineställe, Deck-, Warte- oder Abferkelbereich

18.3.3 Zuchtschweineställe, Deck-/Warte-/Abferkelbereich			
Standardstufe	3	4	5
300 Bauwerk – Baukonstruktion	305	340	405
400 Bauwerk – Technische Anlagen	165	180	220
Bauwerk	470	520	625
einschließlich Baunebenkosten in Höhe von	12 %		
Traufhöhe	3,00 m		
BGF/Nutzeinheit	4,50 – 5,00 m²/Tier		
Korrekturfaktoren	Gebäudegröße BGF 750 m² 1,20 1 250 m² 1,00 2 000 m² 0,90	Unterbau Güllekanäle (Tiefe 0,60 m) 1,10 ohne Güllekanäle 1,00 Güllelagerraum (Tiefe 1,50 m) 1,20	

25. Kostenkennwerte für Abferkelstall als Einzelgebäude

18.3.4 Abferkelstall als Einzelgebäude			
Standardstufe	3	4	5
300 Bauwerk – Baukonstruktion	320	350	420
400 Bauwerk – Technische Anlagen	205	235	280
Bauwerk	525	585	700
einschließlich Baunebenkosten in Höhe von	12 %		
Traufhöhe	3,00 m		
BGF/Nutzeinheit	6,30 – 6,50 m²/Tier		
Korrekturfaktoren	Gebäudegröße BGF 200 m² 1,20 400 m² 1,00 600 m² 0,90	Unterbau Güllekanäle (Tiefe 0,60 m) 1,10 ohne Güllekanäle 1,00	

26. Kostenkennwerte für Mastgeflügel, Bodenhaltung (Hähnchen, Puten, Gänse)

18.4.1 Mastgeflügel, Bodenhaltung (Hähnchen, Puten, Gänse)			
Standardstufe	3	4	5
300 Bauwerk – Baukonstruktion	210	235	280
400 Bauwerk – Technische Anlagen	50	55	70
Bauwerk	260	290	350
einschließlich Baunebenkosten in Höhe von	12 %		
Traufhöhe	3,00 m		
BGF/Nutzeinheit	0,05 – 0,06 m²/Tier		
Korrekturfaktoren	Gebäudegröße BGF 1 000 m² 1,20 1 900 m² 1,00 3 800 m² 0,90		

27. Kostenkennwerte für Legehennen, Bodenhaltung

18.4.2 Legehennen, Bodenhaltung			
Standardstufe	3	4	5
300 Bauwerk - Baukonstruktion	290	325	390
400 Bauwerk - Technische Anlagen	130	145	170
Bauwerk	420	470	560
einschließlich Baunebenkosten in Höhe von	12 %		
Traufhöhe	3,00 m		
BGF/Nutzeinheit	0,15 – 0,20 m²/Tier		
Korrekturfaktoren	Gebäudegröße BGF 1 000 m² 1,20 2 500 m² 1,00 3 500 m² 0,90	Unterbau Kotgrube (Tiefe 1,00 m) 1,10	

28. Kostenkennwerte für Legehennen, Volierenhaltung

18.4.3 Legehennen, Volierenhaltung			
Standardstufe	3	4	5
300 Bauwerk – Baukonstruktion	335	370	445
400 Bauwerk – Technische Anlagen	275	305	365
Bauwerk	610	675	810
einschließlich Baunebenkosten in Höhe von	12 %		
Traufhöhe	3,00 m		
BGF/Nutzeinheit	0,07 – 0,10 m²/Tier		
Korrekturfaktoren	Gebäudegröße BGF 500 m² 1,20 1 600 m² 1,00 2 200 m² 0,90		

29. Kostenkennwerte für Legehennen, Kleingruppenhaltung, ausgestalteter Käfig

18.4.4 Legehennen, Kleingruppenhaltung, ausgestalteter Käfig			
Standardstufe	3	4	5
300 Bauwerk – Baukonstruktion	340	370	450
400 Bauwerk – Technische Anlagen	335	370	445
Bauwerk	675	740	895
einschließlich Baunebenkosten in Höhe von	12%		
Traufhöhe	3,00 m		
BGF/Nutzeinheit	0,05 – 0,07 m²/Tier		
Korrekturfaktoren	Gebäudegröße BGF 500 m² 1,20 1 200 m² 1,00 1 500 m² 0,90		

30. Kostenkennwerte für landwirtschaftliche Mehrzweckhallen

18.5 Landwirtschaftliche Mehrzweckhallen			
Standardstufe	3	4	5
300 Bauwerk – Baukonstruktion	230	255	330
400 Bauwerk – Technische Anlagen	15	15	20
Bauwerk	245	270	350
einschließlich Baunebenkosten in Höhe von	11 %		
Traufhöhe	5,00 m		
BGF/Nutzeinheit	–		
Korrekturfaktoren	Gebäudegröße BGF 250 m² 1,20 800 m² 1,00 1 500 m² 0,90	Unterbau Remise (ohne Betonboden) 0,80	

31. Kostenkennwerte für Außenanlagen zu allen landwirtschaftlichen Betriebsgebäuden

Raufutter-Fahrsilo	60–100 €/m³ Nutzraum
Kraftfutter-Hochsilo	170–350 €/m³ Nutzraum
Fertigfutter-Hochsilo	170–350 €/m³ Nutzraum
Mistlager	60–100 €/m³ Nutzraum
Beton-Güllebehälter	30–60 €/m³ Nutzraum
Waschplatz (4,00 x 5,00 m) mit Kontrollschacht und Ölabscheider	4 000–5 000 €/Stck.
Vordach am Hauptdach angeschleppt	80–100 €/m²
Hofbefestigung aus Beton-Verbundsteinen	40–50 €/m²
Laufhof für Rinder	70–100 €/m² Nutzfläche
Auslauf mit Spaltenboden	150–220 €/m² Nutzfläche
Auslauf, Wintergarten für Geflügel	100–120 €/m² Nutzfläche
Schüttwände bis 3,00 m Höhe	100–125 €/m²

III. Beschreibung der Standards der baulichen Anlagen (Gebäudestandards) zur Ermittlung der Kostenkennwerte

1. Beschreibung der Gebäudestandards für freistehende Ein- und Zweifamilienhäuser, Doppelhäuser und Reihenhäuser

	Standardstufe					Wägungsanteil
	1	2	3	4	5	
Außenwände	Holzfachwerk, Ziegelmauerwerk; Fugenglattstrich, Putz, Verkleidung mit Faserzementplatten, Bitumen-Schindeln oder einfachen Kunststoffplatten; kein oder deutlich nicht zeitgemäßer Wärmeschutz (vor ca. 1980)	ein-/zweischaliges Mauerwerk, z.B. Gitterziegel oder Hohlblocksteine; verputzt und gestrichen oder Holzverkleidung; nicht zeitgemäßer Wärmeschutz (vor ca. 1995)	ein-/zweischaliges Mauerwerk, z.B. aus Leichtziegeln, Kalksandsteinen, Gasbetonsteinen; Edelputz; Wärmedämmverbundsystem oder Wärmedämmputz (nach ca. 1995)	Verblendmauerwerk, zweischalig, hinterlüftet, Vorhangfassade (z.B. Naturschiefer); Wärmedämmung (nach ca. 2005)	aufwendig gestaltete Fassaden mit konstruktiver Gliederung (Säulenstellungen, Erker etc.), Sichtbeton-Fertigteile, Natursteinfassade, Elemente aus Kupfer-/Eloxalblech, mehrgeschossige Glasfassaden; Dämmung im Passivhausstandard	23
Dach	Dachpappe, Faserzementplatten/Wellplatten; keine bis geringe Dachdämmung	einfache Betondachsteine oder Tondachziegel, Bitumenschindeln; nicht zeitgemäße Dachdämmung (vor ca. 1995)	Faserzement-Schindeln, beschichtete Betondachsteine und Tondachziegel, Folienabdichtung; Rinnen und Fallrohre aus Zinkblech; Dachdämmung (nach ca. 1995)	glasierte Tondachziegel, Flachdachausbildung tlw. als Dachterrassen; Konstruktion in Brettschichtholz, schweres Massivflachdach; besondere Dachformen, z.B. Mansarden-, Walmdach; Aufsparrendämmung, überdurchschnittliche Dämmung (nach ca. 2005)	hochwertige Eindeckung z.B. aus Schiefer oder Kupfer, Dachbegrünung, befahrbares Flachdach; aufwendig gegliederte Dachlandschaft, sichtbare Bogendachkonstruktionen; Rinnen und Fallrohre aus Kupfer; Dämmung im Passivhausstandard	15
Fenster und Außentüren	Einfachverglasung; einfache Holztüren	Zweifachverglasung (vor ca. 1995); Haustür mit nicht zeitgemäßem Wärmeschutz (vor ca. 1995)	Zweifachverglasung (nach ca. 1995), Rollläden (manuell); Haustür mit zeitgemäßem Wärmeschutz (nach ca. 1995)	Dreifachverglasung, Sonnenschutzglas, aufwendigere Rahmen, Rollläden (elektr.); höherwertige Türanlage z.B. mit Seitenteil, besonderer Einbruchschutz	große, feststehende Fensterflächen, Spezialverglasung (Schall- und Sonnenschutz); Außentüren in hochwertigen Materialien	11

	Standardstufe					Wägungs-anteil
	1	2	3	4	5	
Innenwände und -türen	Fachwerkwände, einfache Putze/Lehmputze, einfache Kalkanstriche; Füllungstüren, gestrichen, mit einfachen Beschlägen ohne Dichtungen	massive tragende Innenwände, nicht tragende Wände in Leichtbauweise (z.B. Holzständerwände mit Gipskarton), Gipsdielen; leichte Türen, Stahlzargen	nicht tragende Innenwände in massiver Ausführung bzw. mit Dämmmaterial gefüllte Ständerkonstruktionen; schwere Türen, Holzzargen	Sichtmauerwerk, Wandvertäfelungen (Holzpaneele); Massivholztüren, Schiebetürelemente, Glastüren, strukturierte Türblätter	gestaltete Wandabläufe (z.B. Pfeilervorlagen, abgesetzte oder geschwungene Wandpartien); Vertäfelungen (Edelholz, Metall), Akkustikputz, Brandschutzverkleidung; raumhohe aufwendige Türelemente	11
Deckenkonstruktion und Treppen	Holzbalkendecken ohne Füllung, Spalierputz; Weichholztreppen in einfacher Art und Ausführung; kein Trittschallschutz	Holzbalkendecken mit Füllung, Kappendecken; Stahl- oder Hartholztreppen in einfacher Art und Ausführung	Beton- und Holzbalkendecken mit Tritt- und Luftschallschutz (z.B. schwimmender Estrich); geradläufige Treppen aus Stahlbeton oder Stahl, Harfentreppe, Trittschallschutz	Decken mit größerer Spannweite, Deckenverkleidung (Holzpaneele/Kassetten); gewendelte Treppen aus Stahlbeton oder Stahl, Hartholztreppenanlage in besserer Art und Ausführung	Decken mit großen Spannweiten, gegliedert, Deckenvertäfelungen (Edelholz, Metall); breite Stahlbeton-, Metall- oder Hartholztreppenanlage mit hochwertigem Geländer	11
Fußböden	ohne Belag	Linoleum-, Teppich-, Laminat- und PVC-Böden einfacher Art und Ausführung	Linoleum-, Teppich-, Laminat- und PVC-Böden besserer Art und Ausführung, Fliesen, Kunststeinplatten	Natursteinplatten, Fertigparkett, hochwertige Fliesen, Terrazzobelag, hochwertige Massivholzböden auf gedämmter Unterkonstruktion	hochwertiges Parkett, hochwertige Natursteinplatten, hochwertige Edelholzböden auf gedämmter Unterkonstruktion	5
Sanitäreinrichtungen	einfaches Bad mit Stand-WC; Installation auf Putz; Ölfarbenanstrich, einfache PVC-Bodenbeläge	1 Bad mit WC, Dusche oder Badewanne; einfache Wand- und Bodenfliesen, teilweise gefliest	1 Bad mit WC, Dusche und Badewanne, Gäste-WC; Wand- und Bodenfliesen, raumhoch gefliest	1 bis 2 Bäder mit tlw. zwei Waschbecken, tlw. Bidet/Urinal, Gäste-WC, bodengleiche Dusche; Wand- und Bodenfliesen; jeweils in gehobener Qualität	mehrere großzügige, hochwertige Bäder, Gäste-WC; hochwertige Wand- und Bodenplatten (oberflächenstrukturiert, Einzel- und Flächendekors)	9
Heizung	Einzelöfen, Schwerkraftheizung	Fern- oder Zentralheizung, einfache Warmluftheizung, einzelne Gasaußenwandthermen, Nacht-	elektronisch gesteuerte Fern- oder Zentralheizung, Niedertemperatur- oder Brennwertkessel	Fußbodenheizung, Solarkollektoren für Warmwassererzeugung, zusätzlicher Kaminanschluss	Solarkollektoren für Warmwassererzeugung und Heizung, Blockheizkraftwerk, Wärmepumpe, Hybrid-Systeme;	9

	Standardstufe					Wägungsanteil
	1	2	3	4	5	
		stromspeicher-, Fußbodenheizung (vor ca. 1995)			aufwendige zusätzliche Kaminanlage	
Sonstige technische Ausstattung	sehr wenige Steckdosen, Schalter und Sicherungen, kein Fehlerstromschutzschalter (FI-Schalter), Leitungen teilweise auf Putz	wenige Steckdosen, Schalter und Sicherungen	zeitgemäße Anzahl an Steckdosen und Lichtauslässen, Zählerschrank (ab ca. 1985) mit Unterverteilung und Kippsicherungen	zahlreiche Steckdosen und Lichtauslässe, hochwertige Abdeckungen, dezentrale Lüftung mit Wärmetauscher, mehrere LAN- und Fernsehanschlüsse	Video- und zentrale Alarmanlage, zentrale Lüftung mit Wärmetauscher, Klimaanlage, Bussystem	6

2. Beschreibung der Gebäudestandards für Mehrfamilienhäuser, Wohnhäuser mit Mischnutzung

	Standardstufe		
	3	4	5
Außenwände	ein-/zweischaliges Mauerwerk, z.B. aus Leichtziegeln, Kalksandsteinen, Gasbetonsteinen; Edelputz; Wärmedämmverbundsystem oder Wärmedämmputz (nach ca. 1995)	Verblendmauerwerk, zweischalig, hinterlüftet, Vorhangfassade (z.B. Naturschiefer); Wärmedämmung (nach ca. 2005)	aufwendig gestaltete Fassaden mit konstruktiver Gliederung (Säulenstellungen, Erker etc.), Sichtbeton-Fertigteile, Natursteinfassade, Elemente aus Kupfer-/Eloxalblech, mehrgeschossige Glasfassaden; hochwertigste Dämmung
Dach	Faserzement-Schindeln, beschichtete Betondachsteine und Tondachziegel, Folienabdichtung; Dachdämmung (nach ca. 1995)	glasierte Tondachziegel; Flachdachausbildung tlw. als Dachterrasse; Konstruktion in Brettschichtholz, schweres Massivflachdach; besondere Dachform, z.B. Mansarden-, Walmdach; Aufsparrendämmung, überdurchschnittliche Dämmung (nach ca. 2005)	hochwertige Eindeckung z.B. aus Schiefer oder Kupfer, Dachbegrünung, befahrbares Flachdach; stark überdurchschnittliche Dämmung
Fenster und Außentüren	Zweifachverglasung (nach ca. 1995), Rollläden (manuell); Haustür mit zeitgemäßem Wärmeschutz (nach ca. 1995)	Dreifachverglasung, Sonnenschutzglas, aufwendigere Rahmen, Rollläden (elektr.); höherwertige Türanlagen z.B. mit Seitenteil, besonderer Einbruchschutz	große, feststehende Fensterflächen, Spezialverglasung (Schall- und Sonnenschutz); Außentüren in hochwertigen Materialien

	Standardstufe		
	3	4	5
Innenwände und -türen	nicht tragende Innenwände in massiver Ausführung bzw. mit Dämmmaterial gefüllte Ständerkonstruktionen; schwere Türen	Sichtmauerwerk; Massivholztüren, Schiebetürelemente, Glastüren, strukturierte Türblätter	gestaltete Wandabläufe (z.B. Pfeilervorlagen, abgesetzte oder geschwungene Wandpartien); Brandschutzverkleidung; raumhohe aufwendige Türelemente
Deckenkonstruktion	Betondecken mit Tritt- und Luftschallschutz (z.B. schwimmender Estrich); einfacher Putz	zusätzlich Deckenverkleidung	Deckenvertäfelungen (Edelholz, Metall)
Fußböden	Linoleum-, Teppich-, Laminat- und PVC-Böden besserer Art und Ausführung, Fliesen, Kunststeinplatten	Natursteinplatten, Fertigparkett, hochwertige Fliesen, Terrazzobelag, hochwertige Massivholzböden auf gedämmter Unterkonstruktion	hochwertiges Parkett, hochwertige Natursteinplatten, hochwertige Edelholzböden auf gedämmter Unterkonstruktion
Sanitäreinrichtungen	1 Bad mit WC je Wohneinheit; Dusche und Badewanne; Wand- und Bodenfliesen, raumhoch gefliest	1 bis 2 Bäder je Wohneinheit mit tlw. zwei Waschbecken, tlw. Bidet/Urinal, Gäste-WC, bodengleiche Dusche; Wand- und Bodenfliesen jeweils in gehobener Qualität	2 und mehr Bäder je Wohneinheit; hochwertige Wand- und Bodenplatten (oberflächenstrukturiert, Einzel- und Flächendekors)
Heizung	elektronisch gesteuerte Fern- oder Zentralheizung, Niedertemperatur- oder Brennwertkessel	Fußbodenheizung, Solarkollektoren für Warmwassererzeugung	Solarkollektoren für Warmwassererzeugung und Heizung, Blockheizkraftwerk, Wärmepumpe, Hybrid-Systeme
Sonstige technische Ausstattung	zeitgemäße Anzahl an Steckdosen und Lichtauslässen; Zählerschrank (ab ca. 1985) mit Unterverteilung und Kippsicherungen	zahlreiche Steckdosen und Lichtauslässe, hochwertige Abdeckungen, dezentrale Lüftung mit Wärmetauscher, mehrere LAN- und Fernsehanschlüsse, Personenaufzugsanlagen	Video- und zentrale Alarmanlage, zentrale Lüftung mit Wärmetauscher, Klimaanlage; Bussystem; aufwendige Personenaufzugsanlagen

3. Beschreibung der Gebäudestandards für Bürogebäude, Banken, Geschäftshäuser

	Standardstufe		
	3	4	5
Außenwände	ein-/zweischalige Konstruktion; Wärmedämmverbundsystem oder Wärmedämmputz (nach ca. 1995)	Verblendmauerwerk, zweischalig, hinterlüftet, Vorhangfassade (z.B. Naturschiefer); Wärmedämmung (nach ca. 2005)	aufwendig gestaltete Fassaden mit konstruktiver Gliederung (Säulenstellungen, Erker etc.), Sichtbeton-Fertigteile, Natursteinfassade, Elemente aus Kupfer-/Eloxalblech, mehrgeschossige Glasfassaden; Vorhangfassade aus Glas;

	Standardstufe		
	3	4	5
			stark überdurchschnittliche Dämmung
Dach	Faserzement-Schindeln, beschichtete Betondachsteine und Tondachziegel, Folienabdichtung; Dachdämmung (nach ca. 1995)	glasierte Tondachziegel; schweres Massivflachdach; besondere Dachform; überdurchschnittliche Dämmung (nach ca. 2005)	hochwertige Eindeckung z.B. aus Schiefer oder Kupfer; Dachbegrünung; befahrbares Flachdach; aufwendig gegliederte Dachlandschaft; stark überdurchschnittliche Dämmung
Fenster und Außentüren	Zweifachverglasung (nach ca. 1995)	Dreifachverglasung, Sonnenschutzglas, aufwendigere Rahmen, höherwertige Türanlagen	große, feststehende Fensterflächen, Spezialverglasung (Schall- und Sonnenschutz); Außentüren in hochwertigen Materialien; Automatiktüren
Innenwände und -türen	nicht tragende Innenwände in massiver Ausführung; schwere Türen	Sichtmauerwerk, Massivholztüren, Schiebetürelemente, Glastüren, Innenwände für flexible Raumkonzepte (größere statische Spannweiten der Decken)	gestaltete Wandabläufe (z.B. Pfeilervorlagen, abgesetzte oder geschwungene Wandpartien); Wände aus großformatigen Glaselementen, Akustikputz, tlw. Automatiktüren; rollstuhlgerechte Bedienung
Deckenkonstruktion	Betondecken mit Tritt- und Luftschallschutz; einfacher Putz; abgehängte Decken	höherwertige abgehängte Decken	Deckenvertäfelungen (Edelholz, Metall)
Fußböden	Linoleum- oder Teppich-Böden besserer Art und Ausführung; Fliesen, Kunststeinplatten	Natursteinplatten, Fertigparkett, hochwertige Fliesen, Terrazzobelag, hochwertige Massivholzböden auf gedämmter Unterkonstruktion	hochwertiges Parkett, hochwertige Natursteinplatten, hochwertige Edelholzböden auf gedämmter Unterkonstruktion
Sanitäreinrichtungen	ausreichende Anzahl von Toilettenräumen in Standard-Ausführung	Toilettenräume in gehobenem Standard	großzügige Toilettenanlagen jeweils mit Sanitäreinrichtung in gehobener Qualität
Heizung	elektronisch gesteuerte Fern- oder Zentralheizung, Niedertemperatur- oder Brennwertkessel	Fußbodenheizung; Solarkollektoren für Warmwassererzeugung	Solarkollektoren für Warmwassererzeugung und Heizung, Blockheizkraftwerk, Wärmepumpe, Hybrid-Systeme; Klimaanlage
Sonstige technische Ausstattung	zeitgemäße Anzahl an Steckdosen und Lichtauslässen;	zahlreiche Steckdosen und Lichtauslässe;	Video- und zentrale Alarmanlage;

	Standardstufe		
	3	4	5
	Zählerschrank (ab ca. 1985) mit Unterverteilung und Kippsicherungen; Kabelkanäle; Blitzschutz	hochwertige Abdeckungen, hochwertige Beleuchtung; Doppelboden mit Bodentanks zur Verkabelung; ausreichende Anzahl von LAN-Anschlüssen; dezentrale Lüftung mit Wärmetauscher, Messverfahren von Verbrauch, Regelung von Raumtemperatur und Raumfeuchte, Sonnenschutzsteuerung; elektronische Zugangskontrolle; Personenaufzugsanlagen	zentrale Lüftung mit Wärmetauscher, Klimaanlage; Bussystem; aufwendige Personenaufzugsanlagen

4. Beschreibung der Gebäudestandards für Gemeindezentren, Saalbauten, Veranstaltungsgebäude, Kindergärten, Schulen

	Standardstufe		
	3	4	5
Außenwände	ein-/zweischalige Konstruktion; Wärmedämmverbundsystem oder Wärmedämmputz (nach ca. 1995)	Verblendmauerwerk, zweischalig, hinterlüftet; Vorhangfassade (z.B. Naturschiefer); Wärmedämmung (nach ca. 2005)	aufwendig gestaltete Fassaden mit konstruktiver Gliederung (Säulenstellungen, Erker etc.), Sichtbeton-Fertigteile, Natursteinfassade, Elemente aus Kupfer-/Eloxalblech, mehrgeschossige Glasfassaden; stark überdurchschnittliche Dämmung
Dach	Faserzement-Schindeln, beschichtete Betondachsteine und Tondachziegel, Folienabdichtung; Dachdämmung (nach ca. 1995)	glasierte Tondachziegel; besondere Dachform; Dämmung (nach ca. 2005)	hochwertige Eindeckung z.B. aus Schiefer oder Kupfer, Dachbegrünung, befahrbares Flachdach; aufwendig gegliederte Dachlandschaft, stark überdurchschnittliche Dämmung
Fenster und Außentüren	Zweifachverglasung (nach ca. 1995)	Dreifachverglasung, Sonnenschutzglas, aufwendigere Rahmen, höherwertige Türanlagen	große, feststehende Fensterflächen, Spezialverglasung (Schall- und Sonnenschutz); Außentüren in hochwertigen Materialien
Innenwände und -türen	nicht tragende Innenwände in massiver Ausführung bzw. mit Dämmmaterial gefüllte Ständerkonstruktionen;	Sichtmauerwerk, Massivholztüren, Schiebetürelemente, Glastüren	gestaltete Wandabläufe (z.B. Pfeilervorlagen, abgesetzte oder geschwungene Wandpartien);

	Standardstufe		
	3	4	5
	schwere und große Türen		Vertäfelungen (Edelholz, Metall), Akustikputz, raumhohe aufwendige Türelemente; tlw. Automatiktüren; rollstuhlgerechte Bedienung
Deckenkonstruktion	Betondecken mit Tritt- und Luftschallschutz; einfacher Putz; abgehängte Decken	Decken mit großen Spannweiten, Deckenverkleidung	Decken mit größeren Spannweiten
Fußböden	Linoleum- oder Teppich-Böden besserer Art und Ausführung; Fliesen, Kunststeinplatten	Natursteinplatten, hochwertige Fliesen, Terrazzobelag, hochwertige Massivholzböden auf gedämmter Unterkonstruktion	hochwertiges Parkett, hochwertige Natursteinplatten, hochwertige Edelholzböden auf gedämmter Unterkonstruktion
Sanitäreinrichtungen	ausreichende Anzahl von Toilettenräumen in Standard-Ausführung	Toilettenräume in gehobenem Standard	großzügige Toilettenanlagen mit Sanitäreinrichtung in gehobener Qualität
Heizung	elektronisch gesteuerte Fern- oder Zentralheizung, Niedertemperatur- oder Brennwertkessel	Solarkollektoren für Warmwassererzeugung; Fußbodenheizung	Solarkollektoren für Warmwassererzeugung und Heizung; Blockheizkraftwerk, Wärmepumpe, Hybrid-Systeme; Klimaanlage
Sonstige technische Ausstattung	zeitgemäße Anzahl an Steckdosen und Lichtauslässen; Zählerschrank (ab 1985) mit Unterverteilung und Kippsicherungen; Kabelkanäle; Blitzschutz	zahlreiche Steckdosen und Lichtauslässe; hochwertige Abdeckungen, hochwertige Beleuchtung; Doppelboden mit Bodentanks zur Verkabelung, ausreichende Anzahl von LAN-Anschlüssen; dezentrale Lüftung mit Wärmetauscher, Messverfahren von Raumtemperatur, Raumfeuchte, Verbrauch, Einzelraumregelung, Sonnenschutzsteuerung; elektronische Zugangskontrolle; Personenaufzugsanlagen	Video- und zentrale Alarmanlage; zentrale Lüftung mit Wärmetauscher, Klimaanlage; Bussystem

5. Beschreibung der Gebäudestandards für Wohnheime, Alten- oder Pflegeheime, Krankenhäuser, Tageskliniken, Beherbergungsstätten, Verpflegungseinrichtungen

	Standardstufe		
	3	4	5
Außenwände	ein-/zweischalige Konstruktion; Wärmedämmverbundsystem oder Wärmedämmputz (nach ca. 1995)	Verblendmauerwerk, zweischalig, hinterlüftet, Vorhangfassade (z.B. Naturschiefer); Wärmedämmung (nach ca. 2005)	aufwendig gestaltete Fassaden mit konstruktiver Gliederung (Säulenstellungen, Erker etc.), Sichtbeton-Fertigteile, Natursteinfassade, Elemente aus Kupfer-/Eloxalblech, mehrgeschossige Glasfassaden; hochwertigste Dämmung
Dach	Faserzement-Schindeln, beschichtete Betondachsteine und Tondachziegel, Folienabdichtung; Dachdämmung (nach ca. 1995)	glasierte Tondachziegel; besondere Dachformen; überdurchschnittliche Dämmung (nach ca. 2005)	hochwertige Eindeckung z.B. aus Schiefer oder Kupfer, Dachbegrünung, befahrbares Flachdach; aufwendig gegliederte Dachlandschaft; sichtbare hochwertigste Dämmung
Fenster und Außentüren	Zweifachverglasung (nach ca. 1995) nur Wohnheime, Altenheime, Pflegeheime, Krankenhäuser und Tageskliniken: Automatik-Eingangstüren	Dreifachverglasung, Sonnenschutzglas, aufwendigere Rahmen; nur Beherbergungsstätten und Verpflegungseinrichtungen: Automatik-Eingangstüren	große, feststehende Fensterflächen, Spezialverglasung (Schall- und Sonnenschutz)
Innenwände und -türen	nicht tragende Innenwände in massiver Ausführung bzw. mit Dämmmaterial gefüllte Ständerkonstruktionen; schwere Türen; nur Wohnheime, Altenheime, Pflegeheime, Krankenhäuser und Tageskliniken: Automatik-Flurzwischentüren; rollstuhlgerechte Bedienung	Sichtmauerwerk; nur Beherbergungsstätten und Verpflegungseinrichtungen: Automatik-Flurzwischentüren; rollstuhlgerechte Bedienung	gestaltete Wandabläufe (z.B. Pfeilervorlagen, abgesetzte oder geschwungene Wandpartien); Akustikputz, raumhohe aufwendige Türelemente
Deckenkonstruktion und Treppen	Betondecken mit Tritt- und Luftschallschutz; Deckenverkleidung, einfacher Putz	Decken mit großen Spannweiten	Decken mit größeren Spannweiten; hochwertige breite Stahlbeton-, Metalltreppenanlage mit hochwertigem Geländer
Fußböden	Linoleum- oder PVC-Böden besserer Art und Ausführung; Fliesen, Kunststeinplatten	Natursteinplatten, hochwertige Fliesen, Terrazzobelag, hochwertige Massivholzböden auf gedämmter Unterkonstruktion	hochwertiges Parkett, hochwertige Natursteinplatten, hochwertige Edelholzböden auf gedämmter Unterkonstruktion
Sanitäreinrichtungen	mehrere WCs und Duschbäder je Geschoss;	je Raum ein Duschbad mit WC nur Wohnheime, Altenheime, Pflegeheime,	je Raum ein Duschbad mit WC in guter Ausstattung;

	Standardstufe		
	3	4	5
	Waschbecken im Raum	Krankenhäuser und Tageskliniken: behindertengerecht	nur Wohnheime, Altenheime, Pflegeheime, Krankenhäuser und Tageskliniken: behindertengerecht
Heizung	elektronisch gesteuerte Fern- oder Zentralheizung, Niedertemperatur- oder Brennwertkessel	Solarkollektoren für Warmwassererzeugung	Solarkollektoren für Warmwassererzeugung und Heizung; Blockheizkraftwerk, Wärmepumpe, Hybrid-Systeme; Klimaanlage
Sonstige technische Ausstattung	zeitgemäße Anzahl an Steckdosen und Lichtauslässen; Blitzschutz, Personenaufzugsanlagen	zahlreiche Steckdosen und Lichtauslässe; hochwertige Abdeckungen; dezentrale Lüftung mit Wärmetauscher; mehrere LAN- und Fernsehanschlüsse	Video- und zentrale Alarmanlage, zentrale Lüftung mit Wärmetauscher, Klimaanlage, Bussystem; aufwendige Aufzugsanlagen

6. Beschreibung der Gebäudestandards für Sporthallen, Freizeitbäder oder Heilbäder

	Standardstufe		
	3	4	5
Außenwände	ein-/zweischalige Konstruktion; Wärmedämmverbundsystem oder Wärmedämmputz (nach ca. 1995)	Verblendmauerwerk, zweischalig, hinterlüftet; Vorhangfassade (z.B. Naturschiefer); Wärmedämmung (nach ca. 2005)	aufwendig gestaltete Fassaden mit konstruktiver Gliederung (Säulenstellungen, Erker etc.), Sichtbeton-Fertigteile, Elemente aus Kupfer-/Eloxalblech, mehrgeschossige Glasfassaden; hochwertigste Dämmung
Dach	Faserzement-Schindeln, beschichtete Betondachsteine und Tondachziegel, Folienabdichtung; Dachdämmung (nach ca. 1995)	glasierte Tondachziegel; besondere Dachformen, überdurchschnittliche Dämmung (nach ca. 2005)	hochwertige Eindeckung z.B. aus Schiefer oder Kupfer, Dachbegrünung; aufwendig gegliederte Dachlandschaft, sichtbare Bogendachkonstruktionen; hochwertigste Dämmung
Fenster und Außentüren	Zweifachverglasung (nach ca. 1995)	Dreifachverglasung, Sonnenschutzglas, aufwendigere Rahmen, höherwertige Türanlagen	große, feststehende Fensterflächen, Spezialverglasung (Schall- und Sonnenschutz); Automatik-Eingangstüren
Innenwände und -türen	nicht tragende Innenwände in massiver Ausführung bzw. mit Dämmmaterial gefüllte Ständerkonstruktionen; schwere Türen	Sichtmauerwerk; rollstuhlgerechte Bedienung	gestaltete Wandabläufe (z.B. Pfeilervorlagen, abgesetzte oder geschwungene Wandpartien);

	Standardstufe		
	3	4	5
			Akustikputz, raumhohe aufwendige Türelemente
Deckenkonstruktion und Treppen	Betondecke	Decken mit großen Spannweiten	Decken mit größeren Spannweiten; hochwertige breite Stahlbeton-, Metalltreppenanlage mit hochwertigem Geländer
Fußböden	nur Sporthallen: Beton, Asphaltbeton, Estrich oder Gussasphalt auf Beton; Teppichbelag, PVC; nur Freizeitbäder/Heilbäder: Fliesenbelag	nur Sporthallen: hochwertigere flächenstatische Fußbodenkonstruktion, Spezialteppich mit Gummigranulatauflage; hochwertigerer Schwingboden	nur Sporthallen: hochwertigste flächenstatische Fußbodenkonstruktion, Spezialteppich mit Gummigranulatauflage; hochwertigster Schwingboden;nur Freizeitbäder/Heilbäder: hochwertiger Fliesenbelag und Natursteinboden
Sanitäreinrichtungen	wenige Toilettenräume und Duschräume bzw. Waschräume	ausreichende Anzahl von Toilettenräumen und Duschräumen in besserer Qualität	großzügige Toilettenanlagen und Duschräume mit Sanitäreinrichtung in gehobener Qualität
Heizung	elektronisch gesteuerte Fern- oder Zentralheizung, Niedertemperatur- oder Brennwertkessel	Fußbodenheizung; Solarkollektoren für Warmwassererzeugung	Solarkollektoren für Warmwassererzeugung und Heizung, Blockheizkraftwerk, Wärmepumpe, Hybrid-Systeme
Sonstige technische Ausstattung	zeitgemäße Anzahl an Steckdosen und Lichtauslässen; Blitzschutz	zahlreiche Steckdosen und Lichtauslässe, hochwertige Abdeckungen, Lüftung mit Wärmetauscher	Video- und zentrale Alarmanlage; Klimaanlage; Bussystem

7. Beschreibung der Gebäudestandards für Verbrauchermärkte, Kauf- oder Warenhäuser, Autohäuser

	Standardstufe		
	3	4	5
Außenwände	ein-/zweischalige Konstruktion, Wärmedämmverbundsystem oder Wärmedämmputz (nach ca. 1995)	Verblendmauerwerk, zweischalig, hinterlüftet; Vorhangfassade (z.B. Naturschiefer); Wärmedämmung (nach ca. 2005)	aufwendig gestaltete Fassaden mit konstruktiver Gliederung (Säulenstellungen, Erker etc.), Sichtbeton-Fertigteile, Natursteinfassade, Elemente aus Kupfer-/Eloxalblech, mehrgeschossige Glasfassaden; hochwertigste Dämmung
Dach	Faserzement-Schindeln, beschichtete Betondachsteine und Tondachziegel, Folienabdichtung; Rinnen und Fallrohre aus Zinkblech;	glasierte Tondachziegel; besondere Dachform; überdurchschnittliche Dämmung (nach ca. 2005)	hochwertige Eindeckung z.B. aus Schiefer oder Kupfer, Dachbegrünung; aufwendig gegliederte Dachlandschaft; hochwertigste Dämmung

	Standardstufe		
	3	4	5
	Dachdämmung (nach ca. 1995)		
Fenster und Außentüren	Zweifachverglasung (nach ca. 1995)	Dreifachverglasung, Sonnenschutzglas, aufwendigere Rahmen, höherwertige Türanlagen	große, feststehende Fensterflächen, Spezialverglasung (Schall- und Sonnenschutz); Außentüren in hochwertigen Materialien
Innenwände und -türen	nicht tragende Innenwände in massiver Ausführung bzw. mit Dämmmaterial gefüllte Ständerkonstruktionen; schwere Türen	Sichtmauerwerk	gestaltete Wandabläufe (z.B. Pfeilervorlagen, abgesetzte oder geschwungene Wandpartien); Akustikputz, raumhohe aufwendige Türelemente; rollstuhlgerechte Bedienung, Automatiktüren
Deckenkonstruktion	Betondecken mit Tritt- und Luftschallschutz, einfacher Putz, Deckenverkleidung	Decken mit großen Spannweiten	Decken mit größeren Spannweiten, Deckenvertäfelungen (Edelholz, Metall)
Fußböden	Linoleum- oder Teppich-Böden besserer Art und Ausführung; Fliesen, Kunststeinplatten	Natursteinplatten, Fertigparkett, hochwertige Fliesen, Terrazzobelag, hochwertige Massivholzböden auf gedämmter Unterkonstruktion	hochwertiges Parkett, hochwertige Natursteinplatten, hochwertige Edelholzböden auf gedämmter Unterkonstruktion
Sanitäreinrichtungen	Toilettenräume	ausreichende Anzahl von Toilettenräumen, jeweils in gehobenem Standard	großzügige Toilettenanlagen mit Sanitäreinrichtung in gehobener Qualität
Heizung	elektronisch gesteuerte Fern- oder Zentralheizung; Niedertemperatur- oder Brennwertkessel	Fußbodenheizung; Solarkollektoren für Warmwassererzeugung	Solarkollektoren für Warmwassererzeugung und Heizung; Blockheizkraftwerk, Wärmepumpe, Hybrid-Systeme; Klimaanlage
Sonstige technische Ausstattung	zeitgemäße Anzahl an Steckdosen und Lichtauslässen, Zählerschrank (ab 1985) mit Unterverteilung und Kippsicherungen; Kabelkanäle; Blitzschutz; Personenaufzugsanlagen	zahlreiche Steckdosen und Lichtauslässe; hochwertige Abdeckungen, hochwertige Beleuchtung; Doppelboden mit Bodentanks zur Verkabelung, ausreichende Anzahl von LAN-Anschlüssen; dezentrale Lüftung mit Wärmetauscher, Messverfahren von Raumtemperatur, Raumfeuchte, Verbrauch, Einzelraumregelung, Sonnenschutzsteuerung	Video- und zentrale Alarmanlage; zentrale Lüftung mit Wärmetauscher, Klimaanlage; Bussystem; Doppelboden mit Bodentanks zur Verkabelung; aufwendigere Aufzugsanlagen

8. Beschreibung der Gebäudestandards für Garagen

	Standardstufe		
	3	4	5
Außenwände	offene Konstruktion	Einschalige Konstruktion	aufwendig gestaltete Fassaden mit konstruktiver Gliederung (Säulenstellungen, Erker etc.)
Konstruktion	Stahl- und Betonfertigteile	überwiegend Betonfertigteile; große stützenfreie Spannweiten	größere stützenfreie Spannweiten
Dach	Flachdach, Folienabdichtung	Flachdachausbildung; Wärmedämmung	befahrbares Flachdach (Parkdeck)
Fenster und Außentüren	einfache Metallgitter	begrünte Metallgitter, Glasbausteine	Außentüren in hochwertigen Materialien
Fußböden	Beton	Estrich, Gussasphalt	beschichteter Beton oder Estrichboden
Sonstige technische Ausstattung	Strom- und Wasseranschluss; Löschwasseranlage; Treppenhaus; Brandmelder	Sprinkleranlage; Rufanlagen; Rauch- und Wärmeabzugsanlagen; mechanische Be- und Entlüftungsanlagen; Parksysteme für zwei PKW übereinander; Personenaufzugsanlagen	Video- und zentrale Alarmanlage; Beschallung; Parksysteme für drei oder mehr PKW übereinander; aufwendigere Aufzugsanlagen

9. Beschreibung der Gebäudestandards für Betriebs- oder Werkstätten, Produktionsgebäude, Lagergebäude

	Standardstufe		
	3	4	5
Außenwände	ein-/zweischaliges Mauerwerk, z.B. aus Leichtziegeln, Kalksandsteinen, Gasbetonsteinen; Edelputz; gedämmte Metall-Sandwichelemente; Wärmedämmverbundsystem oder Wärmedämmputz (nach ca. 1995)	Verblendmauerwerk, zweischalig, hinterlüftet; Vorhangfassade (z.B. Naturschiefer); Wärmedämmung (nach ca. 2005)	Sichtbeton-Fertigteile; Natursteinfassade, Elemente aus Kupfer-/Eloxalblech; mehrgeschossige Glasfassaden; hochwertigste Dämmung
Konstruktion	Stahl- und Betonfertigteile	überwiegend Betonfertigteile; große stützenfreie Spannweiten; hohe Deckenhöhen; hohe Belastbarkeit der Decken und Böden	größere stützenfreie Spannweiten; hohe Deckenhöhen; höhere Belastbarkeit der Decken und Böden

	Standardstufe		
	3	4	5
Dach	Faserzement-Schindeln, beschichtete Betondachsteine und Tondachziegel; Folienabdichtung; Dachdämmung (nach ca. 1995)	schweres Massivflachdach; besondere Dachformen; überdurchschnittliche Dämmung (nach ca. 2005)	hochwertige Eindeckung z.B. aus Schiefer oder Kupfer, hochwertigste Dämmung
Fenster und Außentüren	Zweifachverglasung (nach ca. 1995)	Dreifachverglasung, Sonnenschutzglas, aufwendigere Rahmen; höherwertige Türanlage	große, feststehende Fensterflächen, Spezialverglasung (Schall- und Sonnenschutz); Außentüren in hochwertigen Materialien
Innenwände und -türen	Anstrich	tlw. gefliest, Sichtmauerwerk; Schiebetürelemente, Glastüren	überwiegend gefliest; Sichtmauerwerk; gestaltete Wandabläufe
Fußböden	Beton	Estrich, Gussasphalt	beschichteter Beton oder Estrichboden; Betonwerkstein, Verbundpflaster
Sanitäreinrichtungen	einfache und wenige Toilettenräume	ausreichende Anzahl von Toilettenräumen	großzügige Toilettenanlagen
Heizung	elektronisch gesteuerte Fern- oder Zentralheizung; Niedertemperatur- oder Brennwertkessel	Fußbodenheizung; Solarkollektoren für Warmwassererzeugung; zusätzlicher Kaminanschluss	Solarkollektoren für Warmwassererzeugung und Heizung; Blockheizkraftwerk; Wärmepumpe; Hybrid-Systeme; aufwendige zusätzliche Kaminanlage
Sonstige technische Ausstattung	zeitgemäße Anzahl an Steckdosen und Lichtauslässen; Blitzschutz; Teeküchen	zahlreiche Steckdosen und Lichtauslässe; hochwertige Abdeckungen; Kabelkanäle; dezentrale Lüftung mit Wärmetauscher; kleinere Einbauküchen mit Kochgelegenheit, Aufenthaltsräume; Aufzugsanlagen	Video- und zentrale Alarmanlage; zentrale Lüftung mit Wärmetauscher, Klimaanlage; Bussystem; Küchen, Kantinen; aufwendigere Aufzugsanlagen

10. Beschreibung der Gebäudestandards für Reithallen

	Standardstufe		
	3	4	5
Außenwände	Holzfachwerkwand; Holzstützen, Vollholz;	Kalksandstein- oder Ziegel-Mauerwerk; Metallstützen, Profil;	Betonwand, Fertigteile, mehrschichtig; Stahlbetonstützen, Fertigteil;

	Standardstufe		
	3	4	5
	Brettschalung oder Profilblech auf Holz-Unterkonstruktion	Holz-Blockbohlen zwischen Stützen, Wärmedämmverbundsystem, Putz	Kalksandstein-Vormauerung oder Klinkerverblendung mit Dämmung
Dach	Holzkonstruktionen, Nagelbrettbinder; Bitumenwellplatten, Profilblech	Stahlrahmen mit Holzpfetten; Faserzementwellplatten; Hartschaumplatten	Brettschichtholzbinder; Betondachsteine oder Dachziegel; Dämmung mit Profilholz oder Paneelen
Fenster und Außentüren bzw. -tore	Lichtplatten aus Kunststoff, Holz-Brettertüren	Kunststofffenster, Windnetze aus Kunststoff, Jalousien mit Motorantrieb	Türen und Tore mehrschichtig mit Wärmedämmung, Holzfenster, hoher Fensteranteil
Innenwände	keine	tragende bzw. nicht tragende Innenwände aus Holz; Anstrich	tragende bzw. nicht tragende Innenwände als Mauerwerk; Sperrholz, Gipskarton, Fliesen
Deckenkonstruktion	keine	Holzkonstruktionen über Nebenräumen; Hartschaumplatten	Stahlbetonplatte über Nebenräumen; Dämmung mit Profilholz oder Paneelen
Fußböden	Tragschicht: Schotter, Trennschicht: Vlies, Tretschicht: Sand	zusätzlich/alternativ: Tragschicht: Schotter, Trennschicht: Kunststoffgewebe, Tretschicht: Sand und Holzspäne	Estrich auf Dämmung, Fliesen oder Linoleum in Nebenräumen; zusätzlich/alternativ: Tragschicht: Schotter, Trennschicht: Kunststoffplatten, Tretschicht: Sand und Textilflocken, Betonplatte im Bereich der Nebenräume
baukonstruktive Einbauten	Reithallenbande aus Nadelholz zur Abgrenzung der Reitfläche	zusätzlich/alternativ: Vollholztafeln fest eingebaut	zusätzlich/alternativ: Vollholztafeln, Fertigteile zum Versetzen
Abwasser-, Wasser-, Gasanlagen	Regenwasserableitung	zusätzlich/alternativ: Abwasserleitungen, Sanitärobjekte (einfache Qualität)	zusätzlich/alternativ: Sanitärobjekte (gehobene Qualität), Gasanschluss
Wärmeversorgungsanlagen	keine	Raumheizflächen in Nebenräumen, Anschluss an Heizsystem	zusätzlich/alternativ: Heizkessel
lufttechnische Anlagen	keine	Firstentlüftung	Be- und Entlüftungsanlage
Starkstrom-Anlage	Leitungen, Schalter, Dosen, Langfeldleuchten	zusätzlich/alternativ: Sicherungen und Verteilerschrank	zusätzlich/alternativ: Metall-Dampfleuchten
nutzungsspezifische Anlagen	keine	Reitbodenbewässerung (einfache Ausführung)	Reitbodenbewässerung (komfortable Ausführung)

11. Beschreibung der Gebäudestandards für Pferdeställe

	Standardstufe		
	3	4	5
Außenwände	Holzfachwerkwand; Holzstützen, Vollholz; Brettschalung oder Profilblech auf Holz-Unterkonstruktion	Kalksandstein- oder Ziegel-Mauerwerk; Metallstützen, Profil; Holz-Blockbohlen zwischen Stützen, Wärmedämmverbundsystem, Putz	Betonwand, Fertigteile, mehrschichtig; Stahlbetonstützen, Fertigteil; Kalksandstein-Vormauerung oder Klinkerverblendung mit Dämmung
Dach	Holzkonstruktionen, Vollholzbalken; Nagelbrettbinder; Bitumenwellplatten, Profilblech	Stahlrahmen mit Holzpfetten; Faserzementwellplatten; Hartschaumplatten	Brettschichtholzbinder; Betondachsteine oder Dachziegel; Dämmung mit Profilholz oder Paneelen
Fenster und Außentüren bzw. -tore	Lichtplatten aus Kunststoff, Holz-Brettertüren	Kunststofffenster, Windnetze aus Kunststoff, Jalousien mit Motorantrieb	Türen und Tore mehrschichtig mit Wärmedämmung, Holzfenster, hoher Fensteranteil
Innenwände	keine	tragende bzw. nicht tragende Innenwände aus Holz; Anstrich	tragende bzw. nicht tragende Innenwände als Mauerwerk; Sperrholz, Putz, Fliesen
Deckenkonstruktion	keine	Holzkonstruktionen über Nebenräumen; Hartschaumplatten	Stahlbetonplatten über Nebenräumen; Dämmung mit Profilholz oder Paneelen
Fußböden	Beton-Verbundpflaster in Stallgassen, Stahlbetonplatte im Tierbereich	zusätzlich/alternativ: Stahlbetonplatte; Anstrich, Gummimatten im Tierbereich	zusätzlich/alternativ: Stahlbetonplatte als Stallprofil mit versetzten Ebenen; Nutzestrich auf Dämmung, Anstrich oder Fliesen in Nebenräumen, Kautschuk im Tierbereich
baukonstruktive Einbauten	Fütterung: Futtertrog PVC	Fütterung: Krippenschalen aus Polyesterbeton	Fütterung: Krippenschalen aus Steinzeug
Abwasser-, Wasser-, Gasanlagen	Regenwasserableitung, Wasserleitung	zusätzlich/alternativ: Abwasserleitungen, Sanitärobjekte (einfache Qualität) in Nebenräumen	zusätzlich/alternativ: Sanitärobjekte (gehobene Qualität), Gasanschluss
Wärmeversorgungsanlagen	keine	Elektroheizung in Sattelkammer	zusätzlich/alternativ: Raumheizflächen, Heizkessel
lufttechnische Anlagen	keine	Firstentlüftung	Be- und Entlüftungsanlage
Starkstrom-Anlage	Leitungen, Schalter, Dosen, Langfeldleuchten	zusätzlich/alternativ: Sicherungen und Verteilerschrank	zusätzlich/alternativ: Metall-Dampfleuchten
nutzungsspezifische Anlagen	Aufstallung: Boxentrennwände aus Holz, Anbindevorrichtungen	Aufstallung: zusätzlich/alternativ: Boxentrennwände: Hartholz/Metall	Aufstallung: zusätzlich/alternativ: Komfort-Pferdeboxen, Pferde-Solarium

	Standardstufe		
	3	4	5
	Fütterung: Tränken, Futterraufen	Fütterung: zusätzlich/alternativ: Fressgitter, Futterautomaten, Rollraufe mit elektr. Steuerung	Fütterung: zusätzlich/alternativ: Futter-Abrufstationen für Rau- und Kraftfutter mit elektr. Tiererkennung und Selektion, Automatische Futterzuteilung für Boxenställe

12. Beschreibung der Gebäudestandards für Rinderställe und Melkhäuser

	Standardstufe		
	3	4	5
Außenwände	Holzfachwerkwand; Holzstützen, Vollholz; Brettschalung oder Profilblech auf Holz-Unterkonstruktion	Kalksandstein- oder Ziegel-Mauerwerk; Metallstützen, Profil; Holz-Blockbohlen zwischen Stützen	Betonwand, Fertigteile, mehrschichtig; Stahlbetonstützen, Fertigteil; Klinkerverblendung
Dach	Holzkonstruktionen, Vollholzbalken, Nagelbrettbinder; Bitumenwellplatten, Profilblech	Stahlrahmen mit Holzpfetten; Faserzementwellplatten; Hartschaumplatten	Brettschichtholzbinder; Betondachsteine oder Dachziegel; Dämmung mit Profilholz oder Paneelen
Fenster und Außentüren bzw. -tore	Lichtplatten aus Kunststoff	Kunststofffenster, Windnetze aus Kunststoff, Jalousien mit Motorantrieb	Türen und Tore mehrschichtig mit Wärmedämmung, Holzfenster, hoher Fensteranteil
Innenwände	keine	tragende und nicht tragende Innenwand aus Holz; Anstrich	tragende und nicht tragende Innenwände aus Mauerwerk; Sperrholz, Putz, Fliesen
Deckenkonstruktion	keine	Holzkonstruktionen über Nebenräumen; Hartschaumplatten	Stahlbetonplatte über Nebenräumen; Dämmung mit Profilholz oder Paneelen
Fußböden	Stahlbetonplatte	zusätzlich/alternativ: Stahlbetonplatte mit Oberflächenprofil, Rautenmuster; Epoxidharzbeschichtung am Fressplatz, Liegematten im Tierbereich	zusätzlich/alternativ: Stahlbetonplatte als Stallprofil mit versetzten Ebenen; Estrich auf dem Futtertisch, Liegematratzen im Tierbereich, Gussasphalt oder Gummiauflage
baukonstruktive Einbauten	Aufstallung: Beton-Spaltenboden, Einzelbalken	Aufstallung: Beton-Spaltenboden, Flächenelemente; Krippenschalen aus Polyesterbeton; Güllerohre vom Stall zum Außenbehälter	Aufstallung: Spaltenboden mit Gummiauflage, Gussroste über Treibmistkanal; Krippenschalen aus Steinzeug; zusätzlich/alternativ: Spülleitungen für Einzelkanäle

	Standardstufe		
	3	4	5
Abwasser-, Wasser-, Gasanlagen	Regenwasserableitung; Wasserleitung	zusätzlich/alternativ: Abwasserleitungen, Sanitärobjekte (einfache Qualität) in Nebenräumen	zusätzlich/alternativ: Sanitärobjekte (gehobene Qualität); Gasanschluss
Wärme-, Versorgungsanlagen	keine	Elektroheizung im Melkstand	zusätzlich/alternativ: Raumheizflächen, Heizkessel
lufttechnische Anlagen	keine	Firstentlüftung	Be- und Entlüftungsanlage
Starkstrom-Anlage	Leitungen, Schalter, Dosen, Langfeldleuchten	zusätzlich/alternativ: Sicherungen und Verteilerschrank	zusätzlich/alternativ: Metall-Dampfleuchten
nutzungsspezifische Anlagen	Aufstallung: Fressgitter, Liegeboxenbügel, Kälberboxen, Abtrennungen aus Holz, Kurzstandanbindung Fütterung: Selbsttränke, Balltränke Entmistung: keine Technik (Schlepper) Tierproduktentnahme: Fischgrätenmelkstand, Melkanlage, Maschinensatz, Milchkühltank, Kühlaggregat, Wärmerückgewinnung	Aufstallung: zusätzlich/alternativ: Einrichtungen aus verz. Stahlrohren Fütterung: Tränkewanne mit Schwimmer, Tränkeautomat für Kälber Entmistung: Faltschieber mit Seilzug und Antrieb, Tauchschneidpumpe, Rührmixer Tierproduktentnahme: zusätzlich/alternativ Milchflussgesteuerte Anrüst- und Abschaltautomatik	Aufstallung: zusätzlich/alternativ: Komfortboxen Fütterung: Edelstahl-Kipptränke, computergesteuerte Kraftfutteranlage mit Tiererkennung Entmistung: Schubstangenentmistung Tierproduktentnahme: zusätzlich/alternativ: Melkstand-Schnellaustrieb, Tandem oder Karussellmelkstand, Automatisches Melksystem (Roboter)

13. Beschreibung der Gebäudestandards für Schweineställe

	Standardstufe		
	3	4	5
Außenwände	Holzfachwerkwand; Holzstützen, Vollholz; Brettschalung oder Profilblech auf Holz-Unterkonstruktion	Kalksandstein- oder Ziegel-Mauerwerk; Metallstützen, Profil; Holz-Blockbohlen zwischen Stützen, Beton-Schalungssteine mit Putz	Betonwand, Fertigteile, mehrschichtig; Stahlbetonstützen, Fertigteil; Kalksandstein-Vormauerung oder Klinkerverblendung mit Dämmung
Dach	Holzkonstruktionen, Vollholzbalken; Nagelbrettbinder; Bitumenwellplatten, Profilblech	Stahlrahmen mit Holzpfetten; Faserzementwellplatten; Hartschaumplatten	Brettschichtholzbinder; Betondachsteine oder Dachziegel; Dämmung, Kunststoffplatten, Paneele
Fenster und Außentüren bzw. -tore	Lichtplatten aus Kunststoff, Holz-Brettertüren	Kunststofffenster, Windnetze aus Kunststoff, Jalousien mit Motorantrieb, Metalltüren	Türen und Tore mehrschichtig mit Wärmedämmung, Holzfenster, hoher Fensteranteil

	Standardstufe		
	3	4	5
Innenwände	keine Innenwände	tragende Innenwände aus Mauerwerk, Putz und Anstrich; nichttragende Innenwände aus Kunststoff-Paneele mit Anstrich	tragende Innenwände als Betonwand, Fertigteile, Anstrich; nichttragende Innenwände aus Mauerwerk, Putz und Anstrich; Sperrholz, Putz, Fliesen
Deckenkonstruktion	keine Decke	Holzkonstruktionen über Nebenräumen; Hartschaumplatten	Stahlbetonplatten über Nebenräumen; Dämmung, Kunststoffplatten, Paneele
Fußböden	Stahlbetonplatte	Stahlbetonplatte; Verbundestrich	zusätzlich/alternativ: Stahlbetonplatte als Stallprofil mit versetzten Ebenen; Stallbodenplatten mit Dämmung, Fliesen auf Estrich in Nebenräumen
baukonstruktive Einbauten	Fütterung: Tröge aus Polyesterbeton	Aufstallung: Beton-Spaltenboden, Flächenelemente Fütterung: Tröge aus Polyesterbeton Entmistung: Güllerohre vom Stall zum Außenbehälter, Absperrschieber in Güllekanälen	Aufstallung: Gussroste in Sauenställen, Kunststoffroste in Ferkelställen Fütterung: Tröge aus Steinzeug Entmistung: zusätzlich/alternativ: Spülleitungen für Einzelkanäle
Abwasser-, Wasser-, Gasanlagen	Regenwasserableitung, Wasserleitung	zusätzlich/alternativ: Abwasserleitungen, Sanitärobjekte (einfache Qualität) in Nebenräumen	zusätzlich/alternativ: Sanitärobjekte (gehobene Qualität), Gasanschluss
Wärmeversorgungsanlagen	Warmluftgebläse, Elt.-Anschluss	Raumheizflächen oder Twin- bzw. Delta-Heizungsrohren, Anschluss an vorh. Heizsystem	zusätzlich/alternativ: Warmwasser-Fußbodenheizung, Heizkessel mit Gasbefeuerung, Wärmerückgewinnung aus Stallluft
lufttechnische Anlagen	Zuluftklappen, Lüftungsfirst	Be- und Entlüftungsanlage im Unterdruckverfahren; Zuluftkanäle oder Rieseldecke; Einzelabsaugung, Abluftkanäle, Ventilatoren	zusätzlich/alternativ: Gleichdrucklüftung, Zentralabsaugung, Luftwäscher
Starkstrom-Anlage	Leitungen, Schalter, Dosen, Langfeldleuchten	zusätzlich/alternativ: Sicherungen und Verteilerschrank	zusätzlich/alternativ: Metall-Dampfleuchten
nutzungsspezifische Anlagen	Aufstallung: Buchtenabtrennungen aus Kunststoff-Paneelen, Pfosten und Beschläge aus verz. Stahl, Abferkelbuchten, Selbstfang-Kastenstände für Sauen	Aufstallung: zusätzlich/alternativ: Pfosten und Beschläge aus V2A, Ruhekisten, Betteneinrichtungen	Aufstallung: zusätzlich/alternativ: Sortierschleuse Fütterung: zusätzlich/alternativ: Flüssigfütterungsanlage mit Mixbehälter, Sensorsteue-

	Standardstufe		
	3	4	5
	Fütterung: Trockenfutterautomaten, Tränkenippel	Fütterung: zusätzlich/alternativ: Transportrohre, Drahtseilförderer, Rohrbreiautomaten mit Dosierung Entmistung: Tauchschneidpumpe, Rührmixer	rung, Fütterungscomputer, Abrufstation, Tiererkennung, Selektion Entmistung: Schubstangenentmistung

14. Beschreibung der Gebäudestandards für Geflügelställe

	Standardstufe		
	3	4	5
Außenwände	Holzfachwerkwand, Holzstützen, Vollholz, Brettschalung oder Profilblech auf Holz-Unterkonstruktion	Kalksandstein- oder Ziegel-Mauerwerk, Metallstützen, Profil, Metall-Sandwichelemente mit Hartschaumdämmung	Betonwand, Fertigteile, mehrschichtig, Stahlbetonstützen, Fertigteil, Klinkerverblendung
Dach	Holzkonstruktionen, Vollholzbalken, Nagelbrettbinder, Bitumenwellplatten, Profilblech	Stahlrahmen mit Holzpfetten, Faserzementwellplatten, Hartschaumplatten	Brettschichtholzbinder, Betondachsteine oder Dachziegel, Dämmung, Profilholz oder Paneele
Fenster und Außentüren bzw. -tore	Lichtplatten aus Kunststoff; Holz-Brettertüren	Kunststofffenster; Windnetze aus Kunststoff, Jalousien mit Motorantrieb	Türen und Tore mehrschichtig mit Wärmedämmung, Holzfenster, hoher Fensteranteil
Innenwände	keine	tragende bzw. nicht tragende Innenwände aus Holz; Anstrich	tragende bzw. nicht tragende Innenwände als Mauerwerk; Profilblech, Plantafeln, Putz
Deckenkonstruktion	keine	Holzkonstruktionen über Nebenräumen; Hartschaumplatten	Stahlbetonplatten über Nebenräumen; Dämmung, Profilblech oder Paneelen
Fußböden	Stahlbetonplatte	zusätzlich/alternativ: Oberfläche maschinell geglättet; Estrich mit Anstrich (Eierverpackung)	zusätzlich/alternativ: Stallprofil mit versetzten Ebenen, Estrich mit Fliesen (Eierverpackung)
Abwasser-, Wasser-, Gasanlagen	Regenwasserableitung, Wasserleitung	zusätzlich/alternativ: Abwasserleitungen, Sanitärobjekte (einfache Qualität) in Nebenräumen	zusätzlich/alternativ: Sanitärobjekte (gehobene Qualität), Gasanschluss
Wärmeversorgungsanlagen	Warmluftgebläse, Elt.-Anschluss	zusätzlich/alternativ: Raumheizflächen oder Twin- bzw. Delta-Heizungsrohre, Heizkessel	zusätzlich: Wärmerückgewinnung aus der Stallluft
lufttechnische Anlagen	Firstentlüftung	Be- und Entlüftungsanlage im Unterdruckverfahren;	zusätzlich/alternativ: Gleichdrucklüftung, Zentralabsaugung, Luftwäscher

	Standardstufe		
	3	4	5
		Zuluftklappen, Abluftkamine, Ventilatoren	
Starkstrom-Anlage	Leitungen, Schalter, Dosen, Langfeldleuchten	zusätzlich/alternativ: Sicherungen und Verteilerschrank	zusätzlich/alternativ: Metall-Dampfleuchten
nutzungsspezifische Anlagen	Aufstallung: Geflügelwaage	Aufstallung: zusätzlich/alternativ: Kotroste, Sitzstangen, Legenester Fütterung: Vollautomatische Kettenfütterung, Strang-Tränkeanlage, Nippeltränken Entmistung: Kotbandentmistung Tierproduktentnahme: Eier-Sammelband	Aufstallung: zusätzlich/alternativ: Etagensystem (Voliere, Kleingruppe) Entmistung: zusätzlich/alternativ: Entmistungsbänder mit Belüftung Tierproduktentnahme: zusätzlich/alternativ: Sortieranlage, Verpackung

15. Beschreibung der Gebäudestandards für landwirtschaftliche Mehrzweckhallen

	Standardstufe		
	3	4	5
Außenwände	Holzfachwerkwand; Holzstützen, Vollholz; Brettschalung oder Profilblech auf Holz-Unterkonstruktion	Kalksandstein- oder Ziegel-Mauerwerk; Metallstützen, Profil; Holz-Blockbohlen zwischen Stützen, Wärmedämmverbundsystem, Putz	Betonwand, Fertigteile, mehrschichtig; Stahlbetonstützen, Fertigteil; Kalksandstein-Vormauerung oder Klinkerverblendung mit Dämmung
Dach	Holzkonstruktionen, Nagelbrettbinder; Bitumenwellplatten, Profilblech	Stahlrahmen mit Holzpfetten; Faserzementwellplatten; Hartschaumplatten	Brettschichtholzbinder; Betondachsteine oder Dachziegel; Dämmung mit Profilholz oder Paneelen
Fenster und Außentüren bzw. -tore	Lichtplatten aus Kunststoff, Holztore	Kunststofffenster, Metall-Sektionaltore	Türen und Tore mehrschichtig mit Wärmedämmung, Holzfenster, hoher Fensteranteil
Innenwände	keine	tragende bzw. nicht tragende Innenwände aus Holz; Anstrich	tragende bzw. nicht tragende Innenwände als Mauerwerk; Sperrholz, Gipskarton, Fliesen
Deckenkonstruktion	keine	Holzkonstruktionen über Nebenräumen; Hartschaumplatten	Stahlbetonplatte über Nebenräumen; Dämmung mit Profilholz oder Paneelen
Fußböden	Beton-Verbundsteinpflaster	zusätzlich/alternativ: Stahlbetonplatte	zusätzlich/alternativ: Oberfläche maschinell geglättet; Anstrich

	Standardstufe		
	3	4	5
Abwasser-, Wasser-, Gasanlagen	Regenwasserableitung	zusätzlich/alternativ: Abwasserleitungen, Sanitärobjekte (einfache Qualität) in Nebenräumen	zusätzlich/alternativ: Sanitärobjekte (gehobene Qualität) in Nebenräumen, Gasanschluss
Wärmeversorgungsanlagen	keine	Raumheizflächen in Nebenräumen, Anschluss an Heizsystem	zusätzlich/alternativ: Heizkessel
lufttechnische Anlagen	keine	Firstentlüftung	Be- und Entlüftungsanlage
Starkstrom-Anlage	Leitungen, Schalter, Dosen, Langfeldleuchten	zusätzlich/alternativ: Sicherungen und Verteilerschrank	zusätzlich/alternativ: Metall-Dampfleuchten
nutzungsspezifische Anlagen	keine	Schüttwände aus Holz zwischen Stahlstützen, Trocknungsanlage für Getreide	Schüttwände aus Beton-Fertigteilen

Anlage 5
(zu § 16 Absatz 3)

Katalog der Grundstücksmerkmale des Bodenrichtwertgrundstücks

Wertbeeinflussende Grundstücksmerkmale, die nicht in dieser Anlage aufgeführt sind, dürfen nur dann berücksichtigt werden, wenn die aufgeführten Grundstücksmerkmale zur marktgerechten Beschreibung des Bodenrichtwertgrundstücks nicht ausreichend sind.

I. Nutzungsartenkatalog

Für jeden Bodenrichtwert ist der Entwicklungszustand und die Art der Nutzung anzugeben. Lässt sich das Bodenrichtwertgrundstück aufgrund seiner rechtlichen und tatsächlichen Merkmale keinem der Entwicklungszustände nach § 3 Absatz 1 bis 4 zuordnen, ist das Bodenrichtwertgrundstück der Kategorie „Sonstige Flächen" im Sinne des § 3 Absatz 5 zuzuordnen. Zusätzlich zur Art der Nutzung kann eine Ergänzung zur Art der Nutzung angegeben werden.

Nr.	Art der Nutzung bzw. Ergänzung zur Art der Nutzung	Art der Nutzung	Ergänzung zur Art der Nutzung
Baureifes Land (B)			
Rohbauland (R)			
Bauerwartungsland (E)			
1	Wohnbaufläche	W	
1.1	Kleinsiedlungsgebiet	WS	
1.2	reines Wohngebiet	WR	
1.3	allgemeines Wohngebiet	WA	
1.4	besonderes Wohngebiet	WB	
2	gemischte Baufläche (auch Baufläche ohne nähere Spezifizierung)	M	
2.1	Dorfgebiet	MD	
2.2	Dörfliches Wohngebiet	MDW	
2.3	Mischgebiet	MI	
2.4	Kerngebiet	MK	
2.5	Urbanes Gebiet	MU	
3	gewerbliche Baufläche	G	
3.1	Gewerbegebiet	GE	
3.2	Industriegebiet	GI	
4	Sonderbaufläche	S	
4.1	Sondergebiet für Erholung	SE	
4.2	sonstige Sondergebiete	SO	
5	Baufläche für Gemeinbedarf	GB	
Die Bauflächen (1 bis 5) können zusätzlich durch folgende Ergänzungen zur Art der Nutzung weiter spezifiziert werden in:			
	Ein- und Zweifamilienhäuser		EFH
	Mehrfamilienhäuser		MFH
	Sozialer Mietwohnungsbau		SOW
	Geschäftshäuser (mehrgeschossig)		GH
	Wohn- und Geschäftshäuser		WGH
	Büro- und Geschäftshäuser		BGH
	Bürohäuser		BH
	Produktion und Logistik		PL
	Wochenendhäuser		WO

Nr.	Art der Nutzung bzw. Ergänzung zur Art der Nutzung	Art der Nutzung	Ergänzung zur Art der Nutzung
	Handel und dienstleistungsorientiertes Gewerbe		GD
	Ferienhäuser		FEH
	Freizeit und Touristik		FZT
	Läden (eingeschossig), nicht großflächiger Einzelhandel		LAD
	Einkaufszentren, großflächiger Einzelhandel		EKZ
	Messen, Ausstellungen, Kongresse, Großveranstaltungen aller Art		MES
	Bildungseinrichtungen		BI
	Gesundheitseinrichtungen		MED
	Hafen		HAF
	Garagen, Stellplatzanlagen, Parkhäuser		GAR
	Militär		MIL
	landwirtschaftliche Produktion		LP
	Bebaute Flächen im Außenbereich		ASB
	Bauflächen für Energieerzeugung		EE
Flächen der Land- oder Forstwirtschaft (LF)			
6	landwirtschaftliche Fläche	L	
6.1	Acker	A	
6.2	Grünland	GR	
6.3	Erwerbsgartenanbaufläche	EGA	
6.3.1	Obstanbaufläche	EGA	OG
6.3.2	Gemüseanbaufläche	EGA	GEM
6.3.3	Blumen- und Zierpflanzenanbaufläche	EGA	BLU
6.3.4	Baumschulfläche	EGA	BMS
6.4	Anbaufläche für Sonderkulturen	SK	
6.4.1	Spargelanbaufläche	SK	SPA
6.4.2	Hopfenanbaufläche	SK	HPF
6.4.3	Tabakanbaufläche	SK	TAB
6.5	Weingarten	WG	
6.5.1	Weingarten in Flachlage	WG	FL
6.5.2	Weingarten in Hanglage	WG	HL
6.5.3	Weingarten in Steillage	WG	STL
6.6	Kurzumtriebsplantagen, Agroforst	KUP	
6.7	Unland, Geringstland, Bergweide, Moor	UN	
7	forstwirtschaftliche Fläche	F	
Sonstige Flächen (SF)			
8.1	private Grünfläche	PG	
8.2	Kleingartenfläche (Bundeskleingartengesetz)	KGA	
8.3	Freizeitgartenfläche	FGA	
8.4	Campingplatz	CA	
8.5	Sportfläche (u.a. Golfplatz)	SPO	
8.6	sonstige private Fläche	SG	
8.7	Friedhof	FH	
8.8	Wasserfläche	WF	
8.9	Flughäfen, Flugplätze usw.	FP	
8.10	private Parkplätze, Stellplatzfläche	PP	
8.11	Lagerfläche	LG	
8.12	Abbauland	AB	
8.12.1	Abbauland von Sand und Kies	AB	SND
8.12.2	Abbauland von Ton und Mergel	AB	TON

Nr.	Art der Nutzung bzw. Ergänzung zur Art der Nutzung	Art der Nutzung	Ergänzung zur Art der Nutzung
8.12.3	Abbauland von Torf	AB	TOF
8.12.4	Steinbruch	AB	STN
8.12.5	Braunkohletagebau	AB	KOH
8.13	Gemeinbedarfsfläche (kein Bauland)	GF	
8.14	Sondernutzungsfläche	SN	

II. Weitere Grundstücksmerkmale

Bei baureifem Land ist der beitragsrechtliche Zustand anzugeben. Die weiteren Grundstücksmerkmale sind anzugeben, soweit sie wertbeeinflussend sind.

1. Beitragsrechtlicher Zustand

frei beitragsfrei

ebf erschließungsbeitrags-/kostenerstattungsbetragsfrei und beitragspflichtig nach Kommunalabgabenrecht,

ebp erschließungsbeitrags-/kostenerstattungsbetragspflichtig und beitragspflichtig nach Kommunalabgabenrecht

2. Bauweise oder Gebäudestellung zur Nachbarbebauung

o offene Bauweise

g geschlossene Bauweise

a abweichende Bauweise

eh Einzelhäuser

ed Einzel- und Doppelhäuser

dh Doppelhaushälften

rh Reihenhäuser

rm Reihenmittelhäuser

re Reihenendhäuser

3. Maß der baulichen Nutzung

ZVG Zahl der Vollgeschosse

ZOG Zahl der oberirdischen Geschosse (§ 16 Absatz 4)

GFZ Geschossflächenzahl

WGFZ wertrelevante Geschossflächenzahl (§ 16 Absatz 4)

GRZ Grundflächenzahl

BMZ Baumassenzahl

4. Angaben zum Grundstück

t Grundstückstiefe in Metern

b Grundstücksbreite in Metern

f Grundstücksfläche in Quadratmetern

5. Sanierungs- oder Entwicklungszusatz

SU sanierungsunbeeinflusster Zustand, ohne Berücksichtigung der rechtlichen und tatsächlichen Neuordnung

SB sanierungsbeeinflusster Zustand, unter Berücksichtigung der rechtlichen und tatsächlichen Neuordnung

EU entwicklungsunbeeinflusster Zustand, ohne Berücksichtigung der rechtlichen und tatsächlichen Neuordnung

EB entwicklungsbeeinflusster Zustand, unter Berücksichtigung der rechtlichen und tatsächlichen Neuordnung

6. Bewertung der Bodenschätzung

AZ	Ackerzahl
GZ	Grünlandzahl

8. Flurbereinigungsgesetz (FlurbG)[1]

In der Fassung der Bekanntmachung vom 16. März 1976[2]
(BGBl. I S. 546)

FNA 7815-1

zuletzt geänd. durch Art. 17 JahressteuerG 2009 v. 19.12.2008 (BGBl. I S. 2794)

Zur Ausführung und Durchführung des FlurbG haben die **Länder** ua folgende Vorschriften erlassen:
- **Baden-Württemberg:** AusfG v. 26.4.1954 (GBl. S. 55), zuletzt geänd. durch G v. 14.10.2008 (GBl. S. 313);
- **Bayern:** AusfG (AGFlurbG) idF der Bek. v. 8.2.1994 (GVBl. S. 127), zuletzt geänd. durch G v. 20.12.2011 (GVBl. S. 689; 2013 S. 655);
- **Brandenburg:** AusfG (BbgLEG) v. 29.6.2004 (GVBl. I S. 298), zuletzt geänd. durch G v. 10.7.2014 (GVBl. I Nr. 33);
- **Bremen:** AusfG v. 22.9.1959 (Brem.GBl. S. 135), zuletzt geänd. durch Bek. v. 20.10.2020 (Brem.GBl. S. 1172);
- **Hamburg:** AusfG v. 17.9.1954 (BS Hbg I S. 89);
- **Hessen:** AusfG (HAGFlurbG) v. 29.11.2010 (GVBl. I S. 426), zuletzt geänd. durch G v. 2.2.2018 (GVBl. S. 6);
- **Mecklenburg-Vorpommern:** AusfG (AGFlurbG) v. 17.5.1993 (GVOBl. M-V S. 509), zuletzt geänd. durch G v. 5.7.2018 (GVOBl. M-V S. 219);
- **Niedersachsen:** AusfG v. 20.12.1954 (NdsSb. I S. 642), zuletzt geänd. durch G v. 5.11.2004 (Nds. GVBl. S. 412);
- **Nordrhein-Westfalen:** AusfGFlurbG v. 1.12.2021 (GV. NRW. S. 1406);
- **Rheinland-Pfalz:** AGFlurbG v. 18.5.1978 (GVBl. S. 271), zuletzt geänd. durch G v. 28.9.2010 (GVBl. S. 280);
- **Saarland:** AusfG v. 17.7.1959 (Amtsbl. S. 1255), zuletzt geänd. durch G v. 24.6.2020 (Amtsbl. I S. 689);
- **Sachsen:** AusfG (AGFlurbG) v. 15.7.1994 (SächsGVBl. S. 1429), zuletzt geänd. durch VO v. 12.4.2021 (SächsGVBl. S. 517);
- **Sachsen-Anhalt:** AGFlurbG (AGFlurbG) v. 13.6.1995 (GVBl. LSA S. 175), geänd. durch G v. 8.12.2005 (GVBl. LSA S. 726);
- **Schleswig-Holstein:** AusfG v. 8.5.1954 (GVOBl. Schl.-H. S. 93), zuletzt geänd. durch G v. 6.12.2022 (GVOBl. Schl.-H. S. 1002);
- **Thüringen:** AusfG (ThürAGFlurbG) v. 30.6.1992 (GVBl. S. 304), geänd. durch G v. 18.12.2018 (GVBl. S. 731).

Erster Teil. Grundlagen der Flurbereinigung

§ 1 [Zweck und Begriffsbestimmung der Flurbereinigung] Zur Verbesserung der Produktions- und Arbeitsbedingungen in der Land- und Forstwirtschaft sowie zur Förderung der allgemeinen Landeskultur und der Landentwicklung kann ländlicher Grundbesitz durch Maßnahmen nach diesem Gesetz neugeordnet werden (Flurbereinigung).

§ 2 [Durchführung durch Flurbereinigungsbehörden] (1) Die Flurbereinigung wird in einem behördlich geleiteten Verfahren innerhalb eines bestimmten Gebietes (Flurbereinigungsgebiet) unter Mitwirkung der Gesamtheit

[1] Zur Sicherstellung ordnungsgemäßer Planungs- und Genehmigungsverfahren während der COVID-19-Pandemie ist gem. seinem § 1 Nr. 13 das Planungssicherstellungsgesetz v. 20.5.2020 (BGBl. I S. 1041) auf alle Verfahren zur Flurbereinigung anzuwenden.

[2] Neubekanntmachung des FlurbG v. 14.7.1953 (BGBl. I S. 591) in der ab 1.4.1976 geltenden Fassung.

der beteiligten Grundeigentümer und der Träger öffentlicher Belange sowie der landwirtschaftlichen Berufsvertretung (§ 109) durchgeführt.

(2) [1] Die Durchführung der Flurbereinigung ist von den Ländern als eine besonders vordringliche Maßnahme zu betreiben. [2] Sie bestimmen, welche Fachbehörden Flurbereinigungsbehörden und obere Flurbereinigungsbehörden sind und setzen ihre Dienstbezirke fest.

(3) [1] Die Länder können Befugnisse, die nach diesem Gesetz der für die Flurbereinigung zuständigen obersten Landesbehörde zustehen, der oberen Flurbereinigungsbehörde übertragen. [2] Sie können ferner Befugnisse, die nach diesem Gesetz der oberen Flurbereinigungsbehörde zustehen, der Flurbereinigungsbehörde übertragen; dies gilt nicht für die Befugnisse nach § 41 Abs. 3 und § 58 Abs. 3.

(4) Die Länder können Aufgaben und Befugnisse, die nach diesem Gesetz der Flurbereinigungsbehörde zustehen, auf die obere Flurbereinigungsbehörde übertragen.

§ 3 [Zuständigkeit der Flurbereinigungsbehörden] (1) [1] Für die Flurbereinigung ist die Flurbereinigungsbehörde örtlich zuständig, in deren Bezirk das Flurbereinigungsgebiet liegt. [2] Die obere Flurbereinigungsbehörde kann ausnahmsweise eine andere als die örtlich zuständige Flurbereinigungsbehörde beauftragen; liegt das Flurbereinigungsgebiet in dem Bezirk einer anderen oberen Flurbereinigungsbehörde, so bestimmt die für die Flurbereinigung zuständige oberste Landesbehörde die zuständige Flurbereinigungsbehörde und die zuständige obere Flurbereinigungsbehörde.

(2) Erstreckt sich das Flurbereinigungsgebiet über die Bezirke mehrerer Flurbereinigungsbehörden, so wird die zuständige Flurbereinigungsbehörde durch die obere Flurbereinigungsbehörde bestimmt.

(3) [1] Erstreckt sich das Flurbereinigungsgebiet über die Bezirke mehrerer oberer Flurbereinigungsbehörden, so wird die zuständige obere Flurbereinigungsbehörde durch die für die Flurbereinigung zuständige oberste Landesbehörde bestimmt. [2] Sind die Flurbereinigungsbehörden verschiedener Länder zuständig, so bestimmen die für die Flurbereinigung zuständigen obersten Landesbehörden die zuständige obere Flurbereinigungsbehörde in gegenseitigem Einvernehmen.

§ 4 [Anordnung der Flurbereinigung] Die obere Flurbereinigungsbehörde kann die Flurbereinigung anordnen und das Flurbereinigungsgebiet feststellen, wenn sie eine Flurbereinigung für erforderlich und das Interesse der Beteiligten für gegeben hält (Flurbereinigungsbeschluß); der Beschluß ist zu begründen.

§ 5 [Anhören der Beteiligten und Nebenbeteiligten] (1) Vor der Anordnung der Flurbereinigung sind die voraussichtlich beteiligten Grundstückseigentümer in geeigneter Weise eingehend über das geplante Flurbereinigungsverfahren einschließlich der voraussichtlich entstehenden Kosten aufzuklären.

(2) Die landwirtschaftliche Berufsvertretung, die zuständige Landesplanungsbehörde, die Gemeinde und der Gemeindeverband sowie die übrigen von der für die Landwirtschaft zuständigen obersten Landesbehörde zu bestimmenden Organisationen und Behörden sollen gehört werden.

(3) Die Behörden des Bundes, der Länder, der Gemeinden und Gemeindeverbände sowie andere Körperschaften des öffentlichen Rechts sollen über das

geplante Flurbereinigungsverfahren unterrichtet werden; sie haben der Flurbereinigungsbehörde unverzüglich mitzuteilen, ob und welche das voraussichtliche Flurbereinigungsgebiet berührenden Planungen beabsichtigt sind oder bereits feststehen.

§ 6 [Form, Inhalt und Bekanntmachung des Flurbereinigungsbeschlusses] (1) [1]In dem entscheidenden Teil des Flurbereinigungsbeschlusses sind Name und Sitz der Teilnehmergemeinschaft (§ 16) festzusetzen. [2]Die Aufforderung zur Anmeldung unbekannter Rechte (§ 14) und die Bestimmungen über Nutzungsänderungen (§§ 34 und 85 Nr. 5 und 6) können in den entscheidenden Teil des Beschlusses aufgenommen werden.

(2) Der entscheidende Teil des Beschlusses ist öffentlich bekanntzumachen.

(3) [1]Der Beschluß mit Begründung ist in den Gemeinden, in denen beteiligte Grundstücke liegen (Flurbereinigungsgemeinden), und, soweit erforderlich (§ 110), in den angrenzenden Gemeinden zwei Wochen lang nach der Bekanntmachung zur Einsichtnahme für die Beteiligten auszulegen. [2]Hierauf ist in der Bekanntmachung hinzuweisen.

§ 7 [Flurbereinigungsgebiet] (1) [1]Das Flurbereinigungsgebiet kann eine oder mehrere Gemeinden oder Teile von Gemeinden umfassen. [2]Es ist so zu begrenzen, daß der Zweck der Flurbereinigung möglichst vollkommen erreicht wird.

(2) Zum Flurbereinigungsgebiet gehören alle in ihm liegenden Grundstücke, soweit sie nicht ausdrücklich ausgeschlossen werden.

§ 8 [Änderung des Flurbereinigungsgebiets] (1) [1]Geringfügige Änderungen des Flurbereinigungsgebietes kann die Flurbereinigungsbehörde anordnen. [2]§ 4 zweiter Halbsatz gilt entsprechend. [3]Die Anordnung braucht nicht bekanntgemacht zu werden. [4]Sie ist den an der Änderung beteiligten Grundstückseigentümern mitzuteilen.

(2) Für erhebliche Änderungen gelten die Vorschriften der §§ 4 bis 6.

(3) [1]Die obere Flurbereinigungsbehörde kann bis zur Ausführungsanordnung das Flurbereinigungsgebiet in mehrere Flurbereinigungsgebiete teilen. [2]§ 4 zweiter Halbsatz und § 6 Abs. 2 und 3 gelten entsprechend.

§ 9 [Einstellung des Flurbereinigungsverfahrens] (1) [1]Erscheint die Flurbereinigung infolge nachträglich eingetretener Umstände nicht zweckmäßig, so kann die obere Flurbereinigungsbehörde die Einstellung des Verfahrens anordnen. [2]Die Vorschriften des § 4 zweiter Halbsatz, des § 5 Abs. 1 und 2 und des § 6 Abs. 2 und 3 gelten sinngemäß.

(2) Die Flurbereinigungsbehörde sorgt für die Herstellung eines geordneten Zustandes und für den Ausgleich der entstandenen Kosten, nötigenfalls unter Aufwendung von öffentlichen Mitteln.

Zweiter Teil. Die Beteiligten und ihre Rechte

Erster Abschnitt. Die einzelnen Beteiligten

§ 10 [Beteiligte] Am Flurbereinigungsverfahren sind beteiligt (Beteiligte):

1. als Teilnehmer die Eigentümer der zum Flurbereinigungsgebiet gehörenden Grundstücke sowie die den Eigentümern gleichstehenden Erbbauberechtigten;
2. als Nebenbeteiligte:
 a) Gemeinden und Gemeindeverbände, in deren Bezirk Grundstücke vom Flurbereinigungsverfahren betroffen werden;
 b) andere Körperschaften des öffentlichen Rechts, die Land für gemeinschaftliche oder öffentliche Anlagen erhalten (§§ 39 und 40) oder deren Grenzen geändert werden (§ 58 Abs. 2);
 c) Wasser- und Bodenverbände, deren Gebiet mit dem Flurbereinigungsgebiet räumlich zusammenhängt und dieses beeinflußt oder von ihm beeinflußt wird;
 d) Inhaber von Rechten an den zum Flurbereinigungsgebiet gehörenden Grundstücken oder von Rechten an solchen Rechten oder von persönlichen Rechten, die zum Besitz oder zur Nutzung solcher Grundstücke berechtigen oder die Benutzung solcher Grundstücke beschränken;
 e) Empfänger neuer Grundstücke nach den §§ 54 und 55 bis zum Eintritt des neuen Rechtszustandes (§ 61 Satz 2);
 f) Eigentümer von nicht zum Flurbereinigungsgebiet gehörenden Grundstücken, denen ein Beitrag zu den Unterhaltungs- oder Ausführungskosten auferlegt wird (§ 42 Abs. 3 und § 106) oder die zur Errichtung fester Grenzzeichen an der Grenze des Flurbereinigungsgebietes mitzuwirken haben (§ 56).

§ 11 [Ermittlung der Beteiligten] Die Flurbereinigungsbehörde hat die Beteiligten nach Maßgabe der §§ 12 bis 14 zu ermitteln.

§ 12 [Nachweis durch Grundbuch und öffentliche Urkunden]

(1) [1] Für die Ermittlung der Beteiligten sind die Eintragungen im Grundbuch maßgebend. [2] Die Flurbereinigungsbehörde kann das Eigentum oder andere Rechte an Grundstücken für das Verfahren als nachgewiesen ansehen, wenn derjenige, der sich auf ein solches Recht beruft, es durch eine öffentliche Urkunde glaubhaft macht oder eine Bescheinigung der Gemeinde vorlegt, daß er das Grundstück wie ein Eigentümer besitzt oder das Recht ausübt. [3] Meldet ein anderer entgegenstehende Rechte bei der Flurbereinigungsbehörde an, so gilt § 13.

(2) Die Flurbereinigungsbehörde teilt dem Grundbuchamt und der für die Führung des Liegenschaftskatasters zuständigen Behörde die Anordnung des Flurbereinigungsverfahrens einschließlich der in das Verfahren einbezogenen Grundstücke (§ 4), die Änderungen des Flurbereinigungsgebiets (§ 8), die Einstellung des Flurbereinigungsverfahrens (§ 9), den Zeitpunkt des Eintritts des neuen Rechtszustands (§§ 61 bis 63) und die Schlußfeststellung (§ 149) mit, dem Grundbuchamt zudem die Abgabe der Unterlagen an die für die Führung des Liegenschaftskatasters zuständige Behörde (§ 81 Abs. 2).

(3) Das Grundbuchamt hat die Flurbereinigungsbehörde bis zum Zeitpunkt des Wirksamwerdens der Schlußfeststellung von allen Eintragungen zu benachrichtigen, die nach dem Zeitpunkt der Anordnung des Flurbereinigungsverfahrens im Grundbuch der betroffenen Grundstücke vorgenommen sind oder vorgenommen werden, soweit nicht die Flurbereinigungsbehörde auf die Benachrichtigung verzichtet; es benachrichtigt die Flurbereinigungsbehörde von der Eintragung neuer Eigentümer der an das Flurbereinigungsgebiet angrenzenden Grundstücke, soweit die Flurbereinigungsbehörde dem Grundbuchamt die Bezeichnung solcher Grundstücke zu diesem Zweck mitgeteilt hat.

(4) Die für die Führung des Liegenschaftskatasters zuständige Behörde hat die Flurbereinigungsbehörde bis zum Zeitpunkt des Wirksamwerdens der Schlußfeststellung von allen Fortführungen zu benachrichtigen, die nach dem Zeitpunkt der Anordnung des Flurbereinigungsverfahrens in den Nachweisen der betroffenen Flurstücke im Liegenschaftskataster ausgeführt worden sind, soweit nicht die Flurbereinigungsbehörde auf die Benachrichtigung verzichtet.

§ 13 [Eigenbesitzer als Beteiligter; Festsetzung des Streitgegenstandes] (1) Ist der Eigentümer aus dem Grundbuch nicht ersichtlich, so gilt der Eigenbesitzer als Beteiligter.

(2) [1] Ist der Eigenbesitz streitig, so kann die Flurbereinigungsbehörde für die Dauer des Streites dem Berechtigten einen Vertreter bestellen. [2] Das gleiche gilt, wenn ein Eigenbesitzer nicht vorhanden ist. [3] § 119 Abs. 2 und 3 gilt entsprechend. [4] Die Flurbereinigungsbehörde kann die für die Durchführung der Flurbereinigung erforderlichen Festsetzungen über den Streitgegenstand treffen. [5] Die Festsetzungen sind den Beteiligten bekanntzumachen und für diese im Flurbereinigungsverfahren bindend. [6] Wird der Flurbereinigungsbehörde eine rechtskräftige gerichtliche Entscheidung bekannt, so ist ihr Rechnung zu tragen. [7] § 64 findet Anwendung.

(3) Die Befugnisse aus Absatz 2 stehen auch der oberen Flurbereinigungsbehörde und dem Flurbereinigungsgericht (§ 138) zu, wenn ein bei ihnen erhobener Widerspruch oder eine Klage von dem Streit berührt wird.

(4) [1] Die Vorschriften der Absätze 1 bis 3 gelten entsprechend für dingliche Rechte, die zum Besitz oder zur Nutzung eines Grundstücks berechtigen oder dessen Benutzung beschränken. [2] Dies gilt auch dann, wenn diese Rechte zur Erhaltung ihrer Wirksamkeit gegenüber dem öffentlichen Glauben des Grundbuchs der Eintragung nicht bedürfen.

§ 14 [Aufforderung zur Anmeldung nicht ermittelter Teilnehmer; Wirkung verspäteter Anmeldung] (1) [1] Beteiligte, die nicht nach Maßgabe der §§ 12 und 13 ermittelt werden, sind durch öffentliche Bekanntmachung aufzufordern, innerhalb von drei Monaten Rechte, die aus dem Grundbuch nicht ersichtlich sind, aber zur Beteiligung am Flurbereinigungsverfahren berechtigen, bei der Flurbereinigungsbehörde anzumelden. [2] Auf Verlangen der Flurbereinigungsbehörde hat der Anmeldende sein Recht innerhalb einer von der Behörde zu setzenden Frist nachzuweisen. [3] Nach fruchtlosem Ablauf der Frist ist der Anmeldende nicht mehr zu beteiligen.

(2) Werden Rechte erst nach Ablauf der in Absatz 1 bezeichneten Fristen angemeldet oder nachgewiesen, so kann die Flurbereinigungsbehörde die bisherigen Verhandlungen und Festsetzungen gelten lassen.

(3) Der Inhaber eines in Absatz 1 bezeichneten Rechts muß die Wirkung eines vor der Anmeldung eingetretenen Fristablaufs ebenso gegen sich gelten lassen wie der Beteiligte, demgegenüber die Frist durch Bekanntgabe des Verwaltungsaktes zuerst in Lauf gesetzt worden ist.

(4) Auf die rechtlichen Wirkungen nach den Absätzen 2 und 3 ist in der Bekanntmachung hinzuweisen.

§ 15 [Erwerb eines im Flurbereinigungsgebiet liegenden Grundstückes] [1] Wer ein Grundstück erwirbt, das im Flurbereinigungsgebiet liegt, muß das bis zu seiner Eintragung im Grundbuch oder bis zur Anmeldung des Erwerbs durchgeführte Verfahren gegen sich gelten lassen. [2] Das gilt entsprechend für denjenigen, der durch Erwerb eines Rechts Beteiligter wird.

Zweiter Abschnitt. Die Teilnehmergemeinschaft

§ 16 [Teilnehmergemeinschaft der Beteiligten] [1] Die Beteiligten nach § 10 Nr. 1 bilden die Teilnehmergemeinschaft. [2] Sie entsteht mit dem Flurbereinigungsbeschluß und ist eine Körperschaft des öffentlichen Rechts.

§ 17 [Aufsicht der Flurbereinigungsbehörde] (1) [1] Die Teilnehmergemeinschaft steht unter der Aufsicht der Flurbereinigungsbehörde. [2] Durch die Aufsicht ist sicherzustellen, daß die Teilnehmergemeinschaft im Einklang mit dem Zweck dieses Gesetzes handelt.

(2) [1] Zum Abschluß von Verträgen ist die Zustimmung der Flurbereinigungsbehörde erforderlich. [2] Sie kann die Teilnehmergemeinschaft zum Abschluß von Verträgen geringerer Bedeutung allgemein ermächtigen, jedoch nicht zum Aufnehmen von Darlehen. [3] Zahlungen dürfen nur mit Einwilligung der Flurbereinigungsbehörde geleistet werden, soweit diese nichts anderes anordnet.

§ 18 [Pflichten der Teilnehmergemeinschaft; Rechtsbehelfe] (1) [1] Die Teilnehmergemeinschaft nimmt die gemeinschaftlichen Angelegenheiten der Teilnehmer wahr. [2] Sie hat insbesondere die gemeinschaftlichen Anlagen herzustellen und zu unterhalten (§ 42) und die erforderlichen Bodenverbesserungen auszuführen, soweit nicht der Flurbereinigungsplan (§ 58) anderes bestimmt oder die Ausführung und Unterhaltung einzelnen Beteiligten oder einem Wasser- und Bodenverband überlassen werden. [3] Sie hat ferner die im Verfahren festgesetzten Zahlungen zu leisten und zu fordern sowie die übrigen nicht der Flurbereinigungsbehörde obliegenden Aufgaben einschließlich der zur Durchführung der Flurbereinigung erforderlichen Vorarbeiten zu erfüllen. [4] Sie kann mit den Vorarbeiten geeignete Stellen oder sachkundige Personen beauftragen.

(2) Die Länder können weitere Aufgaben und Befugnisse, die nach diesem Gesetz der Flurbereinigungsbehörde zustehen, der Teilnehmergemeinschaft übertragen.

(3) [1] Die Teilnehmergemeinschaft kann ihre Angelegenheiten, insbesondere die Befugnisse der Versammlung der Teilnehmer und das Verfahren bei den Wahlen, durch Satzung regeln. [2] Die Satzung wird von den in der Versammlung anwesenden Teilnehmern mit der Mehrheit der abgegebenen Stimmen beschlossen. [3] Die Satzung bedarf der Genehmigung der Flurbereinigungsbehörde.

§ 19 [Beiträge an die Teilnehmergemeinschaft] (1) [1]Die Teilnehmergemeinschaft kann die Teilnehmer nur zu Beiträgen in Geld (Geldbeiträge) oder in Sachen, Werken, Diensten oder in anderen Leistungen (Sachbeiträge) heranziehen, soweit die Aufwendungen (§ 105) dem Interesse der Teilnehmer dienen. [2]Die Beiträge sind von den Teilnehmern nach dem Verhältnis des Wertes ihrer neuen Grundstücke zu leisten, soweit nicht im Flurbereinigungsplan anderes festgesetzt wird. [3]Solange der Maßstab für die Beitragspflicht noch nicht feststeht, bestimmt die Flurbereinigungsbehörde einen vorläufigen Beitragsmaßstab, nach dem Vorschüsse zu erheben sind.

(2) Für solche Teile des Flurbereinigungsgebietes, bei denen zur Ausführung besonderer Anlagen außergewöhnlich hohe Aufwendungen erforderlich sind, kann die Flurbereinigungsbehörde die Beiträge der Teilnehmer entsprechend den Mehrkosten erhöhen.

(3) Die Flurbereinigungsbehörde kann zur Vermeidung offensichtlicher und unbilliger Härten einzelne Teilnehmer ausnahmsweise von der Aufbringung der Beiträge ganz oder teilweise zu Lasten der übrigen Teilnehmer befreien.

§ 20 [Belastung der Grundstücke mit Beitragspflichten] [1]Die Beitrags- und Vorschußpflicht ruht als öffentliche Last auf den im Flurbereinigungsgebiet liegenden Grundstücken. [2]Die einzelnen Grundstücke haften jedoch nur in der Höhe der auf sie entfallenden Anteile der berechneten Beiträge und Vorschüsse. [3]Das gleiche gilt für die Ausgleichs- und Erstattungspflicht in den Fällen des § 44 Abs. 3 Satz 2, des § 50 Abs. 2 Satz 1 und des § 51 Abs. 2.

§ 21 [Vorstand der Teilnehmergemeinschaft] (1) [1]Die Teilnehmergemeinschaft hat einen aus mehreren Mitgliedern bestehenden Vorstand. [2]Die Flurbereinigungsbehörde bestimmt die Zahl der Mitglieder.

(2) Die Flurbereinigungsbehörde lädt die Teilnehmer zum Wahltermin durch öffentliche Bekanntmachung ein und leitet die Wahl.

(3) [1]Die Mitglieder des Vorstandes werden von den im Wahltermin anwesenden Teilnehmern oder Bevollmächtigten gewählt. [2]Jeder Teilnehmer oder Bevollmächtigte hat eine Stimme; gemeinschaftliche Eigentümer gelten als ein Teilnehmer. [3]Gewählt sind diejenigen, welche die meisten Stimmen erhalten.

(4) Soweit die Wahl im Termin nicht zustande kommt und ein neuer Wahltermin keinen Erfolg verspricht, kann die Flurbereinigungsbehörde Mitglieder des Vorstandes nach Anhörung der landwirtschaftlichen Berufsvertretung bestellen.

(5) Für jedes Mitglied des Vorstandes ist ein Stellvertreter zu wählen oder zu bestellen.

(6) Bei erheblichen Änderungen des Flurbereinigungsgebietes (§ 8 Abs. 2) bestimmt die Flurbereinigungsbehörde, ob und inwieweit Vorstandsmitglieder und Stellvertreter abberufen oder neu gewählt (bestellt) werden sollen.

(7) Die Länder können die Bildung und Zusammensetzung des Vorstandes abweichend regeln und Wahlperioden einführen.

§ 22 [Einberufung zu Teilnehmerversammlungen; Auskünfte]

(1) [1]Der Vorstand kann die Teilnehmer zu Versammlungen einberufen; er muß dies tun, wenn ein Drittel der Teilnehmer oder die Flurbereinigungsbehörde es verlangt. [2]Die Flurbereinigungsbehörde ist zu den Versammlungen einzuladen.

(2) [1]Die Versammlung der Teilnehmer kann zu den Fragen, zu denen der Vorstand zu hören ist, Stellung nehmen. [2]Die Stellungnahme ist, wenn sich der Vorstand ihr nicht anschließen will, der Flurbereinigungsbehörde mitzuteilen. [3]Der Vorstand hat der Versammlung der Teilnehmer auf Verlangen Auskunft über seine Tätigkeit und über den Stand des Verfahrens zu geben.

§ 23 [Abberufung des Vorstandes] (1) [1]Die Versammlung der Teilnehmer kann Mitglieder des Vorstandes oder Stellvertreter dadurch abberufen, daß sie an deren Stelle mit der Mehrheit der anwesenden Teilnehmer neue Mitglieder oder Stellvertreter wählt. [2]In der Versammlung muß mindestens die Hälfte der Teilnehmer anwesend sein.

(2) Die Länder können bei Anwendung des § 18 Abs. 2 die Abberufung von Mitgliedern des Vorstandes oder deren Stellvertretern von der Zustimmung der Flurbereinigungsbehörde abhängig machen.

(3) [1]Die Flurbereinigungsbehörde kann nach Anhörung der landwirtschaftlichen Berufsvertretung Mitglieder des Vorstandes oder Stellvertreter, die ungeeignet sind oder ihre Pflichten verletzen, ablehnen oder abberufen. [2]In diesem Falle steht auch dem Vorstand der Widerspruch an die obere Flurbereinigungsbehörde zu.

(4) Abgelehnte oder abberufene Mitglieder des Vorstandes und Stellvertreter können nicht wiedergewählt werden.

(5) [1]Ist der Vorstand durch Ausscheiden von Mitgliedern und Stellvertretern nicht mehr beschlußfähig (§ 26 Abs. 2), so kann die Flurbereinigungsbehörde nach Anhörung der landwirtschaftlichen Berufsvertretung geeignete Personen beauftragen, die Rechte und Pflichten der ausgeschiedenen Mitglieder des Vorstandes bis zur Wahl neuer Mitglieder wahrzunehmen. [2]Die Wahl ist unverzüglich durchzuführen.

§ 24 [Ehrenamtliche Tätigkeit des Vorstandes; Aufwandsentschädigung] [1]Die Mitglieder des Vorstandes und ihre Stellvertreter wirken ehrenamtlich. [2]Die Flurbereinigungsbehörde bestimmt, ob und in welcher Höhe ihnen eine Entschädigung für Zeitversäumnis und Aufwand gewährt wird; die Entschädigung zahlt die Teilnehmergemeinschaft.

§ 25 [Rechte und Pflichten des Vorstandes] (1) [1]Der Vorstand führt die Geschäfte der Teilnehmergemeinschaft. [2]Ihm obliegt auch die Ausführung der Aufgaben, die der Teilnehmergemeinschaft gemäß der Vorschrift in § 18 Abs. 2 übertragen worden sind.

(2) Der Vorstand ist von der Flurbereinigungsbehörde über den Fortschritt der Flurbereinigungsarbeiten laufend zu unterrichten, zu wichtigen gemeinschaftlichen Angelegenheiten zu hören und zur Mitarbeit heranzuziehen.

§ 26 [Wahl des Vorsitzenden und Beschlußfassung des Vorstandes]

(1) Der Vorstand wählt eines seiner Mitglieder zum Vorsitzenden und ein weiteres Mitglied zum Stellvertreter des Vorsitzenden, soweit nicht nach § 21 Abs. 7 eine abweichende Regelung erfolgt ist.

(2) [1]Der Vorstand ist beschlußfähig, wenn er von seinem Vorsitzenden oder der Flurbereinigungsbehörde einberufen und mindestens die Hälfte der Mitglieder oder ihrer Stellvertreter anwesend ist. [2]Er faßt seine Beschlüsse mit der

Mehrheit der anwesenden Mitglieder; bei Stimmengleichheit gibt die Stimme des Vorsitzenden den Ausschlag.

(3) Der Vorsitzende führt die Vorstandsbeschlüsse aus und vertritt die Teilnehmergemeinschaft gerichtlich und außergerichtlich.

Dritter Abschnitt. Verband der Teilnehmergemeinschaften

§ 26a [Verband der Teilnehmergemeinschaften; Satzung] (1) [1] Mehrere Teilnehmergemeinschaften können sich zu einem Verband zusammenschließen, soweit die gemeinsame Durchführung der ihnen nach § 18 obliegenden Aufgaben zweckmäßig ist. [2] Der Verband tritt nach Maßgabe seiner Satzung an die Stelle der einzelnen Teilnehmergemeinschaften. [3] Er entsteht mit der öffentlichen Bekanntmachung der Satzung durch die obere Flurbereinigungsbehörde und ist eine Körperschaft des öffentlichen Rechts.

(2) Die Satzung des Verbandes wird von der Mitgliederversammlung mit der Mehrheit der abgegebenen Stimmen beschlossen.

(3) Der Zusammenschluß und die Satzung bedürfen der Genehmigung der oberen Flurbereinigungsbehörde.

(4) [1] Kommt eine Satzung durch Beschluß nach Absatz 2 nicht zustande, so stellt die obere Flurbereinigungsbehörde eine Satzung auf. [2] Die für die Flurbereinigung zuständige oberste Landesbehörde setzt die Satzung fest.

(5) [1] Eine Teilnehmergemeinschaft kann mit Zustimmung der oberen Flurbereinigungsbehörde einem bestehenden Verband beitreten; die obere Flurbereinigungsbehörde kann den Beitritt anordnen. [2] Das Nähere regelt die Satzung.

§ 26b [Vorstand; Verbandsbeiträge] (1) [1] Der Verband hat einen Vorstand, der von der Mitgliederversammlung mit der Mehrheit der abgegebenen Stimmen gewählt wird. [2] Die Zahl der Vorstandsmitglieder wird durch die obere Flurbereinigungsbehörde bestimmt. [3] Kommt eine Wahl nicht zustande und verspricht ein neuer Wahltermin keinen Erfolg, so kann die obere Flurbereinigungsbehörde Mitglieder des Vorstandes nach Anhörung der landwirtschaftlichen Berufsvertretung bestellen.

(2) [1] Der Verband kann zur Erfüllung seiner Aufgaben die ihm angehörenden Teilnehmergemeinschaften zu Beiträgen heranziehen; ihm kann durch die Satzung das Recht übertragen werden, die nach § 19 beitragspflichtigen einzelnen Teilnehmer unmittelbar zur Leistung der Beiträge heranzuziehen. [2] In diesem Falle ist dem Verband durch die Satzung die Kassen- und Buchführung mit voller Verantwortung zu übertragen.

(3) § 21 Abs. 7 und die §§ 24 bis 26 gelten entsprechend.

§ 26c [Vorarbeiten zur Flurbereinigung] (1) Ist für ein bestimmtes Gebiet die Durchführung einer Flurbereinigung zu erwarten, so kann die obere Flurbereinigungsbehörde einen Verband oder, soweit ein solcher nicht besteht, eine andere geeignete Stelle beauftragen, bereits vor der Anordnung der Flurbereinigung Vorarbeiten zu übernehmen sowie für Zwecke der Flurbereinigung Grundstücke zu erwerben oder zu pachten.

(2) [1] Wird das Flurbereinigungsverfahren nicht durchgeführt, so sorgt die Aufsichtsbehörde für eine ordnungsgemäße Abwicklung der vom Verband vorgenommenen Geschäfte. [2] § 9 Abs. 2 gilt entsprechend.

§ 26d [Aufsicht der Flurbereinigungsbehörden] [1]Der Verband untersteht der Aufsicht der Flurbereinigungsbehörde. [2]Erstrecken sich die den Verband bildenden Teilnehmergemeinschaften über den Bezirk mehrerer Flurbereinigungsbehörden, so bestimmt die obere Flurbereinigungsbehörde die für die Aufsicht zuständige Flurbereinigungsbehörde. [3]Erstrecken sich die den Verband bildenden Teilnehmergemeinschaften über den Bezirk mehrerer oberer Flurbereinigungsbehörden, so bestimmt die für die Flurbereinigung zuständige oberste Landesbehörde die für die Aufsicht zuständige Flurbereinigungsbehörde. [4]Erstrecken sich die den Verband bildenden Teilnehmergemeinschaften über verschiedene Länder, so bestimmen die für die Flurbereinigung zuständigen obersten Landesbehörden die zuständige Flurbereinigungsbehörde in gegenseitigem Einvernehmen. [5]§ 17 gilt im übrigen entsprechend.

§ 26e [Gesamtverband, Rechtsform, Aufsicht der Flurbereinigungsbehörden] (1) [1]Mehrere Verbände können sich zur Erfüllung der ihnen nach den §§ 26a bis 26c obliegenden Aufgaben zu einem Gesamtverband zusammenschließen. [2]Der Gesamtverband tritt nach Maßgabe seiner Satzung an die Stelle der einzelnen Verbände. [3]Er entsteht mit der öffentlichen Bekanntmachung der Satzung durch die für die Flurbereinigung zuständige oberste Landesbehörde und ist eine Körperschaft des öffentlichen Rechts.

(2) Die Satzung des Gesamtverbandes wird von der Mitgliederversammlung mit der Mehrheit der abgegebenen Stimmen beschlossen.

(3) Der Zusammenschluß und die Satzung bedürfen der Genehmigung der für die Flurbereinigung zuständigen obersten Landesbehörde.

(4) Kommt eine Satzung durch Beschluß nach Absatz 2 nicht zustande, so stellt die für die Flurbereinigung zuständige oberste Landesbehörde die Satzung auf und setzt sie fest.

(5) § 26a Abs. 5 Satz 1 zweiter Halbsatz gilt entsprechend mit der Maßgabe, daß an die Stelle der oberen Flurbereinigungsbehörde die für die Flurbereinigung zuständige oberste Landesbehörde tritt.

(6) [1]Der Gesamtverband hat einen Vorstand, der in der Mitgliederversammlung mit der Mehrheit der abgegebenen Stimmen gewählt wird. [2]Die Zahl der Vorstandsmitglieder wird durch die für die Flurbereinigung zuständige oberste Landesbehörde bestimmt. [3]Kommt eine Wahl nicht zustande und verspricht ein neuer Wahltermin keinen Erfolg, so kann die für die Flurbereinigung zuständige oberste Landesbehörde Mitglieder des Vorstandes nach Anhörung der landwirtschaftlichen Berufsvertretung bestellen.

(7) [1]Der Gesamtverband untersteht der Aufsicht der für die Flurbereinigung zuständigen obersten Landesbehörde. [2]§ 17 gilt im übrigen entsprechend.

Vierter Abschnitt. Wertermittlungsverfahren

§ 27 [Wertermittlung] [1]Um die Teilnehmer mit Land von gleichem Wert abfinden zu können, ist der Wert der alten Grundstücke zu ermitteln. [2]Die Wertermittlung hat in der Weise zu erfolgen, daß der Wert der Grundstücke eines Teilnehmers im Verhältnis zu dem Wert aller Grundstücke des Flurbereinigungsgebietes zu bestimmen ist.

§ 28 [Ermittlung des Wertverhältnisses] (1) [1] Für landwirtschaftlich genutzte Grundstücke ist das Wertverhältnis in der Regel nach dem Nutzen zu ermitteln, den sie bei gemeinüblicher ordnungsmäßiger Bewirtschaftung jedem Besitzer ohne Rücksicht auf ihre Entfernung vom Wirtschaftshofe oder von der Ortslage nachhaltig gewähren können. [2] Hierbei sind die Ergebnisse einer Bodenschätzung nach dem Bodenschätzungsgesetz vom 20. Dezember 2007 (BGBl. I S. 3150, 3176) in der jeweils geltenden Fassung zugrunde zu legen; Abweichungen sind zulässig.

(2) Wesentliche Bestandteile eines Grundstücks, die seinen Wert dauernd beeinflussen, sowie Rechte nach § 49 Abs. 3 sind, soweit erforderlich, in ihrem Wert besonders zu ermitteln.

§ 29 [Verkehrswert für Bauflächen und Bauland] (1) Die Wertermittlung für Bauflächen und Bauland sowie für bauliche Anlagen hat auf der Grundlage des Verkehrswertes zu erfolgen.

(2) Der Verkehrswert wird durch den Preis bestimmt, der in dem Zeitpunkt, auf den sich die Ermittlung bezieht, im gewöhnlichen Geschäftsverkehr nach den Eigenschaften, der sonstigen Beschaffenheit und der Lage des Grundstücks ohne Rücksicht auf ungewöhnliche oder persönliche Verhältnisse zu erzielen wäre; Wertänderungen an baulichen Anlagen, die durch die Aussicht auf die Durchführung der Flurbereinigung entstanden sind, bleiben außer Betracht.

(3) Bei bebauten Grundstücken ist der Verkehrswert des Bodenanteils und der Bauteile getrennt zu ermitteln, wenn dies auf Grund von Vergleichspreisen möglich ist; die Verkehrswerte sind gesondert anzugeben.

(4) Die Ermittlung des Verkehrswertes der baulichen Anlagen soll nur dann vorgenommen werden, wenn die baulichen Anlagen einem neuen Eigentümer zugeteilt werden.

§ 30 [Grundstücksgröße] Für die Größe der Grundstücke ist in der Regel die Eintragung im Liegenschaftskataster maßgebend.

§ 31 [Auswahl der Sachverständigen] (1) [1] Die Wertermittlung wird in der Regel durch landwirtschaftliche Sachverständige vorgenommen. [2] Die Flurbereinigungsbehörde bestimmt die Zahl der Sachverständigen, wählt sie nach Anhörung des Vorstandes der Teilnehmergemeinschaft aus der von der oberen Flurbereinigungsbehörde im Einvernehmen mit der landwirtschaftlichen Berufsvertretung aufgestellten Liste der als Sachverständige geeigneten Personen aus und leitet die Wertermittlung. [3] Der Vorstand soll der Wertermittlung beiwohnen.

(2) Sind zu einer Wertermittlung Kenntnisse erforderlich, die über die allgemeine landwirtschaftliche Sachkunde hinausgehen, so sind besondere anerkannte Sachverständige beizuziehen.

§ 32 [Bekanntmachung der Ergebnisse der Wertermittlung; Einwendungen; Feststellung] [1] Die Nachweisungen über die Ergebnisse der Wertermittlung sind zur Einsichtnahme für die Beteiligten auszulegen. [2] Die Ergebnisse sind ihnen in einem Anhörungstermin zu erläutern. [3] Nach Behebung begründeter Einwendungen sind die Ergebnisse der Wertermittlung durch die Flurbereinigungsbehörde festzustellen; die Feststellung ist öffentlich bekanntzumachen.

§ 33 [Abweichende Regelung der Länder] Die Länder können die Vornahme der Wertermittlung sowie die Bekanntgabe und Feststellung der Wertermittlungsergebnisse abweichend regeln.

Fünfter Abschnitt. Zeitweilige Einschränkungen des Eigentums

§ 34 [Zustimmungsbedürftige Grundstücks- und Nutzungsänderungen] (1) Von der Bekanntgabe des Flurbereinigungsbeschlusses bis zur Unanfechtbarkeit des Flurbereinigungsplanes gelten folgende Einschränkungen:

1. In der Nutzungsart der Grundstücke dürfen ohne Zustimmung der Flurbereinigungsbehörde nur Änderungen vorgenommen werden, die zum ordnungsmäßigen Wirtschaftsbetrieb gehören.
2. Bauwerke, Brunnen, Gräben, Einfriedungen, Hangterrassen und ähnliche Anlagen dürfen nur mit Zustimmung der Flurbereinigungsbehörde errichtet, hergestellt, wesentlich verändert oder beseitigt werden.
3. [1] Obstbäume, Beerensträucher, Rebstöcke, Hopfenstöcke, einzelne Bäume, Hecken, Feld- und Ufergehölze dürfen nur in Ausnahmefällen, soweit landeskulturelle Belange, insbesondere des Naturschutzes und der Landschaftspflege, nicht beeinträchtigt werden, mit Zustimmung der Flurbereinigungsbehörde beseitigt werden. [2] Andere gesetzliche Vorschriften über die Beseitigung von Rebstöcken und Hopfenstöcken bleiben unberührt.

(2) [1] Sind entgegen den Vorschriften des Absatzes 1 Nr. 1 und 2 Änderungen vorgenommen oder Anlagen hergestellt oder beseitigt worden, so können sie im Flurbereinigungsverfahren unberücksichtigt bleiben. [2] Die Flurbereinigungsbehörde kann den früheren Zustand gemäß § 137 wiederherstellen lassen, wenn dies der Flurbereinigung dienlich ist.

(3) Sind Eingriffe entgegen der Vorschrift des Absatzes 1 Nr. 3 vorgenommen worden, so muß die Flurbereinigungsbehörde Ersatzpflanzungen anordnen.

(4) Das Erfordernis der Zustimmung und die Folgen seiner Nichtbeachtung sind öffentlich bekanntzumachen.

(5) Ist die Bekanntmachung nach Absatz 4 nicht gemäß § 6 Abs. 1 in den entscheidenden Teil des Flurbereinigungsbeschlusses aufgenommen worden, so treten die Rechtswirkungen gemäß den Absätzen 1 bis 3 erst mit der besonderen Bekanntmachung gemäß Absatz 4 ein.

§ 35 [Duldungspflichten zur Flurbereinigungsvorbereitung und -durchführung; Entschädigung] (1) Die Beauftragten der Flurbereinigungsbehörde sind berechtigt, zur Vorbereitung und zur Durchführung der Flurbereinigung Grundstücke zu betreten und die nach ihrem Ermessen erforderlichen Arbeiten auf ihnen vorzunehmen.

(2) [1] Soweit der hierdurch verursachte Schaden den Durchschnitt erheblich übersteigt, hat die Flurbereinigungsbehörde eine angemessene Entschädigung festzusetzen. [2] Die Entschädigung trägt die Teilnehmergemeinschaft; falls die Flurbereinigung nicht angeordnet wird, trägt sie das Land.

§ 36 [Vorläufige Anordnungen] (1) [1] Wird es aus dringenden Gründen erforderlich, vor der Ausführung oder zur Vorbereitung und zur Durchführung von Änderungen des Flurbereinigungsplanes den Besitz oder die Nutzung von Grundstücken oder die Ausübung anderer Rechte zu regeln, so kann die Flur-

bereinigungsbehörde eine vorläufige Anordnung erlassen und erlassene Anordnungen aufheben oder ändern. [2]Zum Ausgleich von Härten kann sie angemessene Entschädigungen festsetzen. [3]Die Entschädigungen trägt die Teilnehmergemeinschaft.

(2) Soweit der Zustand eines Grundstücks für die Ermittlung des Wertes und für die Bemessung der Entschädigung von Bedeutung ist, hat ihn die Flurbereinigungsbehörde, nötigenfalls unter Zuziehung von Sachverständigen, rechtzeitig festzustellen.

Dritter Teil. Neugestaltung des Flurbereinigungsgebietes

§ 37 [Neugestaltung des Flurbereinigungsgebiets] (1) [1]Das Flurbereinigungsgebiet ist unter Beachtung der jeweiligen Landschaftsstruktur neu zu gestalten, wie es den gegeneinander abzuwägenden Interessen der Beteiligten sowie den Interessen der allgemeinen Landeskultur und der Landentwicklung entspricht und wie es das Wohl der Allgemeinheit erfordert. [2]Die Feldmark ist neu einzuteilen und zersplitterter oder unwirtschaftlich geformter Grundbesitz nach neuzeitlichen betriebswirtschaftlichen Gesichtspunkten zusammenzulegen und nach Lage, Form und Größe zweckmäßig zu gestalten; Wege, Straßen, Gewässer und andere gemeinschaftliche Anlagen sind zu schaffen, bodenschützende sowie -verbessernde und landschaftsgestaltende Maßnahmen vorzunehmen und alle sonstigen Maßnahmen zu treffen, durch welche die Grundlagen der Wirtschaftsbetriebe verbessert, der Arbeitsaufwand vermindert und die Bewirtschaftung erleichtert werden. [3]Maßnahmen der Dorferneuerung können durchgeführt werden; durch Bebauungspläne und ähnliche Planungen wird die Zuziehung der Ortslage zur Flurbereinigung nicht ausgeschlossen. [4]Die rechtlichen Verhältnisse sind zu ordnen.

(2) Die Flurbereinigungsbehörde hat bei der Durchführung der Maßnahmen nach Absatz 1 die öffentlichen Interessen zu wahren, vor allem den Erfordernissen der Raumordnung, der Landesplanung und einer geordneten städtebaulichen Entwicklung, des Umweltschutzes, des Naturschutzes und der Landschaftspflege, des Denkmalschutzes, der Erholung, der Wasserwirtschaft einschließlich Wasserversorgung und Abwasserbeseitigung, der Fischerei, des Jagdwesens, der Energieversorgung, des öffentlichen Verkehrs, der landwirtschaftlichen Siedlung, der Kleinsiedlung, des Kleingartenwesens und der Gestaltung des Orts- und Landschaftsbildes sowie einer möglichen bergbaulichen Nutzung und der Erhaltung und Sicherung mineralischer Rohstoffvorkommen Rechnung zu tragen.

(3) Die Veränderung natürlicher Gewässer darf nur aus wasserwirtschaftlichen und nicht nur aus vermessungstechnischen Gründen unter rechtzeitiger Hinzuziehung von Sachverständigen erfolgen.

§ 38 [Aufstellung allgemeiner Grundsätze] [1]Die Flurbereinigungsbehörde stellt im Benehmen mit der landwirtschaftlichen Berufsvertretung und den beteiligten Behörden und Organisationen, insbesondere den von der zuständigen landwirtschaftlichen Behörde bestellten Fachberatern für Flurbereinigung, allgemeine Grundsätze für die zweckmäßige Neugestaltung des Flurbereinigungsgebietes auf. [2]Dabei sind die Ergebnisse der Vorplanung nach § 1 Abs. 2 des Gesetzes über die Gemeinschaftsaufgabe „Verbesserung der Agrarstruktur und des Küstenschutzes" vom 3. September 1969 (Bundesgesetzbl. I S. 1573),

geändert durch das Gesetz zur Änderung der Gesetze über die Gemeinschaftsaufgaben vom 23. Dezember 1971 (Bundesgesetzbl. I S. 2140), und Vorplanungen der landwirtschaftlichen Berufsvertretung oder anderer landwirtschaftlicher Stellen sowie des Naturschutzes und der Landschaftspflege zu erörtern und in dem möglichen Umfange zu berücksichtigen. [3]Die Erfordernisse der Raumordnung, der Landesplanung und des Städtebaues sind zu beachten.

Erster Abschnitt. Gemeinschaftliche und öffentliche Anlagen

§ 39 [Schaffung gemeinschaftlicher Anlagen] (1) [1]Im Flurbereinigungsgebiet sind Wege, Straßen, Gewässer und andere zur gemeinschaftlichen Benutzung oder einem gemeinschaftlichen Interesse dienende Anlagen zu schaffen, soweit es der Zweck der Flurbereinigung erfordert. [2]Sie sind gemeinschaftliche Anlagen.

(2) Vorhandene Anlagen können geändert, verlegt oder eingezogen werden.

§ 40 [Bereitstellung von Land für Anlagen im öffentlichen Interesse] [1]Für Anlagen, die dem öffentlichen Verkehr oder einem anderen öffentlichen Interesse dienen, wie öffentliche Wege, Straßen, Einrichtungen von Eisenbahnen, Straßenbahnen und sonstigen Unternehmen des öffentlichen Verkehrs, Wasserversorgungs-, Energieversorgungs-, Abwasserverwertungs-, Abwasserbeseitigungs-, Windschutz-, Klimaschutz- und Feuerschutzanlagen, Anlagen zum Schutze gegen Immissionen oder Emissionen, Spiel- und Sportstätten sowie Anlagen, die dem Naturschutz, der Landschaftspflege oder der Erholung dienen, kann Land in verhältnismäßig geringem Umfange im Flurbereinigungsverfahren bereitgestellt werden. [2]Durch den Flurbereinigungsplan wird bestimmt, wem das Land zu Eigentum zugeteilt wird. [3]Soweit eine Anlage nicht zugleich dem wirtschaftlichen Interesse der Teilnehmer dient, hat der Eigentümer der Anlage für das Land und entstehende Schäden einen angemessenen Kapitalbetrag an die Teilnehmergemeinschaft zu leisten.

§ 41 [Plan über gemeinschaftliche und öffentliche Anlagen] (1) Die Flurbereinigungsbehörde stellt im Benehmen mit dem Vorstand der Teilnehmergemeinschaft einen Plan auf über die gemeinschaftlichen und öffentlichen Anlagen, insbesondere über die Einziehung, Änderung oder Neuausweisung öffentlicher Wege und Straßen sowie über die wasserwirtschaftlichen, bodenverbessernden und landschaftsgestaltenden Anlagen (Wege- und Gewässerplan mit landschaftspflegerischem Begleitplan).

(2) [1]Der Plan ist mit den Trägern öffentlicher Belange einschließlich der landwirtschaftlichen Berufsvertretung in einem Anhörungstermin zu erörtern. [2]Einwendungen gegen den Plan müssen zur Vermeidung des Ausschlusses in dem Anhörungstermin vorgebracht werden; darauf ist in der Ladung und in dem Termin hinzuweisen. [3]Die Ladungsfrist beträgt einen Monat. [4]Der Ladung ist ein Auszug aus dem Plan beizufügen, der die Festsetzungen enthält, durch welche die Träger öffentlicher Belange berührt werden.

(3) Der Plan ist durch die obere Flurbereinigungsbehörde festzustellen.

(4) [1]Der Plan kann ohne vorherige Durchführung eines Planfeststellungsverfahrens von der oberen Flurbereinigungsbehörde genehmigt werden, wenn mit Einwendungen nicht zu rechnen ist oder Einwendungen nicht erhoben oder nachträglich ausgeräumt werden. [2]Die Planfeststellung kann bei Änderungen und Erweiterungen von unwesentlicher Bedeutung unterbleiben. [3]Fälle

von unwesentlicher Bedeutung liegen besonders vor, wenn Rechte anderer nicht beeinflußt werden oder wenn mit den Beteiligten entsprechende Vereinbarungen getroffen werden.

(5) [1]Durch die Planfeststellung wird die Zulässigkeit des Vorhabens einschließlich der notwendigen Folgemaßnahmen an anderen Anlagen im Hinblick auf alle von ihm berührten öffentlichen Belange festgestellt; neben der Planfeststellung sind andere behördliche Entscheidungen, insbesondere öffentlich-rechtliche Genehmigungen, Verleihungen, Erlaubnisse, Bewilligungen, Zustimmungen und Planfeststellungen nicht erforderlich. [2]Durch die Planfeststellung werden alle öffentlich-rechtlichen Beziehungen zwischen dem Träger des Vorhabens und den durch den Plan Betroffenen rechtsgestaltend geregelt. [3]Die Rechte der Teilnehmer nach den §§ 44, 58 und 59 bleiben unberührt.

(6) Der Planfeststellungsbeschluß ist dem Träger des Vorhabens und dem Vorstand der Teilnehmergemeinschaft mit Rechtsbehelfsbelehrung zuzustellen.

§ 42 [Herstellung und Unterhaltung der gemeinschaftlichen Anlagen]

(1) [1]Die Teilnehmergemeinschaft hat die gemeinschaftlichen Anlagen, soweit nicht ein anderer den Ausbau übernimmt, herzustellen und bis zur Übergabe an die Unterhaltspflichtigen zu unterhalten, soweit nicht gesetzliche Vorschriften anderes bestimmen. [2]Die Anlagen können schon vor der Ausführung des Flurbereinigungsplanes gebaut werden, soweit der Wege- und Gewässerplan mit landschaftspflegerischem Begleitplan für sie festgestellt ist.

(2) [1]Die gemeinschaftlichen Anlagen werden durch den Flurbereinigungsplan der Teilnehmergemeinschaft zu Eigentum zugeteilt und sind von ihr zu unterhalten, soweit nicht der Flurbereinigungsplan oder gesetzliche Vorschriften anderes bestimmen. [2]Sie können der Gemeinde zugeteilt werden, wenn diese zustimmt. [3]Die Länder können eine abweichende Regelung treffen.

(3) [1]Eigentümern von Grundstücken, die nicht zum Flurbereinigungsgebiet gehören, aber durch Anlagen wesentliche Vorteile haben, kann durch den Flurbereinigungsplan ein den Vorteilen entsprechender Anteil an den Kosten der Unterhaltung solcher Anlagen auferlegt werden. [2]Der Kostenanteil ist an den Unterhaltspflichtigen zu zahlen. [3]Er haftet als öffentliche Last auf den Grundstücken, für die er festgesetzt ist.

§ 43 [Gründung von Wasser- und Bodenverbänden] [1]Sollen Anlagen im Sinne des Gesetzes über Wasser- und Bodenverbände (Wasserverbandsgesetz) vom 12. Februar 1991 (BGBl. I S. 405) im Flurbereinigungsverfahren ausgeführt werden, so kann die Flurbereinigungsbehörde zur Ausführung und Unterhaltung dieser Anlagen einen Wasser- und Bodenverband nach den Vorschriften über Wasser- und Bodenverbände gründen. [2]Während des Flurbereinigungsverfahrens sind die Flurbereinigungsbehörde die Aufsichtsbehörde und die obere Flurbereinigungsbehörde die obere Aufsichtsbehörde des Verbandes.

Zweiter Abschnitt. Grundsätze für die Abfindung

§ 44[1)] [Landabfindung] (1) [1]Jeder Teilnehmer ist für seine Grundstücke unter Berücksichtigung der nach § 47 vorgenommenen Abzüge mit Land von

[1)] Gem. Art. 3 des G v. 15.3.1976 (BGBl. I S. 533) findet § 44 Abs. 1 Satz 4 auf anhängige Verfahren, in denen zum Zeitpunkt des Inkrafttretens dieses G am 1. April 1976 bereits eine vorläufige Besitzeinweisung erfolgt ist, keine Anwendung.

gleichem Wert abzufinden. [2]Bei der Bemessung der Landabfindung sind die nach den §§ 27 bis 33 ermittelten Werte zugrunde zu legen. [3]Maßgebend ist der Zeitpunkt, in dem der neue Rechtszustand an die Stelle des bisherigen tritt (§ 61 Satz 2). [4]In den Fällen der vorläufigen Besitzeinweisung ist der Zeitpunkt maßgebend, in dem diese wirksam wird.

(2) Bei der Landabfindung sind die betriebswirtschaftlichen Verhältnisse aller Teilnehmer gegeneinander abzuwägen und alle Umstände zu berücksichtigen, die auf den Ertrag, die Benutzung und die Verwertung der Grundstücke wesentlichen Einfluß haben.

(3) [1]Die Landabfindungen müssen in möglichst großen Grundstücken ausgewiesen werden. [2]Unvermeidbare Mehr- oder Minderausweisungen von Land sind in Geld auszugleichen. [3]Die Grundstücke müssen durch Wege zugänglich gemacht werden; die erforderliche Vorflut ist, soweit möglich, zu schaffen.

(4) Die Landabfindung eines Teilnehmers soll in der Nutzungsart, Beschaffenheit, Bodengüte und Entfernung vom Wirtschaftshofe oder von der Ortslage seinen alten Grundstücken entsprechen, soweit es mit einer großzügigen Zusammenlegung des Grundbesitzes nach neuzeitlichen betriebswirtschaftlichen Erkenntnissen vereinbar ist.

(5) [1]Wird durch die Abfindung eine völlige Änderung der bisherigen Struktur eines Betriebes erforderlich, so bedarf sie der Zustimmung des Teilnehmers. [2]Die Kosten der Änderung sind Ausführungskosten (§ 105).

(6) [1]Die Landabfindungen können im Wege des Austausches in einem anderen Flurbereinigungsgebiet ausgewiesen werden, soweit es für die Durchführung der Flurbereinigung zweckmäßig ist und in den betroffenen Flurbereinigungsgebieten der neue Rechtszustand gleichzeitig eintritt. [2]Die Landabfindungen werden in diesen Fällen durch die Flurbereinigungspläne der Flurbereinigungsgebiete festgestellt, in denen sie ausgewiesen werden.

(7) [1]Sind die betroffenen Rechtsinhaber einverstanden, können die Flurbereinigungsbehörde und die Gemeinde (Umlegungsstelle) in gegenseitigem Einvernehmen den Eigentümer eines in einem Flurbereinigungsgebiet gelegenen Grundstücks mit einem Grundstück in einem Gebiet abfinden, in dem eine Umlegung nach Maßgabe des Vierten Teils des Ersten Kapitels des Baugesetzbuchs[1)] durchgeführt wird. [2]Das gleiche gilt, wenn der Eigentümer eines in einem Umlegungsgebiet gelegenen Grundstücks mit einem Grundstück in einem Flurbereinigungsgebiet abgefunden werden soll. [3]Im übrigen ist Absatz 6 entsprechend anzuwenden.

§ 45 [Erlaubte Veränderungen] (1) [1]Wenn der Zweck der Flurbereinigung es erfordert, können verändert werden:

1. Hof- und Gebäudeflächen;
2. Parkanlagen;
3. Naturdenkmale, Naturschutzgebiete sowie geschützte Landschaftsteile und geschützte Landschaftsbestandteile;
4. Seen, Fischteiche und Fischzuchtanstalten;
5. Gewässer, die einem gewerblichen Betrieb dienen;
6. Sportanlagen;

[1)] Auszugsweise abgedruckt unter Nr. **6**.

7. Gärtnereien;
8. Friedhöfe, einzelne Grabstätten und Denkmale;
9. Anlagen, die dem öffentlichen Verkehr, dem Hochwasserschutz, der öffentlichen Wasser- und Energieversorgung sowie der Abwasserverwertung oder -beseitigung dienen;
10. Sol- und Mineralquellen mit den dazugehörenden Grundstücken;
11. Gewerbliche Anlagen zur Gewinnung von Bodenbestandteilen, sofern sie dauernd in Betrieb sind, und Lagerstätten von Bodenschätzen, die der Aufsicht der Bergbehörde unterliegen.

[2]In den Fällen der Nummern 9 bis 11 ist die Zustimmung der Eigentümer erforderlich. [3]Sie ist in den Fällen der Nummer 9 nicht erforderlich, sofern es sich um Anlagen handelt, die einem gemeinschaftlichen Interesse im Sinne des § 39 Abs. 1 dienen.

(2) [1]Wenn der Zweck der Flurbereinigung in anderer Weise nicht erreicht werden kann, können die in Absatz 1 Nr. 1 bis 8 bezeichneten Grundstücke verlegt oder einem anderen gegeben werden. [2]Bei Wohngebäuden und in den Fällen der Nummern 2, 7 und 8 ist jedoch die Zustimmung der Eigentümer, bei Friedhöfen auch die Zustimmung der beteiligten Kirchen erforderlich.

(3) Zu wesentlichen Eingriffen in den Bestand von Naturdenkmalen, Naturschutzgebieten sowie geschützten Landschaftsteilen und geschützten Landschaftsbestandteilen ist auch die vorherige Zustimmung der für den Naturschutz und die Landschaftspflege zuständigen Behörde erforderlich.

§ 46 [Abfindung bei Wertverbesserung von Grundstücken] [1]Sind Teile des Flurbereinigungsgebietes durch besondere Maßnahmen mit erheblichen öffentlichen Mitteln im Flurbereinigungsverfahren verbessert und ist der Wert dieser Grundstücke wesentlich erhöht worden, so kann der Bemessung der Abfindung der Teilnehmer der erhöhte Wert zugrunde gelegt werden. [2]Der erhöhte Wert ist nötigenfalls durch erneute Wertermittlung nach den §§ 28 und 31 bis 33 unter Berücksichtigung der den Teilnehmern verbleibenden Kostenlast festzustellen. [3]Der Erlös des zur Abfindung der Teilnehmer nicht benötigten Landes ist zur Deckung der Kosten der Verbesserung zu verwenden.

§ 47 [Aufbringung von Grund und Boden zu gemeinschaftlichen Anlagen] (1) [1]Den zu den gemeinschaftlichen Anlagen und zu öffentlichen Anlagen nach § 40 erforderlichen Grund und Boden haben alle Teilnehmer nach dem Verhältnis des Wertes ihrer alten Grundstücke zu dem Wert aller Grundstücke des Flurbereinigungsgebietes aufzubringen, soweit er nicht durch vor der Flurbereinigung vorhandene Anlagen gleicher Art oder durch einen bei Neumessung des Flurbereinigungsgebietes sich ergebenden Überschuß an Fläche gedeckt oder von einzelnen Teilnehmern hergegeben wird; in gleicher Weise ist ein bei Neumessung sich ergebender Mangel an Fläche aufzubringen. [2]Der von den Teilnehmern aufzubringende Anteil kann für unvorhergesehene Zwecke, für Mißformen und zum Ausgleich mäßig erhöht werden.

(2) Für solche Teile des Flurbereinigungsgebietes, in denen aus besonderen Gründen ein größerer Bedarf an Grund und Boden für gemeinschaftliche oder öffentliche Anlagen als in anderen Teilen besteht, kann zu Lasten der begünstigten Teilnehmer ein von dem übrigen Flurbereinigungsgebiet abweichender Maßstab festgesetzt werden.

(3) Die Flurbereinigungsbehörde kann zur Vermeidung offensichtlicher und unbilliger Härten einzelne Teilnehmer ausnahmsweise von der Aufbringung ihres Anteils an den gemeinschaftlichen oder öffentlichen Anlagen ganz oder teilweise zu Lasten der übrigen Teilnehmer befreien.

§ 48 [Teilung gemeinschaftlichen Eigentums] (1) Zum Flurbereinigungsgebiet gehörende Grundstücke, die nach altem Herkommen in gemeinschaftlichem Eigentum stehen, können geteilt werden.

(2) Wenn es dem Zweck der Flurbereinigung dient und die Eigentümer zustimmen, kann gemeinschaftliches Eigentum an Grundstücken auch in anderen Fällen geteilt oder in der Form von Miteigentum neu gebildet werden.

§ 49 [Aufhebung alter Grundrechte; Abfindung] (1) [1] Wenn es der Zweck der Flurbereinigung erfordert, können Dienstbarkeiten, Reallasten und Erwerbsrechte an einem Grundstück sowie persönliche Rechte, die zum Besitz oder zur Nutzung eines Grundstücks berechtigen oder die Benutzung eines Grundstücks beschränken, aufgehoben werden. [2] Für Rechte, die durch die Flurbereinigung entbehrlich werden, wird eine Abfindung nicht gewährt. [3] Werden in Satz 1 genannte Rechte, die nicht entbehrlich werden, aufgehoben, sind die Berechtigten entweder in Land, durch gleichartige Rechte oder mit ihrer Zustimmung in Geld abzufinden. [4] Bei der Abfindung in Land oder durch gleichartige Rechte gilt § 44 Abs. 3 Satz 2, bei der Abfindung in Geld gelten die §§ 52 bis 54 entsprechend. [5] Soweit die Abfindung in Land oder durch gleichartige Rechte unmöglich oder mit dem Zweck der Flurbereinigung nicht vereinbar ist, sind die Berechtigten in Geld abzufinden.

(2) [1] Ein in Absatz 1 Satz 1 bezeichnetes Recht ist auf Antrag des Berechtigten aufzuheben, wenn es bei Übergang auf die Landabfindung an dieser nicht mehr in dem bisherigen Umfange ausgeübt werden könnte. [2] Absatz 1 Satz 3 bis 5 gilt entsprechend.

(3) Die aus dem Bestehen eines aufzuhebenden Rechts folgende Minderung des Wertes des alten Grundstücks ist bei der Abfindung des Teilnehmers nur zu berücksichtigen, wenn sie erheblich ist.

§ 50 [Übernahme oder Entfernung von Holzpflanzen; Abfindung]

(1) Obstbäume, Beerensträucher, Rebstöcke, Hopfenstöcke, Bodenaltertümer, Kulturdenkmale sowie Bäume, Feldgehölze und Hecken, deren Erhaltung aus Gründen des Naturschutzes und der Landschaftspflege oder aus anderen Gründen geboten ist, hat der Empfänger der Landabfindung zu übernehmen.

(2) [1] Für die in Absatz 1 genannten Holzpflanzen hat die Teilnehmergemeinschaft den bisherigen Eigentümer in Geld abzufinden; sie kann von dem Empfänger der Landabfindung angemessene Erstattung verlangen. [2] Mit Zustimmung der Flurbereinigungsbehörde können die Teilnehmer anderes vereinbaren. [3] Für unfruchtbare, unveredelte, noch verpflanzbare oder abgängige Obstbäume, für verpflanzbare oder abgängige Beerensträucher, Rebstöcke, Hopfenstöcke und für andere als die in Absatz 1 genannten Bäume wird keine Geldabfindung gegeben; der bisherige Eigentümer kann sie entfernen. [4] Als abgängig gelten auch Rebstöcke und Hopfenstöcke, die nach anderen gesetzlichen Vorschriften zu beseitigen sind; die Vorschriften über die Entschädigung nach diesen Gesetzen bleiben unberührt.

(3) Die Länder bestimmen, daß Obstbäume, Beerensträucher oder Rebstöcke zu entfernen sind, wenn Bodenverbesserungen oder andere ertragsfördernde Maßnahmen, z.B. Rebenneuaufbau, sonst nicht zweckmäßig durchgeführt werden können.

(4) Für andere nicht unter Absatz 1 fallende wesentliche Bestandteile von Grundstücken, insbesondere für Gebäude, ist, soweit erforderlich, der bisherige Eigentümer oder der sonst Berechtigte gesondert abzufinden.

§ 51 [Ausgleichung in Geld] (1) Ein vorübergehender Unterschied zwischen dem Wert der alten Grundstücke und dem Wert der Landabfindung sowie andere vorübergehende Nachteile einzelner Teilnehmer, die das Maß der den übrigen Teilnehmern entstehenden gleichartigen Nachteile erheblich übersteigen, sind durch Geld oder in anderer Art auszugleichen.

(2) Die Teilnehmergemeinschaft kann Erstattung der von ihr geleisteten Ausgleichszahlung von dem, der dadurch Vorteile hat, nach dem Verhältnis seines Vorteiles verlangen.

§ 52 [Ganze oder teilweise Abfindung in Geld; Grundstücksverfügungsverbot] (1) Ein Teilnehmer kann mit seiner Zustimmung statt in Land ganz oder teilweise in Geld abgefunden werden.

(2) [1] Die Zustimmung bedarf zu ihrer Wirksamkeit schriftlicher Form. [2] Sie kann nicht mehr widerrufen werden, wenn sie der Flurbereinigungsbehörde zugegangen oder in eine Verhandlungsniederschrift (§§ 129 bis 131) aufgenommen worden ist.

(3) [1] Ist die Zustimmung unwiderruflich geworden, so darf der Teilnehmer das Grundstück, für das er in Geld abzufinden ist, nicht mehr veräußern oder belasten. [2] Das Verfügungsverbot (§ 135 des Bürgerlichen Gesetzbuchs) ist auf Ersuchen der Flurbereinigungsbehörde für die Teilnehmergemeinschaft oder im Falle der Zustimmung zugunsten eines bestimmten Dritten für diesen in das Grundbuch einzutragen. [3] Solange das Verfügungsverbot nicht eingetragen ist, hat der rechtsgeschäftliche Erwerber des Grundstücks, eines Rechts an dem Grundstück oder eines Rechts an einem solchen Recht die Auszahlung der Geldabfindung nur gegen sich gelten zu lassen, wenn ihm das Verfügungsverbot bei dem Erwerb bekannt war; § 892 des Bürgerlichen Gesetzbuchs gilt entsprechend. [4] Wird ein Teilnehmer nur für einen Grundstücksteil in Geld abgefunden, so ist das Verfügungsverbot nur für diesen Teil einzutragen.

§ 53 [Auszahlung der Abfindung; Anzahlung des Grundstücksberechtigten] (1) [1] Wird ein Teilnehmer ganz oder teilweise in Geld abgefunden und ist er mit der Höhe der Geldabfindung einverstanden, so kann diese schon vor Ausführung des Flurbereinigungsplanes ausgezahlt werden, sobald das Verfügungsverbot (§ 52 Abs. 3) im Grundbuch eingetragen ist. [2] Nach Auszahlung der Geldabfindung kann ihre Änderung nicht mehr verlangt werden.

(2) [1] Ist das Grundstück mit Rechten Dritter belastet, so ist die Abfindung dem Eigentümer nach Abzug des Wertes dieser Rechte auszuzahlen. [2] Eine diesen Rechten zugrunde liegende persönliche Schuld des Eigentümers kann die Teilnehmergemeinschaft oder ein gemeinnütziges Siedlungsunternehmen übernehmen, ohne daß es der Genehmigung des Gläubigers bedarf. [3] Die Übernahme wird mit der Anzeige an den Gläubiger wirksam. [4] Bis zu diesem

Zeitpunkt ist die Teilnehmergemeinschaft oder das Siedlungsunternehmen dem Eigentümer gegenüber verpflichtet, den Gläubiger rechtzeitig zu befriedigen.

§ 54 [Berechnung der Kapitalbeträge] (1) [1] Geldabfindungen und Geldausgleiche müssen angemessen sein. [2] Die Kapitalbeträge sind unter Zugrundelegung des Wertes nach § 28, bei Bauflächen und Bauland sowie bei baulichen Anlagen nach § 29 festzusetzen. [3] Sie können gegen Beiträge (§ 19) verrechnet werden.

(2) [1] Das infolge von Geldabfindungen und nach § 46 zur Abfindung der Teilnehmer nicht benötigte Land ist in einer dem Zweck der Flurbereinigung entsprechenden Weise oder für Siedlungszwecke zu verwenden. [2] Durch den Flurbereinigungsplan wird bestimmt, wem das Land zu Eigentum zugeteilt wird. [3] Für die Zuteilung gilt § 55 entsprechend.

§ 55 [Sondervorschriften bei Teilnahme von Siedlungsunternehmen]

(1) Ist ein Siedlungsunternehmen Teilnehmer, so kann das ihm zustehende Abfindungsland mit seiner Zustimmung durch den Flurbereinigungsplan einem oder in Teilen mehreren Siedlern zu Eigentum zugeteilt werden.

(2) [1] Die Flurbereinigungsbehörde kann im Flurbereinigungsplan eine Hypothek, mit der die Grundstücke des Siedlungsunternehmens belastet sind, auf die einzelnen Teile des Abfindungslandes, soweit diese verschiedenen Siedlern zugeteilt werden, entsprechend ihrem im Flurbereinigungsverfahren ermittelten Wert verteilen. [2] Der Gläubiger kann der Verteilung nicht widersprechen.

(3) [1] Nach Eintritt des neuen Rechtszustandes haftet der Siedler für die persönliche Forderung, die der verteilten Hypothek zugrunde liegt, insoweit, als sie der Belastung seines Grundstücks mit der Hypothek entspricht. [2] Die Rechte des Gläubigers gegen den bisherigen Schuldner erlöschen.

(4) Die Vorschriften der Absätze 2 und 3 gelten für Grundschulden, Rentenschulden und Reallasten sinngemäß; doch gilt Absatz 2 für Altenteile nur, soweit der Unterhalt des Berechtigten durch die Verteilung nicht gefährdet wird.

Dritter Abschnitt. Flurbereinigungsplan

§ 56 [Grenzzeichen und Grenzanerkennungen] [1] Vor der Aufstellung des Flurbereinigungsplanes hat die Flurbereinigungsbehörde, soweit erforderlich, die Errichtung fester Grenzzeichen an der Grenze des Flurbereinigungsgebietes sicherzustellen. [2] Sie hat erforderliche Grenzanerkennungen durch die Eigentümer der an das Gebiet grenzenden Grundstücke aufzunehmen. [3] Die Grenzanerkennungen können durch Bestimmungen des Flurbereinigungsplanes ersetzt werden, durch die die Grenze des Flurbereinigungsgebietes festgelegt wird.

§ 57 [Anhörungspflicht für Abfindungswünsche] Vor der Aufstellung des Flurbereinigungsplanes sind die Teilnehmer über ihre Wünsche für die Abfindung zu hören.

§ 58 [Flurbereinigungsplan] (1) [1] Die Flurbereinigungsbehörde faßt die Ergebnisse des Verfahrens im Flurbereinigungsplan zusammen. [2] In den Flurbereinigungsplan ist der Wege- und Gewässerplan mit landschaftspflegerischem Begleitplan aufzunehmen, die gemeinschaftlichen und öffentlichen Anlagen

sowie die alten Grundstücke und Berechtigungen der Beteiligten und ihre Abfindungen sind nachzuweisen, die sonstigen Rechtsverhältnisse sind zu regeln. [3] Im Flurbereinigungsplan ist der im Grundbuch eingetragene Eigentümer oder andere Berechtigte auch dann zu bezeichnen, wenn an seiner Stelle gemäß § 12 Satz 2 und 3 sowie den §§ 13 und 14 ein anderer als Beteiligter behandelt worden ist.

(2) [1] Gemeindegrenzen können durch den Flurbereinigungsplan geändert werden, soweit es wegen der Flurbereinigung zweckmäßig ist. [2] Die Änderung bezieht sich auch auf die Kreis-, Bezirks- und Landesgrenzen, wenn sie mit den Gemeindegrenzen übereinstimmen. [3] Ist die Änderung von Gemeinde- oder Kreisgrenzen beabsichtigt, so ist die zuständige Kommunalaufsichtsbehörde rechtzeitig zu verständigen; die Änderung bedarf der Zustimmung der beteiligten Gebietskörperschaften. [4] Ist die Änderung von Bezirks- oder Landesgrenzen beabsichtigt, so sind auch die zuständigen obersten Landesbehörden rechtzeitig zu verständigen; die Änderung bedarf der Zustimmung der beteiligten Länder und Gebietskörperschaften.

(3) Der Flurbereinigungsplan bedarf der Genehmigung der oberen Flurbereinigungsbehörde.

(4) [1] Der Flurbereinigungsplan hat für Festsetzungen, die im gemeinschaftlichen Interesse der Beteiligten oder im öffentlichen Interesse getroffen werden, die Wirkung von Gemeindesatzungen. [2] Nach Beendigung des Flurbereinigungsverfahrens können die Festsetzungen mit Zustimmung der Gemeindeaufsichtsbehörde durch Gemeindesatzung geändert oder aufgehoben werden.

§ 59 [Bekanntmachung des Flurbereinigungsplanes; Widersprüche]

(1) [1] Der Flurbereinigungsplan ist den Beteiligten bekanntzugeben. [2] Die neue Feldeinteilung ist ihnen auf Wunsch an Ort und Stelle zu erläutern.

(2) [1] Widersprüche gegen den bekanntgegebenen Flurbereinigungsplan müssen die Beteiligten zur Vermeidung des Ausschlusses in einem Anhörungstermin vorbringen; hierauf ist in der Ladung und im Termin hinzuweisen. [2] Die Ladungsfrist beträgt zwei Wochen.

(3) [1] Jedem Teilnehmer ist ein Auszug aus dem Flurbereinigungsplan zuzustellen, der seine neuen Grundstücke nach Fläche und Wert sowie das Verhältnis seiner Gesamtabfindung zu dem von ihm Eingebrachten nachweist. [2] Der Auszug soll der Ladung zum Anhörungstermin beigefügt werden. [3] Wird durch öffentliche Bekanntmachung geladen, so soll der Auszug den Teilnehmern zwei Wochen vor ihrer Anhörung zugehen.

(4) Widerspüche nach Absatz 2 sind in die Verhandlungsniederschrift (§§ 129 bis 131) aufzunehmen.

(5) Die Länder können an Stelle oder neben dem im Termin vorzubringenden Widerspruch schriftlichen Widerspruch innerhalb von zwei Wochen nach dem Terminstage zulassen.

§ 60 [Änderungen durch die Flurbereinigungsbehörde; Vorlage von Widersprüchen der oberen Flurbereinigungsbehörde] (1) [1] Die Flurbereinigungsbehörde hat begründeten Widersprüchen abzuhelfen. [2] Sie kann auch andere Änderungen des Flurbereinigungsplanes vornehmen, die sie für erforderlich hält. [3] Die Bekanntgabe der Änderungen und die Anhörung sind

auf die daran Beteiligten zu beschränken. [4] Im übrigen sind die Vorschriften des § 59 anzuwenden.

(2) Die nach Abschluß der Verhandlungen verbleibenden Widersprüche legt die Flurbereinigungsbehörde gemäß der Vorschrift des § 141 Abs. 1 der oberen Flurbereinigungsbehörde vor.

Vierter Abschnitt. Ausführung des Flurbereinigungsplanes

§ 61 [Unanfechtbarkeit des Flurbereinigungsplanes] [1] Ist der Flurbereinigungsplan unanfechtbar geworden, ordnet die Flurbereinigungsbehörde seine Ausführung an (Ausführungsanordnung). [2] Zu dem in der Ausführungsanordnung zu bestimmenden Zeitpunkt tritt der im Flurbereinigungplan vorgesehene neue Rechtszustand an die Stelle des bisherigen.

§ 62 [Ausführungsanordnung; Überleitungsbestimmungen] (1) [1] Die Ausführungsanordnung und der Zeitpunkt des Eintritts des neuen Rechtszustandes (§ 61 Satz 2) sind öffentlich bekanntzumachen. [2] In der Bekanntmachung ist auf die Frist nach § 71 Satz 3 hinzuweisen.

(2) Durch Überleitungsbestimmungen, zu denen der Vorstand der Teilnehmergemeinschaft zu hören ist, regelt die Flurbereinigungsbehörde die tatsächliche Überleitung in den neuen Zustand, namentlich den Übergang des Besitzes und der Nutzung der neuen Grundstücke.

(3) [1] Die Überleitungsbestimmungen sind bei den Gemeindeverwaltungen der Flurbereinigungsgemeinden oder bei dem Vorstand der Teilnehmergemeinschaft zur Einsichtnahme für die Beteiligten auszulegen. [2] Die Auslegung ist öffentlich bekanntzumachen.

§ 63 [Vorzeitige Ausführungsanordnung] (1) Die Ausführung des Flurbereinigungsplanes kann vor seiner Unanfechtbarkeit angeordnet werden, wenn die Flurbereinigungsbehörde verbliebene Widersprüche gemäß § 60 Abs. 2 der oberen Flurbereinigungsbehörde vorgelegt hat und aus einem längeren Aufschub der Ausführung voraussichtlich erhebliche Nachteile erwachsen würden (vorzeitige Ausführungsanordnung).

(2) [1] Wird der vorzeitig ausgeführte Flurbereinigungsplan unanfechtbar geändert, so wirkt diese Änderung in rechtlicher Hinsicht auf den in der Ausführungsanordnung festgesetzten Tag zurück. [2] Die tatsächliche Ausführung der Änderung regelt die Flurbereinigungsbehörde durch Überleitungsbestimmungen. [3] Die Änderung ist den Beteiligten bekanntzugeben.

§ 64 [Änderung und Ergänzung des Flurbereinigungsplanes] [1] Die Flurbereinigungsbehörde kann den Flurbereinigungsplan auch nach der Ausführungsanordnung (§§ 61 und 63) ändern oder ergänzen, wenn öffentliche Interessen oder wichtige, nicht vorherzusehende wirtschaftliche Bedürfnisse der Beteiligten es erfordern oder wenn ihr eine rechtskräftige gerichtliche Entscheidung bekannt wird. [2] Für das Verfahren gelten die §§ 59 bis 63 sinngemäß; § 63 Abs. 2 gilt auch, wenn die Ausführung des Flurbereinigungsplanes gemäß § 61 Satz 1 angeordnet war.

Fünfter Abschnitt. Vorläufige Besitzeinweisung

§ 65 [Vorläufige Besitzeinweisung] (1) [1]Die Beteiligten können in den Besitz der neuen Grundstücke vorläufig eingewiesen werden, wenn deren Grenzen in die Örtlichkeit übertragen worden sind und endgültige Nachweise für Fläche und Wert der neuen Grundstücke vorliegen sowie das Verhältnis der Abfindung zu dem von jedem Beteiligten Eingebrachten feststeht. [2]Die neue Feldeinteilung ist den Beteiligten bekanntzugeben und auf Antrag an Ort und Stelle zu erläutern. [3]Die vorläufige Besitzeinweisung kann auf Teile des Flurbereinigungsgebietes beschränkt werden.

(2) [1]Die Flurbereinigungsbehörde ordnet die vorläufige Besitzeinweisung an. [2]Die Vorschrift des § 18 Abs. 2 ist nicht anzuwenden. [3]Die vorläufige Besitzeinweisung ist öffentlich bekanntzumachen; in den Fällen des Absatzes 1 Satz 3 kann sie auch zugestellt werden. [4]Die Vorschriften des § 62 Abs. 2 und 3 gelten sinngemäß.

§ 66 [Besitz-, Verwaltungs- und Nutzungsübergang] (1) [1]Mit dem in den Überleitungsbestimmungen bestimmten Zeitpunkt gehen der Besitz, die Verwaltung und die Nutzung der neuen Grundstücke auf den in der neuen Feldeinteilung benannten Empfänger über. [2]Soweit an Erzeugnissen oder sonstigen Bestandteilen besondere Rechtsverhältnisse bestehen können, gilt der Empfänger als Eigentümer der neuen Grundstücke. [3]Insbesondere treten die Erzeugnisse der neuen Grundstücke in rechtlicher Beziehung an die Stelle der Erzeugnisse der alten Grundstücke. [4]Die Flurbereinigungsbehörde kann Abweichendes bestimmen.

(2) Die Vorschriften der §§ 69 bis 71 sind sinngemäß anzuwenden.

(3) Die rechtlichen Wirkungen der vorläufigen Besitzeinweisung enden mit der Ausführung des Flurbereinigungsplanes (§§ 61 und 63).

§ 67 [Leistung der Ausgleiche und Abfindungen in Geld] (1) Ausgleiche und Abfindungen in Geld sind möglichst anschließend an die Anordnung nach § 65 Abs. 2 zu leisten, soweit nicht Rechte Dritter nach den Vorschriften der §§ 74 bis 78 zu wahren sind.

(2) Beträge, die nach den endgültigen Festsetzungen im Flurbereinigungsplan in anderer Höhe oder von anderen Beteiligten zu zahlen sind, sind nach Ausführung des Flurbereinigungsplanes auszugleichen.

Sechster Abschnitt. Wahrung der Rechte Dritter

§ 68 [Übergang und Bestehenbleiben von Grundstücksrechten]

(1) [1]Die Landabfindung tritt hinsichtlich der Rechte an den alten Grundstücken und der diese Grundstücke betreffenden Rechtsverhältnisse, die nicht aufgehoben werden (§ 49), an die Stelle der alten Grundstücke. [2]Die örtlich gebundenen öffentlichen Lasten, die auf den alten Grundstücken ruhen, gehen auf die in deren örtlicher Lage ausgewiesenen neuen Grundstücke über.

(2) Wird eine Landabfindung für mehrere alte Grundstücke oder Berechtigungen gegeben, die durch verschiedene Rechtsverhältnisse betroffen werden, so hat die Flurbereinigungsbehörde zu bestimmen, welche neuen Grundstücke oder Bruchteile von neuen Grundstücken an die Stelle der einzelnen alten Grundstücke oder Berechtigungen treten.

(3) [1] Auf Antrag und, soweit erforderlich, auch von Amts wegen hat die Flurbereinigungsbehörde an Stelle der nach Absatz 2 bestimmten Bruchteile besondere Grundstücke auszuweisen. [2] Das gilt nicht hinsichtlich der Bruchteile von Berechtigungen der in § 49 Abs. 1 Satz 3 bezeichneten Art.

§ 69 [Leistungspflichten des Nießbrauchers] [1] Der Nießbraucher hat einen angemessenen Teil der dem Eigentümer zur Last fallenden Beiträge (§ 19) zu leisten und dem Eigentümer die übrigen Beiträge vom Zahlungstage ab zum angemessenen Zinssatz zu verzinsen. [2] Entsprechend ist eine Ausgleichszahlung zu verzinsen, die der Eigentümer für eine dem Nießbrauch unterliegende Mehrzuteilung von Land zu leisten hat.

§ 70 [Ausgleichung und Auflösung von Pachtverhältnissen] (1) Bei Pachtverhältnissen ist ein Wertunterschied zwischen dem alten und dem neuen Pachtbesitz durch Erhöhung oder Minderung der Pacht oder in anderer Weise auszugleichen.

(2) Wird der Pachtbesitz durch die Flurbereinigung so erheblich geändert, daß dem Pächter die Bewirtschaftung wesentlich erschwert wird, so ist das Pachtverhältnis zum Ende des bei Erlaß der Ausführungsanordnung laufenden oder des darauffolgenden ersten Pachtjahres aufzulösen.

(3) Die Vorschriften der Absätze 1 und 2 gelten nicht, soweit die Vertragsteile eine abweichende Regelung getroffen haben.

§ 71 [Entscheidung betr. Nießbrauch- und Pachtverhältnisse] [1] Über die Leistungen nach § 69, den Ausgleich nach § 70 Abs. 1 und die Auflösung des Pachtverhältnisses nach § 70 Abs. 2 entscheidet die Flurbereinigungsbehörde. [2] Die Entscheidung ergeht nur auf Antrag; im Falle des § 70 Abs. 2 ist nur der Pächter antragsberechtigt. [3] Die Anträge sind spätestens drei Monate nach Erlaß der Ausführungsanordnung bei der Flurbereinigungsbehörde zu stellen.

§ 72 [Geldabfindung der Grundstücksinhaber] (1) Wird ein Teilnehmer nur in Geld abgefunden, so sind die Inhaber von Hypotheken, Grundschulden, Rentenschulden und Reallasten an den alten Grundstücken sowie die Gläubiger von Rückständen öffentlicher Lasten oder als öffentliche Last auf den alten Grundstücken ruhender Renten auf die Geldabfindung angewiesen.

(2) Wird eine Geldabfindung für mehrere alte Grundstücke oder Berechtigungen gegeben, die verschiedenen Rechtsverhältnissen unterliegen, so hat die Flurbereinigungsbehörde zu bestimmen, welche Teilbeträge der Geldabfindung an die Stelle der alten Grundstücke oder Berechtigungen treten.

§ 73 [Gesonderte Abfindung der Altenteilsberechtigten] [1] Wird ein Teilnehmer nur in Geld abgefunden, so sind Altenteilsberechtigte sowie Inhaber von Erwerbsrechten an den alten Grundstücken oder von dinglichen oder persönlichen Rechten, die zum Besitz oder zur Nutzung dieser Grundstücke berechtigen oder die Benutzung dieser Grundstücke beschränken, gesondert abzufinden. [2] Die Vorschriften des § 49 Abs. 1 und 3 gelten entsprechend.

§ 74 [Wahrung der Grundstücksrechte] Wird ein Teilnehmer nur in Geld abgefunden, so sind die Rechte nach § 72 Abs. 1, soweit sie aus dem Grundbuch ersichtlich oder sonst bekannt sind, nach folgenden Vorschriften zu wahren:

1. Sind die Rechte nicht streitig, Teilnehmer und Berechtigte über die Auszahlung einig und macht kein Dritter dingliche Rechte an der Geldabfindung geltend, so weist die Flurbereinigungsbehörde die Teilnehmergemeinschaft an, das Geld den Berechtigten auszuzahlen.
2. [1] Sind die Rechte streitig oder Teilnehmer und Berechtigte über die Auszahlung nicht einig oder macht ein Dritter dingliche Rechte an der Geldabfindung geltend, so weist die Flurbereinigungsbehörde die Teilnehmergemeinschaft an, das Geld zugunsten des in Geld abgefundenen Teilnehmers, der Berechtigten und des Dritten bei dem nach Nummer 3 für die Verteilung zuständigen Amtsgericht unter Verzicht auf das Recht der Rücknahme zu hinterlegen. [2] Nach der Hinterlegung können Ansprüche wegen der Geldabfindung im Flurbereinigungsverfahren nicht mehr geltend gemacht werden. [3] Das Amtsgericht hat den hinterlegten Betrag nach Maßgabe des § 75 zu verteilen. [4] § 108 ist nicht anzuwenden.
3. [1] Für die Verteilung ist das Amtsgericht zuständig, in dessen Bezirk die mit den Rechten belasteten Grundstücke liegen. [2] Liegen die belasteten Grundstücke in den Bezirken verschiedener Amtsgerichte, so ist das Amtsgericht zuständig, in dessen Bezirk die größere Fläche der belasteten Gundstücke liegt. [3] In Zweifelsfällen gilt § 2 des Gesetzes über die Zwangsversteigerung und die Zwangsverwaltung[1)] in der Fassung der Bekanntmachung vom 20. Mai 1898 (Reichsgesetzbl. S. 369, 713), zuletzt geändert durch das Einführungsgesetz zum Strafgesetzbuch vom 2. März 1974 (Bundesgesetzbl. I S. 469), entsprechend.
4. Hypotheken, Grundschulden, Rentenschulden und Reallasten, die aus der Geldabfindung nicht befriedigt werden, erlöschen.

§ 75 [Verteilungsverfahren bei strittiger Berechtigung] (1) Nach Eintritt des neuen Rechtszustandes kann jeder Hinterlegungsbeteiligte sein Recht an der hinterlegten Summe gegen einen Mitbeteiligten, der dieses Recht bestreitet, vor den ordentlichen Gerichten geltend machen oder die Einleitung eines gerichtlichen Verteilungsverfahrens beantragen.

(2) Auf das Verteilungsverfahren sind die Vorschriften über die Verteilung des Erlöses im Falle der Zwangsversteigerung mit folgenden Abweichungen sinngemäß anzuwenden:

1. Das Verteilungsverfahren ist durch Beschluß zu eröffnen.
2. [1] Die Zustellung des Eröffnungsbeschlusses an den Antragsteller gilt als Beschlagnahme im Sinne des § 13 des Zwangsversteigerungsgesetzes. [2] Ist das Grundstück schon in einem Zwangsversteigerungs- oder Zwangsverwaltungsverfahren beschlagnahmt, so hat es hierbei sein Bewenden.
3. Das Verteilungsgericht hat bei Eröffnung des Verfahrens von Amts wegen das Grundbuchamt um die in § 19 Abs. 2 des Zwangsversteigerungsgesetzes[1)] bezeichneten Mitteilungen zu ersuchen; in die beglaubigte Abschrift des Grundbuchblattes sind die im Zeitpunkt des Eintritts des neuen Rechtszustandes vorhandenen Eintragungen über Hypotheken, Grundschulden, Rentenschulden und Reallasten sowie die später eingetragenen Veränderungen und Löschungen aufzunehmen.

[1)] Nr. **13**.

4. Ansprüche auf wiederkehrende Nebenleistungen sind nur bis zum Zeitpunkt der Hinterlegung zu berücksichtigen.

§ 76 [Wahrung der Rechte bei teilweiser Geldabfindung] (1) Erhält ein Teilnehmer neben einer Landabfindung eine Geldabfindung und übersteigt diese den Betrag von tausend Deutsche Mark oder den zwanzigsten Teil des Wertes (§§ 28 und 29) der belasteten alten Grundstücke, so hat die Flurbereinigungsbehörde die Abfindung den in § 74 bezeichneten Berechtigten mit dem Hinweis bekanntzugeben, daß ihre Rechte an der Geldabfindung im Flurbereinigungsverfahren nur gewahrt werden, wenn sie dies innerhalb eines Monats beantragen.

(2) [1] Wird rechtzeitig ein Antrag gestellt, so hat die Flurbereinigungsbehörde das Recht des Antragstellers, soweit es unter Berücksichtigung der im Range vorgehenden Rechte durch den Wert der Landabfindung für die belasteten alten Grundstücke nicht gesichert ist, und die im Range nachstehenden Rechte entsprechend den Vorschriften des § 74 zu wahren. [2] Dies gilt nicht, wenn der Teilnehmer innerhalb einer von der Flurbereinigungsbehörde zu bestimmenden Frist die geschmälerte Sicherheit dadurch wiederherstellt, daß er im Range vorgehende Rechte beseitigt, andere Grundstücke den Abfindungsgrundstücken als Bestandteile zuschreiben läßt oder das Abfindungsgrundstück dauerhaft verbessert.

§ 77 [Entsprechende Anwendung bei Rechten an Rechten] Die Vorschriften der §§ 74 bis 76 gelten entsprechend, wenn Rechte Dritter an den Rechten bestehen, die nach § 74 zu wahren sind oder deren Inhaber nach den §§ 49 oder 73 in Geld abgefunden werden.

§ 78 [Bereitstellung der Geldabfindungen] Die Teilnehmergemeinschaft hat Geldabfindungen bis zu ihrer Verwendung für die Empfangsberechtigten auf Sonderkonto bei einem Kreditinstitut bereitzuhalten.

Siebenter Abschnitt. Berichtigung der öffentlichen Bücher

§ 79 [Berichtigung der öffentlichen Bücher] (1) Nach Eintritt des neuen Rechtszustandes sind die öffentlichen Bücher auf Ersuchen der Flurbereinigungsbehörde nach dem Flurbereinigungsplan zu berichtigen.

(2) Für Rechtsänderungen, die von der Entscheidung in einem Rechtsbehelfsverfahren abhängig sind, ist das Ersuchen erst zu stellen, wenn die Entscheidung unanfechtbar geworden ist.

§ 80 [Bescheinigung über Eintritt des neuen Rechtszustandes; Auszug aus dem Flurbereinigungsplan] Dem Ersuchen um Berichtigung des Grundbuches sind eine Bescheinigung über den Eintritt des neuen Rechtszustandes und ein beglaubigter Auszug aus dem Flurbereinigungsplan beizufügen, der nachweisen muß:

1. die Eigentümer der zum Flurbereinigungsgebiet gehörenden Grundstücke;
2. die alten Grundstücke und Berechtigungen sowie die dafür ausgewiesenen Abfindungen;
3. die Landzuteilungen sowie die gemeinschaftlichen und die öffentlichen Anlagen;

4. die zu löschenden, die auf neue Grundstücke zu übertragenden und die neu einzutragenden Rechte.

§ 81 [Flurbereinigungsplan als amtliches Verzeichnis] (1) Bis zur Berichtigung des Liegenschaftskatasters dient der Flurbereinigungsplan als amtliches Verzeichnis der Grundstücke (§ 2 Abs. 2 der Grundbuchordnung).

(2) Hat die Flurbereinigungsbehörde die Unterlagen zur Berichtigung des Liegenschaftskatasters an die für die Führung des Liegenschaftskatasters zuständige Behörde abgegeben, so ist für die Fortführung der Unterlagen auch vor Abschluß der Berichtigung diese Behörde zuständig.

§ 82 [Antrag eines Teilnehmers auf Grundbuchberichtigung] [1] Solange die Flurbereinigungsbehörde die Berichtigung des Grundbuches noch nicht veranlaßt hat, kann ein Teilnehmer, dessen Rechte durch Widersprüche gegen den Flurbereinigungsplan voraussichtlich nicht berührt werden, beantragen, daß die Flurbereinigungsbehörde das Grundbuchamt sogleich ersucht, das Grundbuch durch Eintragung seiner neuen Grundstücke zu berichtigen. [2] Dem Ersuchen sind außer der Bescheinigung über den Eintritt des neuen Rechtszustandes nur die Nachweise über die alten und neuen Grundstücke des Antragstellers beizufügen.

§ 83 [Übernahme nachträglicher Änderungen und Ergänzungen] Nachträgliche Änderungen, Ergänzungen oder Berichtigungen des Flurbereinigungsplanes (§§ 64 und 132) werden nach den §§ 79 bis 82 in das Grundbuch übernommen.

Vierter Teil. Besondere Vorschriften

Erster Abschnitt. Waldgrundstücke

§ 84 [Waldgrundstücke] Ländlicher Grundbesitz im Sinne dieses Gesetzes sind auch Waldgrundstücke.

§ 85 [Sondervorschriften] Für die Einbeziehung von Waldgrundstücken in ein Flurbereinigungsverfahren gelten folgende Sondervorschriften:

1. In den Fällen des § 5 Abs. 2 sowie der § 38 und § 41 Abs. 2 ist die forstwirtschaftliche Berufsvertretung entsprechend zu beteiligen.
2. Zur Einbeziehung einer geschlossenen Waldfläche von mehr als zehn Hektar Größe ist die Zustimmung der Forstaufsichtsbehörde erforderlich.
3. Für größere Waldgrundstücke, die einer Zusammenlegung nicht bedürfen und von der Flurbereinigung keinen wesentlichen Vorteil haben, sind Beiträge (§ 19) nicht zu erheben.
4. Ist der Wert eines Holzbestandes zu ermitteln, sind die Grundsätze der Waldwertrechnung anzuwenden.
5. Von der Bekanntgabe des Flurbereinigungsbeschlusses bis zur Ausführungsanordnung bedürfen Holzeinschläge, die den Rahmen einer ordnungsmäßigen Bewirtschaftung übersteigen, der Zustimmung der Flurbereinigungsbehörde; die Zustimmung darf nur im Einvernehmen mit der Forstaufsichtsbehörde erteilt werden.
6. Sind Holzeinschläge entgegen der Vorschrift der Nummer 5 vorgenommen worden, so kann die Flurbereinigungsbehörde anordnen, daß derjenige, der

das Holz gefällt hat, die abgeholzte oder verlichtete Fläche nach den Weisungen der Forstaufsichtsbehörde wieder ordnungsmäßig in Bestand zu bringen hat.

7. Eine geschlossene Waldfläche von mehr als drei Hektar Größe darf nur mit Zustimmung des Eigentümers oder der Forstaufsichtsbehörde wesentlich verändert werden.
8. Wird eine Waldfläche einem anderen zugeteilt, ist für aufstehendes Holz, soweit möglich, Abfindung in Holzwerten zu geben.
9. Die Teilung von Waldgrundstücken, die in gemeinschaftlichem Eigentum stehen (§ 48 Abs. 1), und die Aufhebung von Dienstbarkeiten (§ 49 Abs. 1) bedürfen der Zustimmung der Forstaufsichtsbehörde.
10. § 31 Abs. 2 und § 50 gelten entsprechend.

Zweiter Abschnitt. Vereinfachtes Flurbereinigungsverfahren zur Landentwicklung

§ 86 [Vereinfachtes Flurbereinigungsverfahren; Sondervorschriften; Kosten] (1) Ein vereinfachtes Flurbereinigungsverfahren kann eingeleitet werden, um

1. Maßnahmen der Landentwicklung, insbesondere Maßnahmen der Agrarstrukturverbesserung, der Siedlung, der Dorferneuerung, städtebauliche Maßnahmen, Maßnahmen des Umweltschutzes, der naturnahen Entwicklung von Gewässern, des Naturschutzes und der Landschaftspflege oder der Gestaltung des Orts- und Landschaftsbildes zu ermöglichen oder auszuführen,
2. Nachteile für die allgemeine Landeskultur zu beseitigen, die durch Herstellung, Änderung oder Beseitigung von Infrastrukturanlagen oder durch ähnliche Maßnahmen entstehen oder entstanden sind,
3. Landnutzungskonflikte aufzulösen oder
4. eine erforderlich gewordene Neuordnung des Grundbesitzes in Weilern, Gemeinden kleineren Umfanges, Gebieten mit Einzelhöfen sowie in bereits flurbereinigten Gemeinden durchzuführen.

(2) Für das Verfahren nach Absatz 1 gelten folgende Sondervorschriften:

1. [1] Abweichend von § 4 erster Halbsatz sowie von § 6 Abs. 2 und 3 ordnet die Flurbereinigungsbehörde die Flurbereinigung durch Beschluß an und stellt das Flurbereinigungsgebiet fest. [2] Der entscheidende Teil des Beschlusses kann den Beteiligten in Abschrift übersandt oder öffentlich bekanntgemacht werden.
2. Das vereinfachte Flurbereinigungsverfahren kann auch eingeleitet werden, wenn ein Träger von Maßnahmen nach Absatz 1 die Flurbereinigung beantragt.
3. Der Träger der Maßnahme nach Absatz 1 ist Nebenbeteiligter (§ 10 Nr. 2).
4. Die Bekanntgabe der Wertermittlungsergebnisse (§ 32) kann mit der Bekanntgabe des Flurbereinigungsplanes (§ 59) verbunden werden.
5. [1] Von der Aufstellung des Wege- und Gewässerplanes mit landschaftspflegerischem Begleitplan (§ 41) kann abgesehen werden. [2] In diesem Fall sind die entsprechenden Maßnahmen in den Flurbereinigungsplan (§ 58) aufzunehmen.

6. Planungen der Träger öffentlicher Belange können unberücksichtigt bleiben, wenn sie bis zum Zeitpunkt des Anhörungstermins nach § 41 Abs. 2 und im Falle der Nummer 5 nach § 59 Abs. 2 nicht umsetzbar vorliegen und dadurch die Durchführung der Flurbereinigung unangemessen verzögert wird.
7. Die Ausführungsanordnung (§ 61) und die Überleitungsbestimmungen (§ 62 Abs. 3) können den Beteiligten in Abschrift übersandt oder öffentlich bekanntgemacht werden.
8. § 95 findet entsprechende Anwendung.

(3) [1]Der Träger von Maßnahmen nach Absatz 1 hat an die Teilnehmergemeinschaft die von ihm verursachten Ausführungskosten (§ 105) zu zahlen; ein entsprechender Beitrag ist ihm durch den Flurbereinigungsplan aufzuerlegen. [2]In den Fällen des Absatzes 1 Nr. 2 sollen dem Träger der Maßnahme die Ausführungskosten entsprechend den durch die Herstellung, Änderung oder Beseitigung der Anlage entstandenen Nachteilen auferlegt werden, soweit die Nachteile in einem Planfeststellungsverfahren nach anderen gesetzlichen Vorschriften nicht berücksichtigt und erst nach der Planfeststellung erkennbar geworden sind. [3]Nach Ablauf von fünf Jahren seit der Herstellung, Änderung oder Beseitigung der Anlage können dem Träger der Maßnahme Kosten nach Satz 2 nicht mehr auferlegt werden.

Dritter Abschnitt. Bereitstellung von Land in großem Umfange für Unternehmen

§ 87 [Flurbereinigungsverfahren bei Enteignungen] (1) [1]Ist aus besonderem Anlaß eine Enteignung zulässig, durch die ländliche Grundstücke in großem Umfange in Anspruch genommen würden, so kann auf Antrag der Enteignungsbehörde ein Flurbereinigungsverfahren eingeleitet werden, wenn der den Betroffenen entstehende Landverlust auf einen größeren Kreis von Eigentümern verteilt oder Nachteile für die allgemeine Landeskultur, die durch das Unternehmen entstehen, vermieden werden sollen. [2]Das Ausmaß der Verteilung des Landverlustes ist im Einvernehmen mit der landwirtschaftlichen Berufsvertretung zu regeln.

(2) [1]Das Flurbereinigungsverfahren kann bereits angeordnet werden, wenn das Planfeststellungsverfahren oder ein entsprechendes Verfahren für das Unternehmen, zu dessen Gunsten die Enteignung durchgeführt werden soll, eingeleitet ist. [2]Die Bekanntgabe des Flurbereinigungsplanes (§ 59) und die vorläufige Einweisung der Beteiligten in den Besitz der neuen Grundstücke (§ 65) dürfen erst vorgenommen werden, nachdem die Planfeststellung für das Unternehmen oder der entsprechende Verwaltungsakt unanfechtbar geworden oder für vollziehbar erklärt worden ist.

(3) [1]Wird das Planfeststellungsverfahren oder das entsprechende Verfahren eingestellt, so soll auch das Flurbereinigungsverfahren eingestellt werden (§ 9). [2]Die obere Flurbereinigungsbehörde kann jedoch anordnen, daß das Flurbereinigungsverfahren als ein Verfahren nach Maßgabe der §§ 1 und 37 oder des § 86 durchzuführen ist, wenn sie die Durchführung eines solchen Verfahrens für erforderlich und das Interesse der Beteiligten für gegeben hält; § 5 Abs. 1 und 2 und § 6 Abs. 2 und 3 sind entsprechend anzuwenden.

(4) Die obere Flurbereinigungsbehörde kann auf Antrag der Enteignungsbehörde anordnen, daß ein Flurbereinigungsverfahren als ein Verfahren unter

Anwendung der §§ 87 bis 89 durchgeführt wird, wenn die Voraussetzungen des Absatzes 1 vorliegen; § 5 Abs. 1 und 2 und § 6 Abs. 2 und 3 sind entsprechend anzuwenden.

§ 88 [Sondervorschriften bei Enteignungen] Für das Flurbereinigungsverfahren im Falle des § 87 gelten folgende Sondervorschriften:

1. [1] In dem Flurbereinigungsbeschluß (§ 4) und bei der Aufklärung der Grundstückseigentümer (§ 5 Abs. 1) ist auf den besonderen Zweck des Verfahrens hinzuweisen. [2] Die Voraussetzungen des § 1 brauchen nicht vorzuliegen.
2. Der Träger des Unternehmens ist Nebenbeteiligter (§ 10 Nr. 2).
3. [1] Auf Antrag der für das Unternehmen zuständigen Behörde kann die Flurbereinigungsbehörde eine vorläufige Anordnung gemäß § 36 erlassen. [2] Die Anordnung kann mit Auflagen verbunden oder von Bedingungen, insbesondere von der Leistung einer Sicherheit, abhängig gemacht werden. [3] Der Träger des Unternehmens hat für die den Beteiligten infolge der vorläufigen Anordnung entstandenen Nachteile Entschädigung in Geld zu leisten; dies gilt nicht, soweit die entstandenen Nachteile durch die vorläufige Bereitstellung von Ersatzflächen ausgeglichen werden. [4] Die Entschädigung ist in der von der Flurbereinigungsbehörde festgesetzten Höhe zu Händen der Teilnehmergemeinschaft zu zahlen.
4. [1] Die für das Unternehmen benötigten Flächen sind von den Teilnehmern nach dem Verhältnis des Wertes ihrer alten Grundstücke zu dem Wert aller Grundstücke des Flurbereinigungsgebietes aufzubringen; § 45 findet insoweit keine Anwendung. [2] Zu der Aufbringung sind landwirtschaftliche oder gärtnerische Betriebe nur insoweit heranzuziehen, als ihre wirtschaftliche Fortführung nicht gefährdet wird. [3] Die Flächen werden durch den Flurbereinigungsplan dem Träger des Unternehmens zu Eigentum zugeteilt. [4] Für die von einem Teilnehmer aufgebrachte Fläche hat ihm der Träger des Unternehmens Geldentschädigung zu leisten.
5. Der Träger des Unternehmens hat Nachteile, die Beteiligten durch das Unternehmen entstehen, zu beheben und, soweit dies nicht möglich ist oder nach dem Ermessen der Flurbereinigungsbehörde nicht zweckmäßig erscheint, für sie Geldentschädigung zu leisten.
6. [1] Die vom Träger des Unternehmens zur Behebung von Nachteilen nach Nummer 5 zu erbringenden Leistungen und die Geldentschädigungen nach den Nummern 3 bis 5 richten sich nach dem für das Unternehmen geltenden Gesetz. [2] Sie werden nach Anhörung des Trägers des Unternehmens von der Flurbereinigungsbehörde festgesetzt. [3] Die Geldentschädigungen sind zu Händen der Teilnehmergemeinschaft zu zahlen und können gegen Beiträge (§ 19) verrechnet werden. [4] Eine Verrechnung von Geldentschädigungen nach Nummer 5 findet nur in dem Umfange statt, in dem sie nicht zur Behebung der den Teilnehmern durch das Unternehmen entstandenen Nachteile verwendet worden sind. [5] Der Träger des Unternehmens hat auf die von ihm zu zahlenden Geldentschädigungen in der von der Flurbereinigungsbehörde festgesetzten Höhe zu Händen der Teilnehmergemeinschaft Vorschüsse zu leisten.
7. [1] Wegen der Höhe der Geldentschädigungen steht nur der Rechtsweg vor den ordentlichen Gerichten nach dem für das Unternehmen geltenden Gesetz offen. [2] Der Anspruch auf die Geldentschädigung für die von einem

Teilnehmer aufgebrachte Fläche kann gerichtlich erst geltend gemacht werden, wenn die Landabfindungen aller Teilnehmer unanfechtbar feststehen. [3]Die Frist für eine gerichtliche Geltendmachung des in Satz 2 bezeichneten Anspruchs beginnt erst in dem Zeitpunkt, in dem die Flurbereinigungsbehörde dem Entschädigungsberechtigten, dem der Rechtsweg insoweit noch offen steht, mitgeteilt hat, daß die Landabfindungen aller Teilnehmer unanfechtbar sind.

8. [1]Der Träger des Unternehmens hat an die Teilnehmergemeinschaft den Anteil an den Ausführungskosten (§ 105) zu zahlen, der durch Bereitstellung der zugeteilten Flächen und Ausführung der durch das Unternehmen nötig gewordenen gemeinschaftlichen Anlagen verursacht ist. [2]Die obere Flurbereinigungsbehörde setzt den Anteil nach Anhörung des Trägers des Unternehmens fest. [3]Dem Träger des Unternehmens kann auferlegt werden, Vorschüsse an die Teilnehmergemeinschaft zu zahlen. [4]Sie werden von der Flurbereinigungsbehörde nach Anhörung des Trägers des Unternehmens festgesetzt.
9. [1]Der Träger des Unternehmens hat den von ihm verursachten Anteil an den Verfahrenskosten zu zahlen. [2]Der Anteil wird von der oberen Flurbereinigungsbehörde nach Anhörung des Trägers des Unternehmens festgesetzt.
10. Das vereinfachte Flurbereinigungsverfahren (§ 86) und das beschleunigte Zusammenlegungsverfahren (§§ 91 bis 103) sind nicht anzuwenden.

§ 89 [Entschädigungen] (1) [1]Soweit im Falle des § 87 ein Teilnehmer nach dem für das Unternehmen geltenden Gesetz keinen Anspruch auf Entschädigung in Land hat, kann die Enteignungsbehörde entscheiden, daß er im Flurbereinigungsverfahren in Geld zu entschädigen ist. [2]Die Anfechtung der Entscheidung richtet sich nach dem für das Unternehmen geltenden Gesetz.

(2) [1]Über die Höhe der Geldentschädigung entscheidet die Flurbereinigungsbehörde, nachdem die Entscheidung nach Absatz 1 unanfechtbar geworden ist. [2]Abweichend von § 88 Nr. 7 kann die Entscheidung über die Höhe der Geldentschädigung bereits angefochten werden, sobald sie ergangen ist. [3]Die Geldentschädigung kann schon vor der Ausführung des Flurbereinigungsplanes ausgezahlt werden; § 52 Abs. 3 und § 53 Abs. 2 gelten sinngemäß.

§ 90 [Flurbereinigung bei Landabgabe an Bergwerksunternehmen]

[1]Wenn für ländliche Grundstücke eine Grundabtretung nach berggesetzlichen Vorschriften in großem Umfange durchgeführt oder zulässig ist und die Grundstückseigentümer den begründeten Anspruch erheben, daß der Bergwerksunternehmer das Eigentum an den Grundstücken erwirbt, kann der den Betroffenen entstehende Landverlust im Wege eines Flurbereinigungsverfahrens auf einen größeren Kreis von Eigentümern verteilt werden. [2]In diesem Falle erwirbt der Bergwerksunternehmer das Eigentum durch den Flurbereinigungsplan. [3]Die Vorschriften des § 88 sind sinngemäß anzuwenden.

Fünfter Teil. Beschleunigtes Zusammenlegungsverfahren

§ 91 [Zusammenlegung] Um die in der Flurbereinigung angestrebte Verbesserung der Produktions- und Arbeitsbedingungen in der Land- und Forstwirtschaft möglichst rasch herbeizuführen oder um notwendige Maßnahmen

des Naturschutzes und der Landschaftspflege zu ermöglichen, kann in Gemarkungen, in denen die Anlage eines neuen Wegenetzes und größere wasserwirtschaftliche Maßnahmen zunächst nicht erforderlich sind, eine Zusammenlegung nach Maßgabe der folgenden Vorschriften stattfinden.

§ 92 [Zusammenlegungsverfahren] (1) [1]Die Zusammenlegung ist ein durch die Flurbereinigungsbehörde geleitetes Verfahren, in dem innerhalb eines bestimmten Gebietes (Zusammenlegungsgebiet) ländlicher Grundbesitz unter Mitwirkung der Gesamtheit der beteiligten Grundstückseigentümer wirtschaftlich zusammengelegt, zweckmäßig gestaltet oder neu geordnet wird. [2]Sie kann auf den Grundbesitz oder Teile des Grundbesitzes bestimmter Eigentümer beschränkt werden.

(2) Auf die Zusammenlegung finden die Vorschriften über die Flurbereinigung sinngemäß Anwendung, soweit sich nicht aus dem Zweck der Zusammenlegung und den §§ 93 bis 103 Abweichungen ergeben.

§ 93 [Antrag auf Zusammenlegung; Anordnung] (1) [1]Die Zusammenlegung ist einzuleiten, wenn mehrere Grundstückseigentümer oder die landwirtschaftliche Berufsvertretung sie beantragen. [2]Für Maßnahmen des Naturschutzes und der Landschaftspflege kann sie auch eingeleitet werden, wenn die für Naturschutz und Landschaftspflege zuständige Behörde sie beantragt und die Zusammenlegung zugleich dem Interesse der betroffenen Grundstückseigentümer dient.

(2) [1]Für die Anordnung der Zusammenlegung (Zusammenlegungsbeschluß) gelten § 6 Abs. 1 und § 86 Abs. 2 Nr. 1 entsprechend. [2]Vor der Anordnung sind die voraussichtlich beteiligten Grundstückseigentümer, die landwirtschaftliche Berufsvertretung, die Gemeinde und der Gemeindeverband zu hören.

§ 94 [Änderung des Zusammenlegungsgebietes; Einstellung des Verfahrens] (1) Nachträgliche Änderungen des Zusammenlegungsgebietes bedürfen der Zustimmung des Vorstandes der Teilnehmergemeinschaft.

(2) [1]Die Einstellung des Verfahrens kann nach Anhörung des Vorstandes der Teilnehmergemeinschaft und der landwirtschaftlichen Berufsvertretung von der Flurbereinigungsbehörde mit Zustimmung der oberen Flurbereinigungsbehörde angeordnet werden, wenn seine Durchführung unzweckmäßig erscheint. [2]§ 93 Abs. 2 ist sinngemäß anzuwenden.

§ 95 [Fakultative Vorstandsbildung] [1]Die Bildung eines Vorstandes der Teilnehmergemeinschaft kann unterbleiben. [2]In diesem Falle unterliegen die Aufgaben des Vorstandes der Versammlung der Teilnehmer. [3]Den Vorsitz in dieser führt der von den Teilnehmern gewählte Vorsitzende der Teilnehmergemeinschaft. [4]Die §§ 21 bis 26 gelten sinngemäß.

§ 96 [Grundstücksbewertung] [1]Die Ermittlung des Wertes der Grundstücke ist in einfacher Weise vorzunehmen. [2]Die Bekanntgabe der Ergebnisse kann mit der Bekanntgabe des Zusammenlegungsplanes (§ 100) verbunden werden.

§ 97 [Großzügige Zusammenlegung] [1]Der zersplitterte Grundbesitz ist großzügig zusammenzulegen. [2]Nach Möglichkeit sollen ganze Flurstücke ausgetauscht werden. [3]Die Veränderung und Neuanlage von Wegen und Gewäs-

sern sowie Bodenverbesserungen sollen sich auf die nötigsten Maßnahmen beschränken. [4]Ein Wege- und Gewässerplan mit landschaftspflegerischem Begleitplan (§ 41) wird nicht aufgestellt. [5]Wird die Zusammenlegung durchgeführt, um Maßnahmen des Naturschutzes und der Landschaftspflege zu ermöglichen, so sind die entsprechenden Maßnahmen im Zusammenlegungsplan darzustellen.

§ 98 [Abfindung] Für die Abfindung gelten die Grundsätze der §§ 44 bis 55 mit der Einschränkung, daß die in § 45 aufgeführten Grundstücke nur mit Zustimmung ihrer Eigentümer verändert werden dürfen und § 48 Abs. 1 nicht anzuwenden ist.

§ 99 [Abfindung auf Grund Vereinbarung; Beauftragung geeigneter Stellen zur Verhandlungsführung] (1) [1]Die Abfindungen sind nach Möglichkeit durch Vereinbarungen mit den Beteiligten zu bestimmen. [2]Die Vereinbarungen bedürfen der Genehmigung der Flurbereinigungsbehörde. [3]Zu ihrer Wirksamkeit genügt die schriftliche Form (§ 126 des Bürgerlichen Gesetzbuchs).

(2) [1]Die Flurbereinigungsbehörde kann geeignete Stellen, insbesondere die landwirtschaftliche Berufsvertretung oder Dienststellen der landwirtschaftlichen Verwaltung, mit deren Zustimmung oder sachkundige Personen beauftragen, die Verhandlung zur Erzielung einer Vereinbarung mit den Beteiligten zu führen und einen Zusammenlegungsplan vorzulegen. [2]Der Auftrag kann zurückgezogen werden.

(3) [1]Ist eine Vereinbarung nicht zu erzielen, so werden die Abfindungen von Amts wegen durch die Flurbereinigungsbehörde bestimmt. [2]Dabei sind die Ergebnisse einer Vorplanung nach § 1 Abs. 2 des Gesetzes über die Gemeinschaftsaufgabe „Verbesserung der Agrarstruktur und des Küstenschutzes" vom 3. September 1969 (Bundesgesetzbl. I S. 1573), geändert durch das Gesetz zur Änderung der Gesetze über die Gemeinschaftsaufgaben vom 23. Dezember 1971 (Bundesgesetzbl. I S. 2140), Vorplanungen der landwirtschaftlichen Berufsvertretung oder anderer landwirtschaftlicher Stellen sowie des Naturschutzes und der Landschaftspflege in dem möglichen Umfange zu berücksichtigen, die Erfordernisse der Raumordnung, der Landesplanung und des Städtebaues sind zu beachten; die übrigen Vorschriften der §§ 38 und 56 sind nicht anzuwenden.

§ 100 [Zusammenlegungsplan] [1]An die Stelle des Flurbereinigungsplanes tritt der Zusammenlegungsplan. [2]Auf diesen sind die Vorschriften der §§ 58 bis 60 sinngemäß anzuwenden. [3]Gemeindegrenzen sollen jedoch nicht geändert werden.

§ 101 [Bekanntmachung der Ausführungsanordnung und der vorläufigen Besitzeinweisung] Die Ausführungsanordnung (§§ 61 und 63), die Anordnung der vorläufigen Besitzeinweisung (§ 65) und die Überleitungsbestimmungen sind den Beteiligten in Abschrift zu übersenden oder öffentlich bekanntzumachen.

§ 102 [Möglichkeit eines späteren Flurbereinigungsverfahrens] Die Durchführung eines Zusammenlegungsverfahrens schließt die spätere Durchführung eines Flurbereinigungsverfahrens nicht aus.

§ 103 [Inkraftbleiben des Bayerischen Arrondierungsgesetzes und der Württemberg-Hohenzollernschen Agrarreformverordnung] Das Bayerische Gesetz über die Zusammenlegung von landwirtschaftlichen Grundstücken (Arrondierungsgesetz) in der Fassung der Bekanntmachung vom 11. August 1954 (Bayerisches Gesetz- und Verordnungsblatt S. 169) und die Zweite Verordnung des Staatsministeriums des Landes Württemberg-Hohenzollern zur Durchführung des Bodenreformgesetzes (Agrarreformverordnung) vom 16. Dezember 1949 (Regierungsblatt für das Land Württemberg-Hohenzollern 1950 S. 7), geändert durch das Landesjustizkostengesetz vom 30. März 1971 (Gesetzblatt für Baden-Württemberg S. 96), bleiben unberührt.

Sechster Teil. Freiwilliger Landtausch

§ 103a [Freiwilliger Landtausch] (1) Um ländliche Grundstücke zur Verbesserung der Agrarstruktur in einem schnellen und einfachen Verfahren neu zu ordnen, kann ein freiwilliger Landtausch durchgeführt werden.

(2) Der freiwillige Landtausch kann auch aus Gründen des Naturschutzes und der Landschaftpflege durchgeführt werden.

§ 103b [Verfahren; anzuwendende Vorschriften] (1) [1]Der freiwillige Landtausch ist ein durch die Flurbereinigungsbehörde geleitetes Verfahren, in dem im Einverständnis der betroffenen Rechtsinhaber ländliche Grundstücke getauscht werden. [2]Auf den freiwilligen Landtausch finden die Vorschriften über die Flurbereinigung sinngemäß Anwendung, soweit sich nicht aus dem Zweck des freiwilligen Landtausches und den §§ 103c bis 103i Abweichungen ergeben.

(2) Die Vorschriften über die Teilnehmergemeinschaft (§§ 16 bis 26), über das Wertermittlungsverfahren (§§ 27 bis 33), über die Grundsätze für die Abfindung (§§ 44 bis 55) und über die vorläufige Besitzeinweisung (§ 65) sowie über die Vertreterbestellung (§ 119) gelten nicht.

§ 103c [Beantragung des freiwilligen Landtausches; Zurückweisung]

(1) [1]Die Durchführung des freiwilligen Landtausches setzt voraus, daß die Tauschpartner sie schriftlich oder zur Niederschrift bei der Flurbereinigungsbehörde beantragen. [2]Der Antrag soll zurückgewiesen werden, wenn die Antragsteller nicht glaubhaft dartun, daß die Durchführung des freiwilligen Landtausches sich verwirklichen läßt. [3]Die Zurückweisung des Antrages ist zu begründen; sie ist den Antragstellern bekanntzumachen.

(2) Für die Anordnung des freiwilligen Landtausches gelten § 6 Abs. 1 Satz 2 und § 86 Abs. 2 Nr. 1 entsprechend.

§ 103d [Einstellung des Verfahrens] Für die Einstellung des Verfahrens ist die Flurbereinigungsbehörde zuständig; § 9 Abs. 1 und § 86 Abs. 2 Nr. 1 gelten entsprechend.

§ 103e [Großzügige Zusammenlegung der Tauschgrundstücke]

[1]Die Tauschgrundstücke sollen großzügig zusammengelegt werden. [2]Nach Möglichkeit sollen ganze Flurstücke getauscht und wege- und gewässerbauliche sowie bodenverbessernde Maßnahmen vermieden werden. [3]Ein Wege- und Gewässerplan mit landschaftspflegerischem Begleitplan (§ 41) wird nicht aufgestellt.

§ 103f [Tauschplan; Einigung; Ausführung; Widerruf] (1) [1] An die Stelle des Flurbereinigungsplanes tritt der Tauschplan. [2] Die Flurbereinigungsbehörde hat die Einverständniserklärungen der betroffenen Rechtsinhaber herbeizuführen. [3] Bestehen keine Bedenken gegen die Durchführung des freiwilligen Landtausches, faßt die Flurbereinigungsbehörde die Vereinbarungen über die zu tauschenden Grundstücke und über geldliche Leistungen, sonstige zwischen den Tauschpartnern getroffene Regelungen und alle Rechte, insbesondere die dinglichen Rechte, in einem Tauschplan zusammen.

(2) [1] Der Tauschplan ist mit den beteiligten Tauschpartnern in einem Anhörungstermin zu erörtern. [2] Die Flurbereinigungsbehörde verschafft sich Gewißheit über die Person der Tauschpartner. [3] Der Tauschplan ist den Tauschpartnern abschließend vorzulesen sowie zur Genehmigung und zur Unterschrift vorzulegen. [4] Ist eine Einigung über den Tauschplan nicht zu erzielen, kommt der freiwillige Landtausch nicht zustande und ordnet die Flurbereinigungsbehörde die Einstellung des Verfahrens an; § 103d ist sinngemäß anzuwenden.

(3) [1] Wird eine Einigung über den Tauschplan erzielt, ist den Tauschpartnern und den sonst betroffenen Rechtsinhabern ein sie betreffender Auszug aus dem Tauschplan zuzustellen. [2] Nach der Unanfechtbarkeit des Tauschplanes ordnet die Flurbereinigungsbehörde seine Ausführung an. [3] Die Ausführungsanordnung ist den betroffenen Rechtsinhabern in Abschrift zuzustellen oder öffentlich bekanntzumachen.

(4) [1] Die Einverständniserklärung eines Tauschpartners oder sonstigen betroffenen Rechtsinhabers kann von demjenigen, der das Grundstück oder das Recht rechtsgeschäftlich oder im Wege der Zwangsvollstreckung erwirbt, bis zu dem Zeitpunkt widerrufen werden, in dem die Ausführungsanordnung ihm gegenüber unanfechtbar wird; dies gilt sinngemäß, wenn für einen Dritten ein Recht an dem Grundstück oder an dem Recht begründet wird. [2] Im Falle des Widerrufs ist Absatz 2 Satz 4 sinngemäß anzuwenden.

(5) Erklärungen, die zur Durchführung des freiwilligen Landtausches abgegeben werden, bedürfen der Zustimmung eines Dritten oder der gerichtlichen oder behördlichen Genehmigung, soweit für entsprechende rechtsgeschäftliche Erklärungen eine solche Zustimmung oder Genehmigung erforderlich wäre.

§ 103g [Aufwendungen] Die zur Ausführung des freiwilligen Landtausches erforderlichen Aufwendungen fallen den Tauschpartnern nach Maßgabe des Tauschplanes zur Last.

§ 103h [Abschluß des Tauschverfahrens] [1] Die Schlußfeststellung (§ 149) ist nicht erforderlich. [2] Das Verfahren ist beendet, sobald die öffentlichen Bücher berichtigt sind.

§ 103i [Möglichkeit eines späteren beschleunigten Zusammenlegungs- oder Flurbereinigungsverfahrens] Die Durchführung eines freiwilligen Landtausches schließt die spätere Durchführung eines beschleunigten Zusammenlegungsverfahrens oder eines Flurbereinigungsverfahrens nicht aus.

Siebenter Teil. Verbindung von Flurbereinigungsverfahren, beschleunigtem Zusammenlegungsverfahren und freiwilligem Landtausch

§ 103j [Verbindung von Flurbereinigungsverfahren, beschleunigtem Zusammenlegungsverfahren und freiwilligem Landtausch] Ein Flurbereinigungsverfahren kann ganz oder in Teilen des Flurbereinigungsgebietes als beschleunigtes Zusammenlegungsverfahren oder als freiwilliger Landtausch fortgeführt werden.

§ 103k [Verbindung von beschleunigtem Zusammenlegungsverfahren und freiwilligem Landtausch] Ein beschleunigtes Zusammenlegungsverfahren kann ganz oder in Teilen des Zusammenlegungsgebietes als freiwilliger Landtausch fortgeführt werden.

Achter Teil. Kosten

§ 104 [Verfahrenskosten] Die persönlichen und sächlichen Kosten der Behördenorganisation (Verfahrenskosten) trägt das Land.

§ 105 [Ausführungskosten] Die zur Ausführung der Flurbereinigung erforderlichen Aufwendungen fallen der Teilnehmergemeinschaft zur Last (Ausführungskosten).

§ 106 [Beitragspflicht nichtbeteiligter Grundstückseigentümer] [1] Eigentümern von Grundstücken, die nicht zum Flurbereinigungsgebiet gehören, aber von der Flurbereinigung wesentliche Vorteile haben, ist durch den Flurbereinigungsplan ein den Vorteilen entsprechender Beitrag zu den Ausführungskosten aufzuerlegen. [2] Der Beitrag ruht als öffentliche Last auf den Grundstücken, für die er festgesetzt ist.

§ 107 [Kostentragung des Antragstellers; Tragung verschuldeter Kosten] (1) [1] Ist die Erledigung eines Antrages zur Durchführung des Flurbereinigungsverfahrens nicht erforderlich, so trägt der Antragsteller die Kosten. [2] Die Flurbereinigungsbehörde setzt den zu erhebenden Kostenbetrag unter Berücksichtigung der wirklich erwachsenen Kosten fest. [3] Sie kann von dem Kostenpflichtigen einen Vorschuß erheben, der nach der Höhe der voraussichtlich entstehenden Kosten zu bemessen ist; wird der Vorschuß nicht innerhalb der von der Flurbereinigungsbehörde bestimmten Frist bezahlt, so kann der Antrag zurückgewiesen werden.

(2) Kosten, die durch Vereitelung von Terminen oder anderen zur Durchführung des Verfahrens erforderlichen Maßnahmen sowie durch Versäumung (§ 134) verursacht werden, können dem zur Last gelegt werden, der sie verschuldet hat.

§ 108 [Gebühren-, Steuer- und Abgabenbefreiung] (1) Geschäfte und Verhandlungen, die der Durchführung der Flurbereinigung dienen, einschließlich der Berichtigung der öffentlichen Bücher, sind frei von Gebühren, Steuern, Kosten und Abgaben; hiervon unberührt bleiben Regelungen hinsichtlich der Gebühren, Kosten und Abgaben, die auf landesrechtlichen Vorschriften beruhen.

(2) Die Gebühren-, Steuer-, Kosten- und Abgabefreiheit ist von der zuständigen Behörde ohne Nachprüfung anzuerkennen, wenn die Flurbereinigungsbehörde versichert, daß ein Geschäft oder eine Verhandlung der Durchführung der Flurbereinigung dient.

(3) Die Absätze 1 und 2 gelten nicht für die Grunderwerbsteuer.

Neunter Teil. Allgemeine Verfahrensvorschriften

§ 109 [Landwirtschaftskammer als Berufsvertretung] [1]Die Berufsvertretung der Landwirtschaft, Forstwirtschaft oder Fischerei, soweit sie nach den Vorschriften dieses Gesetzes zu hören oder zu beteiligen ist, ist die Landwirtschaftskammer. [2]In den Ländern, in denen eine Landwirtschaftskammer nicht besteht oder zur Vertretung eines Berufsstandes nicht befugt ist, bestimmt die für die Landwirtschaft zuständige oberste Landesbehörde die Organisation und deren Organ, das im Einzelfall zu beteiligen ist.

§ 110 [Öffentliche Bekanntmachungen] [1]Die in diesem Gesetz vorgeschriebenen öffentlichen Bekanntmachungen erfolgen in den Flurbereinigungsgemeinden und in den angrenzenden Gemeinden, wenn dort Beteiligte, Vertreter, Bevollmächtigte oder Empfangsbevollmächtigte wohnen, nach den für die öffentliche Bekanntmachung von Verfügungen der Gemeinden bestehenden Rechtsvorschriften. [2]Behörden, Körperschaften des öffentlichen Rechts und der Vorsitzende der Teilnehmergemeinschaft sollen Abschriften der Bekanntmachungen erhalten.

§ 111 [Ladungen, Mitteilungen, Bekanntgaben] (1) [1]Ladungen und andere Mitteilungen können, soweit dieses Gesetz nichts anderes bestimmt, in jeder Form bekanntgegeben werden. [2]Sollen Ladungen und andere Mitteilungen in Flurbereinigungs- oder angrenzenden Gemeinden mehreren Beteiligten bekanntgegeben werden, so kann die Bekanntgabe, soweit dieses Gesetz nichts anderes bestimmt, durch öffentliche Bekanntmachung erfolgen.

(2) Die Bekanntgabe ist urkundlich nachzuweisen, wenn die Ladung oder Mitteilung eine Frist in Lauf setzt oder Rechtsfolgen an ihre Nichtbeachtung geknüpft werden sollen.

(3) Bekanntgaben an Körperschaften des öffentlichen Rechts sollen außerdem schriftlich erfolgen.

§ 112 [Zustellungsverfahren] [1]Für das Zustellungsverfahren gelten die Vorschriften des Verwaltungszustellungsgesetzes. [2]Daneben gilt die in § 113 geregelte Sonderart der Zustellung.

§ 113 [Zustellung durch Umlauf] [1]Mehreren Beteiligten in einer Gemeinde kann auch durch Umlauf zugestellt werden. [2]Dabei gilt folgendes:

1. [1]Das zuzustellende Schriftstück ist zur Kenntnisnahme vorzulegen. Eine beglaubigte Abschrift ist bei der Gemeinde des Zustellungsortes oder bei einem der Beteiligten, an die der Umlauf gerichtet ist, niederzulegen. [2]Die Niederlegung ist in dem Schriftstück zu vermerken.
2. [1]In den Fällen des § 5 Abs. 2 des Verwaltungszustellungsgesetzes ist anstelle des Schriftstückes eine schriftliche Mitteilung über die Niederlegung der beglaubigten Abschrift (Nummer 1) zu übergeben oder zurückzulassen. [2]Auf

diese Niederlegung ist auch in der Mitteilung nach § 5 Abs. 2 des Verwaltungszustellungsgesetzes in Verbindung mit § 181 Abs. 1 Satz 2 der Zivilprozessordnung[1] hinzuweisen.

3. Widerspruchsbescheide dürfen nicht durch Umlauf zugestellt werden.

§ 114 [Inhalt der Ladung, Ladungsfrist] (1) In den Ladungen muß auf den Gegenstand der Verhandlung und die gesetzlichen Folgen des Ausbleibens hingewiesen werden.

(2) [1] Zwischen der Bekanntgabe der Ladung und dem Terminstage muß, soweit dieses Gesetz nichts anderes bestimmt, eine Frist von einer Woche liegen. [2] Erfolgt eine Ladung durch öffentliche Bekanntmachung, so beträgt die Ladungsfrist zwei Wochen.

(3) [1] Die Beteiligten können auf die Einhaltung der gesetzlichen Ladungsfristen und der anderen Vorschriften für die Ladung verzichten. [2] Als Verzicht gilt es, wenn ein Beteiligter im Termin erscheint und nicht vor der Verhandlung über seine Sache den Mangel rügt.

§ 115 [Beginn der Berechnung von Fristen] (1) Die gesetzlichen Fristen beginnen mit der Bekanntgabe (Zustellung), wenn öffentliche Bekanntmachung erfolgt, mit dem ersten Tage der Bekanntmachung.

(2) [1] Für die Berechnung der Fristen gelten die Vorschriften des Bürgerlichen Gesetzbuchs[2]. [2] Fällt das Ende einer Frist auf einen Sonntag, einen allgemeinen Feiertag oder einen Sonnabend, so endet die Frist mit Ablauf des nächsten Werktages.

§ 116 [Anordnen des persönlichen Erscheinens und der Urkundenvorlegung; eidliche Vernehmungen] (1) [1] Die Flurbereinigungsbehörde und die obere Flurbereinigungsbehörde können das persönliche Erscheinen der Beteiligten anordnen, Sachverständige und Zeugen vernehmen und den nach ihrem Ermessen erforderlichen Beweis in vollem Umfange erheben. [2] Sie können anordnen, daß Beteiligte die in ihrem Besitz befindlichen zur Aufklärung notwendigen Urkunden, Hypotheken-, Grundschuld- und Rentenschuldgläubiger die in ihrem Besitz befindlichen Hypotheken-, Grundschuld- und Rentenschuldbriefe vorlegen.

(2) [1] Nur das Flurbereinigungsgericht oder das Amtsgericht kann im Wege der Amtshilfe Zeugen und Sachverständige eidlich vernehmen. [2] Die Vorschriften der Zivilprozeßordnung[3] finden sinngemäß Anwendung. [3] § 135 Abs. 1 Satz 1 bleibt unberührt.

§ 117 [Wahrung der Ordnung bei Verhandlungen] (1) Die Ordnung bei den Verhandlungen wahrt der Verhandlungsleiter.

(2) Er kann Personen, die seine Anordnungen zur Wahrung der Ordnung nicht befolgen, vom Verhandlungsort entfernen lassen.

(3) Gegen Personen, die sich einer Ungebühr schuldig machen oder seine Anordnungen zur Wahrung der Ordnung nicht befolgen, kann er vorbehaltlich der strafrechtlichen Verfolgung ein Ordnungsgeld festsetzen.

[1] **dtv 5005 ZPO Nr. 1.**
[2] Auszugsweise abgedruckt unter Nr. **1**.
[3] Auszugsweise abgedruckt unter Nr. **12**.

(4) Die Entfernung von Personen, die Festsetzung eines Ordnungsgeldes und ihr Anlaß sind in die Verhandlungsniederschrift aufzunehmen.

§ 118 [Erklärungen von Körperschaften des öffentlichen Rechts] Körperschaften des öffentlichen Rechts bedürfen für die von ihnen abzugebenden Erklärungen keiner Genehmigung ihrer Aufsichtsbehörde.

§ 119 [Vertreterbestellung] (1) Auf Ersuchen der Flurbereinigungsbehörde oder der oberen Flurbereinigungsbehörde hat das nach Absatz 2 zuständige Gericht, wenn ein Vertreter nicht vorhanden ist, einen geeigneten Vertreter zu bestellen:

1. für einen Beteiligten, dessen Person unbekannt ist;
2. für einen abwesenden Beteiligten, dessen Aufenthalt unbekannt ist oder der an der Besorgung seiner Angelegenheiten verhindert ist;
3. für einen Beteiligten ohne Aufenthalt im Geltungsbereich dieses Gesetzes, wenn er der Aufforderung der Behörde, einen Vertreter zu bestellen, innerhalb der ihm gesetzten Frist nicht nachgekommen ist;
4. bei herrenlosen Grundstücken, auf die sich das Verfahren bezieht, zur Wahrung der sich in bezug auf das Grundstück ergebenden Rechte und Pflichten;
5. für Miteigentümer oder gemeinschaftliche Eigentümer von Grundstücken, sofern sie der Aufforderung der Flurbereinigungsbehörde oder der oberen Flurbereinigungsbehörde, einen gemeinsamen Bevollmächtigten zu bestellen, innerhalb der ihnen gesetzten Frist nicht nachkommen.

(2) Für die Bestellung des Vertreters in den in Absatz 1 genannten Fällen ist das Betreuungsgericht zuständig, in dessen Bezirk die Teilnehmergemeinschaft nach § 16 ihren Sitz hat; ist der Beteiligte minderjährig, tritt an die Stelle des Betreuungsgerichts das Familiengericht.

(3) [1] Der Vertreter hat gegen den Rechtsträger der Behörde, die um seine Bestellung ersucht hat, Anspruch auf eine angemessene Vergütung und auf die Erstattung seiner baren Auslagen. [2] Die Behörde kann von dem Vertretenen Ersatz ihrer Aufwendungen verlangen. [3] Sie bestimmt die Vergütung und stellt die Auslagen und Aufwendungen fest.

(4) Im übrigen gelten für die Bestellung und für das Amt des Vertreters die Vorschriften über die Pflegschaft entsprechend.

§ 120 [Zulassung von Bevollmächtigten und Beiständen] (1) Beteiligte können sich durch Bevollmächtigte vertreten lassen und zu Verhandlungen mit einem Beistand erscheinen.

(2) Das von einem Beistand Vorgetragene gilt als von dem Beteiligten vorgebracht, soweit es dieser nicht unverzüglich in der Verhandlung widerruft oder berichtigt.

§ 121 [Zurückweisung von Bevollmächtigten und Beiständen] Bevollmächtigte und Beistände, die nicht unbeschränkt geschäftsfähig sind oder denen die Fähigkeit zum geeigneten Vortrag mangelt, können zurückgewiesen werden.

§ 122 [Rechtsanwälte und Prozeßagenten] Auf Rechtsanwälte und Personen, denen die Besorgung fremder Rechtsangelegenheiten von der zuständigen Behörde gestattet ist, sind § 117 Abs. 2 bis 4 und § 121 nicht anzuwenden.

§ 123 [Vollmachtsurkunden] (1) Der Bevollmächtigte hat sich durch eine schriftliche Vollmacht auszuweisen und sie der Flurbereinigungsbehörde oder der oberen Flurbereinigungsbehörde auf Anordnung zu übergeben.

(2) Auf Verlangen der Flurbereinigungsbehörde oder der oberen Flurbereinigungsbehörde muß die Unterschrift öffentlich oder amtlich beglaubigt werden.

§ 124 [Einstweilige Zulassung nicht nachgewiesener Bevollmächtigter] [1] Handelt jemand für einen Beteiligten als Bevollmächtigter ohne Beibringung einer formgültigen Vollmacht, so kann er zu Erklärungen einstweilen zugelassen werden. [2] Sie werden unwirksam, wenn nicht innerhalb der dafür gesetzten Frist die Vollmacht beigebracht wird oder der Vertretene die für ihn abgegebenen Erklärungen genehmigt.

§ 125 [Umfang der Vollmacht] (1) Die für die Flurbereinigung erteilte Vollmacht ermächtigt zu allen das Verfahren betreffenden Handlungen, zur Bestellung eines Vertreters für einzelne Handlungen, zum Abschluß von Vereinbarungen, zur Übernahme von Verpflichtungen, zum Verzicht auf eine Sache oder ein Recht, sofern sich aus dem Inhalt der Vollmacht nichts anderes ergibt.

(2) Die nach den §§ 13 oder 119 bestellten Vertreter sind zu allen Handlungen nach Absatz 1 ermächtigt.

§ 126 [Erlöschen der Vollmacht] (1) Die Vollmacht erlischt nicht durch den Tod des Vollmachtgebers oder durch eine Veränderung in seiner Geschäftsfähigkeit oder seiner gesetzlichen Vertretung.

(2) Widerruft der zum Widerruf Berechtigte die Vollmacht, so wird das Erlöschen der Vollmacht erst durch Anzeige an die Flurbereinigungsbehörde rechtswirksam.

(3) Der Bevollmächtigte wird durch die von seiner Seite erfolgte Kündigung nicht gehindert, für den Vollmachtgeber so lange zu handeln, bis dieser für Wahrnehmung seiner Rechte in anderer Weise gesorgt hat.

§ 127 [Empfangsbevollmächtigter] (1) [1] Wohnen Beteiligte außerhalb des Gebietes der Flurbereinigungs- oder der angrenzenden Gemeinden und haben sie keinen in diesen Gemeinden wohnenden Bevollmächtigten bestellt, so müssen sie auf Anordnung der Flurbereinigungsbehörde innerhalb angemessener Frist eine im Gebiet der Flurbereinigungs- oder der angrenzenden Gemeinden wohnende Person zum Empfang der für sie bestimmten Ladungen und anderen Mitteilungen bevollmächtigen und der Flurbereinigungsbehörde benennen (Empfangsbevollmächtigter). [2] In der Anordnung ist auf die Folgen der unterbliebenen Benennung (Absatz 2) hinzuweisen.

(2) [1] Solange der Anordnung nicht entsprochen wird, kann die Flurbereinigungsbehörde Ladungen und andere Mitteilungen durch Aufgabe zur Post zustellen. [2] Die Zustellung wird mit Ablauf einer Woche nach der Aufgabe zur Post als bewirkt angesehen, selbst wenn die Sendung als unbestellbar zurückkommt.

§ 128 [Empfangsbevollmächtigte für im Ausland wohnende Beteiligte] [1] Wohnen Beteiligte außerhalb des Geltungsbereichs dieses Gesetzes, so sind sie aufzufordern, innerhalb angemessener Frist einen im Geltungsbereich dieses Gesetzes wohnenden Bevollmächtigten zu bestellen. [2] § 14 Abs. 2 bis 4 gilt entsprechend.

§ 129 [Verhandlungsniederschrift] (1) [1] Über Verhandlungen ist eine Niederschrift aufzunehmen. [2] Sie soll den wesentlichen Hergang der Verhandlungen enthalten.

(2) [1] Der Aufnahme in die Verhandlungsniederschrift steht die Aufnahme in eine Schrift gleich, die ihr als Anlage beigefügt und als solche bezeichnet ist. [2] Auf die Anlage ist in der Niederschrift hinzuweisen.

§ 130 [Verlesung, Genehmigung und Unterschreibung der Verhandlungsniederschrift] (1) [1] Die Niederschrift ist den an der Verhandlung Beteiligten vorzulesen oder vorzulegen. [2] In der Niederschrift ist zu vermerken, daß dies geschehen und ob sie genehmigt ist oder welche Einwendungen gegen sie erhoben sind.

(2) Verweigert ein Beteiligter die Genehmigung der Verhandlungsniederschrift, ohne ihre Vervollständigung oder Berichtigung zu beantragen, so gilt diese Niederschrift als genehmigt; hierauf ist der Beteiligte hinzuweisen.

(3) Die Verhandlungsniederschrift ist von dem Verhandlungsleiter zu unterschreiben.

§ 131 [Ausschließliche Beweiskraft der Verhandlungsniederschrift über Förmlichkeiten] [1] Die Beobachtung der für die Verhandlung vorgeschriebenen Förmlichkeiten kann nur durch die Verhandlungsniederschrift bewiesen werden. [2] Gegen ihren diese Förmlichkeiten betreffenden Inhalt ist nur der Nachweis der Fälschung zulässig.

§ 132 [Berichtigungen von Amts wegen] [1] Schreibfehler, Rechenfehler und ähnliche offenbare Unrichtigkeiten in Verhandlungsniederschriften, im Flurbereinigungsplan, in Anordnungen, Beschlüssen und Bescheiden können von Amts wegen berichtigt werden. [2] Dies gilt auch für solche unerheblichen Fehler im Flurbereinigungsplan, die auf unrichtigen Vermessungsunterlagen beruhen.

§ 133 [Erteilung von Abschriften der Verhandlungsniederschriften, Flurbereinigungsnachweise und Karten] Jedem Beteiligten müssen auf Verlangen gegen Erstattung der Kosten Abschriften aus Verhandlungsniederschriften und Flurbereinigungsnachweisen sowie Abzeichnungen aus Karten, auf Antrag in beglaubigter Form, erteilt werden, soweit er ein berechtigtes Interesse darlegt.

§ 134 [Terminversäumung; Zulassung späterer Erklärungen]

(1) Versäumt ein Beteiligter einen Termin oder erklärt er sich nicht bis zum Schluß des Termins über den Verhandlungsgegenstand, so wird angenommen, daß er mit dem Ergebnis der Verhandlung einverstanden ist; hierauf ist der Beteiligte in der Ladung oder im Termin hinzuweisen.

(2) [1] Die Flurbereinigungsbehörde kann nach Lage des einzelnen Falles spätere Erklärungen trotz Versäumung zulassen. [2] Sie muß dies tun, wenn bei

unverschuldeter Versäumung Erklärungen unverzüglich nach Behebung des Hindernisses nachgeholt werden.

(3) Die Vorschriften des Absatzes 2 gelten entsprechend, wenn Widersprüche oder Anträge trotz Versäumung einer gesetzlichen Frist vorgebracht werden.

(4) Das Verschulden eines Vertreters oder Bevollmächtigten steht dem eigenen Verschulden des Vertretenen gleich.

§ 135 [Rechts- und Amtshilfe] (1) [1]Die Gerichte und die Behörden des Bundes, der Länder, der Gemeinden und Gemeindeverbände sowie anderer Körperschaften des öffentlichen Rechts gewähren den Flurbereinigungsbehörden die erforderliche Rechts- und Amtshilfe, insbesondere bei der Ermittlung der Beteiligten, bei Bekanntmachungen und Zustellungen, bei der Vollstreckung und bei der Anwendung von Zwang, und erteilen Auskünfte. [2]Die Vermessungsbehörden sind verpflichtet, auf Ersuchen der Flurbereinigungsbehörde Abdrucke oder Lichtpausen von Karten und Zusammendrucke in einheitlichem Maßstab unverzüglich anzufertigen und Bücher, Karten und andere Dokumente vorübergehend zu überlassen.

(2) [1]Die ersuchende Behörde hat der ersuchten Behörde für die Amtshilfe keine Verwaltungsgebühr zu entrichten, es sei denn, daß in landesrechtlichen Vorschriften eine Erstattung vorgesehen ist oder wird. [2]Auslagen hat sie der ersuchten Behörde auf Anforderung zu erstatten, wenn sie im Einzelfall fünfzig Deutsche Mark übersteigen. [3]Leisten Behörden desselben Rechtsträgers einander Amtshilfe, so werden die Auslagen nicht erstattet.

(3) Nimmt die ersuchte Behörde zur Durchführung der Amtshilfe eine kostenpflichtige Amtshandlung vor, so stehen ihr die von einem Dritten hierfür geschuldeten Kosten (Gebühren und Auslagen) zu.

§ 136 [Vollstreckung von Geldforderungen] (1) [1]Für die Vollstreckung von Geldforderungen sind die §§ 1 bis 5 des Verwaltungs-Vollstreckungsgesetzes (VwVG) vom 27. April 1953 (Bundesgesetzbl. I S. 157), zuletzt geändert durch das Einführungsgesetz zum Strafgesetzbuch vom 2. März 1974 (Bundesgesetzblatt I S. 469), sinngemäß anzuwenden. [2]Geldforderungen der Teilnehmergemeinschaft werden im Verwaltungszwangsverfahren wie Gemeindeabgaben vollstreckt.

(2) Vollstreckungsbehörde für Vollstreckungsmaßnahmen nach Absatz 1 ist die Flurbereinigungsbehörde.

§ 137 [Anwendung von Zwangsmitteln] (1) [1]Mit Zwangsmitteln können durchgesetzt werden:

1. Verwaltungsakte der Flurbereinigungsbehörde, der oberen Flurbereinigungsbehörde, der Teilnehmergemeinschaft und des Verbandes (§§ 26a und 26e);
2. in eine Verhandlungsniederschrift dieser Behörden, der Teilnehmergemeinschaft oder des Verbandes (§§ 26a und 26e) aufgenommene Verpflichtungserklärungen und Vereinbarungen.

[2]Die §§ 6 bis 18 VwVG gelten entsprechend. [3]Vollzugsbehörde im Sinne des § 7 VwVG ist die Flurbereinigungsbehörde.

(2) Kommt die Teilnehmergemeinschaft oder der Verband einer im Rahmen ihrer Befugnisse (§ 17 Abs. 1, §§ 26d und 26e Abs. 7) getroffenen Anordnung

der Aufsichtsbehörde nicht nach, so können gegen sie die in den §§ 10 und 12 VwVG genannten Zwangsmittel angewendet werden.

Zehnter Teil. Rechtsbehelfsverfahren

§ 138 [Flurbereinigungsgerichte] (1) [1]In jedem Land ist bei dem obersten Verwaltungsgericht ein Senat für Flurbereinigung (Flurbereinigungsgericht) einzurichten. [2]Für die Gerichtsverfassung und das Verfahren gelten die Vorschriften über die Verwaltungsgerichtsbarkeit, soweit in den §§ 139 bis 148 nichts Abweichendes bestimmt ist.

(2) [1]Mehrere Länder können durch Staatsvertrag ein gemeinschaftliches Flurbereinigungsgericht einrichten. [2]In den Ländern Bremen und Hamburg können die Aufgaben des Flurbereinigungsgerichts auf ein anderes Gericht übertragen werden.

§ 139 [Besetzung der Flurbereinigungsgerichte] (1) [1]Das Flurbereinigungsgericht besteht aus den erforderlichen Richtern, ehrenamtlichen Richtern und Stellvertretern. [2]Es verhandelt und entscheidet in der Besetzung von zwei Richtern und drei ehrenamtlichen Richtern; Vorsitzender ist ein Richter.

(2) [1]Die Richter und ihre Stellvertreter müssen die Befähigung zum Richteramt besitzen. [2]Ein ehrenamtlicher Richter und dessen Stellvertreter müssen zum höheren Dienst der Flurbereinigungsbehörden befähigt und sollen mindestens drei Jahre in Flurbereinigungsangelegenheiten tätig gewesen sein; von dem letzteren Erfordernis kann abgesehen werden, wenn geeignete Personen nicht vorhanden sind, die diese Voraussetzungen erfüllen. [3]Der in Satz 2 genannte ehrenamtliche Richter und dessen Stellvertreter werden auf Vorschlag der für die Landwirtschaft zuständigen obersten Landesbehörde für die Dauer von fünf Jahren ernannt.

(3) [1]Die anderen ehrenamtlichen Richter und ihre Stellvertreter müssen Inhaber eines landwirtschaftlichen Betriebes sein. [2]Sie können ausnahmsweise auch dann berufen werden, wenn sie ihren Betrieb bereits an den Hofnachfolger übergeben haben. [3]Sie müssen besondere Erfahrungen in der landwirtschaftlichen Betriebswirtschaft haben. [4]Ihre Berufung richtet sich nach Landesrecht; ist danach eine Wahlkörperschaft zu bilden, so muß sie aus Landwirten und Forstwirten bestehen.

§ 140 [Zuständigkeit der Flurbereinigungsgerichte] [1]Das Flurbereinigungsgericht entscheidet über die Anfechtung von Verwaltungsakten, die im Vollzug dieses Gesetzes ergehen, über die Verurteilung zum Erlaß eines abgelehnten oder unterlassenen Verwaltungsaktes und über alle Streitigkeiten, die durch ein Flurbereinigungsverfahren hervorgerufen werden und vor Eintritt der Unanfechtbarkeit der Schlußfeststellung anhängig geworden sind, soweit hierfür der Verwaltungsrechtsweg gegeben ist. [2]Für das Verfahren sind auch die §§ 118 bis 128 sinngemäß anzuwenden. [3]§ 67 Abs. 4 der Verwaltungsgerichtsordnung findet keine Anwendung.

§ 141 [Anfechtung durch Widerspruch; Widerspruchsfrist] (1) [1]Mit dem Widerspruch können angefochten werden:

1. Verwaltungsakte der oberen Flurbereinigungsbehörde und der Flurbereinigungsbehörde bei der oberen Flurbereinigungsbehörde;

2. Verwaltungsakte der Teilnehmergemeinschaft bei der Flurbereinigungsbehörde;
3. Verwaltungsakte eines Verbandes der Teilnehmergemeinschaften oder eines Gesamtverbandes bei der nach den §§ 26d und 26e für die Aufsicht zuständigen Behörde.

[2] § 59 Abs. 2 bleibt unberührt. [3] § 60 Abs. 1 Satz 3 und 4 gilt entsprechend.

(2) [1] Die Länder können bestimmen, daß zu den Entscheidungen über Widersprüche gegen die Ergebnisse der Wertermittlung oder den Flurbereinigungsplan zwei Landwirte ehrenamtlich zuzuziehen sind, für deren Bestellung § 139 Abs. 3 entsprechend anzuwenden ist. [2] Ist eine solche Bestimmung getroffen, entscheidet die Behörde, die den Widerspruchsbescheid zu erlassen hat, nach ihrer freien, aus den gesamten Verhandlungen und Ermittlungen gewonnenen Überzeugung.

§ 142 [Klageerhebung; Frist; Klagezulassung ohne Vorverfahren]

(1) (gestrichen)

(2) [1] Ist über einen Widerspruch oder über einen Antrag auf Vornahme eines Verwaltungsaktes innerhalb einer Frist von sechs Monaten, in den Fällen des § 59 Abs. 2 von einem Jahr, sachlich nicht entschieden worden, so ist die Klage ohne ein Vorverfahren zulässig. [2] Die Erhebung der Klage ist in diesen Fällen nur bis zum Ablauf von weiteren drei Monaten seit Ablauf der Frist nach Satz 1 zulässig.

(3) In den Fällen der §§ 32 und 59 Abs. 2 braucht der Klageantrag nach Art, Umfang und Höhe nicht bestimmt zu sein.

§ 143 [Ermittlungen und Vorbereitungen] [1] Der Vorsitzende des Flurbereinigungsgerichts nimmt die Ermittlungen und Verhandlungen vor, die er zur Vorbereitung der Entscheidung für erforderlich hält. [2] Er kann einem Mitglied des Gerichts als beauftragtem Richter diese Aufgabe übertragen. [3] Der Vorsitzende kann auch eine Flurbereinigungsbehörde sowie mit Zustimmung der zuständigen Dienststelle einen höheren Beamten einer oberen Flurbereinigungsbehörde oder einen höheren staatlichen kulturbautechnischen Beamten mit Erhebungen und Verhandlungen beauftragen und von ihnen gutachtliche Äußerungen fordern, die Vorschläge für Änderungen des Flurbereinigungsplanes enthalten können. [4] Die Behörde, die den angefochtenen Verwaltungsakt erlassen hat, sowie Beamte, die bei diesem Verwaltungsakt oder dem angefochtenen Bescheid tätig waren, können nicht beauftragt werden.

§ 144 [Urteilsmöglichkeiten] [1] Soweit das Flurbereinigungsgericht die Klage für begündet hält, kann es den angefochtenen Verwaltungsakt durch Urteil ändern oder den Widerspruchsbescheid der Flurbereinigungsbehörde oder der oberen Flurbereinigungsbehörde ganz oder teilweise aufheben und die Sache, soweit der Widerspruchsbescheid aufgehoben wird, zur erneuten Verhandlung und Bescheidung an die Flurbereinigungsbehörde oder die obere Flurbereinigungsbehörde zurückverweisen. [2] Diese haben die Beurteilung, die der Aufhebung zugrunde gelegt ist, auch ihrer Entscheidung zugrunde zu legen.

§ 145 [Klageabweisung bei offensichtlicher Unbegründetheit; Antrag auf mündliche Verhandlung] (1) Der Vorsitzende kann namens des Flurbereinigungsgerichts die Anfechtungsklage ohne mündliche Verhandlung durch

einen mit Gründen versehenen Bescheid abweisen, wenn das Sach- und Rechtsverhältnis genügend geklärt und die Klage offensichtlich unbegründet ist.

(2) [1] Die Beteiligten können innerhalb von zwei Wochen nach der Zustellung des Bescheides mündliche Verhandlung beantragen; auf dieses Recht ist im Bescheid hinzuweisen. [2] Wird der Antrag rechtzeitig gestellt, so gilt der Bescheid als nicht ergangen; anderenfalls gilt er als rechtskräftiges Urteil.

§ 146 [Sonderbestimmungen bei Sachen betr. Wertermittlung und Flurbereinigungsplan] In den Fällen der §§ 32 und 59 Abs. 2 gelten folgende Sondervorschriften:

1. Das Flurbereinigungsgericht ist an Anträge der Beteiligten nicht gebunden.
2. Das Flurbereinigungsgericht hat auch zu prüfen, ob die Flurbereinigungsbehörde oder die obere Flurbereinigungsbehörde in zweckmäßiger Weise von ihrem Ermessen Gebrauch gemacht hat.

§ 147 [Kosten] (1) [1] Für die abweisende Entscheidung im Verwaltungsgerichtsverfahren wird ein Pauschsatz erhoben, der unter Berücksichtigung der durch das Verfahren entstandenen baren Auslagen zu berechnen ist. [2] Außerdem kann eine Gebühr festgesetzt werden.

(2) Ist die Entscheidung nur zum Teil abweisend, so kann dem anfechtenden Beteiligten ein entsprechender Teil der Kosten nach Absatz 1 auferlegt werden.

(3) [1] Wird eine Klage zurückgenommen, so können dem anfechtenden Beteiligten die entstandenen Auslagen auferlegt werden. [2] Ist der Rechtsstreit in der Hauptsache erledigt, dürfen dem anfechtenden Beteiligten nur Auslagen auferlegt werden.

(4) Die Vorschriften der Absätze 1 bis 3 gelten sinngemäß für das Widerspruchsverfahren vor der oberen Flurbereinigungsbehörde.

§ 148 [Vollstreckung] Für die Vollstreckung der Urteile des Flurbereinigungsgerichts gelten die §§ 136 und 137 entsprechend.

Elfter Teil. Abschluß des Flurbereinigungsverfahrens

§ 149 [Schlussfeststellung] (1) [1] Die Flurbereinigungsbehörde schließt das Verfahren durch die Feststellung (Schlußfeststellung) ab, daß die Ausführung nach dem Flurbereinigungsplan bewirkt ist und daß den Beteiligten keine Ansprüche mehr zustehen, die im Flurbereinigungsverfahren hätten berücksichtigt werden müssen; sie stellt fest, ob die Aufgaben der Teilnehmergemeinschaft abgeschlossen sind. [2] Die Schlußfeststellung ist öffentlich bekanntzumachen. [3] Gegen die Schlußfeststellung steht auch dem Vorstand der Teilnehmergemeinschaft der Widerspruch an die obere Flurbereinigungsbehörde zu.

(2) Die Schlußfeststellung ist der Teilnehmergemeinschaft zuzustellen, nachdem sie unanfechtbar geworden ist und nachdem über Anträge auf Wiederaufnahme des Verfahrens, die bis zum Ablauf der Frist für Widersprüche gegen die Schlußfeststellung gestellt worden sind, entschieden ist.

(3) [1] Mit der Zustellung an die Teilnehmergemeinschaft ist das Flurbereinigungsverfahren beendet. [2] Die beteiligten Behörden sollen eine Abschrift der Schlußfeststellung erhalten.

(4) Die Teilnehmergemeinschaft erlischt, wenn ihre Aufgaben in der Schlußfeststellung für abgeschlossen erklärt sind.

§ 150 [Urkundenaufbewahrung] (1) [1] Der Gemeinde oder ihrer Aufsichtsbehörde sind zur Aufbewahrung zu übersenden:

1. eine Ausfertigung der die neue Feldeinteilung nachweisenden Karte;
2. ein Verzeichnis der neuen Grundstücke und der gemeinschaftlichen und öffentlichen Anlagen mit Kartenbezeichnung und Größe;
3. eine Zusammenstellung der Bestimmungen des Flurbereinigungsplanes, die dauernd von allgemeiner Bedeutung und nicht in das Grundbuch oder in andere öffentliche Bücher übernommen sind;
4. eine Abschrift der Schlußfeststellung.

[2] Erstreckt sich das Flurbereinigungsgebiet auf mehrere Gemeinden, so bestimmt die Flurbereinigungsbehörde die Gemeinde.

(2) Jeder Beteiligte und jeder, der ein berechtigtes Interesse darlegt, kann die in Absatz 1 aufgeführten Unterlagen einsehen.

Zwölfter Teil. Die Teilnehmergemeinschaft nach der Beendigung des Flurbereinigungsverfahrens

§ 151 [Bestehenbleiben der Teilnehmergemeinschaft] [1] Die Teilnehmergemeinschaft bleibt als Körperschaft des öffentlichen Rechts bestehen, solange über die Beendigung des Flurbereinigungsverfahrens hinaus Aufgaben der Teilnehmergemeinschaft, insbesondere Verbindlichkeiten aus Darlehensverträgen, zu erfüllen sind. [2] Mit der Unanfechtbarkeit der Schlußfeststellung gemäß § 149 kann die Vertretung der Teilnehmergemeinschaft und die Verwaltung ihrer Angelegenheiten durch die Flurbereinigungsbehörde auf die Gemeindebehörde übertragen werden; die Aufsichtsbefugnisse der Flurbereinigungsbehörde gehen auf die Gemeindeaufsichtsbehörde über.

§ 152 [Verteilung von Einkünften der Teilnehmergemeinschaft] [1] Für die Verteilung von Einkünften der Teilnehmergemeinschaft gilt § 19 Abs. 1 sinngemäß. [2] Sie findet nur insoweit statt, als die Einkünfte nicht zur Deckung von Verbindlichkeiten der Teilnehmergemeinschaft benötigt werden oder die Verteilung nicht wegen unverhältnismäßiger Kosten oder aus anderen Gründen unzweckmäßig erscheint.

§ 153 [Auflösung der Teilnehmergemeinschaft] (1) [1] Die Flurbereinigungsbehörde hat die Teilnehmergemeinschaft aufzulösen, wenn ihre Aufgaben erfüllt sind. [2] Dies gilt sinngemäß für die Gemeindeaufsichtsbehörde, soweit auf sie die Aufsichtsbefugnisse der Flurbereinigungsbehörde übergegangen sind (§ 151 Satz 2 zweiter Halbsatz). [3] Die Auflösung ist öffentlich bekanntzumachen.

(2) Die nach dem Bayerischen Flurbereinigungsgesetz in der Fassung vom 11. Februar 1932 (Gesetz- und Verordnungsblatt für den Freistaat Bayern S. 73), zuletzt geändert durch das Gesetz zur Ausführung des Flurbereinigungsgesetzes vom 11. August 1954 (Bayerisches Gesetz- und Verordnungsblatt S. 165), noch bestehenden Flurbereinigungsgenossenschaften können durch Beschluß des Vorstandes aufgelöst werden, wenn das Unternehmen abgeschlossen ist und ihre Aufgaben erfüllt sind.

Dreizehnter Teil. Schluß- und Übergangsbestimmungen

§ 154 [Ordnungswidrigkeiten] (1) Ordnungswidrig handelt, wer den Vorschriften des § 34 Abs. 1 Nr. 2 und 3 oder des § 85 Nr. 5 zuwiderhandelt.

(2) Die Ordnungswidrigkeit kann mit einer Geldbuße geahndet werden.

(3) Gegenstände, auf die sich die Ordnungswidrigkeit bezieht, können eingezogen werden.

§ 155 [Außerkraftsetzung] (1) Das Umlegungsgesetz vom 26. Juni 1936 (Reichsgesetzbl. I S. 518), die Reichsumlegungsordnung vom 16. Juni 1937 (Reichsgesetzbl. I S. 629), die Erste Verordnung zur Reichsumlegungsordnung vom 27. April 1938 (Reichsgesetzbl. I S. 425), die Zweite Verordnung zur Reichsumlegungsordnung vom 14. Februar 1940 (Reichsgesetzbl. I S. 366), das Bayerische Gesetz Nr. 24 über die Wiedereinführung des bayerischen Flurbereinigungsrechts vom 15. Juni 1946 (Bayerisches Gesetz- und Verordnungsblatt S. 185) und das Gesetz des Landes Rheinland-Pfalz über das Rechtsmittelverfahren in Umlegungs-, Feld- und Flurbereinigungssachen vom 14. März 1951 (Gesetz- und Verordnungsblatt der Landesregierung Rheinland-Pfalz S. 47) treten außer Kraft.

(2) Soweit in Gesetzen und Verordnungen des Bundes und der Länder auf Vorschriften des Umlegungsgesetzes, der Reichsumlegungsordnung sowie der Ersten und Zweiten Verordnung zur Reichsumlegungsordnung sowie sonstiger nach Absatz 1 aufgehobener Vorschriften verwiesen ist, gilt dies als Verweisung auf die entsprechenden Vorschriften dieses Gesetzes.

§ 156 [Behandlung anhängiger Verfahren] [1] Auf anhängige Verfahren, in denen die Bekanntgabe des Flurbereinigungsplanes oder der ihm gleichstehenden Urkunde begonnen hat, ist dieses Gesetz nicht anzuwenden, sofern die Landesgesetzgebung nicht Abweichendes bestimmt. [2] Die nach dem Bayerischen Flurbereinigungsrecht (§ 155 Abs. 1) begonnenen Verfahren können nach dem bisherigen Recht zu Ende geführt werden. [3] Im übrigen ist die Rechtswirksamkeit von Anordnungen, Festsetzungen und Entscheidungen der Behörden und Spruchstellen aus der Zeit vor dem Inkrafttreten dieses Gesetzes nach dem bisherigen Recht zu beurteilen. [4] Anhängige Rechtsbehelfsverfahren gehen auf die nach diesem Gesetz zuständigen Stellen über.

§ 157 [Geltung landesrechtlicher Bestimmungen für einbezogene Grundstücke eines Nachbarlandes] Werden Grundstücke in ein Flurbereinigungs- oder Zusammenlegungsgebiet eines benachbarten Landes einbezogen (§ 3 Abs. 3 Satz 2), so gelten die auf Grund von Ermächtigungen dieses Gesetzes ergangenen Vorschriften des Landes auch für die genannten Grundstücke.

§ 158 *(gegenstandslos)*

§ 159[*1] *(Inkrafttreten)* Dieses Gesetz tritt am ersten Tage des auf die Verkündung folgenden Kalendermonats in Kraft.

[*1] **Amtl. Anm.:** Das Gesetz in der ursprünglichen Fassung ist am 1. Januar 1954 in Kraft getreten.

9. Gesetz über Maßnahmen zur Verbesserung der Agrarstruktur und zur Sicherung land- und forstwirtschaftlicher Betriebe (Grundstückverkehrsgesetz – GrdstVG)[1)]

Vom 28. Juli 1961

(BGBl. I S. 1091, ber. S. 1652 und 2000)

FNA 7810-1

zuletzt geänd. durch Art. 108 FGG-ReformG v. 17.12.2008 (BGBl. I S. 2586)

Erster Abschnitt. Rechtsgeschäftliche Veräußerung

§ 1 [Begriffsbestimmungen] (1) Die Vorschriften dieses Abschnitts gelten für landwirtschaftliche und forstwirtschaftliche Grundstücke sowie für Moor- und Ödland, das in landwirtschaftliche oder forstwirtschaftliche Kultur gebracht werden kann.

(2) Landwirtschaft im Sinne dieses Gesetzes ist die Bodenbewirtschaftung und die mit der Bodennutzung verbundene Tierhaltung, um pflanzliche oder tierische Erzeugnisse zu gewinnen, besonders der Ackerbau, die Wiesen- und Weidewirtschaft, der Erwerbsgartenbau, der Erwerbsobstbau und der Weinbau sowie die Fischerei in Binnengewässern.

(3) Grundstück im Sinne dieses Gesetzes ist auch ein Teil eines Grundstücks.

§ 2 [Genehmigungspflichtige Geschäfte] (1) [1] Die rechtsgeschäftliche Veräußerung eines Grundstücks und der schuldrechtliche Vertrag hierüber bedürfen der Genehmigung. [2] Ist ein schuldrechtlicher Vertrag genehmigt worden, so gilt auch die in Ausführung des Vertrages vorgenommene Auflassung als genehmigt. [3] Die Genehmigung kann auch vor der Beurkundung des Rechtsgeschäfts erteilt werden.

(2) Der Veräußerung eines Grundstücks stehen gleich

1. die Einräumung und die Veräußerung eines Miteigentumsanteils an einem Grundstück;

[1)] Zur Ausführung und Durchführung des GrdstVG haben die Länder ua folgende Vorschriften erlassen:
- **Baden-Württemberg:** G v. 10.11.2009 (GBl. S. 645), zuletzt geänd. durch VO v. 21.12.2021 (GBl. 2022 S. 1)
- **Bayern:** G v. 13.12.2016 (GVBl. S. 347), geänd. durch G v. 23.12.2022 (GVBl. S. 695)
- **Brandenburg:** G v. 18.3.1994 (GVBl. I S. 81), geänd. durch G v. 28.6.2006 (GVBl. I S. 74)
- **Mecklenburg-Vorpommern:** G v. 23.4.1998 (GVOBl. M-V S. 448), geänd. durch G v. 27.5.2016 (GVOBl. M-V S. 431)
- **Niedersachsen:** § 1 G v. 29.6.2022 (Nds. GVBl. S. 404)
- **Nordrhein-Westfalen:** G v. 14.7.1981 (GV. NRW. S. 403), geänd. durch G v. 5.4.2005 (GV. NRW. S. 274)
- **Rheinland-Pfalz:** G v. 2.2.1993 (GVBl. S. 105)
- **Saarland:** G v. 11.7.1962 (Amtsbl. S. 504), zuletzt geänd. durch G v. 21.11.2007 (Amtsbl. S. 2393)
- **Sachsen:** § 3 G v. 29.1.2008 (SächsGVBl. S. 138, 192)
- **Sachsen-Anhalt:** G v. 25.10.1995 (GVBl. LSA S. 302)
- **Schleswig-Holstein:** G v. 8.12.1961 (GVOBl. Schl.-H. 1962 S. 1), zuletzt geänd. durch G v. 6.12.2022 (GVOBl. Schl.-H. S. 1002)

2. die Veräußerung eines Erbanteils an einen anderen als an einen Miterben, wenn der Nachlaß im wesentlichen aus einem land- oder forstwirtschaftlichen Betrieb besteht;
3. die Bestellung des Nießbrauchs an einem Grundstück.

(3) Die Länder können

1. die Vorschriften dieses Abschnitts auf die Veräußerung von grundstücksgleichen Rechten, die die land- oder forstwirtschaftliche Nutzung eines Grundstücks zum Gegenstand haben, sowie von selbständigen Fischereirechten für anwendbar erklären;
2. bestimmen, daß die Veräußerung von Grundstücken bis zu einer bestimmten Größe keiner Genehmigung bedarf.[1)2)]
3. bestimmen, dass in bestimmten Teilen des Landesgebietes die Genehmigung eines nach Absatz 1 Satz 1 oder Absatz 2 genehmigungsbedürftigen Rechtsgeschäfts über die in § 9 genannten Gründe hinaus versagt oder mit Nebenbestimmungen nach § 10 oder § 11 versehen werden kann, soweit dies in dem betroffenen Teil des Landesgebietes zur Abwehr einer erheblichen Gefahr für die Agrarstruktur zwingend erforderlich ist.

§ 3 [Genehmigungsbehörde; Antragsberechtigte] (1) Über den Antrag auf Genehmigung entscheidet die nach Landesrecht zuständige Behörde (Genehmigungsbehörde)[3)], soweit nicht das Gericht zu entscheiden hat.

(2) [1] Zur Stellung des Antrags auf Genehmigung sind die Vertragsparteien und derjenige, zu dessen Gunsten der Vertrag geschlossen worden ist, berechtigt. [2] Hat ein Notar den Vertrag beurkundet, so gilt dieser als ermächtigt, die Genehmigung zu beantragen.

[1)] Zeichensetzung amtlich. Richtig wohl: „;".

[2)] Vgl. Anm. zum Gesetzestitel sowie
- **Berlin:** G v. 5.10.1994 (GVBl. S. 392)
- **Bremen:** G v. 24.2.1970 (Brem.GBl. S. 29), zuletzt geänd. durch G v. 19.12.2014 (Brem.GBl. S. 775)
- **Hamburg:** G v. 21.6.1971 (HmbGVBl. S. 111)
- **Hessen:** G v. 17.4.1962 (GVBl. S. 263), geänd. durch G v. 18.12.1989 (GVBl. S. 497)
- **Saarland:** VO v. 3.7.1969 (Amtsbl. S. 408)
- **Sachsen:** VO v. 17.3.1994 (SächsGVBl. S. 689)
- **Thüringen:** G v. 30.1.1997 (GVBl. S. 71)

[3)] Vgl. Anm. zum Gesetzestitel sowie
- **Brandenburg:** VO v. 10.8.1994 (GVBl. II S. 689)
- **Bremen:** VO v. 9.1.1962 (Brem.GBl. S. 6, ber. 1962 S. 10), zuletzt geänd. durch Bek. v. 20.10.2020 (Brem.GBl. S. 1172)
- **Hamburg:** AO v. 13.11.1984 (Amtl. Anz. S. 1913b), zuletzt geänd. durch AO v. 20.9.2011 (Amtl. Anz. S. 2157)
- **Hessen:** § 6 Nr. 6 Buchst. d VO v. 29.10.2014 (GVBl. S. 255), zuletzt geänd. durch VO v. 14.7.2021 (GVBl. S. 362)
- **Mecklenburg-Vorpommern:** § 2 VO v. 28.11.1994 (GVOBl. M-V S. 1080), zuletzt geänd. durch G v. 27.5.2016 (GVOBl. M-V S. 431)
- **Niedersachsen:** § 41 G idF der Bek. v. 10.2.2003 (Nds. GVBl. S. 61, ber. S. 176), zuletzt geänd. durch G v. 1.7.2020 (Nds. GVBl. S. 213)
- **Nordrhein-Westfalen:** § 5 Abs. 1 Nr. 3 VO v. 5.2.2019 (GV. NRW. S. 116), geänd. durch VO v. 3.11.2022 (GV. NRW. S. 963)
- **Rheinland-Pfalz:** VO v. 21.12.1961 (GVBl. S. 267), zuletzt geänd. durch G v. 26.6.2020 (GVBl. S. 287)
- **Thüringen:** VO v. 7.6.1991 (GVBl. S. 132), zuletzt geänd. durch G v. 18.12.2018 (GVBl. S. 731)

§ 4 [Genehmigungsfreie Geschäfte] Die Genehmigung ist nicht notwendig, wenn

1. der Bund oder ein Land als Vertragsteil an der Veräußerung beteiligt ist;
2. eine mit den Rechten einer Körperschaft des öffentlichen Rechts ausgestattete Religionsgesellschaft ein Grundstück erwirbt, es sei denn, daß es sich um einen land- oder forstwirtschaftlichen Betrieb handelt;
3. die Veräußerung oder die Ausübung des Vorkaufsrechts der Durchführung eines Flurbereinigungsverfahrens, eines Siedlungsverfahrens oder eines Verfahrens nach § 37 des Bundesvertriebenengesetzes dient;
4. Grundstücke veräußert werden, die im räumlichen Geltungsbereich eines Bebauungsplanes im Sinne des § 30 des Baugesetzbuchs liegen, es sei denn, daß es sich um die Wirtschaftsstelle eines land- oder forstwirtschaftlichen Betriebes oder um Grundstücke handelt, die im Bebauungsplan als Grundstücke im Sinne des § 1 ausgewiesen sind;
5. die Veräußerung nach dem bayerischen Almgesetz vom 28. April 1932 (Bereinigte Sammlung des Bayerischen Landesrechts Band IV S. 359), zuletzt geändert durch § 59 des Zweiten Bayerischen Gesetzes zur Anpassung des Landesrechts an den Euro vom 24. April 2001 (GVBl. S. 140), genehmigt ist.

§ 5 [Zeugnis über Genehmigungsfreiheit] [1] Ist zur Veräußerung die Genehmigung nicht notwendig, so hat die Genehmigungsbehörde auf Antrag ein Zeugnis darüber zu erteilen. [2] Das Zeugnis steht der Genehmigung gleich.

§ 6 [Entscheidung über die Genehmigung] (1) [1] Die Entscheidung über die Genehmigung ist binnen einem Monat nach Eingang des Antrags und der Urkunde über das zu genehmigende Rechtsgeschäft bei der örtlich zuständigen Genehmigungsbehörde zu treffen. [2] Kann die Prüfung des Antrags in dieser Zeit nicht abgeschlossen werden oder hat die Genehmigungsbehörde eine Erklärung über die Ausübung des Vorkaufsrechts nach § 12 herbeizuführen, so ist vor Ablauf der Frist dem Veräußerer ein Zwischenbescheid zu erteilen; durch den Zwischenbescheid verlängert sich die Frist des Satzes 1 auf zwei Monate und, falls die bezeichnete Erklärung herbeizuführen ist, auf drei Monate.

(2) Die Genehmigung gilt als erteilt, falls nicht binnen der in Absatz 1 genannten Frist die Genehmigungsbehörde eine Entscheidung nach § 9 oder im Falle des § 7 Satz 2 des Reichssiedlungsgesetzes eine Mitteilung über die Verlängerung der Frist zur Ausübung des Vorkaufsrechts dem Veräußerer zustellt.

(3) Ist die Entscheidung über die Genehmigung oder die Genehmigung durch Fristablauf unanfechtbar geworden, so hat die Genehmigungsbehörde hierüber auf Antrag ein Zeugnis zu erteilen.

§ 7 [Nachweis beim Grundbuchamt] (1) Auf Grund einer genehmigungsbedürftigen Veräußerung darf eine Rechtsänderung in das Grundbuch erst eingetragen werden, wenn dem Grundbuchamt die Unanfechtbarkeit der Genehmigung nachgewiesen wird.

(2) [1] Ist im Grundbuch auf Grund eines nicht genehmigten Rechtsgeschäfts eine Rechtsänderung eingetragen, so hat das Grundbuchamt auf Ersuchen der Genehmigungsbehörde oder des Vorsitzenden des Gerichts, falls nach ihrem Ermessen eine Genehmigung erforderlich ist, einen Widerspruch im Grund-

buch einzutragen. [2] Der Widerspruch ist zu löschen, wenn die Genehmigungsbehörde oder der Vorsitzende des Gerichts darum ersucht oder wenn dem Grundbuchamt die Unanfechtbarkeit der Genehmigung nachgewiesen wird. [3] § 53 Abs. 1 der Grundbuchordnung[1)] bleibt unberührt.

(3) Besteht die auf Grund eines nicht genehmigten Rechtsgeschäfts vorgenommene Eintragung einer Rechtsänderung ein Jahr, so gilt das Rechtsgeschäft als genehmigt, es sei denn, daß vor Ablauf dieser Frist ein Widerspruch im Grundbuch eingetragen oder ein Antrag auf Berichtigung des Grundbuchs oder ein Antrag oder ein Ersuchen auf Eintragung eines Widerspruchs gestellt worden ist.

§ 8 [Pflicht zur Erteilung der Genehmigung] Die Genehmigung ist zu erteilen, wenn

1. eine Gemeinde oder ein Gemeindeverband an der Veräußerung beteiligt ist, das veräußerte Grundstück im Gebiet der beteiligten Gemeinde oder des beteiligten Gemeindeverbandes liegt und durch einen Bauleitplan im Sinne des § 1 Abs. 2 des Baugesetzbuchs nachgewiesen wird, daß das Grundstück für andere als die in § 1 bezeichneten Zwecke vorgesehen ist;
2. ein landwirtschaftlicher oder forstwirtschaftlicher Betrieb geschlossen veräußert oder im Wege der vorweggenommenen Erbfolge übertragen wird oder an einem Grundstück ein Nießbrauch bestellt wird und der Erwerber oder Nießbraucher entweder der Ehegatte des Eigentümers oder mit dem Eigentümer in gerader Linie oder bis zum dritten Grad in der Seitenlinie verwandt oder bis zum zweiten Grad verschwägert ist;
3. ein gemischter Betrieb insgesamt veräußert wird und die land- oder forstwirtschaftliche Fläche nicht die Grundlage für eine selbständige Existenz bietet;
4. die Veräußerung einer Grenzverbesserung dient;
5. Grundstücke zur Verbesserung der Landbewirtschaftung oder aus anderen volkswirtschaftlich gerechtfertigten Gründen getauscht werden und ein etwaiger Geldausgleich nicht mehr als ein Viertel des höheren Grundstückwertes ausmacht;
6. ein Grundstück zur Vermeidung einer Enteignung oder einer bergrechtlichen Grundabtretung an denjenigen veräußert wird, zu dessen Gunsten es enteignet werden könnte oder abgetreten werden müßte, oder ein Grundstück an denjenigen veräußert wird, der das Eigentum auf Grund gesetzlicher Verpflichtung übernehmen muß;
7. Ersatzland erworben wird, soweit
 a) der Erwerber auf das Ersatzland zur Sicherung seiner Existenz oder zur Aufrechterhaltung seines persönlich bewirtschafteten Betriebes angewiesen ist oder
 b) das Ersatzland zur Erfüllung dem Erwerber wesensgemäß obliegender Aufgaben zu dienen bestimmt ist und es sich bei dem Ersatzland nicht um einen land- oder forstwirtschaftlichen Betrieb handelt;
 c) eine Gemeinde oder ein Gemeindeverband das Ersatzland zur alsbaldigen Verpachtung oder Veräußerung an einen bestimmten von ihr oder von ihm verdrängten Landwirt benötigt.

[1)] Nr. **11**.

§ 9 [Versagung oder Einschränkung der Genehmigung] (1) Die Genehmigung darf nur versagt oder durch Auflagen (§ 10) oder Bedingungen (§ 11) eingeschränkt werden, wenn Tatsachen vorliegen, aus denen sich ergibt, daß

1. die Veräußerung eine ungesunde Verteilung des Grund und Bodens bedeutet oder
2. durch die Veräußerung das Grundstück oder eine Mehrheit von Grundstücken, die räumlich oder wirtschaftlich zusammenhängen und dem Veräußerer gehören, unwirtschaftlich verkleinert oder aufgeteilt würde oder
3. der Gegenwert in einem groben Mißverhältnis zum Wert des Grundstücks steht.

(2) Eine ungesunde Verteilung des Grund und Bodens im Sinne des Absatzes 1 Nr. 1 liegt in der Regel dann vor, wenn die Veräußerung Maßnahmen zur Verbesserung der Agrarstruktur widerspricht.

(3) Eine unwirtschaftliche Verkleinerung oder Aufteilung im Sinne des Absatzes 1 Nr. 2 liegt in der Regel dann vor, wenn durch Erbauseinandersetzung, Übergabevertrag oder eine sonstige rechtsgeschäftliche Veräußerung

1. ein selbständiger landwirtschaftlicher Betrieb seine Lebensfähigkeit verlieren würde;
2. ein landwirtschaftliches Grundstück kleiner als ein Hektar wird;
3. ein forstwirtschaftliches Grundstück kleiner als dreieinhalb Hektar wird, es sei denn, daß seine ordnungsgemäße forstliche Bewirtschaftung gewährleistet erscheint;
4. in einem Flurbereinigungsverfahren zugeteilte oder anläßlich einer mit öffentlichen Mitteln geförderten Aufstockung oder Aussiedlung eines landwirtschaftlichen Betriebes erworbene Grundstücke in der Weise geteilt werden, daß die Teilung diesen Maßnahmen zur Verbesserung der Agrarstruktur widerspricht.

(4) Wird das Grundstück für andere als land- oder forstwirtschaftliche Zwecke veräußert, so darf die Genehmigung aus Absatz 1 Nr. 3 nicht versagt werden.

(5) Liegen die Voraussetzungen vor, unter denen das Vorkaufsrecht nach dem Reichssiedlungsgesetz ausgeübt werden kann, so darf, wenn das Vorkaufsrecht nicht ausgeübt wird, die Genehmigung aus Absatz 1 Nr. 1 nur versagt oder durch Auflagen oder Bedingungen eingeschränkt werden, falls es sich um die Veräußerung eines land- oder forstwirtschaftlichen Betriebes handelt.

(6) Bei der Entscheidung über den Genehmigungsantrag muß auch allgemeinen volkswirtschaftlichen Belangen Rechnung getragen werden, insbesondere wenn Grundstücke zur unmittelbaren Gewinnung von Roh- und Grundstoffen (Bodenbestandteile) veräußert werden.

(7) Die Genehmigung soll, auch wenn ihr Bedenken aus den in Absatz 1 aufgeführten Gründen entgegenstehen, nicht versagt werden, wenn dies eine unzumutbare Härte für den Veräußerer bedeuten würde.

§ 10 [Genehmigung unter Auflagen] (1) Dem Erwerber kann die Auflage gemacht werden,

1. das erworbene Grundstück an einen Landwirt zu verpachten;

2. das erworbene Grundstück ganz oder zum Teil zu angemessenen Bedingungen entweder an einen Landwirt oder an ein von der Siedlungsbehörde zu bezeichnendes Siedlungsunternehmen zu veräußern;
3. an anderer Stelle binnen einer bestimmten, angemessenen Frist Land abzugeben, jedoch nicht mehr, als der Größe oder dem Wert des erworbenen Grundstücks entspricht;
4. zur Sicherung einer ordnungsgemäßen Waldbewirtschaftung einen Bewirtschaftungsvertrag mit einem forstlichen Sachverständigen oder einer Forstbehörde abzuschließen oder nach einem genehmigten Wirtschaftsplan zu wirtschaften.

(2) [1] Wird die Genehmigung unter Auflagen erteilt, so ist die hierdurch betroffene Vertragspartei berechtigt, bis zum Ablauf eines Monats nach Eintritt der Unanfechtbarkeit der Entscheidung vom Vertrage zurückzutreten. [2] Auf das Rücktrittsrecht sind die Vorschriften der §§ 346 bis 354 des Bürgerlichen Gesetzbuchs[1)] sinngemäß anzuwenden.

§ 11 [Genehmigung unter Bedingungen] (1) Die Genehmigung kann unter der Bedingung erteilt werden, daß binnen einer bestimmten Frist

1. die Vertragsparteien einzelne Vertragsbestimmungen, denen Bedenken aus einem der in § 9 aufgeführten Tatbestände entgegenstehen, in bestimmter Weise ändern,
2. der Erwerber das landwirtschaftliche Grundstück auf eine bestimmte Zeit an einen Landwirt verpachtet,
3. der Erwerber an anderer Stelle Land abgibt, jedoch nicht mehr, als der Größe oder dem Wert des zu erwerbenden Grundstücks entspricht.

(2) Ist die Bedingung eingetreten, so hat die Genehmigungsbehörde hierüber auf Antrag eine Bescheinigung zu erteilen.

§ 12 [Erklärung über die Ausübung des Vorkaufsrechts] Liegen die Voraussetzungen vor, unter denen nach dem Reichssiedlungsgesetz das Vorkaufsrecht ausgeübt werden kann, so hat die Genehmigungsbehörde, bevor sie über den Antrag auf Genehmigung entscheidet, den Vertrag der Siedlungsbehörde zur Herbeiführung einer Erklärung über die Ausübung des Vorkaufsrechts durch die vorkaufsberechtigte Stelle vorzulegen.

Zweiter Abschnitt. Gerichtliche Zuweisung eines Betriebes

§ 13 [Zuweisung an einen Miterben] (1) [1] Gehört ein landwirtschaftlicher Betrieb einer durch gesetzliche Erbfolge entstandenen Erbengemeinschaft, so kann das Gericht auf Antrag eines Miterben die Gesamtheit der Grundstücke, aus denen der Betrieb besteht, ungeteilt einem Miterben zuweisen; kann der Betrieb in mehrere Betriebe geteilt werden, so kann er geteilt einzelnen der Miterben zugewiesen werden. [2] Grundstücke, für die nach ihrer Lage und Beschaffenheit anzunehmen ist, daß sie in absehbarer Zeit anderen als landwirtschaftlichen Zwecken dienen werden, sollen von einer Zuweisung ausgenommen werden. [3] Das Gericht hat die Zuweisung auf Zubehörstücke, Miteigentums-, Kapital- und Geschäftsanteile, dingliche Nutzungsrechte und ähnliche

[1)] Nr. **1**.

Rechte zu erstrecken, soweit diese Gegenstände zur ordnungsgemäßen Bewirtschaftung des Betriebes notwendig sind.

(2) Das Eigentum an den zugewiesenen Sachen und die zugewiesenen Rechte gehen mit der Rechtskraft der gerichtlichen Entscheidung oder, falls in ihr ein späterer Zeitpunkt bestimmt ist, zu diesem Zeitpunkt auf den Miterben über, dem der Betrieb zugewiesen wird (Erwerber).

(3) [1] Die Vorschriften der Absätze 1 und 2 gelten nur, soweit die Sachen und Rechte gemeinschaftliches Vermögen der Erben sind. [2] Auf Reichsheimstätten sind sie nicht anzuwenden.

§ 14 [Voraussetzungen der Zuweisung] (1) [1] Die Zuweisung ist nur zulässig, wenn der Betrieb mit einer zur Bewirtschaftung geeigneten Hofstelle versehen ist und seine Erträge ohne Rücksicht auf die privatrechtlichen Belastungen im wesentlichen zum Unterhalt einer bäuerlichen Familie ausreichen. [2] Erträge aus zugepachtetem Land sind insoweit als Erträge des Betriebes anzusehen, als gesichert erscheint, daß das zugepachtete Land oder anderes gleichwertiges Pachtland dem Erwerber zur Bewirtschaftung zur Verfügung stehen wird.

(2) Die Zuweisung ist ferner nur zulässig, wenn sich die Miterben über die Auseinandersetzung nicht einigen oder eine von ihnen vereinbarte Auseinandersetzung nicht vollzogen werden kann.

(3) Die Zuweisung ist unzulässig, solange die Auseinandersetzung ausgeschlossen oder ein zu ihrer Bewirkung berechtigter Testamentsvollstrecker vorhanden ist oder ein Miterbe ihren Aufschub verlangen kann.

§ 15 [Bedachter Miterbe] (1) [1] Der Betrieb ist dem Miterben zuzuweisen, dem er nach dem wirklichen oder mutmaßlichen Willen des Erblassers zugedacht war. [2] Ist der Miterbe nicht ein Abkömmling und nicht der überlebende Ehegatte des Erblassers, so ist die Zuweisung an ihn nur zulässig, wenn er den Betrieb bewohnt und bewirtschaftet oder mitbewirtschaftet. [3] Die Zuweisung ist ausgeschlossen, wenn der Miterbe zur Übernahme des Betriebes nicht bereit oder zu seiner ordnungsgemäßen Bewirtschaftung nicht geeignet ist.

(2) Diese Bestimmungen gelten für die Zuweisung von Teilen des Betriebes sinngemäß.

§ 16 [Abfindung der übrigen Miterben] (1) [1] Wird der Betrieb einem Miterben zugewiesen, so steht insoweit den übrigen Miterben an Stelle ihres Erbteils ein Anspruch auf Zahlung eines Geldbetrages zu, der dem Wert ihres Anteils an dem zugewiesenen Betrieb (§ 13 Abs. 1) entspricht. [2] Der Betrieb ist zum Ertragswert (§ 2049 des Bürgerlichen Gesetzbuchs[1)]) anzusetzen. [3] Der Anspruch ist bei der Zuweisung durch das Gericht unter Berücksichtigung der folgenden Vorschriften festzusetzen.

(2) [1] Die Nachlaßverbindlichkeiten, die zur Zeit des Erwerbes (§ 13 Abs. 2) noch bestehen, sind aus dem außer dem Betriebe vorhandenen Vermögen zu berichtigen, soweit es ausreicht. [2] Ist eine Nachlaßverbindlichkeit an einem zum Betriebe gehörenden Grundstück dinglich gesichert, so kann das Gericht auf Antrag mit Zustimmung des Gläubigers festsetzen, daß der Erwerber dem

[1)] **dtv 5001 BGB Nr. 1.**

Gläubiger für sie allein haftet. [3] Trifft es eine solche Festsetzung, so ist § 2046 des Bürgerlichen Gesetzbuchs[1)] auf diese Verbindlichkeit nicht anzuwenden.

(3) [1] Das Gericht kann die Zahlung der den Miterben nach Absatz 1 zustehenden Beträge auf Antrag stunden, soweit der Erwerber bei sofortiger Zahlung den Betrieb nicht ordnungsgemäß bewirtschaften könnte und dem einzelnen Miterben bei gerechter Abwägung der Lage der Beteiligten eine Stundung zugemutet werden kann. [2] Der Erwerber hat die gestundete Forderung zu verzinsen und für sie Sicherheit zu leisten. [3] Über die Höhe der Verzinsung und über Art und Umfang der Sicherheitsleistung entscheidet das Gericht nach billigem Ermessen. [4] Das Gericht kann die rechtskräftige Entscheidung über die Stundung auf Antrag aufheben oder ändern, wenn sich die Verhältnisse nach der Entscheidung wesentlich geändert haben.

(4) [1] Auf Antrag eines Miterben kann das Gericht bei der Zuweisung festsetzen, daß der Miterbe statt durch Zahlung eines Geldbetrages ganz oder teilweise durch Übereignung eines bei der Zuweisung bestimmten Grundstücks abzufinden ist. [2] Das Grundstück muß zur Deckung eines Landbedarfs des Miterben benötigt werden und von dem Betrieb abgetrennt werden können, ohne daß die Voraussetzungen des § 14 Abs. 1 wegfallen. [3] Die Veräußerung dieses Grundstücks bedarf nicht der Genehmigung nach diesem Gesetz.

(5) [1] Das Gericht kann auf Antrag eines Miterben bei der Zuweisung festsetzen, daß er durch ein beschränktes dingliches Recht an einem zugewiesenen Grundstück abzufinden ist. [2] Die Festsetzung ist unzulässig, wenn der Erwerber dadurch unangemessen beschwert würde.

§ 17 [Anspruch auf Vorteilsausgleich] (1) [1] Zieht der Erwerber binnen fünfzehn Jahren nach dem Erwerb (§ 13 Abs. 2) aus dem Betrieb oder einzelnen zugewiesenen Gegenständen durch Veräußerung oder auf andere Weise, die den Zwecken der Zuweisung fremd ist, erhebliche Gewinne, so hat er, soweit es der Billigkeit entspricht, die Miterben auf Verlangen so zu stellen, wie wenn der in Betracht kommende Gegenstand im Zeitpunkt des Erwerbes verkauft und der Kaufpreis unter den Miterben entsprechend ihren Erbteilen verteilt worden wäre. [2] Ist der Betrieb im Wege der Erbfolge auf einen anderen übergegangen oder hat der Erwerber den Betrieb einem anderen im Wege der vorweggenommenen Erbfolge übereignet, so trifft die entsprechende Verpflichtung den anderen hinsichtlich derartiger Gewinne, die er binnen fünfzehn Jahren nach dem in § 13 Abs. 2 bezeichneten Zeitpunkt aus dem Betriebe zieht.

(2) [1] Die Ansprüche sind vererblich und übertragbar. [2] Sie verjähren in zwei Jahren nach dem Schluß des Jahres, in dem der Berechtigte von dem Eintritt der Voraussetzungen seines Anspruchs Kenntnis erlangt, ohne Rücksicht auf diese Kenntnis in fünf Jahren nach dem Schluß des Jahres, in dem die Voraussetzungen des Anspruchs erfüllt sind.

Dritter Abschnitt. Verfahren

§ 18 [Örtlich zuständige Genehmigungsbehörde] (1) [1] Örtlich zuständig ist die Genehmigungsbehörde, in deren Bezirk die Hofstelle des Betriebes liegt, zu dem das Grundstück gehört. [2] Ist keine Hofstelle vorhanden, so ist die

[1)] dtv 5001 BGB Nr. 1.

Genehmigungsbehörde zuständig, in deren Bezirk die Grundstücke ganz oder zum größten Teil liegen.

(2) [1] Hält die Genehmigungsbehörde ihre örtliche Zuständigkeit nicht für gegeben, so hat sie die Sache unverzüglich, spätestens vor Ablauf eines Monats nach Eingang des Antrags, an die zuständige Genehmigungsbehörde abzugeben und den Antragsteller von der Abgabe zu benachrichtigen. [2] Wird die Benachrichtigung nicht binnen dieser Frist zugestellt, so gilt die Genehmigung als erteilt. [3] Die Abgabeverfügung ist für die in ihr bezeichnete Genehmigungsbehörde bindend und für die Beteiligten unanfechtbar.

§ 19 [Anhörung der land- und forstwirtschaftlichen Berufsvertretung] [1] Die Genehmigungsbehörde hat vor der Entscheidung über einen Genehmigungsantrag die auf Grund des § 32 Abs. 3 des Gesetzes über das gerichtliche Verfahren in Landwirtschaftssachen bestimmte land- und forstwirtschaftliche Berufsvertretung zu hören. [2] Das Nähere bestimmt die Landesregierung[1)].

§ 20 [Begründung und Zustellung der Entscheidungen; Rechtsbehelfsbelehrung] [1] Entscheidungen, gegen die ein Antrag auf gerichtliche Entscheidung zulässig ist, sind zu begründen und zuzustellen. [2] Bei der Zustellung sind die Beteiligten über die Zulässigkeit des Antrags auf gerichtliche Entscheidung, über die Stelle, bei der er zu stellen ist, sowie über Form und Frist des Antrags zu belehren. [3] Die Antragsfrist beginnt nicht vor der Belehrung, spätestens aber fünf Monate nach der Zustellung der Entscheidung der Genehmigungsbehörde.

§ 21 [Mitteilung über Ausübung des Vorkaufsrechts] [1] Erklärungen des Vorkaufsberechtigten über die Ausübung des Vorkaufsrechts nach dem Reichssiedlungsgesetz hat die Genehmigungsbehörde außer dem Verpflichteten auch dem Käufer und demjenigen mitzuteilen, zu dessen Gunsten der Kaufvertrag geschlossen worden ist; dies gilt nicht, wenn die Ausübung des Vorkaufsrechts nach § 6 Abs. 2 des Reichssiedlungsgesetzes unwirksam ist. [2] Die Mitteilung ist mit einer Begründung darüber zu versehen, warum die Genehmigung der Veräußerung nach § 9 zu versagen wäre, und zuzustellen. [3] § 20 Satz 2 und 3 gilt sinngemäß für die Belehrung über die Zulässigkeit eines Antrags auf gerichtliche Entscheidung nach § 10 des Reichssiedlungsgesetzes.

§ 22 [Antrag auf gerichtliche Entscheidung] (1) Wenn die Genehmigungsbehörde eine Genehmigung versagt oder unter Auflagen oder Bedingungen erteilt, ein Zeugnis nach § 5 oder § 6 Abs. 3 oder eine Bescheinigung nach § 11 Abs. 2 verweigert, können die Beteiligten binnen zwei Wochen nach Zustellung Antrag auf Entscheidung durch das nach dem Gesetz über das gerichtliche Verfahren in Landwirtschaftssachen zuständige Gericht stellen.

(2) [1] Der Antrag kann bei der Genehmigungsbehörde, gegen deren Entscheidung er sich richtet, schriftlich oder bei dem zuständigen Gericht schriftlich oder zur Niederschrift der Geschäftsstelle gestellt werden. [2] Die §§ 17 bis 19 des

[1)] Siehe hierzu ua:
– **Hessen:** VO v. 17.1.1962 (GVBl. I S. 2)
– **Rheinland-Pfalz:** VO v. 21.12.1961 (GVBl. S. 267), zuletzt geänd. durch G v. 26.6.2020 (GVBl. S. 287)
– **Schleswig-Holstein:** VO v. 20.12.1961 (GVOBl. Schl.-H. 1962 S. 80)

Gesetzes über das Verfahren in Familiensachen und in den Angelegenheiten der freiwilligen Gerichtsbarkeit gelten entsprechend.

(3) Das Gericht kann die Entscheidungen treffen, die auch die Genehmigungsbehörde treffen kann.

(4) [1] Ist eine Genehmigung unter einer Auflage nach diesem Gesetz oder nach den bisherigen Vorschriften über den Verkehr mit land- und forstwirtschaftlichen Grundstücken erteilt und haben sich die Umstände, die für die Erteilung der Auflage maßgebend waren, wesentlich geändert, so kann der durch die Auflage Beschwerte beantragen, daß das nach dem Gesetz über das gerichtliche Verfahren in Landwirtschaftssachen zuständige Gericht die Auflage ändert oder aufhebt. [2] Absatz 2 Satz 1 gilt entsprechend.

§ 23 [Gebühren- und Auslagenfreiheit] Im Verfahren vor der Genehmigungsbehörde werden Gebühren und Auslagen nicht erhoben.

§ 24 [Festsetzung von Zwangsgeld] (1) [1] Wer

1. einer Aufforderung der Genehmigungsbehörde, den Besitz eines Grundstücks, den er auf Grund einer genehmigungsbedürftigen Veräußerung erworben oder einem anderen überlassen hat, an den Veräußerer zurückzuübertragen oder vom Erwerber zurückzunehmen, nicht Folge leistet, obwohl eine nach diesem Gesetz oder den bisherigen Vorschriften über den Verkehr mit land- und forstwirtschaftlichen Grundstücken erforderliche Genehmigung nicht beantragt oder unanfechtbar versagt worden ist,
2. eine Auflage nicht erfüllt, die bei der Genehmigung eines Rechtsgeschäfts nach diesem Gesetz oder nach den bisherigen Vorschriften über den Verkehr mit land- und forstwirtschaftlichen Grundstücken gemacht worden ist,

kann durch Festsetzung von Zwangsgeld, auch wiederholt, angehalten werden, der Aufforderung oder Auflage nachzukommen. [2] Das Zwangsgeld wird auf Antrag der Genehmigungsbehörde durch das Gericht verhängt. [3] Es muß, bevor es festgesetzt wird, angedroht werden.

(2) Das einzelne Zwangsgeld darf den Betrag von fünfhundert Euro nicht übersteigen.

§§ 25–26 *(nicht wiedergegebene Änderungsvorschriften)*

Vierter Abschnitt. Siedlungsrechtliche Vorschriften

§§ 27–30 *(nicht wiedergegebene Änderungsvorschriften)*

Fünfter Abschnitt. Zusatz-, Übergangs- und Schlußbestimmungen

§ 31 [Höfe i.S.d. Höfeordnungen] (1) § 8 Nr. 2 gilt nicht für Höfe im Sinne der in den Ländern Hamburg, Niedersachsen, Nordrhein-Westfalen und Schleswig-Holstein geltenden Höfeordnung in der Fassung der Bekanntmachung vom 26. Juli 1976 (BGBl. I S. 1933), zuletzt geändert durch Artikel 7 Abs. 13 des Gesetzes vom 27. Juni 2000 (BGBl. I S. 897) oder des Landesgesetzes über die Einführung einer Höfeordnung im Lande Rheinland-Pfalz in der Fassung der Bekanntmachung vom 18. April 1967 (GVBl. S. 138), zuletzt geändert durch das Gesetz vom 26. September 2000 (GVBl. S. 397).

(2) § 6 ist nicht anzuwenden, wenn nach § 17 Abs. 3 der Höfeordnung in der Fassung der Bekanntmachung vom 26. Juli 1976 (BGBl. I S. 1933), zuletzt geändert durch Artikel 7 Abs. 13 des Gesetzes vom 27. Juni 2000 (BGBl. I S. 897), das Gericht über einen Antrag auf Genehmigung zu entscheiden hat.

§ 32 *(aufgehoben)*

§ 33 [Übergangsvorschriften für gerichtliche Zuweisung eines Betriebes] (1) Ist ein landwirtschaftlicher Betrieb vor dem Inkrafttreten dieses Gesetzes auf eine Erbengemeinschaft übergegangen, so gelten für die gerichtliche Zuweisung des Betriebes die Vorschriften der Absätze 2 bis 4.

(2) [1] Liegt der Betrieb in den Ländern Hamburg, Niedersachsen, Nordrhein-Westfalen oder Schleswig-Holstein und hat ein Zuweisungsverfahren nach den bisher geltenden Vorschriften nicht stattgefunden, so sind die §§ 13 bis 17 anzuwenden. [2] Diese Vorschriften gelten auch für die Entscheidung über einen Zuweisungsantrag, der vor dem Inkrafttreten dieses Gesetzes nach den bisher geltenden Vorschriften gestellt und über den noch nicht rechtskräftig entschieden ist. [3] Nimmt der Antragsteller im Falle des Satzes 2 den Antrag bis zum Schluß der nächsten mündlichen Verhandlung, jedoch spätestens bis zum Ablauf von drei Monaten nach dem Inkrafttreten dieses Gesetzes zurück oder erklärt er ihn binnen dieser Frist für erledigt, so trägt jeder Beteiligte seine außergerichtlichen Kosten; Gerichtskosten werden nicht erhoben.

(3) [1] Liegt der Betrieb in anderen als den in Absatz 2 bezeichneten Ländern, so ist die gerichtliche Zuweisung nach Maßgabe der §§ 13 bis 17 nur zulässig, wenn keiner der Miterben der Einleitung des Zuweisungsverfahrens binnen einer angemessenen Frist widerspricht, die vom Gericht nach Eingang eines Antrags nach § 13 festgesetzt wird. [2] Bei der Festsetzung der Frist sind die Miterben darauf hinzuweisen, daß im Zuweisungsverfahren der Betrieb ungeteilt einem Miterben zu Eigentum zugewiesen werden kann. [3] Der Widerspruch ist schriftlich oder zur Niederschrift der Geschäftsstelle des Gerichts zu erklären. [4] Die §§ 17 bis 19 des Gesetzes über das Verfahren in Familiensachen und in den Angelegenheiten der freiwilligen Gerichtsbarkeit gelten entsprechend.

(4) § 17 ist nicht anzuwenden, wenn der Erwerber den Betrieb vor dem Inkrafttreten dieses Gesetzes durch gerichtliche Zuweisung erworben hat.

§ 34–36 *(aufgehoben)*

§ 37 [Rechtsverordnung über Gebote in der Zwangsversteigerung]

Die Bundesregierung wird ermächtigt, zur Verhinderung von Mißbräuchen, welche die Wirksamkeit dieses Gesetzes erheblich beeinträchtigen, für die Veräußerung der durch § 1 betroffenen Grundstücke im Wege der Zwangsversteigerung unter Anlehnung an die Vorschriften des Ersten und Vierten Abschnitts durch Rechtsverordnung zu bestimmen, daß die Abgabe von Geboten und die Erteilung des Zuschlags an einen anderen als den Meistbietenden allgemein oder unter bestimmten sachlichen oder örtlichen Voraussetzungen von einer Bieterlaubnis der Genehmigungsbehörde abhängt, sowie das Verfahren einschließlich der Kosten zu regeln.

§ 38 *(aufgehoben)*

§ 39 [Inkrafttreten; aufgehobene Vorschriften] (1) [1]Dieses Gesetz tritt am 1. Januar 1962 in Kraft. [2]Die Vorschriften, die den Erlaß von Landesgesetzen vorsehen oder zum Erlaß von Rechtsverordnungen ermächtigen, treten am Tage nach der Verkündung[1)] dieses Gesetzes, § 30 tritt mit Wirkung vom Tage nach der Verkündung des Haushaltsgesetzes 1961[2)] in Kraft.

(2) *(nicht wiedergegebene Aufhebungsvorschrift)*

(3) [1]Das Gesetz Nr. 45 des Kontrollrats mit Ausnahme der Übergangsvorschrift in Artikel XII Abs. 2 verliert, soweit es noch wirksam ist, seine Wirksamkeit. [2]Die Fortgeltung von Vorschriften, die durch Artikel II des Gesetzes Nr. 45 wieder in Kraft gesetzt sind, bleibt unberührt.

(4) Soweit in anderen Rechtsvorschriften auf die nach Absatz 2 und 3 aufgehobenen oder unwirksam werdenden Rechtsvorschriften verwiesen ist, treten an ihre Stelle die entsprechenden Vorschriften dieses Gesetzes.

[1)] Verkündet am 2.8.1961.
[2)] Verkündet am 17.4.1961.

10. Grundstücksverkehrsordnung (GVO)[1) 2)]

In der Fassung der Bekanntmachung vom 20. Dezember 1993[3)]
(BGBl. I S. 2182)

FNA III-20

zuletzt geänd. durch Art. 18 EU-KontenpfändungsVO-DurchführungsG v. 21.11.2016 (BGBl. I S. 2591)

§ 1 Geltungsbereich, Genehmigungsanspruch. (1) [1]In dem in Artikel 3 des Einigungsvertrages bezeichneten Gebiet bedürfen die in den nachfolgenden Bestimmungen bezeichneten Rechtsgeschäfte einer Grundstücksverkehrsgenehmigung. [2]Die Genehmigung kann auch vor Abschluß der Rechtsgeschäfte erteilt werden; eine solche Genehmigung bleibt nur wirksam, wenn das im voraus genehmigte Rechtsgeschäft binnen zwei Jahren nach der Ausstellung der Genehmigung abgeschlossen wird.

(2) [1]Die Grundstücksverkehrsgenehmigung ist auf Antrag jeder der an dem genehmigungspflichtigen Rechtsgeschäft beteiligten Personen zu erteilen, wenn

1. bei dem Amt oder Landesamt zur Regelung offener Vermögensfragen oder Bundesamt für zentrale Dienste und offene Vermögensfragen, in dessen Bezirk das Grundstück belegen ist, für das Grundstück in der Ausschlußfrist des § 30a des Vermögensgesetzes ein Antrag auf Rückübertragung nach § 30 Abs. 1 des Vermögensgesetzes oder eine Mitteilung über einen solchen Antrag nicht eingegangen oder ein solcher Antrag bestandskräftig abgelehnt oder zurückgenommen worden ist oder
2. der Anmelder zustimmt oder
3. die Veräußerung nach § 3c des Vermögensgesetzes erfolgt;

sie ist im übrigen zu versagen. [2]Die Grundstücksverkehrsgenehmigung kann auch erteilt werden, wenn der Antrag nach § 30 Abs. 1 des Vermögensgesetzes offensichtlich unbegründet erscheint, insbesondere weil Restitutionsansprüche angemeldet sind, die auf Enteignungen von Vermögenswerten auf besatzungsrechtlicher oder besatzungshoheitlicher Grundlage beruhen, oder weil Grundstücke im komplexen Wohnungsbau oder Siedlungsbau verwendet wurden. [3]Stimmt der Anmelder gemäß Satz 1 Nr. 2 zu, so ist auf seinen Antrag in dem Verfahren nach dem Vermögensgesetz festzustellen, ob er ohne die Durchführung des genehmigungsbedürftigen Rechtsgeschäfts rückübertragungsberechtigt gewesen wäre.

(3) Bei der Prüfung gemäß Absatz 2 Satz 1 Nr. 1 bleiben Anträge außer Betracht, wenn die Voraussetzungen des § 11 gegeben sind.

[1)] Verkündet als Art. 15 § 1 G v. 20.12.1993 (BGBl. I S. 2182).

[2)] Beachte zur Geltung der GVO Art. 19 Abs. 4 des RegisterverfahrenbeschleunigungsG:

„(4) [1]Die Grundstücksverkehrsordnung gilt auch in laufenden Verfahren. [2]Bei Fortfall der Genehmigungspflicht ist das Verfahren einzustellen. [3]Auf eine Genehmigung, die vor Abschluß des genehmigungspflichtigen Rechtsgeschäfts erteilt wurde, das bei Inkrafttreten dieses Gesetzes auch noch nicht abgeschlossen worden ist, ist § 1 Abs. 1 Satz 2 der Grundstücksverkehrsordnung mit der Maßgabe anzuwenden, dass die Frist mit Inkrafttreten dieses Gesetzes beginnt.“

[3)] Neubekanntmachung der GVO v. 3.8.1992 (BGBl. I S. 1477) in der ab 25.12.1993 geltenden Fassung.

(4) [1]Kann die Genehmigung nicht erteilt werden, so setzt die zuständige Behörde das Verfahren bis zum Eintritt der Bestandskraft der Entscheidung über den Antrag nach § 30 Abs. 1 des Vermögensgesetzes aus. [2]Auf Antrag eines Beteiligten ergeht hierüber ein gesonderter Bescheid. [3]Ein Vorgehen nach dem Investitionsvorranggesetz oder § 7 des Vermögenszuordnungsgesetzes sowie für diesen Fall getroffene Vereinbarungen der Beteiligten bleiben unberührt.

§ 2 Erfordernis der Genehmigung. (1) [1]Einer Genehmigung bedürfen

1. die Auflassung eines Grundstücks und der schuldrechtliche Vertrag hierüber,
2. die Bestellung und Übertragung eines Erbbaurechts und der schuldrechtliche Vertrag hierüber.

[2]Eine Genehmigung ist nicht erforderlich, wenn

1. der Rechtserwerb des Veräußerers aufgrund einer nach dem 28. September 1990 erteilten Grundstücksverkehrsgenehmigung nach diesem *Gesetzes*[1)] auch in seiner vor dem Inkrafttreten dieses Gesetzes geltenden Fassung oder der Grundstücksverkehrsverordnung oder aufgrund einer Investitionsbescheinigung, einer Entscheidung nach § 3a des Vermögensgesetzes, eines Investitionsvorrangbescheides oder nach dieser Nummer in das Grundbuch eingetragen worden ist, sofern nicht ein Vertrag nach § 3c des Vermögensgesetzes vorliegt, oder wenn das Eigentum nach einer Feststellung nach § 13 Abs. 2 des Investitionsvorranggesetzes nicht zurückzuübertragen ist oder
2. der Rechtserwerb des Veräußerers aufgrund einer Entscheidung nach § 31 Abs. 5 Satz 3 oder § 33 Abs. 4 des Vermögensgesetzes in das Grundbuch eingetragen worden ist oder
3. der Veräußerer selbst seit dem 29. Januar 1933 ununterbrochen als Eigentümer im Grundbuch eingetragen war oder zu diesem Zeitpunkt ein Dritter, von dem der Veräußerer das Eigentum im Wege der Erbfolge erlangt hat, im Grundbuch als Eigentümer eingetragen war oder
4. das Rechtsgeschäft auf die Eintragung einer Vormerkung gerichtet ist,
5. der Rechtserwerb des Veräußerers nach dem 2. Oktober 1990 durch Zuschlagsbeschluß in der Zwangsversteigerung erfolgt und in das Grundbuch eingetragen worden ist oder
6. im Zeitpunkt der Eintragung einer Vormerkung zur Sicherung des Rechtserwerbs oder im Zeitpunkt der Eintragung des Rechtserwerbs kein Anmeldevermerk gemäß § 30b Absatz 1 des Vermögensgesetzes im Grundbuch eingetragen ist.

[3]Satz 2 Nr. 1 bis 6 gilt für die Bestellung oder Übertragung eines Erbbaurechts entsprechend. [4]Die Genehmigung des schuldrechtlichen Vertrages erfaßt auch das zu seiner Ausführung erforderliche dingliche Rechtsgeschäft; die Genehmigung des dinglichen Rechtsgeschäfts erfaßt auch den zugrundeliegenden schuldrechtlichen Vertrag. [5]Wird die Genehmigung für mehrere Grundstücke beantragt, kann die Genehmigung aber nicht für alle erteilt werden, so ist die Genehmigung auf die einzelnen Grundstücke zu beschränken, für die die Voraussetzungen des § 1 Abs. 2 vorliegen, auch wenn die fraglichen Rechtsgeschäfte in einer Urkunde zusammengefaßt sind.

1) Richtig wohl: „Gesetz“.

(2) [1]Das Grundbuchamt darf auf Grund eines nach Absatz 1 genehmigungspflichtigen Rechtsgeschäfts eine Eintragung in das Grundbuch erst vornehmen, wenn der Genehmigungsbescheid vorgelegt ist. [2]Es darf nicht mehr eintragen, wenn die zuständige Behörde mitgeteilt hat, daß gegen den Genehmigungsbescheid ein Rechtsbehelf eingelegt worden ist und dieser aufschiebende Wirkung hat. [3]Die zuständige Behörde hat dem Grundbuchamt die Einlegung eines solchen Rechtsbehelfs sowie das Entfallen der aufschiebenden Wirkung unverzüglich mitzuteilen. [4]Der Mitteilung durch die Behörde im Sinne dieses Absatzes steht es gleich, wenn das Grundbuchamt auf anderem Wege durch öffentliche oder öffentlich beglaubigte Urkunde Kenntnis erlangt. [5]Ist die Genehmigung vor dem 3. Oktober 1990 erteilt worden, so kann das Grundbuchamt vor der Eintragung die Vorlage einer Bestätigung der zuständigen Behörde über die Wirksamkeit der Genehmigung verlangen, wenn Anhaltspunkte dafür gegeben sind, daß die Genehmigung infolge der Einlegung eines Rechtsbehelfs nach Satz 2 oder aus sonstigen Gründen nicht wirksam ist.

§ 3 Begriffsbestimmungen. [1]Grundstücke im Sinne dieses Gesetzes sind auch Teile eines Grundstücks sowie Gebäude und Rechte an Gebäuden oder Gebäudeteilen, die auf Grund von Rechtsvorschriften auf besonderen Grundbuchblättern (Gebäudegrundbuchblätter) nachgewiesen werden können. [2]Der Auflassung eines Grundstücks stehen gleich:

1. die Einräumung oder die Auflassung eines Miteigentumsanteils an einem Grundstück,
2. die Auflassung von Teil- und Wohnungseigentum an einem Grundstück.

§ 4 Inhalt der Entscheidung. (1) [1]In der Entscheidung ist das Grundstück zu bezeichnen. [2]Die Versagung der Genehmigung sowie die Aussetzung des Genehmigungsverfahrens sind zu begründen.

(2) [1]Die Genehmigung kann insbesondere in den Fällen des § 1 Abs. 1 Satz 2 mit Auflagen verbunden werden, die sicherstellen, daß der Genehmigungszweck erreicht wird. [2]Sie sind zu begründen.

(3) Die Entscheidung über den Antrag ist mit einer Rechtsbehelfsbelehrung zu versehen und allen Beteiligten, wenn sie vertreten sind, nur dem Vertreter zuzustellen.

§ 5 Rücknahme und Widerruf der Genehmigung. [1]Für die Rücknahme und den Widerruf der Genehmigung gelten die Bestimmungen des Verwaltungsverfahrensgesetzes. [2]Der Widerruf kann nur bis zum Ablauf eines Jahres nach Erteilung der Genehmigung erfolgen. [3]Die Rücknahme oder der Widerruf dürfen nicht darauf gestützt werden, daß dem Amt oder Landesamt zur Regelung offener Vermögensfragen, in dessen Bezirk das Grundstück liegt, nach Erteilung der Grundstücksverkehrsgenehmigung ein Antrag nach § 30 Abs. 1 des Vermögensgesetzes bekannt wird, der vor der Entscheidung bei dieser Stelle nicht eingegangen war oder über den dort keine Mitteilung vorlag. [4]Ergehen die Rücknahme oder der Widerruf in elektronischer Form, so sind sie mit einer dauerhaft überprüfbaren Signatur nach § 37 Abs. 4 des Verwaltungsverfahrensgesetzes zu versehen.

§ 6 Rechtsmittel. [1] Für Streitigkeiten über die Erteilung der Grundstücksverkehrsgenehmigung oder die Aussetzung des Verfahrens nach diesem Gesetz ist der Verwaltungsrechtsweg gegeben. [2] Die Vorschriften der Verwaltungsgerichtsordnung[1)] über das Vorverfahren finden auch auf schwebende Beschwerdeverfahren Anwendung. [3] Örtlich zuständig ist das Gericht, in dessen Bezirk die Stelle, die für die Erteilung der Grundstücksverkehrsgenehmigung zuständig ist, ihren Hauptsitz hat. [4] Eine Entscheidung nach diesem Gesetz kann nicht wegen eines Verstoßes gegen die Bestimmungen über die Zuständigkeit angefochten werden.

§ 7 Verfahren bei Aufhebung der Genehmigung. (1) [1] Die Rücknahme, der Widerruf oder die sonstige Aufhebung einer nach § 2 erforderlichen Genehmigung stehen der Wirksamkeit des genehmigungspflichtigen Rechtsgeschäfts nicht entgegen, wenn in dessen Vollzug die Grundbuchumschreibung erfolgt ist. [2] In diesem Fall kann nach Wirksamwerden des Rechtsgeschäfts bei der nach § 8 zuständigen Stelle die Feststellung beantragt werden, daß die Voraussetzungen des § 1 inzwischen vorliegen. [3] Diente das genehmigungspflichtige Rechtsgeschäft einer besonderen Investition (§ 3 des Investitionsvorranggesetzes), so kann bei der Stelle, die nach dem Investitionsvorranggesetz zuständig wäre, nachträglich nach Maßgabe des Investitionsvorranggesetzes ein Investitionsvorrangbescheid beantragt werden, wenn das Fehlen der Voraussetzungen des § 1 nicht offensichtlich war. [4] Ein eigenes Angebot des Anmelders wird in diesem Fall nur berücksichtigt und genießt den Vorzug nur, wenn das Vorhaben noch nicht im *wesentlich*[2)] durchgeführt ist. [5] § 13 Abs. 1 Satz 3 des Investitionsvorranggesetzes gilt sinngemäß.

(2) [1] Von dem Zeitpunkt an, in dem die Aufhebung der Genehmigung bestandskräftig wird, ist der Erwerber verpflichtet, dem Verfügungsberechtigten das Grundstück, soweit es ihm noch gehört, in dem Zustand zurückzuübereignen, in dem es sich in dem genannten Zeitpunkt befindet. [2] Der Verfügungsberechtigte ist vorbehaltlich abweichender Vereinbarungen der Parteien verpflichtet, dem Erwerber den ihm aus der Erfüllung der Verpflichtung zur Rückübertragung entstandenen Schaden zu ersetzen, es sei denn, der Erwerber durfte aufgrund der Umstände der Erteilung der Genehmigung nicht auf deren Bestand vertrauen. [3] Die Sätze 1 und 2 gelten nicht, wenn die Feststellung gemäß Absatz 1 Satz 2 unanfechtbar erfolgt ist oder ein bestandskräftiger Investitionsvorrangbescheid gemäß Absatz 1 Satz 3 ergangen ist. [4] Für die Dauer des Verfahrens nach Absatz 1 Satz 2 und 3 kann die Erfüllung des Anspruchs nach Satz 1 verweigert werden.

(3) [1] Ist das Grundstück gemäß Absatz 2 Satz 1 zurückzuübereignen, kann das Eigentum an dem Grundstück oder, wenn dieses noch nicht auf den Verfügungsberechtigten übertragen worden ist, der Anspruch auf Rückübereignung durch das Amt oder Landesamt zur Regelung offener Vermögensfragen oder Bundesamt für zentrale Dienste und offene Vermögensfragen gemäß § 3 Abs. 1 des Vermögensgesetzes auf den Berechtigten (§ 2 Abs. 1 des Vermögensgesetzes) übertragen werden; für diesen Bescheid findet § 3a des Verwaltungsverfahrensgesetzes keine Anwendung. [2] In diesem Fall ist der Berechtigte unbeschadet des § 7 des Vermögensgesetzes verpflichtet, dem Ver-

[1)] §§ 68 ff. VwGO idF der Bek. v. 19.3.1991 (BGBl. I S. 686), zuletzt geänd. durch G v. 20.7.2022 (BGBl. I S. 1325)

[2)] Richtig wohl: „Wesentlichen“.

fügungsberechtigten den Wert zu ersetzen, den die Verwendungen des Erwerbers auf das Grundstück im Zeitpunkt der Rückübertragung haben. [3]Als Verwendung gilt auch die Errichtung von Bauwerken und Anlagen. [4]Der Berechtigte kann in diesem Fall auf die Übertragung des Eigentums nach dem Vermögensgesetz verzichten und stattdessen Zahlung des Erlöses oder des Verkehrswertes verlangen, den das Grundstück im Zeitpunkt der Erteilung der Genehmigung hatte. [5]Soweit das Grundstück oder Gebäude weiterveräußert worden ist, ist der Verfügungsberechtigte verpflichtet, dem Berechtigten (§ 2 Abs. 1 des Vermögensgesetzes) den ihm hieraus entstehenden Schaden zu ersetzen.

(4) Die Absätze 1 bis 3 gelten für die Aufhebung einer Genehmigung für die Bestellung oder Übertragung eines Erbbaurechts entsprechend.

§ 8 Zuständigkeit. [1]Für die Erteilung der Genehmigung sind die Landkreise und die kreisfreien Städte zuständig. [2]Soweit die Bundesanstalt für vereinigungsbedingte Sonderaufgaben oder eines ihrer Unternehmen verfügungsbefugt ist, wird die Grundstücksverkehrsgenehmigung von dem Oberfinanzpräsidenten der Oberfinanzdirektion Berlin oder von einer von ihm ermächtigten Person erteilt. [3]Die Zuständigkeit des Oberfinanzpräsidenten der Oberfinanzdirektion Berlin entfällt nicht dadurch, daß Anteile an Unternehmen auf Dritte übertragen werden oder, dass Grundstücke aus der Verfügungsbefugnis der Bundesanstalt für vereinigungsbedingte Sonderaufgaben oder einer in § 2 Abs. 1 Satz 1 der Treuhandanstaltumbenennungsverordnung vom 20. Dezember 1994 (BGBl. I S. 3913) bezeichneten Kapitalgesellschaft auf den Bund oder eine Kapitalgesellschaft übertragen worden sind oder übertragen werden, deren sämtliche Geschäftsanteile oder Aktien sich unmittelbar oder mittelbar in der Hand des Bundes befinden.

§ 9 Gebühren. (1) [1]Die Erteilung einer Genehmigung nach § 2 ist gebührenpflichtig. [2]Gebührenschuldner ist der Antragsteller. [3]Mehrere Gebührenschuldner haften als Gesamtschuldner.

(2) [1]Die Gebühr ist unter Berücksichtigung des Grundstückswerts bei der Erteilung der Genehmigung festzusetzen. [2]Die Höchstgebühr beträgt 250 Euro. [3]Die Landesregierungen, die durch Rechtsverordnung die Landesinnenverwaltungen ermächtigen können, werden ermächtigt, durch Rechtsverordnung einen Gebührenrahmen zu bestimmen.

(3) Landesrechtliche Regelungen über Gebührenbefreiungen bleiben unberührt.

§ 10 Verordnungsermächtigung. (1) Das Bundesministerium der Justiz und für Verbraucherschutz wird ermächtigt, mit Zustimmung des Bundesrates durch Rechtsverordnung ergänzende Bestimmungen über das Genehmigungsverfahren zu erlassen und, soweit die Bundesanstalt für vereinigungsbedingte Sonderaufgaben oder eines ihrer Unternehmen verfügungsbefugt ist oder eine Übertragung gemäß § 8 Satz 3 vorgenommen wurde oder wird, die Zuständigkeiten für die Erteilung der Genehmigung einer oder mehreren anderen Stellen des Bundes zu übertragen.

(2) [1]Die Landesregierungen werden ermächtigt, die Zuständigkeit für die Erteilung der Genehmigung nach § 8 Abs. 1 Satz 1 auf eine oder mehrere Landkreise oder kreisfreie Städte zu konzentrieren oder auf das Landesamt zur

Regelung offener Vermögensfragen zu übertragen. [2]Die Landesregierungen können diese Ermächtigung durch Rechtsverordnung auf eine von ihnen zu bestimmende Stelle übertragen.

§ 11 Bestandsschutz. (1) Eine Grundstücksverkehrsgenehmigung nach diesem Gesetz ist nicht deshalb nach Maßgabe des § 5 oder auf Grund eines Rechtsbehelfs aufzuheben, weil Ansprüche nach § 3 Abs. 1 oder § 6 des Vermögensgesetzes angemeldet waren, wenn das Grundstück im Zeitpunkt der Erteilung der Grundstücksverkehrsgenehmigung von dem Anmelder nicht entsprechend § 28 der Grundbuchordnung[1)] oder mit einer Angabe bezeichnet war, die diese Bezeichnung nach Rechtsvorschriften ersetzt, oder wenn diese Bezeichnung im Zeitpunkt der Erteilung der Grundstücksverkehrsgenehmigung anhand einer Anschrift oder anderer Angaben ohne Mitwirkung des Anmelders nicht ermittelt werden konnte.

(2) Auf Grund einer Auskunft darüber, daß bei der in § 1 Abs. 2 Satz 1 Halbsatz 1 Nr. 1 bezeichneten Stelle keine Anträge auf Rückübertragung des Grundstücks nach § 30 Abs. 1 des Vermögensgesetzes oder keine Mitteilung über einen solchen Antrag eingegangen sind (Negativattest), kann eine Grundstücksverkehrsgenehmigung nach diesem Gesetz ohne weitere Nachforschung nach Ansprüchen gemäß § 3 Abs. 1 und § 6 des Vermögensgesetzes erteilt werden, wenn das Negativattest im Zeitpunkt der Erteilung des Bescheids nicht älter als ein Jahr ist und wenn der Anmelder nicht eine nähere Bezeichnung des Grundstücks im Sinne des Absatzes 1 der Genehmigungsbehörde mitgeteilt hat.

[1)] Nr. **11**.

11. Grundbuchordnung

In der Fassung der Bekanntmachung vom 26. Mai 1994[1)]
(BGBl. I S. 1114)

FNA 315-11

zuletzt geänd. durch Art. 16 SanktionsdurchsetzungsG II v. 19.12.2022 (BGBl. I S. 2606)

Erster Abschnitt. Allgemeine Vorschriften

§ 1 [Amtsgericht als Grundbuchamt; Zuständigkeit] (1) [1]Die Grundbücher, die auch als Loseblattgrundbuch geführt werden können, werden von den Amtsgerichten geführt (Grundbuchämter). [2]Diese sind für die in ihrem Bezirk liegenden Grundstücke zuständig. [3]Die abweichenden Vorschriften des § 150 für das in Artikel 3 des Einigungsvertrages genannte Gebiet bleiben unberührt.

(2) Liegt ein Grundstück in dem Bezirk mehrerer Grundbuchämter, so ist das zuständige Grundbuchamt nach § 5 des Gesetzes über das Verfahren in Familiensachen und in den Angelegenheiten der freiwilligen Gerichtsbarkeit zu bestimmen.

(3) [1]Die Landesregierungen werden ermächtigt, durch Rechtsverordnung[2)] die Führung des Grundbuchs einem Amtsgericht für die Bezirke mehrerer Amtsgerichte zuzuweisen, wenn dies einer schnelleren und rationelleren Grundbuchführung dient. [2]Sie können die Ermächtigung durch Rechtsverordnung auf die Landesjustizverwaltungen übertragen.

(4) [1]Das Bundesministerium der Justiz und für Verbraucherschutz wird ermächtigt, durch Rechtsverordnung[3)], die der Zustimmung des Bundesrates bedarf, die näheren Vorschriften über die Einrichtung und die Führung der Grundbücher, die Hypotheken-, Grundschuld- und Rentenschuldbriefe und die Abschriften aus dem Grundbuch und den Grundakten sowie die Einsicht hierin zu erlassen sowie das Verfahren zur Beseitigung einer Doppelbuchung zu bestimmen. [2]Es kann hierbei auch regeln, inwieweit Änderungen bei einem Grundbuch, die sich auf Grund von Vorschriften der Rechtsverordnung ergeben, den Beteiligten und der Behörde, die das in § 2 Abs. 2 bezeichnete amtliche Verzeichnis führt, bekanntzugeben sind.

§ 2 [Grundbuchbezirke; Liegenschaftskataster; Abschreibung von Grundstücksteilen] (1) Die Grundbücher sind für Bezirke einzurichten.

(2) Die Grundstücke werden im Grundbuch nach den in den Ländern eingerichteten amtlichen Verzeichnissen benannt (Liegenschaftskataster).

(3) Ein Teil eines Grundstücks darf von diesem nur abgeschrieben werden, wenn er im amtlichen Verzeichnis unter einer besonderen Nummer verzeichnet ist oder wenn die zur Führung des amtlichen Verzeichnisses zuständige

[1)] Neubekanntmachung der GBO v. 24.3.1897 (RGBl. S. 139, in der im BGBl. III Gl.-Nr. 315-11 veröffentlichten bereinigten Fassung) in der ab 25.12.1993 geltenden Fassung.

[2)] Beachte auch VO zur Durchführung der GrundbuchO (Grundbuchverfügung – GBV) idF der Bek. v. 24.1.1995 (BGBl. I S. 114), zuletzt geänd. durch G v. 19.12.2022 (BGBl. I S. 2606).

[3)] Beachte auch Vereinsregisterverordnung (VRV) v. 10.2.1999 (BGBl. I S. 147), zuletzt geänd. durch G v. 5.7.2021 (BGBl. I S. 3338).

Behörde bescheinigt, dass sie von der Buchung unter einer besonderen Nummer absieht, weil der Grundstücksteil mit einem benachbarten Grundstück oder einem Teil davon zusammengefasst wird.

§ 3 [Grundbuchblatt; buchungsfreie Grundstücke; Buchung von Miteigentumsanteilen] (1) [1]Jedes Grundstück erhält im Grundbuch eine besondere Stelle (Grundbuchblatt). [2]Das Grundbuchblatt ist für das Grundstück als das Grundbuch im Sinne des Bürgerlichen Gesetzbuchs[1)] anzusehen.

(2) Die Grundstücke des Bundes, der Länder, der Gemeinden und anderer Kommunalverbände, der Kirchen, Klöster und Schulen, die Wasserläufe, die öffentlichen Wege, sowie die Grundstücke, welche einem dem öffentlichen Verkehr dienenden Bahnunternehmen gewidmet sind, erhalten ein Grundbuchblatt nur auf Antrag des Eigentümers oder eines Berechtigten.

(3) Ein Grundstück ist auf Antrag des Eigentümers aus dem Grundbuch auszuscheiden, wenn der Eigentümer nach Absatz 2 von der Verpflichtung zur Eintragung befreit und eine Eintragung, von der das Recht des Eigentümers betroffen wird, nicht vorhanden ist.

(4) Das Grundbuchamt kann, sofern hiervon nicht Verwirrung oder eine wesentliche Erschwerung des Rechtsverkehrs oder der Grundbuchführung zu besorgen ist, von der Führung eines Grundbuchblatts für ein Grundstück absehen, wenn das Grundstück den wirtschaftlichen Zwecken mehrerer anderer Grundstücke zu dienen bestimmt ist, zu diesen in einem dieser Bestimmung entsprechenden räumlichen Verhältnis und im Miteigentum der Eigentümer dieser Grundstücke steht (dienendes Grundstück).

(5) [1]In diesem Fall müssen an Stelle des ganzen Grundstücks die den Eigentümern zustehenden einzelnen Miteigentumsanteile an dem dienenden Grundstück auf dem Grundbuchblatt des dem einzelnen Eigentümer gehörenden Grundstücks eingetragen werden. [2]Diese Eintragung gilt als Grundbuch für den einzelnen Miteigentumsanteil.

(6) Die Buchung nach den Absätzen 4 und 5 ist auch dann zulässig, wenn die beteiligten Grundstücke noch einem Eigentümer gehören, dieser aber die Teilung des Eigentums am dienenden Grundstück in Miteigentumsanteile und deren Zuordnung zu den herrschenden Grundstücken gegenüber dem Grundbuchamt erklärt hat; die Teilung wird mit der Buchung nach Absatz 5 wirksam.

(7) Werden die Miteigentumsanteile an dem dienenden Grundstück neu gebildet, so soll, wenn die Voraussetzungen des Absatzes 4 vorliegen, das Grundbuchamt in der Regel nach den vorstehenden Vorschriften verfahren.

(8) Stehen die Anteile an dem dienenden Grundstück nicht mehr den Eigentümern der herrschenden Grundstücke zu, so ist ein Grundbuchblatt anzulegen.

(9) Wird das dienende Grundstück als Ganzes belastet, so ist, sofern nicht ein besonderes Grundbuchblatt angelegt wird oder § 48 anwendbar ist, in allen beteiligten Grundbuchblättern kenntlich zu machen, daß das dienende Grundstück als Ganzes belastet ist; hierbei ist jeweils auf die übrigen Eintragungen zu verweisen.

[1)] Auszugsweise abgedruckt unter Nr. **1**.

§ 4 [Gemeinschaftliches Grundbuchblatt] (1) Über mehrere Grundstücke desselben Eigentümers, deren Grundbücher von demselben Grundbuchamt geführt werden, kann ein gemeinschaftliches Grundbuchblatt geführt werden, solange hiervon Verwirrung nicht zu besorgen ist.

(2) [1] Dasselbe gilt, wenn die Grundstücke zu einem Hof im Sinne der Höfeordnung gehören oder in ähnlicher Weise bundes- oder landesrechtlich miteinander verbunden sind, auch wenn ihre Grundbücher von verschiedenen Grundbuchämtern geführt werden. [2] In diesen Fällen ist, wenn es sich um einen Hof handelt, das Grundbuchamt zuständig, welches das Grundbuch über die Hofstelle führt; im übrigen ist das zuständige Grundbuchamt nach § 5 des Gesetzes über das Verfahren in Familiensachen und in den Angelegenheiten der freiwilligen Gerichtsbarkeit zu bestimmen.

§ 5 [Vereinigung von Grundstücken] (1) [1] Ein Grundstück soll nur dann mit einem anderen Grundstück vereinigt werden, wenn hiervon Verwirrung nicht zu besorgen ist. [2] Eine Vereinigung soll insbesondere dann unterbleiben, wenn die Grundstücke im Zeitpunkt der Vereinigung wie folgt belastet sind:

1. mit unterschiedlichen Grundpfandrechten oder Reallasten oder
2. mit denselben Grundpfandrechten oder Reallasten in unterschiedlicher Rangfolge.

[3] Werden die Grundbücher von verschiedenen Grundbuchämtern geführt, so ist das zuständige Grundbuchamt nach § 5 des Gesetzes über das Verfahren in Familiensachen und in den Angelegenheiten der freiwilligen Gerichtsbarkeit zu bestimmen.

(2) [1] Die an der Vereinigung beteiligten Grundstücke sollen im Bezirk desselben Grundbuchamts und derselben für die Führung des amtlichen Verzeichnisses nach § 2 Abs. 2 zuständigen Stelle liegen und unmittelbar aneinandergrenzen. [2] Von diesen Erfordernissen soll nur abgewichen werden, wenn hierfür, insbesondere wegen der Zusammengehörigkeit baulicher Anlagen und Nebenanlagen, ein erhebliches Bedürfnis *entsteht*[1]. [3] Die Lage der Grundstücke zueinander kann durch Bezugnahme auf das amtliche Verzeichnis nachgewiesen werden. [4] Das erhebliche Bedürfnis ist glaubhaft zu machen; § 29 gilt hierfür nicht.

§ 6 [Zuschreibung] (1) [1] Ein Grundstück soll nur dann einem anderen Grundstück als Bestandteil zugeschrieben werden, wenn hiervon Verwirrung nicht zu besorgen ist. [2] Werden die Grundbücher von verschiedenen Grundbuchämtern geführt, so ist für die Entscheidung über den Antrag auf Zuschreibung und, wenn dem Antrag stattgegeben wird, für die Führung des Grundbuchs über das ganze Grundstück das Grundbuchamt zuständig, das das Grundbuch über das Hauptgrundstück führt.

(2) § 5 Absatz 1 Satz 2 und Absatz 2 ist entsprechend anzuwenden.

§ 6a [Erfordernisse für Eintragung des Erbbaurechts] (1) [1] Dem Antrag auf Eintragung eines Erbbaurechts an mehreren Grundstücken oder Erbbaurechten soll unbeschadet des Satzes 2 nur entsprochen werden, wenn hinsichtlich der zu belastenden Grundstücke die Voraussetzungen des § 5 Abs. 2 Satz 1 vorliegen. [2] Von diesen Erfordernissen soll nur abgewichen werden, wenn die

[1] Richtig wohl: „besteht".

zu belastenden Grundstücke nahe beieinander liegen und entweder das Erbbaurecht in Wohnungs- oder Teilerbbaurechte aufgeteilt werden soll oder Gegenstand des Erbbaurechts ein einheitliches Bauwerk oder ein Bauwerk mit dazugehörenden Nebenanlagen auf den zu belastenden Grundstücken ist; § 5 Abs. 2 Satz 3 findet entsprechende Anwendung. [3] Im übrigen sind die Voraussetzungen des Satzes 2 glaubhaft zu machen; § 29 gilt hierfür nicht.

(2) Dem Antrag auf Eintragung eines Erbbaurechts soll nicht entsprochen werden, wenn das Erbbaurecht sowohl an einem Grundstück als auch an einem anderen Erbbaurecht bestellt werden soll.

§ 7 [Abschreibung eines Grundstücksteils] (1) Soll ein Grundstücksteil mit einem Recht belastet werden, so ist er von dem Grundstück abzuschreiben und als selbständiges Grundstück einzutragen.

(2) [1] Ist das Recht eine Dienstbarkeit, so kann die Abschreibung unterbleiben, wenn hiervon Verwirrung nicht zu besorgen ist. [2] In diesem Fall soll ein von der für die Führung des Liegenschaftskatasters zuständigen Behörde erteilter beglaubigter Auszug aus der amtlichen Karte vorgelegt werden, in dem der belastete Grundstücksteil gekennzeichnet ist. [3] Die Vorlage eines solchen Auszugs ist nicht erforderlich, wenn der Grundstücksteil im Liegenschaftskataster unter einer besonderen Nummer verzeichnet ist.

(3) [1] Die Landesregierungen werden ermächtigt, durch Rechtsverordnung zu bestimmen, dass der nach Absatz 2 vorzulegende Auszug aus der amtlichen Karte der Beglaubigung nicht bedarf, wenn der Auszug maschinell hergestellt wird und ein ausreichender Schutz gegen die Vorlage von nicht von der zuständigen Behörde hergestellten oder von verfälschten Auszügen besteht. [2] Satz 1 gilt entsprechend für andere Fälle, in denen dem Grundbuchamt Angaben aus dem amtlichen Verzeichnis zu übermitteln sind. [3] Die Landesregierungen können die Ermächtigung durch Rechtsverordnung auf die Landesjustizverwaltungen übertragen.

§ 8 (weggefallen)

§ 9 [Subjektiv-dingliche Rechte] (1) [1] Rechte, die dem jeweiligen Eigentümer eines Grundstücks zustehen, sind auf Antrag auch auf dem Blatt dieses Grundstücks zu vermerken. [2] Antragsberechtigt ist der Eigentümer des Grundstücks sowie jeder, dessen Zustimmung nach § 876 Satz 2 des Bürgerlichen Gesetzbuchs[1)] zur Aufhebung des Rechtes erforderlich ist.

(2) Der Vermerk ist von Amts wegen zu berichtigen, wenn das Recht geändert oder aufgehoben wird.

(3) Die Eintragung des Vermerks (Absatz 1) ist auf dem Blatt des belasteten Grundstücks von Amts wegen ersichtlich zu machen.

§ 10 [Aufbewahrung von Urkunden] (1) [1] Grundbücher und Urkunden, auf die eine Eintragung sich gründet oder Bezug nimmt, hat das Grundbuchamt dauernd aufzubewahren. [2] Eine Urkunde nach Satz 1 darf nur herausgegeben werden, wenn statt der Urkunde eine beglaubigte Abschrift bei dem Grundbuchamt bleibt.

[1)] Nr. **1**.

(2) Das Bundesministerium der Justiz und für Verbraucherschutz wird ermächtigt, durch Rechtsverordnung, die der Zustimmung des Bundesrates bedarf, zu bestimmen, daß statt einer beglaubigten Abschrift der Urkunde eine Verweisung auf die anderen Akten genügt, wenn eine der in Absatz 1 bezeichneten Urkunden in anderen Akten des das Grundbuch führenden Amtsgerichts enthalten ist.

(3) *(aufgehoben)*

(4) (weggefallen)

§ 10a [Aufbewahrung auf Datenträgern; Nachweis der Übereinstimmung] (1) [1]Geschlossene Grundbücher können als Wiedergabe auf einem Bildträger oder auf anderen Datenträgern aufbewahrt werden, wenn sichergestellt ist, daß die Wiedergabe oder die Daten innerhalb angemessener Zeit lesbar gemacht werden können. [2]Die Landesjustizverwaltungen bestimmen durch allgemeine Verwaltungsanordnung Zeitpunkt und Umfang dieser Art der Aufbewahrung und die Einzelheiten der Durchführung.

(2) [1]Bei der Herstellung der Bild- oder sonstigen Datenträger ist ein schriftlicher Nachweis anzufertigen, dass die Wiedergabe mit dem Original des Grundbuchs übereinstimmt. [2]Weist das Original farbliche Eintragungen auf, die in der Wiedergabe nicht als solche erkennbar sind, ist dies in dem schriftlichen Nachweis anzugeben. [3]Die Originale der geschlossenen Grundbücher können ausgesondert werden.

(3) [1]Durch Rechtsverordnung des Bundesministeriums der Justiz und für Verbraucherschutz mit Zustimmung des Bundesrates kann vorgesehen werden, daß für die Führung des Grundbuchs nicht mehr benötigte, bei den Grundakten befindliche Schriftstücke ausgesondert werden können. [2]Welche Schriftstücke dies sind und unter welchen Voraussetzungen sie ausgesondert werden können, ist in der Rechtsverordnung nach Satz 1 zu bestimmen.

§ 11 [Ausgeschlossene Organe] Eine Eintragung in das Grundbuch ist nicht aus dem Grunde unwirksam, weil derjenige, der sie bewirkt hat, von der Mitwirkung kraft Gesetzes ausgeschlossen ist.

§ 12 [Grundbucheinsicht; Abschriften] (1) [1]Die Einsicht des Grundbuchs ist jedem gestattet, der ein berechtigtes Interesse darlegt. [2]Das gleiche gilt von Urkunden, auf die im Grundbuch zur Ergänzung einer Eintragung Bezug genommen ist, sowie von den noch nicht erledigten Eintragungsanträgen.

(2) Soweit die Einsicht des Grundbuchs, der im Absatz 1 bezeichneten Urkunden und der noch nicht erledigten Eintragungsanträge gestattet ist, kann eine Abschrift gefordert werden; die Abschrift ist auf Verlangen zu beglaubigen.

(3) Das Bundesministerium der Justiz und für Verbraucherschutz kann durch Rechtsverordnung mit Zustimmung des Bundesrates bestimmen, dass

1. über die Absätze 1 und 2 hinaus die Einsicht in sonstige sich auf das Grundbuch beziehende Dokumente gestattet ist und Abschriften hiervon gefordert werden können;
2. bei Behörden von der Darlegung des berechtigten Interesses abgesehen werden kann, ebenso bei solchen Personen, bei denen es auf Grund ihres Amtes oder ihrer Tätigkeit gerechtfertigt ist.

(4)[1] [1]Über Einsichten in Grundbücher und Grundakten sowie über die Erteilung von Abschriften aus Grundbüchern und Grundakten ist ein Protokoll zu führen. [2]Dem Eigentümer des betroffenen Grundstücks oder dem Inhaber eines grundstücksgleichen Rechts ist auf Verlangen Auskunft aus diesem Protokoll zu geben, es sei denn, die Bekanntgabe würde den Erfolg strafrechtlicher Ermittlungen oder die Aufgabenwahrnehmung einer Verfassungsschutzbehörde, des Bundesnachrichtendienstes, des Militärischen Abschirmdienstes, der Zentralstelle für Sanktionsdurchsetzung oder *die*[2] Zentralstelle für Finanztransaktionsuntersuchungen gefährden. [3]Das Protokoll kann nach Ablauf von zwei Jahren vernichtet werden. [4]Einer Protokollierung bedarf es nicht, wenn die Einsicht oder Abschrift dem Auskunftsberechtigten nach Satz 2 gewährt wird.

§ 12a [Einrichtung von Verzeichnissen; keine Haftung bei Auskünften] (1) [1]Die Grundbuchämter dürfen auch ein Verzeichnis der Eigentümer und der Grundstücke sowie mit Genehmigung der Landesjustizverwaltung weitere, für die Führung des Grundbuchs erforderliche Verzeichnisse einrichten und, auch in maschineller Form, führen. [2]Eine Verpflichtung, diese Verzeichnisse auf dem neuesten Stand zu halten, besteht nicht; eine Haftung bei nicht richtiger Auskunft besteht nicht. [3]Aus öffentlich zugänglich gemachten Verzeichnissen dieser Art sind Auskünfte zu erteilen, soweit ein solches Verzeichnis der Auffindung der Grundbuchblätter dient, zur Einsicht in das Grundbuch oder für den Antrag auf Erteilung von Abschriften erforderlich ist und die Voraussetzungen für die Einsicht in das Grundbuch gegeben sind. [4]Unter den Voraussetzungen des § 12 kann Auskunft aus Verzeichnissen nach Satz 1 auch gewährt werden, wenn damit die Einsicht in das Grundbuch entbehrlich wird. [5]Inländischen Gerichten, Behörden und Notaren kann auch die Einsicht in den entsprechenden Teil des Verzeichnisses gewährt werden. [6]Ein Anspruch auf Erteilung von Abschriften aus dem Verzeichnis besteht nicht. [7]Für maschinell geführte Verzeichnisse gelten § 126 Abs. 2 und § 133 entsprechend.

(2) Als Verzeichnis im Sinne des Absatzes 1 kann mit Genehmigung der Landesjustizverwaltung auch das Liegenschaftskataster verwendet werden.

(3)[1] [1]Über Einsichten in Verzeichnisse nach Absatz 1 oder die Erteilung von Auskünften aus solchen Verzeichnissen, durch die personenbezogene Daten bekanntgegeben werden, ist ein Protokoll zu führen. [2]§ 12 Absatz 4 Satz 2 bis 4 gilt entsprechend.

§ 12b [Grundbucheinsicht] (1) [1]Nach der Übertragung von geschlossenen Grundbüchern und Grundakten auf einen Bild- oder sonstigen Datenträger in einem Verfahren nach § 10a Absatz 1 und 2, § 128 Absatz 3 oder § 138 Absatz 1 kann eine Einsicht in die vom Grundbuchamt weiter aufbewahrten Originale nicht mehr verlangt werden. [2]Werden die Originale nach ihrer Aussonderung durch eine andere Stelle als das Grundbuchamt aufbewahrt, bestimmt sich die Einsicht nach Landesrecht.

(2) Soweit in dem in Artikel 3 des Einigungsvertrages genannten Gebiet Grundakten und frühere Grundbücher von anderen als den grundbuchführenden Stellen aufbewahrt werden, gilt § 12 entsprechend.

[1] Siehe hierzu ua:

Baden-Württemberg: VO der Landesregierung über die spätere Anwendung von § 12 Absatz 4 und § 12a Absatz 3 der Grundbuchordnung v. 29.7.2014 (GBl. S. 382)

[2] Richtig wohl: „der".

§ 12c [Zuständigkeit des Urkundsbeamten] (1) Der Urkundsbeamte der Geschäftsstelle entscheidet über:

1. die Gestattung der Einsicht in das Grundbuch oder die in § 12 bezeichneten Akten und Anträge sowie die Erteilung von Abschriften hieraus, soweit nicht Einsicht zu wissenschaftlichen oder Forschungszwecken begehrt wird;
2. die Erteilung von Auskünften nach § 12a oder die Gewährung der Einsicht in ein dort bezeichnetes Verzeichnis;
3. die Erteilung von Auskünften in den sonstigen gesetzlich vorgesehenen Fällen;
4. die Anträge auf Rückgabe von Urkunden und Versendung von Grundakten an inländische Gerichte oder Behörden.

(2) Der Urkundsbeamte der Geschäftsstelle ist ferner zuständig für

1. die Beglaubigung von Abschriften (Absatz 1 Nr. 1), auch soweit ihm die Entscheidung über die Erteilung nicht zusteht; jedoch kann statt des Urkundsbeamten ein von der Leitung des Amtsgerichts ermächtigter Justizangestellter die Beglaubigung vornehmen;
2. die Verfügungen und Eintragungen zur Erhaltung der Übereinstimmung zwischen dem Grundbuch und dem amtlichen Verzeichnis nach § 2 Abs. 2 oder einem sonstigen, hiermit in Verbindung stehenden Verzeichnis, mit Ausnahme der Verfügungen und Eintragungen, die zugleich eine Berichtigung rechtlicher Art oder eine Berichtigung eines Irrtums über das Eigentum betreffen;
3. die Entscheidungen über Ersuchen des Gerichts um Eintragung oder Löschung des Vermerks über die Eröffnung des Insolvenzverfahrens und über die Verfügungsbeschränkungen nach der Insolvenzordnung oder des Vermerks über die Einleitung eines Zwangsversteigerungs- und Zwangsverwaltungsverfahrens;

3a. die Entscheidungen über Ersuchen um Eintragung und Löschung von Anmeldevermerken gemäß § 30b Absatz 1 des Vermögensgesetzes;

4. die Berichtigung der Eintragung des Namens, des Berufs oder des Wohnortes natürlicher Personen im Grundbuch;
5. die Anfertigung der Nachweise nach § 10a Abs. 2.

(3) [1] Die Vorschrift des § 6 des Gesetzes über das Verfahren in Familiensachen und in den Angelegenheiten der freiwilligen Gerichtsbarkeit ist auf den Urkundsbeamten der Geschäftsstelle sinngemäß anzuwenden. [2] Handlungen des Urkundsbeamten der Geschäftsstelle sind nicht aus dem Grunde unwirksam, weil sie von einem örtlich unzuständigen oder von der Ausübung seines Amtes kraft Gesetzes ausgeschlossenen Urkundsbeamten vorgenommen worden sind.

(4) [1] Wird die Änderung einer Entscheidung des Urkundsbeamten der Geschäftsstelle verlangt, so entscheidet, wenn dieser dem Verlangen nicht entspricht, die für die Führung des Grundbuchs zuständige Person. [2] Die Beschwerde findet erst gegen ihre Entscheidung statt.

(5) [1] In den Fällen des § 12b Absatz 2 entscheidet über die Gewährung von Einsicht oder die Erteilung von Abschriften die Leitung der Stelle oder ein von

ihm[1] hierzu ermächtigter Bediensteter. [2]Gegen die Entscheidung ist die Beschwerde nach dem Vierten Abschnitt gegeben. [3]Örtlich zuständig ist das Gericht, in dessen Bezirk die Stelle ihren Sitz hat.

§ 12d Anwendung der Verordnung (EU) 2016/679. (1) [1]Das Auskunftsrecht nach Artikel 15 Absatz 1 und das Recht auf Erhalt einer Kopie nach Artikel 15 Absatz 3 der Verordnung (EU) 2016/679 des Europäischen Parlaments und des Rates vom 27. April 2016 zum Schutz natürlicher Personen bei der Verarbeitung personenbezogener Daten, zum freien Datenverkehr und zur Aufhebung der Richtlinie 95/46/EG (Datenschutz-Grundverordnung) (ABl. L 119 vom 4.5.2016, S. 1; L 314 vom 22.11.2016, S. 72; L 127 vom 23.5.2018, S. 2) werden dadurch gewährt, dass die betroffene Person

1. nach Maßgabe des § 12 Absatz 1 und 2 und den dazu erlassenen Vorschriften der Grundbuchverfügung in der jeweils geltenden Fassung Einsicht in das Grundbuch, die Urkunden, auf die im Grundbuch zur Ergänzung einer Eintragung Bezug genommen ist, sowie in die noch nicht erledigten Eintragungsanträge nehmen und eine Abschrift verlangen kann,
2. in die nach § 12a Absatz 1 Satz 1 geführten weiteren Verzeichnisse Einsicht nehmen kann.

[2]Eine Information über Empfänger, gegenüber denen die im Grundbuch oder in den Grundakten enthaltenen personenbezogenen Daten offengelegt werden, erfolgt nur zu Gunsten der Eigentümer des betroffenen Grundstücks oder dem Inhaber eines grundstücksgleichen Rechts innerhalb der von § 12 Absatz 4 Satz 2 bis 4 und der Grundbuchverfügung gesetzten Grenzen.

(2) Hinsichtlich der im Grundbuch enthaltenen personenbezogenen Daten kann das Recht auf Berichtigung nach Artikel 16 der Verordnung (EU) 2016/679 nur unter den Voraussetzungen ausgeübt werden, die in den §§ 894 bis 896 des Bürgerlichen Gesetzbuchs[2] sowie in den §§ 22 bis 25 und 27 dieses Gesetzes für eine Berichtigung oder Löschung vorgesehen sind.

(3) Das Widerspruchsrecht gemäß Artikel 21 der Verordnung (EU) 2016/679 findet in Bezug auf die im Grundbuch und in den Grundakten enthaltenen personenbezogenen Daten keine Anwendung.

Zweiter Abschnitt. Eintragungen in das Grundbuch

§ 13 [Antragsgrundsatz] (1) [1]Eine Eintragung soll, soweit nicht das Gesetz etwas anderes vorschreibt, nur auf Antrag erfolgen. [2]Antragsberechtigt ist jeder, dessen Recht von der Eintragung betroffen wird oder zu dessen Gunsten die Eintragung erfolgen soll. [3]In den Fällen des § 20 soll die Eintragung nur erfolgen, wenn ein Notar den Antrag im Namen eines Antragsberechtigten eingereicht hat.

(2) [1]Der genaue Zeitpunkt, in dem ein Antrag beim Grundbuchamt eingeht, soll auf dem Antrag vermerkt werden. [2]Der Antrag ist beim Grundbuchamt eingegangen, wenn er einer zur Entgegennahme zuständigen Person vorgelegt ist. [3]Wird er zur Niederschrift einer solchen Person gestellt, so ist er mit Abschluß der Niederschrift eingegangen.

[1] Richtig wohl: „ihr".
[2] Nr. 1.

(3) [1] Für die Entgegennahme eines auf eine Eintragung gerichteten Antrags oder Ersuchens und die Beurkundung des Zeitpunkts, in welchem der Antrag oder das Ersuchen beim Grundbuchamt eingeht, sind nur die für die Führung des Grundbuchs über das betroffene Grundstück zuständige Person und der von der Leitung des Amtsgerichts für das ganze Grundbuchamt oder einzelne Abteilungen hierzu bestellte Beamte (Angestellte) der Geschäftsstelle zuständig. [2] Bezieht sich der Antrag oder das Ersuchen auf mehrere Grundstücke in verschiedenen Geschäftsbereichen desselben Grundbuchamts, so ist jeder zuständig, der nach Satz 1 in Betracht kommt.

§ 14 [Antragsrecht bei Berichtigung] Die Berichtigung des Grundbuchs durch Eintragung eines Berechtigten darf auch von demjenigen beantragt werden, welcher auf Grund eines gegen den Berechtigten vollstreckbaren Titels eine Eintragung in das Grundbuch verlangen kann, sofern die Zulässigkeit dieser Eintragung von der vorgängigen Berichtigung des Grundbuchs abhängt.

§ 15 [Vollmachtsvermutung des Notars] (1) [1] Für die Eintragungsbewilligung und die sonstigen Erklärungen, die zu der Eintragung erforderlich sind und in öffentlicher oder öffentlich beglaubigter Form abgegeben werden, können sich die Beteiligten auch durch Personen vertreten lassen, die nicht nach § 10 Abs. 2 des Gesetzes über das Verfahren in Familiensachen und in den Angelegenheiten der freiwilligen Gerichtsbarkeit vertretungsbefugt sind. [2] Dies gilt auch für die Entgegennahme von Eintragungsmitteilungen und Verfügungen des Grundbuchamtes nach § 18.

(2) Ist die zu einer Eintragung erforderliche Erklärung von einem Notar beurkundet oder beglaubigt, so gilt dieser als ermächtigt, im Namen eines Antragsberechtigten die Eintragung zu beantragen.[1)]

(3) [1] Die zu einer Eintragung erforderlichen Erklärungen sind vor ihrer Einreichung für das Grundbuchamt von einem Notar auf Eintragungsfähigkeit zu prüfen. [2] Dies gilt nicht, wenn die Erklärung von einer öffentlichen Behörde abgegeben wird.

§ 16 [Antrag unter Vorbehalt] (1) Einem Eintragungsantrag, dessen Erledigung an einen Vorbehalt geknüpft wird, soll nicht stattgegeben werden.

(2) Werden mehrere Eintragungen beantragt, so kann von dem Antragsteller bestimmt werden, daß die eine Eintragung nicht ohne die andere erfolgen soll.

§ 17 [Behandlung mehrerer Anträge] Werden mehrere Eintragungen beantragt, durch die dasselbe Recht betroffen wird, so darf die später beantragte Eintragung nicht vor der Erledigung des früher gestellten Antrags erfolgen.

§ 18 [Eintragungshindernis; Zurückweisung oder Zwischenverfügung] (1) [1] Steht einer beantragten Eintragung ein Hindernis entgegen, so hat das Grundbuchamt entweder den Antrag unter Angabe der Gründe zurückzuweisen oder dem Antragsteller eine angemessene Frist zur Hebung des Hindernisses zu bestimmen. [2] Im letzteren Fall ist der Antrag nach dem Ablauf der Frist zurückzuweisen, wenn nicht inzwischen die Hebung des Hindernisses nachgewiesen ist.

[1)] Vgl. hierzu auch § 24 Abs. 3 BNotO idF der Bek. v. 24.2.1961 (BGBl. I S. 97), zuletzt geänd. durch G v. 22.2.2023 (BGBl. I Nr. 51).

(2) [1] Wird vor der Erledigung des Antrags eine andere Eintragung beantragt, durch die dasselbe Recht betroffen wird, so ist zugunsten des früher gestellten Antrags von Amts wegen eine Vormerkung oder ein Widerspruch einzutragen; die Eintragung gilt im Sinne des § 17 als Erledigung dieses Antrags. [2] Die Vormerkung oder der Widerspruch wird von Amts wegen gelöscht, wenn der früher gestellte Antrag zurückgewiesen wird.

§ 19 [Bewilligungsgrundsatz] Eine Eintragung erfolgt, wenn derjenige sie bewilligt, dessen Recht von ihr betroffen wird.

§ 20[1)] [Einigungsgrundsatz] Im Falle der Auflassung eines Grundstücks sowie im Falle der Bestellung, Änderung des Inhalts oder Übertragung eines Erbbaurechts darf die Eintragung nur erfolgen, wenn die erforderliche Einigung des Berechtigten und des anderen Teils erklärt ist.

§ 21 [Bewilligung bei subjektiv-dinglichen Rechten] Steht ein Recht, das durch die Eintragung betroffen wird, dem jeweiligen Eigentümer eines Grundstücks zu, so bedarf es der Bewilligung der Personen, deren Zustimmung nach § 876 Satz 2 des Bürgerlichen Gesetzbuchs[2)] zur Aufhebung des Rechtes erforderlich ist, nur dann, wenn das Recht auf dem Blatt des Grundstücks vermerkt ist.

§ 22 [Berichtigung des Grundbuchs] (1) [1] Zur Berichtigung des Grundbuchs bedarf es der Bewilligung nach § 19 nicht, wenn die Unrichtigkeit nachgewiesen wird. [2] Dies gilt insbesondere für die Eintragung oder Löschung einer Verfügungsbeschränkung.

(2) Die Berichtigung des Grundbuchs durch Eintragung eines Eigentümers oder eines Erbbauberechtigten darf, sofern nicht der Fall des § 14 vorliegt oder die Unrichtigkeit nachgewiesen wird, nur mit Zustimmung des Eigentümers oder des Erbbauberechtigten erfolgen.

§ 23 [Löschung von Rechten auf Lebenszeit] (1) [1] Ein Recht, das auf die Lebenszeit des Berechtigten beschränkt ist, darf nach dessen Tod, falls Rückstände von Leistungen nicht ausgeschlossen sind, nur mit Bewilligung des Rechtsnachfolgers gelöscht werden, wenn die Löschung vor dem Ablauf eines Jahres nach dem Tod des Berechtigten erfolgen soll oder wenn der Rechtsnachfolger der Löschung bei dem Grundbuchamt widersprochen hat; der Widerspruch ist von Amts wegen in das Grundbuch einzutragen. [2] Ist der Berechtigte für tot erklärt, so beginnt die einjährige Frist mit dem Erlaß des die Todeserklärung aussprechenden Urteils.

(2) Der im Absatz 1 vorgesehenen Bewilligung des Rechtsnachfolgers bedarf es nicht, wenn im Grundbuch eingetragen ist, daß zur Löschung des Rechtes der Nachweis des Todes des Berechtigten genügen soll.

[1)] In den Fällen des § 20 bedarf es in der Regel noch weiterer Eintragungsunterlagen. Als solche kommen in erster Linie in Betracht: Genehmigung nach § 22 Baugesetzbuch (BauGB) (Nr. **6**); Genehmigung nach §§ 2 ff. GrundstückverkehrsG (Nr. **9**); Unbedenklichkeitsbescheinigung des Finanzamts gemäß § 22 GrunderwerbsteuerG (Nr. **16**); Genehmigung nach § 75 BundesversorgungsG idF der Bek. v. 22.1.1982 (BGBl. I S. 21), zuletzt geänd. durch G v. 16.12.2022 (BGBl. I S. 2328).

[2)] Nr. **1**.

§ 24 [Löschung zeitlich beschränkter Rechte] Die Vorschriften des § 23 sind entsprechend anzuwenden, wenn das Recht mit der Erreichung eines bestimmten Lebensalters des Berechtigten oder mit dem Eintritt eines sonstigen bestimmten Zeitpunkts oder Ereignisses erlischt.

§ 25 [Löschung von Vormerkungen und Widersprüchen] [1] Ist eine Vormerkung oder ein Widerspruch auf Grund einer einstweiligen Verfügung eingetragen, so bedarf es zur Löschung nicht der Bewilligung des Berechtigten, wenn die einstweilige Verfügung durch eine vollstreckbare Entscheidung aufgehoben ist. [2] Diese Vorschrift ist entsprechend anzuwenden, wenn auf Grund eines vorläufig vollstreckbaren Urteils nach den Vorschriften der Zivilprozeßordnung[1)] oder auf Grund eines Bescheides nach dem Vermögensgesetz eine Vormerkung oder ein Widerspruch eingetragen ist.

§ 26 [Übertragung und Belastung von Briefrechten] (1) Soll die Übertragung einer Hypothek, Grundschuld oder Rentenschuld, über die ein Brief erteilt ist, eingetragen werden, so genügt es, wenn an Stelle der Eintragungsbewilligung die Abtretungserklärung des bisherigen Gläubigers vorgelegt wird.

(2) Diese Vorschrift ist entsprechend anzuwenden, wenn eine Belastung der Hypothek, Grundschuld oder Rentenschuld oder die Übertragung oder Belastung einer Forderung, für die ein eingetragenes Recht als Pfand haftet, eingetragen werden soll.

§ 27 [Löschung von Grundpfandrechten] [1] Eine Hypothek, eine Grundschuld oder eine Rentenschuld darf nur mit Zustimmung des Eigentümers des Grundstücks gelöscht werden. [2] Für eine Löschung zur Berichtigung des Grundbuchs ist die Zustimmung nicht erforderlich, wenn die Unrichtigkeit nachgewiesen wird.

§ 28 [Bezeichnung des Grundstücks und der Geldbeträge] [1] In der Eintragungsbewilligung oder, wenn eine solche nicht erforderlich ist, in dem Eintragungsantrag ist das Grundstück übereinstimmend mit dem Grundbuch oder durch Hinweis auf das Grundbuchblatt zu bezeichnen. [2] Einzutragende Geldbeträge sind in inländischer Währung anzugeben; durch Rechtsverordnung[2)] des Bundesministeriums der Justiz und für Verbraucherschutz im Einvernehmen mit dem Bundesministerium der Finanzen kann die Angabe in einer einheitlichen europäischen Währung, in der Währung eines Mitgliedstaats der Europäischen Union oder des Europäischen Wirtschaftsraums oder einer anderen Währung, gegen die währungspolitische Bedenken nicht zu erheben sind, zugelassen und, wenn gegen die Fortdauer dieser Zulassung währungspolitische Bedenken bestehen, wieder eingeschränkt werden.

§ 29 [Nachweis der Eintragungsunterlagen] (1) [1] Eine Eintragung soll nur vorgenommen werden, wenn die Eintragungsbewilligung oder die sonstigen zu der Eintragung erforderlichen Erklärungen durch öffentliche oder

1) Auszugsweise abgedruckt unter Nr. **12**.

2) Beachte dazu VO über Grundpfandrechte in ausländischer Währung und in Euro v. 30.10.1997 (BGBl. I S. 2683) sowie Bek. über das Inkrafttreten v. 23.12.1998 (BGBl. I S. 4023).

öffentlich beglaubigte Urkunden nachgewiesen werden.[1)] [2]Andere Voraussetzungen der Eintragung bedürfen, soweit sie nicht bei dem Grundbuchamt offenkundig sind, des Nachweises durch öffentliche Urkunden.

(2) (weggefallen)

(3) [1]Erklärungen oder Ersuchen einer Behörde, auf Grund deren eine Eintragung vorgenommen werden soll, sind zu unterschreiben und mit Siegel oder Stempel zu versehen. [2]Anstelle der Siegelung kann maschinell ein Abdruck des Dienstsiegels eingedruckt oder aufgedruckt werden.

§ 29a [Glaubhaftmachung bei Löschungsvormerkung] Die Voraussetzungen des § 1179 Nr. 2 des Bürgerlichen Gesetzbuchs[2)] sind glaubhaft zu machen; § 29 gilt hierfür nicht.

§ 30 [Form des Eintragungsantrages und der Vollmacht] Für den Eintragungsantrag sowie für die Vollmacht zur Stellung eines solchen gelten die Vorschriften des § 29 nur, wenn durch den Antrag zugleich eine zu der Eintragung erforderliche Erklärung ersetzt werden soll.

§ 31 [Form der Antragsrücknahme und des Widerrufs der Vollmacht]

[1]Eine Erklärung, durch die ein Eintragungsantrag zurückgenommen wird, bedarf der in § 29 Abs. 1 Satz 1 und Abs. 3 vorgeschriebenen Form. [2]Dies gilt nicht, sofern der Antrag auf eine Berichtigung des Grundbuchs gerichtet ist. [3]Satz 1 gilt für eine Erklärung, durch die eine zur Stellung des Eintragungsantrags erteilte Vollmacht widerrufen wird, entsprechend.

§ 32 [Nachweis rechtserheblicher Umstände] (1) [1]Die im ***[bis 31.12. 2023:*** Handels-, Genossenschafts-, Partnerschafts- oder Vereinsregister***][ab 1.1. 2024:*** *Handels-, Genossenschafts-, Gesellschafts-, Partnerschafts- oder Vereinsregister]* eingetragenen Vertretungsberechtigungen, Sitzverlegungen, Firmen- oder Namensänderungen sowie das Bestehen juristischer Personen und ***[bis 31.12.2023:*** Gesellschaften***][ab 1.1.2024:*** *rechtsfähiger Personengesellschaften]* können durch eine Bescheinigung nach § 21 Absatz 1 der Bundesnotarordnung nachgewiesen werden. [2]Dasselbe gilt für sonstige rechtserhebliche Umstände, die sich aus Eintragungen im Register ergeben, insbesondere für Umwandlungen. [3]Der Nachweis kann auch durch einen amtlichen Registerausdruck oder eine beglaubigte Registerabschrift geführt werden.

(2) [1]Wird das Register elektronisch geführt, kann in den Fällen des Absatzes 1 Satz 1 der Nachweis auch durch die Bezugnahme auf das Register geführt werden. [2]Dabei sind das Registergericht und das Registerblatt anzugeben.

§ 33 *(aufgehoben)*

§ 34 [Nachweis der Vertretungsmacht] Eine durch Rechtsgeschäft erteilte Vertretungsmacht kann auch durch eine Bescheinigung nach § 21 Absatz 3 der Bundesnotarordnung nachgewiesen werden.

[1)] Bei der Löschung umgestellter Grundpfandrechte und Schiffshypotheken beachte jedoch §§ 18–20 G über Maßnahmen auf dem Gebiete des Grundbuchwesens v. 20.12.1963 (BGBl. I S. 986), zuletzt geänd. durch VO v. 31.8.2015 (BGBl. I S. 1474).

[2)] Nr. **1**.

§ 35[1)] **[Nachweis der Erbfolge ua]** (1) [1]Der Nachweis der Erbfolge kann nur durch einen Erbschein oder ein Europäisches Nachlasszeugnis geführt werden. [2]Beruht jedoch die Erbfolge auf einer Verfügung von Todes wegen, die in einer öffentlichen Urkunde enthalten ist, so genügt es, wenn an Stelle des Erbscheins oder des Europäischen Nachlasszeugnisses die Verfügung und die Niederschrift über die Eröffnung der Verfügung vorgelegt werden; erachtet das Grundbuchamt die Erbfolge durch diese Urkunden nicht für nachgewiesen, so kann es die Vorlegung eines Erbscheins oder eines Europäischen Nachlasszeugnisses verlangen.

(2) Das Bestehen der fortgesetzten Gütergemeinschaft sowie die Befugnis eines Testamentsvollstreckers zur Verfügung über einen Nachlaßgegenstand ist nur auf Grund der in den §§ 1507, 2368 des Bürgerlichen Gesetzbuchs[2)] vorgesehenen Zeugnisse oder eines Europäischen Nachlasszeugnisses als nachgewiesen anzunehmen; auf den Nachweis der Befugnis des Testamentsvollstreckers sind jedoch die Vorschriften des Absatzes 1 Satz 2 entsprechend anzuwenden.

(3) [1]Zur Eintragung des Eigentümers oder Miteigentümers eines Grundstücks kann das Grundbuchamt von den in den Absätzen 1 und 2 genannten Beweismitteln absehen und sich mit anderen Beweismitteln, für welche die Form des § 29 nicht erforderlich ist, begnügen, wenn das Grundstück oder der Anteil am Grundstück weniger als 3 000 Euro wert ist und die Beschaffung des Erbscheins, des Europäischen Nachlasszeugnisses oder des Zeugnisses nach § 1507 des Bürgerlichen Gesetzbuchs nur mit unverhältnismäßigem Aufwand an Kosten oder Mühe möglich ist. [2]Der Antragsteller kann auch zur Versicherung an Eides Statt zugelassen werden.

§ 36 [Auseinandersetzung eines Nachlasses oder Gesamtgutes]

(1) [1]Soll bei einem zum Nachlass oder zu dem Gesamtgut einer Gütergemeinschaft gehörenden Grundstück oder Erbbaurecht einer der Beteiligten als Eigentümer oder Erbbauberechtigter eingetragen werden, so genügt zum Nachweis der Rechtsnachfolge und der zur Eintragung des Eigentumsübergangs erforderlichen Erklärungen der Beteiligten ein gerichtliches Zeugnis. [2]Das Zeugnis erteilt

1. das Nachlassgericht, wenn das Grundstück oder das Erbbaurecht zu einem Nachlass gehört,
2. das nach § 343 des Gesetzes über das Verfahren in Familiensachen und in den Angelegenheiten der freiwilligen Gerichtsbarkeit zuständige Amtsgericht, wenn ein Anteil an dem Gesamtgut zu einem Nachlass gehört, und
3. im Übrigen das nach § 122 des Gesetzes über das Verfahren in Familiensachen und in den Angelegenheiten der freiwilligen Gerichtsbarkeit zuständige Amtsgericht.

(2) Das Zeugnis darf nur ausgestellt werden, wenn:

a) die Voraussetzungen für die Erteilung eines Erbscheins vorliegen oder der Nachweis der Gütergemeinschaft durch öffentliche Urkunden erbracht ist und

1) Beachte hierzu Anm. zu § 29 Abs. 1 Satz 1.
2) **dtv 5001 BGB Nr. 1.**

b) die Abgabe der Erklärungen der Beteiligten in einer den Vorschriften der Grundbuchordnung entsprechenden Weise dem nach Absatz 1 Satz 2 zuständigen Gericht nachgewiesen ist.

(2a) Ist ein Erbschein über das Erbrecht sämtlicher Erben oder ein Zeugnis über die Fortsetzung der Gütergemeinschaft erteilt, so ist auch der Notar, der die Auseinandersetzung vermittelt hat, für die Erteilung des Zeugnisses nach Absatz 1 Satz 1 zuständig.

(3) Die Vorschriften über die Zuständigkeit zur Entgegennahme der Auflassung bleiben unberührt.

§ 37 [Auseinandersetzung bei Grundpfandrechten] Die Vorschriften des § 36 sind entsprechend anzuwenden, wenn bei einer Hypothek, Grundschuld oder Rentenschuld, die zu einem Nachlaß oder zu dem Gesamtgut einer Gütergemeinschaft gehört, einer der Beteiligten als neuer Gläubiger eingetragen werden soll.

§ 38 [Eintragung auf Ersuchen einer Behörde] In den Fällen, in denen nach gesetzlicher Vorschrift eine Behörde befugt ist, das Grundbuchamt um eine Eintragung zu ersuchen, erfolgt die Eintragung auf Grund des Ersuchens der Behörde.

§ 39 [Voreintragung des Betroffenen] (1) Eine Eintragung soll nur erfolgen, wenn die Person, deren Recht durch sie betroffen wird, als der Berechtigte eingetragen ist.

(2) Bei einer Hypothek, Grundschuld oder Rentenschuld, über die ein Brief erteilt ist, steht es der Eintragung des Gläubigers gleich, wenn dieser sich im Besitz des Briefes befindet und sein Gläubigerrecht nach § 1155 des Bürgerlichen Gesetzbuchs[1)] nachweist.

§ 40 [Ausnahmen von der Voreintragung] (1) Ist die Person, deren Recht durch eine Eintragung betroffen wird, Erbe des eingetragenen Berechtigten, so ist die Vorschrift des § 39 Abs. 1 nicht anzuwenden, wenn die Übertragung oder die Aufhebung des Rechts eingetragen werden soll oder wenn der Eintragungsantrag durch die Bewilligung des Erblassers oder eines Nachlaßpflegers oder durch einen gegen den Erblasser oder den Nachlaßpfleger vollstreckbaren Titel begründet wird.

(2) Das gleiche gilt für eine Eintragung auf Grund der Bewilligung eines Testamentsvollstreckers oder auf Grund eines gegen diesen vollstreckbaren Titels, sofern die Bewilligung oder der Titel gegen den Erben wirksam ist.

§ 41 [Vorlegung des Hypothekenbriefes] (1) [1]Bei einer Hypothek, über die ein Brief erteilt ist, soll eine Eintragung nur erfolgen, wenn der Brief vorgelegt wird. [2]Für die Eintragung eines Widerspruchs bedarf es der Vorlegung nicht, wenn die Eintragung durch eine einstweilige Verfügung angeordnet ist und der Widerspruch sich darauf gründet, daß die Hypothek oder die Forderung, für welche sie bestellt ist, nicht bestehe oder einer Einrede unterliege oder daß die Hypothek unrichtig eingetragen sei. [3]Der Vorlegung des Briefes bedarf es nicht für die Eintragung einer Löschungsvormerkung nach § 1179 des Bürgerlichen Gesetzbuchs[1)].

[1)] Nr. 1.

(2) [1]Der Vorlegung des Hypothekenbriefs steht es gleich, wenn in den Fällen der §§ 1162, 1170, 1171 des Bürgerlichen Gesetzbuchs auf Grund des Ausschließungsbeschlusses die Erteilung eines neuen Briefes beantragt wird. [2]Soll die Erteilung des Briefes nachträglich ausgeschlossen oder die Hypothek gelöscht werden, so genügt die Vorlegung des Ausschlußurteils.

§ 42 [Vorlegung des Grundschuld- oder Rentenschuldbriefes] [1]Die Vorschriften des § 41 sind auf die Grundschuld und die Rentenschuld entsprechend anzuwenden. [2]Ist jedoch das Recht für den Inhaber des Briefes eingetragen, so bedarf es der Vorlegung des Briefes nur dann nicht, wenn der Eintragungsantrag durch die Bewilligung eines nach § 1189 des Bürgerlichen Gesetzbuchs[1)] bestellten Vertreters oder durch eine gegen ihn erlassene gerichtliche Entscheidung begründet wird.

§ 43 [Vorlegung von Inhaber- oder Orderpapieren] (1) Bei einer Hypothek für die Forderung aus einer Schuldverschreibung auf den Inhaber, aus einem Wechsel oder einem anderen Papier, das durch Indossament übertragen werden kann, soll eine Eintragung nur erfolgen, wenn die Urkunde vorgelegt wird; die Eintragung ist auf der Urkunde zu vermerken.

(2) Diese Vorschrift ist nicht anzuwenden, wenn eine Eintragung auf Grund der Bewilligung eines nach § 1189 des Bürgerlichen Gesetzbuchs[1)] bestellten Vertreters oder auf Grund einer gegen diesen erlassenen gerichtlichen Entscheidung bewirkt werden soll.

§ 44[2)] [Datum; Unterzeichnung der Eintragung; Bezug auf Eintragungsbewilligung] (1) [1]Jede Eintragung soll den Tag, an welchem sie erfolgt ist, angeben. [2]Die Eintragung soll, sofern nicht nach § 12c Abs. 2 Nr. 2 bis 4 der Urkundsbeamte der Geschäftsstelle zuständig ist, die für die Führung des Grundbuchs zuständige Person, regelmäßig unter Angabe des Wortlauts, verfügen und der Urkundsbeamte der Geschäftsstelle veranlassen; sie ist von beiden zu unterschreiben, jedoch kann statt des Urkundsbeamten ein von der Leitung des Amtsgerichts ermächtigter Justizangestellter unterschreiben. [3]In den Fällen des § 12c Abs. 2 Nr. 2 bis 4 haben der Urkundsbeamte der Geschäftsstelle und zusätzlich entweder ein zweiter Beamter der Geschäftsstelle oder ein von der Leitung des Amtsgerichts ermächtigter Justizangestellter die Eintragung zu unterschreiben.

(2) [1]Soweit nicht gesetzlich etwas anderes bestimmt ist und der Umfang der Belastung aus dem Grundbuch erkennbar bleibt, soll bei der Eintragung eines Rechts, mit dem ein Grundstück belastet wird, auf die Eintragungsbewilligung Bezug genommen werden. [2]Hierbei sollen in der Bezugnahme der Name des Notars, der Notarin oder die Bezeichnung des Notariats und jeweils die Nummer der Urkundenrolle, bei Eintragungen auf Grund eines Ersuchens (§ 38) die Bezeichnung der ersuchenden Stelle und deren Aktenzeichen angegeben werden. [3]Bei der Eintragung von Dienstbarkeiten und Reallasten soll der Inhalt des Rechts im Eintragungstext lediglich schlagwortartig bezeichnet

1) Nr. **1**.

2) Wegen des Übergangsrechts beachte Art. 19 Abs. 1 RegVBG v. 20.12.1993 (BGBl. I S. 2182): „(1) § 44 der Grundbuchordnung in der Fassung dieses Gesetzes ist nur auf noch nicht im Grundbuch vollzogene Eintragungen, Umschreibungen oder Neufassungen anzuwenden."

werden; das Gleiche gilt bei der Eintragung von Vormerkungen für solche Rechte.

(3) [1]Bei der Umschreibung eines Grundbuchblatts, der Neufassung eines Teils eines Grundbuchblatts und in sonstigen Fällen der Übernahme von Eintragungen auf ein anderes, bereits angelegtes oder neu anzulegendes Grundbuchblatt soll, sofern hierdurch der Inhalt der Eintragung nicht verändert wird, die Bezugnahme auf die Eintragungsbewilligung oder andere Unterlagen bis zu dem Umfange nachgeholt oder erweitert werden, wie sie nach Absatz 2 zulässig wäre. [2]Im gleichen Umfang kann auf die bisherige Eintragung Bezug genommen werden, wenn ein Recht bisher mit seinem vollständigen Wortlaut im Grundbuch eingetragen ist. [3]Sofern hierdurch der Inhalt der Eintragung nicht verändert wird, kann auch von dem ursprünglichen Text der Eintragung abgewichen werden.

§ 45 [Reihenfolge der Eintragungen; Rangvermerk] (1) Sind in einer Abteilung des Grundbuchs mehrere Eintragungen zu bewirken, so erhalten sie die Reihenfolge, welche der Zeitfolge der Anträge entspricht; sind die Anträge gleichzeitig gestellt, so ist im Grundbuch zu vermerken, daß die Eintragungen gleichen Rang haben.

(2) Werden mehrere Eintragungen, die nicht gleichzeitig beantragt sind, in verschiedenen Abteilungen unter Angabe desselben Tages bewirkt, so ist im Grundbuch zu vermerken, daß die später beantragte Eintragung der früher beantragten im Rang nachsteht.

(3) Diese Vorschriften sind insoweit nicht anzuwenden, als ein Rangverhältnis nicht besteht oder das Rangverhältnis von den Antragstellern abweichend bestimmt ist.

§ 46 [Löschung von Rechten und Verfügungsbeschränkungen]

(1) Die Löschung eines Rechtes oder einer Verfügungsbeschränkung erfolgt durch Eintragung eines Löschungsvermerks.

(2) Wird bei der Übertragung eines Grundstücks oder eines Grundstücksteils auf ein anderes Blatt ein eingetragenes Recht nicht mitübertragen, so gilt es in Ansehung des Grundstücks oder des Teils als gelöscht.

§ 47 [Eintragung gemeinschaftlicher Rechte bzw. von Rechten einer GbR] (1) Soll ein Recht für mehrere gemeinschaftlich eingetragen werden, so soll die Eintragung in der Weise erfolgen, daß entweder die Anteile der Berechtigten in Bruchteilen angegeben werden oder das für die Gemeinschaft maßgebende Rechtsverhältnis bezeichnet wird.

[Abs. 2 bis 31.12.2023:]

(2) [1]Soll ein Recht für eine Gesellschaft bürgerlichen Rechts eingetragen werden, so sind auch deren Gesellschafter im Grundbuch einzutragen. [2]Die für den Berechtigten geltenden Vorschriften gelten entsprechend für die Gesellschafter.

[Abs. 2 ab 1.1.2024:]

(2) Für eine Gesellschaft bürgerlichen Rechts soll ein Recht nur eingetragen werden, wenn sie im Gesellschaftsregister eingetragen ist.

§ 48 [Mitbelastung] (1) [1]Werden mehrere Grundstücke mit einem Recht belastet, so ist auf dem Blatt jedes Grundstücks die Mitbelastung der übrigen

von Amts wegen erkennbar zu machen. [2]Das gleiche gilt, wenn mit einem an einem Grundstück bestehenden Recht nachträglich noch ein anderes Grundstück belastet oder wenn im Falle der Übertragung eines Grundstücksteils auf ein anderes Grundbuchblatt ein eingetragenes Recht mitübertragen wird.

(2) Soweit eine Mitbelastung erlischt, ist dies von Amts wegen zu vermerken.

§ 49 [Altenteil] Werden Dienstbarkeiten und Reallasten als Leibgedinge, Leibzucht, Altenteil oder Auszug eingetragen, so bedarf es nicht der Bezeichnung der einzelnen Rechte, wenn auf die Eintragungsbewilligung Bezug genommen wird.

§ 50 [Teilschuldverschreibungen auf den Inhaber] (1) Bei der Eintragung einer Hypothek für Teilschuldverschreibungen auf den Inhaber genügt es, wenn der Gesamtbetrag der Hypothek unter Angabe der Anzahl, des Betrags und der Bezeichnung der Teile eingetragen wird.

(2) Diese Vorschrift ist entsprechend anzuwenden, wenn eine Grundschuld oder eine Rentenschuld für den Inhaber des Briefes eingetragen und das Recht in Teile zerlegt werden soll.

§ 51 [Vor- und Nacherbenvermerk] Bei der Eintragung eines Vorerben ist zugleich das Recht des Nacherben und, soweit der Vorerbe von den Beschränkungen seines Verfügungsrechts befreit ist, auch die Befreiung von Amts wegen einzutragen.

§ 52 [Testamentsvollstreckervermerk] Ist ein Testamentsvollstrecker ernannt, so ist dies bei der Eintragung des Erben von Amts wegen miteinzutragen, es sei denn, daß der Nachlaßgegenstand der Verwaltung des Testamentsvollstreckers nicht unterliegt.

§ 53 [Widerspruch und Löschung von Amts wegen] (1) [1]Ergibt sich, daß das Grundbuchamt unter Verletzung gesetzlicher Vorschriften eine Eintragung vorgenommen hat, durch die das Grundbuch unrichtig geworden ist, so ist von Amts wegen ein Widerspruch einzutragen. [2]Erweist sich eine Eintragung nach ihrem Inhalt als unzulässig, so ist sie von Amts wegen zu löschen.

(2) [1]Bei einer Hypothek, einer Grundschuld oder einer Rentenschuld bedarf es zur Eintragung eines Widerspruchs der Vorlegung des Briefes nicht, wenn der Widerspruch den im § 41 Abs. 1 Satz 2 bezeichneten Inhalt hat. [2]Diese Vorschrift ist nicht anzuwenden, wenn der Grundschuld- oder Rentenschuldbrief auf den Inhaber ausgestellt ist.

§ 54 [Öffentliche Lasten] Die auf einem Grundstück ruhenden öffentlichen Lasten als solche sind von der Eintragung in das Grundbuch ausgeschlossen, es sei denn, daß ihre Eintragung gesetzlich besonders zugelassen oder angeordnet ist.

§ 55 [Bekanntmachung der Eintragungen] (1) Jede Eintragung soll dem den Antrag einreichenden Notar, dem Antragsteller und dem eingetragenen Eigentümer sowie allen aus dem Grundbuch ersichtlichen Personen bekanntgemacht werden, zu deren Gunsten die Eintragung erfolgt ist oder deren Recht durch sie betroffen wird, die Eintragung eines Eigentümers auch denen, für die

eine Hypothek, Grundschuld, Rentenschuld, Reallast oder ein Recht an einem solchen Recht im Grundbuch eingetragen ist.

(2) [1] Steht ein Grundstück in Miteigentum, so ist die in Absatz 1 vorgeschriebene Bekanntmachung an den Eigentümer nur gegenüber den Miteigentümern vorzunehmen, auf deren Anteil sich die Eintragung bezieht. [2] Entsprechendes gilt bei Miteigentum für die in Absatz 1 vorgeschriebene Bekanntmachung an einen Hypothekengläubiger oder sonstigen Berechtigten von der Eintragung eines Eigentümers.

(3) Veränderungen der grundbuchmäßigen Bezeichnung des Grundstücks und die Eintragung eines Eigentümers sind außerdem der Behörde bekanntzumachen, welche das in § 2 Abs. 2 bezeichnete amtliche Verzeichnis führt.

(4) [1] Die Eintragung des Verzichts auf das Eigentum ist der für die Abgabe der Aneignungserklärung und der für die Führung des Liegenschaftskatasters zuständigen Behörde bekanntzumachen. [2] In den Fällen des Artikels 233 § 15 Abs. 3 des Einführungsgesetzes zum Bürgerlichen Gesetzbuche[1)] erfolgt die Bekanntmachung nur gegenüber dem Landesfiskus und der Gemeinde, in deren Gebiet das Grundstück liegt; die Gemeinde unterrichtet ihr bekannte Berechtigte oder Gläubiger.

(5) [1] Wird der in § 9 Abs. 1 vorgesehene Vermerk eingetragen, so hat das Grundbuchamt dies dem Grundbuchamt, welches das Blatt des belasteten Grundstücks führt, bekanntzumachen. [2] Ist der Vermerk eingetragen, so hat das Grundbuchamt, welches das Grundbuchblatt des belasteten Grundstücks führt, jede Änderung oder Aufhebung des Rechts dem Grundbuchamt des herrschenden Grundstücks bekanntzumachen.

(6) [1] Die Bekanntmachung hat die Eintragung wörtlich wiederzugeben. [2] Sie soll auch die Stelle der Eintragung im Grundbuch und den Namen des Grundstückseigentümers, bei einem Eigentumswechsel auch den Namen des bisherigen Eigentümers angeben. [3] In die Bekanntmachung können auch die Bezeichnung des betroffenen Grundstücks in dem in § 2 Abs. 2 genannten amtlichen Verzeichnis sowie bei einem Eigentumswechsel die Anschrift des neuen Eigentümers aufgenommen werden.

(7) Auf die Bekanntmachung kann ganz oder teilweise verzichtet werden.

(8) Sonstige Vorschriften über die Bekanntmachung von Eintragungen in das Grundbuch bleiben unberührt.

§ 55a [Austausch von Abschriften zwischen Grundbuchämtern]

(1) Enthält ein beim Grundbuchamt eingegangenes Schriftstück Anträge oder Ersuchen, für deren Erledigung neben dem angegangenen Grundbuchamt auch noch ein anderes Grundbuchamt zuständig ist oder mehrere andere Grundbuchämter zuständig sind, so kann jedes der beteiligten Grundbuchämter den anderen beteiligten Grundbuchämtern Abschriften seiner Verfügungen mitteilen.

(2) Werden bei Gesamtrechten (§ 48) die Grundbücher bei verschiedenen Grundbuchämtern geführt, so sind die Eintragungen sowie die Verfügungen, durch die ein Antrag oder Ersuchen auf Eintragung zurückgewiesen wird, den anderen beteiligten Grundbuchämtern bekanntzugeben.

[1)] **dtv 5001 BGB Nr. 2.**

§ 55b [Keine Informationspflicht des Betroffenen] [1] Soweit das Grundbuchamt auf Grund von Rechtsvorschriften im Zusammenhang mit Grundbucheintragungen Mitteilungen an Gerichte oder Behörden oder sonstige Stellen zu machen hat, muß der Betroffene nicht unterrichtet werden. [2] Das gleiche gilt im Falle des § 55a.

Dritter Abschnitt. Hypotheken-, Grundschuld-, Rentenschuldbrief

§ 56 [Erteilung und Inhalt des Briefes] (1) [1] Der Hypothekenbrief wird von dem Grundbuchamt erteilt. [2] Er muß die Bezeichnung als Hypothekenbrief enthalten, den Geldbetrag der Hypothek und das belastete Grundstück bezeichnen sowie mit Unterschrift und Siegel oder Stempel versehen sein.

(2) [1] Der Hypothekenbrief ist von der für die Führung des Grundbuchs zuständigen Person und dem Urkundsbeamten der Geschäftsstelle zu unterschreiben. [2] Jedoch kann statt des Urkundsbeamten der Geschäftsstelle ein von der Leitung des Amtsgerichts ermächtigter Justizangestellter unterschreiben.

§ 57[1)] [Sonstiger Inhalt des Briefes] (1) [1] Der Hypothekenbrief soll die Nummer des Grundbuchblatts und den Inhalt der die Hypothek betreffenden Eintragungen enthalten. [2] Das belastete Grundstück soll mit der laufenden Nummer bezeichnet werden, unter der es im Bestandsverzeichnis des Grundbuchs verzeichnet ist. [3] Bei der Hypothek eingetragene Löschungsvormerkungen nach § 1179 des Bürgerlichen Gesetzbuchs[2)] sollen in den Hypothekenbrief nicht aufgenommen werden.

(2) Ändern sich die in Absatz 1 Satz 1 und 2 bezeichneten Angaben, so ist der Hypothekenbrief auf Antrag zu ergänzen, soweit nicht die Ergänzung schon nach anderen Vorschriften vorzunehmen ist.

§ 58 [Verbindung der Schuldurkunde mit dem Brief] (1) [1] Ist eine Urkunde über die Forderung, für welche eine Hypothek besteht, ausgestellt, so soll die Urkunde mit dem Hypothekenbrief verbunden werden. [2] Erstreckt sich der Inhalt der Urkunde auch auf andere Angelegenheiten, so genügt es, wenn ein öffentlich beglaubigter Auszug aus der Urkunde mit dem Hypothekenbrief verbunden wird.

(2) (weggefallen)

(3) Zum Nachweis, daß eine Schuldurkunde nicht ausgestellt ist, genügt eine darauf gerichtete Erklärung des Eigentümers.

§ 59 [Gesamthypothekenbrief] (1) [1] Über eine Gesamthypothek soll nur ein Hypothekenbrief erteilt werden. [2] Er ist nur von einer für die Führung des Grundbuchs zuständigen Person und von einem Urkundsbeamten der Geschäftsstelle oder ermächtigten Justizangestellten (§ 56 Abs. 2) zu unterschrei-

1) Beachte hierzu Übergangsbestimmung des Art. 8 § 2 G zur Änderung sachenrechtlicher, grundbuchrechtlicher und anderer Vorschriften v. 22.6.1977 (BGBl. I S. 998):

„**Art. 8. § 2.** [1] Auf die Ergänzung des über eine Hypothek, Grundschuld oder Rentenschuld vor Inkrafttreten dieses Gesetzes erteilten Briefes ist § 57 der Grundbuchordnung in der bisherigen Fassung anzuwenden. [2] Jedoch soll eine nach Inkrafttreten dieses Gesetzes bei dem Recht eingetragene Löschungsvormerkung nach § 1179 des Bürgerlichen Gesetzbuchs auch auf Antrag nicht auf dem Brief vermerkt werden."

2) Nr. **1**.

ben, auch wenn bezüglich der belasteten Grundstücke insoweit verschiedene Personen zuständig sind.

(2) Werden die Grundbücher der belasteten Grundstücke von verschiedenen Grundbuchämtern geführt, so soll jedes Amt für die Grundstücke, deren Grundbuchblätter es führt, einen besonderen Brief erteilen; die Briefe sind miteinander zu verbinden.

§ 60 [Aushändigung des Hypothekenbriefes] (1) Der Hypothekenbrief ist dem Eigentümer des Grundstücks, im Falle der nachträglichen Erteilung dem Gläubiger auszuhändigen.

(2) Auf eine abweichende Bestimmung des Eigentümers oder des Gläubigers ist die Vorschrift des § 29 Abs. 1 Satz 1 entsprechend anzuwenden.

§ 61 [Teilhypothekenbrief] (1) Ein Teilhypothekenbrief kann von dem Grundbuchamt oder einem Notar hergestellt werden.

(2) [1] Der Teilhypothekenbrief muß die Bezeichnung als Teilhypothekenbrief sowie eine beglaubigte Abschrift der im § 56 Abs. 1 Satz 2 vorgesehenen Angaben des bisherigen Briefes enthalten, den Teilbetrag der Hypothek, auf den er sich bezieht, bezeichnen sowie mit Unterschrift und Siegel oder Stempel versehen sein. [2] Er soll außerdem eine beglaubigte Abschrift der sonstigen Angaben des bisherigen Briefes und der auf diesem befindlichen Vermerke enthalten. [3] Eine mit dem bisherigen Brief verbundene Schuldurkunde soll in beglaubigter Abschrift mit dem Teilhypothekenbrief verbunden werden.

(3) Wird der Teilhypothekenbrief vom Grundbuchamt hergestellt, so ist auf die Unterschrift § 56 Abs. 2 anzuwenden.

(4) Die Herstellung des Teilhypothekenbriefes soll auf dem bisherigen Brief vermerkt werden.

§ 62 [Eintragungsvermerke auf dem Brief] (1) [1] Eintragungen, die bei der Hypothek erfolgen, sind von dem Grundbuchamt auf dem Hypothekenbrief zu vermerken; der Vermerk ist mit Unterschrift und Siegel oder Stempel zu versehen. [2] Satz 1 gilt nicht für die Eintragung einer Löschungsvormerkung nach § 1179 des Bürgerlichen Gesetzbuchs[1)].

(2) Auf die Unterschrift ist § 56 Abs. 2 anzuwenden.

(3) [1] In den Fällen des § 53 Abs. 1 hat das Grundbuchamt den Besitzer des Briefes zur Vorlegung anzuhalten. [2] In gleicher Weise hat es, wenn in den Fällen des § 41 Abs. 1 Satz 2 und des § 53 Abs. 2 der Brief nicht vorgelegt ist, zu verfahren, um nachträglich den Widerspruch auf dem Brief zu vermerken.

§ 63 [Nachträgliche Mitbelastung] Wird nach der Erteilung eines Hypothekenbriefs mit der Hypothek noch ein anderes, bei demselben Grundbuchamt gebuchtes Grundstück belastet, so ist, sofern nicht die Erteilung eines neuen Briefes über die Gesamthypothek beantragt wird, die Mitbelastung auf dem bisherigen Brief zu vermerken und zugleich der Inhalt des Briefes in Ansehung des anderen Grundstücks nach § 57 zu ergänzen.

[1)] Nr. **1**.

§ 64 [Verteilung einer Gesamthypothek] Im Falle der Verteilung einer Gesamthypothek auf die einzelnen Grundstücke ist für jedes Grundstück ein neuer Brief zu erteilen.

§ 65 [Umwandlung der Hypothek; Forderungsauswechslung]

(1) Tritt nach § 1177 Abs. 1 oder nach § 1198 des Bürgerlichen Gesetzbuchs[1)] eine Grundschuld oder eine Rentenschuld an die Stelle der Hypothek, so ist, sofern nicht die Erteilung eines neuen Briefes beantragt wird, die Eintragung der Rechtsänderung auf dem bisherigen Brief zu vermerken und eine mit dem Brief verbundene Schuldurkunde abzutrennen.

(2) Das gleiche gilt, wenn nach § 1180 des Bürgerlichen Gesetzbuchs an die Stelle der Forderung, für welche eine Hypothek besteht, eine andere Forderung gesetzt wird.

§ 66 [Gemeinschaftlicher Brief] Stehen einem Gläubiger mehrere Hypotheken zu, die gleichen Rang haben oder im Rang unmittelbar aufeinanderfolgen, so ist ihm auf seinen Antrag mit Zustimmung des Eigentümers über die mehreren Hypotheken ein Hypothekenbrief in der Weise zu erteilen, daß der Brief die sämtlichen Hypotheken umfaßt.

§ 67 [Erteilung eines neuen Briefes] Einem Antrag des Berechtigten auf Erteilung eines neuen Briefes ist stattzugeben, wenn der bisherige Brief oder in den Fällen der §§ 1162, 1170, 1171 des Bürgerlichen Gesetzbuchs[1)] der Ausschließungsbeschluss vorgelegt wird.[2)]

§ 68 [Inhalt des neuen Briefes] (1) Wird ein neuer Brief erteilt, so hat er die Angabe zu enthalten, daß er an die Stelle des bisherigen Briefes tritt.

(2) Vermerke, die nach den §§ 1140, 1145, 1157 des Bürgerlichen Gesetzbuchs[1)] für das Rechtsverhältnis zwischen dem Eigentümer und dem Gläubiger in Betracht kommen, sind auf den neuen Brief zu übertragen.

(3) Die Erteilung des Briefes ist im Grundbuch zu vermerken.

§ 69 [Unbrauchbarmachung des Briefes] [1] Wird eine Hypothek gelöscht, so ist der Brief unbrauchbar zu machen; das gleiche gilt, wenn die Erteilung des Briefes über eine Hypothek nachträglich ausgeschlossen oder an Stelle des bisherigen Briefes ein neuer Hypothekenbrief, ein Grundschuldbrief oder ein Rentenschuldbrief erteilt wird. [2] Eine mit dem bisherigen Brief verbundene Schuldurkunde ist abzutrennen und, sofern sie nicht mit dem neuen Hypothekenbrief zu verbinden ist, zurückzugeben.

§ 70 [Grundschuld- und Rentenschuldbrief] (1) [1] Die Vorschriften der §§ 56 bis 69 sind auf den Grundschuldbrief und den Rentenschuldbrief entsprechend anzuwenden. [2] Der Rentenschuldbrief muß auch die Ablösungssumme angeben.

[1)] Nr. **1**.

[2)] Bei Hypotheken-, Grundschuld- und Rentenschuldbriefen, die durch Kriegseinwirkung vernichtet worden oder abhanden gekommen sind, beachte auch § 26 G über Maßnahmen auf dem Gebiete des Grundbuchwesens v. 20.12.1963 (BGBl. I S. 986), zuletzt geänd. durch VO v. 31.8.2015 (BGBl. I S. 1474).

(2) Ist eine für den Inhaber des Briefes eingetragene Grundschuld oder Rentenschuld in Teile zerlegt, so ist über jeden Teil ein besonderer Brief herzustellen.

Vierter Abschnitt. Beschwerde

§ 71 [Zulässigkeit der Beschwerde] (1) Gegen die Entscheidungen des Grundbuchamts findet das Rechtsmittel der Beschwerde statt.

(2) [1]Die Beschwerde gegen eine Eintragung ist unzulässig. [2]Im Wege der Beschwerde kann jedoch verlangt werden, daß das Grundbuchamt angewiesen wird, nach § 53 einen Widerspruch einzutragen oder eine Löschung vorzunehmen.

§ 72 [Beschwerdegericht] Über die Beschwerde entscheidet das Oberlandesgericht, in dessen Bezirk das Grundbuchamt seinen Sitz hat.

§ 73 [Einlegung der Beschwerde] (1) Die Beschwerde kann bei dem Grundbuchamt oder bei dem Beschwerdegericht eingelegt werden.

(2) [1]Die Beschwerde ist durch Einreichung einer Beschwerdeschrift oder durch Erklärung zur Niederschrift des Grundbuchamts oder der Geschäftsstelle des Beschwerdegerichts einzulegen. [2]Für die Einlegung der Beschwerde durch die Übermittlung eines elektronischen Dokuments, die elektronische Gerichtsakte sowie das gerichtliche elektronische Dokument gilt § 14 Absatz 1 bis 3 und 5 des Gesetzes über das Verfahren in Familiensachen und in den Angelegenheiten der freiwilligen Gerichtsbarkeit.

§ 74 [Neues Vorbringen] Die Beschwerde kann auf neue Tatsachen und Beweise gestützt werden.

§ 75 [Abhilfe durch das Grundbuchamt] Erachtet das Grundbuchamt die Beschwerde für begründet, so hat es ihr abzuhelfen.

§ 76 [Einstweilige Anordnung des Beschwerdegerichts; aufschiebende Wirkung] (1) Das Beschwerdegericht kann vor der Entscheidung eine einstweilige Anordnung erlassen, insbesondere dem Grundbuchamt aufgeben, eine Vormerkung oder einen Widerspruch einzutragen, oder anordnen, daß die Vollziehung der angefochtenen Entscheidung auszusetzen ist.

(2) Die Vormerkung oder der Widerspruch (Absatz 1) wird von Amts wegen gelöscht, wenn die Beschwerde zurückgenommen oder zurückgewiesen ist.

(3) Die Beschwerde hat nur dann aufschiebende Wirkung, wenn sie gegen eine Verfügung gerichtet ist, durch die ein Zwangsgeld festgesetzt wird.

§ 77 [Begründung der Beschwerdeentscheidung] Die Entscheidung des Beschwerdegerichts ist mit Gründen zu versehen und dem Beschwerdeführer mitzuteilen.

§ 78 [Rechtsbeschwerde] (1) Gegen einen Beschluss des Beschwerdegerichts ist die Rechtsbeschwerde statthaft, wenn sie das Beschwerdegericht in dem Beschluss zugelassen hat.

(2) [1]Die Rechtsbeschwerde ist zuzulassen, wenn

1. die Rechtssache grundsätzliche Bedeutung hat oder

2. die Fortbildung des Rechts oder die Sicherung einer einheitlichen Rechtsprechung eine Entscheidung des Rechtsbeschwerdegerichts erfordert.

[2] Das Rechtsbeschwerdegericht ist an die Zulassung gebunden.

(3) Auf das weitere Verfahren finden § 73 Absatz 2 Satz 2 dieses Gesetzes sowie die §§ 71 bis 74a des Gesetzes über das Verfahren in Familiensachen und in den Angelegenheiten der freiwilligen Gerichtsbarkeit entsprechende Anwendung.

§§ 79, 80 *(aufgehoben)*

§ 81 [Ergänzende Vorschriften] (1) Über Beschwerden entscheidet bei den Oberlandesgerichten und dem Bundesgerichtshof ein Zivilsenat.

(2) Die Vorschriften der Zivilprozeßordnung[1) 2)] über die Ausschließung und Ablehnung der Gerichtspersonen sind entsprechend anzuwenden.

(3) Die Vorschrift des § 44 des Gesetzes über das Verfahren in Familiensachen und in den Angelegenheiten der freiwilligen Gerichtsbarkeit über die Fortführung des Verfahrens bei Verletzung des Anspruchs auf rechtliches Gehör ist entsprechend anzuwenden.

(4) [1] Die Bundesregierung und die Landesregierungen bestimmen für ihren Bereich durch Rechtsverordnung den Zeitpunkt, von dem an elektronische Akten geführt werden können. [2] Die Bundesregierung und die Landesregierungen bestimmen für ihren Bereich durch Rechtsverordnung die organisatorisch-technischen Rahmenbedingungen für die Bildung, Führung und Aufbewahrung der elektronischen Akten. [3] Die Rechtsverordnungen der Bundesregierung bedürfen nicht der Zustimmung des Bundesrates. [4] Die Landesregierungen können die Ermächtigungen durch Rechtsverordnung auf die Landesjustizverwaltungen übertragen. [5] Die Zulassung der elektronischen Akte kann auf einzelne Gerichte oder Verfahren beschränkt werden.

Fünfter Abschnitt. Verfahren des Grundbuchamts in besonderen Fällen

I. Grundbuchberichtigungszwang

§ 82 [Verpflichtung zur Antragstellung] [1] Ist das Grundbuch hinsichtlich der Eintragung des Eigentümers durch Rechtsübergang außerhalb des Grundbuchs unrichtig geworden, so soll das Grundbuchamt dem Eigentümer oder dem Testamentsvollstrecker, dem die Verwaltung des Grundstücks zusteht, die Verpflichtung auferlegen, den Antrag auf Berichtigung des Grundbuchs zu stellen und die zur Berichtigung des Grundbuchs notwendigen Unterlagen zu beschaffen. [2] Das Grundbuchamt soll diese Maßnahme zurückstellen, solange berechtigte Gründe vorliegen. ***[Satz 3 bis 31.12.2023:]*** [3] Ist eine Gesellschaft bürgerlichen Rechts als Eigentümerin eingetragen, gelten die Sätze 1 und 2 entsprechend, wenn die Eintragung eines Gesellschafters gemäß § 47 Absatz 2 unrichtig geworden ist.

1) Auszugsweise abgedruckt unter Nr. **12**.
2) §§ 41 ff. ZPO **(dtv 5005 ZPO Nr. 1)**.

§ 82a [Berichtigung von Amts wegen] [1] Liegen die Voraussetzungen des § 82 vor, ist jedoch das Berichtigungszwangsverfahren nicht durchführbar oder bietet es keine Aussicht auf Erfolg, so kann das Grundbuchamt das Grundbuch von Amts wegen berichtigen. [2] Das Grundbuchamt kann in diesem Fall das Nachlaßgericht um Ermittlung des Erben des Eigentümers ersuchen.

§ 83 [Mitteilungspflichten des Nachlassgerichts] [1] Das Nachlaßgericht, das einen Erbschein oder ein Europäisches Nachlasszeugnis erteilt oder sonst die Erben ermittelt hat, soll, wenn ihm bekannt ist, daß zu dem Nachlaß ein Grundstück gehört, dem zuständigen Grundbuchamt von dem Erbfall und den Erben Mitteilung machen. [2] Wird ein Testament oder ein Erbvertrag eröffnet, so soll das Gericht, wenn ihm bekannt ist, daß zu dem Nachlaß ein Grundstück gehört, dem zuständigen Grundbuchamt von dem Erbfall Mitteilung machen und die als Erben eingesetzten Personen, soweit ihm ihr Aufenthalt bekannt ist, darauf hinweisen, daß durch den Erbfall das Grundbuch unrichtig geworden ist und welche gebührenrechtlichen Vergünstigungen für eine Grundbuchberichtigung bestehen.

II. Löschung gegenstandsloser Eintragungen

§ 84 [Begriff der gegenstandslosen Eintragung] (1) [1] Das Grundbuchamt kann eine Eintragung über ein Recht nach Maßgabe der folgenden Vorschriften von Amts wegen als gegenstandslos löschen. [2] Für die auf der Grundlage des Gesetzes vom 1. Juni 1933 zur Regelung der landwirtschaftlichen Schuldverhältnisse eingetragenen Entschuldungsvermerke gilt Satz 1 entsprechend.

(2) Eine Eintragung ist gegenstandslos:

a) soweit das Recht, auf das sie sich bezieht, nicht besteht und seine Entstehung ausgeschlossen ist;

b) soweit das Recht, auf das sie sich bezieht, aus tatsächlichen Gründen dauernd nicht ausgeübt werden kann.

(3) Zu den Rechten im Sinne der Absätze 1 und 2 gehören auch Vormerkungen, Widersprüche, Verfügungsbeschränkungen, Enteignungsvermerke und ähnliches.

§ 85 [Einleitung des Verfahrens] (1) Das Grundbuchamt soll das Verfahren zur Löschung gegenstandsloser Eintragungen grundsätzlich nur einleiten, wenn besondere äußere Umstände (z.B. Umschreibung des Grundbuchblatts wegen Unübersichtlichkeit, Teilveräußerung oder Neubelastung des Grundstücks, Anregung seitens eines Beteiligten) hinreichenden Anlaß dazu geben und Grund zu der Annahme besteht, daß die Eintragung gegenstandslos ist.

(2) Das Grundbuchamt entscheidet nach freiem Ermessen, ob das Löschungsverfahren einzuleiten und durchzuführen ist; diese Entscheidung ist unanfechtbar.

§ 86 [Anregung des Verfahrens durch einen Beteiligten] Hat ein Beteiligter die Einleitung des Löschungsverfahrens angeregt, so soll das Grundbuchamt die Entscheidung, durch die es die Einleitung des Verfahrens ablehnt oder das eingeleitete Verfahren einstellt, mit Gründen versehen.

§ 87 [Voraussetzungen der Löschung] Die Eintragung ist zu löschen:

a) wenn sich aus Tatsachen oder Rechtsverhältnissen, die in einer den Anforderungen dieses Gesetzes entsprechenden Weise festgestellt sind, ergibt, daß die Eintragung gegenstandslos ist;

b) wenn dem Betroffenen eine Löschungsankündigung zugestellt ist und er nicht binnen einer vom Grundbuchamt zugleich zu bestimmenden Frist Widerspruch erhoben hat;

c) wenn durch einen mit Gründen zu versehenden Beschluß rechtskräftig festgestellt ist, daß die Eintragung gegenstandslos ist.

§ 88 [Verfahren] (1) Das Grundbuchamt kann den Besitzer von Hypotheken-, Grundschuld- oder Rentenschuldbriefen sowie von Urkunden der in den §§ 1154, 1155 des Bürgerlichen Gesetzbuchs[1)] bezeichneten Art zur Vorlegung dieser Urkunden anhalten.

(2) § 40 Abs. 1 und § 41 Abs. 1 und 2 des Gesetzes über das Verfahren in Familiensachen und in den Angelegenheiten der freiwilligen Gerichtsbarkeit ist auf die Löschungsankündigung (§ 87 Buchstabe b) und den Feststellungsbeschluß (§ 87 Buchstabe c) mit folgenden Maßgaben anzuwenden:

a) § 184 der Zivilprozessordnung[2)] ist nicht anzuwenden;

b) die Löschungsankündigung (§ 87 Buchstabe b) kann nicht öffentlich zugestellt werden;

c) der Feststellungsbeschluß (§ 87 Buchstabe c) kann auch dann, wenn die Person des Beteiligten, dem zugestellt werden soll, unbekannt ist, öffentlich zugestellt werden.

§ 89 [Beschwerde gegen Feststellungsbeschluss] (1) [1]Die Beschwerde (§ 71) gegen den Feststellungsbeschluß ist binnen einer Frist von zwei Wochen seit Zustellung des angefochtenen Beschlusses an den Beschwerdeführer einzulegen. [2]Das Grundbuchamt und das Beschwerdegericht können in besonderen Fällen in ihrer Entscheidung eine längere Frist bestimmen.

(2) Auf den zur Zustellung bestimmten Ausfertigungen der Beschlüsse soll vermerkt werden, ob gegen die Entscheidung ein Rechtsmittel zulässig und bei welcher Behörde, in welcher Form und binnen welcher Frist es einzulegen ist.

III. Klarstellung der Rangverhältnisse

§ 90 [Voraussetzungen] Das Grundbuchamt kann aus besonderem Anlaß, insbesondere bei Umschreibung unübersichtlicher Grundbücher, Unklarheiten und Unübersichtlichkeiten in den Rangverhältnissen von Amts wegen oder auf Antrag eines Beteiligten beseitigen.

§ 91 [Einleitung des Verfahrens] (1) [1]Vor der Umschreibung eines unübersichtlichen Grundbuchblatts hat das Grundbuchamt zu prüfen, ob die Rangverhältnisse unklar oder unübersichtlich sind und ihre Klarstellung nach den Umständen angezeigt erscheint. [2]Das Grundbuchamt entscheidet hierüber nach freiem Ermessen. [3]Die Entscheidung ist unanfechtbar.

1) Nr. 1.
2) **dtv 5005 ZPO Nr. 1.**

(2) Der Beschluß, durch den das Verfahren eingeleitet wird, ist allen Beteiligten zuzustellen.

(3) Die Einleitung des Verfahrens ist im Grundbuch zu vermerken.

(4) Der Beschluß, durch den ein Antrag auf Einleitung des Verfahrens abgelehnt wird, ist nur dem Antragsteller bekanntzumachen.

§ 92 [Beteiligte] (1) In dem Verfahren gelten als Beteiligte:

a) der zur Zeit der Eintragung des Vermerks (§ 91 Abs. 3) im Grundbuch eingetragene Eigentümer und, wenn das Grundstück mit einer Gesamthypothek, (-grundschuld, -rentenschuld) belastet ist, die im Grundbuch eingetragenen Eigentümer der anderen mit diesem Recht belasteten Grundstücke;
b) Personen, für die in dem unter Buchstabe a bestimmten Zeitpunkt ein Recht am Grundstück oder ein Recht an einem das Grundstück belastenden Recht im Grundbuch eingetragen oder durch Eintragung gesichert ist;
c) Personen, die ein Recht am Grundstück oder an einem das Grundstück belastenden Recht im Verfahren anmelden und auf Verlangen des Grundbuchamts oder eines Beteiligten glaubhaft machen.

(2) Beteiligter ist nicht, wessen Recht von der Rangbereinigung nicht berührt wird.

§ 93 [Anzeigepflicht des Buchberechtigten] [1] Ist der im Grundbuch als Eigentümer oder Berechtigter Eingetragene nicht der Berechtigte, so hat er dies unverzüglich nach Zustellung des Einleitungsbeschlusses dem Grundbuchamt anzuzeigen und anzugeben, was ihm über die Person des Berechtigten bekannt ist. [2] Ein schriftlicher Hinweis auf diese Pflicht ist ihm zugleich mit dem Einleitungsbeschluß zuzustellen.

§ 94 [Ermittlung des Berechtigten] (1) [1] Das Grundbuchamt kann von Amts wegen Ermittlungen darüber anstellen, ob das Eigentum oder ein eingetragenes Recht dem als Berechtigten Eingetragenen oder einem anderen zusteht, und die hierzu geeigneten Beweise erheben. [2] Inwieweit § 35 anzuwenden ist, entscheidet das Grundbuchamt nach freiem Ermessen.

(2) Der ermittelte Berechtigte gilt vom Zeitpunkt seiner Feststellung an auch als Beteiligter.

(3) Bestehen Zweifel darüber, wer von mehreren Personen der Berechtigte ist, so gelten sämtliche Personen als Berechtigte.

§ 95 [Wechsel der Berechtigten] (1) Wechselt im Laufe des Verfahrens die Person eines Berechtigten, so gilt der neue Berechtigte von dem Zeitpunkt ab, zu dem seine Person dem Grundbuchamt bekannt wird, als Beteiligter.

(2) Das gleiche gilt, wenn im Laufe des Verfahrens ein neues Recht am Grundstück oder an einem das Grundstück belastenden Recht begründet wird, das von dem Verfahren berührt wird.

§ 96 [Bestellung eines Pflegers] [1] Ist die Person oder der Aufenthalt eines Beteiligten oder seines Vertreters unbekannt, so kann das Grundbuchamt dem Beteiligten für das Rangbereinigungsverfahren einen Pfleger bestellen. [2] Für die Pflegschaft tritt an die Stelle des Betreuungsgerichts das Grundbuchamt.

§ 97 [Zustellungsbevollmächtigter] (1) Wohnt ein Beteiligter nicht im Inland und hat er einen hier wohnenden Bevollmächtigten nicht bestellt, so kann das Grundbuchamt anordnen, daß er einen im Inland wohnenden Bevollmächtigten zum Empfang der für ihn bestimmten Sendungen oder für das Verfahren bestellt.

(2) [1] Hat das Grundbuchamt dies angeordnet, so können, solange der Beteiligte den Bevollmächtigten nicht bestellt hat, nach der Ladung zum ersten Verhandlungstermin alle weiteren Zustellungen in der Art bewirkt werden, daß das zuzustellende Schriftstück unter der Anschrift des Beteiligten nach seinem Wohnort zur Post gegeben wird; die Postsendungen sind mit der Bezeichnung „Einschreiben" zu versehen. [2] Die Zustellung gilt mit der Aufgabe zur Post als bewirkt, selbst wenn die Sendung als unbestellbar zurückkommt.

§ 98 [Keine öffentliche Zustellung] Die öffentliche Zustellung ist unzulässig.

§ 99 [Vorlegung von Urkunden] Das Grundbuchamt kann den Besitzer von Hypotheken-, Grundschuld- oder Rentenschuldbriefen sowie von Urkunden der in den §§ 1154, 1155 des Bürgerlichen Gesetzbuchs[1)] bezeichneten Art zur Vorlegung dieser Urkunden anhalten.

§ 100 [Ladung zum Verhandlungstermin] [1] Das Grundbuchamt hat die Beteiligten zu einem Verhandlungstermin über die Klarstellung der Rangverhältnisse zu laden. [2] Die Ladung soll den Hinweis enthalten, daß ungeachtet des Ausbleibens eines Beteiligten über die Klarstellung der Rangverhältnisse verhandelt werden würde.

§ 101 [Ladungsfrist] (1) Die Frist zwischen der Ladung und dem Termin soll mindestens zwei Wochen betragen.

(2) [1] Diese Vorschrift ist auf eine Vertagung sowie auf einen Termin zur Fortsetzung der Verhandlung nicht anzuwenden. [2] Die zu dem früheren Termin Geladenen brauchen zu dem neuen Termin nicht nochmals geladen zu werden, wenn dieser verkündet ist.

§ 102 [Verhandlungstermin] (1) [1] In dem Termin hat das Grundbuchamt zu versuchen, eine Einigung der Beteiligten auf eine klare Rangordnung herbeizuführen. [2] Einigen sich die erschienenen Beteiligten, so hat das Grundbuchamt die Vereinbarung zu beurkunden. [3] Ein nicht erschienener Beteiligter kann seine Zustimmung zu der Vereinbarung in einer öffentlichen oder öffentlich beglaubigten Urkunde erteilen.

(2) Einigen sich die Beteiligten, so ist das Grundbuch der Vereinbarung gemäß umzuschreiben.

§ 103 [Vorschlag des Grundbuchamts] [1] Einigen sich die Beteiligten nicht, so macht das Grundbuchamt ihnen einen Vorschlag für eine neue Rangordnung. [2] Es kann hierbei eine Änderung der bestehenden Rangverhältnisse, soweit sie zur Herbeiführung einer klaren Rangordnung erforderlich ist, vorschlagen.

[1)] Nr. **1**.

§ 104 [Widerspruch gegen den Vorschlag] (1) [1]Der Vorschlag ist den Beteiligten mit dem Hinweis zuzustellen, daß sie gegen ihn binnen einer Frist von einem Monat von der Zustellung ab bei dem Grundbuchamt Widerspruch erheben können. [2]In besonderen Fällen kann eine längere Frist bestimmt werden.

(2) Der Widerspruch ist schriftlich oder durch Erklärung zur Niederschrift des Urkundsbeamten der Geschäftsstelle eines Amtsgerichts einzulegen; in letzterem Fall ist die Widerspruchsfrist gewahrt, wenn die Erklärung innerhalb der Frist abgegeben ist.

§ 105 [Wiedereinsetzung in den vorigen Stand] (1) Einem Beteiligten, der ohne sein Verschulden verhindert war, die Frist (§ 104) einzuhalten, hat das Grundbuchamt auf seinen Antrag Wiedereinsetzung in den vorigen Stand zu gewähren, wenn er binnen zwei Wochen nach der Beseitigung des Hindernisses den Widerspruch einlegt und die Tatsachen, die die Wiedereinsetzung begründen, glaubhaft macht.

(2) Die Entscheidung, durch die Wiedereinsetzung erteilt wird, ist unanfechtbar; gegen die Entscheidung, durch die der Antrag auf Wiedereinsetzung als unzulässig verworfen oder zurückgewiesen wird, ist die Beschwerde nach den Vorschriften des Gesetzes über das Verfahren in Familiensachen und in den Angelegenheiten der freiwilligen Gerichtsbarkeit zulässig.

(3) Die Wiedereinsetzung kann nicht mehr beantragt werden, nachdem die neue Rangordnung eingetragen oder wenn seit dem Ende der versäumten Frist ein Jahr verstrichen ist.

§ 106 [Aussetzung des Verfahrens] (1) Ist ein Rechtsstreit anhängig, der die Rangverhältnisse des Grundstücks zum Gegenstand hat, so ist das Verfahren auf Antrag eines Beteiligten bis zur Erledigung des Rechtsstreits auszusetzen.

(2) Das Grundbuchamt kann auch von Amts wegen das Verfahren aussetzen und den Beteiligten oder einzelnen von ihnen unter Bestimmung einer Frist aufgeben, die Entscheidung des Prozeßgerichts herbeizuführen, wenn die Aufstellung einer neuen klaren Rangordnung von der Entscheidung eines Streites über die bestehenden Rangverhältnisse abhängt.

§ 107 [Fortsetzung des Verfahrens] Ist der Rechtsstreit erledigt, so setzt das Grundbuchamt das Verfahren insoweit fort, als es noch erforderlich ist, um eine klare Rangordnung herbeizuführen.

§ 108 [Feststellung der neuen Rangordnung] (1) [1]Nach dem Ablauf der Widerspruchsfrist stellt das Grundbuchamt durch Beschluß die neue Rangordnung fest, sofern nicht Anlaß besteht, einen neuen Vorschlag zu machen. [2]Es entscheidet hierbei zugleich über die nicht erledigten Widersprüche; insoweit ist die Entscheidung mit Gründen zu versehen.

(2) Ist über einen Widerspruch entschieden, so ist der Beschluß allen Beteiligten zuzustellen.

§ 109 [Einstellung des Verfahrens] [1]Das Grundbuchamt kann jederzeit das Verfahren einstellen, wenn es sich von seiner Fortsetzung keinen Erfolg verspricht. [2]Der Einstellungsbeschluß ist unanfechtbar.

§ 110 [Beschwerde] (1) Hat das Grundbuchamt in dem Beschluß, durch den die neue Rangordnung festgestellt wird, über einen Widerspruch entschieden, so ist gegen den Beschluß die Beschwerde nach den Vorschriften des Gesetzes über das Verfahren in Familiensachen und in den Angelegenheiten der freiwilligen Gerichtsbarkeit zulässig.

(2) Die Rechtsbeschwerde ist unzulässig.

§ 111 [Umschreibung des Grundbuchs] Ist die neue Rangordnung rechtskräftig festgestellt, so hat das Grundbuchamt das Grundbuch nach Maßgabe dieser Rangordnung umzuschreiben.

§ 112 [Neue Rangordnung] Ist die neue Rangordnung (§ 102 Abs. 2, § 111) eingetragen, so tritt sie an die Stelle der bisherigen Rangordnung.

§ 113 [Löschung des Einleitungsvermerks] Wird die neue Rangordnung eingetragen (§ 102 Abs. 2, § 111) oder wird das Verfahren eingestellt (§ 109), so ist der Einleitungsvermerk zu löschen.

§ 114 [Kosten des Verfahrens] Die Kosten des Verfahrens erster Instanz verteilt das Grundbuchamt auf die Beteiligten nach billigem Ermessen.

§ 115 [Kosten eines erledigten Rechtsstreits] [1] Wird durch das Verfahren ein anhängiger Rechtsstreit erledigt, so trägt jede Partei die ihr entstandenen außergerichtlichen Kosten. [2] Die Gerichtskosten werden niedergeschlagen.

Sechster Abschnitt. Anlegung von Grundbuchblättern

§ 116 [Anlegung von Amts wegen] (1) Für ein Grundstück, das ein Grundbuchblatt bei der Anlegung des Grundbuchs nicht erhalten hat, wird das Blatt unbeschadet des § 3 Abs. 2 bis 9 von Amts wegen angelegt.

(2) Das Verfahren bei der Anlegung des Grundbuchblatts richtet sich nach den Vorschriften der §§ 118 bis 125.

§ 117 *(aufgehoben)*

§ 118 [Ermittlung zur Feststellung des Eigentums] Zur Feststellung des Eigentums an dem Grundstück hat das Grundbuchamt von Amts wegen die erforderlichen Ermittlungen anzustellen und die geeigneten Beweise zu erheben.

§ 119 [Aufgebot] Das Grundbuchamt kann zur Ermittlung des Berechtigten ein Aufgebot nach Maßgabe der §§ 120 und 121 erlassen.

§ 120 [Inhalt] In das Aufgebot sind aufzunehmen:

1. die Ankündigung der bevorstehenden Anlegung des Grundbuchblatts;
2. die Bezeichnung des Grundstücks, seine Lage, Beschaffenheit und Größe nach dem für die Bezeichnung der Grundstücke im Grundbuch maßgebenden amtlichen Verzeichnis;
3. die Bezeichnung des Eigenbesitzers, sofern sie dem Grundbuchamt bekannt oder zu ermitteln ist;
4. die Aufforderung an die Personen, welche das Eigentum in Anspruch nehmen, ihr Recht binnen einer vom Grundbuchamt zu bestimmenden Frist

von mindestens sechs Wochen anzumelden und glaubhaft zu machen, widrigenfalls ihr Recht bei der Anlegung des Grundbuchs nicht berücksichtigt wird.

§ 121 [Veröffentlichung des Aufgebots] (1) [1]Das Aufgebot ist an die für den Aushang von Bekanntmachungen des Grundbuchamts bestimmte Stelle anzuheften und einmal in dem für die amtlichen Bekanntmachungen des Grundbuchamts bestimmten Blatte zu veröffentlichen. [2]Das Grundbuchamt kann anordnen, daß die Veröffentlichung mehrere Male und noch in anderen Blättern zu erfolgen habe oder, falls das Grundstück einen Wert von weniger als 3 000 Euro hat, daß sie ganz unterbleibe.

(2) [1]Das Aufgebot ist in der Gemeinde, in deren Bezirk das Grundstück liegt, an der für amtliche Bekanntmachungen bestimmten Stelle anzuheften oder in sonstiger ortsüblicher Weise bekanntzumachen. [2]Dies gilt nicht, wenn in der Gemeinde eine Anheftung von amtlichen Bekanntmachungen nicht vorgesehen ist und eine sonstige ortsübliche Bekanntmachung lediglich zu einer zusätzlichen Veröffentlichung in einem der in Absatz 1 bezeichneten Blätter führen würde.

(3) Das Aufgebot soll den Personen, die das Eigentum in Anspruch nehmen und dem Grundbuchamt bekannt sind, von Amts wegen zugestellt werden.

§ 122 [Anlegung ohne Aufgebotsverfahren] Das Grundbuchblatt darf, wenn ein Aufgebotsverfahren (§§ 120, 121) nicht stattgefunden hat, erst angelegt werden, nachdem in der Gemeinde, in deren Bezirk das Grundstück liegt, das Bevorstehen der Anlegung und der Name des als Eigentümer Einzutragenden öffentlich bekanntgemacht und seit der Bekanntmachung ein Monat verstrichen ist; die Art der Bekanntmachung bestimmt das Grundbuchamt.

§ 123 [Eintragung als Eigentümer] Als Eigentümer ist in das Grundbuch einzutragen:

1. der ermittelte Eigentümer;
2. sonst der Eigenbesitzer, dessen Eigentum dem Grundbuchamt glaubhaft gemacht ist;
3. sonst derjenige, dessen Eigentum nach Lage der Sache dem Grundbuchamt am wahrscheinlichsten erscheint.

§ 124 [Eintragung von Eigentumsbeschränkungen] (1) Beschränkte dingliche Rechte am Grundstück oder sonstige Eigentumsbeschränkungen werden bei der Anlegung des Grundbuchblatts nur eingetragen, wenn sie bei dem Grundbuchamt angemeldet und entweder durch öffentliche oder öffentlich beglaubigte Urkunden, deren erklärter Inhalt vom Eigentümer stammt, nachgewiesen oder von dem Eigentümer anerkannt sind.

(2) [1]Der Eigentümer ist über die Anerkennung anzuhören. [2]Bestreitet er das angemeldete Recht, so wird es, falls es glaubhaft gemacht ist, durch Eintragung eines Widerspruchs gesichert.

(3) Der Rang der Rechte ist gemäß den für sie zur Zeit ihrer Entstehung maßgebenden Gesetzen und, wenn er hiernach nicht bestimmt werden kann, nach der Reihenfolge ihrer Anmeldung einzutragen.

§ 125 [Eintragung eines Widerspruchs; Löschung] [1]Die Beschwerde gegen die Anlegung des Grundbuchblatts ist unzulässig. [2]Im Wege der Beschwerde kann jedoch verlangt werden, daß das Grundbuchamt angewiesen wird, nach § 53 einen Widerspruch einzutragen oder eine Löschung vorzunehmen.

Siebenter Abschnitt. Das maschinell geführte Grundbuch

§ 126 [Führung als automatisierte Datei] (1) [1]Die Landesregierungen können durch Rechtsverordnung bestimmen, daß und in welchem Umfang das Grundbuch in maschineller Form als automatisiertes Dateisystem geführt wird; sie können dabei auch bestimmen, dass das Grundbuch in strukturierter Form mit logischer Verknüpfung der Inhalte (Datenbankgrundbuch) geführt wird. [2]Hierbei muß gewährleistet sein, daß

1. die Grundsätze einer ordnungsgemäßen Datenverarbeitung eingehalten, insbesondere Vorkehrungen gegen einen Datenverlust getroffen sowie die erforderlichen Kopien der Datenbestände mindestens tagesaktuell gehalten und die originären Datenbestände sowie deren Kopien sicher aufbewahrt werden;
2. die vorzunehmenden Eintragungen alsbald in einen Datenspeicher aufgenommen und auf Dauer inhaltlich unverändert in lesbarer Form wiedergegeben werden können;
3. die nach den Artikeln 24, 25 und 32 der Verordnung (EU) 2016/679 erforderlichen Anforderungen erfüllt sind.

[3]Die Landesregierungen können durch Rechtsverordnung die Ermächtigung nach Satz 1 auf die Landesjustizverwaltungen übertragen.

(2) [1]Die Führung des Grundbuchs in maschineller Form umfaßt auch die Einrichtung und Führung eines Verzeichnisses der Eigentümer und der Grundstücke sowie weitere, für die Führung des Grundbuchs in maschineller Form erforderliche Verzeichnisse. [2]Das Grundbuchamt kann für die Führung des Grundbuchs auch Verzeichnisse der in Satz 1 bezeichneten Art nutzen, die bei den für die Führung des Liegenschaftskatasters zuständigen Stellen eingerichtet sind; diese dürfen die in Satz 1 bezeichneten Verzeichnisse insoweit nutzen, als dies für die Führung des Liegenschaftskatasters erforderlich ist.

(3) Die Datenverarbeitung kann im Auftrag des nach § 1 zuständigen Grundbuchamts auf den Anlagen einer anderen staatlichen Stelle oder auf den Anlagen einer juristischen Person des öffentlichen Rechts vorgenommen werden, wenn die ordnungsgemäße Erledigung der Grundbuchsachen sichergestellt ist.

§ 127 [Ermächtigung der Landesregierungen] (1) [1]Die Landesregierungen werden ermächtigt, durch Rechtsverordnung zu bestimmen, dass

1. Grundbuchämter Änderungen der Nummer, unter der ein Grundstück im Liegenschaftskataster geführt wird, die nicht auf einer Änderung der Umfangsgrenzen des Grundstücks beruhen, sowie im Liegenschaftskataster enthaltene Angaben über die tatsächliche Beschreibung des Grundstücks aus dem Liegenschaftskataster automatisiert in das Grundbuch und in Verzeichnisse nach § 126 Absatz 2 einspeichern sollen;

2. Grundbuchämter den für die Führung des Liegenschaftskatasters zuständigen Stellen die Grundbuchstellen sowie Daten des Bestandsverzeichnisses und der ersten Abteilung automatisiert in elektronischer Form übermitteln;
3. Grundbuchämter, die die Richtigstellung der Bezeichnung eines Berechtigten in von ihnen geführten Grundbüchern vollziehen, diese Richtigstellung auch in Grundbüchern vollziehen dürfen, die von anderen Grundbuchämtern des jeweiligen Landes geführt werden;
4. in Bezug auf Gesamtrechte ein nach den allgemeinen Vorschriften zuständiges Grundbuchamt auch zuständig ist, soweit Grundbücher betroffen sind, die von anderen Grundbuchämtern des jeweiligen Landes geführt werden.

[2] Die Anordnungen können auf einzelne Grundbuchämter beschränkt werden. [3] In den Fällen des Satzes 1 Nummer 3 und 4 können auch Regelungen zur Bestimmung des zuständigen Grundbuchamts getroffen und die Einzelheiten des jeweiligen Verfahrens geregelt werden. [4] Die Landesregierungen können die Ermächtigungen durch Rechtsverordnung auf die Landesjustizverwaltungen übertragen.

(2) Soweit das Grundbuchamt nach bundesrechtlicher Vorschrift verpflichtet ist, einem Gericht oder einer Behörde über eine Eintragung Mitteilung zu machen, besteht diese Verpflichtung nicht bezüglich der Angaben, die nach Maßgabe des Absatzes 1 Satz 1 Nummer 1 aus dem Liegenschaftskataster in das Grundbuch übernommen wurden.

(3) [1] Ein nach Absatz 1 Satz 1 Nummer 4 zuständiges Grundbuchamt gilt in Bezug auf die Angelegenheit als für die Führung der betroffenen Grundbuchblätter zuständig. [2] Die Bekanntgabe der Eintragung nach § 55a Absatz 2 ist nicht erforderlich. [3] Werden die Grundakten nicht elektronisch geführt, sind in den Fällen des Absatzes 1 Satz 1 Nummer 3 und 4 den anderen beteiligten Grundbuchämtern beglaubigte Kopien der Urkunden zu übermitteln, auf die sich die Eintragung gründet oder auf die sie Bezug nimmt.

§ 128 [Freigabe; Aussonderung der bisherigen Grundbücher]

(1) [1] Das maschinell geführte Grundbuch tritt für ein Grundbuchblatt an die Stelle des bisherigen Grundbuchs, sobald es freigegeben worden ist. [2] Die Freigabe soll erfolgen, sobald die Eintragungen dieses Grundbuchblattes in den für die Grundbucheintragungen bestimmten Datenspeicher aufgenommen worden sind.

(2) Der Schließungsvermerk im bisherigen Grundbuch ist lediglich von einer der nach § 44 Abs. 1 Satz 2 zur Unterschrift zuständigen Personen zu unterschreiben.

(3) Die bisherigen Grundbücher können ausgesondert werden, soweit die Anlegung des maschinell geführten Grundbuchs in der Weise erfolgt ist, dass der gesamte Inhalt der bisherigen Grundbuchblätter in den für das maschinell geführte Grundbuch bestimmten Datenspeicher aufgenommen wurde und die Wiedergabe auf dem Bildschirm bildlich mit den bisherigen Grundbuchblättern übereinstimmt.

§ 129 [Wirksamwerden der Eintragung] (1) [1] Eine Eintragung wird wirksam, sobald sie in den für die Grundbucheintragungen bestimmten Datenspeicher aufgenommen ist und auf Dauer inhaltlich unverändert in lesbarer Form wiedergegeben werden kann. [2] Durch eine Bestätigungsanzeige oder in

anderer geeigneter Weise ist zu überprüfen, ob diese Voraussetzungen eingetreten sind.

(2) [1]Jede Eintragung soll den Tag angeben, an dem sie wirksam geworden ist. [2]Bei Eintragungen, die gemäß § 127 Absatz 1 Satz 1 Nummer 1 Inhalt des Grundbuchs werden, bedarf es abweichend von Satz 1 der Angabe des Tages der Eintragung im Grundbuch nicht.

§ 130 [Abweichende Vorschriften für automatisiertes Verfahren]

[1]§ 44 Abs. 1 Satz 1, 2 Halbsatz 2 und Satz 3 ist für die maschinelle Grundbuchführung nicht anzuwenden; § 44 Abs. 1 Satz 2 erster Halbsatz gilt mit der Maßgabe, daß die für die Führung des Grundbuchs zuständige Person auch die Eintragung veranlassen kann. [2]Wird die Eintragung nicht besonders verfügt, so ist in geeigneter Weise der Veranlasser der Speicherung aktenkundig oder sonst feststellbar zu machen.

§ 131 [Amtlicher Ausdruck] (1) [1]Wird das Grundbuch in maschineller Form als automatisiertes Dateisystem geführt, so tritt an die Stelle der Abschrift der Ausdruck und an die Stelle der beglaubigten Abschrift der amtliche Ausdruck. [2]Die Ausdrucke werden nicht unterschrieben. [3]Der amtliche Ausdruck ist als solcher zu bezeichnen und mit einem Dienstsiegel oder -stempel zu versehen; er steht einer beglaubigten Abschrift gleich.

(2) [1]Die Landesregierungen werden ermächtigt, durch Rechtsverordnung

1. zu bestimmen, dass Auskünfte über grundbuchblattübergreifende Auswertungen von Grundbuchinhalten verlangt werden können, soweit ein berechtigtes Interesse dargelegt ist, und
2. Einzelheiten des Verfahrens zur Auskunftserteilung zu regeln.

[2]Sie können diese Ermächtigungen durch Rechtsverordnung auf die Landesjustizverwaltungen übertragen.

§ 132 [Einsicht] [1]Die Einsicht in das maschinell geführte Grundbuch kann auch bei einem anderen als dem Grundbuchamt gewährt werden, das dieses Grundbuch führt. [2]Über die Gestattung der Einsicht entscheidet das Grundbuchamt, bei dem die Einsicht begehrt wird.

§ 133 [Erfordernisse für Einrichtung des automatisierten Verfahrens; Genehmigung] (1) Die Einrichtung eines automatisierten Verfahrens, das die Übermittlung der Daten aus dem maschinell geführten Grundbuch durch Abruf ermöglicht, ist zulässig, sofern sichergestellt ist, daß

1. der Abruf von Daten die nach den oder auf Grund der §§ 12 und 12a zulässige Einsicht nicht überschreitet und
2. die Zulässigkeit der Abrufe auf der Grundlage einer Protokollierung kontrolliert werden kann.

(2) [1]Die Einrichtung eines automatisierten Abrufverfahrens nach Absatz 1 bedarf der Genehmigung durch die Landesjustizverwaltung. [2]Die Genehmigung darf nur Gerichten, Behörden, Notaren, öffentlich bestellten Vermessungsingenieuren, an dem Grundstück dinglich Berechtigten, einer von dinglich Berechtigten beauftragten Person oder Stelle, der Staatsbank Berlin sowie für Zwecke der maschinellen Bearbeitung von Auskunftsanträgen (Absatz 4),

nicht jedoch anderen öffentlich-rechtlichen Kreditinstituten erteilt werden. [3] Sie setzt voraus, daß

1. diese Form der Datenübermittlung unter Berücksichtigung der schutzwürdigen Interessen der betroffenen dinglich Berechtigten wegen der Vielzahl der Übermittlungen oder wegen ihrer besonderen Eilbedürftigkeit angemessen ist,
2. auf seiten des Empfängers die Grundsätze einer ordnungsgemäßen Datenverarbeitung eingehalten werden und
3. auf seiten der grundbuchführenden Stelle die technischen Möglichkeiten der Einrichtung und Abwicklung des Verfahrens gegeben sind und eine Störung des Geschäftsbetriebs des Grundbuchamts nicht zu erwarten ist.

[4] Satz 3 Nummer 1 gilt nicht für die Erteilung der Genehmigung für Notare.

(3) [1] Die Genehmigung ist zu widerrufen, wenn eine der in Absatz 2 genannten Voraussetzungen weggefallen ist. [2] Sie kann widerrufen werden, wenn die Anlage mißbräuchlich benutzt worden ist. [3] Ein öffentlich-rechtlicher Vertrag oder eine Verwaltungsvereinbarung kann in den Fällen der Sätze 1 und 2 gekündigt werden. [4] In den Fällen des Satzes 1 ist die Kündigung zu erklären.

(4) [1] Im automatisierten Abrufverfahren nach Absatz 1 können auch Anträge auf Auskunft aus dem Grundbuch (Einsichtnahme und Erteilung von Abschriften) nach § 12 und den diese Vorschriften ausführenden Bestimmungen maschinell bearbeitet werden. [2] Absatz 2 Satz 1 und 3 gilt entsprechend. [3] Die maschinelle Bearbeitung ist nur zulässig, wenn der Eigentümer des Grundstücks, bei Erbbau- und Gebäudegrundbüchern der Inhaber des Erbbaurechts oder Gebäudeeigentums, zustimmt oder die Zwangsvollstreckung in das Grundstück, Erbbaurecht oder Gebäudeeigentum betrieben werden soll und die abrufende Person oder Stelle das Vorliegen dieser Umstände durch Verwendung entsprechender elektronischer Zeichen versichert.

(5) Dem Eigentümer des Grundstücks oder dem Inhaber eines grundstücksgleichen Rechts ist jederzeit Auskunft aus einem über die Abrufe zu führenden Protokoll zu geben, soweit nicht die Bekanntgabe den Erfolg strafrechtlicher Ermittlungen oder die Aufgabenwahrnehmung einer Verfassungsschutzbehörde, des Bundesnachrichtendienstes, des Militärischen Abschirmdienstes oder der Zentralstelle für Sanktionsdurchsetzung gefährden würde; dieses Protokoll kann nach Ablauf von zwei Jahren vernichtet werden.

(6) [1] Genehmigungen nach Absatz 2 gelten in Ansehung der Voraussetzungen nach den Absätzen 1 und 2 Satz 3 Nr. 1 und 2 im gesamten Land, dessen Behörden sie erteilt haben. [2] Sobald die technischen Voraussetzungen dafür gegeben sind, gelten sie auch im übrigen Bundesgebiet. [3] Das Bundesministerium der Justiz und für Verbraucherschutz stellt durch Rechtsverordnung mit Zustimmung des Bundesrates fest, wann und in welchen Teilen des Bundesgebiets diese Voraussetzungen gegeben sind. [4] Anstelle der Genehmigungen können auch öffentlich-rechtliche Verträge oder Verwaltungsvereinbarungen geschlossen werden. [5] Die Sätze 1 und 2 gelten entsprechend.

§ 133a Erteilung von Grundbuchabdrucken durch Notare; Verordnungsermächtigung. (1) [1] Notare dürfen demjenigen, der ihnen ein berechtigtes Interesse im Sinne des § 12 darlegt, den Inhalt des Grundbuchs mitteilen. [2] Die Mitteilung kann auch durch die Erteilung eines Grundbuchabdrucks erfolgen.

(2) Die Mitteilung des Grundbuchinhalts im öffentlichen Interesse oder zu wissenschaftlichen und Forschungszwecken ist nicht zulässig.

(3) [1] Über die Mitteilung des Grundbuchinhalts führt der Notar ein Protokoll. [2] Dem Eigentümer des Grundstücks oder dem Inhaber eines grundstücksgleichen Rechts ist auf Verlangen Auskunft aus diesem Protokoll zu geben.

(4) Einer Protokollierung der Mitteilung bedarf es nicht, wenn

1. die Mitteilung der Vorbereitung oder Ausführung eines sonstigen Amtsgeschäfts nach § 20 oder § 24 Absatz 1 der Bundesnotarordnung dient oder
2. der Grundbuchinhalt dem Auskunftsberechtigten nach Absatz 3 Satz 2 mitgeteilt wird.

(5) [1] Die Landesregierungen werden ermächtigt, durch Rechtsverordnung zu bestimmen, dass abweichend von Absatz 1 der Inhalt von Grundbuchblättern, die von Grundbuchämtern des jeweiligen Landes geführt werden, nicht mitgeteilt werden darf. [2] Dies gilt nicht, wenn die Mitteilung der Vorbereitung oder Ausführung eines sonstigen Amtsgeschäfts nach § 20 oder § 24 Absatz 1 der Bundesnotarordnung dient. [3] Die Landesregierungen können die Ermächtigung durch Rechtsverordnung auf die Landesjustizverwaltungen übertragen.

§ 134 [Ermächtigung des Bundesministeriums der Justiz] [1] Das Bundesministerium der Justiz und für Verbraucherschutz wird ermächtigt, durch Rechtsverordnung mit Zustimmung des Bundesrates nähere Vorschriften[1)] zu erlassen über

1. die Einzelheiten der Anforderungen an die Einrichtung und das Nähere zur Gestaltung des maschinell geführten Grundbuchs sowie die Abweichungen von den Vorschriften des Ersten bis Sechsten Abschnitts der Grundbuchordnung, die für die maschinelle Führung des Grundbuchs erforderlich sind;
2. die Einzelheiten der Gewährung von Einsicht in maschinell geführte Grundbücher;
3. die Einzelheiten der Einrichtung automatisierter Verfahren zur Übermittlung von Daten aus dem Grundbuch auch durch Abruf und der Genehmigung hierfür.

[2] Das Bundesministerium der Justiz und für Verbraucherschutz kann im Rahmen seiner Ermächtigung nach Satz 1 die Regelung weiterer Einzelheiten durch Rechtsverordnung den Landesregierungen übertragen und hierbei auch vorsehen, daß diese ihre Ermächtigung durch Rechtsverordnung auf die Landesjustizverwaltungen übertragen können.

[§ 134a bis 31.12.2024:]

§ 134a[2)] Datenübermittlung bei der Entwicklung von Verfahren zur Anlegung des Datenbankgrundbuchs. (1) [1] Die Landesjustizverwaltungen können dem Entwickler eines automatisierten optischen Zeichen- und Inhaltserkennungsverfahrens (Migrationsprogramm) nach Maßgabe der Absätze 2 bis 5 Grundbuchdaten zur Verfügung stellen. [2] Das Migrationsprogramm soll bei der Einführung eines Datenbankgrundbuchs die Umwandlung der Grund-

[1)] VO über das Vereinsregister und andere Fragen des Registerrechts v. 10.2.1999 (BGBl. I S. 147).

[2)] § 134a tritt am 31.12.2024 außer Kraft, vgl. § 150 Abs. 6.

buchdaten in voll strukturierte Eintragungen sowie deren Speicherung unterstützen.

(2) [1] Der Entwickler des Migrationsprogramms darf die ihm übermittelten Grundbuchdaten ausschließlich für die Entwicklung und den Test des Migrationsprogramms verwenden. [2] Die Übermittlung der Daten an den Entwickler erfolgt zentral über eine durch Verwaltungsabkommen der Länder bestimmte Landesjustizverwaltung. [3] Die beteiligten Stellen haben dem jeweiligen Stand der Technik entsprechende Maßnahmen zur Sicherstellung von Datenschutz und Datensicherheit zu treffen, insbesondere zur Wahrung der Vertraulichkeit der betroffenen Daten. [4] Die nach Satz 2 bestimmte Landesjustizverwaltung ist für die Einhaltung der Vorschriften des Datenschutzes verantwortlich und vereinbart mit dem Entwickler die Einzelheiten der Datenverarbeitung.

(3) [1] Die Auswahl der zu übermittelnden Grundbuchdaten erfolgt durch die Landesjustizverwaltungen. [2] Ihr ist ein inhaltlich repräsentativer Querschnitt des Grundbuchdatenbestands zugrunde zu legen. [3] Im Übrigen erfolgt die Auswahl nach formalen Kriterien. [4] Dazu zählen insbesondere die für die Grundbucheintragungen verwendeten Schriftarten und Schriftbilder, die Gliederung der Grundbuchblätter, die Darstellungsqualität der durch Umstellung erzeugten Grundbuchinhalte sowie das Dateiformat der umzuwandelnden Daten. [5] Es dürfen nur so viele Daten übermittelt werden, wie für die Entwicklung und den Test des Migrationsprogramms notwendig sind, je Land höchstens 5 Prozent des jeweiligen Gesamtbestands an Grundbuchblättern.

(4) [1] Der Entwickler des Migrationsprogramms kann die von ihm gespeicherten Grundbuchdaten sowie die daraus abgeleiteten Daten der nach Absatz 2 Satz 2 bestimmten Landesjustizverwaltung oder den jeweils betroffenen Landesjustizverwaltungen übermitteln. [2] Dort dürfen die Daten nur für Funktionstests des Migrationsprogramms sowie für die Prüfung und Geltendmachung von Gewährleistungsansprüchen in Bezug auf das Migrationsprogramm verwendet werden; die Daten sind dort zu löschen, wenn sie dafür nicht mehr erforderlich sind.

(5) [1] Der Entwickler des Migrationsprogramms hat die von ihm gespeicherten Grundbuchdaten sowie die daraus abgeleiteten Daten zu löschen, sobald ihre Kenntnis für die Erfüllung der in Absatz 2 Satz 1 genannten Zwecke nicht mehr erforderlich ist. [2] An die Stelle einer Löschung tritt eine Sperrung, soweit und solange die Kenntnis der in Satz 1 bezeichneten Daten für die Abwehr von Gewährleistungsansprüchen der Landesjustizverwaltungen erforderlich ist. [3] Ihm überlassene Datenträger hat der Entwickler der übermittelnden Stelle zurückzugeben.

(6) Für den im Rahmen der Konzeptionierung eines Datenbankgrundbuchs zu erstellenden Prototypen eines Migrationsprogramms mit eingeschränkter Funktionalität gelten die Absätze 1 bis 5 entsprechend.

[§ 134a ab 1.1.2025:]
§ 134a *(aufgehoben)*

Achter Abschnitt. Elektronischer Rechtsverkehr und elektronische Grundakte

§ 135 Elektronischer Rechtsverkehr und elektronische Grundakte; Verordnungsermächtigungen. (1) [1]Anträge, sonstige Erklärungen sowie Nachweise über andere Eintragungsvoraussetzungen können dem Grundbuchamt nach Maßgabe der folgenden Bestimmungen als elektronische Dokumente übermittelt werden. [2]Die Landesregierungen werden ermächtigt, durch Rechtsverordnung

1. den Zeitpunkt zu bestimmen, von dem an elektronische Dokumente übermittelt werden können; die Zulassung kann auf einzelne Grundbuchämter beschränkt werden;
2. Einzelheiten der Datenübermittlung und -speicherung zu regeln sowie Dateiformate für die zu übermittelnden elektronischen Dokumente festzulegen, um die Eignung für die Bearbeitung durch das Grundbuchamt sicherzustellen;
3. die ausschließlich für den Empfang von in elektronischer Form gestellten Eintragungsanträgen und sonstigen elektronischen Dokumenten in Grundbuchsachen vorgesehene direkt adressierbare Einrichtung des Grundbuchamts zu bestimmen;
4. zu bestimmen, dass Notare
 a) Dokumente elektronisch zu übermitteln haben und
 b) neben den elektronischen Dokumenten bestimmte darin enthaltene Angaben in strukturierter maschinenlesbarer Form zu übermitteln haben;

 die Verpflichtung kann auf die Einreichung bei einzelnen Grundbuchämtern, auf einzelne Arten von Eintragungsvorgängen oder auf Dokumente bestimmten Inhalts beschränkt werden;
5. Maßnahmen für den Fall des Auftretens technischer Störungen anzuordnen.

[3]Ein Verstoß gegen eine nach Satz 2 Nummer 4 begründete Verpflichtung steht dem rechtswirksamen Eingang von Dokumenten beim Grundbuchamt nicht entgegen.

(2) [1]Die Grundakten können elektronisch geführt werden. [2]Die Landesregierungen werden ermächtigt, durch Rechtsverordnung den Zeitpunkt zu bestimmen, von dem an die Grundakten elektronisch geführt werden; die Anordnung kann auf einzelne Grundbuchämter oder auf Teile des bei einem Grundbuchamt geführten Grundaktenbestands beschränkt werden.

(3) Die Landesregierungen können die Ermächtigungen nach Absatz 1 Satz 2 und Absatz 2 Satz 2 durch Rechtsverordnung auf die Landesjustizverwaltungen übertragen.

(4) [1]Für den elektronischen Rechtsverkehr und die elektronischen Grundakten gilt § 126 Absatz 1 Satz 2 und Absatz 3 entsprechend. [2]Die Vorschriften des Vierten Abschnitts über den elektronischen Rechtsverkehr und die elektronische Akte in Beschwerdeverfahren bleiben unberührt.

§ 136 Eingang elektronischer Dokumente beim Grundbuchamt.

(1) [1]Ein mittels Datenfernübertragung als elektronisches Dokument übermittelter Eintragungsantrag ist beim Grundbuchamt eingegangen, sobald ihn die für den Empfang bestimmte Einrichtung nach § 135 Absatz 1 Satz 2

Nummer 3 aufgezeichnet hat. [2]Der genaue Zeitpunkt soll mittels eines elektronischen Zeitstempels bei dem Antrag vermerkt werden. [3]§ 13 Absatz 2 und 3 ist nicht anzuwenden. [4]Die Übermittlung unmittelbar an die nach § 135 Absatz 1 Satz 2 Nummer 3 bestimmte Einrichtung ist dem Absender unter Angabe des Eingangszeitpunkts unverzüglich zu bestätigen. [5]Die Bestätigung ist mit einer elektronischen Signatur zu versehen, die die Prüfung der Herkunft und der Unverfälschtheit der durch sie signierten Daten ermöglicht.

(2) [1]Für den Eingang eines Eintragungsantrags, der als elektronisches Dokument auf einem Datenträger eingereicht wird, gilt § 13 Absatz 2 Satz 2 und Absatz 3. [2]Der genaue Zeitpunkt des Antragseingangs soll bei dem Antrag vermerkt werden.

(3) [1]Elektronische Dokumente können nur dann rechtswirksam beim Grundbuchamt eingehen, wenn sie für die Bearbeitung durch das Grundbuchamt geeignet sind. [2]Ist ein Dokument für die Bearbeitung durch das Grundbuchamt nicht geeignet, ist dies dem Absender oder dem Einreicher eines Datenträgers nach Absatz 2 Satz 1 unter Hinweis auf die Unwirksamkeit des Eingangs und auf die geltenden technischen Rahmenbedingungen unverzüglich mitzuteilen.

§ 137 Form elektronischer Dokumente. (1) [1]Ist eine zur Eintragung erforderliche Erklärung oder eine andere Voraussetzung der Eintragung durch eine öffentliche oder öffentlich beglaubigte Urkunde nachzuweisen, so kann diese als ein mit einem einfachen elektronischen Zeugnis nach § 39a des Beurkundungsgesetzes[1)] versehenes elektronisches Dokument übermittelt werden. [2]Der Nachweis kann auch durch die Übermittlung eines öffentlichen elektronischen Dokuments (§ 371a Absatz 3 Satz 1 der Zivilprozessordnung[2)]) geführt werden, wenn

1. das Dokument mit einer qualifizierten elektronischen Signatur versehen ist und
2. das der Signatur zugrunde liegende qualifizierte Zertifikat oder ein zugehöriges qualifiziertes Attributzertifikat die Behörde oder die Eigenschaft als mit öffentlichem Glauben versehene Person erkennen lässt.

[3]Ein etwaiges Erfordernis, dem Grundbuchamt den Besitz der Urschrift oder einer Ausfertigung einer Urkunde nachzuweisen, bleibt unberührt.

(2) Werden Erklärungen oder Ersuchen einer Behörde, auf Grund deren eine Eintragung vorgenommen werden soll, als elektronisches Dokument übermittelt, muss

1. das Dokument den Namen der ausstellenden Person enthalten und die Behörde erkennen lassen,
2. das Dokument von der ausstellenden Person mit einer qualifizierten elektronischen Signatur versehen sein und
3. das der Signatur zugrunde liegende qualifizierte Zertifikat oder ein zugehöriges qualifiziertes Attributzertifikat die Behörde erkennen lassen.

(3) Erklärungen, für die durch Rechtsvorschrift die Schriftform vorgeschrieben ist, können als elektronisches Dokument übermittelt werden, wenn dieses

1) **dtv 5001 BGB Nr. 7.**
2) **dtv 5005 ZPO Nr. 1.**

den Namen der ausstellenden Person enthält und mit einer qualifizierten elektronischen Signatur versehen ist.

(4) [1]Eintragungsanträge sowie sonstige Erklärungen, die nicht den Formvorschriften der Absätze 1 bis 3 unterliegen, können als elektronisches Dokument übermittelt werden, wenn dieses den Namen der ausstellenden Person enthält. [2]Die §§ 30 und 31 gelten mit der Maßgabe, dass die in der Form des § 29 nachzuweisenden Erklärungen als elektronische Dokumente gemäß den Absätzen 1 und 2 übermittelt werden können.

§ 138 Übertragung von Dokumenten. (1) [1]In Papierform vorliegende Schriftstücke können in elektronische Dokumente übertragen und in dieser Form anstelle der Schriftstücke in die Grundakte übernommen werden. [2]Die Schriftstücke können anschließend ausgesondert werden, die mit einem Eintragungsantrag eingereichten Urkunden jedoch nicht vor der Entscheidung über den Antrag.

(2) [1]Der Inhalt der zur Grundakte genommenen elektronischen Dokumente ist in lesbarer Form zu erhalten. [2]Die Dokumente können hierzu in ein anderes Dateiformat übertragen und in dieser Form anstelle der bisherigen Dateien in die Grundakte übernommen werden.

(3) [1]Wird die Grundakte nicht elektronisch geführt, sind von den eingereichten elektronischen Dokumenten Ausdrucke für die Akte zu fertigen. [2]Die elektronischen Dokumente können aufbewahrt und nach der Anlegung der elektronischen Grundakte in diese übernommen werden; nach der Übernahme können die Ausdrucke vernichtet werden.

§ 139 Aktenausdruck, Akteneinsicht und Datenabruf. (1) [1]An die Stelle der Abschrift aus der Grundakte tritt der Ausdruck und an die Stelle der beglaubigten Abschrift der amtliche Ausdruck. [2]Die Ausdrucke werden nicht unterschrieben. [3]Der amtliche Ausdruck ist als solcher zu bezeichnen und mit einem Dienstsiegel oder -stempel zu versehen; er steht einer beglaubigten Abschrift gleich.

(2) [1]Die Einsicht in die elektronischen Grundakten kann auch bei einem anderen als dem Grundbuchamt gewährt werden, das diese Grundakten führt. [2]Über die Gestattung der Einsicht entscheidet das Grundbuchamt, bei dem die Einsicht begehrt wird.

(3) [1]Für den Abruf von Daten aus den elektronischen Grundakten kann ein automatisiertes Verfahren eingerichtet werden. [2]§ 133 gilt entsprechend mit der Maßgabe, dass das Verfahren nicht auf die in § 12 Absatz 1 Satz 2 genannten Urkunden beschränkt ist.

§ 140 Entscheidungen, Verfügungen und Mitteilungen. (1) [1]Wird die Grundakte vollständig oder teilweise elektronisch geführt, können Entscheidungen und Verfügungen in elektronischer Form erlassen werden. [2]Sie sind von der ausstellenden Person mit ihrem Namen zu versehen, Beschlüsse und Zwischenverfügungen zusätzlich mit einer qualifizierten elektronischen Signatur. [3]Die Landesregierungen werden ermächtigt, durch Rechtsverordnung den Zeitpunkt zu bestimmen, von dem an Entscheidungen und Verfügungen in elektronischer Form zu erlassen sind; die Anordnung kann auf einzelne Grundbuchämter beschränkt werden. [4]Die Landesregierungen können die

Ermächtigung durch Rechtsverordnung auf die Landesjustizverwaltungen übertragen.

(2) [1]Den in § 173 Absatz 2 der Zivilprozessordnung[1)] genannten Empfängern können Entscheidungen, Verfügungen und Mitteilungen durch die Übermittlung elektronischer Dokumente bekannt gegeben werden. [2]Im Übrigen ist die Übermittlung elektronischer Dokumente zulässig, wenn der Empfänger dem ausdrücklich zugestimmt hat. [3]Die Dokumente sind gegen unbefugte Kenntnisnahme zu schützen. [4]Bei der Übermittlung von Beschlüssen und Zwischenverfügungen sind die Dokumente mit einer elektronischen Signatur zu versehen, die die Prüfung der Herkunft und der Unverfälschtheit der durch sie signierten Daten ermöglicht.

(3) [1]Ausfertigungen und Abschriften von Entscheidungen und Verfügungen, die in elektronischer Form erlassen wurden, können von einem Ausdruck gefertigt werden. [2]Ausfertigungen von Beschlüssen und Zwischenverfügungen sind von dem Urkundsbeamten der Geschäftsstelle zu unterschreiben und mit einem Dienstsiegel oder -stempel zu versehen.

(4) [1]Die Vorschriften des Vierten Abschnitts über gerichtliche elektronische Dokumente in Beschwerdeverfahren bleiben unberührt. [2]Absatz 1 gilt nicht für den Vollzug von Grundbucheintragungen.

§ 141 Ermächtigung des Bundesministeriums der Justiz und für Verbraucherschutz. [1]Das Bundesministerium der Justiz und für Verbraucherschutz wird ermächtigt, durch Rechtsverordnung mit Zustimmung des Bundesrates nähere Vorschriften zu erlassen über

1. die Einzelheiten der technischen und organisatorischen Anforderungen an die Einrichtung des elektronischen Rechtsverkehrs und der elektronischen Grundakte, soweit diese nicht von § 135 Absatz 1 Satz 2 Nummer 2 erfasst sind,
2. die Einzelheiten der Anlegung und Gestaltung der elektronischen Grundakte,
3. die Einzelheiten der Übertragung von in Papierform vorliegenden Schriftstücken in elektronische Dokumente sowie der Übertragung elektronischer Dokumente in die Papierform oder in andere Dateiformate,
4. die Einzelheiten der Gewährung von Einsicht in elektronische Grundakten und
5. die Einzelheiten der Einrichtung automatisierter Verfahren zur Übermittlung von Daten aus den elektronischen Grundakten auch durch Abruf und der Genehmigung hierfür.

[2]Das Bundesministerium der Justiz und für Verbraucherschutz kann im Rahmen seiner Ermächtigung nach Satz 1 die Regelung weiterer Einzelheiten durch Rechtsverordnung den Landesregierungen übertragen und hierbei auch vorsehen, dass diese ihre Ermächtigung durch Rechtsverordnung auf die Landesjustizverwaltungen übertragen können.

Neunter Abschnitt. Übergangs- und Schlußbestimmungen

§ 142 [Ensprechende Anwendung des EGBGB] (1) (Inkrafttreten)

[1)] **dtv 5005 ZPO Nr. 1.**

(2) Die Artikel 1 Abs. 2, Artikel 2, 50, 55 des Einführungsgesetzes zum Bürgerlichen Gesetzbuche[1] sind entsprechend anzuwenden.

§ 143 [Landesrechtliche Vorbehalte] (1) Soweit im Einführungsgesetz zum Bürgerlichen Gesetzbuche[1] zugunsten der Landesgesetze Vorbehalte gemacht sind, gelten sie auch für die Vorschriften der Landesgesetze über das Grundbuchwesen; jedoch sind die §§ 12a und 13 Abs. 3, § 44 Abs. 1 Satz 2 und 3, § 56 Abs. 2, § 59 Abs. 1 Satz 2, § 61 Abs. 3 und § 62 Abs. 2 auch in diesen Fällen anzuwenden.

(2) Absatz 1 zweiter Halbsatz gilt auch für die grundbuchmäßige Behandlung von Bergbauberechtigungen.

(3) Vereinigungen und Zuschreibungen zwischen Grundstücken und Rechten, für die nach Landesrecht die Vorschriften über Grundstücke gelten, sollen nicht vorgenommen werden.

(4) § 15 Absatz 3 gilt nicht, soweit die zu einer Eintragung erforderlichen Erklärungen von einer gemäß § 68 des Beurkundungsgesetzes[2] nach Landesrecht zuständigen Person oder Stelle öffentlich beglaubigt worden sind.

§ 144 [Vorbehalt für grundstücksgleiche Rechte] (1) Die Vorschriften des § 20 und des § 22 Abs. 2 über das Erbbaurecht sowie die Vorschrift des § 49 sind auf die in den Artikeln 63[3], 68 des Einführungsgesetzes zum Bürgerlichen Gesetzbuche[1] bezeichneten Rechte entsprechend anzuwenden.

(2) [1] Ist auf dem Blatt eines Grundstücks ein Recht der in den Artikeln 63[3] und 68 des Einführungsgesetzes zum Bürgerlichen Gesetzbuche bezeichneten Art eingetragen, so ist auf Antrag für dieses Recht ein besonderes Grundbuchblatt anzulegen. [2] Dies geschieht von Amts wegen, wenn das Recht veräußert oder belastet werden soll. [3] Die Anlegung wird auf dem Blatt des Grundstücks vermerkt.

(3) Die Landesgesetze können bestimmen, daß statt der Vorschriften des Absatzes 2 die Vorschriften der §§ 14 bis 17 des Erbbaurechtsgesetzes[4] entsprechend anzuwenden sind.

§ 145 [Bisherige Bücher] Die Bücher, die nach den bisherigen Bestimmungen als Grundbücher geführt wurden, gelten als Grundbücher im Sinne dieses Gesetzes.

§ 146 [Mehrere alte Bücher für ein Grundstück] [1] Werden nach § 145 mehrere Bücher geführt, so muß jedes Grundstück in einem der Bücher eine besondere Stelle haben. [2] An dieser Stelle ist auf die in den anderen Büchern befindlichen Eintragungen zu verweisen. [3] Die Stelle des Hauptbuchs und die Stellen, auf welche verwiesen wird, gelten zusammen als das Grundbuchblatt.

§ 147 [Bezeichnung der Grundstücke in bisherigen Büchern] Sind in einem Buch, das nach § 145 als Grundbuch gilt, die Grundstücke nicht nach

[1] **dtv 5001 BGB Nr. 2.**

[2] **dtv 5001 BGB Nr. 7.**

[3] Art. 63 EGBGB aufgeh. durch Art. X Abs. 2 KontrollratsG Nr. 45 v. 20.2.1947 (KRABl. S. 256), soweit er Art. III KRG Nr. 45 widerspricht.

[4] Nr. **4**.

Maßgabe des § 2 Abs. 2 bezeichnet, so ist diese Bezeichnung von Amts wegen zu bewirken.

§ 148 [Wiederherstellung von Grundbüchern] (1) [1]Das Bundesministerium der Justiz und für Verbraucherschutz wird ermächtigt, durch Rechtsverordnung mit Zustimmung des Bundesrates das Verfahren zum Zwecke der Wiederherstellung eines ganz oder teilweise zerstörten oder abhandengekommenen Grundbuchs sowie das Verfahren zum Zwecke der Wiederbeschaffung zerstörter oder abhandengekommener Urkunden der in § 10 Absatz 1 bezeichneten Art zu bestimmen.[1)] [2]Es kann dabei auch darüber bestimmen, in welcher Weise die zu einer Rechtsänderung erforderliche Eintragung bis zur Wiederherstellung des Grundbuchs ersetzt werden soll.

(2) [1]Ist die Vornahme von Eintragungen in das maschinell geführte Grundbuch (§ 126) vorübergehend nicht möglich, so können auf Anordnung der Leitung des Grundbuchamts Eintragungen in einem Ersatzgrundbuch in Papierform vorgenommen werden, sofern hiervon Verwirrung nicht zu besorgen ist. [2]Sie sollen in das maschinell geführte Grundbuch übernommen werden, sobald dies wieder möglich ist. [3]Für die Eintragungen nach Satz 1 gilt § 44 ; in den Fällen des Satzes 2 gilt § 128 entsprechend. [4]Die Landesregierungen werden ermächtigt, die Einzelheiten des Verfahrens durch Rechtsverordnung zu regeln; sie können diese Ermächtigung auf die Landesjustizverwaltungen durch Rechtsverordnung übertragen.

(3) [1]Ist die Übernahme elektronischer Dokumente in die elektronische Grundakte vorübergehend nicht möglich, kann die Leitung des Grundbuchamts anordnen, dass von den Dokumenten ein Ausdruck für die Akte zu fertigen ist. [2]Sie sollen in die elektronische Grundakte übernommen werden, sobald dies wieder möglich ist. [3]§ 138 Absatz 3 Satz 2 gilt entsprechend.

(4) [1]Die Landesregierungen können durch Rechtsverordnung bestimmen, dass

1. das bis dahin maschinell geführte Grundbuch wieder in Papierform geführt wird,
2. der elektronische Rechtsverkehr eingestellt wird oder
3. die bis dahin elektronisch geführten Grundakten wieder in Papierform geführt werden.

[2]Die Rechtsverordnung soll nur erlassen werden, wenn die Voraussetzungen des § 126, auch in Verbindung mit § 135 Absatz 4 Satz 1, nicht nur vorübergehend entfallen sind und in absehbarer Zeit nicht wiederhergestellt werden können. [3]Satz 2 gilt nicht, soweit durch Rechtsverordnung nach § 135 Absatz 1 und 2 bestimmt wurde, dass der elektronische Rechtsverkehr und die elektronische Führung der Grundakten lediglich befristet zu Erprobungszwecken zugelassen oder angeordnet wurden. [4]§ 44 gilt sinngemäß. [5]Die Wiederanordnung der maschinellen Grundbuchführung nach dem Siebenten Abschnitt sowie die Wiedereinführung des elektronischen Rechtsverkehrs und die Wie-

1) Siehe hierzu VO über die Wiederherstellung zerstörter oder abhanden gekommener Grundbücher und Urkunden v. 26.7.1940 (RGBl. I S. 1048), zuletzt geänd. durch G v. 8.12.2010 (BGBl. I S. 1864). In **Hessen** vgl. auch die VO zur Änderung und Ergänzung der VO über die Wiederherstellung zerstörter oder abhanden gekommener Grundbücher und Urkunden v. 25.3.1948 (GVBl. S. 66).

deranordnung der elektronischen Führung der Grundakte nach dem Achten Abschnitt bleiben unberührt.

§ 149 [Landesrechtliche Besonderheiten] [1] In Baden-Württemberg können die Gewährung von Einsicht in das maschinell geführte Grundbuch und in die elektronische Grundakte sowie die Erteilung von Ausdrucken hieraus im Wege der Organleihe auch bei den Gemeinden erfolgen. [2] Zuständig ist der Ratschreiber, der mindestens die Befähigung zum mittleren Verwaltungs- oder Justizdienst haben muss. [3] Er wird insoweit als Urkundsbeamter der Geschäftsstelle des Grundbuchamts tätig, in dessen Bezirk er bestellt ist. [4] § 153 Absatz 5 Satz 1 des Gerichtsverfassungsgesetzes gilt entsprechend. [5] Das Nähere wird durch Landesgesetz geregelt.

§ 150 [Maßgaben] (1) In dem in Artikel 3 des Einigungsvertrages genannten Gebiet gilt dieses Gesetz mit folgenden Maßgaben:

1. Die Grundbücher können abweichend von § 1 bis zum Ablauf des 31. Dezember 1994 von den bis zum 2. Oktober 1990 zuständigen oder später durch Landesrecht bestimmten Stellen (Grundbuchämter) geführt werden. Die Zuständigkeit der Bediensteten des Grundbuchamts richtet sich nach den für diese Stellen am Tag vor dem Wirksamwerden des Beitritts bestehenden oder in dem jeweiligen Lande erlassenen späteren Bestimmungen. Diese sind auch für die Zahl der erforderlichen Unterschriften und dafür maßgebend, inwieweit Eintragungen beim Grundstücksbestand zu unterschreiben sind. Vorschriften nach den Sätzen 2 und 3 können auch dann beibehalten, geändert oder ergänzt werden, wenn die Grundbücher wieder von den Amtsgerichten geführt werden. Sind vor dem 19. Oktober 1994 in Grundbüchern, die in dem in Artikel 3 des Einigungsvertrages genannten Gebiet geführt werden, Eintragungen vorgenommen worden, die nicht den Vorschriften des § 44 Abs. 1 entsprechen, so sind diese Eintragungen dennoch wirksam, wenn sie den Anforderungen der für die Führung des Grundbuchs von dem jeweiligen Land erlassenen Vorschriften genügen.
2. Amtliches Verzeichnis der Grundstücke im Sinne des § 2 ist das am Tag vor dem Wirksamwerden des Beitritts zur Bezeichnung der Grundstücke maßgebende oder das an seine Stelle tretende Verzeichnis.
3. Die Grundbücher, die nach den am Tag vor dem Wirksamwerden des Beitritts bestehenden Bestimmungen geführt werden, gelten als Grundbücher im Sinne der Grundbuchordnung.
4. Soweit nach den am Tag vor dem Wirksamwerden des Beitritts geltenden Vorschriften Gebäudegrundbuchblätter anzulegen und zu führen sind, sind diese Vorschriften weiter anzuwenden. Dies gilt auch für die Kenntlichmachung der Anlegung des Gebäudegrundbuchblatts im Grundbuch des Grundstücks. Den Antrag auf Anlegung des Gebäudegrundbuchblatts kann auch der Gebäudeeigentümer stellen. Dies gilt entsprechend für nach später erlassenen Vorschriften anzulegende Gebäudegrundbuchblätter. Bei Eintragungen oder Berichtigungen im Gebäudegrundbuch ist in den Fällen des Artikels 233 § 4 des Einführungsgesetzes zum Bürgerlichen Gesetzbuche[1)] das Vorhandensein des Gebäudes nicht zu prüfen.

[1)] **dtv 5001 BGB Nr. 2.**

5. Neben diesem Gesetz sind die Vorschriften der §§ 2 bis 85 des Gesetzes über das Verfahren in Familiensachen und in den Angelegenheiten der freiwilligen Gerichtsbarkeit entsprechend anwendbar, soweit sich nicht etwas anderes aus Rechtsvorschriften, insbesondere aus den Vorschriften des Grundbuchrechts, oder daraus ergibt, daß die Grundbücher nicht von Gerichten geführt werden.
6. Anträge auf Eintragung in das Grundbuch, die vor dem Wirksamwerden des Beitritts beim Grundbuchamt eingegangen sind, sind von diesem nach den am Tag vor dem Wirksamwerden des Beitritts geltenden Verfahrensvorschriften zu erledigen.
7. Im übrigen gelten die in Anlage I Kapitel III Sachgebiet A Abschnitt III unter Nr. 28 des Einigungsvertrages aufgeführten allgemeinen Maßgaben entsprechend. Am Tag des Wirksamwerdens des Beitritts anhängige Beschwerdeverfahren sind an das zur Entscheidung über die Beschwerde nunmehr zuständige Gericht abzugeben.

(2) [1] Am 1. Januar 1995 treten nach Absatz 1 Nr. 1 Satz 1 fortgeltende oder von den Ländern erlassene Vorschriften, nach denen die Grundbücher von anderen als den in § 1 bezeichneten Stellen geführt werden, außer Kraft. [2] Die in § 1 bezeichneten Stellen bleiben auch nach diesem Zeitpunkt verpflichtet, allgemeine Anweisungen für die beschleunigte Behandlung von Grundbuchsachen anzuwenden. [3] Die Landesregierungen werden ermächtigt, durch Rechtsverordnung einen früheren Tag für das Außerkrafttreten dieser Vorschriften zu bestimmen. [4] In den Fällen der Sätze 1 und 3 kann durch Rechtsverordnung der Landesregierung auch bestimmt werden, daß Grundbuchsachen in einem Teil des Grundbuchbezirks von einer hierfür eingerichteten Zweigstelle des Amtsgerichts (§ 1) bearbeitet werden, wenn dies nach den örtlichen Verhältnissen zur sachdienlichen Erledigung zweckmäßig erscheint, und, unbeschadet des § 176 Abs. 2 des Bundesberggesetzes im übrigen, welche Stelle nach Aufhebung der in Satz 1 bezeichneten Vorschriften die Berggrundbücher führt. [5] Die Landesregierung kann ihre Ermächtigung nach dieser Vorschrift durch Rechtsverordnung auf die Landesjustizverwaltung übertragen.

(3) [1] Soweit die Grundbücher von Behörden der Verwaltung oder Justizverwaltung geführt werden, ist gegen eine Entscheidung des Grundbuchamts (Absatz 1 Nr. 1 Satz 1), auch soweit sie nicht ausdrücklich im Auftrag des Leiters des Grundbuchamts ergangen ist oder ergeht, die Beschwerde nach § 71 der Grundbuchordnung gegeben. [2] Diese Regelung gilt mit Wirkung vom 3. Oktober 1990, soweit Verfahren noch nicht rechtskräftig abgeschlossen sind. [3] Anderweitig anhängige Verfahren über Rechtsmittel gegen Entscheidungen der Grundbuchämter gehen in dem Stand, in dem sie sich bei Inkrafttreten dieser Vorschrift befinden, auf das Beschwerdegericht über. [4] Satz 1 tritt mit dem in Absatz 2 Satz 1 oder Satz 3 bezeichneten Zeitpunkt außer Kraft.

(4) [1] In den Grundbuchämtern in dem in Artikel 3 des Einigungsvertrages genannten Gebiet können bis zum Ablauf des 31. Dezember 1999 auch Personen mit der Vornahme von Amtshandlungen betraut werden, die diesen Ämtern auf Grund von Dienstleistungsverträgen auf Dauer oder vorübergehend zugeteilt werden. [2] Der Zeitpunkt kann durch Rechtsverordnung des Bundesministeriums der Justiz und für Verbraucherschutz mit Zustimmung des Bundesrates verlängert werden.

(5) [1]Das Bundesministerium der Justiz und für Verbraucherschutz wird ermächtigt, durch Rechtsverordnung mit Zustimmung des Bundesrates nähere Vorschriften zu erlassen über den Nachweis der Befugnis, über

1. beschränkte dingliche Rechte an einem Grundstück, Gebäude oder sonstigen grundstücksgleichen Rechten,
2. Vormerkungen oder
3. sonstige im Grundbuch eingetragene Lasten und Beschränkungen

zu verfügen, deren Eintragung vor dem 1. Juli 1990 in dem in Artikel 3 des Einigungsvertrages genannten Gebiet beantragt worden ist. [2]Dabei kann bestimmt werden, dass § 39 nicht anzuwenden ist und dass es der Vorlage eines Hypotheken-, Grundschuld- oder Rentenschuldbriefes nicht bedarf.

(6) § 134a tritt am 31. Dezember 2024 außer Kraft.

§ 151 [Anwendung des § 15 Abs. 3] Für Erklärungen, die bis einschließlich 8. Juni 2017 beurkundet oder beglaubigt wurden, findet § 15 Absatz 3 keine Anwendung.

Anlage. *(aufgehoben)*

12. Zivilprozessordnung

In der Fassung der Bekanntmachung vom 5. Dezember 2005[1)]
(BGBl. I S. 3202, ber. 2006 I S. 431 und 2007 I S. 1781)

FNA 310-4

zuletzt geänd. durch Art. 19 G zur Umsetzung der UmwandlungsRL und zur Änd. weiterer Gesetze v. 22.2.2023 (BGBl. I Nr. 51)

– Auszug –

Buch 1 bis 7

§§ 1–703d *(vom Abdruck wurde abgesehen)*

Buch 8. Zwangsvollstreckung

Abschnitt 1. Allgemeine Vorschriften

§§ 704–802 *(vom Abdruck wurde abgesehen)*

Abschnitt 2. Zwangsvollstreckung wegen Geldforderungen

Titel 1 und 2

§§ 802a–863 *(vom Abdruck wurde abgesehen)*

Titel 3. Zwangsvollstreckung in das unbewegliche Vermögen

§ 864 Gegenstand der Immobiliarvollstreckung. (1) Der Zwangsvollstreckung in das unbewegliche Vermögen unterliegen außer den Grundstücken die Berechtigungen, für welche die sich auf Grundstücke beziehenden Vorschriften gelten, die im Schiffsregister eingetragenen Schiffe und die Schiffsbauwerke, die im Schiffsbauregister eingetragen sind oder in dieses Register eingetragen werden können.

(2) Die Zwangsvollstreckung in den Bruchteil eines Grundstücks, einer Berechtigung der im Absatz 1 bezeichneten Art oder eines Schiffes oder Schiffsbauwerks ist nur zulässig, wenn der Bruchteil in dem Anteil eines Miteigentümers besteht oder wenn sich der Anspruch des Gläubigers auf ein Recht gründet, mit dem der Bruchteil als solcher belastet ist.

§ 865 Verhältnis zur Mobiliarvollstreckung. (1) Die Zwangsvollstreckung in das unbewegliche Vermögen umfasst auch die Gegenstände, auf die sich bei Grundstücken und Berechtigungen die Hypothek, bei Schiffen oder Schiffsbauwerken die Schiffshypothek erstreckt.

(2) [1]Diese Gegenstände können, soweit sie Zubehör sind, nicht gepfändet werden. [2]Im Übrigen unterliegen sie der Zwangsvollstreckung in das bewegliche Vermögen, solange nicht ihre Beschlagnahme im Wege der Zwangsvollstreckung in das unbewegliche Vermögen erfolgt ist.

[1)] Neubekanntmachung der ZPO idF der Bek. v. 12.9.1950 (BGBl. I S. 533) in der ab 21.10.2005 geltenden Fassung.

§ 866[1] Arten der Vollstreckung. (1) Die Zwangsvollstreckung in ein Grundstück erfolgt durch Eintragung einer Sicherungshypothek für die Forderung, durch Zwangsversteigerung und durch Zwangsverwaltung.

(2) Der Gläubiger kann verlangen, dass eine dieser Maßregeln allein oder neben den übrigen ausgeführt werde.

(3) [1] Eine Sicherungshypothek (Absatz 1) darf nur für einen Betrag von mehr als 750 Euro eingetragen werden; Zinsen bleiben dabei unberücksichtigt, soweit sie als Nebenforderung geltend gemacht sind. [2] Auf Grund mehrerer demselben Gläubiger zustehender Schuldtitel kann eine einheitliche Sicherungshypothek eingetragen werden.

§ 867 Zwangshypothek. (1) [1] Die Sicherungshypothek wird auf Antrag des Gläubigers in das Grundbuch eingetragen; die Eintragung ist auf dem vollstreckbaren Titel zu vermerken. [2] Mit der Eintragung entsteht die Hypothek. [3] Das Grundstück haftet auch für die dem Schuldner zur Last fallenden Kosten der Eintragung.

(2) [1] Sollen mehrere Grundstücke des Schuldners mit der Hypothek belastet werden, so ist der Betrag der Forderung auf die einzelnen Grundstücke zu verteilen. [2] Die Größe der Teile bestimmt der Gläubiger; für die Teile gilt § 866 Abs. 3 Satz 1 entsprechend.

(3) Zur Befriedigung aus dem Grundstück durch Zwangsversteigerung genügt der vollstreckbare Titel, auf dem die Eintragung vermerkt ist.

§ 868 Erwerb der Zwangshypothek durch den Eigentümer. (1) Wird durch eine vollstreckbare Entscheidung die zu vollstreckende Entscheidung oder ihre vorläufige Vollstreckbarkeit aufgehoben oder die Zwangsvollstreckung für unzulässig erklärt oder deren Einstellung angeordnet, so erwirbt der Eigentümer des Grundstücks die Hypothek.

(2) Das Gleiche gilt, wenn durch eine gerichtliche Entscheidung die einstweilige Einstellung der Vollstreckung und zugleich die Aufhebung der erfolgten Vollstreckungsmaßregeln angeordnet wird oder wenn die zur Abwendung der Vollstreckung nachgelassene Sicherheitsleistung oder Hinterlegung erfolgt.

§ 869 Zwangsversteigerung und Zwangsverwaltung. Die Zwangsversteigerung und die Zwangsverwaltung werden durch ein besonderes Gesetz geregelt.

§ 870 Grundstücksgleiche Rechte. Auf die Zwangsvollstreckung in eine Berechtigung, für welche die sich auf Grundstücke beziehenden Vorschriften gelten, sind die Vorschriften über die Zwangsvollstreckung in Grundstücke entsprechend anzuwenden.

§§ 870a–871 *(vom Abdruck wurde abgesehen)*

[1] Vgl. hierzu § 8 ErbbaurechtsG (Nr. **4**).

Titel 4 bis 6

§§ 872–882i *(vom Abdruck wurde abgesehen)*

Abschnitt 3 bis 6

§§ 883–959 *(vom Abdruck wurde abgesehen)*

Buch 9 bis 11. *(aufgehoben)*

§§ 960–1120 *(vom Abdruck wurde abgesehen)*

Anlage. *(vom Abdruck wurde abgesehen)*

Anhang. *(vom Abdruck wurde abgesehen)*

13. Gesetz über die Zwangsversteigerung und die Zwangsverwaltung

In der Fassung der Bekanntmachung vom 20. Mai 1898[1)]
(RGBl. S. 713)

BGBl. III/FNA 310-14

zuletzt geänd. durch Art. 24 SanktionsdurchsetzungsG II v. 19.12.2022 (BGBl. I S. 2606)

– Auszug –

Erster Abschnitt. Zwangsversteigerung und Zwangsverwaltung von Grundstücken im Wege der Zwangsvollstreckung

Erster Titel. Allgemeine Vorschriften

§ 1 [Zuständiges Amtsgericht] (1) Für die Zwangsversteigerung und die Zwangsverwaltung eines Grundstücks ist als Vollstreckungsgericht das Amtsgericht zuständig, in dessen Bezirke das Grundstück belegen ist.

(2) [1] Die Landesregierungen werden ermächtigt, durch Rechtsverordnung die Zwangsversteigerungs- und Zwangsverwaltungssachen einem Amtsgericht für die Bezirke mehrerer Amtsgerichte zuzuweisen, sofern die Zusammenfassung für eine sachdienliche Förderung und schnellere Erledigung der Verfahren erforderlich ist. [2] Die Landesregierungen können die Ermächtigung auf die Landesjustizverwaltungen übertragen.

§ 2 [Bestellung durch das höhere Gericht] (1) Ist das Grundstück in den Bezirken verschiedener Amtsgerichte belegen oder ist es mit Rücksicht auf die Grenzen der Bezirke ungewiß, welches Gericht zuständig ist, so hat das zunächst höhere Gericht eines der Amtsgerichte zum Vollstreckungsgerichte zu bestellen; § 36 Abs. 2 und 3 und § 37 der Zivilprozeßordnung[2)] finden entsprechende Anwendung.

(2) [1] Die gleiche Anordnung kann getroffen werden, wenn die Zwangsversteigerung oder die Zwangsverwaltung mehrerer Grundstücke in demselben Verfahren zulässig ist und die Grundstücke in den Bezirken verschiedener Amtsgerichte belegen sind. [2] Von der Anordnung soll das zum Vollstreckungsgerichte bestellte Gericht die übrigen Gerichte in Kenntnis setzen.

§ 3 [Zustellungen] [1] Die Zustellungen erfolgen von Amts wegen. [2] Sie können durch Einschreiben mit Rückschein erfolgen. [3] Zum Nachweis der Zustellung genügt der Rückschein.

§ 4 [Zustellung durch Aufgabe zur Post] [1] Wohnt derjenige, welchem zugestellt werden soll, weder am Orte noch im Bezirke des Vollstreckungsgerichts, so kann die Zustellung durch Aufgabe zur Post erfolgen, solange nicht die Bestellung eines daselbst wohnhaften Prozeßbevollmächtigten oder Zustellungs-

[1)] Neubekanntmachung des ZVG v. 24.3.1897 (RGBl. S. 97) in der vom 1.1.1900 an geltenden Fassung.

[2)] **dtv 5005 ZPO Nr. 1.**

bevollmächtigten dem Gericht angezeigt ist. [2]Die Postsendung muß mit der Bezeichnung „Einschreiben" versehen werden.

§ 5 [Zustellungsbevollmächtigter] Die Bestellung eines Zustellungsbevollmächtigten bei dem Grundbuchamte gilt auch für das Verfahren des Vollstreckungsgerichts, sofern sie diesem bekannt geworden ist.

§ 6 [Bestellung eines Zustellungsvertreters] (1) Ist der Aufenthalt desjenigen, welchem zugestellt werden soll, und der Aufenthalt seines Zustellungsbevollmächtigten dem Vollstreckungsgericht nicht bekannt oder sind die Voraussetzungen für eine öffentliche Zustellung aus sonstigen Gründen (§ 185 der Zivilprozeßordnung[1)]) gegeben, so hat das Gericht für denjenigen, welchem zugestellt werden soll, einen Zustellungsvertreter zu bestellen.

(2) [1]Das gleiche gilt, wenn im Falle der Zustellung durch Aufgabe zur Post die Postsendung als unbestellbar zurückkommt. [2]Die zurückgekommene Sendung soll dem Zustellungsvertreter ausgehändigt werden.

(3) Statt der Bestellung eines Vertreters genügt es, wenn die Zustellung für nicht prozeßfähige Personen an das Familien- oder Betreuungsgericht, für juristische Personen oder für Vereine, die als solche klagen und verklagt werden können, an die Aufsichtsbehörde angeordnet wird.

§ 7 [Zustellung an Zustellungsvertreter] (1) An den Zustellungsvertreter erfolgen die Zustellungen, solange derjenige, welchem zugestellt werden soll, nicht ermittelt ist.

(2) [1]Der Zustellungsvertreter ist zur Ermittlung und Benachrichtigung des Vertretenen verpflichtet. [2]Er kann von diesem eine Vergütung für seine Tätigkeit und Ersatz seiner Auslagen fordern. [3]Über die Vergütung und die Erstattung der Auslagen entscheidet das Vollstreckungsgericht.

(3) Für die Erstattung der Auslagen haftet der Gläubiger, soweit der Zustellungsvertreter von dem Vertretenen Ersatz nicht zu erlangen vermag; die dem Gläubiger zur Last fallenden Auslagen gehören zu den Kosten der die Befriedigung aus dem Grundstücke bezweckenden Rechtsverfolgung.

§ 8 [Zustellung des Anordnungs- und Beitrittsbeschlusses] Die Vorschriften der §§ 4 bis 7 finden auf die an den Schuldner zu bewirkende Zustellung des Beschlusses, durch welchen die Zwangsvollstreckung angeordnet oder der Beitritt eines Gläubigers zugelassen wird, keine Anwendung.

§ 9 [Beteiligte] In dem Verfahren gelten als Beteiligte, außer dem Gläubiger und dem Schuldner:

1. diejenigen, für welche zur Zeit der Eintragung des Vollstreckungsvermerkes ein Recht im Grundbuch eingetragen oder durch Eintragung gesichert ist;
2. diejenigen, welche ein der Zwangsvollstreckung entgegenstehendes Recht, ein Recht an dem Grundstück oder an einem das Grundstück belastenden Rechte, einen Anspruch mit dem Rechte auf Befriedigung aus dem Grundstück oder ein Miet- oder Pachtrecht, auf Grund dessen ihnen das Grundstück überlassen ist, bei dem Vollstreckungsgericht anmelden und auf Verlangen des Gerichts oder eines Beteiligten glaubhaft machen.

[1)] **dtv 5005 ZPO Nr. 1.**

§ 10 [Rangordnung der Rechte] (1) Ein Recht auf Befriedigung aus dem Grundstücke gewähren nach folgender Rangordnung, bei gleichem Range nach dem Verhältnis ihrer Beträge:

1. der Anspruch eines die Zwangsverwaltung betreibenden Gläubigers auf Ersatz seiner Ausgaben zur Erhaltung oder nötigen Verbesserung des Grundstücks, im Falle der Zwangsversteigerung jedoch nur, wenn die Verwaltung bis zum Zuschlage fortdauert und die Ausgaben nicht aus den Nutzungen des Grundstücks erstattet werden können;

1a. im Falle einer Zwangsversteigerung, bei der das Insolvenzverfahren über das Vermögen des Schuldners eröffnet ist, die zur Insolvenzmasse gehörenden Ansprüche auf Ersatz der Kosten der Feststellung der beweglichen Gegenstände, auf die sich die Versteigerung erstreckt; diese Kosten sind nur zu erheben, wenn ein Insolvenzverwalter bestellt ist, und pauschal mit vier vom Hundert des Wertes anzusetzen, der nach § 74a Abs. 5 Satz 2 festgesetzt worden ist;

2. bei Vollstreckung in ein Wohnungseigentum die daraus fälligen Ansprüche auf Zahlung der Beiträge zu den Lasten und Kosten des gemeinschaftlichen Eigentums oder des Sondereigentums, die nach § 16 Abs. 2, § 28 Absatz 1 und 2 des Wohnungseigentumsgesetzes[1)] geschuldet werden, einschließlich der Vorschüsse und Rückstellungen sowie der Rückgriffsansprüche einzelner Wohnungseigentümer. Das Vorrecht erfasst die laufenden und die rückständigen Beträge aus dem Jahr der Beschlagnahme und den letzten zwei Jahren. Das Vorrecht einschließlich aller Nebenleistungen ist begrenzt auf Beträge in Höhe von nicht mehr als 5 vom Hundert des nach § 74a Abs. 5 festgesetzten Wertes. Die Anmeldung erfolgt durch die Gemeinschaft der Wohnungseigentümer. Rückgriffsansprüche einzelner Wohnungseigentümer werden von diesen angemeldet;

3. die Ansprüche auf Entrichtung der öffentlichen Lasten des Grundstücks wegen der aus den letzten vier Jahren rückständigen Beträge; wiederkehrende Leistungen, insbesondere Grundsteuern, Zinsen, Zuschläge oder Rentenleistungen, sowie Beträge, die zur allmählichen Tilgung einer Schuld als Zuschlag zu den Zinsen zu entrichten sind, genießen dieses Vorrecht nur für die laufenden Beträge und für die Rückstände aus den letzten zwei Jahren. Untereinander stehen öffentliche Grundstückslasten, gleichviel ob sie auf Bundes- oder Landesrecht beruhen, im Range gleich. Die Vorschriften des § 112 Abs. 1 und der §§ 113 und 116 des Gesetzes über den Lastenausgleich *vom 14. August 1952 (Bundesgesetzbl. I S. 446)*[2)] bleiben unberührt;

4. die Ansprüche aus Rechten an dem Grundstück, soweit sie nicht infolge der Beschlagnahme dem Gläubiger gegenüber unwirksam sind, einschließlich der Ansprüche auf Beträge, die zur allmählichen Tilgung einer Schuld als Zuschlag zu den Zinsen zu entrichten sind; Ansprüche auf wiederkehrende Leistungen, insbesondere Zinsen, Zuschläge, Verwaltungskosten oder Rentenleistungen, genießen das Vorrecht dieser Klasse nur wegen der laufenden und der aus den letzten zwei Jahren rückständigen Beträge;

5. der Anspruch des Gläubigers, soweit er nicht in einer der vorhergehenden Klassen zu befriedigen ist;

1) Nr. **3**.

2) Jetzt idF der Bek. v. 2.6.1993 (BGBl. I S. 845) mit späteren Änderungen.

6. die Ansprüche der vierten Klasse, soweit sie infolge der Beschlagnahme dem Gläubiger gegenüber unwirksam sind;
7. die Ansprüche der dritten Klasse wegen der älteren Rückstände;
8. die Ansprüche der vierten Klasse wegen der älteren Rückstände.

(2) Das Recht auf Befriedigung aus dem Grundstücke besteht auch für die Kosten der Kündigung und der die Befriedigung aus dem Grundstücke bezweckenden Rechtsverfolgung.

(3) [1] Für die Vollstreckung mit dem Range nach Absatz 1 Nummer 2 genügt ein Titel, aus dem die Verpflichtung des Schuldners zur Zahlung, die Art und der Bezugszeitraum des Anspruchs sowie seine Fälligkeit zu erkennen sind. [2] Soweit die Art und der Bezugszeitraum des Anspruchs sowie seine Fälligkeit nicht aus dem Titel zu erkennen sind, sind sie in sonst geeigneter Weise glaubhaft zu machen.

§ 11 [Rangordnung verschiedener Rechte in derselben Klasse]

(1) Sind Ansprüche aus verschiedenen Rechten nach § 10 Nr. 4, 6 oder 8 in derselben Klasse zu befriedigen, so ist für sie das Rangverhältnis maßgebend, welches unter den Rechten besteht.

(2) In der fünften Klasse geht unter mehreren Ansprüchen derjenige vor, für welchen die Beschlagnahme früher erfolgt ist.

§ 12 [Rangordnung gleicher Rechte untereinander] Die Ansprüche aus einem und demselben Rechte haben untereinander folgende Rangordnung:

1. die Ansprüche auf Ersatz der im § 10 Abs. 2 bezeichneten Kosten;
2. die Ansprüche auf wiederkehrende Leistungen und andere Nebenleistungen;
3. der Hauptanspruch.

§ 13 [Wiederkehrende Leistungen] (1) [1] Laufende Beträge wiederkehrender Leistungen sind der letzte vor der Beschlagnahme fällig gewordene Betrag sowie die später fällig werdenden Beträge. [2] Die älteren Beträge sind Rückstände.

(2) Absatz 1 ist anzuwenden, gleichviel ob die Ansprüche auf wiederkehrende Leistungen auf öffentlichem oder privatem Recht oder ob sie auf Bundes- oder Landesrecht beruhen oder ob die gesetzlichen Vorschriften andere als die in § 10 Abs. 1 Nr. 3 und 4 bestimmten Fristen festsetzen; kürzere Fristen als die in § 10 Abs. 1 Nr. 3 und 4 bestimmten werden stets vom letzten Fälligkeitstag vor der Beschlagnahme zurückgerechnet.

(3) Fehlt es innerhalb der letzten zwei Jahre an einem Fälligkeitstermin, so entscheidet der Zeitpunkt der Beschlagnahme.

(4) [1] Liegen mehrere Beschlagnahmen vor, so ist die erste maßgebend. [2] Bei der Zwangsversteigerung gilt, wenn bis zur Beschlagnahme eine Zwangsverwaltung fortgedauert hat, die für diese bewirkte Beschlagnahme als die erste.

§ 14 [Ansprüche unbestimmten Betrages] Ansprüche von unbestimmtem Betrage gelten als aufschiebend bedingt durch die Feststellung des Betrags.

Zweiter Titel. Zwangsversteigerung

I. Anordnung der Versteigerung

§ 15 [Antrag] Die Zwangsversteigerung eines Grundstücks wird von dem Vollstreckungsgericht auf Antrag angeordnet.

§ 16 [Inhalt des Antrages] (1) Der Antrag soll das Grundstück, den Eigentümer, den Anspruch und den vollstreckbaren Titel bezeichnen.

(2) Die für den Beginn der Zwangsvollstreckung erforderlichen Urkunden sind dem Antrage beizufügen.

§ 17 [Eintragung des Schuldners; Glaubhaftmachung der Erbfolge]

(1) Die Zwangsversteigerung darf nur angeordnet werden, wenn der Schuldner als Eigentümer des Grundstücks eingetragen oder wenn er Erbe des eingetragenen Eigentümers ist.

(2) [1] Die Eintragung ist durch ein Zeugnis des Grundbuchamts nachzuweisen. [2] Gehören Vollstreckungsgericht und Grundbuchamt demselben Amtsgericht an, so genügt statt des Zeugnisses die Bezugnahme auf das Grundbuch.

(3) Die Erbfolge ist durch Urkunden glaubhaft zu machen, sofern sie nicht bei dem Gericht offenkundig ist.

§ 18 [Versteigerung mehrerer Grundstücke] Die Zwangsversteigerung mehrerer Grundstücke kann in demselben Verfahren erfolgen, wenn sie entweder wegen einer Forderung gegen denselben Schuldner oder wegen eines an jedem der Grundstücke bestehenden Rechtes oder wegen einer Forderung, für welche die Eigentümer gesamtschuldnerisch haften, betrieben wird.

§ 19 [Eintragung der Anordnung in das Grundbuch] (1) Ordnet das Gericht die Zwangsversteigerung an, so hat es zugleich das Grundbuchamt um Eintragung dieser Anordnung in das Grundbuch zu ersuchen.

(2) [1] Das Grundbuchamt hat nach der Eintragung des Versteigerungsvermerkes dem Gericht eine beglaubigte Abschrift des Grundbuchblatts und der Urkunden, auf welche im Grundbuche Bezug genommen wird, zu erteilen, die bei ihm bestellten Zustellungsbevollmächtigten zu bezeichnen und Nachricht zu geben, was ihm über Wohnort und Wohnung der eingetragenen Beteiligten und deren Vertreter bekannt ist. [2] Statt der Erteilung einer beglaubigten Abschrift der Urkunden genügt die Beifügung der Grundakten oder der Urkunden.

(3) Eintragungen im Grundbuch, die nach der Eintragung des Vermerks über die Anordnung der Zwangsversteigerung erfolgen, soll das Grundbuchamt dem Gericht mitteilen.

§ 20 [Beschlagnahme des Grundstücks; Umfang] (1) Der Beschluß, durch welchen die Zwangsversteigerung angeordnet wird, gilt zugunsten des Gläubigers als Beschlagnahme des Grundstücks.

(2) Die Beschlagnahme umfaßt auch diejenigen Gegenstände, auf welche sich bei einem Grundstücke die Hypothek erstreckt.

§ 21 [Umfang der Beschlagnahme] (1) Die Beschlagnahme umfaßt land- und forstwirtschaftliche Erzeugnisse des Grundstücks sowie die Forderung aus einer Versicherung solcher Erzeugnisse nur, soweit die Erzeugnisse noch mit dem Boden verbunden oder soweit sie Zubehör des Grundstücks sind.

(2) Die Beschlagnahme umfaßt nicht die Miet- und Pachtforderungen sowie die Ansprüche aus einem mit dem Eigentum an dem Grundstücke verbundenen Rechte auf wiederkehrende Leistungen.

(3) Das Recht eines Pächters auf den Fruchtgenuß wird von der Beschlagnahme nicht berührt.

§ 22 [Wirksamwerden der Beschlagnahme] (1) [1] Die Beschlagnahme des Grundstücks wird mit dem Zeitpunkte wirksam, in welchem der Beschluß, durch den die Zwangsversteigerung angeordnet ist, dem Schuldner zugestellt wird. [2] Sie wird auch wirksam mit dem Zeitpunkt, in welchem das Ersuchen um Eintragung des Versteigerungsvermerkes dem Grundbuchamte zugeht, sofern auf das Ersuchen die Eintragung demnächst erfolgt.

(2) [1] Erstreckt sich die Beschlagnahme auf eine Forderung, so hat das Gericht auf Antrag des Gläubigers dem Drittschuldner zu verbieten, an den Schuldner zu zahlen. [2] Die Beschlagnahme wird dem Drittschuldner gegenüber erst mit dem Zeitpunkte wirksam, in welchem sie ihm bekannt oder das Zahlungsverbot ihm zugestellt wird. [3] Die Vorschriften des § 845 der Zivilprozeßordnung[1)] finden entsprechende Anwendung.

§ 23 [Wirkung der Beschlagnahme] (1) [1] Die Beschlagnahme hat die Wirkung eines Veräußerungsverbots. [2] Der Schuldner kann jedoch, wenn sich die Beschlagnahme auf bewegliche Sachen erstreckt, über einzelne Stücke innerhalb der Grenzen einer ordnungsmäßigen Wirtschaft auch dem Gläubiger gegenüber wirksam verfügen.

(2) [1] Kommt es bei einer gegen die Beschlagnahme verstoßenden Verfügung nach § 135 Abs. 2 des Bürgerlichen Gesetzbuchs[2)] darauf an, ob derjenige, zu dessen Gunsten verfügt wurde, die Beschlagnahme kannte, so steht die Kenntnis des Versteigerungsantrags einer Kenntnis der Beschlagnahme gleich. [2] Die Beschlagnahme gilt auch in Ansehung der mithaftenden beweglichen Sachen als bekannt, sobald der Versteigerungsvermerk eingetragen ist.

§ 24 [Verwaltung und Benutzung durch den Schuldner] Die Verwaltung und Benutzung des Grundstücks verbleibt dem Schuldner nur innerhalb der Grenzen einer ordnungsmäßigen Wirtschaft.

§ 25 [Sicherung der ordnungsmäßigen Bewirtschaftung] [1] Ist zu besorgen, daß durch das Verhalten des Schuldners die ordnungsmäßige Wirtschaft gefährdet wird, so hat das Vollstreckungsgericht auf Antrag des Gläubigers die zur Abwendung der Gefährdung erforderlichen Maßregeln anzuordnen. [2] Das Gericht kann die Maßregeln aufheben, wenn der zu deren Fortsetzung erforderliche Geldbetrag nicht vorgeschossen wird.

§ 26 [Veräußerung nach Beschlagnahme] Ist die Zwangsversteigerung wegen des Anspruchs aus einem eingetragenen Rechte angeordnet, so hat eine nach der Beschlagnahme bewirkte Veräußerung des Grundstücks auf den Fortgang des Verfahrens gegen den Schuldner keinen Einfluß.

[1)] **dtv 5005 ZPO Nr. 1.**
[2)] Nr. 1.

§ 27 [Beitritt zum Versteigerungsverfahren] (1) [1]Wird nach der Anordnung der Zwangsversteigerung ein weiterer Antrag auf Zwangsversteigerung des Grundstücks gestellt, so erfolgt statt des Versteigerungsbeschlusses die Anordnung, daß der Beitritt des Antragstellers zu dem Verfahren zugelassen wird. [2]Eine Eintragung dieser Anordnung in das Grundbuch findet nicht statt.

(2) Der Gläubiger, dessen Beitritt zugelassen ist, hat dieselben Rechte, wie wenn auf seinen Antrag die Versteigerung angeordnet wäre.

II. Aufhebung und einstweilige Einstellung des Verfahrens

§ 28 [Entgegenstehende grundbuchmäßige Rechte; Verfügungsbeschränkung; Vollstreckungsmangel] (1) [1]Wird dem Vollstreckungsgericht ein aus dem Grundbuch ersichtliches Recht bekannt, welches der Zwangsversteigerung oder der Fortsetzung des Verfahrens entgegensteht, so hat das Gericht das Verfahren entweder sofort aufzuheben oder unter Bestimmung einer Frist, binnen welcher der Gläubiger die Hebung des Hindernisses nachzuweisen hat, einstweilen einzustellen. [2]Im letzteren Falle ist das Verfahren nach dem Ablaufe der Frist aufzuheben, wenn nicht inzwischen der Nachweis erbracht ist.

(2) Wird dem Vollstreckungsgericht eine Verfügungsbeschränkung oder ein Vollstreckungsmangel bekannt, ist Absatz 1 entsprechend anzuwenden.

§ 29 [Zurücknahme des Antrages] Das Verfahren ist aufzuheben, wenn der Versteigerungsantrag von dem Gläubiger zurückgenommen wird.

§ 30 [Einstweilige Einstellung auf Bewilligung des Gläubigers]

(1) [1]Das Verfahren ist einstweilen einzustellen, wenn der Gläubiger die Einstellung bewilligt. [2]Die Einstellung kann wiederholt bewilligt werden. [3]Ist das Verfahren auf Grund einer Bewilligung des Gläubigers bereits zweimal eingestellt, so gilt eine erneute Einstellungsbewilligung als Rücknahme des Versteigerungsantrags.

(2) Der Bewilligung der Einstellung steht es gleich, wenn der Gläubiger die Aufhebung des Versteigerungstermins bewilligt.

§ 30a [Einstweilige Einstellung auf Antrag des Schuldners] (1) Das Verfahren ist auf Antrag des Schuldners einstweilen auf die Dauer von höchstens sechs Monaten einzustellen, wenn Aussicht besteht, daß durch die Einstellung die Versteigerung vermieden wird, und wenn die Einstellung nach den persönlichen und wirtschaftlichen Verhältnissen des Schuldners sowie nach der Art der Schuld der Billigkeit entspricht.

(2) Der Antrag ist abzulehnen, wenn die einstweilige Einstellung dem betreibenden Gläubiger unter Berücksichtigung seiner wirtschaftlichen Verhältnisse nicht zuzumuten ist, insbesondere ihm einen unverhältnismäßigen Nachteil bringen würde, oder wenn mit Rücksicht auf die Beschaffenheit oder die sonstigen Verhältnisse des Grundstücks anzunehmen ist, daß die Versteigerung zu einem späteren Zeitpunkt einen wesentlich geringeren Erlös bringen würde.

(3) [1]Die einstweilige Einstellung kann auch mit der Maßgabe angeordnet werden, daß sie außer Kraft tritt, wenn der Schuldner die während der Einstellung fällig werdenden wiederkehrenden Leistungen nicht binnen zwei Wochen nach Eintritt der Fälligkeit bewirkt. [2]Wird die Zwangsversteigerung von einem Gläubiger betrieben, dessen Hypothek oder Grundschuld innerhalb der ersten sieben Zehnteile des Grundstückswertes steht, so darf das Gericht von

einer solchen Anordnung nur insoweit absehen, als dies nach den besonderen Umständen des Falles zur Wiederherstellung einer geordneten wirtschaftlichen Lage des Schuldners geboten und dem Gläubiger unter Berücksichtigung seiner gesamten wirtschaftlichen Verhältnisse, insbesondere seiner eigenen Zinsverpflichtungen, zuzumuten ist.

(4) Das Gericht kann ferner anordnen, daß der Schuldner Zahlungen auf Rückstände wiederkehrender Leistungen zu bestimmten Terminen zu bewirken hat.

(5) Das Gericht kann schließlich die einstweilige Einstellung von sonstigen Auflagen mit der Maßgabe abhängig machen, daß die einstweilige Einstellung des Verfahrens bei Nichterfüllung dieser Auflagen außer Kraft tritt.

§ 30b [Antrag auf einstweilige Einstellung; Entscheidung] (1) [1]Die einstweilige Einstellung ist binnen einer Notfrist von zwei Wochen zu beantragen. [2]Die Frist beginnt mit der Zustellung der Verfügung, in welcher der Schuldner auf das Recht zur Stellung des Einstellungsantrages, den Fristbeginn und die Rechtsfolgen eines fruchtlosen Fristablaufs hingewiesen wird. [3]Der Hinweis ist möglichst zugleich mit dem Beschluß, durch den die Zwangsversteigerung angeordnet wird, zuzustellen.

(2) [1]Die Entscheidung über den Antrag auf einstweilige Einstellung des Verfahrens ergeht durch Beschluß. [2]Vor der Entscheidung sind der Schuldner und der betreibende Gläubiger zu hören; in geeigneten Fällen kann das Gericht mündliche Verhandlung anberaumen. [3]Der Schuldner und der betreibende Gläubiger haben ihre Angaben auf Verlangen des Gerichts glaubhaft zu machen.

(3) Gegen die Entscheidung ist die sofortige Beschwerde zulässig; vor der Entscheidung ist der Gegner zu hören.

(4) Der Versteigerungstermin soll erst nach Rechtskraft des die einstweilige Einstellung ablehnenden Beschlusses bekanntgegeben werden.

§ 30c [Erneute Einstellung] [1]War das Verfahren gemäß § 30a einstweilen eingestellt, so kann es auf Grund des § 30a einmal erneut eingestellt werden, es sei denn, daß die Einstellung dem Gläubiger unter Berücksichtigung seiner gesamten wirtschaftlichen Verhältnisse nicht zuzumuten ist. [2]§ 30b gilt entsprechend.

§ 30d [Einstweilige Einstellung auf Antrag des Insolvenzverwalters]

(1) [1]Ist über das Vermögen des Schuldners ein Insolvenzverfahren eröffnet, so ist auf Antrag des Insolvenzverwalters die Zwangsversteigerung einstweilen einzustellen, wenn

1. im Insolvenzverfahren der Berichtstermin nach § 29 Abs. 1 Nr. 1 der Insolvenzordnung noch bevorsteht,
2. das Grundstück nach dem Ergebnis des Berichtstermins nach § 29 Abs. 1 Nr. 1 der Insolvenzordnung im Insolvenzverfahren für eine Fortführung des Unternehmens oder für die Vorbereitung der Veräußerung eines Betriebs oder einer anderen Gesamtheit von Gegenständen benötigt wird,
3. durch die Versteigerung die Durchführung eines vorgelegten Insolvenzplans gefährdet würde oder
4. in sonstiger Weise durch die Versteigerung die angemessene Verwertung der Insolvenzmasse wesentlich erschwert würde.

[2]Der Antrag ist abzulehnen, wenn die einstweilige Einstellung dem Gläubiger unter Berücksichtigung seiner wirtschaftlichen Verhältnisse nicht zuzumuten ist.

(2) Hat der Schuldner einen Insolvenzplan vorgelegt und ist dieser nicht nach § 231 der Insolvenzordnung zurückgewiesen worden, so ist die Zwangsversteigerung auf Antrag des Schuldners unter den Voraussetzungen des Absatzes 1 Satz 1 Nr. 3, Satz 2 einstweilen einzustellen.

(3) § 30b Abs. 2 bis 4 gilt entsprechend mit der Maßgabe, daß an die Stelle des Schuldners der Insolvenzverwalter tritt, wenn dieser den Antrag gestellt hat, und daß die Zwangsversteigerung eingestellt wird, wenn die Voraussetzungen für die Einstellung glaubhaft gemacht sind.

(4) [1]Ist vor der Eröffnung des Insolvenzverfahrens ein vorläufiger Verwalter bestellt, so ist auf dessen Antrag die Zwangsversteigerung einstweilen einzustellen, wenn glaubhaft gemacht wird, daß die einstweilige Einstellung zur Verhütung nachteiliger Veränderungen in der Vermögenslage des Schuldners erforderlich ist. [2]Ist ein vorläufiger Sachwalter bestellt, so steht dieses Antragsrecht dem Schuldner zu.

§ 30e [Auflage zur einstweiligen Einstellung] (1) [1]Die einstweilige Einstellung ist mit der Auflage anzuordnen, daß dem betreibenden Gläubiger für die Zeit nach dem Berichtstermin nach § 29 Abs. 1 Nr. 1 der Insolvenzordnung laufend die geschuldeten Zinsen binnen zwei Wochen nach Eintritt der Fälligkeit aus der Insolvenzmasse gezahlt werden. [2]Ist das Versteigerungsverfahren schon vor der Eröffnung des Insolvenzverfahrens nach § 30d Abs. 4 einstweilen eingestellt worden, so ist die Zahlung von Zinsen spätestens von dem Zeitpunkt an anzuordnen, der drei Monate nach der ersten einstweiligen Einstellung liegt.

(2) Wird das Grundstück für die Insolvenzmasse genutzt, so ordnet das Gericht auf Antrag des betreibenden Gläubigers weiter die Auflage an, daß der entstehende Wertverlust von der Einstellung des Versteigerungsverfahrens an durch laufende Zahlungen aus der Insolvenzmasse an den Gläubiger auszugleichen ist.

(3) Die Absätze 1 und 2 gelten nicht, soweit nach der Höhe der Forderung sowie dem Wert und der sonstigen Belastung des Grundstücks nicht mit einer Befriedigung des Gläubigers aus dem Versteigerungserlös zu rechnen ist.

§ 30f [Aufhebung der einstweiligen Einstellung] (1) [1]Im Falle des § 30d Abs. 1 bis 3 ist die einstweilige Einstellung auf Antrag des Gläubigers aufzuheben, wenn die Voraussetzungen für die Einstellung fortgefallen sind, wenn die Auflagen nach § 30e nicht beachtet werden oder wenn der Insolvenzverwalter, im Falle des § 30d Abs. 2 der Schuldner, der Aufhebung zustimmt. [2]Auf Antrag des Gläubigers ist weiter die einstweilige Einstellung aufzuheben, wenn das Insolvenzverfahren beendet ist.

(2) [1]Die einstweilige Einstellung nach § 30d Abs. 4 ist auf Antrag des Gläubigers aufzuheben, wenn der Antrag auf Eröffnung des Insolvenzverfahrens zurückgenommen oder abgewiesen wird. [2]Im übrigen gilt Absatz 1 Satz 1 entsprechend.

(3) [1]Vor der Entscheidung des Gerichts ist der Insolvenzverwalter, im Falle des § 30d Abs. 2 der Schuldner, zu hören. [2]§ 30b Abs. 3 gilt entsprechend.

§ 30g Vollzug der Vollstreckungssperre bei Stabilisierungsmaßnahmen. (1) [1]Hat das Restrukturierungsgericht eine Vollstreckungssperre nach § 49 Absatz 1 Nummer 1 des Unternehmensstabilisierungs- und -restrukturie-

rungsgesetzes angeordnet, die auch unbewegliches Vermögen des Schuldners erfasst, so ist das Verfahren auf Antrag des Schuldners einstweilen einzustellen. [2]Der Antrag ist abzulehnen, wenn die Einstellung dem betreibenden Gläubiger unter Berücksichtigung seiner wirtschaftlichen Verhältnisse nicht zuzumuten ist.

(2) [1]Die einstweilige Einstellung ist mit der Auflage anzuordnen, dass dem betreibenden Gläubiger laufend die geschuldeten Zinsen zu zahlen sind und ein durch die Nutzung entstehender Wertverlust durch laufende Zahlungen auszugleichen ist. [2]Dies gilt nicht, soweit nach der Höhe der Forderung sowie dem Wert und der sonstigen Belastung des Grundstücks nicht mit einer Befriedigung des Gläubigers aus dem Versteigerungserlös zu rechnen ist.

(3) [1]Das Verfahren wird auf Antrag des Gläubigers fortgesetzt, wenn die Voraussetzungen für die einstweilige Einstellung entfallen sind, wenn die Auflagen nach Absatz 2 nicht beachtet werden oder der Schuldner der Fortsetzung zustimmt. [2]Vor der Entscheidung des Gerichts ist der Schuldner zu hören.

§ 31 [Fortsetzung auf Antrag des Gläubigers] (1) [1]Im Falle einer einstweiligen Einstellung darf das Verfahren, soweit sich nicht aus dem Gesetz etwas anderes ergibt, nur auf Antrag des Gläubigers fortgesetzt werden. [2]Wird der Antrag nicht binnen sechs Monaten gestellt, so ist das Verfahren aufzuheben.

(2) Die Frist nach Absatz 1 Satz 2 beginnt

a) im Falle des § 30 mit der Einstellung des Verfahrens,

b) im Falle des § 30a mit dem Zeitpunkt, bis zu dem die Einstellung angeordnet war,

c) im Falle des § 30f Abs. 1 mit dem Ende des Insolvenzverfahrens, im Falle des § 30f Abs. 2 mit der Rücknahme oder der Abweisung des Antrags auf Eröffnung des Insolvenzverfahrens,

d) wenn die Einstellung vom Prozeßgericht angeordnet war, mit der Wiederaufhebung der Anordnung oder mit einer sonstigen Erledigung der Einstellung.

(3) Das Vollstreckungsgericht soll den Gläubiger auf den Fristbeginn unter Bekanntgabe der Rechtsfolgen eines fruchtlosen Fristablaufs hinweisen; die Frist beginnt erst zu laufen, nachdem der Hinweis auf die Rechtsfolgen eines fruchtlosen Fristablaufs dem Gläubiger zugestellt worden ist.

§ 32 [Zustellung des Aufhebungs- oder Einstellungsbeschlusses] Der Beschluß, durch welchen das Verfahren aufgehoben oder einstweilen eingestellt wird, ist dem Schuldner, dem Gläubiger und, wenn die Anordnung von einem Dritten beantragt war, auch diesem zuzustellen.

§ 33 [Entscheidung durch Versagung des Zuschlags] Nach dem Schlusse der Versteigerung darf, wenn ein Grund zur Aufhebung oder zur einstweiligen Einstellung des Verfahrens oder zur Aufhebung des Termins vorliegt, die Entscheidung nur durch Versagung des Zuschlags gegeben werden.

§ 34 [Löschung des Versteigerungsvermerkes] Im Falle der Aufhebung des Verfahrens ist das Grundbuchamt um Löschung des Versteigerungsvermerkes zu ersuchen.

III. Bestimmung des Versteigerungstermins

§ 35 [Ausführung durch Vollstreckungsgericht] Die Versteigerung wird durch das Vollstreckungsgericht ausgeführt.

§ 36 [Terminsbestimmung] (1) Der Versteigerungstermin soll erst nach der Beschlagnahme des Grundstücks und nach dem Eingange der Mitteilungen des Grundbuchamts bestimmt werden.

(2) [1] Der Zeitraum zwischen der Anberaumung des Termins und dem Termin soll, wenn nicht besondere Gründe vorliegen, nicht mehr als sechs Monate betragen. [2] War das Verfahren einstweilen eingestellt, so soll diese Frist nicht mehr als zwei Monate, muß aber mindestens einen Monat betragen.

(3) Der Termin kann nach dem Ermessen des Gerichts an der Gerichtsstelle oder an einem anderen Orte im Gerichtsbezirk abgehalten werden.

§ 37 [Wesentlicher Inhalt der Terminsbestimmung] Die Terminsbestimmung muß enthalten:

1. die Bezeichnung des Grundstücks;
2. Zeit und Ort des Versteigerungstermins;
3. die Angabe, daß die Versteigerung im Wege der Zwangsvollstreckung erfolgt;
4. die Aufforderung, Rechte, soweit sie zur Zeit der Eintragung des Versteigerungsvermerkes aus dem Grundbuche nicht ersichtlich waren, spätestens im Versteigerungstermine vor der Aufforderung zur Abgabe von Geboten anzumelden und, wenn der Gläubiger widerspricht, glaubhaft zu machen, widrigenfalls die Rechte bei der Feststellung des geringsten Gebots nicht berücksichtigt und bei der Verteilung des Versteigerungserlöses dem Anspruche des Gläubigers und den übrigen Rechten nachgesetzt werden würden;
5. die Aufforderung an diejenigen, welche ein der Versteigerung entgegenstehendes Recht haben, vor der Erteilung des Zuschlags die Aufhebung oder einstweilige Einstellung des Verfahrens herbeizuführen, widrigenfalls für das Recht der Versteigerungserlös an die Stelle des versteigerten Gegenstandes treten würde.

§ 38 [Weitere Angaben in der Terminsbestimmung] (1) [1] Die Terminsbestimmung soll die Angabe des Grundbuchblatts, der Größe und des Verkehrswerts des Grundstücks enthalten. [2] Ist in einem früheren Versteigerungstermin der Zuschlag aus den Gründen des § 74a Abs. 1 oder des § 85a Abs. 1 versagt worden, so soll auch diese Tatsache in der Terminsbestimmung angegeben werden.

(2) Das Gericht kann Wertgutachten und Abschätzungen in einem für das Gericht bestimmten elektronischen Informations- und Kommunikationssystem öffentlich bekannt machen.

§ 39 [Bekanntmachung der Terminsbestimmung] (1) Die Terminsbestimmung muß durch einmalige Einrückung in das für Bekanntmachungen des Gerichts bestimmte Blatt oder in einem für das Gericht bestimmten elektronischen Informations- und Kommunikationssystem öffentlich bekanntgemacht werden.

(2) Hat das Grundstück nur einen geringen Wert, so kann das Gericht anordnen, daß die Einrückung oder Veröffentlichung nach Absatz 1 unterbleibt; in

diesem Falle muß die Bekanntmachung dadurch erfolgen, daß die Terminsbestimmung in der Gemeinde, in deren Bezirke das Grundstück belegen ist, an die für amtliche Bekanntmachungen bestimmte Stelle angeheftet wird.

§ 40 [Anheftung an die Gerichtstafel] (1) [1] Die Terminsbestimmung soll an die Gerichtstafel angeheftet werden. [2] Ist das Gericht nach § 2 Abs. 2 zum Vollstreckungsgerichte bestellt, so soll die Anheftung auch bei den übrigen Gerichten bewirkt werden. [3] Wird der Termin nach § 39 Abs. 1 durch Veröffentlichung in einem für das Gericht bestimmten elektronischen Informations- und Kommunikationssystem öffentlich bekannt gemacht, so kann die Anheftung an die Gerichtstafel unterbleiben.

(2) Das Gericht ist befugt, noch andere und wiederholte Veröffentlichungen zu veranlassen; bei der Ausübung dieser Befugnis ist insbesondere auf den Ortsgebrauch Rücksicht zu nehmen.

§ 41 [Zustellung an die Beteiligten] (1) Die Terminsbestimmung ist den Beteiligten zuzustellen.

(2) Im Laufe der vierten Woche vor dem Termin soll den Beteiligten mitgeteilt werden, auf wessen Antrag und wegen welcher Ansprüche die Versteigerung erfolgt.

(3) Als Beteiligte gelten auch diejenigen, welche das angemeldete Recht noch glaubhaft zu machen haben.

§ 42 [Akteneinsicht] (1) Die Einsicht der Mitteilungen des Grundbuchamts sowie der erfolgten Anmeldungen ist jedem gestattet.

(2) Das gleiche gilt von anderen das Grundstück betreffenden Nachweisungen, welche ein Beteiligter einreicht, insbesondere von Abschätzungen.

§ 43 [Terminsaufhebung] (1) [1] Der Versteigerungstermin ist aufzuheben und von neuem zu bestimmen, wenn die Terminsbestimmung nicht sechs Wochen vor dem Termin bekanntgemacht ist. [2] War das Verfahren einstweilen eingestellt, so reicht es aus, daß die Bekanntmachung der Terminsbestimmung zwei Wochen vor dem Termin bewirkt ist.

(2) Das gleiche gilt, wenn nicht vier Wochen vor dem Termin dem Schuldner ein Beschluß, auf Grund dessen die Versteigerung erfolgen kann, und allen Beteiligten, die schon zur Zeit der Anberaumung des Termins dem Gericht bekannt waren, die Terminsbestimmung zugestellt ist, es sei denn, daß derjenige, in Ansehung dessen die Frist nicht eingehalten ist, das Verfahren genehmigt.

IV. Geringstes Gebot. Versteigerungsbedingungen

§ 44 [Begriff des geringsten Gebots] (1) Bei der Versteigerung wird nur ein solches Gebot zugelassen, durch welches die dem Anspruche des Gläubigers vorgehenden Rechte sowie die aus dem Versteigerungserlöse zu entnehmenden Kosten des Verfahrens gedeckt werden (geringstes Gebot).

(2) Wird das Verfahren wegen mehrerer Ansprüche von verschiedenem Range betrieben, so darf der vorgehende Anspruch der Feststellung des geringsten Gebotes nur dann zugrunde gelegt werden, wenn der wegen dieses Anspruchs ergangene Beschluß dem Schuldner vier Wochen vor dem Versteigerungstermin zugestellt ist.

§ 45 [Feststellung des geringsten Gebots] (1) Ein Recht ist bei der Feststellung des geringsten Gebots insoweit, als es zur Zeit der Eintragung des Versteigerungsvermerkes aus dem Grundbuch ersichtlich war, nach dem Inhalte des Grundbuchs, im übrigen nur dann zu berücksichtigen, wenn es rechtzeitig angemeldet und, falls der Gläubiger widerspricht, glaubhaft gemacht wird.

(2) Von wiederkehrenden Leistungen, die nach dem Inhalte des Grundbuchs zu entrichten sind, brauchen die laufenden Beträge nicht angemeldet, die rückständigen nicht glaubhaft gemacht zu werden.

(3) [1] Ansprüche nach § 10 Abs. 1 Nr. 2 sind bei der Anmeldung durch einen entsprechenden Titel oder durch die Niederschrift der Beschlüsse einschließlich ihrer Anlagen oder in sonst geeigneter Weise glaubhaft zu machen. [2] Aus dem Vorbringen müssen sich die Zahlungspflicht, die Art und der Bezugszeitraum des Anspruchs sowie seine Fälligkeit ergeben.

§ 46 [Wiederkehrende Naturalleistungen] Für wiederkehrende Leistungen, die nicht in Geld bestehen, hat das Gericht einen Geldbetrag festzusetzen, auch wenn ein solcher nicht angemeldet ist.

§ 47 [Wiederkehrende Geldleistungen] [1] Laufende Beträge regelmäßig wiederkehrender Leistungen sind für die Zeit bis zum Ablaufe von zwei Wochen nach dem Versteigerungstermine zu decken. [2] Nicht regelmäßig wiederkehrende Leistungen werden mit den Beträgen berücksichtigt, welche vor dem Ablaufe dieser Frist zu entrichten sind.

§ 48 [Bedingte Rechte; Vormerkung und Widerspruch] Bedingte Rechte sind wie unbedingte, Rechte, die durch Eintragung eines Widerspruchs oder einer Vormerkung gesichert sind, wie eingetragene Rechte zu berücksichtigen.

§ 49 [Bargebot] (1) Der Teil des geringsten Gebots, welcher zur Deckung der Kosten sowie der im § 10 Nr. 1 bis 3 und im § 12 Nr. 1, 2 bezeichneten Ansprüche bestimmt ist, desgleichen der das geringste Gebot übersteigende Betrag des Meistgebots ist von dem Ersteher vor dem Verteilungstermin zu berichtigen (Bargebot).

(2) Das Bargebot ist von dem Zuschlag an zu verzinsen.

(3) Das Bargebot ist so rechtzeitig durch Überweisung auf ein Konto der Gerichtskasse zu entrichten, dass der Betrag der Gerichtskasse vor dem Verteilungstermin gutgeschrieben ist und ein Nachweis hierüber im Termin vorliegt.

(4) Der Ersteher wird durch Hinterlegung von seiner Verbindlichkeit befreit, wenn die Hinterlegung und die Ausschließung der Rücknahme im Verteilungstermine nachgewiesen werden.

§ 50 [Erhöhung des zu zahlenden Betrages] (1) [1] Soweit eine bei der Feststellung des geringsten Gebots berücksichtigte Hypothek, Grundschuld oder Rentenschuld nicht besteht, hat der Ersteher außer dem Bargebot auch den Betrag des berücksichtigten Kapitals zu zahlen. [2] In Ansehung der Verzinslichkeit, des Zinssatzes, der Zahlungszeit, der Kündigung und des Zahlungsorts bleiben die für das berücksichtigte Recht getroffenen Bestimmungen maßgebend.

(2) Das gleiche gilt:

1. wenn das Recht bedingt ist und die aufschiebende Bedingung ausfällt oder die auflösende Bedingung eintritt;

2. wenn das Recht noch an einem anderen Grundstücke besteht und an dem versteigerten Grundstücke nach den besonderen Vorschriften über die Gesamthypothek erlischt.

(3) Haftet der Ersteher im Falle des Absatzes 2 Nr. 2 zugleich persönlich, so ist die Erhöhung des zu zahlenden Betrags ausgeschlossen, soweit der Ersteher nicht bereichert ist.

§ 51 [Erhöhung bei Nichthypothekenrechten] (1) [1]Ist das berücksichtigte Recht nicht eine Hypothek, Grundschuld oder Rentenschuld, so finden die Vorschriften des § 50 entsprechende Anwendung. [2]Der Ersteher hat statt des Kapitals den Betrag, um welchen sich der Wert des Grundstücks erhöht, drei Monate nach erfolgter Kündigung zu zahlen und von dem Zuschlag an zu verzinsen.

(2) Der Betrag soll von dem Gerichte bei der Feststellung des geringsten Gebots bestimmt werden.

§ 52 [Bestehenbleibende Rechte] (1) [1]Ein Recht bleibt insoweit bestehen, als es bei der Feststellung des geringsten Gebots berücksichtigt und nicht durch Zahlung zu decken ist. [2]Im übrigen erlöschen die Rechte.

(2) [1]Das Recht auf eine der in den §§ 912 bis 917 des Bürgerlichen Gesetzbuchs[1)] bezeichneten Renten bleibt auch dann bestehen, wenn es bei der Feststellung des geringsten Gebots nicht berücksichtigt ist. [2]Satz 1 ist entsprechend anzuwenden auf

a) den Erbbauzins, wenn nach § 9 Abs. 3 des Erbbaurechtsgesetzes[2)] das Bestehenbleiben des Erbbauzinses als Inhalt der Reallast vereinbart worden ist;
b) Grunddienstbarkeiten und beschränkte persönliche Dienstbarkeiten, die auf dem Grundstück als Ganzem lasten, wenn in ein Wohnungseigentum mit dem Rang nach § 10 Abs. 1 Nr. 2 vollstreckt wird und diesen kein anderes Recht der Rangklasse 4 vorgeht, aus dem die Versteigerung betrieben werden kann.

§ 53 [Schuldübernahme] (1) Haftet bei einer Hypothek, die bestehenbleibt, der Schuldner zugleich persönlich, so übernimmt der Ersteher die Schuld in Höhe der Hypothek; die Vorschriften des § 416 des Bürgerlichen Gesetzbuchs[3)] finden mit der Maßgabe entsprechende Anwendung, daß als Veräußerer im Sinne dieser Vorschriften der Schuldner anzusehen ist.

(2) Das gleiche gilt, wenn bei einer Grundschuld oder Rentenschuld, die bestehenbleibt, der Schuldner zugleich persönlich haftet, sofern er spätestens im Versteigerungstermine vor der Aufforderung zur Abgabe von Geboten die gegen ihn bestehende Forderung unter Angabe ihres Betrags und Grundes angemeldet und auf Verlangen des Gerichts oder eines Beteiligten glaubhaft gemacht hat.

§ 54 [Kündigung von Grundpfandrechten] (1) Die von dem Gläubiger dem Eigentümer oder von diesem dem Gläubiger erklärte Kündigung einer Hypothek, einer Grundschuld oder einer Rentenschuld ist dem Ersteher gegenüber nur wirksam, wenn sie spätestens in dem Versteigerungstermine vor der

[1)] Nr. **1**.
[2)] Nr. **4**.
[3)] **dtv 5001 BGB Nr. 1.**

Aufforderung zur Abgabe von Geboten erfolgt und bei dem Gericht angemeldet worden ist.

(2) Das gleiche gilt von einer aus dem Grundbuche nicht ersichtlichen Tatsache, infolge deren der Anspruch vor der Zeit geltend gemacht werden kann.

§ 55 [Gegenstand der Versteigerung] (1) Die Versteigerung des Grundstücks erstreckt sich auf alle Gegenstände, deren Beschlagnahme noch wirksam ist.

(2) Auf Zubehörstücke, die sich im Besitze des Schuldners oder eines neu eingetretenen Eigentümers befinden, erstreckt sich die Versteigerung auch dann, wenn sie einem Dritten gehören, es sei denn, daß dieser sein Recht nach Maßgabe des § 37 Nr. 5 geltend gemacht hat.

§ 56 [Gefahrübergang] [1] Die Gefahr des zufälligen Unterganges geht in Ansehung des Grundstücks mit dem Zuschlag, in Ansehung der übrigen Gegenstände mit dem Schlusse der Versteigerung auf den Ersteher über. [2] Von dem Zuschlag an gebühren dem Ersteher die Nutzungen und trägt er die Lasten. [3] Ein Anspruch auf Gewährleistung findet nicht statt.

§ 57 [Mieter, Pächter] Ist das Grundstück einem Mieter oder Pächter überlassen, so finden die Vorschriften der §§ 566, 566a, 566b Abs. 1, §§ 566c und 566d des Bürgerlichen Gesetzbuchs[1)] nach Maßgabe der §§ 57a und 57b entsprechende Anwendung.

§ 57a [Kündigungsrecht des Erstehers] [1] Der Ersteher ist berechtigt, das Miet- oder Pachtverhältnis unter Einhaltung der gesetzlichen Frist zu kündigen. [2] Die Kündigung ist ausgeschlossen, wenn sie nicht für den ersten Termin erfolgt, für den sie zulässig ist.

§ 57b [Vorausverfügungen über Miet- oder Pachtzins] (1) [1] Soweit nach den Vorschriften des § 566b Abs. 1 und der §§ 566c, 566d des Bürgerlichen Gesetzbuchs[1)] für die Wirkung von Verfügungen und Rechtsgeschäften über die Miete oder Pacht der Übergang des Eigentums in Betracht kommt, ist an dessen Stelle die Beschlagnahme des Grundstücks maßgebend. [2] Ist dem Mieter oder Pächter der Beschluß, durch den die Zwangsversteigerung angeordnet wird, zugestellt, so gilt mit der Zustellung die Beschlagnahme als dem Mieter oder Pächter bekannt; die Zustellung erfolgt auf Antrag des Gläubigers an die von ihm bezeichneten Personen. [3] Dem Beschlusse soll eine Belehrung über die Bedeutung der Beschlagnahme für den Mieter oder Pächter beigefügt werden. [4] Das Gericht hat auf Antrag des Gläubigers zur Feststellung der Mieter und Pächter eines Grundstücks Ermittlungen zu veranlassen; es kann damit einen Gerichtsvollzieher oder einen sonstigen Beamten beauftragen, auch die zuständige örtliche Behörde um Mitteilung der ihr bekannten Mieter und Pächter ersuchen.

(2) [1] Der Beschlagnahme zum Zwecke der Zwangsversteigerung steht die Beschlagnahme zum Zwecke der Zwangsverwaltung gleich, wenn sie bis zum Zuschlag fortgedauert hat. [2] Ist dem Mieter oder Pächter der Beschluß, durch den ihm verboten wird, an den Schuldner zu zahlen, zugestellt, so gilt mit der Zustellung die Beschlagnahme als dem Mieter oder Pächter bekannt.

1) Nr. **1**.

(3) Auf Verfügungen und Rechtsgeschäfte des Zwangsverwalters finden diese Vorschriften keine Anwendung.

§§ 57c, 57d *(aufgehoben)*

§ 58 [Kosten des Zuschlagsbeschlusses] Die Kosten des Beschlusses, durch welchen der Zuschlag erteilt wird, fallen dem Ersteher zur Last.

§ 59 [Abweichende Feststellung des geringsten Gebots] (1) [1]Jeder Beteiligte kann spätestens im Versteigerungstermin vor der Aufforderung zur Abgabe von Geboten eine von den gesetzlichen Vorschriften abweichende Feststellung des geringsten Gebots und der Versteigerungsbedingungen verlangen. [2]Der Antrag kann spätestens zu dem in Satz 1 genannten Zeitpunkt zurückgenommen werden. [3]Wird durch die Abweichung das Recht eines anderen Beteiligten beeinträchtigt, so ist dessen Zustimmung erforderlich.

(2) Sofern nicht feststeht, ob das Recht durch die Abweichung beeinträchtigt wird, ist das Grundstück mit der verlangten Abweichung und ohne sie auszubieten.

(3) Soll das Fortbestehen eines Rechtes bestimmt werden, das nach § 52 erlöschen würde, so bedarf es nicht der Zustimmung eines nachstehenden Beteiligten.

§§ 60, 61 *(aufgehoben)*

§ 62 [Erörterungen über das geringste Gebot] Das Gericht kann schon vor dem Versteigerungstermin Erörterungen der Beteiligten über das geringste Gebot und die Versteigerungsbedingungen veranlassen, zu diesem Zwecke auch einen besonderen Termin bestimmen.

§ 63 [Einzel-, Gesamt- und Gruppenausgebot mehrerer Grundstücke]

(1) [1]Mehrere in demselben Verfahren zu versteigernde Grundstücke sind einzeln auszubieten. [2]Grundstücke, die mit einem einheitlichen Bauwerk überbaut sind, können auch gemeinsam ausgeboten werden.

(2) [1]Jeder Beteiligte kann spätestens im Versteigerungstermin vor der Aufforderung zur Abgabe von Geboten verlangen, daß neben dem Einzelausgebot alle Grundstücke zusammen ausgeboten werden (Gesamtausgebot). [2]Sofern einige Grundstücke mit einem und demselben Recht belastet sind, kann jeder Beteiligte auch verlangen, daß diese Grundstücke gemeinsam ausgeboten werden (Gruppenausgebot). [3]Auf Antrag kann das Gericht auch in anderen Fällen das Gesamtausgebot einiger der Grundstücke anordnen (Gruppenausgebot).

(3) [1]Wird bei dem Einzelausgebot auf eines der Grundstücke ein Meistgebot abgegeben, das mehr beträgt als das geringste Gebot für dieses Grundstück, so erhöht sich bei dem Gesamtausgebote das geringste Gebot um den Mehrbetrag. [2]Der Zuschlag wird auf Grund des Gesamtausgebots nur erteilt, wenn das Meistgebot höher ist als das Gesamtergebnis der Einzelausgebote.

(4) [1]Das Einzelausgebot unterbleibt, wenn die anwesenden Beteiligten, deren Rechte bei der Feststellung des geringsten Gebots nicht zu berücksichtigen sind, hierauf verzichtet haben. [2]Dieser Verzicht ist bis spätestens vor der Aufforderung zur Abgabe von Geboten zu erklären.

§ 64 [Gesamthypothek] (1) [1] Werden mehrere Grundstücke, die mit einer dem Anspruche des Gläubigers vorgehenden Gesamthypothek belastet sind, in demselben Verfahren versteigert, so ist auf Antrag die Gesamthypothek bei der Feststellung des geringsten Gebots für das einzelne Grundstück nur zu dem Teilbetrage zu berücksichtigen, der dem Verhältnisse des Wertes des Grundstücks zu dem Werte der sämtlichen Grundstücke entspricht; der Wert wird unter Abzug der Belastungen berechnet, die der Gesamthypothek im Range vorgehen und bestehen bleiben. [2] Antragsberechtigt sind der Gläubiger, der Eigentümer und jeder dem Hypothekengläubiger gleich- oder nachstehende Beteiligte.

(2) [1] Wird der im Absatz 1 bezeichnete Antrag gestellt, so kann der Hypothekengläubiger bis zum Schlusse der Verhandlung im Versteigerungstermine verlangen, daß bei der Feststellung des geringsten Gebots für die Grundstücke nur die seinem Anspruche vorgehenden Rechte berücksichtigt werden; in diesem Falle sind die Grundstücke auch mit der verlangten Abweichung auszubieten. [2] Erklärt sich nach erfolgtem Ausgebote der Hypothekengläubiger der Aufforderung des Gerichts ungeachtet nicht darüber, welches Ausgebot für die Erteilung des Zuschlags maßgebend sein soll, so verbleibt es bei der auf Grund des Absatzes 1 erfolgten Feststellung des geringsten Gebots.

(3) Diese Vorschriften finden entsprechende Anwendung, wenn die Grundstücke mit einer und derselben Grundschuld oder Rentenschuld belastet sind.

§ 65 [Besondere Versteigerung; anderweitige Verwertung] (1) [1] Das Gericht kann auf Antrag anordnen, daß eine Forderung oder eine bewegliche Sache von der Versteigerung des Grundstücks ausgeschlossen und besonders versteigert werden soll. [2] Auf Antrag kann auch eine andere Art der Verwertung angeordnet, insbesondere zur Einziehung einer Forderung ein Vertreter bestellt oder die Forderung einem Beteiligten mit dessen Zustimmung an Zahlungs Statt überwiesen werden. [3] Die Vorschriften der §§ 817, *820*,[1)] 835 der Zivilprozeßordnung[2)] finden entsprechende Anwendung. [4] Der Erlös ist zu hinterlegen.

(2) Die besondere Versteigerung oder die anderweitige Verwertung ist nur zulässig, wenn das geringste Gebot erreicht ist.

V. Versteigerung

§ 66 [Verfahren im Termin] (1) In dem Versteigerungstermine werden nach dem Aufrufe der Sache die das Grundstück betreffenden Nachweisungen, die das Verfahren betreibenden Gläubiger, deren Ansprüche, die Zeit der Beschlagnahme, der vom Gericht festgesetzte Wert des Grundstücks und die erfolgten Anmeldungen bekanntgemacht, hierauf das geringste Gebot und die Versteigerungsbedingungen nach Anhörung der anwesenden Beteiligten, nötigenfalls mit Hilfe eines Rechnungsverständigen, unter Bezeichnung der einzelnen Rechte festgestellt und die erfolgten Feststellungen verlesen.

(2) Nachdem dies geschehen, hat das Gericht auf die bevorstehende Ausschließung weiterer Anmeldungen hinzuweisen und sodann zur Abgabe von Geboten aufzufordern.[3)]

1) § 820 ZPO aufgeh. durch G v. 20.8.1953 (BGBl. I S. 952); siehe nunmehr § 817a Abs. 3 ZPO **(dtv 5005 ZPO Nr. 1)**.

2) **dtv 5005 ZPO Nr. 1.**

3) Vgl. für land- und forstwirtschaftliche Grundstücke §§ 1 ff. und 37 GrundstückverkehrsG (Nr. **9**).

§ 67 [Verlangen einer Sicherheitsleistung] (1) [1]Ein Beteiligter, dessen Recht durch Nichterfüllung des Gebots beeinträchtigt werden würde, kann Sicherheitsleistung verlangen, jedoch nur sofort nach Abgabe des Gebots. [2]Das Verlangen gilt auch für weitere Gebote desselben Bieters.

(2) [1]Steht dem Bieter eine durch das Gebot ganz oder teilweise gedeckte Hypothek, Grundschuld oder Rentenschuld zu, so braucht er Sicherheit nur auf Verlangen des Gläubigers zu leisten. [2]Auf Gebote des Schuldners oder eines neu eingetretenen Eigentümers findet diese Vorschrift keine Anwendung.

(3) Für ein Gebot des Bundes, der Deutschen Bundesbank, der Deutschen Genossenschaftsbank, der Deutschen Girozentrale (Deutsche Kommunalbank) oder eines Landes kann Sicherheitsleistung nicht verlangt werden.

§ 68 [Höhe der Sicherheit] (1) [1]Die Sicherheit ist für ein Zehntel des in der Terminsbestimmung genannten, anderenfalls des festgesetzten Verkehrswerts zu leisten. [2]Übersteigt die Sicherheit nach Satz 1 das Bargebot, ist der überschießende Betrag freizugeben. [3]Ist die Sicherheitsleistung durch Überweisung auf das Konto der Gerichtskasse bewirkt, ordnet das Gericht die Auszahlung des überschießenden Betrags an.

(2) Ein Beteiligter, dessen Recht nach § 52 bestehenbleibt, kann darüber hinausgehende Sicherheitsleistung bis zur Höhe des Betrags verlangen, welcher zur Deckung der seinem Rechte vorgehenden Ansprüche durch Zahlung zu berichtigen ist.

(3) Bietet der Schuldner oder ein neu eingetretener Eigentümer des Grundstücks, so kann der Gläubiger darüber hinausgehende Sicherheitsleistung bis zur Höhe des Betrags verlangen, welcher zur Deckung seines Anspruchs durch Zahlung zu berichtigen ist.

(4) Die erhöhte Sicherheitsleistung nach den Absätzen 2 und 3 ist spätestens bis zur Entscheidung über den Zuschlag zu erbringen.

§ 69 [Art der Sicherheitsleistung] (1) Eine Sicherheitsleistung durch Barzahlung ist ausgeschlossen.

(2) [1]Zur Sicherheitsleistung sind Bundesbankschecks und Verrechnungsschecks geeignet, die frühestens am dritten Werktag vor dem Versteigerungstermin ausgestellt worden sind. [2]Dies gilt nur, wenn sie von einem im Geltungsbereich dieses Gesetzes zum Betreiben von Bankgeschäften berechtigten Kreditinstitut oder der Bundesbank ausgestellt und im Inland zahlbar sind. [3]Als berechtigt im Sinne dieser Vorschrift gelten Kreditinstitute, die in der Liste der zugelassenen Kreditinstitute gemäß Artikel 3 Abs. 7 und Artikel 10 Abs. 2 der Richtlinie 77/780/EWG des Rates vom 12. Dezember 1977 zur Koordinierung der Rechts- und Verwaltungsvorschriften über die Aufnahme und Ausübung der Tätigkeit der Kreditinstitute (ABl. EG Nr. L 322 S. 30) aufgeführt sind.

(3) [1]Als Sicherheitsleistung ist eine unbefristete, unbedingte und selbstschuldnerische Bürgschaft eines Kreditinstituts im Sinne des Absatzes 2 zuzulassen, wenn die Verpflichtung aus der Bürgschaft im Inland zu erfüllen ist. [2]Dies gilt nicht für Gebote des Schuldners oder eines neu eingetretenen Eigentümers.

(4) Die Sicherheitsleistung kann durch Überweisung auf ein Konto der Gerichtskasse bewirkt werden, wenn der Betrag der Gerichtskasse vor dem Versteigerungstermin gutgeschrieben ist und ein Nachweis hierüber im Termin vorliegt.

§ 70 [Sofortige Entscheidung; sofortige Leistung] (1) Das Gericht hat über die Sicherheitsleistung sofort zu entscheiden.

(2) [1] Erklärt das Gericht die Sicherheit für erforderlich, so ist sie sofort zu leisten. [2] Die Sicherheitsleistung durch Überweisung auf ein Konto der Gerichtskasse muss bereits vor dem Versteigerungstermin erfolgen. [3] Unterbleibt die Leistung, so ist das Gebot zurückzuweisen.

(3) Wird das Gebot ohne Sicherheitsleistung zugelassen und von dem Beteiligten, welcher die Sicherheit verlangt hat, nicht sofort Widerspruch erhoben, so gilt das Verlangen als zurückgenommen.

§ 71 [Zurückweisung eines unwirksamen Gebots] (1) Ein unwirksames Gebot ist zurückzuweisen.

(2) Ist die Wirksamkeit eines Gebots von der Vertretungsmacht desjenigen, welcher das Gebot für den Bieter abgegeben hat, oder von der Zustimmung eines anderen oder einer Behörde abhängig, so erfolgt die Zurückweisung, sofern nicht die Vertretungsmacht oder die Zustimmung bei dem Gericht offenkundig ist oder durch eine öffentlich beglaubigte Urkunde sofort nachgewiesen wird.

§ 72 [Erlöschen eines Gebots; Übergebot] (1) [1] Ein Gebot erlischt, wenn ein Übergebot zugelassen wird und ein Beteiligter der Zulassung nicht sofort widerspricht. [2] Das Übergebot gilt als zugelassen, wenn es nicht sofort zurückgewiesen wird.

(2) Ein Gebot erlischt auch dann, wenn es zurückgewiesen wird und der Bieter oder ein Beteiligter der Zurückweisung nicht sofort widerspricht.

(3) Das gleiche gilt, wenn das Verfahren einstweilen eingestellt oder der Termin aufgehoben wird.

(4) Ein Gebot erlischt nicht, wenn für ein zugelassenes Übergebot die nach § 68 Abs. 2 und 3 zu erbringende Sicherheitsleistung nicht bis zur Entscheidung über den Zuschlag geleistet worden ist.

§ 73 [Frist; Verkündung des letzten Gebots] (1) [1] Zwischen der Aufforderung zur Abgabe von Geboten und dem Zeitpunkt, in welchem bezüglich sämtlicher zu versteigernder Grundstücke die Versteigerung geschlossen wird, müssen 30 Minuten liegen. [2] Die Versteigerung muß so lange fortgesetzt werden, bis der Aufforderung des Gerichts ungeachtet ein Gebot nicht mehr abgegeben wird.

(2) [1] Das Gericht hat das letzte Gebot und den Schluß der Versteigerung zu verkünden. [2] Die Verkündung des letzten Gebots soll mittels dreimaligen Aufrufs erfolgen.

§ 74 [Anhörung über den Zuschlag] Nach dem Schlusse der Versteigerung sind die anwesenden Beteiligten über den Zuschlag zu hören.

§ 74a [Antrag auf Versagung des Zuschlags] (1) [1] Bleibt das abgegebene Meistgebot einschließlich des Kapitalwertes der nach den Versteigerungsbedingungen bestehenbleibenden Rechte unter sieben Zehnteilen des Grundstückswertes, so kann ein Berechtigter, dessen Anspruch ganz oder teilweise durch das Meistgebot nicht gedeckt ist, aber bei einem Gebot in der genannten Höhe voraussichtlich gedeckt sein würde, die Versagung des Zuschlags beantragen. [2] Der Antrag ist abzulehnen, wenn der betreibende Gläubiger widerspricht und

glaubhaft macht, daß ihm durch die Versagung des Zuschlags ein unverhältnismäßiger Nachteil erwachsen würde.

(2) Der Antrag auf Versagung des Zuschlags kann nur bis zum Schluß der Verhandlung über den Zuschlag gestellt werden; das gleiche gilt von der Erklärung des Widerspruchs.

(3) [1] Wird der Zuschlag gemäß Absatz 1 versagt, so ist von Amts wegen ein neuer Versteigerungstermin zu bestimmen. [2] Der Zeitraum zwischen den beiden Terminen soll, sofern nicht nach den besonderen Verhältnissen des Einzelfalles etwas anderes geboten ist, mindestens drei Monate betragen, darf aber sechs Monate nicht übersteigen.

(4) In dem neuen Versteigerungstermin darf der Zuschlag weder aus den Gründen des Absatzes 1 noch aus denen des § 85a Abs. 1 versagt werden.

(5) [1] Der Grundstückswert (Verkehrswert) wird vom Vollstreckungsgericht, nötigenfalls nach Anhörung von Sachverständigen, festgesetzt. [2] Der Wert der beweglichen Gegenstände, auf die sich die Versteigerung erstreckt, ist unter Würdigung aller Verhältnisse frei zu schätzen. [3] Der Beschluß über die Festsetzung des Grundstückswertes ist mit der sofortigen Beschwerde anfechtbar. [4] Der Zuschlag oder die Versagung des Zuschlags können mit der Begründung, daß der Grundstückswert unrichtig festgesetzt sei, nicht angefochten werden.

§ 74b [Ausnahme von § 74a] Ist das Meistgebot von einem zur Befriedigung aus dem Grundstück Berechtigten abgegeben worden, so findet § 74a keine Anwendung, wenn das Gebot einschließlich des Kapitalwertes der nach den Versteigerungsbedingungen bestehenbleibenden Rechte zusammen mit dem Betrage, mit dem der Meistbietende bei der Verteilung des Erlöses ausfallen würde, sieben Zehnteile des Grundstückswertes erreicht und dieser Betrag im Range unmittelbar hinter dem letzten Betrage steht, der durch das Gebot noch gedeckt ist.

§ 75 [Einstellung wegen Vorlegung eines Einzahlungs- oder Überweisungsnachweises im Termin] Das Verfahren wird eingestellt, wenn der Schuldner im Versteigerungstermin einen Einzahlungs- oder Überweisungsnachweis einer Bank oder Sparkasse oder eine öffentliche Urkunde vorlegt, aus der sich ergibt, dass der Schuldner oder ein Dritter, der berechtigt ist, den Gläubiger zu befriedigen, den zur Befriedigung und zur Deckung der Kosten erforderlichen Betrag an die Gerichtskasse gezahlt hat.

§ 76 [Einstellung wegen Deckung des Gläubigers aus einem Einzelausgebot] (1) Wird bei der Versteigerung mehrerer Grundstücke auf eines oder einige so viel geboten, daß der Anspruch des Gläubigers gedeckt ist, so wird das Verfahren in Ansehung der übrigen Grundstücke einstweilen eingestellt; die Einstellung unterbleibt, wenn sie dem berechtigten Interesse des Gläubigers widerspricht.

(2) [1] Ist die einstweilige Einstellung erfolgt, so kann der Gläubiger die Fortsetzung des Verfahrens verlangen, wenn er ein berechtigtes Interesse daran hat, insbesondere wenn er im Verteilungstermine nicht befriedigt worden ist. [2] Beantragt der Gläubiger die Fortsetzung nicht vor dem Ablaufe von drei Monaten nach dem Verteilungstermine, so gilt der Versteigerungsantrag als zurückgenommen.

§ 77 [Einstellung wegen Mangels an Geboten] (1) Ist ein Gebot nicht abgegeben oder sind sämtliche Gebote erloschen, so wird das Verfahren einstweilen eingestellt.

(2) [1] Bleibt die Versteigerung in einem zweiten Termine gleichfalls ergebnislos, so wird das Verfahren aufgehoben. [2] Liegen die Voraussetzungen für die Anordnung der Zwangsverwaltung vor, so kann auf Antrag des Gläubigers das Gericht anordnen, daß das Verfahren als Zwangsverwaltung fortgesetzt wird. [3] In einem solchen Falle bleiben die Wirkungen der für die Zwangsversteigerung erfolgten Beschlagnahme bestehen; die Vorschrift des § 155 Abs. 1 findet jedoch auf die Kosten der Zwangsversteigerung keine Anwendung.

§ 78 [Protokoll] Vorgänge in dem Termine, die für die Entscheidung über den Zuschlag oder für das Recht eines Beteiligten in Betracht kommen, sind durch das Protokoll festzustellen; bleibt streitig, ob oder für welches Gebot der Zuschlag zu erteilen ist, so ist das Sachverhältnis mit den gestellten Anträgen in das Protokoll aufzunehmen.

VI. Entscheidung über den Zuschlag

§ 79 [Keine Bindung an Vorentscheidungen] Bei der Beschlußfassung über den Zuschlag ist das Gericht an eine Entscheidung, die es vorher getroffen hat, nicht gebunden.

§ 80 [Nicht protokollierte Vorgänge] Vorgänge in dem Versteigerungstermine, die nicht aus dem Protokoll ersichtlich sind, werden bei der Entscheidung über den Zuschlag nicht berücksichtigt.

§ 81 [Zuschlagsberechtigte] (1) Der Zuschlag ist dem Meistbietenden zu erteilen.[1)]

(2) Hat der Meistbietende das Recht aus dem Meistgebot an einen anderen abgetreten und dieser die Verpflichtung aus dem Meistgebot übernommen, so ist, wenn die Erklärungen im Versteigerungstermin abgegeben oder nachträglich durch öffentlich beglaubigte Urkunden nachgewiesen werden, der Zuschlag nicht dem Meistbietenden, sondern dem anderen zu erteilen.

(3) Erklärt der Meistbietende im Termin oder nachträglich in einer öffentlich beglaubigten Urkunde, daß er für einen anderen geboten habe, so ist diesem der Zuschlag zu erteilen, wenn die Vertretungsmacht des Meistbietenden oder die Zustimmung des anderen entweder bei dem Gericht offenkundig ist oder durch eine öffentlich beglaubigte Urkunde nachgewiesen wird.

(4) Wird der Zuschlag erteilt, so haften der Meistbietende und der Ersteher als Gesamtschuldner.

§ 82 [Inhalt des Zuschlagsbeschlusses] In dem Beschlusse, durch welchen der Zuschlag erteilt wird, sind das Grundstück, der Ersteher, das Gebot und die Versteigerungsbedingungen zu bezeichnen; auch sind im Falle des § 69 Abs. 3 der Bürge unter Angabe der Höhe seiner Schuld und im Falle des § 81 Abs. 4 der Meistbietende für mithaftend zu erklären.

§ 83 [Versagung des Zuschlags] Der Zuschlag ist zu versagen:

1) Vgl. für land- und forstwirtschaftliche Grundstücke §§ 1 ff. und 37 GrundstückverkehrsG (Nr. **9**).

1. wenn die Vorschrift des § 43 Abs. 2 oder eine der Vorschriften über die Feststellung des geringsten Gebots oder der Versteigerungsbedingungen verletzt ist;
2. wenn bei der Versteigerung mehrerer Grundstücke das Einzelausgebot oder das Gesamtausgebot den Vorschriften des § 63 Abs. 1, Abs. 2 Satz 1, Abs. 4 zuwider unterblieben ist;
3. wenn in den Fällen des § 64 Abs. 2 Satz 1, Abs. 3 die Hypothek, Grundschuld oder Rentenschuld oder das Recht eines gleich- oder nachstehenden Beteiligten, der dem Gläubiger vorgeht, durch das Gesamtergebnis der Einzelausgebote nicht gedeckt werden;
4. wenn die nach der Aufforderung zur Abgabe von Geboten erfolgte Anmeldung oder Glaubhaftmachung eines Rechtes ohne Beachtung der Vorschrift des § 66 Abs. 2 zurückgewiesen ist;
5. wenn der Zwangsversteigerung oder der Fortsetzung des Verfahrens das Recht eines Beteiligten entgegensteht;
6. wenn die Zwangsversteigerung oder die Fortsetzung des Verfahrens aus einem sonstigen Grunde unzulässig ist;
7. wenn eine der Vorschriften des § 43 Abs. 1 oder des § 73 Abs. 1 verletzt ist,
8. wenn die nach § 68 Abs. 2 und 3 verlangte Sicherheitsleistung nicht bis zur Entscheidung über den Zuschlag geleistet worden ist.

§ 84 [Keine Versagung des Zuschlags] (1) Die im § 83 Nr. 1 bis 5 bezeichneten Versagungsgründe stehen der Erteilung des Zuschlags nicht entgegen, wenn das Recht des Beteiligten durch den Zuschlag nicht beeinträchtigt wird oder wenn der Beteiligte das Verfahren genehmigt.

(2) Die Genehmigung ist durch eine öffentlich beglaubigte Urkunde nachzuweisen.

§ 85 [Versagung bei Antrag auf neuen Versteigerungstermin] (1) [1]Der Zuschlag ist zu versagen, wenn vor dem Schlusse der Verhandlung ein Beteiligter, dessen Recht durch den Zuschlag beeinträchtigt werden würde und der nicht zu den Berechtigten des § 74a Abs. 1 gehört, die Bestimmung eines neuen Versteigerungstermins beantragt und sich zugleich zum Ersatze des durch die Versagung des Zuschlages entstehenden Schadens verpflichtet, auch auf Verlangen eines anderen Beteiligten Sicherheit leistet. [2]Die Vorschriften des § 67 Abs. 3 und des § 69 sind entsprechend anzuwenden. [3]Die Sicherheit ist in Höhe des bis zum Verteilungstermin zu berichtigenden Teils des bisherigen Meistgebots zu leisten.

(2) Die neue Terminsbestimmung ist auch dem Meistbietenden zuzustellen.

(3) Für die weitere Versteigerung gilt das bisherige Meistgebot mit Zinsen von dem durch Zahlung zu berichtigenden Teile des Meistgebots unter Hinzurechnung derjenigen Mehrkosten, welche aus dem Versteigerungserlöse zu entnehmen sind, als ein von dem Beteiligten abgegebenes Gebot.

(4) In dem fortgesetzten Verfahren findet die Vorschrift des Absatzes 1 keine Anwendung.

§ 85a [Versagung bei zu geringem Meistgebot] (1) Der Zuschlag ist ferner zu versagen, wenn das abgegebene Meistgebot einschließlich des Kapital-

wertes der nach den Versteigerungsbedingungen bestehenbleibenden Rechte die Hälfte des Grundstückswertes nicht erreicht.

(2) [1] § 74a Abs. 3, 5 ist entsprechend anzuwenden. [2] In dem neuen Versteigerungstermin darf der Zuschlag weder aus den Gründen des Absatzes 1 noch aus denen des § 74a Abs. 1 versagt werden.

(3) Ist das Meistgebot von einem zur Befriedigung aus dem Grundstück Berechtigten abgegeben worden, so ist Absatz 1 nicht anzuwenden, wenn das Gebot einschließlich des Kapitalwertes der nach den Versteigerungsbedingungen bestehenbleibenden Rechte zusammen mit dem Betrage, mit dem der Meistbietende bei der Verteilung des Erlöses ausfallen würde, die Hälfte des Grundstückswertes erreicht.

§ 86 [Wirkung der Versagung] Die rechtskräftige Versagung des Zuschlags wirkt, wenn die Fortsetzung des Verfahrens zulässig ist, wie eine einstweilige Einstellung, anderenfalls wie die Aufhebung des Verfahrens.

§ 87 [Verkündungstermin] (1) Der Beschluß, durch welchen der Zuschlag erteilt oder versagt wird, ist in dem Versteigerungstermin oder in einem sofort zu bestimmenden Termine zu verkünden.

(2) [1] Der Verkündungstermin soll nicht über eine Woche hinaus bestimmt werden. [2] Die Bestimmung des Termins ist zu verkünden und durch Anheftung an die Gerichtstafel bekanntzumachen.

(3) Sind nachträglich Tatsachen oder Beweismittel vorgebracht, so sollen in dem Verkündungstermine die anwesenden Beteiligten hierüber gehört werden.

§ 88 [Zustellung des Beschlusses] [1] Der Beschluß, durch welchen der Zuschlag erteilt wird, ist den Beteiligten, soweit sie weder im Versteigerungstermine noch im Verkündungstermin erschienen sind, und dem Ersteher sowie im Falle des § 69 Abs. 3 dem für mithaftend erklärten Bürgen und im Falle des § 81 Abs. 4 dem Meistbietenden zuzustellen. [2] Als Beteiligte gelten auch diejenigen, welche das angemeldete Recht noch glaubhaft zu machen haben.

§ 89 [Wirksamwerden des Zuschlags] Der Zuschlag wird mit der Verkündung wirksam.

§ 90[1)] [Eigentumserwerb durch Zuschlag] (1) Durch den Zuschlag wird der Ersteher Eigentümer des Grundstücks, sofern nicht im Beschwerdewege der Beschluß rechtskräftig aufgehoben wird.

(2) Mit dem Grundstück erwirbt er zugleich die Gegenstände, auf welche sich die Versteigerung erstreckt hat.

§ 91 [Erlöschen von Rechten] (1) Durch den Zuschlag erlöschen unter der im § 90 Abs. 1 bestimmten Voraussetzung die Rechte, welche nicht nach den Versteigerungsbedingungen bestehen bleiben sollen.

(2) Ein Recht an dem Grundstücke bleibt jedoch bestehen, wenn dies zwischen dem Berechtigten und dem Ersteher vereinbart ist und die Erklärungen entweder im Verteilungstermin abgegeben oder, bevor das Grundbuchamt um

1) Beachte hierzu auch § 9 EinführungsG zu dem G über die Zwangsversteigerung und die Zwangsverwaltung v. 20.5.1898 (RGBl. S. 750), zuletzt geänd. durch G v. 11.10.2016 (BGBl. I S. 2222).

Berichtigung des Grundbuchs ersucht ist, durch eine öffentlich beglaubigte Urkunde nachgewiesen werden.

(3) [1] Im Falle des Absatzes 2 vermindert sich der durch Zahlung zu berichtigende Teil des Meistgebots um den Betrag, welcher sonst dem Berechtigten gebühren würde. [2] Im übrigen wirkt die Vereinbarung wie die Befriedigung des Berechtigten aus dem Grundstücke.

(4) [1] Das Erlöschen eines Rechts, dessen Inhaber zur Zeit des Erlöschens nach § 1179a des Bürgerlichen Gesetzbuchs[1)] die Löschung einer bestehenbleibenden Hypothek, Grundschuld oder Rentenschuld verlangen kann, hat nicht das Erlöschen dieses Anspruchs zur Folge. [2] Der Anspruch erlischt, wenn der Berechtigte aus dem Grundstück befriedigt wird.

§ 92 [Anspruch auf Ersatz des Wertes] (1) Erlischt durch den Zuschlag ein Recht, das nicht auf Zahlung eines Kapitals gerichtet ist, so tritt an die Stelle des Rechtes der Anspruch auf Ersatz des Wertes aus dem Versteigerungserlöse.

(2) [1] Der Ersatz für einen Nießbrauch, für eine beschränkte persönliche Dienstbarkeit sowie für eine Reallast von unbestimmter Dauer ist durch Zahlung einer Geldrente zu leisten, die dem Jahreswerte des Rechtes gleichkommt. [2] Der Betrag ist für drei Monate vorauszuzahlen. [3] Der Anspruch auf eine fällig gewordene Zahlung verbleibt dem Berechtigten auch dann, wenn das Recht auf die Rente vor dem Ablaufe der drei Monate erlischt.

(3) Bei ablösbaren Rechten bestimmt sich der Betrag der Ersatzleistung durch die Ablösungssumme.

§ 93 [Zuschlagsbeschluss als Vollstreckungstitel] (1) [1] Aus dem Beschlusse, durch welchen der Zuschlag erteilt wird, findet gegen den Besitzer des Grundstücks oder einer mitversteigerten Sache die Zwangsvollstreckung auf Räumung und Herausgabe statt. [2] Die Zwangsvollstreckung soll nicht erfolgen, wenn der Besitzer auf Grund eines Rechtes besitzt, das durch den Zuschlag nicht erloschen ist. [3] Erfolgt gleichwohl die Zwangsvollstreckung, so kann der Besitzer nach Maßgabe des § 771 der Zivilprozeßordnung[2)] Widerspruch erheben.

(2) Zum Ersatze von Verwendungen, die vor dem Zuschlage gemacht sind, ist der Ersteher nicht verpflichtet.

§ 94 [Gerichtliche Verwaltung] (1) [1] Auf Antrag eines Beteiligten, der Befriedigung aus dem Bargebote zu erwarten hat, ist das Grundstück für Rechnung des Erstehers in gerichtliche Verwaltung zu nehmen, solange nicht die Zahlung oder Hinterlegung erfolgt ist. [2] Der Antrag kann schon im Versteigerungstermine gestellt werden.

(2) Auf die Bestellung des Verwalters sowie auf dessen Rechte und Pflichten finden die Vorschriften über die Zwangsverwaltung entsprechende Anwendung.

VII. Beschwerde

§ 95 [Zulässigkeit] Gegen eine Entscheidung, die vor der Beschlußfassung über den Zuschlag erfolgt, kann die sofortige Beschwerde nur eingelegt werden, soweit die Entscheidung die Anordnung, Aufhebung, einstweilige Einstellung oder Fortsetzung des Verfahrens betrifft.

[1)] Nr. **1**.

[2)] **dtv 5005 ZPO Nr. 1.**

§ 96 [Anzuwendende Vorschriften] Auf die Beschwerde gegen die Entscheidung über den Zuschlag finden die Vorschriften der Zivilprozeßordnung über die Beschwerde nur insoweit Anwendung, als nicht in den §§ 97 bis 104 ein anderes vorgeschrieben ist.

§ 97 [Beschwerdeberechtigte] (1) Die Beschwerde steht im Falle der Erteilung des Zuschlags jedem Beteiligten sowie dem Ersteher und dem für zahlungspflichtig erklärten Dritten, im Falle der Versagung dem Gläubiger zu, in beiden Fällen auch dem Bieter, dessen Gebot nicht erloschen ist, sowie demjenigen, welcher nach § 81 an die Stelle des Bieters treten soll.

(2) Im Falle des § 9 Nr. 2 genügt es, wenn die Anmeldung und Glaubhaftmachung des Rechtes bei dem Beschwerdegericht erfolgt.

§ 98 [Beginn der Beschwerdefrist] [1]Die Frist für die Beschwerde gegen einen Beschluß des Vollstreckungsgerichts, durch welchen der Zuschlag versagt wird, beginnt mit der Verkündung des Beschlusses. [2]Das gleiche gilt im Falle der Erteilung des Zuschlags für die Beteiligten, welche im Versteigerungstermin oder im Verkündungstermin erschienen waren.

§ 99 [Gegner des Beschwerdeführers] (1) Erachtet das Beschwerdegericht eine Gegenerklärung für erforderlich, so hat es zu bestimmen, wer als Gegner des Beschwerdeführers zuzuziehen ist.

(2) Mehrere Beschwerden sind miteinander zu verbinden.

§ 100 [Beschwerdegründe] (1) Die Beschwerde kann nur darauf gestützt werden, daß eine der Vorschriften der §§ 81, 83 bis 85a verletzt oder daß der Zuschlag unter anderen als den der Versteigerung zugrunde gelegten Bedingungen erteilt ist.

(2) Auf einen Grund, der nur das Recht eines anderen betrifft, kann weder die Beschwerde noch ein Antrag auf deren Zurückweisung gestützt werden.

(3) Die im § 83 Nr. 6, 7 bezeichneten Versagungsgründe hat das Beschwerdegericht von Amts wegen zu berücksichtigen.

§ 101 [Begründete Beschwerde; weitere Beschwerde] (1) Wird die Beschwerde für begründet erachtet, so hat das Beschwerdegericht unter Aufhebung des angefochtenen Beschlusses in der Sache selbst zu entscheiden.

(2) Wird ein Beschluß, durch welchen der Zuschlag erteilt ist, aufgehoben, auf Rechtsbeschwerde aber für begründet erachtet, so ist unter Aufhebung des Beschlusses des Beschwerdegerichts die gegen die Erteilung des Zuschlags erhobene Beschwerde zurückzuweisen.

§ 102 [Berechtigte für weitere Beschwerde] Hat das Beschwerdegericht den Beschluß, durch welchen der Zuschlag erteilt war, nach der Verteilung des Versteigerungserlöses aufgehoben, so steht die Rechtsbeschwerde, wenn das Beschwerdegericht sie zugelassen hat, auch denjenigen zu, welchen der Erlös zugeteilt ist.

§ 103 [Zustellung der Beschwerdeentscheidung] [1]Der Beschluß des Beschwerdegerichts ist, wenn der angefochtene Beschluß aufgehoben oder abgeändert wird, allen Beteiligten und demjenigen Bieter, welchem der Zuschlag verweigert oder erteilt wird, sowie im Falle des § 69 Abs. 3 dem für mithaftend

erklärten Bürgen und in den Fällen des § 81 Abs. 2, 3 dem Meistbietenden zuzustellen. [2]Wird die Beschwerde zurückgewiesen, so erfolgt die Zustellung des Beschlusses nur an den Beschwerdeführer und den zugezogenen Gegner.

§ 104 [Wirksamwerden der Zuschlagserteilung in der Beschwerde]

Der Beschluß, durch welchen das Beschwerdegericht den Zuschlag erteilt, wird erst mit der Zustellung an den Ersteher wirksam.

VIII. Verteilung des Erlöses

§ 105 [Bestimmung des Verteilungstermins] (1) Nach der Erteilung des Zuschlags hat das Gericht einen Termin zur Verteilung des Versteigerungserlöses zu bestimmen.

(2) [1]Die Terminsbestimmung ist den Beteiligten und dem Ersteher sowie im Falle des § 69 Abs. 3 dem für mithaftend erklärten Bürgen und in den Fällen des § 81 Abs. 2, 3 dem Meistbietenden zuzustellen. [2]Als Beteiligte gelten auch diejenigen, welche das angemeldete Recht noch glaubhaft zu machen haben.

(3) Die Terminsbestimmung soll an die Gerichtstafel angeheftet werden.

(4) Ist die Terminsbestimmung dem Ersteher und im Falle des § 69 Abs. 3 auch dem für mithaftend erklärten Bürgen sowie in den Fällen des § 81 Abs. 2, 3 auch dem Meistbietenden nicht zwei Wochen vor dem Termin zugestellt, so ist der Termin aufzuheben und von neuem zu bestimmen, sofern nicht das Verfahren genehmigt wird.

§ 106 [Vorläufiger Teilungsplan] [1]Zur Vorbereitung des Verteilungsverfahrens kann das Gericht in der Terminsbestimmung die Beteiligten auffordern, binnen zwei Wochen eine Berechnung ihrer Ansprüche einzureichen. [2]In diesem Falle hat das Gericht nach dem Ablaufe der Frist den Teilungsplan anzufertigen und ihn spätestens drei Tage vor dem Termin auf der Geschäftsstelle zur Einsicht der Beteiligten niederzulegen.

§ 107 [Teilungsmasse] (1) [1]In dem Verteilungstermin ist festzustellen, wieviel die zu verteilende Masse beträgt. [2]Zu der Masse gehört auch der Erlös aus denjenigen Gegenständen, welche im Falle des § 65 besonders versteigert oder anderweit verwertet sind.

(2) [1]Die von dem Ersteher im Termine zu leistende Zahlung erfolgt an das Gericht. [2]§ 49 Abs. 3 gilt entsprechend

(3) Ein Geldbetrag, der zur Sicherheit für das Gebot des Erstehers bei der Gerichtskasse einbezahlt ist, wird auf die Zahlung nach Absatz 2 Satz 1 angerechnet.

§ 108 *(aufgehoben)*

§ 109 [Kosten des Verfahrens; Überschuss] (1) Aus dem Versteigerungserlöse sind die Kosten des Verfahrens vorweg zu entnehmen, mit Ausnahme der durch die Anordnung des Verfahrens oder den Beitritt eines Gläubigers, durch den Zuschlag oder durch nachträgliche Verteilungsverhandlungen entstehenden Kosten.

(2) Der Überschuß wird auf die Rechte, welche durch Zahlung zu decken sind, verteilt.

§ 110 [Nachstehende Rechte] Rechte, die ungeachtet der im § 37 Nr. 4 bestimmten Aufforderung nicht rechtzeitig angemeldet oder glaubhaft gemacht worden sind, stehen bei der Verteilung den übrigen Rechten nach.

§ 111 [Betagter Anspruch] [1]Ein betagter Anspruch gilt als fällig. [2]Ist der Anspruch unverzinslich, so gebührt dem Berechtigten nur die Summe, welche mit Hinzurechnung der gesetzlichen Zinsen für die Zeit von der Zahlung bis zur Fälligkeit dem Betrage des Anspruchs gleichkommt; solange die Zeit der Fälligkeit ungewiß ist, gilt der Anspruch als aufschiebend bedingt.

§ 112 [Gesamtausgebot] (1) Ist bei der Versteigerung mehrerer Grundstücke der Zuschlag auf Grund eines Gesamtausgebots erteilt und wird eine Verteilung des Erlöses auf die einzelnen Grundstücke notwendig, so wird aus dem Erlöse zunächst der Betrag entnommen, welcher zur Deckung der Kosten sowie zur Befriedigung derjenigen bei der Feststellung des geringsten Gebots berücksichtigten und durch Zahlung zu deckenden Rechte erforderlich ist, für welche die Grundstücke ungeteilt haften.

(2) [1]Der Überschuß wird auf die einzelnen Grundstücke nach dem Verhältnisse des Wertes der Grundstücke verteilt. [2]Dem Überschusse wird der Betrag der Rechte, welche nach §“91 nicht erlöschen, hinzugerechnet. [3]Auf den einem Grundstücke zufallenden Anteil am Erlöse wird der Betrag der Rechte, welche an diesem Grundstücke bestehen bleiben, angerechnet. [4]Besteht ein solches Recht an mehreren der versteigerten Grundstücke, so ist bei jedem von ihnen nur ein dem Verhältnisse des Wertes der Grundstücke entsprechender Teilbetrag in Anrechnung zu bringen.

(3) Reicht der nach Absatz 2 auf das einzelne Grundstück entfallende Anteil am Erlöse nicht zur Befriedigung derjenigen Ansprüche aus, welche nach Maßgabe des geringsten Gebots durch Zahlung zu berichtigen sind oder welche durch das bei dem Einzelausgebote für das Grundstück erzielte Meistgebot gedeckt werden, so erhöht sich der Anteil um den Fehlbetrag.

§ 113 [Aufstellung des Teilungsplans] (1) In dem Verteilungstermine wird nach Anhörung der anwesenden Beteiligten von dem Gerichte, nötigenfalls mit Hilfe eines Rechnungsverständigen, der Teilungsplan aufgestellt.

(2) In dem Plane sind auch die nach § 91 nicht erlöschenden Rechte anzugeben.

§ 114 [Aufzunehmende Ansprüche] (1) [1]In den Teilungsplan sind Ansprüche, soweit ihr Betrag oder ihr Höchstbetrag zur Zeit der Eintragung des Versteigerungsvermerkes aus dem Grundbuch ersichtlich war, nach dem Inhalte des Buches, im übrigen nur dann aufzunehmen, wenn sie spätestens in dem Termin angemeldet sind. [2]Die Ansprüche des Gläubigers gelten als angemeldet, soweit sie sich aus dem Versteigerungsantrag ergeben.

(2) Laufende Beträge wiederkehrender Leistungen, die nach dem Inhalte des Grundbuchs zu entrichten sind, brauchen nicht angemeldet zu werden.

§ 114a [Kein Anspruch des Erstehers unter 7/10-Grenze] [1]Ist der Zuschlag einem zur Befriedigung aus dem Grundstück Berechtigten zu einem Gebot erteilt, das einschließlich des Kapitalwertes der nach den Versteigerungsbedingungen bestehenbleibenden Rechte hinter sieben Zehnteilen des Grundstückswertes zurückbleibt, so gilt der Ersteher auch insoweit als aus dem Grund-

stück befriedigt, als sein Anspruch durch das abgegebene Meistgebot nicht gedeckt ist, aber bei einem Gebot zum Betrage der Sieben-Zehnteile-Grenze gedeckt sein würde. [2] Hierbei sind dem Anspruch des Erstehers vorgehende oder gleichstehende Rechte, die erlöschen, nicht zu berücksichtigen.

§ 115 [Widerspruch gegen den Teilungsplan] (1) [1] Über den Teilungsplan wird sofort verhandelt. [2] Auf die Verhandlung sowie auf die Erledigung erhobener Widersprüche und die Ausführung des Planes finden die §§ 876 bis 882 der Zivilprozeßordnung[1)] entsprechende Anwendung.

(2) Ist ein vor dem Termin angemeldeter Anspruch nicht nach dem Antrag in den Plan aufgenommen, so gilt die Anmeldung als Widerspruch gegen den Plan.

(3) Der Widerspruch des Schuldners gegen einen vollstreckbaren Anspruch wird nach den §§ 767, 769, 770 der Zivilprozeßordnung[1)] erledigt.

(4) Soweit der Schuldner durch Sicherheitsleistung oder Hinterlegung die Befriedigung eines solchen Anspruchs abwenden darf, unterbleibt die Ausführung des Planes, wenn die Sicherheit geleistet oder die Hinterlegung erfolgt ist.

§ 116 [Aussetzung der Ausführung] Die Ausführung des Teilungsplans soll bis zur Rechtskraft des Zuschlags ausgesetzt werden, wenn der Ersteher oder im Falle des § 69 Abs. 3 der für mithaftend erklärte Bürge sowie in den Fällen des § 81 Abs. 2, 3 der Meistbietende die Aussetzung beantragt.

§ 117 [Ausführung bei Zahlung des Bargebots] (1) [1] Soweit der Versteigerungserlös in Geld vorhanden ist, wird der Teilungsplan durch Zahlung an die Berechtigten ausgeführt. [2] Die Zahlung ist unbar zu leisten.

(2) [1] Die Auszahlung an einen im Termine nicht erschienenen Berechtigten ist von Amts wegen anzuordnen. [2] Die Art der Auszahlung bestimmt sich nach den Landesgesetzen. [3] Kann die Auszahlung nicht erfolgen, so ist der Betrag für den Berechtigten zu hinterlegen.

(3) Im Falle der Hinterlegung des Erlöses kann statt der Zahlung eine Anweisung auf den hinterlegten Betrag erteilt werden.

§ 118 [Ausführung bei Nichtzahlung des Versteigerungserlöses]

(1) Soweit das Bargebot nicht berichtigt wird, ist der Teilungsplan dadurch auszuführen, daß die Forderung gegen den Ersteher auf die Berechtigten übertragen und im Falle des § 69 Abs. 3 gegen den für mithaftend erklärten Bürgen auf die Berechtigten mitübertragen wird; Übertragung und Mitübertragung erfolgen durch Anordnung des Gerichts.

(2) [1] Die Übertragung wirkt wie die Befriedigung aus dem Grundstücke. [2] Diese Wirkung tritt jedoch im Falle des Absatzes 1 nicht ein, wenn vor dem Ablaufe von drei Monaten der Berechtigte dem Gerichte gegenüber den Verzicht auf die Rechte aus der Übertragung erklärt oder die Zwangsversteigerung beantragt. [3] Wird der Antrag auf Zwangsversteigerung zurückgenommen oder das Verfahren nach § 31 Abs. 2 aufgehoben, so gilt er als nicht gestellt. [4] Im Falle des Verzichts soll das Gericht die Erklärung dem Ersteher sowie demjenigen mitteilen, auf welchen die Forderung infolge des Verzichts übergeht.

[1)] dtv 5005 ZPO Nr. 1.

§ 119 [Aufstellung des Teilungsplans bei bedingtem Anspruch] Wird auf einen bedingten Anspruch ein Betrag zugeteilt, so ist durch den Teilungsplan festzustellen, wie der Betrag anderweit verteilt werden soll, wenn der Anspruch wegfällt.

§ 120 [Ausführung des Teilungsplans bei aufschiebender Bedingung]

(1) [1] Ist der Anspruch aufschiebend bedingt, so ist der Betrag für die Berechtigten zu hinterlegen. [2] Soweit der Betrag nicht gezahlt ist, wird die Forderung gegen den Ersteher auf die Berechtigten übertragen. [3] Die Hinterlegung sowie die Übertragung erfolgt für jeden unter der entsprechenden Bedingung.

(2) Während der Schwebezeit gelten für die Anlegung des hinterlegten Geldes, für die Kündigung und Einziehung der übertragenen Forderung sowie für die Anlegung des eingezogenen Geldes die Vorschriften der §§ 1077 bis 1079 des Bürgerlichen Gesetzbuchs[1)]; die Art der Anlegung bestimmt derjenige, welchem der Betrag gebührt, wenn die Bedingung ausfällt.

§ 121 [Zuteilung auf Ersatzansprüche] (1) In den Fällen des § 92 Abs. 2 ist für den Ersatzanspruch in den Teilungsplan ein Betrag aufzunehmen, welcher der Summe aller künftigen Leistungen gleichkommt, den fünfundzwanzigfachen Betrag einer Jahresleistung jedoch nicht übersteigt; zugleich ist zu bestimmen, daß aus den Zinsen und dem Betrage selbst die einzelnen Leistungen zur Zeit der Fälligkeit zu entnehmen sind.

(2) Die Vorschriften der §§ 119, 120 finden entsprechende Anwendung; die Art der Anlegung des Geldes bestimmt der zunächst Berechtigte.

§ 122 [Verteilung bei Gesamthypothek] (1) [1] Sind mehrere für den Anspruch eines Beteiligten haftende Grundstücke in demselben Verfahren versteigert worden, so ist, unbeschadet der Vorschrift des § 1132 Abs. 1 Satz 2 des Bürgerlichen Gesetzbuchs[1)], bei jedem einzelnen Grundstücke nur ein nach dem Verhältnisse der Erlöse zu bestimmender Betrag in den Teilungsplan aufzunehmen. [2] Der Erlös wird unter Abzug des Betrags der Ansprüche berechnet, welche dem Anspruche des Beteiligten vorgehen.

(2) Unterbleibt die Zahlung eines auf den Anspruch des Beteiligten zugeteilten Betrags, so ist der Anspruch bei jedem Grundstück in Höhe dieses Betrags in den Plan aufzunehmen.

§ 123 [Hilfsübertragung bei Gesamthypothek] (1) Soweit auf einen Anspruch, für den auch ein anderes Grundstück haftet, der zugeteilte Betrag nicht gezahlt wird, ist durch den Teilungsplan festzustellen, wie der Betrag anderweit verteilt werden soll, wenn das Recht auf Befriedigung aus dem zugeteilten Betrage nach Maßgabe der besonderen Vorschriften über die Gesamthypothek erlischt.

(2) Die Zuteilung ist dadurch auszuführen, daß die Forderung gegen den Ersteher unter der entsprechenden Bedingung übertragen wird.

§ 124 [Verteilung bei Widerspruch gegen den Teilungsplan] (1) Im Falle eines Widerspruchs gegen den Teilungsplan ist durch den Plan festzustellen, wie der streitige Betrag verteilt werden soll, wenn der Widerspruch für begründet erklärt wird.

[1)] Nr. **1**.

(2) Die Vorschriften des § 120 finden entsprechende Anwendung; die Art der Anlegung bestimmt derjenige, welcher den Anspruch geltend macht.

(3) Das gleiche gilt, soweit nach § 115 Abs. 4 die Ausführung des Planes unterbleibt.

§ 125 [Zuteilung des erhöhten Betrages] (1) [1] Hat der Ersteher außer dem durch Zahlung zu berichtigenden Teile des Meistgebots einen weiteren Betrag nach den §§ 50, 51 zu zahlen, so ist durch den Teilungsplan festzustellen, wem dieser Betrag zugeteilt werden soll. [2] Die Zuteilung ist dadurch auszuführen, daß die Forderung gegen den Ersteher übertragen wird.

(2) [1] Ist ungewiß oder streitig, ob der weitere Betrag zu zahlen ist, so erfolgt die Zuteilung und Übertragung unter der entsprechenden Bedingung. [2] Die §§ 878 bis 882 der Zivilprozeßordnung[1)] finden keine Anwendung.

(3) Die Übertragung hat nicht die Wirkung der Befriedigung aus dem Grundstücke.

§ 126 [Hilfszuteilung bei unbekannten Berechtigten] (1) Ist für einen zugeteilten Betrag die Person des Berechtigten unbekannt, insbesondere bei einer Hypothek, Grundschuld oder Rentenschuld der Brief nicht vorgelegt, so ist durch den Teilungsplan festzustellen, wie der Betrag verteilt werden soll, wenn der Berechtigte nicht ermittelt wird.

(2) [1] Der Betrag ist für den unbekannten Berechtigten zu hinterlegen. [2] Soweit der Betrag nicht gezahlt wird, ist die Forderung gegen den Ersteher auf den Berechtigten zu übertragen.

§ 127 [Vermerke auf Hypothekenbriefen und vollstreckbaren Titeln]

(1) [1] Wird der Brief über eine infolge der Versteigerung erloschene Hypothek, Grundschuld oder Rentenschuld vorgelegt, so hat das Gericht ihn unbrauchbar zu machen. [2] Ist das Recht nur zum Teil erloschen, so ist dies auf dem Briefe zu vermerken. [3] Wird der Brief nicht vorgelegt, so kann das Gericht ihn von dem Berechtigten einfordern.

(2) Im Falle der Vorlegung eines vollstreckbaren Titels über einen Anspruch, auf welchen ein Betrag zugeteilt wird, hat das Gericht auf dem Titel zu vermerken, in welchem Umfange der Betrag durch Zahlung, Hinterlegung oder Übertragung gedeckt worden ist.

(3) Der Wortlaut der Vermerke ist durch das Protokoll festzustellen.

§ 128 [Eintragung einer Sicherungshypothek] (1) [1] Soweit für einen Anspruch die Forderung gegen den Ersteher übertragen wird, ist für die Forderung eine Sicherungshypothek an dem Grundstücke mit dem Range des Anspruchs einzutragen. [2] War das Recht, aus welchem der Anspruch herrührt, nach dem Inhalte des Grundbuchs mit dem Rechte eines Dritten belastet, so wird dieses Recht als Recht an der Forderung miteingetragen.

(2) Soweit die Forderung gegen den Ersteher unverteilt bleibt, wird eine Sicherungshypothek für denjenigen eingetragen, welcher zur Zeit des Zuschlags Eigentümer des Grundstücks war.

(3) [1] Mit der Eintragung entsteht die Hypothek. [2] Vereinigt sich die Hypothek mit dem Eigentum in einer Person, so kann sie nicht zum Nachteil eines

[1)] **dtv 5005 ZPO Nr. 1.**

Rechtes, das bestehen geblieben ist, oder einer nach Absätzen 1, 2 eingetragenen Sicherungshypothek geltend gemacht werden.

(4) Wird das Grundstück von neuem versteigert, ist der zur Deckung der Hypothek erforderliche Betrag als Teil des Bargebots zu berücksichtigen.

§ 129 [Spätere Rangverschiebung der Sicherungshypotheken] [1] Die Sicherungshypothek für die im § 10 Nr. 1 bis 3 bezeichneten Ansprüche, für die im § 10 Nr. 4 bezeichneten Ansprüche auf wiederkehrende Leistungen und für die im § 10 Abs. 2 bezeichneten Kosten kann nicht zum Nachteile der Rechte, welche bestehen geblieben sind, und der übrigen nach § 128 Abs. 1, 2 eingetragenen Sicherungshypotheken geltend gemacht werden, es sei denn, daß vor dem Ablaufe von sechs Monaten nach der Eintragung derjenige, welchem die Hypothek zusteht, die Zwangsversteigerung des Grundstücks beantragt. [2] Wird der Antrag auf Zwangsversteigerung zurückgenommen oder das Verfahren nach § 31 Abs. 2 aufgehoben, so gilt er als nicht gestellt.

§ 130 [Eintragungen in das Grundbuch] (1) [1] Ist der Teilungsplan ausgeführt und der Zuschlag rechtskräftig, so ist das Grundbuchamt zu ersuchen, den Ersteher als Eigentümer einzutragen, den Versteigerungsvermerk sowie die durch den Zuschlag erloschenen Rechte zu löschen und die Eintragung der Sicherungshypotheken für die Forderung gegen den Ersteher zu bewirken. [2] Bei der Eintragung der Hypotheken soll im Grundbuch ersichtlich gemacht werden, daß sie auf Grund eines Zwangsversteigerungsverfahrens erfolgt ist.

(2) Ergibt sich, daß ein bei der Feststellung des geringsten Gebots berücksichtigtes Recht nicht zur Entstehung gelangt oder daß es erloschen ist, so ist das Ersuchen auch auf die Löschung dieses Rechtes zu richten.

(3) Hat der Ersteher, bevor er als Eigentümer eingetragen worden ist, die Eintragung eines Rechtes an dem versteigerten Grundstück bewilligt, so darf die Eintragung nicht vor der Erledigung des im Absatz 1 bezeichneten Ersuchens erfolgen.

§ 130a [Vormerkung] (1) Soweit für den Gläubiger eines erloschenen Rechts gegenüber einer bestehenbleibenden Hypothek, Grundschuld oder Rentenschuld nach § 1179a des Bürgerlichen Gesetzbuchs die Wirkungen einer Vormerkung bestanden, fallen diese Wirkungen mit der Ausführung des Ersuchens nach § 130 weg.

(2) [1] Ist bei einem solchen Recht der Löschungsanspruch nach § 1179a des Bürgerlichen Gesetzbuchs[1)] gegenüber einem bestehenbleibenden Recht nicht nach § 91 Abs. 4 Satz 2 erloschen, so ist das Ersuchen nach § 130 auf einen spätestens im Verteilungstermin zu stellenden Antrag des Anspruchsberechtigten jedoch auch darauf zu richten, daß für ihn bei dem bestehenbleibenden Recht eine Vormerkung zur Sicherung des sich aus der erloschenen Hypothek, Grundschuld oder Rentenschuld ergebenden Anspruchs auf Löschung einzutragen ist. [2] Die Vormerkung sichert den Löschungsanspruch vom gleichen Zeitpunkt an, von dem ab die Wirkungen des § 1179a Abs. 1 Satz 3 des Bürgerlichen Gesetzbuchs[1)] bestanden. [3] Wer durch die Eintragung der Vormerkung beeinträchtigt wird, kann von dem Berechtigten die Zustimmung zu deren Löschung verlangen, wenn diesem zur Zeit des Erlöschens seines Rechts ein Anspruch auf

1) Nr. **1**.

Löschung des bestehenbleibenden Rechts nicht zustand oder er auch bei Verwirklichung dieses Anspruchs eine weitere Befriedigung nicht erlangen würde; die Kosten der Löschung der Vormerkung und der dazu erforderlichen Erklärungen hat derjenige zu tragen, für den die Vormerkung eingetragen war.

§ 131 [Löschung einer Hypothek, Grundschuld oder Rentenschuld]

[1] In den Fällen des § 130 Abs. 1 ist zur Löschung einer Hypothek, einer Grundschuld oder einer Rentenschuld, im Falle des § 128 zur Eintragung des Vorranges einer Sicherungshypothek die Vorlegung des über das Recht erteilten Briefes nicht erforderlich. [2] Das gleiche gilt für die Eintragung der Vormerkung nach § 130a Abs. 2 Satz 1.

§ 132 [Vollstreckbarkeit; Vollstreckungsklausel] (1) [1] Nach der Ausführung des Teilungsplans ist die Forderung gegen den Ersteher, im Falle des § 69 Abs. 3 auch gegen den für mithaftend erklärten Bürgen und im Falle des § 81 Abs. 4 auch gegen den für mithaftend erklärten Meistbietenden, der Anspruch aus der Sicherungshypothek gegen den Ersteher und jeden späteren Eigentümer vollstreckbar. [2] Diese Vorschrift findet keine Anwendung, soweit der Ersteher einen weiteren Betrag nach den §§ 50, 51 zu zahlen hat.

(2) [1] Die Zwangsvollstreckung erfolgt auf Grund einer vollstreckbaren Ausfertigung des Beschlusses, durch welchen der Zuschlag erteilt ist. [2] In der Vollstreckungsklausel ist der Berechtigte sowie der Betrag der Forderung anzugeben; der Zustellung einer Urkunde über die Übertragung der Forderung bedarf es nicht.

§ 133 [Vollstreckung ohne Zustellung des Vollstreckungstitels] [1] Die Zwangsvollstreckung in das Grundstück ist gegen den Ersteher ohne Zustellung des vollstreckbaren Titels oder der nach § 132 erteilten Vollstreckungsklausel zulässig; sie kann erfolgen, auch wenn der Ersteher noch nicht als Eigentümer eingetragen ist. [2] Der Vorlegung des im § 17 Abs. 2 bezeichneten Zeugnisses bedarf es nicht, solange das Grundbuchamt noch nicht um die Eintragung ersucht ist.

§ 134 *(aufgehoben)*

§ 135 [Vertreter für unbekannten Berechtigten] [1] Ist für einen zugeteilten Betrag die Person des Berechtigten unbekannt, so hat das Vollstreckungsgericht zur Ermittlung des Berechtigten einen Vertreter zu bestellen. [2] Die Vorschriften des § 7 Abs. 2 finden entsprechende Anwendung. [3] Die Auslagen und Gebühren des Vertreters sind aus dem zugeteilten Betrage vorweg zu entnehmen.

§ 136 [Kraftloserklärung von Grundpfandbriefen] Ist der Nachweis des Berechtigten von der Beibringung des Briefes über eine Hypothek, Grundschuld oder Rentenschuld abhängig, so kann der Brief im Wege des Aufgebotsverfahrens auch dann für kraftlos erklärt werden, wenn das Recht bereits gelöscht ist.

§ 137 [Nachträgliche Ermittlung des Berechtigten] (1) Wird der Berechtigte nachträglich ermittelt, so ist der Teilungsplan weiter auszuführen.

(2) [1] Liegt ein Widerspruch gegen den Anspruch vor, so ist derjenige, welcher den Widerspruch erhoben hat, von der Ermittlung des Berechtigten zu benach-

richtigen. [2]Die im § 878 der Zivilprozeßordnung[1)] bestimmte Frist zur Erhebung der Klage beginnt mit der Zustellung der Benachrichtigung.

§ 138 [Ermächtigung zum Aufgebot] (1) Wird der Berechtigte nicht vor dem Ablaufe von drei Monaten seit dem Verteilungstermin ermittelt, so hat auf Antrag das Gericht den Beteiligten, welchem der Betrag anderweit zugeteilt ist, zu ermächtigen, das Aufgebotsverfahren zum Zwecke der Ausschließung des unbekannten Berechtigten von der Befriedigung aus dem zugeteilten Betrage zu beantragen.

(2) [1]Wird nach der Erteilung der Ermächtigung der Berechtigte ermittelt, so hat das Gericht den Ermächtigten hiervon zu benachrichtigen. [2]Mit der Benachrichtigung erlischt die Ermächtigung.

§ 139 [Terminsbestimmung bei nachträglicher Ermittlung] (1) [1]Das Gericht kann im Falle der nachträglichen Ermittlung des Berechtigten zur weiteren Ausführung des Teilungsplans einen Termin bestimmen. [2]Die Terminsbestimmung ist dem Berechtigten und dessen Vertreter, dem Beteiligten, welchem der Betrag anderweit zugeteilt ist, und demjenigen zuzustellen, welcher zur Zeit des Zuschlags Eigentümer des Grundstücks war.

(2) [1]Liegt ein Widerspruch gegen den Anspruch vor, so erfolgt die Zustellung der Terminsbestimmung auch an denjenigen, welcher den Widerspruch erhoben hat. [2]Die im § 878 der Zivilprozeßordnung[1)] bestimmte Frist zur Erhebung der Klage beginnt mit dem Termine.

§ 140 [Aufgebotsverfahren] (1) Für das Aufgebotsverfahren ist das Vollstreckungsgericht zuständig.

(2) Der Antragsteller hat zur Begründung des Antrags die ihm bekannten Rechtsnachfolger desjenigen anzugeben, welcher als letzter Berechtigter ermittelt ist.

(3) In dem Aufgebot ist der unbekannte Berechtigte aufzufordern, sein Recht innerhalb der Aufgebotsfrist anzumelden, widrigenfalls seine Ausschließung von der Befriedigung aus dem zugeteilten Betrag erfolgen werde.

(4) Das Aufgebot ist demjenigen, welcher als letzter Berechtigter ermittelt ist, den angezeigten Rechtsnachfolgern sowie dem Vertreter des unbekannten Berechtigten zuzustellen.

(5) Eine im Vollstreckungsverfahren erfolgte Anmeldung gilt auch für das Aufgebotsverfahren.

(6) Der Antragsteller kann die Erstattung der Kosten des Verfahrens aus dem zugeteilten Betrage verlangen.

§ 141 [Ausführung des Teilungsplans nach Ausschließungsbeschluss]

[1]Nach der Erlassung des Ausschließungsbeschlusses hat das Gericht einen Termin zur weiteren Ausführung des Teilungsplans zu bestimmen. [2]Die Terminsbestimmung ist dem Antragsteller und den Personen, welchen Rechte in dem Urteile vorbehalten sind, dem Vertreter des unbekannten Berechtigten sowie demjenigen zuzustellen, welcher zur Zeit des Zuschlags Eigentümer des Grundstücks war.

[1)] **dtv 5005 ZPO Nr. 1.**

§ 142 [Dreißigjährige Frist für hinterlegten Betrag] [1] In den Fällen des § 117 Abs. 2 und der §§ 120, 121, 124, 126 erlöschen die Rechte auf den hinterlegten Betrag mit dem Ablaufe von dreißig Jahren, wenn nicht der Empfangsberechtigte sich vorher bei der Hinterlegungsstelle meldet; derjenige, welcher zur Zeit des Zuschlags Eigentümer des Grundstücks war, ist zur Erhebung berechtigt. [2] Die dreißigjährige Frist beginnt mit der Hinterlegung, in den Fällen der §§ 120, 121 mit dem Eintritt der Bedingung, unter welcher die Hinterlegung erfolgt ist.

§ 143 [Außergerichtliche Einigung über Erlösverteilung] Die Verteilung des Versteigerungserlöses durch das Gericht findet nicht statt, wenn dem Gerichte durch öffentliche oder öffentlich beglaubigte Urkunden nachgewiesen wird, daß sich die Beteiligten über die Verteilung des Erlöses geeinigt haben.

§ 144 [Außergerichtliche Befriedigung der Berechtigten] (1) [1] Weist der Ersteher oder im Falle des § 69 Abs. 3 der für mithaftend erklärte Bürge dem Gerichte durch öffentliche oder öffentlich beglaubigte Urkunden nach, daß er diejenigen Berechtigten, deren Ansprüche durch das Gebot gedeckt sind, befriedigt hat oder daß er von ihnen als alleiniger Schuldner angenommen ist, so sind auf Anordnung des Gerichts die Urkunden nebst der Erklärung des Erstehers oder des Bürgen zur Einsicht der Beteiligten auf der Geschäftsstelle niederzulegen. [2] Die Beteiligten sind von der Niederlegung zu benachrichtigen und aufzufordern, Erinnerungen binnen zwei Wochen geltend zu machen.

(2) Werden Erinnerungen nicht innerhalb der zweiwöchigen Frist erhoben, so beschränkt sich das Verteilungsverfahren auf die Verteilung des Erlöses aus denjenigen Gegenständen, welche im Falle des § 65 besonders versteigert oder anderweit verwertet worden sind.

§ 145 [Anzuwendende Vorschriften] Die Vorschriften des § 105 Abs. 2 Satz 2 und der §§ 127, 130 bis 133 finden in den Fällen der §§ 143, 144 entsprechende Anwendung.

IX. Grundpfandrechte in ausländischer Währung

§ 145a [Sonderbestimmungen] Für die Zwangsversteigerung eines Grundstücks, das mit einer Hypothek, Grundschuld oder Rentenschuld in einer nach § 28 Satz 2 der Grundbuchordnung[1)] zugelassenen Währung belastet ist, gelten folgende Sonderbestimmungen:

1. Die Terminbestimmung muß die Angabe, daß das Grundstück mit einer Hypothek, Grundschuld oder Rentenschuld in einer nach § 28 Satz 2 der Grundbuchordnung zugelassenen Währung belastet ist, und die Bezeichnung dieser Währung enthalten.
2. In dem Zwangsversteigerungstermin wird vor der Aufforderung zur Abgabe von Geboten festgestellt und bekannt gemacht, welchen Wert die in der nach § 28 Satz 2 der Grundbuchordnung zugelassenen Fremdwährung eingetragene Hypothek, Grundschuld oder Rentenschuld nach dem amtlich ermittelten letzten Kurs in Euro hat. Dieser Kurswert bleibt für das weitere Verfahren maßgebend.

[1)] Nr. **11**.

3. Die Höhe des Bargebots wird in Euro festgestellt. Die Gebote sind in Euro abzugeben.
4. Der Teilungsplan wird in Euro aufgestellt.
5. Wird ein Gläubiger einer in nach § 28 Satz 2 der Grundbuchordnung zulässigen Fremdwährung eingetragenen Hypothek, Grundschuld oder Rentenschuld nicht vollständig befriedigt, so ist der verbleibende Teil seiner Forderung in der Fremdwährung festzustellen. Die Feststellung ist für die Haftung mitbelasteter Gegenstände, für die Verbindlichkeit des persönlichen Schuldners und für die Geltendmachung des Ausfalls im Insolvenzverfahren maßgebend.

Dritter Titel. Zwangsverwaltung

§ 146 [Anordnung] (1) Auf die Anordnung der Zwangsverwaltung finden die Vorschriften über die Anordnung der Zwangsversteigerung entsprechende Anwendung, soweit sich nicht aus den §§ 147 bis 151 ein anderes ergibt.

(2) Von der Anordnung sind nach dem Eingange der im § 19 Abs. 2 bezeichneten Mitteilungen des Grundbuchamts die Beteiligten zu benachrichtigen.

§ 147 [Eigenbesitz des Schuldners] (1) Wegen des Anspruchs aus einem eingetragenen Rechte findet die Zwangsverwaltung auch dann statt, wenn die Voraussetzungen des § 17 Abs. 1 nicht vorliegen, der Schuldner aber das Grundstück im Eigenbesitze hat.

(2) Der Besitz ist durch Urkunden glaubhaft zu machen, sofern er nicht bei dem Gericht offenkundig ist.

§ 148 [Beschlagnahme des Grundstücks; Umfang] (1) [1] Die Beschlagnahme des Grundstücks umfaßt auch die im § 21 Abs. 1, 2 bezeichneten Gegenstände. [2] Die Vorschrift des § 23 Abs. 1 Satz 2 findet keine Anwendung.

(2) Durch die Beschlagnahme wird dem Schuldner die Verwaltung und Benutzung des Grundstücks entzogen.

§ 149 [Wohnräume und Unterhalt des Schuldners] (1) Wohnt der Schuldner zur Zeit der Beschlagnahme auf dem Grundstücke, so sind ihm die für seinen Hausstand unentbehrlichen Räume zu belassen.

(2) Gefährdet der Schuldner oder ein Mitglied seines Hausstandes das Grundstück oder die Verwaltung, so hat auf Antrag das Gericht dem Schuldner die Räumung des Grundstücks aufzugeben.

(3) [1] Bei der Zwangsverwaltung eines landwirtschaftlichen, forstwirtschaftlichen oder gärtnerischen Grundstücks hat der Zwangsverwalter aus den Erträgnissen des Grundstücks oder aus deren Erlös dem Schuldner die Mittel zur Verfügung zu stellen, die zur Befriedigung seiner und seiner Familie notwendigen Bedürfnisse erforderlich sind. [2] Im Streitfall entscheidet das Vollstreckungsgericht nach Anhörung des Gläubigers, des Schuldners und des Zwangsverwalters. [3] Der Beschluß unterliegt der sofortigen Beschwerde.

§ 150 [Bestellung des Verwalters; Übergabe des Grundstücks] (1) Der Verwalter wird von dem Gerichte bestellt.

(2) Das Gericht hat dem Verwalter durch einen Gerichtsvollzieher oder durch einen sonstigen Beamten das Grundstück zu übergeben oder ihm die Ermächtigung zu erteilen, sich selbst den Besitz zu verschaffen.

§ 150a [Vorgeschlagener Verwalter] (1) Gehört bei der Zwangsverwaltung eines Grundstücks zu den Beteiligten eine öffentliche Körperschaft, ein unter staatlicher Aufsicht stehendes Institut, eine Hypothekenbank oder ein Siedlungsunternehmen im Sinne des Reichssiedlungsgesetzes, so kann dieser Beteiligte innerhalb einer ihm vom Vollstreckungsgericht zu bestimmenden Frist eine in seinen Diensten stehende Person als Verwalter vorschlagen.

(2) [1] Das Gericht hat den Vorgeschlagenen zum Verwalter zu bestellen, wenn der Beteiligte die dem Verwalter nach § 154 Satz 1 obliegende Haftung übernimmt und gegen den Vorgeschlagenen mit Rücksicht auf seine Person oder die Art der Verwaltung Bedenken nicht bestehen. [2] Der vorgeschlagene Verwalter erhält für seine Tätigkeit keine Vergütung.

§ 150b [Schuldner als Verwalter] (1) [1] Bei der Zwangsverwaltung eines landwirtschaftlichen, forstwirtschaftlichen oder gärtnerischen Grundstücks ist der Schuldner zum Verwalter zu bestellen. [2] Von seiner Bestellung ist nur abzusehen, wenn er nicht dazu bereit ist oder wenn nach Lage der Verhältnisse eine ordnungsmäßige Führung der Verwaltung durch ihn nicht zu erwarten ist.

(2) Vor der Bestellung sollen der betreibende Gläubiger und etwaige Beteiligte der in § 150a bezeichneten Art sowie die untere Verwaltungsbehörde gehört werden.

(3) Ein gemäß § 150a gemachter Vorschlag ist nur für den Fall zu berücksichtigen, daß der Schuldner nicht zum Verwalter bestellt wird.

§ 150c [Aufsichtsperson für Schuldner als Verwalter] (1) [1] Wird der Schuldner zum Zwangsverwalter bestellt, so hat das Gericht eine Aufsichtsperson zu bestellen. [2] Aufsichtsperson kann auch eine Behörde oder juristische Person sein.

(2) [1] Für die Aufsichtsperson gelten die Vorschriften des § 153 Abs. 2 und des § 154 Satz 1 entsprechend. [2] Gerichtliche Anordnungen, die dem Verwalter zugestellt werden, sind auch der Aufsichtsperson zuzustellen. [3] Vor der Erteilung von Anweisungen im Sinne des § 153 ist auch die Aufsichtsperson zu hören.

(3) Die Aufsichtsperson hat dem Gericht unverzüglich Anzeige zu erstatten, wenn der Schuldner gegen seine Pflichten als Verwalter verstößt.

(4) [1] Der Schuldner führt die Verwaltung unter Aufsicht der Aufsichtsperson. [2] Er ist verpflichtet, der Aufsichtsperson jederzeit Auskunft über das Grundstück, den Betrieb und die mit der Bewirtschaftung zusammenhängenden Rechtsverhältnisse zu geben und Einsicht in vorhandene Aufzeichnungen zu gewähren. [3] Er hat, soweit es sich um Geschäfte handelt, die über den Rahmen der laufenden Wirtschaftsführung hinausgehen, rechtzeitig die Entschließung der Aufsichtsperson einzuholen.

§ 150d [Befugnisse des Schuldners als Verwalter] [1] Der Schuldner darf als Verwalter über die Nutzungen des Grundstücks und deren Erlös, unbeschadet der Vorschriften der §§ 155 bis 158, nur mit Zustimmung der Aufsichtsperson verfügen. [2] Zur Einziehung von Ansprüchen, auf die sich die Beschlagnahme erstreckt, ist er ohne diese Zustimmung befugt; er ist jedoch verpflichtet, die

Beträge, die zu notwendigen Zahlungen zur Zeit nicht erforderlich sind, nach näherer Anordnung des Gerichts unverzüglich anzulegen.

§ 150e [Keine Vergütung für Schuldner als Verwalter] [1] Der Schuldner erhält als Verwalter keine Vergütung. [2] Erforderlichenfalls bestimmt das Gericht nach Anhörung der Aufsichtsperson, in welchem Umfange der Schuldner Erträgnisse des Grundstücks oder deren Erlös zur Befriedigung seiner und seiner Familie notwendigen Bedürfnisse verwenden darf.

§ 151 [Wirksamwerden der Beschlagnahme] (1) Die Beschlagnahme wird auch dadurch wirksam, daß der Verwalter nach § 150 den Besitz des Grundstücks erlangt.

(2) Der Beschluß, durch welchen der Beitritt eines Gläubigers zugelassen wird, soll dem Verwalter zugestellt werden; die Beschlagnahme wird zugunsten des Gläubigers auch mit dieser Zustellung wirksam, wenn der Verwalter sich bereits im Besitze des Grundstücks befindet.

(3) Das Zahlungsverbot an den Drittschuldner ist auch auf Antrag des Verwalters zu erlassen.

§ 152[1)] [Aufgaben des Verwalters] (1) Der Verwalter hat das Recht und die Pflicht, alle Handlungen vorzunehmen, die erforderlich sind, um das Grundstück in seinem wirtschaftlichen Bestande zu erhalten und ordnungsmäßig zu benutzen; er hat die Ansprüche, auf welche sich die Beschlagnahme erstreckt, geltend zu machen und die für die Verwaltung entbehrlichen Nutzungen in Geld umzusetzen.

(2) Ist das Grundstück vor der Beschlagnahme einem Mieter oder Pächter überlassen, so ist der Miet- oder Pachtvertrag auch dem Verwalter gegenüber wirksam.

§ 152a [Ermächtigung] [1] Das Bundesministerium der Justiz und für Verbraucherschutz wird ermächtigt, Stellung, Aufgaben und Geschäftsführung des Zwangsverwalters sowie seine Vergütung (Gebühren und Auslagen) durch Rechtsverordnung mit Zustimmung des Bundesrates näher zu regeln. [2] Die Höhe der Vergütung ist an der Art und dem Umfang der Aufgabe sowie an der Leistung des Zwangsverwalters auszurichten. [3] Es sind Mindest- und Höchstsätze vorzusehen.

§ 153 [Anordnungen und Aufsicht des Gerichts] (1) Das Gericht hat den Verwalter nach Anhörung des Gläubigers und des Schuldners mit der erforderlichen Anweisung für die Verwaltung zu versehen, die dem Verwalter zu gewährende Vergütung festzusetzen und die Geschäftsführung zu beaufsichtigen; in geeigneten Fällen ist ein Sachverständiger zuzuziehen.

(2) [1] Das Gericht kann dem Verwalter die Leistung einer Sicherheit auferlegen, gegen ihn Zwangsgeld festsetzen und ihn entlassen. [2] Das Zwangsgeld ist vorher anzudrohen.

§ 153a [Anordnungen über Entgelt für Viehfutter] Ist in einem Gebiet das zu dem landwirtschaftlichen Betriebe gehörende Vieh nach der Verkehrssitte nicht Zubehör des Grundstücks, so hat, wenn der Schuldner zum Zwangsver-

1) Siehe auch die ZwangsverwalterVO v. 19.12.2003 (BGBl. I S. 2804).

walter bestellt wird, das Vollstreckungsgericht gemäß § 153 Anordnungen darüber zu erlassen, welche Beträge der Schuldner als Entgelt dafür, daß das Vieh aus den Erträgnissen des Grundstücks ernährt wird, der Teilungsmasse zuzuführen hat und wie die Erfüllung dieser Verpflichtung sicherzustellen ist.

§ 153b [Einstweilige Einstellung auf Antrag des Insolvenzverwalters]

(1) Ist über das Vermögen des Schuldners das Insolvenzverfahren eröffnet, so ist auf Antrag des Insolvenzverwalters die vollständige oder teilweise Einstellung der Zwangsverwaltung anzuordnen, wenn der Insolvenzverwalter glaubhaft macht, daß durch die Fortsetzung der Zwangsverwaltung eine wirtschaftlich sinnvolle Nutzung der Insolvenzmasse wesentlich erschwert wird.

(2) Die Einstellung ist mit der Auflage anzuordnen, daß die Nachteile, die dem betreibenden Gläubiger aus der Einstellung erwachsen, durch laufende Zahlungen aus der Insolvenzmasse ausgeglichen werden.

(3) Vor der Entscheidung des Gerichts sind der Zwangsverwalter und der betreibende Gläubiger zu hören.

§ 153c [Aufhebung der einstweiligen Einstellung] (1) Auf Antrag des betreibenden Gläubigers hebt das Gericht die Anordnung der einstweiligen Einstellung auf, wenn die Voraussetzungen für die Einstellung fortgefallen sind, wenn die Auflagen nach § 153b Abs. 2 nicht beachtet werden oder wenn der Insolvenzverwalter der Aufhebung zustimmt.

(2) [1] Vor der Entscheidung des Gerichts ist der Insolvenzverwalter zu hören. [2] Wenn keine Aufhebung erfolgt, enden die Wirkungen der Anordnung mit der Beendigung des Insolvenzverfahrens.

§ 154 [Haftung; Rechnungslegung] [1] Der Verwalter ist für die Erfüllung der ihm obliegenden Verpflichtungen allen Beteiligten gegenüber verantwortlich. [2] Er hat dem Gläubiger und dem Schuldner jährlich und nach der Beendigung der Verwaltung Rechnung zu legen. [3] Die Rechnung ist dem Gericht einzureichen und von diesem dem Gläubiger und dem Schuldner vorzulegen.

§ 155 [Verteilung der Nutzungen] (1) Aus den Nutzungen des Grundstücks sind die Ausgaben der Verwaltung sowie die Kosten des Verfahrens mit Ausnahme derjenigen, welche durch die Anordnung des Verfahrens oder den Beitritt eines Gläubigers entstehen, vorweg zu bestreiten.

(2) [1] Die Überschüsse werden auf die in § 10 Abs. 1 Nr. 1 bis 5 bezeichneten Ansprüche verteilt. [2] Hierbei werden in der zweiten, dritten und vierten Rangklasse jedoch nur Ansprüche auf laufende wiederkehrende Leistungen, einschließlich der Rentenleistungen, sowie auf diejenigen Beträge berücksichtigt, die zur allmählichen Tilgung einer Schuld als Zuschlag zu den Zinsen zu entrichten sind. [3] Abzahlungsbeträge auf eine unverzinsliche Schuld sind wie laufende wiederkehrende Leistungen zu berücksichtigen, soweit sie fünf vom Hundert des ursprünglichen Schuldbetrages nicht übersteigen.

(3) [1] Hat der eine Zwangsverwaltung betreibende Gläubiger für Instandsetzungs-, Ergänzungs- oder Umbauarbeiten an Gebäuden Vorschüsse gewährt, so sind diese zum Satze von einhalb vom Hundert über dem Zinssatz der Spitzenrefinanzierungsfazilität der Europäischen Zentralbank (SFR-Zinssatz) zu verzinsen. [2] Die Zinsen genießen bei der Zwangsverwaltung und der Zwangsversteigerung dasselbe Vorrecht wie die Vorschüsse selbst.

(4) [1]Hat der Zwangsverwalter oder, wenn der Schuldner zum Verwalter bestellt ist, der Schuldner mit Zustimmung der Aufsichtsperson Düngemittel, Saatgut oder Futtermittel angeschafft, die im Rahmen der bisherigen Wirtschaftsweise zur ordnungsmäßigen Aufrechterhaltung des Betriebs benötigt werden, so haben Ansprüche aus diesen Lieferungen den in § 10 Abs. 1 Nr. 1 bezeichneten Rang. [2]Das gleiche gilt von Krediten, die zur Bezahlung dieser Lieferungen in der für derartige Geschäfte üblichen Weise aufgenommen sind.

§ 156 [Öffentliche Lasten; Verteilungstermin] (1) [1]Die laufenden Beträge der öffentlichen Lasten sind von dem Verwalter ohne weiteres Verfahren zu berichtigen. [2]Dies gilt auch bei der Vollstreckung in ein Wohnungseigentum für die laufenden Beträge der daraus fälligen Ansprüche auf Zahlung der Beiträge zu den Lasten und Kosten des gemeinschaftlichen Eigentums oder des Sondereigentums, die nach § 16 Abs. 2, § 28 Absatz 1 und 2 des Wohnungseigentumsgesetzes[1)] geschuldet werden, einschließlich der Vorschüsse und Rückstellungen sowie der Rückgriffsansprüche einzelner Wohnungseigentümer. [3]Die Vorschrift des § 10 Abs. 1 Nr. 2 Satz 3 findet keine Anwendung.

(2) [1]Ist zu erwarten, daß auch auf andere Ansprüche Zahlungen geleistet werden können, so wird nach dem Eingange der im § 19 Abs. 2 bezeichneten Mitteilungen des Grundbuchamts der Verteilungstermin bestimmt. [2]In dem Termine wird der Teilungsplan für die ganze Dauer des Verfahrens aufgestellt. [3]Die Terminsbestimmung ist den Beteiligten sowie dem Verwalter zuzustellen. [4]Die Vorschriften des § 105 Abs. 2 Satz 2, des § 113 Abs. 1 und der §§ 114, 115, 124, 126 finden entsprechende Anwendung.

§ 157 [Ausführung des Teilungsplans] (1) [1]Nach der Feststellung des Teilungsplans hat das Gericht die planmäßige Zahlung der Beträge an die Berechtigten anzuordnen; die Anordnung ist zu ergänzen, wenn nachträglich der Beitritt eines Gläubigers zugelassen wird. [2]Die Auszahlungen erfolgen zur Zeit ihrer Fälligkeit durch den Verwalter, soweit die Bestände hinreichen.

(2) [1]Im Falle der Hinterlegung eines zugeteilten Betrags für den unbekannten Berechtigten ist nach den Vorschriften der §§ 135 bis 141 zu verfahren. [2]Die Vorschriften des § 142 finden Anwendung.

§ 158 [Kapital von Grundpfandrechten] (1) [1]Zur Leistung von Zahlungen auf das Kapital einer Hypothek oder Grundschuld oder auf die Ablösungssumme einer Rentenschuld hat das Gericht einen Termin zu bestimmen. [2]Die Terminsbestimmung ist von dem Verwalter zu beantragen.

(2) [1]Soweit der Berechtigte Befriedigung erlangt hat, ist das Grundbuchamt von dem Gericht um die Löschung des Rechtes zu ersuchen. [2]Eine Ausfertigung des Protokolls ist beizufügen; die Vorlegung des über das Recht erteilten Briefes ist zur Löschung nicht erforderlich.

(3) Im übrigen finden die Vorschriften der §§ 117, 127 entsprechende Anwendung.

§ 158a [Belastung in einheitlicher Europäischer Währung] Für die Zwangsverwaltung eines Grundstücks, das mit einer Hypothek, Grundschuld

[1)] Nr. 3.

oder Rentenschuld in einer nach § 28 Satz 2 der Grundbuchordnung[1] zugelassenen Währung belastet ist, gelten folgende Sonderbestimmungen:

1. Die Beträge, die auf ein in der Fremdwährung eingetragenes Recht entfallen, sind im Teilungsplan in der eingetragenen Währung festzustellen.
2. Die Auszahlung erfolgt in Euro.
3. Der Verwalter zahlt wiederkehrende Leistungen nach dem Kurswert des Fälligkeitstages aus. Zahlungen auf das Kapital setzt das Gericht in dem zur Leistung bestimmten Termin nach dem amtlich ermittelten letzten Kurswert fest.

§ 159 [Klage auf Änderung des Teilungsplans] (1) Jeder Beteiligte kann eine Änderung des Teilungsplans im Wege der Klage erwirken, auch wenn er Widerspruch gegen den Plan nicht erhoben hat.

(2) Eine planmäßig geleistete Zahlung kann auf Grund einer späteren Änderung des Planes nicht zurückgefordert werden.

§ 160 [Außergerichtliche Verteilung] Die Vorschriften der §§ 143 bis 145 über die außergerichtliche Verteilung finden entsprechende Anwendung.

§ 161 [Aufhebung des Verfahrens] (1) Die Aufhebung des Verfahrens erfolgt durch Beschluß des Gerichts.

(2) Das Verfahren ist aufzuheben, wenn der Gläubiger befriedigt ist.

(3) Das Gericht kann die Aufhebung anordnen, wenn die Fortsetzung des Verfahrens besondere Aufwendungen erfordert und der Gläubiger den nötigen Geldbetrag nicht vorschießt.

(4) Im übrigen finden auf die Aufhebung des Verfahrens die Vorschriften der §§ 28, 29, 32, 34 entsprechende Anwendung.

Zweiter Abschnitt. Zwangsversteigerung von Schiffen, Schiffsbauwerken und Luftfahrzeugen im Wege der Zwangsvollstreckung

§§ 162–171n *(vom Abdruck wurde abgesehen)*

Dritter Abschnitt. Zwangsversteigerung und Zwangsverwaltung in besonderen Fällen

§ 172 [Zwangsversteigerung in Insolvenzverfahren] Wird die Zwangsversteigerung oder die Zwangsverwaltung von dem Insolvenzverwalter beantragt, so finden die Vorschriften des ersten und zweiten Abschnitts entsprechende Anwendung, soweit sich nicht aus den §§ 173, 174 ein anderes ergibt.

§ 173 [Beschluss ist keine Beschlagnahme] [1] Der Beschluß, durch welchen das Verfahren angeordnet wird, gilt nicht als Beschlagnahme. [2] Im Sinne der §§ 13, 55 ist jedoch die Zustellung des Beschlusses an den Insolvenzverwalter als Beschlagnahme anzusehen.

[1] Nr. **11**.

§ 174 [Berücksichtigung der Insolvenzgläubiger] Hat ein Gläubiger für seine Forderung gegen den Schuldner des Insolvenzverfahrens ein von dem Insolvenzverwalter anerkanntes Recht auf Befriedigung aus dem Grundstücke, so kann er bis zum Schlusse der Verhandlung im Versteigerungstermine verlangen, daß bei der Feststellung des geringsten Gebots nur die seinem Anspruche vorgehenden Rechte berücksichtigt werden; in diesem Falle ist das Grundstück auch mit der verlangten Abweichung auszubieten.

§ 174a [Antragsrecht des Insolvenzverwalters] Der Insolvenzverwalter kann bis zum Schluß der Verhandlung im Versteigerungstermin verlangen, daß bei der Feststellung des geringsten Gebots nur die den Ansprüchen aus § 10 Abs. 1 Nr. 1a vorgehenden Rechte berücksichtigt werden; in diesem Fall ist das Grundstück auch mit der verlangten Abweichung auszubieten.

§ 175 [Antragsrecht des Erben] (1) [1] Hat ein Nachlaßgläubiger für seine Forderung ein Recht auf Befriedigung aus einem zum Nachlasse gehörenden Grundstücke, so kann der Erbe nach der Annahme der Erbschaft die Zwangsversteigerung des Grundstücks beantragen. [2] Zu dem Antrag ist auch jeder andere berechtigt, welcher das Aufgebot der Nachlaßgläubiger beantragen kann.

(2) Diese Vorschriften finden keine Anwendung, wenn der Erbe für die Nachlaßverbindlichkeiten unbeschränkt haftet oder wenn der Nachlaßgläubiger im Aufgebotsverfahren ausgeschlossen ist oder nach den §§ 1974, 1989 des Bürgerlichen Gesetzbuchs[1)] einem ausgeschlossenen Gläubiger gleichsteht.

§ 176 [Anzuwendende Vorschriften] Wird die Zwangsversteigerung nach § 175 beantragt, so finden die Vorschriften des ersten und zweiten Abschnitts sowie der §§ 173, 174 entsprechende Anwendung, soweit sich nicht aus den §§ 177, 178 ein anderes ergibt.

§ 177 [Glaubhaftmachung durch Urkunden] Der Antragsteller hat die Tatsachen, welche sein Recht zur Stellung des Antrags begründen, durch Urkunden glaubhaft zu machen, soweit sie nicht bei dem Gericht offenkundig sind.

§ 178 [Nachlassinsolvenz] (1) Die Zwangsversteigerung soll nicht angeordnet werden, wenn die Eröffnung des Nachlaßinsolvenzverfahrens beantragt ist.

(2) Durch die Eröffnung des Nachlaßinsolvenzverfahrens wird die Zwangsversteigerung nicht beendigt; für das weitere Verfahren gilt der Insolvenzverwalter als Antragsteller.

§ 179 [Berücksichtigter Nachlassgläubiger] Ist ein Nachlaßgläubiger, der verlangen konnte, daß das geringste Gebot nach Maßgabe des § 174 ohne Berücksichtigung seines Anspruchs festgestellt werde, bei der Feststellung des geringsten Gebots berücksichtigt, so kann ihm die Befriedigung aus dem übrigen Nachlasse verweigert werden.

§ 180 [Aufhebung einer Gemeinschaft] (1) Soll die Zwangsversteigerung zum Zwecke der Aufhebung einer Gemeinschaft erfolgen, so finden die Vorschriften des Ersten und Zweiten Abschnitts entsprechende Anwendung, soweit sich nicht aus den §§ 181 bis 185 ein anderes ergibt.

[1)] **dtv 5001 BGB Nr. 1.**

(2) [1] Die einstweilige Einstellung des Verfahrens ist auf Antrag eines Miteigentümers auf die Dauer von längstens sechs Monaten anzuordnen, wenn dies bei Abwägung der widerstreitenden Interessen der mehreren Miteigentümer angemessen erscheint. [2] Die einmalige Wiederholung der Einstellung ist zulässig. [3] § 30b gilt entsprechend.

(3) [1] Betreibt ein Miteigentümer die Zwangsversteigerung zur Aufhebung einer Gemeinschaft, der außer ihm nur sein Ehegatte, sein früherer Ehegatte, sein Lebenspartner oder sein früherer Lebenspartner angehört, so ist auf Antrag dieses Ehegatten, früheren Ehegatten, dieses Lebenspartners oder früheren Lebenspartners die einstweilige Einstellung des Verfahrens anzuordnen, wenn dies zur Abwendung einer ernsthaften Gefährdung des Wohls eines gemeinschaftlichen Kindes erforderlich ist. [2] Die mehrfache Wiederholung der Einstellung ist zulässig. [3] § 30b gilt entsprechend. [4] Das Gericht hebt seinen Beschluß auf Antrag auf oder ändert ihn, wenn dies mit Rücksicht auf eine Änderung der Sachlage geboten ist.

(4) Durch Anordnungen nach Absatz 2, 3 darf das Verfahren nicht auf mehr als fünf Jahre insgesamt einstweilen eingestellt werden.

§ 181 [Voraussetzungen der Anordnung] (1) Ein vollstreckbarer Titel ist nicht erforderlich.

(2) [1] Die Zwangsversteigerung eines Grundstücks, Schiffes, Schiffsbauwerks oder Luftfahrzeugs darf nur angeordnet werden, wenn der Antragsteller als Eigentümer im Grundbuch, im Schiffsregister, im Schiffsbauregister oder im Register für Pfandrechte an Luftfahrzeugen eingetragen oder Erbe eines eingetragenen Eigentümers ist oder wenn er das Recht des Eigentümers oder des Erben auf Aufhebung der Gemeinschaft ausübt. [2] Von dem Vormund eines Miteigentümers kann der Antrag nur mit Genehmigung des Familiengerichts, von dem Betreuer eines Miteigentümers nur mit Genehmigung des Betreuungsgerichts gestellt werden.

(3) Die Vorschrift des § 17 Abs. 3 findet auch auf die Erbfolge des Antragstellers Anwendung.

§ 182 [Feststellung des geringsten Gebots] (1) Bei der Feststellung des geringsten Gebots sind die den Anteil des Antragstellers belastenden oder mitbelastenden Rechte an dem Grundstücke sowie alle Rechte zu berücksichtigen, die einem dieser Rechte vorgehen oder gleichstehen.

(2) Ist hiernach bei einem Anteil ein größerer Betrag zu berücksichtigen als bei einem anderen Anteile, so erhöht sich das geringste Gebot um den zur Ausgleichung unter den Miteigentümern erforderlichen Betrag.

§ 183 [Vermietung oder Verpachtung] Im Falle der Vermietung oder Verpachtung des Grundstücks finden die in den §§ 57a und 57b vorgesehenen Maßgaben keine Anwendung.

§ 184 [Keine Sicherheitsleistung] Ein Miteigentümer braucht für sein Gebot keine Sicherheit zu leisten, wenn ihm eine durch das Gebot ganz oder teilweise gedeckte Hypothek, Grundschuld oder Rentenschuld zusteht.

§ 185 [Anhängiges Verfahren über Zuweisung eines landwirtschaftlichen Betriebes] (1) Ist ein Verfahren über einen Antrag auf Zuweisung eines landwirtschaftlichen Betriebes nach § 13 Abs. 1 des Grundstückverkehrsgeset-

zes[1] vom 28. Juli 1961 (Bundesgesetzbl. S. 1091) anhängig und erstreckt sich der Antrag auf ein Grundstück, dessen Zwangsversteigerung nach § 180 angeordnet ist, so ist das Zwangsversteigerungsverfahren wegen dieses Grundstücks auf Antrag so lange einzustellen, bis über den Antrag auf Zuweisung rechtskräftig entschieden ist.

(2) Ist die Zwangsversteigerung mehrerer Grundstücke angeordnet und bezieht sich der Zuweisungsantrag nur auf eines oder einzelne dieser Grundstücke, so kann das Vollstreckungsgericht anordnen, daß das Zwangsversteigerungsverfahren auch wegen der nicht vom Zuweisungsverfahren erfaßten Grundstücke eingestellt wird.

(3) Wird dem Zuweisungsantrag stattgegeben, so ist das Zwangsversteigerungsverfahren, soweit es die zugewiesenen Grundstücke betrifft, aufzuheben und im übrigen fortzusetzen.

(4) Die Voraussetzungen für die Einstellung und die Aufhebung des Zwangsversteigerungsverfahrens sind vom Antragsteller nachzuweisen.

§ 186 [Übergangsvorschrift zum 2. Justizmodernisierungsgesetz] Die §§ 3, 30c, 38, 49, 68, 69, 70, 72, 75, 82, 83, 85, 88, 103, 105, 107, 116, 117, 118, 128, 132, 144 und 169 sind in der Fassung des Artikels 11 des Gesetzes vom 22. Dezember 2006 (BGBl. I S. 3416) auf die am 1. Februar 2007 anhängigen Verfahren nur anzuwenden, soweit Zahlungen später als zwei Wochen nach diesem Tag zu bewirken sind.

[1] Nr. **9**.

14. Gesetz über Kosten der freiwilligen Gerichtsbarkeit für Gerichte und Notare (Gerichts- und Notarkostengesetz – GNotKG)[1)]

Vom 23. Juli 2013
(BGBl. I S. 2586)

FNA 361-6

zuletzt geänd. durch Art. 7 Abs. 5 G zur Abschaffung des Güterrechtsregisters und zur Änd. des COVID-19-InsolvenzaussetzungsG v. 31.10.2022 (BGBl. I S. 1966)

– Auszug –

Kapitel 1. Vorschriften für Gerichte und Notare

Abschnitt 1. Allgemeine Vorschriften

§ 1 Geltungsbereich. (1) Soweit bundesrechtlich nichts anderes bestimmt ist, werden Kosten (Gebühren und Auslagen) durch die Gerichte in den Angelegenheiten der freiwilligen Gerichtsbarkeit und durch die Notare für ihre Amtstätigkeit nur nach diesem Gesetz erhoben.

(2) Angelegenheiten im Sinne des Absatzes 1 sind auch

1. Verfahren nach den §§ 98, 99, 132, 142, 145, 258, 260, 293c und 315 des Aktiengesetzes,
2. Verfahren nach § 51b des Gesetzes betreffend die Gesellschaften mit beschränkter Haftung,
3. Verfahren nach § 26 des SE-Ausführungsgesetzes,
4. Verfahren nach § 10 des Umwandlungsgesetzes,
5. Verfahren nach dem Spruchverfahrensgesetz,
6. Verfahren nach den §§ 39a und 39b des Wertpapiererwerbs- und Übernahmegesetzes über den Ausschluss von Aktionären,
7. Verfahren nach § 8 Absatz 3 Satz 4 des Gesetzes über die Mitbestimmung der Arbeitnehmer in den Aufsichtsräten und Vorständen der Unternehmen des Bergbaus und der Eisen und Stahl erzeugenden Industrie,
8. Angelegenheiten des Registers für Pfandrechte an Luftfahrzeugen,
9. Verfahren nach der Verfahrensordnung für Höfesachen,
10. Pachtkreditsachen nach dem Pachtkreditgesetz,
11. Verfahren nach dem Verschollenheitsgesetz,
12. Verfahren nach dem Transsexuellengesetz,
13. Verfahren nach § 84 Absatz 2 und § 189 des Versicherungsvertragsgesetzes,
14. Verfahren nach dem Personenstandsgesetz,
15. Verfahren nach § 7 Absatz 3 des Erbbaurechtsgesetzes[2)],
16. Verteilungsverfahren, soweit sich die Kosten nicht nach dem Gerichtskostengesetz bestimmen,

[1)] Verkündet als Art. 1 2. KostenrechtsmodernisierungsG v. 23.7.2013 (BGBl. I S. 2586); Inkrafttreten gem. Art. 50 dieses G am 1.8.2013.

[2)] Nr. **4**.

17. Verfahren über die Bewilligung der öffentlichen Zustellung einer Willenserklärung und die Bewilligung der Kraftloserklärung von Vollmachten (§ 132 Absatz 2 und § 176 Absatz 2 des Bürgerlichen Gesetzbuchs[1]),
18. Verfahren über Anordnungen über die Zulässigkeit der Verwendung von Verkehrsdaten,
19. Verfahren nach den §§ 23 bis 29 des Einführungsgesetzes zum Gerichtsverfassungsgesetz,
20. Verfahren nach § 138 Absatz 2 des Urheberrechtsgesetzes und
21. gerichtliche Verfahren nach § 335a des Handelsgesetzbuchs.

(3) [1] Dieses Gesetz gilt nicht in Verfahren, in denen Kosten nach dem Gesetz über Gerichtskosten in Familiensachen zu erheben sind. [2] In Verfahren nach der Verordnung (EU) Nr. 655/2014[2] des Europäischen Parlaments und des Rates vom 15. Mai 2014 zur Einführung eines Verfahrens für einen Europäischen Beschluss zur vorläufigen Kontenpfändung im Hinblick auf die Erleichterung der grenzüberschreitenden Eintreibung von Forderungen in Zivil- und Handelssachen werden Kosten nach dem Gerichtskostengesetz erhoben.

(4) Kosten nach diesem Gesetz werden auch erhoben für Verfahren über eine Beschwerde, die mit einem der in den Absätzen 1 und 2 genannten Verfahren im Zusammenhang steht.

(5) Soweit nichts anderes bestimmt ist, bleiben die landesrechtlichen Kostenvorschriften unberührt für

1. in Landesgesetzen geregelte Verfahren und Geschäfte der freiwilligen Gerichtsbarkeit sowie
2. solche Geschäfte der freiwilligen Gerichtsbarkeit, in denen nach Landesgesetz andere als gerichtliche Behörden oder Notare zuständig sind.

(6) Die Vorschriften dieses Gesetzes über die Erinnerung und die Beschwerde gehen den Regelungen der für das zugrunde liegende Verfahren geltenden Verfahrensvorschriften vor.

§ 2 Kostenfreiheit bei Gerichtskosten. (1) [1] Der Bund und die Länder sowie die nach Haushaltsplänen des Bundes oder eines Landes verwalteten öffentlichen Anstalten und Kassen sind von der Zahlung der Gerichtskosten befreit. [2] Bei der Vollstreckung wegen öffentlich-rechtlicher Geldforderungen ist maßgebend, wer ohne Berücksichtigung des § 252 der Abgabenordnung oder entsprechender Vorschriften Gläubiger der Forderung ist.

(2) Sonstige bundesrechtliche oder landesrechtliche Vorschriften, die eine sachliche oder persönliche Befreiung von Gerichtskosten gewähren, bleiben unberührt.

(3) [1] Soweit jemandem, der von Gerichtskosten befreit ist, Kosten des Verfahrens auferlegt werden, sind Kosten nicht zu erheben; bereits erhobene Kosten sind zurückzuzahlen. [2] Das Gleiche gilt, außer in Grundbuch- und Registersachen, soweit ein von der Zahlung der Kosten befreiter Beteiligter die Kosten des Verfahrens übernimmt.

[1] Nr. 1.
[2] **dtv 5005 ZPO Nr. 7.**

(4) Die persönliche Kosten- oder Gebührenfreiheit steht der Inanspruchnahme nicht entgegen, wenn die Haftung auf § 27 Nummer 3 beruht oder wenn der Kostenschuldner als Erbe nach § 24 für die Kosten haftet.

(5) Wenn in Grundbuch- und Registersachen einzelnen von mehreren Gesamtschuldnern Kosten- oder Gebührenfreiheit zusteht, so vermindert sich der Gesamtbetrag der Kosten oder der Gebühren um den Betrag, den die befreiten Beteiligten den Nichtbefreiten ohne Berücksichtigung einer abweichenden schuldrechtlichen Vereinbarung aufgrund gesetzlicher Vorschrift zu erstatten hätten.

§ 3 Höhe der Kosten. (1) Die Gebühren richten sich nach dem Wert, den der Gegenstand des Verfahrens oder des Geschäfts hat (Geschäftswert), soweit nichts anderes bestimmt ist.

(2) Kosten werden nach dem Kostenverzeichnis der Anlage 1 zu diesem Gesetz erhoben.

§ 4 Auftrag an einen Notar. Die Erteilung eines Auftrags an einen Notar steht der Stellung eines Antrags im Sinne dieses Kapitels gleich.

§ 5 Verweisung, Abgabe. (1) [1] Verweist ein erstinstanzliches Gericht oder ein Rechtsmittelgericht ein Verfahren an ein erstinstanzliches Gericht desselben oder eines anderen Zweiges der Gerichtsbarkeit, ist das frühere erstinstanzliche Verfahren als Teil des Verfahrens vor dem übernehmenden Gericht zu behandeln. [2] Gleiches gilt, wenn die Sache an ein anderes Gericht abgegeben wird.

(2) [1] Mehrkosten, die durch Anrufung eines Gerichts entstehen, zu dem der Rechtsweg nicht gegeben ist oder das für das Verfahren nicht zuständig ist, werden nur dann erhoben, wenn die Anrufung auf verschuldeter Unkenntnis der tatsächlichen oder rechtlichen Verhältnisse beruht. [2] Die Entscheidung trifft das Gericht, an das verwiesen worden ist.

(3) Verweist der Notar ein Teilungsverfahren an einen anderen Notar, entstehen die Gebühren für jeden Notar gesondert.

§ 6 Verjährung, Verzinsung. (1) [1] Ansprüche auf Zahlung von Gerichtskosten verjähren in vier Jahren nach Ablauf des Kalenderjahres, in dem das Verfahren durch rechtskräftige Entscheidung über die Kosten, durch Vergleich oder in sonstiger Weise beendet ist. [2] Bei Betreuungen und Pflegschaften, die nicht auf einzelne Rechtshandlungen beschränkt sind (Dauerbetreuungen, Dauerpflegschaften), sowie bei Nachlasspflegschaften, Nachlass- oder Gesamtgutsverwaltungen beginnt die Verjährung hinsichtlich der Jahresgebühren am Tag vor deren Fälligkeit, hinsichtlich der Auslagen mit deren Fälligkeit. [3] Ansprüche auf Zahlung von Notarkosten verjähren in vier Jahren nach Ablauf des Kalenderjahres, in dem die Kosten fällig geworden sind.

(2) [1] Ansprüche auf Rückzahlung von Kosten verjähren in vier Jahren nach Ablauf des Kalenderjahres, in dem die Zahlung erfolgt ist. [2] Die Verjährung beginnt jedoch nicht vor dem jeweiligen in Absatz 1 bezeichneten Zeitpunkt. [3] Durch die Einlegung eines Rechtsbehelfs mit dem Ziel der Rückzahlung wird die Verjährung wie durch Klageerhebung gehemmt.

(3) [1] Auf die Verjährung sind die Vorschriften des Bürgerlichen Gesetzbuchs[1)] anzuwenden; die Verjährung wird nicht von Amts wegen berücksichtigt. [2] Die Verjährung der Ansprüche auf Zahlung von Kosten beginnt auch durch die Aufforderung zur Zahlung oder durch eine dem Schuldner mitgeteilte Stundung erneut; ist der Aufenthalt des Kostenschuldners unbekannt, so genügt die Zustellung durch Aufgabe zur Post unter seiner letzten bekannten Anschrift. [3] Bei Kostenbeträgen unter 25 Euro beginnt die Verjährung weder erneut noch wird sie oder ihr Ablauf gehemmt.

(4) Ansprüche auf Zahlung und Rückzahlung von Gerichtskosten werden nicht verzinst.

§ 7 Elektronische Akte, elektronisches Dokument. In Verfahren nach diesem Gesetz sind die verfahrensrechtlichen Vorschriften über die elektronische Akte und über das elektronische Dokument anzuwenden, die für das dem kostenrechtlichen Verfahren zugrunde liegende Verfahren gelten.

§ 7a Rechtsbehelfsbelehrung. Jede Kostenrechnung, jede anfechtbare Entscheidung und jede Kostenberechnung eines Notars hat eine Belehrung über den statthaften Rechtsbehelf sowie über die Stelle, bei der dieser Rechtsbehelf einzulegen ist, über deren Sitz und über die einzuhaltende Form und Frist zu enthalten.

Abschnitt 2. Fälligkeit

§ 8 Fälligkeit der Kosten in Verfahren mit Jahresgebühren. [1] In Betreuungssachen und betreuungsgerichtlichen Zuweisungssachen werden die Jahresgebühren 11101, 11102 und 11104 des Kostenverzeichnisses, in Nachlasssachen die Jahresgebühr 12311 des Kostenverzeichnisses erstmals bei Anordnung und später jeweils zu Beginn eines Kalenderjahres fällig. [2] In diesen Fällen werden Auslagen sofort nach ihrer Entstehung fällig.

§ 9 Fälligkeit der Gerichtsgebühren in sonstigen Fällen, Fälligkeit der gerichtlichen Auslagen. (1) Im Übrigen werden die gerichtlichen Gebühren und Auslagen fällig, wenn

1. eine unbedingte Entscheidung über die Kosten ergangen ist,
2. das Verfahren oder der Rechtszug durch Vergleich oder Zurücknahme beendet ist,
3. das Verfahren sechs Monate ruht oder sechs Monate nicht betrieben worden ist,
4. das Verfahren sechs Monate unterbrochen oder sechs Monate ausgesetzt war oder
5. das Verfahren durch anderweitige Erledigung beendet ist.

(2) Die Dokumentenpauschale sowie die Auslagen für die Versendung von Akten werden sofort nach ihrer Entstehung fällig.

§ 10 Fälligkeit der Notarkosten. Notargebühren werden mit der Beendigung des Verfahrens oder des Geschäfts, Auslagen des Notars und die Gebühren 25300 und 25301 sofort nach ihrer Entstehung fällig.

[1)] Auszugsweise abgedruckt unter Nr. **1**.

Abschnitt 3. Sicherstellung der Kosten

§ 11 Zurückbehaltungsrecht. [1] Urkunden, Ausfertigungen, Ausdrucke und Kopien sowie gerichtliche Unterlagen können nach billigem Ermessen zurückbehalten werden, bis die in der Angelegenheit entstandenen Kosten bezahlt sind. [2] Dies gilt nicht, soweit § 53 des Beurkundungsgesetzes[1)] der Zurückbehaltung entgegensteht.

§ 12 Grundsatz für die Abhängigmachung bei Gerichtskosten. In weiterem Umfang, als das Verfahrensrecht und dieses Gesetz es gestatten, darf die Tätigkeit des Gerichts von der Zahlung der Kosten oder von der Sicherstellung der Zahlung nicht abhängig gemacht werden.

§ 13 Abhängigmachung bei Gerichtsgebühren. [1] In erstinstanzlichen gerichtlichen Verfahren, in denen der Antragsteller die Kosten schuldet (§ 22 Absatz 1), kann die beantragte Handlung oder eine sonstige gerichtliche Handlung von der Zahlung eines Vorschusses in Höhe der für die Handlung oder der für das Verfahren im Allgemeinen bestimmten Gebühr abhängig gemacht werden. [2] Satz 1 gilt in Grundbuch- und Nachlasssachen jedoch nur dann, wenn dies im Einzelfall zur Sicherung des Eingangs der Gebühr erforderlich erscheint.

§ 14 Auslagen des Gerichts. (1) [1] Wird eine gerichtliche Handlung beantragt, mit der Auslagen verbunden sind, hat derjenige, der die Handlung beantragt hat, einen zur Deckung der Auslagen ausreichenden Vorschuss zu zahlen. [2] Das Gericht soll eine Handlung, die nur auf Antrag vorzunehmen ist, von der vorherigen Zahlung abhängig machen; § 13 Satz 2 gilt entsprechend.

(2) Die Herstellung und Überlassung von Dokumenten auf Antrag sowie die Versendung von Akten können von der vorherigen Zahlung eines die Auslagen deckenden Vorschusses abhängig gemacht werden.

(3) [1] Bei Handlungen, die von Amts wegen vorgenommen werden, kann ein Vorschuss zur Deckung der Auslagen erhoben werden. [2] Im gerichtlichen Verfahren nach dem Spruchverfahrensgesetz ist ein solcher Vorschuss zu erheben.

(4) Absatz 1 gilt nicht in Freiheitsentziehungssachen und für die Anordnung einer Haft.

§ 15 Abhängigmachung bei Notarkosten. Die Tätigkeit des Notars kann von der Zahlung eines zur Deckung der Kosten ausreichenden Vorschusses abhängig gemacht werden.

§ 16 Ausnahmen von der Abhängigmachung. Die beantragte Handlung darf nicht von der Sicherstellung oder Zahlung der Kosten abhängig gemacht werden,

1. soweit dem Antragsteller Verfahrenskostenhilfe bewilligt ist oder im Fall des § 17 Absatz 2 der Bundesnotarordnung der Notar die Urkundstätigkeit vorläufig gebührenfrei oder gegen Zahlung der Gebühren in Monatsraten zu gewähren hat,
2. wenn dem Antragsteller Gebührenfreiheit zusteht,

[1)] **dtv 5001 BGB Nr. 7.**

3. wenn ein Notar erklärt hat, dass er für die Kostenschuld des Antragstellers die persönliche Haftung übernimmt,
4. wenn die Tätigkeit weder aussichtslos noch ihre Inanspruchnahme mutwillig erscheint und wenn glaubhaft gemacht wird, dass
 a) dem Antragsteller die alsbaldige Zahlung der Kosten mit Rücksicht auf seine Vermögenslage oder aus sonstigen Gründen Schwierigkeiten bereiten würde oder
 b) eine Verzögerung dem Antragsteller einen nicht oder nur schwer zu ersetzenden Schaden bringen würde; zur Glaubhaftmachung genügt in diesem Fall die Erklärung des zum Bevollmächtigten bestellten Rechtsanwalts,
5. wenn aus einem anderen Grund das Verlangen nach vorheriger Zahlung oder Sicherstellung der Kosten nicht angebracht erscheint, insbesondere wenn die Berichtigung des Grundbuchs oder die Eintragung eines Widerspruchs beantragt wird oder die Rechte anderer Beteiligter beeinträchtigt werden.

§ 17 Fortdauer der Vorschusspflicht. [1]Die Verpflichtung zur Zahlung eines Vorschusses auf die Gerichtskosten bleibt bestehen, auch wenn die Kosten des Verfahrens einem anderen auferlegt oder von einem anderen übernommen sind. [2]§ 33 Absatz 1 gilt entsprechend.

Abschnitt 4. Kostenerhebung

§ 18 Ansatz der Gerichtskosten. (1) [1]Im gerichtlichen Verfahren werden angesetzt
1. die Kosten des ersten Rechtszuges bei dem Gericht, bei dem das Verfahren im ersten Rechtszug anhängig ist oder zuletzt anhängig war,
2. die Kosten des Rechtsmittelverfahrens bei dem Rechtsmittelgericht.

[2]Dies gilt auch dann, wenn die Kosten bei einem ersuchten Gericht entstanden sind.

(2) [1]Die Kosten für
1. die Eröffnung von Verfügungen von Todes wegen und
2. die Beurkundung der Ausschlagung der Erbschaft oder der Anfechtung der Ausschlagung der Erbschaft

werden auch dann von dem nach § 343 des Gesetzes über das Verfahren in Familiensachen und in den Angelegenheiten der freiwilligen Gerichtsbarkeit zuständigen Nachlassgericht erhoben, wenn die Eröffnung oder Beurkundung bei einem anderen Gericht stattgefunden hat. [2]Für Beurkundungen nach § 31 des Internationalen Erbrechtsverfahrensgesetzes vom 29. Juni 2015 (BGBl. I S. 1042) gilt Absatz 1.

(3) [1]Für die Eintragung oder Löschung eines Gesamtrechts sowie für die Eintragung der Veränderung eines solchen Rechts bei mehreren Grundbuchämtern werden die Kosten im Fall der Nummer 14122, 14131 oder 14141 des Kostenverzeichnisses bei dem Gericht angesetzt, bei dessen Grundbuchamt der Antrag zuerst eingegangen ist. [2]Entsprechendes gilt für die Eintragung oder Löschung eines Gesamtrechts sowie für die Eintragung der Veränderung eines solchen Rechts bei mehreren Registergerichten im Fall der Nummer 14221, 14231 oder 14241 des Kostenverzeichnisses.

(4) Die Kosten für die Eintragung in das Schiffsregister bei Verlegung des Heimathafens oder des Heimatorts werden nur von dem Gericht des neuen Heimathafens oder Heimatorts angesetzt.

(5) Die Dokumentenpauschale sowie die Auslagen für die Versendung von Akten werden bei der Stelle angesetzt, bei der sie entstanden sind.

(6) [1]Der Kostenansatz kann im Verwaltungsweg berichtigt werden, solange keine gerichtliche Entscheidung getroffen ist. [2]Ergeht nach der gerichtlichen Entscheidung über den Kostenansatz eine Entscheidung, durch die der Geschäftswert anders festgesetzt wird, kann der Kostenansatz ebenfalls berichtigt werden.

§ 19 Einforderung der Notarkosten. (1) [1]Die Notarkosten dürfen nur aufgrund einer dem Kostenschuldner mitgeteilten, von dem Notar unterschriebenen oder mit seiner qualifizierten elektronischen Signatur versehenen Berechnung eingefordert werden. [2]Der Lauf der Verjährungsfrist ist nicht von der Mitteilung der Berechnung abhängig.

(2) Die Berechnung muss enthalten

1. eine Bezeichnung des Verfahrens oder Geschäfts,
2. die angewandten Nummern des Kostenverzeichnisses,
3. den Geschäftswert bei Gebühren, die nach dem Geschäftswert berechnet sind,
4. die Beträge der einzelnen Gebühren und Auslagen, wobei bei den jeweiligen Dokumentenpauschalen (Nummern 32000 bis 32003) und bei den Entgelten für Post- und Telekommunikationsdienstleistungen (Nummer 32004) die Angabe des Gesamtbetrags genügt, und
5. die gezahlten Vorschüsse.

(3) Die Berechnung soll enthalten

1. eine kurze Bezeichnung des jeweiligen Gebührentatbestands und der Auslagen,
2. die Wertvorschriften der §§ 36, 40 bis 54, 97 bis 108, 112 bis 124, aus denen sich der Geschäftswert für die jeweilige Gebühr ergibt, und
3. die Werte der einzelnen Gegenstände, wenn sich der Geschäftswert aus der Summe der Werte mehrerer Verfahrensgegenstände ergibt (§ 35 Absatz 1).

(4) Eine Berechnung ist nur unwirksam, wenn sie nicht den Vorschriften der Absätze 1 und 2 entspricht.

(5) Wird eine Berechnung durch gerichtliche Entscheidung aufgehoben, weil sie nicht den Vorschriften des Absatzes 3 entspricht, bleibt ein bereits eingetretener Neubeginn der Verjährung unberührt.

(6) Der Notar hat eine Kopie oder einen Ausdruck der Berechnung zu seinen Akten zu nehmen oder die Berechnung elektronisch aufzubewahren.

§ 20 Nachforderung von Gerichtskosten. (1) [1]Wegen eines unrichtigen Ansatzes dürfen Gerichtskosten nur nachgefordert werden, wenn der berichtigte Ansatz dem Zahlungspflichtigen vor Ablauf des nächsten Kalenderjahres nach Absendung der den Rechtszug abschließenden Kostenrechnung (Schlusskostenrechnung), bei Verfahren, in denen Jahresgebühren erhoben werden, nach Absendung der Jahresrechnung, mitgeteilt worden ist. [2]Dies gilt nicht, wenn die Nachforderung auf vorsätzlich oder grob fahrlässig falschen Angaben des

Kostenschuldners beruht oder wenn der ursprüngliche Kostenansatz unter einem bestimmten Vorbehalt erfolgt ist.

(2) Ist innerhalb der Frist des Absatzes 1 ein Rechtsbehelf wegen des Hauptgegenstands oder wegen der Kosten eingelegt oder dem Zahlungspflichtigen mitgeteilt worden, dass ein Wertermittlungsverfahren eingeleitet ist, ist die Nachforderung bis zum Ablauf des nächsten Kalenderjahres nach Beendigung dieser Verfahren möglich.

(3) Ist der Wert gerichtlich festgesetzt worden, genügt es, wenn der berichtigte Ansatz dem Zahlungspflichtigen drei Monate nach der letzten Wertfestsetzung mitgeteilt worden ist.

§ 21 Nichterhebung von Kosten. (1) [1]Kosten, die bei richtiger Behandlung der Sache nicht entstanden wären, werden nicht erhoben. [2]Das Gleiche gilt für Auslagen, die durch eine von Amts wegen veranlasste Verlegung eines Termins oder Vertagung einer Verhandlung entstanden sind. [3]Für abweisende Entscheidungen sowie bei Zurücknahme eines Antrags kann von der Erhebung von Kosten abgesehen werden, wenn der Antrag auf unverschuldeter Unkenntnis der tatsächlichen oder rechtlichen Verhältnisse beruht.

(2) [1]Werden die Kosten von einem Gericht erhoben, trifft dieses die Entscheidung. [2]Solange das Gericht nicht entschieden hat, können Anordnungen nach Absatz 1 im Verwaltungsweg erlassen werden. [3]Eine im Verwaltungsweg getroffene Anordnung kann nur im Verwaltungsweg geändert werden.

Abschnitt 5. Kostenhaftung

Unterabschnitt 1. Gerichtskosten

§ 22 Kostenschuldner in Antragsverfahren, Vergleich. (1) In gerichtlichen Verfahren, die nur durch Antrag eingeleitet werden, schuldet die Kosten, wer das Verfahren des Rechtszugs beantragt hat, soweit nichts anderes bestimmt ist.

(2) Die Gebühr für den Abschluss eines gerichtlichen Vergleichs schuldet jeder, der an dem Abschluss beteiligt ist.

§ 23 Kostenschuldner in bestimmten gerichtlichen Verfahren. Kostenschuldner

1. in Betreuungssachen und betreuungsgerichtlichen Zuweisungssachen ist der Betroffene, wenn ein Betreuer oder vorläufiger Betreuer bestellt oder eine Pflegschaft angeordnet worden ist;
2. bei einer Pflegschaft für gesammeltes Vermögen ist der Pfleger, jedoch nur mit dem gesammelten Vermögen;
3. für die Gebühr für die Entgegennahme von Forderungsanmeldungen im Fall des § 2061 des Bürgerlichen Gesetzbuchs[1)] ist derjenige Miterbe, der die Aufforderung erlassen hat;
4. für die Gebühr für die Entgegennahme
 a) einer Erklärung über die Anfechtung eines Testaments oder Erbvertrags,
 b) einer Anzeige des Vorerben oder des Nacherben über den Eintritt der Nacherbfolge,

[1)] **dtv 5001 BGB Nr. 1.**

c) einer Anzeige des Verkäufers oder Käufers einer Erbschaft über den Verkauf, auch in den Fällen des § 2385 des Bürgerlichen Gesetzbuchs[1],

d) eines Nachlassinventars oder einer Erklärung nach § 2004 des Bürgerlichen Gesetzbuchs[1] oder

e) der Erklärung eines Hoferben über die Wahl des Hofes gemäß § 9 Absatz 2 Satz 1 der Höfeordnung

ist derjenige, der die Erklärung, die Anzeige oder das Nachlassinventar abgegeben hat;

5., 6. *(aufgehoben)*

[Nr. 7 bis 31.12.2023:]

7. in Handels-, Genossenschafts-, Partnerschafts- und Vereinsregistersachen bei Verfahren, die von Amts wegen durchgeführt werden, und bei Eintragungen, die von Amts wegen erfolgen, ist die Gesellschaft oder der Kaufmann, die Genossenschaft, die Partnerschaft oder der Verein;

[Nr. 7 ab 1.1.2024:]

7. *in Handels-, Genossenschafts-, Gesellschafts-, Partnerschafts- und Vereinsregistersachen bei Verfahren, die von Amts wegen durchgeführt werden, und bei Eintragungen, die von Amts wegen erfolgen, ist die Handelsgesellschaft oder der Kaufmann, die Gesellschaft bürgerlichen Rechts, die Genossenschaft, die Partnerschaft oder der Verein;*

8. für die Gebühr für die Entgegennahme, Prüfung und Aufbewahrung der zum Handels- oder Genossenschaftsregister einzureichenden Unterlagen ist das Unternehmen, für das die Unterlagen eingereicht werden;

9. im Verfahren zum Zweck der Verhandlung über die Dispache, soweit das Verfahren mit der Bestätigung der Dispache endet, sind die an dem Verfahren Beteiligten;

10. im Verfahren über die gerichtliche Entscheidung über die Zusammensetzung des Aufsichtsrats, das sich nach den §§ 98 und 99 des Aktiengesetzes richtet, ist die Gesellschaft, soweit die Kosten nicht dem Antragsteller auferlegt sind;

11. im Verfahren über die Eintragung als Eigentümer im Wege der Grundbuchberichtigung von Amts wegen aufgrund des § 82a der Grundbuchordnung[2] ist der Eigentümer;

12. für die Eintragung des Erstehers als Eigentümer ist nur dieser;

13. für die Eintragung der Sicherungshypothek für Forderungen gegen den Ersteher sind der Gläubiger und der Ersteher;

14. im Verfahren nach dem Spruchverfahrensgesetz ist nur der Antragsgegner, soweit das Gericht die Kosten den Antragstellern auferlegt hat, auch diese und

15. in Freiheitsentziehungssachen sind nur der Betroffene sowie im Rahmen ihrer gesetzlichen Unterhaltspflicht die zu seinem Unterhalt Verpflichteten, wenn die Kosten nicht der Verwaltungsbehörde auferlegt sind.

[1] **dtv 5001 BGB Nr. 1.**
[2] Nr. **11**.

§ 24 Kostenhaftung der Erben. Kostenschuldner im gerichtlichen Verfahren

1. über die Eröffnung einer Verfügung von Todes wegen;
2. über die Nachlasssicherung;
3. über eine Nachlasspflegschaft nach § 1961 des Bürgerlichen Gesetzbuchs[1], wenn diese angeordnet wird;
4. über die Errichtung eines Nachlassinventars;
5. über eine Nachlassverwaltung, wenn diese angeordnet wird;
6. über die Pflegschaft für einen Nacherben;
7. über die Ernennung oder Entlassung eines Testamentsvollstreckers;
8. über die Entgegennahme von Erklärungen, die die Bestimmung der Person des Testamentsvollstreckers oder die Ernennung von Mitvollstreckern betreffen, oder über die Annahme, Ablehnung oder Kündigung des Amtes als Testamentsvollstrecker sowie
9. zur Ermittlung der Erben (§ 342 Absatz 1 Nummer 4 des Gesetzes über das Verfahren in Familiensachen und in den Angelegenheiten der freiwilligen Gerichtsbarkeit)

sind nur die Erben, und zwar nach den Vorschriften des Bürgerlichen Gesetzbuchs[2] über Nachlassverbindlichkeiten, wenn das Gericht nichts anderes bestimmt.

§ 25 Kostenschuldner im Rechtsmittelverfahren, Gehörsrüge.

(1) Die nach § 22 Absatz 1 begründete Haftung für die Kosten eines Rechtsmittelverfahrens erlischt, wenn das Rechtsmittel ganz oder teilweise mit Erfolg eingelegt worden ist und das Gericht nicht über die Kosten entschieden hat oder die Kosten nicht von einem anderen Beteiligten übernommen worden sind.

(2) [1] Richtet sich eine Beschwerde gegen eine Entscheidung des Betreuungsgerichts und ist sie von dem Betreuten oder dem Pflegling oder im Interesse dieser Personen eingelegt, so schuldet die Kosten nur derjenige, dem das Gericht die Kosten auferlegt hat. [2] Entsprechendes gilt für ein sich anschließendes Rechtsbeschwerdeverfahren und für das Verfahren über die Rüge wegen Verletzung des Anspruchs auf rechtliches Gehör.

(3) Die §§ 23 und 24 gelten nicht im Rechtsmittelverfahren.

§ 26 Bestimmte sonstige gerichtliche Auslagen. (1) [1] Die Dokumentenpauschale schuldet ferner, wer die Erteilung der Ausfertigungen, Kopien oder Ausdrucke beantragt hat. [2] Sind in einem gerichtlichen Verfahren Kopien oder Ausdrucke angefertigt worden, weil der Beteiligte es unterlassen hat, die erforderliche Zahl von Mehrfertigungen beizufügen, schuldet nur der Beteiligte die Dokumentenpauschale.

(2) Die Auslagen nach Nummer 31003 des Kostenverzeichnisses schuldet nur, wer die Versendung der Akte beantragt hat.

[1] **dtv 5001 BGB Nr. 1.**

[2] Auszugsweise abgedruckt unter Nr. **1**.

(3) In Unterbringungssachen schuldet der Betroffene nur Auslagen nach Nummer 31015 des Kostenverzeichnisses und nur, wenn die Gerichtskosten nicht einem anderen auferlegt worden sind.

(4) Im Verfahren auf Bewilligung von Verfahrenskostenhilfe und im Verfahren auf Bewilligung grenzüberschreitender Prozesskostenhilfe ist der Antragsteller Schuldner der Auslagen, wenn

1. der Antrag zurückgenommen oder vom Gericht abgelehnt wird oder
2. die Übermittlung des Antrags von der Übermittlungsstelle oder das Ersuchen um Prozesskostenhilfe von der Empfangsstelle abgelehnt wird.

(5) Die Auslagen einer öffentlichen Zustellung in Teilungssachen schulden die Anteilsberechtigten.

§ 27 Weitere Fälle der Kostenhaftung. Die Kosten schuldet ferner,

1. wem durch gerichtliche Entscheidung die Kosten des Verfahrens auferlegt sind;
2. wer sie durch eine vor Gericht abgegebene oder dem Gericht mitgeteilte Erklärung oder in einem vor Gericht abgeschlossenen oder dem Gericht mitgeteilten Vergleich übernommen hat; dies gilt auch, wenn bei einem Vergleich ohne Bestimmung über die Kosten diese als von beiden Teilen je zur Hälfte übernommen anzusehen sind;
3. wer für die Kostenschuld eines anderen kraft Gesetzes haftet und
4. der Verpflichtete für die Kosten der Vollstreckung.

§ 28 Erlöschen der Zahlungspflicht. [1]Die durch gerichtliche Entscheidung begründete Verpflichtung zur Zahlung von Kosten erlischt, soweit die Entscheidung durch eine andere gerichtliche Entscheidung aufgehoben oder abgeändert wird. [2]Soweit die Verpflichtung zur Zahlung von Kosten nur auf der aufgehobenen oder abgeänderten Entscheidung beruht hat, werden bereits gezahlte Kosten zurückerstattet.

Unterabschnitt 2. Notarkosten

§ 29 Kostenschuldner im Allgemeinen. Die Notarkosten schuldet, wer

1. den Auftrag erteilt oder den Antrag gestellt hat,
2. die Kostenschuld gegenüber dem Notar übernommen hat oder
3. für die Kostenschuld eines anderen kraft Gesetzes haftet.

§ 30 Haftung der Urkundsbeteiligten. (1) Die Kosten des Beurkundungsverfahrens und die im Zusammenhang mit dem Beurkundungsverfahren anfallenden Kosten des Vollzugs und der Betreuungstätigkeiten schuldet ferner jeder, dessen Erklärung beurkundet worden ist.

(2) Werden im Beurkundungsverfahren die Erklärungen mehrerer Beteiligter beurkundet und betreffen die Erklärungen verschiedene Rechtsverhältnisse, beschränkt sich die Haftung des Einzelnen auf die Kosten, die entstanden wären, wenn die übrigen Erklärungen nicht beurkundet worden wären.

(3) Derjenige, der in einer notariellen Urkunde die Kosten dieses Beurkundungsverfahrens, die im Zusammenhang mit dem Beurkundungsverfahren anfallenden Kosten des Vollzugs und der Betreuungstätigkeiten oder sämtliche

genannten Kosten übernommen hat, haftet insoweit auch gegenüber dem Notar.

§ 31 Besonderer Kostenschuldner. (1) Schuldner der Kosten, die für die Beurkundung des Zuschlags bei der freiwilligen Versteigerung eines Grundstücks oder grundstücksgleichen Rechts anfallen, ist vorbehaltlich des § 29 Nummer 3 nur der Ersteher.

(2) Für die Kosten, die durch die Errichtung eines Nachlassinventars und durch Tätigkeiten zur Nachlasssicherung entstehen, haften nur die Erben, und zwar nach den Vorschriften des Bürgerlichen Gesetzbuchs[1)] über Nachlassverbindlichkeiten.

(3) [1] Schuldner der Kosten der Auseinandersetzung eines Nachlasses oder des Gesamtguts nach Beendigung der ehelichen, lebenspartnerschaftlichen oder fortgesetzten Gütergemeinschaft sind die Anteilsberechtigten; dies gilt nicht, soweit der Antrag zurückgenommen oder zurückgewiesen wurde. [2] Ferner sind die für das Amtsgericht geltenden Vorschriften über die Kostenhaftung entsprechend anzuwenden.

Unterabschnitt 3. Mehrere Kostenschuldner

§ 32 Mehrere Kostenschuldner. (1) Mehrere Kostenschuldner haften als Gesamtschuldner.

(2) Sind durch besondere Anträge eines Beteiligten Mehrkosten entstanden, so fallen diese ihm allein zur Last.

§ 33 Erstschuldner der Gerichtskosten. (1) [1] Soweit ein Kostenschuldner im gerichtlichen Verfahren aufgrund von § 27 Nummer 1 oder Nummer 2 (Erstschuldner) haftet, soll die Haftung eines anderen Kostenschuldners nur geltend gemacht werden, wenn eine Zwangsvollstreckung in das bewegliche Vermögen des Erstschuldners erfolglos geblieben ist oder aussichtslos erscheint. [2] Zahlungen des Erstschuldners mindern seine Haftung aufgrund anderer Vorschriften dieses Gesetzes auch dann in voller Höhe, wenn sich seine Haftung nur auf einen Teilbetrag bezieht.

(2) [1] Soweit einem Kostenschuldner, der aufgrund von § 27 Nummer 1 haftet (Entscheidungsschuldner), Verfahrenskostenhilfe bewilligt worden ist, darf die Haftung eines anderen Kostenschuldners nicht geltend gemacht werden; von diesem bereits erhobene Kosten sind zurückzuzahlen, soweit es sich nicht um eine Zahlung nach § 13 Absatz 1 und 3 des Justizvergütungs- und -entschädigungsgesetzes[2)] handelt und der Beteiligte, dem die Verfahrenskostenhilfe bewilligt worden ist, der besonderen Vergütung zugestimmt hat. [2] Die Haftung eines anderen Kostenschuldners darf auch nicht geltend gemacht werden, soweit dem Entscheidungsschuldner ein Betrag für die Reise zum Ort einer Verhandlung, Anhörung oder Untersuchung und für die Rückreise gewährt worden ist.

(3) Absatz 2 ist entsprechend anzuwenden, soweit der Kostenschuldner aufgrund des § 27 Nummer 2 haftet und wenn

1) Auszugsweise abgedruckt unter Nr. **1**.
2) **dtv 5005 ZPO Nr. 11.**

1. der Kostenschuldner die Kosten in einem vor Gericht abgeschlossenen oder durch Schriftsatz gegenüber dem Gericht angenommenen Vergleich übernommen hat,
2. der Vergleich einschließlich der Verteilung der Kosten von dem Gericht vorgeschlagen worden ist und
3. das Gericht in seinem Vergleichsvorschlag ausdrücklich festgestellt hat, dass die Kostenregelung der sonst zu erwartenden Kostenentscheidung entspricht.

Abschnitt 6. Gebührenvorschriften

§ 34 Wertgebühren. (1) Wenn sich die Gebühren nach dem Geschäftswert richten, bestimmt sich die Höhe der Gebühr nach Tabelle A oder Tabelle B.

(2) [1] Die Gebühr beträgt bei einem Geschäftswert bis 500 Euro nach Tabelle A 38 Euro, nach Tabelle B 15 Euro. [2] Die Gebühr erhöht sich bei einem

Geschäftswert bis … Euro	für jeden angefangenen Betrag von weiteren … Euro	in **Tabelle A** um … Euro	in **Tabelle B** um … Euro
2 000	500	20	4
10 000	1 000	21	6
25 000	3 000	29	8
50 000	5 000	38	10
200 000	15 000	132	27
500 000	30 000	198	50
über 500 000	50 000	198	
5 000 000	50 000		80
10 000 000	200 000		130
20 000 000	250 000		150
30 000 000	500 000		280
über 30 000 000	1 000 000		120

(3) Gebührentabellen für Geschäftswerte bis 3 Millionen Euro sind diesem Gesetz als Anlage 2 beigefügt.

(4) Gebühren werden auf den nächstliegenden Cent auf- oder abgerundet; 0,5 Cent werden aufgerundet.

(5) Der Mindestbetrag einer Gebühr ist 15 Euro.

Abschnitt 7. Wertvorschriften

Unterabschnitt 1. Allgemeine Wertvorschriften

§ 35 Grundsatz. (1) In demselben Verfahren und in demselben Rechtszug werden die Werte mehrerer Verfahrensgegenstände zusammengerechnet, soweit nichts anderes bestimmt ist.

(2) Der Geschäftswert beträgt, wenn die Tabelle A anzuwenden ist, höchstens 30 Millionen Euro, wenn die Tabelle B anzuwenden ist, höchstens 60 Millionen Euro, wenn kein niedrigerer Höchstwert bestimmt ist.

§ 36 Allgemeiner Geschäftswert. (1) Soweit sich in einer vermögensrechtlichen Angelegenheit der Geschäftswert aus den Vorschriften dieses Gesetzes nicht ergibt und er auch sonst nicht feststeht, ist er nach billigem Ermessen zu bestimmen.

(2) Soweit sich in einer nichtvermögensrechtlichen Angelegenheit der Geschäftswert aus den Vorschriften dieses Gesetzes nicht ergibt, ist er unter Berücksichtigung aller Umstände des Einzelfalls, insbesondere des Umfangs und der Bedeutung der Sache und der Vermögens- und Einkommensverhältnisse der Beteiligten, nach billigem Ermessen zu bestimmen, jedoch nicht über 1 Million Euro.

(3) Bestehen in den Fällen der Absätze 1 und 2 keine genügenden Anhaltspunkte für eine Bestimmung des Werts, ist von einem Geschäftswert von 5 000 Euro auszugehen.

(4) [1] Wenn sich die Gerichtsgebühren nach den für Notare geltenden Vorschriften bestimmen, sind die für Notare geltenden Wertvorschriften entsprechend anzuwenden. [2] Wenn sich die Notargebühren nach den für Gerichte geltenden Vorschriften bestimmen, sind die für Gerichte geltenden Wertvorschriften entsprechend anzuwenden.

§ 37 Früchte, Nutzungen, Zinsen, Vertragsstrafen, sonstige Nebengegenstände und Kosten. (1) Sind außer dem Hauptgegenstand des Verfahrens auch Früchte, Nutzungen, Zinsen, Vertragsstrafen, sonstige Nebengegenstände oder Kosten betroffen, wird deren Wert nicht berücksichtigt.

(2) Soweit Früchte, Nutzungen, Zinsen, Vertragsstrafen, sonstige Nebengegenstände oder Kosten ohne den Hauptgegenstand betroffen sind, ist deren Wert maßgebend, soweit er den Wert des Hauptgegenstands nicht übersteigt.

(3) Sind die Kosten des Verfahrens ohne den Hauptgegenstand betroffen, ist der Betrag der Kosten maßgebend, soweit er den Wert des Hauptgegenstands nicht übersteigt.

§ 38 Belastung mit Verbindlichkeiten. [1] Verbindlichkeiten, die auf einer Sache oder auf einem Recht lasten, werden bei Ermittlung des Geschäftswerts nicht abgezogen, sofern nichts anderes bestimmt ist. [2] Dies gilt auch für Verbindlichkeiten eines Nachlasses, einer sonstigen Vermögensmasse und im Fall einer Beteiligung an einer Personengesellschaft auch für deren Verbindlichkeiten.

§ 39 Auskunftspflichten. (1) [1] Ein Notar, der einen Antrag bei Gericht einreicht, hat dem Gericht den von ihm zugrunde gelegten Geschäftswert hinsichtlich eines jeden Gegenstands mitzuteilen, soweit dieser für die vom Gericht zu erhebenden Gebühren von Bedeutung ist. [2] Auf Ersuchen des Gerichts hat der Notar, der Erklärungen beurkundet hat, die bei Gericht eingereicht worden sind, oder Unterschriften oder Handzeichen unter oder qualifizierte elektronische Signaturen an solchen Erklärungen beglaubigt hat, in entsprechendem Umfang Auskunft zu erteilen.

(2) [1] Legt das Gericht seinem Kostenansatz einen von Absatz 1 abweichenden Geschäftswert zugrunde, so ist dieser dem Notar mitzuteilen. [2] Auf Ersuchen des Notars, der Erklärungen beurkundet oder beglaubigt hat, die bei Gericht eingereicht werden, hat das Gericht über die für die Geschäftswertbestimmung maßgeblichen Umstände Auskunft zu erteilen.

Unterabschnitt 2. Besondere Geschäftswertvorschriften

§ 40 Erbschein, Europäisches Nachlasszeugnis, Zeugnis über die Fortsetzung der Gütergemeinschaft und Testamentsvollstreckerzeugnis. (1) [1] Der Geschäftswert für das Verfahren zur

1. Abnahme der eidesstattlichen Versicherung zur Erlangung eines Erbscheins oder eines Europäischen Nachlasszeugnisses,
2. Erteilung eines Erbscheins oder Ausstellung eines Europäischen Nachlasszeugnisses, soweit dieses die Rechtsstellung und die Rechte der Erben oder Vermächtnisnehmer mit unmittelbarer Berechtigung am Nachlass betrifft,
3. Einziehung oder Kraftloserklärung eines Erbscheins,
4. Änderung oder zum Widerruf eines Europäischen Nachlasszeugnisses, soweit die Rechtsstellung und Rechte der Erben oder Vermächtnisnehmer mit unmittelbarer Berechtigung am Nachlass betroffen sind,

ist der Wert des Nachlasses im Zeitpunkt des Erbfalls. [2] Vom Erblasser herrührende Verbindlichkeiten werden abgezogen. [3] Ist in dem Erbschein lediglich die Hoferbfolge zu bescheinigen, ist Geschäftswert der Wert des Hofs. [4] Abweichend von Satz 2 werden nur die auf dem Hof lastenden Verbindlichkeiten mit Ausnahme der Hypotheken, Grund- und Rentenschulden (§ 15 Absatz 2 der Höfeordnung) abgezogen.

(2) [1] Beziehen sich die in Absatz 1 genannten Verfahren nur auf das Erbrecht eines Miterben, bestimmt sich der Geschäftswert nach dem Anteil dieses Miterben. [2] Entsprechendes gilt, wenn ein weiterer Miterbe einer bereits beurkundeten eidesstattlichen Versicherung beitritt.

(3) [1] Erstrecken sich die Wirkungen eines Erbscheins nur auf einen Teil des Nachlasses, bleiben diejenigen Gegenstände, die von der Erbscheinswirkung nicht erfasst werden, bei der Berechnung des Geschäftswerts außer Betracht; Nachlassverbindlichkeiten werden nicht abgezogen. [2] Macht der Kostenschuldner glaubhaft, dass der Geschäftswert nach Absatz 1 niedriger ist, so ist dieser maßgebend. [3] Die Sätze 1 und 2 finden auf die Ausstellung, die Änderung und den Widerruf eines Europäischen Nachlasszeugnisses entsprechende Anwendung.

(4) Auf ein Verfahren, das ein Zeugnis über die Fortsetzung der Gütergemeinschaft betrifft, sind die Absätze 1 bis 3 entsprechend anzuwenden; an die Stelle des Nachlasses tritt der halbe Wert des Gesamtguts der fortgesetzten Gütergemeinschaft.

(5) [1] In einem Verfahren, das ein Zeugnis über die Ernennung eines Testamentsvollstreckers betrifft, beträgt der Geschäftswert 20 Prozent des Nachlasswerts im Zeitpunkt des Erbfalls, wobei Nachlassverbindlichkeiten nicht abgezogen werden; die Absätze 2 und 3 sind entsprechend anzuwenden. [2] Dies gilt entsprechend, soweit die Angabe der Befugnisse des Testamentsvollstreckers Gegenstand eines Verfahrens wegen eines Europäischen Nachlasszeugnisses ist.

(6) Bei der Ermittlung des Werts und der Zusammensetzung des Nachlasses steht § 30 der Abgabenordnung einer Auskunft des Finanzamts nicht entgegen.

§ 41 Zeugnisse zum Nachweis der Auseinandersetzung eines Nachlasses oder Gesamtguts. In einem Verfahren, das ein Zeugnis nach den §§ 36 und 37 der Grundbuchordnung[1] oder nach § 42 der Schiffsregisterordnung, auch in Verbindung mit § 74 der Schiffsregisterordnung oder § 86 des Gesetzes über Rechte an Luftfahrzeugen, betrifft, ist Geschäftswert der Wert der Gegenstände, auf die sich der Nachweis der Rechtsnachfolge erstreckt.

§ 42 Wohnungs- und Teileigentum. (1) [1] Bei der Begründung von Wohnungs- oder Teileigentum und bei Geschäften, die die Aufhebung oder das Erlöschen von Sondereigentum betreffen, ist Geschäftswert der Wert des bebauten Grundstücks. [2] Ist das Grundstück noch nicht bebaut, ist dem Grundstückswert der Wert des zu errichtenden Bauwerks hinzuzurechnen.

(2) Bei Wohnungs- und Teilerbbaurechten gilt Absatz 1 entsprechend, wobei an die Stelle des Grundstückswerts der Wert des Erbbaurechts tritt.

§ 43 Erbbaurechtsbestellung. [1] Wird bei der Bestellung eines Erbbaurechts als Entgelt ein Erbbauzins vereinbart, ist Geschäftswert der nach § 52 errechnete Wert des Erbbauzinses. [2] Ist der nach § 49 Absatz 2 errechnete Wert des Erbbaurechts höher, so ist dieser maßgebend.

§ 44 Mithaft. (1) [1] Bei der Einbeziehung eines Grundstücks in die Mithaft wegen eines Grundpfandrechts und bei der Entlassung aus der Mithaft bestimmt sich der Geschäftswert nach dem Wert des einbezogenen oder entlassenen Grundstücks, wenn dieser geringer als der Wert nach § 53 Absatz 1 ist. [2] Die Löschung eines Grundpfandrechts, bei dem bereits zumindest ein Grundstück aus der Mithaft entlassen worden ist, steht hinsichtlich der Geschäftswertbestimmung der Entlassung aus der Mithaft gleich.

(2) Absatz 1 gilt entsprechend für grundstücksgleiche Rechte.

(3) Absatz 1 gilt ferner entsprechend

1. für Schiffshypotheken mit der Maßgabe, dass an die Stelle des Grundstücks das Schiff oder das Schiffsbauwerk tritt, und
2. für Registerpfandrechte an einem Luftfahrzeug mit der Maßgabe, dass an die Stelle des Grundstücks das Luftfahrzeug tritt.

§ 45 Rangverhältnisse und Vormerkungen. (1) Bei Einräumung des Vorrangs oder des gleichen Rangs ist Geschäftswert der Wert des vortretenden Rechts, höchstens jedoch der Wert des zurücktretenden Rechts.

(2) [1] Die Vormerkung gemäß § 1179 des Bürgerlichen Gesetzbuchs[2] zugunsten eines nach- oder gleichstehenden Berechtigten steht der Vorrangseinräumung gleich. [2] Dasselbe gilt für den Fall, dass ein nachrangiges Recht gegenüber einer vorrangigen Vormerkung wirksam sein soll. [3] Der Ausschluss des Löschungsanspruchs nach § 1179a Absatz 5 des Bürgerlichen Gesetzbuchs[2], auch in Verbindung mit § 1179b Absatz 2 des Bürgerlichen Gesetzbuchs[2], ist wie ein Rangrücktritt des Rechts zu behandeln, als dessen Inhalt der Ausschluss vereinbart wird.

(3) Geschäftswert einer sonstigen Vormerkung ist der Wert des vorgemerkten Rechts; § 51 Absatz 1 Satz 2 ist entsprechend anzuwenden.

[1] Nr. **11**.
[2] Nr. **1**.

Unterabschnitt 3. Bewertungsvorschriften

§ 46 Sache. (1) Der Wert einer Sache wird durch den Preis bestimmt, der im gewöhnlichen Geschäftsverkehr nach der Beschaffenheit der Sache unter Berücksichtigung aller den Preis beeinflussenden Umstände bei einer Veräußerung zu erzielen wäre (Verkehrswert).

(2) Steht der Verkehrswert nicht fest, ist er zu bestimmen

1. nach dem Inhalt des Geschäfts,
2. nach den Angaben der Beteiligten,
3. anhand von sonstigen amtlich bekannten Tatsachen oder Vergleichswerten aufgrund einer amtlichen Auskunft oder
4. anhand offenkundiger Tatsachen.

(3) [1] Bei der Bestimmung des Verkehrswerts eines Grundstücks können auch herangezogen werden

1. im Grundbuch eingetragene Belastungen,
2. aus den Grundakten ersichtliche Tatsachen oder Vergleichswerte oder
3. für Zwecke der Steuererhebung festgesetzte Werte.

[2] Im Fall der Nummer 3 steht § 30 der Abgabenordnung einer Auskunft des Finanzamts nicht entgegen.

(4) Eine Beweisaufnahme zur Feststellung des Verkehrswerts findet nicht statt.

§ 47 Sache bei Kauf. [1] Im Zusammenhang mit dem Kauf wird der Wert der Sache durch den Kaufpreis bestimmt. [2] Der Wert der vorbehaltenen Nutzungen und der vom Käufer übernommenen oder ihm sonst infolge der Veräußerung obliegenden Leistungen wird hinzugerechnet. [3] Ist der nach den Sätzen 1 und 2 ermittelte Wert niedriger als der Verkehrswert, ist der Verkehrswert maßgebend.

§ 48 Land- und forstwirtschaftliches Vermögen. (1) [1] Im Zusammenhang mit der Übergabe oder Zuwendung eines land- oder forstwirtschaftlichen Betriebs mit Hofstelle an eine oder mehrere natürliche Personen einschließlich der Abfindung weichender Erben beträgt der Wert des land- und forstwirtschaftlichen Vermögens im Sinne des Bewertungsgesetzes höchstens das Vierfache des letzten Einheitswerts, der zur Zeit der Fälligkeit der Gebühr bereits festgestellt ist, wenn

1. die unmittelbare Fortführung des Betriebs durch den Erwerber selbst beabsichtigt ist und
2. der Betrieb unmittelbar nach Vollzug der Übergabe oder Zuwendung einen nicht nur unwesentlichen Teil der Existenzgrundlage des zukünftigen Inhabers bildet.

[2] § 46 Absatz 3 Satz 2 gilt entsprechend. [3] Ist der Einheitswert noch nicht festgestellt, so ist dieser vorläufig zu schätzen; die Schätzung ist nach der ersten Feststellung des Einheitswerts zu berichtigen; die Frist des § 20 Absatz 1 beginnt erst mit der Feststellung des Einheitswerts. [4] In dem in Artikel 3 des Einigungsvertrages genannten Gebiet gelten für die Bewertung des land- und forstwirtschaftlichen Vermögens die Vorschriften des Dritten Abschnitts im

Zweiten Teil des Bewertungsgesetzes[1] mit Ausnahme von § 125 Absatz 3; § 126 Absatz 2 des Bewertungsgesetzes ist sinngemäß anzuwenden.

(2) Weicht der Gegenstand des gebührenpflichtigen Geschäfts vom Gegenstand der Einheitsbewertung oder vom Gegenstand der Bildung des Ersatzwirtschaftswerts wesentlich ab oder hat sich der Wert infolge bestimmter Umstände, die nach dem Feststellungszeitpunkt des Einheitswerts oder des Ersatzwirtschaftswerts eingetreten sind, wesentlich verändert, so ist der nach den Grundsätzen der Einheitsbewertung oder der Bildung des Ersatzwirtschaftswerts geschätzte Wert maßgebend.

(3) Die Absätze 1 und 2 sind entsprechend anzuwenden für die Bewertung

1. eines Hofs im Sinne der Höfeordnung und
2. eines landwirtschaftlichen Betriebs in einem Verfahren aufgrund der Vorschriften über die gerichtliche Zuweisung eines Betriebs (§ 1 Nummer 2 des Gesetzes über das gerichtliche Verfahren in Landwirtschaftssachen), sofern das Verfahren mit der Zuweisung endet.

§ 49 Grundstücksgleiche Rechte. (1) Die für die Bewertung von Grundstücken geltenden Vorschriften sind auf Rechte entsprechend anzuwenden, die den für Grundstücke geltenden Vorschriften unterliegen, soweit sich aus Absatz 2 nichts anderes ergibt.

(2) Der Wert eines Erbbaurechts beträgt 80 Prozent der Summe aus den Werten des belasteten Grundstücks und darauf errichteter Bauwerke; sofern die Ausübung des Rechts auf eine Teilfläche beschränkt ist, sind 80 Prozent vom Wert dieser Teilfläche zugrunde zu legen.

§ 50 Bestimmte schuldrechtliche Verpflichtungen. Der Wert beträgt bei einer schuldrechtlichen Verpflichtung

1. über eine Sache oder ein Recht nicht oder nur eingeschränkt zu verfügen, 10 Prozent des Verkehrswerts der Sache oder des Werts des Rechts;
2. zur eingeschränkten Nutzung einer Sache 20 Prozent des Verkehrswerts der Sache;
3. zur Errichtung eines Bauwerks, wenn es sich um
 a) ein Wohngebäude handelt, 20 Prozent des Verkehrswerts des unbebauten Grundstücks,
 b) ein gewerblich genutztes Bauwerk handelt, 20 Prozent der voraussichtlichen Herstellungskosten;
4. zu Investitionen 20 Prozent der Investitionssumme.

§ 51 Erwerbs- und Veräußerungsrechte, Verfügungsbeschränkungen.

(1) [1]Der Wert eines Ankaufsrechts oder eines sonstigen Erwerbs- oder Veräußerungsrechts ist der Wert des Gegenstands, auf den sich das Recht bezieht. [2]Der Wert eines Vorkaufs- oder Wiederkaufsrechts ist die Hälfte des Werts nach Satz 1.

(2) Der Wert einer Verfügungsbeschränkung, insbesondere nach den §§ 1365 und 1369 des Bürgerlichen Gesetzbuchs[2] sowie einer Belastung gemäß § 1010

[1] Nr. **18**.
[2] **dtv 5001 BGB Nr. 1.**

des Bürgerlichen Gesetzbuchs[1]), beträgt 30 Prozent des von der Beschränkung betroffenen Gegenstands.

(3) Ist der nach den Absätzen 1 und 2 bestimmte Wert nach den besonderen Umständen des Einzelfalls unbillig, kann ein höherer oder ein niedrigerer Wert angenommen werden.

§ 52 Nutzungs- und Leistungsrechte. (1) Der Wert einer Dienstbarkeit, einer Reallast oder eines sonstigen Rechts oder Anspruchs auf wiederkehrende oder dauernde Nutzungen oder Leistungen einschließlich des Unterlassens oder Duldens bestimmt sich nach dem Wert, den das Recht für den Berechtigten oder für das herrschende Grundstück hat.

(2) [1] Ist das Recht auf eine bestimmte Zeit beschränkt, ist der auf die Dauer des Rechts entfallende Wert maßgebend. [2] Der Wert ist jedoch durch den auf die ersten 20 Jahre entfallenden Wert des Rechts beschränkt. [3] Ist die Dauer des Rechts außerdem auf die Lebensdauer einer Person beschränkt, darf der nach Absatz 4 bemessene Wert nicht überschritten werden.

(3) [1] Der Wert eines Rechts von unbeschränkter Dauer ist der auf die ersten 20 Jahre entfallende Wert. [2] Der Wert eines Rechts von unbestimmter Dauer ist der auf die ersten zehn Jahre entfallende Wert, soweit sich aus Absatz 4 nichts anderes ergibt.

(4) [1] Ist das Recht auf die Lebensdauer einer Person beschränkt, ist sein Wert

bei einem Lebensalter von …	der auf die ersten … Jahre
bis zu 30 Jahren	20
über 30 Jahren bis zu 50 Jahren	15
über 50 Jahren bis zu 70 Jahren	10
über 70 Jahren	5

entfallende Wert. [2] Hängt die Dauer des Rechts von der Lebensdauer mehrerer Personen ab, ist maßgebend,

1. wenn das Recht mit dem Tod des zuletzt Sterbenden erlischt, das Lebensalter der jüngsten Person,
2. wenn das Recht mit dem Tod des zuerst Sterbenden erlischt, das Lebensalter der ältesten Person.

(5) Der Jahreswert wird mit 5 Prozent des Werts des betroffenen Gegenstands oder Teils des betroffenen Gegenstands angenommen, sofern nicht ein anderer Wert festgestellt werden kann.

(6) [1] Für die Berechnung des Werts ist der Beginn des Rechts maßgebend. [2] Bildet das Recht später den Gegenstand eines gebührenpflichtigen Geschäfts, so ist der spätere Zeitpunkt maßgebend. [3] Ist der nach den vorstehenden Absätzen bestimmte Wert nach den besonderen Umständen des Einzelfalls unbillig, weil im Zeitpunkt des Geschäfts der Beginn des Rechts noch nicht feststeht oder das Recht in anderer Weise bedingt ist, ist ein niedrigerer Wert anzunehmen. [4] Der Wert eines durch Zeitablauf oder durch den Tod des Berechtigten erloschenen Rechts beträgt 0 Euro.

(7) Preisklauseln werden nicht berücksichtigt.

1) Nr. **1**.

§ 53 Grundpfandrechte und sonstige Sicherheiten. (1) [1]Der Wert einer Hypothek, Schiffshypothek, eines Registerpfandrechts an einem Luftfahrzeug oder einer Grundschuld ist der Nennbetrag der Schuld. [2]Der Wert einer Rentenschuld ist der Nennbetrag der Ablösungssumme.

(2) Der Wert eines sonstigen Pfandrechts oder der sonstigen Sicherstellung einer Forderung durch Bürgschaft, Sicherungsübereignung oder dergleichen bestimmt sich nach dem Betrag der Forderung und, wenn der als Pfand oder zur Sicherung dienende Gegenstand einen geringeren Wert hat, nach diesem.

§ 54 Bestimmte Gesellschaftsanteile. [1]Wenn keine genügenden Anhaltspunkte für einen höheren Wert von Anteilen an Kapitalgesellschaften und von Kommanditbeteiligungen bestehen, bestimmt sich der Wert nach dem Eigenkapital im Sinne von § 266 Absatz 3 des Handelsgesetzbuchs, das auf den jeweiligen Anteil oder die Beteiligung entfällt. [2]Grundstücke, Gebäude, grundstücksgleiche Rechte, Schiffe oder Schiffsbauwerke sind dabei nach den Bewertungsvorschriften dieses Unterabschnitts zu berücksichtigen. [3]Sofern die betreffenden Gesellschaften überwiegend vermögensverwaltend tätig sind, insbesondere als Immobilienverwaltungs-, Objekt-, Holding-, Besitz- oder sonstige Beteiligungsgesellschaft, ist der auf den jeweiligen Anteil oder die Beteiligung entfallende Wert des Vermögens der Gesellschaft maßgeblich; die Sätze 1 und 2 sind nicht anzuwenden.

Kapitel 2. Gerichtskosten

Abschnitt 1. Gebührenvorschriften

§ 55 Einmalige Erhebung der Gebühren. (1) Die Gebühr für das Verfahren im Allgemeinen und die Gebühr für eine Entscheidung oder die Vornahme einer Handlung werden in jedem Rechtszug hinsichtlich eines jeden Teils des Verfahrensgegenstands nur einmal erhoben.

(2) Für Eintragungen in das Vereinsregister, Grundbuch, Schiffs- und Schiffsbauregister und in das Register für Pfandrechte an Luftfahrzeugen werden die Gebühren für jede Eintragung gesondert erhoben, soweit nichts anderes bestimmt ist.

§ 56 Teile des Verfahrensgegenstands. (1) Für Handlungen, die einen Teil des Verfahrensgegenstands betreffen, sind die Gebühren nur nach dem Wert dieses Teils zu berechnen.

(2) Sind von einzelnen Wertteilen in demselben Rechtszug für gleiche Handlungen Gebühren zu berechnen, darf nicht mehr erhoben werden, als wenn die Gebühr nach dem Gesamtbetrag der Wertteile zu berechnen wäre.

(3) Sind für Teile des Verfahrensgegenstands verschiedene Gebührensätze anzuwenden, sind die Gebühren für die Teile gesondert zu berechnen; die aus dem Gesamtbetrag der Wertteile nach dem höchsten Gebührensatz berechnete Gebühr darf jedoch nicht überschritten werden.

§ 57 Zurückverweisung, Abänderung oder Aufhebung einer Entscheidung. (1) Wird eine Sache an ein Gericht eines unteren Rechtszugs zurückverwiesen, bildet das weitere Verfahren mit dem früheren Verfahren vor diesem Gericht einen Rechtszug im Sinne des § 55.

(2) Das Verfahren über eine Abänderung oder Aufhebung einer Entscheidung gilt als besonderes Verfahren, soweit im Kostenverzeichnis nichts anderes bestimmt ist.

§§ 58 *(vom Abdruck wurde abgesehen)*

Abschnitt 2. Wertvorschriften

Unterabschnitt 1. Allgemeine Wertvorschriften

§ 59 Zeitpunkt der Wertberechnung. [1]Für die Wertberechnung ist der Zeitpunkt der jeweiligen den Verfahrensgegenstand betreffenden ersten Antragstellung in dem jeweiligen Rechtszug entscheidend, soweit nichts anderes bestimmt ist. [2]In Verfahren, die von Amts wegen eingeleitet werden, ist der Zeitpunkt der Fälligkeit der Gebühr maßgebend.

§ 60 Genehmigung oder Ersetzung einer Erklärung oder Genehmigung eines Rechtsgeschäfts. (1) Wenn in einer vermögensrechtlichen Angelegenheit Gegenstand des Verfahrens die Genehmigung oder Ersetzung einer Erklärung oder die Genehmigung eines Rechtsgeschäfts ist, bemisst sich der Geschäftswert nach dem Wert des zugrunde liegenden Geschäfts.

(2) Mehrere Erklärungen, die denselben Gegenstand betreffen, insbesondere der Kauf und die Auflassung oder die Schulderklärung und die zur Hypothekenbestellung erforderlichen Erklärungen, sind als ein Verfahrensgegenstand zu bewerten.

(3) Der Wert beträgt in jedem Fall höchstens 1 Million Euro.

§ 61 Rechtsmittelverfahren. (1) [1]Im Rechtsmittelverfahren bestimmt sich der Geschäftswert nach den Anträgen des Rechtsmittelführers. [2]Endet das Verfahren, ohne dass solche Anträge eingereicht werden, oder werden bei einer Rechtsbeschwerde innerhalb der Frist für die Begründung Anträge nicht eingereicht, ist die Beschwer maßgebend.

(2) [1]Der Wert ist durch den Geschäftswert des ersten Rechtszugs begrenzt. [2]Dies gilt nicht, soweit der Gegenstand erweitert wird.

(3) Im Verfahren über den Antrag auf Zulassung der Sprungrechtsbeschwerde ist Gegenstandswert der für das Rechtsmittelverfahren maßgebende Wert.

§ 62 Einstweilige Anordnung, Aussetzung der Wirkungen eines Europäischen Nachlasszeugnisses. [1]Im Verfahren der einstweiligen Anordnung und im Verfahren über die Aussetzung der Wirkungen eines Europäischen Nachlasszeugnisses ist der Wert in der Regel unter Berücksichtigung der geringeren Bedeutung gegenüber der Hauptsache zu ermäßigen. [2]Dabei ist von der Hälfte des für die Hauptsache bestimmten Werts auszugehen.

Unterabschnitt 2. Besondere Geschäftswertvorschriften

§§ 63–68 *(vom Abdruck wurde abgesehen)*

§ 69 Eintragungen im Grundbuch, Schiffs- oder Schiffsbauregister.

(1) [1]Geschäftswert für die Eintragung desselben Eigentümers bei mehreren Grundstücken ist der zusammengerechnete Wert dieser Grundstücke, wenn das Grundbuch über diese bei demselben Grundbuchamt geführt wird, die Eintragungsanträge in demselben Dokument enthalten sind und am selben Tag

beim Grundbuchamt eingehen. [2] Satz 1 ist auf grundstücksgleiche Rechte und auf Eintragungen in das Schiffs- und Schiffsbauregister entsprechend anzuwenden.

(2) [1] Geschäftswert für die Eintragung mehrerer Veränderungen, die sich auf dasselbe Recht beziehen, ist der zusammengerechnete Wert der Veränderungen, wenn die Eintragungsanträge in demselben Dokument enthalten sind und am selben Tag bei dem Grundbuchamt oder Registergericht eingehen. [2] Der Wert des Rechts darf auch bei mehreren Veränderungen nicht überschritten werden.

§ 70 Gemeinschaften zur gesamten Hand. (1) [1] Ist oder wird eine Gesamthandsgemeinschaft im Grundbuch eingetragen, sind bei der Berechnung des Geschäftswerts die Anteile an der Gesamthandsgemeinschaft wie Bruchteile an dem Grundstück zu behandeln. [2] Im Zweifel gelten die Mitglieder der Gemeinschaft als zu gleichen Teilen am Gesamthandsvermögen beteiligt.

(2) [1] Ist eine Gesamthandsgemeinschaft im Grundbuch eingetragen und wird nunmehr ein Mitberechtigter der Gesamthandsgemeinschaft als Eigentümer oder werden nunmehr mehrere Mitberechtigte als Miteigentümer eingetragen, beträgt der Geschäftswert die Hälfte des Werts des Grundstücks. [2] Geht das Eigentum an dem Grundstück zu einem Bruchteil an einen oder mehrere Mitberechtigte der Gesamthandsgemeinschaft über, beträgt der Geschäftswert insoweit die Hälfte des Werts dieses Bruchteils.

(3) [1] Ein grundstücksgleiches oder sonstiges Recht steht einem Grundstück gleich; die Absätze 1 und 2 sind entsprechend anzuwenden. [2] Dies gilt auch für Rechte, die im Schiffsregister, im Schiffsbauregister und im Register für Pfandrechte an Luftfahrzeugen eingetragen sind. [3] Dabei treten an die Stelle der Grundstücke die in diese Register eingetragenen Schiffe, Schiffsbauwerke und Luftfahrzeuge, an die Stelle des Grundbuchamts das Registergericht.

[Abs. 4 bis 31.12.2023:]

(4) Die Absätze 1 bis 3 sind auf offene Handelsgesellschaften, Kommanditgesellschaften, Partnerschaften und Europäische wirtschaftliche Interessenvereinigungen nicht und auf Gesellschaften bürgerlichen Rechts nur für die Eintragung einer Änderung im Gesellschafterbestand anzuwenden.

§ 71 Nachträgliche Erteilung eines Hypotheken-, Grundschuld- oder Rentenschuldbriefs. (1) Bei der nachträglichen Erteilung eines Hypotheken-, Grundschuld- oder Rentenschuldbriefs ist Geschäftswert der für die Eintragung des Rechts maßgebende Wert.

(2) Für die nachträgliche Gesamtbrieferteilung gilt § 44 Absatz 1 entsprechend.

§§ 72–75 *(vom Abdruck wurde abgesehen)*

§ 76 Bestimmte Verfahren vor dem Landwirtschaftsgericht. Geschäftswert ist

1. in Feststellungsverfahren nach § 11 Absatz 1 Buchstabe g der Verfahrensordnung für Höfesachen der Wert des Hofs nach Abzug der Verbindlichkeiten,
2. in Wahlverfahren (§ 9 Absatz 2 Satz 1 der Höfeordnung) der Wert des gewählten Hofs nach Abzug der Verbindlichkeiten,

3. in Fristsetzungsverfahren (§ 9 Absatz 2 Satz 2 der Höfeordnung) die Hälfte des Werts des wertvollsten der noch zur Wahl stehenden Höfe nach Abzug der Verbindlichkeiten,
4. in gerichtlichen Verfahren aufgrund der Vorschriften über Einwendungen gegen das siedlungsrechtliche Vorkaufsrecht (§ 1 Nummer 3 des Gesetzes über das gerichtliche Verfahren in Landwirtschaftssachen) der Geschäftswert des zugrunde liegenden Kaufvertrags.

Unterabschnitt 3. Wertfestsetzung

§ 77 Angabe des Werts. [1] Bei jedem Antrag ist der Geschäftswert und nach Aufforderung auch der Wert eines Teils des Verfahrensgegenstands schriftlich oder zu Protokoll der Geschäftsstelle anzugeben, es sei denn, Geschäftswert ist eine bestimmte Geldsumme, oder ein fester Wert ist gesetzlich bestimmt oder ergibt sich aus früheren Anträgen. [2] Die Angabe kann jederzeit berichtigt werden.

§ 78 Wertfestsetzung für die Zulässigkeit der Beschwerde. Ist der Wert für die Zulässigkeit der Beschwerde festgesetzt, so ist die Festsetzung auch für die Berechnung der Gebühren maßgebend, soweit die Wertvorschriften dieses Gesetzes nicht von den Wertvorschriften des Verfahrensrechts abweichen.

§ 79 Festsetzung des Geschäftswerts. (1) [1] Soweit eine Entscheidung nach § 78 nicht ergeht oder nicht bindet, setzt das Gericht den Wert für die zu erhebenden Gebühren durch Beschluss fest, sobald eine Entscheidung über den gesamten Verfahrensgegenstand ergeht oder sich das Verfahren anderweitig erledigt. [2] Satz 1 gilt nicht, wenn

1. Gegenstand des Verfahrens eine bestimmte Geldsumme in Euro ist,
2. zumindest für den Regelfall ein fester Wert bestimmt ist oder
3. sich der Wert nach den Vorschriften dieses Gesetzes unmittelbar aus einer öffentlichen Urkunde oder aus einer Mitteilung des Notars (§ 39) ergibt.

[3] In den Fällen des Satzes 2 setzt das Gericht den Wert nur fest, wenn ein Zahlungspflichtiger oder die Staatskasse dies beantragt, oder wenn es eine Festsetzung für angemessen hält.

(2) [1] Die Festsetzung kann von Amts wegen geändert werden

1. von dem Gericht, das den Wert festgesetzt hat, und
2. von dem Rechtsmittelgericht, wenn das Verfahren wegen des Hauptgegenstands oder wegen der Entscheidung über den Geschäftswert, den Kostenansatz oder die Kostenfestsetzung in der Rechtsmittelinstanz schwebt.

[2] Die Änderung ist nur innerhalb von sechs Monaten zulässig, nachdem die Entscheidung wegen des Hauptgegenstands Rechtskraft erlangt oder das Verfahren sich anderweitig erledigt hat.

§ 80 Schätzung des Geschäftswerts. [1] Wird eine Schätzung des Geschäftswerts durch Sachverständige erforderlich, ist in dem Beschluss, durch den der Wert festgesetzt wird (§ 79), über die Kosten der Schätzung zu entscheiden. [2] Diese Kosten können ganz oder teilweise einem Beteiligten auferlegt werden, der durch Unterlassung der Wertangabe, durch unrichtige Angabe des Werts,

durch unbegründetes Bestreiten des angegebenen Werts oder durch unbegründete Beschwerde die Schätzung veranlasst hat.

Abschnitt 3. Erinnerung und Beschwerde

§ 81 Erinnerung gegen den Kostenansatz, Beschwerde. (1) [1]Über Erinnerungen des Kostenschuldners und der Staatskasse gegen den Kostenansatz einschließlich der Ausübung des Zurückbehaltungsrechts (§ 11) entscheidet das Gericht, bei dem die Kosten angesetzt sind. [2]War das Verfahren im ersten Rechtszug bei mehreren Gerichten anhängig, ist das Gericht, bei dem es zuletzt anhängig war, auch insoweit zuständig, als Kosten bei den anderen Gerichten angesetzt worden sind.

(2) [1]Gegen die Entscheidung über die Erinnerung ist die Beschwerde statthaft, wenn der Wert des Beschwerdegegenstands 200 Euro übersteigt. [2]Die Beschwerde ist auch zulässig, wenn sie das Gericht, das die angefochtene Entscheidung erlassen hat, wegen der grundsätzlichen Bedeutung der zur Entscheidung stehenden Frage in dem Beschluss zulässt.

(3) [1]Soweit das Gericht die Beschwerde für zulässig und begründet hält, hat es ihr abzuhelfen; im Übrigen ist die Beschwerde unverzüglich dem Beschwerdegericht vorzulegen. [2]Beschwerdegericht ist das nächsthöhere Gericht, in Verfahren der in § 119 Absatz 1 Nummer 1 Buchstabe b des Gerichtsverfassungsgesetzes bezeichneten Art jedoch das Oberlandesgericht. [3]Eine Beschwerde an einen obersten Gerichtshof des Bundes findet nicht statt. [4]Das Beschwerdegericht ist an die Zulassung der Beschwerde gebunden; die Nichtzulassung ist unanfechtbar.

(4) [1]Die weitere Beschwerde ist nur zulässig, wenn das Landgericht als Beschwerdegericht entschieden und sie wegen der grundsätzlichen Bedeutung der zur Entscheidung stehenden Frage in dem Beschluss zugelassen hat. [2]Die weitere Beschwerde kann nur darauf gestützt werden, dass die Entscheidung auf einer Verletzung des Rechts beruht; die §§ 546 und 547 der Zivilprozessordnung[1)] gelten entsprechend. [3]Beschwerdegericht ist das Oberlandesgericht. [4]Absatz 3 Satz 1 und 4 gilt entsprechend.

(5) [1]Anträge und Erklärungen können ohne Mitwirkung eines Rechtsanwalts schriftlich eingereicht oder zu Protokoll der Geschäftsstelle abgegeben werden; § 129a der Zivilprozessordnung[1)] gilt entsprechend. [2]Für die Bevollmächtigung gelten die Regelungen der für das zugrunde liegende Verfahren geltenden Verfahrensordnung entsprechend. [3]Die Erinnerung ist bei dem Gericht einzulegen, das für die Entscheidung über die Erinnerung zuständig ist. [4]Die Beschwerde ist bei dem Gericht einzulegen, dessen Entscheidung angefochten wird.

(6) [1]Das Gericht entscheidet über die Erinnerung und die Beschwerde durch eines seiner Mitglieder als Einzelrichter; dies gilt auch für die Beschwerde, wenn die angefochtene Entscheidung von einem Einzelrichter oder einem Rechtspfleger erlassen wurde. [2]Der Einzelrichter überträgt das Verfahren dem Gericht zur Entscheidung in der im Gerichtsverfassungsgesetz vorgeschriebenen Besetzung, wenn die Sache besondere Schwierigkeiten tatsächlicher oder rechtlicher Art aufweist oder die Rechtssache grundsätzliche Bedeutung hat. [3]Das Gericht entscheidet jedoch immer ohne Mitwirkung ehrenamtlicher

1) dtv 5005 ZPO Nr. 1.

Richter. [4] Auf eine Übertragung oder deren Unterlassungen kann ein Rechtsmittel nicht gestützt werden.

(7) [1] Erinnerung und Beschwerde haben keine aufschiebende Wirkung. [2] Das Gericht oder das Beschwerdegericht kann auf Antrag oder von Amts wegen die aufschiebende Wirkung ganz oder teilweise anordnen; ist nicht der Einzelrichter zur Entscheidung berufen, entscheidet der Vorsitzende des Gerichts.

(8) [1] Die Verfahren sind gebührenfrei. [2] Kosten werden nicht erstattet.

§ 82 Beschwerde gegen die Anordnung einer Vorauszahlung. (1) [1] Gegen den Beschluss, durch den aufgrund dieses Gesetzes die Tätigkeit des Gerichts von der vorherigen Zahlung von Kosten abhängig gemacht wird, und wegen der Höhe des in diesem Fall im Voraus zu zahlenden Betrags ist stets die Beschwerde statthaft. [2] § 81 Absatz 3 bis 5 Satz 1 und 4 und Absatz 6 und 8 ist entsprechend anzuwenden.

(2) Im Fall des § 14 Absatz 2 ist § 81 entsprechend anzuwenden.

§ 83 Beschwerde gegen die Festsetzung des Geschäftswerts. (1) [1] Gegen den Beschluss, durch den der Geschäftswert für die Gerichtsgebühren festgesetzt worden ist (§ 79), ist die Beschwerde statthaft, wenn der Wert des Beschwerdegegenstands 200 Euro übersteigt. [2] Die Beschwerde ist auch statthaft, wenn sie das Gericht, das die angefochtene Entscheidung erlassen hat, wegen der grundsätzlichen Bedeutung der zur Entscheidung stehenden Frage in dem Beschluss zulässt. [3] Die Beschwerde ist nur zulässig, wenn sie innerhalb der in § 79 Absatz 2 Satz 2 bestimmten Frist eingelegt wird; ist der Geschäftswert später als einen Monat vor Ablauf dieser Frist festgesetzt worden, kann sie noch innerhalb eines Monats nach Zustellung oder formloser Mitteilung des Festsetzungsbeschlusses eingelegt werden. [4] Im Fall der formlosen Mitteilung gilt der Beschluss mit dem dritten Tag nach Aufgabe zur Post als bekannt gemacht. [5] § 81 Absatz 3 bis 5 Satz 1 und 4 und Absatz 6 ist entsprechend anzuwenden. [6] Die weitere Beschwerde ist innerhalb eines Monats nach Zustellung der Entscheidung des Beschwerdegerichts einzulegen.

(2) [1] War der Beschwerdeführer ohne sein Verschulden verhindert, die Frist einzuhalten, ist ihm auf Antrag von dem Gericht, das über die Beschwerde zu entscheiden hat, Wiedereinsetzung in den vorigen Stand zu gewähren, wenn er die Beschwerde binnen zwei Wochen nach der Beseitigung des Hindernisses einlegt und die Tatsachen, welche die Wiedereinsetzung begründen, glaubhaft macht. [2] Ein Fehlen des Verschuldens wird vermutet, wenn eine Rechtsbehelfsbelehrung unterblieben oder fehlerhaft ist. [3] Nach Ablauf eines Jahres, von dem Ende der versäumten Frist an gerechnet, kann die Wiedereinsetzung nicht mehr beantragt werden. [4] Gegen die Entscheidung über den Antrag findet die Beschwerde statt. [5] Sie ist nur zulässig, wenn sie innerhalb von zwei Wochen eingelegt wird. [6] Die Frist beginnt mit der Zustellung der Entscheidung. [7] § 81 Absatz 3 Satz 1 bis 3, Absatz 5 Satz 1, 2 und 4 sowie Absatz 6 ist entsprechend anzuwenden.

(3) [1] Die Verfahren sind gebührenfrei. [2] Kosten werden nicht erstattet.

§ 84 Abhilfe bei Verletzung des Anspruchs auf rechtliches Gehör.

(1) Auf die Rüge eines durch die Entscheidung nach diesem Gesetz beschwerten Beteiligten ist das Verfahren fortzuführen, wenn

1. ein Rechtsmittel oder ein anderer Rechtsbehelf gegen die Entscheidung nicht gegeben ist und
2. das Gericht den Anspruch dieses Beteiligten auf rechtliches Gehör in entscheidungserheblicher Weise verletzt hat.

(2) [1] Die Rüge ist innerhalb von zwei Wochen nach Kenntnis von der Verletzung des rechtlichen Gehörs zu erheben; der Zeitpunkt der Kenntniserlangung ist glaubhaft zu machen. [2] Nach Ablauf eines Jahres seit Bekanntmachung der angegriffenen Entscheidung kann die Rüge nicht mehr erhoben werden. [3] Formlos mitgeteilte Entscheidungen gelten mit dem dritten Tag nach Aufgabe zur Post als bekannt gemacht. [4] Die Rüge ist bei dem Gericht zu erheben, dessen Entscheidung angegriffen wird; § 81 Absatz 5 Satz 1 und 2 gilt entsprechend. [5] Die Rüge muss die angegriffene Entscheidung bezeichnen und das Vorliegen der in Absatz 1 Nummer 2 genannten Voraussetzungen darlegen.

(3) Den übrigen Beteiligten ist, soweit erforderlich, Gelegenheit zur Stellungnahme zu geben.

(4) [1] Das Gericht hat von Amts wegen zu prüfen, ob die Rüge an sich statthaft ist und ob sie in der gesetzlichen Form und Frist erhoben ist. [2] Mangelt es an einem dieser Erfordernisse, so ist die Rüge als unzulässig zu verwerfen. [3] Ist die Rüge unbegründet, weist das Gericht sie zurück. [4] Die Entscheidung ergeht durch unanfechtbaren Beschluss. [5] Der Beschluss soll kurz begründet werden.

(5) Ist die Rüge begründet, so hilft ihr das Gericht ab, indem es das Verfahren fortführt, soweit dies aufgrund der Rüge geboten ist.

(6) Kosten werden nicht erstattet.

Kapitel 3. Notarkosten

Abschnitt 1. Allgemeine Vorschriften

§ 85 Notarielle Verfahren. (1) Notarielle Verfahren im Sinne dieses Gesetzes sind das Beurkundungsverfahren (Teil 2 Hauptabschnitt 1 des Kostenverzeichnisses) und die sonstigen notariellen Verfahren (Teil 2 Hauptabschnitt 3 des Kostenverzeichnisses).

(2) Das Beurkundungsverfahren im Sinne dieses Gesetzes ist auf die Errichtung einer Niederschrift (§§ 8, 16b und 36 des Beurkundungsgesetzes[1]) gerichtet.

§ 86 Beurkundungsgegenstand. (1) Beurkundungsgegenstand ist das Rechtsverhältnis, auf das sich die Erklärungen beziehen, bei Tatsachenbeurkundungen die beurkundete Tatsache oder der beurkundete Vorgang.

(2) Mehrere Rechtsverhältnisse, Tatsachen oder Vorgänge sind verschiedene Beurkundungsgegenstände, soweit in § 109 nichts anderes bestimmt ist.

§ 87 Sprechtage außerhalb der Geschäftsstelle. Hält ein Notar außerhalb seiner Geschäftsstelle regelmäßige Sprechtage ab, so gilt dieser Ort als Amtssitz im Sinne dieses Gesetzes.

[1] Nr. 5.

Abschnitt 2. Kostenerhebung

§ 88 Verzinsung des Kostenanspruchs. [1]Der Kostenschuldner hat die Kostenforderung zu verzinsen, wenn ihm eine vollstreckbare Ausfertigung der Kostenberechnung (§ 19) zugestellt wird, die Angaben über die Höhe der zu verzinsenden Forderung, den Verzinsungsbeginn und den Zinssatz enthält. [2]Die Verzinsung beginnt einen Monat nach der Zustellung. [3]Der jährliche Zinssatz beträgt fünf Prozentpunkte über dem Basiszinssatz nach § 247 des Bürgerlichen Gesetzbuchs[1)].

§ 89 Beitreibung der Kosten und Zinsen. [1]Die Kosten und die auf diese entfallenden Zinsen werden aufgrund einer mit der Vollstreckungsklausel des Notars versehenen Ausfertigung der Kostenberechnung (§ 19) nach den Vorschriften der Zivilprozessordnung[2)] beigetrieben; § 798 der Zivilprozessordnung[3)] gilt entsprechend. [2]In der Vollstreckungsklausel, die zum Zweck der Zwangsvollstreckung gegen einen zur Duldung der Zwangsvollstreckung Verpflichteten erteilt wird, ist die Duldungspflicht auszusprechen.

§ 90 Zurückzahlung, Schadensersatz. (1) [1]Wird die Kostenberechnung abgeändert oder ist der endgültige Kostenbetrag geringer als der erhobene Vorschuss, so hat der Notar die zu viel empfangenen Beträge zu erstatten. [2]Hatte der Kostenschuldner einen Antrag auf Entscheidung des Landgerichts nach § 127 Absatz 1 innerhalb eines Monats nach der Zustellung der vollstreckbaren Ausfertigung gestellt, so hat der Notar darüber hinaus den Schaden zu ersetzen, der dem Kostenschuldner durch die Vollstreckung oder durch eine zur Abwendung der Vollstreckung erbrachte Leistung entstanden ist. [3]Im Fall des Satzes 2 hat der Notar den zu viel empfangenen Betrag vom Tag des Antragseingangs bei dem Landgericht an mit jährlich fünf Prozentpunkten über dem Basiszinssatz nach § 247 des Bürgerlichen Gesetzbuchs[1)] zu verzinsen; die Geltendmachung eines weitergehenden Schadens ist nicht ausgeschlossen. [4]Im Übrigen kann der Kostenschuldner eine Verzinsung des zu viel gezahlten Betrags nicht fordern.

(2) [1]Über die Verpflichtungen gemäß Absatz 1 wird auf Antrag des Kostenschuldners in dem Verfahren nach § 127 entschieden. [2]Die Entscheidung ist nach den Vorschriften der Zivilprozessordnung[2)] vollstreckbar.

Abschnitt 3. Gebührenvorschriften

§ 91 Gebührenermäßigung. (1) [1]Erhebt ein Notar die in Teil 2 Hauptabschnitt 1 oder 4 oder in den Nummern 23803 und 25202 des Kostenverzeichnisses bestimmten Gebühren von

1. dem Bund, einem Land sowie einer nach dem Haushaltsplan des Bundes oder eines Landes für Rechnung des Bundes oder eines Landes verwalteten öffentlichen Körperschaft oder Anstalt,
2. einer Gemeinde, einem Gemeindeverband, einer sonstigen Gebietskörperschaft oder einem Zusammenschluss von Gebietskörperschaften, einem Regionalverband, einem Zweckverband,

[1)] **dtv 5001 BGB Nr. 1.**
[2)] Auszugsweise abgedruckt unter Nr. **12**.
[3)] **dtv 5005 ZPO Nr. 1.**

3. einer Kirche oder einer sonstigen Religions- oder Weltanschauungsgemeinschaft, jeweils soweit sie die Rechtsstellung einer juristischen Person des öffentlichen Rechts hat,

und betrifft die Angelegenheit nicht deren wirtschaftliche Unternehmen, so ermäßigen sich die Gebühren bei einem Geschäftswert von mehr als 25 000 Euro bis zu einem

Geschäftswert	
von … Euro	um … Prozent
110 000	30
260 000	40
1 000 000	50
über 1 000 000	60

[2] Eine ermäßigte Gebühr darf jedoch die Gebühr nicht unterschreiten, die bei einem niedrigeren Geschäftswert nach Satz 1 zu erheben ist. [3] Wenn das Geschäft mit dem Erwerb eines Grundstücks oder grundstücksgleichen Rechts zusammenhängt, ermäßigen sich die Gebühren nur, wenn dargelegt wird, dass eine auch nur teilweise Weiterveräußerung an einen nichtbegünstigten Dritten nicht beabsichtigt ist. [4] Ändert sich diese Absicht innerhalb von drei Jahren nach Beurkundung der Auflassung, entfällt eine bereits gewährte Ermäßigung. [5] Der Begünstigte ist verpflichtet, den Notar zu unterrichten.

(2) Die Gebührenermäßigung ist auch einer Körperschaft, Vereinigung oder Stiftung zu gewähren, wenn

1. diese ausschließlich und unmittelbar mildtätige oder kirchliche Zwecke im Sinne der Abgabenordnung verfolgt,
2. die Voraussetzung nach Nummer 1 durch einen Freistellungs- oder Körperschaftsteuerbescheid oder durch eine vorläufige Bescheinigung des Finanzamts nachgewiesen wird und
3. dargelegt wird, dass die Angelegenheit nicht einen steuerpflichtigen wirtschaftlichen Geschäftsbetrieb betrifft.

(3) Die Ermäßigung erstreckt sich auf andere Beteiligte, die mit dem Begünstigten als Gesamtschuldner haften, nur insoweit, als sie von dem Begünstigten aufgrund gesetzlicher Vorschrift Erstattung verlangen können.

(4) Soweit die Haftung auf der Vorschrift des § 29 Nummer 3 (Haftung nach bürgerlichem Recht) beruht, kann sich der Begünstigte gegenüber dem Notar nicht auf die Gebührenermäßigung berufen.

§ 92 Rahmengebühren. (1) Bei Rahmengebühren bestimmt der Notar die Gebühr im Einzelfall unter Berücksichtigung des Umfangs der erbrachten Leistung nach billigem Ermessen.

(2) Bei den Gebühren für das Beurkundungsverfahren im Fall der vorzeitigen Beendigung und bei den Gebühren für die Fertigung eines Entwurfs ist für die vollständige Erstellung des Entwurfs die Höchstgebühr zu erheben.

(3) Ist eine Gebühr für eine vorausgegangene Tätigkeit auf eine Rahmengebühr anzurechnen, so ist bei der Bemessung der Gebühr auch die vorausgegangene Tätigkeit zu berücksichtigen.

§ 93 Einmalige Erhebung der Gebühren. (1) [1]Die Gebühr für ein Verfahren sowie die Vollzugs- und die Betreuungsgebühr werden in demselben notariellen Verfahren jeweils nur einmal erhoben. [2]Die Vollzugs- und die Betreuungsgebühr werden bei der Fertigung eines Entwurfs jeweils nur einmal erhoben.

(2) [1]Werden in einem Beurkundungsverfahren ohne sachlichen Grund mehrere Beurkundungsgegenstände zusammengefasst, gilt das Beurkundungsverfahren hinsichtlich jedes dieser Beurkundungsgegenstände als besonderes Verfahren. [2]Ein sachlicher Grund ist insbesondere anzunehmen, wenn hinsichtlich jedes Beurkundungsgegenstands die gleichen Personen an dem Verfahren beteiligt sind oder der rechtliche Verknüpfungswille in der Urkunde zum Ausdruck kommt.

§ 94 Verschiedene Gebührensätze. (1) Sind für die einzelnen Beurkundungsgegenstände oder für Teile davon verschiedene Gebührensätze anzuwenden, entstehen insoweit gesondert berechnete Gebühren, jedoch nicht mehr als die nach dem höchsten Gebührensatz berechnete Gebühr aus dem Gesamtbetrag der Werte.

(2) [1]Soweit mehrere Beurkundungsgegenstände als ein Gegenstand zu behandeln sind (§ 109), wird die Gebühr nach dem höchsten in Betracht kommenden Gebührensatz berechnet. [2]Sie beträgt jedoch nicht mehr als die Summe der Gebühren, die bei getrennter Beurkundung entstanden wären.

Abschnitt 4. Wertvorschriften

Unterabschnitt 1. Allgemeine Wertvorschriften

§ 95 Mitwirkung der Beteiligten. [1]Die Beteiligten sind verpflichtet, bei der Wertermittlung mitzuwirken. [2]Sie haben ihre Erklärungen über tatsächliche Umstände vollständig und wahrheitsgemäß abzugeben. [3]Kommen die Beteiligten ihrer Mitwirkungspflicht nicht nach, ist der Wert nach billigem Ermessen zu bestimmen.

§ 96 Zeitpunkt der Wertberechnung. Für die Wertberechnung ist der Zeitpunkt der Fälligkeit der Gebühr maßgebend.

Unterabschnitt 2. Beurkundung

§ 97 Verträge und Erklärungen. (1) Der Geschäftswert bei der Beurkundung von Verträgen und Erklärungen bestimmt sich nach dem Wert des Rechtsverhältnisses, das Beurkundungsgegenstand ist.

(2) Handelt es sich um Veränderungen eines Rechtsverhältnisses, so darf der Wert des von der Veränderung betroffenen Rechtsverhältnisses nicht überschritten werden, und zwar auch dann nicht, wenn es sich um mehrere Veränderungen desselben Rechtsverhältnisses handelt.

(3) Bei Verträgen, die den Austausch von Leistungen zum Gegenstand haben, ist nur der Wert der Leistungen des einen Teils maßgebend; wenn der Wert der Leistungen verschieden ist, ist der höhere maßgebend.

§ 98 Vollmachten und Zustimmungen. (1) Bei der Beurkundung einer Vollmacht zum Abschluss eines bestimmten Rechtsgeschäfts oder bei der Beurkundung einer Zustimmungserklärung ist Geschäftswert die Hälfte des Ge-

schäftswerts für die Beurkundung des Geschäfts, auf das sich die Vollmacht oder die Zustimmungserklärung bezieht.

(2) [1]Bei Vollmachten und Zustimmungserklärungen aufgrund einer gegenwärtigen oder künftigen Mitberechtigung ermäßigt sich der nach Absatz 1 bestimmte Geschäftswert auf den Bruchteil, der dem Anteil der Mitberechtigung entspricht. [2]Entsprechendes gilt für Zustimmungserklärungen nach dem Umwandlungsgesetz durch die in § 2 des Umwandlungsgesetzes bezeichneten Anteilsinhaber. [3]Bei Gesamthandsverhältnissen ist der Anteil entsprechend der Beteiligung an dem Gesamthandsvermögen zu bemessen.

(3) [1]Der Geschäftswert bei der Beurkundung einer allgemeinen Vollmacht ist nach billigem Ermessen zu bestimmen; dabei sind der Umfang der erteilten Vollmacht und das Vermögen des Vollmachtgebers angemessen zu berücksichtigen. [2]Der zu bestimmende Geschäftswert darf die Hälfte des Vermögens des Auftraggebers nicht übersteigen. [3]Bestehen keine genügenden Anhaltspunkte für eine Bestimmung des Werts, ist von einem Geschäftswert von 5 000 Euro auszugehen.

(4) In allen Fällen beträgt der anzunehmende Geschäftswert höchstens 1 Million Euro.

(5) Für den Widerruf einer Vollmacht gelten die vorstehenden Vorschriften entsprechend.

§ 99 Miet-, Pacht- und Dienstverträge. (1) [1]Der Geschäftswert bei der Beurkundung eines Miet- oder Pachtvertrags ist der Wert aller Leistungen des Mieters oder Pächters während der gesamten Vertragszeit. [2]Bei Miet- oder Pachtverträgen von unbestimmter Vertragsdauer ist der auf die ersten fünf Jahre entfallende Wert der Leistungen maßgebend; ist jedoch die Auflösung des Vertrags erst zu einem späteren Zeitpunkt zulässig, ist dieser maßgebend. [3]In keinem Fall darf der Geschäftswert den auf die ersten 20 Jahre entfallenden Wert übersteigen.

(2) Der Geschäftswert bei der Beurkundung eines Dienstvertrags, eines Geschäftsbesorgungsvertrags oder eines ähnlichen Vertrags ist der Wert aller Bezüge des zur Dienstleistung oder Geschäftsbesorgung Verpflichteten während der gesamten Vertragszeit, höchstens jedoch der Wert der auf die ersten fünf Jahre entfallenden Bezüge.

§§ 100–108 *(vom Abdruck wurde abgesehen)*

§ 109 Derselbe Beurkundungsgegenstand. (1) [1]Derselbe Beurkundungsgegenstand liegt vor, wenn Rechtsverhältnisse zueinander in einem Abhängigkeitsverhältnis stehen und das eine Rechtsverhältnis unmittelbar dem Zweck des anderen Rechtsverhältnisses dient. [2]Ein solches Abhängigkeitsverhältnis liegt nur vor, wenn das andere Rechtsverhältnis der Erfüllung, Sicherung oder sonstigen Durchführung des einen Rechtsverhältnisses dient. [3]Dies gilt auch bei der Beurkundung von Erklärungen Dritter und von Erklärungen der Beteiligten zugunsten Dritter. [4]Ein Abhängigkeitsverhältnis liegt insbesondere vor zwischen

1. dem Kaufvertrag und
 a) der Übernahme einer durch ein Grundpfandrecht am Kaufgrundstück gesicherten Darlehensschuld,

b) der zur Löschung von Grundpfandrechten am Kaufgegenstand erforderlichen Erklärungen sowie

c) jeder zur Belastung des Kaufgegenstands dem Käufer erteilten Vollmacht;

die Beurkundung des Zuschlags in der freiwilligen Versteigerung steht dem Kaufvertrag gleich;

2. dem Gesellschaftsvertrag und der Auflassung bezüglich eines einzubringenden Grundstücks;
3. der Bestellung eines dinglichen Rechts und der zur Verschaffung des beabsichtigten Rangs erforderlichen Rangänderungserklärungen; § 45 Absatz 2 gilt entsprechend;
4. der Begründung eines Anspruchs und den Erklärungen zur Schaffung eines Titels gemäß § 794 Absatz 1 Nummer 5 der Zivilprozessordnung[1)].

[5] In diesen Fällen bestimmt sich der Geschäftswert nur nach dem Wert des Rechtsverhältnisses, zu dessen Erfüllung, Sicherung oder sonstiger Durchführung die anderen Rechtsverhältnisse dienen.

(2) [1] Derselbe Beurkundungsgegenstand sind auch

1. der Vorschlag zur Person eines möglichen Betreuers und eine Patientenverfügung;
2. der Widerruf einer Verfügung von Todes wegen, die Aufhebung oder Anfechtung eines Erbvertrags oder der Rücktritt von einem Erbvertrag jeweils mit der Errichtung einer neuen Verfügung von Todes wegen;
3. die zur Bestellung eines Grundpfandrechts erforderlichen Erklärungen und die Schulderklärung bis zur Höhe des Nennbetrags des Grundpfandrechts;
4. bei Beschlüssen von Organen einer Vereinigung oder Stiftung
 a) jeder Beschluss und eine damit im Zusammenhang stehende Änderung des Gesellschaftsvertrags oder der Satzung,
 b) der Beschluss über eine Kapitalerhöhung oder -herabsetzung und die weiteren damit im Zusammenhang stehenden Beschlüsse,
 c) mehrere Änderungen des Gesellschaftsvertrags oder der Satzung, deren Gegenstand keinen bestimmten Geldwert hat,
 d) mehrere Wahlen, sofern nicht Einzelwahlen stattfinden,
 e) mehrere Beschlüsse über die Entlastung von Verwaltungsträgern, sofern nicht Einzelbeschlüsse gefasst werden,
 f) Wahlen und Beschlüsse über die Entlastung der Verwaltungsträger, sofern nicht einzeln abgestimmt wird,
 g) Beschlüsse von Organen verschiedener Vereinigungen bei Umwandlungsvorgängen, sofern die Beschlüsse denselben Beschlussgegenstand haben.

[2] In diesen Fällen bestimmt sich der Geschäftswert nach dem höchsten in Betracht kommenden Wert.

§ 110 Verschiedene Beurkundungsgegenstände. Abweichend von § 109 Absatz 1 sind verschiedene Beurkundungsgegenstände

1. Beschlüsse von Organen einer Vereinigung oder Stiftung und Erklärungen,
2. ein Veräußerungsvertrag und

1) **dtv 5005 ZPO Nr. 1.**

a) Erklärungen zur Finanzierung der Gegenleistung gegenüber Dritten,
b) Erklärungen zur Bestellung von subjektiv-dinglichen Rechten sowie
c) ein Verzicht auf Steuerbefreiungen gemäß § 9 Absatz 1 des Umsatzsteuergesetzes sowie

3. Erklärungen gemäß § 109 Absatz 2 Satz 1 Nummer 1 und Vollmachten.

§ 111 Besondere Beurkundungsgegenstände. Als besonderer Beurkundungsgegenstand gelten stets

1. vorbehaltlich der Regelung in § 109 Absatz 2 Nummer 2 eine Verfügung von Todes wegen,
2. ein Ehevertrag im Sinne von § 1408 Absatz 1 des Bürgerlichen Gesetzbuchs[1)],
3. eine Anmeldung zu einem Register und
4. eine Rechtswahl nach dem internationalen Privatrecht.

Unterabschnitt 3. Vollzugs- und Betreuungstätigkeiten

§ 112 Vollzug des Geschäfts. [1]Der Geschäftswert für den Vollzug ist der Geschäftswert des zugrunde liegenden Beurkundungsverfahrens. [2]Liegt der zu vollziehenden Urkunde kein Beurkundungsverfahren zugrunde, ist der Geschäftswert derjenige Wert, der maßgeblich wäre, wenn diese Urkunde Gegenstand eines Beurkundungsverfahrens wäre.

§ 113 Betreuungstätigkeiten. (1) Der Geschäftswert für die Betreuungsgebühr ist wie bei der Beurkundung zu bestimmen.

(2) Der Geschäftswert für die Treuhandgebühr ist der Wert des Sicherungsinteresses.

Unterabschnitt 4. Sonstige notarielle Geschäfte

§§ 114 *(vom Abdruck wurde abgesehen)*

§ 115 Vermögensverzeichnis, Siegelung. [1]Der Geschäftswert für die Aufnahme von Vermögensverzeichnissen sowie für Siegelungen und Entsiegelungen ist der Wert der verzeichneten oder versiegelten Gegenstände. [2]Dies gilt auch für die Mitwirkung als Urkundsperson bei der Aufnahme von Vermögensverzeichnissen.

§ 116 Freiwillige Versteigerung von Grundstücken. (1) Bei der freiwilligen Versteigerung von Grundstücken oder grundstücksgleichen Rechten ist der Geschäftswert nach dem Wert der zu versteigernden Grundstücke oder grundstücksgleichen Rechte zu bemessen für

1. die Verfahrensgebühr,
2. die Gebühr für die Aufnahme einer Schätzung und
3. die Gebühr für die Abhaltung eines Versteigerungstermins.

(2) Bei der Versteigerung mehrerer Grundstücke wird die Gebühr für die Beurkundung des Zuschlags für jeden Ersteher nach der Summe seiner Gebote

[1)] **dtv 5001 BGB Nr. 1.**

erhoben; ist der zusammengerechnete Wert der ihm zugeschlagenen Grundstücke oder grundstücksgleichen Rechte höher, so ist dieser maßgebend.

§§ 117–118a *(vom Abdruck wurde abgesehen)*

§ 119 Entwurf. (1) Bei der Fertigung eines Entwurfs bestimmt sich der Geschäftswert nach den für die Beurkundung geltenden Vorschriften.

(2) Der Geschäftswert für die Fertigung eines Serienentwurfs ist die Hälfte des Werts aller zum Zeitpunkt der Entwurfsfertigung beabsichtigten Einzelgeschäfte.

§§ 120 *(vom Abdruck wurde abgesehen)*

§ 121 Beglaubigung von Unterschriften, Handzeichen oder qualifizierten elektronischen Signaturen. Der Geschäftswert für die Beglaubigung von Unterschriften, Handzeichen oder qualifizierten elektronischen Signaturen bestimmt sich nach den für die Beurkundung der Erklärung geltenden Vorschriften.

§ 122 Rangbescheinigung. Geschäftswert einer Mitteilung über die dem Grundbuchamt bei Einreichung eines Antrags vorliegenden weiteren Anträge einschließlich des sich daraus ergebenden Rangs für das beantragte Recht (Rangbescheinigung) ist der Wert des beantragten Rechts.

§§ 123, 124 *(vom Abdruck wurde abgesehen)*

Abschnitt 5. Gebührenvereinbarung

§ 125 Verbot der Gebührenvereinbarung. Vereinbarungen über die Höhe der Kosten sind unwirksam, soweit sich aus der folgenden Vorschrift nichts anderes ergibt.

§ 126 Öffentlich-rechtlicher Vertrag. (1) [1] Für die Tätigkeit des Notars als Mediator oder Schlichter ist durch öffentlich-rechtlichen Vertrag eine Gegenleistung in Geld zu vereinbaren. [2] Dasselbe gilt für notarielle Amtstätigkeiten, für die in diesem Gesetz keine Gebühr bestimmt ist und die nicht mit anderen gebührenpflichtigen Tätigkeiten zusammenhängen. [3] Die Gegenleistung muss unter Berücksichtigung aller Umstände des Geschäfts, insbesondere des Umfangs und der Schwierigkeit, angemessen sein. [4] Sofern nichts anderes vereinbart ist, werden die Auslagen nach den gesetzlichen Bestimmungen erhoben.

(2) Der Vertrag bedarf der Schriftform.

(3) [1] Die §§ 19, 88 bis 90 gelten entsprechend. [2] Der vollstreckbaren Ausfertigung der Kostenberechnung ist eine beglaubigte Kopie oder ein beglaubigter Ausdruck des öffentlich-rechtlichen Vertrags beizufügen.

Abschnitt 6. Gerichtliches Verfahren in Notarkostensachen

§ 127 Antrag auf gerichtliche Entscheidung. (1) [1] Gegen die Kostenberechnung (§ 19), einschließlich der Verzinsungspflicht (§ 88), gegen die Zahlungspflicht, die Ausübung des Zurückbehaltungsrechts (§ 11) und die Erteilung der Vollstreckungsklausel kann die Entscheidung des Landgerichts, in dessen Bezirk der Notar den Amtssitz hat, beantragt werden. [2] Antragsberech-

tigt ist der Kostenschuldner und, wenn der Kostenschuldner dem Notar gegenüber die Kostenberechnung beanstandet, auch der Notar.

(2) [1] Nach Ablauf des Kalenderjahres, das auf das Jahr folgt, in dem die vollstreckbare Ausfertigung der Kostenberechnung zugestellt ist, können neue Anträge nach Absatz 1 nicht mehr gestellt werden. [2] Soweit die Einwendungen gegen den Kostenanspruch auf Gründen beruhen, die nach der Zustellung der vollstreckbaren Ausfertigung entstanden sind, können sie auch nach Ablauf dieser Frist geltend gemacht werden.

§ 128 Verfahren. (1) [1] Das Gericht soll vor der Entscheidung die Beteiligten, die vorgesetzte Dienstbehörde des Notars und, wenn eine Kasse gemäß § 113 der Bundesnotarordnung errichtet ist, auch diese hören. [2] Betrifft der Antrag die Bestimmung der Gebühr durch den Notar nach § 92 Absatz 1 oder die Kostenberechnung aufgrund eines öffentlich-rechtlichen Vertrags, soll das Gericht ein Gutachten des Vorstands der Notarkammer einholen. [3] Ist eine Kasse nach § 113 der Bundesnotarordnung errichtet, tritt diese an die Stelle der Notarkammer. [4] Das Gutachten ist kostenlos zu erstatten.

(2) [1] Entspricht bei einer Rahmengebühr die vom Notar bestimmte Gebühr nicht der Vorschrift des § 92 Absatz 1, setzt das Gericht die Gebühr fest. [2] Liegt ein zulässiger öffentlich-rechtlicher Vertrag vor und entspricht die vereinbarte Gegenleistung nicht der Vorschrift des § 126 Absatz 1 Satz 3, setzt das Gericht die angemessene Gegenleistung fest.

(3) Das Gericht kann die Entscheidung über den Antrag durch Beschluss einem seiner Mitglieder zur Entscheidung als Einzelrichter übertragen, wenn die Sache keine besonderen Schwierigkeiten tatsächlicher oder rechtlicher Art aufweist und keine grundsätzliche Bedeutung hat.

§ 129 Beschwerde und Rechtsbeschwerde. (1) Gegen die Entscheidung des Landgerichts findet ohne Rücksicht auf den Wert des Beschwerdegegenstands die Beschwerde statt.

(2) Gegen die Entscheidung des Oberlandesgerichts findet die Rechtsbeschwerde statt.

§ 130 Gemeinsame Vorschriften. (1) [1] Der Antrag auf Entscheidung des Landgerichts, die Beschwerde und die Rechtsbeschwerde haben keine aufschiebende Wirkung. [2] Das Gericht oder das Beschwerdegericht kann auf Antrag oder von Amts wegen die aufschiebende Wirkung ganz oder teilweise anordnen; ist nicht der Einzelrichter zur Entscheidung berufen, entscheidet der Vorsitzende des Gerichts.

(2) [1] Die dem Notar vorgesetzte Dienstbehörde kann diesen in jedem Fall anweisen, die Entscheidung des Landgerichts herbeizuführen, Beschwerde oder Rechtsbeschwerde zu erheben. [2] Die hierauf ergehenden gerichtlichen Entscheidungen können auch auf eine Erhöhung der Kostenberechnung lauten. [3] Gerichtskosten hat der Notar in diesen Verfahren nicht zu tragen. [4] Außergerichtliche Kosten anderer Beteiligter, die der Notar in diesen Verfahren zu tragen hätte, sind der Landeskasse aufzuerlegen.

(3) [1] Auf die Verfahren sind im Übrigen die Vorschriften des Gesetzes über das Verfahren in Familiensachen und in den Angelegenheiten der freiwilligen Gerichtsbarkeit anzuwenden. [2] § 10 Absatz 4 des Gesetzes über das Verfahren in

Familiensachen und in den Angelegenheiten der freiwilligen Gerichtsbarkeit ist auf den Notar nicht anzuwenden.

§ 131 Abhilfe bei Verletzung des Anspruchs auf rechtliches Gehör.

[1] Die Vorschriften des Gesetzes über das Verfahren in Familiensachen und in den Angelegenheiten der freiwilligen Gerichtsbarkeit über die Abhilfe bei Verletzung des Anspruchs auf rechtliches Gehör sind anzuwenden. [2] § 10 Absatz 4 des Gesetzes über das Verfahren in Familiensachen und in den Angelegenheiten der freiwilligen Gerichtsbarkeit ist auf den Notar nicht anzuwenden.

Kapitel 4. Schluss- und Übergangsvorschriften

§ 132 Verhältnis zu anderen Gesetzen. Artikel 1 Absatz 2 und Artikel 2 des Einführungsgesetzes zum Bürgerlichen Gesetzbuche[1)] sind entsprechend anzuwenden.

§ 133 Bekanntmachung von Neufassungen. [1] Das Bundesministerium der Justiz und für Verbraucherschutz kann nach Änderungen den Wortlaut des Gesetzes feststellen und als Neufassung im Bundesgesetzblatt bekannt machen. [2] Die Bekanntmachung muss auf diese Vorschrift Bezug nehmen und angeben

1. den Stichtag, zu dem der Wortlaut festgestellt wird,
2. die Änderungen seit der letzten Veröffentlichung des vollständigen Wortlauts im Bundesgesetzblatt sowie
3. das Inkrafttreten der Änderungen.

§ 134 Übergangsvorschrift. (1) [1] In gerichtlichen Verfahren, die vor dem Inkrafttreten einer Gesetzesänderung anhängig geworden oder eingeleitet worden sind, werden die Kosten nach bisherigem Recht erhoben. [2] Dies gilt nicht im Verfahren über ein Rechtsmittel, das nach dem Inkrafttreten einer Gesetzesänderung eingelegt worden ist. [3] Die Sätze 1 und 2 gelten auch, wenn Vorschriften geändert werden, auf die dieses Gesetz verweist. [4] In Verfahren, in denen Jahresgebühren erhoben werden, und in Fällen, in denen die Sätze 1 und 2 keine Anwendung finden, gilt für Kosten, die vor dem Inkrafttreten einer Gesetzesänderung fällig geworden sind, das bisherige Recht.

(2) Für notarielle Verfahren oder Geschäfte, für die ein Auftrag vor dem Inkrafttreten einer Gesetzesänderung erteilt worden ist, werden die Kosten nach bisherigem Recht erhoben.

§ 135 Sonderregelung für Baden-Württemberg. (1) Solange und soweit im Land Baden-Württemberg die Gebühren für die Tätigkeit des Notars der Staatskasse zufließen, ist § 2 anstelle von § 91 anzuwenden.

(2) [1] Solange im Land Baden-Württemberg anderen als gerichtlichen Behörden die Aufgaben des Grundbuchamts, des Betreuungs- oder des Nachlassgerichts übertragen sind, sind die Kosten gleichwohl nach diesem Gesetz zu erheben. [2] Der Geschäftswert ist nur auf Antrag festzusetzen. [3] Über die Festsetzung des Geschäftswerts und über die Erinnerung gegen den Kostenansatz entscheidet das Amtsgericht, in dessen Bezirk die Behörde ihren Sitz hat.

(3) Ein Notariatsabwickler steht einem Notariatsverwalter gleich.

1) **dtv 5001 BGB Nr. 2.**

§ 136 Übergangsvorschrift zum 2. Kostenrechtsmodernisierungsgesetz. (1) Die Kostenordnung in der im Bundesgesetzblatt Teil III, Gliederungsnummer 361-1, veröffentlichten bereinigten Fassung, die zuletzt durch Artikel 8 des Gesetzes vom 26. Juni 2013 (BGBl. I S. 1800) geändert worden ist, und Verweisungen hierauf sind weiter anzuwenden

1. in gerichtlichen Verfahren, die vor dem Inkrafttreten des 2. Kostenrechtsmodernisierungsgesetzes vom 23. Juli 2013 (BGBl. I S. 2586) anhängig geworden oder eingeleitet worden sind; die Jahresgebühr 12311 wird in diesen Verfahren nicht erhoben;
2. in gerichtlichen Verfahren über ein Rechtsmittel, das vor dem Inkrafttreten des 2. Kostenrechtsmodernisierungsgesetzes vom 23. Juli 2013 (BGBl. I S. 2586) eingelegt worden ist;
3. hinsichtlich der Jahresgebühren in Verfahren vor dem Betreuungsgericht, die vor dem Inkrafttreten des 2. Kostenrechtsmodernisierungsgesetzes vom 23. Juli 2013 (BGBl. I S. 2586) fällig geworden sind;
4. in notariellen Verfahren oder bei notariellen Geschäften, für die ein Auftrag vor dem Inkrafttreten des 2. Kostenrechtsmodernisierungsgesetzes vom 23. Juli 2013 (BGBl. I S. 2586) erteilt worden ist;
5. in allen übrigen Fällen, wenn die Kosten vor dem Tag vor dem Inkrafttreten des 2. Kostenrechtsmodernisierungsgesetzes vom 23. Juli 2013 (BGBl. I S. 2586) fällig geworden sind.

(2) Soweit Gebühren nach diesem Gesetz anzurechnen sind, sind auch nach der Kostenordnung für entsprechende Tätigkeiten entstandene Gebühren anzurechnen.

(3) Soweit für ein notarielles Hauptgeschäft die Kostenordnung nach Absatz 1 weiter anzuwenden ist, gilt dies auch für die damit zusammenhängenden Vollzugs- und Betreuungstätigkeiten sowie für zu Vollzugszwecken gefertigte Entwürfe.

(4) Bis zum Erlass landesrechtlicher Vorschriften über die Höhe des Haftkostenbeitrags, der von einem Gefangenen zu erheben ist, ist anstelle der Nummern 31010 und 31011 des Kostenverzeichnisses § 137 Absatz 1 Nummer 12 der Kostenordnung in der bis zum 27. Dezember 2010 geltenden Fassung anzuwenden.

(5) [1] Absatz 1 ist auf die folgenden Vorschriften in ihrer bis zum Tag vor dem Inkrafttreten des 2. Kostenrechtsmodernisierungsgesetzes vom 23. Juli 2013 (BGBl. I S. 2586) geltenden Fassung entsprechend anzuwenden:

1. § 30 des Einführungsgesetzes zum Gerichtsverfassungsgesetz,
2. § 15 des Spruchverfahrensgesetzes,
3. § 12 Absatz 3, die §§ 33 bis 43, 44 Absatz 2 sowie die §§ 45 und 47 des Gesetzes über das gerichtliche Verfahren in Landwirtschaftssachen,
4. § 102 des Gesetzes über Rechte an Luftfahrzeugen,
5. § 100 Absatz 1 und 3 des Sachenrechtsbereinigungsgesetzes,
6. § 39b Absatz 1 und 6 des Wertpapiererwerbs- und Übernahmegesetzes,
7. § 99 Absatz 6, § 132 Absatz 5 und § 260 Absatz 4 des Aktiengesetzes,
8. § 51b des Gesetzes betreffend die Gesellschaften mit beschränkter Haftung,
9. § 62 Absatz 5 und 6 des Bereinigungsgesetzes für deutsche Auslandsbonds,
10. § 138 Absatz 2 des Urheberrechtsgesetzes,

11. die §§ 18 bis 24 der Verfahrensordnung für Höfesachen,
12. § 18 des Gesetzes zur Ergänzung des Gesetzes über die Mitbestimmung der Arbeitnehmer in den Aufsichtsräten und Vorständen der Unternehmen des Bergbaus und der Eisen und Stahl erzeugenden Industrie und
13. § 65 Absatz 3 des Landwirtschaftsanpassungsgesetzes.

[2] An die Stelle der Kostenordnung treten dabei die in Satz 1 genannten Vorschriften.

Anlage 1
(zu § 3 Absatz 2)

Kostenverzeichnis

Teil 1. Gerichtsgebühren

Nr.	Gebührentatbestand	Gebühr oder Satz der Gebühr nach § 34 GNotKG **– Tabelle A**

Vorbemerkung 1:

(1) Im Verfahren der einstweiligen Anordnung bestimmen sich die Gebühren nach Hauptabschnitt 6.

(2) Für eine Niederschrift, die nach den Vorschriften des Beurkundungsgesetzes errichtet wird, und für die Abnahme der eidesstattlichen Versicherung nach § 352 Abs. 3 Satz 3 FamFG oder § 36 Abs. 2 Satz 1 IntErbRVG erhebt das Gericht Gebühren nach Teil 2.

(3) In einem Verfahren, für das sich die Kosten nach diesem Gesetz bestimmen, ist die Bestellung eines Pflegers für das Verfahren und deren Aufhebung Teil des Verfahrens, für das der Pfleger bestellt worden ist. Bestellung und Aufhebung sind gebührenfrei.

Hauptabschnitt 1-3

(vom Abdruck wurde abgesehen)

Nr.	Gebührentatbestand	Gebühr oder Satz der Gebühr nach § 34 GNotKG **– Tabelle B**

Hauptabschnitt 4. Grundbuchsachen, Schiffs- und Schiffsbauregistersachen und Angelegenheiten des Registers für Pfandrechte an Luftfahrzeugen

Vorbemerkung 1.4:

(1) Die für Grundstücke geltenden Vorschriften sind auf Rechte entsprechend anzuwenden, die den für Grundstücke geltenden Vorschriften unterliegen.

(2) Gebühren werden nicht erhoben für
1. Eintragungen und Löschungen, die gemäß § 18 Abs. 2 oder § 53 der Grundbuchordnung von Amts wegen erfolgen,
2. Eintragungen und Löschungen, die auf Ersuchen oder Anordnung eines Gerichts, insbesondere des Insolvenz- oder Vollstreckungsgerichts erfolgen; ausgenommen sind die Eintragung des Erstehers als Eigentümer, die Eintragung der Sicherungshypothek für die Forderung gegen den Ersteher und Eintragungen aufgrund einer einstweiligen Verfügung (§ 941 ZPO), und
3. Eintragungen oder Löschungen, die nach den Vorschriften der Insolvenzordnung statt auf Ersuchen des Insolvenzgerichts auf Antrag des Insolvenzverwalters oder, wenn kein Verwalter bestellt ist, auf Antrag des Schuldners erfolgen.

(3) Wird derselbe Eigentümer oder dasselbe Recht bei mehreren Grundstücken, Schiffen, Schiffsbauwerken oder Luftfahrzeugen eingetragen, über die das Grundbuch oder Register bei demselben Amtsgericht geführt wird, wird die Gebühr nur einmal erhoben, wenn die Eintragungsanträge in demselben Dokument enthalten und am selben Tag beim Grundbuchamt oder beim Registergericht eingegangen sind. Als dasselbe Recht gelten auch nicht gesamtrechtsfähige inhaltsgleiche Rechte und Vormerkungen, die bei mehreren Grundstücken für denselben Berechtigten eingetragen werden. Die Sätze 1 und 2 gelten für die Eintragung von Veränderungen, Löschungen und Entlassungen aus der Mithaft entsprechend.

(4) Bezieht sich die Eintragung einer Veränderung auf mehrere Rechte, wird die Gebühr für jedes Recht gesondert erhoben, auch wenn es nur der Eintragung eines einheitlichen Vermerks bedarf.

(5) Beziehen sich mehrere Veränderungen auf dasselbe Recht, wird die Gebühr nur einmal erhoben, wenn die Eintragungsanträge in demselben Dokument enthalten und am selben Tag beim Grundbuchamt oder beim Registergericht eingegangen sind.

(6) Für die Bestellung eines Vertreters des Schiffseigentümers nach § 42 Abs 2 des Gesetzes über Rechte an eingetragenen Schiffen und Schiffsbauwerken durch das Registergericht werden die Gebühren nach Hauptabschnitt 1 wie für eine betreuungsgerichtliche Zuweisungssache nach § 340 Nr. 2 FamFG erhoben.

Nr.	Gebührentatbestand	Gebühr oder Satz der Gebühr nach § 34 GNotKG **– Tabelle B**
	Abschnitt 1. Grundbuchsachen	
	Unterabschnitt 1. Eigentum	
[Tabellenzeile bis 31.12. 2023:] 14110	Eintragung 1. eines Eigentümers oder von Miteigentümern oder 2. von Gesellschaftern einer Gesellschaft bürgerlichen Rechts im Wege der Grundbuchberichtigung ...	1,0
	(1) Die Gebühr wird nicht für die Eintragung von Erben des eingetragenen Eigentümers oder von Erben des Gesellschafters bürgerlichen Rechts erhoben, wenn der Eintragungsantrag binnen zwei Jahren seit dem Erbfall bei dem Grundbuchamt eingereicht wird. Dies gilt auch, wenn die Erben erst infolge einer Erbauseinandersetzung eingetragen werden.	
[Tabellenzeile bis 31.12. 2023:]	(2) Die Gebühr wird ferner nicht bei der Begründung oder Aufhebung von Wohnungs- oder Teileigentum erhoben, wenn damit keine weitergehende Veränderung der Eigentumsverhältnisse verbunden ist.	
[Tabellenzeile ab 1.1.2024:]		1,0
14110	*Eintragung eines Eigentümers oder von Miteigentümern*	
	(1) Die Gebühr wird nicht für die Eintragung von Erben des eingetragenen Eigentümers erhoben, wenn der Eintragungsantrag binnen zwei Jahren seit dem Erbfall bei dem Grundbuchamt eingereicht wird. Dies gilt auch, wenn die Erben erst infolge einer Erbauseinandersetzung eingetragen werden.	
[Tabellenzeile ab 1.1.2024:]	*(2) Die Gebühr wird ferner nicht bei der Begründung oder Aufhebung von Wohnungs- oder Teileigentum erhoben, wenn damit keine weitergehende Veränderung der Eigentumsverhältnisse verbunden ist.*	
14111	Die Eintragung im Wege der Grundbuchberichtigung erfolgt aufgrund des § 82a der Grundbuchordnung von Amts wegen: Die Gebühr 14110 beträgt ...	2,0
	Daneben wird für das Verfahren vor dem Grundbuchamt oder dem Nachlassgericht keine weitere Gebühr erhoben.	
14112	Eintragung der vertraglichen Einräumung von Sondereigentum oder Anlegung der Wohnungs- oder Teileigentumsgrundbücher im Fall des § 8 WEG ..	1,0
	Unterabschnitt 2. Belastungen	
Vorbemerkung 1.4.1.2: Dieser Unterabschnitt gilt für die Eintragung einer Hypothek, Grundschuld oder Rentenschuld, einer Dienstbarkeit, eines Dauerwohnrechts, eines Dauernutzungsrechts, eines Vorkaufsrechts, einer Reallast, eines Erbbaurechts oder eines ähnlichen Rechts an einem Grundstück.		
14120	Eintragung einer Briefhypothek, Briefgrundschuld oder Briefrentenschuld ...	1,3
14121	Eintragung eines sonstigen Rechts ...	1,0
14122	Eintragung eines Gesamtrechts, wenn das Grundbuch bei verschiedenen Grundbuchämtern geführt wird: Die Gebühren 14120 und 14121 erhöhen sich ab dem zweiten für jedes weitere beteiligte Grundbuchamt um	0,2
	Diese Vorschrift ist anzuwenden, wenn der Antrag für mehrere Grundbuchämter gleichzeitig bei einem Grundbuchamt gestellt	

Nr.	Gebührentatbestand	Gebühr oder Satz der Gebühr nach § 34 GNotKG **– Tabelle B**
	wird oder bei gesonderter Antragstellung, wenn die Anträge innerhalb eines Monats bei den beteiligten Grundbuchämtern eingehen.	
14123	Eintragung eines Rechts, das bereits an einem anderen Grundstück besteht, wenn nicht die Nummer 14122 anzuwenden ist	0,5
14124	Nachträgliche Erteilung eines Hypotheken-, Grundschuld- oder Rentenschuldbriefs, Herstellung eines Teilbriefs oder eines neuen Briefs	0,5
	Sind die belasteten Grundstücke bei verschiedenen Grundbuchämtern eingetragen, so werden für die gemäß § 59 Abs. 2 der Grundbuchordnung zu erteilenden besonderen Briefe die Gebühren gesondert erhoben.	
14125	Ergänzung des Inhalts eines Hypotheken-, Grundschuld- oder Rentenschuldbriefs, die auf Antrag vorgenommen wird (§ 57 Abs. 2 und § 70 der Grundbuchordnung)	25,00 €
	Unterabschnitt 3. Veränderung von Belastungen	
14130	Eintragung der Veränderung einer in der Vorbemerkung 1.4.1.2 genannten Belastung	0,5
	(1) Als Veränderung eines Rechts gilt auch die Löschungsvormerkung (§ 1179 BGB). Für sie wird keine Gebühr erhoben, wenn ihre Eintragung zugunsten des Berechtigten gleichzeitig mit dem Antrag auf Eintragung des Rechts beantragt wird.	
	(2) Änderungen des Ranges eingetragener Rechte sind nur als Veränderungen des zurücktretenden Rechts zu behandeln, Löschungsvormerkungen zugunsten eines nach- oder gleichstehenden Gläubigers nur als Veränderungen des Rechts, auf dessen Löschung der vorgemerkte Anspruch gerichtet ist.	
14131	Eintragung der Veränderung eines Gesamtrechts, wenn das Grundbuch bei verschiedenen Grundbuchämtern geführt wird:	
	Die Gebühr 14130 erhöht sich ab dem zweiten für jedes weitere beteiligte Grundbuchamt um	0,1
	Diese Vorschrift ist anzuwenden, wenn der Antrag für mehrere Grundbuchämter gleichzeitig bei einem Grundbuchamt gestellt wird oder bei gesonderter Antragstellung, wenn die Anträge innerhalb eines Monats bei den beteiligten Grundbuchämtern eingehen.	
	Unterabschnitt 4. Löschung von Belastungen und Entlassung aus der Mithaft	
	Vorbemerkung 1.4.1.4: Dieser Unterabschnitt gilt für die Löschung einer Hypothek, Grundschuld oder Rentenschuld, einer Dienstbarkeit, eines Dauerwohnrechts, eines Dauernutzungsrechts, eines Vorkaufsrechts, einer Reallast, eines Erbbaurechts oder eines ähnlichen Rechts an einem Grundstück.	
14140	Löschung in Abteilung III des Grundbuchs	0,5
14141	Löschung eines Gesamtrechts, wenn das Grundbuch bei verschiedenen Grundbuchämtern geführt wird:	
	Die Gebühr 14140 erhöht sich ab dem zweiten für jedes weitere beteiligte Grundbuchamt um	0,1
	Diese Vorschrift ist anzuwenden, wenn der Antrag für mehrere Grundbuchämter gleichzeitig bei einem Grundbuchamt gestellt wird oder bei gesonderter Antragstellung, wenn die Anträge innerhalb eines Monats bei den beteiligten Grundbuchämtern eingehen.	
14142	Eintragung der Entlassung aus der Mithaft	0,3

Nr.	Gebührentatbestand	Gebühr oder Satz der Gebühr nach § 34 GNotKG **– Tabelle B**
14143	Löschung im Übrigen	25,00 €
	Unterabschnitt 5. Vormerkungen und Widersprüche	
14150	Eintragung einer Vormerkung	0,5
14151	Eintragung eines Widerspruchs	50,00 €
14152	Löschung einer Vormerkung	25,00 €
	Unterabschnitt 6. Sonstige Eintragungen	
14160	Sonstige Eintragung Die Gebühr wird erhoben für die Eintragung 1. eines Vermerks über Rechte, die dem jeweiligen Eigentümer zustehen, einschließlich des Vermerks hierüber auf dem Grundbuchblatt des belasteten Grundstücks; 2. der ohne Eigentumsübergang stattfindenden Teilung außer im Fall des § 7 Abs. 1 der Grundbuchordnung; 3. der ohne Eigentumsübergang stattfindenden Vereinigung oder Zuschreibung von Grundstücken; dies gilt nicht, wenn die das amtliche Verzeichnis (§ 2 Abs. 2 der Grundbuchordnung) führende Behörde bescheinigt, dass die Grundstücke örtlich und wirtschaftlich ein einheitliches Grundstück darstellen oder die Grundstücke zu einem Hof gehören; 4. einer oder mehrerer gleichzeitig beantragter Belastungen nach § 1010 BGB; die Gebühr wird für jeden belasteten Anteil gesondert erhoben, auch wenn es nur der Eintragung eines Vermerks bedarf, oder 5. einer oder mehrerer gleichzeitig beantragter Änderungen des Inhalts oder Eintragung der Aufhebung des Sondereigentums; die Gebühr wird für jedes betroffene Sondereigentum gesondert erhoben; die Summe der zu erhebenden Gebühren beträgt in diesem Fall höchstens 500,00 €, bei der Löschung einer Veräußerungsbeschränkung nach § 12 des Wohnungseigentumsgesetzes höchstens 100,00 €.	50,00 €

Abschnitt 2, 3

(vom Abdruck wurde abgesehen)

Abschnitt 4. Zurückweisung und Zurücknahme von Anträgen

Vorbemerkung 1.4.4:

Dieser Abschnitt gilt für die Zurückweisung und die Zurücknahme von Anträgen, die auf die Vornahme von Geschäften gerichtet sind, deren Gebühren sich nach diesem Hauptabschnitt bestimmen. Die in diesem Abschnitt bestimmten Mindestgebühren sind auch dann zu erheben, wenn für die Vornahme des Geschäfts keine Gebühr anfällt.

Nr.	Gebührentatbestand	Gebühr oder Satz der Gebühr nach § 34 GNotKG – Tabelle B
14400	Zurückweisung eines Antrags Von der Erhebung von Kosten kann abgesehen werden, wenn der Antrag auf unverschuldeter Unkenntnis der tatsächlichen oder rechtlichen Verhältnisse beruht. § 21 Abs. 2 GNotKG gilt entsprechend.	50 % der für die Vornahme des Geschäfts bestimmten Gebühr – mindestens 15,00 €, höchstens 400,00 €
14401	Zurücknahme eines Antrags vor Eintragung oder vor Ablauf des Tages, an dem die Entscheidung über die Zurückweisung der Geschäftsstelle übermittelt oder ohne Beteiligung der Geschäftsstelle bekannt gegeben wird Von der Erhebung von Kosten kann abgesehen werden, wenn der Antrag auf unverschuldeter Unkenntnis der tatsächlichen oder	25 % der für die Vornahme des Geschäfts bestimmten Gebühr

Nr.	Gebührentatbestand	Gebühr oder Satz der Gebühr nach § 34 GNotKG **– Tabelle B**
	rechtlichen Verhältnisse beruht. § 21 Abs. 2 GNotKG gilt entsprechend.	– mindestens 15,00 €, höchstens 250,00 €
	Abschnitt 5. Rechtsmittel	
	Vorbemerkung 1.4.5: Sind für die Vornahme des Geschäfts Festgebühren bestimmt, richten sich die Gebühren im Rechtsmittelverfahren nach Hauptabschnitt 9.	
	Unterabschnitt 1. Beschwerde gegen die Endentscheidung wegen des Hauptgegenstands	
14510	Verfahren im Allgemeinen: Soweit die Beschwerde verworfen oder zurückgewiesen wird	1,0 – höchstens 800,00 €
14511	Verfahren im Allgemeinen: Beendigung des gesamten Verfahrens ohne Endentscheidung Diese Gebühr ist auch zu erheben, wenn die Beschwerde vor Ablauf des Tages, an dem die Endentscheidung der Geschäftsstelle übermittelt wird, zurückgenommen wird.	0,5 – höchstens 400,00 €
	Unterabschnitt 2. Rechtsbeschwerde gegen die Endentscheidung wegen des Hauptgegenstands	
14520	Verfahren im Allgemeinen: Soweit die Rechtsbeschwerde verworfen oder zurückgewiesen wird ..	1,5 – höchstens 1 200,00 €
14521	Verfahren im Allgemeinen: Beendigung des gesamten Verfahrens durch Zurücknahme der Rechtsbeschwerde oder des Antrags, bevor die Schrift zur Begründung der Beschwerde bei Gericht eingegangen ist	0,5 – höchstens 400,00 €
14522	Verfahren im Allgemeinen: Beendigung des gesamten Verfahrens durch Zurücknahme der Rechtsbeschwerde oder des Antrags vor Ablauf des Tages, an dem die Endentscheidung der Geschäftsstelle übermittelt wird, wenn nicht Nummer 14521 erfüllt ist: ..	1,0 – höchstens 800,00 €
	Unterabschnitt 3. Zulassung der Sprungrechtsbeschwerde gegen die Endentscheidung wegen des Hauptgegenstands	
14530	Verfahren über die Zulassung der Sprungrechtsbeschwerde: Soweit der Antrag abgelehnt wird: ..	0,5 – höchstens 400,00 €

Nr.	Gebührentatbestand	Gebühr oder Satz der Gebühr nach § 34 GNotKG **– Tabelle A**
	Hauptabschnitt 5. Übrige Angelegenheiten der freiwilligen Gerichtsbarkeit	
	Abschnitt 1. Verfahren vor dem Landwirtschaftsgericht und Pachtkreditsachen im Sinne des Pachtkreditgesetzes	
	Vorbemerkung 1.5.1: (1) Für Erbscheinsverfahren durch das Landwirtschaftsgericht bestimmen sich die Gebühren nach Hauptabschnitt 2 Abschnitt 2, für die Entgegennahme der Erklärung eines Hoferben über die Wahl	

Nr.	Gebührentatbestand	Gebühr oder Satz der Gebühr nach § 34 GNotKG **– Tabelle A**
des Hofs gemäß § 9 Abs. 2 Satz 1 HöfeO nach Nummer 12410. Für die Entgegennahme der Ausschlagung des Anfalls des Hofs nach § 11 HöfeO wird keine Gebühr erhoben. (2) Die nach Landesrecht für die Beanstandung eines Landpachtvertrags nach dem LPachtVG zuständige Landwirtschaftsbehörde und die Genehmigungsbehörde nach dem GrdstVG sowie deren übergeordnete Behörde und die Siedlungsbehörde sind von der Zahlung von Gerichtsgebühren befreit.		
	Unterabschnitt 1. Erster Rechtszug	
Vorbemerkung 1.5.1.1: In gerichtlichen Verfahren aufgrund der Vorschriften des LPachtVG und der §§ 588, 590, 591, 593, 594d, 595 und 595a BGB werden keine Gebühren erhoben, wenn das Gericht feststellt, dass der Vertrag nicht zu beanstanden ist.		
15110	Verfahren 1. aufgrund der Vorschriften über die gerichtliche Zuweisung eines Betriebes (§ 1 Nr. 2 des Gesetzes über das gerichtliche Verfahren in Landwirtschaftssachen), 2. über Feststellungen nach § 11 Abs. 1 Buchstabe g HöfeVfO, 3. zur Regelung und Entscheidung der mit dem Hofübergang zusammenhängenden Fragen im Fall des § 14 Abs. 3 HöfeO, 4. über sonstige Anträge und Streitigkeiten nach § 18 Abs. 1 HöfeO und nach § 25 HöfeVfO und 5. Verfahren nach dem LwAnpG, soweit nach § 65 Abs. 2 LwAnpG die Vorschriften des Zweiten Abschnitts des Gesetzes über das gerichtliche Verfahren in Landwirtschaftssachen entsprechend anzuwenden sind	2,0
15111	Beendigung des gesamten Verfahrens 1. ohne Endentscheidung, 2. durch Zurücknahme des Antrags vor Ablauf des Tages, an dem die Endentscheidung der Geschäftsstelle übermittelt wird, wenn die Entscheidung nicht bereits durch Verlesen der Entscheidungsformel bekannt gegeben worden ist: Die Gebühr 15110 ermäßigt sich auf	1,0
15112	Verfahren im Übrigen (1) Die Gebühr entsteht auch für das Verfahren vor dem Landwirtschaftsgericht über das Ersuchen an das Grundbuchamt um Eintragung oder Löschung des Hofvermerks (§ 3 Abs. 1 HöfeVfO). (2) Die Gebühr wird in Pachtkreditsachen erhoben für 1. jede Niederlegung eines Verpfändungsvertrages, 2. die Entgegennahme der Anzeige über die Abtretung der Forderung und 3. die Herausgabe des Verpfändungsvertrages. Neben einer Gebühr für die Niederlegung wird eine Gebühr für die Erteilung einer Bescheinigung über die erfolgte Niederlegung nicht erhoben.	0,5
	Unterabschnitt 2. Beschwerde gegen die Endentscheidung wegen des Hauptgegenstands	
15120	Verfahren über die Beschwerde in den in Nummer 15110 genannten Verfahren	3,0
15121	Beendigung des gesamten Verfahrens durch Zurücknahme der Beschwerde oder des Antrags, bevor die Schrift zur Begründung der Beschwerde bei Gericht eingegangen ist: Die Gebühr 15120 ermäßigt sich auf	0,5

Nr.	Gebührentatbestand	Gebühr oder Satz der Gebühr nach § 34 GNotKG **– Tabelle A**
15122	Beendigung des gesamten Verfahrens ohne Endentscheidung, wenn nicht Nummer 15121 erfüllt ist: Die Gebühr 15120 ermäßigt sich auf ...	1,0
	(1) Wenn die Entscheidung nicht durch Verlesen der Entscheidungsformel bekannt gegeben worden ist, ermäßigt sich die Gebühr auch im Fall der Zurücknahme der Beschwerde oder des Antrags vor Ablauf des Tages, an dem die Endentscheidung der Geschäftsstelle übermittelt wird. (2) Eine Entscheidung über die Kosten steht der Ermäßigung nicht entgegen, wenn die Entscheidung einer zuvor mitgeteilten Einigung über die Kostentragung oder einer Kostenübernahmeerklärung folgt.	
15123	Verfahren über die Beschwerde in den in Nummer 15112 genannten Verfahren ...	1,0
15124	Beendigung des gesamten Verfahrens durch Zurücknahme der Beschwerde oder des Antrags, bevor die Schrift zur Begründung der Beschwerde bei Gericht eingegangen ist: Die Gebühr 15123 ermäßigt sich auf ...	0,3
15125	Beendigung des gesamten Verfahrens ohne Endentscheidung, wenn nicht Nummer 15124 erfüllt ist: Die Gebühr 15123 ermäßigt sich auf ...	0,5
	(1) Wenn die Entscheidung nicht durch Verlesen der Entscheidungsformel bekannt gegeben worden ist, ermäßigt sich die Gebühr auch im Fall der Zurücknahme der Beschwerde oder des Antrags vor Ablauf des Tages, an dem die Endentscheidung der Geschäftsstelle übermittelt wird. (2) Eine Entscheidung über die Kosten steht der Ermäßigung nicht entgegen, wenn die Entscheidung einer zuvor mitgeteilten Einigung über die Kostentragung oder einer Kostenübernahmeerklärung folgt.	
	Unterabschnitt 3. Rechtsbeschwerde gegen die Endentscheidung wegen des Hauptgegenstands	
15130	Verfahren über die Rechtsbeschwerde in den in Nummer 15110 genannten Verfahren ...	4,0
15131	Beendigung des gesamten Verfahrens durch Zurücknahme der Rechtsbeschwerde oder des Antrags, bevor die Schrift zur Begründung der Beschwerde bei Gericht eingegangen ist: Die Gebühr 15130 ermäßigt sich auf ...	1,0
15132	Beendigung des gesamten Verfahrens durch Zurücknahme der Rechtsbeschwerde oder des Antrags vor Ablauf des Tages, an dem die Endentscheidung der Geschäftsstelle übermittelt wird, wenn nicht Nummer 15131 erfüllt ist: Die Gebühr 15130 ermäßigt sich auf ...	2,0
15133	Verfahren über die Rechtsbeschwerde in den in Nummer 15112 genannten Verfahren ...	1,5
15134	Beendigung des gesamten Verfahrens durch Zurücknahme der Rechtsbeschwerde oder des Antrags, bevor die Schrift zur Begründung der Beschwerde bei Gericht eingegangen ist: Die Gebühr 15133 ermäßigt sich auf ...	0,5
15135	Beendigung des gesamten Verfahrens durch Zurücknahme der Rechtsbeschwerde oder des Antrags vor Ablauf des Tages, an dem die Endentscheidung der Geschäftsstelle übermittelt wird, wenn nicht Nummer 15134 erfüllt ist: Die Gebühr 15133 ermäßigt sich auf ...	1,0

Nr.	Gebührentatbestand	Gebühr oder Satz der Gebühr nach § 34 GNotKG **– Tabelle A**
	Unterabschnitt 4. Zulassung der Sprungrechtsbeschwerde gegen die Endentscheidung wegen des Hauptgegenstands	
15140	Verfahren über die Zulassung der Sprungrechtsbeschwerde in den in Nummer 15110 genannten Verfahren: Soweit der Antrag abgelehnt wird:	1,0
15141	Verfahren über die Zulassung der Sprungrechtsbeschwerde in den in Nummer 15112 genannten Verfahren: Soweit der Antrag abgelehnt wird:	0,5
	Abschnitt 2. Übrige Verfahren	
	Vorbemerkung 1.5.2: In Verfahren nach dem PStG werden Gebühren nur erhoben, wenn ein Antrag zurückgenommen oder zurückgewiesen wird.	
	Unterabschnitt 1. Erster Rechtszug	
15210	Verfahren nach dem 1. Verschollenheitsgesetz oder 2. TSG Die Verfahren nach § 9 Abs. 1 und 2 TSG gelten zusammen als ein Verfahren.	1,0
15211	Beendigung des gesamten Verfahrens 1. ohne Endentscheidung oder 2. durch Zurücknahme des Antrags vor Ablauf des Tages, an dem die Endentscheidung der Geschäftsstelle übermittelt wird, wenn die Entscheidung nicht bereits durch Verlesen der Entscheidungsformel bekannt gegeben worden ist: Die Gebühr 15210 ermäßigt sich auf	0,3
15212	Verfahren 1. in weiteren Angelegenheiten der freiwilligen Gerichtsbarkeit (§ 410 FamFG), einschließlich Verfahren auf Abnahme einer nicht vor dem Vollstreckungsgericht zu erklärenden eidesstattlichen Versicherung, in denen § 260 BGB aufgrund bundesrechtlicher Vorschriften entsprechend anzuwenden ist, und Verfahren vor dem Nachlassgericht zur Abnahme der eidesstattlichen Versicherung nach § 2006 BGB, 2. nach § 84 Abs. 2, § 189 VVG, 3. in Aufgebotssachen (§ 433 FamFG), 4. in Freiheitsentziehungssachen (§ 415 FamFG), 5. nach dem PStG, 6. nach § 7 Abs. 3 ErbbauRG und 7. über die Bewilligung der öffentlichen Zustellung einer Willenserklärung und die Bewilligung der Kraftloserklärung von Vollmachten (§ 132 Abs. 2 und § 176 Abs. 2 BGB) sowie Verteilungsverfahren nach den §§ 65, 119 BauGB; nach § 74 Nr. 3, § 75 FlurbG, § 94 BBergG, § 55 Bundesleistungsgesetz, § 8 der Verordnung über das Verfahren zur Festsetzung von Entschädigung und Härteausgleich nach dem Energiesicherungsgesetz und nach § 54 Landbeschaffungsgesetz (1) Die Bestellung des Verwahrers in den Fällen der §§ 432, 1217, 1281 und 2039 BGB sowie die Festsetzung der von ihm beanspruchten Vergütung und seiner Aufwendungen gelten zusammen als ein Verfahren.	0,5

Nr.	Gebührentatbestand	Gebühr oder Satz der Gebühr nach § 34 GNotKG **– Tabelle A**
	(2) Das Verfahren betreffend die Zahlungssperre (§ 480 FamFG) und ein anschließendes Aufgebotsverfahren sowie das Verfahren über die Aufhebung der Zahlungssperre (§ 482 FamFG) gelten zusammen als ein Verfahren.	
15213	Verfahren über den Antrag auf Erlass einer Anordnung über die Zulässigkeit der Verwendung von Verkehrsdaten nach 1. § 140b Abs. 9 des Patentgesetzes, 2. § 24b Abs. 9 GebrMG, auch in Verbindung mit § 9 Abs. 2 HalblSchG, 3. § 19 Abs. 9 MarkenG, 4. § 101 Abs. 9 des Urheberrechtsgesetzes, 5. § 46 Abs. 9 DesignG, 6. § 37b Abs. 9 des Sortenschutzgesetzes ..	200,00 €
15214	Der Antrag wird zurückgenommen: Die Gebühr 15213 ermäßigt sich auf ..	50,00 €
15215	Verfahren nach § 46 IntErbRVG über die Authentizität einer UrkundeVerfahren nach § 46 IntErbRVG oder nach § 31 IntGüRVG über die Authentizität einer Urkunde	60,00 €
	Unterabschnitt 2. Beschwerde gegen die Endentscheidung wegen des Hauptgegenstands	
15220	Verfahren über die Beschwerde in den in Nummer 15210 genannten Verfahren ..	2,0
15221	Beendigung des gesamten Verfahrens durch Zurücknahme der Beschwerde oder des Antrags, bevor die Schrift zur Begründung der Beschwerde bei Gericht eingegangen ist: Die Gebühr 15220 ermäßigt sich auf ..	0,5
15222	Beendigung des gesamten Verfahrens ohne Endentscheidung, wenn nicht Nummer 15221 erfüllt ist: Die Gebühr 15220 ermäßigt sich auf ..	1,0
	(1) Wenn die Entscheidung nicht durch Verlesen der Entscheidungsformel bekannt gegeben worden ist, ermäßigt sich die Gebühr auch im Fall der Zurücknahme der Beschwerde oder des Antrags vor Ablauf des Tages, an dem die Endentscheidung der Geschäftsstelle übermittelt wird. (2) Eine Entscheidung über die Kosten steht der Ermäßigung nicht entgegen, wenn die Entscheidung einer zuvor mitgeteilten Einigung über die Kostentragung oder einer Kostenübernahmeerklärung folgt.	
15223	Verfahren über die Beschwerde in den in Nummer 15212 genannten Verfahren ..	1,0
15224	Beendigung des gesamten Verfahrens ohne Endentscheidung: Die Gebühr 15223 ermäßigt sich auf ..	0,5
	(1) Wenn die Entscheidung nicht durch Verlesen der Entscheidungsformel bekannt gegeben worden ist, ermäßigt sich die Gebühr auch im Fall der Zurücknahme der Beschwerde oder des Antrags vor Ablauf des Tages, an dem die Endentscheidung der Geschäftsstelle übermittelt wird. (2) Eine Entscheidung über die Kosten steht der Ermäßigung nicht entgegen, wenn die Entscheidung einer zuvor mitgeteilten Einigung über die Kostentragung oder einer Kostenübernahmeerklärung folgt.	
15225	Verfahren über die Beschwerde in den in Nummer 15213 genannten Verfahren:	

Nr.	Gebührentatbestand	Gebühr oder Satz der Gebühr nach § 34 GNotKG – **Tabelle A**
	Die Beschwerde wird verworfen oder zurückgewiesen	200,00 €
	Wird die Beschwerde nur teilweise verworfen oder zurückgewiesen, kann das Gericht die Gebühr nach billigem Ermessen auf die Hälfte ermäßigen oder bestimmen, dass eine Gebühr nicht zu erheben ist.	
15226	Verfahren über die Beschwerde in den in Nummer 15213 genannten Verfahren: Beendigung des gesamten Verfahrens durch Zurücknahme der Beschwerde oder des Antrags, bevor die Schrift zur Begründung der Beschwerde bei Gericht eingegangen ist	100,00 €
15227	Verfahren über die Beschwerde in den in Nummer 15213 genannten Verfahren: Beendigung des gesamten Verfahrens durch Zurücknahme der Beschwerde oder des Antrags vor Ablauf des Tages, an dem die Endentscheidung der Geschäftsstelle übermittelt wird, wenn die Entscheidung nicht bereits durch Verlesen der Entscheidungsformel bekannt gegeben worden ist, oder wenn nicht Nummer 15226 erfüllt ist ..	150,00 €
	Unterabschnitt 3. Rechtsbeschwerde gegen die Endentscheidung wegen des Hauptgegenstands	
15230	Verfahren über die Rechtsbeschwerde in den in Nummer 15210 genannten Verfahren ...	3,0
15231	Beendigung des gesamten Verfahrens durch Zurücknahme der Rechtsbeschwerde oder des Antrags, bevor die Schrift zur Begründung der Beschwerde bei Gericht eingegangen ist: Die Gebühr 15230 ermäßigt sich auf ..	1,0
15232	Beendigung des gesamten Verfahrens durch Zurücknahme der Rechtsbeschwerde oder des Antrags vor Ablauf des Tages, an dem die Endentscheidung der Geschäftsstelle übermittelt wird, wenn nicht Nummer 15231 erfüllt ist: Die Gebühr 15230 ermäßigt sich auf ..	2,0
15233	Verfahren über die Rechtsbeschwerde in den in Nummer 15212 genannten Verfahren ...	1,5
15234	Beendigung des gesamten Verfahrens durch Zurücknahme der Rechtsbeschwerde oder des Antrags, bevor die Schrift zur Begründung der Beschwerde bei Gericht eingegangen ist: Die Gebühr 15233 ermäßigt sich auf ..	0,5
15235	Beendigung des gesamten Verfahrens durch Zurücknahme der Rechtsbeschwerde oder des Antrags vor Ablauf des Tages, an dem die Endentscheidung der Geschäftsstelle übermittelt wird, wenn nicht Nummer 15234 erfüllt ist: Die Gebühr 15233 ermäßigt sich auf ..	1,0
	Unterabschnitt 4. Zulassung der Sprungrechtsbeschwerde gegen die Endentscheidung wegen des Hauptgegenstands	
15240	Verfahren über die Zulassung der Sprungrechtsbeschwerde in den in Nummer 15210 genannten Verfahren: Soweit der Antrag abgelehnt wird: ...	1,0
15241	Verfahren über die Zulassung der Sprungrechtsbeschwerde in den in Nummer 15212 genannten Verfahren: Soweit der Antrag abgelehnt wird: ...	0,5
	Abschnitt 3. Übrige Verfahren vor dem Oberlandesgericht	
	Vorbemerkung 1.5.3:	

Nr.	Gebührentatbestand	Gebühr oder Satz der Gebühr nach § 34 GNotKG – **Tabelle A**
Dieser Abschnitt gilt für Verfahren über die Anfechtung von Justizverwaltungsakten nach den §§ 23 bis 29 des Einführungsgesetzes zum Gerichtsverfassungsgesetz und Verfahren nach § 138 Abs. 2 des Urheberrechtsgesetzes.		
	Verfahrensgebühr:	
15300	– der Antrag wird zurückgenommen	0,5
15301	– der Antrag wird zurückgewiesen	1,0
	Hauptabschnitt 6. Einstweiliger Rechtsschutz	
Vorbemerkung 1.6: Im Verfahren über den Erlass einer einstweiligen Anordnung und über deren Aufhebung oder Änderung werden die Gebühren nur einmal erhoben.		
	Abschnitt 1. Verfahren, wenn in der Hauptsache die Tabelle A anzuwenden ist	
Vorbemerkung 1.6.1: In Betreuungssachen werden von dem Betroffenen Gebühren nur unter den in Vorbemerkung 1.1 Abs. 1 genannten Voraussetzungen erhoben.		
	Unterabschnitt 1. Erster Rechtszug	
16110	Verfahren im Allgemeinen, wenn die Verfahrensgebühr für den ersten Rechtszug in der Hauptsache weniger als 2,0 betragen würde	0,3
	(1) Die Gebühr entsteht nicht für Verfahren, die in den Rahmen einer bestehenden Betreuung oder Pflegschaft fallen, auch wenn nur ein vorläufiger Betreuer bestellt ist. (2) Die Gebühr entsteht ferner nicht, wenn das Verfahren mit der Bestellung eines vorläufigen Betreuers endet. In diesem Fall entstehen Gebühren nach Hauptabschnitt 1 Abschnitt 1 wie nach der Bestellung eines nicht nur vorläufigen Betreuers.	
16111	Die Gebühr für die Hauptsache würde 2,0 betragen: Die Gebühr 16110 beträgt	1,5
16112	Beendigung des gesamten Verfahrens im Fall der Nummer 16111 ohne Endentscheidung: Die Gebühr 16111 ermäßigt sich auf	0,5
	(1) Wenn die Entscheidung nicht durch Verlesen der Entscheidungsformel bekannt gegeben worden ist, ermäßigt sich die Gebühr auch im Fall der Zurücknahme des Antrags vor Ablauf des Tages, an dem die Endentscheidung der Geschäftsstelle übermittelt wird. (2) Eine Entscheidung über die Kosten steht der Ermäßigung nicht entgegen, wenn die Entscheidung einer zuvor mitgeteilten Einigung über die Kostentragung oder einer Kostenübernahmeerklärung folgt.	
	Unterabschnitt 2. Beschwerde gegen die Endentscheidung wegen des Hauptgegenstands	
16120	Verfahren im Allgemeinen, wenn sich die Gebühr für den ersten Rechtszug nach Nummer 16110 bestimmt	0,5
16121	Verfahren im Allgemeinen, wenn sich die Gebühr für den ersten Rechtszug nach Nummer 16111 bestimmt	2,0
16122	Beendigung des gesamten Verfahrens im Fall der Nummer 16120 ohne Endentscheidung: Die Gebühr 16120 ermäßigt sich auf	0,3
	(1) Wenn die Entscheidung nicht durch Verlesen der Entscheidungsformel bekannt gegeben worden ist, ermäßigt sich die Gebühr auch im Fall der Zurücknahme der Beschwerde oder des	

Nr.	Gebührentatbestand	Gebühr oder Satz der Gebühr nach § 34 GNotKG **– Tabelle A**
	Antrags vor Ablauf des Tages, an dem die Endentscheidung der Geschäftsstelle übermittelt wird. (2) Eine Entscheidung über die Kosten steht der Ermäßigung nicht entgegen, wenn die Entscheidung einer zuvor mitgeteilten Einigung über die Kostentragung oder einer Kostenübernahmeerklärung folgt.	
16123	Beendigung des gesamten Verfahrens im Fall der Nummer 16121 durch Zurücknahme der Beschwerde oder des Antrags, bevor die Schrift zur Begründung der Beschwerde bei Gericht eingegangen ist: Die Gebühr 16121 ermäßigt sich auf ..	0,5
16124	Beendigung des gesamten Verfahrens im Fall der Nummer 16121 ohne Endentscheidung, wenn nicht Nummer 16123 erfüllt ist: Die Gebühr 16121 ermäßigt sich auf .. (1) Wenn die Entscheidung nicht durch Verlesen der Entscheidungsformel bekannt gegeben worden ist, ermäßigt sich die Gebühr auch im Fall der Zurücknahme der Beschwerde oder des Antrags vor Ablauf des Tages, an dem die Endentscheidung der Geschäftsstelle übermittelt wird. (2) Eine Entscheidung über die Kosten steht der Ermäßigung nicht entgegen, wenn die Entscheidung einer zuvor mitgeteilten Einigung über die Kostentragung oder einer Kostenübernahmeerklärung folgt.	1,0

Nr.	Gebührentatbestand	Gebühr oder Satz der Gebühr nach § 34 GNotKG **– Tabelle B**
	Abschnitt 2. Verfahren, wenn in der Hauptsache die Tabelle B anzuwenden ist	
	Vorbemerkung 1.6.2: Die Vorschriften dieses Abschnitts gelten auch für Verfahren über die Aussetzung der Wirkungen eines Europäischen Nachlasszeugnisses.	
	Unterabschnitt 1. Erster Rechtszug	
16210	Verfahren im Allgemeinen, wenn die Verfahrensgebühr für den ersten Rechtszug in der Hauptsache weniger als 2,0 betragen würde ..	0,3
16211	Die Gebühr für die Hauptsache würde 2,0 betragen: Die Gebühr 16210 beträgt ..	1,5
16212	Beendigung des gesamten Verfahrens im Fall der Nummer 16211 ohne Endentscheidung: Die Gebühr 16211 ermäßigt sich auf .. (1) Wenn die Entscheidung nicht durch Verlesen der Entscheidungsformel bekannt gegeben worden ist, ermäßigt sich die Gebühr auch im Fall der Zurücknahme des Antrags vor Ablauf des Tages, an dem die Endentscheidung der Geschäftsstelle übermittelt wird. (2) Eine Entscheidung über die Kosten steht der Ermäßigung nicht entgegen, wenn die Entscheidung einer zuvor mitgeteilten Einigung über die Kostentragung oder einer Kostenübernahmeerklärung folgt.	0,5

Nr.	Gebührentatbestand	Gebühr oder Satz der Gebühr nach § 34 GNotKG – **Tabelle B**
	Unterabschnitt 2. Beschwerde gegen die Endentscheidung wegen des Hauptgegenstands	
16220	Verfahren im Allgemeinen, wenn sich die Gebühr für den ersten Rechtszug nach Nummer 16210 bestimmt	0,5
16221	Verfahren im Allgemeinen, wenn sich die Gebühr für den ersten Rechtszug nach Nummer 16211 bestimmt	2,0
16222	Beendigung des gesamten Verfahrens im Fall der Nummer 16220 ohne Endentscheidung: Die Gebühr 16220 ermäßigt sich auf (1) Wenn die Entscheidung nicht durch Verlesen der Entscheidungsformel bekannt gegeben worden ist, ermäßigt sich die Gebühr auch im Fall der Zurücknahme der Beschwerde oder des Antrags vor Ablauf des Tages, an dem die Endentscheidung der Geschäftsstelle übermittelt wird. (2) Eine Entscheidung über die Kosten steht der Ermäßigung nicht entgegen, wenn die Entscheidung einer zuvor mitgeteilten Einigung über die Kostentragung oder einer Kostenübernahmeerklärung folgt.	0,3
16223	Beendigung des gesamten Verfahrens im Fall der Nummer 16221 durch Zurücknahme der Beschwerde oder des Antrags, bevor die Schrift zur Begründung der Beschwerde bei Gericht eingegangen ist: Die Gebühr 16221 ermäßigt sich auf	0,5
16224	Beendigung des gesamten Verfahrens im Fall der Nummer 16221 ohne Endentscheidung, wenn nicht Nummer 16223 erfüllt ist: Die Gebühr 16221 ermäßigt sich auf (1) Wenn die Entscheidung nicht durch Verlesen der Entscheidungsformel bekannt gegeben worden ist, ermäßigt sich die Gebühr auch im Fall der Zurücknahme der Beschwerde oder des Antrags vor Ablauf des Tages, an dem die Endentscheidung der Geschäftsstelle übermittelt wird. (2) Eine Entscheidung über die Kosten steht der Ermäßigung nicht entgegen, wenn die Entscheidung einer zuvor mitgeteilten Einigung über die Kostentragung oder einer Kostenübernahmeerklärung folgt.	1,0

Nr.	Gebührentatbestand	Gebühr oder Satz der Gebühr nach § 34 GNotKG – **Tabelle A**
	Hauptabschnitt 7. Besondere Gebühren	
	Erteilung von Ausdrucken oder Fertigung von Kopien aus einem Register oder aus dem Grundbuch auf Antrag oder deren beantragte Ergänzung oder Bestätigung:	
17000	– Ausdruck oder unbeglaubigte Kopie	10,00 €
17001	– amtlicher Ausdruck oder beglaubigte Kopie	20,00 €
	Neben den Gebühren 17000 und 17001 wird keine Dokumentenpauschale erhoben.	
	Anstelle eines Ausdrucks wird in den Fällen der Nummern 17000 und 17001 die elektronische Übermittlung einer Datei beantragt:	
17002	– unbeglaubigte Datei	5,00 €
17003	– beglaubigte Datei	10,00 €

Nr.	Gebührentatbestand	Gebühr oder Satz der Gebühr nach § 34 GNotKG **– Tabelle A**
	Werden zwei elektronische Dateien gleichen Inhalts in unterschiedlichen Dateiformaten gleichzeitig übermittelt, wird die Gebühr 17002 oder 17003 nur einmal erhoben. Sind beide Gebührentatbestände erfüllt, wird die höhere Gebühr erhoben.	
17004	Erteilung 1. eines Zeugnisses des Grundbuchamts, 2. einer Bescheinigung aus einem Register, 3. einer beglaubigten Abschrift des Verpfändungsvertrags nach § 16 Abs. 1 Satz 3 des Pachtkreditgesetzes oder 4. einer Bescheinigung nach § 16 Abs. 2 des Pachtkreditgesetzes	20,00 €
17005	Abschluss eines gerichtlichen Vergleichs: Soweit ein Vergleich über nicht gerichtlich anhängige Gegenstände geschlossen wird	0,25
	Die Gebühr entsteht nicht im Verfahren über die Prozess- oder Verfahrenskostenhilfe. Im Verhältnis zur Gebühr für das Verfahren im Allgemeinen ist § 56 Abs. 3 GNotKG entsprechend anzuwenden.	
17006	Anordnung von Zwangsmaßnahmen durch Beschluss nach § 35 FamFG: je Anordnung:	22,00 €

Nr.	Gebührentatbestand	Gebühr oder Satz der Gebühr nach § 34 GNotKG **– Tabelle B**
	Hauptabschnitt 8. Vollstreckung	
	Vorbemerkung 1.8: Die Vorschriften dieses Hauptabschnitts gelten für die Vollstreckung nach Buch 1 Abschnitt 8 des FamFG. Für Handlungen durch das Vollstreckungsgericht werden Gebühren nach dem GKG erhoben.	
18000	Verfahren über die Erteilung einer vollstreckbaren Ausfertigung einer notariellen Urkunde, wenn der Eintritt einer Tatsache oder einer Rechtsnachfolge zu prüfen ist (§§ 726 bis 729 ZPO)	0,5
18001	Verfahren über den Antrag auf Erteilung einer weiteren vollstreckbaren Ausfertigung (§ 733 ZPO)	22,00 €
	Die Gebühr wird für jede weitere vollstreckbare Ausfertigung gesondert erhoben.	
18002	Anordnung der Vornahme einer vertretbaren Handlung durch einen Dritten	22,00 €
18003	Anordnung von Zwangs- oder Ordnungsmitteln: je Anordnung	22,00 €
	Mehrere Anordnungen gelten als eine Anordnung, wenn sie dieselbe Verpflichtung betreffen. Dies gilt nicht, wenn Gegenstand der Verpflichtung die wiederholte Vornahme einer Handlung oder eine Unterlassung ist.	
18004	Verfahren zur Abnahme einer eidesstattlichen Versicherung (§ 94 FamFG)	35,00 €
	Die Gebühr entsteht mit der Anordnung des Gerichts, dass der Verpflichtete eine eidesstattliche Versicherung abzugeben hat, oder mit dem Eingang des Antrags des Berechtigten.	

Nr.	Gebührentatbestand	Gebühr oder Satz der Gebühr nach § 34 GNotKG **– Tabelle B**
	Hauptabschnitt 9. Rechtsmittel im Übrigen und Rüge wegen Verletzung des Anspruchs auf rechtliches Gehör	
	Abschnitt 1. Rechtsmittel im Übrigen	
	Unterabschnitt 1. Sonstige Beschwerden	
19110	Verfahren über die Beschwerde in den Fällen des § 129 GNotKG und des § 372 Abs. 1 FamFG	99,00 €
19111	Beendigung des gesamten Verfahrens ohne Endentscheidung: Die Gebühr 19110 ermäßigt sich auf	66,00 €
	(1) Wenn die Entscheidung nicht durch Verlesen der Entscheidungsformel bekannt gegeben worden ist, ermäßigt sich die Gebühr auch im Fall der Zurücknahme der Beschwerde oder des Antrags vor Ablauf des Tages, an dem die Endentscheidung der Geschäftsstelle übermittelt wird. (2) Eine Entscheidung über die Kosten steht der Ermäßigung nicht entgegen, wenn die Entscheidung einer zuvor mitgeteilten Einigung über die Kostentragung oder einer Kostenübernahmeerklärung folgt.	
19112	Verfahren über die Beschwerde gegen Entscheidungen, die sich auf Tätigkeiten des Registergerichts beziehen, für die Gebühren nach der HRegGebV zu erheben sind: Die Beschwerde wird verworfen oder zurückgewiesen	3,5
	Wird die Beschwerde nur wegen eines Teils der Anmeldung verworfen oder zurückgewiesen, ist für die Höhe der Gebühr die für die Eintragung nur dieses Teils der Anmeldung vorgesehene Gebühr maßgebend.	der Gebühr für die Eintragung nach der HRegGebV
19113	Verfahren über die in Nummer 19112 genannte Beschwerde: Beendigung des gesamten Verfahrens durch Zurücknahme der Beschwerde oder des Antrags, bevor die Schrift zur Begründung der Beschwerde bei Gericht eingegangen ist	0,5 der Gebühr für die Eintragung nach der HRegGebV
19114	Verfahren über die in Nummer 19112 genannte Beschwerde: Beendigung des gesamten Verfahrens ohne Endentscheidung, wenn nicht Nummer 19113 erfüllt ist	1,5
	Diese Gebühr ist auch zu erheben, wenn die Entscheidung nicht durch Verlesen der Entscheidungsformel bekannt gegeben worden ist, die Beschwerde jedoch vor Ablauf des Tages zurückgenommen wird, an dem die Endentscheidung der Geschäftsstelle übermittelt wird.	der Gebühr für die Eintragung nach der HRegGebV
19115	Verfahren über die Beschwerde nach § 335a Abs. 1 HGB: Die Beschwerde wird verworfen oder zurückgewiesen	150,00 €
	Wird die Beschwerde nur teilweise verworfen oder zurückgewiesen, kann das Gericht die Gebühr nach billigem Ermessen auf die Hälfte ermäßigen oder bestimmen, dass eine Gebühr nicht zu erheben ist.	
19116	Verfahren über eine nicht besonders aufgeführte Beschwerde, die nicht nach anderen Vorschriften gebührenfrei ist: Die Beschwerde wird verworfen oder zurückgewiesen	66,00 €
	Wird die Beschwerde nur teilweise verworfen oder zurückgewiesen, kann das Gericht die Gebühr nach billigem Ermessen auf die	

Nr.	Gebührentatbestand	Gebühr oder Satz der Gebühr nach § 34 GNotKG **– Tabelle B**
	Hälfte ermäßigen oder bestimmen, dass eine Gebühr nicht zu erheben ist.	
	Unterabschnitt 2. Sonstige Rechtsbeschwerden	
19120	Verfahren über die Rechtsbeschwerde in den Fällen des § 129 GNotKG und des § 372 Abs. 1 FamFG ...	198,00 €
19121	Beendigung des gesamten Verfahrens durch Zurücknahme der Rechtsbeschwerde oder des Antrags, bevor die Schrift zur Begründung der Rechtsbeschwerde bei Gericht eingegangen ist: Die Gebühr 19120 ermäßigt sich auf ...	66,00 €
19122	Beendigung des gesamten Verfahrens durch Zurücknahme der Rechtsbeschwerde oder des Antrags vor Ablauf des Tages, an dem die Endentscheidung der Geschäftsstelle übermittelt wird, wenn nicht Nummer 19121 erfüllt ist: Die Gebühr 19120 ermäßigt sich auf ...	99,00 €
19123	Verfahren über die Rechtsbeschwerde gegen Entscheidungen, die sich auf Tätigkeiten des Registergerichts beziehen, für die Gebühren nach der HRegGebV zu erheben sind: Die Rechtsbeschwerde wird verworfen oder zurückgewiesen Wird die Rechtsbeschwerde nur wegen eines Teils der Anmeldung verworfen oder zurückgewiesen, bestimmt sich die Höhe der Gebühr nach der Gebühr für die Eintragung nur dieses Teils der Anmeldung.	5,0 der Gebühr für die Eintragung nach der HRegGebV
19124	Verfahren über die in Nummer 19123 genannte Rechtsbeschwerde: Beendigung des gesamten Verfahrens durch Zurücknahme der Rechtsbeschwerde oder des Antrags, bevor die Schrift zur Begründung der Beschwerde bei Gericht eingegangen ist	1,0 der Gebühr für die Eintragung nach der HRegGebV
19125	Verfahren über die in Nummer 19123 genannte Rechtsbeschwerde: Beendigung des gesamten Verfahrens durch Zurücknahme der Rechtsbeschwerde oder des Antrags vor Ablauf des Tages, an dem die Endentscheidung der Geschäftsstelle übermittelt wird, wenn nicht Nummer 19124 erfüllt ist ...	2,5 der Gebühr für die Eintragung nach der HRegGebV
19126	Verfahren über die Rechtsbeschwerde in den Fällen des § 335a Abs. 3 HGB: Die Rechtsbeschwerde wird verworfen oder zurückgewiesen Wird die Rechtsbeschwerde nur teilweise verworfen oder zurückgewiesen, kann das Gericht die Gebühr nach billigem Ermessen auf die Hälfte ermäßigen oder bestimmen, dass eine Gebühr nicht zu erheben ist.	300,00 €
19127	Verfahren über die in Nummer 19126 genannte Rechtsbeschwerde: Beendigung des gesamten Verfahrens durch Zurücknahme der Rechtsbeschwerde oder des Antrags vor Ablauf des Tages, an dem die Endentscheidung der Geschäftsstelle übermittelt wird	150,00 €
19128	Verfahren über eine nicht besonders aufgeführte Rechtsbeschwerde, die nicht nach anderen Vorschriften gebührenfrei ist:	

Nr.	Gebührentatbestand	Gebühr oder Satz der Gebühr nach § 34 GNotKG **– Tabelle B**
	Die Rechtsbeschwerde wird verworfen oder zurückgewiesen Wird die Rechtsbeschwerde nur teilweise verworfen oder zurückgewiesen, kann das Gericht die Gebühr nach billigem Ermessen auf die Hälfte ermäßigen oder bestimmen, dass eine Gebühr nicht zu erheben ist.	132,00 €
19129	Verfahren über die in Nummer 19128 genannte Rechtsbeschwerde: Beendigung des gesamten Verfahrens durch Zurücknahme der Rechtsbeschwerde oder des Antrags vor Ablauf des Tages, an dem die Endentscheidung der Geschäftsstelle übermittelt wird	66,00 €
	Unterabschnitt 3. Zulassung der Sprungrechtsbeschwerde in sonstigen Fällen	
19130	Verfahren über die Zulassung der Sprungrechtsbeschwerde in den nicht besonders aufgeführten Fällen: Der Antrag wird abgelehnt ..	66,00 €
	Abschnitt 2. Rüge wegen Verletzung des Anspruchs auf rechtliches Gehör	
19200	Verfahren über die Rüge wegen Verletzung des Anspruchs auf rechtliches Gehör: Die Rüge wird in vollem Umfang verworfen oder zurückgewiesen ..	66,00 €

Teil 2. Notargebühren

Nr.	Gebührentatbestand	Gebühr oder Satz der Gebühr nach § 34 GNotKG **– Tabelle B**

Vorbemerkung 2:

(1) In den Fällen, in denen es für die Gebührenberechnung maßgeblich ist, dass ein bestimmter Notar eine Tätigkeit vorgenommen hat, steht diesem Notar der Aktenverwahrer gemäß § 51 BNotO, der Notariatsverwalter gemäß § 56 BNotO oder ein anderer Notar, mit dem der Notar am Ort seines Amtssitzes zur gemeinsamen Berufsausübung verbunden ist oder mit dem er dort gemeinsame Geschäftsräume unterhält, gleich.

(2) Bundes- oder landesrechtliche Vorschriften, die Gebühren- oder Auslagenbefreiung gewähren, sind nicht auf den Notar anzuwenden. Außer in den Fällen der Kostenerstattung zwischen den Trägern der Sozialhilfe gilt die in § 64 Abs. 2 Satz 3 Nr. 2 SGB X bestimmte Gebührenfreiheit auch für den Notar.

(3) Beurkundungen nach § 67 Abs. 1 BeurkG und die Bezifferung dynamisierter Unterhaltstitel zur Zwangsvollstreckung im Ausland sind gebührenfrei.

Hauptabschnitt 1. Beurkundungsverfahren

Vorbemerkung 2.1:

(1) Die Gebühr für das Beurkundungsverfahren entsteht für die Vorbereitung und Durchführung der Beurkundung in Form einer Niederschrift (§§ 8, 16b und 36 BeurkG) einschließlich der Beschaffung der Information.

(2) Durch die Gebühren dieses Hauptabschnitts werden auch abgegolten
1. die Übermittlung von Anträgen und Erklärungen an ein Gericht oder eine Behörde,
2. die Stellung von Anträgen im Namen der Beteiligten bei einem Gericht oder einer Behörde,
3. die Erledigung von Beanstandungen einschließlich des Beschwerdeverfahrens und
4. bei Änderung eines Gesellschaftsvertrags oder einer Satzung die Erteilung einer für die Anmeldung zum Handelsregister erforderlichen Bescheinigung des neuen vollständigen Wortlauts des Gesellschaftsvertrags oder der Satzung.

Nr.	Gebührentatbestand	Gebühr oder Satz der Gebühr nach § 34 GNotKG **– Tabelle B**
	Abschnitt 1. Verträge, bestimmte Erklärungen sowie Beschlüsse von Organen einer Vereinigung oder Stiftung	
	Vorbemerkung 2.1.1: Dieser Abschnitt ist auch anzuwenden im Verfahren zur Beurkundung der folgenden Erklärungen: 1. Antrag auf Abschluss eines Vertrags oder Annahme eines solchen Antrags oder 2. gemeinschaftliches Testament.	
21100	Beurkundungsverfahren ..	2,0 – mindestens 120,00 €
21101	Gegenstand des Beurkundungsverfahrens ist 1. die Annahme eines Antrags auf Abschluss eines Vertrags oder 2. ein Verfügungsgeschäft und derselbe Notar hat für eine Beurkundung, die das zugrunde liegende Rechtsgeschäft betrifft, die Gebühr 21100 oder 23603 erhoben: Die Gebühr 21100 beträgt .. (1) Als zugrunde liegendes Rechtsgeschäft gilt nicht eine Verfügung von Todes wegen. (2) Die Gebühr für die Beurkundung des Zuschlags in einer freiwilligen Versteigerung von Grundstücken oder grundstücksgleichen Rechten bestimmt sich nach Nummer 23603.	0,5 – mindestens 30,00 €
21102	Gegenstand des Beurkundungsverfahrens ist 1. ein Verfügungsgeschäft und das zugrunde liegende Rechtsgeschäft ist bereits beurkundet und Nummer 21101 nicht anzuwenden oder 2. die Aufhebung eines Vertrags: Die Gebühr 21100 beträgt ..	1,0 – mindestens 60,00 €
	Abschnitt 2. Sonstige Erklärungen, Tatsachen und Vorgänge	
	Vorbemerkung 2.1.2: (1) Die Gebühr für die Beurkundung eines Antrags zum Abschluss eines Vertrages und für die Beurkundung der Annahme eines solchen Antrags sowie für die Beurkundung eines gemeinschaftlichen Testaments bestimmt sich nach Abschnitt 1, die Gebühr für die Beurkundung des Zuschlags bei der freiwilligen Versteigerung von Grundstücken oder grundstücksgleichen Rechten bestimmt sich nach Nummer 23603. (2) Die Beurkundung der in der Anmerkung zu Nummer 23603 genannten Erklärungen wird durch die Gebühr 23603 mit abgegolten, wenn die Beurkundung in der Niederschrift über die Versteigerung erfolgt.	
21200	Beurkundungsverfahren .. Unerheblich ist, ob eine Erklärung von einer oder von mehreren Personen abgegeben wird.	1,0 – mindestens 60,00 €
21201	Beurkundungsgegenstand ist 1. der Widerruf einer letztwilligen Verfügung, 2. der Rücktritt von einem Erbvertrag, 3. die Anfechtung einer Verfügung von Todes wegen, 4. ein Antrag oder eine Bewilligung nach der Grundbuchordnung, der Schiffsregisterordnung oder dem Gesetz über Rechte an Luftfahrzeugen oder die Zustimmung des Eigentümers zur Löschung eines Grundpfandrechts oder eines vergleichbaren Pfandrechts, 5. eine Anmeldung zum Handelsregister oder zu einem ähnlichen Register,	

Nr.	Gebührentatbestand	Gebühr oder Satz der Gebühr nach § 34 GNotKG – **Tabelle B**
	6. ein Antrag an das Nachlassgericht, 7. eine Erklärung, die gegenüber dem Nachlassgericht abzugeben ist, oder 8. die Zustimmung zur Annahme als Kind: Die Gebühr 21200 beträgt .. In dem in Vorbemerkung 2.3.3 Abs. 2 genannten Fall ist das Beurkundungsverfahren für den Antrag an das Nachlassgericht durch die Gebühr 23300 für die Abnahme der eidesstattlichen Versicherung mit abgegolten; im Übrigen bleiben die Vorschriften in Hauptabschnitt 1 unberührt.	0,5 – mindestens 30,00 €

Abschnitt 3. Vorzeitige Beendigung des Beurkundungsverfahrens

Vorbemerkung 2.1.3:

(1) Ein Beurkundungsverfahren ist vorzeitig beendet, wenn vor Unterzeichnung der Niederschrift durch den Notar oder bevor der Notar die elektronische Niederschrift mit seiner qualifizierten elektronischen Signatur versehen hat der Beurkundungsauftrag zurückgenommen oder zurückgewiesen wird oder der Notar feststellt, dass nach seiner Überzeugung mit der beauftragten Beurkundung aus Gründen, die nicht in seiner Person liegen, nicht mehr zu rechnen ist. Wird das Verfahren länger als 6 Monate nicht mehr betrieben, ist in der Regel nicht mehr mit der Beurkundung zu rechnen.

(2) Führt der Notar nach der vorzeitigen Beendigung des Beurkundungsverfahrens demnächst auf der Grundlage der bereits erbrachten notariellen Tätigkeit ein erneutes Beurkundungsverfahren durch, wird die nach diesem Abschnitt zu erhebende Gebühr auf die Gebühr für das erneute Beurkundungsverfahren angerechnet.

(3) Der Fertigung eines Entwurfs im Sinne der nachfolgenden Vorschriften steht die Überprüfung, Änderung oder Ergänzung eines dem Notar vorgelegten Entwurfs gleich.

Nr.	Gebührentatbestand	Gebühr oder Satz der Gebühr nach § 34 GNotKG – Tabelle B
21300	Vorzeitige Beendigung des Beurkundungsverfahrens 1. vor Ablauf des Tages, an dem ein vom Notar gefertigter Entwurf an einen Beteiligten durch Aufgabe zur Post versandt worden ist, 2. vor der Übermittlung eines vom Notar gefertigten Entwurfs per Telefax, vor der elektronischen Übermittlung als Datei oder vor Aushändigung oder 3. bevor der Notar mit allen Beteiligten in einem zum Zweck der Beurkundung vereinbarten Termin auf der Grundlage eines von ihm gefertigten Entwurfs verhandelt hat: Die jeweilige Gebühr für das Beurkundungsverfahren ermäßigt sich auf ..	20,00 €
21301	In den Fällen der Nummer 21300 hat der Notar persönlich oder schriftlich beraten: Die jeweilige Gebühr für das Beurkundungsverfahren ermäßigt sich auf eine Gebühr ..	in Höhe der jeweiligen Beratungsgebühr
21302	Vorzeitige Beendigung des Verfahrens nach einem der in Nummer 21300 genannten Zeitpunkte in den Fällen der Nummer 21100: Die Gebühr 21100 ermäßigt sich auf ..	0,5 bis 2,0 – mindestens 120,00 €
21303	Vorzeitige Beendigung des Verfahrens nach einem der in Nummer 21300 genannten Zeitpunkte in den Fällen der Nummern 21102 und 21200: Die Gebühren 21102 und 21200 ermäßigen sich auf ..	0,3 bis 1,0 – mindestens 60,00 €

Nr.	Gebührentatbestand	Gebühr oder Satz der Gebühr nach § 34 GNotKG **– Tabelle B**
21304	Vorzeitige Beendigung des Verfahrens nach einem der in Nummer 21300 genannten Zeitpunkte in den Fällen der Nummern 21101 und 21201: Die Gebühren 21101 und 21201 ermäßigen sich auf	0,3 bis 0,5 – mindestens 30,00 €

Hauptabschnitt 2. Vollzug eines Geschäfts und Betreuungstätigkeiten

Vorbemerkung 2.2:

(1) Gebühren nach diesem Hauptabschnitt entstehen nur, wenn dem Notar für seine Tätigkeit ein besonderer Auftrag erteilt worden ist; dies gilt nicht für die Gebühren 22114, 22125 und die Gebühr 22200 im Fall der Nummer 6 der Anmerkung.

(2) Entsteht für eine Tätigkeit eine Gebühr nach diesem Hauptabschnitt, fällt bei demselben Notar insoweit keine Gebühr für die Fertigung eines Entwurfs und keine Gebühr nach Nummer 25204 an.

Abschnitt 1. Vollzug

Unterabschnitt 1. Vollzug eines Geschäfts

Vorbemerkung 2.2.1.1:

(1) Die Vorschriften dieses Unterabschnitts sind anzuwenden, wenn der Notar eine Gebühr für das Beurkundungsverfahren oder für die Fertigung eines Entwurfs erhält, die das zugrunde liegende Geschäft betrifft. Die Vollzugsgebühr entsteht für die

1. Anforderung und Prüfung einer Erklärung oder Bescheinigung nach öffentlich-rechtlichen Vorschriften, mit Ausnahme der Unbedenklichkeitsbescheinigung des Finanzamts,
2. Anforderung und Prüfung einer anderen als der in Nummer 4 genannten gerichtlichen Entscheidung oder Bescheinigung, dies gilt auch für die Ermittlung des Inhalts eines ausländischen Registers,
3. Fertigung, Änderung oder Ergänzung der Liste der Gesellschafter (§ 8 Abs. 1 Nr. 3, § 40 GmbHG) oder der Liste der Personen, welche neue Geschäftsanteile übernommen haben (§ 57 Abs. 3 Nr. 2 GmbHG),
4. Anforderung und Prüfung einer Entscheidung des Familien-, Betreuungs- oder Nachlassgerichts einschließlich aller Tätigkeiten des Notars gemäß den §§ 1855 und 1856 BGB im Namen der Beteiligten sowie die Erteilung einer Bescheinigung über die Wirksamkeit oder Unwirksamkeit des Rechtsgeschäfts,
5. Anforderung und Prüfung einer Vollmachtsbestätigung oder einer privatrechtlichen Zustimmungserklärung,
6. Anforderung und Prüfung einer privatrechtlichen Verzichtserklärung,
7. Anforderung und Prüfung einer Erklärung über die Ausübung oder Nichtausübung eines privatrechtlichen Vorkaufs- oder Wiederkaufsrechts,
8. Anforderung und Prüfung einer Erklärung über die Zustimmung zu einer Schuldübernahme oder einer Entlassung aus der Haftung,
9. Anforderung und Prüfung einer Erklärung oder sonstigen Urkunde zur Verfügung über ein Recht an einem Grundstück oder einem grundstücksgleichen Recht sowie zur Löschung oder Inhaltsänderung einer sonstigen Eintragung im Grundbuch oder in einem Register oder Anforderung und Prüfung einer Erklärung, inwieweit ein Grundpfandrecht eine Verbindlichkeit sichert,
10. Anforderung und Prüfung einer Verpflichtungserklärung betreffend eine in Nummer 9 genannte Verfügung oder einer Erklärung über die Nichtausübung eines Rechts und
11. über die in den Nummern 1 und 2 genannten Tätigkeiten hinausgehende Tätigkeit für die Beteiligten gegenüber der Behörde, dem Gericht oder der Körperschaft oder Anstalt des öffentlichen Rechts.

Die Vollzugsgebühr entsteht auch, wenn die Tätigkeit vor der Beurkundung vorgenommen wird.

(2) Zustimmungsbeschlüsse stehen Zustimmungserklärungen gleich.

(3) Wird eine Vollzugstätigkeit unter Beteiligung eines ausländischen Gerichts oder einer ausländischen Behörde vorgenommen, bestimmt sich die Vollzugsgebühr nach Unterabschnitt 2.

Nr.	Gebührentatbestand	Gebühr oder Satz der Gebühr nach § 34 GNotKG **– Tabelle B**
22110	Vollzugsgebühr ..	0,5
22111	Vollzugsgebühr, wenn die Gebühr für das zugrunde liegende Beurkundungsverfahren weniger als 2,0 beträgt:	
	Die Gebühr 22110 beträgt ..	0,3
	Vollzugsgegenstand sind lediglich die in der Vorbemerkung 2.2.1.1 Abs. 1 Satz 2 Nr. 1 bis 3 genannten Tätigkeiten:	
	Die Gebühren 22110 und 22111 betragen	
22112	– für jede Tätigkeit nach Vorbemerkung 2.2.1.1 Abs. 1 Satz 2 Nr. 1 und 2 ..	höchstens 50,00 €
22113	– für jede Tätigkeit nach Vorbemerkung 2.2.1.1 Abs. 1 Satz 2 Nr. 3	höchstens 250,00 €
22114	Erzeugung von strukturierten Daten in Form der Extensible Markup Language (XML) oder in einem nach dem Stand der Technik vergleichbaren Format für eine automatisierte Weiterbearbeitung	0,2 – höchstens 125,00 €
22115	Neben der Gebühr 22114 entstehen andere Gebühren dieses Unterabschnitts:	
	Die Gebühr 22114 beträgt: ..	0,1 – höchstens 125,00 €

Unterabschnitt 2. Vollzug in besonderen Fällen

Vorbemerkung 2.2.1.2:

Die Gebühren dieses Unterabschnitts entstehen, wenn der Notar

1. keine Gebühr für ein Beurkundungsverfahren oder für die Fertigung eines Entwurfs erhalten hat, die das zu vollziehende Geschäft betrifft, oder
2. eine Vollzugstätigkeit unter Beteiligung eines ausländischen Gerichts oder einer ausländischen Behörde vornimmt.

Nr.	Gebührentatbestand	Gebühr oder Satz der Gebühr nach § 34 GNotKG – Tabelle B
22120	Vollzugsgebühr für die in Vorbemerkung 2.2.1.1 Abs. 1 Satz 2 genannten Tätigkeiten, wenn die Gebühr für ein die Urkunde betreffendes Beurkundungsverfahren 2,0 betragen würde	1,0
22121	Vollzugsgebühr für die in Vorbemerkung 2.2.1.1 Abs. 1 Satz 2 genannten Tätigkeiten, wenn die Gebühr für ein die Urkunde betreffendes Beurkundungsverfahren weniger als 2,0 betragen würde ..	0,5
22122	Überprüfung, ob die Urkunde bei Gericht eingereicht werden kann ..	0,5
	(1) Die Gebühr entsteht nicht neben einer der Gebühren 22120 und 22121.	
	(2) Die Gebühr entsteht nicht für die Prüfung der Eintragungsfähigkeit in den Fällen des § 378 Abs. 3 FamFG und des § 15 Abs. 3 der Grundbuchordnung.	
22123	Erledigung von Beanstandungen einschließlich des Beschwerdeverfahrens ..	0,5
	Die Gebühr entsteht nicht neben einer der Gebühren 22120 bis 22122.	
22124	Die Tätigkeit beschränkt sich auf 1. die Übermittlung von Anträgen, Erklärungen oder Unterlagen an ein Gericht, eine Behörde oder einen Dritten oder die Stellung von Anträgen im Namen der Beteiligten, 2. die Prüfung der Eintragungsfähigkeit in den Fällen des § 378 Abs. 3 FamFG und des § 15 Abs. 3 der Grundbuchordnung	20,00 €
	(1) Die Gebühr entsteht nur, wenn nicht eine Gebühr nach den Nummern 22120 bis 22123 anfällt.	

Nr.	Gebührentatbestand	Gebühr oder Satz der Gebühr nach § 34 GNotKG **– Tabelle B**
	(2) Die Gebühr nach Nummer 2 entsteht nicht neben der Gebühr 25100 oder 25101. (3) Die Gebühr entsteht auch, wenn Tätigkeiten nach Nummer 1 und nach Nummer 2 ausgeübt werden. In diesem Fall wird die Gebühr nur einmal erhoben.	
22125	Erzeugung von strukturierten Daten in Form der Extensible Markup Language (XML) oder einem nach dem Stand der Technik vergleichbaren Format für eine automatisierte Weiterbearbeitung (1) Die Gebühr entsteht neben anderen Gebühren dieses Unterabschnitts gesondert. (2) Die Gebühr entsteht nicht neben der Gebühr 25101.	0,5 – höchstens 250,00 €

Abschnitt 2.

(vom Abdruck wurde abgesehen)

Hauptabschnitt 3. Sonstige notarielle Verfahren

Vorbemerkung 2.3:

Mit den Gebühren dieses Hauptabschnitts wird auch die Fertigung einer Niederschrift abgegolten. Nummer 23603 bleibt unberührt.

Abschnitt 1, 2

(vom Abdruck wurde abgesehen)

Abschnitt 3. Eid, eidesstattliche Versicherung, Vernehmung von Zeugen und Sachverständigen

Vorbemerkung 2.3.3:

(1) Die Gebühren entstehen nur, wenn das in diesem Abschnitt genannte Verfahren oder Geschäft nicht Teil eines anderen Verfahrens oder Geschäfts ist.

(2) Wird mit der Niederschrift über die Abnahme der eidesstattlichen Versicherung zugleich ein Antrag an das Nachlassgericht beurkundet, wird mit der Gebühr 23300 insoweit auch das Beurkundungsverfahren abgegolten.

Nr.	Gebührentatbestand	Gebühr
23300	Verfahren zur Abnahme von Eiden und eidesstattlichen Versicherungen	1,0
23301	Vorzeitige Beendigung des Verfahrens: Die Gebühr 23300 beträgt	0,3
23302	Vernehmung von Zeugen und Sachverständigen	1,0

Abschnitt 4.

(vom Abdruck wurde abgesehen)

Abschnitt 5. Vermögensverzeichnis und Siegelung

Vorbemerkung 2.3.5:

Neben den Gebühren dieses Abschnitts wird die Gebühr 26002 nicht erhoben.

Nr.	Gebührentatbestand	Gebühr
23500	Verfahren über die Aufnahme eines Vermögensverzeichnisses einschließlich der Siegelung Die Gebühr entsteht nicht, wenn die Aufnahme des Vermögensverzeichnisses Teil eines beurkundeten Vertrags ist.	2,0
23501	Vorzeitige Beendigung des Verfahrens: Die Gebühr 23500 ermäßigt sich auf	0,5
23502	Mitwirkung als Urkundsperson bei der Aufnahme eines Vermögensverzeichnisses einschließlich der Siegelung	1,0

Nr.	Gebührentatbestand	Gebühr oder Satz der Gebühr nach § 34 GNotKG – **Tabelle B**
23503	Siegelung, die nicht mit den Gebühren 23500 oder 23502 abgegolten ist, und Entsiegelung	0,5
	Abschnitt 6. Freiwillige Versteigerung von Grundstücken	
	Vorbemerkung 2.3.6: Die Vorschriften dieses Abschnitts sind auf die freiwillige Versteigerung von Grundstücken und grundstücksgleichen Rechten durch den Notar zum Zwecke der Veräußerung oder Verpachtung anzuwenden.	
23600	Verfahrensgebühr	0,5
23601	Aufnahme einer Schätzung	0,5
23602	Abhaltung eines Versteigerungstermins: für jeden Termin	1,0
	Der Versteigerungstermin gilt als abgehalten, wenn zur Abgabe von Geboten aufgefordert ist.	
23603	Beurkundung des Zuschlags	1,0
	Die Beurkundung bleibt gebührenfrei, wenn sie in der Niederschrift über die Versteigerung erfolgt und wenn 1. der Meistbietende die Rechte aus dem Meistgebot oder der Veräußerer den Anspruch gegen den Ersteher abtritt, oder 2. der Meistbietende erklärt, für einen Dritten geboten zu haben, oder 3. ein Dritter den Erklärungen nach Nummer 2 beitritt. Das Gleiche gilt, wenn nach Maßgabe der Versteigerungsbedingungen für den Anspruch gegen den Ersteher die Bürgschaft übernommen oder eine sonstige Sicherheit bestellt und dies in dem Protokoll über die Versteigerung beurkundet wird.	
	Abschnitt 7. *(vom Abdruck wurde abgesehen)*	
	Abschnitt 8. Vorbereitung der Zwangsvollstreckung	
23800	Verfahren über die Vollstreckbarerklärung eines Anwaltsvergleichs nach § 796a ZPO	66,00 €
23801	Verfahren über die Vollstreckbarerklärung eines Schiedsspruchs mit vereinbartem Wortlaut (§ 1053 ZPO)	2,0
23802	Beendigung des gesamten Verfahrens durch Zurücknahme des Antrags: Die Gebühr 23801 ermäßigt sich auf	1,0
23803	Verfahren über die Erteilung einer vollstreckbaren Ausfertigung, wenn der Eintritt einer Tatsache oder einer Rechtsnachfolge zu prüfen ist (§§ 726 bis 729 ZPO)	0,5
23804	Verfahren über den Antrag auf Erteilung einer weiteren vollstreckbaren Ausfertigung (§ 797 Abs. 2, § 733 ZPO)	22,00 €
	Die Gebühr wird für jede weitere vollstreckbare Ausfertigung gesondert erhoben.	
23805	Verfahren über die Ausstellung einer Bestätigung nach § 1079 ZPO oder über die Ausstellung einer Bescheinigung nach § 1110 ZPO	22,00 €
23806	Verfahren über einen Antrag auf Vollstreckbarerklärung einer notariellen Urkunde nach § 55 Abs. 3 AVAG, nach § 35 Abs. 3 AUG, nach § 3 Abs. 4 IntErbRVG oder nach § 4 Abs. 4 IntGüRVG	264,00 €

Nr.	Gebührentatbestand	Gebühr oder Satz der Gebühr nach § 34 GNotKG **– Tabelle B**
23807	Beendigung des gesamten Verfahrens durch Zurücknahme des Antrags: Die Gebühr 23806 ermäßigt sich auf ..	99,00 €
23808	Verfahren über die Ausstellung einer Bescheinigung nach § 57 AVAG, § 27 IntErbRVG oder § 27 IntGüRVG oder für die Ausstellung des Formblatts oder der Bescheinigung nach § 71 Abs. 1 AUG ..	17,00 €

Abschnitt 9.

(vom Abdruck wurde abgesehen)

Hauptabschnitt 4. Entwurf und Beratung

Abschnitt 1. Entwurf

Vorbemerkung 2.4.1:

(1) Gebühren nach diesem Abschnitt entstehen, wenn außerhalb eines Beurkundungsverfahrens ein Entwurf für ein bestimmtes Rechtsgeschäft oder eine bestimmte Erklärung im Auftrag eines Beteiligten gefertigt worden ist. Sie entstehen jedoch nicht in den Fällen der Vorbemerkung 2.2 Abs. 2.

(2) Beglaubigt der Notar, der den Entwurf gefertigt hat, demnächst unter dem Entwurf eine oder mehrere Unterschriften, Handzeichen oder qualifizierte elektronische Signaturen, entstehen für die erstmaligen Beglaubigungen, die an ein und demselben Tag erfolgen, keine Gebühren.

(3) Gebühren nach diesem Abschnitt entstehen auch, wenn der Notar keinen Entwurf gefertigt, aber einen ihm vorgelegten Entwurf überprüft, geändert oder ergänzt hat. Dies gilt nicht für die Prüfung der Eintragungsfähigkeit in den Fällen des § 378 Abs. 3 FamFG und des § 15 Abs. 3 der Grundbuchordnung.

(4) Durch die Gebühren dieses Abschnitts werden auch abgegolten
1. die Übermittlung von Anträgen und Erklärungen an ein Gericht oder eine Behörde,
2. die Stellung von Anträgen im Namen der Beteiligten bei einem Gericht oder einer Behörde und
3. die Erledigung von Beanstandungen einschließlich des Beschwerdeverfahrens.

(5) Gebühren nach diesem Abschnitt entstehen auch für die Fertigung eines Entwurfs zur beabsichtigten Verwendung für mehrere gleichartige Rechtsgeschäfte oder Erklärungen (Serienentwurf). Absatz 3 gilt entsprechend.

(6) Wenn der Notar demnächst nach Fertigung eines Entwurfs auf der Grundlage dieses Entwurfs ein Beurkundungsverfahren durchführt, wird eine Gebühr nach diesem Abschnitt auf die Gebühr für das Beurkundungsverfahren angerechnet.

(7) Der Notar ist berechtigt, dem Auftraggeber die Gebühren für die Fertigung eines Serienentwurfs bis zu einem Jahr nach Fälligkeit zu stunden.

Nr.	Gebührentatbestand	Gebühr oder Satz der Gebühr nach § 34 GNotKG – Tabelle B
24100	Fertigung eines Entwurfs, wenn die Gebühr für das Beurkundungsverfahren 2,0 betragen würde ..	0,5 bis 2,0 – mindestens 120,00 €
24101	Fertigung eines Entwurfs, wenn die Gebühr für das Beurkundungsverfahren 1,0 betragen würde ..	0,3 bis 1,0 – mindestens 60,00 €
24102	Fertigung eines Entwurfs, wenn die Gebühr für das Beurkundungsverfahren 0,5 betragen würde ..	0,3 bis 0,5 – mindestens 30,00 €
24103	Auf der Grundlage eines von demselben Notar gefertigten Serienentwurfs finden Beurkundungsverfahren statt: Die Gebühren dieses Abschnitts ermäßigen sich jeweils um	die Gebühr für das Beurkundungsverfahren

Nr.	Gebührentatbestand	Gebühr oder Satz der Gebühr nach § 34 GNotKG – **Tabelle B**
	Abschnitt 2. Beratung	
24200	Beratungsgebühr .. (1) Die Gebühr entsteht für eine Beratung, soweit der Beratungsgegenstand nicht Gegenstand eines anderen gebührenpflichtigen Verfahrens oder Geschäfts ist. (2) Soweit derselbe Gegenstand demnächst Gegenstand eines anderen gebührenpflichtigen Verfahrens oder Geschäfts ist, ist die Beratungsgebühr auf die Gebühr für das andere Verfahren oder Geschäft anzurechnen.	0,3 bis 1,0
24201	Der Beratungsgegenstand könnte auch Beurkundungsgegenstand sein und die Beurkundungsgebühr würde 1,0 betragen: Die Gebühr 24200 beträgt ...	0,3 bis 0,5
24202	Der Beratungsgegenstand könnte auch Beurkundungsgegenstand sein und die Beurkundungsgebühr würde weniger als 1,0 betragen: Die Gebühr 24200 beträgt ...	0,3
24203	Beratung bei der Vorbereitung oder Durchführung einer Hauptversammlung oder Gesellschafterversammlung Die Gebühr entsteht, soweit der Notar die Gesellschaft über die im Rahmen eines Beurkundungsverfahrens bestehenden Amtspflichten hinaus berät.	0,5 bis 2,0
	Hauptabschnitt 5. Sonstige Geschäfte	
	Abschnitt 1. Beglaubigungen und sonstige Zeugnisse (§§ 39, 39a BeurkG)	
25100	Beglaubigung einer Unterschrift, eines Handzeichens oder einer qualifizierten elektronischen Signatur ... (1) Die Gebühr entsteht nicht in den in Vorbemerkung 2.4.1 Abs. 2 genannten Fällen. (2) Mit der Gebühr ist die Beglaubigung mehrerer Unterschriften, Handzeichen oder qualifizierter elektronischer Signaturen abgegolten, wenn diese in einem einzigen Vermerk erfolgt.	0,2 – mindestens 20,00 €, höchstens 70,00 €
25101	Die Beglaubigung erfolgt für 1. eine Erklärung, für die nach den Staatsschuldbuchgesetzen eine öffentliche Beglaubigung vorgeschrieben ist, 2. eine Zustimmung gemäß § 27 der Grundbuchordnung sowie einen damit verbundenen Löschungsantrag gemäß § 13 der Grundbuchordnung, 3. den Nachweis der Verwaltereigenschaft gemäß § 26 Abs. 4 WEG: Die Gebühr 25100 beträgt ...	20,00 €
25102	Beglaubigung von Dokumenten .. (1) Neben der Gebühr wird keine Dokumentenpauschale erhoben. (2) Die Gebühr wird nicht erhoben für die Erteilung 1. beglaubigter Kopien oder Ausdrucke der vom Notar aufgenommenen oder entworfenen oder in Urschrift in seiner dauernden Verwahrung befindlichen Urkunden und 2. beglaubigter Kopien vorgelegter Vollmachten und Ausweise über die Berechtigung eines gesetzlichen Vertreters, die der vom Notar gefertigten Niederschrift beizulegen sind (§ 12 BeurkG).	1,00 € für jede angefangene Seite – mindestens 10,00 €

Nr.	Gebührentatbestand	Gebühr oder Satz der Gebühr nach § 34 GNotKG **– Tabelle B**
	(3) Einer Kopie im Sinne des Absatzes 2 steht ein in ein elektronisches Dokument übertragenes Schriftstück gleich, insbesondere wenn dieses einer vom Notar gefertigten elektronischen Niederschrift beigefügt ist (§ 16d des Beurkundungsgesetzes).	
25103	Sicherstellung der Zeit, zu der eine Privaturkunde ausgestellt ist, einschließlich der über die Vorlegung ausgestellten Bescheinigung	20,00 €
25104	Erteilung von Bescheinigungen über Tatsachen oder Verhältnisse, die urkundlich nachgewiesen oder offenkundig sind, einschließlich der Identitätsfeststellung, wenn sie über die §§ 10 und 40 Abs. 4 BeurkG hinaus selbständige Bedeutung hat	1,0
	Die Gebühr entsteht nicht, wenn die Erteilung der Bescheinigung eine Betreuungstätigkeit nach Nummer 22200 darstellt.	
	Abschnitt 2. Andere Bescheinigungen und sonstige Geschäfte	
25200	Erteilung einer Bescheinigung nach § 21 Abs. 1 BNotO	15,00 € für jedes Registerblatt, dessen Einsicht zur Erteilung erforderlich ist
25201	Rangbescheinigung (§ 122 GNotKG) ..	0,3
25202	Herstellung eines Teilhypotheken-, -grundschuld- oder -rentenschuldbriefs ..	0,3
25203	Erteilung einer Bescheinigung über das im Inland oder im Ausland geltende Recht einschließlich von Tatsachen	0,3 bis 1,0
25204	Abgabe einer Erklärung aufgrund einer Vollmacht anstelle einer in öffentlich beglaubigter Form durch die Beteiligten abzugebenden Erklärung ..	in Höhe der für die Fertigung des Entwurfs der Erklärung zu erhebenden Gebühr
	Die Gebühr entsteht nicht, wenn für die Tätigkeit eine Betreuungsgebühr anfällt.	
25205	Tätigkeit als zu einer Beurkundung zugezogener zweiter Notar	in Höhe von 50 % der dem beurkundenden Notar zustehenden Gebühr für das Beurkundungsverfahren
	(1) Daneben wird die Gebühr 26002 oder 26003 nicht erhoben.	
	(2) Der zuziehende Notar teilt dem zugezogenen Notar die Höhe der von ihm zu erhebenden Gebühr für das Beurkundungsverfahren mit.	
25206	Gründungsprüfung gemäß § 33 Abs. 3 des Aktiengesetzes	1,0 – mindestens 1 000,00 €
25207	Erwirkung der Apostille oder der Legalisation einschließlich der Beglaubigung durch den Präsidenten des Landgerichts	25,00 €
25208	Erwirkung der Legalisation, wenn weitere Beglaubigungen notwendig sind:	
	Die Gebühr 25207 beträgt ..	50,00 €
25209	Einsicht in das Grundbuch, in öffentliche Register und Akten einschließlich der Mitteilung des Inhalts an den Beteiligten	15,00 €
	Die Gebühr entsteht nur, wenn die Tätigkeit nicht mit einem gebührenpflichtigen Verfahren oder Geschäft zusammenhängt.	
	Erteilung von Abdrucken aus einem Register oder aus dem Grundbuch auf Antrag oder deren beantragte Ergänzung oder Bestätigung:	
25210	– Abdruck ..	10,00 €
25211	– beglaubigter Abdruck ..	15,00 €

Nr.	Gebührentatbestand	Gebühr oder Satz der Gebühr nach § 34 GNotKG – **Tabelle B**
	Neben den Gebühren 25210 und 25211 wird keine Dokumentenpauschale erhoben.	
	Anstelle eines Abdrucks wird in den Fällen der Nummern 25210 und 25211 die elektronische Übermittlung einer Datei beantragt:	
25212	– unbeglaubigte Datei	5,00 €
25213	– beglaubigte Datei	10,00 €
	Werden zwei elektronische Dateien gleichen Inhalts in unterschiedlichen Dateiformaten gleichzeitig übermittelt, wird die Gebühr 25212 oder 25213 nur einmal erhoben. Sind beide Gebührentatbestände erfüllt, wird die höhere Gebühr erhoben.	
25214	Erteilung einer Bescheinigung nach § 21 Abs. 3 BNotO	15,00 €
	Abschnitt 3. *(vom Abdruck wurde abgesehen)*	
	Hauptabschnitt 6. Zusatzgebühren	
26000	Tätigkeiten, die auf Verlangen der Beteiligten an Sonntagen und allgemeinen Feiertagen, an Sonnabenden vor 8 und nach 13 Uhr sowie an den übrigen Werktagen außerhalb der Zeit von 8 bis 18 Uhr vorgenommen werden	in Höhe von 30 % der für das Verfahren oder das Geschäft zu erhebenden Gebühr – höchstens 30,00 €
	(1) Treffen mehrere der genannten Voraussetzungen zu, so wird die Gebühr nur einmal erhoben.	
	(2) Die Gebühr fällt nur an, wenn bei den einzelnen Geschäften nichts anderes bestimmt ist.	
26001	Abgabe der zu beurkundenden Erklärung eines Beteiligten in einer fremden Sprache ohne Hinzuziehung eines Dolmetschers sowie Beurkundung, Beglaubigung oder Bescheinigung in einer fremden Sprache oder Übersetzung einer Erklärung in eine andere Sprache	in Höhe von 30 % der für das Beurkundungsverfahren, für eine Beglaubigung oder Bescheinigung zu erhebenden Gebühr – höchstens 5 000,00 €
	Mit der Gebühr ist auch die Erteilung einer Bescheinigung gemäß § 50 BeurkG abgegolten.	
26002	Die Tätigkeit wird auf Verlangen eines Beteiligten außerhalb der Geschäftsstelle des Notars vorgenommen:	
	Zusatzgebühr für jede angefangene halbe Stunde der Abwesenheit, wenn nicht die Gebühr 26003 entsteht	50,00 €
	(1) Nimmt der Notar mehrere Geschäfte vor, so entsteht die Gebühr nur einmal. Sie ist auf die einzelnen Geschäfte unter Berücksichtigung der für jedes Geschäft aufgewandten Zeit angemessen zu verteilen.	
	(2) Die Zusatzgebühr wird auch dann erhoben, wenn ein Geschäft aus einem in der Person eines Beteiligten liegenden Grund nicht vorgenommen wird.	
	(3) Neben dieser Gebühr wird kein Tages- und Abwesenheitsgeld (Nummer 32008) erhoben.	
26003	Die Tätigkeit wird auf Verlangen eines Beteiligten außerhalb der Geschäftsstelle des Notars vorgenommen und betrifft ausschließlich	

Nr.	Gebührentatbestand	Gebühr oder Satz der Gebühr nach § 34 GNotKG **– Tabelle B**
	1. die Errichtung, Aufhebung oder Änderung einer Verfügung von Todes wegen, 2. die Errichtung, den Widerruf oder die Änderung einer Vollmacht, die zur Registrierung im Zentralen Vorsorgeregister geeignet ist, 3. die Abgabe einer Erklärung gemäß § 1816 Abs. 2 BGB betreffend die Person eines Betreuers oder 4. eine Willensäußerung eines Beteiligten hinsichtlich seiner medizinischen Behandlung oder deren Abbruch: Zusatzgebühr Die Gebühr entsteht für jeden Auftraggeber nur einmal. Im Übrigen gelten die Absätze 2 und 3 der Anmerkung zu Nummer 26002 entsprechend.	50,00 €

Teil 3. Auslagen

Nr.	Auslagentatbestand	Höhe
Vorbemerkung 3: Sind Auslagen durch verschiedene Rechtssachen veranlasst, werden sie auf die Rechtssachen angemessen verteilt. Dies gilt auch, wenn die Auslagen durch Notar- und Rechtsanwaltsgeschäfte veranlasst sind.		
Hauptabschnitt 1. Auslagen der Gerichte		
Vorbemerkung 3.1: (1) Auslagen, die durch eine für begründet befundene Beschwerde entstanden sind, werden nicht erhoben, soweit das Beschwerdeverfahren gebührenfrei ist; dies gilt jedoch nicht, soweit das Beschwerdegericht die Kosten dem Gegner des Beschwerdeführers auferlegt hat. (2) In Betreuungssachen werden von dem Betroffenen Auslagen nur unter den in Vorbemerkung 1.1 Abs. 1 genannten Voraussetzungen erhoben. Satz 1 gilt nicht für die Auslagen 31015.		
31000	Pauschale für die Herstellung und Überlassung von Dokumenten: 1. Ausfertigungen, Kopien und Ausdrucke bis zur Größe von DIN A 3, die a) auf Antrag angefertigt oder auf Antrag per Telefax übermittelt worden sind oder b) angefertigt worden sind, weil zu den Akten gegebene Urkunden, von denen eine Kopie zurückbehalten werden muss, zurückgefordert werden; in diesem Fall wird die bei den Akten zurückbehaltene Kopie gebührenfrei beglaubigt:	
	für die ersten 50 Seiten je Seite	0,50 €
	für jede weitere Seite	0,15 €
	für die ersten 50 Seiten in Farbe je Seite	1,00 €
	für jede weitere Seite in Farbe	0,30 €
	2. Entgelte für die Herstellung und Überlassung der in Nummer 1 genannten Kopien oder Ausdrucke in einer Größe von mehr als DIN A3	in voller Höhe
	oder pauschal je Seite	3,00 €
	oder pauschal je Seite in Farbe	6,00 €
	3. Überlassung von elektronisch gespeicherten Dateien oder deren Bereitstellung zum Abruf anstelle der in den Nummern 1 und 2 genannten Ausfertigungen, Kopien und Ausdrucke: je Datei	1,50 €

Nr.	Auslagentatbestand	Höhe
	für die in einem Arbeitsgang überlassenen, bereitgestellten oder in einem Arbeitsgang auf denselben Datenträger übertragenen Dokumente insgesamt höchstens	5,00 €
	(1) Die Höhe der Dokumentenpauschale nach Nummer 1 ist in gerichtlichen Verfahren in jedem Rechtszug, bei Dauerbetreuungen und -pflegschaften in jedem Kalenderjahr und für jeden Kostenschuldner nach § 26 Abs. 1 GNotKG gesondert zu berechnen. Gesamtschuldner gelten als ein Schuldner. (2) Werden zum Zweck der Überlassung von elektronisch gespeicherten Dateien Dokumente zuvor auf Antrag von der Papierform in die elektronische Form übertragen, beträgt die Dokumentenpauschale nach Nummer 3 nicht weniger, als die Dokumentenpauschale im Fall der Nummer 1 für eine Schwarz-Weiß-Kopie ohne Rücksicht auf die Größe betragen würde. (3) Frei von der Dokumentenpauschale sind für jeden Beteiligten und seinen bevollmächtigten Vertreter jeweils 1. bei Beurkundungen von Verträgen zwei Ausfertigungen, Kopien oder Ausdrucke, bei sonstigen Beurkundungen eine Ausfertigung, eine Kopie oder ein Ausdruck; 2. eine vollständige Ausfertigung oder Kopie oder ein vollständiger Ausdruck jeder gerichtlichen Entscheidung und jedes vor Gericht abgeschlossenen Vergleichs, 3. eine Ausfertigung ohne Begründung und 4. eine Kopie oder ein Ausdruck jeder Niederschrift über eine Sitzung. (4) § 191a Abs. 1 Satz 5 GVG bleibt unberührt. (5) Bei der Gewährung der Einsicht in Akten wird eine Dokumentenpauschale nur erhoben, wenn auf besonderen Antrag ein Ausdruck einer elektronischen Akte oder ein Datenträger mit dem Inhalt einer elektronischen Akte übermittelt wird.	
31001	Auslagen für Telegramme ...	in voller Höhe
31002	Pauschale für Zustellungen mit Zustellungsurkunde, Einschreiben gegen Rückschein oder durch Justizbedienstete nach § 168 Abs. 1 ZPO je Zustellung ...	3,50 €
	Neben Gebühren, die sich nach dem Geschäftswert richten, wird die Zustellungspauschale nur erhoben, soweit in einem Rechtszug mehr als 10 Zustellungen anfallen.	
31003	Pauschale für die bei der Versendung von Akten auf Antrag anfallenden Auslagen an Transport- und Verpackungskosten je Sendung ...	12,00 €
	Die Hin- und Rücksendung der Akten durch Gerichte gelten zusammen als eine Sendung.	
31004	Auslagen für öffentliche Bekanntmachungen	in voller Höhe
	Auslagen werden nicht erhoben für die Bekanntmachung in einem elektronischen Informations- und Kommunikationssystem, wenn das Entgelt nicht für den Einzelfall oder nicht für ein einzelnes Verfahren berechnet wird.	
31005	Nach dem JVEG zu zahlende Beträge ..	in voller Höhe
	(1) Die Beträge werden auch erhoben, wenn aus Gründen der Gegenseitigkeit, der Verwaltungsvereinfachung oder aus vergleichbaren Gründen keine Zahlungen zu leisten sind. Ist aufgrund des § 1 Abs. 2 Satz 2 JVEG keine Vergütung zu zahlen, ist der Betrag zu erheben, der ohne diese Vorschrift zu zahlen wäre. (2) Nicht erhoben werden Beträge, die an ehrenamtliche Richter (§ 1 Abs. 1 Satz 1 Nr. 2 JVEG), an Übersetzer, die zur Erfüllung der Rechte blinder oder sehbehinderter Personen herangezogen werden (§ 191a Abs. 1 GVG), und an Kommunikationshilfen zur	

Nr.	Auslagentatbestand	Höhe
	Verständigung mit einer hör- oder sprachbehinderten Person (§ 186 GVG) gezahlt werden.	
31006	Bei Geschäften außerhalb der Gerichtsstelle	
	1. die den Gerichtspersonen aufgrund gesetzlicher Vorschriften gewährte Vergütung (Reisekosten, Auslagenersatz) und die Auslagen für die Bereitstellung von Räumen	in voller Höhe
	2. für den Einsatz von Dienstkraftfahrzeugen für jeden gefahrenen Kilometer	0,42 €
31007	An Rechtsanwälte zu zahlende Beträge mit Ausnahme der nach § 59 RVG auf die Staatskasse übergegangenen Ansprüche	in voller Höhe
31008	Auslagen für	
	1. die Beförderung von Personen	in voller Höhe
	2. Zahlungen an mittellose Personen für die Reise zum Ort einer Verhandlung oder Anhörung sowie für die Rückreise	bis zur Höhe der nach dem JVEG an Zeugen zu zahlenden Beträge
31009	An Dritte zu zahlende Beträge für	
	1. die Beförderung von Tieren und Sachen mit Ausnahme der für Postdienstleistungen zu zahlenden Entgelte, die Verwahrung von Tieren und Sachen sowie die Fütterung von Tieren	in voller Höhe
	2. die Durchsuchung oder Untersuchung von Räumen und Sachen einschließlich der die Durchsuchung oder Untersuchung vorbereitenden Maßnahmen	in voller Höhe
31010	Kosten einer Zwangshaft Maßgebend ist die Höhe des Haftkostenbeitrags, der nach Landesrecht von einem Gefangenen zu erheben ist.	in Höhe des Haftkostenbeitrags
31011	Kosten einer Ordnungshaft Maßgebend ist die Höhe des Haftkostenbeitrags, der nach Landesrecht von einem Gefangenen zu erheben ist. Diese Kosten werden nur angesetzt, wenn der Haftkostenbeitrag auch von einem Gefangenen im Strafvollzug zu erheben wäre.	in Höhe des Haftkostenbeitrags
31012	Nach § 12 BGebG, dem 5. Abschnitt des Konsulargesetzes und der Besonderen Gebührenverordnung des Auswärtigen Amts nach § 22 Abs. 4 BGebG zu zahlende Beträge	in voller Höhe
31013	An deutsche Behörden für die Erfüllung von deren eigenen Aufgaben zu zahlende Gebühren sowie diejenigen Beträge, die diesen Behörden, öffentlichen Einrichtungen oder deren Bediensteten als Ersatz für Auslagen der in den Nummern 31000 bis 31012 bezeichneten Art zustehen Die als Ersatz für Auslagen angefallenen Beträge werden auch erhoben, wenn aus Gründen der Gegenseitigkeit, der Verwaltungsvereinfachung oder aus vergleichbaren Gründen keine Zahlungen zu leisten sind.	in voller Höhe, die Auslagen begrenzt durch die Höchstsätze für die Auslagen 31000 bis 31012
31014	Beträge, die ausländischen Behörden, Einrichtungen oder Personen im Ausland zustehen, sowie Kosten des Rechtshilfeverkehrs mit dem Ausland Die Beträge werden auch erhoben, wenn aus Gründen der Gegenseitigkeit, der Verwaltungsvereinfachung oder aus vergleichbaren Gründen keine Zahlungen zu leisten sind.	in voller Höhe
31015	An den Verfahrenspfleger zu zahlende Beträge Die Beträge werden von dem Betroffenen nur nach Maßgabe des § 1880 Abs. 2 BGB erhoben.	in voller Höhe
31016	Pauschale für die Inanspruchnahme von Videokonferenzverbindungen: je Verfahren für jede angefangene halbe Stunde	15,00 €

Nr.	Auslagentatbestand	Höhe
31017	Umsatzsteuer auf die Kosten ...	in voller Höhe
	Dies gilt nicht, wenn die Umsatzsteuer nach § 19 Abs. 1 UStG unerhoben bleibt.	

Hauptabschnitt 2. Auslagen der Notare

Vorbemerkung 3.2:

(1) Mit den Gebühren werden auch die allgemeinen Geschäftskosten entgolten.

(2) Eine Geschäftsreise liegt vor, wenn das Reiseziel außerhalb der Gemeinde liegt, in der sich der Amtssitz oder die Wohnung des Notars befindet.

Nr.	Auslagentatbestand	Höhe
32000	Pauschale für die Herstellung und Überlassung von Ausfertigungen, Kopien und Ausdrucken (Dokumentenpauschale) bis zur Größe von DIN A3, die auf besonderen Antrag angefertigt oder per Telefax übermittelt worden sind:	
	für die ersten 50 Seiten je Seite ...	0,50 €
	für jede weitere Seite ...	0,15 €
	für die ersten 50 Seiten in Farbe je Seite ...	1,00 €
	für jede weitere Seite in Farbe ...	0,30 €
	Dieser Auslagentatbestand gilt nicht für die Fälle der Nummer 32001 Nr. 2 und 3.	
32001	Dokumentenpauschale für Ausfertigungen, Kopien und Ausdrucke bis zur Größe von DIN A3, die 1. ohne besonderen Antrag von eigenen Niederschriften, eigenen Entwürfen und von Urkunden, auf denen der Notar eine Unterschrift beglaubigt hat, angefertigt oder per Telefax übermittelt worden sind; dies gilt nur, wenn die Dokumente nicht beim Notar verbleiben; 2. in einem Beurkundungsverfahren auf besonderen Antrag angefertigt oder per Telefax übermittelt worden sind; dies gilt nur, wenn der Antrag spätestens bei der Aufnahme der Niederschrift gestellt wird; 3. bei einem Auftrag zur Erstellung eines Entwurfs auf besonderen Antrag angefertigt oder per Telefax übermittelt worden sind; dies gilt nur, wenn der Antrag spätestens am Tag vor der Versendung des Entwurfs gestellt wird:	
	je Seite ...	0,15 €
	je Seite in Farbe ...	0,30 €
32002	Dokumentenpauschale für die Überlassung von elektronisch gespeicherten Dateien oder deren Bereitstellung zum Abruf anstelle der in den Nummern 32000 und 32001 genannten Dokumente ohne Rücksicht auf die Größe der Vorlage:	
	je Datei ...	1,50 €
	für die in einem Arbeitsgang überlassenen, bereitgestellten oder in einem Arbeitsgang auf denselben Datenträger übertragenen Dokumente insgesamt höchstens ...	5,00 €
	Werden zum Zweck der Überlassung von elektronisch gespeicherten Dateien Dokumente zuvor auf Antrag von der Papierform in die elektronische Form übertragen, beträgt die Dokumentenpauschale nicht weniger, als die Dokumentenpauschale im Fall der Nummer 32000 für eine Schwarz-Weiß-Kopie betragen würde.	
32003	Entgelte für die Herstellung von Kopien oder Ausdrucken der in den Nummern 32000 und 32001 genannten Art in einer Größe von mehr als DIN A3 ...	in voller Höhe
	oder pauschal je Seite ...	3,00 €
	oder pauschal je Seite in Farbe ...	6,00 €
32004	Entgelte für Post- und Telekommunikationsdienstleistungen ...	in voller Höhe

Nr.	Auslagentatbestand	Höhe
	(1) Für die durch die Geltendmachung der Kosten entstehenden Entgelte kann kein Ersatz verlangt werden. (2) Für Zustellungen mit Zustellungsurkunde und für Einschreiben gegen Rückschein ist der in Nummer 31002 bestimmte Betrag anzusetzen.	
32005	Pauschale für Entgelte für Post- und Telekommunikationsdienstleistungen	20 % der Gebühren – höchstens 20,00 €
	Die Pauschale kann in jedem notariellen Verfahren und bei sonstigen notariellen Geschäften anstelle der tatsächlichen Auslagen nach Nummer 32004 gefordert werden. Ein notarielles Geschäft und der sich hieran anschließende Vollzug sowie sich hieran anschließende Betreuungstätigkeiten gelten insoweit zusammen als ein Geschäft.	
32006	Fahrtkosten für eine Geschäftsreise bei Benutzung eines eigenen Kraftfahrzeugs für jeden gefahrenen Kilometer	0,42 €
	Mit den Fahrtkosten sind die Anschaffungs-, Unterhaltungs- und Betriebskosten sowie die Abnutzung des Kraftfahrzeugs abgegolten.	
32007	Fahrtkosten für eine Geschäftsreise bei Benutzung eines anderen Verkehrsmittels, soweit sie angemessen sind	in voller Höhe
32008	Tage- und Abwesenheitsgeld bei einer Geschäftsreise	
	1. von nicht mehr als 4 Stunden	30,00 €
	2. von mehr als 4 bis 8 Stunden	50,00 €
	3. von mehr als 8 Stunden	80,00 €
	Das Tage- und Abwesenheitsgeld wird nicht neben der Gebühr 26002 oder 26003 erhoben.	
32009	Sonstige Auslagen anlässlich einer Geschäftsreise, soweit sie angemessen sind	in voller Höhe
32010	An Dolmetscher, Übersetzer und Urkundszeugen zu zahlende Vergütungen sowie Kosten eines zugezogenen zweiten Notars	in voller Höhe
32011	Nach dem JVKostG für den Abruf von Daten im automatisierten Abrufverfahren zu zahlende Beträge	in voller Höhe
32012	Im Einzelfall gezahlte Prämie für eine Haftpflichtversicherung für Vermögensschäden, wenn die Versicherung auf schriftliches Verlangen eines Beteiligten abgeschlossen wird	in voller Höhe
32013	Im Einzelfall gezahlte Prämie für eine Haftpflichtversicherung für Vermögensschäden, soweit die Prämie auf Haftungsbeträge von mehr als 60 Mio. € entfällt und wenn nicht Nummer 32012 erfüllt ist	in voller Höhe
	Soweit sich aus der Rechnung des Versicherers nichts anderes ergibt, ist von der Gesamtprämie der Betrag zu erstatten, der sich aus dem Verhältnis der 60 Mio. € übersteigenden Versicherungssumme zu der Gesamtversicherungssumme ergibt.	
32014	Umsatzsteuer auf die Kosten	in voller Höhe
	Dies gilt nicht, wenn die Umsatzsteuer nach § 19 Abs. 1 UStG unerhoben bleibt.	
32015	Sonstige Aufwendungen	in voller Höhe
	Sonstige Aufwendungen sind solche, die der Notar aufgrund eines ausdrücklichen Auftrags und für Rechnung eines Beteiligten erbringt. Solche Aufwendungen sind insbesondere verauslagte Gerichtskosten und Gebühren in Angelegenheiten des Zentralen Vorsorge- oder Testamentsregisters sowie des Elektronischen Urkundenarchivs.	
32016	Pauschale für die Inanspruchnahme des Videokommunikationssystems der Bundesnotarkammer (§ 78p BNotO):	

Nr.	Auslagentatbestand	Höhe
	1. für die Beglaubigung einer qualifizierten elektronischen Signatur	8,00 €
	2. für das Beurkundungsverfahren	25,00 €
	Erfolgt die Beglaubigung mehrerer qualifizierter elektronischer Signaturen in einem einzigen Vermerk, entsteht die Pauschale nur einmal.	

Anlage 2
(zu § 34 Absatz 3)

[Gebührentabellen für Geschäftswerte bis 3 000 000 Euro]

Geschäftswert bis … €	Gebühr **Tabelle A** … €	Gebühr **Tabelle B** … €
500	38,00	15,00
1 000	58,00	19,00
1 500	78,00	23,00
2 000	98,00	27,00
3 000	119,00	33,00
4 000	140,00	39,00
5 000	161,00	45,00
6 000	182,00	51,00
7 000	203,00	57,00
8 000	224,00	63,00
9 000	245,00	69,00
10 000	266,00	75,00
13 000	295,00	83,00
16 000	324,00	91,00
19 000	353,00	99,00
22 000	382,00	107,00
25 000	411,00	115,00
30 000	449,00	125,00
35 000	487,00	135,00
40 000	525,00	145,00
45 000	563,00	155,00
50 000	601,00	165,00
65 000	733,00	192,00
80 000	865,00	219,00
95 000	997,00	246,00
110 000	1 129,00	273,00
125 000	1 261,00	300,00
140 000	1 393,00	327,00
155 000	1 525,00	354,00
170 000	1 657,00	381,00
185 000	1 789,00	408,00
200 000	1 921,00	435,00
230 000	2 119,00	485,00
260 000	2 317,00	535,00
290 000	2 515,00	585,00
320 000	2 713,00	635,00
350 000	2 911,00	685,00
380 000	3 109,00	735,00
410 000	3 307,00	785,00
440 000	3 505,00	835,00
470 000	3 703,00	885,00
500 000	3 901,00	935,00
550 000	4 099,00	1 015,00
600 000	4 297,00	1 095,00
650 000	4 495,00	1 175,00
700 000	4 693,00	1 255,00

Geschäftswert bis … €	Gebühr **Tabelle A** … €	Gebühr **Tabelle B** … €
750 000	4 891,00	1 335,00
800 000	5 089,00	1 415,00
850 000	5 287,00	1 495,00
900 000	5 485,00	1 575,00
950 000	5 683,00	1 655,00
1 000 000	5 881,00	1 735,00
1 050 000	6 079,00	1 815,00
1 100 000	6 277,00	1 895,00
1 150 000	6 475,00	1 975,00
1 200 000	6 673,00	2 055,00
1 250 000	6 871,00	2 135,00
1 300 000	7 069,00	2 215,00
1 350 000	7 267,00	2 295,00
1 400 000	7 465,00	2 375,00
1 450 000	7 663,00	2 455,00
1 500 000	7 861,00	2 535,00
1 550 000	8 059,00	2 615,00
1 600 000	8 257,00	2 695,00
1 650 000	8 455,00	2 775,00
1 700 000	8 653,00	2 855,00
1 750 000	8 851,00	2 935,00
1 800 000	9 049,00	3 015,00
1 850 000	9 247,00	3 095,00
1 900 000	9 445,00	3 175,00
1 950 000	9 643,00	3 255,00
2 000 000	9 841,00	3 335,00
2 050 000	10 039,00	3 415,00
2 100 000	10 237,00	3 495,00
2 150 000	10 435,00	3 575,00
2 200 000	10 633,00	3 655,00
2 250 000	10 831,00	3 735,00
2 300 000	11 029,00	3 815,00
2 350 000	11 227,00	3 895,00
2 400 000	11 425,00	3 975,00
2 450 000	11 623,00	4 055,00
2 500 000	11 821,00	4 135,00
2 550 000	12 019,00	4 215,00
2 600 000	12 217,00	4 295,00
2 650 000	12 415,00	4 375,00
2 700 000	12 613,00	4 455,00
2 750 000	12 811,00	4 535,00
2 800 000	13 009,00	4 615,00
2 850 000	13 207,00	4 695,00
2 900 000	13 405,00	4 775,00
2 950 000	13 603,00	4 855,00
3 000 000	13 801,00	4 935,00

15. Rechtspflegergesetz (RPflG)

In der Fassung der Bekanntmachung vom 14. April 2013[1)]
(BGBl. I S. 778, ber. 2014 I S. 46)

FNA 302-2

zuletzt geänd. durch Art. 20 G zur Umsetzung der UmwandlungsRL und zur Änd. weiterer Gesetze v. 22.2.2023 (BGBl. I Nr. 51)

– Auszug –

Erster Abschnitt. Aufgaben und Stellung des Rechtspflegers

§ 1 Allgemeine Stellung des Rechtspflegers. Der Rechtspfleger nimmt die ihm durch dieses Gesetz übertragenen Aufgaben der Rechtspflege wahr.

§ 2 Voraussetzungen für die Tätigkeit als Rechtspfleger. (1) [1]Mit den Aufgaben eines Rechtspflegers kann ein Beamter des Justizdienstes betraut werden, der einen Vorbereitungsdienst von drei Jahren abgeleistet und die Rechtspflegerprüfung bestanden hat. [2]Der Vorbereitungsdienst vermittelt in einem Studiengang einer Fachhochschule oder in einem gleichstehenden Studiengang dem Beamten die wissenschaftlichen Erkenntnisse und Methoden sowie die berufspraktischen Fähigkeiten und Kenntnisse, die zur Erfüllung der Aufgaben eines Rechtspflegers erforderlich sind. [3]Der Vorbereitungsdienst besteht aus Fachstudien von mindestens achtzehnmonatiger Dauer und berufspraktischen Studienzeiten. [4]Die berufspraktischen Studienzeiten umfassen die Ausbildung in den Schwerpunktbereichen der Aufgaben eines Rechtspflegers; die praktische Ausbildung darf die Dauer von einem Jahr nicht unterschreiten.

(2) [1]Zum Vorbereitungsdienst kann zugelassen werden, wer eine zu einem Hochschulstudium berechtigende Schulbildung besitzt oder einen als gleichwertig anerkannten Bildungsstand nachweist. [2]Beamte des mittleren Justizdienstes können zur Rechtspflegerausbildung zugelassen werden, wenn sie nach der Laufbahnprüfung mindestens drei Jahre im mittleren Justizdienst tätig waren und nach ihrer Persönlichkeit sowie ihren bisherigen Leistungen für den Dienst als Rechtspfleger geeignet erscheinen. [3]Die Länder können bestimmen, dass die Zeit der Tätigkeit im mittleren Justizdienst bis zu einer Dauer von sechs Monaten auf die berufspraktischen Studienzeiten angerechnet werden kann.

(3) Mit den Aufgaben eines Rechtspflegers kann auf seinen Antrag auch betraut werden, wer die Befähigung zum Richteramt besitzt.

(4) [1]Auf den Vorbereitungsdienst können ein erfolgreich abgeschlossenes Studium der Rechtswissenschaften bis zur Dauer von zwölf Monaten und ein Vorbereitungsdienst nach § 5b des Deutschen Richtergesetzes bis zur Dauer von sechs Monaten angerechnet werden. [2]Auf Teilnehmer einer Ausbildung nach § 5b des Deutschen Richtergesetzes in der Fassung des Gesetzes vom 10. September 1971 (BGBl. I S. 1557) ist Satz 1 entsprechend anzuwenden.

(5) Referendare können mit der zeitweiligen Wahrnehmung der Geschäfte eines Rechtspflegers beauftragt werden.

1) Neubekanntmachung des RPflG v. 5.11.1969 (BGBl. I S. 2065) in der ab 1.1.2013 geltenden Fassung.

(6) Die Länder erlassen die näheren Vorschriften.

(7) Das Berufsqualifikationsfeststellungsgesetz ist nicht anzuwenden.

§ 3 Übertragene Geschäfte. Dem Rechtspfleger werden folgende Geschäfte übertragen:

1. in vollem Umfange die nach den gesetzlichen Vorschriften vom Richter wahrzunehmenden Geschäfte des Amtsgerichts in
 a) Vereinssachen nach den §§ 29, 37, 55 bis 79 des Bürgerlichen Gesetzbuchs[1] sowie nach Buch 5 des Gesetzes über das Verfahren in Familiensachen und in den Angelegenheiten der freiwilligen Gerichtsbarkeit,
 b) den weiteren Angelegenheiten der freiwilligen Gerichtsbarkeit nach § 410 des Gesetzes über das Verfahren in Familiensachen und in den Angelegenheiten der freiwilligen Gerichtsbarkeit sowie den Verfahren nach § 84 Absatz 2, § 189 des Versicherungsvertragsgesetzes,
 c) Aufgebotsverfahren nach Buch 8 des Gesetzes über das Verfahren in Familiensachen und in den Angelegenheiten der freiwilligen Gerichtsbarkeit,
 d) Pachtkreditsachen im Sinne des Pachtkreditgesetzes,
 e) *(aufgehoben)*
 f) Urkundssachen einschließlich der Entgegennahme der Erklärung,
 g) Verschollenheitssachen,
 h) Grundbuchsachen, Schiffsregister- und Schiffsbauregistersachen sowie Sachen des Registers für Pfandrechte an Luftfahrzeugen,
 i) Verfahren nach dem Gesetz über die Zwangsversteigerung und die Zwangsverwaltung[2],
 k) Verteilungsverfahren, die außerhalb der Zwangsvollstreckung nach den Vorschriften der Zivilprozessordnung[3] über das Verteilungsverfahren durchzuführen sind,
 l) Verteilungsverfahren, die außerhalb der Zwangsversteigerung nach den für die Verteilung des Erlöses im Falle der Zwangsversteigerung geltenden Vorschriften durchzuführen sind,
 m) Verteilungsverfahren nach § 75 Absatz 2 des Flurbereinigungsgesetzes[4], § 54 Absatz 3 des Landbeschaffungsgesetzes, § 119 Absatz 3 des Baugesetzbuchs[5] und § 94 Absatz 4 des Bundesberggesetzes***[bis 31.12.2023: ;][ab 1.1.2024: ,]***

 [Buchst. n ab 1.1.2024:]

 n) Gesellschafts-, Genossenschafts- und Partnerschaftsregistersachen nach § 374 des Gesetzes über das Verfahren in Familiensachen und in den Angelegenheiten der freiwilligen Gerichtsbarkeit;
2. vorbehaltlich der in den §§ 14 bis 19b dieses Gesetzes aufgeführten Ausnahmen die nach den gesetzlichen Vorschriften vom Richter wahrzunehmenden Geschäfte des Amtsgerichts in

[1] **dtv 5001 BGB Nr. 1.**
[2] Auszugsweise abgedruckt unter Nr. **13**.
[3] Auszugsweise abgedruckt unter Nr. **12**.
[4] Nr. **8**.
[5] Nr. **6**.

a) Kindschaftssachen und Adoptionssachen sowie entsprechenden Lebenspartnerschaftssachen nach den §§ 151, 186 und 269 des Gesetzes über das Verfahren in Familiensachen und in den Angelegenheiten der freiwilligen Gerichtsbarkeit,
b) Betreuungssachen sowie betreuungsgerichtlichen Zuweisungssachen nach den §§ 271 und 340 des Gesetzes über das Verfahren in Familiensachen und in den Angelegenheiten der freiwilligen Gerichtsbarkeit,
c) Nachlass- und Teilungssachen nach § 342 Absatz 1 und 2 Nummer 2 des Gesetzes über das Verfahren in Familiensachen und in den Angelegenheiten der freiwilligen Gerichtsbarkeit,
d) ***[bis 31.12.2023:*** Handels-, Genossenschafts- und Partnerschaftsregistersachen***][ab 1.1.2024:*** *Handelsregistersachen****]*** sowie unternehmensrechtlichen Verfahren nach den §§ 374 und 375 des Gesetzes über das Verfahren in Familiensachen und in den Angelegenheiten der freiwilligen Gerichtsbarkeit,
e) Verfahren nach der Insolvenzordnung,
f) (weggefallen)
g) Verfahren nach der Verordnung (EG) Nr. 1346/2000 des Rates vom 29. Mai 2000 über Insolvenzverfahren (ABl. L 160 vom 30.6.2000, S. 1; L 350 vom 6.12.2014, S. 15), die zuletzt durch die Durchführungsverordnung (EU) 2016/1792 (ABl. L 274 vom 11.10.2016, S. 35) geändert worden ist, Verfahren nach der Verordnung (EU) 2015/848 des Europäischen Parlaments und des Rates vom 20. Mai 2015 über Insolvenzverfahren (ABl. L 141 vom 5.6.2015, S. 19; L 349 vom 21.12.2016, S. 6), die zuletzt durch die Verordnung (EU) 2017/353 (ABl. L 57 vom 3.3.2017, S. 19) geändert worden ist, Verfahren nach den Artikeln 102 und 102c des Einführungsgesetzes zur Insolvenzordnung sowie Verfahren nach dem Ausführungsgesetz zum deutsch-österreichischen Konkursvertrag vom 8. März 1985 (BGBl. I S. 535),
h) Verfahren nach der Schifffahrtsrechtlichen Verteilungsordnung,
i) Verfahren nach § 33 des Internationalen Erbrechtsverfahrensgesetzes vom 29. Juni 2015 (BGBl. I S. 1042) über die Ausstellung, Berichtigung, Änderung oder den Widerruf eines Europäischen Nachlasszeugnisses, über die Erteilung einer beglaubigten Abschrift eines Europäischen Nachlasszeugnisses oder die Verlängerung der Gültigkeitsfrist einer beglaubigten Abschrift sowie über die Aussetzung der Wirkungen eines Europäischen Nachlasszeugnisses;

3. die in den §§ 20 bis 24a, 25 und 25a dieses Gesetzes einzeln aufgeführten Geschäfte
a) in Verfahren nach der Zivilprozessordnung[1)],
b) in Festsetzungsverfahren,
c) des Gerichts in Straf- und Bußgeldverfahren,
d) in Verfahren vor dem Bundespatentgericht,
e) auf dem Gebiet der Aufnahme von Erklärungen,
f) auf dem Gebiet der Beratungshilfe,
g) auf dem Gebiet der Familiensachen,

[1)] Auszugsweise abgedruckt unter Nr. **12**.

h) in Verfahren über die Verfahrenskostenhilfe nach dem Gesetz über das Verfahren in Familiensachen und in den Angelegenheiten der freiwilligen Gerichtsbarkeit;

4. die in den §§ 29 und 31 dieses Gesetzes einzeln aufgeführten Geschäfte
 a) im internationalen Rechtsverkehr,
 b) (weggefallen)
 c) der Staatsanwaltschaft im Strafverfahren und der Vollstreckung in Straf- und Bußgeldsachen sowie von Ordnungs- und Zwangsmitteln.

§ 4 Umfang der Übertragung. (1) Der Rechtspfleger trifft alle Maßnahmen, die zur Erledigung der ihm übertragenen Geschäfte erforderlich sind.

(2) Der Rechtspfleger ist nicht befugt,

1. eine Beeidigung anzuordnen oder einen Eid abzunehmen,
2. Freiheitsentziehungen anzudrohen oder anzuordnen, sofern es sich nicht um Maßnahmen zur Vollstreckung
 a) einer Freiheitsstrafe nach § 457 der Strafprozessordnung oder einer Ordnungshaft nach § 890 der Zivilprozessordnung[1)],
 b) einer Maßregel der Besserung und Sicherung nach § 463 der Strafprozessordnung oder
 c) der Erzwingungshaft nach § 97 des Gesetzes über Ordnungswidrigkeiten

handelt.

(3) Hält der Rechtspfleger Maßnahmen für geboten, zu denen er nach Absatz 2 Nummer 1 und 2 nicht befugt ist, so legt er deswegen die Sache dem Richter zur Entscheidung vor.

§ 5 Vorlage an den Richter. (1) Der Rechtspfleger hat ihm übertragene Geschäfte dem Richter vorzulegen, wenn

1. sich bei der Bearbeitung der Sache ergibt, dass eine Entscheidung des Bundesverfassungsgerichts oder eines für Verfassungsstreitigkeiten zuständigen Gerichts eines Landes nach Artikel 100 des Grundgesetzes einzuholen ist;
2. zwischen dem übertragenen Geschäft und einem vom Richter wahrzunehmenden Geschäft ein so enger Zusammenhang besteht, dass eine getrennte Behandlung nicht sachdienlich ist.

(2) Der Rechtspfleger kann ihm übertragene Geschäfte dem Richter vorlegen, wenn die Anwendung ausländischen Rechts in Betracht kommt.

(3) [1]Die vorgelegten Sachen bearbeitet der Richter, solange er es für erforderlich hält. [2]Er kann die Sachen dem Rechtspfleger zurückgeben. [3]Gibt der Richter eine Sache an den Rechtspfleger zurück, so ist dieser an eine von dem Richter mitgeteilte Rechtsauffassung gebunden.

§ 6 Bearbeitung übertragener Sachen durch den Richter. Steht ein übertragenes Geschäft mit einem vom Richter wahrzunehmenden Geschäft in einem so engen Zusammenhang, dass eine getrennte Bearbeitung nicht sachdienlich wäre, so soll der Richter die gesamte Angelegenheit bearbeiten.

[1)] **dtv 5005 ZPO Nr. 1.**

§ 7 Bestimmung des zuständigen Organs der Rechtspflege. [1]Bei Streit oder Ungewissheit darüber, ob ein Geschäft von dem Richter oder dem Rechtspfleger zu bearbeiten ist, entscheidet der Richter über die Zuständigkeit durch Beschluss. [2]Der Beschluss ist unanfechtbar.

§ 8 Gültigkeit von Geschäften. (1) Hat der Richter ein Geschäft wahrgenommen, das dem Rechtspfleger übertragen ist, so wird die Wirksamkeit des Geschäfts hierdurch nicht berührt.

(2) Hat der Rechtspfleger ein Geschäft wahrgenommen, das ihm der Richter nach diesem Gesetz übertragen kann, so ist das Geschäft nicht deshalb unwirksam, weil die Übertragung unterblieben ist oder die Voraussetzungen für die Übertragung im Einzelfalle nicht gegeben waren.

(3) Ein Geschäft ist nicht deshalb unwirksam, weil es der Rechtspfleger entgegen § 5 Absatz 1 dem Richter nicht vorgelegt hat.

(4) [1]Hat der Rechtspfleger ein Geschäft des Richters wahrgenommen, das ihm nach diesem Gesetz weder übertragen ist noch übertragen werden kann, so ist das Geschäft unwirksam. [2]Das gilt nicht, wenn das Geschäft dem Rechtspfleger durch eine Entscheidung nach § 7 zugewiesen worden war.

(5) Hat der Rechtspfleger ein Geschäft des Urkundsbeamten der Geschäftsstelle wahrgenommen, so wird die Wirksamkeit des Geschäfts hierdurch nicht berührt.

§ 9 Weisungsfreiheit des Rechtspflegers. Der Rechtspfleger ist sachlich unabhängig und nur an Recht und Gesetz gebunden.

§ 10 Ausschließung und Ablehnung des Rechtspflegers. [1]Für die Ausschließung und Ablehnung des Rechtspflegers sind die für den Richter geltenden Vorschriften entsprechend anzuwenden. [2]Über die Ablehnung des Rechtspflegers entscheidet der Richter.

§ 11 Rechtsbehelfe. (1) Gegen die Entscheidungen des Rechtspflegers ist das Rechtsmittel gegeben, das nach den allgemeinen verfahrensrechtlichen Vorschriften zulässig ist.

(2) [1]Kann gegen die Entscheidung nach den allgemeinen verfahrensrechtlichen Vorschriften ein Rechtsmittel nicht eingelegt werden, so findet die Erinnerung statt, die innerhalb einer Frist von zwei Wochen einzulegen ist. [2]Hat der Erinnerungsführer die Frist ohne sein Verschulden nicht eingehalten, ist ihm auf Antrag Wiedereinsetzung in den vorigen Stand zu gewähren, wenn er die Erinnerung binnen zwei Wochen nach der Beseitigung des Hindernisses einlegt und die Tatsachen, welche die Wiedereinsetzung begründen, glaubhaft macht. [3]Ein Fehlen des Verschuldens wird vermutet, wenn eine Rechtsbehelfsbelehrung unterblieben oder fehlerhaft ist. [4]Die Wiedereinsetzung kann nach Ablauf eines Jahres, von dem Ende der versäumten Frist an gerechnet, nicht mehr beantragt werden. [5]Der Rechtspfleger kann der Erinnerung abhelfen. [6]Erinnerungen, denen er nicht abhilft, legt er dem Richter zur Entscheidung vor. [7]Auf die Erinnerung sind im Übrigen die Vorschriften der Zivilprozessordnung[1)] über die sofortige Beschwerde sinngemäß anzuwenden.

[1)] Auszugsweise abgedruckt unter Nr. **12**.

(3) [1]Gerichtliche Verfügungen, Beschlüsse oder Zeugnisse, die nach den Vorschriften der Grundbuchordnung[1)], der Schiffsregisterordnung oder des Gesetzes über das Verfahren in Familiensachen und in den Angelegenheiten der freiwilligen Gerichtsbarkeit wirksam geworden sind und nicht mehr geändert werden können, sind mit der Erinnerung nicht anfechtbar. [2]Die Erinnerung ist ferner in den Fällen der §§ 694, 700 der Zivilprozessordnung[2)] und gegen die Entscheidungen über die Gewährung eines Stimmrechts (§ 77 der Insolvenzordnung) ausgeschlossen.

(4) [1]Das Erinnerungsverfahren ist gerichtsgebührenfrei.

§ 12 Bezeichnung des Rechtspflegers. Im Schriftverkehr und bei der Aufnahme von Urkunden in übertragenen Angelegenheiten hat der Rechtspfleger seiner Unterschrift das Wort „Rechtspfleger" beizufügen.

§ 13 Ausschluss des Anwaltszwangs. § 78 Absatz 1 der Zivilprozessordnung[2)] und § 114 Absatz 1 des Gesetzes über das Verfahren in Familiensachen und in den Angelegenheiten der freiwilligen Gerichtsbarkeit sind auf Verfahren vor dem Rechtspfleger nicht anzuwenden.

Zweiter und Dritter Abschnitt

§§ 14–25a *(vom Abdruck wurde abgesehen)*

Vierter Abschnitt. Sonstige Vorschriften auf dem Gebiet der Gerichtsverfassung

§ 26 Verhältnis des Rechtspflegers zum Urkundsbeamten der Geschäftsstelle. Die Zuständigkeit des Urkundsbeamten der Geschäftsstelle nach Maßgabe der gesetzlichen Vorschriften bleibt unberührt, soweit sich nicht aus § 20 Absatz 1 Nummer 12 (zu den §§ 726 ff. der Zivilprozessordnung[2)]), aus § 21 Nummer 1 (Festsetzungsverfahren) und aus § 24 (Aufnahme von Erklärungen) etwas anderes ergibt.

§ 27 Pflicht zur Wahrnehmung sonstiger Dienstgeschäfte. (1) Durch die Beschäftigung eines Beamten als Rechtspfleger wird seine Pflicht, andere Dienstgeschäfte einschließlich der Geschäfte des Urkundsbeamten der Geschäftsstelle wahrzunehmen, nicht berührt.

(2) Die Vorschriften dieses Gesetzes sind auf die sonstigen Dienstgeschäfte eines mit den Aufgaben des Rechtspflegers betrauten Beamten nicht anzuwenden.

§ 28 Zuständiger Richter. Soweit mit Angelegenheiten, die dem Rechtspfleger zur selbständigen Wahrnehmung übertragen sind, nach diesem Gesetz der Richter befasst wird, ist hierfür das nach den allgemeinen Verfahrensvorschriften zu bestimmende Gericht in der für die jeweilige Amtshandlung vorgeschriebenen Besetzung zuständig.

[1)] Nr. 11.
[2)] dtv 5005 ZPO Nr. 1.

Fünfter Abschnitt. Dem Rechtspfleger übertragene Geschäfte in anderen Bereichen

§§ 29–32 *(vom Abdruck wurde abgesehen)*

Sechster Abschnitt. Schlussvorschriften

§ 33 Regelung für die Übergangszeit; Befähigung zum Amt des Bezirksnotars. (1) Justizbeamte, die die Voraussetzungen des § 2 nicht erfüllen, können mit den Aufgaben eines Rechtspflegers betraut werden, wenn sie vor dem 1. September 1976 nach den jeweils geltenden Vorschriften die Prüfung für den gehobenen Justizdienst bestanden haben oder, soweit sie eine Prüfung nicht abgelegt haben, vor dem 1. Juli 1970 nicht nur zeitweilig als Rechtspfleger tätig waren.

(2) Mit den Aufgaben eines Rechtspflegers kann auch ein Beamter des Justizdienstes betraut werden, der im Lande Baden-Württemberg die Befähigung zum Amt des Bezirksnotars erworben hat.

(3) [1] Nimmt ein Beamter des Justizdienstes nach Absatz 2 Aufgaben nach § 3 Nummer 2 Buchstabe b, c oder i wahr, gelten weder § 15 Absatz 1 Nummer 1 bis 3 noch § 16. [2] Dem Richter bleiben vorbehalten:

1. die Anordnung einer Vorführung nach § 278 Absatz 5 des Gesetzes über das Verfahren in Familiensachen und in den Angelegenheiten der freiwilligen Gerichtsbarkeit,
2. die Anordnung, Erweiterung oder Aufhebung eines Einwilligungsvorbehalts und
3. der Erlass einer Maßregel in Bezug auf eine Untersuchung des Gesundheitszustandes, auf eine Heilbehandlung oder einen ärztlichen Eingriff nach § 1867 auch in Verbindung mit § 1888 Absatz 1 des Bürgerlichen Gesetzbuchs[1)].

§ 33a Übergangsregelung für die Jugendstrafvollstreckung. Bis zum Inkrafttreten der auf Grund der Ermächtigung nach § 31 Absatz 5 zu erlassenden Rechtsverordnung gelten die Bestimmungen über die Entlastung des Jugendrichters in Strafvollstreckungsgeschäften weiter.

§ 34 Wahrnehmung von Rechtspflegeraufgaben durch Bereichsrechtspfleger. (1) Mit Ablauf des 31. Dezember 1996 ist die Maßgabe zu diesem Gesetz in Anlage I Kapitel III Sachgebiet A Abschnitt III Nummer 3 des Einigungsvertrages vom 31. August 1990 (BGBl. 1990 II S. 889) nicht mehr anzuwenden.

(2) Beschäftigte, die nach dieser Maßgabe mit Rechtspflegeraufgaben betraut worden sind (Bereichsrechtspfleger), dürfen die Aufgaben eines Rechtspflegers auf den ihnen übertragenen Sachgebieten auch nach Ablauf der in Absatz 1 genannten Frist wahrnehmen.

(3) [1] Bereichsrechtspfleger können auch nach dem 31. Dezember 1996 auf weiteren Sachgebieten mit Rechtspflegeraufgaben betraut werden, wenn sie auf

[1)] **dtv 5001 BGB Nr. 1.**

Grund von Fortbildungsmaßnahmen zur Erledigung von Aufgaben auf diesen Sachgebieten geeignet sind. [2]Dies gilt entsprechend für Beschäftigte, die bis zu diesem Zeitpunkt nur an Fortbildungsmaßnahmen für die Aufgaben der Justizverwaltung, die von Beamten des gehobenen Dienstes wahrgenommen werden, erfolgreich teilgenommen haben.

§ 34a Ausbildung von Bereichsrechtspflegern zu Rechtspflegern.

(1) [1]Bereichsrechtspfleger, die an für sie bestimmten Lehrgängen einer Fachhochschule teilgenommen und diese Ausbildung mit einer Prüfung erfolgreich abgeschlossen haben, erwerben die Stellung eines Rechtspflegers und dürfen mit allen Rechtspflegeraufgaben betraut werden. [2]Die Lehrgänge dauern insgesamt achtzehn Monate und vermitteln den Teilnehmern die wissenschaftlichen Erkenntnisse und Methoden sowie die berufspraktischen Fähigkeiten und Kenntnisse, die zur Erfüllung der Aufgaben eines Rechtspflegers erforderlich sind.

(2) [1]Erfolgreich abgeschlossene Aus- und Fortbildungslehrgänge, an denen ein Bereichsrechtspfleger seit dem 3. Oktober 1990 teilgenommen hat, können auf die für die betreffenden Sachgebiete bestimmten Lehrgänge nach Absatz 1 angerechnet werden. [2]Auf diesen Sachgebieten kann eine Prüfung nach Absatz 1 entfallen.

(3) Die Länder können vorsehen, dass die Prüfung nach Absatz 1 jeweils für die einzelnen Sachgebiete am Ende der Lehrgänge abgelegt wird.

(4) Das Nähere regelt das Landesrecht.

§ 35 *(aufgehoben)*

§ 35a Ratschreiber und Beschlussfertiger in Baden-Württemberg.

(1) [1]Ratschreiber mit Befähigung zum gehobenen Verwaltungs- oder Justizdienst, die bis 31. Dezember 2017 das Amt im Sinne des § 32 des Landesgesetzes über die freiwillige Gerichtsbarkeit mindestens drei Jahre nicht nur zeitweilig ausgeübt haben, dürfen als Beamte im Landesdienst die Aufgaben eines Rechtspflegers in Grundbuchsachen wahrnehmen. [2]Das Land stellt die fachliche Qualifikation durch geeignete Fortbildungsmaßnahmen sicher.

(2) [1]Beamte des mittleren Dienstes, die seit mindestens fünf Jahren im Justizdienst beschäftigt sind und die vor dem 1. Januar 2018 überwiegend als Beschlussfertiger in Grundbuchämtern tätig waren, dürfen als Beamte im Landesdienst die Aufgaben eines Rechtspflegers in Grundbuchsachen wahrnehmen. [2]Vor Wahrnehmung der Rechtspflegeraufgaben haben diese Beamten an für sie bestimmten Lehrgängen einer Fachhochschule erfolgreich teilzunehmen, die insgesamt mindestens acht Monate dauern und die wissenschaftlichen Erkenntnisse und Methoden sowie die berufspraktischen Fähigkeiten und Kenntnisse, die zur Erfüllung der Aufgaben eines Rechtspflegers in Grundbuchsachen erforderlich sind, vermitteln.

(3) Das Nähere regelt das Landesrecht.

§ 36 *(aufgehoben)*

§ 36a Vorbehalt für die Freie und Hansestadt Hamburg. In der Freien und Hansestadt Hamburg gilt § 24 Absatz 2 mit der Maßgabe, dass der Rechtspfleger die dort bezeichneten Anträge und Erklärungen nur dann aufnehmen

soll, wenn dies wegen des Zusammenhangs mit einem von ihm wahrzunehmenden Geschäft, wegen rechtlicher Schwierigkeiten oder aus sonstigen Gründen geboten ist.

§ 36b Übertragung von Rechtspflegeraufgaben auf den Urkundsbeamten der Geschäftsstelle. (1) [1] Die Landesregierungen werden ermächtigt, durch Rechtsverordnung folgende nach diesem Gesetz vom Rechtspfleger wahrzunehmende Geschäfte ganz oder teilweise dem Urkundsbeamten der Geschäftsstelle zu übertragen:

1. die Geschäfte bei der Annahme von Testamenten und Erbverträgen zur amtlichen Verwahrung nach den §§ 346, 347 des Gesetzes über das Verfahren in Familiensachen und in den Angelegenheiten der freiwilligen Gerichtsbarkeit (§ 3 Nummer 2 Buchstabe c);
2. das Mahnverfahren im Sinne des Siebenten Buchs der Zivilprozessordnung[1] einschließlich der Bestimmung der Einspruchsfrist nach § 700 Absatz 1 in Verbindung mit § 339 Absatz 2 und 3 der Zivilprozessordnung[2] sowie der Abgabe an das für das streitige Verfahren als zuständig bezeichnete Gericht, auch soweit das Mahnverfahren maschinell bearbeitet wird (§ 20 Absatz 1 Nummer 1);
3. die Erteilung einer weiteren vollstreckbaren Ausfertigung in den Fällen des § 733 der Zivilprozessordnung[2] (§ 20 Absatz 1 Nummer 12);
4. die Erteilung von weiteren vollstreckbaren Ausfertigungen gerichtlicher Urkunden nach § 797 Absatz 2 Nummer 1 der Zivilprozessordnung[2] (§ 20 Absatz 1 Nummer 13);
5. die der Staatsanwaltschaft als Vollstreckungsbehörde in Straf- und Bußgeldsachen obliegenden Geschäfte bei der Vollstreckung von Geldstrafen und Geldbußen (§ 31 Absatz 2); hierzu gehört nicht die Vollstreckung von Ersatzfreiheitsstrafen.

[2] Die Landesregierungen können die Ermächtigung auf die Landesjustizverwaltungen übertragen.

(2) [1] Der Urkundsbeamte der Geschäftsstelle trifft alle Maßnahmen, die zur Erledigung der ihm übertragenen Geschäfte erforderlich sind. [2] Die Vorschriften über die Vorlage einzelner Geschäfte durch den Rechtspfleger an den Richter oder Staatsanwalt (§§ 5, 28, 31 Absatz 2a und 2b) gelten entsprechend.

(3) Bei der Wahrnehmung von Geschäften nach Absatz 1 Satz 1 Nummer 2 kann in den Fällen der §§ 694, 696 Absatz 1, § 700 Absatz 3 der Zivilprozessordnung[2] eine Entscheidung des Prozessgerichts zur Änderung einer Entscheidung des Urkundsbeamten der Geschäftsstelle (§ 573 der Zivilprozessordnung[2]) nicht nachgesucht werden.

(4) [1] Bei der Wahrnehmung von Geschäften nach Absatz 1 Satz 1 Nummer 5 entscheidet über Einwendungen gegen Maßnahmen des Urkundsbeamten der Geschäftsstelle der Rechtspfleger, an dessen Stelle der Urkundsbeamte tätig geworden ist. [2] Er kann dem Urkundsbeamten Weisungen erteilen. [3] Die Befugnisse des Behördenleiters aus den §§ 145, 146 des Gerichtsverfassungsgesetzes bleiben unberührt.

[1] Auszugsweise abgedruckt unter Nr. **12**.
[2] **dtv 5005 ZPO Nr. 1.**

§ 37 Rechtspflegergeschäfte nach Landesrecht. Die Länder können Aufgaben, die den Gerichten durch landesrechtliche Vorschriften zugewiesen sind, auf den Rechtspfleger übertragen.

§ 38 Aufhebung und Änderung von Vorschriften. (1) (Aufhebung von Vorschriften)

(2) (Änderung von Vorschriften)

(3) (weggefallen)

§ 39 *(aufgehoben)*

§ 40 (Inkrafttreten)

16. Grunderwerbsteuergesetz (GrEStG)

In der Fassung der Bekanntmachung vom 26. Februar 1997[1)]
(BGBl. I S. 418, ber. S. 1804)

FNA 610-6-10

zuletzt geänd. durch Art. 22 und 23 Jahressteuergesetz 2022 (JStG 2022) v. 16.12.2022 (BGBl. I S. 2294)

Erster Abschnitt. Gegenstand der Steuer

§ 1 Erwerbsvorgänge. (1) Der Grunderwerbsteuer unterliegen die folgenden Rechtsvorgänge, soweit sie sich auf inländische Grundstücke beziehen:

1. ein Kaufvertrag oder ein anderes Rechtsgeschäft, das den Anspruch auf Übereignung begründet;
2. die Auflassung, wenn kein Rechtsgeschäft vorausgegangen ist, das den Anspruch auf Übereignung begründet;
3. der Übergang des Eigentums, wenn kein den Anspruch auf Übereignung begründendes Rechtsgeschäft vorausgegangen ist und es auch keiner Auflassung bedarf. [2] Ausgenommen sind
 a) der Übergang des Eigentums durch die Abfindung in Land und die unentgeltliche Zuteilung von Land für gemeinschaftliche Anlagen im Flurbereinigungsverfahren sowie durch die entsprechenden Rechtsvorgänge im beschleunigten Zusammenlegungsverfahren und im Landtauschverfahren nach dem Flurbereinigungsgesetz in seiner jeweils geltenden Fassung bis zur Höhe des Sollanspruchs, wenn der neue Eigentümer in diesem Verfahren als Eigentümer eines im Flurbereinigungsgebiet gelegenen Grundstücks Beteiligter ist; in diesen Fällen ist auch der den Sollanspruch auf Zuteilung übersteigende Teil der Zuteilung (Mehrzuteilung) ausgenommen, wenn der Wert des dem neuen Eigentümer zugeteilten Grundstücks seinen sich aus dem Wert des eingebrachten Grundstücks ergebenden Sollanspruch auf Zuteilung nicht um mehr als 20 vom Hundert übersteigt,
 b) der Übergang des Eigentums im Umlegungsverfahren nach dem Baugesetzbuch in seiner jeweils geltenden Fassung bis zur Höhe des Sollanspruchs, wenn der neue Eigentümer in diesem Verfahren als Eigentümer eines im Umlegungsgebiet gelegenen Grundstücks Beteiligter ist; in diesen Fällen ist auch der den Sollanspruch auf Zuteilung übersteigende Teil der Zuteilung (Mehrzuteilung) ausgenommen, wenn der Wert des dem neuen Eigentümer zugeteilten Grundstücks seinen sich aus dem Wert des eingebrachten Grundstücks ergebenden Sollanspruch auf Zuteilung nicht um mehr als 20 vom Hundert übersteigt,
 c) der Übergang des Eigentums im Zwangsversteigerungsverfahren;
4. das Meistgebot im Zwangsversteigerungsverfahren;
5. ein Rechtsgeschäft, das den Anspruch auf Abtretung eines Übereignungsanspruchs oder der Rechte aus einem Meistgebot begründet;

[1)] Neubekanntmachung des GrEStG v. 17.12.1982 (BGBl. I S. 1777) in der ab 1.1.1997 geltenden Fassung.

6. ein Rechtsgeschäft, das den Anspruch auf Abtretung der Rechte aus einem Kaufangebot begründet. [2]Dem Kaufangebot steht ein Angebot zum Abschluß eines anderen Vertrags gleich, kraft dessen die Übereignung verlangt werden kann;
7. die Abtretung eines der in den Nummern 5 und 6 bezeichneten Rechte, wenn kein Rechtsgeschäft vorausgegangen ist, das den Anspruch auf Abtretung der Rechte begründet.

(2) Der Grunderwerbsteuer unterliegen auch Rechtsvorgänge, die es ohne Begründung eines Anspruchs auf Übereignung einem anderen rechtlich oder wirtschaftlich ermöglichen, ein inländisches Grundstück auf eigene Rechnung zu verwerten.

(2a) [1]Gehört zum Vermögen einer Personengesellschaft ein inländisches Grundstück und ändert sich innerhalb von zehn Jahren der Gesellschafterbestand unmittelbar oder mittelbar dergestalt, daß mindestens 90 vom Hundert der Anteile am Gesellschaftsvermögen auf neue Gesellschafter übergehen, gilt dies als ein auf die Übereignung eines Grundstücks auf eine neue Personengesellschaft gerichtetes Rechtsgeschäft. [2]Mittelbare Änderungen im Gesellschafterbestand von den an einer Personengesellschaft beteiligten Personengesellschaften werden durch Multiplikation der Vomhundertsätze der Anteile am Gesellschaftsvermögen anteilig berücksichtigt. [3]Ist eine Kapitalgesellschaft an einer Personengesellschaft unmittelbar oder mittelbar beteiligt, gelten die Sätze 4 und 5. [4]Eine unmittelbar beteiligte Kapitalgesellschaft gilt in vollem Umfang als neue Gesellschafterin, wenn an ihr mindestens 90 vom Hundert der Anteile auf neue Gesellschafter übergehen. [5]Bei mehrstufigen Beteiligungen gilt Satz 4 auf der Ebene jeder mittelbar beteiligten Kapitalgesellschaft entsprechend. [6]Bei der Ermittlung des Vomhundertsatzes bleibt der Erwerb von Anteilen von Todes wegen außer Betracht. [7]Hat die Personengesellschaft vor dem Wechsel des Gesellschafterbestandes ein Grundstück von einem Gesellschafter oder einer anderen Gesamthand erworben, ist auf die nach § 8 Abs. 2 Satz 1 Nr. 3 ermittelte Bemessungsgrundlage die Bemessungsgrundlage für den Erwerbsvorgang, für den auf Grund des § 5 Abs. 3 oder des § 6 Abs. 3 Satz 2 die Steuervergünstigung zu versagen ist, mit dem entsprechenden Betrag anzurechnen.

(2b) [1]Gehört zum Vermögen einer Kapitalgesellschaft ein inländisches Grundstück und ändert sich innerhalb von zehn Jahren der Gesellschafterbestand unmittelbar oder mittelbar dergestalt, dass mindestens 90 vom Hundert der Anteile der Gesellschaft auf neue Gesellschafter übergehen, gilt dies als ein auf die Übereignung eines Grundstücks auf eine neue Kapitalgesellschaft gerichtetes Rechtsgeschäft. [2]Mittelbare Änderungen im Gesellschafterbestand von den an einer Kapitalgesellschaft beteiligten Personengesellschaften werden durch Multiplikation der Vomhundertsätze der Anteile der Gesellschaft anteilig berücksichtigt. [3]Ist eine Kapitalgesellschaft an einer Kapitalgesellschaft unmittelbar oder mittelbar beteiligt, gelten die Sätze 4 und 5. [4]Eine unmittelbar beteiligte Kapitalgesellschaft gilt in vollem Umfang als neue Gesellschafterin, wenn an ihr mindestens 90 vom Hundert der Anteile auf neue Gesellschafter übergehen. [5]Bei mehrstufigen Beteiligungen gilt Satz 4 auf der Ebene jeder mittelbar beteiligten Kapitalgesellschaft entsprechend. [6]Bei der Ermittlung des Vomhundertsatzes bleibt der Erwerb von Anteilen von Todes wegen außer Betracht.

(2c) Bei der Ermittlung des Vomhundertsatzes im Sinne von Absatz 2a Satz 1 und Absatz 2b Satz 1 bleiben Übergänge von Anteilen an Kapitalgesellschaften

außer Betracht, die zum Handel an einem im Inland, in einem anderen Mitgliedstaat der Europäischen Union oder einem anderen Vertragsstaat des Abkommens über den Europäischen Wirtschaftsraum betriebenen organisierten Markt nach § 2 Absatz 11 des Wertpapierhandelsgesetzes oder einem Drittlandhandelsplatz, der gemäß Artikel 25 Absatz 4 Buchstabe a der Richtlinie 2014/65/EU von der Europäischen Kommission als gleichwertig erklärt wurde, zugelassen sind, soweit der Anteilsübergang auf Grund eines Geschäfts an diesem Markt oder Drittlandhandelsplatz oder einem multilateralen Handelssystem im Sinne des Artikels 2 Absatz 1 Nummer 14 der Verordnung (EU) Nr. 600/2014 erfolgt.

(3) Gehört zum Vermögen einer Gesellschaft ein inländisches Grundstück, so unterliegen der Steuer, soweit eine Besteuerung nach den Absätzen 2a und 2b nicht in Betracht kommt, außerdem:

1. ein Rechtsgeschäft, das den Anspruch auf Übertragung eines oder mehrerer Anteile der Gesellschaft begründet, wenn durch die Übertragung unmittelbar oder mittelbar mindestens 90 vom Hundert der Anteile der Gesellschaft in der Hand des Erwerbers oder in der Hand von herrschenden und abhängigen Unternehmen oder abhängigen Personen oder in der Hand von abhängigen Unternehmen oder abhängigen Personen allein vereinigt werden würden;
2. die Vereinigung unmittelbar oder mittelbar von mindestens 90 vom Hundert der Anteile der Gesellschaft, wenn kein schuldrechtliches Geschäft im Sinne der Nummer 1 vorausgegangen ist;
3. ein Rechtsgeschäft, das den Anspruch auf Übertragung unmittelbar oder mittelbar von mindestens 90 vom Hundert der Anteile der Gesellschaft begründet;
4. der Übergang unmittelbar oder mittelbar von mindestens 90 vom Hundert der Anteile der Gesellschaft auf einen anderen, wenn kein schuldrechtliches Geschäft im Sinne der Nummer 3 vorausgegangen ist.

(3a) [1] Soweit eine Besteuerung nach den Absätzen 2a, 2b und 3 nicht in Betracht kommt, gilt als Rechtsvorgang im Sinne des Absatzes 3 auch ein solcher, aufgrund dessen ein Rechtsträger unmittelbar oder mittelbar oder teils unmittelbar, teils mittelbar eine wirtschaftliche Beteiligung in Höhe von mindestens 90 vom Hundert an einer Gesellschaft, zu deren Vermögen ein inländisches Grundstück gehört, innehat. [2] Die wirtschaftliche Beteiligung ergibt sich aus der Summe der unmittelbaren und mittelbaren Beteiligungen am Kapital oder am Vermögen der Gesellschaft. [3] Für die Ermittlung der mittelbaren Beteiligungen sind die Vomhundertsätze am Kapital oder am Vermögen der Gesellschaften zu multiplizieren.

(4) Im Sinne des Absatzes 3 gelten als abhängig

1. natürliche Personen, soweit sie einzeln oder zusammengeschlossen einem Unternehmen so eingegliedert sind, dass sie den Weisungen des Unternehmers in Bezug auf die Anteile zu folgen verpflichtet sind;
2. juristische Personen, die nach dem Gesamtbild der tatsächlichen Verhältnisse finanziell, wirtschaftlich und organisatorisch in ein Unternehmen eingegliedert sind.

(5) Bei einem Tauschvertrag, der für beide Vertragsteile den Anspruch auf Übereignung eines Grundstücks begründet, unterliegt der Steuer sowohl die Vereinbarung über die Leistung des einen als auch die Vereinbarung über die Leistung des anderen Vertragsteils.

(6) [1] Ein in Absatz 1, 2, 3 oder Absatz 3a bezeichneter Rechtsvorgang unterliegt der Steuer auch dann, wenn ihm ein in einem anderen dieser Absätze bezeichneter Rechtsvorgang vorausgegangen ist. [2] Die Steuer wird jedoch nur insoweit erhoben, als die Bemessungsgrundlage für den späteren Rechtsvorgang den Betrag übersteigt, von dem beim vorausgegangenen Rechtsvorgang die Steuer berechnet worden ist.

(7) *(aufgehoben)*

§ 2 Grundstücke. (1) [1] Unter Grundstücken im Sinne dieses Gesetzes sind Grundstücke im Sinne des bürgerlichen Rechts zu verstehen. [2] Jedoch werden nicht zu den Grundstücken gerechnet:

1. Maschinen und sonstige Vorrichtungen aller Art, die zu einer Betriebsanlage gehören,
2. Mineralgewinnungsrechte und sonstige Gewerbeberechtigungen,
3. das Recht des Grundstückseigentümers auf den Erbbauzins.

(2) Den Grundstücken stehen gleich

1. Erbbaurechte,
2. Gebäude auf fremdem Boden,
3. dinglich gesicherte Sondernutzungsrechte nach den Vorschriften des Wohnungseigentumsgesetzes[1)] und des § 1010 des Bürgerlichen Gesetzbuchs[2)].

(3) [1] Bezieht sich ein Rechtsvorgang auf mehrere Grundstücke, die zu einer wirtschaftlichen Einheit gehören, so werden diese Grundstücke als ein Grundstück behandelt. [2] Bezieht sich ein Rechtsvorgang auf einen oder mehrere Teile eines Grundstücks, so werden diese Teile als ein Grundstück behandelt.

Zweiter Abschnitt. Steuervergünstigungen

§ 3 Allgemeine Ausnahmen von der Besteuerung. Von der Besteuerung sind ausgenommen:

1. der Erwerb eines Grundstücks, wenn der für die Berechnung der Steuer maßgebende Wert (§ 8) 2500 Euro nicht übersteigt;
2. der Grundstückserwerb von Todes wegen und Grundstücksschenkungen unter Lebenden im Sinne des Erbschaftsteuer- und Schenkungsteuergesetzes. [2] Schenkungen unter einer Auflage unterliegen der Besteuerung jedoch hinsichtlich des Werts solcher Auflagen, die bei der Schenkungsteuer abziehbar sind;
3. der Erwerb eines zum Nachlaß gehörigen Grundstücks durch Miterben zur Teilung des Nachlasses. [2] Den Miterben steht der überlebende Ehegatte oder Lebenspartner gleich, wenn er mit den Erben des verstorbenen Ehegatten oder Lebenspartners gütergemeinschaftliches Vermögen zu teilen hat oder wenn ihm in Anrechnung auf eine Ausgleichsforderung am Zugewinn des verstorbenen Ehegatten oder Lebenspartners ein zum Nachlass gehöriges Grundstück übertragen wird. [3] Den Miterben stehen außerdem ihre Ehegatten oder ihre Lebenspartner gleich;

1) Nr. **3**.
2) Nr. **1**.

4. der Grundstückserwerb durch den Ehegatten oder den Lebenspartner des Veräußerers;
5. der Grundstückserwerb durch den früheren Ehegatten des Veräußerers im Rahmen der Vermögensauseinandersetzung nach der Scheidung;

5a. der Grundstückserwerb durch den früheren Lebenspartner des Veräußerers im Rahmen der Vermögensauseinandersetzung nach der Aufhebung der Lebenspartnerschaft;

6. der Erwerb eines Grundstücks durch Personen, die mit dem Veräußerer in gerader Linie verwandt sind oder deren Verwandtschaft durch die Annahme als Kind bürgerlich-rechtlich erloschen ist. [2]Den Abkömmlingen stehen die Stiefkinder gleich. [3]Den in den Sätzen 1 und 2 genannten Personen stehen deren Ehegatten oder deren Lebenspartner gleich;
7. der Erwerb eines zum Gesamtgut gehörigen Grundstücks durch Teilnehmer an einer fortgesetzten Gütergemeinschaft zur Teilung des Gesamtguts. [2]Den Teilnehmern an der fortgesetzten Gütergemeinschaft stehen ihre Ehegatten oder ihre Lebenspartner gleich;
8. der Rückerwerb eines Grundstücks durch den Treugeber bei Auflösung des Treuhandverhältnisses. [2]Voraussetzung ist, daß für den Rechtsvorgang, durch den der Treuhänder den Anspruch auf Übereignung des Grundstücks oder das Eigentum an dem Grundstück erlangt hatte, die Steuer entrichtet worden ist. [3]Die Anwendung der Vorschrift des § 16 Abs. 2 bleibt unberührt.

§ 4 Besondere Ausnahmen von der Besteuerung. Von der Besteuerung sind ausgenommen:

1. der Erwerb eines Grundstücks durch eine juristische Person des öffentlichen Rechts, wenn das Grundstück aus Anlaß des Übergangs von öffentlich-rechtlichen Aufgaben oder aus Anlaß von Grenzänderungen von der einen auf die andere juristische Person übergeht und nicht überwiegend einem Betrieb gewerblicher Art dient;
2. der Erwerb eines Grundstücks durch einen ausländischen Staat, wenn das Grundstück für die Zwecke von Botschaften, Gesandtschaften oder Konsulaten dieses Staates bestimmt ist und Gegenseitigkeit gewährt wird;
3. der Erwerb eines Grundstücks durch einen ausländischen Staat oder eine ausländische kulturelle Einrichtung, wenn das Grundstück für kulturelle Zwecke bestimmt ist und Gegenseitigkeit gewährt wird;
4. der Übergang von Grundstücken gemäß § 1 Absatz 1 Nummer 3 und von Gesellschaftsanteilen gemäß § 1 Absatz 3 Nummer 2 und 4 als unmittelbare Rechtsfolge eines Zusammenschlusses kommunaler Gebietskörperschaften, der durch Vereinbarung der beteiligten Gebietskörperschaften mit Zustimmung der nach Landesrecht zuständigen Stelle oder durch Gesetz zustande kommt, sowie Rechtsgeschäfte über Grundstücke gemäß § 1 Absatz 1 Nummer 1 und über Gesellschaftsanteile gemäß § 1 Absatz 3 Nummer 1 und 3 aus Anlass der Aufhebung der Kreisfreiheit einer Gemeinde;
5. der Erwerb eines Grundstücks von einer juristischen Person des öffentlichen Rechts sowie der Rückerwerb des Grundstücks durch die juristische Person des öffentlichen Rechts, wenn das Grundstück im Rahmen einer Öffentlich Privaten Partnerschaft für einen öffentlichen Dienst oder Gebrauch im Sinne

des § 3 Abs. 2 des Grundsteuergesetzes[1)] benutzt wird und zwischen dem Erwerber und der juristischen Person des öffentlichen Rechts die Rückübertragung des Grundstücks am Ende des Vertragszeitraums vereinbart worden ist. [2]Die Ausnahme von der Besteuerung entfällt mit Wirkung für die Vergangenheit, wenn die juristische Person des öffentlichen Rechts auf die Rückübertragung des Grundstücks verzichtet oder das Grundstück nicht mehr für einen öffentlichen Dienst oder Gebrauch genutzt wird;

6. Erwerbe, die allein auf dem Austritt des Vereinigten Königreichs Großbritannien und Nordirland aus der Europäischen Union beruhen.

§ 5 Übergang auf eine Gesamthand. (1) [1]Geht ein Grundstück von mehreren Miteigentümern auf eine Gesamthand (Gemeinschaft zur gesamten Hand) über, so wird die Steuer nicht erhoben, soweit der Anteil des einzelnen am Vermögen der Gesamthand Beteiligten seinem Bruchteil am Grundstück entspricht. [2]Satz 1 gilt nicht für eine Gesamthand, die nach § 1a des Körperschaftsteuergesetzes optiert hat, es sei denn, die Ausübung und Wirksamkeit der Option liegt länger als die in Absatz 3 Satz 1 genannte Frist zurück und die jeweilige Beteiligung am Vermögen der Gesamthand besteht länger als die in Absatz 3 Satz 1 genannte Frist. [3]Satz 1 gilt nicht für eine Gesellschaft im Sinne des § 1 Absatz 1 des Körperschaftsteuergesetzes mit Sitz im Ausland, deren Ort der Geschäftsleitung im Inland belegen ist, und die nach inländischem Gesellschaftsrecht als Personengesellschaft behandelt wird.

(2) [1]Geht ein Grundstück von einem Alleineigentümer auf eine Gesamthand über, so wird die Steuer in Höhe des Anteils nicht erhoben, zu dem der Veräußerer am Vermögen der Gesamthand beteiligt ist. [2]Absatz 1 Satz 2 gilt entsprechend. [3]Absatz 1 Satz 3 gilt entsprechend.

(3) [1]Die Absätze 1 und 2 sind insoweit nicht anzuwenden, als sich der Anteil des Veräußerers am Vermögen der Gesamthand innerhalb von zehn Jahren nach dem Übergang des Grundstücks auf die Gesamthand vermindert. [2]Satz 1 gilt nicht, soweit allein durch den Austritt des Vereinigten Königreichs Großbritannien und Nordirland aus der Europäischen Union sich der Anteil des Veräußerers am Vermögen der Gesamthand innerhalb von fünf Jahren nach dem Übergang des Grundstücks auf die Gesamthand vermindert. [3]Bei der Anwendung des Satzes 1 gilt die Ausübung der Option nach § 1a des Körperschaftsteuergesetzes als Verminderung des Anteils des Veräußerers am Vermögen der Gesamthand, wenn die Option innerhalb der jeweils für Satz 1 geltenden Frist ausgeübt und wirksam wird.

§ 6 Übergang von einer Gesamthand. (1) [1]Geht ein Grundstück von einer Gesamthand in das Miteigentum mehrerer an der Gesamthand beteiligter Personen über, so wird die Steuer nicht erhoben, soweit der Bruchteil, den der einzelne Erwerber erhält, dem Anteil entspricht, zu dem er am Vermögen der Gesamthand beteiligt ist. [2]Wird ein Grundstück bei der Auflösung der Gesamthand übertragen, so ist die Auseinandersetzungsquote maßgebend, wenn die Beteiligten für den Fall der Auflösung der Gesamthand eine vom Beteiligungsverhältnis abweichende Auseinandersetzungsquote vereinbart haben.

(2) [1]Geht ein Grundstück von einer Gesamthand in das Alleineigentum einer an der Gesamthand beteiligten Person über, so wird die Steuer in Höhe des

[1)] Nr. **17**.

Anteils nicht erhoben, zu dem der Erwerber am Vermögen der Gesamthand beteiligt ist. [2] Geht ein Grundstück bei der Auflösung der Gesamthand in das Alleineigentum eines Gesamthänders über, so gilt Absatz 1 Satz 2 entsprechend.

(3) [1] Die Vorschriften des Absatzes 1 gelten entsprechend beim Übergang eines Grundstücks von einer Gesamthand auf eine andere Gesamthand. [2] Absatz 1 ist insoweit nicht entsprechend anzuwenden, als sich der Anteil des Gesamthänders am Vermögen der erwerbenden Gesamthand innerhalb von zehn Jahren nach dem Übergang des Grundstücks von der einen auf die andere Gesamthand vermindert. [3] Satz 2 gilt nicht, soweit allein durch den Austritt des Vereinigten Königreichs Großbritannien und Nordirland aus der Europäischen Union sich der Anteil des Gesamthänders am Vermögen der erwerbenden Gesamthand innerhalb von fünf Jahren nach dem Übergang des Grundstücks auf die Gesamthand vermindert. [4] Absatz 1 ist nicht entsprechend anzuwenden, wenn die erwerbende Gesamthand nach § 1a des Körperschaftsteuergesetzes optiert hat und das Grundstück von einer Gesamthand übergeht, die nicht nach § 1a des Körperschaftsteuergesetzes optiert hat; es sei denn die Ausübung und Wirksamkeit der Option liegt länger als die in Satz 2 genannte Frist zurück und die jeweilige Beteiligung am Vermögen der Gesamthand besteht länger als die in Satz 2 genannte Frist. [5] Bei der Anwendung des Satzes 2 gilt die Ausübung der Option nach § 1a des Körperschaftsteuergesetzes als Verminderung des Anteils des Gesamthänders am Vermögen der erwerbenden Gesamthand, wenn die Option innerhalb der jeweils für Satz 2 geltenden Frist ausgeübt und wirksam wird. [6] Absatz 1 ist nicht entsprechend anzuwenden, wenn die erwerbende Gesamthand eine Gesellschaft im Sinne des § 1 Absatz 1 des Körperschaftsteuergesetzes mit Sitz im Ausland ist, deren Ort der Geschäftsleitung im Inland belegen ist, und die nach inländischem Gesellschaftsrecht als Personengesellschaft behandelt wird.

(4) Die Vorschriften der Absätze 1 bis 3 gelten insoweit nicht, als

1. ein Gesamthänder – im Fall der Erbfolge sein Rechtsvorgänger – innerhalb von zehn Jahren vor dem Erwerbsvorgang seinen Anteil an der Gesamthand durch Rechtsgeschäft unter Lebenden erworben hat oder
2. die vom Beteiligungsverhältnis abweichende Auseinandersetzungsquote innerhalb der letzten zehn Jahre vor der Auflösung der Gesamthand vereinbart worden ist oder
3. bei einem Erwerbsvorgang im Sinne des § 1 Absatz 3 Nummer 1 oder Nummer 2 oder Absatz 3a der Erwerber – im Fall der Erbfolge sein Rechtsvorgänger – innerhalb von 15 Jahren vor dem Erwerbsvorgang seinen Anteil am Vermögen der Personengesellschaft erstmals durch Rechtsgeschäft unter Lebenden erworben hat, es sei denn, einer der Erwerbe der Anteile am Gesellschaftsvermögen durch diesen Erwerber – im Fall der Erbfolge durch seinen Rechtsvorgänger – hat zu einem steuerpflichtigen Erwerbsvorgang im Sinne des § 1 Absatz 2a geführt.

§ 6a Steuervergünstigung bei Umstrukturierungen im Konzern. [1] Für einen nach § 1 Absatz 1 Nummer 3 Satz 1, Absatz 2 bis 3 oder Absatz 3a steuerbaren Rechtsvorgang auf Grund einer Umwandlung im Sinne des § 1 Absatz 1 Nummer 1 bis 3 des Umwandlungsgesetzes, einer Einbringung oder eines anderen Erwerbsvorgangs auf gesellschaftsvertraglicher Grundlage wird die Steuer nicht erhoben. [2] Satz 1 gilt auch für entsprechende Umwandlungen, Einbringungen sowie andere Erwerbsvorgänge auf gesellschaftsvertraglicher

Grundlage auf Grund des Rechts eines Mitgliedstaates der Europäischen Union oder eines Staats, auf den das Abkommen über den Europäischen Wirtschaftsraum Anwendung findet. [3] Satz 1 gilt nur, wenn an dem dort genannten Rechtsvorgang ausschließlich ein herrschendes Unternehmen und ein oder mehrere von diesem herrschenden Unternehmen abhängige Gesellschaften oder mehrere von einem herrschenden Unternehmen abhängige Gesellschaften beteiligt sind. [4] Im Sinne von Satz 3 abhängig ist eine Gesellschaft, an deren Kapital oder Gesellschaftsvermögen das herrschende Unternehmen innerhalb von fünf Jahren vor dem Rechtsvorgang und fünf Jahren nach dem Rechtsvorgang unmittelbar oder mittelbar oder teils unmittelbar, teils mittelbar zu mindestens 95 vom Hundert ununterbrochen beteiligt ist. [5] Satz 3 gilt nicht, soweit allein durch den Austritt des Vereinigten Königreichs Großbritannien und Nordirland aus der Europäischen Union das herrschende Unternehmen nicht im Sinne von Satz 4 innerhalb von fünf Jahren nach dem Rechtsvorgang unmittelbar oder mittelbar oder teils unmittelbar, teils mittelbar zu mindestens 95 vom Hundert ununterbrochen beteiligt ist.

§ 7 Umwandlung von gemeinschaftlichem Eigentum in Flächeneigentum. (1) Wird ein Grundstück, das mehreren Miteigentümern gehört, von den Miteigentümern flächenweise geteilt, so wird die Steuer nicht erhoben, soweit der Wert des Teilgrundstücks, das der einzelne Erwerber erhält, dem Bruchteil entspricht, zu dem er am gesamten zu verteilenden Grundstück beteiligt ist.

(2) [1] Wird ein Grundstück, das einer Gesamthand gehört, von den an der Gesamthand beteiligten Personen flächenweise geteilt, so wird die Steuer nicht erhoben, soweit der Wert des Teilgrundstücks, das der einzelne Erwerber erhält, dem Anteil entspricht, zu dem er am Vermögen der Gesamthand beteiligt ist. [2] Wird ein Grundstück bei der Auflösung der Gesamthand flächenweise geteilt, so ist die Auseinandersetzungsquote maßgebend, wenn die Beteiligten für den Fall der Auflösung der Gesamthand eine vom Beteiligungsverhältnis abweichende Auseinandersetzungsquote vereinbart haben.

(3) [1] Die Vorschriften des Absatzes 2 gelten insoweit nicht, als ein Gesamthänder – im Fall der Erbfolge sein Rechtsvorgänger – seinen Anteil an der Gesamthand innerhalb von zehn Jahren vor der Umwandlung durch Rechtsgeschäft unter Lebenden erworben hat. [2] Die Vorschrift des Absatzes 2 Satz 2 gilt außerdem insoweit nicht, als die vom Beteiligungsverhältnis abweichende Auseinandersetzungsquote innerhalb der letzten zehn Jahre vor der Auflösung der Gesamthand vereinbart worden ist.

Dritter Abschnitt. Bemessungsgrundlage

§ 8 Grundsatz. (1) Die Steuer bemißt sich nach dem Wert der Gegenleistung.

(2) [1] Die Steuer wird nach den Grundbesitzwerten im Sinne des § 151 Absatz 1 Satz 1 Nummer 1 in Verbindung mit § 157 Absatz 1 bis 3 des Bewertungsgesetzes[1)] bemessen:

1. wenn eine Gegenleistung nicht vorhanden oder nicht zu ermitteln ist;
2. bei Umwandlungen auf Grund eines Bundes- oder Landesgesetzes, bei Einbringungen sowie bei anderen Erwerbsvorgängen auf gesellschaftsvertraglicher Grundlage;

1) Nr. **18**.

3. in den Fällen des § 1 Absatz 2a bis 3a;
4. wenn zwischen den an einer Umwandlung beteiligten Rechtsträgern innerhalb des Rückwirkungszeitraums im Sinne der §§ 2, 20 Absatz 6 oder § 24 Absatz 4 des Umwandlungssteuergesetzes ein Erwerbsvorgang nach § 1 Absatz 1 Nummer 1 verwirklicht wird, der Wert der Gegenleistung geringer ist als der Grundbesitzwert nach § 151 Absatz 1 Satz 1 Nummer 1 in Verbindung mit § 157 Absatz 1 bis 3 des Bewertungsgesetzes und die Umwandlung ohne diesen Erwerbsvorgang eine Besteuerung nach § 1 Absatz 1 Nummer 3, Absatz 3 oder Absatz 3a ausgelöst hätte.

[2] Erstreckt sich der Erwerbsvorgang auf ein noch zu errichtendes Gebäude oder beruht die Änderung des Gesellschafterbestandes im Sinne des § 1 Absatz 2a oder 2b auf einem vorgefaßten Plan zur Bebauung eines Grundstücks, ist der Wert des Grundstücks abweichend von § 157 Absatz 1 Satz 1 des Bewertungsgesetzes nach den tatsächlichen Verhältnissen im Zeitpunkt der Fertigstellung des Gebäudes maßgebend.

§ 9 Gegenleistung. (1) Als Gegenleistung gelten

1. bei einem Kauf:
 der Kaufpreis einschließlich der vom Käufer übernommenen sonstigen Leistungen und der dem Verkäufer vorbehaltenen Nutzungen;
2. bei einem Tausch:
 die Tauschleistung des anderen Vertragsteils einschließlich einer vereinbarten zusätzlichen Leistung;
3. bei einer Leistung an Erfüllungs Statt:
 der Wert, zu dem die Leistung an Erfüllungs Statt angenommen wird;
4. beim Meistgebot im Zwangsversteigerungsverfahren:
 das Meistgebot einschließlich der Rechte, die nach den Versteigerungsbedingungen bestehen bleiben;
5. bei Abtretung der Rechte aus dem Meistgebot:
 die Übernahme der Verpflichtung aus dem Meistgebot. [2] Zusätzliche Leistungen, zu denen sich der Erwerber gegenüber dem Meistbietenden verpflichtet, sind dem Meistgebot hinzuzurechnen. [3] Leistungen, die der Meistbietende dem Erwerber gegenüber übernimmt, sind abzusetzen;
6. bei der Abtretung des Übereignungsanspruchs:
 die Übernahme der Verpflichtung aus dem Rechtsgeschäft, das den Übereignungsanspruch begründet hat, einschließlich der besonderen Leistungen, zu denen sich der Übernehmer dem Abtretenden gegenüber verpflichtet. [2] Leistungen, die der Abtretende dem Übernehmer gegenüber übernimmt, sind abzusetzen;
7. bei der Enteignung:
 die Entschädigung. [2] Wird ein Grundstück enteignet, das zusammen mit anderen Grundstücken eine wirtschaftliche Einheit bildet, so gehört die besondere Entschädigung für eine Wertminderung der nicht enteigneten Grundstücke nicht zur Gegenleistung; dies gilt auch dann, wenn ein Grundstück zur Vermeidung der Enteignung freiwillig veräußert wird.
8. *(aufgehoben)*

(2) Zur Gegenleistung gehören auch

1. Leistungen, die der Erwerber des Grundstücks dem Veräußerer neben der beim Erwerbsvorgang vereinbarten Gegenleistung zusätzlich gewährt;
2. die Belastungen, die auf dem Grundstück ruhen, soweit sie auf den Erwerber kraft Gesetzes übergehen. [2]Zur Gegenleistung gehören jedoch nicht die auf dem Grundstück ruhenden dauernden Lasten. [3]Der Erbbauzins gilt nicht als dauernde Last;
3. Leistungen, die der Erwerber des Grundstücks anderen Personen als dem Veräußerer als Gegenleistung dafür gewährt, daß sie auf den Erwerb des Grundstücks verzichten;
4. Leistungen, die ein anderer als der Erwerber des Grundstücks dem Veräußerer als Gegenleistung dafür gewährt, daß der Veräußerer dem Erwerber das Grundstück überläßt.

(3) Die Grunderwerbsteuer, die für den zu besteuernden Erwerbsvorgang zu entrichten ist, wird der Gegenleistung weder hinzugerechnet noch von ihr abgezogen.

§ 10 (weggefallen)

Vierter Abschnitt. Steuerberechnung

§ 11 Steuersatz, Abrundung. (1) Die Steuer beträgt 3,5 vom Hundert.[1)]

(2) Die Steuer ist auf volle Euro nach unten abzurunden.

§ 12 Pauschbesteuerung. Das Finanzamt kann im Einvernehmen mit dem Steuerpflichtigen von der genauen Ermittlung des Steuerbetrags absehen und die Steuer in einem Pauschbetrag festsetzen, wenn dadurch die Besteuerung vereinfacht und das steuerliche Ergebnis nicht wesentlich geändert wird.

Fünfter Abschnitt. Steuerschuld

§ 13 Steuerschuldner. Steuerschuldner sind

1. regelmäßig:
 die an einem Erwerbsvorgang als Vertragsteile beteiligten Personen;

[1)] Seit dem 1.9.2006 dürfen die Bundesländer den Steuersatz selbst festlegen, zu beachten sind daher deren **abweichende Steuersätze:**

Baden-Württemberg: 5 % – G v. 26.10.2011 (GBl. S. 493); **Berlin:** 6 % – G v. 20.12.2006 (GVBl. S. 1172), zuletzt geänd. durch G v. 14.11.2013 (GVBl. S. 583); **Brandenburg:** 6,5 % – G v. 29.11.2010 (GVBl. I Nr. 40), geänd. durch G v. 23.6.2015 (GVBl. I Nr. 16); **Bremen:** 5 % – G v. 16.11.2010 (Brem.GBl. S. 574), geänd. durch G v. 19.11.2013 (Brem.GBl. S. 559); **Hamburg:** 4,5 % – G v. 16.12. 2008 (HmbGVBl. S. 433), geänd. durch G v. 8.3.2022 (HmbGVBl. S. 174); **Hessen:** 6 % – G v. 26.11. 2012 (GVBl. S. 457), geänd. durch G v. 16.7.2014 (GVBl. S. 179); **Mecklenburg-Vorpommern:** 6 % – G v. 22.6.2012 (GVOBl. M-V S. 208), geänd. durch G v. 24.6.2019 (GVOBl. M-V S. 190); **Niedersachsen:** 5 % – G v. 17.12.2010 (Nds. GVBl. S. 631), geänd. durch G v. 16.12.2013 (Nds. GVBl. S. 310); **Nordrhein-Westfalen:** 6,5 % – G v. 25.7.2011 (GV. NRW. S. 389), geänd. durch G v. 18.12. 2014 (GV. NRW. S. 954); **Rheinland-Pfalz:** 5 % – G v. 31.1.2012 (GVBl. S. 41); **Saarland:** 6,5 % – G v. 8.12.2010 (Amtsbl. I S. 1522), zuletzt geänd. durch G v. 3.12.2014 (Amtsbl. I S. 447); **Sachsen-Anhalt:** 5 % – G v. 17.2.2010 (GVBl. LSA S. 69), geänd. durch G v. 17.2.2012 (GVBl. LSA S. 52); **Schleswig-Holstein:** 6,5 % – G v. 17.12.2010 (GVOBl. Schl.-H. S. 789, 811), geänd. durch G v. 13.12.2013 (GVOBl. Schl.-H. S. 494); **Thüringen:** 6,5 % – G v. 29.3.2011 (GVBl. S. 66), geänd. durch G v. 21.12.2015 (GVBl. S. 238).

2. beim Erwerb kraft Gesetzes:
 der bisherige Eigentümer und der Erwerber;
3. beim Erwerb im Enteignungsverfahren:
 der Erwerber;
4. beim Meistgebot im Zwangsversteigerungsverfahren:
 der Meistbietende;
5. bei der Vereinigung von mindestens 90 vom Hundert der Anteile an einer Gesellschaft in der Hand
 a) des Erwerbers:
 der Erwerber;
 b) mehrerer Unternehmen oder Personen:
 diese Beteiligten;
6. bei Änderung des Gesellschafterbestandes einer Personengesellschaft:
 die Personengesellschaft;
7. bei Änderung des Gesellschafterbestandes einer Kapitalgesellschaft: die Kapitalgesellschaft;
8. bei der wirtschaftlichen Beteiligung von mindestens 90 vom Hundert an einer Gesellschaft:
 der Rechtsträger, der die wirtschaftliche Beteiligung innehat.

§ 14 Entstehung der Steuer in besonderen Fällen. Die Steuer entsteht,

1. wenn die Wirksamkeit eines Erwerbsvorgangs von dem Eintritt einer Bedingung abhängig ist, mit dem Eintritt der Bedingung;
2. wenn ein Erwerbsvorgang einer Genehmigung bedarf, mit der Genehmigung.

§ 15 Fälligkeit der Steuer. [1] Die Steuer wird einen Monat nach der Bekanntgabe des Steuerbescheids fällig. [2] Das Finanzamt darf eine längere Zahlungsfrist setzen.

Sechster Abschnitt. Nichtfestsetzung der Steuer, Aufhebung oder Änderung der Steuerfestsetzung

§ 16 Nichtfestsetzung der Steuer, Aufhebung oder Änderung der Steuerfestsetzung. (1) Wird ein Erwerbsvorgang rückgängig gemacht bevor das Eigentum am Grundstück auf den Erwerber übergegangen ist, so wird auf Antrag die Steuer nicht festgesetzt oder die Steuerfestsetzung aufgehoben,

1. wenn die Rückgängigmachung durch Vereinbarung, durch Ausübung eines vorbehaltenen Rücktrittsrechts oder eines Wiederkaufsrechts innerhalb von zwei Jahren seit der Entstehung der Steuer stattfindet;
2. wenn die Vertragsbedingungen nicht erfüllt werden und der Erwerbsvorgang deshalb auf Grund eines Rechtsanspruchs rückgängig gemacht wird.

(2) Erwirbt der Veräußerer das Eigentum an dem veräußerten Grundstück zurück, so wird auf Antrag sowohl für den Rückerwerb als auch für den vorausgegangenen Erwerbsvorgang die Steuer nicht festgesetzt oder die Steuerfestsetzung aufgehoben,

1. wenn der Rückerwerb innerhalb von zwei Jahren seit der Entstehung der Steuer für den vorausgegangenen Erwerbsvorgang stattfindet. [2] Ist für den Rückerwerb eine Eintragung in das Grundbuch erforderlich, so muß inner-

halb der Frist die Auflassung erklärt und die Eintragung im Grundbuch beantragt werden;

2. wenn das dem Erwerbsvorgang zugrundeliegende Rechtsgeschäft nichtig oder infolge einer Anfechtung als von Anfang an nichtig anzusehen ist;
3. wenn die Vertragsbedingungen des Rechtsgeschäfts, das den Anspruch auf Übereignung begründet hat, nicht erfüllt werden und das Rechtsgeschäft deshalb auf Grund eines Rechtsanspruchs rückgängig gemacht wird.

(3) Wird die Gegenleistung für das Grundstück herabgesetzt, so wird auf Antrag die Steuer entsprechend niedriger festgesetzt oder die Steuerfestsetzung geändert,

1. wenn die Herabsetzung innerhalb von zwei Jahren seit der Entstehung der Steuer stattfindet;
2. wenn die Herabsetzung (Minderung) auf Grund des § 437 des Bürgerlichen Gesetzbuchs[1)] vollzogen wird.

(4) Tritt ein Ereignis ein, das nach den Absätzen 1 bis 3 die Aufhebung oder Änderung einer Steuerfestsetzung begründet, endet die Festsetzungsfrist (§§ 169 bis 171 der Abgabenordnung) insoweit nicht vor Ablauf eines Jahres nach dem Eintritt des Ereignisses.

(4a) [1] Wenn die Anteile in Erfüllung eines Rechtsgeschäfts im Sinne des § 1 Absatz 3 Nummer 1 oder Nummer 3 oder des § 1 Absatz 3a nach Abschluss dieses Rechtsgeschäfts übergehen und dadurch der Tatbestand des § 1 Absatz 2a oder Absatz 2b verwirklicht wird, so wird auf Antrag die Festsetzung nach § 1 Absatz 3 Nummer 1 oder Nummer 3 oder § 1 Absatz 3a aufgehoben oder geändert. [2] In den Fällen des Satzes 1 endet die Festsetzungsfrist für den aufgrund des Übergangs der Anteile erfüllten Tatbestand nach § 1 Absatz 2a oder Absatz 2b nicht vor Ablauf der Festsetzungsfrist der aufzuhebenden oder zu ändernden Festsetzung nach § 1 Absatz 3 Nummer 1 oder Nummer 3 oder nach § 1 Absatz 3a.

(5) [1] Die Vorschriften der Absätze 1 bis 4 gelten nicht, wenn einer der in § 1 Absatz 2 bis 3a bezeichneten Erwerbsvorgänge rückgängig gemacht wird, der nicht fristgerecht und in allen Teilen vollständig angezeigt (§§ 18 bis 20) war. [2] Die Vorschrift des Absatzes 4a gilt nicht, wenn einer der in § 1 Absatz 3 Nummer 1 oder Nummer 3 oder in § 1 Absatz 3a oder in § 1 Absatz 2a oder Absatz 2b bezeichneten Erwerbsvorgänge nicht fristgerecht und in allen Teilen vollständig angezeigt (§§ 18 bis 20) war.

Siebenter Abschnitt. Örtliche Zuständigkeit, Feststellung von Besteuerungsgrundlagen, Anzeigepflichten und Erteilung der Unbedenklichkeitsbescheinigung

§ 17 Örtliche Zuständigkeit, Feststellung von Besteuerungsgrundlagen. (1) [1] Für die Besteuerung ist vorbehaltlich des Satzes 2 das Finanzamt örtlich zuständig, in dessen Bezirk das Grundstück oder der wertvollste Teil des Grundstücks liegt. [2] Liegt das Grundstück in den Bezirken von Finanzämtern verschiedener Länder, so ist jedes dieser Finanzämter für die Besteuerung des Erwerbs insoweit zuständig, als der Grundstücksteil in seinem Bezirk liegt.

[1)] Nr. 1.

(2) In den Fällen des Absatzes 1 Satz 2 sowie in Fällen, in denen sich ein Rechtsvorgang auf mehrere Grundstücke bezieht, die in den Bezirken verschiedener Finanzämter liegen, stellt das Finanzamt, in dessen Bezirk der wertvollste Grundstücksteil oder das wertvollste Grundstück oder der wertvollste Bestand an Grundstücksteilen oder Grundstücken liegt, die Besteuerungsgrundlagen gesondert fest.

(3) [1] Die Besteuerungsgrundlagen werden

1. bei Grundstückserwerben durch Umwandlungen auf Grund eines Bundes- oder Landesgesetzes durch das Finanzamt, in dessen Bezirk sich die Geschäftsleitung des Erwerbers befindet, und
2. in den Fällen des § 1 Absatz 2a bis 3a durch das Finanzamt, in dessen Bezirk sich die Geschäftsleitung der Gesellschaft befindet,

gesondert festgestellt, wenn ein außerhalb des Bezirks dieser Finanzämter liegendes Grundstück oder ein auf das Gebiet eines anderen Landes sich erstreckender Teil eines im Bezirk dieser Finanzämter liegenden Grundstücks betroffen wird. [2] Befindet sich die Geschäftsleitung nicht im Geltungsbereich des Gesetzes und werden in verschiedenen Finanzamtsbezirken liegende Grundstücke oder in verschiedenen Ländern liegende Grundstücksteile betroffen, so stellt das nach Absatz 2 zuständige Finanzamt die Besteuerungsgrundlagen gesondert fest.

(3a) In die gesonderte Feststellung nach Absatz 2 und 3 sind nicht die Grundbesitzwerte im Sinne des § 151 Absatz 1 Satz 1 Nummer 1 in Verbindung mit § 157 Absatz 1 bis 3 des Bewertungsgesetzes[1)] aufzunehmen, wenn die Steuer nach § 8 Absatz 2 zu bemessen ist.

(4) [1] Von der gesonderten Feststellung kann abgesehen werden, wenn

1. der Erwerb steuerfrei ist oder
2. die anteilige Besteuerungsgrundlage für den Erwerb des in einem anderen Land liegenden Grundstücksteils 2500 Euro nicht übersteigt.

[2] Wird von der gesonderten Feststellung abgesehen, so ist in den Fällen der Nummer 2 die anteilige Besteuerungsgrundlage denen der anderen für die Besteuerung zuständigen Finanzämter nach dem Verhältnis ihrer Anteile hinzuzurechnen.

§ 18 Anzeigepflicht der Gerichte, Behörden und Notare. (1) [1] Gerichte, Behörden und Notare haben dem zuständigen Finanzamt schriftlich Anzeige nach amtlich vorgeschriebenem Vordruck zu erstatten über

1. Rechtsvorgänge, die sie beurkundet oder über die sie eine Urkunde entworfen und darauf eine Unterschrift beglaubigt haben, wenn die Rechtsvorgänge ein Grundstück im Geltungsbereich dieses Gesetzes betreffen;
2. Anträge auf Berichtigung des Grundbuchs, die sie beurkundet oder über die sie eine Urkunde entworfen und darauf eine Unterschrift beglaubigt haben, wenn der Antrag darauf gestützt wird, daß der Grundstückseigentümer gewechselt hat;
3. Zuschlagsbeschlüsse im Zwangsversteigerungsverfahren, Enteignungsbeschlüsse und andere Entscheidungen, durch die ein Wechsel im Grundstückseigentum bewirkt wird. [2] Die Anzeigepflicht der Gerichte besteht auch

1) Nr. **18**.

beim Wechsel im Grundstückseigentum auf Grund einer Eintragung im Handels-, Genossenschafts- oder Vereinsregister;

4. nachträgliche Änderungen oder Berichtigungen eines der unter den Nummern 1 bis 3 aufgeführten Vorgänge.

[2] Der Anzeige ist eine Abschrift der Urkunde über den Rechtsvorgang, den Antrag, den Beschluß oder die Entscheidung beizufügen.

(2) [1] Die Anzeigepflicht bezieht sich auch auf Vorgänge, die ein Erbbaurecht oder ein Gebäude auf fremdem Boden betreffen. [2] Sie gilt außerdem für Vorgänge, die die Übertragung von Anteilen an einer Kapitalgesellschaft, einer Personenhandelsgesellschaft oder einer Gesellschaft des bürgerlichen Rechts betreffen, wenn zum Vermögen der Gesellschaft ein im Geltungsbereich dieses Gesetzes liegendes Grundstück gehört.

(3) [1] Die Anzeigen sind innerhalb von zwei Wochen nach der Beurkundung oder der Unterschriftsbeglaubigung oder der Bekanntgabe der Entscheidung zu erstatten, und zwar auch dann, wenn die Wirksamkeit des Rechtsvorgangs vom Eintritt einer Bedingung, vom Ablauf einer Frist oder von einer Genehmigung abhängig ist. [2] Sie sind auch dann zu erstatten, wenn der Rechtsvorgang von der Besteuerung ausgenommen ist.

(4) Die Absendung der Anzeige ist auf der Urschrift der Urkunde, in den Fällen, in denen eine Urkunde entworfen und darauf eine Unterschrift beglaubigt worden ist, auf der zurückbehaltenen beglaubigten Abschrift zu vermerken.

(5) Die Anzeigen sind an das für die Besteuerung, in den Fällen des § 17 Abs. 2 und 3 an das für die gesonderte Feststellung zuständige Finanzamt zu richten.

§ 19 Anzeigepflicht der Beteiligten. (1) [1] Steuerschuldner müssen Anzeige erstatten über

1. Rechtsvorgänge, die es ohne Begründung eines Anspruchs auf Übereignung einem anderen rechtlich oder wirtschaftlich ermöglichen, ein Grundstück auf eigene Rechnung zu verwerten;
2. formungültige Verträge über die Übereignung eines Grundstücks, die die Beteiligten unter sich gelten lassen und wirtschaftlich erfüllen;
3. den Erwerb von Gebäuden auf fremdem Boden;

3a. unmittelbare und mittelbare Änderungen des Gesellschafterbestandes einer Personengesellschaft, die innerhalb von zehn Jahren zum Übergang von 90 vom Hundert der Anteile am Gesellschaftsvermögen auf neue Gesellschafter geführt haben, wenn zum Vermögen der Personengesellschaft ein inländisches Grundstück gehört (§ 1 Abs. 2a);

3b. unmittelbare und mittelbare Änderungen des Gesellschafterbestandes einer Kapitalgesellschaft, die innerhalb von zehn Jahren zum Übergang von 90 vom Hundert der Anteile der Gesellschaft auf neue Gesellschafter geführt haben, wenn zum Vermögen der Kapitalgesellschaft ein inländisches Grundstück gehört (§ 1 Absatz 2b);

4. schuldrechtliche Geschäfte, die auf die Vereinigung von mindestens 90 vom Hundert der Anteile einer Gesellschaft gerichtet sind, wenn zum Vermögen der Gesellschaft ein Grundstück gehört (§ 1 Abs. 3 Nr. 1);
5. die Vereinigung von mindestens 90 vom Hundert der Anteile einer Gesellschaft, zu deren Vermögen ein Grundstück gehört (§ 1 Abs. 3 Nr. 2);

6. Rechtsgeschäfte, die den Anspruch auf Übertragung von mindestens 90 vom Hundert der Anteile einer Gesellschaft begründen, wenn zum Vermögen der Gesellschaft ein Grundstück gehört (§ 1 Abs. 3 Nr. 3);
7. die Übertragung von mindestens 90 vom Hundert der Anteile einer Gesellschaft auf einen anderen, wenn zum Vermögen der Gesellschaft ein Grundstück gehört (§ 1 Abs. 3 Nr. 4);

7a. Rechtsvorgänge, aufgrund derer ein Rechtsträger unmittelbar oder mittelbar oder teils unmittelbar, teils mittelbar eine wirtschaftliche Beteiligung in Höhe von mindestens 90 vom Hundert an einer Gesellschaft, zu deren Vermögen ein inländisches Grundstück gehört, innehat (§ 1 Absatz 3a);

8. Entscheidungen im Sinne von § 18 Abs. 1 Satz 1 Nr. 3. [2]Die Anzeigepflicht besteht auch beim Wechsel im Grundstückseigentum auf Grund einer Eintragung im Handels-, Genossenschafts- oder Vereinsregister;
9. Umwandlungen, wenn innerhalb des Rückwirkungszeitraums im Sinne der §§ 2, 20 Absatz 6 oder § 24 Absatz 4 des Umwandlungssteuergesetzes ein Erwerbsvorgang nach § 1 Absatz 1 Nummer 1 verwirklicht wird und die Umwandlung ohne diesen Erwerbsvorgang eine Besteuerung nach § 1 Absatz 1 Nummer 3, Absatz 3 oder 3a ausgelöst hätte.

[2]Sie haben auch alle Erwerbsvorgänge anzuzeigen, über die ein Gericht, eine Behörde oder ein Notar eine Anzeige nach § 18 nicht zu erstatten hat.

(2) Die in Absatz 1 bezeichneten Personen haben außerdem in allen Fällen Anzeige zu erstatten über

1. jede Erhöhung der Gegenleistung des Erwerbers durch Gewährung von zusätzlichen Leistungen neben der beim Erwerbsvorgang vereinbarten Gegenleistung;
2. Leistungen, die der Erwerber des Grundstücks anderen Personen als dem Veräußerer als Gegenleistung dafür gewährt, daß sie auf den Erwerb des Grundstücks verzichten;
3. Leistungen, die ein anderer als der Erwerber des Grundstücks dem Veräußerer als Gegenleistung dafür gewährt, daß der Veräußerer dem Erwerber das Grundstück überläßt;
4. Änderungen im Gesellschafterbestand einer Gesamthand bei Gewährung der Steuervergünstigung nach § 5 Abs. 1 und 2 oder § 6 Abs. 3 in Verbindung mit § 6 Abs. 1;

4a. Änderungen von Beherrschungsverhältnissen im Sinne des § 6a Satz 4;

5. Änderungen in der Nutzung oder den Verzicht auf Rückübertragung, wenn der Grundstückserwerb nach § 4 Nummer 5 von der Besteuerung ausgenommen war.

(3) [1]Die Anzeigepflichtigen haben innerhalb von zwei Wochen, nachdem sie von dem anzeigepflichtigen Vorgang Kenntnis erhalten haben, den Vorgang anzuzeigen, und zwar auch dann, wenn der Vorgang von der Besteuerung ausgenommen ist. [2]Die Frist nach Satz 1 verlängert sich auf einen Monat für den Steuerschuldner, der eine natürliche Person ohne Wohnsitz oder gewöhnlichen Aufenthalt im Inland, eine Kapitalgesellschaft ohne Geschäftsleitung oder Sitz im Inland oder eine Personengesellschaft ohne Ort der Geschäftsführung im Inland ist.

(4) [1]Die Anzeigen sind an das für die Besteuerung, in den Fällen des § 17 Abs. 2 und 3 an das für die gesonderte Feststellung zuständige Finanzamt zu

richten. [2] Ist über den anzeigepflichtigen Vorgang eine privatschriftliche Urkunde aufgenommen worden, so ist der Anzeige eine Abschrift der Urkunde beizufügen.

(5) [1] Die Anzeigen sind Steuererklärungen im Sinne der Abgabenordnung. [2] Sie sind schriftlich abzugeben. [3] Sie können gemäß § 87a der Abgabenordnung in elektronischer Form übermittelt werden.

(6) [1] Die Höhe des Verspätungszuschlags bestimmt sich nach § 152 Absatz 5 Satz 2 der Abgabenordnung; § 152 Absatz 6 der Abgabenordnung ist nicht anzuwenden. [2] Die Begrenzung der Höhe des Verspätungszuschlags nach § 152 Absatz 10 der Abgabenordnung findet keine Anwendung.

(7) In den Fällen des Absatzes 2 Nummer 4 beginnt die Festsetzungsfrist mit Ablauf des Kalenderjahres, in dem das in Absatz 4 Satz 1 genannte Finanzamt von der anzeigepflichtigen Änderung Kenntnis erlangt hat, spätestens jedoch zehn Jahre nach Ablauf des Kalenderjahres, in dem die anzeigepflichtige Änderung eingetreten ist.

§ 20 Inhalt der Anzeigen. (1) Die Anzeigen müssen enthalten:

1. Name, Vorname, Anschrift, Geburtsdatum sowie die Identifikationsnummer gemäß § 139b der Abgabenordnung oder die Wirtschafts-Identifikationsnummer gemäß § 139c der Abgabenordnung des Veräußerers und des Erwerbers, den Namen desjenigen, der nach der vertraglichen Vereinbarung die Grunderwerbsteuer trägt, sowie Name und Anschrift dessen gesetzlichen Vertreters und gegebenenfalls die Angabe, ob und um welche begünstigte Person im Sinne des § 3 Nummer 3 bis 7 es sich bei dem Erwerber handelt; bei nicht natürlichen Personen sind bis zur Einführung der Wirtschafts-Identifikationsnummer gemäß § 139c der Abgabenordnung die Register- und die für die Besteuerung nach dem Einkommen vergebene Steuernummer des Veräußerers und des Erwerbers anzugeben;
2. die Bezeichnung des Grundstücks nach Grundbuch, Kataster, Straße und Hausnummer, den Anteil des Veräußerers und des Erwerbers am Grundstück und bei Wohnungs- und Teileigentum die genaue Bezeichnung des Wohnungs- und Teileigentums sowie den Miteigentumsanteil;
3. die Größe des Grundstücks und bei bebauten Grundstücken die Art der Bebauung;
4. die Bezeichnung des anzeigepflichtigen Vorgangs, den Tag der Beurkundung und die Urkundennummer, bei einem Vorgang, der einer Genehmigung bedarf, auch die Bezeichnung desjenigen, dessen Genehmigung erforderlich ist, bei einem Vorgang unter einer Bedingung auch die Bezeichnung der Bedingung;
5. den Kaufpreis oder die sonstige Gegenleistung (§ 9);
6. den Namen und die Anschrift der Urkundsperson.

(2) Die Anzeigen, die sich auf Anteile an einer Gesellschaft beziehen, müssen außerdem enthalten:

1. die Firma, den Ort der Geschäftsführung sowie die Wirtschafts-Identifikationsnummer der Gesellschaft gemäß § 139c der Abgabenordnung; bis zur Einführung der Wirtschafts-Identifikationsnummer gemäß § 139c der Abgabenordnung ist die Register- und die für die Besteuerung nach dem Einkommen vergebene Steuernummer der Gesellschaft anzugeben;

2. die Bezeichnung des oder der Gesellschaftsanteile;
3. bei mehreren beteiligten Rechtsträgern eine Beteiligungsübersicht.

§ 21 Urkundenaushändigung. Die Gerichte, Behörden und Notare dürfen Urkunden, die einen anzeigepflichtigen Vorgang betreffen, den Beteiligten erst aushändigen und Ausfertigungen oder beglaubigte Abschriften den Beteiligten erst erteilen, wenn sie die Anzeigen in allen Teilen vollständig (§§ 18 und 20) an das Finanzamt abgesandt haben.

§ 22 Unbedenklichkeitsbescheinigung. (1) [1] Der Erwerber eines Grundstücks darf in das Grundbuch erst dann eingetragen werden, wenn eine Bescheinigung des für die Besteuerung zuständigen Finanzamts vorgelegt wird (§ 17 Abs. 1 Satz 1) oder Bescheinigungen der für die Besteuerung zuständigen Finanzämter (§ 17 Abs. 1 Satz 2) vorgelegt werden, daß der Eintragung steuerliche Bedenken nicht entgegenstehen. [2] Die obersten Finanzbehörden der Länder können im Einvernehmen mit den Landesjustizverwaltungen Ausnahmen hiervon vorsehen.

(2) [1] Das Finanzamt hat die Bescheinigung zu erteilen, wenn die Grunderwerbsteuer entrichtet, sichergestellt oder gestundet worden ist oder wenn Steuerfreiheit gegeben ist. [2] Es darf die Bescheinigung auch in anderen Fällen erteilen, wenn nach seinem Ermessen die Steuerforderung nicht gefährdet ist. [3] Das Finanzamt hat die Bescheinigung schriftlich zu erteilen. [4] Eine elektronische Übermittlung der Bescheinigung ist ausgeschlossen.

Achter Abschnitt. Durchführung

§ 22a Ermächtigung. [1] Zur Vereinfachung des Besteuerungsverfahrens wird das Bundesministerium der Finanzen ermächtigt, im Benehmen mit dem Bundesministerium des Innern, für Bau und Heimat und mit Zustimmung des Bundesrates durch Rechtsverordnung ein Verfahren zur elektronischen Übermittlung der Anzeige und der Abschrift der Urkunde im Sinne des § 18 näher zu bestimmen. [2] Die Authentifizierung des Datenübermittlers sowie die Vertraulichkeit und Integrität des übermittelten elektronischen Dokuments sind sicherzustellen. [3] Soweit von dieser Ermächtigung nicht Gebrauch gemacht wurde, ist die elektronische Übermittlung der Anzeige und der Abschrift der Urkunde im Sinne des § 18 ausgeschlossen.

Neunter Abschnitt. Übergangs- und Schlußvorschriften

§ 23 Anwendungsbereich. (1) [1] Dieses Gesetz ist auf Erwerbsvorgänge anzuwenden, die nach dem 31. Dezember 1982 verwirklicht werden. [2] Es ist auf Antrag auch auf Erwerbsvorgänge anzuwenden, die vor dem 1. Januar 1983, jedoch nach dem Tag der Verkündung des Gesetzes, 22. Dezember 1982, verwirklicht werden.

(2) [1] Auf vor dem 1. Januar 1983 verwirklichte Erwerbsvorgänge sind vorbehaltlich des Absatzes 1 Satz 2 die bis zum Inkrafttreten dieses Gesetzes geltenden Vorschriften anzuwenden. [2] Dies gilt insbesondere, wenn für einen vor dem 1. Januar 1983 verwirklichten Erwerbsvorgang Steuerbefreiung in Anspruch genommen und nach dem 31. Dezember 1982 ein Nacherhebungstatbestand verwirklicht wurde.

(3) § 1 Abs. 2a, § 9 Abs. 1 Nr. 8, § 13 Nr. 6, § 16 Abs. 5, § 17 Abs. 3 Nr. 2 und § 19 Abs. 1 Nr. 3a in der Fassung des Gesetzes vom 20. Dezember 1996 (BGBl. I S. 2049) sind erstmals auf Rechtsgeschäfte anzuwenden, die die Voraussetzungen des § 1 Abs. 2a in der Fassung des Gesetzes vom 20. Dezember 1996 (BGBl. I S. 2049) nach dem 31. Dezember 1996 erfüllen.

(4) [1] § 8 Abs. 2 und § 11 Abs. 1 in der Fassung des Gesetzes vom 20. Dezember 1996 (BGBl. I S. 2049) sind erstmals auf Erwerbsvorgänge anzuwenden, die nach dem 31. Dezember 1996 verwirklicht werden. [2] § 10 ist letztmals auf Erwerbsvorgänge anzuwenden, die vor dem 1. Januar 1997 verwirklicht werden.

(5) § 4 Nr. 1 in der Fassung des Gesetzes vom 24. März 1999 (BGBl. I S. 402) ist erstmals auf Erwerbsvorgänge anzuwenden, die nach dem 31. Dezember 1997 verwirklicht werden.

(6) [1] § 1 Abs. 6, § 8 Abs. 2, § 9 Abs. 1 und § 17 Abs. 3 Satz 1 Nr. 1 in der Fassung des Gesetzes vom 24. März 1999 (BGBl. I S. 402) sind erstmals auf Erwerbsvorgänge anzuwenden, die nach dem Tage der Verkündung des Gesetzes verwirklicht werden. [2] § 1 Abs. 2a und 3, § 5 Abs. 3, § 13 Nr. 5 und 6, § 16 Abs. 4 und § 19 Abs. 1 Satz 1 Nr. 3a bis 7 und Abs. 2 Nr. 4 in der Fassung des Gesetzes vom 24. März 1999 (BGBl. I S. 402) sind erstmals auf Erwerbsvorgänge anzuwenden, die nach dem 31. Dezember 1999 verwirklicht werden.

(7) [1] § 1 Abs. 2a Satz 3, § 2 Abs. 1 Satz 2 Nr. 3, § 6 Abs. 3 Satz 2, § 16 Abs. 4, § 19 Abs. 1 Satz 1 Nr. 8 und § 19 Abs. 2 Nr. 4 in der Fassung des Gesetzes vom 20. Dezember 2001 (BGBl. I S. 3794) sind erstmals auf Erwerbsvorgänge anzuwenden, die nach dem 31. Dezember 2001 verwirklicht werden. [2] § 1 Abs. 7 ist letztmals auf Erwerbsvorgänge anzuwenden, die bis zum 31. Dezember 2001 verwirklicht werden. [3] § 5 Absatz 3 Satz 2 und § 6 Absatz 3 Satz 3 in der Fassung des Artikels 33 des Gesetzes vom 21. Dezember 2020 (BGBl. I S. 3096) sind erstmals auf Erwerbsvorgänge anzuwenden, die nach dem 31. Januar 2020 verwirklicht werden.

(8) [1] Die §§ 6a und 19 Absatz 2 Nummer 4a in der Fassung des Artikels 7 des Gesetzes vom 22. Dezember 2009 (BGBl. I S. 3950) sind erstmals auf Erwerbsvorgänge anzuwenden, die nach dem 31. Dezember 2009 verwirklicht werden. [2] § 6a ist nicht anzuwenden, wenn ein im Zeitraum vom 1. Januar 2008 bis 31. Dezember 2009 verwirklichter Erwerbsvorgang rückgängig gemacht wird und deshalb nach § 16 Absatz 1 oder 2 die Steuer nicht zu erheben oder eine Steuerfestsetzung aufzuheben oder zu ändern ist.

(9) Soweit Steuerbescheide für Erwerbsvorgänge von Lebenspartnern noch nicht bestandskräftig sind, ist § 3 Nummer 3 bis 7 in der Fassung des Artikels 29 des Gesetzes vom 8. Dezember 2010 (BGBl. I S. 1768) erstmals auf Erwerbsvorgänge anzuwenden, die nach dem 31. Juli 2001 verwirklicht werden.

(10) § 6a Satz 4 in der Fassung des Artikels 12 des Gesetzes vom 22. Juni 2011 (BGBl. I S. 1126) ist erstmals auf Erwerbsvorgänge anzuwenden, die nach dem 31. Dezember 2009 verwirklicht werden.

(11) § 1 Absatz 3a und 6 Satz 1, § 4 Nummer 4 und 5, § 6a Satz 1, § 8 Absatz 2 Satz 1 Nummer 3, § 13 Nummer 7, § 16 Absatz 5, § 17 Absatz 3 Satz 1 Nummer 2, § 19 Absatz 1 Satz 1 Nummer 7a und Absatz 2 Nummer 5, § 20 Absatz 2 Nummer 3 in der Fassung des Artikels 26 des Gesetzes vom 26. Juni 2013 (BGBl. I S. 1809) sind erstmals auf Erwerbsvorgänge anzuwenden, die nach dem 6. Juni 2013 verwirklicht werden.

(12) § 6a Satz 1 bis 3 sowie § 16 Absatz 5 in der am 31. Juli 2014 geltenden Fassung sind auf Erwerbsvorgänge anzuwenden, die nach dem 6. Juni 2013 verwirklicht werden.

(13) § 1 Absatz 2a und § 21 in der am 6. November 2015 geltenden Fassung sind auf Erwerbsvorgänge anzuwenden, die nach dem 5. November 2015 verwirklicht werden.

(14) [1] § 8 Absatz 2 und § 17 Absatz 3a in der am 6. November 2015 geltenden Fassung sind auf Erwerbsvorgänge anzuwenden, die nach dem 31. Dezember 2008 verwirklicht werden. [2] Soweit Steuer- und Feststellungsbescheide, die vor dem 6. November 2015 für Erwerbsvorgänge nach dem 31. Dezember 2008 ergangen sind, wegen § 176 Absatz 1 Satz 1 Nummer 1 der Abgabenordnung nicht geändert werden können, ist die festgesetzte Steuer vollstreckbar.

(15) § 19 Absatz 3 Satz 2 in der am 23. Juli 2016 geltenden Fassung ist auf Erwerbsvorgänge anzuwenden, die nach dem 22. Juli 2016 verwirklicht werden.

(16) [1] § 1 Absatz 4 und § 18 Absatz 2 Satz 2 in der am 15. Dezember 2018 geltenden Fassung sind auf Erwerbsvorgänge anzuwenden, die nach dem 14. Dezember 2018 verwirklicht werden. [2] Der Zeitpunkt der erstmaligen Anwendung des § 20 in der am 15. Dezember 2018 geltenden Fassung wird durch die Rechtsverordnung im Sinne des § 22a Satz 1 bestimmt.

(17) § 1 Absatz 1 Nummer 3 Satz 2 Buchstabe a und b und § 19 Absatz 6 in der Fassung des Artikels 32 des Gesetzes vom 21. Dezember 2020 (BGBl. I S. 3096) sind erstmals auf Erwerbsvorgänge anzuwenden, die nach dem 28. Dezember 2020 verwirklicht werden.

(18) § 1 Absatz 2a Satz 1 und 4, Absatz 2b, 3 und 3a Satz 1, § 5 Absatz 3 Satz 1, § 6 Absatz 3 Satz 2 und Absatz 4, § 6a Satz 1, § 7 Absatz 3, § 8 Absatz 2 Satz 1 Nummer 3 und 4 und Satz 2, § 13 Nummer 5 bis 8, § 17 Absatz 3 Satz 1 Nummer 2 und § 19 Absatz 1 Satz 1 Nummer 3a bis 9 und Absatz 6 in der am 1. Juli 2021 geltenden Fassung sind erstmals auf Erwerbsvorgänge anzuwenden, die nach dem 30. Juni 2021 verwirklicht werden.

(19) [1] Bei Anwendung des § 1 Absatz 2a in der am 1. Juli 2021 geltenden Fassung bleiben Übergänge von Anteilen am Gesellschaftsvermögen auf Gesellschafter unberücksichtigt, die mit Ablauf des 30. Juni 2021 keine neuen Gesellschafter im Sinne des § 1 Absatz 2a in der am 30. Juni 2021 geltenden Fassung mehr sind. [2] Bei der Anwendung des § 1 Absatz 2a in der am 1. Juli 2021 geltenden Fassung ist für die Ermittlung, inwieweit sich der Gesellschafterbestand geändert hat, § 1 Absatz 2a Satz 3 bis 5 in der am 1. Juli 2021 geltenden Fassung auch auf vor dem 1. Juli 2021 erfolgte Anteilsübergänge anzuwenden.

(20) [1] § 1 Absatz 2a und § 19 Absatz 1 Satz 1 Nummer 3a in der am 30. Juni 2021 geltenden Fassung sind auf Änderungen des Gesellschafterbestandes bis zum 30. Juni 2026 weiter anzuwenden. [2] Dies gilt nicht, wenn der Rechtsvorgang nach § 1 Absatz 1, 2, 2a, 3 oder Absatz 3a in der am 1. Juli 2021 geltenden Fassung steuerbar ist oder ein vorausgegangener Rechtsvorgang nach § 1 Absatz 2a in der am 1. Juli 2021 geltenden Fassung steuerbar war.

(21) [1] § 1 Absatz 3 Nummer 1 und 2 und § 19 Absatz 1 Satz 1 Nummer 4 und 5 in der am 30. Juni 2021 geltenden Fassung sind auf Erwerbsvorgänge, die nach dem 30. Juni 2021 verwirklicht werden, weiter anzuwenden, wenn am 30. Juni 2021 unmittelbar oder mittelbar weniger als 95 vom Hundert und mindestens 90 vom Hundert der Anteile der Gesellschaft in der Hand des Erwerbers oder in der Hand von herrschenden und abhängigen Unternehmen

oder abhängigen Personen oder in der Hand von abhängigen Unternehmen oder abhängigen Personen allein vereinigt waren. [2]Bei der Ermittlung der allein in einer Hand vereinigten Anteile der Gesellschaft im Sinne des Satzes 1 sind auch solche Anteile zu berücksichtigen, über die der Erwerber oder die herrschenden und abhängigen Unternehmen oder abhängigen Personen oder die abhängigen Unternehmen oder abhängigen Personen vor dem 1. Juli 2021 ein Rechtsgeschäft abgeschlossen haben, das den Anspruch auf Übertragung eines oder mehrerer dieser Anteile begründet. [3]Die Sätze 1 und 2 gelten nicht, wenn der Rechtsvorgang nach § 1 Absatz 1, 2, 2a, 2b, 3 oder Absatz 3a in der am 1. Juli 2021 geltenden Fassung steuerbar ist. [4]Sinken die Anteile nach dem 30. Juni 2021 unter 90 vom Hundert, finden die Sätze 1 und 2 auf spätere Erwerbsvorgänge keine Anwendung.

(22) [1]§ 1 Absatz 3a und § 19 Absatz 1 Satz 1 Nummer 7a in der am 30. Juni 2021 geltenden Fassung sind auf Erwerbsvorgänge nach dem 30. Juni 2021 weiter anzuwenden, wenn der Rechtsträger am 30. Juni 2021 unmittelbar oder mittelbar oder teils unmittelbar, teils mittelbar eine wirtschaftliche Beteiligung von weniger als 95 vom Hundert und mindestens 90 vom Hundert an einer Gesellschaft, zu deren Vermögen ein inländisches Grundstück gehört, innehatte. [2]Dies gilt nicht, wenn der Rechtsvorgang nach § 1 Absatz 1, 2, 2a, 2b, 3 oder Absatz 3a in der am 1. Juli 2021 geltenden Fassung steuerbar ist. [3]Sinkt nach dem 30. Juni 2021 die wirtschaftliche Beteiligung im Sinne des § 1 Absatz 3a unter 90 vom Hundert, findet Satz 1 auf spätere Erwerbsvorgänge keine Anwendung.

(23) Bei der Anwendung des § 1 Absatz 2b bleiben Übergänge von Anteilen der Gesellschaft, die vor dem 1. Juli 2021 erfolgen, unberücksichtigt.

(24) § 5 Absatz 3 Satz 1, § 6 Absatz 3 Satz 2 und Absatz 4 und § 7 Absatz 3 in der am 1. Juli 2021 geltenden Fassung sind nicht anzuwenden, wenn die in § 5 Absatz 3 Satz 1, § 6 Absatz 3 Satz 2 oder Absatz 4 oder § 7 Absatz 3 in der am 30. Juni 2021 geltenden Fassung geregelte Frist vor dem 1. Juli 2021 abgelaufen war.

§§ 24 bis 27 (weggefallen)

§ 28 (Inkrafttreten)[1)]

[1)] Das Gesetz in seiner ursprünglichen Fassung ist am 1.1.1983 in Kraft getreten.

17. Grundsteuergesetz (GrStG)[1)]

Vom 7. August 1973
(BGBl. I S. 965)

FNA 611-7

zuletzt geänd. durch Art. 21 Jahressteuergesetz 2022 (JStG 2022) v. 16.12.2022 (BGBl. I S. 2294)

Abschnitt I. Steuerpflicht

§ 1 Heberecht. (1) Die Gemeinde bestimmt, ob von dem in ihrem Gebiet liegenden Grundbesitz Grundsteuer zu erheben ist.

(2) Bestehen in einem Land keine Gemeinden, so stehen das Recht des Absatzes 1 und die in diesem Gesetz bestimmten weiteren Rechte dem Land zu.

(3) Für den in gemeindefreien Gebieten liegenden Grundbesitz bestimmt die Landesregierung durch Rechtsverordnung, wer die nach diesem Gesetz den Gemeinden zustehenden Befugnisse ausübt.

§ 2 Steuergegenstand. Steuergegenstand ist der inländische Grundbesitz im Sinne des Bewertungsgesetzes:

1. die Betriebe der Land- und Forstwirtschaft (§§ 232 bis 234, 240 des Bewertungsgesetzes[2)]); diesen stehen die in § 218 Satz 2 des Bewertungsgesetzes bezeichneten Betriebsgrundstücke gleich;
2. die Grundstücke (§§ 243, 244 des Bewertungsgesetzes); diesen stehen die in § 218 Satz 3 des Bewertungsgesetzes bezeichneten Betriebsgrundstücke gleich.

§ 3 Steuerbefreiung für Grundbesitz bestimmter Rechtsträger.

(1) [1] Von der Grundsteuer sind befreit

1. Grundbesitz, der von einer inländischen juristischen Person des öffentlichen Rechts für einen öffentlichen Dienst oder Gebrauch benutzt wird. [2] Ausgenommen ist der Grundbesitz, der von Berufsvertretungen und Berufsverbänden sowie von Kassenärztlichen Vereinigungen und Kassenärztlichen Bundesvereinigungen benutzt wird;

1a. *(aufgehoben)*

2. Grundbesitz, der vom Bundeseisenbahnvermögen für Verwaltungszwecke benutzt wird;
3. Grundbesitz, der von
 a) einer inländischen juristischen Person des öffentlichen Rechts,
 b) einer inländischen Körperschaft, Personenvereinigung oder Vermögensmasse, die nach der Satzung, dem Stiftungsgeschäft oder der sonstigen Verfassung und nach ihrer tatsächlichen Geschäftsführung aus-

[1)] Verkündet als Art. 1 des G zur Reform des Grundsteuerrechts v. 7.8.1973 (BGBl. I S. 965); Inkrafttreten gem. Art. 8 dieses G am 12.8.1973.

[2)] Nr. **18**.

schließlich und unmittelbar gemeinnützigen oder mildtätigen Zwecken dient,

für gemeinnützige oder mildtätige Zwecke benutzt wird;

4. Grundbesitz, der von einer Religionsgesellschaft, die Körperschaft des öffentlichen Rechts ist, einem ihrer Orden, einer ihrer religiösen Genossenschaften oder einem ihrer Verbände für Zwecke der religiösen Unterweisung, der Wissenschaft, des Unterrichts, der Erziehung oder für Zwecke der eigenen Verwaltung benutzt wird. [2]Den Religionsgesellschaften stehen die jüdischen Kultusgemeinden gleich, die nicht Körperschaften des öffentlichen Rechts sind;
5. Dienstwohnungen der Geistlichen und Kirchendiener der Religionsgesellschaften, die Körperschaften des öffentlichen Rechts sind, und der jüdischen Kultusgemeinden. [2]§ 5 ist insoweit nicht anzuwenden;
6. Grundbesitz der Religionsgesellschaften, die Körperschaften des öffentlichen Rechts sind, und der jüdischen Kultusgemeinden, der am 1. Januar 1987 und im Veranlagungszeitpunkt zu einem nach Kirchenrecht gesonderten Vermögen, insbesondere einem Stellenfonds gehört, dessen Erträge ausschließlich für die Besoldung und Versorgung der Geistlichen und Kirchendiener sowie ihrer Hinterbliebenen bestimmt sind. [2]Ist in dem in Artikel 3 des Einigungsvertrages genannten Gebiet die Zugehörigkeit des Grundbesitzes zu einem gesonderten Vermögen im Sinne des Satzes 1 am 1. Januar 1987 nicht gegeben, reicht es insoweit aus, daß der Grundbesitz zu einem Zeitpunkt vor dem 1. Januar 1987 zu einem gesonderten Vermögen im Sinne des Satzes 1 gehörte. [3]Die §§ 5 und 6 sind insoweit nicht anzuwenden.

[2]Der Grundbesitz muß ausschließlich demjenigen, der ihn für die begünstigten Zwecke benutzt, oder einem anderen nach den Nummern 1 bis 6 begünstigten Rechtsträger zuzurechnen sein. [3]Satz 2 gilt nicht, wenn der Grundbesitz von einem nicht begünstigten Rechtsträger im Rahmen einer Öffentlich Privaten Partnerschaft einer juristischen Person des öffentlichen Rechts für einen öffentlichen Dienst oder Gebrauch überlassen wird und die Übertragung auf den Nutzer am Ende des Vertragszeitraums vereinbart ist.

(2) [1]Öffentlicher Dienst oder Gebrauch im Sinne dieses Gesetzes ist die hoheitliche Tätigkeit oder der bestimmungsgemäße Gebrauch durch die Allgemeinheit. [2]Ein Entgelt für den Gebrauch durch die Allgemeinheit darf nicht in der Absicht, Gewinn zu erzielen, gefordert werden.

(3) Öffentlicher Dienst oder Gebrauch im Sinne dieses Gesetzes ist nicht anzunehmen bei Betrieben gewerblicher Art von *juristische*[1)] Personen des öffentlichen Rechts im Sinne des Körperschaftsteuergesetzes.

§ 4 Sonstige Steuerbefreiungen. Soweit sich nicht bereits eine Befreiung nach § 3 ergibt, sind von der Grundsteuer befreit

1. Grundbesitz, der dem Gottesdienst einer Religionsgesellschaft, die Körperschaft des öffentlichen Rechts ist, oder einer jüdischen Kultusgemeinde gewidmet ist;
2. Bestattungsplätze;

[1)] Richtig wohl: „juristischen".

3. a) die dem öffentlichen Verkehr dienenden Straßen, Wege, Plätze, Wasserstraßen, Häfen und Schienenwege sowie die Grundflächen mit den diesem Verkehr unmittelbar dienenden Bauwerken und Einrichtungen, zum Beispiel Brücken, Schleuseneinrichtungen, Signalstationen, Stellwerke, Blockstellen;
 b) auf Verkehrsflughäfen und Verkehrslandeplätzen alle Flächen, die unmittelbar zur Gewährleistung eines ordnungsgemäßen Flugbetriebes notwendig sind und von Hochbauten und sonstigen Luftfahrthindernissen freigehalten werden müssen, die Grundflächen mit den Bauwerken und Einrichtungen, die unmittelbar diesem Betrieb dienen, sowie die Grundflächen ortsfester Flugsicherungsanlagen einschließlich der Flächen, die für einen einwandfreien Betrieb dieser Anlagen erforderlich sind;
 c) die fließenden Gewässer und die ihren Abfluß regelnden Sammelbecken, soweit sie nicht unter Buchstabe a fallen;
4. die Grundflächen mit den im Interesse der Ordnung und Verbesserung der Wasser- und Bodenverhältnisse unterhaltenen Einrichtungen der öffentlich-rechtlichen Wasser- und Bodenverbände und die im öffentlichen Interesse staatlich unter Schau gestellten Privatdeiche;
5. Grundbesitz, der für Zwecke der Wissenschaft, des Unterrichts oder der Erziehung benutzt wird, wenn durch die Landesregierung oder die von ihr beauftragte Stelle anerkannt ist, daß der Benutzungszweck im Rahmen der öffentlichen Aufgaben liegt. [2]Der Grundbesitz muß ausschließlich demjenigen, der ihn benutzt, oder einer juristischen Person des öffentlichen Rechts zuzurechnen sein;
6. Grundbesitz, der für die Zwecke eines Krankenhauses benutzt wird, wenn das Krankenhaus in dem Kalenderjahr, das dem Veranlagungszeitpunkt (§ 16 Absatz 1, § 17 Absatz 3, § 18 Absatz 3) vorangeht, die Voraussetzungen des § 67 Abs. 1 oder 2 der Abgabenordnung erfüllt hat. [2]Der Grundbesitz muß ausschließlich demjenigen, der ihn benutzt, oder einer juristischen Person des öffentlichen Rechts zuzurechnen sein.

§ 5 Zu Wohnzwecken benutzter Grundbesitz. (1) Dient Grundbesitz, der für steuerbegünstigte Zwecke (§§ 3 und 4) benutzt wird, zugleich Wohnzwecken, gilt die Befreiung nur für

1. Gemeinschaftsunterkünfte der Bundeswehr, der ausländischen Streitkräfte, der internationalen militärischen Hauptquartiere, der Bundespolizei, der Polizei und des sonstigen Schutzdienstes des Bundes und der Gebietskörperschaften sowie ihrer Zusammenschlüsse;
2. Wohnräume in Schülerheimen, Ausbildungs- und Erziehungsheimen sowie Prediger- und Priesterseminaren, wenn die Unterbringung in ihnen für die Zwecke des Unterrichts, der Ausbildung oder der Erziehung erforderlich ist. [2]Wird das Heim oder Seminar nicht von einem der nach § 3 Abs. 1 Nr. 1, 3 oder 4 begünstigten Rechtsträger unterhalten, so bedarf es einer Anerkennung der Landesregierung oder der von ihr beauftragten Stelle, daß die Unterhaltung des Heims oder Seminars im Rahmen der öffentlichen Aufgaben liegt;
3. Wohnräume, wenn der steuerbegünstigte Zweck im Sinne des § 3 Abs. 1 Nr. 1, 3 oder 4 nur durch ihre Überlassung erreicht werden kann;

4. Räume, in denen sich Personen für die Erfüllung der steuerbegünstigten Zwecke ständig bereithalten müssen (Bereitschaftsräume), wenn sie nicht zugleich die Wohnung des Inhabers darstellen.

(2) Wohnungen sind stets steuerpflichtig, auch wenn die Voraussetzungen des Absatzes 1 vorliegen.

§ 6 Land- und forstwirtschaftlich genutzter Grundbesitz. Wird Grundbesitz, der für steuerbegünstigte Zwecke (§§ 3 und 4) benutzt wird, zugleich land- und forstwirtschaftlich genutzt, so gilt die Befreiung nur für

1. Grundbesitz, der Lehr- oder Versuchszwecken dient;
2. Grundbesitz, der von der Bundeswehr, den ausländischen Streitkräften, den internationalen militärischen Hauptquartieren oder den in § 5 Abs. 1 Nr. 1 bezeichneten Schutzdiensten als Übungsplatz oder Flugplatz benutzt wird;
3. Grundbesitz, der unter § 4 Nr. 1 bis 4 fällt.

§ 7 Unmittelbare Benutzung für einen steuerbegünstigten Zweck.

[1]Die Befreiung nach den §§ 3 und 4 tritt nur ein, wenn der Steuergegenstand für den steuerbegünstigten Zweck unmittelbar benutzt wird. [2]Unmittelbare Benutzung liegt vor, sobald der Steuergegenstand für den steuerbegünstigten Zweck hergerichtet wird.

§ 8 Teilweise Benutzung für einen steuerbegünstigten Zweck.

(1) Wird ein räumlich abgegrenzter Teil des Steuergegenstandes für steuerbegünstigte Zwecke (§§ 3 und 4) benutzt, so ist nur dieser Teil des Steuergegenstandes steuerfrei.

(2) Dient der Steuergegenstand oder ein Teil des Steuergegenstandes (Absatz 1) sowohl steuerbegünstigten Zwecken (§§ 3 und 4) als auch anderen Zwecken, ohne daß eine räumliche Abgrenzung für die verschiedenen Zwecke möglich ist, so ist der Steuergegenstand oder der Teil des Steuergegenstandes nur befreit, wenn die steuerbegünstigten Zwecke überwiegen.

§ 9 Stichtag für die Festsetzung der Grundsteuer; Entstehung der Steuer. (1) Die Grundsteuer wird nach den Verhältnissen zu Beginn des Kalenderjahres festgesetzt.

(2) Die Steuer entsteht mit dem Beginn des Kalenderjahres, für das die Steuer festzusetzen ist.

§ 10 Steuerschuldner. (1) Schuldner der Grundsteuer ist derjenige, dem der Steuergegenstand bei der Feststellung des Grundsteuerwerts zugerechnet ist.

(2) Ist der Steuergegenstand mehreren Personen zugerechnet, so sind sie Gesamtschuldner.

§ 11 Persönliche Haftung. (1) Neben dem Steuerschuldner haften der Nießbraucher des Steuergegenstandes und derjenige, dem ein dem Nießbrauch ähnliches Recht zusteht.

(2) [1]Wird ein Steuergegenstand ganz oder zu einem Teil einer anderen Person übereignet, so haftet der Erwerber neben dem früheren Eigentümer für die auf den Steuergegenstand oder Teil des Steuergegenstandes entfallende Grundsteuer, die für die Zeit seit dem Beginn des letzten vor der Übereignung

liegenden Kalenderjahres zu entrichten ist. [2]Das gilt nicht für Erwerbe aus einer Insolvenzmasse und für Erwerbe im Vollstreckungsverfahren.

§ 12 Dingliche Haftung. Die Grundsteuer ruht auf dem Steuergegenstand als öffentliche Last.

Abschnitt II. Bemessung der Grundsteuer

§ 13 Steuermesszahl und Steuermessbetrag. [1]Bei der Berechnung der Grundsteuer ist von einem Steuermessbetrag auszugehen. [2]Dieser ist durch Anwendung eines Promillesatzes (Steuermesszahl) auf den Grundsteuerwert oder seinen steuerpflichtigen Teil zu ermitteln, der nach dem Bewertungsgesetz im Veranlagungszeitpunkt (§ 16 Absatz 1, § 17 Absatz 3, § 18 Absatz 3) für den Steuergegenstand maßgebend ist.

§ 14 Steuermeßzahl für Betriebe der Land- und Forstwirtschaft. Für Betriebe der Land- und Forstwirtschaft beträgt die Steuermeßzahl 0,55 Promille.

§ 15 Steuermesszahl für Grundstücke. (1) Die Steuermesszahl beträgt

1. für unbebaute Grundstücke im Sinne des § 246 des Bewertungsgesetzes[1)] 0,34 Promille,
2. für bebaute Grundstücke
 a) im Sinne des § 249 Absatz 1 Nummer 1 bis 4 des Bewertungsgesetzes 0,31 Promille,
 b) im Sinne des § 249 Absatz 1 Nummer 5 bis 8 des Bewertungsgesetzes 0,34 Promille.

(2) [1]Die Steuermesszahl nach Absatz 1 Nummer 2 Buchstabe a wird um 25 Prozent ermäßigt, wenn

1. für das Grundstück nach § 13 Absatz 3 des Wohnraumförderungsgesetzes vom 13. September 2001 (BGBl. I S. 2376), das zuletzt durch Artikel 3 des Gesetzes vom 2. Oktober 2015 (BGBl. I S. 1610) geändert worden ist, eine Förderzusage erteilt wurde und
2. die sich aus der Förderzusage im Sinne des § 13 Absatz 2 des Wohnraumförderungsgesetzes ergebenden Bindungen im Hauptveranlagungszeitraum bestehen.

[2]Liegen die Voraussetzungen des Satzes 1 für einen Teil der Gebäude oder für Teile eines Gebäudes vor, so ist die Ermäßigung der Steuermesszahl entsprechend anteilig zu gewähren.

(3) Absatz 2 gilt entsprechend für Grundstücke, für die nach dem Ersten Wohnungsbaugesetz vom 24. April 1950 (BGBl. S. 83) in der bis zum 31. Dezember 1987 geltenden Fassung, nach dem Zweiten Wohnungsbaugesetz vom 27. Juni 1956 (BGBl. I S. 523) in der bis zum 31. Dezember 2001 geltenden Fassung oder nach den Wohnraumförderungsgesetzen der Länder eine Förderzusage erteilt wurde.

[1)] Nr. **18**.

(4) Liegen für ein Grundstück weder die Voraussetzungen des Absatzes 2 noch des Absatzes 3 vor, wird die Steuermesszahl nach Absatz 1 Nummer 2 Buchstabe a um 25 Prozent ermäßigt, wenn das jeweilige Grundstück

1. einer Wohnungsbaugesellschaft zugerechnet wird, deren Anteile mehrheitlich von einer oder mehreren Gebietskörperschaften gehalten werden und zwischen der Wohnungsbaugesellschaft und der Gebietskörperschaft oder den Gebietskörperschaften ein Gewinnabführungsvertrag besteht,
2. einer Wohnungsbaugesellschaft zugerechnet wird, die als gemeinnützig im Sinne des § 52 der Abgabenordnung anerkannt ist, oder
3. einer Genossenschaft oder einem Verein zugerechnet wird, für deren oder dessen Tätigkeit eine Steuerbefreiung nach § 5 Absatz 1 Nummer 10 des Körperschaftsteuergesetzes besteht und soweit der Grundbesitz der begünstigten Tätigkeit zuzuordnen ist.

(5) [1]Die Steuermesszahl nach Absatz 1 Nummer 2 wird für bebaute Grundstücke um 10 Prozent ermäßigt, wenn sich auf dem Grundstück Gebäude befinden, die Baudenkmäler im Sinne des jeweiligen Landesdenkmalschutzgesetzes sind. [2]Stehen auf einem Grundstück nur ein Teil der Gebäude oder nur Teile eines Gebäudes im Sinne des jeweiligen Landesdenkmalschutzgesetzes unter Denkmalschutz, so ist die Ermäßigung der Steuermesszahl entsprechend anteilig zu gewähren.

(6) [1]Der Abschlag auf die Steuermesszahl nach den Absätzen 2 bis 5 wird auf Antrag zunächst für jeden Erhebungszeitraum innerhalb des Hauptveranlagungszeitraums gewährt, wenn nachgewiesen wird, dass die jeweiligen Voraussetzungen zum Hauptveranlagungszeitpunkt vorliegen. [2]Treten die Voraussetzungen der Absätze 2 bis 5 erst im Laufe des Hauptveranlagungszeitraums ein und liegen sie zu Beginn des Erhebungszeitraums vor, wird der Steuermessbetrag auf Antrag nach § 17 Absatz 2 Nummer 1 neu veranlagt. [3]Entfallen die Voraussetzungen der Absätze 2 bis 5, ist dies nach § 19 Absatz 2 anzuzeigen und ist der Steuermessbetrag nach § 17 Absatz 2 Nummer 1 neu zu veranlagen oder nach § 21 zu ändern. [4]Der Antrag auf eine Ermäßigung der Steuermesszahl nach den Absätzen 2 bis 5 kann durch eine entsprechende Angabe in einer Erklärung nach § 228 Absatz 1 des Bewertungsgesetzes erfolgen.

§ 16 Hauptveranlagung. (1) [1]Die Steuermeßbeträge werden auf den Hauptfeststellungszeitpunkt (§ 221 Absatz 2 des Bewertungsgesetzes[1)]) allgemein festgesetzt (Hauptveranlagung). [2]Dieser Zeitpunkt ist der Hauptveranlagungszeitpunkt.

(2) [1]Der bei der Hauptveranlagung festgesetzte Steuermeßbetrag gilt vorbehaltlich der §§ 17 und 20 von dem Kalenderjahr an, das zwei Jahre nach dem Hauptveranlagungszeitpunkt beginnt. [2]Dieser Steuermeßbetrag bleibt unbeschadet der §§ 17 und 20 bis zu dem Zeitpunkt maßgebend, von dem an die Steuermeßbeträge der nächsten Hauptveranlagung wirksam werden. [3]Der sich nach den Sätzen 1 und 2 ergebende Zeitraum ist der Hauptveranlagungszeitraum.

(3) Ist die Festsetzungsfrist (§ 169 der Abgabenordnung) bereits abgelaufen, so kann die Hauptveranlagung unter Zugrundelegung der Verhältnisse vom

[1)] Nr. **18**.

Hauptveranlagungszeitpunkt mit Wirkung für einen späteren Veranlagungszeitpunkt vorgenommen werden, für den diese Frist noch nicht abgelaufen ist.

§ 17 Neuveranlagung. (1) Wird eine Wertfortschreibung (§ 222 Absatz 1 des Bewertungsgesetzes[1)]) oder eine Artfortschreibung oder Zurechnungsfortschreibung (§ 222 Absatz 2 des Bewertungsgesetzes) durchgeführt, so wird der Steuermeßbetrag auf den Fortschreibungszeitpunkt neu festgesetzt (Neuveranlagung).

(2) Der Steuermeßbetrag wird auch dann neu festgesetzt, wenn dem Finanzamt bekannt wird, daß

1. Gründe, die im Feststellungsverfahren über den Grundsteuerwert nicht zu berücksichtigen sind, zu einem anderen als dem für den letzten Veranlagungszeitpunkt festgesetzten Steuermeßbetrag führen oder
2. die letzte Veranlagung fehlerhaft ist; § 176 der Abgabenordnung ist hierbei entsprechend anzuwenden; das gilt jedoch nur für Veranlagungszeitpunkte, die vor der Verkündung der maßgeblichen Entscheidung eines obersten Gerichts des Bundes liegen.

(3) [1] Der Neuveranlagung werden die Verhältnisse im Neuveranlagungszeitpunkt zugrunde gelegt. [2] Neuveranlagungszeitpunkt ist

1. in den Fällen des Absatzes 1 der Beginn des Kalenderjahres, auf den die Fortschreibung durchgeführt wird;
2. in den Fällen des Absatzes 2 Nr. 1 der Beginn des Kalenderjahres, auf den sich erstmals ein abweichender Steuermeßbetrag ergibt. [2] § 16 Abs. 3 ist entsprechend anzuwenden;
3. in den Fällen des Absatzes 2 Nr. 2 der Beginn des Kalenderjahres, in dem der Fehler dem Finanzamt bekannt wird, bei einer Erhöhung des Steuermeßbetrags jedoch frühestens der Beginn des Kalenderjahres, in dem der Steuermeßbescheid erteilt wird.

(4) Treten die Voraussetzungen für eine Neuveranlagung während des Zeitraums zwischen dem Hauptveranlagungszeitpunkt und dem Zeitpunkt des Wirksamwerdens der Steuermeßbeträge (§ 16 Abs. 2) ein, so wird die Neuveranlagung auf den Zeitpunkt des Wirksamwerdens der Steuermeßbeträge vorgenommen.

§ 18 Nachveranlagung. (1) Wird eine Nachfeststellung (§ 223 Absatz 1 des Bewertungsgesetzes[1)]) durchgeführt, so wird der Steuermeßbetrag auf den Nachfeststellungszeitpunkt nachträglich festgesetzt (Nachveranlagung).

(2) Der Steuermeßbetrag wird auch dann nachträglich festgesetzt, wenn der Grund für die Befreiung des Steuergegenstandes von der Grundsteuer wegfällt, der für die Berechnung der Grundsteuer maßgebende Grundsteuerwert (§ 13 Abs. 1) aber bereits festgestellt ist.

(3) [1] Der Nachveranlagung werden die Verhältnisse im Nachveranlagungszeitpunkt zugrunde gelegt. [2] Nachveranlagungszeitpunkt ist

1. in den Fällen des Absatzes 1 der Beginn des Kalenderjahres, auf den der Grundsteuerwert nachträglich festgestellt wird;

[1)] Nr. **18**.

2. in den Fällen des Absatzes 2 der Beginn des Kalenderjahres, der auf den Wegfall des Befreiungsgrundes folgt. [2] § 16 Abs. 3 ist entsprechend anzuwenden.

(4) Treten die Voraussetzungen für eine Nachveranlagung während des Zeitraums zwischen dem Hauptveranlagungszeitpunkt und dem Zeitpunkt des Wirksamwerdens der Steuermeßbeträge (§ 16 Abs. 2) ein, so wird die Nachveranlagung auf den Zeitpunkt des Wirksamwerdens der Steuermeßbeträge vorgenommen.

§ 19 Anzeigepflicht. (1) [1] Jede Änderung in der Nutzung oder in den Eigentumsverhältnissen eines ganz oder teilweise von der Grundsteuer befreiten Steuergegenstandes, die zu einer Änderung oder zum Wegfall der Steuerbefreiung führen kann, hat derjenige anzuzeigen, der nach § 10 als Steuerschuldner in Betracht kommt. [2] Die Anzeige ist innerhalb von drei Monaten nach Eintritt der Änderung bei dem Finanzamt zu erstatten, das für die Festsetzung des Steuermeßbetrags zuständig ist.

(2) [1] Den Wegfall der Voraussetzungen für die ermäßigte Steuermesszahl nach § 15 Absatz 2 bis 5 hat derjenige anzuzeigen, der nach § 10 als Steuerschuldner in Betracht kommt. [2] Die Anzeige ist innerhalb von drei Monaten nach dem Wegfall der Voraussetzungen bei dem Finanzamt zu erstatten, das für die Festsetzung des Steuermessbetrags zuständig ist.

(3) Die Anzeigen nach den Absätzen 1 und 2 sind Steuererklärungen im Sinne der Abgabenordnung, die eigenhändig zu unterschreiben sind.

§ 20 Aufhebung des Steuermeßbetrags. (1) Der Steuermeßbetrag wird aufgehoben,

1. wenn der Grundsteuerwert aufgehoben wird oder
2. wenn dem Finanzamt bekannt wird, daß
 a) für den ganzen Steuergegenstand ein Befreiungsgrund eingetreten ist oder
 b) der Steuermeßbetrag fehlerhaft festgesetzt worden ist.

(2) Der Steuermeßbetrag wird aufgehoben

1. in den Fällen des Absatzes 1 Nr. 1 mit Wirkung vom Aufhebungszeitpunkt (§ 224 Absatz 2 des Bewertungsgesetzes[1)]) an;
2. in den Fällen des Absatzes 1 Nr. 2 Buchstabe a mit Wirkung vom Beginn des Kalenderjahres an, der auf den Eintritt des Befreiungsgrundes folgt. [2] § 16 Abs. 3 ist entsprechend anzuwenden;
3. in den Fällen des Absatzes 1 Nr. 2 Buchstabe b mit Wirkung vom Beginn des Kalenderjahres an, in dem der Fehler dem Finanzamt bekannt wird.

(3) Treten die Voraussetzungen für eine Aufhebung während des Zeitraums zwischen dem Hauptveranlagungszeitpunkt und dem Zeitpunkt des Wirksamwerdens der Steuermeßbeträge (§ 16 Abs. 2) ein, so wird die Aufhebung auf den Zeitpunkt des Wirksamwerdens der Steuermeßbeträge vorgenommen.

§ 21 Änderung von Steuermeßbescheiden. [1] Bescheide über die Neuveranlagung oder die Nachveranlagung von Steuermeßbeträgen können schon vor dem maßgebenden Veranlagungszeitpunkt erteilt werden. [2] Sie sind zu ändern

[1)] Nr. **18**.

oder aufzuheben, wenn sich bis zu diesem Zeitpunkt Änderungen ergeben, die zu einer abweichenden Festsetzung führen.

§ 22 Zerlegung des Steuermessbetrags. (1) Erstreckt sich der Steuergegenstand über mehrere Gemeinden, so ist der Steuermessbetrag vorbehaltlich des § 24 anteilig in die auf die einzelnen Gemeinden entfallenden Anteile zu zerlegen (Zerlegungsanteile).

(2) Zerlegungsmaßstab ist bei Betrieben der Land- und Forstwirtschaft der nach § 239 Absatz 2 des Bewertungsgesetzes[1] ermittelte Gemeindeanteil am Grundsteuerwert des Betriebs der Land- und Forstwirtschaft.

(3) [1] Zerlegungsmaßstab ist bei Grundstücken das Verhältnis, in dem die auf die einzelnen Gemeinden entfallenden Flächengrößen zueinander stehen. [2] Führt die Zerlegung nach Flächengrößen zu einem offenbar unbilligen Ergebnis, sind die Zerlegungsanteile maßgebend, auf die sich die Gemeinden mit dem Steuerschuldner einigen.

(4) Entfällt auf eine Gemeinde ein Zerlegungsanteil von weniger als 25 Euro, so ist dieser Anteil der Gemeinde zuzuweisen, der nach Absatz 2 oder 3 der größte Zerlegungsanteil zusteht.

§ 23 Zerlegungsstichtag. (1) Der Zerlegung des Steuermeßbetrags werden die Verhältnisse in dem Feststellungszeitpunkt zugrunde gelegt, auf den der für die Festsetzung des Steuermeßbetrags maßgebende Grundsteuerwert festgestellt worden ist.

(2) Ändern sich die Grundlagen für die Zerlegung, ohne daß der Grundsteuerwert fortgeschrieben oder nachträglich festgestellt wird, so sind die Zerlegungsanteile nach dem Stand vom 1. Januar des folgenden Jahres neu zu ermitteln, wenn wenigstens bei einer Gemeinde der neue Anteil um mehr als ein Zehntel, mindestens aber um zehn Euro von ihrem bisherigen Anteil abweicht.

§ 24 Ersatz der Zerlegung durch Steuerausgleich. [1] Die Landesregierung kann durch Rechtsverordnung bestimmen, daß bei Betrieben der Land- und Forstwirtschaft, die sich über mehrere Gemeinden erstrecken, aus Vereinfachungsgründen an Stelle der Zerlegung ein Steuerausgleich stattfindet. [2] Beim Steuerausgleich wird der gesamte Steuermeßbetrag der Gemeinde zugeteilt, in der der wertvollste Teil des Steuergegenstandes liegt (Sitzgemeinde); an dem Steueraufkommen der Sitzgemeinde werden die übrigen Gemeinden beteiligt. [3] Die Beteiligung soll annähernd zu dem Ergebnis führen, das bei einer Zerlegung einträte.

Abschnitt III. Festsetzung und Entrichtung der Grundsteuer

§ 25 Festsetzung des Hebesatzes. (1) Die Gemeinde bestimmt, mit welchem Hundertsatz des Steuermeßbetrags oder des Zerlegungsanteils die Grundsteuer zu erheben ist (Hebesatz).

(2) Der Hebesatz ist für ein oder mehrere Kalenderjahre, höchstens jedoch für den Hauptveranlagungszeitraum der Steuermeßbeträge festzusetzen.

[1] Nr. **18**.

(3) [1] Der Beschluß über die Festsetzung oder Änderung des Hebesatzes ist bis zum 30. Juni eines Kalenderjahres mit Wirkung vom Beginn dieses Kalenderjahres zu fassen. [2] Nach diesem Zeitpunkt kann der Beschluß über die Festsetzung des Hebesatzes gefaßt werden, wenn der Hebesatz die Höhe der letzten Festsetzung nicht überschreitet.

[Abs. 4 bis 31.12.2024:]

(4) [1] Der Hebesatz muß jeweils einheitlich sein

1. für die in einer Gemeinde liegenden Betriebe der Land- und Forstwirtschaft;
2. für die in einer Gemeinde liegenden Grundstücke.

[2] Wird das Gebiet von Gemeinden geändert, so kann die Landesregierung oder die von ihr bestimmte Stelle für die von der Änderung betroffenen Gebietsteile auf eine bestimmte Zeit verschiedene Hebesätze zulassen.

[Abs. 4 ab 1.1.2025:]

(4) [1] Der Hebesatz muss vorbehaltlich des Absatzes 5 jeweils einheitlich sein

1. für die in einer Gemeinde liegenden Betriebe der Land- und Forstwirtschaft und

2. für die in einer Gemeinde liegenden Grundstücke.

[2] Werden Gemeindegebiete geändert, so kann die Landesregierung oder die von ihr bestimmte Stelle für die von der Änderung betroffenen Gebietsteile für eine bestimmte Zeit verschiedene Hebesätze zulassen.

[Abs. 5 ab 1.1.2025:]

(5) [1] Die Gemeinde kann aus städtebaulichen Gründen baureife Grundstücke als besondere Grundstücksgruppe innerhalb der unbebauten Grundstücke im Sinne des § 246 des Bewertungsgesetzes[1)] bestimmen und abweichend von Absatz 4 Satz 1 Nummer 2 für die Grundstücksgruppe der baureifen Grundstücke einen gesonderten Hebesatz festsetzen. [2] Baureife Grundstücke sind unbebaute Grundstücke im Sinne des § 246 des Bewertungsgesetzes, die nach Lage, Form und Größe und ihrem sonstigen tatsächlichen Zustand sowie nach öffentlich-rechtlichen Vorschriften sofort bebaut werden könnten. [3] Eine erforderliche, aber noch nicht erteilte Baugenehmigung sowie zivilrechtliche Gründe, die einer sofortigen Bebauung entgegenstehen, sind unbeachtlich. [4] Als städtebauliche Gründe kommen insbesondere die Deckung eines erhöhten Bedarfs an Wohn- und Arbeitsstätten sowie Gemeinbedarfs- und Folgeeinrichtungen, die Nachverdichtung bestehender Siedlungsstrukturen oder die Stärkung der Innenentwicklung in Betracht. [5] Die Gemeinde hat den gesonderten Hebesatz auf einen bestimmten Gemeindeteil zu beschränken, wenn nur für diesen Gemeindeteil die städtebaulichen Gründe vorliegen. [6] Der Gemeindeteil muss mindestens 10 Prozent des gesamten Gemeindegebiets umfassen und in dem Gemeindeteil müssen mehrere baureife Grundstücke belegen sein. [7] Die genaue Bezeichnung der baureifen Grundstücke, deren Lage sowie das Gemeindegebiet, auf das sich der gesonderte Hebesatz bezieht, sind jeweils nach den Verhältnissen zu Beginn eines Kalenderjahres von der Gemeinde zu bestimmen, in einer Karte nachzuweisen und im Wege einer Allgemeinverfügung öffentlich bekannt zu geben. [8] In der Allgemeinverfügung sind die städtebaulichen Erwägungen nachvollziehbar darzulegen und die Wahl des Gemeindegebiets, auf das sich der gesonderte Hebesatz beziehen soll, zu begründen. [9] Hat eine Gemeinde die Grundstücksgruppe baureifer Grundstücke bestimmt und für die Grundstücksgruppe der baureifen Grundstücke einen gesonderten Hebesatz festgesetzt, muss dieser Hebesatz für alle in der Gemeinde oder

[1)] Nr. **18**.

dem Gemeindeteil liegenden baureifen Grundstücke einheitlich und höher als der einheitliche Hebesatz für die übrigen in der Gemeinde liegenden Grundstücke sein.

§ 26 Koppelungsvorschriften und Höchsthebesätze. In welchem Verhältnis die Hebesätze für die Grundsteuer der Betriebe der Land- und Forstwirtschaft, für die Grundsteuer der Grundstücke und für die Gewerbesteuer zueinander stehen müssen, welche Höchstsätze nicht überschritten werden dürfen und inwieweit mit Genehmigung der Gemeindeaufsichtsbehörde Ausnahmen zugelassen werden können, bleibt einer landesrechtlichen Regelung vorbehalten.

§ 27 Festsetzung der Grundsteuer. (1) [1]Die Grundsteuer wird für das Kalenderjahr festgesetzt. [2]Ist der Hebesatz für mehr als ein Kalenderjahr festgesetzt, kann auch die jährlich zu erhebende Grundsteuer für die einzelnen Kalenderjahre dieses Zeitraums festgesetzt werden.

(2) Wird der Hebesatz geändert (§ 25 Abs. 3), so ist die Festsetzung nach Absatz 1 zu ändern.

(3) [1]Für diejenigen Steuerschuldner, die für das Kalenderjahr die gleiche Grundsteuer wie im Vorjahr zu entrichten haben, kann die Grundsteuer durch öffentliche Bekanntmachung festgesetzt werden. [2]Für die Steuerschuldner treten mit dem Tage der öffentlichen Bekanntmachung die gleichen Rechtswirkungen ein, wie wenn ihnen an diesem Tage ein schriftlicher Steuerbescheid zugegangen wäre.

§ 28 Fälligkeit. (1) Die Grundsteuer wird zu je einem Viertel ihres Jahresbetrags am 15. Februar, 15. Mai, 15. August und 15. November fällig.

(2) Die Gemeinden können bestimmen, daß Kleinbeträge wie folgt fällig werden:

1. am 15. August mit ihrem Jahresbetrag, wenn dieser fünfzehn Euro nicht übersteigt;
2. am 15. Februar und 15. August zu je einer Hälfte ihres Jahresbetrags, wenn dieser dreißig Euro nicht übersteigt.

(3) [1]Auf Antrag des Steuerschuldners kann die Grundsteuer abweichend vom Absatz 1 oder Absatz 2 Nr. 2 am 1. Juli in einem Jahresbetrag entrichtet werden. [2]Der Antrag muß spätestens bis zum 30. September des vorangehenden Kalenderjahres gestellt werden. [3]Die beantragte Zahlungsweise bleibt so lange maßgebend, bis ihre Änderung beantragt wird; die Änderung muß spätestens bis zum 30. September des vorangehenden Jahres beantragt werden.

§ 29 Vorauszahlungen. Der Steuerschuldner hat bis zur Bekanntgabe eines neuen Steuerbescheids zu den bisherigen Fälligkeitstagen Vorauszahlungen unter Zugrundelegung der zuletzt festgesetzten Jahressteuer zu entrichten.

§ 30 Abrechnung über die Vorauszahlungen. (1) [1]Ist die Summe der Vorauszahlungen, die bis zur Bekanntgabe des neuen Steuerbescheids zu entrichten waren (§ 29), kleiner als die Steuer, die sich nach dem bekanntgegebenen Steuerbescheid für die vorausgegangenen Fälligkeitstage ergibt (§ 28), so ist der Unterschiedsbetrag innerhalb eines Monats nach Bekanntgabe des Steuerbescheids zu entrichten. [2]Die Verpflichtung, rückständige Vorauszahlungen schon früher zu entrichten, bleibt unberührt.

(2) Ist die Summe der Vorauszahlungen, die bis zur Bekanntgabe des neuen Steuerbescheids entrichtet worden sind, größer als die Steuer, die sich nach dem bekanntgegebenen Steuerbescheid für die vorangegangenen Fälligkeitstage ergibt, so wird der Unterschiedsbetrag nach Bekanntgabe des Steuerbescheids durch Aufrechnung oder Zurückzahlung ausgeglichen.

(3) Die Absätze 1 und 2 gelten entsprechend, wenn der Steuerbescheid aufgehoben oder geändert wird.

§ 31 Nachentrichtung der Steuer. Hatte der Steuerschuldner bis zur Bekanntgabe der Jahressteuer keine Vorauszahlungen nach § 29 zu entrichten, so hat er die Steuer, die sich nach dem bekanntgegebenen Steuerbescheid für die vorangegangenen Fälligkeitstage ergibt (§ 28), innerhalb eines Monats nach Bekanntgabe des Steuerbescheids zu entrichten.

Abschnitt IV. Erlaß der Grundsteuer

§ 32 Erlaß für Kulturgut und Grünanlagen. (1) Die Grundsteuer ist zu erlassen

1. für Grundbesitz oder Teile von Grundbesitz, dessen Erhaltung wegen seiner Bedeutung für Kunst, Geschichte, Wissenschaft oder Naturschutz im öffentlichen Interesse liegt, wenn die erzielten Einnahmen und die sonstigen Vorteile (Rohertrag) in der Regel unter den jährlichen Kosten liegen. [2]Bei Park- und Gartenanlagen von geschichtlichem Wert ist der Erlaß von der weiteren Voraussetzung abhängig, daß sie in dem billigerweise zu fordernden Umfang der Öffentlichkeit zugänglich gemacht sind;
2. für öffentliche Grünanlagen, Spiel- und Sportplätze, wenn die jährlichen Kosten in der Regel den Rohertrag übersteigen.

(2) [1]Ist der Rohertrag für Grundbesitz, in dessen Gebäuden Gegenstände von wissenschaftlicher, künstlerischer oder geschichtlicher Bedeutung, insbesondere Sammlungen oder Bibliotheken, dem Zweck der Forschung oder Volksbildung nutzbar gemacht sind, durch die Benutzung zu den genannten Zwecken nachhaltig gemindert, so ist von der Grundsteuer der Hundertsatz zu erlassen, um den der Rohertrag gemindert ist. [2]Das gilt nur, wenn die wissenschaftliche, künstlerische oder geschichtliche Bedeutung der untergebrachten Gegenstände durch die Landesregierung oder die von ihr beauftragte Stelle anerkannt ist.

§ 33 Erlass wegen wesentlicher Reinertragsminderung bei Betrieben der Land- und Forstwirtschaft. (1) [1]Die Grundsteuer wird in Höhe von 25 Prozent erlassen, wenn bei Betrieben der Land- und Forstwirtschaft der tatsächliche Reinertrag des Steuergegenstandes um mehr als 50 Prozent gemindert ist und der Steuerschuldner die Minderung des tatsächlichen Reinertrags nicht zu vertreten hat. [2]Beträgt die vom Steuerschuldner nicht zu vertretende Minderung des tatsächlichen Reinertrags 100 Prozent, ist die Grundsteuer abweichend von Satz 1 in Höhe von 50 Prozent zu erlassen. [3]Der tatsächliche Reinertrag eines Betriebs der Land- und Forstwirtschaft ermittelt sich nach den Grundsätzen des § 236 Absatz 2 Satz 1 und 2 des Bewertungsgesetzes[1)] für ein

[1)] Nr. **18**.

Wirtschaftsjahr. [4]Er gilt als in dem Erlasszeitraum bezogen, in dem das für den Betrieb der Land- und Forstwirtschaft maßgebliche Wirtschaftsjahr endet.

(2) [1]Der Erlass nach Absatz 1 wird nur gewährt, wenn die Einziehung der Grundsteuer nach den wirtschaftlichen Verhältnissen des Betriebs unbillig wäre. [2]Ein Erlass nach Absatz 1 ist insbesondere ausgeschlossen, wenn für den Betrieb der Land- und Forstwirtschaft nach § 4 Absatz 1, § 4 Absatz 3 oder § 13a des Einkommensteuergesetzes für dasjenige Wirtschaftsjahr ein Gewinn ermittelt wurde, das im Erlasszeitraum bei der Ermittlung des tatsächlichen Reinertrags nach Absatz 1 zugrunde zu legen ist.

(3) Eine Ertragsminderung ist kein Erlassgrund, wenn sie für den Erlasszeitraum durch Fortschreibung des Grundsteuerwerts berücksichtigt werden kann oder bei rechtzeitiger Stellung des Antrags auf Fortschreibung hätte berücksichtigt werden können.

§ 34 Erlass wegen wesentlicher Ertragsminderung bei bebauten Grundstücken. (1) [1]Die Grundsteuer wird in Höhe von 25 Prozent erlassen, wenn bei bebauten Grundstücken der normale Rohertrag des Steuergegenstandes um mehr als 50 Prozent gemindert ist und der Steuerschuldner die Minderung des normalen Rohertrags nicht zu vertreten hat. [2]Beträgt die vom Steuerschuldner nicht zu vertretende Minderung des normalen Rohertrags 100 Prozent, ist die Grundsteuer abweichend von Satz 1 in Höhe von 50 Prozent zu erlassen. [3]Normaler Rohertrag ist bei bebauten Grundstücken die nach den Verhältnissen zu Beginn des Erlasszeitraums geschätzte übliche Jahresmiete. [4]Die übliche Jahresmiete ist in Anlehnung an die Miete zu ermitteln, die für Räume gleicher oder ähnlicher Art, Lage und Ausstattung regelmäßig gezahlt wird. [5]Betriebskosten sind nicht einzubeziehen.

(2) [1]Bei eigengewerblich genutzten bebauten Grundstücken gilt als Minderung des normalen Rohertrags die Minderung der Ausnutzung des Grundstücks. [2]In diesen Fällen wird der Erlass nach Absatz 1 nur gewährt, wenn die Einziehung der Grundsteuer nach den wirtschaftlichen Verhältnissen des Betriebs unbillig wäre.

(3) [1]Wird nur ein Teil des Grundstücks eigengewerblich genutzt, so ist die Ertragsminderung für diesen Teil nach Absatz 2, für den übrigen Teil nach Absatz 1 zu bestimmen. [2]In diesen Fällen ist für den ganzen Steuergegenstand ein einheitlicher Prozentsatz der Ertragsminderung nach dem Anteil der einzelnen Teile am Grundsteuerwert des Grundstücks zu ermitteln.

(4) Eine Ertragsminderung ist kein Erlassgrund, wenn sie für den Erlasszeitraum durch Fortschreibung des Grundsteuerwerts berücksichtigt werden kann oder bei rechtzeitiger Stellung des Antrags auf Fortschreibung hätte berücksichtigt werden können.

§ 35 Verfahren. (1) [1]Der Erlaß wird jeweils nach Ablauf eines Kalenderjahres für die Grundsteuer ausgesprochen, die für das Kalenderjahr festgesetzt worden ist (Erlaßzeitraum). [2]Maßgebend für die Entscheidung über den Erlaß sind die Verhältnisse des Erlaßzeitraums.

(2) [1]Der Erlaß wird nur auf Antrag gewährt. [2]Der Antrag ist bis zu dem auf den Erlaßzeitraum folgenden 31. März zu stellen.

(3) [1]In den Fällen des § 32 bedarf es keiner jährlichen Wiederholung des Antrags. [2]Der Steuerschuldner ist verpflichtet, eine Änderung der maßgeb-

lichen Verhältnisse der Gemeinde binnen drei Monaten nach Eintritt der Änderung anzuzeigen.

Abschnitt V. Übergangs- und Schlussvorschriften

§ 36 Sondervorschriften für die Hauptveranlagung 2025. (1) Auf den 1. Januar 2025 findet eine Hauptveranlagung der Grundsteuermessbeträge statt (Hauptveranlagung 2025).

(2) [1]Die in der Hauptveranlagung 2025 festgesetzten Steuermessbeträge gelten abweichend von § 16 Absatz 2 vorbehaltlich der §§ 17 bis 20 mit Wirkung von dem am 1. Januar 2025 beginnenden Kalenderjahr an. [2]Der Beginn dieses Kalenderjahres ist der Hauptveranlagungszeitpunkt.

(3) [1]Bescheide über die Hauptveranlagung können schon vor dem Hauptveranlagungszeitpunkt erteilt werden. [2]§ 21 Satz 2 ist entsprechend anzuwenden.

§ 37 Anwendung des Gesetzes. (1) Diese Fassung des Gesetzes gilt erstmals für die Grundsteuer des Kalenderjahres 2025.

(2) Für die Grundsteuer bis einschließlich zum Kalenderjahr 2024 findet das Grundsteuergesetz in der Fassung vom 7. August 1973 (BGBl. I S. 965), das zuletzt durch Artikel 38 des Gesetzes vom 19. Dezember 2008 (BGBl. I S. 2794) geändert worden ist, weiter Anwendung.

[Abs. 3 ab 1.1.2025:]

(3) § 25 Absatz 4 und 5 in der am 1. Januar 2025 geltenden Fassung ist erstmals bei der Hauptveranlagung auf den 1. Januar 2025 anzuwenden.

§ 38 Bekanntmachung. Das Bundesministerium der Finanzen wird ermächtigt, den Wortlaut dieses Gesetzes in der jeweils geltenden Fassung bekannt zu machen.

§ 39 *(aufgehoben)*

Abschnitt VI. *(aufgehoben)*

18. Bewertungsgesetz (BewG)[1]

In der Fassung der Bekanntmachung vom 1. Februar 1991[2]
(BGBl. I S. 230)

FNA 610-7

zuletzt geänd. durch Art. 19 und 20 Jahressteuergesetz 2022 (JStG 2022) v. 16.12.2022 (BGBl. I S. 2294)

– Auszug –

Erster Teil. Allgemeine Bewertungsvorschriften

§§ 1–16 *(vom Abdruck wurde abgesehen)*

Zweiter Teil. Besondere Bewertungsvorschriften

Erster bis sechster Abschnitt.

§§ 17–217 *(vom Abdruck wurde abgesehen)*

Siebenter Abschnitt. Bewertung des Grundbesitzes für die Grundsteuer ab 1. Januar 2022

A. Allgemeines

§ 218 Vermögensarten. [1]Für Vermögen, das nach diesem Abschnitt zu bewerten ist, erfolgt abweichend von § 18 eine Unterscheidung in folgende Vermögensarten:

1. Land- und forstwirtschaftliches Vermögen (§ 232),
2. Grundvermögen (§ 243).

[2]Betriebsgrundstücke im Sinne des § 99 Absatz 1 Nummer 2 werden dem land- und forstwirtschaftlichen Vermögen zugeordnet und sind wie land- und forstwirtschaftliches Vermögen zu bewerten. [3]Betriebsgrundstücke im Sinne des § 99 Absatz 1 Nummer 1 werden dem Grundvermögen zugeordnet und sind wie Grundvermögen zu bewerten.

§ 219 Feststellung von Grundsteuerwerten. (1) Grundsteuerwerte werden für inländischen Grundbesitz, und zwar für Betriebe der Land- und Forstwirtschaft (§§ 232 bis 234, 240) und für Grundstücke (§§ 243 und 244) gesondert festgestellt (§ 180 Absatz 1 Satz 1 Nummer 1 der Abgabenordnung).

(2) In dem Feststellungsbescheid (§ 179 der Abgabenordnung) sind auch Feststellungen zu treffen über:

1. die Vermögensart und beim Grundvermögen auch über die Grundstücksart (§ 249) sowie
2. die Zurechnung der wirtschaftlichen Einheit und bei mehreren Beteiligten über die Höhe ihrer Anteile.

[1] Zur Anwendung siehe § 265 und § 266.

[2] Neubekanntmachung des BewG idF der Bek. v. 30.5.1985 (BGBl. I S. 845) in der ab 1.1.1991 geltenden Fassung.

(3) Die Feststellungen nach den Absätzen 1 und 2 erfolgen nur, soweit sie für die Besteuerung von Bedeutung sind.

§ 220 Ermittlung der Grundsteuerwerte. [1]Die Grundsteuerwerte werden nach den Vorschriften dieses Abschnitts ermittelt. [2]Bei der Ermittlung der Grundsteuerwerte ist § 163 der Abgabenordnung nicht anzuwenden; hiervon unberührt bleiben Übergangsregelungen, die die oberste Finanzbehörde eines Landes im Einvernehmen mit den obersten Finanzbehörden der übrigen Länder trifft.

§ 221 Hauptfeststellung. (1) Die Grundsteuerwerte werden in Zeitabständen von je sieben Jahren allgemein festgestellt (Hauptfeststellung).

(2) Der Hauptfeststellung werden die Verhältnisse zu Beginn des Kalenderjahres (Hauptfeststellungszeitpunkt) zugrunde gelegt.

§ 222 Fortschreibungen. (1) Der Grundsteuerwert wird neu festgestellt (Wertfortschreibung), wenn der in Euro ermittelte und auf volle 100 Euro abgerundete Wert, der sich für den Beginn eines Kalenderjahres ergibt, von dem entsprechenden Wert des letzten Feststellungszeitpunkts nach oben oder unten um mehr als 15 000 Euro abweicht.

(2) Über die Art oder Zurechnung der wirtschaftlichen Einheit (§ 219 Absatz 2) wird eine neue Feststellung getroffen (Artfortschreibung oder Zurechnungsfortschreibung), wenn sie von der zuletzt getroffenen Feststellung abweicht und es für die Besteuerung von Bedeutung ist.

(3) [1]Eine Fortschreibung nach Absatz 1 oder 2 findet auch zur Beseitigung eines Fehlers der letzten Feststellung statt. [2]§ 176 der Abgabenordnung über den Vertrauensschutz bei der Aufhebung und Änderung von Steuerbescheiden ist hierbei entsprechend anzuwenden. [3]Satz 2 gilt nur für die Feststellungszeitpunkte, die vor der Verkündung der maßgeblichen Entscheidung eines der in § 176 der Abgabenordnung genannten Gerichte liegen.

(4) [1]Eine Fortschreibung ist vorzunehmen, wenn dem Finanzamt bekannt wird, dass die Voraussetzungen für sie vorliegen. [2]Der Fortschreibung werden vorbehaltlich des § 227 die Verhältnisse im Fortschreibungszeitpunkt zugrunde gelegt. [3]Fortschreibungszeitpunkt ist:

1. bei einer Änderung der tatsächlichen Verhältnisse der Beginn des Kalenderjahres, das auf die Änderung folgt, und
2. in den Fällen des Absatzes 3 der Beginn des Kalenderjahres, in dem der Fehler dem Finanzamt bekannt wird, bei einer Erhöhung des Grundsteuerwerts jedoch frühestens der Beginn des Kalenderjahres, in dem der Feststellungsbescheid erteilt wird.

§ 223 Nachfeststellung. (1) Für wirtschaftliche Einheiten, für die ein Grundsteuerwert festzustellen ist, wird der Grundsteuerwert nachträglich festgestellt (Nachfeststellung), wenn nach dem Hauptfeststellungszeitpunkt:

1. die wirtschaftliche Einheit neu entsteht oder
2. eine bereits bestehende wirtschaftliche Einheit erstmals zur Grundsteuer herangezogen werden soll.

(2) [1]Der Nachfeststellung werden vorbehaltlich des § 227 die Verhältnisse im Nachfeststellungszeitpunkt zugrunde gelegt. [2]Nachfeststellungszeitpunkt ist:

1. in den Fällen des Absatzes 1 Nummer 1 der Beginn des Kalenderjahres, das auf die Entstehung der wirtschaftlichen Einheit folgt, und
2. in den Fällen des Absatzes 1 Nummer 2 der Beginn des Kalenderjahres, in dem der Grundsteuerwert erstmals der Besteuerung zugrunde gelegt wird.

§ 224 Aufhebung des Grundsteuerwerts. (1) Der Grundsteuerwert wird aufgehoben, wenn dem Finanzamt bekannt wird, dass:
1. die wirtschaftliche Einheit wegfällt oder
2. der Grundsteuerwert der wirtschaftlichen Einheit infolge von Befreiungsgründen der Besteuerung nicht mehr zugrunde gelegt wird.

(2) Aufhebungszeitpunkt ist:
1. in den Fällen des Absatzes 1 Nummer 1 der Beginn des Kalenderjahres, das auf den Wegfall der wirtschaftlichen Einheit folgt, und
2. in den Fällen des Absatzes 1 Nummer 2 der Beginn des Kalenderjahres, in dem der Grundsteuerwert erstmals der Besteuerung nicht mehr zugrunde gelegt wird.

§ 225 Änderung von Feststellungsbescheiden. [1]Bescheide über Fortschreibungen oder über Nachfeststellungen von Grundsteuerwerten können schon vor dem maßgeblichen Feststellungszeitpunkt erteilt werden. [2]Sie sind zu ändern oder aufzuheben, wenn sich bis zu diesem Zeitpunkt Änderungen ergeben, die zu einer abweichenden Feststellung führen.

§ 226 Nachholung einer Feststellung. (1) [1]Ist die Feststellungsfrist (§ 181 der Abgabenordnung) abgelaufen, kann eine Fortschreibung (§ 222) oder Nachfeststellung (§ 223) unter Zugrundelegung der Verhältnisse vom Fortschreibungs- oder Nachfeststellungszeitpunkt mit Wirkung für einen späteren Feststellungszeitpunkt vorgenommen werden, für den diese Frist noch nicht abgelaufen ist. [2]§ 181 Absatz 5 der Abgabenordnung bleibt hiervon unberührt.

(2) Absatz 1 ist bei der Aufhebung des Grundsteuerwerts (§ 224) entsprechend anzuwenden.

§ 227 Wertverhältnisse bei Fortschreibungen und Nachfeststellungen. Bei Fortschreibungen und bei Nachfeststellungen der Grundsteuerwerte sind die Wertverhältnisse im Hauptfeststellungszeitpunkt zugrunde zu legen.

§ 228 Erklärungs- und Anzeigepflicht. (1) [1]Die Steuerpflichtigen haben Erklärungen zur Feststellung der Grundsteuerwerte für den Hauptfeststellungszeitpunkt oder einen anderen Feststellungszeitpunkt abzugeben, wenn sie hierzu durch die Finanzbehörde aufgefordert werden (§ 149 Absatz 1 Satz 2 der Abgabenordnung). [2]Fordert die Finanzbehörde zur Abgabe einer Erklärung auf, hat sie eine Frist zur Abgabe der Erklärung zu bestimmen, die mindestens einen Monat betragen soll. [3]Die Aufforderung zur Abgabe einer Erklärung kann vom Bundesministerium der Finanzen im Einvernehmen mit den obersten Finanzbehörden der Länder durch öffentliche Bekanntmachung erfolgen.

(2) [1]Eine Änderung der tatsächlichen Verhältnisse, die sich auf die Höhe des Grundsteuerwerts, die Vermögensart oder die Grundstücksart auswirken oder zu einer erstmaligen Feststellung führen kann, ist auf den Beginn des folgenden Kalenderjahres anzuzeigen. [2]Gleiches gilt, wenn das Eigentum oder das wirt-

schaftliche Eigentum an einem auf fremdem Grund und Boden errichteten Gebäude übergegangen ist. [3]Die Frist für die Abgabe dieser Anzeige beträgt einen Monat und beginnt mit Ablauf des Kalenderjahres, in dem sich die tatsächlichen Verhältnisse geändert haben oder das Eigentum oder das wirtschaftliche Eigentum an einem auf fremdem Grund und Boden errichteten Gebäude übergegangen ist.

(3) Die Erklärung nach Absatz 1 und die Anzeige nach Absatz 2 sind abzugeben

1. von dem Steuerpflichtigen, dem die wirtschaftliche Einheit zuzurechnen ist,
2. bei einem Grundstück, das mit einem Erbbaurecht belastet ist, vom Erbbauberechtigten unter Mitwirkung des Erbbauverpflichteten oder
3. bei einem Gebäude auf fremdem Grund und Boden vom Eigentümer des Grund und Bodens unter Mitwirkung des Eigentümers oder des wirtschaftlichen Eigentümers des Gebäudes.

(4) Die Erklärungen nach Absatz 1 und die Anzeigen nach Absatz 2 sind bei dem für die gesonderte Feststellung zuständigen Finanzamt abzugeben.

(5) Die Erklärungen nach Absatz 1 und die Anzeigen nach Absatz 2 sind Steuererklärungen im Sinne der Abgabenordnung, die eigenhändig zu unterschreiben sind.

(6) [1]Die Erklärungen nach Absatz 1 und die Anzeigen nach Absatz 2 sind nach amtlich vorgeschriebenem Datensatz durch Datenfernübertragung zu übermitteln. [2]Auf Antrag kann die Finanzbehörde zur Vermeidung unbilliger Härten auf eine Übermittlung durch Datenfernübertragung verzichten. [3]Für die Entscheidung über den Antrag gilt § 150 Absatz 8 der Abgabenordnung.

§ 229 Auskünfte, Erhebungen und Mitteilungen. (1) [1]Die Eigentümer von Grundbesitz haben der Finanzbehörde auf Anforderung alle Angaben zu machen, die sie für die Sammlung der Kauf-, Miet- und Pachtpreise braucht. [2]Dabei haben sie zu versichern, dass sie die Angaben nach bestem Wissen und Gewissen gemacht haben.

(2) [1]Die Finanzbehörden können zur Vorbereitung einer Hauptfeststellung und zur Durchführung von Feststellungen der Grundsteuerwerte örtliche Erhebungen über die Bewertungsgrundlagen anstellen. [2]Das Grundrecht der Unverletzlichkeit der Wohnung (Artikel 13 des Grundgesetzes) wird insoweit eingeschränkt.

(3) Die nach Bundes- oder Landesrecht zuständigen Behörden haben den Finanzbehörden die rechtlichen und tatsächlichen Umstände mitzuteilen, die ihnen im Rahmen ihrer Aufgabenerfüllung bekannt geworden sind und die für die Feststellung von Grundsteuerwerten oder für die Grundsteuer von Bedeutung sein können.

(4) [1]Die Grundbuchämter haben den für die Feststellung des Grundsteuerwerts zuständigen Finanzbehörden mitzuteilen:

1. die Eintragung eines neuen Eigentümers oder Erbbauberechtigten sowie bei einem anderen als einem rechtsgeschäftlichen Erwerb zusätzlich die Anschrift des neuen Eigentümers oder Erbbauberechtigten; dies gilt nicht für die Fälle des Erwerbs nach den Vorschriften des Zuordnungsrechts,
2. die Eintragung der Begründung von Wohnungseigentum oder Teileigentum,

3. die Eintragung der Begründung eines Erbbaurechts, Wohnungserbbaurechts oder Teilerbbaurechts.

[2]In den Fällen des Satzes 1 Nummer 2 und 3 ist gleichzeitig der Tag des Eingangs des Eintragungsantrags beim Grundbuchamt mitzuteilen. [3]Bei einer Eintragung aufgrund Erbfolge ist das Jahr anzugeben, in dem der Erblasser verstorben ist. [4]Die Mitteilungen sollen der Finanzbehörde über die für die Führung des Liegenschaftskatasters zuständige Behörde oder über eine sonstige Behörde, die das amtliche Verzeichnis der Grundstücke (§ 2 Absatz 2 der Grundbuchordnung[1)]) führt, zugeleitet werden.

(5) [1]Die nach den Absätzen 3 oder 4 mitteilungspflichtige Stelle hat die betroffenen Personen vom Inhalt der Mitteilung zu unterrichten. [2]Eine Unterrichtung kann unterbleiben, soweit den Finanzbehörden Umstände aus dem Grundbuch, den Grundakten oder aus dem Liegenschaftskataster mitgeteilt werden.

(6) [1]Die nach den Absätzen 3 oder 4 mitteilungspflichtigen Stellen übermitteln die Mitteilungen den Finanzbehörden nach amtlich vorgeschriebenem Datensatz über die amtlich bestimmte Schnittstelle. [2]Die Grundbuchämter und die für die Führung des Liegenschaftskatasters zuständigen Behörden übermitteln die bei ihnen geführten Daten laufend, mindestens alle drei Monate. [3]Das Bundesministerium der Finanzen legt im Einvernehmen mit den obersten Finanzbehörden der Länder und den obersten Vermessungs- und Katasterbehörden der Länder die Einzelheiten der elektronischen Übermittlung und deren Beginn in einem Schreiben fest. [4]Dieses Schreiben ist im Bundesanzeiger und im Bundessteuerblatt zu veröffentlichen.

§ 230 Abrundung. Die ermittelten Grundsteuerwerte werden auf volle 100 Euro nach unten abgerundet.

§ 231 Abgrenzung von in- und ausländischem Vermögen. (1) [1]Für die Bewertung des inländischen nach diesem Abschnitt zu bewertenden Vermögens gelten die §§ 232 bis 262. [2]Nach diesen Vorschriften sind auch die inländischen Teile einer wirtschaftlichen Einheit zu bewerten, die sich sowohl auf das Inland als auch auf das Ausland erstrecken.

(2) Die ausländischen Teile einer wirtschaftlichen Einheit unterliegen nicht der gesonderten Feststellung nach § 219.

B. Land- und forstwirtschaftliches Vermögen

I. Allgemeines

§ 232 Begriff des land- und forstwirtschaftlichen Vermögens.

(1) [1]Land- und Forstwirtschaft ist die planmäßige Nutzung der natürlichen Kräfte des Bodens zur Erzeugung von Pflanzen und Tieren sowie die Verwertung der dadurch selbst gewonnenen Erzeugnisse. [2]Zum land- und forstwirtschaftlichen Vermögen gehören alle Wirtschaftsgüter, die einem Betrieb der Land- und Forstwirtschaft dauernd zu dienen bestimmt sind.

(2) [1]Die wirtschaftliche Einheit des land- und forstwirtschaftlichen Vermögens ist der Betrieb der Land- und Forstwirtschaft. [2]Wird der Betrieb der Land- und Forstwirtschaft oder werden Teile davon einem anderen Berechtig-

1) Nr. **11**.

ten zur Erzeugung von Pflanzen und Tieren sowie zur Verwertung der dadurch selbst gewonnenen Erzeugnisse überlassen, so gilt dies als Fortsetzung der land- und forstwirtschaftlichen Tätigkeit des Überlassenden.

(3) [1] Zu den Wirtschaftsgütern, die dem Betrieb der Land- und Forstwirtschaft dauernd zu dienen bestimmt sind, gehören insbesondere:

1. der Grund und Boden,
2. die Wirtschaftsgebäude,
3. die stehenden Betriebsmittel,
4. der normale Bestand an umlaufenden Betriebsmitteln,
5. die immateriellen Wirtschaftsgüter.

[2] Als normaler Bestand an umlaufenden Betriebsmitteln gilt ein Bestand, der zur gesicherten Fortführung des Betriebs erforderlich ist.

(4) Nicht zum land- und forstwirtschaftlichen Vermögen gehören:

1. Grund und Boden sowie Gebäude und Gebäudeteile, die Wohnzwecken oder anderen nicht land- und forstwirtschaftlichen Zwecken dienen,
2. Tierbestände oder Zweige des Tierbestands und die hiermit zusammenhängenden Wirtschaftsgüter (zum Beispiel Gebäude und abgrenzbare Gebäudeteile mit den dazugehörenden Flächen, stehende und umlaufende Betriebsmittel), wenn die Tiere weder nach § 241 zur landwirtschaftlichen Nutzung noch nach § 242 Absatz 2 zu den sonstigen land- und forstwirtschaftlichen Nutzungen gehören; die Zugehörigkeit der landwirtschaftlich genutzten Flächen zum land- und forstwirtschaftlichen Vermögen wird hierdurch nicht berührt,
3. Zahlungsmittel, Geldforderungen, Geschäftsguthaben, Wertpapiere und Beteiligungen sowie
4. Geldschulden und Pensionsverpflichtungen.

§ 233 Abgrenzung des land- und forstwirtschaftlichen Vermögens vom Grundvermögen in Sonderfällen. (1) Dienen im Umgriff einer Windenergieanlage Flächen einem Betrieb der Land- und Forstwirtschaft, sind abweichend von § 232 Absatz 4 Nummer 1 die Standortflächen der Windenergieanlage und der dazugehörenden Betriebsvorrichtungen (abgegrenzte Standortfläche der Windenergieanlage) dem land- und forstwirtschaftlichen Vermögen zuzurechnen.

(2) Land- und forstwirtschaftlich genutzte Flächen sind dem Grundvermögen zuzurechnen, wenn nach ihrer Lage, den am Feststellungszeitpunkt bestehenden Verwertungsmöglichkeiten oder den sonstigen Umständen anzunehmen ist, dass sie innerhalb eines Zeitraums von sieben Jahren anderen als land- und forstwirtschaftlichen Zwecken, insbesondere als Bau-, Gewerbe- oder Industrieland oder als Land für Verkehrszwecke, dienen werden.

(3) [1] Flächen sind stets dem Grundvermögen zuzurechnen, wenn sie in einem Bebauungsplan als Bauland festgesetzt sind, ihre sofortige Bebauung möglich ist und die Bebauung innerhalb des Plangebiets in benachbarten Bereichen begonnen hat oder schon durchgeführt ist. [2] Satz 1 gilt nicht für die Hofstelle.

§ 234 Betrieb der Land- und Forstwirtschaft. (1) Ein Betrieb der Land- und Forstwirtschaft umfasst:

1. die land- und forstwirtschaftlichen Nutzungen:
 a) die landwirtschaftliche Nutzung,
 b) die forstwirtschaftliche Nutzung,
 c) die weinbauliche Nutzung,
 d) die gärtnerische Nutzung,
 aa) Nutzungsteil Gemüsebau,
 bb) Nutzungsteil Blumen- und Zierpflanzenbau,
 cc) Nutzungsteil Obstbau,
 dd) Nutzungsteil Baumschulen,
 e) die übrigen land- und forstwirtschaftlichen Nutzungen,
2. die Nutzungsarten:
 a) Abbauland,
 b) Geringstland,
 c) Unland,
 d) Hofstelle,
3. die Nebenbetriebe.

(2) Die land- und forstwirtschaftlichen Betriebsflächen sind einer Nutzung, innerhalb der gärtnerischen Nutzung einem Nutzungsteil, oder einer Nutzungsart zuzuordnen (gesetzliche Klassifizierung).

(3) Zum Abbauland gehören die Betriebsflächen, die durch Abbau der Bodensubstanz überwiegend für den Betrieb der Land- und Forstwirtschaft nutzbar gemacht werden, zum Beispiel Steinbrüche, Torfstiche, Sand-, Kies- und Lehmgruben.

(4) Zum Geringstland gehören die Betriebsflächen geringster Ertragsfähigkeit, für die nach dem Bodenschätzungsgesetz keine Wertzahlen festzustellen sind.

(5) Zum Unland gehören die Betriebsflächen, die auch bei geordneter Wirtschaftsweise keinen Ertrag abwerfen können.

(6) Zur Hofstelle gehören alle Hof- und Wirtschaftsgebäudeflächen einschließlich der Nebenflächen, wenn von dort land- und forstwirtschaftliche Flächen nachhaltig bewirtschaftet werden.

(7) Als Nebenbetrieb gilt ein Betrieb, der dem Hauptbetrieb zu dienen bestimmt ist und nicht einen selbständigen gewerblichen Betrieb darstellt.

§ 235 Feststellungszeitpunkt. (1) Für die Größe des Betriebs sowie für den Umfang und den Zustand der Gebäude sind die Verhältnisse im Feststellungszeitpunkt maßgebend.

(2) Für die stehenden und umlaufenden Betriebsmittel ist der Stand am Ende des Wirtschaftsjahres maßgebend, das dem Feststellungszeitpunkt vorangegangen ist.

§ 236 Bewertungsgrundsätze. (1) Der Bewertung eines Betriebs der Land- und Forstwirtschaft ist der Ertragswert zugrunde zu legen.

(2) [1] Bei der Ermittlung des Ertragswerts ist von der Ertragsfähigkeit auszugehen. [2] Ertragsfähigkeit ist der bei ordnungsmäßiger Bewirtschaftung gemeinhin und nachhaltig erzielbare Reinertrag eines pacht- und schuldenfreien Betriebs mit entlohnten fremden Arbeitskräften (Reinertrag). [3] Er ermittelt sich

aus dem Betriebseinkommen abzüglich des Lohnaufwands für die entlohnten Arbeitskräfte und des angemessenen Anteils für die Arbeitsleistung des Betriebsleiters sowie der nicht entlohnten Arbeitskräfte. [4]Hierbei sind alle Umstände zu berücksichtigen, die bei einer Selbstbewirtschaftung des Betriebs den Wirtschaftserfolg beeinflussen.

(3) [1]Der Reinertrag wird aus den Erhebungen nach § 2 des Landwirtschaftsgesetzes oder aus Erhebungen der Finanzverwaltung für jede gesetzliche Klassifizierung gesondert ermittelt. [2]Bei der Ermittlung des jeweiligen Reinertrags ist zur Berücksichtigung der nachhaltigen Ertragsfähigkeit ein Durchschnitt aus den letzten zehn vorliegenden Wirtschaftsjahren zu bilden, die vor dem Hauptfeststellungszeitpunkt geendet haben.

(4) Der Ertragswert ist das 18,6fache der Summe der Reinerträge des Betriebs.

§ 237 Bewertung des Betriebs der Land- und Forstwirtschaft.

(1) [1]Bei der Ermittlung des Ertragswerts für einen Betrieb der Land- und Forstwirtschaft sind die land- und forstwirtschaftlichen Nutzungen, Nutzungsarten und die Nebenbetriebe (§ 234 Absatz 1) mit ihrem jeweiligen Reinertrag nach den Absätzen 2 bis 8 zu bewerten. [2]Mit dem Ansatz des jeweiligen Reinertrags sind auch dem Eigentümer des Grund und Bodens nicht gehörende stehende und umlaufende Betriebsmittel, die der Bewirtschaftung des Betriebs dienen, abgegolten.

(2) [1]Der Reinertrag der landwirtschaftlichen Nutzung ermittelt sich aus der Summe der Flächenwerte. [2]Der jeweilige Flächenwert ist das Produkt aus der Größe der gesetzlich klassifizierten Eigentumsfläche des Betriebs und den Bewertungsfaktoren der Anlage 27. [3]Die Bewertungsfaktoren Grundbetrag und Ertragsmesszahl nach § 9 des Bodenschätzungsgesetzes sind für jede Eigentumsfläche gesondert zu ermitteln.

(3) [1]Der Reinertrag der forstwirtschaftlichen Nutzung ermittelt sich aus der Summe der Flächenwerte. [2]Der jeweilige Flächenwert ist das Produkt aus der Größe der gesetzlich klassifizierten Eigentumsfläche des Betriebs und dem jeweiligen gegendüblichen Bewertungsfaktor gemäß Anlage 28. [3]Die gegendüblichen Bewertungsfaktoren bestimmen sich nach den forstwirtschaftlichen Wuchsgebieten und deren Baumartenanteilen nach der zuletzt vor dem Hauptfeststellungszeitpunkt durchgeführten Bundeswaldinventur (§ 41a des Bundeswaldgesetzes). [4]Abweichend hiervon werden klassifizierte Eigentumsflächen mit katastermäßig nachgewiesenen Bewirtschaftungsbeschränkungen als Geringstland bewertet, wenn infolge der Bewirtschaftungsbeschränkungen eine nachhaltige forstwirtschaftliche Nutzung unterbleibt.

(4) [1]Der Reinertrag der weinbaulichen Nutzung ermittelt sich aus der Summe der Flächenwerte. [2]Der jeweilige Flächenwert ist das Produkt aus der Größe der gesetzlich klassifizierten Eigentumsfläche des Betriebs und dem Bewertungsfaktor für die Verwertungsform Traubenerzeugung gemäß Anlage 29.

(5) [1]Der Reinertrag der gärtnerischen Nutzung ist gegliedert nach den Nutzungsteilen zu ermitteln. [2]Der Reinertrag eines Nutzungsteils ermittelt sich aus der Summe der Flächenwerte. [3]Der jeweilige Flächenwert ist das Produkt aus der gesetzlich klassifizierten Eigentumsfläche des Betriebs und dem jeweiligen Bewertungsfaktor gemäß Anlage 30. [4]Abweichend hiervon wird der Nut-

zungsteil Gemüsebau wie eine landwirtschaftliche Nutzung bewertet, wenn im Wechsel landwirtschaftliche und gärtnerische Erzeugnisse gewonnen werden und keine Bewässerungsmöglichkeiten bestehen.

(6) [1]Der Reinertrag für die übrigen land- und forstwirtschaftlichen Nutzungen ist für jede Nutzung nach § 242 gesondert zu ermitteln. [2]Der Reinertrag einer übrigen land- und forstwirtschaftlichen Nutzung ermittelt sich aus der Summe der Flächenwerte. [3]Der jeweilige Flächenwert ist das Produkt aus der Größe der gesetzlich klassifizierten Eigentumsfläche des Betriebs und dem jeweiligen Bewertungsfaktor einschließlich des Zuschlags gemäß Anlage 31. [4]Für die sonstigen land- und forstwirtschaftlichen Nutzungen, für die kein Bewertungsfaktor festgelegt wurde, ist der Reinertrag der jeweiligen Nutzung durch Multiplikation der Bruttogrundflächen der nachhaltig genutzten Wirtschaftsgebäude mit dem Zwölffachen des Werts gemäß Anlage 31 und für den dazu gehörenden Grund und Boden nach Absatz 8 zu ermitteln; dies gilt unabhängig von einer gesetzlichen Klassifizierung als Hofstelle.

(7) [1]Der Reinertrag für die Nutzungsarten Abbauland, Geringstland und Unland ermittelt sich aus der Summe der Flächenwerte der jeweiligen Nutzungsart. [2]Der jeweilige Flächenwert ist das Produkt aus der Größe der gesetzlich klassifizierten Eigentumsfläche des Betriebs und dem jeweiligen Bewertungsfaktor gemäß Anlage 31.

(8) [1]Der Reinertrag für die Hofflächen und die Nebenbetriebe ermittelt sich aus der Summe der Flächenwerte. [2]Der Flächenwert ist das Produkt aus der jeweils als Hofstelle gesetzlich klassifizierten Eigentumsfläche des Betriebs und dem dreifachen Bewertungsfaktor gemäß Anlage 32.

§ 238 Zuschläge zum Reinertrag. (1) Ein Zuschlag zum Reinertrag einer Nutzung oder Nutzungsart ist vorzunehmen,

1. bei der landwirtschaftlichen Nutzung gemäß Anlage 27, wenn der tatsächliche Tierbestand am maßgeblichen Bewertungsstichtag (§ 235) die in Anlage 27 genannte Grenze nachhaltig überschreitet,
2. bei der gärtnerischen Nutzung gemäß Anlage 30, wenn in einem Nutzungsteil Flächen unter Glas und Kunststoffen dem Betrieb zu dienen bestimmt sind. [2]Zu den Flächen unter Glas und Kunststoffen gehören insbesondere mit Gewächshäusern, begehbaren Folientunneln, Foliengewächshäusern und anderen Kulturräumen überbaute Bruttogrundflächen. [3]Unerheblich ist, ob die Flächen unter Glas und Kunststoffen neben der Erzeugung auch zur Lagerung oder zum Vertrieb der Erzeugnisse zu dienen bestimmt sind,
3. bei der Nutzungsart Hofstelle gemäß Anlage 32 für die weinbauliche Nutzung und für Nebenbetriebe. [2]Der Zuschlag ermittelt sich durch Multiplikation der Bruttogrundflächen der nachhaltig genutzten Wirtschaftsgebäude mit dem Zwölffachen des jeweiligen Bewertungsfaktors. [3]Unerheblich ist, ob die Wirtschaftsgebäude neben der Erzeugung auch zur Lagerung oder zum Vertrieb der Erzeugnisse zu dienen bestimmt sind.

(2) [1]Der Reinertrag einer Nutzung oder Nutzungsart ist um einen Zuschlag zu erhöhen, wenn die Eigentumsflächen des Betriebs zugleich der Stromerzeugung aus Windenergie dienen. [2]Der Zuschlag ermittelt sich aus dem Produkt der abgegrenzten Standortfläche der Windenergieanlage und dem Bewertungsfaktor gemäß Anlage 33.

§ 239 Grundsteuerwert des Betriebs der Land- und Forstwirtschaft.

(1) Die Summe der Reinerträge des Betriebs einschließlich der Zuschläge (§§ 237, 238) ist zur Ermittlung des Ertragswerts mit dem Faktor 18,6 zu kapitalisieren und ergibt den Grundsteuerwert des Betriebs der Land- und Forstwirtschaft.

(2) [1] Die Summe der Reinerträge einschließlich der Zuschläge (§§ 237, 238) eines Betriebs der Land- und Forstwirtschaft ist für jede Gemeinde gesondert zu ermitteln, wenn sich die wirtschaftliche Einheit über mehrere Gemeinden erstreckt. [2] Der auf eine Gemeinde entfallende Anteil am Grundsteuerwert berechnet sich aus der jeweils für eine Gemeinde gesondert ermittelten Summe der Reinerträge im Verhältnis zur Gesamtsumme der Reinerträge des Betriebs der Land- und Forstwirtschaft.

§ 240 Kleingartenland und Dauerkleingartenland. (1) Als Betrieb der Land- und Forstwirtschaft gelten auch Kleingartenland und Dauerkleingartenland im Sinne des Bundeskleingartengesetzes.

(2) [1] Bei der Ermittlung des Ertragswerts für Kleingartenland und Dauerkleingartenland ist abweichend von § 237 der Reinertrag für den Nutzungsteil Gemüsebau anzusetzen. [2] Der Reinertrag ergibt sich aus der Summe der Produkte der jeweils gesetzlich klassifizierten Eigentumsfläche und dem Reinertrag für das Freiland gemäß Anlage 30.

(3) [1] Gartenlauben von mehr als 30 Quadratmetern Brutto-Grundfläche gelten als Wirtschaftsgebäude. [2] § 237 Absatz 8 findet entsprechende Anwendung.

(4) Die Summe der Reinerträge nach den Absätzen 2 und 3 ist zur Ermittlung des Ertragswerts mit dem Faktor 18,6 zu kapitalisieren und ergibt den Grundsteuerwert des Betriebs der Land- und Forstwirtschaft.

II. Besondere Vorschriften

a) Landwirtschaftliche Nutzung

§ 241 Tierbestände. (1) [1] Tierbestände gehören in vollem Umfang zur landwirtschaftlichen Nutzung, wenn im Wirtschaftsjahr

für die ersten 20 Hektar	nicht mehr als	10 Vieheinheiten,
für die nächsten 10 Hektar	nicht mehr als	7 Vieheinheiten,
für die nächsten 20 Hektar	nicht mehr als	6 Vieheinheiten,
für die nächsten 50 Hektar	nicht mehr als	3 Vieheinheiten,
und für die weitere Fläche	nicht mehr als	1,5 Vieheinheiten

je Hektar der vom Inhaber des Betriebs selbst bewirtschafteten Flächen der landwirtschaftlichen Nutzung erzeugt oder gehalten werden. [2] Zu den selbst bewirtschafteten Flächen gehören die Eigentumsflächen und die zur Nutzung überlassenen Flächen. [3] Die Tierbestände sind nach dem Futterbedarf in Vieheinheiten umzurechnen.

(2) [1] Übersteigt die Anzahl der Vieheinheiten nachhaltig die in Absatz 1 bezeichnete Grenze, so gehören nur die Zweige des Tierbestands zur landwirtschaftlichen Nutzung, deren Vieheinheiten zusammen diese Grenze nicht überschreiten. [2] Zunächst sind mehr flächenabhängige Zweige des Tierbestands und danach weniger flächenabhängige Zweige des Tierbestands zur landwirtschaftlichen Nutzung zu rechnen. [3] Innerhalb jeder dieser Gruppen sind zuerst

Zweige des Tierbestands mit der geringeren Anzahl von Vieheinheiten und dann Zweige mit der größeren Anzahl von Vieheinheiten zur landwirtschaftlichen Nutzung zu rechnen. [4]Der Tierbestand des einzelnen Zweiges wird nicht aufgeteilt.

(3) [1]Als Zweig des Tierbestands gilt bei jeder Tierart für sich:

1. das Zugvieh,
2. das Zuchtvieh,
3. das Mastvieh,
4. das übrige Nutzvieh.

[2]Das Zuchtvieh einer Tierart gilt nur dann als besonderer Zweig des Tierbestands, wenn die erzeugten Jungtiere überwiegend zum Verkauf bestimmt sind. [3]Ist das nicht der Fall, so ist das Zuchtvieh dem Zweig des Tierbestands zuzurechnen, dem es überwiegend dient.

(4) [1]Die Absätze 1 bis 3 gelten nicht für Pelztiere. [2]Pelztiere gehören nur dann zur landwirtschaftlichen Nutzung, wenn die erforderlichen Futtermittel überwiegend von den vom Inhaber des Betriebs landwirtschaftlich genutzten Flächen gewonnen werden.

(5) Der Umrechnungsschlüssel für Tierbestände in Vieheinheiten sowie die Gruppen der mehr oder weniger flächenabhängigen Zweige des Tierbestands sind den Anlagen 34 und 35 zu entnehmen.

b) Übrige land- und forstwirtschaftliche Nutzungen

§ 242 Übrige land- und forstwirtschaftliche Nutzungen. (1) Zu den übrigen land- und forstwirtschaftlichen Nutzungen gehören:

1. Hopfen, Spargel und andere Sonderkulturen,
2. die sonstigen land- und forstwirtschaftlichen Nutzungen.

(2) Zu den sonstigen land- und forstwirtschaftlichen Nutzungen gehören insbesondere:

1. die Binnenfischerei,
2. die Teichwirtschaft,
3. die Fischzucht für Binnenfischerei und Teichwirtschaft,
4. die Imkerei,
5. die Wanderschäferei,
6. die Saatzucht,
7. der Pilzanbau,
8. die Produktion von Nützlingen,
9. die Weihnachtsbaumkulturen,
10. die Kurzumtriebsplantagen.

C. Grundvermögen

I. Allgemeines

§ 243 Begriff des Grundvermögens. (1) Zum Grundvermögen gehören, soweit es sich nicht um land- und forstwirtschaftliches Vermögen (§§ 232 bis 242) handelt:

1. der Grund und Boden, die Gebäude, die sonstigen Bestandteile und das Zubehör,
2. das Erbbaurecht,
3. das Wohnungseigentum und das Teileigentum,
4. das Wohnungserbbaurecht und das Teilerbbaurecht nach § 30 Absatz 1 des Wohnungseigentumsgesetzes[1)].

(2) In das Grundvermögen sind nicht einzubeziehen:

1. Bodenschätze,
2. die Maschinen und sonstigen Vorrichtungen aller Art, die zu einer Betriebsanlage gehören (Betriebsvorrichtungen), auch wenn sie wesentliche Bestandteile sind.

(3) Einzubeziehen sind jedoch die Verstärkungen von Decken und die nicht ausschließlich zu einer Betriebsanlage gehörenden Stützen und sonstigen Bauteile wie Mauervorlagen und Verstrebungen.

§ 244 Grundstück. (1) Jede wirtschaftliche Einheit des Grundvermögens bildet ein Grundstück im Sinne dieses Abschnitts.

(2) [1]Ein Anteil des Eigentümers eines Grundstücks an anderem Grundvermögen (zum Beispiel an gemeinschaftlichen Hofflächen oder Garagen) ist in die wirtschaftliche Einheit Grundstück einzubeziehen, wenn der Anteil zusammen mit dem Grundstück genutzt wird. [2]Das gilt nicht, wenn das gemeinschaftliche Grundvermögen nach den Anschauungen des Verkehrs als selbständige wirtschaftliche Einheit anzusehen ist (§ 2 Absatz 1 Satz 3 und 4).

(3) Als Grundstück gelten auch:

1. das Erbbaurecht zusammen mit dem Erbbaurechtsgrundstück,
2. ein Gebäude auf fremdem Grund und Boden zusammen mit dem dazugehörenden Grund und Boden,
3. jedes Wohnungseigentum und Teileigentum nach dem Wohnungseigentumsgesetz sowie
4. jedes Wohnungserbbaurecht und Teilerbbaurecht zusammen mit dem anteiligen belasteten Grund und Boden.

§ 245 Gebäude, Gebäudeteile und Anlagen für den Zivilschutz. Gebäude, Gebäudeteile und Anlagen, die wegen der in § 1 des Zivilschutz- und Katastrophenhilfegesetzes bezeichneten Zwecke geschaffen worden sind und im Frieden nicht oder nur gelegentlich oder geringfügig für andere Zwecke benutzt werden, bleiben bei der Ermittlung des Grundsteuerwerts außer Betracht.

II. Unbebaute Grundstücke

§ 246 Begriff der unbebauten Grundstücke. (1) [1]Unbebaute Grundstücke sind Grundstücke, auf denen sich keine benutzbaren Gebäude befinden. [2]Die Benutzbarkeit beginnt zum Zeitpunkt der Bezugsfertigkeit. [3]Gebäude sind als bezugsfertig anzusehen, wenn den zukünftigen Bewohnern oder sonstigen vorgesehenen Benutzern die bestimmungsgemäße Gebäudenutzung zu-

[1)] Nr. 3.

gemutet werden kann. [4]Nicht entscheidend für den Zeitpunkt der Bezugsfertigkeit ist die Abnahme durch die Bauaufsichtsbehörde.

(2) [1]Befinden sich auf dem Grundstück Gebäude, die auf Dauer keiner Nutzung zugeführt werden können, so gilt das Grundstück als unbebaut. [2]Als unbebaut gilt auch ein Grundstück, auf dem infolge von Zerstörung oder Verfall der Gebäude auf Dauer kein benutzbarer Raum mehr vorhanden ist.

§ 247 Bewertung der unbebauten Grundstücke. (1) [1]Der Grundsteuerwert unbebauter Grundstücke ermittelt sich regelmäßig durch Multiplikation ihrer Fläche mit dem jeweiligen Bodenrichtwert (§ 196 des Baugesetzbuchs[1)]). [2]Soweit in den §§ 243 bis 262 sowie in den Anlagen 36 bis 43 nichts anderes bestimmt ist, werden Abweichungen zwischen den Grundstücksmerkmalen des Bodenrichtwertgrundstücks und des zu bewertenden Grundstücks mit Ausnahme unterschiedlicher

1. Entwicklungszustände und
2. Arten der Nutzung bei überlagernden Bodenrichtwertzonen

nicht berücksichtigt.

(2) Die Bodenrichtwerte sind von den Gutachterausschüssen im Sinne der §§ 192 ff. des Baugesetzbuchs[1)] auf den Hauptfeststellungzeitpunkt zu ermitteln, zu veröffentlichen und nach amtlich vorgeschriebenem Datensatz durch Datenfernübertragung an die zuständigen Finanzbehörden zu übermitteln.

(3) Wird von den Gutachterausschüssen im Sinne der §§ 192 ff. des Baugesetzbuchs[1)] kein Bodenrichtwert ermittelt, ist der Wert des unbebauten Grundstücks aus den Werten vergleichbarer Flächen abzuleiten.

III. Bebaute Grundstücke

§ 248 Begriff der bebauten Grundstücke. [1]Bebaute Grundstücke sind Grundstücke, auf denen sich benutzbare Gebäude befinden. [2]Wird ein Gebäude in Bauabschnitten errichtet, ist der bezugsfertige Teil als benutzbares Gebäude anzusehen.

§ 249 Grundstücksarten. (1) Bei der Bewertung bebauter Grundstücke sind die folgenden Grundstücksarten zu unterscheiden:

1. Einfamilienhäuser,
2. Zweifamilienhäuser,
3. Mietwohngrundstücke,
4. Wohnungseigentum,
5. Teileigentum,
6. Geschäftsgrundstücke,
7. gemischt genutzte Grundstücke und
8. sonstige bebaute Grundstücke.

(2) [1]Einfamilienhäuser sind Wohngrundstücke, die eine Wohnung enthalten und kein Wohnungseigentum sind. [2]Ein Grundstück gilt auch dann als Einfamilienhaus, wenn es zu weniger als 50 Prozent der Wohn- und Nutzfläche zu anderen als Wohnzwecken mitbenutzt und dadurch die Eigenart als Einfamilienhaus nicht wesentlich beeinträchtigt wird.

[1)] Nr. 6.

(3) [1]Zweifamilienhäuser sind Wohngrundstücke, die zwei Wohnungen enthalten und kein Wohnungseigentum sind. [2]Ein Grundstück gilt auch dann als Zweifamilienhaus, wenn es zu weniger als 50 Prozent der Wohn- und Nutzfläche zu anderen als Wohnzwecken mitbenutzt und dadurch die Eigenart als Zweifamilienhaus nicht wesentlich beeinträchtigt wird.

(4) Mietwohngrundstücke sind Grundstücke, die zu mehr als 80 Prozent der Wohn- und Nutzfläche Wohnzwecken dienen und nicht Ein- und Zweifamilienhäuser oder Wohnungseigentum sind.

(5) Wohnungseigentum ist das Sondereigentum an einer Wohnung in Verbindung mit dem Miteigentumsanteil an dem gemeinschaftlichen Eigentum, zu dem es gehört.

(6) Teileigentum ist das Sondereigentum an nicht zu Wohnzwecken dienenden Räumen eines Gebäudes in Verbindung mit dem Miteigentum an dem gemeinschaftlichen Eigentum, zu dem es gehört.

(7) Geschäftsgrundstücke sind Grundstücke, die zu mehr als 80 Prozent der Wohn- und Nutzfläche eigenen oder fremden betrieblichen oder öffentlichen Zwecken dienen und nicht Teileigentum sind.

(8) Gemischt genutzte Grundstücke sind Grundstücke, die teils Wohnzwecken, teils eigenen oder fremden betrieblichen oder öffentlichen Zwecken dienen und nicht Ein- und Zweifamilienhäuser, Mietwohngrundstücke, Wohnungseigentum, Teileigentum oder Geschäftsgrundstücke sind.

(9) Sonstige bebaute Grundstücke sind solche Grundstücke, die nicht unter die Absätze 2 bis 8 fallen.

(10) [1]Eine Wohnung ist in der Regel die Zusammenfassung mehrerer Räume, die in ihrer Gesamtheit so beschaffen sein müssen, dass die Führung eines selbständigen Haushalts möglich ist. [2]Die Zusammenfassung der Räume muss eine von anderen Wohnungen oder Räumen, insbesondere Wohnräumen, baulich getrennte, in sich abgeschlossene Wohneinheit bilden und einen selbständigen Zugang haben. [3]Daneben ist erforderlich, dass die für die Führung eines selbständigen Haushalts notwendigen Nebenräume (Küche, Bad oder Dusche, Toilette) vorhanden sind. [4]Die Wohnfläche soll mindestens 20 Quadratmeter betragen.

§ 250 Bewertung der bebauten Grundstücke. (1) Der Grundsteuerwert bebauter Grundstücke ist nach dem Ertragswertverfahren (Absatz 2) oder dem Sachwertverfahren (Absatz 3) zu ermitteln.

(2) Im Ertragswertverfahren nach den §§ 252 bis 257 sind zu bewerten:
1. Einfamilienhäuser,
2. Zweifamilienhäuser,
3. Mietwohngrundstücke,
4. Wohnungseigentum.

(3) Im Sachwertverfahren nach den §§ 258 bis 260 sind zu bewerten:
1. Geschäftsgrundstücke,
2. gemischt genutzte Grundstücke,
3. Teileigentum,
4. sonstige bebaute Grundstücke.

§ 251 Mindestwert. [1]Der für ein bebautes Grundstück anzusetzende Wert darf nicht geringer sein als 75 Prozent des Werts, mit dem der Grund und Boden allein als unbebautes Grundstück zu bewerten wäre (§ 247). [2]Bei der Bewertung von Ein- und Zweifamilienhäusern im Sinne des § 249 Absatz 2 und 3 ist bei der Ermittlung des Mindestwerts § 257 Absatz 1 Satz 2 anzuwenden.

§ 252 Bewertung im Ertragswertverfahren. [1]Im Ertragswertverfahren ermittelt sich der Grundsteuerwert aus der Summe des kapitalisierten Reinertrags nach § 253 (Barwert des Reinertrags) und des abgezinsten Bodenwerts nach § 257. [2]Mit dem Grundsteuerwert sind die Werte für den Grund und Boden, die Gebäude, die baulichen Anlagen, insbesondere Außenanlagen, und die sonstigen Anlagen abgegolten.

§ 253 Ermittlung des kapitalisierten Reinertrags. (1) [1]Zur Ermittlung des kapitalisierten Reinertrags ist vom Reinertrag des Grundstücks auszugehen. [2]Dieser ergibt sich aus dem Rohertrag des Grundstücks (§ 254) abzüglich der Bewirtschaftungskosten (§ 255).

(2) [1]Der Reinertrag des Grundstücks ist mit dem sich aus Anlage 37 ergebenden Vervielfältiger zu kapitalisieren. [2]Maßgebend für den Vervielfältiger sind der Liegenschaftszinssatz nach § 256 und die Restnutzungsdauer des Gebäudes. [3]Die Restnutzungsdauer ist grundsätzlich der Unterschiedsbetrag zwischen der wirtschaftlichen Gesamtnutzungsdauer, die sich aus Anlage 38 ergibt, und dem Alter des Gebäudes im Hauptfeststellungszeitpunkt. [4]Sind nach der Bezugsfertigkeit des Gebäudes Veränderungen eingetreten, die die wirtschaftliche Gesamtnutzungsdauer des Gebäudes wesentlich verlängert haben, ist von einer der Verlängerung entsprechenden Restnutzungsdauer auszugehen. [5]Die Restnutzungsdauer eines noch nutzbaren Gebäudes beträgt mindestens 30 Prozent der wirtschaftlichen Gesamtnutzungsdauer. [6]Bei einer bestehenden Abbruchverpflichtung für das Gebäude ist die Restnutzungsdauer abweichend von den Sätzen 3 bis 5 auf den Unterschiedsbetrag zwischen der tatsächlichen Gesamtnutzungsdauer und dem Alter des Gebäudes im Hauptfeststellungszeitpunkt begrenzt.

§ 254 Rohertrag des Grundstücks. Der jährliche Rohertrag des Grundstücks ergibt sich aus den in Anlage 39 nach Land, Gebäudeart, Wohnfläche und Baujahr des Gebäudes angegebenen monatlichen Nettokaltmieten je Quadratmeter Wohnfläche einschließlich der in Abhängigkeit der Mietniveaustufen festgelegten Zu- und Abschläge.

§ 255 Bewirtschaftungskosten. [1]Als Bewirtschaftungskosten werden die bei ordnungsgemäßer Bewirtschaftung und zulässiger Nutzung marktüblich entstehenden jährlichen Verwaltungskosten, Betriebskosten, Instandhaltungskosten und das Mietausfallwagnis berücksichtigt, die nicht durch Umlagen oder sonstige Kostenübernahmen gedeckt sind. [2]Sie ergeben sich aus den pauschalierten Erfahrungssätzen nach Anlage 40.

§ 256 Liegenschaftszinssätze. (1) [1]Liegenschaftszinssätze sind die Zinssätze, mit denen der Wert von Grundstücken abhängig von der Grundstücksart durchschnittlich und marktüblich verzinst wird. [2]Bei der Bewertung bebauter Grundstücke gelten die folgenden Zinssätze:

1. 2,5 Prozent für Ein- und Zweifamilienhäuser,
2. 3,0 Prozent für Wohnungseigentum,
3. 4,0 Prozent für Mietwohngrundstücke mit bis zu sechs Wohnungen,
4. 4,5 Prozent für Mietwohngrundstücke mit mehr als sechs Wohnungen.

(2) [1] Bei der Bewertung von Ein- und Zweifamilienhäusern im Sinne des § 249 Absatz 2 und 3 verringert sich der Zinssatz nach Absatz 1 Satz 2 Nummer 1 um jeweils 0,1 Prozentpunkte für jede vollen 100 Euro, die der Bodenrichtwert oder der Bodenwert nach § 247 Absatz 3 je Quadratmeter den Betrag von 500 Euro je Quadratmeter übersteigt. [2] Ab einem Bodenrichtwert oder Bodenwert nach § 247 Absatz 3 je Quadratmeter in Höhe von 1500 Euro je Quadratmeter beträgt der Zinssatz für Ein- und Zweifamilienhäuser einheitlich 1,5 Prozent.

(3) [1] Bei der Bewertung von Wohnungseigentum im Sinne des § 249 Absatz 5 verringert sich der Zinssatz nach Absatz 1 Satz 2 Nummer 2 um jeweils 0,1 Prozentpunkte für jede vollen 100 Euro, die der Bodenrichtwert oder der Bodenwert nach § 247 Absatz 3 je Quadratmeter den Betrag von 2000 Euro je Quadratmeter übersteigt. [2] Ab einem Bodenrichtwert oder Bodenwert nach § 247 Absatz 3 je Quadratmeter in Höhe von 3000 Euro je Quadratmeter beträgt der Zinssatz für Wohnungseigentum einheitlich 2 Prozent.

§ 257 Ermittlung des abgezinsten Bodenwerts. (1) [1] Zur Ermittlung des abgezinsten Bodenwerts ist vom Bodenwert nach § 247 auszugehen. [2] Bei der Bewertung von Ein- und Zweifamilienhäusern im Sinne des § 249 Absatz 2 und 3 sind zur Berücksichtigung abweichender Grundstücksgrößen beim Bodenwert die Umrechnungskoeffizienten nach Anlage 36 anzuwenden.

(2) [1] Der Bodenwert nach Absatz 1 ist mit Ausnahme des Werts von selbständig nutzbaren Teilflächen nach Absatz 3 mit dem sich aus Anlage 41 ergebenden Abzinsungsfaktor abzuzinsen. [2] Der jeweilige Abzinsungsfaktor bestimmt sich nach dem Liegenschaftszinssatz nach § 256 und der Restnutzungsdauer des Gebäudes nach § 253 Absatz 2 Satz 3 bis 6.

(3) Eine selbständig nutzbare Teilfläche ist ein Teil eines Grundstücks, der für die angemessene Nutzung der Gebäude nicht benötigt wird und selbständig genutzt oder verwertet werden kann.

§ 258 Bewertung im Sachwertverfahren. (1) Bei Anwendung des Sachwertverfahrens ist der Wert der Gebäude (Gebäudesachwert) getrennt vom Bodenwert zu ermitteln.

(2) Der Bodenwert ist der Wert des unbebauten Grundstücks nach § 247.

(3) [1] Die Summe aus Bodenwert (§ 247) und Gebäudesachwert (§ 259) ergibt den vorläufigen Sachwert des Grundstücks. [2] Dieser ist zur Ermittlung des Grundsteuerwerts im Sachwertverfahren mit der Wertzahl nach § 260 zu multiplizieren. [3] Mit dem Grundsteuerwert sind die Werte für den Grund und Boden, die Gebäude, die baulichen Anlagen, insbesondere Außenanlagen, und die sonstigen Anlagen abgegolten.

§ 259 Ermittlung des Gebäudesachwerts. (1) Bei der Ermittlung des Gebäudesachwerts ist von den Normalherstellungskosten des Gebäudes in Anlage 42 auszugehen.

(2) Der Gebäudenormalherstellungswert ergibt sich durch Multiplikation der jeweiligen nach Absatz 3 an den Hauptfeststellungszeitpunkt angepassten Normalherstellungskosten mit der Brutto-Grundfläche des Gebäudes.

(3) [1]Die Anpassung der Normalherstellungskosten erfolgt anhand der vom Statistischen Bundesamt veröffentlichten Baupreisindizes. [2]Dabei ist auf die Preisindizes für die Bauwirtschaft abzustellen, die das Statistische Bundesamt für den Neubau in konventioneller Bauart von Wohn- und Nichtwohngebäuden jeweils für das Vierteljahr vor dem Hauptfeststellungzeitpunkt ermittelt hat. [3]Diese Preisindizes sind für alle Bewertungsstichtage des folgenden Hauptfeststellungszeitraums anzuwenden. [4]Das Bundesministerium der Finanzen veröffentlicht die maßgebenden Baupreisindizes im Bundessteuerblatt.

(4) [1]Vom Gebäudenormalherstellungswert ist eine Alterswertminderung abzuziehen. [2]Die Alterswertminderung ergibt sich durch Multiplikation des Gebäudenormalherstellungswerts mit dem Verhältnis des Alters des Gebäudes im Hauptfeststellungszeitpunkt zur wirtschaftlichen Gesamtnutzungsdauer nach Anlage 38. [3]Sind nach Bezugsfertigkeit des Gebäudes Veränderungen eingetreten, die die wirtschaftliche Gesamtnutzungsdauer des Gebäudes wesentlich verlängert haben, ist von einem der Verlängerung entsprechenden späteren Baujahr auszugehen. [4]Der nach Abzug der Alterswertminderung verbleibende Gebäudewert ist mit mindestens 30 Prozent des Gebäudenormalherstellungswerts anzusetzen. [5]Bei bestehender Abbruchverpflichtung für das Gebäude ist die Alterswertminderung abweichend von den Sätzen 2 bis 4 auf das Verhältnis des Alters des Gebäudes im Hauptfeststellungszeitpunkt zur tatsächlichen Gesamtnutzungsdauer begrenzt.

§ 260 Wertzahlen. Zur Ermittlung des Grundsteuerwerts ist der vorläufige Sachwert des Grundstücks im Sinne des § 258 Absatz 3 mit der sich aus Anlage 43 ergebenden Wertzahl zu multiplizieren.

IV. Sonderfälle

§ 261 Erbbaurecht. [1]Bei Erbbaurechten ist für das Erbbaurecht und das Erbbaurechtsgrundstück ein Gesamtwert nach den §§ 243 bis 260 zu ermitteln, der festzustellen wäre, wenn die Belastung mit dem Erbbaurecht nicht bestünde. [2]Der ermittelte Wert ist dem Erbbauberechtigten zuzurechnen. [3]Für Wohnungserbbaurechte und Teilerbbaurechte gelten die Sätze 1 und 2 entsprechend.

§ 262 Gebäude auf fremdem Grund und Boden. [1]Bei einem Gebäude auf fremdem Grund und Boden ist für den Grund und Boden sowie für das Gebäude auf fremdem Grund und Boden ein Gesamtwert nach den §§ 243 bis 260 zu ermitteln. [2]Der ermittelte Wert ist dem Eigentümer des Grund und Bodens zuzurechnen.

V. Ermächtigungen

§ 263 Ermächtigungen. (1) [1]Das Bundesministerium der Finanzen wird ermächtigt, durch Rechtsverordnung mit Zustimmung des Bundesrates die folgenden Anlagen zu ändern:

1. die Anlagen 27 bis 33 durch Anpassung der darin aufgeführten Bewertungsfaktoren und Zuschläge zum Reinertrag an die Ergebnisse der Erhebungen

nach § 2 des Landwirtschaftsgesetzes oder an die Erhebungen der Finanzverwaltung zum nächsten Feststellungszeitpunkt,

2. im Einvernehmen mit dem Bundesministerium für Ernährung und Landwirtschaft die Anlagen 34 und 35 durch Anpassung des darin aufgeführten Umrechnungsschlüssels und der Gruppen der Zweige eines Tierbestands an geänderte wirtschaftliche oder technische Entwicklungen und
3. die Anlagen 36 bis 43 durch Anpassung der darin aufgeführten Bewertungsfaktoren des Ertrags- und Sachwertverfahrens an geänderte wirtschaftliche oder technische Verhältnisse.

[2] In der jeweiligen Rechtsverordnung kann das Bundesministerium der Finanzen zur Sicherstellung der Gleichmäßigkeit der Besteuerung, insbesondere zur Sicherstellung einer relations- und realitätsgerechten Abbildung der Grundsteuerwerte, anordnen, dass ab dem nächsten Feststellungszeitpunkt Grundsteuerwerte unter Berücksichtigung der tatsächlichen Verhältnisse und der geänderten Wertverhältnisse durch Anwendung der jeweils angepassten Anlagen 27 bis 43 festgestellt werden.

(2) Das Bundesministerium der Finanzen wird ermächtigt, durch Rechtsverordnung[1)] mit Zustimmung des Bundesrates die gemeindebezogene Einordnung in die jeweilige Mietniveaustufe zur Ermittlung der Zu- und Abschläge nach § 254 in Verbindung mit Anlage 39 Teil II auf der Grundlage der Einordnung nach § 12 des Wohngeldgesetzes in Verbindung mit § 1 Absatz 3 und der Anlage der Wohngeldverordnung für steuerliche Zwecke herzuleiten und den dafür maßgeblichen Gebietsstand festzulegen.

Dritter Teil. Schlussbestimmungen

§§ 264, 265 *(vom Abdruck wurde abgesehen)*

§ 266 Erstmalige Anwendung des Siebenten Abschnitts des Zweiten Teils. (1) Die erste Hauptfeststellung für die Grundsteuerwerte nach § 221 wird auf den 1. Januar 2022 für die Hauptveranlagung auf den 1. Januar 2025 durchgeführt.

(2) [1] Für die Anwendung des § 219 Absatz 3 bei der Hauptfeststellung nach Absatz 1 ist zu unterstellen, dass anstelle von Einheitswerten Grundsteuerwerte für die Besteuerung nach dem Grundsteuergesetz in der am 1. Januar 2022 geltenden Fassung von Bedeutung sind. [2] Die Steuerbefreiungen des Grundsteuergesetzes in der am 1. Januar 2022 gültigen Fassung sind bei der Hauptfeststellung nach Absatz 1 zu beachten. [3] Bei Artfortschreibungen und Zurechnungsfortschreibungen nach § 222 Absatz 2 ist von der Hauptfeststellung auf den 1. Januar 2022 bis zum 1. Januar 2025 zu unterstellen, dass anstelle von Einheitswerten Grundsteuerwerte nach dem Grundsteuergesetz in der jeweils geltenden Fassung von Bedeutung sind.

(3) Werden der Finanzbehörde durch eine Erklärung im Sinne des § 228 auf den 1. Januar 2022 für die Bewertung eines Betriebs der Land- und Forstwirtschaft oder eines Grundstücks vor dem 1. Januar 2022 eingetretene Änderungen der tatsächlichen Verhältnisse erstmals bekannt, sind diese bei Fortschrei-

[1)] Siehe die Mietniveau-Einstufungsverordnung v. 18.8.2021 (BGBl. I S. 3738).

bungen nach § 22 und Nachfeststellungen nach § 23 auf Feststellungszeitpunkte vor dem 1. Januar 2022 nicht zu berücksichtigen.

(4) [1] Einheitswertbescheide, Grundsteuermessbescheide, Bescheide über die Zerlegung des Grundsteuermessbetrags und Grundsteuerbescheide, die vor dem 1. Januar 2025 erlassen wurden, werden kraft Gesetzes zum 31. Dezember 2024 mit Wirkung für die Zukunft aufgehoben, soweit sie auf den §§ 19 bis 23, 27, 76, 79 Absatz 5, § 93 Absatz 1 Satz 2 des Bewertungsgesetzes in Verbindung mit Artikel 2 Absatz 1 Satz 1 und 3 des Gesetzes zur Änderung des Bewertungsgesetzes in der Fassung des Artikels 2 des Gesetzes vom 22. Juli 1970 (BGBl. I S. 1118) beruhen. [2] Gleiches gilt für Einheitswertbescheide, Grundsteuermessbescheide, Bescheide über die Zerlegung des Grundsteuermessbetrags und Grundsteuerbescheide, die vor dem 1. Januar 2025 erlassen wurden, soweit sie auf den §§ 33, 34, 125, 129 des Bewertungsgesetzes in der Fassung vom 1. Februar 1991 (BGBl. I S. 230), das zuletzt durch Artikel 2 des Gesetzes vom 4. November 2016 (BGBl. I S. 2464) und § 42 des Grundsteuergesetzes vom 7. August 1973 (BGBl. I S. 965), das zuletzt durch Artikel 38 des Gesetzes vom 19. Dezember 2008 (BGBl. I S. 2794) geändert worden ist, beruhen. [3] Für die Bewertung des inländischen Grundbesitzes (§ 19 Absatz 1 in der Fassung vom 31. Dezember 2024) für Zwecke der Grundsteuer bis einschließlich zum Kalenderjahr 2024 ist das Bewertungsgesetz in der Fassung vom 1. Februar 1991 (BGBl. I S. 230), das zuletzt durch Artikel 2 des Gesetzes vom 4. November 2016 (BGBl. I S. 2464) geändert worden ist, weiter anzuwenden.

(5) Bestehende wirtschaftliche Einheiten, die für Zwecke der Einheitsbewertung unter Anwendung der §§ 26 oder 34 Absatz 4 bis 6 in der bis zum 31. Dezember 2024 gültigen Fassung gebildet wurden, können weiterhin für Zwecke der Feststellung von Grundsteuerwerten nach den Regelungen des Siebenten Abschnitts zugrunde gelegt werden.

19. [Baden-Württembergisches] Gesetz zur Regelung einer Landesgrundsteuer (Landesgrundsteuergesetz – LGrStG)[1) 2)]

Vom 4. November 2020

(GBl. S. 974, ber. 2022 S. 595)

zuletzt geänd. durch Art. 6 10. AnpassungsVO v. 21.12.2021 (GBl. 2022 S. 1)

Erster Teil. Allgemeine Vorschriften

§ 1 Entstehung der Grundsteuer. (1) [1] Grundbesitz unterliegt der Grundsteuer. [2] Die Grundsteuer wird nach den tatsächlichen Verhältnissen zu Beginn des Kalenderjahres festgesetzt. [3] Die Steuer entsteht mit dem Beginn des Kalenderjahres, für das die Steuer festzusetzen ist.

(2) Die Gemeinde bestimmt durch ihren Hebesatz, ob und in welcher Höhe von dem in ihrem Gebiet liegenden Grundbesitz Grundsteuer zu erheben ist.

(3) Für den in gemeindefreien Gebieten liegenden Grundbesitz bestimmt die Landesregierung durch Rechtsverordnung, wer die nach diesem Gesetz den Gemeinden zustehenden Befugnisse ausübt.

§ 2 Anwendung der Abgabenordnung und Rechtsweg. (1) [1] Für Handlungen und Entscheidungen der Landesfinanzbehörden im Zusammenhang mit der Bewertung, der Feststellung und dem Steuermessbetragsverfahren sind die Vorschriften der Abgabenordnung (AO) und des Finanzverwaltungsgesetzes entsprechend anzuwenden, soweit dieses Gesetz keine abweichende Regelung enthält. [2] Für die Verwaltung der Grundsteuer durch die Gemeinden gilt § 1 Absatz 2 und 3 AO entsprechend.

(2) [1] Gegen Entscheidungen der Landesfinanzbehörden ist der Finanzrechtsweg eröffnet. [2] Die Vorschriften der Finanzgerichtsordnung sind entsprechend anzuwenden, soweit dieses Gesetz keine abweichende Regelung enthält. [3] In einem gerichtlichen Verfahren kann die Revision auch darauf gestützt werden, dass das angefochtene Urteil auf der Verletzung dieses Gesetzes beruht.

1. Abschnitt: Steuergegenstand und Steuerbefreiung

§ 3 Steuergegenstand. Steuergegenstand sind folgende Arten des Grundbesitzes:

1. Land- und forstwirtschaftliches Vermögen (§ 26),
2. Grundvermögen (§ 37).

§ 4 Steuerbefreiung für Grundbesitz bestimmter Rechtsträger.

(1) [1] Von der Grundsteuer ist befreit

[1)] Verkündet als Art. 1 G v. 4.11.2020 (GBl. S. 974); Inkrafttreten gem. Art. 3 dieses G am 14.11. 2020.

[2)] Siehe hierzu LandesgrundsteuerG-Anwendungserlass für die Grundsteuer ab dem 1.1.2025 v. 5.7. 2022 (GABl. S. 638).

1. Grundbesitz, der von einer inländischen juristischen Person des öffentlichen Rechts für einen öffentlichen Dienst oder Gebrauch benutzt wird; ausgenommen ist der Grundbesitz, der von Berufsvertretungen und Berufsverbänden sowie von Kassenärztlichen Vereinigungen und Kassenärztlichen Bundesvereinigungen benutzt wird;
2. Grundbesitz, der vom Bundeseisenbahnvermögen für Verwaltungszwecke benutzt wird;
3. Grundbesitz, der von
 a) einer inländischen juristischen Person des öffentlichen Rechts,
 b) einer inländischen Körperschaft, Personenvereinigung oder Vermögensmasse, die nach der Satzung, dem Stiftungsgeschäft oder der sonstigen Verfassung und nach ihrer tatsächlichen Geschäftsführung ausschließlich und unmittelbar gemeinnützigen oder mildtätigen Zwecken dient,

 für gemeinnützige oder mildtätige Zwecke benutzt wird;
4. Grundbesitz, der von einer Religionsgesellschaft, die Körperschaft des öffentlichen Rechts ist, einem ihrer Orden, einer ihrer religiösen Genossenschaften oder einem ihrer Verbände für Zwecke der religiösen Unterweisung, der Wissenschaft, des Unterrichts, der Erziehung oder für Zwecke der eigenen Verwaltung benutzt wird; den Religionsgesellschaften stehen die jüdischen Kultusgemeinden gleich, die nicht Körperschaften des öffentlichen Rechts sind;
5. Grundbesitz, der zur Beherbergung der Geistlichen und Kirchendiener der Religionsgesellschaften, die Körperschaften des öffentlichen Rechts sind, und der jüdischen Kultusgemeinden dient; § 6 ist insoweit nicht anzuwenden;
6. Grundbesitz der Religionsgesellschaften, die Körperschaften des öffentlichen Rechts sind, und der jüdischen Kultusgemeinden, der am 1. Januar 1987 und im Veranlagungszeitpunkt zu einem nach Kirchenrecht gesonderten Vermögen, insbesondere einem Stellenfonds gehört, dessen Erträge ausschließlich für die Besoldung und Versorgung der Geistlichen und Kirchendiener sowie ihrer Hinterbliebenen bestimmt sind; die §§ 6 und 7 sind insoweit nicht anzuwenden.

[2] Der Grundbesitz muss ausschließlich demjenigen, der ihn für die begünstigten Zwecke benutzt, oder einem anderen nach den Nummern 1 bis 6 begünstigten Rechtsträger zuzurechnen sein. [3] Satz 2 gilt nicht, wenn der Grundbesitz von einem nicht begünstigten Rechtsträger im Rahmen einer Öffentlich Privaten Partnerschaft einer juristischen Person des öffentlichen Rechts für einen öffentlichen Dienst oder Gebrauch überlassen wird und die Übertragung auf den Nutzer am Ende des Vertragszeitraums vereinbart ist.

(2) [1] Öffentlicher Dienst oder Gebrauch im Sinne dieses Gesetzes ist die hoheitliche Tätigkeit oder der bestimmungsgemäße Gebrauch durch die Allgemeinheit. [2] Ein Entgelt für den Gebrauch durch die Allgemeinheit darf nicht in der Absicht, Gewinn zu erzielen, gefordert werden.

(3) Öffentlicher Dienst oder Gebrauch im Sinne dieses Gesetzes ist nicht anzunehmen bei Betrieben gewerblicher Art von juristischen Personen des öffentlichen Rechts im Sinne des Körperschaftsteuergesetzes.

§ 5 Sonstige Steuerbefreiungen. Soweit sich nicht bereits eine Befreiung nach § 4 ergibt, sind von der Grundsteuer befreit

1. Grundbesitz, der dem Gottesdienst einer Religionsgesellschaft, die Körperschaft des öffentlichen Rechts ist, oder einer jüdischen Kultusgemeinde gewidmet ist;
2. Bestattungsplätze;
3. a) die dem öffentlichen Verkehr dienenden Straßen, Wege, Plätze, Wasserstraßen, Häfen und Schienenwege sowie die Grundflächen mit den diesem Verkehr unmittelbar dienenden Bauwerken und Einrichtungen, zum Beispiel Brücken, Schleuseneinrichtungen, Signalstationen, Stellwerke, Blockstellen;
 b) auf Verkehrsflughäfen und Verkehrslandeplätzen alle Flächen, die unmittelbar zur Gewährleistung eines ordnungsgemäßen Flugbetriebes notwendig sind und von Hochbauten und sonstigen Luftfahrthindernissen freigehalten werden müssen, die Grundflächen mit den Bauwerken und Einrichtungen, die unmittelbar diesem Betrieb dienen, sowie die Grundflächen ortsfester Flugsicherungsanlagen einschließlich der Flächen, die für einen einwandfreien Betrieb dieser Anlagen erforderlich sind;
 c) die fließenden Gewässer und die ihren Abfluss regelnden Sammelbecken, soweit sie nicht unter Buchstabe a fallen;
4. die Grundflächen mit den im Interesse der Ordnung und Verbesserung der Wasser- und Bodenverhältnisse unterhaltenen Einrichtungen der öffentlich-rechtlichen Wasser- und Bodenverbände und die im öffentlichen Interesse staatlich unter Schau gestellten Privatdeiche;
5. Grundbesitz, der für Zwecke der Wissenschaft, des Unterrichts oder der Erziehung benutzt wird, wenn durch die Landesregierung oder die von ihr beauftragte Stelle anerkannt ist, dass der Benutzungszweck im Rahmen der öffentlichen Aufgaben liegt; der Grundbesitz muss ausschließlich demjenigen, der ihn benutzt, oder einer juristischen Person des öffentlichen Rechts zuzurechnen sein;
6. Grundbesitz, der für die Zwecke eines Krankenhauses benutzt wird, wenn das Krankenhaus in dem Kalenderjahr, das dem Veranlagungszeitpunkt (§ 41 Absatz 1, § 42 Absatz 3 und § 43 Absatz 3) vorangeht, die Voraussetzungen des § 67 Absatz 1 oder 2 der AO erfüllt hat; der Grundbesitz muss ausschließlich demjenigen, der ihn benutzt, oder einer juristischen Person des öffentlichen Rechts zuzurechnen sein.

§ 6 Zu Wohnzwecken genutzter Grundbesitz. (1) Dient Grundbesitz, der für steuerbegünstigte Zwecke im Sinne der §§ 4 und 5 benutzt wird, zugleich Wohnzwecken, gilt die Befreiung nur für

1. Gemeinschaftsunterkünfte der Bundeswehr, der ausländischen Streitkräfte, der internationalen militärischen Hauptquartiere, der Bundespolizei, der Polizei und des sonstigen Schutzdienstes des Bundes und der Gebietskörperschaften sowie ihrer Zusammenschlüsse;
2. Wohnräume in Schulheimen, Ausbildungs- und Erziehungsheimen sowie Predigerund Priesterseminaren, wenn die Unterbringung in ihnen für die Zwecke des Unterrichts, der Ausbildung oder der Erziehung erforderlich ist; wird das Heim oder Seminar nicht von einem der nach § 4 Absatz 1 Satz 1 Nummer 1, 3 oder 4 begünstigten Rechtsträger unterhalten, so bedarf es einer Anerkennung der Landesregierung oder der von ihr beauftragten Stelle, dass

die Unterhaltung des Heims oder Seminars im Rahmen der öffentlichen Aufgaben liegt;
3. Wohnräume, wenn der steuerbegünstigte Zweck im Sinne des § 4 Absatz 1 Satz 1 Nummer 1, 3 oder 4 nur durch ihre Überlassung erreicht werden kann;
4. Räume, in denen sich Personen für die Erfüllung der steuerbegünstigten Zwecke ständig bereithalten müssen (Bereitschaftsräume), wenn sie nicht zugleich die Wohnung des Inhabers darstellen.

(2) Die Befreiung nach Absatz 1 gilt nicht für eine von anderen Räumen baulich getrennte Zusammenfassung einer Mehrheit von Räumen, die über einen selbständigen Zugang verfügt und in ihrer Gesamtheit so beschaffen ist, dass die Führung eines selbständigen Haushalts möglich ist; für die Führung eines selbständigen Haushalts sind notwendige Nebenräume wie Küche, Bad oder Dusche sowie Toilette und eine Mindestwohnfläche von 20 Quadratmetern erforderlich.

§ 7 Land- und forstwirtschaftlich genutzter Grundbesitz. Wird Grundbesitz, der für steuerbegünstigte Zwecke im Sinne der §§ 4 und 5 genutzt wird, zugleich land- und forstwirtschaftlich genutzt, so gilt die Befreiung nur für
1. Grundbesitz, der Lehr- oder Versuchszwecken dient;
2. Grundbesitz, der von der Bundeswehr, den ausländischen Streitkräften, den internationalen militärischen Hauptquartieren oder den in § 6 Absatz 1 Nummer 1 bezeichneten Schutzdiensten als Übungsplatz oder Flugplatz genutzt wird;
3. Grundbesitz, der unter § 5 Nummer 1 bis 4 fällt.

§ 8 Unmittelbare Benutzung für einen steuerbegünstigten Zweck. [1] Die Befreiung nach den §§ 4 und 5 tritt nur ein, wenn der Steuergegenstand für den steuerbegünstigten Zweck unmittelbar benutzt wird. [2] Unmittelbare Benutzung liegt vor, sobald der Steuergegenstand für den steuerbegünstigten Zweck hergerichtet wird.

§ 9 Anwendung der Steuerbefreiung. (1) Wird ein abgrenzbarer Teil des Steuergegenstandes für steuerbegünstigte Zwecke im Sinne der §§ 4 und 5 genutzt, so ist nur dieser Teil des Steuergegenstandes steuerfrei.

(2) Dient der Steuergegenstand oder ein Teil des Steuergegenstandes sowohl steuerbegünstigten Zwecken im Sinne der §§ 4 und 5 als auch anderen Zwecken, ohne dass eine eindeutige Abgrenzung für die verschiedenen Zwecke möglich ist, so ist der Steuergegenstand oder der Teil des Steuergegenstandes nur befreit, wenn die steuerbegünstigten Zwecke überwiegen.

2. Abschnitt: Steuerschuldner und Haftung

§ 10 Steuerschuldner. (1) Schuldner der Grundsteuer ist derjenige, dem der Steuergegenstand bei der Feststellung des Grundsteuerwerts zugerechnet wird.

(2) Wird der Steuergegenstand mehreren Personen zugerechnet, so sind sie Gesamtschuldner.

(3) [1] Bei Erbbaurechten ist für das Erbbaurecht und das Erbbaurechtsgrundstück ein einheitlicher Wert nach § 38 zu ermitteln, der festzustellen wäre, wenn die Belastung mit dem Erbbaurecht nicht bestünde. [2] Der ermittelte Wert ist dem Erbbauberechtigten zuzurechnen. [3] Gleiches gilt für das Wohnungserbbaurecht

und das Teilerbbaurecht nach dem Wohnungseigentumsgesetz. [4]Der Wert für jedes Wohnungserbbaurecht und Teilerbbaurecht ist entsprechend dem Miteigentumsanteil am Grundstück nach § 38 zu ermitteln.

§ 11 Persönliche Haftung. (1) Neben dem Steuerschuldner haften der Nießbraucher des Steuergegenstandes und derjenige, dem ein dem Nießbrauch ähnliches Recht zusteht.

(2) [1] Wird ein Steuergegenstand ganz oder zu einem Teil einer anderen Person übereignet, so haftet der Erwerber neben dem früheren Eigentümer für die auf den Steuergegenstand oder Teil des Steuergegenstandes entfallende Grundsteuer, die für die Zeit seit dem Beginn des letzten vor der Übereignung liegenden Kalenderjahres zu entrichten ist. [2]Das gilt nicht für Erwerbe aus einer Insolvenzmasse und für Erwerbe im Vollstreckungsverfahren.

§ 12 Dingliche Haftung. Die Grundsteuer ruht auf dem Steuergegenstand als öffentliche Last.

Zweiter Teil. Bewertungsverfahren

§ 13 Feststellung von Grundsteuerwerten. (1) Grundsteuerwerte werden für die jeweilige Art des Grundbesitzes im Landesgebiet gesondert festgestellt (§ 180 Absatz 1 Satz 1 Nummer 1 AO).

(2) In dem Feststellungsbescheid (§ 179 AO) sind für land- und forstwirtschaftliches Vermögen nach § 3 Nummer 1 auch Feststellungen zu treffen über:

1. die Vermögensart sowie
2. die Zurechnung der wirtschaftlichen Einheit und bei mehreren Beteiligten über die Höhe ihrer Anteile.

(3) In dem Feststellungsbescheid (§ 179 AO) sind für Grundvermögen nach § 3 Nummer 2 Feststellungen für die Zurechnung der wirtschaftlichen Einheit und bei mehreren Beteiligten über die Höhe ihrer Anteile zu treffen.

(4) Die Feststellungen nach den vorherigen Absätzen erfolgen nur, soweit sie für die Besteuerung von Bedeutung sind.

§ 14 Ermittlung der Grundsteuerwerte. [1]Die Grundsteuerwerte werden nach den Vorschriften des dritten Teils ermittelt. [2]Bei der Ermittlung der Grundsteuerwerte ist § 163 AO nicht anzuwenden; hiervon unberührt bleiben Übergangsregelungen, die die oberste Finanzbehörde trifft.

§ 15 Hauptfeststellung. (1) Die Grundsteuerwerte werden in Zeitabständen von je sieben Jahren allgemein festgestellt (Hauptfeststellung).

(2) Der Hauptfeststellung werden die Verhältnisse zu Beginn des Kalenderjahres (Hauptfeststellungszeitpunkt) zugrunde gelegt.

(3) Die erste Hauptfeststellung für die Grundsteuerwerte wird auf den 1. Januar 2022 für die Hauptveranlagung auf den 1. Januar 2025 durchgeführt.

§ 16 Fortschreibungen. (1) Der Grundsteuerwert wird neu festgestellt (Wertfortschreibung), wenn der in Euro ermittelte und auf volle hundert Euro abgerundete Wert, der sich für den Beginn eines Kalenderjahres ergibt, von dem entsprechenden Wert des letzten Feststellungszeitpunkts nach oben oder unten um mehr als 15 000 Euro abweicht.

(2) [1] Über die Zurechnung der wirtschaftlichen Einheit gemäß § 13 Absatz 2 Nummer 2 und Absatz 3 wird eine neue Feststellung getroffen (Zurechnungsfortschreibung), wenn sie von der zuletzt getroffenen Feststellung abweicht und dies für die Besteuerung von Bedeutung ist. [2] Wechsel in der Vermögensart einer wirtschaftlichen Einheit führen zu einer Aufhebung und einer Nachfeststellung.

(3) [1] Eine Fortschreibung nach den Absätzen 1 oder 2 findet auch zur Beseitigung eines Fehlers der letzten Feststellung statt. [2] § 176 AO ist entsprechend anzuwenden. [3] Satz 2 gilt nur für die Feststellungszeitpunkte, die vor der Verkündung der maßgeblichen Entscheidung eines der in § 176 der AO genannten Gerichte liegen.

(4) [1] Eine Fortschreibung ist vorzunehmen, wenn dem Finanzamt bekannt wird, dass die Voraussetzungen für sie vorliegen. [2] Der Fortschreibung werden vorbehaltlich des § 21 die Verhältnisse im Fortschreibungszeitpunkt zugrunde gelegt. [3] Fortschreibungszeitpunkt ist:

1. bei einer Änderung der tatsächlichen Verhältnisse der Beginn des Kalenderjahres, das auf die Änderung folgt, und
2. in den Fällen des Absatzes 3 der Beginn des Kalenderjahres, in dem der Fehler dem Finanzamt bekannt wird, bei einer Erhöhung des Grundsteuerwerts jedoch frühestens der Beginn des Kalenderjahres, in dem der Feststellungsbescheid erteilt wird.

§ 17 Nachfeststellung. (1) Für wirtschaftliche Einheiten, für die ein Grundsteuerwert festzustellen ist, wird der Grundsteuerwert nachträglich festgestellt (Nachfeststellung), wenn nach dem Hauptfeststellungszeitpunkt:

1. die wirtschaftliche Einheit neu entsteht oder
2. eine bereits bestehende wirtschaftliche Einheit erstmals zur Grundsteuer herangezogen werden soll.

(2) [1] Der Nachfeststellung werden vorbehaltlich des § 21 die Verhältnisse im Nachfeststellungszeitpunkt zugrunde gelegt. [2] Nachfeststellungszeitpunkt ist:

1. in den Fällen des Absatzes 1 Nummer 1 der Beginn des Kalenderjahres, das auf die Entstehung der wirtschaftlichen Einheit folgt, und
2. in den Fällen des Absatzes 1 Nummer 2 der Beginn des Kalenderjahres, in dem der Grundsteuerwert erstmals der Besteuerung zugrunde gelegt wird.

§ 18 Aufhebung des Grundsteuerwerts. (1) Der Grundsteuerwert wird aufgehoben, wenn dem Finanzamt bekannt wird, dass

1. die wirtschaftliche Einheit wegfällt oder
2. der Grundsteuerwert der wirtschaftlichen Einheit infolge von Befreiungsgründen der Besteuerung nicht mehr zugrunde gelegt wird.

(2) Aufhebungszeitpunkt ist:

1. in den Fällen des Absatzes 1 Nummer 1 der Beginn des Kalenderjahres, das auf den Wegfall der wirtschaftlichen Einheit folgt, und
2. in den Fällen des Absatzes 1 Nummer 2 der Beginn des Kalenderjahres, in dem der Grundsteuerwert erstmals der Besteuerung nicht mehr zugrunde gelegt wird.

§ 19 Änderung von Feststellungsbescheiden. [1] Bescheide über die Feststellung von Grundsteuerwerten können schon vor dem maßgeblichen Feststellungszeitpunkt erteilt werden. [2] Sie sind zu ändern oder aufzuheben, wenn sich bis zu diesem Zeitpunkt Änderungen ergeben, die zu einer abweichenden Feststellung führen.

§ 20 Nachholung einer Feststellung. (1) [1] Ist die Feststellungsfrist gemäß § 181 AO abgelaufen, kann eine Fortschreibung oder Nachfeststellung unter Zugrundelegung der Verhältnisse vom Fortschreibungs- oder Nachfeststellungszeitpunkt mit Wirkung für einen späteren Feststellungszeitpunkt vorgenommen werden, für den diese Frist noch nicht abgelaufen ist. [2] § 181 Absatz 5 der AO bleibt hiervon unberührt.

(2) Absatz 1 ist bei der Aufhebung des Grundsteuerwerts entsprechend anzuwenden.

§ 21 Wertverhältnisse bei einer Fortschreibung und Nachfeststellung. Bei einer Fortschreibung und bei einer Nachfeststellung der Grundsteuerwerte sind die Wertverhältnisse im Hauptfeststellungszeitpunkt zugrunde zu legen.

§ 22 Erklärungs- und Anzeigepflicht. (1) [1] Die Steuerpflichtigen haben Erklärungen zur Feststellung der Grundsteuerwerte für den Hauptfeststellungszeitpunkt oder einen anderen Feststellungszeitpunkt abzugeben, wenn sie hierzu durch die Finanzbehörde gemäß § 149 Absatz 1 Satz 2 AO aufgefordert werden. [2] Fordert die Finanzbehörde zur Abgabe einer Erklärung auf, hat sie eine Frist zur Abgabe der Erklärung zu bestimmen, die mindestens einen Monat betragen soll. [3] Die Aufforderung zur Abgabe einer Erklärung kann von der obersten Finanzbehörde durch öffentliche Bekanntmachung erfolgen.

(2) [1] Eine Änderung der tatsächlichen Verhältnisse, die sich auf die Höhe des Grundsteuerwertes oder die Vermögensart auswirken oder zu einer erstmaligen Feststellung führen kann, ist auf den Beginn des folgenden Kalenderjahres anzuzeigen. [2] Die Frist für die Abgabe dieser Anzeige beträgt einen Monat und beginnt mit Ablauf des Kalenderjahres, in dem sich die tatsächlichen Verhältnisse geändert haben.

(3) Die Erklärung nach Absatz 1 und die Anzeige nach Absatz 2 sind abzugeben

1. von dem Steuerpflichtigen, dem das Grundstück zuzurechnen ist,
2. bei einem Grundstück, das mit einem Erbbaurecht belastet ist, vom Erbbauberechtigten; der Erbbauverpflichtete ist zur Mitwirkung verpflichtet, soweit dies zur Erfüllung der Erklärungspflicht des Erbbauberechtigten erforderlich ist.

(4) Die Erklärung nach Absatz 1 und die Anzeige nach Absatz 2 sind bei dem für die gesonderte Feststellung zuständigen Finanzamt abzugeben.

(5) Die Erklärung nach Absatz 1 und die Anzeige nach Absatz 2 sind Steuererklärungen im Sinne der Abgabenordnung, die eigenhändig zu unterschreiben sind.

(6) [1] Die Erklärung nach Absatz 1 und die Anzeige nach Absatz 2 sind nach amtlich vorgeschriebenem Datensatz durch Datenfernübertragung zu übermitteln. [2] Auf Antrag kann die Finanzbehörde zur Vermeidung unbilliger Härten auf

eine Übermittlung durch Datenfernübertragung verzichten. [3]Für die Entscheidung über den Antrag gilt § 150 Absatz 8 AO.

§ 23 Auskünfte, Erhebungen und Mitteilungen. (1) Die nach Bundes- oder Landesrecht zuständigen Behörden haben den Finanzbehörden die rechtlichen und tatsächlichen Umstände mitzuteilen, die ihnen im Rahmen ihrer Aufgabenerfüllung bekannt geworden sind und die für die Feststellung von Grundsteuerwerten oder für die Grundsteuer von Bedeutung sein können.

(2) [1]Die Grundbuchämter haben den für die Feststellung des Grundsteuerwerts zuständigen Finanzbehörden mitzuteilen:

1. die Eintragung eines neuen Eigentümers oder Erbbauberechtigten sowie bei einem anderen als einem rechtsgeschäftlichen Erwerb zusätzlich die Anschrift des neuen Eigentümers oder Erbbauberechtigten; dies gilt nicht für die Fälle des Erwerbs nach den Vorschriften des Zuordnungsrechts,
2. die Eintragung der Begründung von Wohnungseigentum oder Teileigentum,
3. die Eintragung der Begründung eines Erbbaurechts, Wohnungserbbaurechts oder Teilerbbaurechts.

[2]In den Fällen des Satzes 1 Nummern 2 und 3 ist gleichzeitig der Tag des Eingangs des Eintragungsantrags beim Grundbuchamt mitzuteilen. [3]Bei einer Eintragung aufgrund Erbfolge ist das Jahr anzugeben, in dem der Erblasser verstorben ist. [4]Die Mitteilungen sollen der Finanzbehörde über die für die Führung des Liegenschaftskatasters zuständige Behörde oder über eine sonstige Behörde, die das Liegenschaftskataster gemäß § 2 Absatz 2 der Grundbuchordnung[1)] führt, zugeleitet werden.

(3) [1]Die nach den Absätzen 1 oder 2 mitteilungspflichtigen Stellen unterrichten die betroffenen Personen vom Inhalt der Mitteilung. [2]Eine Unterrichtung kann unterbleiben, soweit den Finanzbehörden Umstände aus dem Grundbuch, den Grundakten oder aus dem Liegenschaftskataster mitgeteilt werden.

(4) [1]Die nach den Absätzen 1 oder 2 mitteilungspflichtigen Stellen übermitteln die Mitteilungen den Finanzbehörden nach amtlich vorgeschriebenem Datensatz über die amtlich bestimmte Schnittstelle. [2]Die Grundbuchämter und die für die Führung des Liegenschaftskatasters zuständigen Behörden übermitteln die bei ihnen geführten Daten laufend, mindestens alle drei Monate. [3]Die oberste Finanzbehörde legt im Einvernehmen mit den obersten Vermessungs- und Katasterbehörden die Einzelheiten der elektronischen Übermittlung und deren Beginn in einem Schreiben fest. [4]Dieses Schreiben ist im Gemeinsamen Amtsblatt des Landes Baden-Württemberg zu veröffentlichen.

Dritter Teil. Bewertungsvorschriften

§ 24 Bewertungsgrundsätze. (1) Bezugsgröße für die Bewertung ist die jeweilige wirtschaftliche Einheit (§ 25) des Grundbesitzes (§ 3).

(2) Der Bewertung des land- und forstwirtschaftlichen Vermögens (§ 3 Nummer 1) ist der Ertragswert gemäß §§ 26 bis 36 zugrunde zu legen.

(3) Der Bewertung des Grundvermögens (§ 3 Nummer 2) ist der Bodenwert gemäß § 38 zugrunde zu legen.

[1)] Nr. **11**.

(4) Der Grundsteuerwert wird auf volle hundert Euro nach unten abgerundet.

§ 25 Wirtschaftliche Einheit. (1) [1] Jede wirtschaftliche Einheit ist für sich zu bewerten. [2] Ihr Wert ist im Ganzen festzustellen. [3] Was als wirtschaftliche Einheit zu gelten hat, ist grundsätzlich nach den Anschauungen des Verkehrs zu entscheiden. [4] Die örtliche Gewohnheit, die tatsächliche Übung, die Zweckbestimmung, die tatsächliche, unabhängige Nutzungsmöglichkeit und die wirtschaftliche Zusammengehörigkeit der einzelnen Wirtschaftsgüter sind zu berücksichtigen. [5] Mehrere Wirtschaftsgüter kommen als wirtschaftliche Einheit nur insoweit in Betracht, als sie demselben Eigentümer gehören. [6] Die Zurechnung zu einer wirtschaftlichen Einheit wird beim Grundbesitz im Sinne der §§ 26 bis 38 jedoch nicht dadurch ausgeschlossen, dass die Wirtschaftsgüter zum Teil dem einen, zum Teil dem anderen Ehegatten oder Lebenspartner gehören. [7] In einen Betrieb der Land- und Forstwirtschaft im Sinne der §§ 26 bis 36, der von einer Gesellschaft oder Gemeinschaft des bürgerlichen Rechts betrieben wird, sind auch die Wirtschaftsgüter einzubeziehen, die einem oder mehreren Beteiligten gehören und dem Betrieb zu dienen bestimmt sind. [8] In den Betrieb der Land- und Forstwirtschaft im Sinne der §§ 26 bis 36 sind auch einzubeziehen

1. dem Eigentümer des Grund und Bodens nicht gehörende Gebäude, die auf dem Grund und Boden des Betriebs stehen und der Bewirtschaftung des Betriebs dienen,
2. dem Eigentümer des Grund und Bodens nicht gehörende Betriebsmittel, die der Bewirtschaftung des Betriebs dienen, und
3. ein Anteil des Eigentümers des Betriebs der Land- und Forstwirtschaft an einem Wirtschaftsgut, wenn es mit dem Betrieb zusammen genutzt wird.

(2) [1] Für jedes Wohnungseigentum und Teileigentum nach dem Wohnungseigentumsgesetz[1)] ist entsprechend dem Miteigentumsanteil am Grundstück ein Wert nach § 38 zu ermitteln. [2] Der ermittelte Wert ist dem Wohnungs- oder Teileigentümer zuzurechnen.

(3) [1] Bei wirtschaftlichen Einheiten des Grundvermögens, die sich über die Landesgrenze hinaus erstrecken, wird nur der sich innerhalb der Landesgrenzen befindliche Teil bewertet. [2] Für den anderen Teil erfolgt keine gesonderte Feststellung nach § 13. [3] Wenn sich Teile einer wirtschaftlichen Einheit des land- und forstwirtschaftlichen Vermögens im Ausland befinden, gelten die Sätze 1 und 2 entsprechend.

1. Abschnitt: Land- und forstwirtschaftliches Vermögen

§ 26 Begriff des land- und forstwirtschaftlichen Vermögens. (1) [1] Die wirtschaftliche Einheit des land- und forstwirtschaftlichen Vermögens ist der Betrieb der Land- und Forstwirtschaft. [2] Wird der Betrieb der Land- und Forstwirtschaft oder werden Teile davon einem anderen Berechtigten zur Erzeugung von Pflanzen und Tieren sowie zur Verwertung der dadurch selbst gewonnenen Erzeugnisse überlassen, so gilt dies als Fortsetzung der land- und forstwirtschaftlichen Tätigkeit des Überlassenden.

(2) [1] Land- und Forstwirtschaft ist die planmäßige Nutzung der natürlichen Kräfte des Bodens zur Erzeugung von Pflanzen und Tieren sowie die Verwertung der dadurch selbst gewonnenen Erzeugnisse. [2] Zum land- und forstwirtschaftli-

[1)] Nr. 3.

chen Vermögen gehören alle Wirtschaftsgüter, die einem Betrieb der Land- und Forstwirtschaft dauernd zu dienen bestimmt sind.

(3) [1] Zu den Wirtschaftsgütern, die dem Betrieb der Land- und Forstwirtschaft dauernd zu dienen bestimmt sind, gehören insbesondere:

1. der Grund und Boden,
2. die Wirtschaftsgebäude,
3. die stehenden Betriebsmittel,
4. der normale Bestand an umlaufenden Betriebsmitteln,
5. die immateriellen Wirtschaftsgüter.

[2] Als normaler Bestand an umlaufenden Betriebsmitteln gilt ein Bestand, der zur gesicherten Fortführung des Betriebs erforderlich ist.

(4) Nicht zum land- und forstwirtschaftlichen Vermögen gehören:

1. Grund und Boden sowie Gebäude und Gebäudeteile, die Wohnzwecken oder anderen nicht land- und forstwirtschaftlichen Zwecken dienen,
2. Tierbestände oder Zweige des Tierbestands und die hiermit zusammenhängenden Wirtschaftsgüter (zum Beispiel Gebäude und abgrenzbare Gebäudeteile mit den dazugehörenden Flächen, stehende und umlaufende Betriebsmittel), wenn die Tiere weder nach § 35 zur landwirtschaftlichen Nutzung noch nach § 36 Absatz 2 zu den sonstigen land- und forstwirtschaftlichen Nutzungen gehören; die Zugehörigkeit der landwirtschaftlich genutzten Flächen zum land- und forstwirtschaftlichen Vermögen wird hierdurch nicht berührt,
3. Zahlungsmittel, Geldforderungen, Geschäftsguthaben, Wertpapiere und Beteiligungen sowie
4. Geldschulden und Pensionsverpflichtungen.

§ 27 Abgrenzung des land- und forstwirtschaftlichen Vermögens vom Grundvermögen in Sonderfällen. (1) Dienen im Umgriff einer Windenergieanlage Flächen einem Betrieb der Land- und Forstwirtschaft, sind abweichend von § 26 Absatz 4 Nummer 1 die Standortflächen der Windenergieanlage und der dazugehörenden Betriebsvorrichtungen (abgegrenzte Standortfläche der Windenergieanlage) dem land- und forstwirtschaftlichen Vermögen zuzurechnen.

(2) Land- und forstwirtschaftlich genutzte Flächen sind dem Grundvermögen zuzurechnen, wenn nach ihrer Lage, den am Feststellungszeitpunkt bestehenden Verwertungsmöglichkeiten oder den sonstigen Umständen anzunehmen ist, dass sie innerhalb eines Zeitraums von sieben Jahren anderen als land- und forstwirtschaftlichen Zwecken, insbesondere als Bau-, Gewerbe- oder Industrieland oder als Land für Verkehrszwecke, dienen werden.

(3) [1] Flächen sind stets dem Grundvermögen zuzurechnen, wenn sie in einem Bebauungsplan als Bauland festgesetzt sind, ihre sofortige Bebauung möglich ist und die Bebauung innerhalb des Plangebiets in benachbarten Bereichen begonnen hat oder schon durchgeführt ist. [2] Satz 1 gilt nicht für die Hofstelle.

§ 28 Betrieb der Land- und Forstwirtschaft. (1) Ein Betrieb der Land- und Forstwirtschaft umfasst:

1. die land- und forstwirtschaftlichen Nutzungen:
 a) die landwirtschaftliche Nutzung,

b) die forstwirtschaftliche Nutzung,
c) die weinbauliche Nutzung,
d) die gärtnerische Nutzung,
aa) Nutzungsteil Gemüsebau,
bb) Nutzungsteil Blumen- und Zierpflanzenbau,
cc) Nutzungsteil Obstbau,
dd) Nutzungsteil Baumschulen,
e) die übrigen land- und forstwirtschaftlichen Nutzungen,
2. die Nutzungsarten:
a) Abbauland,
b) Geringstland,
c) Unland,
d) Hofstelle,
3. die Nebenbetriebe.

(2) Die land- und forstwirtschaftlichen Betriebsflächen sind einer Nutzung, innerhalb der gärtnerischen Nutzung einem Nutzungsteil oder einer Nutzungsart zuzuordnen (gesetzliche Klassifizierung).

(3) Zum Abbauland gehören die Betriebsflächen, die durch Abbau der Bodensubstanz überwiegend für den Betrieb der Land- und Forstwirtschaft nutzbar gemacht werden, zum Beispiel Steinbrüche, Torfstiche, Sand-, Kies- und Lehmgruben.

(4) Zum Geringstland gehören die Betriebsflächen geringster Ertragsfähigkeit, für die nach dem Bodenschätzungsgesetz keine Wertzahlen festzustellen sind.

(5) Zum Unland gehören die Betriebsflächen, die auch bei geordneter Wirtschaftsweise keinen Ertrag abwerfen können.

(6) Zur Hofstelle gehören alle Hof- und Wirtschaftsgebäudeflächen einschließlich der Nebenflächen, wenn von dort land- und forstwirtschaftliche Flächen nachhaltig bewirtschaftet werden.

(7) Als Nebenbetrieb gilt ein Betrieb, der dem Hauptbetrieb zu dienen bestimmt ist und nicht einen selbständigen gewerblichen Betrieb darstellt.

§ 29 Bewertungsstichtag. (1) Für die Größe des Betriebs sowie für den Umfang und den Zustand der Gebäude sind die Verhältnisse im Feststellungszeitpunkt maßgebend.

(2) Für die stehenden und umlaufenden Betriebsmittel ist der Stand am Ende des Wirtschaftsjahres maßgebend, das dem Feststellungszeitpunkt vorangegangen ist.

§ 30 Ermittlung des Ertragswerts. (1) [1] Bei der Ermittlung des Ertragswerts (§ 24 Absatz 2) eines Betriebs der Land- und Forstwirtschaft ist von der Ertragsfähigkeit auszugehen. [2] Ertragsfähigkeit ist der bei ordnungsmäßiger Bewirtschaftung gemeinhin und nachhaltig erzielbare Reinertrag eines pacht- und schuldenfreien Betriebs mit entlohnten fremden Arbeitskräften (Reinertrag). [3] Er ermittelt sich aus dem Betriebseinkommen abzüglich des Lohnaufwands für die entlohnten Arbeitskräfte und des angemessenen Anteils für die Arbeitsleistung des Betriebsleiters sowie der nicht entlohnten Arbeitskräfte. [4] Hierbei sind alle Umstände zu berücksichtigen, die bei einer Selbstbewirtschaftung des Betriebs den Wirtschaftserfolg beeinflussen.

(2) [1]Der Reinertrag wird aus den Erhebungen nach § 2 des Landwirtschaftsgesetzes oder aus Erhebungen der Finanzverwaltung für jede gesetzliche Klassifizierung gesondert ermittelt. [2]Bei der Ermittlung des jeweiligen Reinertrags ist zur Berücksichtigung der nachhaltigen Ertragsfähigkeit ein Durchschnitt aus den letzten zehn vorliegenden Wirtschaftsjahren zu bilden, die vor dem Hauptfeststellungszeitpunkt geendet haben.

(3) Der Ertragswert ist das 18,6-fache der Summe der Reinerträge des Betriebs.

§ 31 Bewertung des Betriebs der Land- und Forstwirtschaft. (1) [1]Bei der Ermittlung des Ertragswerts für einen Betrieb der Land- und Forstwirtschaft sind die land- und forstwirtschaftlichen Nutzungen, Nutzungsarten und die Nebenbetriebe (§ 28 Absatz 1) mit ihrem jeweiligen Reinertrag nach den Absätzen 2 bis 8 zu bewerten. [2]Mit dem Ansatz des jeweiligen Reinertrags sind auch dem Eigentümer des Grund und Bodens nicht gehörende stehende und umlaufende Betriebsmittel, die der Bewirtschaftung des Betriebs dienen, abgegolten.

(2) [1]Der Reinertrag der landwirtschaftlichen Nutzung ermittelt sich aus der Summe der Flächenwerte. [2]Der jeweilige Flächenwert ist das Produkt aus der Größe der gesetzlich klassifizierten Eigentumsfläche des Betriebs und den Bewertungsfaktoren der Anlage 1. [3]Die Bewertungsfaktoren Grundbetrag und Ertragsmesszahl nach § 9 des Gesetzes zur Schätzung des landwirtschaftlichen Kulturbodens (Bodenschätzungsgesetzes) sind für jede Eigentumsfläche gesondert zu ermitteln.

(3) [1]Der Reinertrag der forstwirtschaftlichen Nutzung ermittelt sich aus der Summe der Flächenwerte. [2]Der jeweilige Flächenwert ist das Produkt aus der Größe der gesetzlich klassifizierten Eigentumsfläche des Betriebs und dem jeweiligen gegendüblichen Bewertungsfaktor gemäß Anlage 2. [3]Die gegendüblichen Bewertungsfaktoren bestimmen sich nach den forstwirtschaftlichen Wuchsgebieten und deren Baumartenanteilen nach der zuletzt vor dem Hauptfeststellungszeitpunkt durchgeführten Bundeswaldinventur (§ 41a des Bundeswaldgesetzes). [4]Abweichend hiervon werden klassifizierte Eigentumsflächen mit katastermäßig nachgewiesenen Bewirtschaftungsbeschränkungen als Geringstland bewertet, wenn infolge der Bewirtschaftungsbeschränkungen eine nachhaltige forstwirtschaftliche Nutzung unterbleibt.

(4) [1]Der Reinertrag der weinbaulichen Nutzung ermittelt sich aus der Summe der Flächenwerte. [2]Der jeweilige Flächenwert ist das Produkt aus der Größe der gesetzlich klassifizierten Eigentumsfläche des Betriebs und dem Bewertungsfaktor für die Verwertungsform Traubenerzeugung gemäß Anlage 3.

(5) [1]Der Reinertrag der gärtnerischen Nutzung ist gegliedert nach den Nutzungsteilen zu ermitteln. [2]Der Reinertrag eines Nutzungsteils ermittelt sich aus der Summe der Flächenwerte. [3]Der jeweilige Flächenwert ist das Produkt aus der gesetzlich klassifizierten Eigentumsfläche des Betriebs und dem jeweiligen Bewertungsfaktor gemäß Anlage 4. [4]Abweichend hiervon wird der Nutzungsteil Gemüsebau wie eine landwirtschaftliche Nutzung bewertet, wenn im Wechsel landwirtschaftliche und gärtnerische Erzeugnisse gewonnen werden und keine Bewässerungsmöglichkeiten bestehen.

(6) [1]Der Reinertrag für die übrigen land- und forstwirtschaftlichen Nutzungen ist für jede Nutzung nach § 36 gesondert zu ermitteln. [2]Der Reinertrag einer übrigen land- und forstwirtschaftlichen Nutzung ermittelt sich aus der

Summe der Flächenwerte. [3]Der jeweilige Flächenwert ist das Produkt aus der Größe der gesetzlich klassifizierten Eigentumsfläche des Betriebs und dem jeweiligen Bewertungsfaktor einschließlich des Zuschlags gemäß Anlage 5. [4]Für die sonstigen land- und forstwirtschaftlichen Nutzungen, für die kein Bewertungsfaktor festgelegt wurde, ist der Reinertrag der jeweiligen Nutzung durch Multiplikation der Bruttogrundflächen der nachhaltig genutzten Wirtschaftsgebäude mit dem Zwölffachen des Werts gemäß Anlage 5 und für den dazu gehörenden Grund und Boden nach Absatz 8 zu ermitteln; dies gilt unabhängig von einer gesetzlichen Klassifizierung als Hofstelle.

(7) [1]Der Reinertrag für die Nutzungsarten Abbauland, Geringstland und Unland ermittelt sich aus der Summe der Flächenwerte der jeweiligen Nutzungsart. [2]Der jeweilige Flächenwert ist das Produkt aus der Größe der gesetzlich klassifizierten Eigentumsfläche des Betriebs und dem jeweiligen Bewertungsfaktor gemäß Anlage 5.

(8) [1]Der Reinertrag für die Hofflächen und die Nebenbetriebe ermittelt sich aus der Summe der Flächenwerte. [2]Der Flächenwert ist das Produkt aus der jeweils als Hofstelle gesetzlich klassifizierten Eigentumsfläche des Betriebs und dem dreifachen Bewertungsfaktor gemäß Anlage 6.

§ 32 Zuschläge zum Reinertrag. (1) Ein Zuschlag zum Reinertrag einer Nutzung oder Nutzungsart ist vorzunehmen,

1. bei der landwirtschaftlichen Nutzung gemäß Anlage 1, wenn der tatsächliche Tierbestand am maßgeblichen Bewertungsstichtag (§ 29) die in Anlage 1 genannte Grenze nachhaltig überschreitet,
2. bei der gärtnerischen Nutzung gemäß Anlage 4, wenn in einem Nutzungsteil Flächen unter Glas und Kunststoffen dem Betrieb zu dienen bestimmt sind; zu den Flächen unter Glas und Kunststoffen gehören insbesondere mit Gewächshäusern, begehbaren Folientunneln, Foliengewächshäusern und anderen Kulturräumen überbaute Bruttogrundflächen; unerheblich ist, ob die Flächen unter Glas und Kunststoffen neben der Erzeugung auch zur Lagerung oder zum Vertrieb der Erzeugnisse zu dienen bestimmt sind,
3. bei der Nutzungsart Hofstelle gemäß Anlage 6 für die weinbauliche Nutzung und für Nebenbetriebe; der Zuschlag ermittelt sich durch Multiplikation der Bruttogrundflächen der nachhaltig genutzten Wirtschaftsgebäude mit dem Zwölffachen des jeweiligen Bewertungsfaktors; unerheblich ist, ob die Wirtschaftsgebäude neben der Erzeugung auch zur Lagerung oder zum Vertrieb der Erzeugnisse zu dienen bestimmt sind.

(2) [1]Der Reinertrag einer Nutzung oder Nutzungsart ist um einen Zuschlag zu erhöhen, wenn die Eigentumsflächen des Betriebs zugleich der Stromerzeugung aus Windenergie dienen. [2]Der Zuschlag ermittelt sich aus dem Produkt der abgegrenzten Standortfläche der Windenergieanlage und dem Bewertungsfaktor gemäß Anlage 7.

§ 33 Grundsteuerwert des Betriebs der Land- und Forstwirtschaft.

(1) Die Summe der Reinerträge des Betriebs einschließlich der Zuschläge (§§ 31 und 32) ist zur Ermittlung des Ertragswerts mit dem Faktor 18,6 zu kapitalisieren und ergibt den Grundsteuerwert des Betriebs der Land- und Forstwirtschaft.

(2) [1]Die Summe der Reinerträge einschließlich der Zuschläge (§§ 31 und 32) eines Betriebs der Land- und Forstwirtschaft ist für jede Gemeinde gesondert zu ermitteln, wenn sich die wirtschaftliche Einheit über mehrere Gemeinden erstreckt. [2]Der auf eine Gemeinde entfallende Anteil am Grundsteuerwert berechnet sich aus der jeweils für eine Gemeinde gesondert ermittelten Summe der Reinerträge im Verhältnis zur Gesamtsumme der Reinerträge des Betriebs der Land- und Forstwirtschaft.

§ 34 Kleingartenland und Dauerkleingartenland. (1) Als Betrieb der Land- und Forstwirtschaft gelten auch Kleingartenland und Dauerkleingartenland im Sinne des Bundeskleingartengesetzes.

(2) [1]Bei der Ermittlung des Ertragswerts für Kleingartenland- und Dauerkleingartenland ist abweichend von § 31 der Reinertrag für den Nutzungsteil Gemüsebau anzusetzen. [2]Der Reinertrag ergibt sich aus der Summe der Produkte der jeweils gesetzlich klassifizierten Eigentumsfläche und dem Reinertrag für das Freiland gemäß Anlage 4.

(3) [1]Gartenlauben von mehr als 30 Quadratmetern Brutto-Grundfläche gelten als Wirtschaftsgebäude. [2]§ 31 Absatz 8 findet entsprechende Anwendung.

(4) Die Summe der Reinerträge nach den Absätzen 2 und 3 ist zur Ermittlung des Ertragswerts mit dem Faktor 18,6 zu kapitalisieren und ergibt den Grundsteuerwert des Betriebs der Land- und Forstwirtschaft.

§ 35 Tierbestände. (1) [1]Tierbestände gehören in vollem Umfang zur landwirtschaftlichen Nutzung, wenn im Wirtschaftsjahr

1. für die ersten 20 Hektar nicht mehr als 10 Vieheinheiten (VE),
2. für die nächsten 10 Hektar nicht mehr als 7 VE,
3. für die nächsten 20 Hektar nicht mehr als 6 VE,
4. für die nächsten 50 Hektar nicht mehr als 3 VE,
5. und für die weitere Fläche nicht mehr als 1,5 VE

je Hektar der vom Inhaber des Betriebs selbst bewirtschafteten Flächen der landwirtschaftlichen Nutzung erzeugt oder gehalten werden. [2]Zu den selbst bewirtschafteten Flächen gehören die Eigentumsflächen und die zur Nutzung überlassenen Flächen. [3]Die Tierbestände sind nach dem Futterbedarf in Vieheinheiten umzurechnen.

(2) [1]Übersteigt die Anzahl der Vieheinheiten nachhaltig die in Absatz 1 bezeichnete Grenze, so gehören nur die Zweige des Tierbestands zur landwirtschaftlichen Nutzung, deren Vieheinheiten zusammen diese Grenze nicht überschreiten. [2]Zunächst sind mehr flächenabhängige Zweige des Tierbestands und danach weniger flächenabhängige Zweige des Tierbestands zur landwirtschaftlichen Nutzung zu rechnen. [3]Innerhalb jeder dieser Gruppen sind zuerst Zweige des Tierbestands mit der geringeren Anzahl von Vieheinheiten und dann Zweige mit der größeren Anzahl von Vieheinheiten zur landwirtschaftlichen Nutzung zu rechnen. [4]Der Tierbestand des einzelnen Zweiges wird nicht aufgeteilt.

(3) [1]Als Zweig des Tierbestands gilt bei jeder Tierart für sich:

1. das Zugvieh,
2. das Zuchtvieh,
3. das Mastvieh,
4. das übrige Nutzvieh.

[2]Das Zuchtvieh einer Tierart gilt nur dann als besonderer Zweig des Tierbestands, wenn die erzeugten Jungtiere überwiegend zum Verkauf bestimmt sind. [3]Ist das nicht der Fall, so ist das Zuchtvieh dem Zweig des Tierbestands zuzurechnen, dem es überwiegend dient.

(4) [1]Die Absätze 1 bis 3 gelten nicht für Pelztiere. [2]Pelztiere gehören nur dann zur landwirtschaftlichen Nutzung, wenn die erforderlichen Futtermittel überwiegend von den vom Inhaber des Betriebs landwirtschaftlich genutzten Flächen gewonnen werden.

(5) Der Umrechnungsschlüssel für Tierbestände in Vieheinheiten sowie die Gruppen der mehr oder weniger flächenabhängigen Zweige des Tierbestands sind den Anlagen 8 und 9 zu entnehmen.

§ 36 Übrige land- und forstwirtschaftliche Nutzungen. (1) Zu den übrigen land- und forstwirtschaftlichen Nutzungen gehören:

1. Hopfen, Spargel und andere Sonderkulturen,
2. die sonstigen land- und forstwirtschaftlichen Nutzungen.

(2) Zu den sonstigen land- und forstwirtschaftlichen Nutzungen gehören insbesondere:

1. die Binnenfischerei,
2. die Teichwirtschaft,
3. die Fischzucht für Binnenfischerei und Teichwirtschaft,
4. die Imkerei,
5. die Wanderschäferei,
6. die Saatzucht,
7. der Pilzanbau,
8. die Produktion von Nützlingen,
9. die Weihnachtsbaumkulturen,
10. die Kurzumtriebsplantagen.

2. Abschnitt: Grundvermögen

§ 37 Grundstück. (1) [1]Wirtschaftliche Einheit des Grundvermögens ist das Grundstück im Sinne dieses Abschnitts. [2]Hierzu gehört der ganze oder anteilige Grund und Boden, soweit es sich hierbei nicht um land- und forstwirtschaftliches Vermögen handelt. [3]Bodenschätze sind nicht einzubeziehen.

(2) [1]Ein Anteil des Eigentümers eines Grundstücks an anderem Grundvermögen ist in die wirtschaftliche Einheit Grundstück einzubeziehen, wenn der Anteil zusammen mit dem Grundstück genutzt wird. [2]Das gilt nicht, wenn das gemeinschaftliche Grundvermögen nach den Anschauungen des Verkehrs als selbständige wirtschaftliche Einheit anzusehen ist.

§ 38 Bewertung von Grundstücken. (1) [1]Der Grundsteuerwert der Grundstücke ermittelt sich durch Multiplikation ihrer Fläche des Grund und Bodens mit dem jeweiligen Bodenrichtwert gemäß § 196 des Baugesetzbuchs (BauGB). [2]Maßgebend ist der Bodenrichtwert des Richtwertgrundstücks in der Bodenrichtwertzone, in der sich das zu bewertende Grundstück befindet.

(2) [1] Die Bodenrichtwerte sind von den Gutachterausschüssen im Sinne des ersten Teils des dritten Kapitels des Baugesetzbuches[1)] (§§ 192 ff. BauGB) auf den Hauptfeststellungszeitpunkt zu ermitteln, zu veröffentlichen und nach amtlich vorgeschriebenem Datensatz durch Datenfernübertragung an die zuständigen Finanzbehörden bis spätestens zum 30. Juni des Jahres in dem die Hauptfeststellung stattfindet zu übermitteln. [2] Die nach Satz 1 an die Finanzbehörden zu übermittelnden Daten können auch an eine nach Satz 3 zu bestimmende Stelle zur Weiterleitung an die Finanzbehörden übermittelt werden. [3] Das Ministerium für Finanzen wird ermächtigt, im Einvernehmen mit der zuständigen obersten Landesbehörde diese Stelle zu bestimmen, zu beauftragen und soweit erforderlich zu beleihen.

(3) Wird von den Gutachterausschüssen im Sinne des ersten Teils des dritten Kapitels des Baugesetzbuches[1)] (§§ 192 ff. BauGB) kein Bodenrichtwert ermittelt, ist der Wert des Grundstücks aus den Werten vergleichbarer Flächen abzuleiten.

(4) [1] Ein anderer Wert des Grundstücks kann auf Antrag angesetzt werden, wenn der durch ein qualifiziertes Gutachten nachgewiesene tatsächliche Wert des Grund und Bodens zum Zeitpunkt der Hauptfeststellung mehr als 30 Prozent von dem Wert nach Absatz 1 oder 3 abweicht. [2] Qualifiziert ist ein Gutachten, wenn dieses durch den zuständigen Gutachterausschuss im Sinne der §§ 192 ff. des Baugesetzbuchs oder von Personen, die von einer staatlichen, staatlich anerkannten oder nach DIN EN ISO/IEC 17024 akkreditierten Stelle als Sachverständige oder Gutachter für die Wertermittlung von Grund und Boden bestellt oder zertifiziert worden sind, erstellt worden ist.

Vierter Teil. Bemessung der Grundsteuer

§ 39 Steuermesszahl und Steuermessbetrag. [1] Bemessungsgrundlage der Grundsteuer ist der Steuermessbetrag. [2] Dieser ist durch Anwendung eines Promillesatzes (Steuermesszahl) auf den Grundsteuerwert oder seinen steuerpflichtigen Teil zu ermitteln, der im Veranlagungszeitpunkt (§ 41 Absatz 1, § 42 Absatz 3 und § 43 Absatz 3) für den Steuergegenstand maßgebend ist.

§ 40 Steuermesszahlen. (1) Für Betriebe der Land- und Forstwirtschaft beträgt die Steuermesszahl 0,55 Promille.

(2) Für Grundstücke beträgt die Steuermesszahl 1,30 Promille.

(3) [1] Die Steuermesszahl nach Absatz 2 wird um 30 Prozent ermäßigt, wenn das Grundstück überwiegend zu Wohnzwecken dient. [2] Überwiegend dient ein Grundstück zu Wohnzwecken, wenn der Anteil der Wohnnutzung an der gesamten Wohn- und Nutzfläche den Anteil der wohnfremden Nutzung übersteigt.

(4) [1] Die Steuermesszahl nach Absatz 2 wird um 25 Prozent ermäßigt, wenn

1. für das Grundstück eine Förderung nach dem Landeswohnraumförderungsgesetz (LWoFG) zugesagt wurde und
2. die sich aus der Förderzusage im Sinne des LWoFG ergebenden Bindungen für jeden Erhebungszeitraum innerhalb des Hauptveranlagungszeitraums bestehen, oder

1) Auszugsweise abgedruckt unter Nr. **6**.

3. für das Grundstück nach § 13 Absatz 3 des Wohnraumförderungsgesetzes (WoFG) vom 13. September 2001 (BGBl. I S. 2376), das zuletzt durch Artikel 42 des Gesetzes vom 20. November 2019 (BGBl. I S. 1626, 1652) geändert worden ist, oder nach Maßgabe des Ersten Wohnungsbaugesetzes (Wohnungsbau- und Familienheimgesetz – WoBauG) vom 26. April 1950 (BGBl. I S. 83) oder des Zweiten Wohnungsbaugesetzes (Wohnungsbau- und Familienheimgesetz – II. WoBauG) vom 27. Juni 1956 (BGBl. I S. 523), zuletzt geändert am 19. August 1994 (BGBl. I S. 2137), eine Förderzusage erteilt wurde und
4. die sich aus der Förderzusage im Sinne des WoFG, des WoBauG oder des II. WoBauG ergebenden Bindungen für jeden Erhebungszeitraum innerhalb des Hauptveranlagungszeitraums bestehen.

[2] Wird ein abgrenzbarer Teil des Grundstücks zu diesem Zwecke genutzt, so ist nur dieser Teil des Grundstücks begünstigt.

(5) [1] Liegen für ein Grundstück die Voraussetzungen des Absatzes 4 nicht vor, wird die Steuermesszahl nach Absatz 2 um 25 Prozent ermäßigt, wenn das jeweilige Grundstück

1. einer Wohnungsbaugesellschaft zugerechnet wird, deren Anteile mehrheitlich von einer oder mehreren Gebietskörperschaften gehalten werden und zwischen der Wohnungsbaugesellschaft und der Gebietskörperschaft oder den Gebietskörperschaften ein Gewinnabführungsvertrag besteht,
2. einer Wohnungsbaugesellschaft zugerechnet wird, die als gemeinnützig im Sinne des § 52 der AO anerkannt ist, oder
3. einer Genossenschaft oder einem Verein zugerechnet wird, der seine Geschäftstätigkeit auf die in § 5 Absatz 1 Nummer 10 Satz 1 Buchstabe a und b des Körperschaftsteuergesetzes genannten Bereiche beschränkt und von der Körperschaftsteuer befreit ist.

[2] Wird ein abgrenzbarer Teil des Grundstücks zu diesem Zwecke genutzt, so ist nur dieser Teil des Grundstücks begünstigt. [3] Der Abschlag auf die Steuermesszahl nach Satz 1 wird auf Antrag für jeden Erhebungszeitraum innerhalb des Hauptveranlagungszeitraums gewährt, wenn nachgewiesen wird, dass die jeweiligen Voraussetzungen am Hauptveranlagungsstichtag vorlagen. [4] Entfallen die Voraussetzungen des Satzes 1 während des Hauptveranlagungszeitraums, ist dies anzuzeigen.

(6) [1] Die Steuermesszahl nach Absatz 2 wird um 10 Prozent ermäßigt, wenn sich auf dem Grundstück Gebäude befinden, die Kulturdenkmale im Sinne des Gesetzes zum Schutz der Kulturdenkmale (Denkmalschutzgesetz) sind. [2] Wird ein abgrenzbarer Teil des Grundstücks zu diesem Zwecke genutzt, so ist nur dieser Teil des Grundstücks begünstigt.

(7) Erfüllt ein Grundstück mehrere Vergünstigungstatbestände im Sinne der Absätze 3 bis 6, ergibt sich die Ermäßigung der Steuermesszahl nach Absatz 2 aus der Summe der zu berücksichtigenden Prozentsätze.

§ 41 Hauptveranlagung. (1) [1] Die Steuermessbeträge werden auf den Hauptfeststellungszeitpunkt (§ 15) allgemein festgesetzt (Hauptveranlagung). [2] Dieser Zeitpunkt ist der Hauptveranlagungszeitpunkt.

(2) [1] Der bei der Hauptveranlagung festgesetzte Steuermessbetrag gilt vorbehaltlich der §§ 42 und 45 von dem Kalenderjahr an, das zwei Jahre nach dem

Hauptveranlagungszeitpunkt beginnt. [2]Dieser Steuermessbetrag bleibt unbeschadet der §§ 42 und 45 bis zu dem Zeitpunkt maßgebend, von dem an die Steuermessbeträge der nächsten Hauptveranlagung wirksam werden. [3]Der sich nach den Sätzen 1 und 2 ergebende Geltungszeitraum ist der Hauptveranlagungszeitraum.

(3) Ist die Festsetzungsfrist nach § 169 AO bereits abgelaufen, so kann die Hauptveranlagung unter Zugrundelegung der Verhältnisse im Hauptveranlagungszeitpunkt mit Wirkung für einen späteren Veranlagungszeitpunkt vorgenommen werden, für den diese Frist noch nicht abgelaufen ist.

§ 42 Neuveranlagung. (1) Wird eine Wertfortschreibung (§ 16 Absatz 1) oder eine Zurechnungsfortschreibung (§ 16 Absatz 2) durchgeführt, so wird der Steuermessbetrag auf den Fortschreibungszeitpunkt neu festgesetzt (Neuveranlagung).

(2) Der Steuermessbetrag wird auch dann neu festgesetzt, wenn dem Finanzamt bekannt wird, dass

1. Gründe, die im Feststellungsverfahren über den Grundsteuerwert nicht zu berücksichtigen sind, zu einem anderen als dem für den letzten Veranlagungszeitpunkt festgesetzten Steuermessbetrag führen oder
2. die letzte Veranlagung fehlerhaft ist; § 176 der AO ist hierbei entsprechend anzuwenden; das gilt jedoch nur für Veranlagungszeitpunkte, die vor der Verkündung der maßgeblichen Entscheidung eines obersten Gerichts des Bundes liegen.

(3) [1]Der Neuveranlagung werden die Verhältnisse im Neuveranlagungszeitpunkt zugrunde gelegt. [2]Neuveranlagungszeitpunkt ist

1. in den Fällen des Absatzes 1 der Beginn des Kalenderjahres, auf den die Fortschreibung durchgeführt wird;
2. in den Fällen des Absatzes 2 Nummer 1 der Beginn des Kalenderjahres, auf den sich erstmals ein abweichender Steuermessbetrag ergibt. § 41 Absatz 3 ist entsprechend anzuwenden;
3. in den Fällen des Absatzes 2 Nummer 2 der Beginn des Kalenderjahres, in dem der Fehler dem Finanzamt bekannt wird, bei einer Erhöhung des Steuermessbetrags jedoch frühestens der Beginn des Kalenderjahres, in dem der Steuermessbescheid erteilt wird.

(4) Treten die Voraussetzungen für eine Neuveranlagung zwischen dem Hauptveranlagungszeitpunkt und dem Zeitpunkt des Wirksamwerdens der Steuermessbeträge (§ 41 Absatz 2) ein, so wird die Neuveranlagung auf den Zeitpunkt des Wirksamwerdens der Steuermessbeträge vorgenommen.

§ 43 Nachveranlagung. (1) Wird eine Nachfeststellung (§ 17 Absatz 1) durchgeführt, so wird der Steuermessbetrag auf den Nachfeststellungszeitpunkt festgesetzt (Nachveranlagung).

(2) Der Steuermessbetrag wird auch dann nachträglich festgesetzt, wenn der Grund für die Befreiung des Steuergegenstandes von der Grundsteuer wegfällt, der für die Berechnung der Grundsteuer maßgebende Grundsteuerwert (§ 38 Absatz 1) aber bereits festgestellt ist.

(3) [1]Der Nachveranlagung werden die Verhältnisse im Nachveranlagungszeitpunkt zugrunde gelegt. [2]Nachveranlagungszeitpunkt ist

1. in den Fällen des Absatzes 1 der Beginn des Kalenderjahres, auf den der Grundsteuerwert nachträglich festgestellt wird;
2. in den Fällen des Absatzes 2 der Beginn des Kalenderjahres, der auf den Wegfall des Befreiungsgrundes folgt; § 41 Absatz 3 ist entsprechend anzuwenden.

(4) Treten die Voraussetzungen für eine Nachveranlagung zwischen dem Hauptveranlagungszeitpunkt und dem Zeitpunkt des Wirksamwerdens der Steuermessbeträge (§ 41 Absatz 2) ein, so wird die Nachveranlagung auf den Zeitpunkt des Wirksamwerdens der Steuermessbeträge vorgenommen.

§ 44 Anzeigepflicht. (1) [1]Jede Änderung in der Nutzung oder in den Eigentumsverhältnissen eines ganz oder teilweise von der Grundsteuer befreiten Steuergegenstandes hat derjenige anzuzeigen, der nach § 10 als Steuerschuldner in Betracht kommt. [2]Die Anzeige ist innerhalb von drei Monaten nach Eintritt der Änderung bei dem Finanzamt zu erstatten, das für die Festsetzung des Steuermessbetrags zuständig ist.

(2) [1]Den Wegfall der Voraussetzungen für die ermäßigte Steuermesszahl nach § 40 Absatz 3 bis 6 hat derjenige anzuzeigen, der nach § 10 als Steuerschuldner in Betracht kommt. [2]Die Anzeige ist innerhalb von drei Monaten nach dem Wegfall der Voraussetzungen bei dem Finanzamt zu erstatten, das für die Festsetzung des Steuermessbetrags zuständig ist.

§ 45 Aufhebung des Steuermessbetrags. (1) Der Steuermessbetrag wird aufgehoben,
1. wenn der Grundsteuerwert aufgehoben wird oder
2. wenn dem Finanzamt bekannt wird, dass
 a) für den ganzen Steuergegenstand ein Befreiungsgrund eingetreten ist oder
 b) der Steuermessbetrag fehlerhaft festgesetzt worden ist.

(2) Der Steuermessbetrag wird aufgehoben
1. in den Fällen des Absatzes 1 Nummer 1 mit Wirkung vom Aufhebungszeitpunkt (§ 18 Absatz 2) an;
2. in den Fällen des Absatzes 1 Nummer 2 Buchstabe a mit Wirkung vom Beginn des Kalenderjahres an, der auf den Eintritt des Befreiungsgrundes folgt; § 41 Absatz 3 ist entsprechend anzuwenden;
3. in den Fällen des Absatzes 1 Nummer 2 Buchstabe b mit Wirkung vom Beginn des Kalenderjahres an, in dem der Fehler dem Finanzamt bekannt wird.

(3) Treten die Voraussetzungen für eine Aufhebung zwischen dem Hauptveranlagungszeitpunkt und dem Zeitpunkt des Wirksamwerdens der Steuermessbeträge (§ 41 Absatz 2) ein, so wird die Aufhebung auf den Zeitpunkt des Wirksamwerdens der Steuermessbeträge vorgenommen.

§ 46 Änderung von Steuermessbescheiden. [1]Bescheide über die Neuveranlagung oder die Nachveranlagung von Steuermessbeträgen können schon vor dem maßgebenden Veranlagungszeitpunkt erteilt werden. [2]Sie sind zu ändern oder aufzuheben, wenn sich bis zu diesem Zeitpunkt Änderungen ergeben, die zu einer abweichenden Festsetzung führen.

§ 47 Zerlegung des Steuermessbetrags. (1) Erstreckt sich der Steuergegenstand über mehrere Gemeinden, so ist der Steuermessbetrag vorbehaltlich des

§ 49 anteilig in die auf die einzelnen Gemeinden entfallenden Anteile zu zerlegen (Zerlegungsanteile).

(2) Zerlegungsmaßstab ist bei Betrieben der Land- und Forstwirtschaft der nach § 33 Absatz 2 ermittelte Gemeindeanteil am Grundsteuerwert des Betriebs der Land- und Forstwirtschaft.

(3) [1] Zerlegungsmaßstab ist bei Grundstücken das Verhältnis, in dem die auf die einzelnen Gemeinden entfallenden Flächengrößen zueinanderstehen. [2] Führt die Zerlegung nach Flächengrößen zu einem offenbar unbilligen Ergebnis, sind die Zerlegungsanteile maßgebend, auf die sich die Gemeinden mit dem Steuerschuldner einigen.

(4) Entfällt auf eine Gemeinde ein Zerlegungsanteil von weniger als 25 Euro, so ist dieser Anteil der Gemeinde zuzuweisen, der nach Absatz 2 oder 3 der größte Zerlegungsanteil zusteht.

§ 48 Zerlegungsstichtag. (1) Der Zerlegung des Steuermessbetrags werden die Verhältnisse in dem Feststellungszeitpunkt zugrunde gelegt, auf den der für die Festsetzung des Steuermessbetrags maßgebende Grundsteuerwert festgestellt worden ist.

(2) Ändern sich die Grundlagen für die Zerlegung, ohne dass der Grundsteuerwert fortgeschrieben oder nachträglich festgestellt wird, so sind die Zerlegungsanteile nach dem Stand vom 1. Januar des folgenden Jahres neu zu ermitteln, wenn wenigstens bei einer Gemeinde der neue Anteil um mehr als ein Zehntel, mindestens aber um 10 Euro von ihrem bisherigen Anteil abweicht.

§ 49 Ersatz der Zerlegung durch Steuerausgleich. [1] Die Landesregierung kann durch Rechtsverordnung bestimmen, dass bei Betrieben der Land- und Forstwirtschaft, die sich über mehrere Gemeinden erstrecken, aus Vereinfachungsgründen an Stelle der Zerlegung ein Steuerausgleich stattfindet. [2] Beim Steuerausgleich wird der gesamte Steuermessbetrag der Gemeinde zugeteilt, in der der wertvollste Teil des Steuergegenstandes liegt (Sitzgemeinde); an dem Steueraufkommen der Sitzgemeinde werden die übrigen Gemeinden beteiligt. [3] Die Beteiligung soll annähernd zu dem Ergebnis führen, das bei einer Zerlegung einträte.

Fünfter Teil. Festsetzung und Entrichtung der Grundsteuer

§ 50 Festsetzung des Hebesatzes. (1) Die Gemeinde bestimmt, mit welchem Hundertsatz des Steuermessbetrags oder des Zerlegungsanteils die Grundsteuer zu erheben ist (Hebesatz).

(2) Der Hebesatz ist für ein oder mehrere Kalenderjahre, höchstens jedoch für den Hauptveranlagungszeitraum der Steuermessbeträge festzusetzen.

(3) [1] Der Beschluss über die Festsetzung oder Änderung des Hebesatzes ist bis zum 30. Juni eines Kalenderjahres mit Wirkung vom Beginn dieses Kalenderjahres zu fassen. [2] Nach diesem Zeitpunkt kann der Beschluss über die Festsetzung des Hebesatzes gefasst werden, wenn der Hebesatz die Höhe der letzten Festsetzung nicht überschreitet.

(4) [1] Der Hebesatz muss vorbehaltlich des § 50a jeweils einheitlich sein

1. für die in einer Gemeinde liegenden Betriebe der Land- und Forstwirtschaft;
2. für die in einer Gemeinde liegenden Grundstücke.

[2] Wird das Gebiet von Gemeinden geändert, so kann die Landesregierung oder die von ihr bestimmte Stelle für die von der Änderung betroffenen Gebietsteile auf eine bestimmte Zeit verschiedene Hebesätze zulassen.

§ 50a Gesonderter Hebesatz für baureife Grundstücke. (1) Die Gemeinde kann aus städtebaulichen Gründen baureife Grundstücke bestimmen und abweichend von § 50 Absatz 4 Satz 1 Nummer 2 für die Grundstücksgruppe der baureifen Grundstücke einen gesonderten Hebesatz festsetzen.

(2) [1] Baureife Grundstücke sind unbebaute Grundstücke, die nach Lage, Form und Größe und ihrem sonstigen tatsächlichen Zustand sowie nach öffentlich-rechtlichen Vorschriften sofort bebaut werden könnten. [2] Eine erforderliche, aber noch nicht erteilte Baugenehmigung sowie zivilrechtliche Gründe, die einer sofortigen Bebauung entgegenstehen, sind unbeachtlich.

(3) Als städtebauliche Gründe kommen insbesondere die Deckung eines erhöhten Bedarfs an Wohn- und Arbeitsstätten sowie an Gemeinbedarfs- und Folgeeinrichtungen, die Nachverdichtung bestehender Siedlungsstrukturen oder die Stärkung der Innenentwicklung in Betracht.

(4) [1] Die Gemeinde hat den gesonderten Hebesatz auf einen bestimmten Gemeindeteil zu beschränken, wenn nur für diesen Gemeindeteil die städtebaulichen Gründe vorliegen. [2] In dem Gemeindeteil müssen mehrere baureife Grundstücke belegen sein.

(5) [1] Die genaue Bezeichnung der baureifen Grundstücke, deren Lage sowie das Gemeindegebiet, auf das sich der gesonderte Hebesatz bezieht, sind jeweils nach den Verhältnissen zu Beginn eines Kalenderjahres von der Gemeinde zu bestimmen, in einer Karte auszuweisen und im Wege einer Allgemeinverfügung öffentlich bekannt zu geben. [2] In der Allgemeinverfügung sind die städtebaulichen Erwägungen nachvollziehbar darzulegen und die Wahl des Gemeindegebiets, auf das sich der gesonderte Hebesatz beziehen soll, zu begründen.

(6) Hat eine Gemeinde die baureifen Grundstücke bestimmt und hierfür einen gesonderten Hebesatz festgesetzt, muss dieser Hebesatz für alle in der Gemeinde oder dem Gemeindeteil liegenden baureifen Grundstücke einheitlich und höher als der einheitliche Hebesatz für die übrigen in der Gemeinde liegenden Grundstücke sein.

§ 51 Festsetzung der Grundsteuer. (1) [1] Die Grundsteuer wird für das Kalenderjahr festgesetzt. [2] Ist der Hebesatz für mehr als ein Kalenderjahr festgesetzt, kann auch die jährlich zu erhebende Grundsteuer für die einzelnen Kalenderjahre dieses Zeitraums festgesetzt werden.

(2) Wird der Hebesatz gemäß § 50 Absatz 3 geändert, so ist die Festsetzung nach Absatz 1 zu ändern.

(3) [1] Für diejenigen Steuerschuldner, die für das Kalenderjahr die gleiche Grundsteuer wie im Vorjahr zu entrichten haben, kann die Grundsteuer durch öffentliche Bekanntmachung festgesetzt werden. [2] Für die Steuerschuldner treten mit dem Tag der öffentlichen Bekanntmachung die gleichen Rechtswirkungen ein, wie wenn ihnen an diesem Tag ein schriftlicher Steuerbescheid zugegangen wäre.

§ 52 Fälligkeit. (1) Die Grundsteuer wird zu je einem Viertel ihres Jahresbetrags am 15. Februar, 15. Mai, 15. August und 15. November fällig.

(2) Die Gemeinden können bestimmen, dass Kleinbeträge wie folgt fällig werden:

1. am 15. August mit ihrem Jahresbetrag, wenn dieser 15 Euro nicht übersteigt;
2. am 15. Februar und 15. August zu je einer Hälfte ihres Jahresbetrags, wenn dieser 30 Euro nicht übersteigt.

(3) [1] Auf Antrag des Steuerschuldners kann die Grundsteuer abweichend von Absatz 1 oder Absatz 2 Nummer 2 am 1. Juli in einem Jahresbetrag entrichtet werden. [2] Der Antrag muss spätestens bis zum 30. September des vorangehenden Kalenderjahres gestellt werden. [3] Die beantragte Zahlungsweise bleibt so lange maßgebend, bis ihre Änderung beantragt wird; die Änderung muss spätestens bis zum 30. September des vorangehenden Jahres beantragt werden.

§ 53 Vorauszahlungen. Der Steuerschuldner hat bis zur Bekanntgabe eines neuen Steuerbescheids zu den bisherigen Fälligkeitstagen Vorauszahlungen unter Zugrundelegung der zuletzt festgesetzten Jahressteuer zu entrichten.

§ 54 Abrechnung über die Vorauszahlungen. (1) [1] Ist die Summe der Vorauszahlungen, die bis zur Bekanntgabe des neuen Steuerbescheids zu entrichten waren, kleiner als die Steuer, die sich nach dem bekanntgegebenen Steuerbescheid für die vorausgegangenen Fälligkeitstage ergibt, so ist der Unterschiedsbetrag innerhalb eines Monats nach Bekanntgabe des Steuerbescheids zu entrichten. [2] Die Verpflichtung, rückständige Vorauszahlungen schon früher zu entrichten, bleibt unberührt.

(2) Ist die Summe der Vorauszahlungen, die bis zur Bekanntgabe des neuen Steuerbescheids entrichtet worden sind, größer als die Steuer, die sich nach dem bekanntgegebenen Steuerbescheid für die vorangegangenen Fälligkeitstage ergibt, so wird der Unterschiedsbetrag nach Bekanntgabe des Steuerbescheids durch Aufrechnung oder Rückzahlung ausgeglichen.

(3) Die Absätze 1 und 2 gelten entsprechend, wenn der Steuerbescheid aufgehoben oder geändert wird.

§ 55 Nachentrichtung der Steuer. Hatte der Steuerschuldner bis zur Bekanntgabe der Jahressteuer keine Vorauszahlungen nach § 53 zu entrichten, so hat er die Steuer, die sich nach dem bekanntgegebenen Steuerbescheid für die vorangegangenen Fälligkeitstage gemäß § 52 ergibt, innerhalb eines Monats nach Bekanntgabe des Steuerbescheids zu entrichten.

Sechster Teil. Erlass der Grundsteuer

§ 56 Erlass für Kulturgut und Grünanlagen. (1) Die Grundsteuer kann erlassen werden

1. für Grundbesitz, dessen Erhaltung wegen seiner Bedeutung für Kunst, Geschichte, Wissenschaft oder Naturschutz im öffentlichen Interesse liegt, wenn die erzielten Einnahmen und die sonstigen Vorteile (Rohertrag) in der Regel unter den jährlichen Kosten liegen; bei Park- und Gartenanlagen von geschichtlichem Wert ist der Erlass von der weiteren Voraussetzung abhängig, dass sie in dem billigerweise zu fordernden Umfang der Öffentlichkeit zugänglich gemacht sind;
2. für öffentliche Grünanlagen, Spiel- und Sportplätze, wenn die jährlichen Kosten in der Regel den Rohertrag übersteigen.

(2) [1] Für Grundbesitz, welcher von wissenschaftlicher, künstlerischer oder geschichtlicher Bedeutung ist und dem Zweck der Forschung oder Volksbildung nutzbar gemacht wird, kann von der Grundsteuer ein angemessener Teil erlassen werden. [2] Das gilt nur, wenn die wissenschaftliche, künstlerische oder geschichtliche Bedeutung durch die Landesregierung oder die von ihr beauftragte Stelle anerkannt ist. [3] Grundbesitz ist insbesondere dann von wissenschaftlicher, künstlerischer oder geschichtlicher Bedeutung, wenn er der Beherbergung von Sammlungen oder Bibliotheken dient.

§ 57 Erlass wegen wesentlicher Reinertragsminderung bei Betrieben der Land- und Forstwirtschaft. (1) [1] Die Grundsteuer wird in Höhe von 25 Prozent erlassen, wenn bei Betrieben der Land- und Forstwirtschaft der tatsächliche Reinertrag des Steuergegenstandes um mehr als 50 Prozent gemindert ist und der Steuerschuldner die Minderung des tatsächlichen Reinertrags nicht zu vertreten hat. [2] Beträgt die vom Steuerschuldner nicht zu vertretende Minderung des tatsächlichen Reinertrags 100 Prozent, ist die Grundsteuer abweichend von Satz 1 in Höhe von 50 Prozent zu erlassen. [3] Der tatsächliche Reinertrag eines Betriebs der Land- und Forstwirtschaft ermittelt sich nach den Grundsätzen des § 31 Absatz 2 für ein Wirtschaftsjahr. [4] Er gilt als in dem Erlasszeitraum bezogen, in dem das für den Betrieb der Land- und Forstwirtschaft maßgebliche Wirtschaftsjahr endet.

(2) [1] Der Erlass nach Absatz 1 wird nur gewährt, wenn die Einziehung der Grundsteuer nach den wirtschaftlichen Verhältnissen des Betriebs unbillig wäre. [2] Ein Erlass nach Absatz 1 ist insbesondere ausgeschlossen, wenn für den Betrieb der Land- und Forstwirtschaft nach § 4 Absatz 1, 3 oder § 13a des Einkommensteuergesetzes für dasjenige Wirtschaftsjahr ein Gewinn ermittelt wurde, das im Erlasszeitraum bei der Ermittlung des tatsächlichen Reinertrags nach Absatz 1 zugrunde zu legen ist.

(3) Eine Ertragsminderung ist kein Erlassgrund, wenn sie für den Erlasszeitraum durch Fortschreibung des Grundsteuerwerts berücksichtigt werden kann oder bei rechtzeitiger Stellung des Antrags auf Fortschreibung hätte berücksichtigt werden können.

§ 58 Verfahren. (1) [1] Der Erlass wird jeweils nach Ablauf eines Kalenderjahres für die Grundsteuer ausgesprochen, die für das Kalenderjahr festgesetzt worden ist (Erlasszeitraum). [2] Maßgebend für die Entscheidung über den Erlass sind die Verhältnisse des Erlasszeitraums.

(2) [1] Der Erlass wird nur auf Antrag gewährt. [2] Der Antrag ist bis zu dem auf den Erlasszeitraum folgenden 31. März zu stellen.

(3) [1] In den Fällen des § 56 bedarf es keiner jährlichen Wiederholung des Antrags. [2] Der Steuerschuldner ist verpflichtet, eine Änderung der maßgeblichen Verhältnisse der Gemeinde binnen drei Monaten nach Eintritt der Änderung anzuzeigen.

Siebter Teil. Ermächtigungs- und Schlussvorschriften

§ 59 Hauptveranlagung 2025. (1) Auf den 1. Januar 2025 findet eine Hauptveranlagung der Grundsteuermessbeträge statt (Hauptveranlagung 2025).

(2) [1] Die in der Hauptveranlagung 2025 festgesetzten Steuermessbeträge gelten abweichend von § 41 Absatz 2 und vorbehaltlich der §§ 42 bis 45 ab dem

zum 1. Januar 2025 beginnenden Kalenderjahr. [2]Der Beginn dieses Kalenderjahres ist der Hauptveranlagungszeitpunkt.

(3) [1]Bescheide über die Hauptveranlagung können schon vor dem Hauptveranlagungszeitpunkt erteilt werden. [2]§ 46 Satz 2 ist entsprechend anzuwenden.

(4) [1]Für die Anwendung des § 13 Absatz 4 bei der Hauptfeststellung nach § 15 Absatz 3 ist zu unterstellen, dass anstelle von Einheitswerten Grundsteuerwerte für die Besteuerung nach dem Grundsteuergesetz[1)] in der am 1. Januar 2022 geltenden Fassung von Bedeutung sind. [2]Die Steuerbefreiungen des Grundsteuergesetzes in der am 1. Januar 2022 geltenden Fassung sind bei der Hauptfeststellung nach Absatz 1 zu beachten. [3]Bei Zurechnungsfortschreibungen nach § 16 Absatz 2 ist von der Hauptfeststellung auf den 1. Januar 2022 bis zum 1. Januar 2025 zu unterstellen, dass anstelle von Einheitswerten Grundsteuerwerte nach dem Grundsteuergesetz in der jeweils gültigen Fassung von Bedeutung sind.

(5) Werden der Finanzbehörde durch eine Erklärung im Sinne des § 22 auf den 1. Januar 2022 für die Bewertung eines Betriebs der Land- und Forstwirtschaft vor dem 1. Januar 2022 eingetretene Änderungen der tatsächlichen Verhältnisse erstmals bekannt, sind diese bei Fortschreibungen nach § 16 und Nachfeststellungen nach § 17 auf Feststellungszeitpunkte vor dem 1. Januar 2022 nicht zu berücksichtigen.

(6) [1]Einheitswertbescheide, Grundsteuermessbescheide und Grundsteuerbescheide, die vor dem 1. Januar 2025 erlassen wurden, werden kraft Gesetzes zum 31. Dezember 2024 mit Wirkung für die Zukunft aufgehoben, soweit sie auf den §§ 19, 20, 21, 22, 23, 27, 33, 34, 76, 79 Absatz 5 oder § 93 Absatz 1 Satz 2 des Bewertungsgesetzes in Verbindung mit Artikel 2 Absatz 1 Satz 1 und 3 des Gesetzes zur Änderung des Bewertungsgesetzes in der Fassung des Artikels 2 des Gesetzes vom 22. Juli 1970 (BGBl. I S. 1118) beruhen. [2]Für die Bewertung des inländischen Grundbesitzes (§ 19 Absatz 1 in der Fassung vom 31. Dezember 2024) für Zwecke der Grundsteuer bis einschließlich zum Kalenderjahr 2024 ist das Bewertungsgesetz[2)] in der Fassung vom 1. Februar 1991 (BGBl. I S. 230), das zuletzt durch Artikel 2 des Gesetzes vom 4. November 2016 (BGBl. I S. 2464) geändert worden ist, weiter anzuwenden.

§ 60 Übergangsvorschriften. (1) [1]§§ 2 und 3, 10 und 12, sowie der zweite, dritte und siebte Teil sind ab dem Zeitpunkt des Inkrafttretens dieses Gesetzes anzuwenden. [2]Die übrigen Vorschriften sind erstmals für die Grundsteuer des Kalenderjahres 2025 anzuwenden.

(2) Für die Grundsteuer bis einschließlich zum Kalenderjahr 2024 findet das Grundsteuergesetz[1)] vom 7. August 1973 (BGBl. I S. 965) in der Fassung der Änderung durch Artikel 38 des Gesetzes vom 19. Dezember 2008 (BGBl. I S. 2794, 2844) weiter Anwendung.

§ 61 Ermächtigungen und datenschutzrechtliche Bestimmungen.

(1) [1]Das Ministerium für Finanzen wird ermächtigt, durch Rechtsverordnung im Einvernehmen mit dem Ministerium Ländlicher Raum die Anlagen zu diesem Gesetz zu ändern. [2]In der jeweiligen Rechtsverordnung kann das Ministerium für Finanzen zur Sicherstellung der Gleichmäßigkeit der Besteuerung,

[1)] Nr. **17**.

[2)] Auszugsweise abgedruckt unter Nr. **18**.

insbesondere zur Sicherstellung einer relations- und realitätsgerechten Abbildung der Grundsteuerwerte, anordnen, dass ab dem nächsten Feststellungszeitpunkt Grundsteuerwerte unter Berücksichtigung der tatsächlichen Verhältnisse und der geänderten Wertverhältnisse durch Anwendung der jeweils angepassten Anlagen festgestellt werden.

(2) [1] Das Ministerium für Finanzen wird zur Sicherstellung der elektronischen Datenübermittlung an die Finanzbehörden im Sinne dieses Gesetzes zudem ermächtigt, den amtlich vorgeschriebenen Datensatz und die weiteren technischen Einzelheiten, insbesondere die amtlich bestimmte Schnittstelle, zu bestimmen. [2] Durch Rechtsverordnung des Ministeriums für Finanzen im Einvernehmen mit dem Ministerium des Inneren, für Digitalisierung und Kommunen kann das Verfahren zur Übermittlung der Daten der Messbescheide an die Gemeinden durch Datenfernübertragung bestimmt werden.

(3) [1] Die Finanzbehörden werden ermächtigt, die für die Erklärungs- und Anzeigepflicht notwendigen flurstückbezogenen Daten nach § 23 Absatz 1, § 31 sowie § 38 Absatz 2 den Steuerpflichtigen elektronisch und öffentlich abrufbar bereitzustellen. [2] Dabei können auch die Daten der zu einer wirtschaftlichen Einheit gehörenden Flurstücke zusammengefasst werden. [3] Das Ministerium für Finanzen wird ermächtigt, die Einzelheiten durch Rechtsverordnung zu regeln.

§ 62 Bekanntmachung. Das Ministerium für Finanzen wird ermächtigt, den Wortlaut dieses Gesetzes in der jeweils geltenden Fassung bekannt zu machen.

Anlage 1 bis 9. *(vom Abdruck wurde abgesehen)*

20. Bayerisches Grundsteuergesetz (BayGrStG)

Vom 10. Dezember 2021
(GVBl. S. 638)

BayRS 611-7-2-F

geänd. durch § 4 G zur Änderung des Bayerischen Klimaschutzgesetzes und weiterer Rechtsvorschriften v. 23.12.2022 (GVBl. S. 704)

Der Landtag des Freistaates Bayern hat das folgende Gesetz beschlossen, das hiermit bekannt gemacht wird:

Teil 1. Grundstücke/Grundsteuer B

Kapitel 1. Ermittlung der Grundsteuer

Art. 1 Steuergegenstand, Berechnungsformel. (1) [1]Steuergegenstand der Grundsteuer B sind die Grundstücke als wirtschaftliche Einheiten des Grundvermögens. [2]Die Grundsteuer ergibt sich durch eine Multiplikation des Grundsteuermessbetrags des Grundstücks und des von der Gemeinde bestimmten jeweiligen Hebesatzes. [3]Sie ist ein Jahresbetrag und auf volle Cent nach unten abzurunden.

(2) [1]Der Grundsteuermessbetrag des Grundstücks ist die Summe aus

1. dem Produkt aus dem Äquivalenzbetrag des Grund und Bodens nach Abs. 3 Satz 1 und der Grundsteuermesszahl nach Art. 4 und
2. dem Produkt aus den Äquivalenzbeträgen von Wohn- und Nutzflächen nach Abs. 3 Satz 2 und der jeweiligen Grundsteuermesszahl nach Art. 4.

[2]Der Grundsteuermessbetrag des Grundstücks ist auf volle Cent nach unten abzurunden.

(3) [1]Der Äquivalenzbetrag des Grund und Bodens ergibt sich durch eine Multiplikation der Fläche des Grund und Bodens mit der jeweiligen Äquivalenzzahl nach Art. 3 Abs. 1; er wird auf volle Cent nach unten abgerundet. [2]Die Äquivalenzbeträge von Wohn- und Nutzflächen der Gebäude ergeben sich durch eine Multiplikation der maßgeblichen Gebäudeflächen mit der Äquivalenzzahl nach Art. 3 Abs. 2.

(4) [1]Die Zurechnung mehrerer Wirtschaftsgüter zu einer wirtschaftlichen Einheit wird nicht dadurch ausgeschlossen, dass die Wirtschaftsgüter zum Teil dem einen, zum Teil dem anderen Ehegatten oder Lebenspartner gehören. [2]Bei Gebäuden auf fremdem Grund und Boden sind der Grund und Boden dem Eigentümer des Grund und Bodens und die Gebäude dem wirtschaftlichen Eigentümer der Gebäude zuzurechnen.

(5) [1]Erstreckt sich der Steuergegenstand auch auf ein anderes Land oder das Ausland, ist nur für das im Gebiet des Freistaates Bayern gelegene Grundvermögen Grundsteuer nach diesem Gesetz zu ermitteln und zu erheben. [2]Dieses bildet eine eigenständige wirtschaftliche Einheit.

Art. 2 Maßgebliche Flächen. (1) [1]Gebäudefläche bei Wohnnutzung ist die Wohnfläche im Sinne der Wohnflächenverordnung. [2]Als Wohnnutzung gilt auch die Nutzung als häusliches Arbeitszimmer. [3]Im Übrigen ist die Nutzfläche

des Gebäudes maßgeblich. [4]Die Gebäudefläche ist durch eine geeignete Methode zu ermitteln.

(2) [1]Nutzflächen von Garagen, die in räumlichem Zusammenhang zu der Wohnnutzung stehen, der sie rechtlich zugeordnet sind, bleiben bis zu einer Fläche von insgesamt 50 m² außer Ansatz. [2]Dies gilt unter den Voraussetzungen des Satzes 1 auch für Garagen, die eine eigene wirtschaftliche Einheit bilden.

(3) [1]Im Übrigen bleiben die Nutzflächen von Nebengebäuden von untergeordneter Bedeutung, die in räumlichem Zusammenhang zu der Wohnnutzung stehen, der sie zu dienen bestimmt sind, bis zu einer Fläche von insgesamt 30 m² außer Ansatz. [2]Dies gilt unter den Voraussetzungen des Satzes 1 auch für Nebengebäude, die eine eigene wirtschaftliche Einheit bilden.

(4) [1]Ein Grundstück gilt als unbebaut, wenn die darauf errichteten Gebäude, mit Ausnahme der Fälle des Abs. 2 Satz 2, eine Gesamtgebäudefläche von insgesamt weniger als 30 m² haben. [2]Besteht ein Bauwerk aus mehreren wirtschaftlichen Einheiten, ist die Gesamtgebäudefläche des Bauwerks anzusetzen. [3]Die Gebäudefläche bleibt in der Folge außer Ansatz. [4]§ 246 des Bewertungsgesetzes (BewG)[1)] bleibt im Übrigen unberührt.

(5) Die für dieses Gesetz maßgeblichen Flächen von Grund und Boden sowie die Wohn- und Nutzflächen der Gebäude sind jeweils auf volle Quadratmeter nach unten abzurunden.

Art. 3 Äquivalenzzahlen. (1) [1]Für die Fläche des Grund und Bodens beträgt die Äquivalenzzahl 0,04 € je Quadratmeter. [2]Abweichend von Satz 1 gilt:

1. Dienen die Gebäude mindestens zu 90 % der Wohnnutzung, wird die Äquivalenzzahl für die das Zehnfache der Wohnfläche übersteigende Fläche des Grund und Bodens nur zu 50 % angesetzt.
2. Ist die Fläche des Grund und Bodens zu mindestens 90 % weder bebaut noch befestigt, wird der Äquivalenzbetrag für die 10 000 m² übersteigende Fläche insgesamt wie folgt angesetzt: (übersteigende Fläche des Grund und Bodens × 0,04 /m²)0,7 €, höchstens jedoch eine Äquivalenzzahl von 0,04 €/m².
3. Sind sowohl die Voraussetzungen von Nr. 1 als auch von Nr. 2 erfüllt, wird
 a) für die Fläche bis zum Zehnfachen der Wohnfläche Satz 1,
 b) für die Fläche, die das Zehnfache der Wohnfläche übersteigt und 10 000 m² nicht überschreitet, Nr. 1, höchstens jedoch eine Äquivalenzzahl von 0,02 €/m², und
 c) im Übrigen Nr. 2

 angewendet.

(2) Die Äquivalenzzahl für Gebäudeflächen beträgt stets 0,50 € je Quadratmeter.

Art. 4 Grundsteuermesszahlen. (1) [1]Die Grundsteuermesszahl beträgt 100 %. [2]Für den Äquivalenzbetrag der Wohnflächen wird die Grundsteuermesszahl auf 70 % ermäßigt.

(2) [1]Die Grundsteuermesszahl für den Äquivalenzbetrag der Wohnflächen wird um 25 % ermäßigt, soweit eine enge räumliche Verbindung mit dem Betrieb der Land- und Forstwirtschaft des Steuerschuldners besteht. [2]Dies gilt

[1)] Nr. **18**.

nur, soweit Wohnflächen dem Inhaber des Betriebs der Land- und Forstwirtschaft, den zu seinem Haushalt gehörenden Familienangehörigen oder den Altenteilern zu Wohnzwecken dienen und mindestens einer der Bewohner durch eine mehr als nur gelegentliche Tätigkeit in dem Betrieb an ihn gebunden ist. [3]Für Flächen, die den Angestellten des Betriebs zu Wohnzwecken dienen, gilt Satz 1 entsprechend.

(3) Die Grundsteuermesszahlen für die Äquivalenzbeträge der Gebäudeflächen werden um 25 % ermäßigt, wenn ein Baudenkmal nach Art. 1 Abs. 2 Satz 1 oder Abs. 3 des Bayerischen Denkmalschutzgesetzes vorliegt.

(4) Die Grundsteuermesszahl für den Äquivalenzbetrag der Wohnflächen wird um 25 % ermäßigt, soweit

1. die Wohnflächen den Bindungen des sozialen Wohnungsbaus aufgrund einer staatlichen oder kommunalen Wohnraumförderung unterliegen oder
2. die Voraussetzungen des § 15 Abs. 4 des Grundsteuergesetzes (GrStG)[1)] in der am 1. Januar 2025 geltenden Fassung vorliegen.

(5) [1]Eine Ermäßigung der Grundsteuermesszahlen nach Abs. 2 bis 4 wird gewährt, wenn die jeweiligen Voraussetzungen zum Veranlagungszeitpunkt vorlagen. [2]Sind mehrere Ermäßigungstatbestände erfüllt, sind die Ermäßigungen nacheinander anzuwenden. [3]Den Bezugspunkt der Berechnung der ermäßigten Grundsteuermesszahl bildet jeweils die vorangegangene ermäßigte Grundsteuermesszahl.

Art. 5 Hebesatz. (1) Abweichend von § 25 Abs. 4 Satz 1 Nr. 2 GrStG[1)] können Gemeinden für die Fälle einer nach Art. 4 Abs. 2, 3 und 4 ermäßigten Grundsteuermesszahl reduzierte Hebesätze auf den jeweiligen Anteil des Grundsteuermessbetrags vorsehen.

(2) § 25 Abs. 5 GrStG findet keine Anwendung.

Kapitel 2. Verfahren

Art. 6 Feststellung der Äquivalenzbeträge. (1) [1]Die Äquivalenzbeträge werden auf den 1. Januar 2022 allgemein festgestellt (Hauptfeststellung). [2]Abweichend von § 221 BewG[2)] findet keine turnusmäßige Hauptfeststellung statt. [3]Bei der Ermittlung der Äquivalenzbeträge ist § 163 der Abgabenordnung (AO) nicht anzuwenden.

(2) [1]In dem Feststellungsbescheid für die Äquivalenzbeträge der Grundstücke sind auch Feststellungen zu treffen über die Fläche von Grund und Boden und die Gebäudeflächen. [2]Abweichend von § 219 Abs. 2 Nr. 1 BewG wird die Grundstücksart der wirtschaftlichen Einheit nicht festgestellt. [3]Feststellungen erfolgen nur, wenn und soweit sie für die Besteuerung von Bedeutung sind. [4]Der Feststellungsbescheid kann mit dem nachfolgenden Grundsteuermessbescheid verbunden und zusammengefasst bekannt gegeben werden.

(3) [1]Die Äquivalenzbeträge (Betragsfortschreibung) und die Flächen (Flächenfortschreibung) werden neu festgestellt, wenn ein Äquivalenzbetrag oder eine Fläche von der zuletzt getroffenen Feststellung abweicht und es für die

[1)] Nr. **17**.
[2)] Nr. **18**.

Besteuerung von Bedeutung ist. [2]Eine Fortschreibung nach Satz 1 findet auch zur Beseitigung eines Fehlers der letzten Feststellung statt.

(4) Für die Äquivalenzbeträge nach diesem Gesetz gelten die Vorschriften des Bewertungsgesetzes über die Fortschreibung, Nachfeststellung, Aufhebung, Änderung und Nachholung der Feststellung im Übrigen sinngemäß.

(5) [1]Die Aufforderung zur Abgabe einer Erklärung mittels Allgemeinverfügung durch öffentliche Bekanntmachung nach § 228 Abs. 1 Satz 3 BewG erfolgt durch das Bayerische Landesamt für Steuern. [2]Abweichend von § 228 Abs. 2 BewG sind die Änderungen der tatsächlichen Verhältnisse, die sich auf die Höhe der Flächen oder der Äquivalenzbeträge auswirken oder zu einer Nachfeststellung oder der Aufhebung der Flächen oder der Äquivalenzbeträge führen können, auf den Beginn des folgenden Kalenderjahres zusammengefasst anzuzeigen. [3]Die Anzeige ist bis zum 31. März des Jahres abzugeben, das auf das Jahr folgt, in dem sich die tatsächlichen Verhältnisse geändert haben. [4]In den Fällen des Art. 1 Abs. 4 Satz 2 ist § 228 Abs. 3 Nr. 1 BewG anzuwenden.

(6) Die Erklärung und die Anzeige nach Abs. 5 sind Steuererklärungen im Sinne der Abgabenordnung, die nach amtlich vorgeschriebenem Datensatz durch Datenfernübertragung übermittelt werden sollen.

Art. 7 Veranlagungsverfahren. (1) [1]Die Grundsteuermessbeträge werden auf den 1. Januar 2025 allgemein festgesetzt (Hauptveranlagung). [2]Der Grundsteuermessbetrag wird auch dann neu festgesetzt, wenn dem Finanzamt bekannt wird, dass die letzte Veranlagung fehlerhaft ist. [3]Der Grundsteuermessbetrag wird auch dann neu festgesetzt, wenn der Grundsteuermessbetrag, der sich für den Beginn eines Kalenderjahres ergibt, von dem entsprechenden Betrag des letzten Festsetzungszeitpunkts nach unten abweicht. [4]Dasselbe gilt, wenn sein auf den Grund und Boden entfallender Anteil abweicht oder sein auf das Gebäude entfallender Anteil um mehr als 5 € nach oben abweicht. [5]Im Übrigen gelten die Vorschriften des Grundsteuergesetzes[1)] über die Neuveranlagung, Nachveranlagung, Aufhebung und Zerlegung des Grundsteuermessbetrags und die Änderung des Grundsteuermessbescheids sinngemäß.

(2) [1]Änderungen der Nutzung hat derjenige anzuzeigen, dem der Steuergegenstand zuzurechnen ist. [2]Satz 1 gilt für den Wegfall der Voraussetzungen für die ermäßigten Grundsteuermesszahlen nach Art. 4 Abs. 2 bis 4 entsprechend. [3]§ 19 Abs. 1 Satz 1 GrStG bleibt unberührt. [4]Abweichend von § 19 Abs. 1 Satz 2 und Abs. 2 Satz 2 GrStG ist die Anzeige nach den Sätzen 1 bis 3 bis zum 31. März des Jahres abzugeben, das auf das Jahr folgt, in dem sich die Verhältnisse geändert haben. [5]Art. 6 Abs. 6 gilt entsprechend.

Art. 8 Erweiterter Erlass. (1) [1]Ansprüche aus dem Grundsteuerschuldverhältnis können erlassen werden, soweit nach dem durch dieses Gesetz vorgeschriebenen Systemwechsel nach Lage des einzelnen Falles eine unangemessen hohe Steuerbelastung eintritt. [2]Die §§ 163 und 227 AO sowie §§ 32 bis 34 GrStG[1)] bleiben unberührt.

(2) Ein Fall des Abs. 1 Satz 1 kann insbesondere vorliegen bei wirtschaftlichen Einheiten des Grundvermögens,

1. wenn die Lage erheblich von den in der Gemeinde ortsüblichen Verhältnissen abweicht,

[1)] Nr. **17**.

2. wenn die Gesamtnutzungsdauer des Gebäudes überschritten ist oder
3. bei einer Übergröße des nicht zu Wohnzwecken genutzten Gebäudes, sofern dieses eine einfache Ausstattung aufweist und entweder einen Hallenanteil aufweist oder auf Dauer nicht genutzt wird.

(3) § 35 GrStG gilt entsprechend.

Teil 2. Betriebe der Land- und Forstwirtschaft / Grundsteuer A

Art. 9 Ergänzende Regelungen. (1) Zur Hofstelle nach § 234 Abs. 6 BewG[1)] gehören auch Hof- und Wirtschaftsgebäudeflächen einschließlich der Nebenflächen, von denen aus keine Flächen eines Betriebs der Land- und Forstwirtschaft mehr nachhaltig bewirtschaftet werden, wenn sie keine Zweckbestimmung erhalten haben, die zu einer zwingenden Zuordnung zum Grundvermögen führt.

(2) [1] Art. 1 Abs. 4 Satz 1 gilt für Betriebe der Land- und Forstwirtschaft entsprechend. [2] In einen Betrieb der Land- und Forstwirtschaft, der von einer Gesellschaft oder Gemeinschaft des bürgerlichen Rechts betrieben wird, sind auch die Wirtschaftsgüter einzubeziehen, die einem oder mehreren Beteiligten gehören und dem Betrieb zu dienen bestimmt sind. [3] In den Betrieb der Land- und Forstwirtschaft sind auch einzubeziehen

1. der Eigentümerin oder dem Eigentümer des Grund und Bodens nicht gehörende Gebäude, die auf dem Grund und Boden des Betriebs stehen,
2. der Eigentümerin oder dem Eigentümer des Grund und Bodens nicht gehörende Betriebsmittel, die der Bewirtschaftung des Betriebs dienen, und
3. ein Anteil der Eigentümerin oder des Eigentümers des Betriebs der Land- und Forstwirtschaft an einem Wirtschaftsgut, wenn es mit dem Betrieb zusammen genutzt wird.

(3) Eine Fläche verliert ihre Zugehörigkeit zu einem land- und forstwirtschaftlichen Betrieb nicht dadurch, dass sie für Photovoltaik genutzt wird, sofern die land- und forstwirtschaftliche Nutzung dieser Fläche nicht dauerhaft aufgegeben werden soll.

(4) Art. 6 Abs. 5 und 6, Art. 7 Abs. 2 Satz 3 bis 5, gelten für Betriebe der Land- und Forstwirtschaft entsprechend.

Teil 3. Übergangs- und Schlussvorschriften

Art. 10 Anwendung von Bundesrecht. (1) [1] Die Bestimmungen des Grundsteuergesetzes[2)] und des Bewertungsgesetzes[1)] sind für Zwecke der Festsetzung und Erhebung der Grundsteuer ab dem Kalenderjahr 2025 nur anzuwenden, soweit sich aus diesem Gesetz nichts anderes ergibt. [2] Die Grundsteuer der Kalenderjahre bis einschließlich 2024 bemisst sich ausschließlich nach den bundesgesetzlichen Regelungen.

(2) [1] Die Vorschriften der Abgabenordnung sind entsprechend anzuwenden, soweit in diesem Gesetz nichts anderes bestimmt ist. [2] § 32h AO gilt mit der

[1)] Nr. **18**.
[2)] Nr. **17**.

Maßgabe, dass der Landesbeauftragte für den Datenschutz zuständig und das Bayerische Datenschutzgesetz einschlägig ist.

(3) [1] Die im Grundsteuergesetz enthaltenen Verordnungsermächtigungen finden in Bezug auf die in diesem Gesetz geregelten Sachverhalte mit der Maßgabe Anwendung, dass die entsprechenden Rechtsverordnungen durch das Staatsministerium der Finanzen und für Heimat (Staatsministerium) erlassen werden. [2] Die darauf gestützten Rechtsverordnungen des Bundes finden diesbezüglich nur Anwendung, wenn und soweit das durch Rechtsverordnung des Staatsministeriums angeordnet ist.

Art. 10a[1)] Übergangsregelungen. (1) Für die Anwendung des Art. 6 Abs. 2 Satz 3 und Abs. 3 Satz 1 dieses Gesetzes sowie der §§ 223 und 224 BewG[2)] ist für Feststellungszeitpunkte zwischen dem 1. Januar 2022 und dem 31. Dezember 2024 zu unterstellen, dass die Feststellungen für die Besteuerung nach diesem Gesetz von Bedeutung sind und die wirtschaftlichen Einheiten zur Besteuerung nach diesem Gesetz herangezogen oder nicht mehr herangezogen werden.

(2) [1] Die Vermessungsverwaltung stellt ab dem 1. Juli 2022 befristet bis zum 31. März 2023 folgende Daten der Flurstücke zum Hauptfeststellungszeitpunkt kostenlos über eine allgemein zugängliche Internetanwendung zur Verfügung:

1. die Flurstücksnummer,
2. die amtliche Fläche,
3. den Gemeindenamen,
4. den Gemarkungsnamen und die Gemarkungsnummer,
5. die tatsächliche Nutzung mit den zugehörigen Flächenanteilen, und
6. soweit vorhanden die einzelnen Flächenanteile mit der zugehörigen Ertragsmesszahl und die Gesamtertragsmesszahl.

[2] Der Eigentümer hat das Recht, jederzeit ohne Angabe von Gründen gegen die Veröffentlichung der in Satz 1 Nr. 6 genannten Daten seines Flurstücks Widerspruch einzulegen. [3] Widerspricht der Eigentümer, hat eine Veröffentlichung der entsprechenden Daten des Eigentümers durch die Vermessungsverwaltung in der Internetanwendung für die Zukunft zu unterbleiben.

Art. 11 Inkrafttreten, Außerkrafttreten. (1) Dieses Gesetz tritt am 1. Januar 2022 in Kraft.

(2) [1] Art. 10b tritt am 1. Juli 2022 außer Kraft. [2] Art. 10a tritt am 31. Dezember 2029 außer Kraft.

[1)] Art. 10a **tritt am 31.12.2029 außer Kraft**, vgl. Art. 11 Abs. 2 Satz 2.
[2)] Nr. **18**.

21. Hamburgisches Grundsteuergesetz (HmbGrStG)

Vom 24. August 2021
(HmbGVBl. S. 600)

BS Hbg 611-8

zuletzt geänd. durch Art. 2 G über die Festsetzung der Hebesätze für die Realsteuern für das Kalenderjahr 2023 sowie die Änd. und Bestätigung des Hamb. GrundsteuerG v. 24.1.2023 (HmbGVBl. S. 66)

Der Senat verkündet das nachstehende von der Bürgerschaft beschlossene Gesetz:

Teil 1. Grundstücke; Grundsteuer B/Grundsteuer C

Abschnitt 1. Bemessung der Grundsteuer

§ 1 Steuergegenstand, Berechnungsformel. (1) [1] Steuergegenstand der Grundsteuer B sind die Grundstücke als wirtschaftliche Einheiten des Grundvermögens. [2] Die Grundsteuer ergibt sich durch eine Multiplikation des Grundsteuermessbetrags des Grundstücks und des durch ein Gesetz bestimmten Hebesatzes. [3] Sie ist ein Jahresbetrag und auf volle Cent nach unten abzurunden.

(2) [1] Der Grundsteuermessbetrag des Grundstücks ist die Summe

1. aus dem Produkt des Grundsteuerwerts des Grund und Bodens nach Absatz 3 Satz 1 und der Grundsteuermesszahl nach § 4 und
2. aus den jeweiligen Produkten der Grundsteuerwerte von Wohn- und Nutzflächen nach Absatz 3 Satz 2 und der jeweiligen Grundsteuermesszahl nach § 4.

[2] Der Grundsteuermessbetrag des Grundstücks ist auf volle Cent nach unten abzurunden.

(3) [1] Der Grundsteuerwert des Grund und Bodens ist der Äquivalenzbetrag, der sich durch eine Multiplikation der Fläche des Grund und Bodens mit der Äquivalenzzahl nach § 3 Absatz 1 ergibt; er wird auf volle Cent nach unten abgerundet. [2] Die Grundsteuerwerte von Wohn- und Nutzflächen der Gebäude sind die Äquivalenzbeträge, die sich durch eine Multiplikation der maßgeblichen Gebäudeflächen mit der Äquivalenzzahl nach § 3 Absatz 2 ergeben.

(4) [1] Die Zurechnung mehrerer Wirtschaftsgüter zu einer wirtschaftlichen Einheit wird nicht dadurch ausgeschlossen, dass die Wirtschaftsgüter zum Teil der oder dem einen, zum Teil der anderen Ehegattin, dem anderen Ehegatten, der anderen Lebenspartnerin oder dem Lebenspartner zuzurechnen sind. [2] Bei Gebäuden auf fremdem Grund und Boden sind der Grund und Boden der Eigentümerin oder dem Eigentümer des Grund und Bodens und die Gebäude der wirtschaftlichen Eigentümerin oder dem wirtschaftlichen Eigentümer der Gebäude zuzurechnen.

(5) [1] Erstreckt sich der Steuergegenstand auch auf ein anderes Land, ist nur für das im Gebiet der Freien und Hansestadt Hamburg gelegene Grundvermögen Grundsteuer nach diesem Gesetz zu ermitteln und zu erheben. [2] Dieses bildet eine eigenständige wirtschaftliche Einheit.

§ 2 Maßgebliche Flächen. (1) [1] Gebäudefläche bei Wohnnutzung ist die Wohnfläche im Sinne der Wohnflächenverordnung vom 25. November 2003 (BGBl. I S. 2346) in der jeweils geltenden Fassung. [2] Als Wohnnutzung gelten auch häusliche Arbeitszimmer. [3] Im Übrigen ist die Nutzfläche des Gebäudes maßgeblich. [4] Die Gebäudefläche ist durch eine geeignete Methode zu ermitteln.

(2) [1] Nutzflächen von Garagen, die in räumlichem Zusammenhang zu der Wohnnutzung stehen, der sie rechtlich zugeordnet sind, bleiben bis zu einer Fläche von insgesamt 50 m² außer Ansatz. [2] Dies gilt unter den Voraussetzungen des Satzes 1 auch für Garagen, die eine eigene wirtschaftliche Einheit bilden.

(3) [1] Im Übrigen bleiben die Nutzflächen von Nebengebäuden von untergeordneter Bedeutung bis zu einer Fläche von 30 m² außer Ansatz, sofern sie in räumlichem Zusammenhang zur Wohnnutzung stehen, der sie zu dienen bestimmt sind. [2] Dies gilt unter den Voraussetzungen des Satzes 1 auch für Nebengebäude, die eine eigene wirtschaftliche Einheit bilden.

(4) [1] Ein Grundstück gilt als unbebaut, wenn die darauf errichteten Gebäude, mit Ausnahme der Fälle des Absatzes 2 Satz 2, eine Gebäudefläche von insgesamt weniger als 30 m² haben. [2] Besteht ein Gebäude aus mehreren wirtschaftlichen Einheiten, ist die Gesamtgebäudefläche des Gebäudes anzusetzen. [3] Die Gebäudefläche bleibt in der Folge außer Ansatz. [4] § 246 des Bewertungsgesetzes[1)] in der Fassung vom 1. Februar 1991 (BGBl. I S. 231), zuletzt geändert am 21. Dezember 2020 (BGBl. I S. 3096, 3129), in der jeweils geltenden Fassung bleibt im Übrigen unberührt.

(5) Die für dieses Gesetz maßgeblichen Flächen von Grund und Boden und Gebäuden sind auf volle Quadratmeter nach unten abzurunden.

§ 3 Äquivalenzzahlen. (1) [1] Die Äquivalenzzahl für die Fläche des Grund und Bodens beträgt 0,04 Euro je Quadratmeter. [2] Abweichend von Satz 1 gilt:

1. Dienen die Gebäude mindestens zu 90 vom Hundert (v.H.) der Wohnnutzung, wird die Äquivalenzzahl für die das Zehnfache der Wohnfläche übersteigende Fläche des Grund und Bodens nur zu 50 v.H. angesetzt,
2. ist die Fläche des Grund und Bodens zu mindestens 90 v.H. nicht bebaut, wird der Äquivalenzbetrag in Euro für die 10000 m² übersteigende Fläche insgesamt wie folgt angesetzt: $(\text{übersteigende Grund- und Bodenfläche x } 0{,}04\ \text{Euro/m}^2)^{0{,}7}$; höchstens jedoch eine Äquivalenzzahl von 0,04 Euro/m²,
3. sind die Voraussetzungen von Nummern 1 und 2 erfüllt, wird
 a) für die Fläche bis zum Zehnfachen der Wohnfläche Satz 1,
 b) für die Fläche, die das Zehnfache der Wohnfläche übersteigt und 10000 m² nicht überschreitet, Nummer 1, höchstens jedoch eine Äquivalenzzahl von 0,02 Euro/m² und
 c) im Übrigen Nummer 2

angewendet.

(2) Die Äquivalenzzahl für Gebäudeflächen beträgt 0,50 Euro je Quadratmeter.

[1)] Nr. **18**.

§ 4 Grundsteuermesszahlen. (1) Die Grundsteuermesszahl beträgt 100 v.H. Für den Äquivalenzbetrag der Wohnflächen wird die Grundsteuermesszahl auf 70 v.H. ermäßigt.

(2) [1] Die Grundsteuermesszahl für den Äquivalenzbetrag der Wohnflächen wird um 25 v.H. ermäßigt, soweit eine normale Wohnlage vorliegt. [2] Der Senat wird ermächtigt, durch Rechtsverordnung für Zwecke der Grundsteuer ein Verzeichnis für gute und normale Wohnlagen zu erlassen. [3] Weisen Steuerpflichtige eine andere Wohnlage nach, so ist diese anzusetzen. [4] Sofern keine Wohnlage aus der Rechtsverordnung nach Satz 2 ermittelbar ist, wird eine normale Wohnlage vermutet.

(3) Die Grundsteuermesszahlen für die Äquivalenzbeträge der Gebäudeflächen werden um 25 v.H. ermäßigt, wenn ein Baudenkmal nach § 4 Absatz 2 Satz 1 des Denkmalschutzgesetzes (DSchG) vom 5. April 2013 (HmbGVBl. S. 142), geändert am 26. Juni 2020 (HmbGVBl. S. 380, 384), in der jeweils geltenden Fassung die gesamte wirtschaftliche Einheit prägt oder ein Ensemble nach § 4 Absatz 3 DSchG vorliegt.

(4) Die Grundsteuermesszahl für den Äquivalenzbetrag der Wohnflächen wird um 25 v.H. ermäßigt, soweit die Wohnflächen

1. den Bindungen nach § 10 Absatz 3 in Verbindung mit § 10 Absätze 2 und 4 des Hamburgischen Wohnraumförderungsgesetzes vom 19. Februar 2008 (HmbGVBl. S. 74), zuletzt geändert am 21. Mai 2013 (HmbGVBl. S. 244),
2. den Bindungen nach § 25 in Verbindung mit § 13 Absätze 2 und 3 des Wohnraumförderungsgesetzes vom 13. September 2001 (BGBl. I S. 2376), zuletzt geändert am 20. November 2019 (BGBl. I S. 1626, 1652),
3. den Bindungen einer Förderung nach § 88d des Zweiten Wohnungsbaugesetzes in der Fassung vom 19. August 1994 (BGBl. I S. 2138) in der bis zum 31. Dezember 2001 geltenden Fassung unterliegen oder
4. nach dem Hamburgischen Wohnungsbindungsgesetz als öffentlich gefördert gelten.

(5) [1] Eine Ermäßigung der Grundsteuermesszahlen nach den Absätzen 3 und 4 wird auf Antrag gewährt, wenn die jeweiligen Voraussetzungen zum Veranlagungszeitpunkt vorlagen. [2] Sind mehrere Ermäßigungstatbestände erfüllt, sind die Ermäßigungen nacheinander anzuwenden. [3] Bezugspunkt der Berechnung ist jeweils die vorangegangene Grundsteuermesszahlermäßigung. [4] Die Ermäßigungen nach § 15 des Grundsteuergesetzes[1)] vom 7. August 1973 (BGBl. I S. 965), zuletzt geändert am 16. Dezember 2022 (BGBl. I S. 2319), in der jeweils geltenden Fassung gelten nicht.

§ 5 Gesonderter Hebesatz bei unbebauten und baureifen Grundstücken (Grundsteuer C) [1] Für unbebaute und baureife Grundstücke im Sinne des § 1 Absatz 1 Satz 1 kann ein abweichender Hebesatz (Grundsteuer C) bestimmt werden. [2] § 25 Absatz 5 Sätze 1 bis 4 und 7 bis 9 des Grundsteuergesetzes[1)] finden Anwendung.

[1)] Nr. **17**.

Abschnitt 2. Verfahren

§ 6 Feststellungsverfahren. (1) [1]Die jeweiligen Grundsteuerwerte werden auf den 1. Januar 2022 allgemein festgestellt (Hauptfeststellung). [2]Abweichend von § 221 des Bewertungsgesetzes[1)] findet keine turnusmäßige Hauptfeststellung statt. [3]Bei der Ermittlung des Grundsteuerwerts ist § 163 der Abgabenordnung nicht anzuwenden.

(2) [1]In dem Feststellungsbescheid für die Grundsteuerwerte der Grundstücke sind auch Feststellungen über die Fläche von Grund und Boden und die Gebäudeflächen zu treffen. [2]Abweichend von § 219 Absatz 2 Nummer 1 des Bewertungsgesetzes wird die Grundstücksart der wirtschaftlichen Einheit nicht festgestellt. [3]Feststellungen erfolgen nur, wenn und soweit sie für die Besteuerung von Bedeutung sind. [4]Der Feststellungsbescheid kann mit dem nachfolgenden Grundsteuermessbescheid verbunden und zusammengefasst bekannt gegeben werden.

(3) [1]Die Grundsteuerwerte (Wertfortschreibung) und die Flächen (Flächenfortschreibung) werden neu festgestellt, wenn ein Äquivalenzbetrag oder eine Fläche von der zuletzt getroffenen Feststellung abweicht und es für die Besteuerung von Bedeutung ist. [2]Eine Fortschreibung nach Satz 1 findet auch zur Beseitigung eines Fehlers der letzten Feststellung statt.

(4) Für die Grundsteuerwerte nach diesem Gesetz gelten die Vorschriften des Bewertungsgesetzes über die Fortschreibung, Nachfeststellung, Aufhebung, Änderung und Nachholung der Feststellung im Übrigen sinngemäß.

(5) [1]Die Aufforderung zur Abgabe einer Erklärung durch öffentliche Bekanntmachung nach § 228 Absatz 1 Satz 3 des Bewertungsgesetzes erfolgt durch das zuständige Finanzamt mittels Allgemeinverfügung. [2]Abweichend von § 228 Absatz 2 des Bewertungsgesetzes sind die Änderungen der tatsächlichen Verhältnisse, die sich auf die Höhe des Grundsteuerwerts auswirken oder zu einer Nachfeststellung oder der Aufhebung des Grundsteuerwerts führen können, auf den Beginn des folgenden Kalenderjahres zusammengefasst anzuzeigen. [3]Die Anzeige ist bis zum 31. März des Jahres abzugeben, das auf das Jahr folgt, in dem sich die tatsächlichen Verhältnisse geändert haben. [4]In den Fällen des § 1 Absatz 4 Satz 2 ist § 228 Absatz 3 Nummer 1 des Bewertungsgesetzes anzuwenden.

(6) Die Erklärung und die Anzeige nach Absatz 5 sind Steuererklärungen im Sinne der Abgabenordnung, die nach amtlich vorgeschriebenem Datensatz durch Datenfernübertragung übermittelt werden sollen.

§ 7 Veranlagungsverfahren. (1) [1]Die Grundsteuermessbeträge werden auf den 1. Januar 2025 allgemein festgesetzt (Hauptveranlagung). [2]Der Grundsteuermessbetrag wird auch neu festgesetzt, wenn der Grundsteuermessbetrag, der sich für den Beginn eines Kalenderjahres ergibt, von dem entsprechenden Betrag des letzten Festsetzungszeitpunkts nach unten abweicht. [3]Dasselbe gilt, wenn sein auf den Grund und Boden entfallender Anteil abweicht oder wenn sein auf das Gebäude entfallender Anteil um mehr als 5 Euro nach oben abweicht. [4]Der Grundsteuermessbetrag wird auch dann neu festgesetzt, wenn dem Finanzamt bekannt wird, dass die letzte Veranlagung fehlerhaft ist.

[1)] Nr. **18**.

(2) Im Übrigen gelten die Vorschriften des Grundsteuergesetzes[1)] über die Neuveranlagung, Nachveranlagung, Aufhebung und Zerlegung des Grundsteuermessbetrags und die Änderung des Grundsteuermessbescheids sinngemäß.

(3) [1] Änderungen der Nutzung hat diejenige Person anzuzeigen, welcher der Steuergegenstand zuzurechnen ist. [2] Satz 1 gilt für den Wegfall der Voraussetzungen für die ermäßigten Grundsteuermesszahlen nach § 4 Absätze 3 und 4 entsprechend. [3] § 19 Absatz 1 Satz 1 des Grundsteuergesetzes bleibt unberührt. [4] Abweichend von § 19 Absatz 1 Satz 2 und Absatz 2 Satz 2 des Grundsteuergesetzes ist die Anzeige nach den Sätzen 1 bis 3 bis zum 31. März des Jahres abzugeben, das auf das Jahr folgt, in dem sich die Verhältnisse geändert haben. [5] § 6 Absatz 6 gilt entsprechend.

Abschnitt 3. Erlass

§ 8 Erlass im Härtefall. (1) [1] In einem besonders gelagerten, nicht rohertragsbedingten Härtefall kann der Anteil der Grundsteuer B, der auf den Grundsteuermessbetrag eines nicht für Wohnzwecke genutzten Gebäudes entfällt, teilweise erlassen werden. [2] Der Erlass wird nur auf Antrag gewährt. [3] Der Antrag ist bis zu dem auf den Erlasszeitraum folgenden 31. März zu stellen. [4] Einer jährlichen Wiederholung des Antrags bedarf es nicht. [5] Die Steuerschuldnerin oder der Steuerschuldner ist verpflichtet, eine Änderung der maßgeblichen Verhältnisse dem zuständigen Finanzamt binnen drei Monaten nach Eintritt der Änderung anzuzeigen.

(2) [1] Sofern in einem Fall des Absatzes 1 weitere Erlasstatbestände vorliegen, gilt die Grundsteuer nach Anwendung des Absatzes 1 als Ausgangswert für die Berechnung. [2] Die Erlassregelungen des Grundsteuergesetzes[1)] bleiben ansonsten unberührt.

Teil 2. Betriebe der Land- und Forstwirtschaft; Grundsteuer A

§ 9 Ergänzende Regelungen. (1) Zur Hofstelle nach § 234 Absatz 6 des Bewertungsgesetzes[2)] gehören auch Hof- und Wirtschaftsgebäudeflächen einschließlich der Nebenflächen, von denen aus keine land- und forstwirtschaftliche Betriebsflächen mehr nachhaltig bewirtschaftet werden, wenn sie keine Zweckbestimmung erhalten haben, die zu einer zwingenden Zuordnung zum Grundvermögen führt.

(2) [1] § 1 Absatz 4 Satz 1 gilt für Betriebe der Land- und Forstwirtschaft entsprechend. [2] In einen Betrieb der Land- und Forstwirtschaft, der von einer Gesellschaft oder Gemeinschaft des bürgerlichen Rechts betrieben wird, sind auch die Wirtschaftsgüter einzubeziehen, die einem oder mehreren Beteiligten gehören und dem Betrieb zu dienen bestimmt sind. [3] In den Betrieb der Land- und Forstwirtschaft sind auch einzubeziehen

1. der Eigentümerin oder dem Eigentümer des Grund und Bodens nicht gehörende Gebäude, die auf dem Grund und Boden des Betriebs stehen,
2. der Eigentümerin oder dem Eigentümer des Grund und Bodens nicht gehörende Betriebsmittel, die der Bewirtschaftung des Betriebs dienen, und

1) Nr. **17**.
2) Nr. **18**.

3. ein Anteil an einem Wirtschaftsgut der Eigentümerin oder des Eigentümers des Betriebs der Land- und Forstwirtschaft, wenn es mit dem Betrieb zusammen genutzt wird.

(3) § 6 Absätze 5 und 6 sowie § 7 Absatz 3 Sätze 3 bis 5 gelten für Betriebe der Land- und Forstwirtschaft entsprechend.

Teil 3. Erhebung der Grundsteuer

§ 10 Fälligkeit bei Kleinbeträgen. Die Grundsteuer wird fällig

1. am 15. August mit ihrem Jahresbetrag, wenn dieser 15 Euro nicht übersteigt,
2. am 15. Februar und am 15. August mit je einer Hälfte ihres Jahresbetrags, wenn dieser 30 Euro nicht übersteigt.

Teil 4. Anwendung von Bundesrecht; Übergangs- und Schlussvorschriften

§ 11 Anwendung von Bundesrecht. (1) [1]Die Bestimmungen des Grundsteuergesetzes[1)] und des Bewertungsgesetzes[2)] sind für Zwecke der Festsetzung und Erhebung der Grundsteuer ab dem Kalenderjahr 2025 nur anzuwenden, soweit sich aus dem Hamburgischen Grundsteuergesetz nichts anderes ergibt. [2]Das Hamburgische Grundsteuergesetz hat insoweit Vorrang vor den Regelungen des Grundsteuergesetzes und des Bewertungsgesetzes. [3]Auf die Festsetzung und Erhebung der Grundsteuer der Kalenderjahre bis einschließlich 2024 findet dieses Gesetz keine Anwendung.

(2) [1]Die Vorschriften der Abgabenordnung sind entsprechend anzuwenden, soweit in diesem Gesetz nichts anderes bestimmt ist. [2]§ 32h der Abgabenordnung gilt mit der Maßgabe, dass die oder der Hamburgische Beauftragte für Datenschutz und Informationsfreiheit zuständig und das Hamburgische Datenschutzgesetz vom 18. Mai 2018 (HmbGVBl. S. 145) in der jeweils geltenden Fassung einschlägig ist.

(3) Rechtsverordnungen des Bundes finden für die Grundsteuer B und C keine Anwendung.

§ 12 Übergangsregelungen. (1) [1]Die Grundsteuerwerte werden auf den 1. Januar 2022 allgemein festgestellt. [2]Die Grundsteuermessbeträge nach diesem Gesetz werden auf den 1. Januar 2025 allgemein festgesetzt.

(2) Für die Anwendung des § 6 Absatz 2 Satz 3 und des § 6 Absatz 3 Satz 1 dieses Gesetzes sowie der §§ 223 und 224 des Bewertungsgesetzes[2)] ist für Feststellungszeitpunkte zwischen dem 1. Januar 2022 und dem 31. Dezember 2024 zu unterstellen, dass die Feststellungen für die Besteuerung nach diesem Gesetz von Bedeutung sind und hinsichtlich der Besteuerung der wirtschaftlichen Einheiten die Regelungen dieses Gesetzes gelten.

§ 13 Außerkrafttreten. Mit Ablauf des 31. Dezember 2024 tritt das Gesetz über die Erhebung der Grundsteuer vom 21. Januar 1974 (HmbGVBl. S. 8) in der geltenden Fassung außer Kraft.

[1)] Nr. **17**.
[2)] Nr. **18**.

22. Hessisches Grundsteuergesetz (HGrStG)

Vom 15. Dezember 2021
(GVBl. S. 906)

FFN 42-51

Der Landtag hat das folgende Gesetz beschlossen:

§ 1 Geltungsbereich. Dieses Gesetz gilt für wirtschaftliche Einheiten des Grundvermögens (Grundstücke) nach den §§ 2, 218 Satz 1 Nr. 2 und Satz 3 in Verbindung mit § 99 Abs. 1 Nr. 1, sowie den §§ 243 und 244 des Bewertungsgesetzes[1)] in der Fassung der Bekanntmachung vom 1. Februar 1991 (BGBl. I S. 230), zuletzt geändert durch Gesetz vom 16. Juli 2021 (BGBl. I S. 2931), in der am 24. Dezember 2021 geltenden Fassung.

§ 2 Abweichende Regelungen vom Grundsteuergesetz[2)], Anwendung des Bewertungsgesetzes[1)], der Abgabenordnung und des Finanzverwaltungsgesetzes. (1) Es gelten

1. § 3 anstelle des § 10 des Grundsteuergesetzes,
2. die §§ 4, 5 und 7 anstelle des § 13 des Grundsteuergesetzes,
3. § 6 anstelle des § 15 Abs. 1 und 5 des Grundsteuergesetzes,
4. § 8 anstelle der §§ 16 und 36 des Grundsteuergesetzes,
5. § 9 anstelle des § 17 des Grundsteuergesetzes,
6. § 10 anstelle des § 18 des Grundsteuergesetzes,
7. § 11 anstelle des § 20 des Grundsteuergesetzes,
8. § 12 anstelle des § 17 Abs. 4, § 18 Abs. 4, § 20 Abs. 3 und § 21 des Grundsteuergesetzes und
9. § 13 anstelle des § 25 Abs. 5 des Grundsteuergesetzes

vom 7. August 1973 (BGBl. I S. 965), zuletzt geändert durch Gesetz vom 16. Juli 2021 (BGBl. I S. 2931), in der am 24. Dezember 2021 geltenden Fassung.

(2) [1]Die allgemeinen Bewertungsvorschriften der §§ 2 bis 16 des Bewertungsgesetzes in der am 24. Dezember 2021 geltenden Fassung sind anwendbar, soweit sie zur Anwendung dieses Gesetzes erforderlich sind. [2]Bei der Anwendung von § 2 des Bewertungsgesetzes in der am 24. Dezember 2021 geltenden Fassung kommen mehrere Wirtschaftsgüter als eine wirtschaftliche Einheit nur insoweit in Betracht, als sie im Gebiet derselben Gemeinde nach § 15 der Hessischen Gemeindeordnung belegen sind.

(3) Für Zwecke dieses Gesetzes sind die besonderen Bewertungsvorschriften und Schlussbestimmungen nach

1. § 218 Satz 1 Nr. 2 und Satz 3 in Verbindung mit § 99 Abs. 1 Nr. 1,
2. den §§ 243 bis 246 und 248,
3. § 249 Abs. 5, 6 und 10 und
4. § 266 Abs. 3 und 5

1) Nr. **18**.
2) Nr. **17**.

des Bewertungsgesetzes in der am 24. Dezember 2021 geltenden Fassung entsprechend anwendbar.

(4) [1] Die §§ 228 und 229 des Bewertungsgesetzes in der am 24. Dezember 2021 geltenden Fassung gelten für die Festsetzung von Steuermessbeträgen nach diesem Gesetz entsprechend mit der Maßgabe, dass

1. die Aufforderung zur Abgabe der Erklärung nach § 228 Abs. 1 Satz 3 des Bewertungsgesetzes in der am 24. Dezember 2021 geltenden Fassung durch das Ministerium der Finanzen durch öffentliche Bekanntmachung erfolgen kann; es kann die Befugnis durch Erlass auf nachgeordnete Dienststellen übertragen,
2. in den Fällen des § 228 Abs. 4 des Bewertungsgesetzes in der am 24. Dezember 2021 geltenden Fassung an die Stelle des für die gesonderte Feststellung zuständigen Finanzamts das für die Festsetzung des Steuermessbetrags zuständige Finanzamt tritt.

[2] Das Grundrecht der Unverletzlichkeit der Wohnung (Art. 13 des Grundgesetzes, Art. 8 der Verfassung des Landes Hessen) wird durch die Befugnis für örtliche Erhebungen über die Bewertungsgrundlagen nach § 229 Abs. 2 Satz 1 des Bewertungsgesetzes in der am 24. Dezember 2021 geltenden Fassung eingeschränkt.

(5) Für Handlungen und Entscheidungen der Landesfinanzbehörden im Zusammenhang mit den Regelungen dieses Gesetzes gelten die Vorschriften

1. der Abgabenordnung in der Fassung der Bekanntmachung vom 1. Oktober 2002 (BGBl. I S. 3866; 2003 I S. 61), zuletzt geändert durch Gesetz vom 25. Juni 2021 (BGBl. I S. 2154), entsprechend mit der Maßgabe, dass in den Fällen des § 182 Abs. 2 Satz 1 der Abgabenordnung an die Stelle des Feststellungsbescheides über einen Grundsteuerwert der Feststellungsbescheid über einen Steuermessbetrag tritt,
2. des Finanzverwaltungsgesetzes in der Fassung der Bekanntmachung vom 4. April 2006 (BGBl. I S. 846, 1202), zuletzt geändert durch Gesetz vom 25. Juni 2021 (BGBl. I S. 2056), entsprechend, soweit dieses Gesetz keine abweichende Regelung enthält.

§ 3 Steuerschuldner

(ersetzt den § 10 des Grundsteuergesetzes[1]). (1) [1] Schuldner der Grundsteuer ist derjenige, dem der Steuergegenstand nach § 2 Nr. 2 des Grundsteuergesetzes in der am 24. Dezember 2021 geltenden Fassung bei der Festsetzung des Steuermessbetrags zuzurechnen ist. [2] Ist der Steuergegenstand mehreren Personen zuzurechnen, so sind sie Gesamtschuldner.

(2) [1] Soweit nichts anderes bestimmt ist, richtet sich die Zurechnung des Steuergegenstands nach § 39 Abs. 1 und 2 Nr. 1 der Abgabenordnung. [2] Im Falle eines Erbbaurechts, eines Wohnungserbbaurechts oder Teilerbbaurechts ist der Steuermessbetrag dem Erbbauberechtigten, im Falle eines Gebäudes auf fremdem Grund und Boden dem Eigentümer des Grund und Bodens zuzurechnen.

[1] Nr. **17**.

§ 4 Steuermessbetrag
(ersetzt den § 13 des Grundsteuergesetzes[1]). (1) [1]Bei der Berechnung der Grundsteuer ist von einem Steuermessbetrag auszugehen. [2]Dieser ermittelt sich, indem die Flächenbeträge nach § 5 jeweils mit den Steuermesszahlen nach § 6 multipliziert werden, die Summe dieser Produkte (Ausgangsbetrag) wiederum mit dem Faktor nach § 7 multipliziert wird und das daraus resultierende Ergebnis auf volle Euro abgerundet wird.

(2) [1]Ist der Steuergegenstand zum Teil steuerbefreit, wird der Steuermessbetrag für den steuerpflichtigen Teil ermittelt und festgesetzt. [2]Ist der Steuergegenstand vollständig steuerbefreit, wird kein Steuermessbetrag ermittelt und festgesetzt.

(3) [1]Bei der Ermittlung des Steuermessbetrags ist § 2 Abs. 1 und 2 des Bewertungsgesetzes[2] in der am 24. Dezember 2021 geltenden Fassung sinngemäß anzuwenden. [2]Bei Erbbaurechten ist für das Erbbaurecht und das Erbbaurechtsgrundstück nur ein Steuermessbetrag zu ermitteln; dieser entspricht dem Betrag, der festzusetzen wäre, wenn die Belastung mit dem Erbbaurecht nicht bestünde. [3]Satz 2 gilt entsprechend für Wohnungserbbaurechte und Teilerbbaurechte. [4]Bei Gebäuden auf fremdem Grund und Boden ist für den Grund und Boden sowie für das Gebäude auf fremdem Grund und Boden nur ein Steuermessbetrag zu ermitteln.

§ 5 Flächenbeträge
(ersetzt den § 13 des Grundsteuergesetzes[1]). (1) Der Flächenbetrag für den Grund und Boden ist das Produkt aus der Fläche des zum Grundstück gehörenden Grund und Bodens in Quadratmetern und einem Ansatz von 0,04 Euro je Quadratmeter.

(2) [1]Der Flächenbetrag für den zu Wohnzwecken genutzten Teil eines zum Grundstück gehörenden benutzbaren Gebäudes nach § 248 Bewertungsgesetz[2] in der am 24. Dezember 2021 geltenden Fassung ist das Produkt aus der Wohnfläche in Quadratmetern und einem Ansatz von 0,50 Euro je Quadratmeter. [2]Nicht genutzte Flächen nach Satz 1, die zuvor zu Wohnzwecken genutzt wurden, gelten bis zu einer Nutzung zu anderen Zwecken weiterhin als zu Wohnzwecken genutzt. [3]Die Vermietung von Wohn- und Schlafräumen zur kurzfristigen Beherbergung von Personen ist kein Wohnzweck. [4]Ein häusliches Arbeitszimmer gilt ungeachtet der ertragsteuerlichen Würdigung als zu Wohnzwecken genutzt. [5]Garagen, die zu Wohnzwecken genutzten Gebäuden oder Gebäudeteilen zu dienen bestimmt sind, bleiben außer Ansatz, wenn sie in räumlichem Zusammenhang zum Gebäude oder Gebäudeteil stehen oder wenn sie eine eigene wirtschaftliche Einheit bilden und ihre Nutzungsfläche 100 Quadratmeter nicht überschreitet. [6]Nebengebäude, die zu Wohnzwecken genutzten Gebäuden oder Gebäudeteilen zu dienen bestimmt und von untergeordneter Bedeutung sind, bleiben außer Ansatz, wenn sie in räumlichem Zusammenhang zum Gebäude oder Gebäudeteil stehen oder eine eigene wirtschaftliche Einheit bilden. [7]Von einer untergeordneten Bedeutung ist auszugehen, wenn die Gebäudefläche jeweils weniger als 30 Quadratmeter beträgt. [8]Die Nutzungsfläche von Garagen und Nebengebäuden, die nach Satz 5 bis 7 nicht außer Ansatz bleiben, gilt als Wohnfläche im Sinne des Satzes 1.

[1] Nr. **17**.
[2] Nr. **18**.

(3) [1] Der Flächenbetrag für den zu anderen Zwecken als Wohnzwecken genutzten Teil eines zum Grundstück gehörenden benutzbaren Gebäudes nach § 248 Bewertungsgesetz in der am 24. Dezember 2021 geltenden Fassung ist das Produkt aus der Nutzungsfläche in Quadratmetern und einem Ansatz von 0,50 Euro je Quadratmeter. [2] Nicht genutzte Flächen nach Satz 1, die zuvor zu anderen Zwecken als Wohnzwecken genutzt wurden, gelten bis zu einer Nutzung zu Wohnzwecken weiterhin als zu anderen Zwecken als Wohnzwecken genutzt.

(4) [1] Bei der Berechnung nach den Abs. 1 bis 3 sind für Wohnungseigentum und Teileigentum § 249 Abs. 5 und 6 des Bewertungsgesetzes in der am 24. Dezember 2021 geltenden Fassung entsprechend anzuwenden. [2] Für Garagenstellplätze und Nebengebäude im Wohnungseigentum gilt Abs. 2 Satz 5 bis 8 entsprechend.

(5) [1] Beträgt die Gebäudefläche der auf einem Grundstück errichteten Gebäude insgesamt weniger als 30 Quadratmeter, bleibt diese für die Ermittlung der Flächenbeträge nach Abs. 1 bis 3 außer Ansatz. [2] Außer Ansatz bleiben auch Gebäude oder Gebäudeteile für den Zivilschutz nach § 245 Bewertungsgesetz in der am 24. Dezember 2021 geltenden Fassung.

(6) [1] Bei der Anwendung der Abs. 1 bis 5 ist stets von vollen Quadratmetern auszugehen. [2] Hierfür sind Nachkommastellen abzurunden.

§ 6 Steuermesszahlen

(ersetzt den § 15 Abs. 1 und 5 des Grundsteuergesetzes[1)]). (1) Die Steuermesszahl für die Flächenbeträge nach § 5 Abs. 1 und 3 beträgt 100 Prozent.

(2) Die Steuermesszahl für den Flächenbetrag nach § 5 Abs. 2 beträgt 70 Prozent.

(3) Für Kulturdenkmäler im Sinne des Hessischen Denkmalschutzgesetzes vom 28. November 2016 (GVBl. S. 211) werden die Steuermesszahlen nach den Abs. 1 und 2 für die Flächenbeträge nach § 5 Abs. 2 und 3 auf Antrag um 25 Prozent ermäßigt, wenn die Voraussetzungen zum Veranlagungszeitpunkt vorliegen.

(4) § 15 Abs. 2 bis 4 des Grundsteuergesetzes in der am 24. Dezember 2021 geltenden Fassung sind anzuwenden.

§ 7 Faktor

(ersetzt den § 13 des Grundsteuergesetzes[1)]). (1) [1] Der Faktor ergibt sich nach folgender Formel:

$$\text{Faktor} = \left[\frac{\text{Bodenrichtwert nach Abs. 2}}{\text{durchschnittlicher Bodenrichtwert nach Abs. 3}}\right]^{0,3}$$

[2] Der Faktor wird auf zwei Nachkommastellen abgerundet.

(2) [1] Der Bodenrichtwert ist der zum jeweiligen Hauptveranlagungszeitpunkt nach § 8 Abs. 1 Satz 2 ermittelte Bodenrichtwert nach § 196 Baugesetzbuch[2)] der Bodenrichtwertzone, in der das Grundstück liegt. [2] Erstreckt sich das

1) Nr. **17**.
2) Nr. **6**.

Grundstück über mehr als eine Bodenrichtwertzone, wird für jede in einer Bodenrichtwertzone gelegene Grundstücksteilfläche der jeweilige Bodenrichtwert mit dem Quotienten aus der Grundstücksteilfläche und der Fläche des Grundstücks (jeweils in Quadratmetern) multipliziert; die Summe dieser Produkte ist als Bodenrichtwert der wirtschaftlichen Einheit anzusetzen. [3]In deckungsgleichen Bodenrichtwertzonen ist jeweils der niedrigste der Bodenrichtwerte anzusetzen. [4]Für Zonen ohne festgestellten Bodenrichtwert (symbolischer Bodenrichtwert) oder wenn für das Grundstück zum jeweiligen Hauptveranlagungszeitpunkt kein Bodenrichtwert für baureifes Land vorliegt, wird der durchschnittliche Bodenrichtwert in der Gemeinde nach Abs. 3 angesetzt. [5]Für bebaute oder bebaubare Grundstücke im Außenbereich nach § 35 Baugesetzbuch werden zehn Prozent des durchschnittlichen Bodenrichtwertes nach Abs. 3 angesetzt.

(3) [1]Der durchschnittliche Bodenrichtwert ist der auf den jeweiligen Hauptveranlagungszeitpunkt nach § 8 Abs. 1 Satz 2 ermittelte durchschnittliche Bodenrichtwert in der Gemeinde. [2]Er wird durch die Zentrale Geschäftsstelle der Gutachterausschüsse für Immobilienwerte des Landes Hessen aus den Bodenrichtwerten für baureifes Land in der jeweiligen Gemeinde zum jeweiligen Hauptveranlagungszeitpunkt als flächengewichteter Mittelwert berechnet und auf volle Euro gerundet. [3]Bei deckungsgleichen Bodenrichtwertzonen ist jeweils der niedrigste der Bodenrichtwerte in die Ermittlung einzubeziehen. [4]Bodenrichtwerte im Außenbereich nach § 35 Baugesetzbuch sowie Zonen ohne festgestellten Bodenrichtwert (symbolischer Bodenrichtwert) werden nicht berücksichtigt. [5]Die für alle Gemeinden berechneten durchschnittlichen Bodenrichtwerte werden im Staatsanzeiger für das Land Hessen veröffentlicht.

§ 8 Hauptveranlagung
(ersetzt die §§ 16 und 36 des Grundsteuergesetzes[1]). (1) [1]Steuermessbeträge werden erstmalig auf den 1. Januar 2022 und danach in Zeitabständen von vierzehn Jahren jeweils auf den 1. Januar allgemein festgesetzt (Hauptveranlagung). [2]Die in Satz 1 bezeichneten Zeitpunkte sind Hauptveranlagungszeitpunkte. [3]Der Zeitraum zwischen zwei Hauptveranlagungszeitpunkten ist der Hauptveranlagungszeitraum. [4]Der Hauptveranlagung werden die Verhältnisse zum Hauptveranlagungszeitpunkt zugrunde gelegt.

(2) [1]Die bei einer Hauptveranlagung festgesetzten Steuermessbeträge gelten vorbehaltlich der §§ 9 und 11 von dem Kalenderjahr an, das ein Jahr nach dem Hauptveranlagungszeitpunkt beginnt, frühestens vom Kalenderjahr 2025 an. [2]Die durch Hauptveranlagung festgesetzten Steuermessbeträge bleiben unbeschadet der §§ 9 und 11 bis zu dem Zeitpunkt maßgebend, von dem an die Steuermessbeträge der nächsten Hauptveranlagung wirksam werden.

(3) Ist die Festsetzungsfrist nach § 169 Abgabenordnung bereits abgelaufen, kann die Hauptveranlagung unter Zugrundelegung der Verhältnisse vom Hauptveranlagungszeitpunkt mit Wirkung für einen späteren Veranlagungszeitpunkt vorgenommen werden, für den diese Frist noch nicht abgelaufen ist.

§ 9 Neuveranlagung
(ersetzt den § 17 des Grundsteuergesetzes[1]). (1) Der Steuermessbetrag wird neu festgesetzt (Neuveranlagung), wenn

[1] Nr. **17**.

1. während des Hauptveranlagungszeitraumes nach § 8 Abs. 1 Satz 3 Änderungen in den tatsächlichen Verhältnissen eintreten, die sich auf die Höhe des Steuermessbetrages nach § 4 oder auf die Steuerschuldnerschaft nach § 3 auswirken, oder
2. die letzte Veranlagung fehlerhaft ist; § 176 der Abgabenordnung ist hierbei entsprechend anzuwenden; das gilt jedoch nur für Veranlagungszeitpunkte, die vor der Verkündung der maßgeblichen Entscheidung eines obersten Gerichts liegen.

(2) [1]Der Neuveranlagung werden die tatsächlichen Verhältnisse im Neuveranlagungszeitpunkt zugrunde gelegt. [2]Neuveranlagungszeitpunkt ist der Beginn des Kalenderjahres, das auf das Kalenderjahr folgt, in dem die Änderungen eingetreten oder der Fehler dem Finanzamt bekannt geworden ist. [3]Für die Berechnung des Faktors nach § 7 sind die Verhältnisse im Hauptveranlagungszeitpunkt maßgebend.

§ 10 Nachveranlagung
(ersetzt den § 18 des Grundsteuergesetzes[1]). (1) Der Steuermessbetrag wird nachträglich festgesetzt (Nachveranlagung), wenn

1. eine wirtschaftliche Einheit neu entsteht oder
2. der Grund für eine vollständige Steuerbefreiung des Steuergegenstands weggefallen ist.

(2) [1]Der Nachveranlagung werden die tatsächlichen Verhältnisse im Nachveranlagungszeitpunkt zugrunde gelegt. [2]Nachveranlagungszeitpunkt ist der Beginn des Kalenderjahres, das auf das Kalenderjahr folgt, in dem die wirtschaftliche Einheit neu entstanden oder der Befreiungsgrund weggefallen ist. [3]Für die Berechnung des Faktors nach § 7 sind die Verhältnisse im Hauptveranlagungszeitpunkt maßgebend.

§ 11 Aufhebung des Steuermessbetrags
(ersetzt den § 20 des Grundsteuergesetzes[1]). (1) Der Steuermessbetrag wird aufgehoben, wenn

1. eine wirtschaftliche Einheit wegfällt oder
2. für den gesamten Steuergegenstand nach § 2 Nr. 2 Grundsteuergesetz in der am 24. Dezember 2021 geltenden Fassung ein Steuerbefreiungsgrund eintritt.

(2) Die Aufhebung erfolgt mit Wirkung vom Beginn des Kalenderjahres, das auf das Kalenderjahr folgt, in dem die wirtschaftliche Einheit weggefallen oder der Befreiungsgrund eingetreten ist.

§ 12 Gemeinsame Vorschriften zur Neuveranlagung, Nachveranlagung und Aufhebung des Steuermessbetrags
(ersetzt die §§ 17 Abs. 4, 18 Abs. 4, 20 Abs. 3 und 21 des Grundsteuergesetzes[1]). (1) Treten die Voraussetzungen für eine Neuveranlagung, Nachveranlagung oder Aufhebung des Steuermessbetrags während des Zeitraums zwischen dem ersten Hauptveranlagungszeitpunkt nach § 8 Abs. 1 Satz 2, dem 1. Januar 2022, und dem frühesten Zeitpunkt des Wirksamwerdens der Steuermessbeträge nach § 8 Abs. 2, dem 1. Januar 2025, ein, werden die

[1] Nr. **17**.

Neuveranlagung, Nachveranlagung oder Aufhebung des Steuermessbetrags auf den Zeitpunkt des Wirksamwerdens der Steuermessbeträge vorgenommen.

(2) [1] Sind zu einem nachfolgenden Hauptveranlagungszeitpunkt nach § 8 Abs. 1 Satz 2 tatsächliche Verhältnisse zu berücksichtigen, welche die Voraussetzungen einer Neuveranlagung, Nachveranlagung oder Aufhebung des Steuermessbetrags erfüllen, ist für den Steuermessbetrag eine Neuveranlagung, Nachveranlagung oder Aufhebung anstelle der Hauptveranlagung durchzuführen. [2] Für die Berechnung des Faktors nach § 7 sind dabei die Verhältnisse in diesem Hauptveranlagungszeitpunkt maßgebend.

(3) [1] Bescheide über die Neuveranlagung, Nachveranlagung oder Aufhebung von Steuermessbeträgen können schon vor dem maßgebenden Veranlagungszeitpunkt erteilt werden. [2] Sie sind zu ändern oder aufzuheben, wenn sich bis zu diesem Zeitpunkt Änderungen ergeben, die zu einer abweichenden Festsetzung führen.

(4) Ist die Festsetzungsfrist nach § 169 der Abgabenordnung bereits abgelaufen, können die Neuveranlagung, Nachveranlagung oder Aufhebung unter Zugrundelegung der Verhältnisse vom Hauptveranlagungszeitpunkt mit Wirkung für einen späteren Veranlagungszeitpunkt vorgenommen werden, für den diese Frist noch nicht abgelaufen ist.

§ 13 Hebesatz für baureife Grundstücke
(ersetzt den § 25 Abs. 5 des Grundsteuergesetzes[1]). (1) [1] Die Gemeinde kann aus städtebaulichen Gründen baureife Grundstücke als besondere Grundstücksgruppe innerhalb der unbebauten Grundstücke im Sinne des § 246 des Bewertungsgesetzes[2] in der am 24. Dezember 2021 geltenden Fassung bestimmen und hierfür einen gesonderten Hebesatz festsetzen oder mehrere, nach der Dauer der Baureife der Grundstücke abgestufte, gesonderte Hebesätze festsetzen. [2] Für die Dauer der Baureife bleiben Zeiträume vor dem 24. Dezember 2021 unberücksichtigt.

(2) Als städtebauliche Gründe im Sinne des Abs. 1 Satz 1 kommen insbesondere die Deckung eines erhöhten Bedarfs an Wohn- und Arbeitsstätten sowie Gemeinbedarfs- und Folgeeinrichtungen, die Nachverdichtung bestehender Siedlungsstrukturen oder die Stärkung der Innenentwicklung in Betracht.

(3) [1] Baureife Grundstücke im Sinne des Abs. 1 Satz 1 sind unbebaute Grundstücke nach § 246 des Bewertungsgesetzes in der am 24. Dezember 2021 geltenden Fassung, die nach Lage, Form und Größe und ihrem sonstigen tatsächlichen Zustand sowie nach öffentlich-rechtlichen Vorschriften sofort bebaut werden könnten. [2] Eine erforderliche, aber noch nicht erteilte Baugenehmigung sowie zivilrechtliche Gründe, die einer sofortigen Bebauung entgegenstehen, sind unbeachtlich.

(4) [1] Die Gemeinde hat den gesonderten Hebesatz oder die gesonderten Hebesätze nach Abs. 1 Satz 1 auf einen bestimmten Gemeindeteil zu beschränken, wenn nur für diesen Gemeindeteil die städtebaulichen Gründe vorliegen. [2] Der Gemeindeteil muss mindestens 10 Prozent der Siedlungsfläche des Gemeindegebiets nach der Gemeindestatistik des Hessischen Statistischen Landes-

[1] Nr. **17**.
[2] Nr. **18**.

amtes umfassen und in ihm müssen mehrere baureife Grundstücke belegen sein.

(5) [1]Die genaue Bezeichnung der baureifen Grundstücke, deren Lage sowie das Gemeindegebiet, auf das sich der gesonderte Hebesatz oder die gesonderten Hebesätze beziehen, sind jeweils nach den Verhältnissen zu Beginn eines Kalenderjahres von der Gemeinde zu bestimmen, in einer Karte nachzuweisen und öffentlich bekannt zu geben. [2]Die städtebaulichen Erwägungen sind nachvollziehbar darzulegen und die Wahl des Gemeindegebiets, auf das sich der gesonderte Hebesatz oder die gesonderten Hebesätze beziehen sollen, ist zu begründen.

(6) [1]Der gesonderte Hebesatz oder die gesonderten Hebesätze nach Abs. 1 Satz 1 müssen höher sein als der einheitliche Hebesatz für die übrigen in der Gemeinde liegenden Grundstücke, dürfen jedoch das Fünffache des einheitlichen Hebesatzes nicht überschreiten. [2]Die Gemeinde kann eine Karenzzeit bestimmen, innerhalb der ein gesonderter Hebesatz nach Abs. 1 Satz 1 noch nicht gilt, sondern stattdessen der einheitliche Hebesatz für die übrigen in der Gemeinde liegenden Grundstücke.

§ 14 Erlass wegen wesentlicher Ertragsminderung. § 34 des Grundsteuergesetzes[1)] in der am 24. Dezember 2021 geltenden Fassung gilt entsprechend mit der Maßgabe, dass

1. in Abs. 3 Satz 2 an die Stelle des Grundsteuerwerts der Steuermessbetrag und
2. in Abs. 4 an die Stelle der Fortschreibung des Grundsteuerwerts die Festsetzung des Steuermessbetrags tritt.

§ 15 Rechtsweg und Revisibilität des Landesrechts. [1]Gegen Entscheidungen der Landesfinanzbehörden nach diesem Gesetz ist der Finanzrechtsweg nach § 4 Abs. 1 des Hessischen Ausführungsgesetzes zur Finanzgerichtsordnung vom 17. Dezember 1965 (GVBl. I S. 347), zuletzt geändert durch Gesetz vom 21. Dezember 1976 (GVBl. I S. 532), eröffnet. [2]Die Vorschriften der Finanzgerichtsordnung sind entsprechend anzuwenden, soweit dieses Gesetz keine abweichende Regelung enthält. [3]Die Revision an den Bundesfinanzhof kann auch darauf gestützt werden, dass das angefochtene Urteil des Finanzgerichts auf der Verletzung dieses Gesetzes beruhe.

§ 16 Ermächtigungen. [1]Das Ministerium der Finanzen und das Ministerium für Wirtschaft, Energie, Verkehr und Wohnen werden ermächtigt, die automatisierte Bereitstellung der für die Ermittlung des Faktors nach § 7 erforderlichen Merkmale auf der Grundlage des § 17 der Ausführungsverordnung zum Baugesetzbuch vom 15. Juni 2018 (GVBl. S. 258), geändert durch Gesetz vom 16. März 2021 (GVBl. S. 195), zu koordinieren. [2]§ 229 Abs. 5 des Bewertungsgesetzes[2)] in der am 24. Dezember 2021 geltenden Fassung ist insoweit nicht anzuwenden.

§ 17 Inkrafttreten. Dieses Gesetz tritt am Tag nach der Verkündung[3)] in Kraft.

1) Nr. **17**.
2) Nr. **18**.
3) Verkündet am 23.12.2021.

23. Niedersächsisches Grundsteuergesetz (NGrStG)

Vom 7. Juli 2021
(Nds. GVBl. S. 502)

VORIS 62100

geänd. durch Art. 5 G zur Änd. des SpielbankenG, der Allgemeinen GebührenO und des GrundsteuerG v. 17.5.2022 (Nds. GVBl. S. 304)

Der Niedersächsische Landtag hat das folgende Gesetz beschlossen:

§ 1 Regelungszweck. [1]Dieses Gesetz trifft für Zwecke der Ermittlung, Festsetzung und Erhebung der Grundsteuer für Zeiträume ab dem Kalenderjahr 2025 von den Bestimmungen des Grundsteuergesetzes[1)] (GrStG) und des Bewertungsgesetzes[2)] (BewG) abweichende Regelungen für Niedersachsen. [2]Die Bestimmungen des Grundsteuergesetzes und des Bewertungsgesetzes sind für Zwecke der Ermittlung, Festsetzung und Erhebung der Grundsteuer für die in Satz 1 genannten Zeiträume nur anzuwenden, soweit sich aus diesem Gesetz nichts anderes ergibt. [3]Soweit diese Bestimmungen den Grundsteuerwert betreffen, sind sie für Zwecke der Ermittlung, Festsetzung und Erhebung der Grundsteuer B entsprechend auf die Äquivalenzbeträge nach § 2 Abs. 3 anzuwenden, soweit sich aus diesem Gesetz nichts anderes ergibt.

Erster Teil. Grundstücke, Grundsteuer B

Erstes Kapitel. Ermittlung der Grundsteuer

§ 2 Steuergegenstand, Berechnungsformel. (1) [1]Steuergegenstand der Grundsteuer B nach diesem Gesetz sind vorbehaltlich des Absatzes 4 Satz 2 die Grundstücke im Sinne des § 2 Nr. 2 GrStG[1)] als wirtschaftliche Einheiten des Grundvermögens. [2]Die Grundsteuer B ergibt sich durch eine Multiplikation des Grundsteuermessbetrags des Grundstücks nach Absatz 2 mit dem von der Gemeinde bestimmten jeweiligen Hebesatz. [3]Sie ist ein Jahresbetrag und auf volle Cent nach unten abzurunden.

(2) [1]Der Grundsteuermessbetrag des Grundstücks ist durch Anwendung der jeweiligen Grundsteuermesszahl nach § 6 auf den Äquivalenzbetrag des Grund und Bodens nach Absatz 3 Satz 1 und den jeweiligen Äquivalenzbetrag der Wohnfläche oder der Nutzfläche etwaiger Gebäude des Grundstücks nach Absatz 3 Satz 2 zu ermitteln. [2]Die Summe dieser Ergebnisse ist als Grundsteuermessbetrag des Grundstücks auf volle Cent nach unten abzurunden.

(3) [1]Der Äquivalenzbetrag des Grund und Bodens ergibt sich durch eine Multiplikation der nach § 3 maßgeblichen Fläche des Grund und Bodens mit der jeweiligen nach § 4 Abs. 2 zu ermittelnden Äquivalenzzahl und dem Lage-Faktor nach § 5. [2]Die Äquivalenzbeträge von Wohn- oder Nutzfläche der Gebäude ergeben sich durch eine Multiplikation der jeweiligen nach § 3 maßgeblichen Gebäudeflächen mit der Äquivalenzzahl nach § 4 Abs. 1 und dem Lage-Faktor nach § 5. [3]Der Äquivalenzbetrag des Grund und Bodens sowie

[1)] Nr. **17**.
[2)] Nr. **18**.

die Äquivalenzbeträge der Wohn- und Nutzfläche der Gebäude werden jeweils auf volle Cent nach unten abgerundet.

(4) [1]Die Zurechnung mehrerer Wirtschaftsgüter zu einer wirtschaftlichen Einheit wird abweichend von § 2 Abs. 2 BewG[1)] nicht dadurch ausgeschlossen, dass die Wirtschaftsgüter zum Teil der einen Ehegattin oder Lebenspartnerin oder dem einen Ehegatten oder Lebenspartner, zum Teil der anderen Ehegattin oder Lebenspartnerin oder dem anderen Ehegatten oder Lebenspartner gehören. [2]Bei Gebäuden auf fremdem Grund und Boden sind abweichend von § 244 Abs. 3 Nr. 2 und § 262 BewG der Grund und Boden der Eigentümerin oder dem Eigentümer des Grund und Bodens und die Gebäude der wirtschaftlichen Eigentümerin oder dem wirtschaftlichen Eigentümer der Gebäude zuzurechnen. Bei Erbbaurechten ist § 261 BewG entsprechend anzuwenden.

(5) [1]Erstreckt sich der Steuergegenstand auch auf ein anderes Land oder das Ausland, so ist nur für das im Gebiet des Landes Niedersachsen gelegene Grundvermögen Grundsteuer nach diesem Gesetz zu ermitteln, festzusetzen und zu erheben. [2]Dieses Grundvermögen bildet eine eigenständige wirtschaftliche Einheit.

§ 3 Maßgebliche Flächen. (1) [1]Maßgebliche Gebäudefläche bei Wohnnutzung ist, soweit sich aus den Absätzen 2 und 3 nichts anderes ergibt, die Wohnfläche. [2]Als Wohnnutzung gilt auch ein häusliches Arbeitszimmer. [3]Im Übrigen ist die Nutzfläche des Gebäudes maßgeblich. [4]Nicht genutzte Gebäudeflächen, die zuvor Wohnzwecken gedient haben, gelten bis zu einer Nutzung zu anderen Zwecken weiterhin als zu Wohnzwecken genutzt. [5]Die Vermietung von Wohn- und Schlafräumen zur kurzfristigen Beherbergung von Personen ist kein Wohnzweck.

(2) [1]Nutzflächen von Garagen, die in räumlichem Zusammenhang zur Wohnnutzung stehen, der sie auch rechtlich zuzuordnen sind, bleiben bei der Ermittlung der maßgeblichen Gebäudeflächen bis zu einer Fläche von 50 m² außer Ansatz. [2]Dies gilt unter den Voraussetzungen des Satzes 1 auch für Garagen, die eine eigene wirtschaftliche Einheit bilden.

(3) [1]Im Übrigen bleiben die Nutzflächen von Nebengebäuden, die in räumlichem Zusammenhang zur Wohnnutzung stehen, der sie zu dienen bestimmt sind, bis zu einer Fläche von 30 m² bei der Ermittlung der maßgeblichen Gebäudeflächen außer Ansatz. [2]Dies gilt unter den Voraussetzungen des Satzes 1 auch für Nebengebäude, die eine eigene wirtschaftliche Einheit bilden.

(4) [1]Ein Grundstück gilt als unbebaut, wenn die darauf errichteten Gebäude eine Gesamtgebäudefläche von weniger als 30 m² haben; bei der Berechnung bleiben die Regelungen des Absatzes 2 oder 3 unberücksichtigt. [2]Besteht ein Bauwerk aus mehreren wirtschaftlichen Einheiten, so ist für die Berechnung die Gesamtgebäudefläche des Bauwerks anzusetzen. [3]Die Gebäudefläche bleibt in der Folge außer Ansatz. [4]§ 246 BewG[1)] bleibt im Übrigen unberührt.

(5) Die ermittelten Flächen von Grund und Boden und Gebäuden sind als für dieses Gesetz maßgebliche Flächen auf volle Quadratmeter nach unten abzurunden.

[1)] Nr. **18**.

§ 4 Äquivalenzzahlen. (1) Für Gebäudeflächen wird eine Äquivalenzzahl von 0,50 Euro je Quadratmeter angesetzt.

(2) [1] Für die Fläche des Grund und Bodens wird eine Äquivalenzzahl von 0,04 Euro je Quadratmeter angesetzt. [2] Abweichend von Satz 1 gilt:

1. Übersteigt die Fläche des Grund und Bodens das Zehnfache der Wohnfläche, so wird die Äquivalenzzahl nach Satz 1 für den das Zehnfache der Wohnfläche übersteigenden Teil der Fläche nur zu 50 Prozent angesetzt, wenn die Gebäude mindestens zu 90 Prozent ihrer Fläche der Wohnnutzung dienen und soweit kein Fall der Nummer 2 Halbsatz 1 vorliegt.
2. Ist die Fläche des Grund und Bodens zu mindestens 90 Prozent weder bebaut noch befestigt, wird der Äquivalenzbetrag für die 10 000 m² übersteigende Fläche insgesamt wie folgt angesetzt: (übersteigende Fläche des Grund und Bodens in Quadratmetern × 0,04 Euro je Quadratmeter) 0,7; in den Fällen der Nummer 1 wird die Äquivalenzzahl für die Fläche des Grund und Bodens bis zum Zehnfachen der Wohnfläche stets zu 100 Prozent angesetzt.

§ 5 Lage-Faktor. (1) [1] Zur Ermittlung des Lagefaktors wird der Bodenrichtwert des betreffenden Grundstücks nach Absatz 2 zu dem Durchschnittsbodenwert der Gemeinde nach Absatz 3 ins Verhältnis gesetzt und auf dieses Verhältnis ein Exponent von 0,3 angewendet. [2] Der Lage-Faktor ergibt sich damit aus der folgenden Formel:
Lage-Faktor = $(BRW \div dBRW)^{0,3}$. [3] Er wird auf zwei Nachkommastellen abgerundet.

(2) [1] Die Größe „BRW" ist der nach Absatz 4 Satz 2 oder nach § 8 Abs. 4 Satz 2 für den jeweiligen Stichtag maßgebliche Bodenrichtwert nach § 196 des Baugesetzbuchs (BauGB[1]) für Bauflächen gemäß Anlage 5 der Immobilienwertermittlungsverordnung (ImmoWertV)[2] vom 14. Juli 2021 (BGBl. I S. 2805) der Bodenrichtwertzone, in der das Grundstück liegt. [2] Erstreckt sich das Grundstück über mehr als eine Bodenrichtwertzone, so wird für jede in einer Bodenrichtwertzone gelegene Grundstücksteilfläche der jeweilige Bodenrichtwert mit dem Quotienten aus der Grundstücksteilfläche und der Fläche des Grundstücks (jeweils in Quadratmetern) multipliziert; die Summe dieser Produkte ist auf volle Euro abzurunden und als Bodenrichtwert der wirtschaftlichen Einheit Grundstück anzusetzen. [3] Bei der Ermittlung des Bodenrichtwerts des Grundstücks nach Satz 2 bleibt jedoch die Bodenrichtwertzone einer dem Grundstück zugehörigen Flurstücksteilfläche, die weniger als fünf Prozent der Gesamtfläche eines Flurstücks ausmacht oder kleiner als 10 m² ist, unberücksichtigt; diese Flurstücksteilfläche wird flächengewichtet auf die übrigen Flurstücksteilflächen verteilt. [4] In deckungsgleichen Bodenrichtwertzonen im Sinne des § 15 Abs. 3 ImmoWertV ist der jeweils niedrigste der Bodenrichtwerte anzusetzen. [5] Liegt kein Bodenrichtwert für Bauflächen gemäß Satz 1 vor, so findet der Bodenrichtwert nach § 196 BauGB[1] für Sonstige Flächen gemäß Anlage 5 der Immobilienwertermittlungsverordnung der Bodenrichtwertzone, in der das Grundstück liegt, Anwendung.

(3) [1] Die Größe „dBRW" ist der nach den Sätzen 2 bis 6 ermittelte durchschnittliche Bodenrichtwert in der Gemeinde (Durchschnittsbodenwert für

[1] Nr. **6**.
[2] Nr. **7**.

Zwecke der Grundsteuer), der nach Absatz 4 Satz 2 oder nach § 8 Abs. 4 Satz 2 für den jeweiligen Stichtag maßgeblich ist. [2] Zur Ermittlung des Durchschnittsbodenwerts für Zwecke der Grundsteuer wird für jede Gemeinde aus den Bodenrichtwerten nach § 196 BauGB[1)] in Verbindung mit Anlage 5 der Immobilienwertermittlungsverordnung für Wohnbauflächen, gewerbliche Bauflächen, gemischte Bauflächen, Sonderbauflächen und Bauflächen für Gemeinbedarf der Gemeinde ein Durchschnittsbodenwert gebildet. [3] Dieser ergibt sich als Median aller dieser in der Gemeinde liegenden Bodenrichtwerte. [4] Er wird auf volle Euro abgerundet. [5] Es wird nur ein Durchschnittsbodenwert über alle Nutzungen hinweg gebildet. [6] Bei deckungsgleichen Bodenrichtwertzonen im Sinne des § 15 Abs. 3 ImmoWertV ist der jeweils niedrigste der Bodenrichtwerte in die Ermittlung einzubeziehen. [7] Die Aufgabe der Ermittlung des Durchschnittsbodenwerts für Zwecke der Grundsteuer wird aufgrund des § 199 Abs. 2 Nr. 3 BauGB[1)] den Geschäftsstellen der Gutachterausschüsse zugewiesen.

(4) [1] Die Vermessungs- und Katasterverwaltung stellt die für Zwecke der Grundsteuer erzeugten Geodaten für den Hauptfeststellungszeitpunkt der Finanzverwaltung spätestens bis zum 31. Mai 2022 zur Verfügung. [2] Sie werden der Hauptfeststellung nach § 8 Abs. 2 Satz 2 und der Hauptveranlagung nach § 9 Abs. 1 Satz 1 zugrunde gelegt. [3] Aus diesen Geodaten sind für das jeweilige Flurstück die Bezeichnung des Flurstücks, die amtlichen Flächen und gegebenenfalls Teilflächen sowie die Bodenrichtwerte nach § 196 BauGB[1)] für Bauflächen oder für Sonstige Flächen gemäß Anlage 5 der Immobilienwertermittlungsverordnung des Flurstücks oder der Flurstücksteilflächen und der dBRW ersichtlich. [4] Die in Satz 3 genannten Geodaten werden danach jährlich auf den 1. Januar erzeugt und der Finanzverwaltung bis zum 31. Mai des betreffenden Jahres zur Verfügung gestellt, wobei die Bodenrichtwerte nach § 196 BauGB[1)] für Bauflächen und für Sonstige Flächen gemäß Anlage 5 der Immobilienwertermittlungsverordnung der Flurstücke oder der Flurstücksteilflächen und der dBRW nur alle sieben Jahre aktualisiert werden. [5] Auf ihrer Grundlage erfolgt jeweils eine Neuberechnung des Lage-Faktors.

(5) [1] Für Zwecke der Grundsteuer stellt die Finanzverwaltung mit einem Grundsteuer-Viewer die für die Steuererklärung erforderlichen Geodaten im Internet kostenfrei über eine Karte zur Verfügung. [2] Aus diesem Grundsteuer-Viewer sind für das jeweilige Grundstück die Bezeichnung der Flurstücke und die amtliche Fläche der Flurstücke oder Flurstücksteilflächen sowie zum Zweck der Information der für den jeweiligen Stichtag maßgebliche Bodenrichtwert nach § 196 BauGB[1)] für Bauflächen oder für Sonstige Flächen der Flurstücke oder Flurstücksteilflächen, der Durchschnittsbodenwert der Gemeinde für Zwecke der Grundsteuer und der Lage-Faktor ersichtlich.

§ 6 Grundsteuermesszahlen. (1) [1] Die Grundsteuermesszahl beträgt 100 Prozent. [2] Für den Äquivalenzbetrag der Wohnflächen wird die Grundsteuermesszahl auf 70 Prozent ermäßigt.

(2) [1] Die Grundsteuermesszahl für den Äquivalenzbetrag der Wohnflächen nach Absatz 1 Satz 2 wird nochmals um 25 Prozent ermäßigt, soweit eine enge räumliche Verbindung mit dem Betrieb der Land- und Forstwirtschaft des Steuerschuldners besteht. [2] Dies gilt nur, soweit die Wohnfläche der Inhaberin

[1)] Nr. **6**.

oder dem Inhaber des Betriebs der Land- und Forstwirtschaft, den zu ihrem oder seinem Haushalt gehörenden Familienangehörigen und den Altenteilern zu Wohnzwecken dient und mindestens eine Bewohnerin oder ein Bewohner durch eine mehr als nur gelegentliche Tätigkeit in dem Betrieb an ihn gebunden ist. [3]Für Flächen, die den Arbeitnehmerinnen und Arbeitnehmern des Betriebs zu Wohnzwecken dienen, gilt Satz 1 entsprechend.

(3) Die Grundsteuermesszahlen für die Äquivalenzbeträge der Gebäudeflächen nach Absatz 1 Satz 1 oder nach Absatz 1 Satz 2, auch in Verbindung mit Absatz 2, werden um 25 Prozent ermäßigt, wenn ein Baudenkmal nach § 3 Abs. 1 bis 3 des Niedersächsischen Denkmalschutzgesetzes vorliegt.

(4) Die Grundsteuermesszahl für den Äquivalenzbetrag der Wohnflächen nach Absatz 1 Satz 2, auch in Verbindung mit Absatz 2 oder 3, wird um 25 Prozent ermäßigt, soweit

1. die Wohnflächen den Bindungen des sozialen Wohnungsbaus aufgrund einer staatlichen oder kommunalen Wohnraumförderung unterliegen oder
2. die Voraussetzungen des § 15 Abs. 4 Satz 1 Nr. 1, 2 oder 3 GrStG[1)] in der am 1. Januar 2025 geltenden Fassung vorliegen.

(5) Eine Ermäßigung der Grundsteuermesszahlen nach Absatz 2, 3 oder 4 wird auf Antrag gewährt, wenn die jeweiligen Voraussetzungen zum Veranlagungszeitpunkt vorlagen.

§ 7 Hebesatz. (1) [1]Bei der Hauptveranlagung nach § 9 Abs. 1 Satz 1 ist durch die Gemeinde ein aufkommensneutraler Hebesatz zu ermitteln. [2]Dazu ist das Grundsteueraufkommen der Gemeinde, das aus den Grundsteuermessbeträgen nach den für die Grundsteuer ab dem Kalenderjahr 2025 geltenden Regelungen zu erwarten ist, dem Grundsteueraufkommen gegenüberzustellen, das im Haushaltsplan der Gemeinde für das Kalenderjahr 2024 veranschlagt worden ist. [3]Der aufkommensneutrale Hebesatz ist der Hebesatz, der sich ergäbe, wenn die Höhe des Grundsteueraufkommens gleich bliebe.

(2) Die Gemeinde muss den aufkommensneutralen Hebesatz und die Abweichung des von der Gemeinde bei der Hauptveranlagung bestimmten Hebesatzes von dem aufkommensneutralen Hebesatz in geeigneter Art und Weise veröffentlichen.

(3) § 25 GrStG[1)] bleibt unberührt.

Zweites Kapitel. Verfahren

§ 8 Feststellungsverfahren. (1) [1]In dem Feststellungsbescheid für Grundstücke sind ergänzend zu § 219 Abs. 2 BewG[2)] auch Feststellungen zu treffen über die Fläche von Grund und Boden und die Gebäudeflächen sowie ihre Einordnung als Wohnfläche oder Nutzfläche. [2]Feststellungen erfolgen nur, wenn und soweit sie für die Besteuerung von Bedeutung sind. [3]Der Feststellungsbescheid kann mit dem nachfolgenden Grundsteuermessbescheid verbunden und zusammengefasst bekannt gegeben werden.

(2) [1]Abweichend von § 221 BewG findet keine turnusmäßige Hauptfeststellung statt. [2]Die Äquivalenzbeträge werden auf den 1. Januar 2022 allgemein

[1)] Nr. **17**.
[2)] Nr. **18**.

festgestellt (Hauptfeststellung). [3]Der Hauptfeststellung werden die Verhältnisse zu Beginn des Kalenderjahres (Hauptfeststellungszeitpunkt) zugrunde gelegt. [4]Bei der Ermittlung der jeweiligen Äquivalenzbeträge ist § 163 der Abgabenordnung (AO) nicht anzuwenden.

(3) [1]Neu festgestellt werden die Äquivalenzbeträge (Betragsfortschreibung) oder die Flächen des Grundstücks (Flächenfortschreibung), wenn ein Äquivalenzbetrag oder eine Fläche von der zuletzt getroffenen Feststellung abweicht und es für die Besteuerung von Bedeutung ist. [2]Eine Betragsfortschreibung ist auch durchzuführen, wenn die turnusmäßige Neuberechnung der Lage-Faktoren alle sieben Jahre zu einer Änderung der Äquivalenzbeträge führt. [3]Der Fortschreibungszeitpunkt ist der Beginn des Kalenderjahres, das auf das Jahr der Änderung folgt. [4]Eine Fortschreibung nach Satz 1 findet auch zur Beseitigung eines Fehlers der letzten Feststellung statt.

(4) [1]Für die Äquivalenzbeträge nach diesem Gesetz gelten die Vorschriften des Bewertungsgesetzes über die Fortschreibung, Nachfeststellung, Aufhebung, Änderung und Nachholung der Feststellung im Übrigen sinngemäß. [2]Dabei gilt die Maßgabe, dass der Lage-Faktor zunächst nach den Verhältnissen des Hauptfeststellungszeitpunkts, nach dem Zeitpunkt der ersten Neuberechnung nach § 5 Abs. 4 Satz 5 jedoch nach den Verhältnissen des Zeitpunktes der jeweils letzten Neuberechnung zugrunde gelegt wird.

(5) [1]Die Aufforderung zur Abgabe einer Erklärung mittels Allgemeinverfügung durch öffentliche Bekanntmachung erfolgt abweichend von § 228 Abs. 1 Satz 3 BewG durch die für Steuern in Niedersachsen zuständige Mittelbehörde. [2]Änderungen der tatsächlichen Verhältnisse, die sich auf die Höhe der Äquivalenzbeträge auswirken oder zu einer Nachfeststellung oder der Aufhebung der Äquivalenzbeträge führen können, sind abweichend von § 228 Abs. 2 BewG auf den Beginn des folgenden Kalenderjahres zusammengefasst anzuzeigen. [3]Die Anzeige ist abweichend von § 228 Abs. 2 Satz 3 BewG bis zum 31. März des Jahres abzugeben, das auf das Jahr folgt, in dem sich die tatsächlichen Verhältnisse geändert haben. [4]Bei Gebäuden auf fremdem Grund und Boden sind die Erklärung und die Anzeige von derjenigen oder demjenigen abzugeben, der oder dem die wirtschaftliche Einheit jeweils zuzurechnen ist.

(6) Die Erklärung und die Anzeige nach Absatz 5 sind Steuererklärungen im Sinne der Abgabenordnung, die nach amtlich vorgeschriebenem Datensatz durch Datenfernübertragung zu übermitteln sind; § 228 Abs. 6 Sätze 2 und 3 BewG bleibt unberührt.

§ 9 Veranlagungsverfahren. (1) [1]Die Grundsteuermessbeträge werden auf den 1. Januar 2025 allgemein festgesetzt (Hauptveranlagung). [2]Dieser Zeitpunkt ist der Hauptveranlagungszeitpunkt.

(2) [1]Der Grundsteuermessbetrag wird auch neu festgesetzt, wenn der Grundsteuermessbetrag, der sich für den Beginn eines Kalenderjahres ergibt, von dem entsprechenden Betrag des letzten Veranlagungszeitpunkts nach unten abweicht. [2]Dasselbe gilt, wenn sein auf den Grund und Boden entfallender Anteil nach oben abweicht oder wenn sein auf Gebäude entfallender Anteil um mehr als 5 Euro nach oben abweicht. [3]Der Grundsteuermessbetrag wird auch dann neu festgesetzt, wenn dem Finanzamt bekannt wird, dass die letzte Veranlagung fehlerhaft ist.

(3) Im Übrigen gelten die Vorschriften des Grundsteuergesetzes[1] über die Neuveranlagung, Nachveranlagung, Aufhebung und Zerlegung des Steuermessbetrags und die Änderung von Steuermessbescheiden sinngemäß.

(4) [1] Änderungen der Nutzung hat diejenige oder derjenige anzuzeigen, der oder dem der Steuergegenstand zuzurechnen ist. [2] Satz 1 gilt für den Wegfall der Voraussetzungen für die ermäßigten Grundsteuermesszahlen nach § 6 Abs. 2 bis 4 entsprechend. [3] § 19 Abs. 1 Satz 1 GrStG bleibt unberührt. [4] Abweichend von § 19 Abs. 1 Satz 2 und Abs. 2 Satz 2 GrStG ist die Anzeige nach den Sätzen 1 bis 3 bis zum 31. März des Jahres zu erstatten, das auf das Jahr folgt, in dem sich die Verhältnisse geändert haben. [5] § 8 Abs. 6 gilt entsprechend.

§ 10 Erlass wegen wesentlicher Ertragsminderung. § 34 Abs. 1 bis 3 des Grundsteuergesetzes[1] gilt entsprechend mit der Maßgabe, dass in Absatz 3 an die Stelle des Grundsteuerwerts der Grundsteuermessbetrag tritt.

Zweiter Teil. Betriebe der Land- und Forstwirtschaft, Grundsteuer A

§ 11 Abweichende Regelungen. (1) Abweichend von § 234 Abs. 6 BewG[2] gehören zur Hofstelle auch Hof- und Wirtschaftsgebäudeflächen einschließlich der Nebenflächen, von denen aus keine land- und forstwirtschaftlichen Flächen mehr nachhaltig bewirtschaftet werden, soweit sie keine Zweckbestimmung erhalten haben, die zu einer zwingenden Zuordnung zum Grundvermögen führt.

(2) In den Betrieb sind abweichend von § 2 Abs. 2 BewG auch der Eigentümerin oder dem Eigentümer des Grund und Bodens nicht gehörende Gebäude, die auf dem Grund und Boden des Betriebs stehen, und der Eigentümerin oder dem Eigentümer des Grund und Bodens nicht gehörende Betriebsmittel, die der Bewirtschaftung des Betriebs dienen, einzubeziehen.

(3) Ein Anteil der Eigentümerin oder des Eigentümers eines Betriebs der Land- und Forstwirtschaft an einem Wirtschaftsgut ist in den Betrieb einzubeziehen, wenn es mit dem Betrieb zusammen genutzt wird.

(4) In einen Betrieb der Land- und Forstwirtschaft, der von einer Gesellschaft oder Gemeinschaft des bürgerlichen Rechts betrieben wird, sind abweichend von § 2 Abs. 2 BewG auch die Wirtschaftsgüter einzubeziehen, die einer oder einem oder mehreren Beteiligten gehören und dem Betrieb zu dienen bestimmt sind.

(5) § 2 Abs. 4, § 8 Abs. 5 und 6 sowie § 9 Abs. 4 Satz 4 gelten für Betriebe der Land- und Forstwirtschaft entsprechend.

Dritter Teil. Übergangs- und Schlussvorschriften

§ 12 Anwendung von Bundesrecht. (1) Die Ermittlung, Festsetzung und Erhebung der Grundsteuer für Zeiträume der Kalenderjahre bis einschließlich 2024 bemisst sich ausschließlich nach den Bestimmungen des Grundsteuergesetzes[1] und des Bewertungsgesetzes[2].

[1] Nr. **17**.
[2] Nr. **18**.

(2) [1] Die Vorschriften der Abgabenordnung sind entsprechend anzuwenden, soweit in diesem Gesetz nichts anderes bestimmt ist. [2] § 32h AO gilt mit der Maßgabe, dass der oder die Landesbeauftragte für den Datenschutz zuständig ist und hinsichtlich ihrer oder seiner Rechte und Pflichten, Aufgaben und Befugnisse und ihres oder seines Tätigkeitsberichts die Bestimmungen des Niedersächsischen Datenschutzgesetzes einschlägig sind.

(3) Die im Grundsteuergesetz enthaltenen Verordnungsermächtigungen finden in Bezug auf die in diesem Gesetz geregelten Sachverhalte mit der Maßgabe Anwendung, dass für den Erlass der entsprechenden Verordnungen das für Finanzen zuständige Ministerium zuständig ist.

§ 13 Übergangsregelungen. Für die Anwendung des § 8 Abs. 1 Satz 2 und Abs. 3 Satz 1 dieses Gesetzes sowie des § 223 Abs. 1 Nr. 2 und des § 224 Abs. 1 Nr. 2 BewG[1] ist für Feststellungszeitpunkte zwischen dem 1. Januar 2022 und dem 31. Dezember 2024 zu unterstellen, dass die Feststellungen für die Besteuerung nach diesem Gesetz von Bedeutung sind und die wirtschaftlichen Einheiten zur Besteuerung nach diesem Gesetz herangezogen oder nicht mehr herangezogen werden.

§ 14 Evaluation. Nach Abschluss der Hauptfeststellung evaluiert das für Finanzen zuständige Ministerium die Belastungsverteilung der Grundsteuer nach diesem Gesetz zum 31. Dezember 2027.

§ 15 Inkrafttreten, Außerkrafttreten. (1) Dieses Gesetz tritt am Tag nach seiner Verkündung[2] in Kraft.

(2) § 13 tritt am 31. Dezember 2029 außer Kraft.

[1] Nr. **18**.
[2] Verkündet am 13.7.2021.

24. Gesetz zur Einführung einer Landesgrundsteuer (Saarländisches Grundsteuergesetz – GrStG-Saar)

Vom 15. September 2021
(Amtsbl. I S. 2372)

Der Landtag des Saarlandes hat folgendes Gesetz beschlossen, das hiermit verkündet wird:

§ 1 Steuermesszahlen für Grundstücke des Grundvermögens.

(1) Die Steuermesszahlen für im Saarland belegene Grundstücke des Grundvermögens betragen abweichend von § 15 Absatz 1 des Grundsteuergesetzes[1] in der Fassung der Bekanntmachung vom 7. August 1973 (BGBl. I S. 965), zuletzt geändert durch Artikel 3 des Gesetzes vom 16. Juli 2021 (BGBl. I S. 2931),

1. 0,64 Promille für unbebaute Grundstücke im Sinne des § 246 des Bewertungsgesetzes[2] in der Fassung der Bekanntmachung vom 1. Februar 1991 (BGBl. I S. 230), zuletzt geändert durch Artikel 1 und 2 des Gesetzes vom 16. Juli 2021 (BGBl. I S. 2931),
2. 0,34 Promille für bebaute Grundstücke im Sinne des § 249 Absatz 1 Nummer 1 bis 4 des Bewertungsgesetzes[2] und
3. 0,64 Promille für bebaute Grundstücke im Sinne des § 249 Absatz 1 Nummer 5 bis 8 des Bewertungsgesetzes[2].

(2) Für § 15 Absatz 2 bis Absatz 5 des Grundsteuergesetzes sind die Steuermesszahlen nach § 1 Absatz 1 maßgeblich.

§ 2 Inkrafttreten. Dieses Gesetz tritt am Tag nach der Verkündung[3] in Kraft.

[1] Nr. **17**.
[2] Nr. **18**.
[3] Verkündet am 28.10.2021.

25. Sächsisches Gesetz über die Festsetzung der Steuermesszahlen bei der Grundsteuer (Sächsisches Grundsteuermesszahlengesetz – SächsGrStMG)[1]

Vom 21. Dezember 2021
(SächsGVBl. 2022 S. 9)

Die Steuermesszahl beträgt, abweichend von § 15 Absatz 1 Nummer 1 und 2 des Grundsteuergesetzes[2] vom 7. August 1973 (BGBl. I S. 965), das zuletzt durch Artikel 3 des Gesetzes vom 16. Juli 2021 (BGBl. I S. 2931) geändert worden ist, für im Freistaat Sachsen belegene

1. unbebaute Grundstücke im Sinne des § 246 des Bewertungsgesetzes[3] in der Fassung der Bekanntmachung vom 1. Februar 1991 (BGBl. I S. 230), das zuletzt durch Artikel 2 des Gesetzes vom 16. Juli 2021 (BGBl. I S. 2931) geändert worden ist, 0,36 Promille,
2. bebaute Grundstücke im Sinne des § 249 Absatz 1 Nummer 1 bis 4 des Bewertungsgesetzes[3] 0,36 Promille und
3. bebaute Grundstücke im Sinne des § 249 Absatz 1 Nummer 5 bis 8 des Bewertungsgesetzes[3] 0,72 Promille.

[1] Verkündet als Art. 1 G v. 21.12.2021 (SächsGVBl. 2022 S. 9); Inkrafttreten gem. Art. 3 dieses G am 6.1.2022.
[2] Nr. **17**.
[3] Nr. **18**.

Sachverzeichnis

Die fetten Zahlen bezeichnen die Gesetze, die mageren deren Artikel oder Paragraphen. Die Buchstaben ä, ö und ü sind wie a, o und u in das Alphabet eingeordnet.

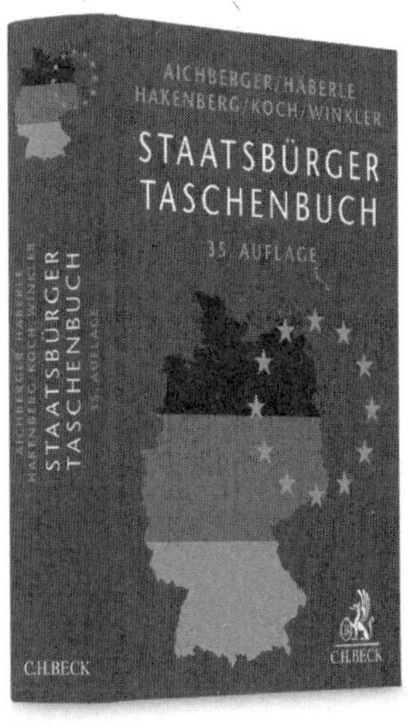
AICHBERGER/HÄBERLE
HAKENBERG/KOCH/WINKLER
STAATSBÜRGER
TASCHENBUCH
35. AUFLAGE
C.H.BECK
C.H.BECK

C.H.BECK

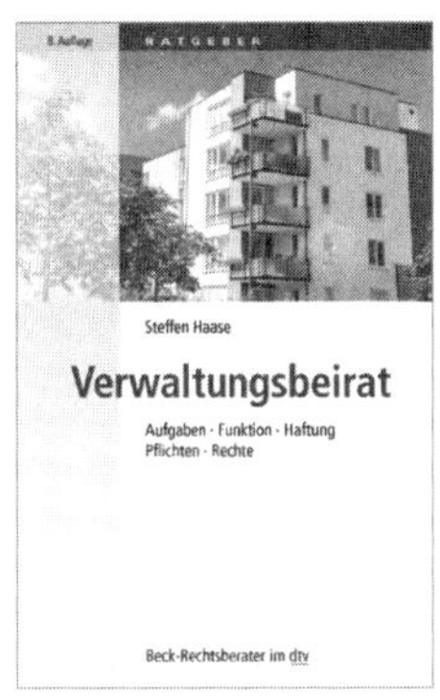

Kaufen

GrdstR · Grundstücksrecht
Textausgabe NEU
10. Aufl. 2023. 754 Seiten S.
18,90. dtv 5586
Neu im Mai 2023

Mit u.a. Bürgerlichem Gesetzbuch (Auszug), Wohnungseigentumsgesetz, Beurkundungsgesetz (Auszug), Flurbereinigungsgesetz, Grundstückverkehrsgesetz, Grundstücksverkehrsordnung, Grundbuchordnung, Zwangsversteigerungsgesetz (Auszug), Grunderwerbsteuergesetz und Grundsteuergesetz.

Grziwotz/Saller
Ratgeber Nachbarrecht
Meine Rechten und Pflichten als Nachbar.
Rechtsberater TOPTITEL
2. Aufl. 2019. 262 S.
€ 15,90. dtv 51226
Auch als **ebook** erhältlich.

Haase
Verwaltungsbeirat
Aufgaben, Funktion, Haftung, Pflichten, Rechte.
Rechtsberater
8. Aufl. 2018. 205 S.
€ 17,90. dtv 51212
Auch als **ebook** erhältlich.

Haus & Grund Bayern

Haus & Grund Bayern unterstützt die 105 Haus & Grund Vereine in Bayern bei ihrer täglichen Arbeit und informiert über die für Immobilieneigentümer relevante Gesetzesentwicklung und Rechtsprechung.